中华经典普及文库

資治通鑑

〔宋〕司马光 编著

一

中華書局

图书在版编目(CIP)数据

资治通鉴/(宋)司马光编著.—北京:中华书局,2023.5
(2025.2 重印)
(中华经典普及文库)
ISBN 978-7-101-16216-5

Ⅰ.资… Ⅱ.司… Ⅲ.中国历史-古代史-编年体
Ⅳ.K204.3

中国国家版本馆 CIP 数据核字(2023)第 080981 号

书　　名　资治通鉴(全四册)
编　　著　〔宋〕司马光
丛 书 名　中华经典普及文库
责任编辑　王守青　刘树林　胡香玉　肖帅帅
装帧设计　毛　淳
责任印制　韩馨雨
出版发行　中华书局
　　　　　(北京市丰台区太平桥西里 38 号　100073)
　　　　　http://www.zhbc.com.cn
　　　　　E-mail:zhbc@zhbc.com.cn
印　　刷　北京盛通印刷股份有限公司
版　　次　2023 年 5 月第 1 版
　　　　　2025 年 2 月第 3 次印刷
规　　格　开本/880×1230 毫米　1/32
　　　　　印张 116⅛　字数 3980 千字
印　　数　18001—26000 册
国际书号　ISBN 978-7-101-16216-5
定　　价　238.00 元

"中华经典普及文库"出版缘起

中华民族五千年历史孕育了优秀的中华文化,产生了大量优秀的经典著作。对于中国人,特别是对于当代读者来说,在浩瀚的优秀文化海洋里,哪些是最基本的,哪些是最经典的? 换句话说,作为一个中国人最应该知晓、阅读的基本书是什么? 作为一个中国家庭最应该拥有并收藏的经典是什么?

多年来,中华书局一直致力于向广大读者提供优秀传统文化经典读本,推出的《史记》《资治通鉴》等白文普及本图书受到了读者的欢迎和好评。在此基础上,中华书局编辑部推出"中华经典普及文库"。

本套文库有三个特点。第一是经典。入选本文库的都是我国优秀传统文化中的精品,是经史子集中的顶峰,堪称"经典中的经典"。如列"二十四史"之首,被誉为"史家之绝唱,无韵之《离骚》"的《史记》,又如被称为中国传统文化核心的"四书五经"等。第二是精品。中华书局成立90多年来,以弘扬优秀传统文化为己任,出版了大批由国内一流学者精心校勘整理而成的传统典籍。本套丛书或以中华书局原整理本为底本,或约请著名学者精加整理,从而保证了其学术可靠性、文字准确性,堪称质量上乘的版本。第三是方便。对于广大读者来说,本书最大的特点是阅读方便。众所周知,古代图书中涉及大量古代的人名、地名、书名,即便是专业研究人员,也不是很容易识别的。因此本书保留了古籍整理图书人名、地名下加专名线(——),书名下加波浪线(～～)的做法,使读者一目了然,不会因为不熟悉这些专有名词而误读、错读。另外,为了保证阅读的连贯性,删除了原整理本中的古注、校勘记及不便当代读者阅读的部分。可以说,本套丛书是方便现代读者阅读经典巨著的较好的白文普及本。

　　热忱希望广大读者对这套文库提出批评建议，以便于我们加以改进，将这套旨在为中国人提供基本书的文库编辑好，出版好。

中华书局编辑部

2008年12月

出 版 说 明

　　《资治通鉴》是司马光及其助手刘攽、刘恕、范祖禹等根据大量的史料编纂而成的一部编年体史书,记载了上起周威烈王二十三年(公元前403年),下讫后周世宗显德六年(公元959年)共1362年的历史。书中描绘了战国至五代期间的历史发展脉络,探讨了秦、汉、晋、隋、唐等统一的王朝和战国七雄、魏蜀吴三国、五胡十六国、南北朝、五代十国等几十个政权的盛衰之由,生动地刻画了帝王将相们的为政治国、待人处世之道,以及他们在历史旋涡中的生死悲欢。时至今日,《资治通鉴》仍是一本了解和学习中国历史的必读之书。

　　司马光(1019—1086),字君实,陕州夏县(今山西夏县)人。他爱好历史,出仕以后,仍治史不懈。治平三年(1066年),司马光撰成一部战国至秦共八卷本的编年史,名为《通志》,进呈宋英宗,英宗命其设局续修。此后,司马光无论在政治上如何进退沉浮,书局一直随身而设。1067年神宗即位,开经筵,司马光进读《通志》,神宗以其"鉴于往事,有资于治道",命名为《资治通鉴》。王安石行新政时,司马光竭力反对,被任命为枢密副使而坚辞不就,于熙宁三年(1070年)出知永兴军(今陕西西安)。次年退居洛阳,专心编撰《资治通鉴》,至元丰七年(1084年)成书。从治平三年开局,至此共用了19年的时间。

　　作为一部编年体史书,《资治通鉴》以年月为经,以事实为纬,将复杂的史事,多样的人物,生动而又形象地表现出来。修撰本书时所参考的资料非常广泛,除正史外,采用杂史达二三百家。司马光本人史学造诣精深,协助他修书的人与他志同道合而又各有所长,他们对于全书的体例、史料的考订、文章的剪裁乃至句法的锤炼要求极严,事事不肯稍有忽视。《资治通鉴》博约得宜,体例精严,文字简练,记事周详,具有很高的历史价值。成书900多年来,一向为历史学者所推崇;同时,它又有很高的文学价值,长期以来为众多的文人学士所诵习。

　　本书以中华书局点校本《资治通鉴》为底本,保证了其学术可靠性、文字准确性。书中继承了点校本所取得的整理成果,此外,对误、漏和不规范的标点根据情况进行了一定的改动；根据胡三省的注文、章钰的校记和当代学者的研究成果，在文字、标点上有所改动。为保持行文流畅，以上改动均不注明。

对于广大读者来说，本书最大的特点是方便阅读。为此，删除了原点校本中司马光的考异、胡三省的注文、附注的章钰等人的校记。众所周知，《资治通鉴》中涉及大量的人名、地名、书名，即便是专业人士，也难以很容易地识别。因此，本书特别保留了原点校本人名、地名下加专名线（——），书名下加波浪线（～～～）的做法，使读者一目了然，不会因为不熟悉这些专有名词而误读、错读。可以说，本书是历史爱好者阅读这部巨著的极好的白文普及本。

中华书局编辑部

2006年12月

资治通鉴目次

资治通鉴卷第一

周纪一

威烈王

二十三年（戊寅，前403）

1　初命晋大夫魏斯、赵籍、韩虔为诸侯。

　　臣光曰：臣闻天子之职莫大于礼，礼莫大于分，分莫大于名。何谓礼？纪纲是也。何谓分？君、臣是也。何谓名？公、侯、卿、大夫是也。

　　夫以四海之广，兆民之众，受制于一人，虽有绝伦之力，高世之智，莫不奔走而服役者，岂非以礼为之纪纲哉！是故天子统三公，三公率诸侯，诸侯制卿大夫，卿大夫治士庶人。贵以临贱，贱以承贵。上之使下犹心腹之运手足，根本之制支叶，下之事上犹手足之卫心腹，支叶之庇本根，然后能上下相保而国家治安。故曰天子之职莫大于礼也。

　　文王序易，以乾、坤为首。孔子系之曰："天尊地卑，乾坤定矣。卑高以陈，贵贱位矣。"言君臣之位犹天地之不可易也。春秋抑诸侯，尊王室，王人虽微，序于诸侯之上，以是见圣人于君臣之际未尝不惓惓也。非有桀、纣之暴，汤、武之仁，人归之，天命之，君臣之分当守节伏死而已矣。是故以微子而代纣则成汤配天矣，以季札而君吴则太伯血食矣，然二子宁亡国而不为者，诚以礼之大节不可乱也。故曰礼莫大于分也。

　　夫礼，辨贵贱，序亲疏，裁群物，制庶事，非名不著，非器不形；名以命之，器以别之，然后上下粲然有伦，此礼之大经也。名器既亡，则礼安得独在哉！昔仲叔于奚有功于卫，辞邑而请繁缨，孔子以为不如多与之邑。惟名与器，不可以假人，君之所司也；政亡则国家从之。卫君待孔子而为政，孔子欲先正名，以为名不正则民

无所措手足。夫繁缨，小物也，而孔子惜之；正名，细务也，而孔子
先之：诚以名器既乱则上下无以相保故也。夫事未有不生于微而
成于著，圣人之虑远，故能谨其微而治之，众人之识近，故必待其
著而后救之；治其微则用力寡而功多，救其著则竭力而不能及也。
易曰："履霜坚冰至，"书曰："一日二日万几"，谓此类也。故曰分
莫大于名也。

　　呜呼！幽、厉失德，周道日衰，纲纪散坏，下陵上替，诸侯专
征，大夫擅政，礼之大体什丧七八矣，然文、武之祀犹绵绵相属者，
盖以周之子孙尚能守其名分故也。何以言之？昔晋文公有大功
于王室，请隧于襄王，襄王不许，曰："王章也。未有代德而有二
王，亦叔父之所恶也。不然，叔父有地而隧，又何请焉！"文公于是
惧而不敢违。是故以周之地则不大于曹、滕，以周之民则不众于
邾、莒，然历数百年，宗主天下，虽晋、楚、齐、秦之强不敢加者，
何哉？徒以名分尚存故也。至于季氏之于鲁，田常之于齐，白公
之于楚，智伯之于晋，其势皆足以逐君而自为，然而卒不敢者，岂
其力不足而心不忍哉，乃畏奸名犯分而天下共诛之也。今晋大夫
暴蔑其君，剖分晋国，天子既不能讨，又宠秩之，使列于诸侯，是区
区之名分复不能守而并弃之也。先王之礼于斯尽矣！

　　或者以为当是之时，周室微弱，三晋强盛，虽欲勿许，其可得
乎！是大不然。夫三晋虽强，苟不顾天下之诛而犯义侵礼，则不
请于天子而自立矣。不请于天子而自立，则为悖逆之臣，天下苟
有桓、文之君，必奉礼义而征之。今请于天子而天子许之，是受天
子之命而为诸侯也，谁得而讨之！故三晋之列于诸侯，非三晋之
坏礼，乃天子自坏之也。

　　乌呼！君臣之礼既坏矣，则天下以智力相雄长，遂使圣贤之
后为诸侯者，社稷无不泯绝，生民之类糜灭几尽，岂不哀哉！

2　　初，智宣子将以瑶为后，智果曰："不如宵也。瑶之贤于人者五，
其不逮者一也。美鬓长大则贤，射御足力则贤，伎艺毕给则贤，巧文辩惠
则贤，强毅果敢则贤；如是而甚不仁。夫以其五贤陵人而以不仁行之，其
谁能待之？若果立瑶也，智宗必灭。"弗听。智果别族于太史，为辅氏。

　　赵简子之子，长曰伯鲁，幼曰无恤。将置后，不知所立，乃书训戒之辞
于二简，以授二子曰："谨识之！"三年而问之，伯鲁不能举其辞；求其简，

已失之矣。问无恤，诵其辞甚习；求其简，出诸袖中而奏之。于是简子以无恤为贤，立以为后。

简子使尹铎为晋阳，请曰："以为茧丝乎？抑为保障乎？"简子曰："保障哉！"尹铎损其户数。简子谓无恤曰："晋国有难，而无以尹铎为少，无以晋阳为远，必以为归。"

及智宣子卒，智襄子为政，与韩康子、魏桓子宴于蓝台。智伯戏康子而侮段规。智国闻之，谏曰："主不备难，难必至矣！"智伯曰："难将由我。我不为难，谁敢兴之！"对曰："不然。夏书有之：'一人三失，怨岂在明，不见是图。'夫君子能勤小物，故无大患。今主一宴而耻人之君相，又弗备，曰'不敢兴难'，无乃不可乎！蚋、蚁、蜂、虿，皆能害人，况君相乎！"弗听。

智伯请地于韩康子，康子欲弗与。段规曰："智伯好利而愎，不与，将伐我；不如与之。彼狃于得地，必请于他人；他人不与，必向之以兵，然后我得免于患而待事之变矣。"康子曰："善。"使使者致万家之邑于智伯。智伯悦。又求地于魏桓子，桓子欲弗与。任章曰："何故弗与？"桓子曰："无故索地，故弗与。"任章曰："无故索地，诸大夫必惧；吾与之地，智伯必骄。彼骄而轻敌，此惧而相亲；以相亲之兵待轻敌之人，智氏之命必不长矣。周书曰：'将欲败之，必姑辅之。将欲取之，必姑与之。'主不如与之，以骄智伯，然后可以择交而图智氏矣，奈何独以吾为智氏质乎！"桓子曰："善。"复与之万家之邑一。

智伯又求蔡、皋狼之地于赵襄子，襄子弗与。智伯怒，帅韩、魏之甲以攻赵氏。襄子将出，曰："吾何走乎？"从者曰："长子近，且城厚完。"襄子曰："民罢力以完之，又毙死以守之，其谁与我！"从者曰："邯郸之仓库实。"襄子曰："浚民之膏泽以实之，又因而杀之，其谁与我！其晋阳乎，先主之所属也，尹铎之所宽也，民必和矣。"乃走晋阳。

三家以国人围而灌之，城不浸者三版；沉灶产蛙，民无叛意。智伯行水，魏桓子御，韩康子骖乘。智伯曰："吾乃今知水可以亡人国也。"桓子肘康子，康子履桓子之跗，以汾水可以灌安邑，绛水可以灌平阳也。絺疵谓智伯曰："韩、魏必反矣。"智伯曰："子何以知之？"絺疵曰："以人事知之。夫从韩、魏之兵以攻赵，赵亡，难必及韩、魏矣。今约胜赵而三分其地，城不没者三版，人马相食，城降有日，而二子无喜志，有忧色，是非反而何？"明日，智伯以絺疵之言告二子，二子曰："此夫谗人欲为赵氏游说，使主疑于二家而懈于攻赵氏也。不然，夫二家岂不利朝夕分赵氏之田，而欲为危难不可成之事乎！"二子出，絺疵入曰："主何以臣之言告二子也？"智伯曰:"子何以知之?"对曰:"臣见其视臣端而趋疾,知臣得其情故也。"智伯不悛。绤疵请使于齐。

赵襄子使张孟谈潜出见二子,曰:"臣闻唇亡则齿寒。今智伯帅韩、魏以攻赵,赵亡则韩、魏为之次矣。"二子曰:"我心知其然也;恐事未遂而谋泄,则祸立至矣。"张孟谈曰:"谋出二主之口,入臣之耳,何伤也!"二子乃潜与张孟谈约,为之期日而遣之。襄子夜使人杀守堤之吏,而决水灌智伯军。智伯军救水而乱,韩、魏翼而击之,襄子将卒犯其前,大败智伯之众,遂杀智伯,尽灭智氏之族。唯辅果在。

臣光曰:智伯之亡也,才胜德也。夫才与德异,而世俗莫之能辨,通谓之贤,此其所以失人也。夫聪察强毅之谓才,正直中和之谓德。才者,德之资也;德者,才之帅也。云梦之竹,天下之劲也;然而不矫揉,不羽括,则不能以入坚。棠谿之金,天下之利也;然而不镕范,不砥砺,则不能以击强。是故才德全尽谓之"圣人",才德兼亡谓之"愚人";德胜才谓之"君子",才胜德谓之"小人"。凡取人之术,苟不得圣人、君子而与之,与其得小人,不若得愚人。何则?君子挟才以为善,小人挟才以为恶。挟才以为善者,善无不至矣;挟才以为恶者,恶亦无不至矣。愚者虽欲为不善,智不能周,力不能胜,譬如乳狗搏人,人得而制之。小人智足以遂其奸,勇足以决其暴,是虎而翼者也,其为害岂不多哉!夫德者人之所严,而才者人之所爱;爱者易亲,严者易疏,是以察者多蔽于才而遗于德。自古昔以来,国之乱臣,家之败子,才有馀而德不足,以至于颠覆者多矣,岂特智伯哉!故为国为家者苟能审于才德之分而知所先后,又何失人之足患哉!

3　三家分智氏之田。赵襄子漆智伯之头,以为饮器。智伯之臣豫让欲为之报仇,乃诈为刑人,挟匕首,入襄子宫中涂厕。襄子如厕心动,索之,获豫让。左右欲杀之,襄子曰:"智伯死无后,而此人欲为报仇,真义士也,吾谨避之耳。"乃舍之。豫让又漆身为癞,吞炭为哑。行乞于市,其妻不识也。行见其友,其友识之,为之泣曰:"以子之才,臣事赵孟,必得近幸。子乃为所欲为,顾不易邪?何乃自苦如此?求以报仇,不亦难乎!"豫让曰:"既已委质为臣,而又求杀之,是二心也。凡吾所为者,极难耳。然所以为此者,将以愧天下后世之为人臣怀二心者也。"襄子出,豫让伏于桥下。襄子至桥,马惊;索之,得豫让,遂杀之。

襄子为伯鲁之不立也,有子五人,不肯置后。封伯鲁之子于代,曰代成君,早卒,立其子浣为赵氏后。襄子卒,弟桓子逐浣而自立;一年卒。赵氏之人曰:"桓子立非襄主意。"乃共杀其子,复迎浣而立之,是为献子。献子生籍,是为烈侯。魏斯者,魏桓子之孙也,是为文侯。韩康子生武子;武子生虔,是为景侯。

魏文侯以卜子夏、田子方为师。每过段干木之庐必式。四方贤士多归之。

文侯与群臣饮酒,乐,而天雨,命驾将适野。左右曰:"今日饮酒乐,天又雨,君将安之?"文侯曰:"吾与虞人期猎,虽乐,岂可无一会期哉!"乃往,身自罢之。

韩借师于魏以伐赵,文侯曰:"寡人与赵,兄弟也,不敢闻命。"赵借师于魏以伐韩,文侯应之亦然。二国皆怒而去。已而知文侯以讲于己也,皆朝于魏。魏于是始大于三晋,诸侯莫能与之争。

使乐羊伐中山,克之,以封其子击。文侯问于群臣曰:"我何如主?"皆曰:"仁君。"任座曰:"君得中山,不以封君之弟而以封君之子,何谓仁君!"文侯怒,任座趋出。次问翟璜,对曰:"仁君。"文侯曰:"何以知之?"对曰:"臣闻君仁则臣直。向者任座之言直,臣是以知之。"文侯悦,使翟璜召任座而反之,亲下堂迎之,以为上客。

文侯与田子方饮,文侯曰:"钟声不比乎? 左高。"田子方笑。文侯曰:"何笑?"子方曰:"臣闻之,君明乐官,不明乐音。今君审于音,臣恐其聋于官也。"文侯曰:"善。"

子击出,遭田子方于道,下车伏谒。子方不为礼。子击怒,谓子方曰:"富贵者骄人乎? 贫贱者骄人乎?"子方曰:"亦贫贱者骄人耳,富贵者安敢骄人! 国君而骄人则失其国,大夫而骄人则失其家。失其国者未闻有以国待之者也,失其家者未闻有以家待之者也。夫士贫贱者,言不用,行不合,则纳履而去耳,安往而不得贫贱哉!"子击乃谢之。

文侯谓李克曰:"先生尝有言曰:'家贫思良妻,国乱思良相。'今所置非成则璜,二子何如?"对曰:"卑不谋尊,疏不谋戚。臣在阙门之外,不敢当命。"文侯曰:"先生临事勿让!"克曰:"君弗察故也。居视其所亲,富视其所与,达视其所举,穷视其所不为,贫视其所不取,五者足以定之矣,何待克哉!"文侯曰:"先生就舍,吾之相定矣。"李克出,见翟璜。翟璜曰:"今者闻君召先生而卜相,果谁为之?"克曰:"魏成。"翟璜忿然作色曰:"西河守吴起,臣所进也。君内以邺为忧,臣进西门豹。君欲伐中山,臣进乐羊。中山已拔,无使守之,臣进先生。君之子无傅,臣进屈侯鲋。以耳目之所睹记,臣何负于魏成!"李克曰:"子之言克于子之君者,岂将比周以求大官哉?君问相于克,克之对如是。所以知君之必相魏成者,魏成食禄千钟,什九在外,什一在内;是以东得卜子夏、田子方、段干木。此三人者,君皆师之;子所进五人者,君皆臣之。子恶得与魏成比也!"翟璜逡巡再拜曰:"璜,鄙人也,失对,愿卒为弟子!"

吴起者,卫人,仕于鲁。齐人伐鲁,鲁人欲以为将,起取齐女为妻,鲁人疑之,起杀妻以求将,大破齐师。或潛之鲁侯曰:"起始事曾参,母死不奔丧,曾参绝之;今又杀妻以求君将。起,残忍薄行人也!且以鲁国区区而有胜敌之名,则诸侯图鲁矣。"起恐得罪,闻魏文侯贤,乃往归之。文侯问诸李克,李克曰:"起贪而好色;然用兵,司马穰苴弗能过也。"于是文侯以为将,击秦,拔五城。

起之为将,与士卒最下者同衣食,卧不设席,行不骑乘,亲裹赢粮,与士卒分劳苦。卒有病疽者,起为吮之。卒母闻而哭之。人曰:"子,卒也,而将军自吮其疽,何哭为?"母曰:"非然也。往年吴公吮其父疽,其父战不旋踵,遂死于敌。吴公今又吮其子,妾不知其死所矣,是以哭之。"

4　燕湣公薨,子僖公立。

二十四年(己卯,前402)

1　王崩,子安王骄立。

2　盗杀楚声王,国人立其子悼王。

安王

元年(庚辰,前401)

1　秦伐魏,至阳孤。

二年(辛巳,前400)

1　魏、韩、赵伐楚,至桑丘。

2　郑围韩阳翟。

3　韩景侯薨,子烈侯取立。

4　赵烈侯薨,国人立其弟武侯。

5　秦简公薨,子惠公立。

三年（壬午，前399）
1　王子定奔晋。
2　虢山崩，壅河。

四年（癸未，前398）
1　楚围郑。郑人杀其相驷子阳。

五年（甲申，前397）
1　日有食之。
2　三月，盗杀韩相侠累。侠累与濮阳严仲子有恶。仲子闻轵人聂政之勇，以黄金百溢为政母寿，欲因以报仇。政不受，曰："老母在，政身未敢以许人也！"及母卒，仲子乃使政刺侠累。侠累方坐府上，兵卫甚众，聂政直入上阶，刺杀侠累，因自皮面决眼，自屠出肠。韩人暴其尸于市，购问，莫能识。其姊嫈闻而往，哭之曰："是轵深井里聂政也！以妾尚在之故，重自刑以绝从。妾奈何畏殁身之诛，终灭贤弟之名！"遂死于政尸之旁。

六年（乙酉，前396）
1　郑驷子阳之党弑繻公，而立其弟乙，是为康公。
2　宋悼公薨，子休公田立。

八年（丁亥，前394）
1　齐伐鲁，取最。
2　郑负黍叛，复归韩。

九年（戊子，前393）
1　魏伐郑。
2　晋烈公薨，子孝公倾立。

十一年（庚寅，前391）
1　秦伐韩宜阳，取六邑。
2　初，田常生襄子盘，盘生庄子白，白生太公和。是岁，齐田和迁齐康公于海上，使食一城，以奉其先祀。

十二年（辛卯，前390）

　　1　秦、晋战于武城。

　　2　齐伐魏，取襄阳。

　　3　鲁败齐师于平陆。

十三年（壬辰，前389）

　　1　秦侵晋。

　　2　齐田和会魏文侯、楚人、卫人于浊泽，求为诸侯。魏文侯为之请于王及诸侯，王许之。

十五年（甲午，前387）

　　1　秦伐蜀，取南郑。

　　2　魏文侯薨，太子击立，是为武侯。

　　武侯浮西河而下，中流顾谓吴起曰："美哉山河之固，此魏国之宝也！"对曰："在德不在险。昔三苗氏，左洞庭，右彭蠡，德义不修，禹灭之。夏桀之居，左河济，右泰华，伊阙在其南，羊肠在其北，修政不仁，汤放之。商纣之国，左孟门，右太行，常山在其北，大河经其南，修政不德，武王杀之。由此观之，在德不在险。若君不修德，舟中之人皆敌国也！"武侯曰："善。"

　　魏置相，相田文。吴起不悦，谓田文曰："请与子论功可乎？"田文曰："可。"起曰："将三军，使士卒乐死，敌国不敢谋，子孰与起？"文曰："不如子。"起曰："治百官，亲万民，实府库，子孰与起？"文曰："不如子。"起曰："守西河，秦兵不敢东乡，韩、赵宾从，子孰与起？"文曰："不如子。"起曰："此三者子皆出吾下，而位居吾上，何也？"文曰："主少国疑，大臣未附，百姓不信，方是之时，属之子乎，属之我乎？"起默然良久曰："属之子矣！"

　　久之，魏相公叔尚主而害吴起。公叔之仆曰："起易去也。起为人刚劲自喜。子先言于君曰：'吴起，贤人也，而君之国小，臣恐起之无留心也。君盍试延以女，起无留心，则必辞矣。'子因与起归而使公主辱子，起见公主之贱子也，必辞，则子之计中矣。"公叔从之，吴起果辞公主。魏武侯疑之而未信，起惧诛，遂奔楚。

　　楚悼王素闻其贤，至则任之为相。起明法审令，捐不急之官，废公族疏远者，以抚养战斗之士，要在强兵，破游说之言从横者。于是南平百越，北却三晋,西伐秦,诸侯皆患楚之强;而楚之贵戚大臣多怨吴起者。

    3 秦惠公薨,子出公立。

    4 赵武侯薨,国人复立烈侯之太子章,是为敬侯。

    5 韩烈侯薨,子文侯立。

十六年(乙未,前386)

    1 初命齐大夫田和为诸侯。

    2 赵公子朝作乱,奔魏;与魏袭邯郸,不克。

十七年(丙申,前385)

    1 秦庶长改逆献公于河西而立之;杀出子及其母,沉之渊旁。

    2 齐伐鲁。

    3 韩伐郑,取阳城;伐宋,执宋公。

    4 齐太公薨,子桓公午立。

十九年(戊戌,前383)

    1 魏败赵师于兔台。

二十年(己亥,前382)

    1 日有食之,既。

二十一年(庚子,前381)

    1 楚悼王薨。贵戚大臣作乱,攻吴起;起走之王尸而伏之。击起之徒因射刺起,并中王尸。既葬,肃王即位,使令尹尽诛为乱者;坐起夷宗者七十馀家。

二十二年(辛丑,前380)

    1 齐伐燕,取桑丘。魏、韩、赵伐齐,至桑丘。

二十三年(壬寅,前379)

    1 赵袭卫,不克。

    2 齐康公薨,无子,田氏遂并齐而有之。

    是岁,齐桓公亦薨,子威王因齐立。

二十四年（癸卯，前378）

　　1　狄败魏师于浍。

　　2　魏、韩、赵伐齐，至灵丘。

　　3　晋孝公薨，子靖公俱酒立。

二十五年（甲辰，前377）

　　1　蜀伐楚，取兹方。

　　2　子思言苟变于卫侯曰："其才可将五百乘。"公曰："吾知其可将；然变也尝为吏，赋于民而食人二鸡子，故弗用也。"子思曰："夫圣人之官人，犹匠之用木也，取其所长，弃其所短；故杞梓连抱而有数尺之朽，良工不弃。今君处战国之世，选爪牙之士，而以二卵弃干城之将，此不可使闻于邻国也。"公再拜曰："谨受教矣！"

　　卫侯言计非是，而群臣和者如出一口。子思曰："以吾观卫，所谓'君不君，臣不臣'者也！"公丘懿子曰："何乃若是？"子思曰："人主自臧，则众谋不进。事是而臧之，犹却众谋，况和非以长恶乎！夫不察事之是非而悦人赞己，暗莫甚焉；不度理之所在而阿谀求容，谄莫甚焉。君暗臣谄，以居百姓之上，民不与也。若此不已，国无类矣！"

　　子思言于卫侯曰："君之国事将日非矣！"公曰："何故？"对曰："有由然焉。君出言自以为是，而卿大夫莫敢矫其非；卿大夫出言亦自以为是，而士庶人莫敢矫其非。君臣既自贤矣，而群下同声贤之，贤之则顺而有福，矫之则逆而有祸，如此则善安从生！诗曰：'具曰予圣，谁知乌之雌雄？'抑亦似君之君臣乎！"

　　3　鲁穆公薨，子共公奋立。

　　4　韩文侯薨，子哀侯立。

二十六年（乙巳，前376）

　　1　王崩，子烈王喜立。

　　2　魏、韩、赵共废晋靖公为家人而分其地。

烈王

元年（丙午，前375）

　　1　日有食之。

2 韩灭郑，因徙都之。

3 赵敬侯薨，子成侯种立。

三年（戊申，前373）

1 燕败齐师于林狐。

鲁伐齐，入阳关。

魏伐齐，至博陵。

2 燕僖公薨，子桓公立。

3 宋休公薨，子辟公立。

4 卫慎公薨，子声公训立。

四年（己酉，前372）

1 赵伐卫，取都鄙七十三。

2 魏败赵师于北蔺。

五年（庚戌，前371）

1 魏伐楚，取鲁阳。

2 韩严遂弑哀侯，国人立其子懿侯。初，哀侯以韩廆为相而爱严遂，二人甚相害也。严遂令人刺韩廆于朝，廆走哀侯，哀侯抱之；人刺韩廆，兼及哀侯。

3 魏武侯薨，不立太子，子䓖与公中缓争立，国内乱。

六年（辛亥，前370）

1 齐威王来朝。是时周室微弱，诸侯莫朝，而齐独朝之，天下以此益贤威王。

2 赵伐齐，至鄄。

3 魏败赵师于怀。

4 齐威王召即墨大夫，语之曰：“自子之居即墨也，毁言日至。然吾使人视即墨，田野辟，人民给，官无事，东方以宁；是子不事吾左右以求助也！”封之万家。召阿大夫，语之曰：“自子守阿，誉言日至。吾使人视阿，田野不辟，人民贫馁；昔日赵攻鄄，子不救，卫取薛陵，子不知；是子厚币事吾左右以求誉也！”是日，烹阿大夫及左右尝誉者。于是群臣耸惧，莫敢饰诈，务尽其情。齐国大治，强于天下。

5　楚肃王臧,无子,立其弟良夫,是为宣王。

6　宋辟公辟兵,子剔成立。

七年(壬子,前369)

1　日有食之。

2　王崩,弟扁立,是为显王。

3　魏大夫王错出奔韩。公孙颀谓韩懿侯曰:"魏乱,可取也。"懿侯乃与赵成侯合兵伐魏,战于浊泽,大破之,遂围魏。成侯曰:"杀䓨,立公中缓,割地而退,我二国之利也。"懿侯曰:"不可。杀魏君,暴也;割地而退,贪也。不如两分之。魏分为两,不强于宋、卫,则我终无魏患矣。"赵人不听。懿侯不悦,以其兵夜去。赵成侯亦去。䓨遂杀公中缓而立,是为惠王。

　　太史公曰:魏惠王所以身不死、国不分者,二国之谋不和也。若从一家之谋,魏必分矣。故曰:"君终,无适子,其国可破也。"

资治通鉴卷第二

周纪二

显王

元年（癸丑，前368）

1　齐伐魏，取观津。
2　赵侵齐，取长城。

三年（乙卯，前366）

1　魏、韩会于宅阳。
2　秦败魏师、韩师于洛阳。

四年（丙辰，前365）

1　魏伐宋。

五年（丁巳，前364）

1　秦献公败三晋之师于石门，斩首六万。王赐以黼黻之服。

七年（己未，前362）

1　魏败韩师、赵师于浍。
2　秦、魏战于少梁，魏师败绩；获魏公孙痤。
3　卫声公薨，子成侯速立。
4　燕桓公薨，子文公立。
5　秦献公薨，子孝公立。孝公生二十一年矣。是时河、山以东强国六，淮、泗之间小国十馀，楚、魏与秦接界。魏筑长城，自郑滨洛以北有上郡；楚自汉中，南有巴、黔中：皆以夷翟遇秦，摈斥之，不得与中国之会盟。于是孝公发愤，布德修政，欲以强秦。

八年（庚申，前361）

　　1　孝公下令国中曰："昔我穆公，自岐、雍之间修德行武，东平晋乱，以河为界，西霸戎翟，广地千里，天子致伯，诸侯毕贺，为后世开业甚光美。会往者厉、躁、简公、出子之不宁，国家内忧，未遑外事。三晋攻夺我先君河西地，丑莫大焉。献公即位，镇抚边境，徙治栎阳，且欲东伐，复穆公之故地，修穆公之政令。寡人思念先君之意，常痛于心。宾客群臣有能出奇计强秦者，吾且尊官，与之分土。"于是卫公孙鞅闻是令下，乃西入秦。

　　公孙鞅者，卫之庶孙也，好刑名之学。事魏相公叔痤，痤知其贤，未及进。会病，魏惠王往问之曰："公叔病有如不可讳，将奈社稷何？"公叔曰："痤之中庶子卫鞅，年虽少，有奇才，愿君举国而听之！"王嘿然。公叔曰："君即不听用鞅，必杀之，无令出境！"王许诺而去。公叔召鞅谢曰："吾先君而后臣，故先为君谋，后以告子。子必速行矣！"鞅曰："君不能用子之言任臣，又安能用子之言杀臣乎！"卒不去。王出，谓左右曰："公叔病甚，悲乎，欲令寡人以国听卫鞅也！既又劝寡人杀之，岂不悖哉！"卫鞅既至秦，因嬖臣景监以求见孝公，说以富国强兵之术；公大悦，与议国事。

十年（壬戌，前359）

　　1　卫鞅欲变法，秦人不悦。卫鞅言于秦孝公曰："夫民不可与虑始，而可与乐成。论至德者不和于俗，成大功者不谋于众。是以圣人苟可以强国，不法其故。"甘龙曰："不然，缘法而治者，吏习而民安之。"卫鞅曰："常人安于故俗，学者溺于所闻，以此两者，居官守法可也，非所与论于法之外也。智者作法，愚者制焉；贤者更礼，不肖者拘焉。"公曰："善。"以卫鞅为左庶长。卒定变法之令。令民为什伍而相收司、连坐，告奸者与斩敌首同赏，不告奸者与降敌同罚。有军功者，各以率受上爵；为私斗者，各以轻重被刑大小。僇力本业，耕织致粟帛多者，复其身；事末利及怠而贫者，举以为收孥。宗室非有军功论，不得为属籍。明尊卑爵秩等级，各以差次名田宅、臣妾、衣服。有功者显荣，无功者虽富无所芬华。

　　令既具未布，恐民之不信，乃立三丈之木于国都市南门，募民有能徙置北门者予十金。民怪之，莫敢徙。复曰："能徙者予五十金！"有一人徙之，辄予五十金。乃下令。

　　令行期年，秦民之国都言新令之不便者以千数。于是太子犯法。卫鞅曰："法之不行，自上犯之。"太子，君嗣也，不可施刑，刑其傅公子虔，黥其师公孙贾。明日，秦人皆趋令。行之十年，秦国道不拾遗，山无盗贼，民勇于公战,怯于私斗,乡邑大治。秦民初言令不便者,有来言令便。卫鞅曰:"此皆乱法之民也!"尽迁之于边。其后民莫敢议令。

　　臣光曰:夫信者,人君之大宝也。国保于民,民保于信;非信无以使民,非民无以守国。是故古之王者不欺四海,霸者不欺四邻,善为国者不欺其民,善为家者不欺其亲。不善者反之,欺其邻国,欺其百姓,甚者欺其兄弟,欺其父子。上不信下,下不信上,上下离心,以至于败。所利不能药其所伤,所获不能补其所亡,岂不哀哉!昔齐桓公不背曹沫之盟,晋文公不贪伐原之利,魏文侯不弃虞人之期,秦孝公不废徙木之赏。此四君者道非粹白,而商君尤称刻薄,又处战攻之世,天下趋于诈力,犹且不敢忘信以畜其民,况为四海治平之政者哉!

　　2　韩懿侯薨,子昭侯立。

十一年(癸亥,前358)

　　1　秦败韩师于西山。

十二年(甲子,前357)

　　1　魏、韩会于鄗。

十三年(乙丑,前356)

　　1　赵、燕会于阿。

　　2　赵、齐、宋会于平陆。

十四年(丙寅,前355)

　　1　齐威王、魏惠王会田于郊。惠王曰:"齐亦有宝乎?"威王曰:"无有。"惠王曰:"寡人国虽小,尚有径寸之珠,照车前后各十二乘者十枚。岂以齐大国而无宝乎?"威王曰:"寡人之所以为宝者与王异。吾臣有檀子者,使守南城,则楚人不敢为寇,泗上十二诸侯皆来朝。吾臣有盼子者,使守高唐,则赵人不敢东渔于河。吾吏有黔夫者,使守徐州,则燕人祭北门,赵人祭西门,徙而从者七千馀家。吾臣有种首者,使备盗贼,则道不拾遗。此四臣者,将照千里,岂特十二乘哉!"惠王有惭色。

　　2　秦孝公、魏惠王会于杜平。

　　3　鲁共公薨,子康公毛立。

十五年（丁卯，前354）

　　1　秦败魏师于元里，斩首七千级，取少梁。

　　2　魏惠王伐赵，围邯郸。楚王使景舍救赵。

十六年（戊辰，前353）

　　1　齐威王使田忌救赵。

　　初，孙膑与庞涓俱学兵法，庞涓仕魏为将军，自以能不及孙膑，乃召之；至，则以法断其两足而黥之，欲使终身废弃。齐使者至魏，孙膑以刑徒阴见，说齐使者；齐使者窃载与之齐。田忌善而客待之，进于威王。威王问兵法，遂以为师。于是威王谋救赵，以孙膑为将，辞以刑馀之人不可，乃以田忌为将而孙子为师，居辎车中，坐为计谋。

　　田忌欲引兵之赵。孙子曰："夫解杂乱纷纠者不控拳，救斗者不搏撠，批亢捣虚，形格势禁，则自为解耳。今梁、赵相攻，轻兵锐卒必竭于外，老弱疲于内；子不若引兵疾走魏都，据其街路，冲其方虚，彼必释赵以自救：是我一举解赵之围而收弊于魏也。"田忌从之。十月，邯郸降魏。魏师还，与齐战于桂陵，魏师大败。

　　2　韩伐东周，取陵观、廪丘。

　　3　楚昭奚恤为相。江乙言于楚王曰："人有爱其狗者，狗尝溺井，其邻人见，欲入言之，狗当门而噬。今昭奚恤常恶臣之见，亦犹是也。且人有好扬人之善者，王曰：'此君子也。'近之；好扬人之恶者，王曰：'此小人也。'远之。然则且有子弑其父、臣弑其主者，而王终己不知也。何者？以王好闻人之美而恶闻人之恶也。"王曰："善，寡人愿两闻之。"

十七年（己巳，前352）

　　1　秦大良造伐魏。

　　2　诸侯围魏襄陵。

十八年（庚午，前351）

　　1　秦卫鞅围魏固阳，降之。

　　2　魏人归赵邯郸。与赵盟漳水上。

　　3　韩昭侯以申不害为相。

　　申不害者，郑之贱臣也，学黄、老、刑名，以干昭侯。昭侯用为相，内修政教,外应诸侯,十五年,终申子之身,国治兵强。

　　申子尝请仕其从兄,昭侯不许,申子有怨色。昭侯曰:"所为学于子者,欲以治国也。今将听子之谒而废子之术乎,已其行子之术而废子之请乎?子尝教寡人修功劳,视次第;今有所私求,我将奚听乎?"申子乃辟舍请罪曰:"君真其人也!"

　　昭侯有弊裤,命藏之。侍者曰:"君亦不仁者矣,不赐左右而藏之!"昭侯曰:"吾闻明主爱一颦一笑,颦有为颦,笑有为笑。今裤岂特颦笑哉!吾必待有功者。"

十九年(辛未,前350)

　　1　秦商鞅筑冀阙宫庭于咸阳,徙都之。令民父子、兄弟同室内息者为禁。并诸小乡聚,集为一县,县置令、丞,凡三十一县。废井田,开阡陌。平斗、桶、权、衡、丈、尺。

　　2　秦、魏遇于彤。

　　3　赵成侯薨,公子緤与太子争立;緤败,奔韩。

二十一年(癸酉,前348)

　　1　秦商鞅更为赋税法,行之。

二十二年(甲戌,前347)

　　1　赵公子范袭邯郸,不胜而死。

二十三年(乙亥,前346)

　　1　齐杀其大夫牟。

　　2　鲁康公薨,子景公偃立。

　　3　卫更贬号曰侯,服属三晋。

二十五年(丁丑,前344)

　　1　诸侯会于京师。

二十六年(戊寅,前343)

　　1　王致伯于秦,诸侯皆贺秦。秦孝公使公子少官帅师会诸侯于逢泽以朝王。

二十八年（庚辰，前341）

1　魏庞涓伐韩。韩请救于齐。齐威王召大臣而谋曰："蚤救孰与晚救？"成侯曰："不如勿救。"田忌曰："弗救则韩且折而入于魏，不如蚤救之。"孙膑曰："夫韩、魏之兵未弊而救之，是吾代韩受魏之兵，顾反听命于韩也。且魏有破国之志，韩见亡，必东面而愬于齐矣。吾因深结韩之亲而晚承魏之弊，则可受重利而得尊名也。"王曰："善。"乃阴许韩使而遣之。韩因恃齐，五战不胜，而东委国于齐。

齐因起兵，使田忌、田婴、田盼将之，孙子为师，以救韩，直走魏都。庞涓闻之，去韩而归。魏人大发兵，以太子申为将，以御齐师。孙子谓田忌曰："彼三晋之兵素悍勇而轻齐，齐号为怯。善战者因其势而利导之。兵法：'百里而趣利者蹶上将，五十里而趣利者军半至。'"乃使齐军入魏地为十万灶，明日为五万灶，又明日为二万灶。庞涓行三日，大喜曰："我固知齐军怯，入吾地三日，士卒亡者过半矣！"乃弃其步军，与其轻锐倍日并行逐之。孙子度其行，暮当至马陵，马陵道狭而旁多阻隘，可伏兵，乃斫大树，白而书之曰："庞涓死此树下！"于是令齐师善射者万弩夹道而伏，期日暮见火举而俱发。庞涓果夜到斫木下，见白书，以火烛之，读未毕，万弩俱发，魏师大乱相失。庞涓自知智穷兵败，乃自刭，曰："遂成竖子之名！"齐因乘胜大破魏师，虏太子申。

2　成侯邹忌恶田忌，使人操十金，卜于市，曰："我，田忌之人也。我为将三战三胜，欲行大事，可乎？"卜者出，因使人执之。田忌不能自明，率其徒攻临淄，求成侯；不克，出奔楚。

二十九年（辛巳，前340）

1　卫鞅言于秦孝公曰："秦之与魏，譬若人有腹心之疾，非魏并秦，秦即并魏。何者？魏居岭厄之西，都安邑，与秦界河，而独擅山东之利，利则西侵秦，病则东收地。今以君之贤圣，国赖以盛；而魏往年大破于齐，诸侯畔之，可因此时伐魏。魏不支秦，必东徙，然后秦据河、山之固，东乡以制诸侯，此帝王之业也。"公从之，使卫鞅将兵伐魏。魏使公子卬将而御之。

军既相距，卫鞅遗公子卬书曰："吾始与公子欢；今俱为两国将，不忍相攻，可与公子面相见盟，乐饮而罢兵，以安秦、魏之民。"公子卬以为然，乃相与会；盟已，饮，而卫鞅伏甲士，袭虏公子卬，因攻魏师，大破之。

魏惠王恐,使使献河西之地于秦以和。因去安邑,徙都大梁。乃叹曰:"吾恨不用公叔之言!"

秦封卫鞅商於十五邑。号曰商君。

2 齐、赵伐魏。

3 楚宣王薨,子威王商立。

三十一年(癸未,前338)

1 秦孝公薨,子惠文王立。公子虔之徒告商君欲反,发吏捕之。商君亡之魏,魏人不受,复内之秦。商君乃与其徒之商於,发兵北击郑。秦人攻商君,杀之,车裂以徇,尽灭其家。

初,商君相秦,用法严酷,尝临渭论囚,渭水尽赤。为相十年,人多怨之。赵良见商君,商君问曰:"子观我治秦孰与五羖大夫贤?"赵良曰:"千人之诺诺,不如一士之谔谔。仆请终日正言而无诛,可乎?"商君曰:"诺。"赵良曰:"五羖大夫,荆之鄙人也,穆公举之牛口之下而加之百姓之上,秦国莫敢望焉。相秦六七年而东伐郑,三置晋君,一救荆祸。其为相也,劳不坐乘,暑不张盖。行于国中,不从车乘,不操干戈。五羖大夫死,秦国男女流涕,童子不歌谣,舂者不相杵。今君之见也,因嬖人景监以为主;其从政也,凌轹公族,残伤百姓。公子虔杜门不出已八年矣。君又杀祝懽而黥公孙贾。诗曰:'得人者兴,失人者崩。'此数者,非所以得人也。君之出也,后车载甲,多力而骈胁者为骖乘,持矛而操闟戟者旁车而趋。此一物不具,君固不出。书曰:'恃德者昌,恃力者亡。'此数者,非恃德也。君之危若朝露,而尚贪商於之富,宠秦国之政,畜百姓之怨。秦王一旦捐宾客而不立朝,秦国之所以收君者岂其微哉!"商君弗从。居五月而难作。

三十二年(甲申,前337)

1 韩申不害卒。

三十三年(乙酉,前336)

1 宋太丘社亡。

2 邹人孟轲见魏惠王,王曰:"叟,不远千里而来,亦有以利吾国乎?"孟子曰:"君何必曰利,仁义而已矣!君曰何以利吾国,大夫曰何以利吾家,士庶人曰何以利吾身,上下交征利而国危矣。未有仁而遗其亲者也,未有义而后其君者也。"王曰:"善。"

初,孟子师子思,尝问牧民之道何先。子思曰:"先利之。"孟子曰:"君子所以教民者,亦仁义而已矣,何必利!"子思曰:"仁义固所以利之也。上不仁则下不得其所,上不义则下乐为诈也,此为不利大矣。故易曰:'利者,义之和也。'又曰:'利用安身,以崇德也。'此皆利之大者也。"

臣光曰:子思、孟子之言,一也。夫唯仁者为知仁义之为利,不仁者不知也。故孟子对梁王直以仁义而不及利者,所与言之人异故也。

三十四年(丙戌,前335)

1　秦伐韩,拔宜阳。

三十五年(丁亥,前334)

1　齐王、魏王会于徐州以相王。

2　韩昭侯作高门,屈宜臼曰:"君必不出此门。何也? 不时。吾所谓时者,非时日也。夫人固有利、不利时。往者君尝利矣,不作高门。前年秦拔宜阳,今年旱,君不以此时恤民之急而顾益奢,此所谓时诎举赢者也。故曰不时。"

3　越王无彊伐齐。齐王使人说之以伐齐不如伐楚之利。越王遂伐楚。楚人大败之,乘胜尽取吴故地,东至于浙江。越以此散,诸公族争立,或为王,或为君,滨于海上,朝服于楚。

三十六年(戊子,前333)

1　楚王伐齐,围徐州。

2　韩高门成。昭侯薨,子宣惠王立。

3　初,洛阳人苏秦说秦王以兼天下之术,秦王不用其言。苏秦乃去,说燕文公曰:"燕之所以不犯寇被甲兵者,以赵之为蔽其南也。且秦之攻燕也,战于千里之外;赵之攻燕也,战于百里之内。夫不忧百里之患而重千里之外,计无过于此者。愿大王与赵从亲,天下为一,则燕国必无患矣。"

文公从之,资苏秦车马,以说赵肃侯曰:"当今之时,山东之建国莫强于赵,秦之所害亦莫如赵。然而秦不敢举兵伐赵者,畏韩、魏之议其后也。秦之攻韩、魏也,无有名山大川之限,稍蚕食之,傅国都而止。韩、魏不能

支秦,必入臣于秦;秦无韩、魏之规则祸中于赵矣。臣以天下地图案之,诸
侯之地五倍于秦,料度诸侯之卒十倍于秦。六国为一,并力西乡而攻秦,
秦必破矣。夫衡人者皆欲割诸侯之地以与秦,秦成则其身富荣,国被秦患
而不与其忧,是以衡人日夜务以秦权恐愒诸侯,以求割地。故愿大王熟计
之也!窃为大王计,莫如一韩、魏、齐、楚、燕、赵为从亲以畔秦,令天下之
将相会于洹水之上,通质结盟,约曰:'秦攻一国,五国各出锐师,或桡秦,
或救之。有不如约者,五国共伐之!'诸侯从亲以摈秦,秦甲必不敢出于
函谷以害山东矣。"肃侯大说,厚待苏秦,尊宠赐赉之,以约于诸侯。

会秦使犀首伐魏,大败其师四万馀人,禽将龙贾,取雕阴,且欲东兵。
苏秦恐秦兵至赵而败从约,念莫可使用于秦者,乃激怒张仪,入之于秦。

张仪者,魏人,与苏秦俱事鬼谷先生,学纵横之术,苏秦自以为不及
也。仪游诸侯无所遇,困于楚,苏秦故召而辱之。仪恐,念诸侯独秦能苦
赵,遂入秦。苏秦阴遣其舍人赍金币资仪,仪得见秦王。秦王说之,以为
客卿。舍人辞去,曰:"苏君忧秦伐赵败从约,以为非君莫能得秦柄;故激
怒君,使臣阴奉给君资,尽苏君之计谋也。"张仪曰:"嗟乎,此吾在术中而
不悟,吾不及苏君明矣。为吾谢苏君,苏君之时,仪何敢言!"

于是苏秦说韩宣惠王曰:"韩地方九百馀里,带甲数十万,天下之强
弓、劲弩、利剑皆从韩出。韩卒超足而射,百发不暇止。以韩卒之勇,被坚
甲,蹠劲弩,带利剑,一人当百,不足言也。大王事秦,秦必求宜阳、成皋;
今兹效之,明年复求割地。与则无地以给之,不与则弃前功,受后祸。且
大王之地有尽而秦求无已,以有尽之地逆无已之求,此所谓市怨结祸者
也,不战而地已削矣。鄙谚曰:'宁为鸡口,无为牛后。'夫以大王之贤,挟
强韩之兵,而有牛后之名,臣窃为大王羞之!"韩王从其言。

苏秦说魏王曰:"大王之地方千里,地名虽小,然而田舍庐庑之数,曾
无所刍牧。人民之众,车马之多,日夜行不绝,辒辒殷殷,若有三军之众。
臣窃量大王之国不下楚。今窃闻大王之卒,武士二十万,苍头二十万,奋
击二十万,厮徒十万;车六百乘,骑五千匹,乃听于群臣之说,而欲臣事秦!
故敝邑赵王使臣效愚计,奉明约,在大王之诏诏之。"魏王听之。

苏秦说齐王曰:"齐四塞之国,地方二千馀里,带甲数十万,粟如丘
山。三军之良,五家之兵,进如锋矢,战如雷霆,解如风雨,即有军役,未尝
倍泰山、绝清河、涉渤海者也。临淄之中七万户,臣窃度之,不下户三男
子,不待发于远县,而临淄之卒固已二十一万矣。临淄甚富而实,其民无
不斗鸡、走狗、六博、阘鞠。临淄之涂,车毂击,人肩摩,连衽成帷,挥汗成

雨。夫韩、魏之所以重畏秦者,为与秦接境壤也。兵出而相当,不十日而战,胜存亡之机决矣。韩、魏战而胜秦,则兵半折,四境不守;战而不胜,则国已危亡随其后;是故韩、魏之所以重与秦战而轻为之臣也。今秦之攻齐则不然,倍韩、魏之地,过卫阳晋之道,经乎亢父之险,车不得方轨,骑不得比行,百人守险,千人不敢过也。秦虽欲深入则狼顾,恐韩、魏之议其后也,是故恫疑、虚喝、骄矜而不敢进,则秦之不能害齐亦明矣。夫不深料秦之无奈齐何,而欲西面而事之,是群臣之计过也。今无臣事秦之名而有强国之实,臣是故愿大王少留意计之!"齐王许之。

　　乃西南说楚威王曰:"楚,天下之强国也,地方六千馀里,带甲百万,车千乘,骑万匹,粟支十年,此霸王之资也。秦之所害莫如楚,楚强则秦弱,秦强则楚弱,其势不两立。故为大王计,莫如从亲以孤秦。臣请令山东之国奉四时之献,以承大王之明诏;委社稷,奉宗庙,练士厉兵,在大王之所用之。故从亲则诸侯割地以事楚,衡合则楚割地以事秦,此两策者相去远矣,大王何居焉?"楚王亦许之。

　　于是苏秦为从约长,并相六国,北报赵,车骑辎重拟于王者。

　　4　齐威王薨,子宣王辟彊立;知成侯卖田忌,乃召而复之。

　　5　燕文公薨,子易王立。

　　6　卫成侯薨,子平侯立。

三十七年(己丑,前332)

　　1　秦惠王使犀首欺齐、魏,与共伐赵,以败从约。赵肃侯让苏秦,苏秦恐,请使燕,必报齐。苏秦去赵而从约皆解。赵人决河水以灌齐、魏之师,齐、魏之师乃去。

　　2　魏以阴晋为和于秦,实华阴。

　　3　齐王伐燕,取十城;已而复归之。

三十九年(辛卯,前330)

　　1　秦伐魏,围焦、曲沃。魏入少梁、河西地于秦。

四十年(壬辰,前329)

　　1　秦伐魏,渡河,取汾阴、皮氏,拔焦。

　　2　楚威王薨,子怀王槐立。

　　3　宋公剔成之弟偃袭攻剔成;剔成奔齐,偃自立为君。

四十一年（癸巳，前328）

　　1　秦公子华、张仪帅师围魏蒲阳，取之。张仪言于秦王，请以蒲阳复与魏，而使公子繇质于魏。仪因说魏王曰："秦之遇魏甚厚，魏不可以无礼于秦。"魏因尽入上郡十五县以谢焉。张仪归而相秦。

四十二年（甲午，前327）

　　1　秦县义渠，以其君为臣。
　　2　秦归焦、曲沃于魏。

四十三年（乙未，前326）

　　1　赵肃侯薨，子武灵王立；置博闻师三人，左、右司过三人，先问先君贵臣肥义，加其秩。

四十四年（丙申，前325）

　　1　夏，四月戊午，秦初称王。
　　2　卫平侯薨，子嗣君立。卫有胥靡亡之魏，因为魏王之后治病。嗣君闻之，请以五十金买之。五反，魏不与，乃以左氏易之。左右谏曰："夫以一都买一胥靡，可乎？"嗣君曰："非子所知也！夫治无小，乱无大。法不立，诛不必，虽有十左氏，无益也。法立，诛必，失十左氏，无害也。"魏王闻之曰："人主之欲，不听之不祥。"因载而往，徒献之。

四十五年（丁酉，前324）

　　1　秦张仪帅师伐魏，取陕。
　　2　苏秦通于燕文公之夫人，易王知之。苏秦恐，乃说易王曰："臣居燕不能使燕重，而在齐则燕重。"易王许之。乃伪得罪于燕而奔齐，齐宣王以为客卿。苏秦说齐王高宫室，大苑囿，以明得意，欲以敝齐而为燕。

四十六年（戊戌，前323）

　　1　秦张仪及齐、楚之相会啮桑。
　　2　韩、燕皆称王。赵武灵王独不肯，曰："无其实，敢处其名乎！"令国人谓己曰君。

四十七年（己亥，前322）

　　1　秦张仪自啮桑还而免相，相魏，欲令魏先事秦而诸侯效之；魏王不听。秦王伐魏，取曲沃、平周，复阴厚张仪益甚。

四十八年（庚子，前321）

　　1　王崩，子慎靓王定立。

　　2　燕易王薨，子哙立。

　　3　齐王封田婴于薛，号曰靖郭君。靖郭君言于齐王曰："五官之计，不可不日听而数览也。"王从之；已而厌之，悉以委靖郭君。靖郭君由是得专齐之权。

　　靖郭君欲城薛，客谓靖郭君曰："君不闻海大鱼乎？网不能止，钩不能牵，荡而失水，则蝼蚁制焉。今夫齐，亦君之水也。君长有齐，奚以薛为！苟为失齐，虽隆薛之城到于天，庸足恃乎！"乃不果城。

　　靖郭君有子四十人，其贱妾之子曰文。文通倜傥智略，说靖郭君以散财养士。靖郭君使文主家待宾客，宾客争誉其美，皆请靖郭君以文为嗣。靖郭君卒，文嗣为薛公，号曰孟尝君。孟尝君招致诸侯游士及有罪亡人，皆舍业厚遇之，存救其亲戚，食客常数千人，各自以为孟尝君亲己，由是孟尝君之名重天下。

　　　　臣光曰：君子之养士，以为民也。易曰："圣人养贤，以及万民。"夫贤者，其德足以敦化正俗，其才足以顿纲振纪，其明足以烛微虑远，其强足以结仁固义；大则利天下，小则利一国。是以君子丰禄以富之，隆爵以尊之；养一人而及万人者，养贤之道也。今孟尝君之养士也，不恤智愚，不择臧否，盗其君之禄，以立私党，张虚誉，上以侮其君，下以蠹其民，是奸人之雄也，乌足尚哉！书曰："受为天下逋逃主、萃渊薮。"此之谓也。

　　4　孟尝君聘于楚，楚王遗之象床。登徒直送之，不欲行，谓孟尝君门人公孙戌曰："象床之直千金，苟伤之毫发，则卖妻子不足偿也。足下能使仆无行者，有先人之宝剑，愿献之。"公孙戌许诺，入见孟尝君曰："小国所以皆致相印于君者，以君能振达贫穷，存亡继绝，故莫不悦君之义，慕君之廉也。今始至楚而受象床，则未至之国将何以待君哉！"孟尝君曰："善。"遂不受。公孙戌趋去，未至中闺，孟尝君召而反之，曰："子何足之高，志之扬也？"公孙戌以实对。孟尝君乃书门版曰："有能扬文之名，止文之过，私得宝于外者，疾入谏！"

臣光曰：孟尝君可谓能用谏矣。苟其言之善也，虽怀诈谖之心，犹将用之，况尽忠无私以事其上乎！诗云："采葑采菲，无以下体。"孟尝君有焉。

5 韩宣惠王欲两用公仲、公叔为政，问于缪留。对曰："不可。晋用六卿而国分；齐简公用陈成子及阚止而见杀；魏用犀首、张仪而西河之外亡。今君两用之，其多力者内树党，其寡力者藉外权。群臣有内树党以骄主，有外为交以削地，君之国危矣。"

资治通鉴卷第三

周纪三

慎靓王

元年（辛丑，前320）

1　卫更贬号曰君。

二年（壬寅，前319）

1　秦伐韩，取鄢。

2　魏惠王薨，子襄王立。孟子入见而出，语人曰："望之不似人君，就之而不见所畏焉。卒然问曰：'天下恶乎定？'吾对曰：'定于一。''孰能一之？'对曰：'不嗜杀人者能一之。''孰能与之？'对曰：'天下莫不与也。王知夫苗乎？七、八月之间旱，则苗槁矣。天油然作云，沛然下雨，则苗浡然兴之矣。其如是，孰能御之！'"

三年（癸卯，前318）

1　楚、赵、魏、韩、燕同伐秦，攻函谷关。秦人出兵逆之，五国之师皆败走。

2　宋初称王。

四年（甲辰，前317）

1　秦败韩师于脩鱼，斩首八万级，虏其将鲠、申差于浊泽。诸侯振恐。

2　齐大夫与苏秦争宠，使人刺秦，杀之。

3　张仪说魏襄王曰："梁地方不至千里，卒不过三十万，地四平，无名山大川之限，卒戍楚、韩、齐、赵之境，守亭、障者不过十万，梁之地势固战场也。夫诸侯之约从，盟于洹水之上，结为兄弟以相坚也。今亲兄弟同父母，尚有争钱财相杀伤，而欲恃反覆苏秦之馀谋，其不可成亦明矣。大王不事秦,秦下兵攻河外,据卷衍、酸枣,劫卫,取阳晋,则赵不南,赵不南则梁不北,梁不北则从道绝,从道绝则大王之国欲毋危不可得也。故愿大王审定计议,且赐骸骨。"魏王乃倍从约,而因仪以请成于秦。张仪归,复相秦。

4 鲁景公薨,子平公旅立。

五年(乙巳,前316)

1 巴、蜀相攻击,俱告急于秦。秦惠王欲伐蜀,以为道险狭难至,而韩又来侵,犹豫未能决。司马错请伐蜀。张仪曰:"不如伐韩。"王曰:"请闻其说。"仪曰:"亲魏,善楚,下兵三川,攻新城、宜阳,以临二周之郊,据九鼎,按图籍,挟天子以令于天下,天下莫敢不听,此王业也。臣闻争名者于朝,争利者于市。今三川、周室,天下之朝市也,而王不争焉,顾争于戎翟,去王业远矣。"司马错曰:"不然。臣闻欲富国者务广其地,欲强兵者务富其民,欲王者务博其德:三资者备而王随之矣。今王地小民贫,故臣愿先从事于易。夫蜀,西僻之国而戎翟之长也,有桀、纣之乱;以秦攻之,譬如使豺狼逐群羊;得其地足以广国,取其财足以富民,缮兵不伤众而彼已服焉。拔一国而天下不以为暴,利尽四海而天下不以为贪,是我一举而名实附也,而又有禁暴止乱之名。今攻韩,劫天子,恶名也,而未必利也;又有不义之名,而攻天下所不欲,危矣。臣请论其故:周,天下之宗室也。齐,韩之与国也。周自知失九鼎,韩自知亡三川,将二国并力合谋,以因乎齐、赵而求解乎楚、魏,以鼎与楚,以地与魏,王弗能止也。此臣之所谓危也。不如伐蜀完。"王从错计,起兵伐蜀;十月取之。贬蜀王,更号为侯;而使陈庄相蜀。蜀既属秦,秦以益强,富厚,轻诸侯。

2 苏秦既死,秦弟代、厉亦以游说显于诸侯。燕相子之与苏代婚,欲得燕权。苏代使于齐而还,燕王哙问曰:"齐王其霸乎?"对曰:"不能。"王曰:"何故?"对曰:"不信其臣。"于是燕王专任子之。鹿毛寿谓燕王曰:"人之谓尧贤者,以其能让天下也。今王以国让子之,是王与尧同名也。"燕王因属国于子之,子之大重。或曰:"禹荐益而以启人为吏,及老而以启为不足任天下,传之于益。启与交党攻益,夺之,天下谓禹名传天下于益而实令启自取之。今王言属国于子之而吏无非太子人者,是名属子之而实太子用事也。"王因收印绶,自三百石吏已上而效之子之。子之南面行王事,而哙老,不听政,顾为臣,国事皆决于子之。

六年（丙午，前315）

1　王崩，子赧王延立。

赧王上

元年（丁未，前314）

1　秦人侵义渠，得二十五城。

2　魏人叛秦。秦人伐魏，取曲沃而归其人。又败韩于岸门，韩太子仓入质于秦以和。

3　燕子之为王三年，国内大乱。将军市被与太子平谋攻子之。齐王令人谓太子曰："寡人闻太子将饬君臣之义，明父子之位，寡人之国虽小，唯太子所以令之。"太子因要党聚众，使市被攻子之，不克。市被反攻太子。构难数月，死者数万人，百姓恫恐。齐王令章子将五都之兵，因北地之众以伐燕。燕士卒不战，城门不闭。齐人取子之，醢之，遂杀燕王哙。

齐王问孟子曰："或谓寡人勿取燕，或谓寡人取之。以万乘之国伐万乘之国，五旬而举之，人力不至于此；不取，必有天殃。取之何如？"孟子对曰："取之而燕民悦则取之，古之人有行之者，武王是也。取之而燕民不悦则勿取，古之人有行之者，文王是也。以万乘之国伐万乘之国，箪食壶浆以迎王师，岂有他哉？避水火也。如水益深，如火益热，亦运而已矣！"

诸侯将谋救燕。齐王谓孟子曰："诸侯多谋伐寡人者，何以待之？"对曰："臣闻七十里为政于天下者，汤是也，未闻以千里畏人者也。书曰：'徯我后，后来其苏。'今燕虐其民，王往而征之，民以为将拯己于水火之中也，箪食壶浆以迎王师。若杀其父兄，系累其子弟，毁其宗庙，迁其重器，如之何其可也！天下固畏齐之强也，今又倍地而不行仁政，是动天下之兵也。王速出令，反其旄倪，止其重器，谋于燕众，置君而后去之，则犹可及止也。"齐王不听。

已而燕人叛。王曰："吾甚惭于孟子。"陈贾曰："王无患焉。"乃见孟子，曰："周公何人也？"曰："古圣人也。"陈贾曰："周公使管叔监商，管叔以商畔也。周公知其将畔而使之与？"曰："不知也。"陈贾曰："然则圣人亦有过与？"曰："周公，弟也，管叔，兄也，周公之过不亦宜乎！且古之君子，过则改之；今之君子，过则顺之。古之君子，其过也如日月之食，民皆见之；及其更也，民皆仰之。今之君子，岂徒顺之，又从为之辞！"

4　是岁，齐宣王薨，子湣王地立。

二年（戊申，前313）

　　1　秦右更疾伐赵，拔蔺，虏其将庄豹。

　　2　秦王欲伐齐，患齐、楚之从亲，乃使张仪至楚，说楚王曰："大王诚能听臣，闭关绝约于齐，臣请献商於之地六百里，使秦女得为大王箕帚之妾，秦、楚嫁女娶妇，长为兄弟之国。"楚王说而许之。群臣皆贺，陈轸独吊。王怒曰："寡人不兴师而得六百里地，何吊也？"对曰："不然。以臣观之，商於之地不可得而齐、秦合，齐、秦合则患必至矣。"王曰："有说乎？"对曰："夫秦之所以重楚者，以其有齐也。今闭关绝约于齐则楚孤，秦奚贪夫孤国而与之商於之地六百里！张仪至秦，必负王。是王北绝齐交，西生患于秦也，两国之兵必俱至。为王计者，不若阴合而阳绝于齐，使人随张仪，苟与吾地，绝齐未晚也。"王曰："愿陈子闭口，毋复言，以待寡人得地！"乃以相印授张仪，厚赐之。遂闭关绝约于齐，使一将军随张仪至秦。

　　张仪详堕车，不朝三月。楚王闻之，曰："仪以寡人绝齐未甚邪？"乃使勇士宋遗借宋之符，北骂齐王。齐王大怒，折节以事秦，齐、秦之交合。张仪乃朝，见楚使者曰："子何不受地？从某至某，广袤六里。"使者怒，还报楚王。楚王大怒，欲发兵而攻秦。陈轸曰："轸可发口言乎？攻之不如因赂之以一名都，与之并力而攻齐，是我亡地于秦，取偿于齐也。今王已绝于齐而责欺于秦，是吾合齐、秦之交而来天下之兵也，国必大伤矣！"楚王不听，使屈匄帅师伐秦。秦亦发兵使庶长章击之。

三年（己酉，前312）

　　1　春，秦师及楚战于丹阳，楚师大败；斩甲士八万，虏屈匄及列侯、执珪七十余人，遂取汉中郡。楚王悉发国内兵以复袭秦，战于蓝田，楚师大败。韩、魏闻楚之困，南袭楚，至邓。楚人闻之，乃引兵归，割两城以请平于秦。

　　2　燕人共立太子平，是为昭王。昭王于破燕之后即位。吊死问孤，与百姓同甘苦，卑身厚币以招贤者。谓郭隗曰："齐因孤之国乱而袭破燕，孤极知燕小力少，不足以报；然诚得贤士与共国，以雪先王之耻，孤之愿也。先生视可者，得身事之！"郭隗曰："古之人君有以千金使涓人求千里马者，马已死，买其首五百金而返。君大怒，涓人曰：'死马且买之，况生者乎！马今至矣。'不期年，千里之马至者三。今王必欲致士，先从隗始，况贤于隗者，岂远千里哉！"于是昭王为隗改筑宫而师事之。于是士争趣燕：乐毅自魏往，剧辛自赵往。昭王以乐毅为亚卿，任以国政。

　　3　韩宣惠王薨，子襄王仓立。

四年（庚戌，前311）

　　1　蜀相杀蜀侯。

　　2　秦惠王使人告楚怀王，请以武关之外易黔中地。楚王曰："不愿易地，愿得张仪而献黔中地。"张仪闻之，请行。王曰："楚将甘心于子，奈何行？"张仪曰："秦强楚弱，大王在，楚不宜敢取臣。且臣善其嬖臣靳尚，靳尚得事幸姬郑袖，袖之言，王无不听者。"遂往。楚王囚，将杀之。靳尚谓郑袖曰："秦王甚爱张仪，将以上庸六县及美女赎之。王重地尊秦，秦女必贵而夫人斥矣。"于是郑袖日夜泣于楚王曰："臣各为其主耳。今杀张仪，秦必大怒。妾请子母俱迁江南，毋为秦所鱼肉也！"王乃赦张仪而厚礼之。张仪因说楚王曰："夫为从者无以异于驱群羊而攻猛虎，不格明矣。今王不事秦，秦劫韩驱梁而攻楚，则楚危矣。秦西有巴、蜀，治船积粟，浮岷江而下，一日行五百馀里，不至十日而距扞关，扞关惊则从境以东尽城守矣，黔中、巫郡非王之有。秦举甲出武关，则北地绝。秦兵之攻楚也，危难在三月之内，而楚待诸侯之救在半岁之外，夫待弱国之救，忘强秦之祸，此臣所为大王患也。大王诚能听臣，臣请令秦、楚长为兄弟之国，无相攻伐。"楚王已得张仪而重出黔中地，乃许之。

　　张仪遂之韩，说韩王曰："韩地险恶山居，五谷所生，非菽而麦，国无二岁之食；见卒不过二十万。秦被甲百馀万。山东之士被甲蒙胄以会战，秦人捐甲徒裼以趋敌，左挈人头，右挟生虏。夫战孟贲、乌获之士以攻不服之弱国，无异垂千钧之重于鸟卵之上，必无幸矣。大王不事秦，秦下甲据宜阳，塞成皋，则王之国分矣，鸿台之宫，桑林之苑，非王之有也。为大王计，莫如事秦以攻楚，以转祸而悦秦，计无便于此者！"韩王许之。

　　张仪归报，秦王封以六邑，号武信君。复使东说齐王曰："从人说大王者必曰：'齐蔽于三晋，地广民众，兵强士勇，虽有百秦，将无奈齐何。'大王贤其说而不计其实。今秦、楚嫁女娶妇，为昆弟之国；韩献宜阳；梁效河外；赵入朝，割河间以事秦。大王不事秦，秦驱韩、梁攻齐之南地，悉赵兵，渡清河，指博关，临菑、即墨非王之有也！国一日见攻，虽欲事秦，不可得也！"齐王许张仪。

　　张仪去，西说赵王曰："大王收率天下以摈秦，秦兵不敢出函谷关十五年。大王之威行于山东，敝邑恐惧，缮甲厉兵，力田积粟，愁居慑处，不敢动摇,唯大王有意督过之也。今以大王之力,举巴、蜀,并汉中,包两周,守白马之津。秦虽僻远,然而心忿含怒之日久矣。今秦有敝甲凋兵军于渑池,愿渡河,逾漳,据番吾,会邯郸之下,愿以甲子合战,正殷纣之事。谨使使臣先闻左右。今楚与秦为昆弟之国,而韩、梁称东藩之臣,齐献鱼盐之地,此断赵之右肩也。夫断右肩而与人斗,失其党而孤居,求欲毋危得乎!今秦发三将军,其一军塞午道,告齐使渡清河,军于邯郸之东,一军军成皋,驱韩、梁军于河外,一军军于渑池,约四国为一以攻赵,赵服必四分其地。臣窃为大王计,莫如与秦王面相约而口相结,常为兄弟之国也。"赵王许之。

张仪乃北之燕,说燕王曰:"今赵王已入朝,效河间以事秦。大王不事秦,秦下甲云中、九原,驱赵而攻燕,则易水、长城非大王之有也!且今时齐、赵之于秦,犹郡县也,不敢妄举师以攻伐。今王事秦,长无齐、赵之患矣。"燕王请献常山之尾五城以和。

张仪归报,未至咸阳,秦惠王薨,子武王立。武王自为太子时,不说张仪;及即位,群臣多毁短之。诸侯闻仪与秦王有隙,皆畔衡,复合从。

五年(辛亥,前310)

1　张仪说秦武王曰:"为王计者,东方有变,然后王可以多割得地也。臣闻齐王甚憎臣,臣之所在,齐必伐之。臣愿乞其不肖之身以之梁,齐必伐梁,齐、梁交兵而不能相去,王以其间伐韩,入三川,挟天子,案图籍,此王业也!"王许之。齐王果伐梁,梁王恐。张仪曰:"王勿患也!请令齐罢兵。"乃使其舍人之楚,借使谓齐王曰:"甚矣王之托仪于秦也!"齐王曰:"何故?"楚使者曰:"张仪之去秦也固与秦王谋矣,欲齐、梁相攻而令秦取三川也。今王果伐梁,是王内罢国而外伐与国,而信仪于秦王也。"齐王乃解兵还。张仪相魏一岁,卒。

仪与苏秦皆以纵横之术游诸侯,致位富贵,天下争慕效之。又有魏人公孙衍者,号曰犀首,亦以谈说显名。其馀苏代、苏厉、周最、楼缓之徒,纷纭遍于天下,务以辩诈相高,不可胜纪;而仪、秦、衍最著。

孟子论之曰:或谓:"公孙衍张仪岂不大丈夫哉;一怒而诸侯惧,安居而天下熄?"孟子曰:"是恶足为大丈夫哉!君子立天下之正位,行天下之正道,得志则与民由之,不得志则独行其道,富贵不能淫,贫贱不能移,威武不能诎,是之谓大丈夫。"

扬子法言曰:或问:"仪、秦学乎鬼谷术而习乎纵横言,安中国者各十餘年,是夫?"曰:"诈人也,圣人恶诸。"曰:"孔子读而仪、秦行,何如也?"曰:"甚矣凤鸣而鸷翰也!""然则子贡不为欤?"曰:"乱而不解,子贡耻诸。说而不富贵,仪、秦耻诸。"或曰:"仪、秦其才矣乎,迹不蹈已?"曰:"昔在任人,帝而难之。不以才乎?才乎才,非吾徒之才也!"

2　秦王使甘茂诛蜀相庄。

3　秦王、魏王会于临晋。

4　赵武灵王纳吴广之女孟姚,有宠,是为惠后。生子何。

六年(壬子,前309)

1　秦初置丞相,以樗里疾为右丞相。

七年(癸丑,前308)

1　秦、魏会于应。

2　秦王使甘茂约魏以伐韩,而令向寿辅行。甘茂令向寿还,谓王曰:"魏听臣矣,然愿王勿伐!"王迎甘茂于息壤而问其故。对曰:"宜阳大县,其实郡也。今王倍数险,行千里,攻之难。鲁人有与曾参同姓名者杀人,人告其母,其母织自若也。及三人告之,其母投杼下机,逾墙而走。臣之贤不若曾参,王之信臣又不如其母,疑臣者非特三人,臣恐大王之投杼也。魏文侯令乐羊将而攻中山,三年而拔之。反而论功,文侯示之谤书一箧。乐羊再拜稽首曰:'此非臣之功,君之力也!'今臣,羁旅之臣也,樗里子、公孙奭挟韩而议之,王必听之,是王欺魏王而臣受公仲侈之怨也。"王曰:"寡人弗听也,请与子盟!"乃盟于息壤。秋,甘茂、庶长封帅师伐宜阳。

八年(甲寅,前307)

1　甘茂攻宜阳,五月而不拔。樗里子、公孙奭果争之。秦王召甘茂,欲罢兵。甘茂曰:"息壤在彼。"王曰:"有之。"因大悉起兵以佐甘茂,斩首六万,遂拔宜阳。韩公仲侈入谢于秦以请平。

2　秦武王好以力戏,力士任鄙、乌获、孟说皆至大官。八月,王与孟说举鼎,绝脉而薨;族孟说。武王无子,异母弟稷为质于燕,国人逆而立之,是为昭襄王。昭襄王母芈八子,楚女也,实宣太后。

3　赵武灵王北略中山之地,至房子,遂之代,北至无穷,西至河,登黄华之上。与肥义谋胡服骑射以教百姓,曰:"愚者所笑,贤者察焉。虽驱世以笑我,胡地、中山,吾必有之!"遂胡服。

国人皆不欲,公子成称疾不朝。王使人请之曰:"家听于亲,国听于君。今寡人作教易服而公叔不服,吾恐天下议已也。制国有常,利民为本;从政有经,令行为上。明德先论于贱,而从政先信于贵,故愿慕公叔之义以成胡服之功也。"公子成再拜稽首曰:"臣闻中国者,圣贤之所教也,礼乐之所用也,远方之所观赴也,蛮夷之所则效也。今王舍此而袭远方之服,变古之道,逆人之心,臣愿王孰图之也!"使者以报。王自往请之,曰:"吾国东有齐、中山,北有燕、东胡,西有楼烦、秦、韩之边。今无骑射之备,则何以守之哉?先时中山负齐之强兵,侵暴吾地,系累吾民,引水围鄗;微社稷之神灵,则鄗几于不守也。先君丑之,故寡人变服骑射,欲以备四境之难,报中山之怨。而叔顺中国之俗,恶变服之名,以忘鄗事之丑,非寡人之所望也!"公子成听命,乃赐胡服;明日服而朝。于是始出胡服令,而招骑射焉。

九年(乙卯,前306)

1 秦昭王使向寿平宜阳,而使樗里子、甘茂伐魏。甘茂言于王,以武遂复归之韩。向寿、公孙奭争之,不能得,由此怨谗甘茂。茂惧,辍伐魏蒲阪,亡去。樗里子与魏讲而罢兵。甘茂奔齐。

2 赵王略中山地,至宁葭;西略胡地,至榆中。林胡王献马。归,使楼缓之秦,仇液之韩,王贲之楚,富丁之魏,赵爵之齐;代相赵固主胡,致其兵。

3 楚王与齐、韩合从。

十年(丙辰,前305)

1 彗星见。

2 赵王伐中山,取丹丘、爽阳、鸿之塞,又取鄗、石邑、封龙、东垣。中山献四邑以和。

3 秦宣太后异父弟曰穰侯魏冉,同父弟曰华阳君芈戎;王之同母弟曰高陵君、泾阳君。魏冉最贤,自惠王、武王时,任职用事。武王薨,诸弟争立,唯魏冉力能立昭王。昭王即位,以魏冉为将军,卫咸阳。是岁,庶长壮及大臣、诸公子谋作乱,魏冉诛之;及惠文王后皆不得良死,悼武王后出居于魏,王兄弟不善者,魏冉皆灭之。王少,宣太后自治事,任魏冉为政,威震秦国。

十一年（丁巳，前304）

　　1　秦王、楚王盟于黄棘；秦复与楚上庸。

十二年（戊午，前303）

　　1　彗星见。

　　2　秦取魏蒲阪、晋阳、封陵；又取韩武遂。

　　3　齐、韩、魏以楚负其从亲，合兵伐楚。楚王使太子横为质于秦以请救。秦客卿通将兵救楚，三国引兵去。

十三年（己未，前302）

　　1　秦王、魏王、韩太子婴会于临晋，韩太子至咸阳而归；秦复与魏蒲阪。

　　2　秦大夫有私与楚太子斗者，太子杀之，亡归。

十四年（庚申，前301）

　　1　日有食之，既。

　　2　秦人取韩穰。

　　3　蜀守煇叛秦，秦司马错往诛之。

　　4　秦庶长奂会韩、魏、齐兵伐楚，败其师于重丘，杀其将唐眛；遂取重丘。

　　5　赵王伐中山，中山君奔齐。

十五年（辛酉，前300）

　　1　秦泾阳君为质于齐。

　　2　秦华阳君伐楚，大破楚师，斩首三万，杀其将景缺，取楚襄城。楚王恐，使太子为质于齐以请平。

　　3　秦樗里疾卒，以赵人楼缓为丞相。

　　4　赵武灵王爱少子何，欲及其生而立之。

十六年（壬戌，前299）

　　1　五月戊申，大朝东宫，传国于何。王庙见礼毕，出临朝，大夫悉为臣。肥义为相国，并傅王。武灵王自号"主父"。主父欲使子治国，身胡服,将士大夫西北略胡地。将自云中、九原南袭咸阳,于是诈自为使者,入秦,欲以观秦地形及秦王之为人。秦王不知,已而怪其状甚伟,非人臣之度,使人逐之,主父已脱关矣,审问之,乃主父也。秦人大惊。

2 齐王、魏王会于韩。

3 秦人伐楚,取八城。秦王遗楚王书曰:"始寡人与王约为兄弟,盟于黄棘,太子入质,至欢也。太子陵杀寡人之重臣,不谢而亡去。寡人诚不胜怒,使兵侵君王之边。今闻君王乃令太子质于齐以求平。寡人与楚接境,婚姻相亲;而今秦、楚不欢,则无以令诸侯。寡人愿与君王会武关,面相约,结盟而去,寡人之愿也!"

楚王患之,欲往恐见欺,欲不往恐秦益怒。昭睢曰:"毋行而发兵自守耳!秦,虎狼也,有并诸侯之心,不可信也!"怀王之子子兰劝王行,王乃入秦。秦王令一将军诈为王,伏兵武关,楚王至则闭关劫之,与俱西,至咸阳,朝章台,如藩臣礼,要以割巫、黔中郡。楚王欲盟,秦王欲先得地。楚王怒曰:"秦诈我,而又强要我以地!"因不复许。秦人留之。

楚大臣患之,乃相与谋曰:"吾王在秦不得还,要以割地,而太子为质于齐;齐、秦合谋,则楚无国矣。"欲立王子之在国者。昭睢曰:"王与太子俱困于诸侯,今又倍王命而立其庶子,不宜!"乃诈赴于齐。齐湣王召群臣谋之,或曰:"不若留太子以求楚之淮北。"齐相曰:"不可!郢中立王,是吾抱空质而行不义于天下也。"其人曰:"不然,郢中立王,因与其新王市曰:'予我下东国,吾为王杀太子。不然,将与三国共立之。'"齐王卒用其相计而归楚太子。楚人立之。

4 秦王闻孟尝君之贤,使泾阳君为质于齐以请。孟尝君来入秦,秦王以为丞相。

十七年(癸亥,前298)

1 或谓秦王曰:"孟尝君相秦,必先齐而后秦;秦其危哉!"秦王乃以楼缓为相,囚孟尝君,欲杀之。孟尝君使人求解于秦王幸姬,姬曰:"愿得君狐白裘。"孟尝君有狐白裘,已献之秦王,无以应姬求。客有善为狗盗者,入秦藏中,盗狐白裘以献姬。姬乃为之言于王而遣之。王后悔,使追之。孟尝君至关,关法,鸡鸣而出客,时尚蚤,追者将至,客有善为鸡鸣者,野鸡闻之皆鸣。孟尝君乃得脱归。

2 楚人告于秦曰:"赖社稷神灵,国有王矣!"秦王怒,发兵出武关击楚,斩首五万,取十六城。

3　赵王封其弟为平原君。平原君好士,食客尝数千人。有公孙龙者,善为坚白同异之辩,平原君客之。孔穿自鲁适赵,与公孙龙论臧三耳,龙甚辩析。子高弗应,俄而辞出,明日复见平原君。平原君曰:"畴昔公孙之言信辩也,先生以为何如?"对曰:"然。几能令臧三耳矣。虽然,实难!仆愿得又问于君:今谓三耳甚难而实非也,谓两耳甚易而实是也,不知君将从易而是者乎,其亦从难而非者乎?"平原君无以应。明日,谓公孙龙曰:"公无复与孔子高辩事也!其人理胜于辞;公辞胜于理,终必受诎。"

邹衍过赵,平原君使与公孙龙论白马非马之说。邹子曰:"不可。夫辩者,别殊类使不相害,序异端使不相乱。抒意通指,明其所谓,使人与知焉,不务相迷也。故胜者不失其所守,不胜者得其所求。若是,故辩可为也。及至烦文以相假,饰辞以相惇,巧譬以相移,引人使不得及其意,如此害大道。夫缴纷争言而竞后息,不能无害君子,衍不为也。"座皆称善。公孙龙由是遂诎。

资治通鉴卷第四

周纪四

赧王中

十八年（甲子，前297）

1 楚怀王亡归。秦人觉之，遮楚道。怀王从间道走赵。赵主父在代，赵人不敢受。怀王将走魏，秦人追及之，以归。

2 鲁平公薨，子缗公贾立。

十九年（乙丑，前296）

1 楚怀王发病，薨于秦，秦人归其丧。楚人皆怜之，如悲亲戚。诸侯由是不直秦。

2 齐、韩、魏、赵、宋同击秦，至盐氏而还。秦与韩武遂、与魏封陵以和。

3 赵主父行新地，遂出代；西遇楼烦王于西河而致其兵。

4 魏襄王薨，子昭王立。

5 韩襄王薨，子釐王咎立。

二十年（丙寅，前295）

1 秦尉错伐魏襄城。

2 赵主父与齐、燕共灭中山，迁其王于肤施。归，行赏，大赦，置酒，酺五日。

3 赵主父封其长子章于代，号曰安阳君。

安阳君素侈，心不服其弟。主父使田不礼相之。李兑谓肥义曰："公子章强壮而志骄，党众而欲大，田不礼忍杀而骄，二人相得，必有阴谋。夫小人有欲，轻虑浅谋，徒见其利，不顾其害，难不久矣。子任重而势大，乱之所始而祸之所集也。子何不称疾毋出而传政于公子成，毋为祸梯，不亦可乎！"肥义曰："昔者主父以王属义也，曰：'毋变而度，毋易而虑，坚守一心,以殁而世!'义再拜受命而籍之。今畏不礼之难而忘吾籍,变孰大焉!谚曰:'死者复生,生者不愧。'吾欲全吾言,安得全吾身乎!子则有赐而忠我矣。虽然,吾言已在前矣,终不敢失!"李兑曰:"诺,子勉之矣!吾见子已今年耳。"涕泣而出。

李兑数见公子成以备田不礼。肥义谓信期曰:"公子章与田不礼声善而实恶,内得主而外为暴,矫令以擅一旦之命,不难为也。今吾忧之,夜而忘寐,饥而忘食,盗出入不可以不备。自今以来,有召王者必见吾面,我将以身先之,无故而后王可入也。"信期曰:"善。"

主父使惠文王朝群臣而自从旁窥之,见其长子傫然也,反北面为臣,诎于其弟,心怜之,于是乃欲分赵而王公子章于代。计未决而辍。主父及王游沙丘,异宫,公子章、田不礼以其徒作乱,诈以主父令召王。肥义先入,杀之。高信即与王战。公子成与李兑自国至,乃起四邑之兵入距难,杀公子章及田不礼,灭其党。公子成为相,号安平君;李兑为司寇。是时惠文王少,成、兑专政。

公子章之败也,往走主父;主父开之。成、兑因围主父。公子章死,成、兑谋曰:"以章故,围主父,即解兵,吾属夷矣!"乃遂围之,令:"宫中人后出者夷!"宫中人悉出。主父欲出不得,又不得食,探雀鷇而食之。三月馀,饿死沙丘宫。主父定死,乃发丧赴诸侯。主父初以长子章为太子,后得吴娃,爱之,为不出者数岁。生子何,乃废太子章而立之。吴娃死,爱弛;怜故太子,欲两王之,犹豫未决,故乱起。

4　秦楼缓免相,魏冉代之。

二十一年(丁卯,前294)

1　秦败魏师于解。

二十二年(戊辰,前293)

1　韩公孙喜、魏人伐秦。穰侯荐左更白起于秦王以代向寿将兵,败魏师、韩师于伊阙,斩首二十四万级,虏公孙喜,拔五城。秦王以白起为国尉。

2　秦王遗楚王书曰:"楚倍秦,秦且率诸侯伐楚,愿王之饬士卒,得一乐战!"楚王患之,乃复与秦和亲。

二十三年(己巳,前292)

1　楚襄王迎妇于秦。

臣光曰：甚哉秦之无道也，杀其父而劫其子；楚之不竞也，忍其父而婚其仇！乌呼，楚之君诚得其道，臣诚得其人，秦虽强，乌得陵之哉！善乎荀卿论之曰："夫道，善用之则百里之地可以独立，不善用之则楚六千里而为仇人役。"故人主不务得道而广有其势，是其所以危也。

2　秦魏冉谢病免，以客卿烛寿为丞相。

二十四年（庚午，前291）

1　秦伐韩，拔宛。

秦烛寿免。魏冉复为丞相，封于穰与陶，谓之穰侯。又封公子市于宛，公子悝于邓。

二十五年（辛未，前290）

1　魏入河东地四百里、韩入武遂地二百里于秦。

2　魏芒卯始以诈见重。

二十六年（壬申，前289）

1　秦大良造白起、客卿错伐魏，至轵，取城大小六十一。

二十七年（癸酉，前288）

1　冬，十月，秦王称西帝，遣使立齐王为东帝，欲约与共伐赵。苏代自燕来，齐王曰："秦使魏冉致帝，子以为何如？"对曰："愿王受之而勿称也。秦称之，天下安之，王乃称之，无后也。秦称之，天下恶之，王因勿称，以收天下，此大资也。且伐赵孰与伐桀宋利？今王不如释帝以收天下之望，发兵以伐桀宋，宋举则楚、赵、梁、卫皆惧矣。是我以名尊秦而令天下憎之，所谓以卑为尊也。"齐王从之，称帝二日而复归之。十二月，吕礼自齐入秦。秦王亦去帝，复称王。

2　秦攻赵，拔杜阳。

二十八年（甲戌，前287）

1　秦攻赵，拔新垣、曲阳。

二十九年（乙亥，前286）

1　秦司马错击魏河内。魏献安邑以和，秦出其人归之魏。

2　秦败韩师于夏山。

3　宋有雀生鹯于城之陬。史占之曰："吉。小而生巨，必霸天下。"宋康王喜，起兵灭滕，伐薛，东败齐，取五城，南败楚，取地三百里，西败魏军，与齐、魏为敌国，乃愈自信其霸。欲霸之亟成，故射天笞地，斩社稷而焚灭之，以示威服鬼神。为长夜之饮于室中，室中人呼万岁，则堂上之人应之，堂下之人又应之，门外之人又应之，以至于国中，无敢不呼万岁者。天下之人谓之"桀宋"。齐湣王起兵伐之，民散，城不守，宋王奔魏，死于温。

三十年（丙子，前285）

1　秦王会楚王于宛，会赵王于中阳。

2　秦蒙武击齐，拔九城。

3　齐湣王既灭宋而骄，乃南侵楚，西侵三晋，欲并二周，为天子。狐咺正议，斫之檀衢。陈举直言，杀之东闾。

燕昭王日夜抚循其人，益以富实，乃与乐毅谋伐齐。乐毅曰："齐，霸国之馀业也，地大人众，未易独攻也。王必欲伐之，莫如约赵及楚、魏。"于是使乐毅约赵，别使使者连楚、魏，且令赵嚪秦以伐齐之利。诸侯害齐王之骄暴，皆争合谋与燕伐齐。

三十一年（丁丑，前284）

1　燕王悉起兵，以乐毅为上将军。秦尉斯离帅师与三晋之师会之。赵王以相国印授乐毅，乐毅并将秦、魏、韩、赵之兵以伐齐。齐湣王悉国中之众以拒之，战于济西，齐师大败。乐毅还秦、韩之师，分魏师以略宋地，部赵师以收河间。身率燕师，长驱逐北。剧辛曰："齐大而燕小，赖诸侯之助以破其军，宜及时攻取其边城以自益，此长久之利也。今过而不攻，以深入为名，无损于齐，无益于燕而结深怨，后必悔之。"乐毅曰："齐王伐功矜能，谋不逮下，废黜贤良，信任谄谀，政令暴虐，百姓怨怼。今军皆破亡，若因而乘之，其民必叛，祸乱内作，则齐可图也。若不遂乘之，待彼悔前之非，改过恤下而抚其民，则难虑也。"遂进军深入。齐人果大乱失度，湣王出走。乐毅入临淄，取宝物、祭器，输之于燕。燕王亲至济上劳军，行赏飨士；封乐毅为昌国君，遂使留徇齐城之未下者。

齐王出亡之卫，卫君辟宫舍之，称臣而共具。齐王不逊，卫人侵之。齐王去奔邹、鲁，有骄色；邹、鲁弗内，遂走莒。楚使淖齿将兵救齐，因为齐相。淖齿欲与燕分齐地，乃执湣王而数之曰："千乘、博昌之间，方数百里，雨血沾衣，王知之乎？"曰："知之。""嬴、博之间，地坼及泉，王知之乎？"曰："知之。""有人当阙而哭者，求之不得，去则闻其声，王知之乎？"曰："知之。"淖齿曰："天雨血沾衣者，天以告也；地坼及泉者，地以告也；有人当阙而哭者，人以告也。天、地、人皆告矣，而王不知诚焉，何得无诛！"遂弑王于鼓里。

荀子论之曰：国者，天下之利势也。得道以持之，则大安也，大荣也，积美之源也。不得道以持之，则大危也，大累也，有之不如无之；及其綦也，索为匹夫，不可得也。齐湣、宋献是也。

故用国者义立而王，信立而霸，权谋立而亡。

挈国以呼礼义，而无以害之。行一不义，杀一无罪，而得天下，仁者不为也。拵然扶持心国，且若是其固也。之所与为之者之人，则举义士也。之所以为布陈于国家刑法者，则举义法也。主之所极然，帅群臣而首向者，则举义志也。如是，则下仰上以义矣，是綦定也。綦定而国定，国定而天下定。故曰：以国济义，一日而白，汤、武是也。是所谓义立而王也。

德虽未至也，义虽未济也，然而天下之理略奏矣，刑赏已诺信于天下矣，臣下晓然皆知其可要也。政令已陈，虽睹利败，不欺其民；约结已定，虽睹利败，不欺其与；如是，则兵劲城固，敌国畏之；国一綦明，与国信之；虽在僻陋之国，威动天下，五伯是也。是所谓信立而霸也。

挈国以呼功利，不务张其义，齐其信，唯利之求；内则不惮诈其民而求小利焉，外则不惮诈其与而求大利焉。内不修正其所以有，然常欲人之有，如是，则臣下百姓莫不以诈心待其上矣。上诈其下，下诈其上，则是上下析也。如是，则敌国轻之，与国疑之，权谋日行而国不免危削，綦之而亡，齐湣、薛公是也。故用强齐，非以修礼义也，非以本政教也，非以一天下也，绵绵常以结引驰外为务。故强，南足以破楚，西足以诎秦，北足以败燕，中足以举宋，及以燕、赵起而攻之，若振槁然，而身死国亡，为天下大戮，后世言恶则必稽焉。是无他故焉，唯其不由礼义而由权谋也。

　　三者,明主之所谨择也,仁人之所务白也。善择者制人,不善择者人制之。

2　乐毅闻昼邑人王蠋贤,令军中环昼邑三十里无入。使人请蠋,蠋谢不往。燕人曰:“不来,吾且屠昼邑!”蠋曰:“忠臣不事二君,烈女不更二夫。国破君亡,吾不能存,而又欲劫之以兵;吾与其不义而生,不若死!”遂经其颈于树枝,自奋绝脰而死。燕师乘胜长驱,齐城皆望风奔溃。乐毅修整燕军,禁止侵掠,求齐之逸民,显而礼之。宽其赋敛,除其暴令,修其旧政,齐民喜悦。乃遣左军渡胶东、东莱;前军循泰山以东至海,略琅邪;右军循河、济,屯阿、鄄以连魏师;后军旁北海以抚千乘;中军据临淄而镇齐都。祀桓公、管仲于郊,表贤者之闾,封王蠋之墓。齐人食邑于燕者二十馀君,有爵位于蓟者百有馀人。六月之间,下齐七十馀城,皆为郡县。

3　秦王、魏王、韩王会于京师。

三十二年(戊寅,前283)

1　秦、赵会于穰。秦拔魏安城,兵至大梁而还。

2　齐淖齿之乱,湣王子法章变姓名为莒太史敫佣。太史敫女奇法章状貌,以为非常人,怜而常窃衣食之,因与私通。王孙贾从湣王,失王之处,其母曰:“汝朝出而晚来,则吾倚门而望;汝暮出而不还,则吾倚闾而望。汝今事王,王走,汝不知其处,汝尚何归焉!”王孙贾乃入市中呼曰:“淖齿乱齐国,杀湣王。欲与我诛之者袒右!”市人从者四百人,与攻淖齿,杀之。于是齐亡臣相与求湣王子,欲立。法章惧其诛己,久之乃敢自言,遂立以为齐王,保莒城以拒燕,布告国中曰:“王已立在莒矣!”

3　赵王得楚和氏璧,秦昭王欲之,请易以十五城。赵王欲勿与,畏秦强;欲与之,恐见欺。以问蔺相如,对曰:“秦以城求璧而王不许,曲在我矣。我与之璧而秦不与我城,则曲在秦。均之二策,宁许以负秦。臣愿奉璧而往;使秦城不入,臣请完璧而归之!”赵王遣之。相如至秦,秦王无意偿赵城。相如乃以诈绐秦王,复取璧,遣从者怀之,间行归赵,而以身待命于秦。秦王以为贤而弗诛,礼而归之。赵王以相如为上大夫。

4　卫嗣君薨,子怀君立。嗣君好察微隐,县令有发褥而席弊者,嗣君闻之,乃赐之席。令大惊,以君为神。又使人过关市,赂之以金,既而召关市,问有客过与汝金,汝回遣之;关市大恐。又爱泄姬,重如耳,而恐其因爱重以壅己也,乃贵薄疑以敌如耳,尊魏妃以偶泄姬,曰:“以是相参也。”

　　荀子论之曰:成侯、嗣君,聚敛计数之君也,未及取民也。子产,取民者也,未及为政也。管仲,为政者也,未及修礼也。故修礼者王,为政者强,取民者安,聚敛者亡。

三十三年(己卯,前282)

1　秦伐赵,拔两城。

三十四年(庚辰,前281)

1　秦伐赵,拔石城。

2　秦穰侯复为丞相。

3　楚欲与齐、韩共伐秦,因欲图周。王使东周武公谓楚令尹昭子曰:"周不可图也。"昭子曰:"乃图周,则无之;虽然,何不可图?"武公曰:"西周之地,绝长补短,不过百里。名为天下共主,裂其地不足以肥国,得其众不足以劲兵。虽然,攻之者名为弑君。然而犹有欲攻之者,见祭器在焉故也。夫虎肉臊而兵利身,人犹攻之;若使泽中之麋蒙虎之皮,人之攻之也必万倍矣。裂楚之地,足以肥国,诎楚之名,足以尊主。今子欲诛残天下之共主,居三代之传器,器南,则兵至矣!"于是楚计辍不行。

三十五年(辛巳,前280)

1　秦白起败赵军,斩首二万,取代光狼城。又使司马错发陇西兵,因蜀攻楚黔中,拔之。楚献汉北及上庸地。

三十六年(壬午,前279)

1　秦白起伐楚,取鄢、邓、西陵。

2　秦王使使者告赵王,愿为好会于河外渑池。赵王欲毋行,廉颇、蔺相如计曰:"王不行,示赵弱且怯也。"赵王遂行,相如从。廉颇送至境,与王诀曰:"王行,度道里会遇之礼毕,还不过三十日;三十日不还,则请立太子以绝秦望。"王许之。

会于渑池。王与赵王饮,酒酣,秦王请赵王鼓瑟,赵王鼓之。蔺相如复请秦王击缶,秦王不肯。相如曰:"五步之内,臣请得以颈血溅大王矣!"左右欲刃相如,相如张目叱之,左右皆靡。王不怿,为一击缶。罢酒,秦终不能有加于赵;赵人亦盛为之备,秦不敢动。赵王归国,以蔺相如为上卿,位在廉颇之右。

廉颇曰:"我为赵将,有攻城野战之功。蔺相如素贱人,徒以口舌而位居我上,吾羞,不忍为之下!"宣言曰:"我见相如,必辱之!"相如闻之,不肯与会;每朝,常称病,不欲争列。出而望见,辄引车避匿。其舍人皆以为耻。相如曰:"子视廉将军孰与秦王?"曰:"不若。"相如曰:"夫以秦王之威而相如廷叱之,辱其群臣;相如虽驽,独畏廉将军哉!顾吾念之,强秦之所以不敢加兵于赵者,徒以吾两人在也。今两虎共斗,其势不俱生。吾所以为此者,先国家之急而后私仇也!"廉颇闻之,肉袒负荆至门谢罪,遂为刎颈之交。

3　初,燕人攻安平,临淄市掾田单在安平,使其宗人皆以铁笼傅车轊。及城溃,人争门而出,皆以轊折车败,为燕所擒;独田单宗人以铁笼得免,遂奔即墨。是时齐地皆属燕,独莒、即墨未下,乐毅乃并右军、前军以围莒,左军、后军围即墨。即墨大夫出战而死。即墨人曰:"安平之战,田单宗人以铁笼得全,是多智习兵。"因共立以为将以拒燕。乐毅围二邑,期年不克,乃令解围,各去城九里而为垒,令曰:"城中民出者勿获,困者赈之,使即旧业,以镇新民。"三年而犹未下。或谗之于燕昭王曰:"乐毅智谋过人,伐齐,呼吸之间克七十馀城,今不下者两城耳,非其力不能拔,所以三年不攻者,欲久仗兵威以服齐人,南面而王耳。今齐人已服,所以未发者,以其妻子在燕故也。且齐多美女,又将忘其妻子。愿王图之!"昭王于是置酒大会,引言者而让之曰:"先王举国以礼贤者,非贪土地以遗子孙也。遭所传德薄,不能堪命,国人不顺。齐为无道,乘孤国之乱以害先王。寡人统位,痛之入骨,故广延群臣,外招宾客,以求报仇;其有成功者,尚欲与之同共燕国。今乐君亲为寡人破齐,夷其宗庙,报塞先仇,齐国固乐君所有,非燕之所得也。乐君若能有齐,与燕并为列国,结欢同好,以抗诸侯之难,燕国之福,寡人之愿也。汝何敢言若此!"乃斩之。赐乐毅妻以后服,赐其子以公子之服,辂车乘马,后属百两,遣国相奉而致之乐毅,立乐毅为齐王。乐毅惶恐不受,拜书,以死自誓。由是齐人服其义,诸侯畏其信,莫敢复有谋者。

顷之,昭王薨,惠王立。惠王自为太子时,尝不快于乐毅。田单闻之,乃纵反间于燕,宣言曰:"齐王已死,城之不拔者二耳。乐毅与燕新王有隙,畏诛而不敢归,以伐齐为名,实欲连兵南面王齐。齐人未附,故且缓攻即墨以待其事。齐人所惧,唯恐他将之来,即墨残矣。"燕王固已疑乐毅,得齐反间,乃使骑劫代将而召乐毅。乐毅知王不善代之,遂奔赵。燕将士由是愤惋不和。

田单令城中人食,必祭其先祖于庭,飞鸟皆翔舞而下城中。燕人怪之，田单因宣言曰："当有神师下教我。"有一卒曰："臣可以为师乎？"因反走。田单起引还，坐东向，师事之。卒曰："臣欺君。"田单曰："子勿言也！"因师之。每出约束，必称神师。乃宣言曰："吾唯惧燕军之劓所得齐卒，置之前行，即墨败矣！"燕人闻之，如其言。城中见降者尽劓，皆怒，坚守，唯恐见得。单又纵反间，言"吾惧燕人掘吾城外冢墓，可为寒心！"燕军尽掘冢墓，烧死人。齐人从城上望见，皆涕泣，共欲出战，怒自十倍。田单知士卒之可用，乃身操版、锸，与士卒分功；妻妾编于行伍之间；尽散饮食飨士。令甲卒皆伏，使老、弱、女子乘城，遣使约降于燕；燕军皆呼万岁。田单又收民金得千镒，令即墨富豪遗燕将，曰："即降，愿无虏掠吾族家！"燕将大喜，许之。燕军益懈。田单乃收城中，得牛千馀，为绛缯衣，画以五采龙文，束兵刃于其角，而灌脂束苇于其尾，烧其端，凿城数十穴，夜纵牛，壮士五千人随其后。牛尾热，怒而奔燕军。燕军大惊，视牛皆龙文，所触尽死伤。而城中鼓噪从之，老弱皆击铜器为声，声动天地。燕军大骇，败走。齐人杀骑劫，追亡逐北，所过城邑皆叛燕，复为齐。田单兵日益多，乘胜，燕日败亡，走至河上，而齐七十馀城皆复焉。乃迎襄王于莒；入临淄，封田单为安平君。

齐王以太史敫之女为后，生太子建。太史敫曰："女不取媒，因自嫁，非吾种也，污吾世！"终身不见君王后，君王后亦不以不见故失人子之礼。

赵王封乐毅于观津，尊宠之，以警动于燕、齐。燕惠王乃使人让乐毅，且谢之曰："将军过听，以与寡人有隙，遂捐燕归赵。将军自为计则可矣，而亦何以报先王之所以遇将军之意乎？"乐毅报书曰："昔伍子胥说听于阖闾而吴远迹至郢；夫差弗是也，赐之鸱夷而浮之江。吴王不寤先论之可以立功，故沉子胥而不悔；子胥不蚤见主之不同量，是以至于入江而不化。夫免身立功以明先王之迹，臣之上计也。离毁辱之诽谤，堕先王之名，臣之所大恐也。临不测之罪，以幸为利，义之所不敢出也。臣闻古之君子，交绝不出恶声，忠臣去国，不洁其名。臣虽不佞，数奉教于君子矣。唯君王之留意焉！"于是燕王复以乐毅子闲为昌国君，而乐毅往来复通燕，卒于赵，号曰望诸君。

田单相齐，过淄水，有老人涉淄而寒，出水不能行。田单解其裘而衣之。襄王恶之，曰："田单之施于人，将以取我国乎！不早图，恐后之变也。"左右顾无人，岩下有贯珠者，襄王呼而问之曰："汝闻吾言乎？"对曰："闻之。"王曰："汝以为何如？"对曰："王不如因以为己善。王嘉单之善，下令曰：'寡人忧民之饥也，单收而食之。寡人忧民之寒也，单解裘而衣之。寡人忧劳百姓,而单亦忧,称寡人之意。'单有是善而王嘉之,单之善亦王之善也!"王曰:"善。"乃赐单牛酒。后数日,贯珠者复见王曰:"王朝日宜召田单而揖之于庭,口劳之。乃布令求百姓之饥寒者,收穀之。"乃使人听于闾里,闻大夫之相与语者曰:"田单之爱人,嗟,乃王之教也!"

田单任貂勃于王。王有所幸臣九人,欲伤安平君,相与语于王曰:"燕之伐齐之时,楚王使将军将万人而佐齐。今国已定而社稷已安矣,何不使使者谢于楚王?"王曰:"左右孰可?"九人之属曰:"貂勃可。"貂勃使楚,楚王受而觞之,数月不反。九人之属相与语曰:"夫一人之身而牵留万乘者,岂不以据势也哉!且安平君之与王也,君臣无异而上下无别。且其志欲为不善,内抚百姓,外怀戎翟,礼天下之贤士,其志欲有为,愿王察之!"异日,王曰:"召相单而来!"田单免冠、徒跣、肉袒而进,退而请死罪,五日而王曰:"子无罪于寡人。子为子之臣礼,吾为吾之王礼而已矣。"貂勃从楚来,王赐之酒。酒酣,王曰:"召相单而来!"貂勃避席稽首曰:"王上者孰与周文王?"王曰:"吾不若也。"貂勃曰:"然,臣固知王不若也。下者孰与齐桓公?"王曰:"吾不若也。"貂勃曰:"然,臣固知王不若也。然则周文王得吕尚以为太公,齐桓公得管夷吾以为仲父,今王得安平君而独曰'单',安得此亡国之言乎!且自天地之辟,民人之始,为人臣之功者,谁有厚于安平君者哉?王不能守王之社稷,燕人兴师而袭齐,王走之城阳之山中,安平君以惴惴即墨三里之城,五里之郭,敝卒七千人,禽其司马而反千里之齐,安平君之功也。当是之时,舍城阳而自王,天下莫之能止。然而计之于道,归之于义,以为不可,故栈道木阁而迎王与后于城阳山中,王乃得反,子临百姓。今国已定,民已安矣,王乃曰'单',婴儿之计不为此也。王亟杀此九子者以谢安平君;不然,国其危矣!"乃杀九子而逐其家,益封安平君以夜邑万户。

田单将攻狄,往见鲁仲连。鲁仲连曰:"将军攻狄,不能下也。"田单曰:"臣以即墨破亡馀卒破万乘之燕,复齐之墟,今攻狄而不下,何也?"上车弗谢而去,遂攻狄。三月不克。齐小儿谣曰:"大冠若箕,修剑拄颐,攻狄不能下,垒枯骨成丘。"田单乃惧,问鲁仲连曰:"先生谓单不能下狄,请闻其说。"鲁仲连曰:"将军之在即墨,坐则织蒉,立则仗锸,为士卒倡曰:'无可往矣!宗庙亡矣!今日尚矣!归于何党矣!'当此之时,将军有死之心,士卒无生之气,闻君言莫不挥泣奋臂而欲战,此所以破燕也。当今将军东有夜邑之奉,西有淄上之娱,黄金横带而骋乎淄、渑之间,有生之乐,无死之心,所以不胜也。"田单曰:"单之有心,先生志之矣。"明日,乃厉气循城,立于矢石之所,援枹鼓之,狄人乃下。

初,齐湣王既灭宋,欲去孟尝君。孟尝君奔魏,魏昭王以为相,与诸侯共伐破齐。湣王死,襄王复国,而孟尝君中立为诸侯,无所属。襄王新立,畏孟尝君,与之连和。孟尝君卒,诸子争立,而齐、魏共灭薛,孟尝君绝嗣。

三十七年(癸未,前278)

1　秦大良造白起伐楚,拔郢,烧夷陵。楚襄王兵散,遂不复战,东北徙都于陈。秦以郢为南郡,封白起为武安君。

三十八年(甲申,前277)

1　秦武安君定巫、黔中,初置黔中郡。

2　魏昭王薨,子安釐王立。

三十九年(乙酉,前276)

1　秦武安君伐魏,拔两城。

2　楚王收东地兵,得十馀万,复西取江南十五邑。

3　魏安釐王封其弟无忌为信陵君。

四十年(丙戌,前275)

1　秦相国穰侯伐魏。韩暴鸢救魏,穰侯大破之,斩首四万。暴鸢走开封。魏纳八城以和。穰侯复伐魏,走芒卯,入北宅。魏人割温以和。

四十一年(丁亥,前274)

1　魏复与齐合从。秦穰侯伐魏,拔四城,斩首四万。

2　鲁湣公薨,子顷公雠立。

四十二年(戊子,前273)

1　赵人、魏人伐韩华阳。韩人告急于秦,秦王弗救。韩相国谓陈筮曰:"事急矣,愿公虽病,为一宿之行!"陈筮如秦,见穰侯。穰侯曰:"事急乎? 故使公来。"陈筮曰:"未急也。"穰侯怒曰:"何也?"陈筮曰:"彼韩急则将变而他从;以未急,故复来耳。"穰侯曰:"请发兵矣。"乃与武安君及客卿胡阳救韩,八日而至,败魏军于华阳之下,走芒卯,虏三将,斩首十三万。武安君又与赵将贾偃战,沉其卒二万人于河。魏段干子请割南阳予秦以和。苏代谓魏王曰："欲玺者,段干子也,欲地者,秦也。今王使欲地者制玺,欲玺者制地,魏地尽矣!夫以地事秦,犹抱薪救火,薪不尽,火不灭。"王曰:"是则然也。虽然,事始已行,不可更矣。"对曰:"夫博之所以贵枭者,便则食,不便则止。今何王之用智不如用枭也?"魏王不听,卒以南阳为和,实修武。

2　韩釐王薨,子桓惠王立。

3　韩、魏既服于秦,秦王将使武安君与韩、魏伐楚,未行,而楚使者黄歇至,闻之,畏秦乘胜一举而灭楚也,乃上书曰:"臣闻物至则反,冬、夏是也,致至则危,累棋是也。今大国之地,遍天下有其二垂,此从生民以来,万乘之地未尝有也。先王三世不忘接地于齐,以绝从亲之要。今王使盛桥守事于韩,盛桥以其地入秦,是王不用甲,不信威,而得百里之地,王可谓能矣!王又举甲而攻魏,杜大梁之门,举河内,拔燕、酸枣、虚、桃,入邢,魏之兵云翔而不敢救,王之功亦多矣!王休甲息众,二年而后复之,又并蒲、衍、首、垣以临仁、平丘,黄、济阳婴城而魏氏服。王又割濮磨之北,注齐、秦之要,绝楚、赵之脊,天下五合六聚而不敢救,王之威亦单矣!王若能保功守威,绌攻取之心而肥仁义之地,使无后患,三王不足四,五伯不足六也!王若负人徒之众,仗兵革之强,乘毁魏之威,而欲以力臣天下之主,臣恐其有后患也。诗曰:'靡不有初,鲜克有终。'易曰:'狐涉水,濡其尾。'此言始之易,终之难也。昔吴之信越也,从而伐齐,既胜齐人于艾陵,还为越王禽于三江之浦。智氏之信韩、魏也,从而伐赵,攻晋阳城,胜有日矣,韩、魏叛之,杀智伯瑶于凿台之下。今王妒楚之不毁而忘毁楚之强韩、魏也,臣为王虑而不取也。夫楚国,援也;邻国,敌也。今王信韩、魏之善王,此正吴之信越也,臣恐韩、魏卑辞除患而实欲欺大国也。何则?王无重世之德于韩、魏而有累世之怨焉。夫韩、魏父子兄弟接踵而死于秦者将十世矣,故韩、魏之不亡,秦社稷之忧也。今王资之与攻楚,不亦过乎!且攻楚将恶出兵?王将借路于仇雠之韩、魏乎,兵出之日而王忧其不反也。王若不借路于仇雠之韩、魏,必攻随水右壤,此皆广川、大水、山林、溪谷,不食之地。是王有毁楚之名而无得地之实也。且王攻楚之日,四国必悉起兵而应王,秦、楚之兵构而不离,魏氏将出而攻留、方与、铚、湖陵、砀、萧、相,故宋必尽,齐人南面攻楚,泗上必举,此皆平原四达膏腴之地,如此,则天下之国莫强于齐、魏矣。臣为王虑,莫若善楚。秦、楚合而为一以临韩,韩必敛手而朝,王施以东山之险,带以曲河之利,韩必为关内之侯。若是而王以十万戍郑,梁氏寒心,许、鄢陵婴城而上蔡、召陵不往来也,如此,魏亦关内侯矣。大王壹善楚而关内两万乘之主注地于齐,齐右壤可拱手而取也。王之地一经两海,要约天下,是燕、赵无齐、楚,齐、楚无燕、赵也。然后危动燕、赵,直摇齐、楚,此四国者不待痛而服矣。"王从之,止武安君而谢韩、魏,使黄歇归,约亲于楚。

资治通鉴卷第五

周纪五

赧王下

四十三年（己丑，前272）

1　楚以左徒黄歇侍太子完为质于秦。

2　秦置南阳郡。

3　秦、魏、楚共伐燕。

4　燕惠王薨，子武成王立。

四十四年（庚寅，前271）

1　赵蔺相如伐齐，至平邑。

2　赵田部吏赵奢收租税，平原君家不肯出；赵奢以法治之，杀平原君用事者九人。平原君怒，将杀之。赵奢曰："君于赵为贵公子，今纵君家而不奉公则法削，法削则国弱，国弱则诸侯加兵，是无赵也。君安得有此富乎！以君之贵，奉公如法则上下平，上下平则国强，国强则赵固，而君为贵戚，岂轻于天下邪！"平原君以为贤，言之于王。王使治国赋，国赋太平，民富而府库实。

四十五年（辛卯，前270）

1　秦伐赵，围阏与。赵王召廉颇、乐乘而问之曰："可救否？"皆曰："道远险狭，难救。"问赵奢，赵奢对曰："道远险狭，譬犹两鼠斗于穴中，将勇者胜。"王乃令赵奢将兵救之。去邯郸三十里而止，令军中曰："有以军事谏者死！"

秦师军武安西，鼓噪勒兵，武安屋瓦尽振。赵军中候有一人言急救武安，赵奢立斩之。坚壁，留二十八日不行，复益增垒。秦间入赵军，赵奢善食遣之。间以报秦将，秦将大喜曰："夫去国三十里而军不行，乃增垒，阏与非赵地也！"赵奢既已遣间，卷甲而趋，一日一夜而至，去阏与五十里而军,军垒成。秦师闻之,悉甲而往。<u>赵</u>军士<u>许历</u>请以军事谏,<u>赵奢</u>进之。<u>许历</u>曰:"秦人不意<u>赵</u>至此,其来气盛,将军必厚集其陈以待之;不然,必败。"<u>赵奢</u>曰:"请受教!"<u>许历</u>请刑,<u>赵奢</u>曰:"胥,后令<u>邯郸</u>。"<u>许历</u>复请谏,曰:"先据北山上者胜,后至者败。"<u>赵奢</u>许诺,即发万人趋之。秦师后至,争山不得上;<u>赵奢</u>纵兵击秦师,秦师大败,解<u>阏舆</u>而还。<u>赵</u>王封<u>奢</u>为<u>马服君</u>,与<u>廉</u>、<u>蔺</u>同位;以<u>许历</u>为国尉。

2　<u>穣侯</u>言客卿<u>灶</u>于<u>秦</u>王,使伐<u>齐</u>,取<u>刚</u>、<u>寿</u>以广其<u>陶邑</u>。

初,<u>魏</u>人<u>范睢</u>从中大夫<u>须贾</u>使于<u>齐</u>,<u>齐襄</u>王闻其辩口,私赐之金及牛、酒。<u>须贾</u>以为<u>睢</u>以国阴事告<u>齐</u>也,归而告其相<u>魏齐</u>。<u>魏齐</u>怒,笞击<u>范睢</u>,折胁,折齿。<u>睢</u>佯死,卷以箦,置厕中,使客醉者更溺之,以惩后,令无妄言者。<u>范睢</u>谓守者曰:"能出我,我必有厚谢。"守者乃请弃箦中死人。<u>魏齐</u>醉,曰:"可矣。"<u>范睢</u>得出。<u>魏齐</u>悔,复召求之。<u>魏</u>人<u>郑安平</u>遂操<u>范睢</u>亡匿,更姓名曰<u>张禄</u>。

<u>秦</u>谒者<u>王稽</u>使于<u>魏</u>,<u>范睢</u>夜见<u>王稽</u>。<u>稽</u>潜载与俱归,荐之于王,王见之于离宫。<u>范睢</u>佯为不知永巷而入其中,王来而宦者怒逐之,曰:"王至!"<u>范睢</u>谬曰:"<u>秦</u>安得王,<u>秦</u>独有太后、<u>穣侯</u>耳!"王微闻其言,乃屏左右,跽而请曰:"先生何以幸教寡人?"对曰:"唯唯。"如是者三。王曰:"先生卒不幸教寡人邪?"<u>范睢</u>曰:"非敢然也!臣,羁旅之臣也,交疏于王,而所愿陈者皆匡君之事,处人骨肉之间,愿效愚忠而未知王之心也,此所以王三问而不敢对者也。臣知今日言之于前,明日伏诛于后,然臣不敢避也。且死者,人之所必不免也,苟可以少有补于<u>秦</u>而死,此臣之所大愿也。独恐臣死之后,天下杜口裹足,莫肯向<u>秦</u>耳。"王跽曰:"先生,是何言也!今者寡人得见先生,是天以寡人溷先生而存先王之宗庙也。事无大小,上及太后,下至大臣,愿先生悉以教寡人,无疑寡人也!"<u>范睢</u>拜,王亦拜。<u>范睢</u>曰:"以<u>秦</u>国之大,士卒之勇,以治诸侯,譬若走韩卢而博蹇兔也,而闭关十五年,不敢窥兵于<u>山东</u>者,是<u>穣侯</u>为<u>秦</u>谋不忠,而大王之计亦有所失也。"王跽曰:"寡人愿闻失计!"然左右多窃听者,<u>范睢</u>未敢言内,先言外事,以观王之俯仰。因进曰:"夫<u>穣侯</u>越<u>韩</u>、<u>魏</u>而攻<u>齐刚</u>、<u>寿</u>,非计也。<u>齐湣</u>王南攻<u>楚</u>,破军杀将,再辟地千里,而<u>齐</u>尺寸之地无得焉者,岂不欲得地哉?形势不能有也。诸侯见<u>齐</u>之罢敝,起兵而伐<u>齐</u>,大破之,<u>齐</u>几于亡,以其伐<u>楚</u>而肥<u>韩</u>、<u>魏</u>。今王不如远交而近攻,得寸则王之寸也,得尺亦王之尺也。今夫<u>韩</u>、<u>魏</u>,中国之处而天下之枢也。王若欲霸,必亲中国以为天下枢,以威<u>楚</u>、<u>赵</u>,<u>楚</u>强则附<u>赵</u>,<u>赵</u>强则附<u>楚</u>,<u>楚</u>、<u>赵</u>皆附,<u>齐</u>必惧矣,<u>齐</u>

附则韩、魏因可虏也。"王曰:"善。"乃以范雎为客卿,与谋兵事。

四十六年(壬辰,前269)

1 秦中更胡伤攻赵阏与,不拔。

四十七年(癸巳,前268)

1 秦王用范雎之谋,使五大夫绾伐魏,拔怀。

四十八年(甲午,前267)

1 秦悼太子质于魏而卒。

四十九年(乙未,前266)

1 秦拔魏邢丘。范雎日益亲,用事,因承间说王曰:"臣居山东时,闻齐之有孟尝君,不闻有王;闻秦有太后、穰侯,不闻有王。夫擅国之谓王,能利害之谓王,制杀生之谓王。今太后擅行不顾,穰侯出使不报,华阳、泾阳击断无讳,高陵进退不请,'四贵'备而国不危者,未之有也。为此'四贵'者下,乃所谓无王也。穰侯使者操王之重,决制于诸侯,剖符于天下,征敌伐国,莫敢不听;战胜攻取则利归于陶,战败则结怨于百姓而祸归于社稷。臣又闻之,木实繁者披其枝,披其枝者伤其心;大其都者危其国,尊其臣者卑其主。淖齿管齐,射王股,擢王筋,悬之于庙梁,宿昔而死。李兑管赵,囚主父于沙丘,百日而饿死。今臣观'四贵'之用事,此亦淖齿、李兑之类也。夫三代之所以亡国者,君专授政于臣,纵酒弋猎;其所授者妒贤疾能,御下蔽上以成其私,不为主计,而主不觉悟,故失其国。今自有秩以上至诸大吏,下及王左右,无非相国之人者,见王独立于朝,臣窃为王恐,万世之后有秦国者,非王子孙也!"王以为然,于是废太后,逐穰侯、高陵、华阳、泾阳君于关外,以范雎为丞相,封为应侯。

魏王使须贾聘于秦,应侯敝衣间步而往见之。须贾惊曰:"范叔固无恙乎!"留坐饮食,取一绨袍赠之。遂为须贾御而至相府,曰:"我为君先入通于相君。"须贾怪其久不出,问于门下,门下曰:"无范叔,向者吾相张君也。"须贾知见欺,乃膝行入谢罪。应侯坐,责让之,且曰:"尔所以得不死者,以绨袍恋恋尚有故人之意耳!"乃大供具,请诸侯宾客,坐须贾于堂下,置莝、豆于前而马食之,使归告魏王曰:"速斩魏齐头来! 不然,且屠大梁!"须贾还,以告魏齐。魏齐奔赵,匿于平原君家。

2 赵惠文王薨，子孝成王丹立；以平原君为相。

五十年（丙申，前265）

1 秦宣太后薨。九月，穰侯出之陶。

臣光曰：穰侯援立昭王，除其灾害；荐白起为将，南取鄢、郢，东属地于齐，使天下诸侯稽首而事秦，秦益强大者，穰侯之功也。虽其专恣骄贪足以贾祸，亦未至尽如范睢之言。若睢者，亦非能为秦忠谋，直欲得穰侯之处，故扼其吭而夺之耳。遂使秦王绝母子之义，失舅甥之恩。要之，睢真倾危之士哉！

2 秦王以子安国君为太子。

3 秦伐赵，取三城。赵王新立，太后用事，求救于齐。齐人曰："必以长安君为质。"太后不可。齐师不出，大臣强谏。太后明谓左右曰："复言长安君为质者，老妇必唾其面！"左师触龙愿见太后，太后盛气而胥之入。左师公徐趋而坐，自谢曰："老臣病足，不得见久矣，窃自恕；而恐太后体之有所苦也，故愿望见太后。"太后曰："老妇恃辇而行。"曰："食得毋衰乎？"曰："恃粥耳。"太后不和之色稍解。左师公曰："老臣贱息舒祺，最少，不肖，而臣衰，窃怜爱之，愿得补黑衣之缺以卫王宫，昧死以闻！"太后曰："诺。年几何矣？"对曰："十五岁矣。虽少，愿及未填沟壑而托之。"太后曰："丈夫亦爱少子乎？"对曰："甚于妇人。"太后笑曰："妇人异甚。"对曰："老臣窃以为媪之爱燕后贤于长安君。"太后曰："君过矣！不若长安君之甚。"左师公曰："父母爱其子则为之计深远。媪之送燕后也，持其踵而泣，念其远也，亦哀之矣。已行，非不思也，祭祀则祝之曰：'必勿使反！'岂非为之计长久，为子孙相继为王也哉？"太后曰："然。"左师公曰："今三世以前，至于赵王之子孙为侯者，其继有在者乎？"曰："无有。"曰："此其近者祸及身，远者及其子孙。岂人主之子侯则不善哉？位尊而无功，奉厚而无劳，而挟重器多也。今媪尊长安君之位，而封之以膏腴之地，多与之重器，而不及今令有功于国，一旦山陵崩，长安君何以自托于赵哉？"太后曰："诺，恣君之所使之！"于是为长安君约车百乘质于齐。齐师乃出，秦师退。

4 齐安平君田单将赵师以伐燕，取中阳；又伐韩，取注人。

5 齐襄王薨，子建立。建年少，国事皆决于君王后。

五十一年（丁酉，前264）

1　秦武安君伐韩,拔九城,斩首五万。

2　田单为赵相。

五十二年(戊戌,前263)

1　秦武安君伐韩,取南阳,攻太行道,绝之。

2　楚顷襄王疾病。黄歇言于应侯曰:"今楚王疾恐不起,秦不如归其太子。太子得立,其事秦必重而德相国无穷,是亲与国而得储万乘也。不归,则咸阳布衣耳。楚更立君,必不事秦,是失与国而绝万乘之和,非计也。"应侯以告王。王曰:"令太子之傅先往问疾,反而后图之。"黄歇与太子谋曰:"秦之留太子,欲以求利也。今太子力未能有以利秦也,而阳文君子二人在中。王若卒大命,太子不在,阳文君子必立为后,太子不得奉宗庙矣。不如亡秦,与使者俱出。臣请止,以死当之!"太子因变服为楚使者御而出关;而黄歇守舍,常为太子谢病。度太子已远,乃自言于王曰:"楚太子已归,出远矣。歇愿赐死!"王怒,欲听之。应侯曰:"歇为人臣,出身以徇其主,太子立,必用歇。不如无罪而归之,以亲楚。"王从之。黄歇至楚三月,秋,顷襄王薨,考烈王即位;以黄歇为相,封以淮北地,号曰春申君。

五十三年(己亥,前262)

1　楚人纳州于秦以平。

2　武安君伐韩,拔野王。上党路绝,上党守冯亭与其民谋曰:"郑道已绝,秦兵日进,韩不能应,不如以上党归赵。赵受我,秦必攻之;赵被秦兵,必亲韩;韩、赵为一,则可以当秦矣。"乃遣使者告于赵曰:"韩不能守上党,入之秦,其吏民皆安为赵,不乐为秦。有城市邑十七,愿再拜献之大王!"赵王以告平阳君豹,对曰:"圣人甚祸无故之利。"王曰:"人乐吾德,何谓无故?"对曰:"秦蚕食韩地,中绝,不令相通,固自以为坐而受上党也。韩氏所以不入于秦者,欲嫁其祸于赵也。秦服其劳而赵受其利,虽强大不能得之于弱小,弱小固能得之于强大乎!岂得谓之非无故哉?不如勿受。"王以告平原君,平原君请受之。王乃使平原君往受地,以万户都三封其太守为华阳君,以千户都三封其县令为侯,吏民皆益爵三级。冯亭垂涕不见使者,曰:"吾不忍卖主地而食之也!"

五十五年(辛丑,前260)

1　秦左庶长王龁攻上党，拔之。上党民走赵。赵廉颇军于长平，以按据上党民。王龁因伐赵。赵军数战不胜，止一裨将、四尉。赵王与楼昌、虞卿谋，楼昌请发重使为媾。虞卿曰："今制媾者在秦；秦必欲破王之军矣，虽往请媾，秦将不听。不如发使以重宝附楚、魏，楚、魏受之，则秦疑天下之合从，媾乃可成也。"王不听，使郑朱媾于秦，秦受之。王谓虞卿曰："秦内郑朱矣。"对曰："王必不得媾而军破矣。何则？天下之贺战胜者皆在秦矣。夫郑朱，贵人也，秦王、应侯必显重之以示天下。天下见王之媾于秦，必不救王；秦知天下之不救王，则媾不可得成矣。"既而秦果显郑朱而不与赵媾。

秦数败赵兵，廉颇坚壁不出。赵王以颇失亡多而更怯不战，怒，数让之。应侯又使人行千金于赵为反间，曰："秦之所畏，独畏马服君之子赵括为将耳！廉颇易与，且降矣！"赵王遂以赵括代颇将。蔺相如曰："王以名使括，若胶柱鼓瑟耳。括徒能读其父书传，不知合变也。"王不听。初，赵括自少时学兵法，以天下莫能当；尝与其父奢言兵事，奢不能难，然不谓善。括母问其故，奢曰："兵，死地也，而括易言之。使赵不将括则已；若必将之，破赵军者必括也。"及括将行，其母上书，言括不可使。王曰："何以？"对曰："始妾事其父，时为将，身所奉饭而进食者以十数，所友者以百数，王及宗室所赏赐者，尽以与军吏士大夫；受命之日，不问家事。今括一旦为将，东乡而朝，军吏无敢仰视之者；王所赐金帛，归藏于家，而日视便利田宅可买者买之。王以为如其父，父子异心，愿王勿遣！"王曰："母置之，吾已决矣！"母因曰："即如有不称，妾请无随坐！"赵王许之。

秦王闻括已为赵将，乃阴使武安君为上将军而王龁为裨将，令军中："有敢泄武安君将者斩！"赵括至军，悉更约束，易置军吏，出兵击秦师。武安君佯败而走，张二奇兵以劫之。赵括乘胜追造秦壁，壁坚拒不得入；奇兵二万五千人绝赵军之后，又五千骑绝赵壁间。赵军分而为二，粮道绝。武安君出轻兵击之，赵战不利，因筑壁坚守以待救至。秦王闻赵食道绝，自如河内发民年十五以上悉诣长平，遮绝赵救兵及粮食。齐人、楚人救赵。赵人乏食，请粟于齐，王弗许。周子曰："夫赵之于齐、楚，扞蔽也，犹齿之有唇也，唇亡则齿寒；今日亡赵，明日患及齐、楚矣。救赵之务，宜若奉漏瓮沃焦釜然。且救赵，高义也；却秦师，显名也；义救亡国，威却强秦。不务为此而爱粟，为国计者过矣！"齐王弗听。九月，赵军食绝四十六日，皆内阴相杀食。急来攻垒，欲出为四队，四五复之，不能出。赵括自出锐卒搏战，秦人射杀之。赵师大败，卒四十万人皆降。武安君曰：

"秦已拔上党,上党民不乐为秦而归赵。赵卒反覆,非尽杀之,恐为乱。"
乃挟诈而尽坑杀之,遗其小者二百四十人归赵,前后斩首虏四十五万人;
赵人大震。

五十六年(壬寅,前259)

　1　十月,武安君分军为三:王龁攻赵武安、皮牢,拔之。司马梗北定
太原,尽有上党地。韩、魏使苏代厚币说应侯曰:"武安君即围邯郸乎?"
曰:"然。"苏代曰:"赵亡则秦王王矣;武安君为三公,君能为之下乎? 虽
欲无为之下,固不得已矣。秦尝攻韩,围邢丘,困上党,上党之民皆反为
赵,天下不乐为秦民之日久矣。今亡赵,北地入燕,东地入齐,南地入韩、
魏,则君之所得民无几何人矣。不如因而割之,无以为武安君功也。"应
侯言于秦王曰:"秦兵劳,请许韩、赵之割地以和,且休士卒。"王听之,割
韩垣雍、赵六城以和,正月,皆罢兵。武安君由是与应侯有隙。

　赵王将使赵郝约事于秦,割六县。虞卿谓赵王曰:"秦之攻王也,倦
而归乎? 王以其力尚能进,爱王而弗攻乎?"王曰:"秦不遗馀力矣,必以
倦而归也。"虞卿曰:"秦以其力攻其所不能取,倦而归,王又以其力之所
不能取以送之,是助秦自攻也。来年秦攻王,王无救矣。"赵王计未定,楼
缓至赵,赵王与之计之。楼缓曰:"虞卿得其一,不得其二。秦、赵构难而
天下皆说,何也? 曰:'吾且因强而乘弱矣。'今赵不如亟割地为和以疑天
下,慰秦之心。不然,天下将因秦之怒,乘赵之敝,瓜分之,赵且亡,何秦
之图乎!"虞卿闻之,复见曰:"危哉楼子之计,是愈疑天下,而何慰秦之心
哉! 独不言其示天下弱乎? 且臣言勿与者,非固勿与而已也;秦索六城于
王,而王以六城赂齐。齐,秦之深仇也,其听王不待辞之毕。则是王失
之于齐而取偿于秦,而示天下有能为也。王以此发声,兵未窥于境,臣见
秦之重赂至赵而反媾于王也。从秦为媾,韩、魏闻之,必尽重王,是王一举
而结三国之亲而与秦易道也。"赵王曰:"善。"使虞卿东见齐王,与之谋
秦。虞卿未返,秦使者已在赵矣。楼缓闻之,亡去。赵王封虞卿以一城。

　秦之始伐赵也,魏王问于大夫,皆以为秦伐赵,于魏便。孔斌曰:"何
谓也?"曰:"胜赵,则吾因而服焉;不胜赵,则可承敝而击之。"子顺曰:"不
然,秦自孝公以来,战未尝屈,今又属其良将,何敝之承!"大夫曰:"纵其
胜赵,于我何损? 邻之羞,国之福也。"子顺曰:"秦,贪暴之国也,胜赵,必
复他求,吾恐于时魏受其师也。先人有言:燕雀处屋,子母相哺,呴呴焉相
乐也,自以为安矣。灶突炎上,栋宇将焚,燕雀颜不变,不知祸之将及己

也。今子不悟赵破患将及己,可以人而同于燕雀乎!"子顺者,孔子六世孙也。初,魏王闻子顺贤,遣使者奉黄金束帛,聘以为相。子顺曰:"若王能信用吾道,吾道固为治世也,虽蔬食饮水,吾犹为之。若徒欲制服吾身,委以重禄,吾犹一夫耳,魏王奚少于一夫!"使者固请,子顺乃之魏;魏王郊迎以为相。子顺改嬖宠之官以事贤才,夺无任之禄以赐有功。诸丧职者咸不悦,乃造谤言。文咨以告子顺。子顺曰:"民之不可与虑始久矣!古之善为政者,其初不能无谤。子产相郑,三年而后谤止;吾先君之相鲁,三月而后谤止。今吾为政日新,虽不能及贤,庸知谤乎!"文咨曰:"未识先君之谤何也?"子顺曰:"先君相鲁,人诵之曰:'麛裘而韠,投之无戾。韠而麛裘,投之无邮。'及三月,政化既成,民又诵曰:'裘衣章甫,实获我所。章甫裘衣,惠我无私。'"文咨喜曰:"乃今知先生不异乎圣贤矣。"子顺相魏凡九月,陈大计辄不用,乃喟然曰:"言不见用,是吾言之不当也。言不当于主,居人之官,食人之禄,是尸利素餐,吾罪深矣!"退而以病致仕。人谓子顺曰:"王不用子,子其行乎?"答曰:"行将何之? 山东之国将并于秦;秦为不义,义所不入。"遂寝于家。新垣固请子顺曰:"贤者所在,必兴化致治。今子相魏,未闻异政而即自退,意者志不得乎,何去之速也?"子顺曰:"以无异政,所以自退也。且死病无良医。今秦有吞食天下之心,以义事之,固不获安;救亡不暇,何化之兴! 昔伊挚在夏,吕望在商,而二国不治,岂伊、吕之不欲哉? 势不可也。当今山东之国敝而不振,三晋割地以求安,二周折而入秦,燕、齐、楚已屈服矣。以此观之,不出二十年,天下其尽为秦乎!"

2　秦王欲为应侯必报其仇,闻魏齐在平原君所,乃为好言诱平原君至秦而执之。遣使谓赵王曰:"不得齐首,吾不出王弟于关!"魏齐穷,抵虞卿,虞卿弃相印,与魏齐偕亡。至魏,欲因信陵君以走楚。信陵君意难见之,魏齐怒,自杀。赵王卒取其首以与秦,秦乃归平原君。九月,五大夫王陵复将兵伐赵。武安君病,不任行。

五十七年(癸卯,前258)

1　正月,王陵攻邯郸,少利,益发卒佐陵;陵亡五校。武安君病愈,王欲使代之。武安君曰:"邯郸实未易攻也,且诸侯之救日至。彼诸侯怨秦之日久矣,秦虽胜于长平,士卒死者过半,国内空,远绝河山而争人国都;赵应其内,诸侯攻其外,破秦军必矣。"王自命不行,乃使应侯请之。武安君终辞疾,不肯行;乃以王龁代王陵。

赵王使平原君求救于楚,平原君约其门下食客文武备具者二十人与之俱,得十九人,馀无可取者。毛遂自荐于平原君。平原君曰:"夫贤士之处世也,譬若锥之处囊中,其末立见。今先生处胜之门下三年于此矣,左右未有所称诵,胜未有所闻,是先生无所有也。先生不能,先生留!"毛遂曰:"臣乃今日请处囊中耳!使遂蚤得处囊中,乃脱颖而出,非特其末见而已。"平原君乃与之俱,十九人相与目笑之。平原君至楚,与楚王言合从之利害,日出而言之,日中不决。毛遂按剑历阶而上,谓平原君曰:"从之利害,两言而决耳!今日出而言,日中不决,何也?"楚王怒叱曰:"胡不下!吾乃与而君言,汝何为者也?"毛遂按剑而前曰:"王之所以叱遂者,以楚国之众也。今十步之内,王不得恃楚国之众也!王之命悬于遂手。吾君在前,叱者何也?且遂闻汤以七十里之地王天下,文王以百里之壤而臣诸侯,岂其士卒众多哉?诚能据其势而奋其威也。今楚地方五千里,持戟百万,此霸王之资也。以楚之强,天下弗能当。白起,小竖子耳,率数万之众,兴师以与楚战,一战而举鄢、郢,再战而烧夷陵,三战而辱王之先人,此百世之怨而赵之所羞,而王弗之恶焉。合从者为楚,非为赵也。吾君在前,叱者何也?"楚王曰:"唯唯,诚若先生之言,谨奉社稷以从。"毛遂曰:"从定乎?"楚王曰:"定矣。"毛遂谓楚王之左右曰:"取鸡、狗、马之血来!"毛遂奉铜盘而跪进之楚王曰:"王当歃血以定从;次者吾君,次者遂。"遂定从于殿上。毛遂左手持盘血而右手招十九人曰:"公等相与歃此血于堂下!公等录录,所谓'因人成事'者也。"平原君已定从而归,至于赵,曰:"胜不敢复相天下士矣!"遂以毛遂为上客。

于是楚王使春申君将兵救赵,魏王亦使将军晋鄙将兵十万救赵。秦王使谓魏王曰:"吾攻赵,且暮且下,诸侯敢救之者,吾已拔赵,必移兵先击之!"魏王恐,遣人止晋鄙,留兵壁邺,名为救赵,实挟两端。又使将军新垣衍间入邯郸,因平原君说赵王,欲共尊秦为帝,以却其兵。齐人鲁仲连在邯郸,闻之,往见新垣衍曰:"彼秦者,弃礼义而上首功之国也。彼即肆然而为帝于天下,则连有蹈东海而死耳,不愿为之民也!且梁未睹秦称帝之害故耳,吾将使秦王烹醢梁王!"新垣衍怏然不悦曰:"先生恶能使秦王烹醢梁王?"鲁仲连曰:"固也,吾将言之。昔者九侯、鄂侯、文王,纣之三公也。九侯有子而好,献之于纣,纣以为恶,醢九侯;鄂侯争之强,辩之疾,故脯鄂侯;文王闻之,喟然而叹,故拘之牖里之库百日,欲令之死。今秦,万乘之国也,梁,亦万乘之国也;俱据万乘之国,各有称王之名,奈何睹其一战而胜,欲从而帝之,卒就脯醢之地乎!且秦无已而帝,则将行其天子之礼以号令于天下,则且变易诸侯之大臣,彼将夺其所不肖而与其所贤,夺其所憎而与其所爱,彼又将使其子女谗妾为诸侯妃姬,处梁之宫,梁王安得晏然而已乎!而将军又何以得故宠乎!"新垣衍起,再拜曰:"吾乃今知先生天下之士也!吾请出,不敢复言帝秦矣!"

2 燕武成王薨,子孝王立。

3 初,魏公子无忌仁而下士,致食客三千人。魏有隐士曰侯嬴,年七十,家贫,为大梁夷门监者。公子置酒大会宾客,坐定,公子从车骑虚左自迎侯生。侯生摄敝衣冠,直上载公子上坐不让;公子执辔愈恭。侯生又谓公子曰:"臣有客在市屠中,愿枉车骑过之。"公子引车入市,侯生下见其客朱亥,睥睨,故久立,与其客语,微察公子,公子色愈和;乃谢客就车,至公子家。公子引侯生坐上坐,遍赞宾客,宾客皆惊。及秦围赵,赵平原君之夫人,公子无忌之姊也,平原君使者冠盖相属于魏,让公子曰:"胜所以自附于婚姻者,以公子之高义,能急人之困也。今邯郸旦暮降秦而魏救不至,纵公子轻胜弃之,独不怜公子姊邪!"公子患之,数请魏王敕晋鄙令救赵,及宾客辩士游说万端,王终不听。公子乃属宾客约车骑百馀乘,欲赴斗以死于赵,过夷门,见侯生。侯生曰:"公子勉之矣,老臣不能从!"公子去,行数里,心不快,复还见侯生。侯生笑曰:"臣固知公子之还也!今公子无他端而欲赴秦军,譬如以肉投馁虎,何功之有!"公子再拜问计。侯嬴屏人曰:"吾闻晋鄙兵符在王卧内,而如姬最幸,力能窃之。尝闻公子为如姬报其父仇,如姬欲为公子死无所辞。公子诚一开口,则得虎符,夺晋鄙之兵,北救赵,西却秦,此五伯之功也。"公子如其言,果得兵符。公子行,侯生曰:"将在外,君令有所不受。有如晋鄙合符而不授兵,复请之,则事危矣。臣客朱亥,其人力士,可与俱。晋鄙若听,大善;不听,可使击之!"于是公子请朱亥与俱。至邺,晋鄙合符,疑之,举手视公子曰:"吾拥十万之众屯于境上,今单车来代之,何如哉?"朱亥袖四十斤铁椎,椎杀晋鄙,公子遂勒兵下令军中曰:"父子俱在军中者,父归!兄弟俱在军中者,兄归!独子无兄弟者,归养!"得选兵八万人,将之而进。

王龁久围邯郸不拔,诸侯来救,战数不利。武安君闻之曰:"王不听吾计,今何如矣?"王闻之,怒,强起武安君。武安君称病笃,不肯起。

五十八年(甲辰,前257)

1 十月,免武安君为士伍,迁之阴密。十二月,益发卒军汾城旁。武安君病,未行,诸侯攻王龁,龁数却,使者日至,王乃使人遣武安君,不得留咸阳中。武安君出咸阳西门十里，至杜邮。王与应侯群臣谋曰："白起之迁，意尚怏怏有馀言。"王乃使使者赐之剑，武安君遂自杀。秦人怜之，乡邑皆祭祀焉。

　　魏公子无忌大破秦师于邯郸下，王龁解邯郸围走。郑安平为赵所困，将二万人降赵，应侯由是得罪。

　　公子无忌既存赵，遂不敢归魏，与宾客留居赵，使将将其军还魏。赵王与平原君计，以五城封公子。赵王扫除自迎，执主人之礼，引公子就西阶。公子侧行辞让，从东阶上，自言罪过，以负于魏，无功于赵。赵王与公子饮至暮，口不忍献五城，以公子退让也。赵王以鄗为公子汤沐邑。魏亦复以信陵奉公子。公子闻赵有处士毛公隐于博徒，薛公隐于卖浆家，欲见之；两人不肯见，公子乃间步从之游。平原君闻而非之。公子曰："吾闻平原君之贤，故背魏而救赵。今平原君所与游，徒豪举耳，不求士也。以无忌从此两人游，尚恐其不我欲也，平原君乃以为羞乎！"为装欲去。平原君免冠谢，乃止。

　　平原君欲封鲁连，使者三返，终不肯受。又以千金为鲁连寿，鲁连笑曰："所贵于天下士，为人排患释难解纷乱而无取也。即有取，是商贾之事也！"遂辞平原君而去，终身不复见。

　　2　秦太子之妃曰华阳夫人，无子；夏姬生子异人。异人质于赵；秦数伐赵，赵人不礼之。异人以庶孽孙质于诸侯，车乘进用不饶，居处困不得意。

　　阳翟大贾吕不韦适邯郸，见之，曰："此奇货可居！"乃往见异人，说曰："吾能大子之门！"异人笑曰："且自大君之门！"不韦曰："子不知也，吾门待子门而大。"异人心知所谓，乃引与坐，深语。不韦曰："秦王老矣。太子爱华阳夫人，夫人无子。子之兄弟二十馀人，子傒有秦国之业，士仓又辅之。子居中，不甚见幸，久质诸侯。太子即位，子不得争为嗣矣。"异人曰："然则奈何？"不韦曰："能立適嗣者，独华阳夫人耳。不韦虽贫，请以千金为子西游，立子为嗣。"异人曰："必如君策，请得分秦国与君共之。"不韦乃以五百金与异人，令结宾客。复以五百金买奇物玩好，自奉而西，见华阳夫人之姊，而以奇物献于夫人，因誉子异人之贤，宾客遍天下，常曰夜泣思太子及夫人，曰："异人也以夫人为天！"夫人大喜。不韦因使其姊说夫人曰："夫以色事人者，色衰则爱弛。今夫人爱而无子，不以繁华时蚤自结于诸子中贤孝者，举以为適，即色衰爱弛，虽欲开一言，尚可得乎！今子异人贤，而自知中子不得为適，夫人诚以此时拔之，是子异人无国而有国，夫人无子而有子也，则终身有宠于秦矣。"夫人以为然，承间言于太子曰："子异人绝贤，来往者皆称誉之。"因泣曰："妾不幸无子，愿得子异人立以为嗣以托妾身！"太子许之，与夫人刻玉符，约以为嗣，因厚馈遗异人，而请吕不韦傅之。异人名誉盛于诸侯。

吕不韦娶邯郸诸姬绝美者与居，知其有娠，异人从不韦饮，见而请之。不韦佯怒，既而献之，孕期年而生子政，异人遂以为夫人。邯郸之围，赵人欲杀之，异人与不韦行金六百斤予守者，脱亡赴秦军，遂得归。异人楚服而见华阳夫人，夫人曰："吾楚人也，当自子之。"因更其名曰楚。

五十九年（乙巳，前256）

1　秦将军摎伐韩，取阳城、负黍，斩首四万。伐赵，取二十馀县，斩首虏九万。赧王恐，背秦，与诸侯约从，将天下锐师出伊阙攻秦，令无得通阳城。秦王使将军摎攻西周，赧王入秦，顿首受罪。尽献其邑三十六，口三万。秦受其献，归赧王于周。是岁，赧王崩。

资治通鉴卷第六

秦纪一

昭襄王

五十二年（丙午，前255）

1　河东守王稽坐与诸侯通，弃市。应侯日以不怿。王临朝而叹，应侯请其故。王曰："今武安君死，而郑安平、王稽等皆畔，内无良将而外多敌国，吾是以忧！"应侯惧，不知所出。

燕客蔡泽闻之，西入秦，先使人宣言于应侯曰："蔡泽，天下雄辩之士；彼见王，必困君而夺君之位。"应侯怒，使人召之。蔡泽见应侯，礼又倨。应侯不快，因让之曰："子宣言欲代我相，请闻其说。"蔡泽曰："吁，君何见之晚也！夫四时之序，成功者去。君独不见夫秦之商君、楚之吴起、越之大夫种，何足愿与？"应侯谬曰："何为不可！此三子者，义之至也，忠之尽也。君子有杀身以成名，死无所恨。"蔡泽曰："夫人立功，岂不期于成全邪！身名俱全者，上也；名可法而身死者，次也；名僇辱而身全者，下也。夫商君、吴起、大夫种，其为人臣尽忠致功，则可愿矣。闳夭、周公，岂不亦忠且圣乎！三子之可愿，孰与闳夭、周公哉？"应侯曰："善。"蔡泽曰："然则君之主惇厚旧故，不倍功臣，孰与孝公、楚王、越王？"曰："未知何如。"蔡泽曰："君之功能孰与三子？"曰："不若。"蔡泽曰："然则君身不退，患恐甚于三子矣。语曰：'日中则移，月满则亏。'进退赢缩，与时变化，圣人之道也。今君之怨已仇而德已报，意欲至矣而无变计，窃为君危之！"应侯遂延以为上客，因荐于王。王召与语，大悦，拜为客卿。应侯因谢病免。王新悦蔡泽计画，遂以为相国。泽为相数月，免。

2　楚春申君以荀卿为兰陵令。荀卿者，赵人，名况，尝与临武君论兵于赵孝成王之前。王曰："请问兵要。"临武君对曰："上得天时，下得地利，观敌之变动，后之发，先之至，此用兵之要术也。"荀卿曰："不然。臣所闻古之道，凡用兵攻战之本，在乎一民。弓矢不调，则羿不能以中；六马不和，则造父不能以致远；士民不亲附，则汤、武不能以必胜也。故善附民者,是乃善用兵者也。故兵要在乎附民而已。"临武君曰:"不然。兵之所贵者势利也,所行者变诈也。善用兵者感忽悠暗,莫知所从出;孙、吴用之,无敌于天下,岂必待附民哉!"荀卿曰:"不然。臣之所道,仁人之兵,王者之志也。君之所贵,权谋势利也。仁人之兵,不可诈也。彼可诈者,怠慢者也,露袒者也,君臣上下之间滑然有离德者也。故以桀诈桀,犹巧拙有幸焉。以桀诈尧,譬之以卵投石,以指桡沸,若赴水火,入焉焦没耳。故仁人之兵,上下一心,三军同力;臣之于君也,下之于上也,若子之事父,弟之事兄,若手臂之扞头目而覆胸腹也。诈而袭之,与先惊而后击之,一也。且仁人用十里之国则将有百里之听,用百里之国则将有千里之听,用千里之国则将有四海之听,必将聪明警戒,和傅而一。故仁人之兵,聚则成卒,散则成列,延则若莫邪之长刃,婴之者断;兑则若莫邪之利锋,当之者溃;圜居而方止,则若盘石然,触之者角摧而退耳。且夫暴国之君,将谁与至哉?彼其所与至者,必其民也。其民之亲我欢若父母,其好我芬若椒兰;彼反顾其上则若灼黥,若仇雠;人之情,虽桀、跖,岂有肯为其所恶,贼其所好者哉!是犹使人之子孙自贼其父母也。彼必将来告之,夫又何可诈也!故仁人用,国日明,诸侯先顺者安,后顺者危,敌之者削,反之者亡。诗曰:'武王载发,有虔秉钺,如火烈烈,则莫我敢遏',此之谓也。"

孝成王、临武君曰:"善。请问王者之兵,设何道,何行而可?"荀卿曰:"凡君贤者其国治,君不能者其国乱;隆礼贵义者其国治,简礼贱义者其国乱。治者强,乱者弱,是强弱之本也。上足卬则下可用也;上不足卬则下不可用也。下可用则强,下不可用则弱,是强弱之常也。齐人隆技击,其技也,得一首者则赐赎锱金,无本赏矣。是事小敌毳,则偷可用也;事大敌坚,则涣焉离耳;若飞鸟然,倾侧反覆无日,是亡国之兵也,兵莫弱是矣,是其去赁市佣而战之几矣。魏氏之武卒,以度取之;衣三属之甲,操十二石之弩,负矢五十个,置戈其上,冠胄带剑,赢三日之粮,日中而趋百里;中试则复其户,利其田宅。是其气力数年而衰,而复利未可夺也,改造则不易周也,是故地虽大,其税必寡,是危国之兵也。秦人,其生民也狭隘,其使民也酷烈,劫之以势,隐之以厄,忸之以庆赏,鳝之以刑罚,使民所以要利于上者,非斗无由也。使以功赏相长,五甲首而隶五家,是最为众强长久之道。故四世有胜,非幸也,数也。故齐之技击不可以遇魏之武卒,魏之武卒不可以遇秦之锐士,秦之锐士不可以当桓、文之节制,桓、文之节制不可以当汤、武之仁义,有遇之者,若以焦熬投石焉。兼是数国者,皆干赏蹈利之兵也,佣徒鬻卖之道也;未有贵上安制綦节之理也。诸侯有能微妙之以节,则作而兼殆之耳。故招延募选,隆势诈,上功利,是渐之也。礼义教化,是齐之也。故以诈遇诈,犹有巧拙焉;以诈遇齐,譬之犹以锥刀堕泰山也。故汤、武之诛桀、纣也,拱挹指麾,而强暴之国莫不趋使,诛桀、纣若诛独夫。故泰誓曰:‘独夫纣。’此之谓也。故兵大齐则制天下,小齐则治邻敌。若夫招延募选,隆势诈,上功利之兵,则胜不胜无常,代翕代张,代存代亡,相为雌雄耳。夫是谓之盗兵,君子不由也。”

　　孝成王、临武君曰:“善。请问为将。”荀卿曰:“知莫大于弃疑,行莫大于无过,事莫大于无悔;事至无悔而止矣,不可必也。故制号政令,欲严以威;庆赏刑罚,欲必以信;处舍收藏,欲周以固;徙举进退,欲安以重,欲疾以速;窥敌观变,欲潜以深,欲伍以参;遇敌决战,必行吾所明,无行吾所疑;夫是之谓六术。无欲将而恶废,无怠胜而忘败,无威内而轻外,无见其利而不顾其害,凡虑事欲熟而用财欲泰,夫是之谓五权。将所以不受命于主有三:可杀而不可使处不完,可杀而不可使击不胜,可杀而不可使欺百姓,夫是之谓三至。凡受命于主而行三军,三军既定,百官得序,群物皆正,则主不能喜,敌不能怒,夫是之谓至臣。虑必先事而申之以敬,慎终如始,始终如一,夫是之谓大吉。凡百事之成也必在敬之,其败也必在慢之。故敬胜怠则吉,怠胜敬则灭,计胜欲则从,欲胜计则凶。战如守,行如战,有功如幸。敬谋无旷,敬事无旷,敬吏无旷,敬众无旷,敬敌无旷,夫是之谓五无旷。慎行此六术、五权、三至,而处之以恭敬、无旷,夫是之谓天下之将,则通于神明矣。”

　　临武君曰:“善。请问王者之军制。”荀卿曰:“将死鼓,御死辔,百吏死职,士大夫死行列。闻鼓声而进,闻金声而退。顺命为上,有功次之。令不进而进,犹令不退而退也,其罪惟均。不杀老弱,不猎禾稼,服者不禽,格者不赦,奔命者不获。凡诛,非诛其百姓也,诛其乱百姓者也。百姓有捍其贼,则是亦贼也。以故顺刃者生,傃刃者死,奔命者贡。微子开封于宋,曹触龙断于军,商之服民,所以养生之者无异周人,故近者歌讴而乐之,远者竭蹶而趋之,无幽闲辟陋之国,莫不趋使而安乐之,四海之内若一家,通达之属莫不从服,夫是之谓人师。诗曰:‘自西自东,自南自北,无思不服。’此之谓也。王者有诛而无战,城守不攻,兵格不击,敌上下相喜则庆之,不屠城,不潜军,不留众,师不越时,故乱者乐其政,不安其上,欲其至也。”临武君曰:“善。”

　　陈嚣问荀卿曰:“先生议兵,常以仁义为本,仁者爱人,义者循理,然则又何以兵为?凡所为有兵者,为争夺也。”荀卿曰:“非汝所知也。彼仁者爱人,爱人,故恶人之害之也;义者循理,循理,故恶人之乱之也。彼兵者,所以禁暴除害也,非争夺也。"

3 燕孝王薨,子喜立。

4 周民东亡。秦人取其宝器,迁西周公于𢱬狐之聚。

5 楚王迁鲁于莒而取其地。

五十三年(丁未,前254)

1 摎伐魏,取吴城。韩王入朝。魏举国听令。

五十四年(戊申,前253)

1 王郊见上帝于雍。

2 楚迁于钜阳。

五十五年(己酉,前252)

1 卫怀君朝于魏,魏人执而杀之;更立其弟,是为元君。元君,魏婿也。

五十六年(庚戌,前251)

1 秋,王薨,孝文王立。尊唐八子为唐太后,以子楚为太子。赵人奉子楚妻子归之。韩王衰绖入吊祠。

2 燕王喜使栗腹约欢于赵,以五百金为赵王酒。反而言于燕王曰:"赵壮者皆死长平,其孤未壮,可伐也。"王召昌国君乐閒问之,对曰:"赵四战之国,其民习兵,不可。"王曰:"吾以五而伐一。"对曰:"不可。"王怒。群臣皆以为可,乃发二千乘,栗腹将而攻鄗,卿秦攻代。将渠曰:"与人通关约交,以五百金饮人之王,使者报而攻之,不祥,师必无功。"王不听,自将偏军随之。将渠引王之绶,王以足蹴之。将渠泣曰:"臣非自为,为王也!"燕师至宋子,赵廉颇为将,逆击之,败栗腹于鄗,败卿秦、乐乘于代,追北五百馀里,遂围燕。燕人请和,赵人曰:"必令将渠处和。"燕王使将渠为相而处和,赵师乃解去。

3 赵平原君卒。

孝文王

元年(辛亥,前250)

1 冬,十月己亥,王即位;三日薨。子楚立,是为庄襄王,尊华阳夫人为华阳太后,夏姬为夏太后。

2 燕将攻齐聊城,拔之。或谮之燕王,燕将保聊城,不敢归。齐田单攻之,岁馀不下。鲁仲连乃为书,约之矢以射城中,遗燕将,为陈利害曰:"为公计者,不归燕则归齐。今独守孤城,齐兵日益而燕救不至,将何为乎?"燕将见书,泣三日,犹豫不能自决。欲归燕,已有隙;欲降齐,所杀虏于齐甚众,恐已降而后见辱。喟然叹曰:"与人刃我,宁我自刃!"遂自杀。聊城乱,田单克聊城。归,言鲁仲连于齐,欲爵之。仲连逃之海上,曰:"吾与富贵而诎于人,宁贫贱而轻世肆志焉!"

魏安釐王问天下之高士于子顺,子顺曰:"世无其人也;抑可以为次,其鲁仲连乎!"王曰:"鲁仲连强作之者,非体自然也。"子顺曰:"人皆作之。作之不止,乃成君子;作之不变,习与体成,则自然也。"

庄襄王

元年(壬子,前249)

1 吕不韦为相国。

2 东周君与诸侯谋伐秦;王使相国帅师讨灭之,迁东周君于阳人聚。周既不祀。周比亡,凡有七邑:河南、洛阳、穀城、平阴、偃师、巩、缑氏。

3 以河南洛阳十万户封相国不韦为文信侯。

4 蒙骜伐韩,取成皋、荥阳,初置三川郡。

5 楚灭鲁,迁鲁顷公于卞,为家人。

二年(癸丑,前248)

1 日有食之。

2 蒙骜伐赵,取榆次、狼孟等三十七城。

3 楚春申君言于楚王曰:"淮北地边于齐,其事急,请以为郡而封江东。"楚王许之。春申君因城吴故墟以为都邑。宫室极盛。

三年(甲寅,前247)

1 王龁攻上党诸城,悉拔之,初置太原郡。

2 蒙骜师师伐魏,取高都、汲。魏师数败,魏王患之,乃使人请信陵君于赵。信陵君畏得罪,不肯还,诫门下曰:"有敢为魏使通者死!"宾客莫敢谏。毛公、薛公见信陵君曰:"公子所以重于诸侯者,徒以有魏也。

今魏急而公子不恤,一旦秦人克大梁,夷先王之宗庙,公子当何面目立天下乎!"语未卒,信陵君色变,趣驾还魏。魏王持信陵君而泣,以为上将军。信陵君使人求援于诸侯。诸侯闻信陵君复为魏将,皆遣兵救魏。信陵君率五国之师败蒙骜于河外,蒙骜遁走。信陵君追至函谷关,抑之而还。

　　安陵人缩高之子仕于秦,秦使之守管。信陵君攻之不下,使人谓安陵君曰:"君其遣缩高,吾将仕之以五大夫,使为执节尉。"安陵君曰:"安陵,小国也,不能必使其民。使者自往请之。"使吏导使者至缩高之所。使者致信陵君之命,缩高曰:"君之幸高也,将使高攻管也。夫父攻子守,人之笑也,见臣而下,是倍主也。父教子倍,亦非君之所喜。敢再拜辞!"使者以报信陵君。信陵君大怒,遣使之安陵君所曰:"安陵之地,亦犹魏也。今吾攻管而不下,则秦兵及我,社稷必危矣。愿君生束缩高而致之!若君弗致,无忌将发十万之师以造安陵之城下。"安陵君曰:"吾先君成侯受诏襄王以守此城也,手授太府之宪。宪之上篇:'臣弑君,子弑父,有常不赦。国虽大赦,降城亡子不得与焉。'今缩高辞大位以全父子之义,而君曰'必生致之',是使我负襄王之诏而废太府之宪也,虽死,终不敢行!"缩高闻之曰:"信陵君为人,悍猛而自用,此辞必反为国祸。吾已全己,无违人臣之义矣,岂可使吾君有魏患乎!"乃之使者之舍,刎颈而死。信陵君闻之,缟素辟舍,使使者谢安陵君曰:"无忌,小人也,困于思虑,失言于君,请再拜辞罪!"

　　王使人行万金于魏以间信陵君,求得晋鄙客,令说魏王曰:"公子亡在外十年矣,今复为将,诸侯皆属,天下徒闻信陵君而不闻魏王矣。"王又数使人贺信陵君:"得为魏王未也?"魏王日闻其毁,不能不信,乃使人代信陵君将兵。信陵君自知再以毁废,乃谢病不朝,日夜以酒色自娱,凡四岁而卒。韩王往吊,其子荣之,以告子顺,子顺曰:"必辞之以礼:'邻国君吊,君为之主。'今君不命之,则子无所受韩君也。"其子辞之。

　　3　五月,丙午,王薨。太子政立,生十三年矣,国事皆决于文信侯,号称仲父。

　　4　晋阳反。

始皇帝上

元年(乙卯,前246)

　　1　蒙骜击定之。

　　2　韩欲疲秦人,使无东伐,乃使水工郑国为间于秦,凿泾水自仲山为渠,并北山,东注洛。中作而觉,秦人欲杀之。郑国曰:"臣为韩延数年之命,然渠成,亦秦万世之利也。"乃使卒为之。注填阏之水溉舄卤之地四万余顷,收皆亩一钟,关中由是益富饶。

二年(丙辰,前245)

　　1　麃公将卒攻卷,斩首三万。

　　2　赵以廉颇为假相国,伐魏,取繁阳。赵孝成王薨,子悼襄王立,使武襄君乐乘代廉颇。廉颇怒,攻武襄君;武襄君走。廉颇出奔魏;久之,魏不能信用。赵师数困于秦,赵王思复得廉颇,廉颇亦思复用于赵。赵王使使者视廉颇尚可用否。廉颇之仇郭开多与使者金,令毁之。廉颇见使者,一饭斗米,肉十斤,被甲上马,以示可用。使者还报曰:"廉将军虽老,尚善饭;然与臣坐,顷之三遗矢矣。"赵王以为老,遂不召。楚人阴使迎之。廉颇一为楚将,无功,曰:"我思用赵人!"卒死于寿春。

三年(丁巳,前244)

　　1　大饥。

　　2　蒙骜伐韩,取十二城。

　　3　赵王以李牧为将,伐燕,取武遂、方城。李牧者,赵之北边良将也,尝居代、雁门备匈奴,以便宜置吏,市租皆输入莫府,为士卒费,日击数牛飨士;习骑射,谨烽火,多间谍,为约曰:"匈奴即入盗,急入收保。有敢捕虏者斩!"匈奴每入,烽火谨,辄入收保不战。如是数岁,亦不亡失。匈奴皆以为怯,虽赵边兵亦以为吾将怯。赵王让之,李牧如故。王怒,使他人代之。岁余,屡出战,不利,多失亡,边不得田畜。王复请李牧,李牧杜门称病不出。王强起之,李牧曰:"王必用臣,如前,乃敢奉令。"王许之。李牧至边,如约。匈奴数岁无所得,终以为怯。边士日得赏赐而不用,皆愿一战。于是乃具选车得千三百乘,选骑得万三千匹,百金之士五万人,彀者十万人,悉勒习战;大纵畜牧、人民满野。匈奴小入,佯北不胜,以数十人委之。单于闻之,大率众来入。李牧多为奇陈,张左、右翼击之,大破之,杀匈奴十余万骑。灭襜褴,破东胡,降林胡。单于奔走,十余岁不敢近赵边。

　　先是,天下冠带之国七,而三国边于戎狄:秦自陇以西有绵诸、绲戎、翟、豲之戎,岐、梁、泾、漆之北有义渠、大荔、乌氏、朐衍之戎;而赵北有林胡、楼烦之戎;燕北有东胡、山戎;各分散居溪谷,自有君长,往往而聚者百有馀戎,然莫能相一。其后义渠筑城郭以自守,而秦稍蚕食之,至惠王遂拔义渠二十五城。昭王之时,宣太后诱义渠王,杀诸甘泉,遂发兵伐义渠,灭之,始于陇西、北地、上郡筑长城以拒胡。赵武灵王北破林胡、楼烦,筑长城,自代并阴山下,至高阙为塞。而置云中、雁门、代郡。其后燕将秦开为质于胡,胡甚信之;归而袭破东胡,东胡却千馀里。燕亦筑长城,自造阳至襄平,置上谷、渔阳、右北平、辽东郡以拒胡。及战国之末而匈奴始大。

四年(戊午,前243)

　1　春,蒙骜伐魏,取畼、有诡。三月,军罢。

　2　秦质子归自赵,赵太子出归国。

　3　七月,蝗,疫。令百姓纳粟千石,拜爵一级。

　4　魏安釐王薨,子景湣王立。

五年(己未,前242)

　1　蒙骜伐魏,取酸枣、燕、虚、长平、雍丘、山阳等二十城;初置东郡。

　2　初,剧辛在赵与庞煖善,已而仕燕。燕王见赵数困于秦,廉颇去而庞煖为将,欲因其敝而攻之,问于剧辛,对曰:"庞煖易与耳!"燕王使剧辛将而伐赵。赵庞煖御之,杀剧辛,取燕师二万。

　3　诸侯患秦攻伐无已时。

六年(庚申,前241)

　1　楚、赵、魏、韩、卫合从以伐秦,楚王为从长,春申君用事,取寿陵。至函谷,秦师出,五国之师皆败走。楚王以咎春申君,春申君以此益疏。观津人朱英谓春申君曰:"人皆以楚为强,君用之而弱。其于英不然。先君时,秦善楚,二十年而不攻楚,何也?秦逾黾厄之塞而攻楚,不便;假道于两周,背韩、魏而攻楚,不可。今则不然。魏旦暮亡,不能爱许、鄢陵,魏割以与秦,秦兵去陈百六十里。臣之所观者,见秦、楚之日斗也。"楚于是去陈,徙寿春,命曰郢。春申君就封于吴,行相事。

　2　秦拔魏朝歌及卫濮阳。卫元君率其支属徙居野王,阻其山以保魏之河内。

七年(辛酉,前240)

1　伐魏，取汲。

2　夏太后薨。

3　蒙骜卒。

八年（壬戌，前239）

1　魏与赵邺。

2　韩桓惠王薨，子安立。

九年（癸亥，前238）

1　伐魏，取垣、蒲。

2　夏，四月，寒，民有冻死者。

3　王宿雍。

4　己酉，王冠，带剑。

5　杨端和伐魏，取衍氏。

6　初，王即位，年少，太后□时与文信侯私通。王益壮，文信侯恐事觉，祸及己，乃诈以舍人嫪毐为宦者，进于太后。太后幸之，生二子，封毐为长信侯，以太原为毐国，政事皆决于毐；客求为毐舍人者甚众。王左右有与毐争言者，告毐实非宦者，王下吏治毐。毐惧，矫王御玺发兵，欲攻蕲年宫为乱。王使相国昌平君、昌文君发卒攻毐，战咸阳，斩首数百，毐败走，获之。秋，九月，夷毐三族；党与皆车裂灭宗；舍人罪轻者徙蜀，凡四千馀家。迁太后于雍萯阳宫，杀其二子。下令曰：“敢以太后事谏者，戮而杀之，断其四支，积于阙下！”死者二十七人。齐客茅焦上谒请谏。王使谓之曰：“若不见夫积阙下者邪？”对曰：“臣闻天有二十八宿，今死者二十七人，臣之来固欲满其数耳。臣非畏死者也！”使者走入白之。茅焦邑子同食者，尽负其衣物而逃。王大怒曰：“是人也，故来犯吾，趣召镬烹之，是安得积阙下哉！”王按剑而坐，口正沫出。使者召之入，茅焦徐行至前，再拜谒起，称曰：“臣闻有生者不讳死，有国者不讳亡；讳死者不可以得生，讳亡者不可以得存。死生存亡，圣主所欲急闻也，陛下欲闻之乎？”王曰：“何谓也？”茅焦曰：“陛下有狂悖之行，不自知邪？车裂假父，囊扑二弟，迁母于雍，残戮谏士；桀、纣之行不至于是矣！今天下闻之，尽瓦解，无向秦者，臣窃为陛下危之！臣言已矣！”乃解衣伏质。王下殿，手自接之曰：“先生起就衣，今愿受事！”乃爵之上卿，王自驾，虚左方，往迎太后，归于咸阳，复为母子如初。

7　楚考烈王无子,春申君患之,求妇人宜子者甚众,进之,卒无子。赵人李园持其妹欲进诸楚王,闻其不宜子,恐久无宠,乃求为春申君舍人。已而谒归,故失期而还。春申君问之,李园曰:"齐王使人求臣之妹,与其使者饮,故失期。"春申君曰:"聘入乎?"曰:"未也。"春申君遂纳之。既而有娠,李园使其妹说春申君曰:"楚王贵幸君,虽兄弟不如也。今君相楚二十馀年而王无子,即百岁后将更立兄弟,彼亦各贵其故所亲,君又安得常保此宠乎!非徒然也,君贵,用事久,多失礼于王之兄弟,兄弟立,祸且及身矣。今妾有娠而人莫知,妾幸君未久,诚以君之重,进妾于王,王必幸之。妾赖天而有男,则是君之子为王也。楚国尽可得,孰与身临不测之祸哉!"春申君大然之。乃出李园妹,谨舍而言诸楚王。王召入,幸之,遂生男,立为太子。

李园妹为王后,李园亦贵用事,而恐春申君泄其语,阴养死士,欲杀春申君以灭口;国人颇有知之者。楚王病,朱英谓春申君曰:"世有无望之福,亦有无望之祸。今君处无望之世,事无望之主,安可以无无望之人乎!"春申君曰:"何谓无望之福?"曰:"君相楚二十馀年矣,虽名相国,其实王也。王今病,且暮薨,薨而君相幼主,因而当国,王长而反政,不即遂南面称孤,此所谓无望之福也。""何谓无望之祸?"曰:"李园不治国而君之仇也,不为兵而养死士之日久矣。王薨,李园必先入,据权而杀君以灭口,此所谓无望之祸也。""何谓无望之人?"曰:"君置臣郎中,王薨,李园先入,臣为君杀之,此所谓无望之人也。"春申君曰:"足下置之。李园,弱人也,仆又善之。且何至此!"朱英知言不用,惧而亡去。后十七日,楚王薨,李园果先入,伏死士于棘门之内。春申君入,死士侠刺之,投其首于棘门之外;于是使吏尽捕诛春申君之家。太子立,是为幽王。

　　扬子法言曰:"或问信陵、平原、孟尝、春申益乎?"曰:"上失其政,奸臣窃国命,何其益乎!"

8　王以文信侯奉先王功大,不忍诛。

十年(甲子,前237)

1　冬,十月,文信侯免相,出就国。

宗室大臣议曰:"诸侯人来仕者,皆为其主游间耳,请一切逐之。"于是大索,逐客。客卿楚人李斯亦在逐中,行,且上书曰:"昔穆公求士,西取由余于戎,东得百里奚于宛,迎蹇叔于宋,求丕豹、公孙支于晋,并国二十,遂霸西戎。孝公用商鞅之法,诸侯亲服,至今治强。惠王用张仪之计,散六国之从，使之事秦。昭王得范睢，强公室，杜私门。此四君者，皆以客之功。由此观之，客何负于秦哉！夫色、乐、珠、玉不产于秦而王服御者众；取人则不然，不问可否，不论曲直，非秦者去，为客者逐。是所重者在乎色、乐、珠、玉，而所轻者在乎人民也。臣闻太山不让土壤，故能成其大；河海不择细流，故能就其深；王者不却众庶，故能明其德；此五帝、三王之所以无敌也。今乃弃黔首以资敌国，却宾客以业诸侯，所谓藉寇兵而赍盗粮者也。"王乃召李斯，复其官，除逐客之令。李斯至骊邑而还。王卒用李斯之谋，阴遣辩士赍金玉游说诸侯，诸侯名士可下以财者厚遗结之，不肯者利剑刺之，离其君臣之计，然后使良将随其后，数年之中，卒兼天下。

十一年（乙丑，前236）

　　1　赵人伐燕，取狸阳。兵未罢，将军王翦、桓齮、杨端和伐赵，攻邺，取九城。王翦攻阏与、橑阳，桓齮取邺、安阳。

　　2　赵悼襄王薨，子幽缪王迁立。其母，倡也，嬖于悼襄王，悼襄王废嫡子嘉而立之。迁素以无行闻于国。

　　3　文信侯就国岁馀，诸侯宾客使者相望于道，请之。王恐其为变，乃赐文信侯书曰："君何功于秦，封君河南，食十万户？何亲于秦，号称仲父？其与家属徙处蜀！"文信侯自知稍侵，恐诛。

十二年（丙寅，前235）

　　1　文信侯饮鸩死，窃葬。其舍人临者，皆逐迁之。且曰："自今以来，操国事不道如嫪毒、不韦者，籍其门，视此！"

　　　　扬子法言曰：或问："吕不韦其智矣乎？以人易货。"曰："谁谓不韦智者欤！以国易宗。吕不韦之盗，穿窬之雄乎！穿窬也者，吾见担石矣，未见雒阳也。"

　　2　自六月不雨，至于八月。

　　3　发四郡兵助魏伐楚。

十三年（丁卯，前234）

　　1　桓齮伐赵，败赵将扈辄于平阳，斩首十万，杀扈辄。赵王以李牧为大将军，复战于宜安、肥下，秦师败绩，桓齮奔还。赵封李牧为武安君。

十四年（戊辰，前233）

1　桓齮伐赵，取宜安、平阳、武城。

2　韩王纳地效玺，请为藩臣，使韩非来聘。韩非者，韩之诸公子也，善刑名法术之学，见韩之削弱，数以书干韩王，王不能用。于是韩非疾治国不务求人任贤，反举浮淫之蠹而加之功实之上，宽则宠名誉之人，急则用介胄之士，所养非所用，所用非所养。悲廉直不容于邪枉之臣，观往者得失之变，作孤愤、五蠹、内外储、说林、说难五十六篇，十馀万言。

王闻其贤，欲见之。非为韩使于秦，因上书说王曰："今秦地方数千里，师名百万，号令赏罚，天下不如。臣昧死愿望见大王，言所以破天下从之计，大王诚听臣说，一举而天下之从不破，赵不举，韩不亡，荆、魏不臣，齐、燕不亲，霸王之名不成，四邻诸侯不朝，大王斩臣以徇国，以戒为王谋不忠者也。"王悦之，未任用。李斯嫉之，曰："韩非，韩之诸公子也。今欲并诸侯，非终为韩不为秦，此人情也。今王不用，久留而归之，此自遗患也；不如以法诛之。"王以为然，下吏治非。李斯使人遗非药，令早自杀。韩非欲自陈，不得见。王后悔，使人赦之，非已死矣。

扬子法言曰：或问："韩非作说难之书而卒死乎说难，敢问何反也？"曰："说难盖其所以死乎！"曰："何也？""君子以礼动，以义止，合则进，否则退，确乎不忧其不合也。夫说人而忧其不合，则亦无所不至矣。"或曰："非忧说之不合，非邪？"曰："说不由道，忧也。由道而不合，非忧也。"

臣光曰：臣闻君子亲其亲以及人之亲，爱其国以及人之国，是以功大名美而享有百福也。今非为秦画谋，而首欲覆其宗国以售其言，罪固不容于死矣，乌足愍哉！

十五年（己巳，前232）

1　王大兴师伐赵，一军抵邺，一军抵太原，取狼孟、番吾；遇李牧而还。

2　初，燕太子丹尝质于赵，与王善。王即位，丹为质于秦，王不礼焉。丹怒，亡归。

十六年（庚午，前231）

1　韩献南阳地。九月，发卒受地于韩。

2　魏人献地。

3　代地震，自乐徐以西，北至平阴，台屋墙垣太半坏，地坼东西百三十步。

十七年（辛未，前230）

1　内史胜灭韩，虏韩王安，以其地置颍川郡。

2　华阳太后薨。

3　赵大饥。

4　卫元君薨，子角立。

十八年（壬申，前229）

1　王翦将上地兵下井陉，端和将河内兵共伐赵。赵李牧、司马尚御之。秦人多与赵王嬖臣郭开金，使毁牧及尚，言其欲反。赵王使赵葱及齐将颜聚代之。李牧不受命，赵人捕而杀之；废司马尚。

十九年（癸酉，前228）

1　王翦击赵军，大破之，杀赵葱，颜聚亡，遂克邯郸，虏赵王迁。王如邯郸，故与母家有仇怨者皆杀之。还，从太原、上郡归。

2　太后薨。

3　王翦屯中山以临燕。赵公子嘉帅其宗数百人奔代，自立为代王。赵之亡，大夫稍稍归之，与燕合兵，军上谷。

4　楚幽王薨，国人立其弟郝。三月，郝庶兄负刍杀之，自立。

5　魏景湣王薨，子假立。

6　燕太子丹怨王，欲报之，以问其傅鞠武。鞠武请西约三晋，南连齐、楚，北媾匈奴以图秦。太子曰："太傅之计，旷日弥久，令人心惛然，恐不能须也。"顷之，将军樊於期得罪，亡之燕；太子受而舍之。鞠武谏曰："夫以秦王之暴而积怨于燕，足为寒心，又况闻樊将军之所在乎！是谓委肉当饿虎之蹊也。愿太子疾遣樊将军入匈奴！"太子曰："樊将军穷困于天下，归身于丹，是固丹命卒之时也，愿更虑之！"鞠武曰："夫行危以求安，造祸以为福，计浅而怨深，连结一人之后交，不顾国家之大害，所谓资怨而助祸矣。"太子不听。

　　太子闻卫人荆轲之贤，卑辞厚礼而请见之。谓轲曰："今秦已虏韩王，又举兵南伐楚，北临赵；赵不能支秦，则祸必至于燕。燕小弱，数困于兵，何足以当秦！诸侯服秦，莫敢合从。丹之私计愚，以为诚得天下之勇士使于秦，劫秦王，使悉反诸侯侵地，若曹沫之与齐桓公，则大善矣；□不可,因而刺杀之。彼大将擅兵于外而内有乱,则君臣相疑,以其间,诸侯得合从,其破秦必矣。唯荆卿留意焉!"荆轲许之。于是舍荆卿于上舍,太子日造门下,所以奉养荆轲,无所不至。及王翦灭赵,太子闻之惧,欲遣荆轲行。荆轲曰:"今行而无信,则秦未可亲也。诚得樊将军首与燕督亢之地图,奉献秦王,秦王必说见臣,臣乃有以报。"太子曰:"樊将军穷困来归丹,丹不忍也!"荆轲乃私见樊於期曰:"秦之遇将军,可谓深矣,父母宗族皆为戮没!今闻购将军首,金千斤,邑万家,将奈何?"於期太息流涕曰:"计将安出?"荆卿曰:"愿得将军之首以献秦王,秦王必喜而见臣,臣左手把其袖,右手揕其胸,则将军之仇报而燕见陵之愧除矣!"樊於期曰:"此臣之日夜切齿腐心也!"遂自刎。太子闻之,奔往伏哭,然已无奈何,遂以函盛其首。太子豫求天下之利匕首,使工以药焠之,以试人,血濡缕,人无不立死者。乃装为遣荆轲,以燕勇士秦舞阳为之副,使入秦。

资治通鉴卷第七

秦纪二

始皇帝下

二十年（甲戌，前227）

1　荆轲至咸阳，因王宠臣蒙嘉卑辞以求见；王大喜，朝服，设九宾而见之。荆轲奉图而进于王，图穷而匕首见，因把王袖而揕之；未至身，王惊起，袖绝。荆轲逐王，王环柱而走。群臣皆愕，卒起不意，尽失其度。而秦法，群臣侍殿上者不得操尺寸之兵，左右以手共搏之，且曰："王负剑！"负剑，王遂拔以击荆轲，断其左股。荆轲废，乃引匕首擿王，中铜柱。自知事不就，骂曰："事所以不成者，以欲生劫之，必得约契以报太子也！"遂体解荆轲以徇。王于是大怒，益发兵诣赵，就王翦以伐燕，与燕师、代师战于易水之西，大破之。

二十一年（乙亥，前226）

1　冬，十月，王翦拔蓟，燕王及太子率其精兵东保辽东，李信急追之。代王嘉遗燕王书，令杀太子丹以献。丹匿衍水中，燕王使使斩丹，欲以献王，王复进兵攻之。

2　王贲伐楚，取十馀城。王问于将军李信曰："吾欲取荆，于将军度用几何人而足？"李信曰："不过用二十万。"王以问王翦，王翦曰："非六十万人不可。"王曰："王将军老矣，何怯也！"遂使李信、蒙恬将二十万人伐楚；王翦因谢病归频阳。

二十二年（丙子，前225）

1　王贲伐魏，引河沟以灌大梁。三月，城坏。魏王假降，杀之，遂灭魏。

王使人谓安陵君曰："寡人欲以五百里地易安陵。"安陵君曰："大王加惠，以大易小，甚幸。虽然，臣受地于魏之先王，愿终守之，弗敢易！"王义而许之。

2 李信攻平舆,蒙恬攻寝,大破楚军。信又攻鄢郢,破之。于是引兵而西,与蒙恬会城父。楚人因随之,三日三夜不顿舍,大败李信,入两壁,杀七都尉;李信奔还。

王闻之,大怒,自至频阳谢王翦曰:"寡人不用将军谋,李信果辱秦军。将军虽病,独忍弃寡人乎!"王翦谢:"病不能将。"王曰:"已矣,勿复言!"王翦曰:"必不得已用臣,非六十万人不可!"王曰:"为听将军计耳。"于是王翦将六十万人伐楚。王送至霸上,王翦请美田宅甚众。王曰:"将军行矣,何忧贫乎!"王翦曰:"为大王将,有功,终不得封侯,故及大王之向臣,以请田宅为子孙业耳。"王大笑。王翦既行,至关,使使还请善田者五辈。或曰:"将军之乞贷亦已甚矣!"王翦曰:"不然。王怛中而不信人,今空国中之甲士而专委于我,我不多请田宅为子孙业以自坚,顾令王坐而疑我矣。"

二十三年（丁丑,前224）

1 王翦取陈以南至平舆。楚人闻王翦益军而来,乃悉国中兵以御之;王翦坚壁不与战。楚人数挑战,终不出。王翦日休士洗沐,而善饮食,抚循之;亲与士卒同食。久之,王翦使人问"军中戏乎?"对曰:"方投石、超距。"王翦曰:"可用矣!"楚既不得战,乃引而东。王翦追之,令壮士击,大破楚师,至蕲南,杀其将军项燕,楚师遂败走。王翦因乘胜略定城邑。

二十四年（戊寅,前223）

1 王翦、蒙武虏楚王负刍,以其地置楚郡。

二十五年（己卯,前222）

1 大兴兵,使王贲攻辽东,虏燕王喜。

臣光曰:燕丹不胜一朝之忿以犯虎狼之秦,轻虑浅谋,挑怨速祸,使召公之庙不祀忽诸,罪孰大焉! 而论者或谓之贤,岂不过哉!

夫为国家者,任官以才,立政以礼,怀民以仁,交邻以信;是以官得其人,政得其节,百姓怀其德,四邻亲其义。夫如是,则国家安如磐石,炽如焱火,触之者碎,犯之者焦,虽有强暴之国,尚何足畏哉! 丹释此不为,顾以万乘之国,决匹夫之怒,逞盗贼之谋,功隳身戮,社稷为墟,不亦悲哉!

夫其膝行、蒲伏,非恭也;复言、重诺,非信也;糜金、散玉,非惠也;刿首、决腹,非勇也。要之,谋不远而动不义,其楚白公胜之流乎!

荆轲怀其豢养之私,不顾七族,欲以尺八匕首强燕而弱秦,不亦愚乎! 故扬子论之,以要离为蛛蝥之靡,聂政为壮士之靡,荆轲为刺客之靡,皆不可谓之义。又曰:"荆轲,君子盗诸。"善哉!

2　王贲攻代,虏代王嘉。

3　王翦悉定荆江南地,降百越之君,置会稽郡。

4　五月,天下大酺。

5　初,齐君王后贤,事秦谨,与诸侯信;齐亦东边海上。秦日夜攻三晋、燕、楚,五国各自救,以故齐王建立四十馀年不受兵。及君王后且死,戒王建曰:"群臣之可用者某。"王曰:"请书之。"君王后曰:"善!"王取笔牍受言,君王后曰:"老妇已忘矣。"君王后死,后胜相齐,多受秦间金。宾客入秦,秦又多与金。客皆为反间,劝王朝秦,不修攻战之备,不助五国攻秦,秦以故得灭五国。

齐王将入朝,雍门司马前曰:"所为立王者,为社稷耶,为王耶?"王曰:"为社稷。"司马曰:"为社稷立王,王何以去社稷而入秦?"齐王还车而反。

即墨大夫闻之,见齐王曰:"齐地方数千里,带甲数百万。夫三晋大夫皆不便秦,而在阿、甄之间者百数;王收而与之百万人之众,使收三晋之故地,即临晋之关可以入矣。鄢郢大夫不欲为秦,而在城南下者百数,王收而与之百万之师,使收楚故地,即武关可以入矣。如此,则齐威可立,秦国可亡,岂特保其国家而已哉!"齐王不听。

二十六年(庚辰,前221)

1　王贲自燕南攻齐,猝入临淄,民莫敢格者。秦使人诱齐王,约封以五百里之地。齐王遂降,秦迁之共,处之松柏之间,饿而死。齐人怨王建不早与诸侯合从,听奸人宾客以亡其国,歌之曰:"松耶,柏耶! 住建共者客耶!"疾建用客之不详也。

臣光曰:从衡之说虽反覆百端,然大要合从者,六国之利也。昔先王建万国,亲诸侯,使之朝聘以相交,飨宴以相乐,会盟以相结者,无他,欲其同心勠力以保家国也。向使六国能以信义相亲,则秦虽强暴,安得而亡之哉!夫<u>三晋</u>者,<u>齐</u>、<u>楚</u>之藩蔽;<u>齐</u>、<u>楚</u>者,<u>三晋</u>之根柢;形势相资,表里相依。故以<u>三晋</u>而攻<u>齐</u>、<u>楚</u>,自绝其根柢也;以<u>齐</u>、<u>楚</u>而攻<u>三晋</u>,自撤其藩蔽也。安有撤其藩蔽以媚盗,曰"盗将爱我而不攻",岂不悖哉!

　　2　王初并天下,自以为德兼<u>三皇</u>,功过<u>五帝</u>,乃更号曰"皇帝",命为"制",令为"诏",自称曰"朕"。追尊<u>庄襄王</u>为太上皇。制曰:"死而以行为谥,则是子议父,臣议君也,甚无谓。自今以来,除谥法。朕为始皇帝,后世以计数,二世、三世至于万世,传之无穷。"

　　3　初,<u>齐威</u>、<u>宣</u>之时,<u>邹衍</u>论著终始五德之运;及<u>始皇</u>并天下,<u>齐</u>人奏之。<u>始皇</u>采用其说,以为<u>周</u>得火德,<u>秦</u>代<u>周</u>,从所不胜,为水德。始改年,朝贺皆自十月朔;衣服、旌旄、节旗皆尚黑;数以六为纪。

　　4　丞相<u>绾</u>等言:"<u>燕</u>、<u>齐</u>、<u>荆</u>地远,不为置王,无以镇之。请立诸子。"<u>始皇</u>下其议。廷尉<u>斯</u>曰:"<u>周文</u>、<u>武</u>所封子弟同姓甚众,然后属疏远,相攻击如仇雠,<u>周</u>天子弗能禁止。今海内赖陛下神灵一统,皆为郡、县,诸子功臣以公赋税重赏赐之,甚足易制,天下无异意,则安宁之术也。置诸侯不便。"<u>始皇</u>曰:"天下共苦战斗不休,以有侯王。赖宗庙,天下初定,又复立国,是树兵也;而求其宁息,岂不难哉!廷尉议是。"

　　分天下为三十六郡,郡置守、尉、监。

　　收天下兵聚<u>咸阳</u>,销以为钟镰、金人十二,重各千石,置宫廷中。一法度、衡、石、丈尺。徙天下豪杰于<u>咸阳</u>十二万户。

　　诸庙及<u>章台</u>、<u>上林</u>皆在<u>渭</u>南。每破诸侯,写放其宫室,作之<u>咸阳</u>北阪上,南临<u>渭</u>,自<u>雍门</u>以东至<u>泾</u>、<u>渭</u>,殿屋、复道、周阁相属,所得诸侯美人、钟鼓以充入之。

二十七年(辛巳,前220)

　　1　<u>始皇</u>巡<u>陇西</u>、<u>北地</u>,至<u>鸡头山</u>,过<u>回中</u>焉。

　　2　作<u>信宫</u>渭南,已,更命曰<u>极庙</u>。自<u>极庙</u>道通<u>骊山</u>,作<u>甘泉</u>前殿,筑甬道自<u>咸阳</u>属之,治驰道于天下。

二十八年(壬午,前219)

　　1　<u>始皇</u>东行郡、县,上<u>邹峄山</u>,立石颂功业。于是召集<u>鲁</u>儒生七十人,至<u>泰山</u>下,议封禅。诸儒或曰:"古者封禅,为蒲车,恶伤山之土石、草木;扫地而祭,席用菹秸。"议各乖异。<u>始皇</u>以其难施用,由此绌儒生。而

遂除车道,上自太山阳至颠,立石颂德;从阴道下,禅于梁父。其礼颇采太
祝之祀雍上帝所用,而封藏皆秘之,世不得而记也。

于是始皇遂东游海上,行礼祠名山、大川及八神。始皇南登琅邪,大
乐之,留三月,作琅邪台,立石颂德,明得意。

初,燕人宋毋忌、羡门子高之徒称有仙道、形解销化之术,燕、齐迂怪
之士皆争传习之。自齐威王、宣王、燕昭王皆信其言,使人入海求蓬莱、方
丈、瀛洲,云此三神山在勃海中,去人不远。患且至,则风引船去。尝有至
者,诸仙人及不死之药皆在焉。及始皇至海上,诸方士齐人徐市等争上
书言之,请得齐戒与童男女求之。于是遣徐市发童男女数千人入海求之。
船交海中,皆以风为解,曰:“未能至,望见之焉。”

始皇还,过彭城,斋戒祷祠,欲出周鼎泗水,使千人没水求之,弗得。
乃西南渡淮水,之衡山、南郡。浮江至湘山祠,逢大风,几不能渡。上问博
士曰:“湘君何神?”对曰:“闻之:尧女,舜之妻,葬此。”始皇大怒,使刑徒
三千人皆伐湘山树,赭其山。遂自南郡由武关归。

2 初,韩人张良,其父、祖以上五世相韩。及韩亡,良散千金之产,欲
为韩报仇。

二十九年(癸未,前218)

1 始皇东游,至阳武博浪沙中,张良令力士操铁椎狙击始皇,误中副
车。始皇惊,求,弗得;令天下大索十日。

始皇遂登之罘,刻石,旋,之琅邪,道上党入。

三十一年(乙酉,前216)

1 使黔首自实田。

三十二年(丙戌,前215)

1 始皇之碣石,使燕人卢生求羡门,刻碣石门。坏城郭,决通堤坊。
始皇巡北边,从上郡入。卢生使入海还,因奏录图书曰:“亡秦者胡也。”
始皇乃遣将军蒙恬发兵三十万人,北伐匈奴。

三十三年(丁亥,前214)

1 发诸尝逋亡人、赘婿、贾人为兵,略取南越陆梁地,置桂林、南海、
象郡;以谪徙民五十万人戍五岭,与越杂处。

2　蒙恬斥逐匈奴,收河南地为四十四县。筑长城,因地形,用制险塞;起临洮至辽东,延袤万馀里。于是渡河,据阳山,逶迤而北。暴师于外十馀年,蒙恬常居上郡统治之;威振匈奴。

三十四年(戊子,前213)

1　谪治狱吏不直及覆狱故、失者,筑长城及处南越地。

丞相李斯上书曰:"异时诸侯并争,厚招游学。今天下已定,法令出一,百姓当家则力农工,士则学习法令。今诸生不师今而学古,以非当世,惑乱黔首,相与非法教人;闻令下,则各以其学议之,入则心非,出则巷议,夸主以为名,异趣以为高,率群下以造谤。如此弗禁,则主势降乎上,党与成乎下。禁之便! 臣请史官非秦记皆烧之;非博士官所职,天下有藏诗、书、百家语者,皆诣守、尉杂烧之。有敢偶语诗、书弃市;以古非今者族;吏见知不举,与同罪。令下三十日,不烧,黥为城旦。所不去者,医药、卜筮、种树之书。若有欲学法令者,以吏为师。"制曰:"可。"

魏人陈馀谓孔鲋曰:"秦将灭先王之籍,而子为书籍之主,其危哉!"子鱼曰:"吾为无用之学,知吾者惟友。秦非吾友,吾何危哉! 吾将藏之以待其求;求至,无患矣。"

三十五年(己丑,前212)

1　使蒙恬除直道,道九原,抵云阳,堑山堙谷千八百里;数年不就。

2　始皇以为咸阳人多,先王之宫廷小,乃营作朝宫渭南上林苑中,先作前殿阿房,东西五百步,南北五十丈,上可以坐万人,下可以建五丈旗,周驰为阁道,自殿下直抵南山,表南山之颠以为阙。为复道,自阿房度渭,属之咸阳,以象天极阁道,绝汉抵营室也。隐宫、徒刑者七十馀万人,乃分作阿房宫或作骊山。发北山石椁,写蜀、荆地材,皆至;关中计宫三百,关外四百馀。于是立石东海上朐界中,以为秦东门。因徙三万家骊邑,五万家云阳,皆复不事十岁。

3　卢生说始皇曰:"方中:人主时为微行以辟恶鬼。恶鬼辟,真人至。愿上所居宫毋令人知,然后不死之药殆可得也!"始皇曰:"吾慕真人!"自谓"真人",不称"朕"。乃令咸阳之旁二百里内宫观二百七十,复道、甬道相连,帷帐、钟鼓、美人充之,各案署不移徙。行所幸,有言其处者,罪死。始皇幸梁山宫,从山上见丞相车骑众,弗善也。中人或告丞相,丞相后损车骑。始皇怒曰:"此中人泄吾语!"案问,莫服,捕时在旁者,尽杀之。自是后，莫知行之所在。群臣受决事者，悉于咸阳宫。

侯生、卢生相与讥议始皇，因亡去。始皇闻之，大怒曰："卢生等，吾尊赐之甚厚，今乃诽谤我！诸生在咸阳者，吾使人廉问，或为妖言以乱黔首。"于是使御史悉案问诸生。诸生传相告引，乃自除犯禁者四百六十馀人，皆坑之咸阳，使天下知之，以惩后；益发谪徙边。始皇长子扶苏谏曰："诸生皆诵法孔子。今上皆重法绳之，臣恐天下不安。"始皇怒，使扶苏北监蒙恬军于上郡。

三十六年（庚寅，前211）

1　有陨石于东郡。或刻其石曰："始皇死而地分。"始皇使御史逐问，莫服；尽取石旁居人诛之，燔其石。

2　迁河北榆中三万家，赐爵一级。

三十七年（辛卯，前210）

1　冬，十月癸丑，始皇出游；左丞相斯从，右丞相去疾守。始皇二十馀子，少子胡亥最爱，请从；上许之。

十一月，行至云梦，望祀虞舜于九疑山。浮江下，观藉柯，渡海渚，过丹阳，至钱唐，临浙江。水波恶，乃西百二十里，从狭中渡。上会稽，祭大禹，望于南海；立石颂德。还，过吴，从江乘渡。并海上，北至琅邪、之罘。见巨鱼，射杀之。遂并海西，至平原津而病。

始皇恶言死，群臣莫敢言死事。病益甚，乃令中车府令行符玺事赵高为书赐扶苏曰："与丧，会咸阳而葬。"书已封，在赵高所，未付使者。秋，七月丙寅，始皇崩于沙丘平台。丞相斯为上崩在外，恐诸公子及天下有变，乃秘之不发丧，棺载辒凉车中，故幸宦者骖乘。所至，上食、百官奏事如故，宦者辄从车中可其奏事。独胡亥、赵高及幸宦者五六人知之。

初，始皇尊宠蒙氏，信任之。蒙恬任外将，蒙毅常居中参谋议，名为忠信，故虽诸将相莫敢与之争。赵高者，生而隐宫；始皇闻其强力，通于狱法，举以为中车府令，使教胡亥决狱；胡亥幸之。赵高有罪，始皇使蒙毅治之；毅当高法应死。始皇以高敏于事，赦之，复其官。赵高既雅得幸于胡亥，又怨蒙氏，乃说胡亥，请诈以始皇命诛扶苏而立胡亥为太子。胡亥然其计。赵高曰："不与丞相谋，恐事不能成。"乃见丞相斯曰："上赐长子书及符玺，皆在胡亥所。定太子，在君侯与高之口耳。事将何如？"斯曰："安得亡国之言！此非人臣所当议也！"高曰："君侯材能、谋虑、功高、无

怨、长子信之,此五者孰与蒙恬?"斯曰:"不及也。"高曰:"然则长子即
位,必用蒙恬为丞相,君侯终不怀通侯之印归乡里明矣!胡亥慈仁笃厚,
可以为嗣。愿君审计而定之!"丞相斯以为然,乃相与谋,诈为受始皇诏,
立胡亥为太子;更为书赐扶苏,数以不能辟地立功,士卒多耗,反数上书,
直言诽谤,日夜怨望不得罢归为太子;将军恬不矫正,知其谋;皆赐死,以
兵属裨将王离。

扶苏发书,泣,入内舍,欲自杀。蒙恬曰:"陛下居外,未立太子;使臣
将三十万众守边,公子为监,此天下重任也。今一使者来,即自杀,安知其
非诈!复请而后死,未暮也。"使者数趣之。扶苏谓蒙恬曰:"父赐子死,
尚安复请!"即自杀。蒙恬不肯死,使者以属吏,系诸阳周;更置李斯舍人
为护军,还报。胡亥已闻扶苏死,即欲释蒙恬。会蒙毅为始皇出祷山川,
还至。赵高言于胡亥曰:"先帝欲举贤立太子久矣,而毅谏以为不可;不
若诛之!"乃系诸代。

遂从井陉抵九原。会暑,辒车臭,乃诏从官令车载一石鲍鱼以乱之。
从直道至咸阳,发丧。太子胡亥袭位。

九月,葬始皇于骊山,下锢三泉;奇器珍怪,徙藏满之。令匠作机弩,
有穿近者辄射之。以水银为百川、江河、大海,机相灌输。上具天文,下具
地理。后宫无子者,皆令从死。葬既已下,或言工匠为机藏,皆知之,藏重
即泄。大事尽,闭之墓中。

2　二世欲诛蒙恬兄弟。二世兄子子婴谏曰:"赵王迁杀李牧而用颜
聚,齐王建杀其故世忠臣而用后胜,卒皆亡国。蒙氏,秦之大臣、谋士也,
而陛下欲一旦弃去之。诛杀忠臣而立无节行之人,是内使群臣不相信而
外使斗士之意离也!"二世弗听,遂杀蒙毅及内史恬。恬曰:"自吾先人及
至子孙,积功信于秦三世矣。今臣将兵三十馀万,身虽囚系,其势足以
倍畔。然自知必死而守义者,不敢辱先人之教以不忘先帝也!"乃吞药
自杀。

扬子法言曰:或问:"蒙恬忠而被诛,忠奚可为也?"曰:"壅
山,堙谷,起临洮,击辽水,力不足而尸有馀,忠不足相也。"

臣光曰:始皇方毒天下而蒙恬为之使,恬不仁可知矣。然恬
明于为人臣之义,虽无罪见诛,能守死不贰,斯亦足称也。

二世皇帝上

元年(壬辰,前209)

1　冬,十月戊寅,大赦。

2　春,二世东行郡县,李斯从,到碣石,并海,南至会稽,而尽刻始皇所立刻石,旁著大臣从者名,以章先帝成功盛德而还。

夏,四月,二世至咸阳,谓赵高曰:"夫人生居世间也,譬犹骋六骥过决隙也。吾既已临天下矣,欲悉耳目之所好,穷心志之所乐,以终吾年寿,可乎?"高曰:"此贤主之所能行而昏乱主之所禁也。虽然,有所未可,臣请言之:夫沙丘之谋,诸公子及大臣皆疑焉;而诸公子尽帝兄,大臣又先帝之所置也。今陛下初立,此其属意怏怏皆不服,恐为变;臣战战栗栗,唯恐不终,陛下安得为此乐乎!"二世曰:"为之奈何?"赵高曰:"陛下严法而刻刑,令有罪者相坐,诛灭大臣及宗室;然后收举遗民,贫者富之,贱者贵之。尽除先帝之故臣,更置陛下之所亲信者,此则阴德归陛下,害除而奸谋塞,群臣莫不被润泽,蒙厚德,陛下则高枕肆志宠乐矣。计莫出于此!"二世然之。乃更为法律,务益刻深,大臣、诸公子有罪,辄下高,令鞠治之。于是公子十二人僇死咸阳市,十公主矺死于杜,财物入于县官,相连逮者不可胜数。

公子将闾昆弟三人囚于内宫,议其罪独后。二世使使令将闾曰:"公子不臣,罪当死!吏致法焉。"将闾曰:"阙廷之礼,吾未尝敢不从宾赞也;廊庙之位,吾未尝敢失节也;受命应对,吾未尝敢失辞也;何谓不臣?愿闻罪而死!"使者曰:"臣不得与谋,奉书从事!"将闾乃仰天大呼"天"者三,曰:"吾无罪!"昆弟三人皆流涕,拔剑自杀。宗室振恐。公子高欲奔,恐收族,乃上书曰:"先帝无恙时,臣入则赐食,出则乘舆,御府之衣,臣得赐之,中厩之宝马,臣得赐之。臣当从死而不能,为人子不孝,为人臣不忠。不孝不忠者,无名以立于世,臣请从死,愿葬骊山之足。唯上幸哀怜之!"书上,二世大说,召赵高而示之,曰:"此可谓急乎?"赵高曰:"人臣当忧死不暇,何变之得谋!"二世可其书,赐钱十万以葬。

复作阿房宫。尽征材士五万人为屯卫咸阳,令教射。狗马禽兽当食者多,度不足,下调郡县,转输菽粟、刍稿,皆令自赍粮食;咸阳三百里内不得食其谷。

3　秋,七月,阳城人陈胜、阳夏人吴广起兵于蕲。是时,发闾左戍渔阳,九百人屯大泽乡,陈胜、吴广皆为屯长。会天大雨,道不通,度已失期;失期,法皆斩。陈胜、吴广因天下之愁怨,乃杀将尉,召令徒属曰:"公等皆失期当斩;假令毋斩,而戍死者固什六七。且壮士不死则已,死则举大名耳!王、侯、将、相宁有种乎!"众皆从之。乃诈称公子扶苏、项燕,为坛而盟,称大楚;陈胜自立为将军,吴广为都尉。攻大泽乡,拔之;收而攻蕲,蕲下。乃令符离人葛婴将兵徇蕲以东;攻铚、酂、苦、柘、谯,皆下之。行收兵;比至陈,车六七百乘,骑千馀,卒数万人。攻陈,陈守、尉皆不在,独守丞与战谯门中,不胜;守丞死,陈胜乃入据陈。

初,大梁人张耳、陈馀相与为刎颈交。秦灭魏,闻二人魏之名士,重赏购求之。张耳、陈馀乃变名姓,俱之陈,为里监门以自食。里吏尝以过笞陈馀,陈馀欲起,张耳蹑之,使受笞。吏去,张耳乃引陈馀之桑下,数之曰:"始吾与公言何如? 今见小辱而欲死一吏乎!"陈馀谢之。陈涉既入陈,张耳、陈馀诣门上谒。陈涉素闻其贤,大喜。陈中豪桀父老请立涉为楚王,涉以问张耳、陈馀。耳、馀对曰:"秦为无道,灭人社稷,暴虐百姓;将军出万死之计,为天下除残也。今始至陈而王之,示天下私。愿将军毋王,急引兵而西;遣人立六国后,自为树党,为秦益敌;敌多则力分,与众则兵强。如此,则野无交兵,县无守城,诛暴秦,据咸阳,以令诸侯;诸侯亡而得立,以德服之,如此则帝业成矣! 今独王陈,恐天下懈也。"陈涉不听,遂自立为王,号"张楚"。

当是时,诸郡县苦秦法,争杀长吏以应涉。谒者使从东方来,以反者闻。二世怒,下之吏。后使者至,上问之,对曰:"群盗鼠窃狗偷,郡守、尉方逐捕,今尽得,不足忧也。"上悦。

陈王以吴叔为假王,监诸将以西击荥阳。

张耳、陈馀复说陈王,请奇兵北略赵地。于是陈王以故所善陈人武臣为将军,邵骚为护军,以张耳、陈馀为左、右校尉,予卒三千人,徇赵。

陈王又令汝阴人邓宗徇九江郡。当此时,楚兵数千人为聚者不可胜数。

葛婴至东城,立襄彊为楚王。闻陈王已立,因杀襄彊还报。陈王诛杀葛婴。

陈王令魏人周市北徇魏地。以上蔡人房君蔡赐为上柱国。

陈王闻周文,陈之贤人也,习兵,乃与之将军印,使西击秦。

武臣等从白马渡河,至诸县,说其豪桀,豪桀皆应之,乃行收兵,得数万人;号武臣为武信君。下赵十馀城,馀皆城守;乃引兵东北击范阳。范阳蒯彻说武信君曰:"足下必将战胜而后略地,攻得然后下城,臣窃以为过矣。诚听臣之计,可不攻而降城,不战而略地,传檄而千里定,可乎?"武信君曰:"何谓也?"彻曰:"范阳令徐公,畏死而贪,欲先天下降。君若以为秦所置吏,诛杀如前十城,则边地之城皆为金城、汤池,不可攻也。君若赍臣侯印以授范阳令，使乘朱轮华毂，驱驰燕、赵之郊，即燕、赵城可无战而降矣。"武信君曰："善！"以车百乘、骑二百、侯印迎徐公。燕、赵闻之，不战以城下者三十馀城。

陈王既遣周章，以秦政之乱，有轻秦之意，不复设备。博士孔鲋谏曰："臣闻兵法：'不恃敌之不我攻，恃吾不可攻。'今王恃敌而不自恃，若跌而不振，悔之无及也。"陈王曰："寡人之军，先生无累焉。"

周文行收兵至关，车千乘，卒数十万，至戏，军焉。二世乃大惊，与群臣谋曰："奈何？"少府章邯曰："盗已至，众强，今发近县，不及矣。骊山徒多，请赦之，授兵以击之。"二世乃大赦天下，使章邯免骊山徒、人奴产子，悉发以击楚军，大败之。周文走。

张耳、陈馀至邯郸，闻周章却，又闻诸将为陈王徇地还者多以谗毁得罪诛，乃说武信君令自王。八月，武信君自立为赵王，以陈馀为大将军，张耳为右丞相，邵骚为左丞相；使人报陈王。陈王大怒，欲尽族武信君等家而发兵击赵。柱国房君谏曰："秦未亡而诛武信君等家，此生一秦也；不如因而贺之，使急引兵西击秦。"陈王然之，从其计，徙系武信君等家宫中，封张耳子敖为成都君，使使者贺赵，令趣发兵西入关。张耳、陈馀说赵王曰："王王赵，非楚意，特以计贺王。楚已灭秦，必加兵于赵。愿王毋西兵，北徇燕、代，南收河内以自广。赵南据大河，北有燕、代，楚虽胜秦，必不敢制赵；不胜秦，必重赵。赵乘秦、楚之敝，可以得志于天下。"赵王以为然，因不西兵，而使韩广略燕，李良略常山，张黡略上党。

九月，沛人刘邦起兵于沛，下相人项梁起兵于吴，狄人田儋起兵于齐。

刘邦，字季，为人隆准、龙颜，左股有七十二黑子。爱人喜施，意豁如也；常有大度，不事家人生产作业。初为泗上亭长，单父人吕公，好相人，见季状貌，奇之，以女妻之。

既而季以亭长为县送徒骊山，徒多道亡。自度比至皆亡之，到丰西泽中亭，止饮，夜，乃解纵所送徒曰："公等皆去，吾亦从此逝矣！"徒中壮士愿从者十馀人。

刘季被酒，夜径泽中，有大蛇当径，季拔剑斩蛇。有老妪哭曰："吾子，白帝子也，化为蛇，当道；今赤帝子杀之！"因忽不见。刘季亡匿于芒、砀山泽之间，数有奇怪；沛中子弟闻之，多欲附者。

及陈涉起，沛令欲以沛应之。掾、主吏萧何、曹参曰："君为秦吏，今欲背之，率沛子弟，恐不听。愿君召诸亡在外者，可得数百人，因劫众，众不敢不听。"乃令樊哙召刘季。刘季之众已数十百人矣；沛令后悔，恐其有变，乃闭城城守，欲诛萧、曹。萧、曹恐，逾城保刘季。刘季乃书帛射城上，遗沛父老，为陈利害。父老乃率子弟共杀沛令，开门迎刘季，立以为沛公。萧、曹等为收沛子弟，得二三千人，以应诸侯。

项梁者，楚将项燕子也，尝杀人，与兄子籍避仇吴中。吴中贤士大夫皆出其下。籍少时学书，不成，去；学剑，又不成。项梁怒之。籍曰："书，足以记名姓而已！剑，一人敌，不足学；学万人敌！"于是项梁乃教籍兵法，籍大喜；略知其意，又不肯竟学。籍长八尺馀，力能扛鼎，才器过人。会稽守殷通闻陈涉起，欲发兵以应涉，使项梁及桓楚将。是时，桓楚亡在泽中。梁曰："桓楚亡，人莫知其处，独籍知之耳。"梁乃诫籍持剑居外，梁复入，与守坐，曰："请召籍，使受命召桓楚。"守曰："诺。"梁召籍入。须臾，梁眴籍曰："可行矣！"于是籍遂拔剑斩守头。项梁持守头，佩其印绶。门下大惊，扰乱，籍所击杀数十百人，一府中皆慑伏，莫敢起。梁乃召故所知豪吏，谕以所以起大事，遂举吴中兵，使人收下县，得精兵八千人。梁为会稽守，籍为裨将，徇下县。籍是时年二十四。

田儋，故齐王族也。儋从弟荣，荣弟横，皆豪健，宗强，能得人。周市徇地至狄，狄城守。田儋详为缚其奴，从少年之廷，欲谒杀奴，见狄令，因击杀令，而召豪吏子弟曰："诸侯皆反秦自立。齐，古之建国也；儋，田氏，当王！"遂自立为齐王，发兵以击周市。周市军还去。田儋率兵东略定齐地。

韩广将兵北徇燕，燕地豪桀欲共立广为燕王。广曰："广母在赵，不可！"燕人曰："赵方西忧秦，南忧楚，其力不能禁我。且以楚之强，不敢害赵王将相之家，赵独安敢害将军家乎！"韩广乃自立为燕王。居数月，赵奉燕王母家属归之。

赵王与张耳、陈馀北略地燕界，赵王间出，为燕军所得。燕囚之，欲求割地；使者往请，燕辄杀之。有厮养卒走燕壁，见燕将曰："君知张耳、陈馀何欲？"曰："欲得其王耳。"赵养卒笑曰："君未知此两人所欲也。夫武臣、张耳、陈馀，杖马棰下赵数十城，此亦各欲南面而王，岂欲为将相终已耶！顾其势初定，未敢参分而王，且以少长先立武臣为王，以持赵心。今赵地已服，此两人亦欲分赵而王，时未可耳。今君乃囚赵王。此两人名为求赵王，实欲燕杀之；此两人分赵自立。夫以一赵尚易燕，况以两贤王左提右挈而责杀王之罪，灭燕易矣！"燕将乃归赵王，养卒为御而归。

4　周市自狄还，至魏地，欲立故魏公子宁陵君咎为王。咎在陈，不得之魏。魏地已定，诸侯皆欲立周市为魏王。市曰："天下昏乱，忠臣乃见。

今天下共畔秦,其义必立魏王后乃可。"诸侯固请立市,市终辞不受;迎魏
咎于陈,五反,陈王乃遣之,立咎为魏王,市为魏相。

　5　是岁,二世废卫君角为庶人,卫绝祀。

资治通鉴卷第八

秦纪三

二世皇帝下

二年（癸巳，前208）

1　冬，十月，泗川监平将兵围沛公于丰，沛公出与战，破之；令雍齿守丰。十一月，沛公引兵之薛。泗川守壮兵败于薛，走至戚；沛公左司马得杀之。

2　周章出关，止屯曹阳，二月馀，章邯追败之；复走渑池，十馀日，章邯击，大破之。周文自刭，军遂不战。

吴叔围荥阳；李由为三川守，守荥阳，叔弗能下。楚将军田臧等相与谋曰："周章军已破矣，秦兵旦暮至。我围荥阳城弗能下，秦兵至，必大败，不如少遗兵守荥阳，悉精兵迎秦军。今假王骄，不知兵权，不足与计事，恐败。"因相与矫王令以诛吴叔，献其首于陈王。陈王使使赐田臧楚令尹印，以为上将。

田臧乃使诸将李归等守荥阳，自以精兵西迎秦军于敖仓，与战；田臧死，军破。章邯进兵击李归等荥阳下，破之，李归等死。阳城人邓说将兵居郯，章邯别将击破之。铚人伍逢将兵居许，章邯击破之。两军皆散，走陈，陈王诛邓说。

3　二世数诮让李斯："居三公位，如何令盗如此！"李斯恐惧，重爵禄，不知所出，乃阿二世意，以书对曰："夫贤主者，必能行督责之术者也。故申子曰'有天下而不恣睢，命之曰以天下为桎梏'者，无他焉，不能督责，而顾以其身劳于天下之民，若尧、禹然，故谓之桎梏也。夫不能修申、韩之明术，行督责之道，专以天下自适也；而徒务苦形劳神，以身徇百姓，则是黔首之役，非畜天下者也，何足贵哉！故明主能行督责之术以独断于上，则权不在臣下，然后能灭仁义之涂，绝谏说之辩，荦然行恣睢之心而莫之敢逆。如此，群臣、百姓救过不给，何变之敢图！"二世说，于是行督责益严，税民深者为明吏，杀人众者为忠臣，刑者相半于道，而死人日成积于市；秦民益骇惧思乱。

4　赵李良已定常山，还报赵王。赵王复使良略太原，至石邑，秦兵塞井陉，未能前。秦将诈为二世书以招良。良得书未信，还之邯郸，益请兵。未至，道逢赵王姊出饮，从百余骑。良望见，以为王，伏谒道旁。王姊醉，不知其将，使骑谢李良。李良素贵，起，惭其从官。从官有一人曰："天下畔秦，能者先立。且赵王素出将军下，今女儿乃不为将军下车，请追杀之！"李良已得秦书，固欲反赵，未决；因此怒，遣人追杀王姊，因将其兵袭邯郸。邯郸不知，竟杀赵王、邵骚。赵人多为张耳、陈馀耳目者，以故二人独得脱。

5　陈人秦嘉、符离人朱鸡石等起兵，围东海守于郯。陈王闻之，使武平君畔为将军，监郯下军。秦嘉不受命，自立为大司马；恶属武平君，告军吏曰："武平君年少，不知兵事，勿听！"因矫以王命杀武平君畔。

6　二世益遣长史司马欣、董翳佐章邯击盗。章邯已破伍逢，击陈柱国房君，杀之，又进击陈西张贺军。陈王出监战。张贺死。

腊月，陈王之汝阴，还，至下城父，其御庄贾杀陈王以降。初，陈涉既为王，其故人皆往依之。妻之父亦往焉，陈王以众宾待之，长揖不拜。妻之父怒曰："怙乱僭号，而傲长者，不能久矣！"不辞而去。陈王跪谢，遂不为顾。客出入愈益发舒，言陈王故情。或说陈王曰："客愚无知，颛妄言，轻威。"陈王斩之。诸故人皆自引去，由是无亲陈王者。陈王以朱防为中正，胡武为司过，主司群臣。诸将徇地至，令之不是者，辄系而罪之。以苛察为忠；其所不善者，弗下吏，辄自治之。诸将以其故不亲附，此其所以败也。

陈王故涓人将军吕臣为苍头军，起新阳，攻陈，下之，杀庄贾，复以陈为楚；葬陈王于砀，谥曰隐王。

初，陈王令铚人宋留将兵定南阳，入武关。留已徇南阳，闻陈王死，南阳复为秦；宋留以军降，二世车裂留以徇。

7　魏周市将兵略丰、沛，使人招雍齿。雍齿雅不欲属沛公，即以丰降魏。沛公攻之，不克。

8　赵张耳、陈馀收其散兵，得数万人，击李良；良败，走归章邯。

客有说耳、馀曰："两君羁旅，而欲附赵，难可独立；立赵后，辅以谊，可就功。"乃求得赵歇。春，正月，耳、馀立歇为赵王，居信都。

9　东阳宁君、秦嘉闻陈王军败，乃立景驹为楚王，引兵之方与，欲击秦军定陶下；使公孙庆使齐，欲与之并力俱进。齐王曰："陈王战败，不知其死生，楚安得不请而立王！"公孙庆曰："齐不请楚而立王，楚何故请齐而立王！且楚首事，当令于天下。"田儋杀公孙庆。

秦左、右校复攻陈，下之。吕将军走，徼兵复聚，与番盗黥布相遇，攻击秦左、右校，破之青波，复以陈为楚。

黥布者，六人也，姓英氏，坐法黥，以刑徒论输骊山。骊山之徒数十万人，布皆与其徒长豪桀交通，乃率其曹耦亡之江中为群盗。番阳令吴芮，甚得江湖间民心，号曰番君。布往见之，其众已数千人。番君乃以女妻之，使将其兵击秦。

10　楚王景驹在留，沛公往从之。张良亦聚少年百馀人欲往从景驹，道遇沛公，遂属焉；沛公拜良为厩将。良数以太公兵法说沛公；沛公善之，常用其策。良为他人言，皆不省。良曰："沛公殆天授！"故遂留不去。

沛公与良俱见景驹，欲请兵以攻丰。时章邯司马尼将兵北定楚地，屠相，至砀。东阳宁君、沛公引兵西，与战萧西，不利，还，收兵聚留。二月，攻砀，三日，拔之；收砀兵得六千人，与故合九千人。三月，攻下邑，拔之；还击丰，不下。

11　广陵人召平为陈王徇广陵，未下。闻陈王败走，章邯且至，乃渡江，矫陈王令，拜项梁为楚上柱国，曰："江东已定，急引兵西击秦！"梁乃以八千人渡江而西。闻陈婴已下东阳，遣使欲与连和俱西。陈婴者，故东阳令史，居县中，素信谨，称为长者。东阳少年杀其令，相聚得二万人，欲立婴为王。婴母谓婴曰："自我为汝家妇，未尝闻汝先世之有贵者。今暴得大名，不祥；不如有所属。事成，犹得封侯；事败，易以亡，非世所指名也。"婴乃不敢为王，谓其军吏曰："项氏世世将家，有名于楚；今欲举大事，将非其人不可。我倚名族，亡秦必矣！"其众从之，乃以兵属梁。

英布既破秦军，引兵而东；闻项梁西渡淮，布与蒲将军皆以其兵属焉。项梁众凡六七万人，军下邳。

景驹、秦嘉军彭城东，欲以距梁。梁谓军吏曰："陈王先首事，战不利，未闻所在。今秦嘉倍陈王而立景驹，大逆无道！"乃进兵击秦嘉，秦嘉军败走。追之，至胡陵，嘉还战。一日，嘉死，军降；景驹走死梁地。

梁已并秦嘉军，军胡陵，将引军而西。章邯军至栗，项梁使别将朱鸡石、馀樊君与战。馀樊君死；朱鸡石军败，亡走胡陵。梁乃引兵入薛，诛朱鸡石。

沛公从骑百馀往见梁；梁与沛公卒五千人，五大夫将十人。沛公还，引兵攻丰，拔之。雍齿奔魏。

项梁使项羽别攻襄城，襄城坚守不下；已拔，皆坑之，还报。

梁闻陈王定死，召诸别将会薛计事，沛公亦往焉。居鄛人范增，年七十，素居家，好奇计，往说项梁曰："陈胜败，固当。夫秦灭六国，楚最无罪。自怀王入秦不反，楚人怜之至今。故楚南公曰：'楚虽三户，亡秦必楚。'今陈胜首事，不立楚后而自立，其势不长。今君起江东，楚蜂起之将皆争附君者，以君世世楚将，为能复立楚之后也。"于是项梁然其言，乃求得楚怀王孙心于民间，为人牧羊；夏，六月，立以为楚怀王，从民望也。陈婴为上柱国，封五县，与怀王都盱眙。项梁自号为武信君。

张良说项梁曰："君已立楚后，而韩诸公子横阳君成最贤，可立为王，益树党。"项梁使良求韩成，立以为韩王。以良为司徒，与韩王将千馀人西略韩地，得数城，秦辄复取之；往来为游兵颍川。

12　章邯已破陈王，乃进兵击魏王于临济。魏王使周市出，请救于齐、楚；齐王儋及楚将项它皆将兵随市救魏。章邯夜衔枚击，大破齐、楚军于临济下，杀齐王及周市。魏王咎为其民约降；约定，自烧杀。其弟豹亡走楚，楚怀王予魏豹数千人，复徇魏地。齐田荣收其兄儋馀兵，东走东阿；章邯追围之。齐人闻田儋死，乃立故齐王建之弟假为王，田角为相，角弟间为将，以距诸侯。

秋，七月，大霖雨。武信君引兵攻亢父，闻田荣之急，乃引兵击破章邯军东阿下；章邯走而西。田荣引兵东归齐。武信君独追北，使项羽、沛公别攻城阳，屠之。楚军军濮阳东，复与章邯战，又破之。章邯复振，守濮阳，环水。沛公、项羽去，攻定陶。

八月，田荣击逐齐王假，假亡走楚，田角亡走赵。田间前救赵，因留不敢归。田荣乃立儋子市为齐王，荣相之。田横为将，平齐地。章邯兵益盛，项梁数使使告齐、赵发兵共击章邯。田荣曰："楚杀田假，赵杀角、间，乃出兵。"楚、赵不许。田荣怒，终不肯出兵。

13　郎中令赵高恃恩专恣，以私怨诛杀人众多；恐大臣入朝奏事言之，乃说二世曰："天子之所以贵者，但以闻声，群臣莫得见其面故也。且陛下富于春秋，未必尽通诸事；今坐朝廷，谴举有不当者，则见短于大臣，非所以示神明于天下也。陛下不如深拱禁中，与臣及侍中习法者待事，事来有以揆之。如此，则大臣不敢奏疑事，天下称圣主矣。"二世用其计，乃不坐朝廷见大臣，常居禁中，赵高侍中用事，事皆决于赵高。

高闻李斯以为言，乃见丞相曰："关东群盗多，今上急益发繇，治阿房宫，聚狗马无用之物。臣欲谏，为位贱，此真君侯之事，君何不谏？"李斯曰："固也，吾欲言之久矣。今时上不坐朝廷，常居深宫。吾所言者，不可

传也；欲见，无间。"赵高曰："君诚能谏，请为君候上闲，语君。"于是赵高
待二世方燕乐，妇女居前，使人告丞相："上方闲，可奏事。"丞相至宫门上
谒。如此者三。二世怒曰："吾常多闲日，丞相不来；吾方燕私，丞相辄来
请事！丞相岂少我哉，且固我哉？"赵高因曰："夫沙丘之谋，丞相与焉。
今陛下已立为帝，而丞相贵不益，此其意亦望裂地而王矣。且陛下不问
臣，臣不敢言。丞相长男李由为三川守，楚盗陈胜等皆丞相傍县之子，以
故楚盗公行，过三川城，守不肯击。高闻其文书相往来，未得其审，故未敢
以闻。且丞相居外，权重于陛下。"二世以为然，欲案丞相；恐其不审，乃
先使人按验三川守与盗通状。

　　李斯闻之，因上书言赵高之短曰："高擅利擅害，与陛下无异。昔田
常相齐简公，窃其恩威，下得百姓，上得群臣，卒弑简公而取齐国，此天下
所明知也。今高有邪佚之志，危反之行，私家之富，若田氏之于齐矣，而又
贪欲无厌，求利不止，列势次主，其欲无穷，劫陛下之威信，其志若韩玘为
韩安相也。陛下不图，臣恐其必为变也。"二世曰："何哉！夫高，故宦人
也；然不为安肆志，不以危易心，洁行修善，自使至此，以忠得进，以信守
位，朕实贤之；而君疑之，何也？且朕非属赵君，当谁任哉！且赵君为人，
精廉强力，下知人情，上能适朕；君其勿疑！"二世雅爱赵高，恐李斯杀之，
乃私告赵高。高曰："丞相所患者独高；高已死，丞相即欲为田常所为。"

　　是时，盗贼益多，而关中卒发东击盗者无已。右丞相冯去疾、左丞相
李斯、将军冯劫进谏曰："关东群盗并起，秦发兵诛击，所杀亡甚众，然犹
不止。盗多，皆以戍、漕、转、作事苦，赋税大也。请且止阿房宫作者，减省
四边戍、转。"二世曰："凡所为贵有天下者，得肆意极欲，主重明法，下不
敢为非，以制御四海矣。夫虞、夏之主，贵为天子，亲处穷苦之实以徇百
姓，尚何于法！且先帝起诸侯，兼天下，天下已定，外攘四夷以安边境，作
宫室以章得意；而君观先帝功业有绪。今朕即位，二年之间，群盗并起，君
不能禁，又欲罢先帝之所为，是上无以报先帝，次不为朕尽忠力，何以在
位！"下去疾、斯、劫吏，案责他罪。去疾、劫自杀；独李斯就狱。二世以属
赵高治之，责斯与子由谋反状，皆收捕宗族、宾客。赵高治斯，榜掠千馀，
不胜痛，自诬服。

　　斯所以不死者，自负其辩，有功，实无反心，欲上书自陈，幸二世寤而
赦之。乃从狱中上书曰："臣为丞相治民，三十馀年矣。逮秦地之狭隘，
不过千里，兵数十万。臣尽薄材，阴行谋臣，资之金玉，使游说诸侯；阴修
甲兵，饬政教，官斗士，尊功臣；故终以胁韩，弱魏，破燕、赵，夷齐、楚，卒兼

六国,虏其王,立秦为天子。又北逐胡、貉,南定百越,以见秦之强。更剋
画,平斗斛、度量,文章布之天下,以树秦之名。此皆臣之罪也,臣当死久
矣!上幸尽其能力,乃得至今。愿陛下察之!"书上,赵高使吏弃去不奏,
曰:"囚安得上书!"

赵高使其客十馀辈诈为御史、谒者、侍中,更往覆讯斯,斯更以其实
对,辄使人复榜之。后二世使人验斯,斯以为如前,终不敢更言。辞服,奏
当上。二世喜曰:"微赵君,几为丞相所卖!"及二世所使案三川守由者
至,则楚兵已击杀之。使者来,会丞相下吏,高皆妄为反辞以相傅会,遂具
斯五刑,论腰斩咸阳市。斯出狱,与其中子俱执。顾谓其中子曰:"吾欲
与若复牵黄犬,俱出上蔡东门逐狡兔,岂可得乎!"遂父子相哭而夷三族。
二世乃以赵高为丞相,事无大小皆决焉。

14　项梁已破章邯于东阿,引兵西,比至定陶,再破秦军。项羽、沛公
又与秦军战于雍丘,大破之,斩李由。项梁益轻秦,有骄色。宋义谏曰:
"战胜而将骄卒惰者,败。今卒少惰矣,秦兵日益,臣为君畏之!"项梁弗
听。乃使宋义使于齐,道遇齐使者高陵君显,曰:"公将见武信君乎?"曰:
"然。"曰:"臣论武信君必败;公徐行即免死,疾行则及祸。"二世悉起兵益
章邯击楚军,大破之定陶,项梁死。

时连雨,自七月至九月。项羽、沛公攻外黄未下,去,攻陈留;闻武信
君死,士卒恐,乃与将军吕臣引兵而东,徙怀王自盱眙都彭城。吕臣军彭
城东,项羽军彭城西,沛公军砀。

15　魏豹下魏二十馀城,楚怀王立豹为魏王。

16　后九月,楚怀王并吕臣、项羽军,自将之;以沛公为砀郡长,封武
安侯,将砀郡兵;封项羽为长安侯,号为鲁公;吕臣为司徒,其父吕青为
令尹。

17　章邯已破项梁,以为楚地兵不足忧,乃渡河,北击赵,大破之;引
兵至邯郸,皆徙其民河内,夷其城郭。张耳与赵王歇走入钜鹿城,王离围
之。陈馀北收常山兵,得数万人,军钜鹿北;章邯军钜鹿南棘原。赵数请
救于楚。

高陵君显在楚,见楚王曰:"宋义论武信君之军必败;居数日,军果
败。兵未战而先见败征,此可谓知兵矣!"王召宋义与计事而大说之,因
置以为上将军,项羽为次将,范增为末将,以救赵。诸别将皆属宋义,号为
"卿子冠军"。

初,楚怀王与诸将约:"先入定关中者王之。"当是时,秦兵强,常乘胜

逐北,诸将莫利先入关;独项羽怨秦之杀项梁,奋愿与沛公西入关。怀王诸老将皆曰:"项羽为人,慓悍猾贼,尝攻襄城,襄城无遗类,皆坑之;诸所过无不残灭。且楚数进取,前陈王、项梁皆败,不如更遣长者,扶义而西,告谕秦父兄。秦父兄苦其主久矣,今诚得长者往,无侵暴,宜可下。项羽不可遣;独沛公素宽大长者,可遣。"怀王乃不许项羽,而遣沛公西略地,收陈王、项梁散卒以伐秦。

沛公道砀,至阳城与杠里,攻秦壁,破其二军。

三年(甲午,前207)

1　冬,十月,齐将田都畔田荣,助楚救赵。

2　沛公攻破东郡尉于成武。

3　宋义行至安阳,留四十六日不进。项羽曰:"秦围赵急,宜疾引兵渡河;楚击其外,赵应其内,破秦军必矣!"宋义曰:"不然。夫搏牛之虻,不可以破虮虱。今秦攻赵,战胜则兵疲,我承其敝;不胜,则我引兵鼓行而西,必举秦矣。故不如先斗秦、赵。夫被坚执锐,义不如公;坐运筹策,公不如义。"因下令军中曰:"有猛如虎,狠如羊,贪如狼,强不可使者,皆斩之!"

乃遣其子宋襄相齐,身送之至无盐,饮酒高会。天寒,大雨,士卒冻饥。项羽曰:"将勠力而攻秦,久留不行。今岁饥民贫,士卒食半菽,军无见粮,乃饮酒高会。不引兵渡河,因赵食,与赵并力攻秦,乃曰'承其敝'。夫以秦之强,攻新造之赵,其势必举。赵举秦强,何敝之承!且国兵新破,王坐不安席,扫境内而专属于将军,国家安危,在此一举。今不恤士卒而徇其私,非社稷之臣也!"

十一月,项羽晨朝上将军宋义,即其帐中斩宋义头。出令军中曰:"宋义与齐谋反楚,楚王阴令籍诛之!"当是时,诸将皆慴服,莫敢枝梧,皆曰:"首立楚者,将军家也;今将军诛乱。"乃相与共立羽为假上将军。使人追宋义子,及之齐,杀之。使桓楚报命于怀王。怀王因使羽为上将军。

4　十二月,沛公引兵至栗,遇刚武侯,夺其军四千馀人,并之;与魏将皇欣、武满军合攻秦军,破之。

5　故齐王建孙安下济北,从项羽救赵。

6　章邯筑甬道属河,饷王离。王离兵食多,急攻钜鹿,钜鹿城中食尽、兵少,张耳数使人召前陈馀。陈馀度兵少,不敌秦,不敢前。数月,张耳大怒,怨陈馀,使张黡、陈泽往让陈馀曰:"始吾与公为刎颈交,今王与耳旦暮且死,而公拥兵数万,不肯相救,安在其相为死! 苟必信,胡不赴秦军俱死;且有十一二相全。"陈馀曰:"吾度前终不能救赵,徒尽亡军。且馀所以不俱死,欲为赵王、张君报秦。今必俱死,如以肉委饿虎,何益!"张黡、陈泽要以俱死。馀乃使黡、泽将五千人先尝秦军,至,皆没。当是时,齐师、燕师皆来救赵,张敖亦北收代兵,得万馀人,来,皆壁馀旁,未敢击秦。

项羽已杀卿子冠军,威震楚国,乃遣当阳君、蒲将军将卒二万渡河救钜鹿。战少利,绝章邯甬道,王离军乏食。陈馀复请兵。项羽乃悉引兵渡河,皆沉船,破釜、甑,烧庐舍,持三日粮,以示士卒必死,无一还心。于是至则围王离,与秦军遇,九战,大破之;章邯引兵却。诸侯兵乃敢进击秦军,遂杀苏角,虏王离;涉闲不降,自烧杀。当是时,楚兵冠诸侯;军救钜鹿者十馀壁,莫敢纵兵。及楚击秦,诸侯将皆从壁上观。楚战士无不一当十,呼声动天地,诸侯军无不人人惴恐。于是已破秦军,项羽召见诸侯将;诸侯将入辕门,无不膝行而前,莫敢仰视。项羽由是始为诸侯上将军,诸侯皆属焉。

于是赵王歇及张耳乃得出钜鹿城谢诸侯。张耳与陈馀相见,责让陈馀以不肯救赵;及问张黡、陈泽所在,疑陈馀杀之,数以问馀。馀怒曰:"不意君之望臣深也! 岂以臣为重去将印哉?"乃脱解印绶,推与张耳;张耳亦愕不受。陈馀起如厕。客有说张耳曰:"臣闻'天与不取,反受其咎'。今陈将军与君印,君不受;反天不祥。急取之!"张耳乃佩其印,收其麾下。而陈馀还,亦望张耳不让,遂趋出,独与麾下所善数百人之河上泽中渔猎。赵王歇还信都。

春,二月,沛公北击昌邑,遇彭越;彭越以其兵从沛公。越,昌邑人,常渔钜野泽中,为群盗。陈胜、项梁之起,泽间少年相聚百馀人,往从彭越曰:"请仲为长。"越谢曰:"臣不愿也。"少年强请,乃许;与期旦日日出会,后期者斩。旦日日出,十馀人后,后者至日中。于是越谢曰:"臣老,诸君强以为长。今期而多后,不可尽诛,诛最后者一人。"令校长斩之。皆笑曰:"何至是! 请后不敢。"于是越引一人斩之,设坛祭,令徒属,徒属皆大惊,莫敢仰视。乃略地,收诸侯散卒,得千馀人,遂助沛公攻昌邑。

昌邑未下,沛公引兵西过高阳。高阳人郦食其,家贫落魄,为里监门。沛公麾下骑士适食其里中人,食其见,谓曰:"诸侯将过高阳者数十人,吾问其将皆握齱,好苛礼,自用,不能听大度之言。吾闻沛公慢而易人,多大略,此真吾所愿从游,莫为我先。若见沛公,谓曰:'臣里中有郦生,年六十馀,长八尺,人皆谓之狂生。生自谓"我非狂生"。'"骑士曰:"沛公不好儒,诸客冠儒冠来者,沛公辄解其冠,溲溺其中,与人言,常大骂;未可以儒生说也。"郦生曰:"第言之。"骑士从容言,如郦生所诫者。

沛公至高阳传舍,使人召郦生。郦生至,入谒。沛公方倨床,使两女子洗足而见郦生。郦生入,则长揖不拜,曰:"足下欲助秦攻诸侯乎,且欲率诸侯破秦也?"沛公骂曰:"竖儒!天下同苦秦久矣,故诸侯相率而攻秦,何谓助秦攻诸侯乎!"郦生曰:"必聚徒、合义兵诛无道秦,不宜倨见长者!"于是沛公辍洗,起,摄衣,延郦生上坐,谢之。郦生因言六国从横时。沛公喜,赐郦生食,问曰:"计将安出?"郦生曰:"足下起纠合之众,收散乱之兵,不满万人;欲以径入强秦,此所谓探虎口者也。夫陈留,天下之冲,四通五达之郊也;今其城中又多积粟。臣善其令,请得使之令下足下;即不听,足下引兵攻之,臣为内应。"于是遣郦生行,沛公引兵随之,遂下陈留;号郦食其为广野君。郦生言其弟商。时商聚少年得四千人,来属沛公,沛公以为将,将陈留兵以从。郦生常为说客,使诸侯。

7　三月,沛公攻开封,未拔;西与秦将杨熊会战白马,又战曲遇东,大破之。杨熊走之荥阳,二世使使者斩之以徇。

夏,四月,沛公南攻颍川,屠之。因张良,遂略韩地。时赵别将司马卬方欲渡河入关,沛公乃北攻平阴,绝河津南,战洛阳东。军不利,南出辕辕,张良引兵从沛公;沛公令韩王成留守阳翟,与良俱南。

六月,与南阳守齮战犨东,破之,略南阳郡;南阳守走保城,守宛。沛公引兵过宛,西;张良谏曰:"沛公虽欲急入关,秦兵尚众,距险;今不下宛,宛从后击,强秦在前,此危道也!"于是沛公乃夜引军从他道还,偃旗帜,迟明,围宛城三匝。南阳守欲自刭,其舍人陈恢曰:"死未晚也。"乃逾城见沛公曰:"臣闻足下约先入咸阳者王之。今足下留守宛,宛郡县连城数十,其吏民自以为降必死,故皆坚守乘城。今足下尽日止攻,士死伤者必多;引兵去宛,宛必随足下后。足下前则失咸阳之约,后有强宛之患。为足下计,莫若约降封其守;因使止守,引其甲卒与之西。诸城未下者,闻声争开门而待足下,足下通行无所累。"沛公曰:"善!"秋,七月,南阳守齮降,封为殷侯;封陈恢千户。

引兵西,无不下者。至丹水,高武侯鳃、襄侯王陵降。还攻胡阳,遇番君别将梅鋗,与偕攻析、郦,皆降。所过亡得卤掠,秦民皆喜。

8　王离军既没,章邯军棘原,项羽军漳南,相持未战。秦军数却,二世使人让章邯。章邯恐,使长史欣请事,至咸阳,留司马门三日,赵高不见,有不信之心。长史欣恐,还走其军,不敢出故道。赵高果使人追之,不及。欣至军,报曰:"赵高用事于中,下无可为者。今战能胜,高必疾妒吾功;不能胜,不免于死。愿将军孰计之!"

陈馀亦遗章邯书曰:"白起为秦将,南征鄢郢,北坑马服,攻城略地,不可胜计,而竟赐死。蒙恬为秦将,北逐戎人,开榆中地数千里,竟斩阳周。何者?功多,秦不能尽封,因以法诛之。今将军为秦将三岁矣,所亡失以十万数;而诸侯并起滋益多。彼赵高素谀日久,今事急,亦恐二世诛之,故欲以法诛将军以塞责,使人更代将军以脱其祸。夫将军居外久,多内郤,有功亦诛,无功亦诛。且天之亡秦,无愚智皆知之。今将军内不能直谏,外为亡国将,孤特独立而欲常存,岂不哀哉!将军何不还兵与诸侯为从,约共攻秦,分王其地,南面称孤!此孰与身伏铁质,妻子为戮乎?"

章邯狐疑,阴使候始成使项羽,欲约。约未成,项羽使蒲将军日夜引兵渡三户,军漳南,与秦军战,再破之。项羽悉引兵击秦军汙水上,大破之。章邯使人见项羽,欲约。项羽召军吏谋曰:"粮少,欲听其约。"军吏皆曰:"善!"项羽乃与期洹水南殷虚上。已盟,章邯见项羽而流涕,为言赵高。项羽乃立章邯为雍王,置楚军中;使长史欣为上将军,将秦军为前行。

9　瑕丘申阳下河南,引兵从项羽。

10　初,中丞相赵高欲专秦权,恐群臣不听,乃先设验,持鹿献于二世曰:"马也。"二世笑曰:"丞相误邪,谓鹿为马?"问左右,左右或默,或言马以阿顺赵高,或言鹿者。高因阴中诸言鹿者以法。后群臣皆畏高,莫敢言其过。

高前数言"关东盗无能为也";及项羽虏王离等,而章邯等军数败,上书请益助。自关以东,大抵尽畔秦吏,应诸侯;诸侯咸率其众西向。八月,沛公将数万攻武关,屠之。高恐二世怒,诛及其身,乃谢病,不朝见。

二世梦白虎啮其左骖马,杀之,心不乐,怪问占梦。卜曰:"泾水为祟。"二世乃斋于望夷宫,欲祠泾水,沉四白马。使使责让高以盗贼事。高惧,乃阴与其婿咸阳令阎乐及弟赵成谋曰:"上不听谏;今事急,欲归祸于吾。欲易置上,更立子婴。子婴仁俭,百姓皆载其言。"乃使郎中令为内应,诈为有大贼,令乐召吏发卒追,劫乐母置高舍。遣乐将吏卒千馀人至望夷宫殿门,缚卫令仆射,曰:"贼入此,何不止?"卫令曰:"周庐设卒甚谨,安得贼,敢入宫!"乐遂斩卫令,直将吏入,行射郎、宦者。郎、宦者大惊,或走,或格;格者辄死,死者数十人。郎中令与乐俱入,射上幄坐帏。

二世怒，召左右，左右皆惶扰不斗。旁有宦者一人侍，不敢去。二世入内，谓曰："公何不早告我，乃至于此!"宦者曰："臣不敢言，故得全；使臣早言，皆已诛，安得至今!"阎乐前即二世，数曰："足下骄恣，诛杀无道，天下共畔足下；足下其自为计!"二世曰："丞相可得见否?"乐曰："不可!"二世曰："吾愿得一郡为王。"弗许。又曰："愿为万户侯。"弗许。曰："愿与妻子为黔首，比诸公子。"阎乐曰："臣受命于丞相，为天下诛足下；足下虽多言，臣不敢报!"麾其兵进。二世自杀。阎乐归报赵高。赵高乃悉召诸大臣、公子，告以诛二世之状，曰："秦故王国；始皇君天下，故称帝。今六国复自立，秦地益小，乃以空名为帝，不可；宜为王如故，便。"乃立子婴为秦王。以黔首葬二世杜南宜春苑中。

九月，赵高令子婴斋，当庙见，受玉玺；斋五日。子婴与其子二人谋曰："丞相高杀二世望夷宫，恐群臣诛之，乃诈以义立我。我闻赵高乃与楚约，灭秦宗室而分王关中。今使我斋、见庙，此欲因庙中杀我。我称病不行，丞相必自来；来则杀之。"高使人请子婴数辈，子婴不行。高果自往，曰："宗庙重事，王奈何不行?"子婴遂刺杀高于斋宫，三族高家以徇。

遣将兵距峣关，沛公欲击之。张良曰："秦兵尚强，未可轻。愿先遣人益张旗帜于山上为疑兵，使郦食其、陆贾往说秦将，啖以利。"秦将果欲连和，沛公欲许之。张良曰："此独其将欲叛，恐其士卒不从；不如因其懈怠击之。"沛公引兵绕峣关，逾蒉山，击秦军，大破之蓝田南。遂至蓝田，又战其北，秦兵大败。

资治通鉴卷第九

汉纪一

太祖高皇帝上之上

元年（乙未，前206）

1　冬，十月，沛公至霸上；秦王子婴素车、白马，系颈以组，封皇帝玺、符、节，降轵道旁。诸将或言诛秦王。沛公曰："始怀王遣我，固以能宽容。且人已降，杀之不祥。"乃以属吏。

　　贾谊论曰：秦以区区之地致万乘之权，招八州而朝同列，百有馀年，然后以六合为家，殽、函为宫；一夫作难而七庙堕，身死人手，为天下笑者，何也？仁谊不施而攻守之势异也。

2　沛公西入咸阳，诸将皆争走金帛财物之府分之；萧何独先入收秦丞相府图籍藏之，以此沛公得具知天下厄塞、户口多少、强弱之处。沛公见秦宫室、帷帐、狗马、重宝、妇女以千数，意欲留居之。樊哙谏曰："沛公欲有天下耶，将为富家翁耶？凡此奢丽之物，皆秦所以亡也，沛公何用焉！愿急还霸上，无留宫中！"沛公不听。张良曰："秦为无道，故沛公得至此。夫为天下除残贼，宜缟素为资。今始入秦，即安其乐，此所谓'助桀所虐'。且忠言逆耳利于行，毒药苦口利于病，愿沛公听樊哙言！"沛公乃还军霸上。

　　十一月，沛公悉召诸县父老、豪杰，谓曰："父老苦秦苛法久矣！吾与诸侯约，先入关者王之，吾当王关中。与父老约，法三章耳：杀人者死，伤人及盗抵罪。馀悉除去秦法，诸吏民皆案堵如故。凡吾所以来，为父老除害，非有所侵暴；无恐！且吾所以还军霸上，待诸侯至而定约束耳。"乃使人与秦吏行县、乡、邑，告谕之。秦民大喜，争持牛、羊、酒食献飨军士。沛公又让不受，曰："仓粟多，非乏，不欲费民。"民又益喜，唯恐沛公不为秦王。

　　项羽既定河北，率诸侯兵欲西入关。先是，诸侯吏卒、繇使、屯戍过秦中者，秦中吏卒遇之多无状。及章邯以秦军降诸侯，诸侯吏卒乘胜多奴虏使之，轻折辱秦吏卒。秦吏卒多怨，窃言曰："章将军等诈吾属降诸侯。今能入关破秦，大善；即不能，诸侯虏吾属而东，秦又尽诛吾父母妻子，奈何？"诸将微闻其计，以告项羽。项羽召黥布、蒲将军计曰："秦吏卒尚众，其心不服；至关不听，事必危。不如击杀之，而独与章邯、长史欣、都尉翳入秦。"于是楚军夜击坑秦卒二十馀万人新安城南。

　　3　或说沛公曰："秦富十倍天下，地形强。闻项羽号章邯为雍王，王关中，今则来，沛公恐不得有此。可急使兵守函谷关，无内诸侯军；稍征关中兵以自益，距之。"沛公然其计，从之。

　　已而项羽至关，关门闭，闻沛公已定关中，大怒，使黥布等攻破函谷关。十二月，项羽进至戏。沛公左司马曹无伤使人言项羽曰："沛公欲王关中，令子婴为相，珍宝尽有之。"欲以求封。项羽大怒，飨士卒，期旦日击沛公军。当是时，项羽兵四十万，号百万，在新丰鸿门；沛公兵十万，号二十万，在霸上。

　　范增说项羽曰："沛公居山东时，贪财，好色；今入关，财物无所取，妇女无所幸，此其志不在小。吾令人望其气，皆为龙虎，成五采，此天子气也。急击勿失！"

　　楚左尹项伯者，项羽季父也，素善张良，乃夜驰之沛公军，私见张良，具告以事，欲呼与俱去，曰："毋俱死也！"张良曰："臣为韩王送沛公；沛公今有急，亡去，不义，不可不语。"良乃入，具告沛公。沛公大惊。良曰："料公士卒足以当项羽乎？"沛公默然曰："固不如也。且为之奈何？"张良曰："请往谓项伯，言沛公之不敢叛也。"沛公曰："君安与项伯有故？"张良曰："秦时与臣游，尝杀人，臣活之。今事有急，故幸来告良。"沛公曰："孰与君少长？"良曰："长于臣。"沛公曰："君为我呼入，吾得兄事之。"张良出，固要项伯；项伯即入见沛公。沛公奉卮酒为寿，约为婚姻，曰："吾入关，秋毫不敢有所近，籍吏民，封府库而待将军。所以遣将守关者，备他盗之出入与非常也。日夜望将军至，岂敢反乎！愿伯具言臣之不敢倍德也。"项伯许诺，谓沛公曰："旦日不可不蚤自来谢。"沛公曰："诺。"于是项伯复夜去，至军中，具以沛公言报项羽；因言曰："沛公不先破关中，公岂敢入乎！今人有大功而击之，不义也；不如因善遇之。"项羽许诺。

　　沛公旦日从百馀骑来见项羽鸿门，谢曰："臣与将军戮力而攻秦，将军战河北，臣战河南；不自意能先入关破秦，得复见将军于此。今者有小人之言，令将军与臣有隙。"项羽曰："此沛公左司马曹无伤言之；不然，籍何以至此！"项羽因留沛公与饮。范增数目项羽，举所佩玉玦以示之者三；项羽默然不应。范增起，出，召项庄，谓曰："君王为人不忍。若入前为寿，寿毕，请以剑舞，因击沛公于坐，杀之。不者，若属皆且为所虏！"庄则入为寿，寿毕，曰："军中无以为乐，请以剑舞。"项羽曰："诺。"项庄拔剑起舞。项伯亦拔剑起舞，常以身翼蔽沛公，庄不得击。

　　于是张良至军门见樊哙。哙曰："今日之事何如？"良曰："今项庄拔剑舞，其意常在沛公也。"哙曰："此迫矣，臣请入，与之同命！"哙即带剑拥盾入。军门卫士欲止不内，樊哙侧其盾以撞，卫士仆地。遂入，披帷立，瞋目视项羽，头发上指，目眦尽裂。项羽按剑而跽曰："客何为者？"张良曰："沛公之参乘樊哙也。"项羽曰："壮士！赐之卮酒！"则与斗卮酒。哙拜谢，起，立而饮之。项羽曰："赐之彘肩！"则与一生彘肩。樊哙覆其盾于地，加彘肩其上，拔剑切而啖之。项羽曰："壮士复能饮乎？"樊哙曰："臣死且不避，卮酒安足辞！夫秦有虎狼之心，杀人如不能举，刑人如恐不胜，天下皆叛之。怀王与诸将约曰：'先破秦入咸阳者，王之。'今沛公先破秦，入咸阳，毫毛不敢有所近，还军霸上以待将军。劳苦而功高如此，未有封爵之赏，而听细人之说，欲诛有功之人，此亡秦之续耳，窃为将军不取也！"项羽未有以应，曰："坐！"樊哙从良坐。

　　坐须臾，沛公起如厕，因招樊哙出。沛公曰："今者出，未辞也，为之奈何？"樊哙曰："如今人方为刀俎，我为鱼肉，何辞为！"于是遂去。鸿门去霸上四十里，沛公则置车骑，脱身独骑；樊哙、夏侯婴、靳彊、纪信等四人持剑、盾步走，从骊山下道芷阳，间行趣霸上。留张良使谢项羽，以白璧献羽，玉斗与亚父。沛公谓良曰："从此道至吾军，不过二十里耳。度我至军中，公乃入。"沛公已去，间至军中，张良入谢曰："沛公不胜杯杓，不能辞，谨使臣良奉白璧一双，再拜献将军足下；玉斗一双，再拜奉亚父足下。"项羽曰："沛公安在？"良曰："闻将军有意督过之，脱身独去，已至军矣。"项羽则受璧，置之坐上。亚父受玉斗，置之地，拔剑撞而破之，曰："唉，竖子不足与谋！夺将军天下者，必沛公也；吾属今为之虏矣！"沛公至军，立诛杀曹无伤。

　　居数日，项羽引兵西，屠咸阳，杀秦降王子婴，烧秦宫室，火三月不灭；收其货宝、妇女而东。秦民大失望。

　　韩生说项羽曰："关中阻山带河，四塞之地，地肥饶，可都以霸。"项羽见秦宫室皆已烧残破，又心思东归，曰："富贵不归故乡，如衣绣夜行，谁知之者！"韩生退曰："人言楚人沐猴而冠耳，果然！"项羽闻之，烹韩生。

　　项羽使人致命怀王，怀王曰："如约。"项羽怒曰："怀王者，吾家所立

耳,非有功伐,何以得专主约! 天下初发难时,假立诸侯后以伐秦。然身
被坚执锐首事,暴露于野三年,灭秦定天下者,皆将相诸君与籍之力也。
怀王虽无功,固当分其地而王之。"诸将皆曰:"善!"春,正月,羽阳尊怀王
为义帝,曰:"古之帝者,地方千里,必居上游。"乃徙义帝于江南,都郴。
　　二月,羽分天下王诸将。羽自立为西楚霸王,王梁、楚地九郡,都彭
城。羽与范增疑沛公,而业已讲解,又恶负约,乃阴谋曰:"巴、蜀道险,秦
之迁人皆居之。"乃曰:"巴、蜀亦关中地也。"故立沛公为汉王,王巴、蜀、
汉中,都南郑。而三分关中,王秦降将,以距塞汉路:章邯为雍王,王咸阳
以西,都废丘;长史欣者,故为栎阳狱掾,尝有德于项梁;都尉董翳者,本劝
章邯降楚;故立欣为塞王,王咸阳以东,至河,都栎阳;立翳为翟王,王上
郡,都高奴。项羽欲自取梁地,乃徙魏王豹为西魏王,王河东,都平阳。瑕
丘申阳者,张耳嬖臣也,先下河南郡,迎楚河上,故立申阳为河南王,都洛
阳。韩王成因故都,都阳翟。赵将司马卬定河内,数有功,故立卬为殷王,
王河内,都朝歌。徙赵王歇为代王。赵相张耳素贤,又从入关,故立耳为
常山王,王赵地,治襄国。当阳君黥布为楚将,常冠军,故立布为九江王,
都六。番君吴芮率百越佐诸侯,又从入关,故立芮为衡山王,都邾。义帝
柱国共敖将兵击南郡,功多,因立敖为临江王,都江陵。徙燕王韩广为辽
东王,都无终。燕将臧荼从楚救赵,因从入关,故立荼为燕王,都蓟。徙齐
王田市为胶东王,都即墨。齐将田都从楚救赵,因从入关,故立都为齐王,
都临菑。项羽方渡河救赵,田安下济北数城,引其兵降项羽,故立安为济
北王,都博阳。田荣数负项梁,又不肯将兵从楚击秦,以故不封。成安君
陈馀弃将印去,不从入关,亦不封。客多说项羽曰:"张耳、陈馀,一体有
功于赵,今耳为王,馀不可以不封。"羽不得已,闻其在南皮,因环封之三
县。番君将梅鋗功多,封十万户侯。
　　汉王怒,欲攻项羽;周勃、灌婴、樊哙皆劝之。萧何谏曰:"虽王汉中
之恶,不犹愈于死乎?"汉王曰:"何为乃死也?"何曰:"今众弗如,百战百
败,不死何为! 夫能诎于一人之下而信于万乘之上者,汤、武是也。臣愿
大王王汉中,养其民以致贤人,收用巴、蜀,还定三秦,天下可图也。"汉王
曰:"善!"乃遂就国,以何为丞相。
　　汉王赐张良金百镒,珠二斗;良具以献项伯。汉王亦因令良厚遗项
伯,使尽请汉中地,项王许之。
　　夏,四月,诸侯罢戏下兵,各就国。项王使卒三万人从汉王之国。楚
与诸侯之慕从者数万人,从杜南入蚀中。张良送至褒中,汉王遣良归韩;

良因说汉王烧绝所过栈道,以备诸侯盗兵,且示项羽无东意。

4　田荣闻项羽徙齐王市于胶东,而以田都为齐王,大怒。五月,荣发兵距击田都,都亡走楚。荣留齐王市,不令之胶东。市畏项羽,窃亡之国。荣怒,六月,追击杀市于即墨,自立为齐王。是时,彭越在钜野,有众万馀人,无所属。荣与越将军印,使击济北。秋,七月,越击杀济北王安。荣遂并王三齐之地,又使越击楚。项王命萧公角将兵击越,越大破楚军。

5　张耳之国,陈馀益怒曰:“张耳与馀,功等也;今张耳王,馀独侯,此项羽不平!”乃阴使张同、夏说说齐王荣曰:“项羽为天下宰不平,尽王诸将善地,徙故王于丑地。今赵王乃北居代,馀以为不可。闻大王起兵,不听不义;愿大王资馀兵击常山,复赵王,请以赵为扞蔽!”齐王许之,遣兵从陈馀。

6　项王以张良从汉王,韩王成又无功,故不遣之国,与俱至彭城,废以为穰侯;已,又杀之。

7　初,淮阴人韩信,家贫,无行,不得推择为吏,又不能治生商贾,常从人寄食饮,人多厌之。信钓于城下,有漂母见信饥,饭信。信喜,谓漂母曰:“吾必有以重报母。”母怒曰:“大丈夫不能自食,吾哀王孙而进食,岂望报乎!”淮阴屠中少年有侮信者曰:“若虽长大,好带刀剑,中情怯耳。”因众辱之曰:“信能死,刺我;不能死,出我袴下!”于是信孰视之,俯出袴下,蒲伏。一市人皆笑信,以为怯。

及项梁渡淮,信杖剑从之;居麾下,无所知名。项梁败,又属项羽,羽以为郎中;数以策干羽,羽不用。汉王之入蜀,信亡楚归汉,未知名。为连敖,坐当斩;其辈十三人皆已斩,次至信,信乃仰视,适见滕公,曰:“上不欲就天下乎?何为斩壮士?”滕公奇其言,壮其貌,释而不斩;与语,大说之,言于王。王拜以为治粟都尉,亦未之奇也。

信数与萧何语,何奇之。汉王至南郑,诸将及士卒皆歌讴思东归,多道亡者。信度何等已数言王,王不我用,即亡去。何闻信亡,不及以闻,自追之。人有言王曰:“丞相何亡。”王大怒,如失左右手。居一二日,何来谒王。王且怒且喜,骂何曰:“若亡,何也?”何曰:“臣不敢亡也,臣追亡者耳。”王曰:“若所追者谁?”何曰:“韩信也。”王复骂曰:“诸将亡者以十数,公无所追;追信,诈也!”何曰:“诸将易得耳;至如信者,国士无双。王必欲长王汉中,无所事信;必欲争天下,非信无可与计事者。顾王策安所决耳!”王曰:“吾亦欲东耳,安能郁郁久居此乎!”何曰:“计必欲东,能用信,信即留;不能用信,终亡耳。”王曰:“吾为公以为将。”何曰:“虽为将,信不留。"王曰："以为大将。"何曰："幸甚!"于是王欲召信拜之。何曰："王素慢无礼,今拜大将,如呼小儿,此乃信所以去也。王必欲拜之,择良日,斋戒,设坛场,具礼,乃可耳。"王许之。诸将皆喜,人人各自以为得大将。至拜大将,乃韩信也,一军皆惊。

信拜礼毕,上坐。王曰："丞相数言将军;将军何以教寡人计策?"信辞谢,因问王曰："今东乡争权天下,岂非项王耶?"汉王曰："然。"曰："大王自料,勇悍仁强孰与项王?"汉王默然良久,曰："不如也。"信再拜贺曰:"惟信亦以为大王不如也。然臣尝事之,请言项王之为人也:项王暗噁叱咤,千人皆废,然不能任属贤将;此特匹夫之勇耳。项王见人,恭敬慈爱,言语呕呕,人有疾病,涕泣分食饮;至使人,有功当封爵者,印刓敝,忍不能予;此所谓妇人之仁也。项王虽霸天下而臣诸侯,不居关中而都彭城;背义帝之约,而以亲爱王诸侯,不平,逐其故主而王其将相,又迁逐义帝置江南,所过无不残灭,百姓不亲附,特劫于威强耳。名虽为霸,实失天下心,故其强易弱。今大王诚能反其道,任天下武勇,何所不诛;以天下城邑封功臣,何所不服;以义兵从思东归之士,何所不散!且三秦王为秦将,将秦子弟数岁矣,所杀亡不可胜计;又欺其众,降诸侯,至新安,项王诈坑秦降卒二十馀万,唯独邯、欣、翳得脱。秦父兄怨此三人,痛入骨髓。今楚强以威王此三人,秦民莫爱也。大王之入武关,秋毫无所害;除秦苛法,与秦民约法三章;秦民无不欲得大王王秦者。于诸侯之约,大王当王关中,关中民咸知之;大王失职入汉中,秦民无不恨者。今大王举而东,三秦可传檄而定也。"于是汉王大喜,自以为得信晚,遂听信计,部署诸将所击;留萧何收巴、蜀租,给军粮食。

八月,汉王引兵从故道出,袭雍;雍王章邯迎击汉陈仓。雍兵败,还走;止,战好畤,又败,走废丘。汉王遂定雍地,东至咸阳;引兵围雍王于废丘,而遣诸将略地。塞王欣、翟王翳皆降,以其地为渭南、河上、上郡。令将军薛欧、王吸出武关,因王陵兵以迎太公、吕后。项王闻之,发兵距之阳夏,不得前。

王陵者,沛人也,先聚党数千人,居南阳,至是始以兵属汉。项王取陵母置军中,陵使至,则东乡坐陵母,欲以招陵。陵母私送使者,泣曰："愿为老妾语陵:善事汉王,汉王长者,终得天下;毋以老妾故持二心。妾以死送使者!"遂伏剑而死。项王怒,亨陵母。

8　项王以故吴令郑昌为韩王,以距汉。

9　张良遗项王书曰："汉王失职,欲得关中;如约即止,不敢东。"又以齐、梁反书遗项王曰:"齐欲与赵并灭楚。"项王以此故无西意,而北击齐。

10　燕王广不肯之辽东;臧荼击杀之,并其地。

11　是岁,以内史沛周苛为御史大夫。

12　项王使趣义帝行,其群臣、左右稍稍叛之。

二年(丙申,前205)

1　冬,十月,项王密使九江、衡山、临江王击义帝,杀之江中。

2　陈馀悉三县兵,与齐兵共袭常山。常山王张耳败,走汉,谒汉王于废丘;汉王厚遇之。陈馀迎赵王于代,复为赵王。赵王德陈馀,立以为代王。陈馀为赵王弱,国初定,不之国,留傅赵王;而使夏说以相国守代。

3　张良自韩间行归汉,汉王以为成信侯。良多病,未尝特将,常为画策臣,时时从汉王。

4　汉王如陕,镇抚关外父老。

5　河南王申阳降,置河南郡。

6　汉王以韩襄王孙信为韩太尉,将兵略韩地。信急击韩王昌于阳城,昌降。十一月,立信为韩王;常将韩兵从汉王。

7　汉王还都栎阳。

8　诸将拔陇西。

9　春,正月,项王北至城阳。齐王荣将兵会战,败,走平原,平原民杀之。项王复立田假为齐王。遂北至北海,烧夷城郭、室屋,坑田荣降卒,系虏其老弱、妇女,所过多所残灭。齐民相聚叛之。

10　汉将拔北地,虏雍王弟平。

11　三月,汉王自临晋渡河。魏王豹降,将兵从;下河内,虏殷王卬,置河内郡。

12　初,阳武人陈平,家贫,好读书。里中社,平为宰,分肉甚均。父老曰:"善,陈孺子之为宰!"平曰:"嗟乎,使平得宰天下,亦如是肉矣!"及诸侯叛秦,平事魏王咎于临济,为太仆,说魏王,不听。人或谗之,平亡去。后事项羽,赐爵为卿。殷王反楚,项羽使平击降之;还,拜为都尉,赐金二十镒。

居无何,汉王攻下殷。项王怒,将诛定殷将吏。平惧,乃封其金与印,使使归项王,而挺身间行,杖剑亡,渡河,归汉王于脩武,因魏无知求见汉王。汉王召入,赐食,遣罢就舍。平曰:"臣为事来,所言不可以过今日。"

于是汉王与语而说之,问曰:"子之居楚何官?"曰:"为都尉。"是日,即拜平为都尉,使为参乘,曲护军。诸将尽谵曰:"大王一日得楚之亡卒,未知其高下,而即与同载,反使监护长者!"汉王闻之,愈益幸平。

13 汉王南渡平阴津,至洛阳新城。三老董公遮说王曰:"臣闻'顺德者昌,逆德者亡','兵出无名,事故不成'。故曰:'明其为贼,敌乃可服。'项羽为无道,放杀其主,天下之贼也。夫仁不以勇,义不以力,大王宜率三军之众为之素服,以告诸侯而伐之,则四海之内莫不仰德,此三王之举也。"于是汉王为义帝发丧,袒而大哭,哀临三日,发使告诸侯曰:"天下共立义帝,北面事之。今项羽放杀义帝江南,大逆无道!寡人悉发关中兵,收三河士,南浮江、汉以下,愿从诸侯王击楚之杀义帝者!"

使者至赵,陈馀曰:"汉杀张耳,乃从。"于是汉王求人类张耳者斩之,持其头遗陈馀,馀乃遣兵助汉。

14 田荣弟横收散卒,得数万人,起城阳;夏,四月,立荣子广为齐王,以拒楚。项王因留,连战,未能下。虽闻汉东,既击齐,欲遂破之而后击汉,汉王以故得率诸侯兵凡五十六万人伐楚。到外黄,彭越将其兵三万馀人归汉。汉王曰:"彭越军收魏地得十馀城,欲急立魏后。今西魏王豹,真魏后。"乃拜彭越为魏相国,擅将其兵略定梁地。汉王遂入彭城,收其货宝、美人,日置酒高会。

项王闻之,令诸将击齐,而自以精兵三万人南,从鲁出胡陵至萧。晨,击汉军而东至彭城,日中,大破汉军。汉军皆走,相随入榖、泗水,死者十馀万人。汉卒皆南走山,楚又追击至灵璧东睢水上;汉军却,为楚所挤,卒十馀万人皆入睢水,水为之不流。围汉王三匝。会大风从西北起,折木、发屋,扬沙石,窈冥昼晦,逢迎楚军,大乱坏散,而汉王乃得与数十骑遁去。欲过沛收家室,而楚亦使人之沛取汉王家;家皆亡,不与汉王相见。

汉王道逢孝惠、鲁元公主,载以行。楚骑追之,汉王急,推堕二子车下。滕公为太仆,常下收载之;如是者三,曰:"今虽急,不可以驱,奈何弃之!"故徐行。汉王怒,欲斩之者十馀;滕公卒保护,脱二子。审食其从太公、吕后间行求汉王,不相遇,反遇楚军;楚军与归,项王常置军中为质。

是时,吕后兄周吕侯为汉将兵,居下邑;汉王间往从之,稍稍收其士卒。诸侯皆背汉,复与楚。塞王欣、翟王翳亡降楚。

15 田横进攻田假,假走楚,楚杀之;横遂复定三齐之地。

16 汉王问群臣曰:"吾欲捐关以东;等弃之,谁可与共功者?"张良曰:"九江王布,楚枭将,与项王有隙;彭越与齐反梁地;此两人可急使。

而汉王之将,独韩信可属大事,当一面。即欲捐之,捐之此三人,则楚可破也!"

初,项王击齐,征兵九江,九江王布称病不往,遣将将军数千人行。汉之破楚彭城,布又称病不佐楚。楚王由此怨布,数使使者诮让,召布。布愈恐,不敢往。项王方北忧齐、赵,西患汉,所与者独九江王;又多布材,欲亲用之,以故未之击。

汉王自下邑徙军砀,遂至虞,谓左右曰:"如彼等者,无足与计天下事!"谒者随何进曰:"不审陛下所谓。"汉王曰:"孰能为我使九江,令之发兵倍楚?留项王数月,我之取天下可以百全。"随何曰:"臣请使之!"汉王使与二十人俱。

17　五月,汉王至荥阳,诸败军皆会,萧何亦发关中老弱未傅者悉诣荥阳,汉军复大振。楚起于彭城,常乘胜逐北,与汉战荥阳南京、索间。

楚骑来众,汉王择军中可为骑将者,皆推故秦骑士重泉人李必、骆甲;汉王欲拜之。必、甲曰:"臣故秦民,恐军不信臣;愿得大王左右善骑者傅之。"乃拜灌婴为中大夫令,李必、骆甲为左右校尉,将骑兵击楚骑于荥阳东,大破之,楚以故不能过荥阳而西。汉王军荥阳,筑甬道属之河,以取敖仓粟。

18　周勃、灌婴等言于汉王曰:"陈平虽美如冠玉,其中未必有也。臣闻平居家时盗其嫂;事魏不容,亡归楚;不中,又亡归汉。今日大王尊官之,令护军。臣闻平受诸将金,金多者得善处,金少者得恶处。平,反覆乱臣也,愿王察之!"汉王疑之,召让魏无知。无知曰:"臣所言者能也,陛下所问者行也。今有尾生、孝己之行,而无益胜负之数,陛下何暇用之乎!楚、汉相距,臣进奇谋之士,顾其计诚足以利国家不耳。盗嫂、受金,又何足疑乎!"汉王召让平曰:"先生事魏不中,事楚而去,今又从吾游,信者固多心乎?"平曰:"臣事魏王,魏王不能用臣说,故去事项王。项王不能信人,其所任爱,非诸项,即妻之昆弟,虽有奇士不能用。闻汉王能用人,故归大王。臣裸身来,不受金无以为资。诚臣计画有可采者,愿大王用之;使无可用者,金具在,请封输官,得请骸骨。"汉王乃谢,厚赐,拜为护军中尉,尽护诸将。诸将乃不敢复言。

19　魏王豹谒归视亲疾;至则绝河津,反为楚。

20　六月,汉王还栎阳。

21　壬午,立子盈为太子;赦罪人。

22　汉兵引水灌废丘,废丘降,章邯自杀。尽定雍地,以为中地、北地、陇西郡。

23 关中大饥,米斛万钱,人相食。令民就食蜀、汉。

初,秦之亡也,豪桀争取金玉,宣曲任氏独窖仓粟。及楚、汉相距荥阳,民不得耕种,而豪桀金玉尽归任氏,任氏以此起,富者数世。

24 秋,八月,汉王如荥阳,命萧何守关中侍太子,为法令约束,立宗庙、社稷、宫室、县邑;事有不及奏决者,辄以便宜施行,上来,以闻。计关中户口,转漕、调兵以给军,未尝乏绝。

25 汉王使郦食其往说魏王豹,且召之。豹不听,曰:"汉王慢而侮人,骂詈诸侯、群臣如骂奴耳,吾不忍复见也!"于是汉王以韩信为左丞相,与灌婴、曹参俱击魏。

汉王问食其:"魏大将谁也?"对曰:"柏直。"王曰:"是口尚乳臭,安能当韩信!""骑将谁也?"曰:"冯敬。"曰:"是秦将冯无择子也,虽贤,不能当灌婴。""步卒将谁也?"曰:"项它。"曰:"不能当曹参。吾无患矣!"韩信亦问郦生:"魏得无用周叔为大将乎?"郦生曰:"柏直也。"信曰:"竖子耳!"遂进兵。

魏王盛兵蒲坂以塞临晋。信乃益为疑兵,陈船欲渡临晋,而伏兵从夏阳以木罂渡军,袭安邑。魏王豹惊,引兵迎信。九月,信击虏豹,传诣荥阳;悉定魏地,置河东、上党、太原郡。

26 汉之败于彭城而西也,陈馀亦觉张耳不死,即背汉。韩信既定魏,使人请兵三万人,愿以北举燕、赵,东击齐,南绝楚粮道。汉王许之,乃遣张耳与俱,引兵东,北击赵、代。后九月,信破代兵,禽夏说于阏与。信之下魏破代,汉辄使人收其精兵诣荥阳以距楚。

资治通鉴卷第十

汉纪二

太祖高皇帝上之下

三年（丁酉，前204）

1　冬，十月，韩信、张耳以兵数万东击赵。赵王及成安君陈馀闻之，聚兵井陉口，号二十万。

广武君李左车说成安君曰："韩信、张耳乘胜而去国远斗，其锋不可当。臣闻'千里馈粮，士有饥色；樵苏后爨，师不宿饱。'今井陉之道，车不得方轨，骑不得成列；行数百里，其势粮食必在其后。愿足下假臣奇兵三万人，从间路绝其辎重；足下深沟高垒勿与战。彼前不得斗，退不得还，野无所掠，不至十日，而两将之头可致于麾下；否则必为二子所禽矣。"成安君尝自称义兵，不用诈谋奇计，曰："韩信兵少而疲，如此避而不击，则诸侯谓吾怯而轻来伐我矣。"

韩信使人间视，知其不用广武君策，则大喜，乃敢引兵遂下。未至井陉口三十里，止舍。夜半，传发，选轻骑二千人，人持一赤帜，从间道萆山而望赵军。诫曰："赵见我走，必空壁逐我；若疾入赵壁，拔赵帜，立汉赤帜。"令其裨将传餐，曰："今日破赵会食！"诸将皆莫信，佯应曰："诺。"信曰："赵已先据便地为壁，且彼未见吾大将旗鼓，未肯击前行，恐吾至阻险而还也。"乃使万人先行，出，背水陈；赵军望见而大笑。

平旦，信建大将旗鼓，鼓行出井陉口；赵开壁击之，大战良久。于是信与张耳佯弃鼓旗，走水上军；水上军开入之，复疾战。赵果空壁争汉旗鼓，逐信、耳。信、耳已入水上军，军皆殊死战，不可败。信所出奇兵二千骑共候赵空壁逐利，则驰入赵壁，皆拔赵旗，立汉赤帜二千。赵军已不能得信等，欲还归壁；壁皆汉赤帜，见而大惊，以为汉皆已得赵王将矣，兵遂乱，遁走，赵将虽斩之，不能禁也。于是汉兵夹击，大破赵军，斩成安君泜水上，禽赵王歇。

诸将效首虏，毕贺，因问信曰："兵法：'右倍山陵，前左水泽。'今者将军令臣等反背水陈，曰'破赵会食'，臣等不服，然竟以胜。此何术也？"信曰："此在兵法，顾诸君不察耳！兵法不曰'陷之死地而后生，置之亡地而后存'？且信非得素拊循士大夫也，此所谓'驱市人而战之'，其势非置之死地，使人人自为战；今予之生地，皆走，宁尚可得而用之乎！"诸将皆服，曰："善！非臣所及也。"

信募生得广武君者予千金。有缚致麾下者，信解其缚，东乡坐，师事之。问曰："仆欲北伐燕，东伐齐，何若而有功？"广武君辞谢曰："臣，败亡之虏，何足以权大事乎！"信曰："仆闻之：百里奚居虞而虞亡，在秦而秦霸；非愚于虞而智于秦也，用与不用，听与不听也。诚令成安君听足下计，若信者亦已为禽矣；以不用足下，故信得侍耳。今仆委心归计，愿足下勿辞！"广武君曰："今将军涉西河，虏魏王，禽夏说；东下井陉，不终朝而破赵二十万众，诛成安君；名闻海内，威震天下，农夫莫不辍耕释耒，褕衣甘食，倾耳以待命者，此将军之所长也。然而众劳卒罢，其实难用。今将军欲举倦敝之兵顿之燕坚城之下，欲战不得，攻之不拔，情见势屈，旷日持久，粮食单竭。燕既不服，齐必距境以自强。燕、齐相持而不下，则刘、项之权未有所分也，此将军所短也。善用兵者，不以短击长而以长击短。"韩信曰："然则何由？"广武君对曰："方今为将军计，莫如按甲休兵，镇抚赵民，百里之内，牛酒日至，以飨士大夫；北首燕路，而后遣辩士奉咫尺之书，暴其所长于燕，燕必不敢不听从。燕已从而东临齐，虽有智者，亦不知为齐计矣。如是，则天下事皆可图也。兵固有先声而后实者，此之谓也。"韩信曰："善！"从其策，发使使燕，燕从风而靡；遣使报汉，且请以张耳王赵，汉王许之。楚数使奇兵渡河击赵，张耳、韩信往来救赵，因行定赵城邑，发兵诣汉。

2　甲戌晦，日有食之。

3　十一月癸卯晦，日有食之。

4　随何至九江，九江太宰主之，三日不得见。随何说太宰曰："王之不见何，必以楚为强，以汉为弱也。此臣之所以为使。使何得见，言之而是，大王所欲闻也；言之而非，使何等二十人伏斧质九江市，足以明王倍汉而与楚也。"太宰乃言之王。

王见之。随何曰："汉王使臣敬进书大王御者，窃怪大王与楚何亲也？"九江王曰："寡人北乡而臣事之。"随何曰："大王与项王俱列为诸侯，北乡而臣事之者，必以楚为强，可以托国也。项王伐齐，身负版筑，为士卒先。大王宜悉九江之众，身自将之，为楚前锋；今乃发四千人以助楚。夫北面而臣事人者,固若是乎? 汉王入彭城,项王未出齐也。大王宜悉九江之兵渡淮,日夜会战彭城下;大王乃抚万人之众,无一人渡淮者,垂拱而观其孰胜。夫托国于人者,固若是乎? 大王提空名以乡楚而欲厚自托,臣窃为大王不取也! 然而大王不背楚者,以汉为弱也。夫楚兵虽强,天下负之以不义之名,以其背盟约而杀义帝也。汉王收诸侯,还守成皋、荥阳,下蜀、汉之粟,深沟壁垒,分卒守徼乘塞。楚人深入敌国八九百里,老弱转粮千里之外。汉坚守而不动,楚进则不得攻,退则不能解,故曰楚兵不足恃也。使楚胜汉,则诸侯自危惧而相救;夫楚之强,适足以致天下之兵耳。故楚不如汉,其势易见也。今大王不与万全之汉而自托于危亡之楚,臣窃为大王惑之! 臣非以九江之兵足以亡楚也;大王发兵而倍楚,项王必留;留数月,汉之取天下可以万全。臣请与大王提剑而归汉,汉王必裂地而封大王;又况九江必大王有也。"九江王曰:"请奉命。"阴许畔楚与汉,未敢泄也。

　　楚使者在九江,舍传舍,方急责布发兵。随何直入,坐楚使者上,曰:"九江王已归汉,楚何以得发兵?"布愕然。楚使者起。何因说布曰:"事已构,可遂杀楚使者,无使归,而疾走汉并力。"布曰:"如使者教。"于是杀楚使者,因起兵而攻楚。

　　楚使项声、龙且攻九江,数月,龙且破九江军。布欲引兵走汉,恐楚兵杀之,乃间行与何俱归汉。十二月,九江王至汉。汉王方踞床洗足,召布入见。布大怒,悔来,欲自杀;及出就舍,帐御、饮食、从官皆如汉王居,布又大喜过望。于是乃使人入九江;楚已使项伯收九江兵,尽杀布妻子。布使者颇得故人、幸臣,将众数千人归汉。汉益九江王兵,与俱屯成皋。

　　楚数侵夺汉甬道,汉军乏食。汉王与郦食其谋桡楚权。食其曰:"昔汤伐桀,封其后于杞;武王伐纣,封其后于宋。今秦失德弃义,侵伐诸侯,灭其社稷,使无立锥之地。陛下诚能复立六国之后,此其君臣、百姓必皆戴陛下之德,莫不向风慕义,愿为臣妾。德义已行,陛下南乡称霸,楚必敛衽而朝。"汉王曰:"善! 趣刻印,先生因行佩之矣。"

　　食其未行,张良从外来谒。汉王方食,曰:"子房前! 客有为我计桡楚权者。"具以郦生语告良,曰:"何如?"良曰:"谁为陛下画此计者? 陛下事去矣!"汉王曰:"何哉?"对曰:"臣请借前箸,为大王筹之:昔汤、武封桀、纣之后者,度能制其死生之命也;今陛下能制项籍之死命乎? 其不可一也。武王入殷,表商容之闾,释箕子之囚,封比干之墓;今陛下能乎? 其不可二也。发巨桥之粟,散鹿台之钱,以赐贫穷;今陛下能乎? 其不可三也。殷事已毕，偃革为轩，倒载干戈，示天下不复用兵；今陛下能乎？其不可四也。休马华山之阳，示以无为；今陛下能乎？其不可五也。放牛桃林之阴，以示不复输积；今陛下能乎？其不可六也。天下游士，离其亲戚，弃坟墓，去故旧，从陛下游者，徒欲日夜望咫尺之地。今复立六国之后，天下游士各归事其主，从其亲戚，反其故旧、坟墓，陛下谁与取天下乎？其不可七也。且夫楚唯无强，六国立者复桡而从之，陛下焉得而臣之？其不可八也。诚用客之谋，陛下事去矣！"汉王辍食，吐哺，骂曰："竖儒几败而公事！"令趣销印。

荀悦论曰：夫立策决胜之术，其要有三：一曰形，二曰势，三曰情。形者，言其大体得失之数也；势者，言其临时之宜、进退之机也；情者，言其心志可否之实也。故策同、事等而功殊者，三术不同也。

初，张耳、陈馀说陈涉以复六国，自为树党；郦生亦说汉王。所以说者同而得失异者，陈涉之起，天下皆欲亡秦；而楚、汉之分未有所定，今天下未必欲亡项也。故立六国，于陈涉，所谓多己之党而益秦之敌也；且陈涉未能专天下之地也，所谓取非其有以与于人，行虚惠而获实福也。立六国，于汉王，所谓割己之有而以资敌，设虚名而受实祸也。此同事而异形者也。

及宋义待秦、赵之毙，与昔卞庄刺虎同说者也。施之战国之时，邻国相攻，无临时之急，则可也。战国之立，其日久矣，一战胜败，未必以存亡也；其势非能急于亡敌国也，进乘利，退自保，故累力待时，乘敌之毙，其势然也。今楚、赵所起，其与秦势不并立，安危之机，呼吸成变，进则定功，退则受祸。此同事而异势者也。

伐赵之役，韩信军于泜水之上而赵不能败。彭城之难，汉王战于睢水之上，士卒皆赴入睢水而楚兵大胜。何则？赵兵出国迎战，见可而进，知难而退，怀内顾之心，无出死之计；韩信军孤在水上，士卒必死，无有二心，此信之所以胜也。汉王深入敌国，置酒高会，士卒逸豫，战心不固；楚以强大之威而丧其国都，士卒皆有愤激之气，救败赴亡之急，以决一旦之命，此汉之所以败也。且韩信选精兵以守，而赵以内顾之士攻之；项羽选精兵以攻，而汉以怠惰之卒应之。此同事而异情者也。

故曰：权不可豫设，变不可先图，与时迁移，应物变化，设策之机也。

5 汉王谓陈平曰:"天下纷纷,何时定乎?"陈平曰:"项王骨鲠之臣、亚父、锺离昧、龙且、周殷之属,不过数人耳。大王诚能捐数万斤金,行反间,间其君臣,以疑其心;项王为人,意忌信谗,必内相诛,汉因举兵而攻之,破楚必矣。"汉王曰:"善!"乃出黄金四万斤与平,恣所为,不问其出入。平多以金纵反间于楚军,宣言:"诸将锺离昧等为项王将,功多矣,然而终不得裂地而王,欲与汉为一,以灭项氏而分王其地。"项羽果意不信锺离昧等。

夏,四月,楚围汉王于荥阳,急;汉王请和,割荥阳以西者为汉。亚父劝羽急攻荥阳;汉王患之。项羽使使至汉,陈平使为大牢具。举进,见楚使,即佯惊曰:"吾以为亚父使,乃项王使!"复持去,更以恶草具进楚使。楚使归,具以报项王;项王果大疑亚父。亚父欲急攻下荥阳城,项王不信,不肯听。亚父闻项王疑之,乃怒曰:"天下事大定矣,君王自为之,愿赐骸骨!"归,未至彭城,疽发背而死。

五月,将军纪信言于汉王曰:"事急矣!臣请诳楚,王可以间出。"于是陈平夜出女子东门二千余人,楚因四面击之。纪信乃乘王车,黄屋,左纛,曰:"食尽,汉王降。"楚皆呼万岁,之城东观。以故汉王得与数十骑出西门遁去,令韩王信与周苛、魏豹、枞公守荥阳。羽见纪信,问:"汉王安在?"曰:"已出去矣。"羽烧杀信。周苛、枞公相谓曰:"反国之王,难与守城!"因杀魏豹。

汉王出荥阳,至成皋,入关,收兵欲复东。辕生说汉王曰:"汉与楚相距荥阳数岁,汉常困。愿君王出武关,项王必引兵南走。王深壁勿战,令荥阳、成皋间且得休息,使韩信等得安辑河北赵地,连燕、齐,君王乃复走荥阳。如此,则楚所备者多,力分;汉得休息,复与之战,破之必矣!"汉王从其计,出军宛、叶间。与黥布行收兵。羽闻汉王在宛,果引兵南;汉王坚壁不与战。

汉王之败彭城,解而西也,彭越皆亡其所下城,独将其兵北居河上,常往来为汉游兵击楚,绝其后粮。是月,彭越渡睢,与项声、薛公战下邳,破,杀薛公。羽乃使终公守成皋,而自东击彭越。汉王引兵北,击破终公,复军成皋。

六月,羽已破走彭越,闻汉复军成皋,乃引兵西拔荥阳城,生得周苛。羽谓苛:"为我,将以公为上将军,封三万户。"周苛骂曰:"若不趋降汉,今为虏矣;若非汉王敌也!"羽烹周苛,并杀枞公而虏韩王信,遂围成皋。汉王逃，独与滕公共车出成皋玉门，北渡河，宿小脩武传舍。晨，自称汉使，驰入赵壁。张耳、韩信未起，即其卧内，夺其印符以麾召诸将，易置之。信、耳起，乃知汉王来，大惊。汉王既夺两人军，即令张耳循行，备守赵地。拜韩信为相国，收赵兵未发者击齐。诸将稍稍得出成皋从汉王。楚遂拔成皋，欲西；汉使兵距之巩，令其不得西。

6　秋，七月，有星孛于大角。

7　临江王敖薨，子尉嗣。

8　汉王得韩信军，复大振。八月，引兵临河，南乡，军小脩武，欲复与楚战。郎中郑忠说止汉王，使高垒深堑勿与战。汉王听其计，使将军刘贾、卢绾将卒二万人，骑数百，渡白马津，入楚地，佐彭越，烧楚积聚，以破其业，无以给项王军食而已。楚兵击刘贾，贾辄坚壁不肯与战，而与彭越相保。

9　彭越攻徇梁地，下睢阳、外黄等十七城。九月，项王谓大司马曹咎曰："谨守成皋！即汉王欲挑战，慎勿与战，勿令得东而已。我十五日必定梁地，复从将军。"羽引兵东行，击陈留、外黄、睢阳等城，皆下之。

汉王欲捐成皋以东，屯巩、洛以距楚。郦生曰："臣闻'知天之天者，王事可成'；王者以民为天，而民以食为天。夫敖仓，天下转输久矣，臣闻其下乃有藏粟甚多。楚人拔荥阳，不坚守敖仓，乃引而东，令适卒分守成皋，此乃天所以资汉也。方今楚易取而汉反却，自夺其便，臣窃以为过矣！且两雄不俱立，楚、汉久相持不决，海内摇荡，农夫释耒，工女下机，天下之心未有所定也。愿足下急复进兵，收取荥阳，据敖仓之粟，塞成皋之险，杜太行之道，距蜚狐之口，守白马之津，以示诸侯形制之势，则天下知所归矣。"王从之，乃复谋取敖仓。

食其又说王曰："方今燕、赵已定，唯齐未下。诸田宗强，负海、岱，阻河、济，南近于楚，人多变诈，足下虽遣数万师，未可以岁月破也。臣请得奉明诏说齐王，使为汉而称东藩。"上曰："善！"

乃使郦生说齐王曰："王知天下之所归乎？"王曰："不知也。天下何所归？"郦生曰："归汉！"曰："先生何以言之？"曰："汉王先入咸阳；项王负约，王之汉中。项王迁杀义帝；汉王闻之，起蜀、汉之兵击三秦，出关而责义帝之处。收天下之兵，立诸侯之后；降城即以侯其将，得赂即以分其士；与天下同其利，豪英贤才皆乐为之用。项王有倍约之名，杀义帝之负；于人之功无所记，于人之罪无所忘；战胜而不得其赏，拔城而不得其封，非项氏莫得用事；天下畔之，贤才怨之，而莫为之用。故天下之事归于汉王，可坐而策也！夫汉王发蜀、汉，定三秦，涉西河，破北魏，出井陉，诛成安君；此非人之力也，天之福也！今已据敖仓之粟，塞成皋之险，守白马之津，杜太行之阪，距蜚狐之口，天下后服者先亡矣。王疾先下汉王，齐国可得而保也；不然，危亡可立而待也！"先是，齐闻韩信且东兵，使华无伤、田解将重兵屯历下，以距汉。及纳郦生之言，遣使与汉平，乃罢历下守战备，与郦生日纵酒为乐。

韩信引兵东，未度平原，闻郦食其已说下齐，欲止。辨士蒯彻说信曰："将军受诏击齐，而汉独发间使下齐，宁有诏止将军乎，何以得毋行也？且郦生，一士，伏轼掉三寸之舌，下齐七十馀城；将军以数万众，岁馀乃下赵五十馀城。为将数岁，反不如一竖儒之功乎！"于是信然之，遂渡河。

四年（戊戌，前203）

1　冬，十月，信袭破齐历下军，遂至临淄。齐王以郦生为卖己，乃烹之；引兵东走高密，使使之楚请救。田横走博阳，守相田光走城阳，将军田既军于胶东。

2　楚大司马咎守成皋，汉数挑战，楚军不出。使人辱之，数日，咎怒，渡兵汜水。士卒半渡，汉击之，大破楚军，尽得楚国金玉、货赂，咎及司马欣皆自刭汜水上。汉王引兵渡河，复取成皋，军广武，就敖仓食。

项羽下梁地十馀城，闻成皋破，乃引兵还。汉军方围锺离昧于荥阳东，闻羽至，尽走险阻。羽亦军广武，与汉相守。数月，楚军食少。项王患之，乃为俎，置太公其上，告汉王曰："今不急下，吾烹太公！"汉王曰："吾与羽俱北面受命怀王，约为兄弟，吾翁即若翁；必欲烹而翁，幸分我一杯羹！"项王怒，欲杀之。项伯曰："天下事未可知；且为天下者不顾家，虽杀之无益，只益祸耳！"项王从之。

项王谓汉王曰："天下匈匈数岁者，徒以吾两人耳。愿与汉王挑战，决雌雄，毋徒苦天下之民父子为也！"汉王笑谢曰："吾宁斗智，不能斗力。"项王三令壮士出挑战，汉有善骑射者楼烦辄射杀之。项王大怒，乃自被甲持戟挑战。楼烦欲射之，项王瞋目叱之，楼烦目不敢视，手不敢发，遂走还入壁，不敢复出。汉王使人间问之，乃项王也，汉王大惊。

于是项王乃即汉王，相与临广武间而语。羽欲与汉王独身挑战。汉王数羽曰："羽负约，王我于蜀、汉，罪一；矫杀卿子冠军，罪二；救赵不还报，而擅劫诸侯兵入关，罪三；烧秦宫室，掘始皇帝冢，收私其财，罪四；杀秦降王子婴，罪五；诈坑秦子弟新安二十万，罪六；王诸将善地而徙逐故王,罪七;出逐义帝彭城,自都之,夺韩王地,并王梁、楚,多自与,罪八;使人阴杀义帝江南,罪九;为政不平,主约不信,天下所不容,大逆无道,罪十也。吾以义兵从诸侯诛残贼,使刑馀罪人击公,何苦乃与公挑战!"羽大怒,伏弩射中汉王。汉王伤胸,乃扪足曰:"虏中吾指。"汉王病创卧,张良强请汉王起行劳军,以安士卒,毋令楚乘胜。汉王出行军,疾甚,因驰入成皋。

3 韩信已定临淄,遂东追齐王。项王使龙且将兵,号二十万,以救齐,与齐王合军高密。

客或说龙且曰:"汉兵远斗穷战,其锋不可当。齐、楚自居其地,兵易败散。不如深壁,令齐王使其信臣招所亡城;亡城闻王在,楚来救,必反汉。汉兵二千里客居齐地,齐城皆反之,其势无所得食,可无战而降也。"龙且曰:"吾平生知韩信为人,易与耳!寄食于漂母,无资身之策;受辱于裤下,无兼人之勇;不足畏也。且夫救齐,不战而降之,吾何功!今战而胜之,齐之半可得也。"

十一月,齐、楚与汉夹潍水而陈。韩信夜令人为万馀囊,满盛沙,壅水上流,引军半渡击龙且,佯不胜,还走。龙且果喜曰:"固知信怯也!"遂追信。信使人决壅囊,水大至,龙且军太半不得渡。即急击杀龙且,水东军散走,齐王广亡去。信遂追北至城阳,虏齐王广。汉将灌婴追得齐守相田光,进至博阳。田横闻齐王死,自立为齐王,还击婴,婴败横军于嬴下。田横亡走梁,归彭越。婴进击齐将田吸于千乘,曹参击田既于胶东,皆杀之,尽定齐地。

4 立张耳为赵王。

5 汉王疾愈,西入关。至栎阳,枭故塞王欣头栎阳市。留四日,复如军,军广武。

6 韩信使人言汉王曰:"齐伪诈多变,反覆之国也;南边楚。请为假王以镇之。"汉王发书,大怒,骂曰:"吾困于此,旦暮望若来佐我,乃欲自立为王!"张良、陈平蹑汉王足,因附耳语曰:"汉方不利,宁能禁信之自王乎!不如因而立之,善遇,使自为守;不然,变生。"汉王亦悟,因复骂曰:"大丈夫定诸侯,即为真王耳,何以假为!"春,二月,遣张良操印立韩信为齐王,征其兵击楚。

7 项王闻龙且死,大惧,使盱台人武涉往说齐王信曰:"天下共苦秦久矣,相与勠力击秦。秦已破,计功割地,分土而王之,以休士卒。今汉王复兴兵而东,侵人之分,夺人之地;已破三秦,引兵出关,收诸侯之兵以东击楚,其意非尽吞天下者不休,其不知厌足如是甚也!且汉王不可必:身居项王掌握中数矣,项王怜而活之;然得脱,辄倍约,复击项王,其不可亲信如此。今足下虽自以与汉王为厚交,为之尽力用兵,必终为所禽矣。足下所以得须臾至今者,以项王尚存也。当今二王之事,权在足下,足下右投则汉王胜,左投则项王胜。项王今日亡,则次取足下。足下与项王有故,何不反汉与楚连和,参分天下王之!今释此时而自必于汉以击楚,且为智者固若此乎?"韩信谢曰:"臣事项王,官不过郎中,位不过执戟;言不听,画不用,故倍楚而归汉。汉王授我上将军印,予我数万众,解衣衣我,推食食我,言听计用,故吾得以至于此。夫人深亲信我,我倍之不祥;虽死不易!幸为信谢项王。"

　　武涉已去,蒯彻知天下权在信,乃以相人之术说信曰:"仆相君之面,不过封侯,又危不安;相君之背,贵乃不可言。"韩信曰:"何谓也?"蒯彻曰:"天下初发难也,忧在亡秦而已。今楚、汉分争,使天下之人肝胆涂地,父子暴骸骨于中野,不可胜数。楚人起彭城,转斗逐北,乘利席卷,威震天下,然兵困于京、索之间,迫西山而不能进者,三年于此矣。汉王将数十万之众,距巩、雒,阻山河之险,一日数战,无尺寸之功,折北不救。此所谓智勇俱困者也。百姓罢极怨望,无所归倚;以臣料之,其势非天下之贤圣固不能息天下之祸。当今两主之命,悬于足下,足下为汉则汉胜,与楚则楚胜。诚能听臣之计,莫若两利而俱存之,参分天下,鼎足而居,其势莫敢先动。夫以足下之贤圣,有甲兵之众,据强齐,从赵、燕,出空虚之地而制其后,因民之欲,西乡为百姓请命,则天下风走而响应矣,孰敢不听!割大、弱强以立诸侯,诸侯已立,天下服听,而归德于齐。案齐之故,有胶、泗之地,深拱揖让,则天下之君王相率而朝于齐矣。盖闻'天与弗取,反受其咎;时至不行,反受其殃'。愿足下熟虑之!"韩信曰:"汉王遇我甚厚,吾岂可乡利而倍义乎!"蒯生曰:"始常山王、成安君为布衣时,相与为刎颈之交;后争张黡、陈泽之事,常山王杀成安君泜水之南,头足异处。此二人相与,天下至欢也,然而卒相禽者,何也?患生于多欲而人心难测也。今足下欲行忠信以交于汉王,必不能固于二君之相与也,而事多大于张黡、陈泽者;故臣以为足下必汉王之不危己,亦误矣!大夫种存亡越,霸句践,立功成名而身死亡。野兽尽而猎狗烹。夫以交友言之,则不如张耳之与成安君者也;以忠信言之,则不过大夫种之于句践也:此二者足以观矣,愿足下深虑之!且臣闻'勇略震主者身危,功盖天下者不赏'。今足下戴震主之威,挟不赏之功,归楚,楚人不信,归汉,汉人震恐。足下欲持是安归乎?"韩信谢曰:"先生且休矣,吾将念之。"后数日,蒯彻复说曰:"夫听者,事之候也;计者,事之机也;听过计失而能久安者鲜矣!故知者,决之断也;疑者,事之害也。审豪厘之小计,遗天下之大数,智诚知之,决弗敢行者,百事之祸也。夫功者,难成而易败,时者,难得而易失也;时乎时,不再来!"韩信犹豫,不忍倍汉;又自以为功多,汉终不夺我齐,遂谢蒯彻。因去,佯狂为巫。

8　秋,七月,立黥布为淮南王。

9　八月,北貉燕人来致枭骑助汉。

10　汉王下令:军士不幸死者,吏为衣衾棺敛,转送其家。四方归心焉。

11　是岁,以中尉周昌为御史大夫。昌,苛从弟也。

12　项羽自知少助;食尽,韩信又进兵击楚,羽患之。汉遣侯公说羽请太公。羽乃与汉约,中分天下,割洪沟以西为汉,以东为楚。九月,楚归太公、吕后,引兵解而东归。汉王欲西归,张良、陈平说曰:"汉有天下太半,而诸侯皆附;楚兵疲食尽,此天亡之时也。今释弗击,此所谓'养虎自遗患'也。"汉王从之。

资治通鉴卷第十一

汉纪三

太祖高皇帝中

五年（己亥，前202）

1　冬，十月，汉王追项羽至固陵，与齐王信、魏相国越期会击楚；信、越不至，楚击汉军，大破之。汉王复坚壁自守，谓张良曰："诸侯不从，奈何？"对曰："楚兵且破，二人未有分地，其不至固宜；君王能与共天下，可立致也。齐王信之立，非君王意，信亦不自坚；彭越本定梁地，始，君王以魏豹故拜越为相国；今豹死，越亦望王，而君王不早定。今能取睢阳以北至穀城皆以王彭越，从陈以东傅海与齐王信。信家在楚，其意欲复得故邑。能出捐此地以许两人，使各自为战，则楚易破也。"汉王从之。于是韩信、彭越皆引兵来。

十一月，刘贾南渡淮，围寿春，遣人诱楚大司马周殷。殷畔楚，以舒屠六，举九江兵迎黥布，并行屠城父，随刘贾皆会。

十二月，项王至垓下，兵少，食尽，与汉战不胜，入壁；汉军及诸侯兵围之数重。项王夜闻汉军四面皆楚歌，乃大惊曰："汉皆已得楚乎？是何楚人之多也！"则夜起，饮帐中，悲歌忼慨，泣数行下；左右皆泣，莫能仰视。于是项王乘其骏马名骓，麾下壮士骑从者八百馀人，直夜，溃围南出驰走。平明，汉军乃觉之，令骑将灌婴以五千骑追之。项王渡淮，骑能属者才百馀人。至阴陵，迷失道，问一田父，田父绐曰"左"。左，乃陷大泽中，以故汉追及之。

项王乃复引兵而东，至东城，乃有二十八骑；汉骑追者数千人。项王自度不得脱，谓其骑曰："吾起兵至今，八岁矣；身七十馀战，未尝败北，遂霸有天下。然今卒困于此，此天之亡我，非战之罪也！今日固决死，愿为诸君快战，必溃围，斩将，刈旗，三胜之，令诸君知天亡我，非战之罪也。"乃分其骑以为四队，四乡。汉军围之数重。项王谓其骑曰："吾为公取彼一将。"令四面骑驰下，期山东为三处。于是项王大呼驰下，汉军皆披靡，遂斩汉一将。是时，郎中骑杨喜追项王，项王瞋目而叱之，喜人马俱惊，辟易数里。项王与其骑会为三处，汉军不知项王所在，乃分军为三，复围之。项王乃驰，复斩汉一都尉，杀数十百人，复聚其骑，亡其两骑耳。乃谓其骑曰："何如？"骑皆伏曰："如大王言！"

于是项王欲东渡乌江，乌江亭长权船待，谓项王曰："江东虽小，地方千里，众数十万人，亦足王也。愿大王急渡！今独臣有船，汉军至，无以渡。"项王笑曰："天之亡我，我何渡为！且籍与江东子弟八千人渡江而西，今无一人还；纵江东父兄怜而王我，我何面目见之！纵彼不言，籍独不愧于心乎！"乃以所乘骓马赐亭长，令骑皆下马步行，持短兵接战。独籍所杀汉军数百人，身亦被十馀创。顾见汉骑司马吕马童，曰："若非吾故人乎？"马童面之，指示中郎骑王翳曰："此项王也。"项王乃曰："吾闻汉购我头千金，邑万户，吾为若德。"乃自刎而死。王翳取其头，馀骑相蹂践争项王，相杀者数十人；最其后，杨喜、吕马童及郎中吕胜、杨武各得其一体；五人共会其体，皆是，故分其户，封五人皆为列侯。

楚地悉定，独鲁不下，汉王引天下兵欲屠之。至其城下，犹闻弦诵之声；为其守礼义之国，为主死节，乃持项王头以示鲁父兄，鲁乃降。汉王以鲁公礼葬项王于穀城，亲为发哀，哭之而去。诸项氏枝属皆不诛。封项伯等四人皆为列侯，赐姓刘氏；诸民略在楚者皆归之。

太史公曰：羽起陇亩之中，三年，遂将五诸侯灭秦，分裂天下而封王侯，政由羽出；位虽不终，近古以来未尝有也！及羽背关怀楚，放逐义帝而自立；怨王侯叛己，难矣！自矜功伐，奋其私智而不师古，谓霸王之业，欲以力征经营天下。五年，卒亡其国，身死东城；尚不觉悟而不自责，乃引"天亡我，非用兵之罪也"，岂不谬哉！

扬子法言：或问："楚败垓下，方死，曰'天也！'谅乎？"曰："汉屈群策，群策屈群力；楚憝群策而自屈其力。屈人者克，自屈者负；天曷故焉！"

2 汉王还，至定陶，驰入齐王信壁，夺其军。

3 临江王共尉不降，遣卢绾、刘贾击虏之。

4 春，正月，更立齐王信为楚王，王淮北，都下邳。封魏相国建城侯彭越为梁王，王魏故地，都定陶。

5 令曰："兵不得休八年，万民与苦甚；今天下事毕，其赦天下殊死以下。"

6　诸侯王皆上疏请尊汉王为皇帝。二月甲午,王即皇帝位于氾水之阳。更王后曰皇后,太子曰皇太子,追尊先媪曰昭灵夫人。

诏曰:"故衡山王吴芮,从百粤之兵,佐诸侯,诛暴秦,有大功;诸侯立以为王,项羽侵夺之地,谓之番君。其以芮为长沙王。"又曰:"故粤王无诸,世奉粤祀;秦侵夺其地,使其社稷不得血食。诸侯伐秦,无诸身率闽中兵以佐灭秦,项羽废而弗立。今以为闽粤王,王闽中地。"

7　帝西都洛阳。

8　夏,五月,兵皆罢归家。

9　诏:"民前或相聚保山泽,不书名数。今天下已定,令各归其县,复故爵、田宅,吏以文法教训辨告,勿笞辱军吏卒;爵及七大夫以上,皆令食邑,非七大夫已下,皆复其身及户,勿事。"

10　帝置酒洛阳南宫,上曰:"彻侯、诸将毋敢隐朕,皆言其情:吾所以有天下者何? 项氏之所以失天下者何?"高起、王陵对曰:"陛下使人攻城略地,因以与之,与天下同其利;项羽不然,有功者害之,贤者疑之,此其所以失天下也。"上曰:"公知其一,未知其二。夫运筹帷幄之中,决胜千里之外,吾不如子房;填国家,抚百姓,给馈馈,不绝粮道,吾不如萧何;连百万之众,战必胜,攻必取,吾不如韩信。三者皆人杰,吾能用之,此吾所以取天下者也。项羽有一范增而不能用,此所以为我禽也。"群臣说服。

韩信至楚,召漂母,赐千金。召辱己少年令出跨下者,以为中尉;告诸将相曰:"此壮士也。方辱我时,我宁不能杀之邪? 杀之无名,故忍而就此。"

11　彭越既受汉封,田横惧诛,与其徒属五百馀人入海,居岛中。帝以田横兄弟本定齐地,齐贤者多附焉;今在海中,不取,后恐为乱。乃使使赦横罪,召之。横谢曰:"臣烹陛下之使郦生,今闻其弟商为汉将;臣恐惧,不敢奉诏,请为庶人,守海岛中。"使还报,帝乃诏卫尉郦商曰:"齐王田横即至,人马从者敢动摇者,致族夷!"乃复使使持节具告以诏商状,曰:"田横来,大者王,小者乃侯耳;不来,且举兵加诛焉。"

横乃与其客二人乘传诣洛阳。未至三十里,至尸乡厩置。横谢使者曰:"人臣见天子,当洗沐。"因止留,谓其客曰:"横始与汉王俱南面称孤;今汉王为天子,而横乃为亡虏,北面事之,其耻固已甚矣。且吾烹人之兄,与其弟并肩而事主,纵彼畏天子之诏不敢动,我独不愧于心乎! 且陛下所以欲见我者,不过欲一见我面貌耳;今斩吾头,驰三十里间,形容尚未能败,犹可观也。"遂自刭,令客奉其头,从使者驰奏之。帝曰:"嗟乎! 起自布衣,兄弟三人更王,岂不贤哉!"为之流涕,而拜其二客为都尉;发卒二千人,以王者礼葬之。既葬,二客穿其冢傍孔,皆自刭,下从之。帝闻之,大惊。以横客皆贤,馀五百人尚在海中,使使召之;至,则闻田横死,亦皆自杀。

12 初,楚人季布为项籍将,数窘辱帝。项籍灭,帝购求布千金;敢有舍匿,罪三族。布乃髡钳为奴,自卖于鲁朱家。朱家心知其季布也,买置田舍;身之洛阳见滕公,说曰:"季布何罪!臣各为其主用,职耳;项氏臣岂可尽诛邪?今上始得天下,而以私怨求一人,何示不广也!且以季布之贤,汉求之急,此不北走胡,南走越耳。夫忌壮士以资敌国,此伍子胥所以鞭荆平之墓也。君何不从容为上言之!"滕公待间,言于上,如朱家指。上乃赦布,召拜郎中,朱家遂不复见之。

布母弟丁公,亦为项羽将,逐窘帝彭城西。短兵接,帝急,顾谓丁公曰:"两贤岂相厄哉!"丁公引兵而还。及项王灭,丁公谒见。帝以丁公徇军中,曰:"丁公为项王臣不忠,使项王失天下者也。"遂斩之,曰:"使后为人臣无效丁公也!"

臣光曰:高祖起丰、沛以来,罔罗豪桀,招亡纳叛,亦已多矣。及即帝位,而丁公独以不忠受戮,何哉?夫进取之与守成,其势不同。当群雄角逐之际,民无定主;来者受之,固其宜也。及贵为天子,四海之内,无不为臣;苟不明礼义以示之,使为臣者,人怀贰心以徼大利,则国家其能久安乎!是故断以大义,使天下晓然皆知为臣不忠者无所自容;而怀私结恩者,虽至于活己,犹以义不与也。戮一人而千万人惧,其虑事岂不深且远哉!子孙享有天禄四百馀年,宜矣!

13 齐人娄敬戍陇西,过洛阳,脱挽辂,衣羊裘,因齐人虞将军求见上。虞将军欲与之鲜衣。娄敬曰:"臣衣帛,衣帛见;衣褐,衣褐见;终不敢易衣。"于是虞将军入言上;上召见,问之。娄敬曰:"陛下都洛阳,岂欲与周室比隆哉?"上曰:"然。"娄敬曰:"陛下取天下与周异。周之先,自后稷封邰,积德累善,十有馀世,至于太王、王季、文王、武王而诸侯自归之,遂灭殷为天子。及成王即位,周公相焉,乃营洛邑,以为此天下之中也,诸侯四方纳贡职,道里均矣。有德则易以王,无德则易以亡,故周之盛时,天下和洽,诸侯、四夷莫不宾服,效其贡职。及其衰也,天下莫朝,周不能制也;非唯其德薄也,形势弱也。今陛下起丰、沛,卷蜀、汉,定三秦,与项羽战荥阳、成皋之间,大战七十,小战四十;使天下之民,肝脑涂地,父子暴骨中野,不可胜数,哭泣之声未绝,伤夷者未起;而欲比隆于成、康之时,臣窃以为不侔也。且夫秦地被山带河,四塞以为固;卒然有急,百万之众可立具也。因秦之故,资甚美膏腴之地,此所谓天府者也。陛下入关而都之,山东虽乱,秦之故地可全而有也。夫与人斗,不扼其亢,拊其背,未能全其胜也;今陛下案秦之故地,此亦扼天下之亢而拊其背也。"帝问群臣。群臣皆山东人,争言:"周王数百年,秦二世即亡。洛阳东有成皋,西有殽、渑,倍河,乡伊、洛,其固亦足恃也。"上问张良。良曰:"洛阳虽有此固,其中小不过数百里,田地薄,四面受敌,此非用武之国也。关中左殽、函,右陇、蜀,沃野千里;南有巴、蜀之饶,北有胡苑之利。阻三面而守,独以一面东制诸侯;诸侯安定,河、渭漕挽天下,西给京师;诸侯有变,顺流而下,足以委输;此所谓金城千里,天府之国也。娄敬说是也。"上即日车驾西,都长安。拜娄敬为郎中,号曰奉春君,赐姓刘氏。

14　张良素多病,从上入关,即道引,不食谷,杜门不出,曰:"家世相韩;及韩灭,不爱万金之资,为韩报仇强秦,天下振动。今以三寸舌为帝者师,封万户侯,此布衣之极,于良足矣。愿弃人间事,欲从赤松子游耳。"

　　　臣光曰:夫生之有死,譬犹夜旦之必然;自古及今,固未有超然而独存者也。以子房之明辨达理,足以知神仙之为虚诡矣;然其欲从赤松子游者,其智可知也。夫功名之际,人臣之所难处。如高帝所称者,三杰而已;淮阴诛夷,萧何系狱,非以履盛满而不止耶!故子房托于神仙,遗弃人间,等功名于外物,置荣利而不顾,所谓"明哲保身"者,子房有焉。

15　六月,壬辰,大赦天下。

16　秋,七月,燕王臧荼反;上自将征之。

17　赵景王耳、长沙文王芮皆薨。

18　九月,虏臧荼。壬子,立太尉长安侯卢绾为燕王。绾家与上同里闬,绾生又与上同日;上宠幸绾,群臣莫敢望,故特王之。

19　项王故将利几反,上自击破之。

20　后九月,治长乐宫。

21　项王将锺离眜,素与楚王信善。项王死后,亡归信。汉王怨眜,闻其在楚,诏楚捕眜。信初之国,行县邑,陈兵出入。

六年(庚子,前201)

1　冬,十月,人有上书告楚王信反者。帝以问诸将,皆曰:"亟发兵,坑竖子耳!"帝默然。又问陈平,陈平曰:"人上书言信反,信知之乎?"曰:"不知。"陈平曰:"陛下精兵孰与楚?"上曰:"不能过。"平曰:"陛下诸将,用兵有能过韩信者乎?"上曰:"莫及也。"平曰:"今兵不如楚精而将不能及,举兵攻之,是趣之战也,窃为陛下危之!"上曰:"为之奈何?"平曰:"古者天子有巡狩,会诸侯。陛下第出,伪游云梦,会诸侯于陈。陈,楚之西界;信闻天子以好出游,其势必无事而郊迎谒;谒而陛下因禽之,此特一力士之事耳。"帝以为然;乃发使告诸侯会陈,"吾将南游云梦"。上因随以行。

　　楚王信闻之,自疑惧,不知所为。或说信曰:"斩锺离眛以谒上,上必喜,无患。"信从之。十二月,上会诸侯于陈,信持眛首谒上;上令武士缚信,载后车。信曰:"果若人言:'狡兔死,走狗烹;高鸟尽,良弓藏;敌国破,谋臣亡。'天下已定,我固当烹!"上曰:"人告公反。"遂械系信以归,因赦天下。

　　田肯贺上曰:"陛下得韩信,又治秦中。秦,形胜之国也,带河阻山,地势便利;其以下兵于诸侯,譬犹居高屋之上建瓴水也。夫齐,东有琅邪、即墨之饶,南有泰山之固,西有浊河之限,北有勃海之利;地方二千里,持戟百万;此东西秦也,非亲子弟,莫可使王齐者。"上曰:"善!"赐金五百斤。

　　上还,至洛阳,赦韩信,封为淮阴侯。信知汉王畏恶其能,多称病,不朝从;居常鞅鞅,羞与绛、灌等列。尝过樊将军哙。哙跪拜送迎,言称臣,曰:"大王乃肯临臣!"信出门,笑曰:"生乃与哙等为伍!"

　　上尝从容与信言诸将能将兵多少。上问曰:"如我能将几何?"信曰:"陛下不过能将十万。"上曰:"于君何如?"曰:"臣多多而益善耳。"上笑曰:"多多益善,何为为我禽?"信曰:"陛下不能将兵而善将将,此乃信之所以为陛下禽也。且陛下,所谓'天授,非人力'也。"

　　2　甲申,始剖符封诸功臣为彻侯。萧何封酂侯,所食邑独多。功臣皆曰:"臣等身被坚执锐,多者百馀战,小者数十合。今萧何未尝有汗马之劳,徒持文墨议论,顾反居臣等上,何也?"帝曰:"诸君知猎乎?夫猎,追杀兽兔者,狗也;而发纵指示兽处者,人也。今诸君徒能得走兽耳,功狗也;至如萧何,发纵指示,功人也。"群臣皆不敢言。张良为谋臣,亦无战斗功,帝使自择齐三万户。良曰:"始,臣起下邳,与上会留,此天以臣授陛下;陛下用臣计,幸而时中。臣愿封留足矣,不敢当三万户。"乃封张良为留侯。封陈平为户牖侯,平辞曰:"此非臣之功也。"上曰:"吾用先生谋,战胜克敌,非功而何?"平曰:"非魏无知,臣安得进?"上曰:"若子,可谓不背本矣!"乃复赏魏无知。

3　帝以天下初定,子幼,昆弟少,惩秦孤立而亡,欲大封同姓以填抚天下。春,正月丙午,分楚王信地为二国:以淮东五十三县立从兄将军贾为荆王,以薛郡、东海、彭城三十六县立弟文信君交为楚王。壬子,以云中、雁门、代郡五十三县立兄宜信侯喜为代王,以胶东、胶西、临菑、济北、博阳、城阳郡七十三县立微时外妇之子肥为齐王;诸民能齐言者皆以与齐。

4　上以韩王信材武,所王北近巩、洛,南迫宛、叶,东有淮阳,皆天下劲兵处;乃以太原郡三十一县为韩国,徙韩王信王太原以北,备御胡,都晋阳。信上书曰:"国被边,匈奴数入寇,晋阳去塞远,请治马邑。"上许之。

5　上已封大功臣二十馀人,其馀日夜争功不决,未得行封。上在洛阳南宫,从复道望见诸将,往往相与坐沙中语。上曰:"此何语?"留侯曰:"陛下不知乎? 此谋反耳!"上曰:"天下属安定,何故反乎?"留侯曰:"陛下起布衣,以此属取天下;今陛下为天子,而所封皆故人所亲爱,所诛皆生平所仇怨。今军吏计功,以天下不足遍封;此属畏陛下不能尽封,恐又见疑平生过失及诛,故即相聚谋反耳。"上乃忧曰:"为之奈何?"留侯曰:"上平生所憎、群臣所共知,谁最甚者?"上曰:"雍齿与我有故怨,数尝窘辱我;我欲杀之,为其功多,故不忍。"留侯曰:"今急先封雍齿,则群臣人人自坚矣。"于是上乃置酒,封雍齿为什方侯;而急趋丞相、御史定功行封。群臣罢酒,皆喜,曰:"雍齿尚为侯,我属无患矣!"

　　臣光曰:张良为高帝谋臣,委以心腹,宜其知无不言;安有闻诸将谋反,必待高帝目见偶语,然后乃言之邪! 盖以高帝初得天下,数用爱憎行诛赏,或时害至公,群臣往往有觖望自危之心;故良因事纳忠以变移帝意,使上无阿私之失,下无猜惧之谋,国家无虞,利及后世。若良者,可谓善谏矣。

6　列侯毕已受封,诏定元功十八人位次。皆曰:"平阳侯曹参,身被七十创,攻城略地,功最多,宜第一。"谒者、关内侯鄂千秋进曰:"群臣议皆误,夫曹参虽有野战略地之功,此特一时之事耳。上与楚相距五岁,失军亡众,跳身遁者数矣;然萧何常从关中遣军补其处,非上所诏令召,而数万众会。上之乏绝者数矣,又军无见粮,萧何转漕关中,给食不乏。陛下虽数亡山东,萧何常全关中以待陛下。此万世之功也。今虽无曹参等百数,何缺于汉;汉得之,不必待以全。奈何欲以一旦之功而加万世之功哉!

萧何第一,曹参次之。"上曰:"善!"于是乃赐萧何带剑履上殿,入朝不趋。上曰:"吾闻'进贤受上赏'。萧何功虽高,得鄂君乃益明。"于是因鄂千秋故所食邑,封为安平侯。是日,悉封何父子兄弟十馀人,皆有食邑;益封何二千户。

7　上归栎阳。

8　夏,五月丙午,尊太公为太上皇。

9　初,匈奴畏秦,北徙十馀年。及秦灭,匈奴复稍南渡河。

单于头曼有太子曰冒顿。后有所爱阏氏,生少子,头曼欲立之。是时,东胡强而月氏盛,乃使冒顿质于月氏。既而头曼急击月氏,月氏欲杀冒顿。冒顿盗其善马骑之,亡归;头曼以为壮,令将万骑。

冒顿乃作鸣镝,习勒其骑射。令曰:"鸣镝所射而不悉射者,斩之!"冒顿乃以鸣镝自射其善马,既又射其爱妻;左右或不敢射者,皆斩之。最后以鸣镝射单于善马,左右皆射之。于是冒顿知其可用;从头曼猎,以鸣镝射头曼,其左右亦皆随鸣镝而射。遂杀头曼,尽诛其后母与弟及大臣不听从者。冒顿自立为单于。

东胡闻冒顿立,乃使使谓冒顿:"欲得头曼时千里马。"冒顿问群臣,群臣皆曰:"此匈奴宝马也,勿与!"冒顿曰:"奈何与人邻国而爱一马乎!"遂与之。居顷之,东胡又使使谓冒顿:"欲得单于一阏氏。"冒顿复问左右,左右皆怒曰:"东胡无道,乃求阏氏!请击之!"冒顿曰:"奈何与人邻国爱一女子乎!"遂取所爱阏氏予东胡。东胡王愈益骄。东胡与匈奴中间,有弃地莫居,千馀里,各居其边,为瓯脱。东胡使使谓冒顿:"此弃地,欲有之。"冒顿问群臣,群臣或曰:"此弃地,予之亦可,勿与亦可。"于是冒顿大怒曰:"地者,国之本也,奈何予之!"诸言予之者,皆斩之。冒顿上马,令:"国中有后出者斩!"遂袭击东胡。东胡初轻冒顿,不为备;冒顿遂灭东胡。

既归,又西击走月氏,南并楼烦、白羊河南王,遂侵燕、代,悉复收蒙恬所夺匈奴故地与汉关故河南塞至朝那、肤施。是时,汉兵方与项羽相距,中国罢于兵革,以故冒顿得自强,控弦之士三十馀万,威服诸国。

秋,匈奴围韩王信于马邑。信数使使胡,求和解。汉发兵救之;疑信数间使,有二心,使人责让信。信恐诛,九月,以马邑降匈奴。匈奴冒顿因引兵南逾句注,攻太原,至晋阳。

10　帝悉去秦苛仪,法为简易。群臣饮酒争功,醉,或妄呼,拔剑击柱,帝益厌之。叔孙通说上曰:"夫儒者难与进取,可与守成。臣愿征鲁诸生,与臣弟子共起朝仪。"帝曰:"得无难乎?"叔孙通曰:"五帝异乐,三王不同礼;礼者,因时世、人情为之节文者也。臣愿颇采古礼,与秦仪杂就之。"上曰:"可试为之,令易知,度吾所能行者为之!"

于是叔孙通使,征鲁诸生三十馀人。鲁有两生不肯行,曰:"公所事者且十主,皆面谀以得亲贵。今天下初定,死者未葬,伤者未起,又欲起礼、乐。礼、乐所由起,积德百年而后可兴也。吾不忍为公所为;公去矣,无污我!"叔孙通笑曰:"若真鄙儒也,不知时变!"遂与所征三十人西,及上左右为学者与其弟子百馀人,为绵蕝,野外习之。月馀,言于上曰:"可试观矣。"上使行礼,曰:"吾能为此。"乃令群臣习肄。

七年(辛丑,前200)

1　冬,十月,长乐宫成,诸侯群臣皆朝贺。先平明,谒者治礼,以次引入殿门,陈东、西乡。卫官侠陛及罗立廷中,皆执兵,张旗帜。于是皇帝传警,辇出房,引诸侯王以下至吏六百石以次奉贺,莫不振恐肃敬。至礼毕,复置法酒。诸侍坐殿上,皆伏,抑首;以尊卑次起上寿。觞九行,谒者言"罢酒",御史执法举不如仪者,辄引去。竟朝置酒,无敢谨哗失礼者。于是帝曰:"吾乃今日知为皇帝之贵也!"乃拜叔孙通为太常,赐金五百斤。

初,秦有天下,悉内六国礼仪,采择其尊君、抑臣者存之。及通制礼,颇有所增损,大抵皆袭秦故,自天子称号下至佐僚及宫室、官名,少所变改。其书,后与律、令同录,藏于理官,法家又复不传,民臣莫有言者焉。

臣光曰:礼之为物大矣!用之于身,则动静有法而百行备焉;用之于家,则内外有别而九族睦焉;用之于乡,则长幼有伦而俗化美焉;用之于国,则君臣有叙而政治成焉;用之于天下,则诸侯顺服而纪纲正焉;岂直几席之上、户庭之间得之而不乱哉!夫以高祖之明达,闻陆贾之言而称善,睹叔孙之仪而叹息;然所以不能比肩于三代之王者,病于不学而已。当是之时,得大儒而佐之,与之以礼为天下,其功烈岂若是而止哉!惜夫,叔孙生之为器小也!徒窃礼之糠秕,以依世、谐俗、取宠而已,遂使先王之礼沦没而不振,以迄于今,岂不痛甚矣哉!是以扬子讥之曰:"昔者鲁有大臣,史失其名。曰:'何如其大也!'曰:'叔孙通欲制君臣之仪,召先生于鲁,所不能致者二人。'曰:'若是,则仲尼之开迹诸侯也非邪?'曰:'仲尼开迹,将以自用也。如委己而从人,虽有规矩、准绳,焉得而用之!'"善乎扬子之言也! 夫大儒者,恶肯毁其规矩、准绳以趋一时之功哉!

2　上自将击韩王信,破其军于铜鞮,斩其将王喜。信亡走匈奴;白土人曼丘臣、王黄等立赵苗裔赵利为王,复收信败散兵,与信及匈奴谋攻汉。匈奴使左、右贤王将万馀骑,与王黄等屯广武以南,至晋阳,汉兵击之,匈奴辄败走,已复屯聚,汉兵乘胜追之。会天大寒,雨雪,士卒堕指者什二三。

上居晋阳,闻冒顿居代谷,欲击之。使人觇匈奴,冒顿匿其壮士、肥牛马,但见老弱及羸畜。使者十辈来,皆言匈奴可击。上复使刘敬往使匈奴,未还;汉悉兵三十二万北逐之,逾句注。刘敬还,报曰:"两国相击,此宜夸矜,见所长;今臣往,徒见羸瘠、老弱,此必欲见短,伏奇兵以争利。愚以为匈奴不可击也。"是时,汉兵已业行,上怒,骂刘敬曰:"齐虏以口舌得官,今乃妄言沮吾军!"械系敬广武。

帝先至平城,兵未尽到;冒顿纵精兵四十万骑,围帝于白登七日,汉兵中外不得相救饷。帝用陈平秘计,使使间厚遗阏氏。阏氏谓冒顿曰:"两主不相困。今得汉地,而单于终非能居之也。且汉主亦有神灵,单于察之!"冒顿与王黄、赵利期,而黄、利兵不来,疑其与汉有谋,乃解围之一角。会天大雾,汉使人往来,匈奴不觉。陈平请令强弩傅两矢,外乡,从解角直出。帝出围,欲驱;太仆滕公固徐行。至平城,汉大军亦到,胡骑遂解去。汉亦罢兵归,令樊哙止定代地。

上至广武,赦刘敬,曰:"吾不用公言,以困平城;吾皆已斩前使十辈矣!"乃封敬二千户为关内侯,号为建信侯。帝南过曲逆,曰:"壮哉县!吾行天下,独见洛阳与是耳。"乃更封陈平为曲逆侯,尽食之。平从帝征伐,凡六出奇计,辄益封邑焉。

3　十二月,上还,过赵。赵王敖执子婿礼甚卑,上箕倨慢骂之。赵相贯高、赵午等皆怒曰:"吾王,孱王也!"乃说王曰:"天下豪杰并起,能者先立。今王事帝甚恭,而帝无礼,请为王杀之!"张敖啮其指出血,曰:"君何言之误! 先人亡国,赖帝得复国,德流子孙,秋豪皆帝力也。愿君无复出口!"贯高、赵午等皆相谓曰:"乃吾等非也。吾王长者,不倍德;且吾等义不辱。今帝辱我王,故欲杀之,何洿王为! 事成归王,事败独身坐耳。"

4　匈奴攻代。代王喜弃国自归,赦为郃阳侯。辛卯,立皇子如意为代王。

5　春,二月,上至长安。萧何治未央宫,上见其壮丽,甚怒,谓何曰:

"天下匈匈,劳苦数岁,成败未可知,是何治宫室过度也!"何曰:"天下方未定,故可因以就宫室。且夫天子以四海为家,非壮丽无以重威,且无令后世有以加也。"上说。

> 臣光曰:王者以仁义为丽,道德为威,未闻其以宫室填服天下也。天下未定,当克己节用以趋民之急;而顾以宫室为先,岂可谓之知所务哉!昔禹卑宫室而桀为倾宫。创业垂统之君,躬行节俭以示子孙,其末流犹入于淫靡,况示之以侈乎!乃云"无令后世有以加",岂不谬哉!至于孝武,卒以宫室罢敝天下,未必不由萧何启之也!

6　上自栎阳徙都长安。

7　初置宗正官,以序九族。

8　夏,四月,帝行如洛阳。

资治通鉴卷第十二

汉纪四

太祖高皇帝下

八年（壬寅，前199）

1　冬，上击韩王信馀寇于<u>东垣</u>，过柏人。贯高等壁人于厕中，欲以要上。上欲宿，心动，问曰："县名为何？"曰："柏人。"上曰："柏人者，迫于人也。"遂不宿而去。十二月，帝行自<u>东垣</u>至。

2　春，三月，行如<u>洛阳</u>。

3　令贾人毋得衣锦、绣、绮、縠、絺、纻、罽，操兵、乘、骑马。

4　秋，九月，行自<u>洛阳</u>至；淮南王、梁王、赵王、楚王皆从。

5　<u>匈奴</u>冒顿数苦北边。上患之，问刘敬，刘敬曰："天下初定，士卒罢于兵，未可以武服也。冒顿杀父代立，妻群母，以力为威，未可以仁义说也。独可以计久远，子孙为臣耳；然恐陛下不能为。"上曰："奈何？"对曰："陛下诚能以适长公主妻之，厚奉遗之，彼必慕，以为阏氏，生子，必为太子。陛下以岁时汉所馀、彼所鲜，数问遗，因使辨士风谕以礼节。冒顿在，固为子婿；死，则外孙为单于；岂尝闻外孙敢与大父抗礼者哉！可无战以渐臣也。若陛下不能遣长公主，而令宗室及后宫诈称公主，彼知，不肯贵近，无益也。"帝曰："善！"欲遣长公主。吕后日夜泣曰："妾唯太子、一女，奈何弃之<u>匈奴</u>！"上竟不能遣。

九年（癸卯，前198）

1　冬，<u>上</u>取家人子名为长公主，以妻单于；使刘敬往结和亲约。

　　臣光曰："建信侯谓冒顿残贼，不可以仁义说，而欲与为婚姻，何前后之相违也！夫骨肉之恩，尊卑之叙，唯仁义之人为能知之；奈何欲以此服冒顿哉！盖上世帝王之御夷狄也，服则怀之以德，叛则震之以威，未闻与为婚姻也。且冒顿视其父如禽兽而猎之，奚有于妇翁！建信侯之术，固已疏矣；况<u>鲁</u>元已为<u>赵</u>后，又可夺乎!

2　刘敬从匈奴来,因言:"匈奴河南白羊、楼烦王,去长安近者七百里,轻骑一日一夜可以至秦中。秦中新破,少民,地肥饶,可益实。夫诸侯初起时,非齐诸田、楚昭、屈、景莫能兴。今陛下虽都关中,实少民,东有六国之强族;一日有变,陛下亦未得高枕而卧也。臣愿陛下徙六国后及豪桀、名家居关中;无事可以备胡,诸侯有变,亦足率以东伐。此强本弱末之术也。"上曰:"善!"十一月,徙齐、楚大族昭氏、屈氏、景氏、怀氏、田氏五族及豪桀于关中,与利田、宅,凡十馀万口。

3　十二月,上行如洛阳。

4　贯高怨家知其谋,上变告之。于是上逮捕赵王及诸反者。赵午等十馀人皆争自到,贯高独怒骂曰:"谁令公为之?今王实无谋,而并捕王。公等皆死,谁白王不反者?"乃辒车胶致,与王诣长安。高对狱曰:"独吾属为之,王实不知。"吏治,榜笞数千,刺剟,身无可击者;终不复言。吕后数言:"张王以公主故,不宜有此。"上怒曰:"使张敖据天下,岂少而女乎!"不听。

廷尉以贯高事辞闻。上曰:"壮士!谁知者?以私问之。"中大夫泄公曰:"臣之邑子,素知之,此固赵国立义不侵、为然诺者也。"上使泄公持节往问之箯舆前。泄公与相劳苦,如生平欢,因问:"张王果有计谋不?"高曰:"人情宁不各爱其父母、妻子乎?今吾三族皆以论死,岂爱王过于吾亲哉?顾为王实不反,独吾等为之。"具道本指所以为者、王不知状。于是泄公入,具以报上。春,正月,上赦赵王敖,废为宣平侯,徙代王如意为赵王。

上贤贯高为人,使泄公具告之曰:"张王已出。"因赦贯高。贯高喜曰:"吾王审出乎?"泄公曰:"然。"泄公曰:"上多足下,故赦足下。"贯高曰:"所以不死、一身无馀者,白张王不反也。今王已出,吾责已塞,死不恨矣。且人臣有篡弑之名,何面目复事上哉!纵上不杀我,我不愧于心乎!"乃仰绝亢,遂死。

荀悦论曰:贯高首为乱谋,杀主之贼;虽能证明其王,小亮不塞大逆,私行不赎公罪。春秋之义大居正,罪无赦可也。

臣光曰:高祖骄以失臣,贯高狠以亡君。使贯高谋逆者,高祖之过也;使张敖亡国者,贯高之罪也。

5　诏:"丙寅前有罪,殊死已下,皆赦之。"

6　二月,行自洛阳至。

7　初,上诏:"赵群臣宾客敢从张王者,皆族。"郎中田叔、孟舒皆自髡钳为王家奴以从。及张敖既免,上贤田叔、孟舒等。召见,与语,汉廷臣无能出其右者。上尽拜为郡守、诸侯相。

8　夏,六月,晦,日有食之。

9　更以丞相何为相国。

十年(甲辰,前197)

1　夏,五月,太上皇崩于栎阳宫。秋,七月癸卯,葬太上皇于万年,楚王、梁王皆来送葬。赦栎阳囚。

2　定陶戚姬有宠于上,生赵王如意。上以太子仁弱,谓如意类己;虽封为赵王,常留之长安。上之关东,戚姬常从,日夜啼泣,欲立其子。吕后年长,常留守,益疏。上欲废太子而立赵王,大臣争之,皆莫能得。御史大夫周昌廷争之强,上问其说。昌为人吃,又盛怒,曰:"臣口不能言,然臣期期知其不可!陛下欲废太子,臣期期不奉诏!"上欣然而笑。吕后侧耳于东厢听,既罢,见昌,为跪谢,曰:"微君,太子几废。"

时赵王年十岁,上忧万岁之后不全也;符玺御史赵尧请为赵王置贵强相,及吕后、太子、群臣素所敬惮者。上曰:"谁可者?"尧曰:"御史大夫昌,其人也。"上乃以昌相赵,而以尧代昌为御史大夫。

3　初,上以阳夏侯陈豨为相国,监赵、代边兵;豨过辞淮阴侯。淮阴侯挈其手,辟左右,与之步于庭,仰天叹曰:"子可与言乎?"豨曰:"唯将军令之!"淮阴侯曰:"公之所居,天下精兵处也;而公,陛下之信幸臣也。人言公之畔,陛下必不信,再至,陛下乃疑矣;三至,必怒而自将。吾为公从中起,天下可图也。"陈豨素知其能也,信之,曰:"谨奉教!"

豨常慕魏无忌之养士,及为相守边,告归,过赵,宾客随之者千馀乘,邯郸官舍皆满。赵相周昌求入见上,具言豨宾客甚盛,擅兵于外数岁,恐有变。上令人覆案豨客居代者诸不法事,多连引豨。豨恐,韩王信因使王黄、曼丘臣等说诱之。

太上皇崩,上使人召豨,豨称病不至;九月,遂与王黄等反,自立为代王,劫略赵、代。上自东击之。至邯郸,喜曰:"豨不南据邯郸而阻漳水,吾知其无能为矣!"

周昌奏:"常山二十五城,亡其二十城;请诛守、尉。"上曰:"守、尉反乎?"对曰:"不。"上曰:"是力不足,亡罪。"

上令周昌选赵壮士可令将者,白见四人。上嫚骂曰:"竖子能为将

134 资治通鉴

乎?"四人惭,皆伏地;上封各千户,以为将。左右谏曰:"从入蜀、汉,伐楚,赏未遍行;今封此,何功?"上曰:"非汝所知。陈豨反,赵、代地皆豨有。吾以羽檄征天下兵,未有至者,今计唯独邯郸中兵耳;吾何爱四千户,不以慰赵子弟!"皆曰:"善!"

又闻豨将皆故贾人,上曰:"吾知所以与之矣。"乃多以金购豨将,豨将多降。

十一年(乙巳,前196)

1　冬,上在邯郸。陈豨将侯敞将万馀人游行,王黄将骑千馀军曲逆,张春将卒万馀人渡河攻聊城;汉将军郭蒙与齐将击,大破之。太尉周勃道太原入定代地,至马邑,不下,攻残之。赵利守东垣,帝攻拔之,更命曰真定。帝购王黄、曼丘臣以千金,其麾下皆生致之。于是陈豨军遂败。

淮阴侯信称病,不从击豨,阴使人至豨所,与通谋。信谋与家臣夜诈诏赦诸官徒、奴,欲发以袭吕后、太子;部署已定,待豨报。其舍人得罪于信,信囚,欲杀之。春,正月,舍人弟上变,告信欲反状于吕后。吕后欲召,恐其傥不就,乃与萧相国谋,诈令人从上所来,言豨已得,死,列侯、群臣皆贺。相国绐信曰:"虽疾,强入贺。"信入,吕后使武士缚信,斩之长乐钟室。信方斩,曰:"吾悔不用蒯彻之计,乃为儿女子所诈,岂非天哉!"遂夷信三族。

臣光曰:世或以韩信首建汉策,与高祖起汉中,定三秦,遂分兵以北,禽魏,取代,仆赵,胁燕,东击齐而有之,南灭楚垓下,汉之所以得天下者,大抵皆信之功也。观其距蒯彻之说,迎高祖于陈,岂有反心哉!良由失职怏怏,遂陷悖逆。夫以卢绾里闬旧恩,犹南面王燕,信乃以列侯奉朝请;岂非高祖亦有负于信哉?臣以为高祖用诈谋禽信于陈,言负则有之;虽然,信亦有以取之也。始,汉与楚相距荥阳,信灭齐,不还报而自王;其后汉追楚至固陵,与信期共攻楚而信不至;当是之时,高祖固有取信之心矣,顾力不能耳。及天下已定,信复何恃哉!夫乘时以徼利者,市井之志也;酬功而报德者,士君子之心也。信以市井之志利其身,而以士君子之心望于人,不亦难哉!是故太史公论之曰:"假令韩信学道谦让,不伐己功,不矜其能,则庶几哉!于汉家勋,可以比周、召、太公之徒,后世血食矣!不务出此,而天下已集,乃谋畔逆;夷灭宗族,不亦宜乎!"

2 将军柴武斩韩王信于参合。

3 上还洛阳,闻淮阴侯之死,且喜且怜之;问吕后曰:"信死亦何言?"吕后曰:"信言恨不用蒯彻计。"上曰:"是齐辩士蒯彻也。"乃诏齐捕蒯彻。蒯彻至,上曰:"若教淮阴侯反乎?"对曰:"然,臣固教之。竖子不用臣之策,故令自夷于此;如用臣之计,陛下安得而夷之乎!"上怒曰:"烹之!"彻曰:"嗟乎!冤哉烹也!"上曰:"若教韩信反,何冤?"对曰:"秦失其鹿,天下共逐之,高材疾足者先得焉。跖之狗吠尧;尧非不仁,狗固吠非其主。当是时,臣唯独知韩信,非知陛下也。且天下锐精持锋欲为陛下所为者甚众,顾力不能耳,又可尽烹之邪?"上曰:"置之。"

4 立子恒为代王,都晋阳。

5 大赦天下。

6 上之击陈豨也,征兵于梁;梁王称病,使将将兵诣邯郸。上怒,使人让之。梁王恐,欲自往谢。其将扈辄曰:"王始不往,见让而往,往则为禽矣;不如遂发兵反。"梁王不听。梁太仆得罪,亡走汉,告梁王与扈辄谋反。于是上使使掩梁王,梁王不觉,遂囚之洛阳。有司治:"反形已具,请论如法。"上赦以为庶人,传处蜀青衣。西至郑,逢吕后从长安来。彭王为吕后泣涕,自言无罪,愿处故昌邑。吕后许诺,与俱东。至洛阳,吕后白上曰:"彭王壮士,今徙之蜀,此自遗患;不如遂诛之。妾谨与俱来。"于是吕后乃令其舍人告彭越复谋反。廷尉王恬开奏请族之,上可其奏。三月,夷越三族。枭越首洛阳,下诏:"有收视者,辄捕之。"

梁大夫栾布使于齐,还,奏事越头下,祠而哭之。吏捕以闻。上召布,骂,欲烹之。方提趋汤,布顾曰:"愿一言而死。"上曰:"何言?"布曰:"方上之困于彭城,败荥阳、成皋间,项王所以遂不能西者,徒以彭王居梁地,与汉合从苦楚也。当是之时,王一顾,与楚则汉破,与汉则楚破。且垓下之会,微彭王,项氏不亡。天下已定,彭王剖符受封,亦欲传之万世。今陛下一征兵于梁,彭王病不行,而陛下疑以为反;反形未具,以苛小案诛灭之。臣恐功臣人人自危也。今彭王已死,臣生不如死,请就烹!"于是上乃释布罪,拜为都尉。

7 丙午,立皇子恢为梁王;丙寅,立皇子友为淮阳王。罢东郡,颇益梁;罢颍川郡,颇益淮阳。

8 夏,四月,行自洛阳至。

9 五月,诏立秦南海尉赵佗为南粤王,使陆贾即授玺绶,与剖符通使,使和集百越,无为南边患害。

初,秦二世时,南海尉任嚣病且死,召龙川令赵佗,语曰:"秦为无道,天下苦之。闻陈胜等作乱,天下未知所安。南海僻远,吾恐盗兵侵地至此,欲兴兵绝新道自备,待诸侯变;会病甚。且番禺负山险,阻南海,东西数千里,颇有中国人相辅,此亦一州之主也,可以立国。郡中长吏,无足与言者,故召公告之。"即被佗书,行南海尉事。嚣死,佗即移檄告横浦、阳山、湟谿关曰:"盗兵且至,急绝道,聚兵自守!"因稍以法诛秦所置长吏,以其党为假守。秦已破灭,佗即击并桂林、象郡,自立为南越武王。

陆生至,尉佗魋结、箕倨见陆生。陆生说佗曰:"足下中国人,亲戚、昆弟、坟墓在真定。今足下反天性,弃冠带,欲以区区之越与天子抗衡为敌国,祸且及身矣!且夫秦失其政,诸侯、豪杰并起,唯汉王先入关,据咸阳。项羽倍约,自立为西楚霸王,诸侯皆属,可谓至强。然汉王起巴、蜀,鞭笞天下,遂诛项羽,灭之;五年之间,海内平定。此非人力,天之所建也。天子闻君王王南越,不助天下诛暴逆,将相欲移兵而诛王。天子怜百姓新劳苦,故且休之,遣臣授君王印,剖符通使。君王宜郊迎,北面称臣;乃欲以新造未集之越,屈强于此!汉诚闻之,掘烧王先人冢,夷灭宗族,使一偏将将十万众临越,则越杀王降汉如反覆手耳!"于是尉佗乃蹶然起坐,谢陆生曰:"居蛮夷中久,殊失礼义。"因问陆生曰:"我孰与萧何、曹参、韩信贤?"陆生曰:"王似贤也。"复曰:"我孰与皇帝贤?"陆生曰:"皇帝继五帝、三皇之业,统理中国;中国之人以亿计,地方万里,万物殷富,政由一家,自天地剖判未始有也。今王众不过数十万,皆蛮夷,崎岖山海间,譬若汉一郡耳,何乃比于汉!"尉佗大笑曰:"吾不起中国,故王此;使我居中国,何遽不若汉!"乃留陆生与饮,数月,曰:"越中无足与语。至生来,令我日闻所不闻。"赐陆生橐中装直千金,他送亦千金。陆生卒拜尉佗为南越王,令称臣,奉汉约。归报,帝大悦,拜贾为太中大夫。

陆生时时前说称诗、书,帝骂之曰:"乃公居马上而得之,安事诗、书!"陆生曰:"居马上得之,宁可以马上治之乎?且汤、武逆取而以顺守之;文武并用,长久之术也。昔者吴王夫差、智伯、秦始皇,皆以极武而亡。乡使秦已并天下,行仁义,法先圣,陛下安得而有之!"帝有惭色,曰:"试为我著秦所以失天下、吾所以得之者及古成败之国。"陆生乃粗述存亡之征,凡著十二篇。每奏一篇,帝未尝不称善,左右呼万岁;号其书曰"新语"。

10　帝有疾,恶见人,卧禁中,诏户者无得入群臣,群臣绛、灌等莫敢入,十餘日。舞阳侯樊哙排闼直入,大臣随之。上独枕一宦者卧。哙等见上,流涕曰:"始,陛下与臣等起丰、沛,定天下,何其壮也!今天下已定,又何惫也!且陛下病甚,大臣震恐;不见臣等计事,顾独与一宦者绝乎!且陛下独不见赵高之事乎?"帝笑而起。

11 秋,七月,淮南王布反。

初,淮阴侯死,布已心恐。及彭越诛,醢其肉以赐诸侯。使者至淮南,淮南王方猎,见醢,因大恐,阴令人部聚兵,候伺旁郡警急。布所幸姬,病就医,医家与中大夫贲赫对门,赫乃厚馈遗,从姬饮医家;王疑其与乱,欲捕赫。赫乘传诣长安上变,言"布谋反有端,可先未发诛也"。上读其书,语萧相国,相国曰:"布不宜有此,恐仇怨妄诬之。请系赫,使人微验淮南王。"淮南王见赫以罪亡上变,固已疑其言国阴事;汉使又来,颇有所验;遂族赫家,发兵反。反书闻,上乃赦贲赫,以为将军。

上召诸将问计。皆曰:"发兵击之,坑竖子耳,何能为乎!"汝阴侯滕公召故楚令尹薛公问之。令尹曰:"是固当反。"滕公曰:"上裂地而封之,疏爵而王之;其反何也?"令尹曰:"往年杀彭越,前年杀韩信;此三人者,同功一体之人也,自疑祸及身,故反耳!"滕公言之上,上乃召见,问薛公,薛公对曰:"布反不足怪也。使布出于上计,山东非汉之有也;出于中计,胜败之数未可知也;出于下计,陛下安枕而卧矣。"上曰:"何谓上计?"对曰:"东取吴,西取楚,并齐,取鲁,传檄燕、赵,固守其所,山东非汉之有也。""何谓中计?"东取吴,西取楚,并韩,取魏,据敖仓之粟,塞成皋之口,胜败之数未可知也。""何谓下计?""东取吴,西取下蔡,归重于越,身归长沙,陛下安枕而卧,汉无事矣。"上曰:"是计将安出?"对曰:"出下计。"上曰:"何为废上、中计而出下计?"对曰:"布,故丽山之徒也,自致万乘之主,此皆为身,不顾后、为百姓万世虑者也;故曰出下计。"上曰:"善!"封薛公千户。乃立皇子长为淮南王。

是时,上有疾,欲使太子往击黥布。太子客东园公、绮里季、夏黄公、甪里先生说建成侯吕释之曰:"太子将兵,有功则位不益,无功则从此受祸矣。君何不急请吕后,承间为上泣言:'黥布,天下猛将也,善用兵。今诸将皆陛下故等夷,乃令太子将此属,无异使羊将狼,莫肯为用;且使布闻之,则鼓行而西耳。上虽病,强载辎车,卧而护之,诸将不敢不尽力。上虽苦,为妻子自强!'"于是吕释之立夜见吕后。吕后承间为上泣涕而言,如四人意。上曰:"吾惟竖子固不足遣,而公自行耳。"

于是上自将兵而东,群臣居守,皆送至霸上。留侯病,自强起,至曲邮,见上曰:"臣宜从,病甚。楚人剽疾,愿上无与争锋!"因说上令太子为将军,监关中兵。上曰:"子房虽病,强卧而傅太子。"是时,叔孙通为太傅,留侯行少傅事。发上郡、北地、陇西车骑、巴蜀材官及中尉卒三万人为皇太子卫,军霸上。

　　布之初反,谓其将曰:"上老矣,厌兵,必不能来。使诸将,诸将独患淮阴、彭越,今皆已死,馀不足畏也。"故遂反。果如薛公之言,东击荆。荆王贾走死富陵;尽劫其兵,渡淮击楚。楚发兵与战徐、僮间,为三军,欲以相救为奇。或说楚将曰:"布善用兵,民素畏之。且兵法:'诸侯自战其地为散地',今别为三,彼败吾一军,馀皆走,安能相救!"不听。布果破其一军,其二军散走;布遂引兵而西。

十二年(丙午,前195)

　　1　冬,十月,上与布军遇于蕲西,布兵精甚。上壁庸城,望布军置陈如项籍军,上恶之。与布相望见,遥谓布曰:"何苦而反?"布曰:"欲为帝耳!"上怒骂之,遂大战。布军败走,渡淮,数止战,不利,与百馀人走江南,上令别将追之。

　　2　上还,过沛,留,置酒沛宫,悉召故人、父老、诸母、子弟佐酒,道旧故为笑乐。酒酣,上自为歌,起舞,慷慨伤怀,泣数行下,谓沛父兄曰:"游子悲故乡。朕自沛公以诛暴逆,遂有天下;其以沛为朕汤沐邑,复其民,世世无有所与。"乐饮十馀日,乃去。

　　3　汉别将击英布军洮水南、北,皆大破之。布故与番君婚,以故长沙成王臣使人诱布,伪欲与亡走越,布信而随之。番阳人杀布兹乡民田舍。

　　4　周勃悉定代郡、雁门、云中地,斩陈豨于当城。

　　5　上以荆王贾无后,更以荆为吴国;辛丑,立兄仲之子濞为吴王,王三郡、五十三城。

　　6　十一月,上过鲁,以太牢祠孔子。

　　7　上从破黥布归,疾益甚,愈欲易太子。张良谏不听,因疾不视事。叔孙通谏曰:"昔者晋献公以骊姬之故,废太子,立奚齐,晋国乱者数十年,为天下笑。秦以不蚤定扶苏,令赵高得以诈立胡亥,自使灭祀,此陛下所亲见。今太子仁孝,天下皆闻之。吕后与陛下攻苦食啖,其可背哉!陛下必欲废适而立少,臣愿先伏诛,以颈血污地!"帝曰:"公罢矣,吾直戏耳!"叔孙通曰:"太子,天下本,本一摇,天下振动;奈何以天下为戏乎!"时大臣固争者多;上知群臣心皆不附赵王,乃止不立。

8　相国何以<u>长安</u>地狭，<u>上林</u>中多空地，弃；愿令民得入田，毋收稾，为禽兽食。上大怒曰："相国多受贾人财物，乃为请吾苑！"下相国廷尉，械系之。数日，<u>王卫尉</u>侍，前问曰："相国何大罪，陛下系之暴也？"上曰："吾闻<u>李斯相秦皇帝</u>，有善归主，有恶自与。今相国多受贾竖金，而为之请吾苑以自媚于民，故系治之。"<u>王卫尉</u>曰："夫职事苟有便于民而请之，真宰相事；陛下奈何乃疑相国受贾人钱乎？且陛下距楚数岁，<u>陈豨</u>、<u>黥布</u>反，陛下自将而往；当是时，相国守关中，关中摇足，则关以西非陛下有也！相国不以此时为利，今乃利贾人之金乎？且<u>秦</u>以不闻其过亡天下，<u>李斯</u>之分过，又何足法哉！陛下何疑宰相之浅也！"帝不怿。是日，使使持节赦出相国。相国年老，素恭谨，入，徒跣谢。帝曰："相国休矣！相国为民请苑，吾不许；我不过为<u>桀</u>、<u>纣</u>主，而相国为贤相。吾故系相国，欲令百姓闻吾过也。"

9　<u>陈豨</u>之反也，<u>燕王绾</u>发兵击其东北。当是时，<u>陈豨使王黄</u>求救<u>匈奴</u>；<u>燕王绾</u>亦使其臣<u>张胜</u>于<u>匈奴</u>，言<u>豨</u>等军破。<u>张胜</u>至<u>胡</u>，故<u>燕王臧荼</u>子<u>衍</u>出亡在<u>胡</u>，见<u>张胜</u>曰："公所以重于<u>燕</u>者，以习<u>胡</u>事也；<u>燕</u>所以久存者，以诸侯数反，兵连不决也。今公为<u>燕</u>，欲急灭<u>豨</u>等；<u>豨</u>等已尽，次亦至<u>燕</u>，公等亦且为虏矣。公何不令<u>燕</u>且缓<u>陈豨</u>，而与<u>胡</u>和！事宽，得长王<u>燕</u>；即有<u>汉</u>急，可以安国。"<u>张胜</u>以为然，乃私令<u>匈奴</u>助<u>豨</u>等击<u>燕</u>。<u>燕王绾</u>疑<u>张胜</u>与<u>胡</u>反，上书请族<u>张胜</u>。<u>胜</u>还，具道所以为者；<u>燕王</u>乃诈论他人，脱<u>胜</u>家属，使得为<u>匈奴</u>间。而阴使<u>范齐</u>之<u>陈豨</u>所，欲令久亡，连兵勿决。

<u>汉</u>击<u>黥布</u>，<u>豨</u>常将兵居<u>代</u>。<u>汉</u>击斩<u>豨</u>，其裨将降，言<u>燕王绾</u>使<u>范齐</u>通计谋于<u>豨</u>所。帝使使召<u>卢绾</u>，<u>绾</u>称病；又使辟阳侯<u>审食其</u>、御史大夫<u>赵尧</u>往迎<u>燕王</u>，因验问左右。<u>绾</u>愈恐，闭匿，谓其幸臣曰："非<u>刘</u>氏而王，独我与<u>长沙</u>耳。往年春，<u>汉</u>族<u>淮阴</u>，夏，诛<u>彭越</u>，皆<u>吕</u>氏计。今上病，属任<u>吕后</u>；<u>吕后</u>妇人，专欲以事诛异姓王者及大功臣。"乃遂称病不行，其左右皆亡匿。语颇泄，辟阳侯闻之，归，具报上，上益怒；又得<u>匈奴</u>降者，言<u>张胜</u>亡在<u>匈奴</u>为<u>燕</u>使。于是上曰："<u>卢绾</u>果反矣！"春，二月，使<u>樊哙</u>以相国将兵击<u>绾</u>，立皇子<u>建</u>为<u>燕王</u>。

10　诏曰："<u>南武侯织</u>，亦<u>粤</u>之世也，立以为<u>南海王</u>。"

11　上击<u>布</u>时，为流矢所中，行道，疾甚。<u>吕后</u>迎良医。医入见，曰："疾可治。"上嫚骂之曰："吾以布衣提三尺取天下，此非天命乎！命乃在天，虽<u>扁鹊</u>何益！"遂不使治疾，赐黄金五十斤，罢之。<u>吕后</u>问曰："陛下百岁后，<u>萧相国</u>既死，谁令代之？"上曰："<u>曹参</u>可。"问其次，曰："<u>王陵</u>可；然少戆,陈平可以助之。陈平知有馀,然难独任。周勃重厚少文,然安刘氏者必勃也,可令为太尉。"吕后复问其次,上曰:"此后亦非乃所知也。"夏,四月甲辰,帝崩于长乐宫。丁未,发丧,大赦天下。

12　卢绾与数千人居塞下候伺,幸上疾愈,自入谢;闻帝崩,遂亡入匈奴。

13　五月丙寅,葬高帝于长陵。

初,高祖不修文学,而性明达,好谋,能听,自监门、戍卒,见之如旧。初顺民心作三章之约。天下既定,命萧何次律、令,韩信申军法,张苍定章程,叔孙通制礼仪;又与功臣剖符作誓,丹书、铁契,金匮、石室,藏之宗庙。虽日不暇给,规摹弘远矣。

14　己巳,太子即皇帝位,尊皇后曰皇太后。

15　初,高帝病甚,人有恶樊哙云:"党于吕氏,即一日上晏驾,欲以兵诛赵王如意之属。"帝大怒,用陈平谋,召绛侯周勃受诏床下,曰:"陈平亟驰传载勃代哙将,平至军中,即斩哙头!"二人既受诏,驰传,未至军,行计之曰:"樊哙,帝之故人也,功多,且又吕后弟吕嬃之夫,有亲且贵。帝以忿怒故欲斩之,则恐后悔;宁囚而致上自诛之。"未至军,为坛,以节召樊哙。哙受诏,即反接,载槛车传诣长安;而令绛侯勃代将,将兵定燕反县。

平行,闻帝崩;畏吕嬃谮之于太后,乃驰传先去。逢使者,诏平与灌婴屯荥阳。平受诏,立复驰至宫,哭殊悲;因固请得宿卫中。太后乃以为郎中令,使傅教惠帝。是后吕嬃谮乃不得行。樊哙至,则赦,复爵邑。

16　太后令永巷囚戚夫人,髡钳,衣赭衣,令舂。遣使召赵王如意。使者三反,赵相周昌谓使者曰:"高帝属臣赵王,王年少;窃闻太后怨戚夫人,欲召赵王并诛之,臣不敢遣王。王且亦病,不能奉诏。"太后怒,先使人召昌。昌至长安,乃使人复召赵王。王来,未到;帝知太后怒,自迎赵王霸上,与入宫,自挟与起居饮食。太后欲杀之,不得间。

孝惠皇帝

元年(丁未,前194)

1　冬,十二月,帝晨出射。赵王少,不能蚤起;太后使人持鸩饮之。犁明,帝还,赵王已死。太后遂断戚夫人手足,去眼,煇耳,饮喑药,使居厕中,命曰"人彘"。居数日,乃召帝观人彘。帝见,问知其戚夫人,乃大哭,因病,岁馀不能起。使人请太后曰:"此非人所为。臣为太后子,终不能治天下。"帝以此日饮为淫乐,不听政。

　　　　臣光曰:为人子者,父母有过则谏;谏而不听,则号泣而随之。安有守高祖之业,为天下之主,不忍母之残酷,遂弃国家而不恤,纵酒色以伤生!若孝惠者,可谓笃于小仁而未知大谊也。

2　徙淮阳王友为赵王。

3　春,正月,始作长安城西北方。

二年(戊申,前193)

1　冬,十月,齐悼惠王来朝;饮于太后前,帝以齐王,兄也,置之上坐。太后怒,酌鸩酒置前,赐齐王为寿。齐王起,帝亦起取卮;太后恐,自起泛帝卮。齐王怪之,因不敢饮,佯醉去;问知其鸩,大恐。齐内史士说王,使献城阳郡为鲁元公主汤沐邑。太后喜,乃罢归齐王。

2　春,正月癸酉,有两龙见兰陵家人井中。

3　陇西地震。

4　夏,旱。

5　郃阳侯仲薨。

6　酂文终侯萧何病,上亲自临视,因问曰:"君即百岁后,谁可代君者?"对曰:"知臣莫如主。"帝曰:"曹参何如?"何顿首曰:"帝得之矣,臣死不恨!"

　　秋,七月辛未,何薨。何置田宅,必居穷僻处,为家,不治垣屋。曰:"后世贤,师吾俭;不贤,毋为势家所夺。"

　　癸巳,以曹参为相国。参闻何薨,告舍人:"趣治行!吾将入相。"居无何,使者果召参。始,参微时,与萧何善;及为将相,有隙,至何且死,所推贤惟参。参代何为相,举事无所变更,一遵何约束。择郡国吏木讷于文辞、重厚长者,即召除为丞相史,吏之言文刻深、欲务声名者,辄斥去之。日夜饮醇酒,卿、大夫以下吏及宾客见参不事事,来者皆欲有言,参辄饮以醇酒;间欲有所言,复饮之,醉而后去,终莫得开说,以为常。见人有细过,专掩匿覆盖之;府中无事。

　　参子窋为中大夫,帝怪相国不治事,以为"岂少朕与?"使窋归,以其私问参。参怒,答窋二百,曰:"趣入侍!天下事非若所当言也!"至朝时,帝让参曰:"乃者我使谏君也。"参免冠谢曰:"陛下自察圣武孰与高帝?"上曰:"朕乃安敢望先帝!"又曰:"陛下观臣能孰与萧何贤?"上曰:"君似不及也。"曰:"陛下言之是也。高帝与萧何定天下,法令既明。今陛下垂拱,参等守职,遵而勿失,不亦可乎!"帝曰:"善!"

参为相国,出入三年,百姓歌之曰:"萧何为法,较若画一。曹参代之,守而勿失;载其清净,民以宁壹。"

三年(己酉,前192)

1 春,发长安六百里内男女十四万六千人城长安,三十日罢。

2 以宗室女为公主,嫁匈奴冒顿单于。是时,冒顿方强,为书,使使遗高后,辞极亵嫚。高后大怒,召将相大臣,议斩其使者,发兵击之。樊哙曰:"臣愿得十万众横行匈奴中!"中郎将季布曰:"哙可斩也!前匈奴围高帝于平城,汉兵三十二万,哙为上将军,不能解围。今歌吟之声未绝,伤夷者甫起,而哙欲摇动天下,妄言以十万众横行,是面谩也。且夷狄譬如禽兽,得其善言不足喜,恶言不足怒也。"高后曰:"善!"令大谒者张释报书,深自谦愻以谢之,并遗以车二乘,马二驷。冒顿复使使来谢,曰:"未尝闻中国礼义,陛下幸而赦之。"因献马,遂和亲。

3 夏,五月,立闽越君摇为东海王。摇与无诸,皆越王句践之后也,从诸侯灭秦,功多,其民便附,故立之。都东瓯,世号东瓯王。

4 六月,发诸侯王、列侯徒隶二万人城长安。

5 秋,七月,都厩灾。

6 是岁,蜀湔氐反,击平之。

四年(庚戌,前191)

1 冬,十月,立皇后张氏。后,帝姊鲁元公主女也,太后欲为重亲,故以配帝。

2 春,正月,举民孝、弟、力田者,复其身。

3 三月甲子,皇帝冠,赦天下。

4 省法令妨吏民者;除挟书律。

5 帝以朝太后于长乐宫及间往,数跸烦民。乃筑复道于武库南。奉常叔孙通谏曰:"此高帝月出游衣冠之道也,子孙奈何乘宗庙道上行哉!"帝惧曰:"急坏之!"通曰:"人主无过举;今已作,百姓皆知之矣。愿陛下为原庙渭北,衣冠月出游之,益广宗庙,大孝之本。"上乃诏有司立原庙。

> 臣光曰:过者,人之所必不免也;惟圣贤为能知而改之。古之圣王,患其有过而不自知也,故设诽谤之木,置敢谏之鼓;岂畏百姓之闻其过哉!是以仲虺美成汤曰:"改过不吝。"傅说戒高宗

曰:"无耻过作非。"由是观之,则为人君者,固不以无过为贤,而以改过为美也。今叔孙通谏孝惠,乃云"人主无过举",是教人君以文过遂非也,岂不缪哉!

6　长乐宫鸿台灾。

7　秋,七月乙亥,未央宫凌室灾;丙子,织室灾。

五年(辛亥,前190)

1　冬,雷;桃李华,枣实。

2　春,正月,复发长安六百里内男女十四万五千人城长安,三十日罢。

3　夏,大旱,江河水少,溪谷水绝。

4　秋,八月己丑,平阳懿侯曹参薨。

六年(壬子,前189)

1　冬,十月,以王陵为右丞相,陈平为左丞相。

2　齐悼惠王肥薨。

3　夏,留文成侯张良薨。

4　以周勃为太尉。

七年(癸丑,前188)

1　冬,发车骑、材官诣荥阳,太尉灌婴将。

2　春,正月辛丑朔,日有食之。

3　夏,五月丁卯,日有食之,既。

4　秋,八月戊寅,帝崩于未央宫。大赦天下。九月辛丑,葬安陵。

初,吕太后命张皇后取他人子养之,而杀其母,以为太子。既葬,太子即皇帝位,年幼;太后临朝称制。

资治通鉴卷第十三

汉纪五

高皇后

元年（甲寅，前187）

1　冬，太后议欲立诸吕为王，问右丞相陵，陵曰："高帝刑白马盟曰：'非刘氏而王，天下共击之。'今王吕氏，非约也。"太后不说，问左丞相平、太尉勃，对曰："高帝定天下，王子弟；今太后称制，王诸吕，无所不可。"太后喜。罢朝，王陵让陈平、绛侯曰："始与高帝喋血盟，诸君不在邪！今高帝崩，太后女主，欲王吕氏；诸君纵欲阿意背约，何面目见高帝于地下乎？"陈平、绛侯曰："于今，面折廷争，臣不如君；全社稷，定刘氏之后，君亦不如臣。"陵无以应之。十一月甲子，太后以王陵为帝太傅，实夺之相权；陵遂病免归。

乃以左丞相平为右丞相；以辟阳侯审食其为左丞相，不治事，令监宫中，如郎中令。食其故得幸于太后，公卿皆因而决事。

太后怨赵尧为赵隐王谋，乃抵尧罪。

上党守任敖尝为沛狱吏，有德于太后，乃以为御史大夫。

太后又追尊其父临泗侯吕公为宣王，兄周吕令武侯泽为悼武王，欲以王诸吕为渐。

2　春，正月，除三族罪、妖言令。

3　夏，四月，鲁元公主薨，封公主子张偃为鲁王，谥公主曰鲁元太后。

4　辛卯，封所名孝惠子山为襄城侯，朝为轵侯，武为壶关侯。

太后欲王吕氏，乃先立所名孝惠子彊为淮阳王，不疑为恒山王；使大谒者张释风大臣。大臣乃请立悼武王长子郦侯台为吕王，割齐之济南郡为吕国。

5　五月丙申，赵王宫丛台灾。

6　秋，桃、李华。

二年（乙卯，前186）

1　冬，十一月，吕肃王台薨。

2　春，正月乙卯，地震，羌道、武都道山崩。

3　夏，五月丙申，封楚元王子郢客为上邳侯，齐悼惠王子章为朱虚侯，令入宿卫；又以吕禄女妻章。

4　六月丙戌晦，日有食之。

5　秋，七月，恒山哀王不疑薨。

6　行八铢钱。

7　癸丑，立襄成侯山为恒山王，更名义。

三年（丙辰，前185）

1　夏，江水、汉水溢，流四千馀家。

2　秋，星昼见。

3　伊水、洛水溢，流千六百馀家。汝水溢，流八百馀家。

四年（丁巳，前184）

1　春，二月癸未，立所名孝惠子太为昌平侯。

2　夏，四月丙申，太后封女弟嬃为临光侯。

3　少帝浸长，自知非皇后子，乃出言曰："后安能杀吾母而名我！我壮，即为变！"太后闻之，幽之永巷中，言帝病。左右莫得见。太后语群臣曰："今皇帝病久不已，失惑昏乱，不能继嗣治天下；其代之。"群臣皆顿首言："皇太后为天下齐民计，所以安宗庙、社稷甚深；群臣顿首奉诏。"遂废帝，幽杀之。五月丙辰，立恒山王义为帝，更名曰弘；不称元年，以太后制天下事故也。以轵侯朝为恒山王。

4　是岁，以平阳侯曹窋为御史大夫。

5　有司请禁南越关市、铁器。南越王佗曰："高帝立我，通使物。今高后听谗臣，别异蛮夷，隔绝器物；此必长沙王计，欲倚中国击灭南越而并王之，自为功也。"

五年（戊午，前183）

1　春，佗自称南越武帝，发兵攻长沙，败数县而去。

2　秋，八月，淮阳怀王彊薨；以壶关侯武为淮阳王。

3　九月，发河东、上党骑屯北地。

　　4　初令戌卒岁更。

六年（己未，前182）

　　1　冬，十月，太后以吕王嘉居处骄恣，废之。十一月，立肃王弟产为吕王。

　　2　春，星昼见。

　　3　夏，四月丁酉，赦天下。

　　4　封朱虚侯章弟兴居为东牟侯，亦入宿卫。

　　5　匈奴寇狄道，攻阿阳。

　　6　行五分钱。

　　7　宣平侯张敖卒，赐谥曰鲁元王。

七年（庚申，前181）

　　1　冬，十二月，匈奴寇狄道，略二千馀人。

　　2　春，正月，太后召赵幽王友。友以诸吕女为后，弗爱，爱他姬。诸吕女怒，去，谗之于太后曰："王言'吕氏安得王！太后百岁后，吾必击之'。"太后以故召赵王。赵王至，置邸，不得见，令卫围守之，弗与食。其群臣或窃馈，辄捕论之。丁丑，赵王饿死，以民礼葬之长安民冢次。

　　3　己丑，日食，昼晦。太后恶之，谓左右曰："此为我也！"

　　4　二月，徙梁王恢为赵王，吕王产为梁王。梁王不之国，为帝太傅。

　　5　秋，七月丁巳，立平昌侯太为济川王。

　　6　吕䘵女为将军、营陵侯刘泽妻。泽者，高祖从祖昆弟也。齐人田生为之说大谒者张卿曰："诸吕之王也，诸大臣未大服。今营陵侯泽，诸刘最长；今卿言太后王之，吕氏王益固矣。"张卿入言太后，太后然之，乃割齐之琅邪郡封泽为琅邪王。

　　7　赵王恢之徙赵，心怀不乐。太后以吕产女为王后，王后从官皆诸吕，擅权，微伺赵王，赵王不得自恣。王有所爱姬，王后使人鸩杀之。六月，王不胜悲愤，自杀。太后闻之，以为王用妇人弃宗庙礼，废其嗣。

　　8　是时，诸吕擅权用事，朱虚侯章，年二十，有气力，忿刘氏不得职。尝入侍太后燕饮，太后令章为酒吏。章自请曰："臣将种也，请得以军法行酒。"太后曰："可。"酒酣，章请为耕田歌，太后许之。章曰："深耕穊种，立苗欲疏；非其种者，锄而去之！"太后默然。顷之，诸吕有一人醉，亡酒，章追，拔剑斩之而还，报曰："有亡酒一人，臣谨行法斩之！"太后左右皆大惊,业已许其军法,无以罪也;因罢。自是之后,诸吕惮朱虚侯,虽大臣皆依朱虚侯,刘氏为益强。

　　陈平患诸吕,力不能制,恐祸及己;尝燕居深念,陆贾往,直入坐,而陈丞相不见。陆生曰:"何念之深也!"陈平曰:"生揣我何念?"陆生曰:"足下极富贵,无欲矣。然有忧念,不过患诸吕、少主耳。"陈平曰:"然。为之奈何?"陆生曰:"天下安,注意相;天下危,注意将。将相和调,则士豫附;天下虽有变,权不分。为社稷计,在两君掌握耳。臣常欲谓太尉绛侯,绛侯与我戏,易吾言。君何不交欢太尉,深相结!"因为陈平画吕氏数事。陈平用其计,乃以五百金为绛侯寿,厚具乐饮;太尉报亦如之。两人深相结,吕氏谋益衰。陈平以奴婢百人、车马五十乘、钱五百万遗陆生为饮食费。

　　9　太后使使告代王,欲徙王赵。代王谢之,愿守代边。太后乃立兄子吕禄为赵王,追尊禄父建成康侯释之为赵昭王。

　　10　九月,燕灵王建薨;有美人子,太后使人杀之。国除。

　　11　遣隆虑侯周灶将兵击南越。

八年(辛酉,前180)

　　1　冬,十月辛丑,立吕肃王子东平侯通为燕王;封通弟庄为东平侯。

　　2　春,三月,太后祓,还,过轵道,见物如苍犬,撼太后掖,忽不复见。卜之,云"赵王如意为祟"。太后遂病掖伤。

　　太后为外孙鲁王偃年少孤弱,夏,四月丁酉,封张敖前姬两子侈为新都侯,寿为乐昌侯,以辅鲁王。又封中大谒者张释为建陵侯,以其劝王诸吕,赏之也。

　　3　江、汉水溢,流万馀家。

　　4　秋,七月,太后病甚,乃令赵王禄为上将军,居北军;吕王产居南军。太后诫产、禄曰:"吕氏之王,大臣弗平。我即崩,帝年少,大臣恐为变。必据兵卫宫,慎毋送丧,为人所制!"辛巳,太后崩。遗诏:大赦天下,以吕王产为相国,以吕禄女为帝后。高后已葬,以左丞相审食其为帝太傅。

　　5　诸吕欲为乱,畏大臣绛、灌等,未敢发。朱虚侯以吕禄女为妇,故知其谋,乃阴令人告其兄齐王,欲令发兵西,朱虚侯、东牟侯为内应,以诛诸吕,立齐王为帝。齐王乃与其舅驷钧、郎中令祝午、中尉魏勃阴谋发兵。齐相召平弗听。八月丙午,齐王欲使人诛相;相闻之,乃发卒卫王宫。魏勃给邵平曰:"王欲发兵,非有汉虎符验也。而相君围王固善,勃请为君将兵卫王。"召平信之。勃既将兵,遂围相府;召平自杀。于是齐王以驷钧为相,魏勃为将军,祝午为内史,悉发国中兵。

　　使祝午东诈琅邪王曰:"吕氏作乱,齐王发兵欲西诛之。齐王自以年少,不习兵革之事,愿举国委大王。大王,自高帝将也;请大王幸之临菑,见齐王计事。"琅邪王信之,西驰见齐王。齐王因留琅邪王,而使祝午尽发琅邪国兵,并将之。琅邪王说齐王曰:"大王,高皇帝適长孙也,当立,今诸大臣狐疑未有所定;而泽于刘氏最为长年,大臣固待泽决计。今大王留臣,无为也,不如使我入关计事。"齐王以为然,乃益具车送琅邪王。琅邪王既行,齐遂举兵西攻济南;遗诸侯王书,陈诸吕之罪,欲举兵诛之。

　　相国吕产等闻之,乃遣颍阴侯灌婴将兵击之。灌婴至荥阳,谋曰:"诸吕拥兵关中,欲危刘氏而自立。今我破齐还报,此益吕氏之资也。"乃留屯荥阳,使使谕齐王及诸侯与连和,以待吕氏变,共诛之。齐王闻之,乃还兵西界待约。

　　吕禄、吕产欲作乱,内惮绛侯、朱虚等,外畏齐、楚兵;又恐灌婴畔之,欲待灌婴兵与齐合而发,犹豫未决。

　　当是时,济川王太、淮阳王武、常山王朝及鲁王张偃皆年少,未之国,居长安;赵王禄、梁王产各将兵居南、北军;皆吕氏之人也。列侯群臣莫自坚其命。

　　太尉绛侯勃不得主兵。曲周侯郦商老病,其子寄与吕禄善。绛侯乃与丞相陈平谋,使人劫郦商,令其子寄往给说吕禄曰:"高帝与吕后共定天下,刘氏所立九王,吕氏所立三王,皆大臣之议,事已布告诸侯,诸侯皆以为宜。今太后崩,帝少,而足下佩赵王印,不急之国守藩,乃为上将,将兵留此,为大臣诸侯所疑。足下何不归将印,以兵属太尉,请梁王归相国印,与大臣盟而之国。齐兵必罢,大臣得安,足下高枕而王千里,此万世之利也。"吕禄信然其计,欲以兵属太尉;使人报吕产及诸吕老人,或以为便,或曰不便,计犹豫未有所决。

　　吕禄信郦寄,时与出游猎,过其姑吕媭。媭大怒曰:"若为将而弃军,吕氏今无处矣!"乃悉出珠玉、宝器散堂下,曰:"毋为他人守也!"

　　九月庚申旦,平阳侯窋行御史大夫事,见相国产计事。郎中令贾寿使从齐来,因数产曰:"王不早之国;今虽欲行,尚可得耶!"具以灌婴与齐、楚合从欲诛诸吕告产,且趣产急入宫。平阳侯颇闻其语,驰告丞相、太尉。

　　太尉欲入北军,不得入。襄平侯纪通尚符节,乃令持节矫内太尉北

军。太尉复令郦寄与典客刘揭先说吕禄曰："帝使太尉守北军，欲足下之
国。急归将印，辞去！不然，祸且起。"吕禄以为郦况不欺己，遂解印属典
客，而以兵授太尉。太尉至军，吕禄已去。太尉入军门，行令军中曰："为
吕氏右袒，为刘氏左袒！"军中皆左袒。太尉遂将北军，然尚有南军。丞
相平乃召朱虚侯章佐太尉，太尉令朱虚侯监军门，令平阳侯告卫尉："毋
入相国产殿门！"

吕产不知吕禄已去北军，乃入未央宫，欲为乱。至殿门，弗得入，徘徊
往来。平阳侯恐弗胜，驰语太尉。太尉尚恐不胜诸吕，未敢公言诛之，乃
谓朱虚侯曰："急入宫卫帝！"朱虚侯请卒，太尉予卒千馀人。入未央宫
门，见产廷中。日餔时，遂击产；产走。天风大起，以故其从官乱，莫敢斗；
逐产，杀之郎中府吏厕中。朱虚侯已杀产，帝命谒者持节劳朱虚侯。朱虚
侯欲夺其节，谒者不肯。朱虚侯则从与载，因节信驰走，斩长乐卫尉吕更
始。还，驰入北军报太尉，太尉起拜贺。朱虚侯曰："所患独吕产；今已
诛，天下定矣！"遂遣人分部悉捕诸吕男女，无少长皆斩之。辛酉，捕斩吕
禄而笞杀吕嬃，使人诛燕王吕通而废鲁王张偃。戊辰，徙济川王王梁。遣
朱虚侯章以诛诸吕事告齐王，令罢兵。

灌婴在荥阳，闻魏勃本教齐王举兵，使使召魏勃至，责问之。勃曰：
"失火之家，岂暇先言丈人而后救火乎！"因退立，股战而栗，恐不能言者，
终无他语。灌将军熟视笑曰："人谓魏勃勇；妄庸人耳，何能为乎！"乃罢
魏勃。灌婴兵亦罢荥阳归。

　　班固赞曰：孝文时，天下以郦寄为卖友。夫卖友者，谓见利而
　　忘义也。若寄父为功臣而又执劫；虽摧吕禄以安社稷，谊存君亲
　　可也。

6　诸大臣相与阴谋曰："少帝及梁、淮阳、恒山王，皆非真孝惠子也。
吕后以计诈名他人子，杀其母，养后宫，令孝惠子之，立以为后及诸王，以
强吕氏。今皆已夷灭诸吕，而所立即长，用事，吾属无类矣！不如视诸王
最贤者立之。"或言："齐王，高帝长孙，可立也。"大臣皆曰："吕氏以外家
恶而几危宗庙，乱功臣。今齐王舅驷钧，虎而冠；即立齐王，复为吕氏矣。
代王方今高帝见子最长，仁孝宽厚；太后家薄氏谨良。且立长固顺，况以
仁孝闻天下乎！"乃相与共阴使人召代王。

代王问左右，郎中令张武等曰："汉大臣皆故高帝时大将，习兵，多谋
诈。此其属意非止此此也，特畏高帝、吕太后威耳。今已诛诸吕，新喋血京
师，此以迎大王为名，实不可信。愿大王称疾毋往，以观其变。"中尉宋昌

进曰:"群臣之议皆非也。夫秦失其政,诸侯、豪桀并起,人人自以为得之者以万数,然卒践天子之位者,刘氏也;天下绝望,一矣。高帝封王子弟,地犬牙相制,此所谓磐石之宗也;天下服其强,二矣。汉兴,除秦苛政,约法令,施德惠,人人自安。难动摇,三矣。夫以吕太后之严,立诸吕为三王,擅权专制;然而太尉以一节入北军一呼,士皆左袒,为刘氏,叛诸吕,卒以灭之。此乃天授,非人力也。今大臣虽欲为变,百姓弗为使,其党宁能专一邪!方今内有朱虚、东牟之亲,外畏吴、楚、淮阳、琅邪、齐、代之强。方今高帝子,独淮南王与大王;大王又长,贤圣仁孝闻于天下,故大臣因天下之心而欲迎立大王。大王勿疑也!"代王报太后计之,犹豫未定。卜之,兆得大横,占曰:"大横庚庚,余为天王,夏启以光。"代王曰:"寡人固已为王矣,又何王?"卜人曰:"所谓天王者,乃天子也。"于是代王遣太后弟薄昭往见绛侯,绛侯等具为昭言所以迎立王意。薄昭还报曰:"信矣,毋可疑者。"代王乃笑谓宋昌曰:"果如公言。"

乃命宋昌参乘,张武等六人乘传,从诣长安。至高陵,休止,而使宋昌先驰之长安观变。昌至渭桥,丞相以下皆迎。昌还报。代王驰至渭桥,群臣拜谒称臣,代王下车答拜。太尉勃进曰:"愿请间。"宋昌曰:"所言公,公言之;所言私,王者无私。"太尉乃跪上天子玺、符。代王谢曰:"至代邸而议之。"

后九月己酉晦,代王至长安,舍代邸,群臣从至邸。丞相陈平等皆再拜言曰:"子弘等皆非孝惠子,不当奉宗庙。大王,高帝长子,宜为嗣。愿大王即天子位!"代王西乡让者三,南乡让者再,遂即天子位;群臣以礼次侍。

东牟侯兴居曰:"诛吕氏,臣无功,请得除宫。"乃与太仆汝阴侯滕公入宫,前谓少帝曰:"足下非刘氏子,不当立!"乃顾麾左右执戟者掊兵罢去;有数人不肯去兵,宦者令张释谕告,亦去兵。滕公乃召乘舆车载少帝出。少帝曰:"欲将我安之乎?"滕公曰:"出就舍。"舍少府。乃奉天子法驾迎代王于邸,报曰:"宫谨除。"代王即夕入未央宫。有谒者十人持戟卫端门,曰:"天子在也,足下何为者而入!"代王乃谓太尉。太尉往谕,谒者十人皆掊兵而去,代王遂入。夜,拜宋昌为卫将军,镇抚南北军;以张武为郎中令,行殿中。有司分部诛灭梁、淮阳、恒山王及少帝于邸。文帝还坐前殿,夜,下诏书赦天下。

太宗孝文皇帝上

元年（壬戌，前179）

1　冬，十月庚戌，徙琅邪王泽为燕王；封赵幽王子遂为赵王。

2　陈平谢病；上问之，平曰："高祖时，勃功不如臣，及诛诸吕，臣功亦不如勃。愿以右丞相让勃。"十一月辛巳，上徙平为左丞相，太尉勃为右丞相，大将军灌婴为太尉。诸吕所夺齐、楚故地，皆复与之。

3　论诛诸吕功，右丞相勃以下益户、赐金各有差。绛侯朝罢趋出，意得甚；上礼之恭，常目送之。郎中安陵袁盎谏曰："诸吕悖逆，大臣相与共诛之。是时丞相为太尉，本兵柄，适会其成功。今丞相如有骄主色，陛下谦让，臣主失礼，窃为陛下弗取也！"后朝，上益庄，丞相益畏。

4　十二月，诏曰："法者，治之正也。今犯法已论，而使无罪之父母、妻子、同产坐之，及为收帑，朕甚不取！其除收帑诸相坐律令！"

5　春，正月，有司请蚤建太子。上曰："朕既不德，纵不能博求天下贤圣有德之人而禅天下焉，而曰豫建太子，是重吾不德也。其安之！"有司曰："豫建太子，所以重宗庙、社稷，不忘天下也。"上曰："楚王，季父也；吴王，兄也；淮南王，弟也：岂不豫哉？今不选举焉，而曰必子，人其以朕为忘贤有德者而专于子，非所以忧天下也！"有司固请曰："古者殷、周有国，治安皆千馀岁，用此道也；立嗣必子，所从来远矣。高帝平天下为太祖，子孙继嗣世世不绝，今释宜建而更选于诸侯及宗室，非高帝之志也。更议不宜。子启最长，纯厚慈仁，请建以为太子。"上乃许之。

6　三月，立太子母窦氏为皇后。皇后，清河观津人。有弟广国，字少君，幼为人所略卖，传十馀家，闻窦后立，乃上书自陈。召见，验问，得实，乃厚赐田宅、金钱，与兄长君家于长安。绛侯、灌将军等曰："吾属不死，命乃且县此两人。两人所出微，不可不为择师傅、宾客；又复效吕氏，大事也！"于是乃选士之有节行者与居。窦长君、少君由此为退让君子，不敢以尊贵骄人。

7　诏振贷鳏、寡、孤、独、穷困之人。又令："八十已上，月赐米、肉、酒；九十已上，加赐帛、絮。赐物当禀鬻米者，长吏阅视，丞若尉致；不满九十，啬夫、令史致；二千石遣都吏循行，不称者督之。"

8　楚元王交薨。

9　夏，四月，齐、楚地震，二十九山同日崩，大水溃出。

10　时有献千里马者。帝曰："鸾旗在前，属车在后，吉行日五十里，师行三十里。朕乘千里马，独先安之？"于是还其马，与道里费；而下诏曰："朕不受献也。其令四方毋求来献。"

11　帝既施惠天下,诸侯、四夷远近欢洽;乃修代来功,封宋昌为壮武侯。

12　帝益明习国家事。朝而问右丞相勃曰:"天下一岁决狱几何?"勃谢不知,又问:"一岁钱谷出入几何?"勃又谢不知;惶愧,汗出沾背。上问左丞相平。平曰:"有主者。"上曰:"主者谓谁?"曰:"陛下即问决狱,责廷尉;问钱谷,责治粟内史。"上曰:"苟各有主者,而君所主者何事也?"平谢曰:"陛下不知其驽下,使待罪宰相。宰相者,上佐天子,理阴阳,顺四时;下遂万物之宜;外镇抚四夷诸侯;内亲附百姓,使卿大夫各得任其职焉。"帝乃称善。右丞相大惭,出而让陈平曰:"君独不素教我对!"陈平笑曰:"君居其位,不知其任邪? 且陛下即问长安中盗贼数,君欲强对邪?"于是绛侯自知其能不如平远矣。居顷之,人或说勃曰:"君既诛诸吕,立代王,威震天下。而君受厚赏,处尊位,久之,即祸及身矣。"勃亦自危,乃谢病,请归相印,上许之。秋,八月辛未,右丞相勃免,左丞相平专为丞相。

13　初,隆虑侯灶击南越,会暑湿,士卒大疫,兵不能隃领。岁馀,高后崩,即罢兵。赵佗因此以兵威财物赂遗闽越、西瓯、骆,役属焉。东西万馀里,乘黄屋左纛,称制与中国侔。

帝乃为佗亲冢在真定者置守邑,岁时奉祀;召其昆弟,尊官、厚赐宠之。复使陆贾使南越,赐佗书曰:"朕,高皇帝侧室之子也,弃外,奉北藩于代。道里辽远,壅蔽朴愚,未尝致书。高皇帝弃群臣,孝惠皇帝即世;高后自临事,不幸有疾,诸吕为变,赖功臣之力,诛之已毕。朕以王、侯、吏不释之故,不得不立,今即位。乃者闻王遗将军隆虑侯书,求亲昆弟,请罢长沙两将军。朕以王书罢将军博阳侯;亲昆弟在真定者,已遣人存问,修治先人冢。前日闻王发兵于边,为寇灾不止。当其时,长沙苦之,南郡尤甚。虽王之国,庸独利乎! 必多杀士卒,伤良将吏,寡人之妻,孤人之子,独人父母,得一亡十,朕不忍为也。朕欲定地犬牙相入者;以问吏,吏曰:'高皇帝所以介长沙土也。'朕不得擅变焉。今得王之地,不足以为大;得王之财,不足以为富。服领以南,王自治之。虽然,王之号为帝。两帝并立,亡一乘之使以通其道,是争也;争而不让,仁者不为也。愿与王分弃前恶,终今以来,通使如故。"

贾至南越。南越王恐,顿首谢罪;愿奉明诏,长为藩臣,奉贡职。于是下令国中曰:"吾闻两雄不俱立,两贤不并世。汉皇帝,贤天子。自今以来,去帝制、黄屋、左纛。"因为书,称"蛮夷大长、老夫臣佗昧死再拜上书皇帝陛下:老夫,故越吏也,高皇帝幸赐臣佗玺,以为南越王。孝惠皇帝即位,义不忍绝,所以赐老夫者厚甚。高后用事,别异蛮夷,出令曰:'毋与蛮夷越金铁、田器、马、牛、羊;即予,予牡,毋予牝。'老夫处僻,马、牛、羊齿已长。自以祭祀不修,有死罪,使内史藩、中尉高、御史平凡三辈上书谢过,皆不反。又风闻老夫父母坟墓已坏削,兄弟宗族已诛论。吏相与议曰:'今内不得振于汉,外亡以自高异。'故更号为帝,自帝其国,非敢有害于天下。高皇后闻之,大怒,削去南越之籍,使使不通。老夫窃疑长沙王谗臣,故发兵以伐其边。老夫处越四十九年,于今抱孙焉。然夙兴夜寐,寝不安席,食不甘味,目不视靡曼之色,耳不听钟鼓之音者,以不得事汉也。今陛下幸哀怜,复故号,通使汉如故,老夫死,骨不腐。改号,不敢为帝矣!"

14 齐哀王襄薨。

15 上闻河南守吴公治平为天下第一,召以为廷尉。吴公荐洛阳人贾谊,帝召以为博士。是时贾生年二十馀。帝爱其辞博,一岁中,超迁至太中大夫。贾生请改正朔,易服色,定官名,兴礼乐,以立汉制,更秦法;帝谦让未遑也。

二年(癸亥,前178)

1 冬,十月,曲逆献侯陈平薨。

2 诏列侯各之国;为吏及诏所止者,遣太子。

3 十一月乙亥,周勃复为丞相。

4 癸卯晦,日有食之。诏:"群臣悉思朕之过失及知见之所不及,丐以启告朕。及举贤良、方正、能直言极谏者,以匡朕之不逮。"因各敕以职任,务省繇费以便民;罢卫将军;太仆见马遗财足,馀皆以给传置。

颍阴侯骑贾山上书言治乱之道曰:"臣闻雷霆之所击,无不摧折者;万钧之所压,无不糜灭者。今人主之威,非特雷霆也;势重,非特万钧也。开道而求谏,和颜色而受之,用其言而显其身,士犹恐惧而不敢自尽;又况于纵欲恣暴、恶闻其过乎!震之以威,压之以重,虽有尧、舜之智,孟贲之勇,岂有不摧折者哉!如此则人主不得闻其过,社稷危矣。

昔者周盖千八百国,以九州之民养千八百国之君,君有馀财,民有馀力,而颂声作。秦皇帝以千八百国之民自养,力罢不能胜其役,财尽不能胜其求。一君之身耳,所自养者驰骋弋猎之娱,天下弗能供也。秦皇帝计其功德,度其后嗣世世无穷;然身死才数月耳,天下四面而攻之,宗庙灭绝矣。秦皇帝居灭绝之中而不自知者,何也?天下莫敢告也。其所以莫敢告者,何也?亡养老之义,亡辅弼之臣;退诽谤之人,杀直谏之士,是以道谀,偷合苟容,比其德则贤于尧、舜,课其功则贤于汤、武;天下已溃而莫之告也。

今陛下使天下举贤良方正之士,天下皆诉诉焉曰:'将兴尧舜之道、三王之功矣。'天下之士,莫不精白以承休德。今方正之士皆在朝廷矣;又选其贤者,使为常侍、诸吏,与之驰驱射猎,一日再三出。臣恐朝廷之解弛,百官之堕于事也。陛下即位,亲自勉以厚天下,节用爱民,平狱缓刑;天下莫不说喜。臣闻山东吏布诏令,民虽老羸癃疾,扶杖而往听之,愿少须臾毋死,思见德化之成也。今功业方就,名闻方昭,四方向风而从;豪俊之臣,方正之士,直与之日日射猎,击兔、伐狐,以伤大业,绝天下之望,臣窃悼之!古者大臣不得与宴游,使皆务其方而高其节,则群臣莫敢不正身修行,尽心以称大礼。夫士,修之于家而坏之于天子之廷,臣窃愍之。陛下与众臣宴游,与大臣、方正朝廷论议,游不失乐,朝不失礼,议不失计,轶事之大者也。"上嘉纳其言。

上每朝,郎、从官上书疏,未尝不止辇受其言。言不可用置之,言可用采之,未尝不称善。

帝从霸陵上欲西驰下峻阪。中郎将袁盎骑,并车揽辔。上曰:"将军怯邪?"盎曰:"臣闻'千金之子,坐不垂堂'。圣主不乘危,不徼幸。今陛下骋六飞驰下峻山,有如马惊车败,陛下纵自轻,奈高庙、太后何!"上乃止。

上所幸慎夫人,在禁中常与皇后同席坐。及坐郎署,袁盎引却慎夫人坐。慎夫人怒,不肯坐;上亦怒,起,入禁中。盎因前说曰:"臣闻'尊卑有序,则上下和'。今陛下既已立后,慎夫人乃妾;妾、主岂可与同坐哉!且陛下幸之,即厚赐之;陛下所以为慎夫人,适所以祸之也。陛下独不见'人彘'乎!"于是上乃说,召语慎夫人,慎夫人赐盎金五十斤。

贾谊说上曰:"管子曰:'仓廪实而知礼节,衣食足而知荣辱。'民不足而可治者,自古及今,未之尝闻。古之人曰:'一夫不耕,或受之饥;一女不织,或受之寒。'生之有时而用之无度,则物力必屈。古之治天下,至纤,至悉,故其畜积足恃。今背本而趋末者甚众,是天下之大残也;淫侈之俗,日日以长,是天下之大贼也。残、贼公行,莫之或止;大命将泛,莫之振救。生之者甚少而靡之者甚多,天下财产何得不蹶!

汉之为汉,几四十年矣,公私之积,犹可哀痛。失时不雨,民且狼顾,岁恶不入,请卖爵子;既闻耳矣,安有为天下阽危者若是而上不惊者!

世之有饥、穰，天之行也；禹、汤被之矣。即不幸有方二三千里之旱，国胡以相恤？卒然边境有急，数十百万之众，国胡以馈之？兵、旱相乘，天下大屈，有勇力者聚徒而衡击，罢夫、赢老，易子咬其骨。政治未毕通也，远方之能僭拟者并举而争起矣；乃骇而图之，岂将有及乎！夫积贮者，天下之大命也；苟粟多而财有馀，何为而不成！以攻则取，以守则固，以战则胜，怀敌附远，何招而不至！

今驱民而归之农，皆著于本；使天下各食其力，末技、游食之民转而缘南亩，则畜积足而人乐其所矣。可以为富安天下，而直为此廪廪也，窃为陛下惜之！”

上感谊言，春，正月丁亥，诏开藉田，上亲耕以率天下之民。

5　三月，有司请立皇子为诸侯王。诏先立赵幽王少子辟彊为河间王，朱虚侯章为城阳王，东牟侯兴居为济北王，然后立皇子武为代王，参为太原王，揖为梁王。

6　五月，诏曰：“古之治天下，朝有进善之旌，诽谤之木，所以通治道而来谏者也。今法有诽谤、妖言之罪，是使众臣不敢尽情而上无由闻过失也，将何以来远方之贤良！其除之！”

7　九月，诏曰：“农，天下之大本也，民所恃以生也；而民或不务本而事末，故生不遂。朕忧其然，故今兹亲率群臣农以劝之；其赐天下民今年田租之半。”

8　燕敬王泽薨。

资治通鉴卷第十四

汉纪六

太宗孝文皇帝中

前三年（甲子，前177）

1　冬，十月丁酉晦，日有食之。

2　十一月丁卯晦，日有食之。

3　诏曰："前遣列侯之国，或辞未行。丞相，朕之所重，其为朕率列侯之国！"十二月，免丞相勃，遣就国。乙亥，以太尉灌婴为丞相；罢太尉官，属丞相。

4　夏，四月，城阳景王章薨。

5　初，赵王敖献美人于高祖，得幸，有娠。及贯高事发，美人亦坐系河内。美人母弟赵兼因辟阳侯审食其言吕后；吕后妒，弗肯白。美人已生子，恚，即自杀。吏奉其子诣上，上悔，名之曰长，令吕后母之，而葬其母真定。后封长为淮南王。

淮南王蚤失母，常附吕后，故孝惠、吕后时得无患，而常心怨辟阳侯，以为不强争之于吕后，使其母恨而死也。及帝即位，淮南王自以最亲，骄蹇，数不奉法，上常宽假之。是岁，入朝，从上入苑囿猎，与上同车，常谓上"大兄"。王有材力，能扛鼎，乃往见辟阳侯，自袖铁椎椎辟阳侯，令从者魏敬刭之；驰走阙下，肉袒谢罪。帝伤其志为亲，故赦弗治。当是时，薄太后及太子、诸大臣皆惮淮南王。淮南王以此，归国益骄恣，出入称警跸，称制拟于天子。袁盎谏曰："诸侯太骄，必生患。"上不听。

6　五月，匈奴右贤王入居河南地，侵盗上郡保塞蛮夷，杀掠人民。上幸甘泉。遣丞相灌婴发车骑八万五千，诣高奴击右贤王；发中尉材官属卫将军，军长安。右贤王走出塞。

7　上自甘泉之高奴，因幸太原，见故群臣，皆赐之；复晋阳、中都民三岁租。留游太原十馀日。

8　初，大臣之诛诸吕也，朱虚侯功尤大，大臣许尽以赵地王朱虚侯，尽以梁地王东牟侯。及帝立,闻朱虚、东牟之初欲立齐王,故绌其功,及王诸子,乃割齐二郡以王之。兴居自以失职夺功,颇怏怏;闻帝幸太原,以为天子且自击胡,遂发兵反。帝闻之,罢丞相及行兵皆归长安,以棘蒲侯柴武为大将军,将四将军、十万众击之;祁侯缯贺为将军,军荥阳。秋,七月,上自太原至长安。诏:"济北吏民,兵未至先自定及以军城邑降者,皆赦之,复官爵;与王兴居去来者,赦之。"八月,济北王兴居兵败,自杀。

9 初,南阳张释之为骑郎,十年不得调,欲免归。袁盎知其贤而荐之,为谒者仆射。

释之从行,登虎圈,上问上林尉诸禽兽簿。十馀问,尉左右视,尽不能对,虎圈啬夫从旁代尉对。上所问禽兽簿甚悉,欲以观其能;口对响应,无穷者。帝曰:"吏不当若是邪!尉无赖。"乃诏释之拜啬夫为上林令。释之久之前,曰:"陛下以绛侯周勃何如人也?"上曰:"长者也。"又复问:"东阳侯张相如何如人也?"上复曰:"长者。"释之曰:"夫绛侯、东阳侯称为长者,此两人言事曾不能出口,岂效此啬夫喋喋利口捷给哉!且秦以任刀笔之吏,争以亟疾苛察相高,其敝,徒文具而无实,不闻其过,陵迟至于土崩。今陛下以啬夫口辩而超迁之,臣恐天下随风而靡,争为口辩而无其实。夫下之化上,疾于景响,举错不可不审也!"帝曰:"善!"乃不拜啬夫。上就车,召释之参乘。徐行,问释之秦之敝,具以质言。至宫,上拜释之为公车令。

顷之,太子与梁王共车入朝,不下司马门。于是释之追止太子、梁王,无得入殿门,遂劾"不下公门,不敬",奏之。薄太后闻之;帝免冠,谢教儿子不谨。薄太后乃使使承诏赦太子、梁王,然后得入。帝由是奇释之,拜为中大夫;顷之,至中郎将。

从行至霸陵,上谓群臣曰:"嗟乎!以北山石为椁,用紵絮斫陈漆其间,岂可动哉!"左右皆曰:"善!"释之曰:"使其中有可欲者,虽锢南山犹有隙;使其中无可欲者,虽无石椁,又何戚焉!"帝称善。

是岁,释之为廷尉。上行出中渭桥,有一人从桥下走,乘舆马惊;于是使骑捕之,属廷尉。释之奏当:"此人犯跸,当罚金。"上怒曰:"此人亲惊吾马;马赖和柔,令他马,固不败伤我乎!而廷尉乃当之罚金!"释之曰:"法者,天下公共也。今法如是;更重之,是法不信于民也。且方其时,上使使诛之则已。今已下廷尉;廷尉,天下之平也,壹倾,天下用法皆为之轻重,民安所错其手足!唯陛下察之!"上良久曰:"廷尉当是也。"

其后人有盗高庙坐前玉环,得;帝怒,下廷尉治。释之按"盗宗庙服御物者"为奏当弃市。上大怒曰:"人无道,乃盗先帝器! 吾属廷尉者,欲致之族;而君以法奏之,非吾所以共承宗庙意也。"释之免冠顿首谢曰:"法如是,足也。且罪等,然以逆顺为差。今盗宗庙器而族之,有如万分一,假令愚民取长陵一抔土,陛下且何以加其法乎?"帝乃白太后许之。

四年(乙丑,前176)

1 冬,十二月,颍阴懿侯灌婴薨。

2 春,正月甲午,以御史大夫阳武张苍为丞相。苍好书,博闻,尤邃律历。

3 上召河东守季布,欲以为御史大夫。有言其勇、使酒、难近者;至,留邸一月,见罢。季布因进曰:"臣无功窃宠,待罪河东,陛下无故召臣,此人必有以臣欺陛下者。今臣至,无所受事,罢去,此人必有毁臣者。夫陛下以一人之誉而召臣,以一人之毁而去臣,臣恐天下有识闻之,有以窥陛下之浅深也!"上默然,惭,良久曰:"河东,吾股肱郡,故特召君耳。"

4 上议以贾谊任公卿之位。大臣多短之曰:"洛阳之人,年少初学,专欲擅权,纷乱诸事。"于是天子后亦疏之,不用其议,以为长沙王太傅。

5 绛侯周勃既就国,每河东守、尉行县至绛,勃自畏恐诛,常被甲,令家人持兵以见之。其后人有上书告勃欲反,下廷尉;廷尉逮捕勃,治之。勃恐,不知置辞,吏稍侵辱之。勃以千金与狱吏,狱吏乃书牍背示之曰:"以公主为证。"公主者,帝女也,勃太子胜之尚之。薄太后亦以为勃无反事。帝朝太后,太后以冒絮提帝曰:"绛侯始诛诸吕,绾皇帝玺,将兵于北军,不以此时反,今居一小县,顾欲反邪!"帝既见绛侯狱辞,乃谢曰:"吏方验而出之。"于是使使持节赦绛侯,复爵邑。绛侯既出,曰:"吾尝将百万军,然安知狱吏之贵乎!"

6 作顾成庙。

五年(丙寅,前175)

1 春,二月,地震。

2 初,秦用半两钱,高祖嫌其重,难用,更铸荚钱。于是物价腾踊,米至石万钱。夏,四月,更造四铢钱;除盗铸钱令,使民得自铸。

贾谊谏曰:"法使天下公得雇租铸铜、锡为钱,敢杂以铅、铁为他巧者,其罪黥。然铸钱之情,非淆杂为巧,则不可得赢;而淆之甚微,为利甚厚。夫事有召祸而法有起奸;今令细民人操造币之势,各隐屏而铸作,因欲禁其厚利微奸,虽黥罪日报,其势不止。乃者,民人抵罪多者一县百数,及吏之所疑榜笞奔走者甚众。夫悬法以诱民使入陷阱,孰多于此!又民用钱,郡县不同:或用轻钱,百加若干;或用重钱,平称不受。法钱不立,吏急而壹之乎?则大为烦苛而力不能胜;纵而弗呵可乎?则市肆异用,钱文大乱。苟非其术,何乡而可哉!今农事弃捐而采铜者日蕃,释其耒耨,冶镕炊炭;奸钱日多,五谷不为多。善人怵而为奸邪,愿民陷而之刑戮;刑戮将甚不详,奈何而忽!国知患此,吏议必曰'禁之'。禁之不得其术,其伤必大。令禁铸钱,则钱必重,重则其利深,盗铸如云而起,弃市之罪又不足以禁矣。奸数不胜而法禁数溃,铜使之然也。铜布于天下,其为祸博矣,故不如收之。"贾山亦上书谏,以为:"钱者,亡用器也,而可以易富贵。富贵者,人主之操柄也;令民为之,是与人主共操柄,不可长也。"上不听。

是时,太中大夫邓通方宠幸,上欲其富,赐之蜀严道铜山,使铸钱。吴王濞有豫章铜山,招致天下亡命者以铸钱;东煮海水为盐;以故无赋而国用饶足。于是吴、邓钱布天下。

3　初,帝分代为二国;立皇子武为代王,参为太原王。是岁,徙代王武为淮阳王;以太原王参为代王,尽得故地。

六年(丁卯,前174)

1　冬,十月,桃、李华。

2　淮南厉王长自作法令行于其国,逐汉所置吏,请自置相、二千石;帝曲意从之。又擅刑杀不辜及爵人至关内侯;数上书不逊顺。帝重自切责之,乃令薄昭与书风谕之,引管、蔡及代顷王、济北王兴居以为徼戒。

王不说,令大夫但、士伍开章等七十人与棘蒲侯柴武太子奇谋以辇车四十乘反谷口;令人使闽越、匈奴。事觉,有司治之;使使召淮南王。王至长安,丞相张苍、典客冯敬行御史大夫事,与宗正、廷尉奏:"长罪当弃市。"制曰:"其赦长死罪,废,勿王;徙处蜀郡严道邛邮。"尽诛所与谋者。载长以辎车,令县以次传之。

袁盎谏曰:"上素骄淮南王,弗为置严傅、相,以故至此。淮南王为人刚,今暴摧折之,臣恐卒逢雾露病死,陛下有杀弟之名,奈何?"上曰:"吾特苦之耳,今复之。"

淮南王果愤恚不食死。县传至雍,雍令发封,以死闻。上哭甚悲,谓袁盎曰:"吾不听公言,卒亡淮南王!今为奈何?"盎曰:"独斩丞相、御史以谢天下乃可。"上即令丞相、御史逮考诸县传送淮南王不发封馈侍者,皆弃市。以列侯葬淮南王于雍，置守冢三十户。

3　匈奴单于遗汉书曰："前时，皇帝言和亲事，称书意，合欢。汉边吏侵侮右贤王；右贤王不请，听后义卢侯难支等计，与汉吏相距。绝二主之约，离兄弟之亲，故罚右贤王，使之西求月氏击之。以天之福，吏卒良，马力强，以夷灭月氏，尽斩杀、降下，定之；楼兰、乌孙、呼揭及其旁二十六国，皆已为匈奴，诸引弓之民并为一家，北州以定。愿寝兵，休士卒，养马，除前事，复故约，以安边民。皇帝即不欲匈奴近塞，则且诏吏民远舍。"帝报书曰："单于欲除前事，复故约，朕甚嘉之！此古圣王之志也。汉与匈奴约为兄弟，所以遗单于甚厚；倍约、离兄弟之亲者，常在匈奴。然右贤王事已在赦前，单于勿深诛！单于若称书意，明告诸吏，使无负约，有信，敬如单于书。"

后顷之，冒顿死，子稽粥立，号曰老上单于。老上单于初立，帝复遣宗室女翁主为单于阏氏，使宦者燕人中行说傅翁主。说不欲行，汉强使之。说曰："必我也，为汉患者！"中行说既至，因降单于，单于甚亲幸之。

初，匈奴好汉缯絮、食物。中行说曰："匈奴人众不能当汉之一郡，然所以强者，以衣食异，无仰于汉也。今单于变俗，好汉物；汉物不过什二，则匈奴尽归于汉矣。"其得汉缯絮，以驰草棘中，衣裤皆裂敝，以示不如旃裘之完善也；得汉食物，皆去之，以示不如湩酪之便美也。于是说教单于左右疏记，以计课其人众、畜牧。其遗汉书牍及印封，皆令长大，倨傲其辞，自称"天地所生、日月所置匈奴大单于"。

汉使或訾笑匈奴俗无礼义者，中行说辄穷汉使曰："匈奴约束径，易行，君臣简，可久；一国之政，犹一体也。故匈奴虽乱，必立宗种。今中国虽云有礼义，及亲属益疏则相杀夺，以至易姓，皆从此类也。嗟！土室之人，顾无多辞，喋喋佔佔！顾汉所输匈奴缯絮、米蘖，令其量中、必善美而已矣，何以言为乎！且所给，备、善，则已；不备、苦恶，则候秋熟，以骑驰蹂而稼穑耳！"

4　梁太傅贾谊上疏曰："臣窃惟今之事势，可为痛哭者一，可为流涕者二，可为长太息者六；若其他背理而伤道者，难遍以疏举。进言者皆曰：'天下已安已治矣'，臣独以为未也；曰安且治者，非愚则谀，皆非事实知治乱之体者也。夫抱火厝之积薪之下而寝其上，火未及然，因谓之安；方今之势，何以异此！陛下何不壹令臣得孰数之于前，因陈治安之策，试详择焉！

使为治，劳智虑，苦身体，乏钟、鼓之乐，勿为可也；乐与今同，而加之诸侯轨道,兵革不动,匈奴宾服,百姓素朴,生为明帝,没为明神,名誉之美垂于无穷,使顾成之庙称为太宗,上配太祖,与汉亡极,立经陈纪,为万世法;虽有愚幼、不肖之嗣犹得蒙业而安。以陛下之明达,因使少知治体者得佐下风,致此非难也。

夫树国固必相疑之势,下数被其殃,上数爽其忧,甚非所以安上而全下也。今或亲弟谋为东帝,亲兄之子西乡而击;今吴又见告矣。天子春秋鼎盛,行义未过,德泽有加焉,犹尚如是;况莫大诸侯,权力且十此者虖!

然而天下少安,何也? 大国之王幼弱未壮,汉之所置傅、相方握其事。数年之后,诸侯之王大抵皆冠,血气方刚;汉之傅、相称病而赐罢,彼自丞、尉以上遍置私人;如此,有异淮南、济北之为邪! 此时而欲为治安,虽尧、舜不治。

黄帝曰:‘日中必蘙,操刀必割。’今令此道顺而全安甚易,不肯蚤为,已乃堕骨肉之属而抗刭之,岂有异秦之季世虖! 其异姓负强而动者,汉已幸而胜之矣,又不易其所以然;同姓袭是迹而动,既有征矣,其势尽又复然。殃祸之变,未知所移,明帝处之尚不能以安,后世将如之何!

臣窃迹前事,大抵强者先反。长沙乃二万五千户耳,功少而最完,势疏而最忠;非独性异人也,亦形势然也。曩令樊、郦、绛、灌据数十城而王,今虽以残亡可也;令信、越之伦列为彻侯而居,虽至今存可也。然则天下之大计可知已:欲诸王之皆忠附,则莫若令如长沙王;欲臣子勿菹醢,则莫若令如樊、郦等;欲天下之治安,莫若众建诸侯而少其力。力少则易使以义,国小则亡邪心。令海内之势,如身之使臂,臂之使指,莫不制从,诸侯之君不敢有异心,辐凑并进而归命天子。割地定制,令齐、赵、楚各为若干国,使悼惠王、幽王、元王之子孙毕以次各受祖之分地,地尽而止;其分地众而子孙少者,建以为国,空而置之,须其子孙生者举使君之;一寸之地,一人之众,天子亡所利焉,诚以定治而已。如此,则卧赤子天下之上而安,植遗腹、朝委裘而天下不乱;当时大治,后世诵圣。陛下谁惮而久不为此!

天下之势方病大瘇,一胫之大几如要,一指之大几如股,平居不可屈伸,一二指搐,身虑无聊。失今不治,必为锢疾,后虽有扁鹊,不能为已。病非徒瘇也,又苦蹠盭。元王之子,帝之从弟也;今之王者,从弟之子也。惠王之子,亲兄子也;今之王者,兄子之子也。亲者或亡分地以安天下,疏者或制大权以逼天子,臣故曰非徒病瘇也,又苦蹠盭。可痛哭者,此病是也。

天下之势方倒悬。凡天子者,天下之首。何也? 上也。蛮夷者,天下之足。何也？下也。今匈奴嫚侮侵掠，至不敬也；而汉岁致金絮采缯以奉之。足反居上，首顾居下，倒县如此，莫之能解，犹为国有人乎？可为流涕者此也。

今不猎猛敌而猎田彘，不搏反寇而搏畜菟，玩细娱而不图大患，德可远加而直数百里外威令不胜，可为流涕者此也。

今庶人屋壁得为帝服，倡优下贱得为后饰；且帝之身自衣皂绨，而富民墙屋被文绣；天子之后以缘其领，庶人孽妾以缘其履：此臣所谓舛也。夫百人作之不能衣一人，欲天下亡寒，胡可得也；一人耕之，十人聚而食之，欲天下亡饥，不可得也；饥寒切于民之肌肤，欲其亡为奸邪，不可得也。可为长太息者此也。

商君遗礼义，弃仁恩，并心于进取；行之二岁，秦俗日败。故秦人家富子壮则出分，家贫子壮则出赘；借父耰锄，虑有德色；母取箕帚，立而谇语；抱哺其子，与公并倨；妇姑不相说，则反唇而相稽；其慈子、耆利，不同禽兽者亡几耳。今其遗风馀俗，犹尚未改，弃礼义，捐廉耻日甚，可谓月异而岁不同矣。逐利不耳，虑非顾行也；今其甚者杀父兄矣。而大臣特以簿书不报、期会之间以为大故，至于俗流失，世坏败，因恬而不知怪，虑不动于耳目，以为是适然耳。夫移风易俗，使天下回心而乡道，类非俗吏之所能为也。俗吏之所务，在于刀笔、筐箧而不知大体。陛下又不自忧，窃为陛下惜之！岂如今定经制，令君君、臣臣，上下有差，父子六亲各得其宜！此业壹定，世世常安，而后有所持循矣；若夫经制不定，是犹渡江河亡维楫，中流而遇风波，船必覆矣。可为长太息者此也。

夏、殷、周为天子皆数十世，秦为天子二世而亡。人性不甚相远也，何三代之君有道之长而秦无道之暴也？其故可知也。古之王者，太子乃生，固举以礼，有司齐肃端冕，见之南郊，过阙则下，过庙则趋，故自为赤子而教固已行矣。孩提有识，三公、三少明孝仁礼义以道习之，逐去邪人，不使见恶行，于是皆选天下之端士、孝弟博闻有道术者以卫翼之，使与太子居处出入。故太子乃生而见正事，闻正言，行正道，左右前后皆正人也。夫习与正人居之不能毋正，犹生长于齐不能不齐言也；习与不正人居之不能毋不正，犹生长于楚之地不能不楚言也。孔子曰：'少成若天性，习贯如自然。'习与智长，故切而不愧；化与心成，故中道若性。夫三代之所以长久者，以其辅翼太子有此具也。及秦而不然，使赵高傅胡亥而教之狱，所习者非斩、劓人，则夷人之三族也。胡亥今日即位而明日射人，忠谏者谓之诽谤，深计者谓之妖言，其视杀人若艾草菅然。岂惟胡亥之性恶哉？彼其所以道之者非其理故也。鄙谚曰:‘前车覆,后车诫。’秦世之所以亟绝者,其辙迹可见也;然而不避,是后车又将覆也。天下之命,县于太子,太子之善,在于早谕教与选左右。夫心未滥而先谕教,则化易成也;开于道术智谊之指,则教之力也;若其服习积贯,则左右而已。夫胡、粤之人,生而同声,嗜欲不异;及其长而成俗,累数译而不能相通,有虽死而不相为者,则教习然也。臣故曰选左右、早谕教最急。夫教得而左右正,则太子正矣,太子正而天下定矣。书曰:‘一人有庆,兆民赖之。’此时务也。

凡人之智,能见已然,不能见将然。夫礼者禁于将然之前而法者禁于已然之后,是故法之所为用易见而礼之所为生难知也。若夫庆赏以劝善,刑罚以惩恶,先王执此之政,坚如金石;行此之令,信如四时;据此之公,无私如天地,岂顾不用哉?然而曰礼云、礼云者,贵绝恶于未萌而起教于微眇,使民日迁善、远罪而不自知也。孔子曰:‘听讼,吾犹人也;必也使毋讼乎。’为人主计者,莫如先审取舍,取舍之极定于内而安危之萌应于外矣。秦王之欲尊宗庙而安子孙,与汤、武同;然而汤、武广大其德行,六七百岁而弗失,秦王治天下十馀岁则大败。此亡他故矣,汤、武之定取舍审而秦王之定取舍不审矣。夫天下,大器也;今人之置器,置诸安处则安,置诸危处则危。天下之情,与器无以异,在天子之所置之。汤、武置天下于仁、义、礼、乐,累子孙数十世,此天下所共闻也;秦王置天下于法令、刑罚,祸几及身,子孙诛绝,此天下之所共见也;是非其明效大验邪!人之言曰:‘听言之道,必以其事观之,则言者莫敢妄言。’今或言礼谊之不如法令,教化之不如刑罚,人主胡不引殷、周、秦事以观之也!人主之尊譬如堂,群臣如陛,众庶如地。故陛九级上,廉远地,则堂高;陛无级,廉近地,则堂卑。高者难攀,卑者易陵,理势然也。故古者圣王制为等列,内有公、卿、大夫、士,外有公、侯、伯、子、男,然后有官师、小吏,延及庶人,等级分明而天子加焉,故其尊不可及也。

里谚曰:‘欲投鼠而忌器。’此善谕也。鼠近于器,尚惮不投,恐伤其器,况于贵臣之近主乎!廉耻节礼以治君子,故有赐死而无戮辱。是以黥、劓之罪不及大夫,以其离主上不远也;礼:不敢齿君之路马,蹴其刍者有罚,所以为主上豫远不敬也。今自王、侯、三公之贵,皆天子之所改容而礼之也,古天子之所谓伯父、伯舅也;而令与众庶同黥、劓、髡、刖、笞、僇、弃市之法,然则堂不无陛乎!被戮辱者不泰迫乎!廉耻不行,大臣无乃握重权、大官而有徒隶无耻之心乎!夫望夷之事,二世见当以重法者,投鼠而不忌器之习也。臣闻之:履虽鲜不加于枕,冠虽敝不以苴履。夫尝已在贵宠之位,天子改容而礼貌之矣,吏民尝俯伏以敬畏之矣;今而有过,帝令废之可也,退之可也,赐之死可也,灭之可也;若夫束缚之、系绁之,输之司寇,编之徒官,司寇小吏詈骂而榜笞之,殆非所以令众庶见也。夫卑贱者习知尊贵者之一旦吾亦乃可以加此也,非所以尊尊、贵贵之化也。古者大臣有坐不廉而废者,不谓不廉,曰'簠簋不饰';坐污秽淫乱、男女无别者,不曰污秽,曰'帷薄不修';坐罢软不胜任者,不谓罢软,曰'下官不职'。故贵大臣定有其罪矣,犹未斥然正以呼之也,尚迁就而为之讳也。故其在大谴、大何之域者,闻谴、何则白冠牦缨,盘水加剑,造请室而请罪耳,上不执缚系引而行也。其有中罪者,闻命而自弛,上不使人颈盭而加也。其有大罪者,闻命则北面再拜,跪而自裁,上不使人捽抑而刑之也。曰:'子大夫自有过耳,吾遇子有礼矣。'遇之有礼,故群臣自憙;婴以廉耻,故人矜节行。上设廉耻、礼义以遇其臣,而臣不以节行报其上者,则非人类也。故化成俗定,则为人臣者皆顾行而忘利,守节而伏义,故可以托不御之权,可以寄六尺之孤,此厉廉耻、行礼义之所致也,主上何丧焉! 此之不为而顾彼之久行,故曰可为长太息者此也。"

　　谊以绛侯前逮系狱,卒无事,故以此讥上。上深纳其言,养臣下有节,是后大臣有罪,皆自杀,不受刑。

七年（戊辰,前173）

　　1　冬,十月,令列侯太夫人、夫人、诸侯王子及吏二千石无得擅征捕。

　　2　夏,四月,赦天下。

　　3　六月癸酉,未央宫东阙罘罳灾。

　　4　民有歌淮南王者曰:"一尺布,尚可缝;一斗粟,尚可舂;兄弟二人不相容!"帝闻而病之。

八年（己巳,前172）

　　1　夏,封淮南厉王子安等四人为列侯。贾谊知上必将复王之也,上疏谏曰:"淮南王之悖逆无道,天下孰不知其罪! 陛下幸而赦迁之,自疾而死,天下孰以王死之不当! 今奉尊罪人之子,适足以负谤于天下耳。此人少壮,岂能忘其父哉! 白公胜所为父报仇者,大父与叔父也。白公为乱,非欲取国代主;发忿快志,剚手以冲仇人之匈,固为俱靡而已。淮南虽小,黥布尝用之矣,汉存,特幸耳。夫擅仇人足以危汉之资,于策不便。予之众,积之财,此非有子胥、白公报于广都之中,即疑有专诸、荆轲起于两柱之间,所谓假贼兵,为虎翼者也。愿陛下少留计!"上弗听。

2　有长星出于东方。

九年(庚午,前171)

1　春,大旱。

十年(辛未,前170)

1　冬,上行幸甘泉。

2　将军薄昭杀汉使者。帝不忍加诛,使公卿从之饮酒,欲令自引分,昭不肯;使群臣丧服往哭之,乃自杀。

　　臣光曰:李德裕以为:"汉文帝诛薄昭,断则明矣,于义则未安也。秦康送晋文,兴如存之感;况太后尚存,唯一弟薄昭,断之不疑,非所以慰母氏之心也。"臣愚以为法者天下之公器,惟善持法者,亲疏如一,无所不行,则人莫敢有所恃而犯之也。夫薄昭虽素称长者,文帝不为置贤师傅而用之典兵;骄而犯上,至于杀汉使者,非有恃而然乎!若又从而赦之,则与成、哀之世何异哉!魏文帝尝称汉文帝之美,而不取其杀薄昭,曰:"舅后之家,但当养育以恩而不当假借以权,既触罪法,又不得不害。"讥文帝之始不防闲昭也,斯言得之矣。然则欲慰母心者,将慎之于始乎!

资治通鉴卷第十五

汉纪七

太宗孝文皇帝下

前十一年（壬申，前169）

1　冬，十一月，上行幸代；春，正月，自代还。

2　夏，六月，梁怀王揖薨，无子。贾谊复上疏曰："陛下即不定制，如今之势，不过一传、再传，诸侯犹且人恣而不制，豪植而大强，汉法不得行矣。陛下所以为藩扞及皇太子之所恃者，唯淮阳、代二国耳。代，北边匈奴，与强敌为邻，能自完则足矣；而淮阳之比大诸侯，廑如黑子之著面，适足以饵大国，而不足以有所禁御。方今制在陛下；制国而令子适足以为饵，岂可谓工哉！臣之愚计，愿举淮南地以益淮阳，而为梁王立后，割淮阳北边二、三列城与东郡以益梁。不可者，可徙代王而都睢阳。梁起于新郪而北著之河，淮阳包陈而南揵之江，则大诸侯之有异心者破胆而不敢谋。梁足以扞齐、赵，淮阳足以禁吴、楚，陛下高枕，终无山东之忧矣，此二世之利也。当今恬然，适遇诸侯之皆少；数岁之后，陛下且见之矣。夫秦日夜苦心劳力以除六国之祸；今陛下力制天下，颐指如意，高拱以成六国之祸，难以言智。苟身无事，畜乱，宿祸，孰视而不定；万年之后，传之老母、弱子，将使不宁，不可谓仁。"帝于是从谊计，徙淮阳王武为梁王，北界泰山，西至高阳，得大县四十馀城。后岁馀，贾谊亦死，死时年三十三矣。

3　徙城阳王喜为淮南王。

4　匈奴寇狄道。

时匈奴数为边患，太子家令颍川晁错上言兵事曰："兵法曰：'有必胜之将，无必胜之民。'繇此观之，安边境，立功名，在于良将，不可不择也。"

臣又闻：用兵临战合刃之急者三：一曰得地形，二曰卒服习，三曰器用利。兵法，步兵、车骑、弓弩、长戟、矛铤、剑盾之地，各有所宜；不得其宜者，或十不当一。士不选练，卒不服习，起居不精，动静不集，趋利弗及，避难不毕，前击后解，与金鼓之指相失：此不习勒卒之过也，百不当十。兵不完利，与空手同；甲不坚密，与袒裼同；弩不可以及远，与短兵同；射不能中，与无矢同；中不能入，与无镞同：此将不省兵之祸也，五不当一。故兵法曰：'器械不利，以其卒予敌也；卒不可用，以其将予敌也；将不知兵，以其主予敌也；君不择将，以其国予敌也。'四者，兵之至要也。

臣又闻：小大异形，强弱异势，险易异备。夫卑身以事强，小国之形也；合小以攻大，敌国之形也；以蛮夷攻蛮夷，中国之形也。今匈奴地形、技艺与中国异：上下山阪，出入溪涧，中国之马弗与也；险道倾仄，且驰且射，中国之骑弗与也；风雨罢劳，饥渴不困，中国之人弗与也：此匈奴之长技也。若夫平原、易地，轻车、突骑，则匈奴之众易桡乱也；劲弩、长戟，射疏、及远，则匈奴之弓弗能格也；坚甲、利刃，长短相杂，游弩往来，什伍俱前，则匈奴之兵弗能当也；材官驺发，矢道同的，则匈奴之革笥、木荐弗能支也；下马地斗，剑戟相接，去就相薄，则匈奴之足弗能给也：此中国之长技也。以此观之：匈奴之长技三，中国之长技五。陛下又兴数十万之众以诛数万之匈奴，众寡之计，以一击十之术也。

虽然，兵，凶器；战，危事也；故以大为小，以强为弱，在俯仰之间耳。夫以人之死争胜，跌而不振，则悔之无及也；帝王之道，出于万全。今降胡、义渠、蛮夷之属来归谊者，其众数千，饮食、长技与匈奴同。可赐之坚甲、絮衣、劲弓、利矢，益以边郡之良骑，令明将能知其习俗、和辑其心者，以陛下之明约将之。即有险阻，以此当之；平地通道，则以轻车、材官制之；两军相为表里，各用其长技，衡加之以众，此万全之术也。"

帝嘉之，赐错书，宠答焉。

错又上言曰："臣闻秦起兵而攻胡、粤者，非以卫边地而救民死也，贪戾而欲广大也，故功未立而天下乱。且夫起兵而不知其势，战则为人禽，屯则卒积死。夫胡、貉之人，其性耐寒；扬、粤之人，其性耐暑。秦之戍卒不耐其水土，戍者死于边，输者偾于道。秦民见行，如往弃市，因以谪发之，名曰'谪戍'；先发吏有谪及赘婿、贾人，后以尝有市籍者，又后以大父母、父母尝有市籍者，后入闾取其左。发之不顺，行者愤怨，有万死之害而亡铢两之报，死事之后，不得一算之复，天下明知祸烈及已也。陈胜行戍，至于大泽，为天下先倡，天下从之如流水者，秦以威劫而行之之敝也。

胡人衣食之业，不著于地，其势易以扰乱边境，往来转徙，时至时去；此胡人之生业，而中国之所以离南亩也。今胡人数转牧、行猎于塞下，以候备塞之卒，卒少则入。陛下不救，则边民绝望而有降敌之心；救之，少发则不足，多发，远县才至，则胡又已去。聚而不罢，为费甚大；罢之，则胡复入。如此连年，则中国贫苦而民不安矣。陛下幸忧边境，遣将吏发卒以治塞，甚大惠也。然令远方之卒守塞，一岁而更，不知胡人之能。不如选常居者家室田作，且以备之，以便为之高城深堑，要害之处，通川之道，调立城邑，毋下千家。先为室屋，具田器，乃募民，免罪，拜爵，复其家，予冬夏衣、廪食，能自给而止。塞下之民，禄利不厚，不可使久居危难之地。胡人入驱而能止其所驱者，以其半予之，县官为赎。其民如是，则邑里相救助，赴胡不避死。非以德上也，欲全亲戚而利其财也；此与东方之戍卒不习地势而心畏胡者功相万也。以陛下之时，徙民实边，使远方无屯戍之事；塞下之民，父子相保，无系虏之患，利施后世，名称圣明，其与秦之行怨民，相去远矣。"

上从其言，募民徙塞下。

错复言："陛下幸募民徙以实塞下，使屯戍之事益省，输将之费益寡，甚大惠也。下吏诚能称厚惠，奉明法，存恤所徙之老弱，善遇其壮士，和辑其心而勿侵刻，使先至者安乐而不思故乡，则贫民相募而劝往矣。臣闻古之徙民者，相其阴阳之和，尝其水泉之味，然后营邑、立城，制里、割宅，先为筑室家，置器物焉，民至有所居，作有所用。此民所以轻去故乡而劝之新邑也。为置医、巫以救疾病，以修祭祀，男女有昏，生死相恤，坟墓相从，种树畜长，室屋完安。此所以使民乐其处而有长居之心也。

臣又闻古之制边县以备敌也，使五家为伍，伍有长，十长一里，里有假士，四里一连，连有假五百，十连一邑，邑有假候，皆择其邑之贤材有护、习地形、知民心者；居则习民于射法，出则教民于应敌。故卒伍成于内，则军政定于外。服习以成，勿令迁徙，幼则同游，长则共事。夜战声相知，则足以相救；昼战目相见，则足以相识；欢爱之心，足以相死。如此而劝以厚赏，威以重罚，则前死不还踵矣。所徙之民非壮有材者，但费衣粮，不可用也；虽有材力，不得良吏，犹亡功也。

陛下绝匈奴不与和亲，臣窃意其冬来南也；壹大治，则终身创矣。欲立威者，始于折胶；来而不能困，使得气去，后未易服也。"

错为人峭直刻深，以其辩得幸太子，太子家号曰"智囊"。

十二年（癸酉，前168）

1　冬，十二月，河决酸枣，东溃金堤、东郡；大兴卒塞之。

2　春，三月，除关，无用传。

3　晁错言于上曰："圣王在上而民不冻饥者，非能耕而食之，织而衣之也,为开其资财之道也。故尧有九年之水,汤有七年之旱,而国亡捐瘠者,以畜积多而备先具也。今海内为一,土地人民之众不减汤、禹,加以无天灾数年之水旱,而畜积未及者,何也?地有遗利,民有馀力;生谷之土未尽垦,山泽之利未尽出,游食之民未尽归农也。

夫寒之于衣,不待轻暖;饥之于食,不待甘旨;饥寒至身,不顾廉耻。人情,一日不再食则饥,终岁不制衣则寒。夫腹饥不得食,肤寒不得衣,虽慈父不能保其子,君安能以有其民哉!明主知其然也,故务民于农桑,薄赋敛,广畜积,以实仓廪,备水旱,故民可得而有也。民者,在上所以牧之;民之趋利,如水走下,四方无择也。

夫珠、玉、金、银,饥不可食,寒不可衣;然而众贵之者,以上用之故也。其为物轻微易藏,在于把握,可以周海内而无饥寒之患。此令臣轻背其主而民易去其乡,盗贼有所劝,亡逃者得轻资也。粟、米、布、帛,生于地,长于时,聚于力,非可一日成也;数石之重,中人弗胜,不为奸邪所利,一日弗得而饥寒至。是故明君贵五谷而贱金玉。

今农夫五口之家,其服役者不下二人,其能耕者不过百亩,百亩之收不过百石。春耕,夏耘,秋获,冬藏,伐薪樵,治官府,给徭役;春不得避风尘,夏不得避暑热,秋不得避阴雨,冬不得避寒冻,四时之间无日休息;又私自送往迎来、吊死问疾、养孤长幼在其中。勤苦如此,尚复被水旱之灾,急政暴赋,赋敛不时,朝令而暮改。有者半贾而卖,无者取倍称之息,于是有卖田宅、鬻子孙以偿责者矣。而商贾,大者积贮倍息,小者坐列贩卖,操其奇赢,日游都市,乘上之急,所卖必倍。故其男不耕耘,女不蚕织,衣必文采,食必粱肉;无农夫之苦,有仟伯之得。因其富厚,交通王侯,力过吏势,以利相倾;千里游敖,冠盖相望,乘坚、策肥,履丝、曳缟。此商人所以兼并农人,农人所以流亡者也。

方今之务,莫若使民务农而已矣。欲民务农,在于贵粟;贵粟之道,在于使民以粟为赏罚。今募天下入粟县官,得以拜爵,得以除罪。如此,富人有爵,农民有钱,粟有所渫。夫能入粟以受爵,皆有馀者也;取于有馀以供上用,则贫民之赋可损,所谓损有馀,补不足,令出而民利者也。今令民有车骑马一匹者,复卒三人;车骑者,天下武备也,故为复卒。神农之教曰:'有石城十仞,汤池百步,带甲百万,而无粟,弗能守也。'以是观之,粟者,王者大用,政之本务。今民入粟受爵至五大夫以上,乃复一人耳,此其与骑马之功相去远矣。爵者,上之所擅,出于口而无穷;粟者,民之所种,生于地而不乏。夫得高爵与免罪,人之所甚欲也;使天下人入粟于边以受爵、免罪,不过三岁,塞下之粟必多矣。"

帝从之,令民入粟于边,拜爵各以多少级数为差。

错复奏言:"陛下幸使天下入粟塞下以拜爵,甚大惠也。窃恐塞卒之食不足用,大渫天下粟。边食足以支五岁,可令入粟郡县矣;郡县足支一岁以上,可时赦,勿收农民租。如此,德泽加于万民,民愈勤农,大富乐矣。"

上复从其言,诏曰:"道民之路,在于务本。朕亲率天下农,十年于今,而野不加辟,岁一不登,民有饥色;是从事焉尚寡而吏未加务。吾诏书数下,岁劝民种树而功未兴,是吏奉吾诏不勤而劝民不明也。且吾农民甚苦而吏莫之省,将何以劝焉! 其赐农民今年租税之半。"

十三年(甲戌,前167)

1　春,二月甲寅,诏曰:"朕亲率天下农耕以供粢盛,皇后亲桑以供祭服;其具礼仪!"

2　初,秦时祝官有秘祝,即有灾祥,辄移过于下。夏,诏曰:"盖闻天道,祸自怨起而福繇德兴,百官之非,宜由朕躬。今秘祝之官移过于下,以彰吾之不德,朕甚弗取。其除之!"

3　齐太仓令淳于意有罪,当刑,诏狱逮系长安。其少女缇萦上书曰:"妾父为吏,齐中皆称其廉平;今坐法当刑。妾伤夫死者不可复生,刑者不可复属,虽后欲改过自新,其道无繇也。妾愿没入为官婢,以赎父刑罪,使得自新。"

天子怜悲其意,五月,诏曰:"诗曰:'恺弟君子,民之父母。'今人有过,教未施而刑已加焉,或欲改行为善而道无繇至,朕甚怜之! 夫刑至断支体,刻肌肤,终身不息,何其刑之痛而不德也! 岂为民父母之意哉! 其除肉刑,有以易之;及令罪人各以轻重,不亡逃,有年而免。具为令!"

丞相张苍、御史大夫冯敬奏请定律曰:"诸当髡者为城旦、舂;当黥者髡钳为城旦、舂;当劓者笞三百;当斩左止者笞五百;当斩右止及杀人先自告及吏坐受赇、枉法、守县官财物而即盗之、已论而复有笞罪者皆弃市。罪人狱已决为城旦、舂者,各有岁数以免。"制曰:"可。"

是时,上既躬修玄默,而将相皆旧功臣,少文多质。惩恶亡秦之政,论议务在宽厚,耻言人之过失;化行天下,告讦之俗易。吏安其官,民乐其业,畜积岁增,户口浸息。风流笃厚,禁罔疏阔,罪疑者予民,是以刑罚大省,至于断狱四百,有刑错之风焉。

4 六月,诏曰:"农,天下之本,务莫大焉。今勤身从事而有租税之赋,是为本末者无以异也,其于劝农之道未备。其除田之租税!"

十四年(乙亥,前166)

1 冬,匈奴老上单于十四万骑入朝那、萧关,杀北地都尉卬,虏人民畜产甚多;遂至彭阳,使奇兵入烧回中宫,候骑至雍甘泉。帝以中尉周舍、郎中令张武为将军,发车千乘、骑卒十万军长安旁,以备胡寇;而拜昌侯卢卿为上郡将军,甯侯魏遫为北地将军,隆虑侯周灶为陇西将军,屯三郡。上亲劳军,勒兵,申教令,赐吏卒,自欲征匈奴。群臣谏,不听;皇太后固要,上乃止。于是以东阳侯张相如为大将军,成侯董赤、内史栾布皆为将军,击匈奴。单于留塞内月馀,乃去。汉逐出塞即还,不能有所杀。

2 上辇过郎署,问郎署长冯唐曰:"父家何在?"对曰:"臣大父赵人,父徙代。"上曰:"吾居代时,吾尚食监高祛数为我言赵将李齐之贤,战于钜鹿下。今吾每饭意未尝不在钜鹿也。父知之乎?"唐对曰:"尚不如廉颇、李牧之为将也。"上搏髀曰:"嗟乎,吾独不得廉颇、李牧为将!吾岂忧匈奴哉!"唐曰:"陛下虽得廉颇、李牧,弗能用也。"

上怒,起,入禁中,良久,召唐,让之曰:"公奈何众辱我,独无间处乎!"唐谢曰:"鄙人不知忌讳。"上方以胡寇为意,乃卒复问唐:"公何以知吾不能用廉颇、李牧也?"唐对曰:"臣闻上古王者之遣将也,跪而推毂,曰:'阃以内者,寡人制之;阃以外者,将军制之。'军功爵赏皆决于外,归而奏之,此非虚言也。臣大父言:李牧为赵将,居边,军市之租,皆自用飨士;赏赐决于外,不从中覆也。委任而责成功,故李牧乃得尽其智能;选车千三百乘,彀骑万三千,百金之士十万,是以北逐单于,破东胡,灭澹林,西抑强秦,南支韩、魏,当是之时,赵几霸。其后会赵王迁立,用郭开谗,卒诛李牧,令颜聚代之;是以兵破士北,为秦所禽灭。今臣窃闻魏尚为云中守,其军市租尽以飨士卒,私养钱五日一椎牛,自飨宾客、军吏、舍人,是以匈奴远避,不近云中之塞。虏曾一入,尚率车骑击之,所杀甚众。夫士卒尽家人子,起田中从军,安知尺籍、伍符!终日力战,斩首捕虏,上功幕府,一言不相应,文吏以法绳之,其赏不行;而吏奉法必用。臣愚以为陛下赏太轻,罚太重。且云中守魏尚坐上功首虏差六级,陛下下之吏,削其爵,罚作之。由此言之,陛下虽得廉颇、李牧,弗能用也!"上说。是日,令唐持节赦魏尚,复以为云中守,而拜唐为车骑都尉。

3 春,诏广增诸祀坛场、珪币,且曰:"吾闻祠官祝釐,皆归福于朕躬,不为百姓,朕甚愧之。夫以朕之不德,而专飨独美其福,百姓不与焉,是重吾不德也。其令祠官致敬,无有所祈!"

4　是岁,河间文王辟彊薨。

5　初,丞相张苍以为汉得水德,鲁人公孙臣以为汉当土德,其应,黄龙见;苍以为非是,罢之。

十五年(丙子,前165)

1　春,黄龙见成纪。帝召公孙臣,拜为博士,与诸生申明土德,草改历、服色事。张苍由此自绌。

2　夏,四月,上始幸雍,郊见五帝,赦天下。

3　九月,诏诸侯王、公卿、郡守举贤良、能直言极谏者,上亲策之。太子家令晁错对策高第,擢为中大夫。错又上言宜削诸侯及法令可更定者,书凡三十篇。上虽不尽听,然奇其材。

4　是岁,齐文王则、河间哀王福皆薨,无子,国除。

5　赵人新垣平以望气见上,言长安东北有神气,成五采。于是作渭阳五帝庙。

十六年(丁丑,前164)

1　夏,四月,上郊祀五帝于渭阳五帝庙。于是贵新垣平至上大夫,赐累千金;而使博士、诸生刺六经中作王制,谋议巡狩、封禅事。又于长门道北立五帝坛。

2　徙淮南王喜复为城阳王。又分齐为六国。丙寅,立齐悼惠王子在者六人:杨虚侯将闾为齐王,安都侯志为济北王,武成侯贤为淄川王,白石侯雄渠为胶东王,平昌侯卬为胶西王,扐侯辟光为济南王。淮南厉王子在者三人:阜陵侯安为淮南王,安阳侯勃为衡山王,阳周侯赐为庐江王。

3　秋,九月,新垣平使人持玉杯上书阙下献之。平言上曰:"阙下有宝玉气来者。"已,视之,果有献玉杯者,刻曰"人主延寿"。平又言:"臣候日再中。"居顷之,日却,复中。于是始更以十七年为元年,令天下大酺。平言曰:"周鼎亡在泗水中。今河决,通于泗,臣望东北汾阴直有金宝气,意周鼎其出乎!兆见,不迎则不至。"于是上使使治庙汾阴,南临河,欲祠出周鼎。

后元年(戊寅,前163)

1　冬，十月，人有上书告新垣平"所言皆诈也"；下吏治，诛夷平。是后，上亦怠于改正、服、鬼神之事，而渭阳、长门五帝，使祠官领，以时致礼，不往焉。

2　春，三月，孝惠皇后张氏薨。

3　诏曰："间者数年不登，又有水旱、疾疫之灾，朕甚忧之。愚而不明，未达其咎：意者朕之政有所失而行有过与？乃天道有不顺，地利或不得，人事多失和，鬼神废不享与？何以致此？将百官之奉养或废，无用之事或多与？何其民食之寡乏也？夫度田非益寡，而计民未加益，以口量地，其于古犹有馀；而食之甚不足者，其咎安在？无乃百姓之从事于末以害农者蕃，为酒醪以靡谷者多，六畜之食焉者众与？细大之义，吾未得其中；其与丞相、列侯、吏二千石、博士议之；有可以佐百姓者，率意远思，无有所隐！"

二年（己卯，前162）

1　夏，上行幸雍棫阳宫。

2　六月，代孝王参薨。

3　匈奴连岁入边，杀略人民、畜产甚多；云中、辽东最甚，郡万馀人。上患之，乃使使遗匈奴书。单于亦使当户报谢，复与匈奴和亲。

4　八月，戊戌，丞相张苍免。帝以皇后弟窦广国贤、有行，欲相之，曰："恐天下以吾私广国，久念不可。"而高帝时大臣，馀见无可者。御史大夫梁国申屠嘉，故以材官蹶张从高帝，封关内侯，庚午，以嘉为丞相，封故安侯。嘉为人廉直，门不受私谒。是时，太中大夫邓通方爱幸，赏赐累巨万；帝尝燕饮通家，其宠幸无比。嘉尝入朝，而通居上旁，有怠慢之礼。嘉奏事毕，因言曰："陛下幸爱群臣，则富贵之；至于朝廷之礼，不可以不肃。"上曰："君勿言，吾私之。"罢朝，坐府中，嘉为檄召通诣丞相府，不来，且斩通。通恐，入言上；上曰："汝第往，吾令使人召若。"通诣丞相府，免冠、徒跣，顿首谢嘉。嘉坐自如，弗为礼，责曰："夫朝廷者，高帝之朝廷也。通小臣，戏殿上，大不敬，当斩。吏！今行斩之！"通顿首，首尽出血，不解。上度丞相已困通，使使持节召通而谢丞相："此吾弄臣，君释之！"邓通既至，为上泣曰："丞相几杀臣！"

三年（庚辰，前161）

1　春，二月，上行幸代。

2　是岁，匈奴老上单于死，子军臣单于立。

四年（辛巳，前160）

1　夏，四月丙寅晦，日有食之。
2　五月，赦天下。
3　上行幸雍。

五年（壬午，前159）

1　春，正月，上行幸陇西；三月，行幸雍；秋，七月，行幸代。

六年（癸未，前158）

1　冬，匈奴三万骑入上郡，三万骑入云中，所杀略甚众，烽火通于甘泉、长安。以中大夫令免为车骑将军，屯飞狐；故楚相苏意为将军，屯句注；将军张武屯北地；河内太守周亚夫为将军，次细柳；宗正刘礼为将军，次霸上；祝兹侯徐厉为将军，次棘门；以备胡。上自劳军，至霸上及棘门军，直驰入，将以下骑送迎。已而之细柳军，军士吏被甲，锐兵刃，彀弓弩持满，天子先驱至，不得入。先驱曰：“天子且至！”军门都尉曰：“将军令曰：‘军中闻将军令，不闻天子之诏。’”居无何，上至，又不得入。于是上乃使使持节诏将军：“吾欲入营劳军。”亚夫乃传言：“开壁门。”壁门士请车骑曰：“将军约：军中不得驰驱。”于是天子乃按辔徐行。至营，将军亚夫持兵揖曰：“介胄之士不拜，请以军礼见。”天子为动，改容，式车，使人称谢：“皇帝敬劳将军。”成礼而去。既出军门，群臣皆惊。上曰：“嗟乎，此真将军矣！曩者霸上、棘门军若儿戏耳，其将固可袭而虏也。至于亚夫，可得而犯耶！”称善者久之。月馀，汉兵至边，匈奴亦远塞，汉兵亦罢。乃拜周亚夫为中尉。

2　夏，四月，大旱，蝗。令诸侯无入贡；弛山泽，减诸服御，损郎吏员；发仓庾以振民；民得卖爵。

七年（甲申，前157）

1　夏，六月己亥，帝崩于未央宫。遗诏曰：“朕闻之：盖天下万物之萌生，靡不有死；死者，天地之理，万物之自然，奚可甚哀！当今之世，咸嘉生而恶死，厚葬以破业，重服以伤生，吾甚不取。且朕既不德，无以佐百姓；今崩，又使重服久临以罹寒暑之数，哀人父子，伤长老之志，损其饮食,绝鬼神之祭祀,以重吾不德,谓天下何!朕获保宗庙,以眇眇之身托于天下君王之上,二十有馀年矣。赖天之灵,社稷之福,方内安宁,靡有兵革。朕既不敏,常惧过行以羞先帝之遗德,惟年之久长,惧于不终。今乃幸以天年得复供养于高庙,其奚哀念之有!其令天下吏民:令到,出临三日,皆释服;毋禁取妇、嫁女、祠祀、饮酒、食肉;自当给丧事服临者,皆无践;经带毋过三寸;毋布车及兵器;毋发民哭临宫殿中,殿中当临者,皆以旦夕各十五举音,礼毕罢;非旦夕临时,禁毋得擅哭临;已下棺,服大功十五日,小功十四日,纤七日,释服。他不在令中者,皆以此令比类从事。布告天下,使明知朕意。霸陵山川因其故,毋有所改。归夫人以下至少使。"乙巳,葬霸陵。

帝即位二十三年,宫室、苑囿、车骑、服御,无所增益;有不便,辄弛以利民。尝欲作露台,召匠计之,直百金。上曰:"百金,中人十家之产也。吾奉先帝宫室,尝恐羞之,何以台为!"身衣弋绨,所幸慎夫人,衣不曳地;帷帐无文绣,以示敦朴,为天下先。治霸陵,皆瓦器,不得以金、银、铜、锡为饰,因其山,不起坟。吴王诈病不朝,赐以几杖。群臣袁盎等谏说虽切,常假借纳用焉。张武等受赂金钱,觉,更加赏赐以愧其心;专务以德化民。是以海内安宁,家给人足,后世鲜能及之。

2　丁未,太子即皇帝位。尊皇太后薄氏曰太皇太后,皇后曰皇太后。

3　九月,有星孛于西方。

4　是岁,长沙王吴著薨,无子,国除。

初,高祖贤文王芮,制诏御史:"长沙王忠,其定著令。"至孝惠、高后时,封芮庶子二人为列侯,传国数世绝。

孝景皇帝上

元年(乙酉,前156)

1　冬,十月,丞相嘉等奏:"功莫大于高皇帝,德莫盛于孝文皇帝。高皇帝庙,宜为帝者太祖之庙;孝文皇帝庙,宜为帝者太宗之庙。天子宜世世献祖宗之庙,郡国诸侯宜各为孝文皇帝立太宗之庙。"制曰:"可。"

2　夏,四月乙卯,赦天下。

3　遣御史大夫青至代下与匈奴和亲。

4　五月,复收民田半租,三十而税一。

5　初,文帝除肉刑,外有轻刑之名,内实杀人,斩右止者又当死;斩左止者笞五百,劓者笞三百,率多死。是岁,下诏曰:"加笞与重罪无异;

幸而不死,不可为人。其定律:笞五百曰三百,笞三百曰二百。"

6　以太中大夫周仁为郎中令,张欧为廷尉,楚元王子平陆侯礼为宗正,中大夫晁错为左内史。仁始为太子舍人,以廉谨得幸。张欧亦事帝于太子宫,虽治刑名家,为人长者;帝由是重之,用为九卿。欧为吏未尝言按人,专以诚长者处官;官属以为长者,亦不敢大欺。

二年（丙戌,前155）

1　冬,十二月,有星孛于西南。

2　令天下男子年二十始傅。

3　春,三月甲寅,立皇子德为河间王,阏为临江王,馀为淮阳王,非为汝南王,彭祖为广川王,发为长沙王。

4　夏,四月壬午,太皇太后薄氏崩。

5　六月,丞相申屠嘉薨。时内史晁错数请间言事,辄听,宠幸倾九卿,法令多所更定。丞相嘉自绌所言不用,疾错。错为内史,东出不便,更穿一门南出。南出者,太上皇庙壖垣也。嘉闻错穿宗庙垣,为奏,请诛错。客有语错,错恐,夜入宫上谒,自归上。至朝,嘉请诛内史错。上曰:"错所穿非真庙垣,乃外壖垣,故冗官居其中;且又我使为之,错无罪。"丞相嘉谢。罢朝,嘉谓长史曰:"吾悔不先斩错乃请之,为错所卖。"至舍,因欧血而死。错以此愈贵。

6　秋,与匈奴和亲。

7　八月丁未,以御史大夫开封侯陶青为丞相。丁巳,以内史晁错为御史大夫。

8　彗星出东北。

9　秋,衡山雨雹,大者五寸,深者二尺。

10　荧惑逆行守北辰,月出北辰间;岁星逆行天廷中。

11　梁孝王以窦太后少子故,有宠,王四十馀城,居天下膏腴地。赏赐不可胜道,府库金钱且百巨万,珠玉宝器多于京师。筑东苑,方三百馀里,广睢阳城七十里,大治宫室,为复道,自宫连属于平台三十馀里。招延四方豪俊之士,如吴人枚乘、严忌、齐人羊胜、公孙诡、邹阳、蜀人司马相如之属皆从之游。每入朝,上使使持节以乘舆驷马迎梁王于关下。既至,宠幸无比;入则侍上同辇,出则同车,射猎上林中;因上疏请留,且半岁。梁侍中、郎、谒者著籍引出入天子殿门,与汉宦官无异。

资治通鉴卷第十六

汉纪八

孝景皇帝下

前三年（丁亥，前154）

1　冬，十月，梁王来朝。时上未置太子，与梁王宴饮，从容言曰："千秋万岁后传于王。"王辞谢，虽知非至言，然心内喜；太后亦然。詹事窦婴引卮酒进上曰："天下者，高祖之天下，父子相传，汉之约也。上何以得传梁王！"太后由此憎婴，婴因病免。太后除婴门籍，不得朝请。梁王以此益骄。

2　春，正月乙巳，赦。

3　长星出西方。

4　洛阳东宫灾。

5　初，孝文时，吴太子入见，得侍皇太子饮、博。吴太子博争道，不恭；皇太子引博局提吴太子，杀之。遣其丧归葬，至吴，吴王愠曰："天下同宗，死长安即葬长安，何必来葬为！"复遣丧之长安葬。吴王由此稍失藩臣之礼，称疾不朝。京师知其以子故，系治、验问吴使者；吴王恐，始有反谋。后使人为秋请，文帝复问之，使者对曰："王实不病；汉系治使者数辈，吴王恐，以故遂称病。夫'察见渊中鱼不祥'；唯上弃前过，与之更始。"于是文帝乃赦吴使者，归之，而赐吴王几杖，老，不朝。吴得释其罪，谋亦益解。然其居国，以铜、盐故，百姓无赋，卒践更，辄予平贾；岁时存问茂材，赏赐闾里；他郡国吏欲来捕亡人者，公共禁弗予。如此者四十馀年。

晁错数上书言吴过，可削；文帝宽，不忍罚，以此吴日益横。及帝即位，错说上曰："昔高帝初定天下，昆弟少，诸子弱，大封同姓，齐七十馀城，楚四十馀城，吴五十馀城，封三庶孽，分天下半。今吴王前有太子之郤，诈称病不朝，于古法当诛。文帝弗忍，因赐几杖，德至厚，当改过自新；反益骄溢，即山铸钱，煮海水为盐，诱天下亡人谋作乱。今削之亦反，不削亦反。削之，其反亟，祸小；不削，反迟，祸大。"上令公卿、列侯、宗室杂议，莫敢难；独窦婴争之，由此与错有郤。及楚王戊来朝，错因言："戊往年为薄太后服，私奸服舍，请诛之。"诏赦，削东海郡。及前年，赵王有罪，削其常山郡；胶西王卬以卖爵事有奸，削其六县。

廷臣方议削吴。吴王恐削地无已，因发谋举事；念诸侯无足与计者，闻胶西王勇，好兵，诸侯皆畏惮之，于是使中大夫应高口说胶西王曰："今者，主上任用邪臣，听信谗贼，侵削诸侯，诛罚良重，日以益甚。语有之曰：'狧糠及米。'吴与胶西，知名诸侯也，一时见察，不得安肆矣。吴王身有内疾，不能朝请二十馀年，常患见疑，无以自白，胁肩累足，犹惧不见释。窃闻大王以爵事有过。所闻诸侯削地，罪不至此；此恐不止削地而已！"王曰："有之。子将奈何？"高曰："吴王自以为与大王同忧，愿因时循理，弃躯以除患于天下，意亦可乎？"胶西王瞿然骇曰："寡人何敢如是！主上虽急，固有死耳，安得不事！"高曰："御史大夫晁错，营惑天子，侵夺诸侯。朝廷疾怨，诸侯皆有背叛之意，人事极矣。彗星出，蝗虫起，此万世一时；而愁劳，圣人所以起也。吴王内以晁错为诛，外从大王后车，方洋天下，所向者降，所指者下，莫敢不服。大王诚幸而许之一言，则吴王率楚王略函谷关，守荥阳、敖仓之粟，距汉兵，治次舍，须大王。大王幸而临之，则天下可并，两主分割，不亦可乎！"王曰："善！"归，报吴王，吴王犹恐其不果，乃身自为使者，至胶西面约之。胶西群臣或闻王谋，谏曰："诸侯地不能当汉十二，为叛逆以忧太后，非计也。今承一帝，尚云不易；假令事成，两主分争，患乃益生。"王不听，遂发使约齐、淄川、胶东、济南，皆许诺。

初，楚元王好书，与鲁申公、穆生、白生俱受诗于浮丘伯。及王楚，以三人为中大夫。穆生不耆酒，元王每置酒，常为穆生设醴。及子夷王、孙王戊即位，常设，后乃忘设焉。穆生退，曰："可以逝矣！醴酒不设，王之意怠；不去，楚人将钳我于市。"遂称疾卧。申公、白生强起之，曰："独不念先王之德与？今王一旦失小礼，何足至此！"穆生曰："易称：'知几其神乎！几者，动之微，吉凶之先见者也。君子见几而作，不俟终日。'先王之所以礼吾三人者，为道存也；今而忽之，是忘道也。忘道之人，胡可与久处，岂为区区之礼哉！"遂谢病去。申公、白生独留。王戊稍淫暴，太傅韦孟作诗讽谏，不听，亦去，居于邹。戊因坐削地事，遂与吴通谋。申公、白生谏戊，戊胥靡之，衣之赭衣，使雅舂于市。休侯富使人谏王。王曰："季父不吾与，我起，先取季父矣！"休侯惧，乃与母太夫人奔京师。

及削吴会稽、豫章郡书至，吴王遂先起兵，诛汉吏二千石以下；胶西、胶东、淄川、济南、楚、赵亦皆反。楚相张尚、太傅赵夷吾谏王戊，戊杀尚、夷吾。赵相建德、内史王悍谏王遂,遂烧杀建德、悍。齐王后悔,背约城守。济北王城坏未完,其郎中令劫守,王不得发兵。胶西王、胶东王为渠率,与淄川、济南共攻齐,围临淄。赵王遂发兵住其西界,欲待吴、楚俱进,北使匈奴与连兵。

吴王悉其士卒,下令国中曰:"寡人年六十二,身自将;少子年十四,亦为士卒先。诸年上与寡人同,下与少子等,皆发。"凡二十馀万人。南使闽、东越,闽、东越亦发兵从。吴王起兵于广陵,西涉淮,因并楚兵,发使遗诸侯书,罪状晁错,欲合兵诛之。吴、楚共攻梁,破棘壁,杀数万人;乘胜而前,锐甚。梁孝王遣将军击之,又败梁两军,士卒皆还走。梁王城守睢阳。

初,文帝且崩,戒太子曰:"即有缓急,周亚夫真可任将兵。"及七国反书闻,上乃拜中尉周亚夫为太尉,将三十六将军往击吴、楚,遣曲周侯郦寄击赵,将军栾布击齐;复召窦婴,拜为大将军,使屯荥阳监齐、赵兵。

初,晁错所更令三十章,诸侯欢哗。错父闻之,从颍川来,谓错曰:"上初即位,公为政用事,侵削诸侯,疏人骨肉,口语多怨,公何为也?"错曰:"固也;不如此,天子不尊,宗庙不安。"父曰:"刘氏安矣而晁氏危,吾去公归矣!"遂饮药死,曰:"吾不忍见祸逮身!"后十馀日,吴、楚七国俱反,以诛错为名。

上与错议出军事,错欲令上自将兵而身居守;又言:"徐、僮之旁吴所未下者,可以予吴。"错素与吴相袁盎不善,错所居坐,盎辄避,盎所居坐,错亦避;两人未尝同堂语。及错为御史大夫,使吏按盎受吴王财物,抵罪;诏赦以为庶人。吴、楚反,错谓丞、史曰:"袁盎多受吴王金钱,专为蔽匿,言不反;今果反,欲请治盎,宜知其计谋。"丞、史曰:"事未发,治之有绝;今兵西向,治之何益!且盎不宜有谋。"错犹与未决。人有告盎,盎恐,夜见窦婴,为言吴所以反,愿至前,口对状。婴入言,上乃召盎。盎入见,上方与错调兵食。上问盎:"今吴、楚反,于公意何如?"对曰:"不足忧也!"上曰:"吴王即山铸钱,煮海为盐,诱天下豪杰;白头举事,此其计不百全,岂发乎!何以言其无能为也?"对曰:"吴铜盐之利则有之,安得豪杰而诱之!诚令吴得豪杰,亦且辅而为谊,不反矣。吴所诱皆无赖子弟、亡命、铸钱奸人,故相诱以乱。"错曰:"盎策之善。"上曰:"计安出?"盎对曰:"愿屏左右。"上屏人,独错在;盎曰:"臣所言,人臣不得知。"乃屏错。错趋避东厢,甚恨。上卒问盎,对曰:"吴、楚相遗书,言高皇帝王子弟各有分地,今贼臣晁错擅适诸侯,削夺之地,以故反,欲西共诛错,复故地而罢。方今计独有斩错,发使赦吴、楚七国,复其故地,则兵可毋血刃而俱罢。"于是上默然良久,曰:"顾诚何如?吾不爱一人以谢天下。"盎曰:"愚计出此,唯上孰计之!"乃拜盎为太常,密装治行。后十馀日,上令丞相青、中尉嘉、廷尉欧劾奏错:"不称主上德信,欲疏群臣、百姓,又欲以城邑予吴,无臣子礼,大逆无道。错当要斩,父母、妻子、同产无少长皆弃市。"制曰:"可。"错殊不知。壬子,上使中尉召错,绐载行市,错衣朝衣斩东市。上乃使袁盎与吴王弟子宗正德侯通使吴。

　　谒者仆射邓公为校尉,上书言军事,见上,上问曰:"道军所来,闻晁错死,吴、楚罢不?"邓公曰:"吴为反数十岁矣;发怒削地,以诛错为名,其意不在错也。且臣恐天下之士钳口不敢复言矣。"上曰:"何哉?"邓公曰:"夫晁错患诸侯强大不可制,故请削之以尊京师,万世之利也。计画始行,卒受大戮,内杜忠臣之口,外为诸侯报仇,臣窃为陛下不取也。"于是帝喟然长息曰:"公言善,吾亦恨之!"

　　袁盎、刘通至吴,吴、楚兵已攻梁壁矣。宗正以亲故,先入见,谕吴王,令拜受诏。吴王闻袁盎来,知其欲说,笑而应曰:"我已为东帝,尚谁拜!"不肯见盎,而留军中,欲劫使将;盎不肯,使人围守,且杀之。盎得间,脱亡归报。

　　太尉亚夫言于上曰:"楚兵剽轻,难与争锋,愿以梁委之,绝其食道,乃可制也。"上许之。亚夫乘六乘传,将会兵荥阳。发至霸上,赵涉遮说亚夫曰:"吴王素富,怀辑死士久矣。此知将军且行,必置间人于殽、渑阨狭之间;且兵事上神密,将军何不从此右去,走蓝田,出武关,抵洛阳!间不过差一二日,直入武库,击鸣鼓。诸侯闻之,以为将军从天而下也。"太尉如其计,至洛阳,喜曰:"七国反,吾乘传至此,不自意全。今吾据荥阳,荥阳以东,无足忧者。"使吏搜殽、渑间,果得吴伏兵。乃请赵涉为护军。

　　太尉引兵东北走昌邑。吴攻梁急,梁数使使条侯求救,条侯不许;又使使诉条侯于上。上使告条侯救梁,亚夫不奉诏,坚壁不出;而使弓高侯等将轻骑兵出淮泗口,绝吴、楚兵后,塞其饷道。梁使中大夫韩安国及楚相张尚弟羽为将军;羽力战,安国持重,乃得颇败吴兵。吴兵欲西,梁城守,不敢西;即走条侯军,会下邑,欲战。条侯坚壁不肯战;吴粮绝卒饥,数挑战,终不出。条侯军中夜惊,内相攻击,扰乱至帐下,亚夫坚卧不起,顷之,复定。吴奔壁东南陬,亚夫使备西北,已而其精兵果奔西北,不得入。吴、楚士卒多饥死叛散,乃引而去。二月,亚夫出精兵追击,大破之。吴王濞弃其军,与壮士数千人夜亡走;楚王戊自杀。

吴王之初发也，吴臣田禄伯为大将军。田禄伯曰："兵屯聚而西，无他奇道，难以立功。臣愿得五万人，别循江、淮而上，收淮南、长沙，入武关，与大王会，此亦一奇也。"吴王太子谏曰："王以反为名，此兵难以借人，人亦且反王，奈何？且擅兵而别，多他利害，徒自损耳！"吴王即不许田禄伯。

吴少将桓将军说王曰："吴多步兵，步兵利险；汉多车骑，车骑利平地。愿大王所过城不下，直去，疾西据洛阳武库，食敖仓粟，阻山河之险以令诸侯，虽无入关，天下固已定矣。大王徐行留下城邑，汉军车骑至，驰入梁、楚之郊，事败矣。"吴王问诸老将，老将曰："此年少，椎锋可耳，安知大虑！"于是王不用桓将军计。

王专并将兵。兵未渡淮，诸宾客皆得为将、校尉、候、司马，独周丘不用。周丘者，下邳人，亡命吴，酤酒无行；王薄之，不任。周丘乃上谒，说王曰："臣以无能，不得待罪行间。臣非敢求有所将也，愿请王一汉节，必有以报。"王乃予之。周丘得节，夜驰入下邳；下邳时闻吴反，皆城守。至传舍，召令入户，使从者以罪斩令，遂召昆弟所善豪吏告曰："吴反，兵且至，屠下邳不过食顷；今先下，家室必完，能者封侯矣。"出，乃相告，下邳皆下。周丘一夜得三万人，使人报吴王，遂将其兵北略城邑；比至阳城，兵十余万，破阳城中尉军。闻吴王败走，自度无与共成功，即引兵归下邳，未至，疽发背死。

6　壬午晦，日有食之。

7　吴王之弃军亡也，军遂溃，往往稍降太尉条侯及梁军。吴王渡淮，走丹徒，保东越，兵可万余人，收聚亡卒。汉使人以利啖东越，东越即绐吴王出劳军，使人鏦杀吴王，盛其头，驰传以闻。吴太子驹亡走闽越。吴、楚反，凡三月，皆破灭，于是诸将乃以太尉谋为是；然梁王由此与太尉有隙。

三王之围临淄也，齐王使路中大夫告于天子。天子复令路中大夫还报，告齐王坚守："汉兵今破吴、楚矣。"路中大夫至，三国兵围临淄数重，无从入。三国将与路中大夫盟曰："若反言：'汉已破矣，齐趣下三国，不，且见屠。'"路中大夫既许，至城下，望见齐王曰："汉已发兵百万，使太尉亚夫击破吴、楚，方引兵救齐；齐必坚守无下！"三国将诛路中大夫。齐初围急，阴与三国通谋，约未定；会路中大夫从汉来，其大臣乃复劝王无下三国。会汉将栾布、平阳侯等兵至齐，击破三国兵。解围已，后闻齐初与三国有谋，将欲移兵伐齐。齐孝王惧，饮药自杀。

胶西、胶东、淄川王各引兵归国。胶西王徒跣、席藁、饮水谢太后。王太子德曰:"汉兵还,臣观之,已罢,可袭,愿收王馀兵击之!不胜而逃入海,未晚也。"王曰:"吾士卒皆已坏,不可用。"弓高侯韩颓当遗胶西王书曰:"奉诏诛不义:降者赦除其罪,复故;不降者灭之。王何处?须以从事。"王肉袒叩头,诣汉军壁谒曰:"臣卬奉法不谨,惊骇百姓,乃苦将军远道至于穷国,敢请菹醢之罪!"弓高侯执金鼓见之曰:"王苦军事,愿闻王发兵状。"王顿首膝行,对曰:"今者晁错天子用事臣,变更高皇帝法令,侵夺诸侯地。卬等以为不义,恐其败乱天下,七国发兵且诛错。今闻错已诛,卬等谨已罢兵归。"将军曰:"王苟以错为不善,何不以闻?及未有诏、虎符,擅发兵击义国?以此观之,意非徒欲诛错也。"乃出诏书,为王读之,曰:"王其自图!"王曰:"如卬等死有馀罪!"遂自杀,太后、太子皆死。胶东王、淄川王、济南王皆伏诛。

郦将军兵至赵,赵王引兵还邯郸城守。郦寄攻之,七月不能下。匈奴闻吴、楚败,亦不肯入边。栾布破齐还,并兵引水灌赵城;城坏,王遂自杀。

帝以齐首善,以迫劫有谋,非其罪也,召立齐孝王太子寿,是为懿王。

济北王亦欲自杀,幸全其妻子。齐人公孙玃谓济北王曰:"臣请试为大王明说梁王,通竟天子;说而不用,死未晚也。"公孙玃遂见梁王曰:"夫济北之地,东接强齐,南牵吴、越,北胁燕、赵。此四分五裂之国,权不足以自守,劲不足以捍寇,又非有奇怪云以待难也,虽坠言于吴,非其正计也。乡使济北见情实,示不从之端,则吴必先历齐,毕济北,招燕、赵而总之,如此,则山东之从结而无隙矣。今吴王连诸侯之兵,驱白徒之众,西与天子争衡;济北独底节不下,使吴失与而无助,跬步独进,瓦解土崩,破败而不救者,未必非济北之力也。夫以区区之济北而与诸侯争强,是以羔犊之弱而扞虎狼之敌也。守职不桡,可谓诚一矣。功义如此,尚见疑于上,胁肩低首,累足抚衿,使有自悔不前之心,非社稷之利也。臣恐藩臣守职者疑之!臣窃料之:能历西山,径长乐,抵未央,攘袂而正议者,独大王耳;上有全亡之功,下有安百姓之名,德沦于骨髓,恩加于无穷,愿大王留意详惟之!"孝王大说,使人驰以闻,济北王得不坐,徙封于淄川。

8　河间王太傅卫绾击吴、楚有功,拜为中尉。绾以中郎将事文帝,醇谨无他。上为太子时,召文帝左右饮,而绾称病不行。文帝且崩,属上曰:"绾长者,善遇之!"故上亦宠任焉。

9　夏,六月乙亥,诏:"吏民为吴王濞等所诖误当坐及逋逃亡军者,皆赦之。"

帝欲以吴王弟德哀侯广之子续吴,以楚元王子礼续楚。窦太后曰:

"吴王,老人也,宜为宗室顺善;今乃首率七国纷乱天下,奈何续其后!"不许吴,许立楚后。乙亥,徙淮阳王馀为鲁王;汝南王非为江都王,王故吴地;立宗正礼为楚王;立皇子端为胶西王,胜为中山王。

四年(戊子,前153)

1　春,复置关,用传出入。

2　夏,四月己巳,立子荣为皇太子,彻为胶东王。

3　六月,赦天下。

4　秋,七月,临江王阏薨。

5　冬,十月戊戌晦,日有食之。

6　初,吴、楚七国反,吴使者至淮南,淮南王欲发兵应之。其相曰:"王必欲应吴,臣愿为将。"王乃属之。相已将兵,因城守,不听王而为汉,汉亦使曲城侯将兵救淮南,以故得完。

吴使者至庐江,庐江王不应,而往来使越。至衡山,衡山王坚守无二心。及吴、楚已破,衡山王入朝。上以为贞信,劳苦之,曰:"南方卑湿。"徙王王于济北以褒之。庐江王以边越,数使使相交,徙为衡山王,王江北。

五年(己丑,前152)

1　春,正月,作阳陵邑。夏,募民徙阳陵,赐钱二十万。

2　遣公主嫁匈奴单于。

3　徙广川王彭祖为赵王。

4　济北贞王勃薨。

六年(庚寅,前151)

1　冬,十二月,雷,霖雨。

2　初,上为太子,薄太后以薄氏女为妃;及即位,为皇后,无宠。秋,九月,皇后薄氏废。

3　楚文王礼薨。

4　初,燕王臧荼有孙女曰臧儿,嫁为槐里王仲妻,生男信与两女而仲死;更嫁长陵田氏,生男蚡、胜。文帝时,臧儿长女为金王孙妇,生女俗。臧儿卜筮之,曰:"两女皆当贵。"臧儿乃夺金氏妇,金氏怒,不肯予决;内之太子宫,生男彻。彻方在身时,王夫人梦日入其怀。

及帝即位,长男荣为太子;其母栗姬,齐人也。长公主嫖欲以女嫁太子,栗姬以后宫诸美人皆因长公主见帝,故怒而不许;长公主欲与王夫人男彻,王夫人许之。由是长公主日谗栗姬而誉王夫人男之美;帝亦自贤之,又有暴者所梦日符,计未有所定。王夫人知帝嗛栗姬,因怒未解,阴使人趣大行请立栗姬为皇后。帝怒曰:"是而所宜言邪!"遂按诛大行。

七年(辛卯,前150)

1 冬,十一月己酉,废太子荣为临江王。太子太傅窦婴力争不能得,乃谢病免。栗姬恚恨而死。

2 庚寅晦,日有食之。

3 二月,丞相陶青免。乙巳,太尉周亚夫为丞相。罢太尉官。

4 夏,四月乙巳,立皇后王氏。

5 丁巳,立胶东王彻为皇太子。

6 是岁,以太仆刘舍为御史大夫,济南太守郅都为中尉。

始,都为中郎将,敢直谏。尝从入上林,贾姬如厕,野彘卒来入厕。上目都,都不行;上欲自持兵救贾姬。都伏上前曰:"亡一姬,复一姬进,天下所少,宁贾姬等乎!陛下纵自轻,奈宗庙、太后何!"上乃还,彘亦去。太后闻之,赐都金百斤,由此重都。都为人,勇悍公廉,不发私书,问遗无所受,请谒无所听。及为中尉,先严酷,行法不避贵戚;列侯、宗室见都,侧目而视,号曰"苍鹰"。

中元年(壬辰,前149)

1 夏,四月乙巳,赦天下。

2 地震。衡山原都雨雹,大者尺八寸。

二年(癸巳,前148)

1 春,二月,匈奴入燕。

2 三月,临江王荣坐侵太宗庙壖垣为宫,征诣中尉府对簿。临江王欲得刀笔,为书谢上,而中尉郅都禁吏不予;魏其侯使人间与临江王。临江王既为书谢上,因自杀。窦太后闻之,怒;后竟以危法中都而杀之。

3 夏,四月,有星孛于西北。

4 立皇子越为广川王,寄为胶东王。

5 秋,九月甲戌晦,日有食之。

6 初,梁孝王以至亲有功,得赐天子旌旗,从千乘万骑,出跸入警。

王宠信羊胜、公孙诡，以诡为中尉。胜、诡多奇邪计，欲使王求为汉嗣。栗太子之废也，太后意欲以梁王为嗣，尝因置酒谓帝曰："安车大驾，用梁王为寄。"帝跪席举身曰："诺。"罢酒，帝以访诸大臣，大臣袁盎等曰："不可。昔宋宣公不立子而立弟，以生祸乱，五世不绝。小不忍，害大义，故春秋大居正。"由是太后议格，遂不复言。王又尝上书："愿赐容车之地，径至长乐宫，自使梁国士众筑作甬道朝太后。"袁盎等皆建以为不可。

梁王由此怨袁盎及议臣，乃与羊胜、公孙诡谋，阴使人刺杀袁盎及他议臣十馀人。贼未得也，于是天子意梁；逐贼，果梁所为。上遣田叔、吕季主往按梁事，捕公孙诡、羊胜；诡、胜匿王后宫。使者十馀辈至梁，责二千石急。梁相轩丘豹及内史韩安国以下举国大索，月馀弗得。安国闻诡、胜匿王所，乃入见王而泣曰："主辱者臣死。大王无良臣，故纷纷至此。今胜、诡不得，请辞，赐死！"王曰："何至此！"安国泣数行下，曰："大王自度于皇帝，孰与临江王亲？"王曰："弗如也。"安国曰："临江王適长太子，以一言过，废王临江；用宫垣事，卒自杀中尉府。何者？治天下终不用私乱公。今大王列在诸侯，訹邪臣浮说，犯上禁，桡明法。天子以太后故，不忍致法于大王；太后日夜涕泣，幸大王自改，大王终不觉悟。有如太后宫车即晏驾，大王尚谁攀乎？"语未卒，王泣数行而下，谢安国曰："吾今出胜、诡。"王乃令胜、诡皆自杀，出之。上由此怨望梁王。

梁王恐，使邹阳入长安，见皇后兄王信说曰："长君弟得幸于上，后宫莫及，而长君行迹多不循道理者。今袁盎事即穷竟，梁王伏诛，太后无所发怒，切齿侧目于贵臣，窃为足下忧之。"长君曰："为之奈何？"阳曰："长君诚能精为上言之，得毋竟梁事，长君必固自结于太后，太后厚德长君入于骨髓，而长君之弟幸于两宫，金城之固也。昔者舜之弟象，日以杀舜为事，及舜立为天子，封之于有卑。夫仁人之于兄弟，无藏怒，无宿怨，厚亲爱而已。是以后世称之。以是说天子，徼幸梁事不奏。"长君曰："诺。"乘间入言之，帝怒稍解。

是时，太后忧梁事不食，日夜泣不止，帝亦患之。会田叔等按梁事来还，至霸昌厩，取火悉烧梁之狱辞，空手来见帝。帝曰："梁有之乎？"叔对曰："死罪！有之。"上曰："其事安在？"田叔曰："上毋以梁事为问也！"上曰："何也？"曰："今梁王不伏诛，是汉法不行也；伏法而太后食不甘味，卧不安席，此忧在陛下也。"上大然之，使叔等谒太后，且曰："梁王不知也；造为之者，独在幸臣羊胜、公孙诡之属为之耳，谨已伏诛死，梁王无恙也。"太后闻之，立起坐餐，气平复。

　　梁王因上书请朝。既至关,茅兰说王,使乘布车、从两骑入,匿于长公
主园。汉使使迎王,王已入关,车骑尽居外,不知王处。太后泣曰:"帝果
杀吾子!"帝忧恐。于是梁王伏斧质于阙下谢罪。太后、帝大喜,相泣,复
如故,悉召王从官入关。然帝益疏王,不与同车辇矣。帝以田叔为贤,擢
为鲁相。

三年(甲午,前147)

　　1　冬,十一月,罢诸侯御史大夫官。

　　2　夏,四月,地震。

　　3　旱,禁酤酒。

　　4　三月丁巳,立皇子乘为清河王。

　　5　秋,九月,蝗。

　　6　有星孛于西北。

　　7　戊戌晦,日有食之。

　　8　初,上废栗太子,周亚夫固争之,不得;上由此疏之。而梁孝王每
朝,常与太后言条侯之短。窦太后曰:"皇后兄王信可侯也。"帝让曰:
"始,南皮、章武,先帝不侯,及臣即位乃侯之;信未得封也。"窦太后曰:
"人生各以时行耳。自窦长君在时,竟不得侯,死后,其子彭祖顾得侯,吾
甚恨之!帝趣侯信也。"帝曰:"请得与丞相议之。"上与丞相议。亚夫曰:
"高皇帝约:'非刘氏不得王,非有功不得侯。'今信虽皇后兄,无功,侯之,
非约也。"帝默然而止。其后匈奴王徐卢等六人降,帝欲侯之以劝后。丞
相亚夫曰:"彼背主降陛下,陛下侯之,则何以责人臣不守节者乎?"帝曰:
"丞相议不可用。"乃悉封徐卢等为列侯。亚夫因谢病。九月戊戌,亚夫
免;以御史大夫桃侯刘舍为丞相。

四年(乙未,前146)

　　1　夏,蝗。

　　2　冬,十月戊午,日有食之。

五年(丙申,前145)

　　1　夏,立皇子舜为常山王。

　　2　六月丁巳,赦天下。

　　3　大水。

4　秋,八月己酉,未央宫东阙灾。

5　九月,诏:"诸狱疑,若虽文致于法而于人心不厌者,辄谳之。"

6　地震。

六年(丁酉,前144)

1　冬,十月,梁王来朝,上疏欲留;上弗许。王归国,意忽忽不乐。

2　十二月,改诸廷尉、将作等官名。

3　春,二月乙卯,上行幸雍,郊五畤。

4　三月,雨雪。

5　夏,四月,梁孝王薨。窦太后闻之,哭极哀,不食,曰:"帝果杀吾子!"帝哀惧,不知所为;与长公主计之,乃分梁为五国,尽立孝王男五人为王:买为梁王,明为济川王,彭离为济东王,定为山阳王,不识为济阴王;女五人皆食汤沐邑。奏之太后,太后乃说,为帝加一餐。孝王未死时,财以巨万计,及死,藏府馀黄金尚四十馀万斤,他物称是。

6　上既减笞法,笞者犹不全;乃更减笞三百曰二百,笞二百曰一百。又定箠令:箠长五尺,其本大一寸,竹也,末薄半寸,皆平其节。当笞者笞臀;毕一罪,乃更人。自是笞者得全。然死刑既重而生刑又轻,民易犯之。

7　六月,匈奴入雁门,至武泉,入上郡,取苑马;吏卒战死者二千人。陇西李广为上郡太守,尝从百骑出,遇匈奴数千骑,见广,以为诱骑,皆惊,上山陈。广之百骑皆大恐,欲驰还走。广曰:"吾去大军数十里,今如此以百骑走,匈奴追射我立尽。今我留,匈奴必以我为大军之诱,必不敢击我。"广令诸骑曰:"前!"未到匈奴阵二里所,止,令曰:"皆下马解鞍!"其骑曰:"虏多且近,即有急,奈何?"广曰:"彼虏以我为走;今皆解鞍以示不走,用坚其意。"于是胡骑遂不敢击。有白马将出,护其兵;李广上马,与十馀骑奔,射杀白马将而复还,至其骑中解鞍,令士皆纵马卧。是时会暮,胡兵终怪之,不敢击。夜半时,胡兵亦以为汉有伏军于旁,欲夜取之,胡皆引兵而去。平旦,李广乃归其大军。

8　秋,七月辛亥晦,日有食之。

9　自郅都之死,长安左右宗室多暴犯法。上乃召济南都尉南阳甯成为中尉。其治效郅都,其廉弗如;然宗室、豪杰皆人人惴恐。

10　城阳共王喜薨。

后元年(戊戌,前143)

1　春,正月,诏曰:"狱,重事也。人有智愚,官有上下。狱疑者谳有司;有司所不能决,移廷尉;谳而后不当,谳者不为失。欲令治狱者务先宽。"

2　三月,赦天下。

3　夏,大酺五日,民得酤酒。

4　五月丙戌,地震。上庸地震二十二日,坏城垣。

5　秋,七月丙午,丞相舍免。

6　乙巳晦,日有食之。

7　八月壬辰,以御史大夫卫绾为丞相,卫尉南阳直不疑为御史大夫。初,不疑为郎,同舍有告归,误持其同舍郎金去。已而同舍郎觉亡,意不疑;不疑谢有之,买金偿。后告归者至而归金,亡金郎大惭。以此称为长者,稍迁至中大夫。人或廷毁不疑,以为盗嫂。不疑闻,曰:"我乃无兄。"然终不自明也。

8　帝居禁中,召周亚夫赐食,独置大胾,无切肉,又不置箸。亚夫心不平,顾谓尚席取箸。上视而笑曰:"此非不足君所乎?"亚夫免冠谢上,上曰:"起!"亚夫因趋出。上目送之曰:"此鞅鞅,非少主臣也。"

居无何,亚夫子为父买工官尚方甲盾五百被,可以葬者。取庸苦之,不与钱。庸知其盗买县官器,怨而上变,告子,事连污亚夫。书既闻,上下吏。吏簿责亚夫,亚夫不对。上骂之曰:"吾不用也!"召诣廷尉。廷尉责问曰:"君侯欲反何?"亚夫曰:"臣所买器,乃葬器也,何谓反乎?"吏曰:"君纵不欲反地上,即欲反地下耳!"吏侵之益急。初,吏捕亚夫,亚夫欲自杀,其夫人止之,以故不得死,遂入廷尉。因不食五日,欧血而死。

9　是岁,济阴哀王不识薨。

二年(己亥,前142)

1　春,正月,地一日三动。

2　三月,匈奴入雁门,太守冯敬与战,死。发车骑、材官屯雁门。

3　春,以岁不登,禁内郡食马粟;没入之。

4　夏,四月,诏曰:"雕文刻镂,伤农事者也;锦绣纂组,害女工者也。农事伤则饥之本,女工害则寒之原也。夫饥寒并至而能亡为非者寡矣。朕亲耕,后亲桑,以奉宗庙粢盛、祭服,为天下先;不受献,减太官,省繇赋,欲天下务农蚕,素有蓄积,以备灾害。强毋攘弱,众毋暴寡;老者以寿终,幼孤得遂长。今岁或不登,民食颇寡,其咎安在? 或诈伪为吏,以货赂为市,渔夺百姓,侵牟万民。县丞,长吏也;奸法与盗盗,甚无谓也! 其令二千石各修其职;不事官职、耗乱者,丞相以闻,请其罪。布告天下,使明知朕意。"

5　五月,诏算赀四得官。

6　秋,大旱。

三年(庚子,前141)

1　冬,十月,日月皆食,赤五日。

2　十二月晦,雷;日如紫;五星逆行守太微;月贯天廷中。

3　春,正月,诏曰:"农,天下之本也。黄金、珠、玉,饥不可食,寒不可衣,以为币用,不识其终始。间岁或不登,意为末者众,农民寡也。其令郡国务劝农桑,益种树,可得衣食物。吏发民若取庸采黄金、珠、玉者,坐赃为盗。二千石听者,与同罪。"

4　甲寅,皇太子冠。

5　甲子,帝崩于未央宫。太子即皇帝位,年十六。尊皇太后为太皇太后,皇后为皇太后。

6　二月癸酉,葬孝景皇帝于阳陵。

7　三月,封皇太后同母弟田蚡为武安侯,胜为周阳侯。

　　班固赞曰:孔子称:"斯民也,三代之所以直道而行也。"信哉! 周、秦之敝,罔密文峻,而奸轨不胜。汉兴,扫除烦苛,与民休息。至于孝文,加之以恭俭;孝景遵业。五六十载之间,至于移风易俗,黎民醇厚。周云成、康,汉言文、景,美矣!

8　汉兴,接秦之弊,作业剧而财匮,自天子不能具钧驷,而将相或乘牛车,齐民无藏盖。天下已平,高祖乃令贾人不得衣丝、乘车,重租税以困辱之。孝惠、高后时,为天下初定,复弛商贾之律;然市井之子孙,亦不得仕宦为吏。量吏禄,度官用,以赋于民。而山川、园池、市井租税之入,自天子以至于封君汤沐邑,皆各为私奉养焉,不领于天子之经费。漕转山东粟以给中都官,岁不过数十万石。继以孝文、孝景,清净恭俭,安养天下,七十馀年之间,国家无事,非遇水旱之灾,民则人给家足。都鄙廪庾皆满,而府库馀货财;京师之钱累巨万,贯朽而不可校;太仓之粟陈陈相因,充溢露积于外,至腐败不可食。众庶街巷有马,而阡陌之间成群,乘字牝者摈而不得聚会。守闾阎者食粱肉;为吏者长子孙,居官者以为姓号。故人人自爱而重犯法,先行义而后绌辱焉。当此之时,罔疏而民富,役财骄溢,或至兼并；豪党之徒，以武断于乡曲。宗室有土，公、卿、大夫以下，争于奢侈，室庐、舆服僭于上，无限度。物盛而衰，固其变也；自是之后，孝武内穷侈靡，外攘夷狄，天下萧然，财力耗矣！

资治通鉴卷第十七

汉纪九

世宗孝武皇帝上之上

建元元年（辛丑，前140）

1　冬，十月，诏举贤良方正直言极谏之士，上亲策问以古今治道，对者百馀人。广川董仲舒对曰："道者，所繇适于治之路也，仁、义、礼、乐，皆其具也。故圣王已没，而子孙长久，安宁数百岁，此皆礼乐教化之功也。夫人君莫不欲安存，而政乱国危者甚众；所任者非其人而所繇者非其道，是以政日以仆灭也。夫周道衰于幽、厉，非道亡也，幽、厉不繇也。至于宣王，思昔先王之德，兴滞补敝，明文、武之功业，周道粲然复兴，此夙夜不懈行善之所致也。

孔子曰：'人能弘道，非道弘人。'故治乱废兴在于己，非天降命，不可得反；其所操持悖谬，失其统也。为人君者，正心以正朝廷，正朝廷以正百官，正百官以正万民，正万民以正四方。四方正，远近莫敢不壹于正，而亡有邪气奸其间者，是以阴阳调而风雨时，群生和而万民殖，诸福之物，可致之祥，莫不毕至，而王道终矣！

孔子曰：'凤鸟不至，河不出图，吾已矣夫！'自悲可致此物，而身卑贱不得致也。今陛下贵为天子，富有四海，居可致之位，操可致之势，又有能致之资；行高而恩厚，知明而意美，爱民而好士，可谓谊主矣。然而天地未应而美祥莫至者，何也？凡以教化不立而万民不正也。夫万民之从利也，如水之走下，不以教化堤防之，不能止也。古之王者明于此，故南面而治天下，莫不以教化为大务。立太学以教于国，设庠序以化于邑，渐民以仁，摩民以谊，节民以礼，故其刑罚甚轻而禁不犯者，教化行而习俗美也。圣王之继乱世也，扫除其迹而悉去之，复修教化而崇起之；教化已明，习俗已成，子孙循之，行五六百岁尚未败也。秦灭先圣之道，为苟且之治，故立十四年而亡，其遗毒馀烈至今未灭，使习俗薄恶，人民嚚顽，抵冒殊扞，熟烂如此之甚者也。窃譬之：琴瑟不调，甚者必解而更张之，乃可鼓也；为政而不行,甚者必变而更化之,乃可理也。故汉得天下以来,常欲治而至今不可善治者,失之于当更化而不更化也。

臣闻圣王之治天下也,少则习之学,长则材诸位,爵禄以养其德,刑罚以威其恶,故民晓于礼谊而耻犯其上。武王行大谊,平残贼,周公作礼乐以文之;至于成、康之隆,图圄空虚四十馀年:此亦教化之渐而仁谊之流,非独伤肌肤之效也。至秦则不然。师申、商之法,行韩非之说,憎帝王之道,以贪狼为俗,诛名而不察实,为善者不必免而犯恶者未必刑也。是以百官皆饰虚辞而不顾实,外有事君之礼,内有背上之心,造伪饰诈,趋利无耻;是以刑者甚众,死者相望,而奸不息,俗化使然也。今陛下并有天下,莫不率服,而功不加于百姓者,殆王心未加焉。曾子曰:'尊其所闻,则高明矣;行其所知,则光大矣。高明光大,不在于他,在乎加之意而已。'愿陛下因用所闻,设诚于内而致行之,则三王何异哉!

夫不素养士而欲求贤,譬犹不琢玉而求文采也。故养士之大者,莫大乎太学;太学者,贤士之所关也,教化之本原也。今以一郡、一国之众对,亡应书者,是王道往往而绝也。臣愿陛下兴太学,置明师,以养天下之士,数考问以尽其材,则英俊宜可得矣。今之郡守、县令,民之师帅,所使承流而宣化也;故师帅不贤,则主德不宣,恩泽不流。今吏既亡教训于下,或不承用主上之法,暴虐百姓,与奸为市,贫穷孤弱,冤苦失职,甚不称陛下之意;是以阴阳错缪,氛气充塞,群生寡遂,黎民未济,皆长吏不明使至于此也!

夫长吏多出于郎中、中郎、吏二千石子弟,选郎吏又以富訾,未必贤也。且古所谓功者,以任官称职为差,非谓积日累久也;故小材虽累日,不离于小官,贤材虽未久,不害为辅佐,是以有司竭力尽知,务治其业而以赴功。今则不然。累日以取贵,积久以致官,是以廉耻贸乱,贤不肖浑淆,未得其真。臣愚以为使诸列侯、郡守、二千石各择其吏民之贤者,岁贡各二人以给宿卫,且以观大臣之能;所贡贤者,有赏,所贡不肖者,有罚。夫如是,诸吏二千石皆尽心于求贤,天下之士可得而官使也。遍得天下之贤人,则三王之盛易为而尧、舜之名可及也。毋以日月为功,实试贤能为上,量材而授官,录德而定位,则廉耻殊路,贤不肖异处矣!

臣闻众少成多,积小致巨,故圣人莫不以晻致明,以微致显;是以尧发于诸侯,舜兴乎深山,非一日而显也,盖有渐以致之矣。言出于己,不可塞也;行发于身,不可掩也;言行,治之大者,君子之所以动天地也。故尽小者大,慎微者著;积善在身,犹长日加益而人不知也;积恶在身,犹火销膏而人不见也；此唐、虞之所以得令名而桀、纣之可为悼惧者也。

夫乐而不乱，复而不厌者，谓之道。道者，万世亡敝；敝者，道之失也。先王之道，必有偏而不起之处，故政有眊而不行，举其偏者以补其敝而已矣。三王之道，所祖不同，非其相反，将以救溢扶衰，所遭之变然也。故孔子曰：‘无为而治者其舜乎！’改正朔，易服色，以顺天命而已；其馀尽循尧道，何更为哉！故王者有改制之名，亡变道之实。然夏尚忠，殷尚敬，周尚文者，所继之救当用此也。孔子曰：‘殷因于夏礼，所损益可知也，周因于殷礼，所损益可知也，其或继周者，虽百世可知也。’此言百王之用，以此三者矣。夏因于虞，而独不言所损益者，其道一而所上同也。道之大原出于天，天不变，道亦不变，是以禹继舜，舜继尧，三圣相受而守一道，亡救敝之政也，故不言其所损益也。繇是观之，继治世者其道同，继乱世者其道变。

今汉继大乱之后，若宜少损周之文致，用夏之忠者。夫古之天下，亦今之天下，共是天下，以古准今，壹何不相逮之远也！安所缪盩而陵夷若是？意者有所失于古之道与，有所诡于天之理与？

夫天亦有所分予：予之齿者去其角，傅其翼者两其足，是所受大者不得取小也。古之所予禄者，不食于力，不动于末，是亦受大者不得取小，与天同意者也。夫已受大，又取小，天不能足，而况人乎！此民之所以嚣嚣苦不足也。身宠而载高位，家温而食厚禄，因乘富贵之资力以与民争利于下，民安能如之哉！民日削月朘，浸以大穷。富者奢侈羡溢，贫者穷急愁苦；民不乐生，安能避罪！此刑罚之所以蕃而奸邪不可胜者也。天子大夫者，下民之所视效，远方之所四面而内望也；近者视而放之，远者望而效之，岂可以居贤人之位而为庶人行哉！夫皇皇求财利，常恐乏匮者，庶人之意也；皇皇求仁义，常恐不能化民者，大夫之意也。易曰：‘负且乘，致寇至。’乘车者，君子之位也；负担者，小人之事也；此言居君子之位而为庶人之行者，患祸必至也。若居君子之位，当君子之行，则舍公仪休之相鲁，无可为者矣。

春秋大一统者，天地之常经，古今之通谊也。今师异道，人异论，百家殊方，指意不同，是以上无以持一统，法制数变，下不知所守。臣愚以为诸不在六艺之科、孔子之术者，皆绝其道，勿使并进，邪辟之说灭息，然后统纪可一而法度可明，民知所从矣！”

天子善其对，以仲舒为江都相。会稽庄助亦以贤良对策，天子擢为中大夫。丞相卫绾奏：“所举贤良，或治申、韩、苏、张之言乱国政者，请皆

罢。"奏可。董仲舒少治春秋,孝景时为博士,进退容止,非礼不行,学者
皆师尊之。及为江都相,事易王。易王,帝兄,素骄,好勇。仲舒以礼匡
正,王敬重焉。

2　春,二月,赦。

3　行三铢钱。

4　夏,六月,丞相卫绾免。丙寅,以魏其侯窦婴为丞相,武安侯田蚡
为太尉。上雅向儒术,婴、蚡俱好儒,推毂代赵绾为御史大夫,兰陵王臧为
郎中令。绾请立明堂以朝诸侯,且荐其师申公。秋,天子使使束帛加璧、
安车驷马以迎申公。既至,见天子。天子问治乱之事,申公年八十馀,对
曰:"为治者不至多言,顾力行何如耳!"是时,天子方好文词,见申公对,
默然;然已招致,则以为太中大夫,舍鲁邸,议明堂、巡狩、改历、服色事。

5　是岁,内史宁成抵罪髡钳。

二年(壬寅,前139)

1　冬,十月,淮南王安来朝。上以安属为诸父而材高,甚尊重之,每
宴见谈语,昏暮然后罢。

安雅善武安侯田蚡,其入朝,武安侯迎之霸上,与语曰:"上无太子,
王亲高皇帝孙,行仁义,天下莫不闻。宫车一日晏驾,非王尚谁立者!"安
大喜,厚遗蚡金钱财物。

2　太皇窦太后好黄、老言,不悦儒术。赵绾请毋奏事东宫。窦太后
大怒曰:"此欲复为新垣平邪!"阴求得赵绾、王臧奸利事,以让上;上因废
明堂事,诸所兴为皆废。下绾、臧吏,皆自杀;丞相婴、太尉蚡免,申公亦以
疾免归。

初,景帝以太子太傅石奋及四子皆二千石,乃集其门,号奋为"万石
君"。万石君无文学,而恭谨无与比。子孙为小吏,来归谒,万石君必朝
服见之,不名。子孙有过失,不责让,为便坐,对案不食;然后诸子相责,因
长老肉袒谢罪,改之,乃许。子孙胜冠者在侧,虽燕居必冠。其执丧,哀戚
甚悼。子孙遵教,皆以孝谨闻乎郡国。及赵绾、王臧以文学获罪,窦太后
以为儒者文多质少;今万石君家不言而躬行,乃以其长子建为郎中令,少
子庆为内史。建在上侧,事有可言,屏人恣言极切,至廷见,如不能言者,
上以是亲之。庆尝为太仆,御出,上问车中几马,庆以策数马毕,举手曰:
"六马。"庆于诸子中最为简易矣。

窦婴、田蚡既免,以侯家居。蚡虽不任职,以王太后故亲幸,数言事多

效；士吏趋势利者，皆去婴而归蚡，蚡日益横。

　　3　春，二月丙戌朔，日有食之。

　　4　三月乙未，以太常柏至侯许昌为丞相。

　　5　初，堂邑侯陈午尚帝姑馆陶公主嫖。帝之为太子，公主有力焉；以其女为太子妃。及即位，妃为皇后。窦太主恃功，求请无厌，上患之。皇后骄妒，擅宠而无子，与医钱凡九千万，欲以求子，然卒无之；后宠浸衰。皇太后谓上曰："汝新即位，大臣未服，先为明堂，太皇太后已怒；今又忤长主，必重得罪。妇人性易悦耳，宜深慎之！"上乃于长主、皇后复稍加恩礼。

　　上被霸上，还，过上姊平阳公主，悦讴者卫子夫。子夫母卫媪，平阳公主家僮也；主因奉送子夫入宫，恩宠日隆。陈皇后闻之，恚，几死者数矣；上愈怒。

　　子夫同母弟卫青，其父郑季，本平阳县吏，给事侯家，与卫媪私通而生青，冒姓卫氏。青长，为侯家骑奴。大长公主执囚青，欲杀之；其友骑郎公孙敖与壮士篡取之。上闻，乃召青为建章监、侍中，赏赐数日间累千金。既而以子夫为夫人，青为太中大夫。

　　6　夏，四月，有星如日，夜出。

　　7　初置茂陵邑。

　　8　时大臣议者多冤晁错之策，务摧抑诸侯王，数奏暴其过恶，吹毛求疵，笞服其臣，使证其君；诸侯王莫不悲怨。

三年（癸卯，前138）

　　1　冬，十月，代王登、长沙王发、中山王胜、济川王明来朝。上置酒，胜闻乐声而泣。上问其故，对曰："悲者不可为累欷，思者不可为叹息。今臣心结日久，每闻幼眇之声，不知涕泣之横集也。臣得蒙肺附为东藩，属又称兄。今群臣非有葭莩之亲、鸿毛之重，群居党议，朋友相为，使夫宗室摈却，骨肉冰释，臣窃伤之！"具以吏所侵闻。于是上乃厚诸侯之礼，省有司所奏诸侯事，加亲亲之恩焉。

　　2　河水溢于平原。

　　3　大饥，人相食。

　　4　秋，七月，有星孛于西北。

　　5　济川王明坐杀中傅，废迁房陵。

　　6　七国之败也，吴王子驹亡走闽越，怨东瓯杀其父，常劝闽越击东瓯。闽粤从之，发兵围东瓯，东瓯使人告急天子。天子问田蚡，蚡对曰：
"越人相攻击，固其常；又数反覆，自秦时弃不属，不足以烦中国往救也。"
庄助曰："特患力不能救，德不能覆；诚能，何故弃之！且秦举咸阳而弃之，
何但越也！今小国以穷困来告急，天子不救，尚安所愬；又何以子万国
乎！"上曰："太尉不足与计。吾新即位，不欲出虎符发兵郡国。"乃遣助以
节发兵会稽。会稽守欲距法不为发，助乃斩一司马，谕意指，遂发兵浮海
救东瓯。未至，闽越引兵罢。东瓯请举国内徙，乃悉举其众来，处于江、淮
之间。

7　九月丙子晦，日有食之。

8　上自初即位，招选天下文学材智之士，待以不次之位。四方士多
上书言得失，自眩鬻者以千数，上简拔其俊异者宠用之。庄助最先进；后
又得吴人朱买臣、赵人吾丘寿王、蜀人司马相如、平原东方朔、吴人枚皋、
济南终军等，并在左右，每令与大臣辨论，中外相应以义理之文，大臣数屈
焉。然相如特以辞赋得幸；朔、皋不根持论，好诙谐，上以俳优畜之，虽数
赏赐，终不任以事也。朔亦观上颜色，时时直谏，有所补益。

是岁，上始为微行，北至池阳，西至黄山，南猎长杨，东游宜春，与左右
能骑射者期诸殿门。常以夜出，自称平阳侯；旦明，入南山下，射鹿、豕、
狐、兔，驰骛禾稼之地，民皆号呼骂詈。鄠、杜令欲执之，示以乘舆物，乃得
免。又尝夜至柏谷，投逆旅宿，就逆旅主人求浆，主人翁曰："无浆，正有
溺耳！"且疑上为奸盗，聚少年欲攻之，主人妪睹上状貌而异之，止其翁曰：
"客非常人也；且又有备，不可图也。"翁不听，妪饮翁以酒，醉而缚之。少
年皆散走，妪乃杀鸡为食以谢客。明日，上归，召妪，赐金千斤，拜其夫为
羽林郎。后乃私置更衣，从宣曲以南十二所，夜投宿长杨、五柞等诸宫。

上以道远劳苦，又为百姓所患，乃使太中大夫吾丘寿王举籍，阿城以
南，盩厔以东，宜春以西，提封顷亩，及其贾直，欲除以为上林苑，属之南
山。又诏中尉、左右内史表属县草田，欲以偿鄠、杜之民。寿王奏事，上大
说称善。时东方朔在傍，进谏曰："夫南山，天下之阻也。汉兴，去三河之
地，止霸、浐以西，都泾、渭之南，此所谓天下陆海之地，秦之所以虏西戎、
兼山东者也。其山出玉石、金、银、铜、铁、良材，百工所取给，万民所卬足
也。又有粳、稻、梨、栗、桑、麻、竹箭之饶，土宜姜、芋，水多蛙、鱼，贫者得
以人给家足，无饥寒之忧。故丰、镐之间，号为土膏，其贾亩一金。今规以
为苑，绝陂池水泽之利而取民膏腴之地，上乏国家之用，下夺农桑之业，是
其不可一也。盛荆棘之林，广狐菟之苑，大虎、狼之虚，坏人冢墓，发人室

庐,令幼弱怀土而思,耆老泣涕而悲,是其不可二也。斥而营之,垣而囿
之,骑驰东西,车骛南北,有深沟大渠。夫一日之乐,不足以危无堤之舆,
是其不可三也。夫殷作九市之宫而诸侯畔,灵王起章华之台而楚民散,秦
兴阿房之殿而天下乱。粪土愚臣,逆盛意,罪当万死!"上乃拜朔为太中
大夫、给事中,赐黄金百斤。然遂起上林苑,如寿王所奏。

　　上又好自击熊、豕,驰逐野兽。司马相如上疏谏曰:"臣闻物有同类
而殊能者,故力称乌获,捷言庆忌,勇期贲、育。臣之愚,窃以为人诚有之,
兽亦宜然。今陛下好陵阻险,射猛兽,卒然遇逸材之兽,骇不存之地,犯属
车之清尘,舆不及还辕,人不暇施巧,虽有乌获、逢蒙之技不得用,枯木朽
株,尽为难矣。是胡、越起于毂下而羌、夷接轸也,岂不殆哉! 虽万全而无
患,然本非天子之所宜近也。且夫清道而后行,中路而驰,犹时有衔橛之
变;况乎涉丰草,骋丘墟,前有利兽之乐而内无存变之意,其为害也不难
矣。夫轻万乘之重不以为安,乐出万有一危之涂以为娱,臣窃为陛下不
取。盖明者远见于未萌而知者避危于无形,祸固多藏于隐微而发于人之
所忽者也。故鄙谚曰:'家累千金,坐不垂堂。'此言虽小,可以谕大。"上
善之。

四年(甲辰,前137)

　1　夏,有风赤如血。

　2　六月,旱。

　3　秋,九月,有星孛于东北。

　4　是岁,南越王佗死,其孙文王胡立。

五年(乙巳,前136)

　1　春,罢三铢钱,行半两钱。

　2　置五经博士。

　3　夏,五月,大蝗。

　4　秋,八月,广川惠王越、清河哀王乘皆薨,无后,国除。

六年(丙午,前135)

　1　春,二月乙未,辽东高庙灾。

　2　夏,四月壬子,高园便殿火;上素服五日。

　3　五月丁亥,太皇太后崩。

4 六月癸巳,丞相昌免;武安侯田蚡为丞相。蚡骄侈:治宅甲诸第,田园极膏腴;市买郡县物,相属于道;多受四方赂遗;其家金玉、妇女、狗马、声乐、玩好,不可胜数。每入奏事,坐语移日,所言皆听;荐人或起家至二千石,权移主上。上乃曰:"君除吏已尽未? 吾亦欲除吏。"尝请考工地益宅,上怒曰:"君何不遂取武库!"是后乃稍退。

5 秋,八月,有星孛于东方,长竟天。

6 闽越王郢兴兵击南越边邑;南越王守天子约,不敢擅兴兵,使人上书告天子。于是天子多南越义,大为发兵,遣大行王恢出豫章,大农令韩安国出会稽,击闽越。

淮南王安上书谏曰:"陛下临天下,布德施惠,天下摄然,人安其生,自以没身不见兵革。今闻有司举兵将以诛越,臣安窃为陛下重之。

越,方外之地,剪发文身之民也,不可以冠带之国法度理也。自三代之盛,胡、越不与受正朔,非强勿能服,威弗能制也;以为不居之地,不牧之民,不足以烦中国也。自汉初定以来七十二年,越人相攻击者不可胜数,然天子未尝举兵而入其地也。臣闻越非有城郭邑里也,处溪谷之间,篁竹之中,习于水斗,便于用舟,地深昧而多水险;中国之人不知其势阻而入其地,虽百不当其一。得其地,不可郡县也,攻之,不可暴取也。以地图察其山川要塞,相去不过寸数,而间独数百千里,险阻、林丛弗能尽著;视之若易,行之甚难。天下赖宗庙之灵,方内大宁,戴白之老不见兵革,民得夫妇相守,父子相保,陛下之德也。越人名为藩臣,贡酎之奉不输大内,一卒之用不给上事;自相攻击,而陛下发兵救之,是反以中国而劳蛮夷也!且越人愚戆轻薄,负约反覆,其不用天子之法度,非一日之积也。壹不奉诏,举兵诛之,臣恐后兵革无时得息也。

间者,数年岁比不登,民待卖爵、赘子以接衣食。赖陛下德泽振救之,得毋转死沟壑;四年不登,五年复蝗,民生未复。今发兵行数千里,资衣粮,入越地,舆轿而隃领,拖舟而入水,行数百千里,夹以深林丛竹,水道上下击石;林中多蝮蛇、猛兽,夏月暑时,欧泄霍乱之病相随属也;曾未施兵接刃,死伤者必众矣。前时南海王反,陛下先臣使将军间忌将兵击之,以其军降,处之上淦。后复反,会天暑多雨,楼船卒水居击棹,未战而疾死者过半;亲老涕泣,孤子啼号,破家散业,迎尸千里之外,裹骸骨而归。悲哀之气,数年不息,长老至今以为记,曾未入其地而祸已至此矣。陛下德配天地,明象日月,恩至禽兽,泽及草木,一人有饥寒不终其天年而死者,为之凄怆于心。今方内无狗吠之警,而使陛下甲卒死亡,暴露中原,沾渍山谷,边境之民为之早闭晏开,朝不及夕,臣安窃为陛下重之。

不习南方地形者,多以越为人众兵强,能难边城。淮南全国之时,多为边吏,臣窃闻之,与中国异;限以高山,人迹绝,车道不通,天地所以隔外内也。其入中国,必下领水,领水之山峭峻,漂石破舟,不可以大船载食粮下也。越人欲为变,必先田馀干界中,积食粮,乃入,伐材治船。边城守候诚谨,越人有入伐材者,辄收捕,焚其积聚,虽百越,奈边城何!且越人绵力薄材,不能陆战,又无车骑、弓弩之用,然而不可入者,以保地险,而中国之人不耐其水土也。臣闻越甲卒不下数十万,所以入之,五倍乃足,挽车奉饷者不在其中。南方暑湿,近夏瘅热,暴露水居,蝮蛇蠚生,疾疢多作,兵未血刃而病死者什二三,虽举越国而虏之,不足以偿所亡。

臣闻道路言:闽越王弟甲弑而杀之,甲以诛死,其民未有所属。陛下若欲来,内处之中国,使重臣临存,施德垂赏以招致之,此必携幼、扶老以归圣德。若陛下无所用之,则继其绝世,存其亡国,建其王侯,以为畜越,此必委质为藩臣,世共贡职。陛下以方寸之印,丈二之组,填抚方外,不劳一卒,不顿一戟,而威德并行。今以兵入其地,此必震恐,以有司为欲屠灭之也,必雉兔逃,入山林险阻。背而去之,则复相群聚;留而守之,历岁经年,则士卒罢倦,食粮乏绝,民苦兵事,盗贼必起。臣闻长老言:秦之时,尝使尉屠睢击越,又使监禄凿渠通道,越人逃入深山林丛,不可得攻,留军屯守空地,旷日引久,士卒劳倦;越出击之,秦兵大败,乃发谪戍以备之。当此之时,外内骚动,皆不聊生,亡逃相从,群为盗贼,于是山东之难始兴。兵者凶事,一方有急,四面皆耸。臣恐变故之生、奸邪之作由此始也。

臣闻天子之兵有征而无战,言莫敢校也。如使越人蒙徼幸以逆执事之颜行,厮舆之卒有一不备而归者,虽得越王之首,臣犹窃为大汉羞之。陛下以四海为境,生民之属,皆为臣妾,垂德惠以覆露之,使安生乐业,则泽被万世,传之子孙,施之无穷,天下之安,犹泰山而四维之也;夷狄之地,何足以为一日之闲而烦汗马之劳乎!诗云:‘王犹允塞,徐方既来。’言王道甚大而远方怀之也。臣安窃恐将吏之以十万之师为一使之任也!”

是时,汉兵遂出,未隃领,闽越王郢发兵距险。其弟馀善乃与相、宗族谋曰:“王以擅发兵击南越不请,故天子兵来诛。汉兵众强,即幸胜之,后来益多,终灭国而止。今杀王以谢天子,天子听罢兵,固国完;不听,乃力战;不胜,即亡入海。”皆曰:“善!”即鏦杀王,使使奉其头致大行。大行曰:“所为来者,诛王。今王头至,谢罪;不战而殒,利莫大焉。”乃以便宜

案兵,告大农军,而使使奉王头驰报天子。诏罢两将兵,曰:"郢等首恶,
独无诸孙繇君丑不与谋焉。"乃使中郎将立丑为越繇王,奉闽越先祭祀。
馀善已杀郢,威行于国,国民多属,窃自立为王,繇王不能制。上闻之,为
馀善不足复兴师,曰:"馀善数与郢谋乱,而后首诛郢,师得不劳。"因立馀
善为东越王,与繇王并处。

上使庄助谕意南越。南越王胡顿首曰:"天子乃为臣兴兵讨闽越,死
无以报德!"遣太子婴齐入宿卫,谓助曰:"国新被寇,使者行矣,胡方日夜
装,入见天子。"助还,过淮南,上又使助谕淮南王安以讨越事,嘉答其意,
安谢不及。助既去南越,南越大臣皆谏其王曰:"汉兴兵诛郢,亦行以惊
动南越。且先王昔言:'事天子期无失礼。'要之,不可以说好语入见,则
不得复归,亡国之势也。"于是胡称病,竟不入见。

7　是岁,韩安国为御史大夫。

8　东海太守濮阳汲黯为主爵都尉。始,黯为谒者,以严见惮。东越
相攻,上使黯往视之;不至,至吴而还,报曰:"越人相攻,固其俗然,不足以
辱天子之使。"河内失火,延烧千馀家,上使黯往视之;还,报曰:"家人失
火,屋比延烧,不足忧也。臣过河南,河南贫人伤水旱万馀家,或父子相
食,臣谨以便宜,持节发河南仓粟以振贫民。臣请归节,伏矫制之罪。"上
贤而释之。其在东海,治官理民,好清静,择丞、史任之,责大指而已,不苛
小。黯多病,卧闺阁内不出;岁馀,东海大治,称之。上闻,召为主爵都尉,
列于九卿。其治务在无为,引大体,不拘文法。

黯为人,性倨少礼,面折,不能容人之过。时天子方招文学儒者,上
曰:"吾欲云云。"黯对曰:"陛下内多欲而外施仁义,奈何欲效唐、虞之治
乎!"上默然,怒,变色而罢朝,公卿皆为黯惧。上退,谓左右曰:"甚矣汲
黯之戆也!"群臣或数黯,黯曰:"天子置公卿辅弼之臣,宁令从谀承意,陷
主于不义乎!且已在其位,纵爱身,奈辱朝廷何!"黯多病,病且满三月;
上常赐告者数,终不愈。最后病,庄助为请告。上曰:"汲黯何如人哉?"
助曰:"使黯任职居官,无以逾人;然至其辅少主,守城深坚,招之不来,麾
之不去,虽自谓贲、育亦不能夺之矣!"上曰:"然。古有社稷之臣,至如
黯,近之矣!"

9　匈奴来请和亲,天子下其议。大行王恢,燕人也,习胡事,议曰:
"汉与匈奴和亲,率不过数岁,即复倍约,不如勿许,兴兵击之。"韩安国
曰:"匈奴迁徙鸟举,难得而制,自上古不属为人。今汉行数千里与之争
利,则人马罢乏,虏以全制其敝,此危道也。不如和亲。"群臣议者多附安

国,于是上许和亲。

元光元年(丁未,前134)

1　冬,十一月,初令郡国举孝廉各一人,从董仲舒之言也。

2　卫尉李广为骁骑将军,屯云中,中尉程不识为车骑将军,屯雁门;六月,罢。广与程不识俱以边太守将兵,有名当时。广行无部伍、行陈,就善水草舍止,人人自便,不击刁斗以自卫,莫府省约文书;然亦远斥候,未尝遇害。程不识正部曲、行伍、营陈,击刁斗,士吏治军簿至明,军不得休息;然亦未尝遇害。不识曰:"李广军极简易,然虏卒犯之,无以禁也;而其士卒亦佚乐,咸乐为之死。我军虽烦扰,然虏亦不得犯我。"然匈奴畏李广之略,士卒亦多乐从李广而苦程不识。

　　臣光曰:易曰:"师出以律,否臧凶。"言治众而不用法,无不凶也。李广之将,使人人自便。以广之材,如此焉可也;然不可以为法。何则? 其继者难也,况与之并时而为将乎! 夫小人之情,乐于安肆而昧于近祸,彼既以程不识为烦扰而乐于从广,且将仇其上而不服。然则简易之害,非徒广军无以禁虏之仓卒而已也! 故曰"兵事以严终",为将者,亦严而已矣。然则效程不识,虽无功,犹不败;效李广,鲜不覆亡哉!

3　夏,四月,赦天下。

4　五月,诏举贤良、文学,上亲策之。

5　秋,七月癸未,日有食之。

资治通鉴卷第十八

汉纪十

世宗孝武皇帝上之下

元光二年（戊申，前133）

1　冬，十月，上行幸雍，祠五畤。

2　李少君以祠灶却老方见上，上尊之。少君者，故深泽侯舍人，匿其年及其生长，其游以方遍诸侯，无妻子。人闻其能使物及不死，更馈遗之，常馀金钱、衣食。人皆以为不治生业而饶给，又不知其何所人，愈信，争事之。少君善为巧发奇中。尝从武安侯饮，坐中有九十馀老人，少君乃言与其大父游射处；老人为儿时从其大父，识其处，一坐尽惊。少君言上曰："祠灶则致物，致物而丹沙可化为黄金，寿可益，蓬莱仙者可见；见之，以封禅则不死，黄帝是也。臣尝游海上，见安期生，食臣枣，大如瓜。安期生仙者，通蓬莱中，合则见人，不合则隐。"于是天子始亲祠灶，遣方士入海求蓬莱安期生之属，而事化丹沙诸药齐为黄金矣。居久之，李少君病死，天子以为化去，不死；而海上燕、齐怪迂之方士多更来言神事矣。

3　亳人谬忌奏祠太一。方曰："天神贵者太一，太一佐曰五帝。"于是天子立其祠长安东南郊。

4　雁门马邑豪聂壹，因大行王恢言："匈奴初和亲，亲信边，可诱以利致之，伏兵袭击，必破之道也。"上召问公卿。王恢曰："臣闻全代之时，北有强胡之敌，内连中国之兵，然尚得养老、长幼，种树以时，仓廪常实，匈奴不轻侵也。今以陛下之威，海内为一；然匈奴侵盗不已者，无他，以不恐之故耳。臣窃以为击之便。"韩安国曰："臣闻高皇帝尝围于平城，七日不食；及解围反位而无忿怒之心。夫圣人以天下为度者也，不以己私怒伤天下之公，故遣刘敬结和亲，至今为五世利。臣窃以为勿击便。"恢曰："不然。高帝身被坚执锐，行几十年，所以不报平城之怨者，非力不能，所以休天下之心也。今边境数惊，士卒伤死，中国槽车相望，此仁人之所隐也。故曰击之便。"安国曰："不然。臣闻用兵者以饱待饥，正治以待其乱，定

舍以待其劳；故接兵覆众，伐国堕城，常坐而役敌国，此圣人之兵也。今将
卷甲轻举，深入长驱，难以为功；从行则迫胁，衡行则中绝，疾则粮乏，徐则
后利，不至千里，人马乏食。兵法曰：‘遗人获也。’臣故曰勿击便。”恢曰：
“不然。臣今言击之者，固非发而深入也；将顺因单于之欲，诱而致之边，
吾选枭骑、壮士阴伏而处以为之备，审遮险阻以为其戒。吾势已定，或营
其左，或营其右，或当其前，或绝其后，单于可禽，百全必取。”上从恢议。

　　夏，六月，以御史大夫韩安国为护军将军，卫尉李广为骁骑将军，太仆
公孙贺为轻车将军，大行王恢为将屯将军，太中大夫李息为材官将军，将
车骑、材官三十馀万匿马邑旁谷中，约单于入马邑纵兵。阴使聂壹为间，
亡入匈奴，谓单于曰：“吾能斩马邑令、丞，以城降，财物可尽得。”单于爱
信，以为然而许之。聂壹乃诈斩死罪囚，县其头马邑城下，示单于使者为
信，曰：“马邑长吏已死，可急来！”于是单于穿塞，将十万骑入武州塞。未
至马邑百馀里，见畜布野而无人牧者，怪之。乃攻亭，得雁门尉史，欲杀
之；尉史乃告单于汉兵所居。单于大惊曰：“吾固疑之。”乃引兵还，出曰：
“吾得尉史，天也！”以尉史为天王。塞下传言单于已去，汉兵追至塞，度
弗及，乃皆罢兵。王恢主别从代出击胡辎重，闻单于还，兵多，亦不敢出。

　　上怒恢。恢曰：“始，约为入马邑城，兵与单于接，而臣击其辎重，可
得利。今单于不至而还，臣以三万人众不敌，只取辱。固知还而斩，然完
陛下士三万人。”于是下恢廷尉，廷尉当“恢逗桡，当斩。”恢行千金丞相
蚡，蚡不敢言上，而言于太后曰：“王恢首为马邑事，今不成而诛恢，是为
匈奴报仇也。”上朝太后，太后以蚡言告上。上曰：“首为马邑事者恢，故
发天下兵数十万，从其言为此。且纵单于不可得，恢所部击其辎重，犹颇
可得以慰士大夫心。今不诛恢，无以谢天下。”于是恢闻，乃自杀。自是
之后，匈奴绝和亲，攻当路塞，往往入盗于汉边，不可胜数；然尚贪乐关市，
嗜汉财物，汉亦关市不绝以中其意。

三年（己酉，前132）

　　1　春，河水徙，从顿丘东南流。夏，五月丙子，复决濮阳瓠子，注巨
野，通淮、泗，泛郡十六。天子使汲黯、郑当时发卒十万塞之，辄复坏。是
时，田蚡奉邑食鄃；鄃居河北，河决而南，则鄃无水灾，邑收多。蚡言于上
曰：“江、河之决皆天事，未易以人力强塞，塞之未必应天。”而望气用数者
亦以为然。于是天子久之不复事塞也。

　　2　初，孝景时，魏其侯窦婴为大将军，武安侯田蚡乃为诸郎，侍酒跪

起如子侄;已而蚡日益贵幸,为丞相。魏其失势,宾客益衰,独故燕相颍
阴灌夫不去。婴乃厚遇夫,相为引重,其游如父子然。夫为人刚直,使酒,
诸有势在己之右者必陵之;数因酒忤丞相。丞相乃奏案:"灌夫家属横颍
川,民苦之。"收系夫及支属,皆得弃市罪。魏其上书论救灌夫,上令与武
安东朝廷辨之。魏其、武安因互相诋讦。上问朝臣:"两人孰是?"唯汲黯
是魏其,韩安国两以为是,郑当时是魏其,后不敢坚。上怒当时曰:"吾并
斩若属矣!"即罢。起,入,上食太后,太后怒不食,曰:"今我在也,而人皆
藉吾弟;令我百岁后,皆鱼肉之乎!"上不得已,遂族灌夫;使有司案治魏
其,得弃市罪。

四年(庚戌,前131)

　　1　冬,十二月晦,论杀魏其于渭城。春,三月乙卯,武安侯蚡亦薨。
及淮南王安败,上闻蚡受安金,有不顺语,曰:"使武安侯在者,族矣!"

　　2　夏,四月,陨霜杀草。

　　3　御史大夫安国行丞相事,引,堕车,蹇。五月丁巳,以平棘侯薛泽
为丞相;安国病免。

　　4　地震,赦天下。

　　5　九月,以中尉张欧为御史大夫。韩安国疾愈,复为中尉。

　　6　河间王德,修学好古,实事求是,以金帛招求四方善书,得书多与
汉朝等。是时,淮南王安亦好书,所招致率多浮辩;献王所得书,皆古文先
秦旧书,采礼乐古事,稍稍增辑至五百馀篇,被服、造次必于儒者,山东诸
儒多从之游。

五年(辛亥,前130)

　　1　冬,十月,河间王来朝,献雅乐,对三雍宫及诏策所问三十馀事;其
对,推道术而言,得事之中,文约指明。天子下太乐官常存肄河间王所献
雅声,岁时以备数,然不常御也。春,正月,河间王薨,中尉常丽以闻,曰:
"王身端行治,温仁恭俭,笃敬爱下,明知深察,惠于鳏寡。"大行令奏:"谥
法:'聪明睿知曰献',谥曰献王。"

　　　　班固赞曰:昔鲁哀公有言:"寡人生于深宫之中,长于妇人之
　　手,未尝知忧,未尝知惧。"信哉斯言也,虽欲不危亡,不可得已!
　　是故古人以宴安为鸩毒,无德而富贵谓之不幸。汉兴,至于孝平,
　　诸侯王以百数,率多骄淫失道。何则?沉溺放恣之中,居势使然

也。自凡人犹系于习俗,而况哀公之伦乎!"夫唯大雅,卓尔不群",河间献王近之矣。

2　初,王恢之讨东越也,使番阳令唐蒙风晓南越。南越食蒙以蜀枸酱,蒙问所从来。曰:"道西北牂柯江。牂柯江广数里,出番禺城下。"蒙归至长安,问蜀贾人。贾人曰:"独蜀出枸酱,多持窃出市夜郎。夜郎者,临牂柯江,江广百馀步,足以行船。南越以财物役属夜郎,西至桐师,然亦不能臣使也。"蒙乃上书说上曰:"南越王黄屋左纛,地东西万馀里,名为外臣,实一州主也。今以长沙、豫章往,水道多绝,难行。窃闻夜郎所有精兵可得十馀万,浮船牂柯江,出其不意,此制越一奇也。诚以汉之强,巴、蜀之饶,通夜郎道为置吏,甚易。"上许之。

乃拜蒙为中郎将,将千人,食重万馀人,从巴、蜀筰关入,遂见夜郎侯多同。蒙厚赐,喻以威德,约为置吏,使其子为令。夜郎旁小邑皆贪汉缯帛,以为汉道险,终不能有也,乃且听蒙约。还报,上以为犍为郡,发巴、蜀卒治道,自僰道指牂柯江,作者数万人,士卒多物故,有逃亡者;用军兴法诛其渠率,巴、蜀民大惊恐。上闻之,使司马相如责唐蒙等,因谕告巴、蜀民以非上意;相如还报。

是时,邛、筰之君长闻南夷与汉通,得赏赐多,多欲愿为内臣妾,请吏比南夷。天子问相如,相如曰:"邛、筰、冉駹者近蜀,道亦易通。秦时尝通,为郡县,至汉兴而罢。今诚复通,为置郡县,愈于南夷。"天子以为然,乃拜相如为中郎将,建节往使,及副使王然于等乘传,因巴、蜀吏币物以赂西夷;邛、筰、冉駹、斯榆之君皆请为内臣。除边关;关益斥,西至沫、若水,南至牂柯为徼,通零关道,桥孙水以通邛都,为置一都尉、十馀县,属蜀。天子大说。

3　诏发卒万人治雁门阻险。

4　秋,七月,大风拔木。

5　女巫楚服等教陈皇后祠祭厌胜,挟妇人媚道;事觉,上使御史张汤穷治之。汤深竟党与,相连及诛者三百馀人,楚服枭首于市。乙巳,赐皇后册,收其玺绶,罢退,居长门宫。窦太主惭惧,稽颡谢上。上曰:"皇后所为不轨于大义,不得不废。主当信道以自慰,勿受妄言以生嫌惧。后虽废,供奉如法,长门无异上宫也。"

6　初,上尝置酒窦太主家,主见所幸卖珠儿董偃,上赐之衣冠,尊而不名,称为"主人翁",使之侍饮;由是董君贵宠,天下莫不闻。常从游戏北宫,驰逐平乐观,鸡、鞠之会,角狗、马之足,上大欢乐之。上为窦太主置

酒宣室,使谒者引内董君。是时,中郎东方朔陛戟殿下,辟戟而前曰:"董
偃有斩罪三,安得入乎!"上曰:"何谓也?"朔曰:"偃以人臣私侍公主,其
罪一也。败男女之化,而乱婚姻之礼,伤王制,其罪二也。陛下富于春秋,
方积思于六经;偃不遵经劝学,反以靡丽为右,奢侈为务,尽狗马之乐,极
耳目之欲,是乃国家之大贼,人主之大蜮,其罪三也。"上默然不应,良久
曰:"吾业已设饮,后而自改。"朔曰:"不可。夫宣室者,先帝之正处也,非
法度之政不得入焉。故淫乱之渐,其变为篡。是以竖貂为淫而易牙作患,
庆父死而鲁国全。"上曰:"善!"有诏止,更置酒北宫,引董君从东司马门
入;赐朔黄金三十斤。董君之宠由是日衰。是后,公主、贵人多逾礼制矣。

7　上以张汤为太中大夫,与赵禹共定诸律令,务在深文。拘守职之
吏,作见知法,吏传相监司。用法益刻自此始。

8　八月,螟。

9　是岁,征吏民有明当世之务、习先圣之术者,县次续食,令与计偕。
淄川人公孙弘对策曰:"臣闻上古尧、舜之时,不贵爵赏而民劝善,不
重刑罚而民不犯,躬率以正而遇民信也;末世贵爵厚赏而民不劝,深刑重
罚而奸不止,其上不正,遇民不信也。夫厚赏重刑,未足以劝善而禁非,必
信而已矣。是故因能任官,则分职治;去无用之言,则事情得;不作无用之
器,则赋敛省;不夺民时,不妨民力,则百姓富;有德者进,无德者退,则朝
廷尊;有功者上,无功者下,则群臣逡;罚当罪,则奸邪止;赏当贤,则臣下
劝。凡此八者,治之本也。故民者,业之则不争,理得则不怨,有礼则不
暴,爱之则亲上,此有天下之急者也。礼义者,民之所服也,而赏罚顺之,
则民不犯禁矣。

臣闻之:气同则从,声比则应。今人主和德于上,百姓和合于下,故心
和则气和,气和则形和,形和则声和,声和则天地之和应矣。故阴阳和,风
雨时,甘露降,五谷登,六畜蕃,嘉禾兴,朱草生,山不童,泽不涸,此和之至
也。"

时对者百馀人,太常奏弘第居下。策奏,天子擢弘对为第一,拜为博
士,待诏金马门。

齐人辕固,年九十馀,亦以贤良征。公孙弘仄目而事固,固曰:"公孙
子,务正学以言,无曲学以阿世!"诸儒多疾毁固者,固遂以老罢归。

是时,巴、蜀四郡凿山通西南夷,千馀里戍转相饷。数岁,道不通,士
罢饿、离暑湿死者甚众;西南夷又数反,发兵兴击,费以巨万计而无功。上
患之,诏使公孙弘视焉。还奏事,盛毁西南夷无所用,上不听。弘每朝会

议,开陈其端,使人主自择,不肯面折廷争。于是上察其行慎厚,辩论有
馀,习文法吏事,缘饰以儒术,大说之,一岁中迁至左内史。

弘奏事,有不可,不廷辨。常与汲黯请间,黯先发之,弘推其后,天子
常说,所言皆听,以此日益亲贵。弘尝与公卿约议,至上前,皆倍其约以顺
上旨。汲黯廷诘弘曰:"齐人多诈而无情实;始与臣等建此议,今皆倍之,
不忠!"上问弘。弘谢曰:"夫知臣者,以臣为忠;不知臣者,以臣为不忠。"
上然弘言。左右幸臣每毁弘,上益厚遇之。

六年(壬子,前129)

1 冬,初算商车。

2 大司农郑当时言:"穿渭为渠,下至河,漕关东粟径易,又可以溉
渠下民田万馀顷。"春,诏发卒数万人穿渠,如当时策;三岁而通,人以
为便。

3 匈奴入上谷,杀略吏民。遣车骑将军卫青出上谷,骑将军公孙敖
出代,轻车将军公孙贺出云中,骁骑将军李广出雁门,各万骑,击胡关市
下。卫青至龙城,得胡首虏七百人;公孙贺无所得;公孙敖为胡所败,亡七
千骑;李广亦为胡所败。胡生得广,置两马间,络而盛卧,行十馀里;广佯
死,暂腾而上胡儿马上,夺其弓,鞭马南驰,遂得脱归。汉下敖、广吏,当
斩,赎为庶人;唯青赐爵关内侯。青虽出于奴虏,然善骑射,材力绝人;遇
士大夫以礼,与士卒有恩,众乐为用,有将帅材,故每出辄有功。天下由此
服上之知人。

4 夏,大旱;蝗。

5 六月,上行幸雍。

6 秋,匈奴数盗边,渔阳尤甚。以卫尉韩安国为材官将军,屯渔阳。

元朔元年(癸丑,前128)

1 冬,十一月,诏曰:"朕深诏执事,兴廉举孝,庶几成风,绍休圣绪。
夫十室之邑,必有忠信;三人并行,厥有我师。今或至阖郡而不荐一人,是
化不下究,而积行之君子壅于上闻也。且进贤受上赏,蔽贤蒙显戮,古之
道也。其议二千石不举者罪!"有司奏:"不举孝,不奉诏,当以不敬论;不
察廉,不胜任也,当免。"奏可。

2 十二月,江都易王非薨。

3 皇子据生,卫夫人之子也。三月甲子,立卫夫人为皇后,赦天下。

4　秋,匈奴二万骑入汉,杀辽西太守,略二千馀人,围韩安国壁;又入渔阳、雁门,各杀略千馀人。安国益东徙,屯北平;数月,病死。天子乃复召李广,拜为右北平太守。匈奴号曰"汉之飞将军",避之,数岁不敢入右北平。

5　车骑将军卫青将三万骑出雁门,将军李息出代;青斩首虏数千人。

6　东夷薉君南闾等口二十八万人降,为苍海郡;人徒之费,拟于南夷、燕、齐之间,靡然骚动。

7　是岁,鲁共王馀、长沙定王发皆薨。

8　临淄人主父偃、严安,无终人徐乐,皆上书言事。

始,偃游齐、燕、赵,皆莫能厚遇,诸生相与排摈不容;家贫,假贷无所得,乃西入关上书阙下,朝奏,暮召入。所言九事,其八事为律令;一事谏伐匈奴,其辞曰:

"司马法曰:'国虽大,好战必亡;天下虽平,忘战必危。'夫怒者逆德也,兵者凶器也,争者末节也。夫务战胜、穷武事者,未有不悔者也。

昔秦皇帝并吞战国,务胜不休,欲攻匈奴。李斯谏曰:'不可。夫匈奴,无城郭之居,委积之守,迁徙鸟举,难得而制也。轻兵深入,粮食必绝;踵粮以行,重不及事。得其地,不足以为利也;得其民,不可调而守也;胜必杀之,非民父母也;靡敝中国,快心匈奴,非长策也。'秦皇帝不听,遂使蒙恬将兵攻胡,辟地千里,以河为境。地固沮泽,咸卤,不生五谷。然后发天下丁男以守北河,暴兵露师十有馀年,死者不可胜数,终不能逾河而北,是岂人众不足,兵革不备哉? 其势不可也。又使天下蜚刍、挽粟,起于东腄、琅邪负海之郡,转输北河,率三十钟而致一石。男子疾耕,不足于粮饷,女子纺织,不足于帷幕,百姓靡敝,孤寡老弱不能相养,道路死者相望,盖天下始畔秦也。

及至高皇帝,定天下,略地于边,闻匈奴聚于代谷之外而欲击之。御史成进谏曰:'不可。夫匈奴之性,兽聚而鸟散,从之如搏影。今以陛下盛德攻匈奴,臣窃危之。'高帝不听,遂北至于代谷,果有平城之围。高皇帝盖悔之甚,乃使刘敬往结和亲之约,然后天下忘干戈之事。

夫匈奴难得而制,非一世也;行盗侵驱,所以为业,天性固然。上及虞、夏、殷、周,固弗程督,禽兽畜之,不属为人。夫上不观虞、夏、殷、周之统,而下循近世之失,此臣之所大忧,百姓之所疾苦也。"

严安上书曰:"今天下人民,用财侈靡,车马、衣裘、宫室,皆竞修饰,调五声使有节族,杂五色使有文章,重五味方丈于前,以观欲天下。彼民之情，见美则愿之，是教民以侈也；侈而无节，则不可赡，民离本而徼末矣。末不可徒得，故搢绅者不惮为诈，带剑者夸杀人以矫夺，而世不知愧，是以犯法者众。臣愿为民制度以防其淫，使贫富不相耀以和其心；心志定，则盗贼消，刑罚少，阴阳和，万物蕃也。昔秦王意广心逸，欲威海外，使蒙恬将兵以北攻胡，又使尉屠睢将楼船之士以攻越。当是时，秦祸北构于胡，南挂于越，宿兵于无用之地，进而不得退。行十馀年，丁男被甲，丁女转输，苦不聊生，自经于道树，死者相望。及秦皇帝崩，天下大畔，灭世绝祀，穷兵之祸也。故周失之弱，秦失之强，不变之患也。今徇南夷，朝夜郎，降羌、僰，略薉州，建城邑，深入匈奴，燔其龙城，议者美之；此人臣之利，非天下之长策也。"

徐乐上书曰："臣闻天下之患，在于土崩，不在瓦解，古今一也。

何谓土崩？秦之末世是也。陈涉无千乘之尊、尺土之地，身非王公、大人、名族之后，乡曲之誉，非有孔、曾、墨子之贤，陶朱、猗顿之富也；然起穷巷，奋棘矜，偏袒大呼，天下从风。此其故何也？由民困而主不恤，下怨而上不知，俗已乱而政不修。此三者，陈涉之所以为资也，此之谓土崩。故曰天下之患在乎土崩。

何谓瓦解？吴、楚、齐、赵之兵是也。七国谋为大逆，号皆称万乘之君，带甲数十万，威足以严其境内，财足以劝其士民；然不能西攘尺寸之地而身为禽于中原者，此其故何也？非权轻于匹夫而兵弱于陈涉也。当是之时，先帝之德未衰而安土乐俗之民众，故诸侯无竟外之助，此之谓瓦解。故曰天下之患不在瓦解。

此二体者，安危之明要，贤主之所宜留意而深察也。

间者，关东五谷数不登，年岁未复，民多穷困，重之以边境之事；推数循理而观之，民宜有不安其处者矣。不安，故易动；易动者，土崩之势也。故贤主独观万化之原，明于安危之机，修之庙堂之上而销未形之患也，其要期使天下无土崩之势而已矣。"

书奏，天子召见三人，谓曰："公等皆安在，何相见之晚也！"皆拜为郎中。主父偃尤亲幸，一岁中凡四迁，为中大夫；大臣畏其口，赂遗累千金。或谓偃曰："太横矣！"偃曰："吾生不五鼎食，死即五鼎烹耳！"

二年（甲寅，前127）

1　冬，赐淮南王几杖，毋朝。

2　主父偃说上曰："古者诸侯不过百里，强弱之形易制。今诸侯或连城数十,地方千里,缓则骄奢,易为淫乱,急则阻其强而合从以逆京师;以法割削之,则逆节萌起;前日晁错是也。今诸侯子弟或十数,而適嗣代立,馀虽骨肉,无尺地之封,则仁孝之道不宣。愿陛下令诸侯得推恩分子弟,以地侯之,彼人人喜得所愿;上以德施,实分其国,不削而稍弱矣。"上从之。春,正月,诏曰:"诸侯王或欲推私恩分子弟邑者,令各条上,朕且临定其号名。"于是藩国始分,而子弟毕侯矣。

3　匈奴入上谷、渔阳,杀略吏民千馀人。遣卫青、李息出云中以西至陇西,击胡之楼烦、白羊王于河南,得胡首虏数千,牛羊百馀万,走白羊、楼烦王,遂取河南地。诏封青为长平侯;青校尉苏建、张次公皆有功,封建为平陵侯,次公为岸头侯。

主父偃言:"河南地肥饶,外阻河,蒙恬城之以逐匈奴,内省转输戍漕,广中国,灭胡之本也。"上下公卿议,皆言不便。上竟用偃计,立朔方郡,使苏建兴十馀万人筑朔方城,复缮故秦时蒙恬所为塞,因河为固。转漕甚远,自山东咸被其劳,费数十百巨万,府库并虚;汉亦弃上谷之斗辟县造阳地以予胡。

4　三月乙亥晦,日有食之。

5　夏,募民徙朔方十万口。

6　主父偃说上曰:"茂陵初立,天下豪杰,并兼之家,乱众之民,皆可徙茂陵;内实京师,外销奸猾,此所谓不诛而害除。"上从之,徙郡国豪杰及訾三百万以上于茂陵。

轵人郭解,关东大侠也,亦在徙中。卫将军为言:"郭解家贫,不中徙。"上曰:"解,布衣,权至使将军为言,此其家不贫。"卒徙解家。解平生睚眦杀人甚众,上闻之,下吏捕治解,所杀皆在赦前。轵有儒生侍使者坐,客誉郭解,生曰:"解专以奸犯公法,何谓贤!"解客闻,杀此生,断其舌。吏以此责解,解实不知杀者,杀者亦竟绝莫知为谁。吏奏解无罪,公孙弘议曰:"解,布衣,为任侠行权,以睚眦杀人;解虽弗知,此罪甚于解杀之,当大逆无道。"遂族郭解。

> 班固曰:古者天子建国,诸侯立家,自卿大夫以至于庶人,各有等差,是以民服事其上而下无觊觎。周室既微,礼乐、征伐自诸侯出;桓、文之后,大夫世权,陪臣执命。陵夷至于战国,合从连衡,繇是列国公子,魏有信陵,赵有平原,齐有孟尝,楚有春申,皆藉王公之势,竞为游侠,鸡鸣狗盗,无不宾礼。而赵相虞卿,弃国捐君,以周穷交魏齐之厄;信陵无忌,窃符矫命,戮将专师,以赴平原之

急；皆以取重诸侯，显名天下，扼腕而游谈者，以四豪为称首。于是背公死党之议成，守职奉上之义废矣。及至汉兴，禁网疏阔，未知匡改也。是故代相陈豨从车千乘，而吴濞、淮南皆招宾客以千数；外戚大臣魏其、武安之属竞逐于京师，布衣游侠剧孟、郭解之徒驰骛于闾阎，权行州域，力折公侯，众庶荣其名迹，觊而慕之。虽其陷于刑辟，自与杀身成名，若季路、仇牧，死而不悔。故曾子曰："上失其道，民散久矣。"非明主在上，示之以好恶，齐之以礼法，民曷由知禁而反正乎！古之正法：五伯，三王之罪人也；而六国，五伯之罪人也；夫四豪者，又六国之罪人也。况于郭解之伦，以匹夫之细，窃杀生之权，其罪已不容于诛矣。观其温良泛爱，振穷周急，谦退不伐，亦皆有绝异之姿。惜乎，不入于道德，苟放纵于末流，杀身亡宗，非不幸也。

荀悦论曰：世有三游，德之贼也：一曰游侠，二曰游说，三曰游行。立气势，作威福，结私交以立强于世者，谓之游侠；饰辩辞，设诈谋，驰逐于天下以要时势者，谓之游说；色取仁以合时好，连党类，立虚誉以为权利者，谓之游行。此三者，乱之所由生也；伤道害德，败法惑世，先王之所慎也。国有四民，各修其业；不由四民之业者，谓之奸民。奸民不生，王道乃成。

凡此三游之作，生于季世，周、秦之末尤甚焉。上不明，下不正，制度不立，纲纪弛废，以毁誉为荣辱，不核其真；以爱憎为利害，不论其实；以喜怒为赏罚，不察其理。上下相冒，万事乖错，是以言论者计薄厚而吐辞，选举者度亲疏而举笔，善恶谬于众声，功罪乱于王法。然则利不可以义求，害不可以道避也。是以君子犯礼，小人犯法，奔走驰骋，越职僭度，饰华废实，竞趣时利。简父兄之尊而崇宾客之礼，薄骨肉之恩而笃朋友之爱，忘修身之道而求众人之誉，割衣食之业以供飨宴之好，苞苴盈于门庭，聘问交于道路，书记繁于公文，私务众于官事，于是流俗成而正道坏矣。

是以圣王在上，经国序民，正其制度；善恶要于功罪而不淫于毁誉，听其言而责其事，举其名而指其实。故实不应其声者谓之虚，情不覆其貌者谓之伪，毁誉失其真者谓之诬，言事失其类者谓之罔。虚伪之行不得设，诬罔之辞不得行，有罪恶者无侥幸，无罪过者不忧惧，请谒无所行，货赂无所用，息华文，去浮辞，禁伪辩，绝淫智,放百家之纷乱,壹圣人之至道,养之以仁惠,文之以礼乐,则风俗定而大化成矣。

7　燕王定国与父康王姬奸,夺弟妻为姬,杀肥如令郢人。郢人兄弟上书告之,主父偃从中发其事。公卿请诛定国,上许之。定国自杀,国除。

齐厉王次昌亦与其姊纪翁主通。主父偃欲纳其女于齐王,齐纪太后不许。偃因言于上曰:"齐临淄十万户,市租千金,人众殷富,巨于长安,非天子亲弟、爱子,不得王此。今齐王于亲属益疏,又闻与其姊乱,请治之!"于是帝拜偃为齐相,且正其事。偃至齐,急治王后宫宦者,辞及王;王惧,饮药自杀。偃少时游齐及燕、赵,及贵,连败燕、齐。赵王彭祖惧,上书告主父偃受诸侯金,以故诸侯子弟多以得封者。及齐王自杀,上闻,大怒,以为偃劫其王令自杀,乃征下吏治。偃服受诸侯金,实不劫王令自杀。上欲勿诛,公孙弘曰:"齐王自杀,无后,国除为郡入汉,主父偃本首恶。陛下不诛偃,无以谢天下。"乃遂族主父偃。

8　张欧免,上欲以蓼侯孔臧为御史大夫。臧辞曰:"臣世以经学为业,乞为太常,典臣家业,与从弟侍中安国纲纪古训,使永垂来嗣。"上乃以臧为太常,其礼赐如三公。

三年(乙卯,前126)

1　冬,匈奴军臣单于死,其弟左谷蠡王伊稚斜自立为单于,攻破军臣单于太子於单,於单亡降汉。

2　以公孙弘为御史大夫。是时,方通西南夷,东置苍海,北筑朔方之郡。公孙弘数谏,以为罢敝中国以奉无用之地,愿罢之。天子使朱买臣等难以置朔方之便,发十策,弘不得一。弘乃谢曰:"山东鄙人,不知其便若是,愿罢西南夷、苍海而专奉朔方。"上乃许之。春,罢苍海郡。

弘为布被,食不重肉。汲黯曰:"弘位在三公,奉禄甚多;然为布被,此诈也。"上问弘,弘谢曰:"有之。夫九卿与臣善者无过黯,然今日廷诘弘,诚中弘之病。夫以三公为布被,与小吏无差,诚饰诈,欲以钓名,如汲黯言。且无汲黯忠,陛下安得闻此言!"天子以为谦让,愈益尊之。

3　三月,赦天下。

4　夏,四月丙子,封匈奴太子於单为涉安侯,数月而卒。

5　初,匈奴降者言:"月氏故居敦煌、祁连间,为强国,匈奴冒顿攻破之。老上单于杀月氏王,以其头为饮器。馀众遁逃远去,怨匈奴,无与共击之。"上募能通使月氏者。汉中张骞以郎应募,出陇西,径匈奴中;单于

得之,留骞十馀岁。骞得间亡,乡月氏西走,数十日,至大宛。大宛闻汉之
饶财,欲通不得,见骞,喜,为发导译抵康居,传致大月氏。大月氏太子为
王,既击大夏,分其地而居之,地肥饶,少寇,殊无报胡之心。骞留岁馀,竟
不能得月氏要领,乃还,并南山,欲从羌中归,复为匈奴所得,留岁馀。会
伊稚斜逐於单,匈奴国内乱,骞乃与堂邑氏奴甘父逃归。上拜骞为太中大
夫,甘父为奉使君。骞初行时百馀人,去十三岁,唯二人得还。

6　匈奴数万骑入塞,杀代郡太守恭,及略千馀人。

7　六月庚午,皇太后崩。

8　秋,罢西夷,独置南夷、夜郎两县、一都尉,稍令犍为自葆就,专力
城朔方。

9　匈奴又入雁门,杀略千馀人。

10　是岁,中大夫张汤为廷尉。汤为人多诈,舞智以御人。时上方向
文学,汤阳浮慕,事董仲舒、公孙弘等;以千乘儿宽为奏谳掾,以古法义决
疑狱。所治:即上意所欲罪,与监、史深祸者;即上意所欲释,与监、史轻平
者;上由是悦之。汤于故人子弟调护之尤厚;其造请诸公,不避寒暑。是
以汤虽文深、意忌、不专平,然得此声誉。汲黯数质责汤于上前曰:"公为
正卿,上不能褒先帝之功业,下不能抑天下之邪心,安国富民,使囹圄空
虚,何空取高皇帝约束纷更之为! 而公以此无种矣。"黯时与汤论议,汤
辩常在文深小苛;黯伉厉守高,不能屈忿发,骂曰:"天下谓刀笔吏不可以
为公卿,果然! 必汤也,令天下重足而立,侧目而视矣!"

四年(丙辰,前125)

1　冬,上行幸甘泉。

2　夏,匈奴入代郡、定襄、上郡,各三万骑,杀略数千人。

资治通鉴卷第十九

汉纪十一

世宗孝武皇帝中之上

元朔五年（丁巳，前124）

1　冬，十一月乙丑，薛泽免。以公孙弘为丞相，封平津侯。丞相封侯自弘始。

时上方兴功业，弘于是开东阁以延贤人，与参谋议。每朝觐奏事，因言国家便宜，上亦使左右文学之臣与之论难。弘尝奏言："十贼彍弩，百吏不敢前。请禁民毋得挟弓弩，便。"上下其议。侍中吾丘寿王对曰："臣闻古者作五兵，非以相害，以禁暴讨邪也。秦兼天下，销甲兵，折锋刃；其后民以耰锄、棰梃相挞击，犯法滋众，盗贼不胜，卒以乱亡。故圣王务教化而省禁防，知其不足恃也。礼曰'男子生，桑弧、蓬矢以举之'，明示有事也。大射之礼，自天子降及庶人，三代之道也。愚闻圣王合射以明教矣，未闻弓矢之为禁也。且所为禁者，为盗贼之以攻夺也；攻夺之罪死；然而不止者，大奸之于重诛，固不避也。臣恐邪人挟之而吏不能止，良民以自备而抵法禁，是擅贼威而夺民救也。窃以为大不便。"书奏，上以难弘，弘诎服焉。

弘性意忌，外宽内深；诸尝与弘有隙，无近远，虽阳与善，后竟报其过。董仲舒为人廉直，以弘为从谀，弘嫉之。胶西王端骄恣，数犯法，所杀伤二千石甚众。弘乃荐仲舒为胶西相，仲舒以病免。汲黯常毁儒，面触弘，弘欲诛之以事，乃言上曰："右内史界部中多贵臣、宗室，难治，非素重臣不能任，请徙黯为右内史。"上从之。

2　春，大旱。

3　匈奴右贤王数侵扰朔方。天子令车骑将军青将三万骑出高阙，卫尉苏建为游击将军，左内史李沮为强弩将军，太仆公孙贺为骑将军，代相李蔡为轻车将军，皆领属车骑将军，俱出朔方；大行李息、岸头侯张次公为将军，俱出右北平；凡十余万人，击匈奴。右贤王以为汉兵远，不能至，饮

酒，醉。<u>卫青</u>等兵出塞六七百里，夜至，围右贤王。右贤王惊，夜逃，独与
壮骑数百驰，溃围北去。得右贤裨王十馀人，众男女万五千馀人，畜数十
百万，于是引兵而还。

至塞，天子使使者持大将军印，即军中拜<u>卫青</u>为大将军，诸将皆属焉。
夏，四月乙未，复益封<u>青</u>八千七百户，封<u>青</u>三子<u>伉</u>、<u>不疑</u>、<u>登</u>皆为列侯。<u>青</u>
固谢曰："臣幸得待罪行间，赖陛下神灵，军大捷，皆诸校尉力战之功也。
陛下幸已益封臣<u>青</u>；臣<u>青</u>子在襁褓中，未有勤劳，上列地封为三侯，非臣待
罪行间所以劝士力战之意也。"天子曰："我非忘诸校尉功也。"乃封护军
都尉<u>公孙敖</u>为合骑侯，都尉<u>韩说</u>为龙頟侯，<u>公孙贺</u>为<u>南窌</u>侯，<u>李蔡</u>为乐安
侯，校尉<u>李朔</u>为涉轵侯，<u>赵不虞</u>为随成侯，<u>公孙戎奴</u>为<u>从平</u>侯，<u>李沮</u>、<u>李息</u>
及校尉<u>豆如意</u>皆赐爵关内侯。

于是<u>青</u>尊宠，于群臣无二，公卿以下皆卑奉之，独<u>汲黯</u>与亢礼。人或
说<u>黯</u>曰："自天子欲群臣下大将军，大将军尊重，君不可以不拜。"<u>黯</u>曰：
"夫以大将军有揖客，反不重邪！"大将军闻，愈贤<u>黯</u>，数请问国家朝廷所
疑，遇<u>黯</u>加于平日。大将军<u>青</u>虽贵，有时侍中，上踞厕而视之；丞相<u>弘</u>燕
见，上或时不冠；至如<u>汲黯</u>见，上不冠不见也。上尝坐武帐中，<u>黯</u>前奏事，
上不冠，望见<u>黯</u>，避帐中，使人可其奏。其见敬礼如此。

4　夏，六月，诏曰："盖闻导民以礼，风之以乐。今礼坏、乐崩，朕甚闵
焉。其令礼官劝学兴礼以为天下先！"于是丞相<u>弘</u>等奏："请为博士官置
弟子五十人，复其身；第其高下，以补郎中、文学、掌故。即有秀才异等，辄
以名闻；其不事学若下材，辄罢之。又，吏通一艺以上者，请皆选择以补右
职。"上从之。自此公卿、大夫、士、吏彬彬多文学之士矣。

5　秋，匈奴万骑入代，杀都尉<u>朱英</u>，略千馀人。

6　初，<u>淮南王安</u>，好读书属文，喜立名誉，招致宾客方术之士数千人。
其群臣、宾客，多江、淮间轻薄士，常以<u>厉王</u>迁死感激<u>安</u>。建元六年，彗星
见，或说王曰："先吴军时，彗星出，长数尺，然尚流血千里。今彗星竟天，
天下兵当大起。"王心以为然，乃益治攻战具，积金钱。

郎中<u>雷被</u>获罪于太子<u>迁</u>，时有诏，欲从军者辄诣<u>长安</u>，<u>被</u>即愿奋击匈
奴。太子恶<u>被</u>于王，斥免之，欲以禁后。是岁，<u>被</u>亡之<u>长安</u>，上书自明。事
下廷尉治，踪迹连王，公卿请逮捕治王。太子<u>迁</u>谋令人衣卫士衣，持戟居
王旁，<u>汉</u>使有非是者，即刺杀之，因发兵反。天子使中尉<u>宏</u>即讯王，王视中
尉颜色和，遂不发。公卿奏："<u>安</u>壅阏奋击匈奴者，格明诏，当弃市。"诏削
二县。既而<u>安</u>自伤曰："吾行仁义，反见削地。"耻之，于是为反谋益甚。

安与衡山王赐相责望,礼节间不相能。衡山王闻淮南王有反谋,恐为所并,亦结宾客为反具,以为淮南已西,欲发兵定江、淮之间而有之。衡山王后徐来谮太子爽于王,欲废之而立其弟孝。王囚太子而佩孝以王印,令招致宾客。宾客来者微知淮南、衡山有逆计,日夜从容劝之。王乃使孝客江都人枚赫、陈喜作輣车、锻矢,刻天子玺、将相军吏印。秋,衡山王当入朝,过淮南;淮南王乃昆弟语,除前隙,约束反具。衡山王即上书谢病,上赐书不朝。

六年(戊午,前123)

1　春,二月,大将军青出定襄,击匈奴;以合骑侯公孙敖为中将军,太仆公孙贺为左将军,翕侯赵信为前将军,卫尉苏建为右将军,郎中令李广为后将军,左内史李沮为强弩将军,咸属大将军;斩首数千级而还,休士马于定襄、云中、雁门。

2　赦天下。

3　夏,四月,卫青复将六将军出定襄,击匈奴,斩首虏万馀人。右将军建、前将军信并军三千馀骑独逢单于兵,与战一日馀,汉兵且尽。信故胡小王,降汉,汉封为翕侯;及败,匈奴诱之,遂将其馀骑可八百降匈奴。建尽亡其军,脱身亡,自归大将军。

议郎周霸曰:"自大将军出,未尝斩裨将。今建弃军,可斩,以明将军之威。"军正闳、长史安曰:"不然。兵法:'小敌之坚,大敌之禽也。'今建以数千当单于数万,力战一日馀,士尽,不敢有二心,自归,而斩之,是示后无反意也,不当斩。"大将军曰:"青幸得以肺腑待罪行间,不患无威,而霸说我以明威,甚失臣意。且使臣职虽当斩将,以臣之尊宠而不敢自擅诛于境外,而具归天子,天子自裁之,于以见为人臣不敢专权,不亦可乎?"军吏皆曰:"善!"遂囚建诣行在所。

初,平阳县吏霍仲孺给事平阳侯家,与青姊卫少儿私通,生霍去病。去病年十八,为侍中,善骑射,再从大将军击匈奴,为票姚校尉,与轻骑勇八百,直弃大军数百里赴利,斩捕首虏过当。于是天子曰:"票姚校尉去病,斩首虏二千级,得相国、当户,斩单于大父行藉若侯产,生捕季父罗姑,比再冠军,封去病为冠军侯。上谷太守郝贤四从大将军,捕斩首虏二千馀级,封贤为众利侯。"

是岁,失两将军,亡翕侯,军功不多,故大将军不益封,止赐千金。右将军建至,天子不诛,赎为庶人。

　　单于既得翕侯,以为自次王,用其姊妻之,与谋汉。信教单于益北绝幕,以诱罢汉兵,徼极而取之,无近塞。单于从其计。

　　是时,汉比岁发十馀万众击胡,斩捕首虏之士受赐黄金二十馀万斤,而汉军士马死者十馀万,兵甲转漕之费不与焉。于是大司农经用竭,不足以奉战士。六月,诏令民得买爵及赎禁锢,免减罪。置赏官,名曰武功爵,级十七万,凡直三十馀万金。诸买武功爵至千夫者,得先除为吏。吏道杂而多端,官职耗废矣。

元狩元年(己未,前122)

　　1　冬,十月,上行幸雍,祠五畤,获兽,一角而足有五蹄。有司言:"陛下肃祗郊祀,上帝报享,锡一角兽,盖麟云。"于是以荐五畤,畤加一牛,以燎。久之,有司又言:"元宜以天瑞命,不宜以一二数,一元曰建,二元以长星曰光,今元以郊得一角兽曰狩云。"于是济北王以为天子且封禅,上书献泰山及其旁邑;天子以他县偿之。

　　2　淮南王安与宾客左吴等日夜为反谋,按舆地图,部署兵所从入。诸使者道长安来,为妄言,言"上无男,汉不治",即喜;即言"汉廷治,有男",王怒,以为妄言,非也。

　　王召中郎伍被与谋反事,被曰:"王安得此亡国之言乎? 臣见宫中生荆棘,露沾衣也!"王怒,系伍被父母,囚之。三月,复召问之,被曰:"昔秦为无道,穷奢极虐,百姓思乱者十家而六七。高皇帝起于行陈之中,立为天子,此所谓蹈瑕候间,因秦之亡而动者也。今大王见高皇帝得天下之易也,独不观近世之吴、楚乎! 夫吴王王四郡,国富民众,计定谋成,举兵而西;然破于大梁,奔走而东,身死祀绝者何? 诚逆天道而不知时也。方今大王之兵,众不能十分吴、楚之一,天下安宁,万倍吴、楚之时,大王不从臣之计,今见大王弃千乘之君,赐绝命之书,为群臣先死于东宫也。"王涕泣而起。

　　王有孽子不害,最长,王弗爱,王后、太子皆不以为子、兄数。不害有子建,材高有气,常怨望太子,阴使人告太子谋杀汉中尉事,下廷尉治。

　　王患之,欲发,复问伍被曰:"公以为吴兴兵,是邪,非邪?"被曰:"非也。臣闻吴王悔之甚,愿王无为吴王之所悔。"王曰:"吴何知反! 汉将一日过成皋者四十馀人;今我绝成皋之口,据三川之险,招山东之兵,举事如此,左吴、赵贤、朱骄如皆以为什事九成,公独以为有祸无福,何也? 必如公言,不可徼幸邪?"被曰:"必不得已,被有愚计。当今诸侯无异心,百姓无怨气,可伪为丞相、御史请书,徙郡国豪杰高訾于朔方,益发甲卒,急其会日;又伪为诏狱书,逮诸侯太子、幸臣。如此,则民怨,诸侯惧,即使辩士随而说之,傥可徼幸什得一乎!"王曰:"此可也。虽然,吾以为不至若此。"

于是王乃作皇帝玺,丞相、御史大夫、将军、军吏、中二千石及旁近郡太守、都尉印,汉使节。欲使人伪得罪而西,事大将军,一日发兵,即刺杀大将军。且曰:"汉廷大臣,独汲黯好直谏,守节死义,难惑以非,至如说丞相弘等,如发蒙振落耳!"

王欲发国中兵,恐其相、二千石不听,王乃与伍被谋,先杀相、二千石。又欲令人衣求盗衣,持羽檄从东方来,呼曰:"南越兵入界!"欲因以发兵。

会廷尉逮捕淮南太子,淮南王闻之,与太子谋,召相、二千石,欲杀而发兵。召相,相至,内史、中尉皆不至。王念,独杀相,无益也,即罢相。王犹豫,计未决。太子即自到,不殊。

伍被自诣吏,告与淮南王谋反踪迹如此。吏因捕太子、王后,围王宫,尽求捕王所与谋反宾客在国中者,索得反具,以闻上。下公卿治其党与,使宗正以符节治王。未至,淮南王安自到。杀王后荼、太子迁,诸所与谋反者皆族。

天子以伍被雅辞多引汉之美,欲勿诛。廷尉汤曰:"被首为王画反计,罪不可赦。"乃诛被。侍中庄助素与淮南王相结交,私论议,王厚赂遗助;上薄其罪,欲勿诛。张汤争,以为:"助出入禁门,腹心之臣,而外与诸侯交私如此;不诛,后不可治。"助竟弃市。

衡山王上书,请废太子爽,立其弟孝为太子。爽闻,即遣所善白嬴之长安上书,言"孝作輣车、锻矢,与王御者奸",欲以败孝。会有司捕所与淮南王谋反者,得陈喜于衡山王子孝家,吏劾孝首匿喜。孝闻"律:先自告,除其罪",即先自告所与谋反者枚赫、陈喜等。公卿请逮捕衡山王治之,王自到死。王后徐来、太子爽及孝皆弃市,所与谋反者皆族。

凡淮南、衡山二狱,所连引列侯、二千石、豪杰等,死者数万人。

3　夏,四月,赦天下。

4　丁卯,立皇子据为太子,年七岁。

5　五月乙巳晦,日有食之。

6　匈奴万人入上谷,杀数百人。

7　初,张骞自月氏还,具为天子言西域诸国风俗:"大宛在汉正西,可万里。其俗土著,耕田;多善马,马汗血;有城郭、室屋,如中国。其东北则乌孙,东则于窴。于窴之西,则水皆西流注西海,其东,水东流注盐泽。盐泽潜行地下,其南则河源出焉。盐泽去长安可五千里。匈奴右方居盐泽以东,至陇西长城,南接羌,鬲汉道焉。乌孙、康居、奄蔡、大月氏,皆行国,随畜牧,与匈奴同俗。大夏在大宛西南,与大宛同俗。臣在大夏时,见邛竹杖、蜀布,问曰:'安得此?'大夏国人曰:'吾贾人往市之身毒。'身毒在大夏东南可数千里,其俗土著,与大夏同。以骞度之,大夏去汉万二千里,居汉西南;今身毒国又居大夏东南数千里,有蜀物,此其去蜀不远矣。今使大夏,从羌中,险,羌人恶之;少北,则为匈奴所得;从蜀,宜径,又无寇。"

　天子既闻大宛及大夏、安息之属,皆大国,多奇物,土著,颇与中国同业,而兵弱,贵汉财物。其北有大月氏、康居之属,兵强,可以赂遗设利朝也。诚得而以义属之,则广地万里,重九译,致殊俗,威德遍于四海,欣然以骞言为然。乃令骞因蜀、犍为发间使王然于等四道并出,出駹,出冉,出徙,出邛、僰,指求身毒国,各行一二千里,其北方闭氏、筰,南方闭嶲、昆明。昆明之属无君长,善寇盗,辄杀略汉使,终莫得通。于是汉以求身毒道,始通滇国。滇王当羌谓汉使者曰:"汉孰与我大?"及夜郎侯亦然。以道不通,故各自以为一州主,不知汉广大。使者还,因盛言滇大国,足事亲附;天子注意焉,乃复事西南夷。

二年(庚申,前121)

1　冬,十月,上幸雍,祠五畤。

2　三月戊寅,平津献侯公孙弘薨。壬辰,以御史大夫乐安侯李蔡为丞相,廷尉张汤为御史大夫。

3　霍去病为票骑将军,将万骑出陇西,击匈奴,历五王国,转战六日,过焉支山千馀里,杀折兰王,斩卢侯王,执浑邪王子及相国、都尉,获首虏八千九百馀级,收休屠王祭天金人。诏益封去病二千户。

　夏,去病复与合骑侯公孙敖将数万骑俱出北地,异道。卫尉张骞、郎中令李广俱出右北平,异道。广将四千骑先行,可数百里,骞将万骑在后。匈奴左贤王将四万骑围广,广军士皆恐;广乃使其子敢独与数十骑驰贯胡骑,出其左右而还,告广曰:"胡虏易与耳!"军士乃安。广为圜陈,外向,胡急击之,矢下如雨,汉兵死者过半,汉矢且尽。广乃令士持满毋发,而广身自以大黄射其裨将,杀数人,胡虏益解。会日暮,吏士皆无人色,而广意气自如,益治军,军中皆服其勇。明日,复力战,死者过半,所杀亦过当。

会博望侯军亦至,匈奴军乃解去。汉军罢,弗能追,罢归。汉法:博望侯留
迟后期,当死,赎为庶人。广军功自如,无赏。而票骑将军去病深入二千
馀里,与合骑侯失,不相得。票骑将军逾居延,过小月氏,至祁连山,得单
桓、酋涂王,及相国、都尉以众降者二千五百人,斩首虏三万二百级,获裨
小王七十馀人。天子益封去病五千户,封其裨将有功者鹰击司马赵破奴
为从票侯,校尉高不识为宜冠侯,校尉仆多为辉渠侯。合骑侯敖坐行留不
与票骑会,当斩,赎为庶人。

　　是时,诸宿将所将士、马、兵皆不如票骑,票骑所将常选;然亦敢深入,
常与壮骑先其大军;军亦有天幸,未尝困绝也。而诸宿将常留落不偶,由
此票骑日以亲贵,比大将军矣。

　　匈奴入代、雁门,杀略数百人。

　　4　江都王建与其父易王所幸淖姬等及女弟徵臣奸。建游雷陂,天大
风,建使郎二人乘小船入陂中,船覆,两郎溺,攀船,乍见乍没;建临观大
笑,令勿救,皆死。凡杀不辜三十五人,专为淫虐。自知罪多,恐诛,与其
后成光共使越婢下神,祝诅上。又闻淮南、衡山阴谋,建亦作兵器,刻皇帝
玺,为反具。事发觉,有司请捕诛;建自杀,后成光等皆弃市,国除。

　　5　胶东康王寄薨。

　　6　秋,匈奴浑邪王降。是时,单于怒浑邪王、休屠王居西方为汉所杀
虏数万人,欲召诛之。浑邪王与休屠王恐,谋降汉,先遣使向边境要遮汉
人,令报天子。是时,大行李息将城河上,得浑邪王使,即驰传以闻。天子
闻之,恐其以诈降而袭边,乃令票骑将军将兵往迎之。休屠王后悔,浑邪
王杀之,并其众。票骑既渡河,与浑邪王众相望。浑邪王裨将见汉军,而
多不欲降者,颇遁去。票骑乃驰入,得与浑邪王相见,斩其欲亡者八千人,
遂独遣浑邪王乘传先诣行在所,尽将其众渡河。降者四万馀人,号称十
万。既至长安,天子所以赏赐者数十巨万;封浑邪王万户,为漯阴侯,封其
裨王呼毒尼等四人皆为列侯;益封票骑千七百户。

　　浑邪之降也,汉发车二万乘以迎之,县官无钱,从民贳马,民或匿马,
马不具。上怒,欲斩长安令,右内史汲黯曰:“长安令无罪,独斩臣黯,民
乃肯出马。且匈奴畔其主而降汉,汉徐以县次传之,何至令天下骚动,罢
敝中国而以事夷狄之人乎!”上默然。及浑邪至,贾人与市者坐当死五百
馀人,黯请间见高门,曰:“夫匈奴攻当路塞,绝和亲,中国兴兵诛之,死伤
者不可胜计,而费以巨万百数。臣愚以为陛下得胡人,皆以为奴婢,以赐
从军死事者家,所卤获,因予之,以谢天下之苦,塞百姓之心。今纵不能,

浑邪率数万之众来降,虚府库赏赐,发良民侍养,譬若奉骄子,愚民安知市买长安中物,而文吏绳以为阑出财物于边关乎!陛下纵不能得匈奴之资以谢天下,又以微文杀无知者五百馀人,是所谓'庇其叶而伤其枝'者也。臣窃为陛下不取也。"上默然不许,曰:"吾久不闻汲黯之言,今又复妄发矣!"

居顷之,乃分徙降者边五郡故塞外,而皆在河南,因其故俗为五属国。而金城河西,西并南山至盐泽,空无匈奴,匈奴时有候者到而希矣。

休屠王太子日磾与母阏氏、弟伦俱没入官,输黄门养马。久之,帝游宴,见马,后宫满侧,日磾等数十人牵马过殿下,莫不窃视,至日磾独不敢。日磾长八尺二寸,容貌甚严,马又肥好,上异而问之,具以本状对;上奇焉,即日赐汤沐、衣冠,拜为马监,迁侍中、驸马都尉、光禄大夫。日磾既亲近,未尝有过失,上甚信爱之;赏赐累千金,出则骖乘,入侍左右。贵戚多窃怨曰:"陛下妄得一胡儿,反贵重之。"上闻,愈厚焉。以休屠作金人为祭天主,故赐日磾姓金氏。

三年(辛酉,前120)

1　春,有星孛于东方。

2　夏,五月,赦天下。

3　淮南王之谋反也,胶东康王寄微闻其事,私作战守备。及吏治淮南事,辞出之。寄母王夫人,即皇太后之女弟也,于上最亲,意自伤,发病而死,不敢置后。上闻而怜之,立其长子贤为胶东王;又封其所爱少子庆为六安王,王故衡山王地。

4　秋,匈奴入右北平、定襄,各数万骑,杀略千馀人。

5　山东大水,民多饥乏。天子遣使者虚郡国仓廥以振贫民,犹不足,又募豪富吏民能假贷贫民者以名闻;尚不能相救,乃徙贫民于关以西及充朔方以南新秦中七十馀万口,衣食皆仰给县官,数岁假予产业。使者分部护之,冠盖相望。其费以亿计,不可胜数。

6　汉既得浑邪王地,陇西、北地、上郡益少胡寇,诏减三郡戍卒之半,以宽天下之繇。

7　上将讨昆明,以昆明有滇池方三百里,乃作昆明池以习水战。是时法既益严,吏多废免。兵革数动,民多买复及五大夫,征发之士益鲜。于是除千夫、五大夫为吏,不欲者出马。以故吏弄法,皆谪令伐棘上林,穿昆明池。

8　是岁,得神马于渥洼水中。上方立乐府,使司马相如等造为诗赋,以宦者李延年为协律都尉,佩二千石印;弦次初诗以合八音之调。诗多尔雅之文,通一经之士不能独知其辞,必集会五经家相与共讲习读之,乃能通知其意。及得神马,次以为歌。汲黯曰:"凡王者作乐,上以承祖宗,下以化兆民。今陛下得马,诗以为歌,协于宗庙,先帝百姓岂能知其音邪?"上默然不说。

上招延士大夫,常如不足;然性严峻,群臣虽素所爱信者,或小有犯法,或欺罔,辄按诛之,无所宽假。汲黯谏曰:"陛下求贤甚劳,未尽其用,辄已杀之。以有限之士恣无已之诛,臣恐天下贤才将尽,陛下谁与共为治乎!"黯言之甚怒,上笑而谕之曰:"何世无才,患人不能识之耳。苟能识之,何患无人!夫所谓才者,犹有用之器也,有才而不肯尽用,与无才同,不杀何施!"黯曰:"臣虽不能以言屈陛下,而心犹以为非;愿陛下自今改之,无以臣为愚而不知理也。"上顾群臣曰:"黯自言为便辟则不可,自言为愚,岂不信然乎!"

四年(壬戌,前119)

1　冬,有司言:"县官用度太空,而富商大贾冶铸、煮盐,财或累万金,不佐国家之急;请更钱造币以赡用,而摧浮淫并兼之徒。"是时,禁苑有白鹿而少府多银、锡,乃以白鹿皮方尺,缘以藻缋,为皮币,直四十万。王侯、宗室,朝觐、聘享必以皮币荐璧,然后得行。又造银、锡为白金三品:大者圆之,其文龙,直三千;次方之,其义马,直五百;小者椭之,其文龟,直三百。令县官销半两钱,更铸三铢钱,盗铸诸金钱罪皆死;而吏民之盗铸白金者不可胜数。

于是以东郭咸阳、孔仅为大农丞,领盐铁事,桑弘羊以计算用事。咸阳,齐之大煮盐;仅,南阳大冶,皆致生累千金;弘羊,洛阳贾人子,以心计,年十三侍中。三人言利,事析秋毫矣。

诏禁民敢私铸铁器、煮盐者钛左趾,没入其器物。公卿又请令诸贾人末作各以其物自占,率缗钱二千而一算;及民有轺车若船五丈以上者,皆有算。匿不自占,占不悉,戍边一岁,没入缗钱。有能告者,以其半畀之。其法大抵出张汤。汤每朝奏事,语国家用,日晏,天子忘食;丞相充位,天下事皆决于汤。百姓骚动,不安其生,咸指怨汤。

2　初,河南人卜式,数请输财县官以助边,天子使使问式:"欲官乎?"式曰:"臣少田牧,不习仕宦,不愿也。"使者问曰:"家岂有冤,欲言事乎?"式曰:"臣生与人无分争,邑人贫者贷之,不善者教之,所居人皆从式,式何故见冤于人!无所欲言也。"使者曰:"苟如此,子何欲而然?"式曰:"天子诛匈奴,愚以为贤者宜死节于边,有财者宜输委,如此而匈奴可灭也。"上由是贤之,欲尊显以风百姓,乃召拜式为中郎,爵左庶长,赐田十顷,布告天下,使明知之。未几,又擢式为齐太傅。

3　春,有星孛于东北。夏,有长星出于西北。

4　上与诸将议曰:"翕侯赵信为单于画计,常以为汉兵不能度幕轻留,今大发士卒,其势必得所欲。"乃粟马十万,令大将军青、票骑将军去病各将五万骑,私负从马复四万匹,步兵转者踵军后又数十万人,而敢力战深入之士皆属票骑。票骑始为出定襄,当单于;捕虏言单于东,乃更令票骑出代郡,令大将军出定襄。郎中令李广数自请行,天子以为老,弗许;良久,乃许之,以为前将军。太仆公孙贺为左将军,主爵都尉赵食其为右将军,平阳侯曹襄为后将军,皆属大将军。赵信为单于谋曰:"汉兵既度幕,人马罢,匈奴可坐收虏耳。"乃悉远北其辎重,以精兵待幕北。

大将军既出塞,捕虏知单于所居,乃自以精兵走之,而令前将军广并于右将军军,出东道。东道回远而水草少,广自请曰:"臣部为前将军,今大将军乃徙令臣出东道。且臣结发而与匈奴战,今乃一得当单于,臣愿居前,先死单于。"大将军亦阴受上诫,以为"李广老,数奇,毋令当单于,恐不得所欲。"而公孙敖新失侯,大将军亦欲使敖与俱当单于,故徙前将军广。广知之,固自辞于大将军;大将军不听,广不谢而起行,意甚愠怒。

大将军出塞千馀里,度幕,见单于兵陈而待。于是大将军令武刚车自环为营,而纵五千骑往当匈奴;匈奴亦纵可万骑。会日且入,大风起,砂砾击面,两军不相见,汉益纵左右翼绕单于。单于视汉兵多而士马尚强,自度战不能如汉兵,单于遂乘六骡,壮骑可数百,直冒汉围,西北驰去。时已昏,汉匈奴相纷挐,杀伤大当。汉军左校捕虏言,单于未昏而去,汉军发轻骑夜追之,大将军军因随其后,匈奴兵亦散走。迟明,行二百馀里,不得单于,捕斩首虏万九千级,遂至寘颜山赵信城,得匈奴积粟食军,留一日,悉烧其城馀粟而归。

前将军广与右将军食其军无导,惑失道,后大将军,不及单于战。大将军引还,过幕南,乃遇二将军。大将军使长史责问广、食其失道状,急责广之幕府对簿。广曰:"诸校尉无罪,乃我自失道,吾今自上簿至莫府。"广谓其麾下曰:"广结发与匈奴大小七十馀战,今幸从大将军出接单于兵,而大将军徙广部行回远,而又迷失道,岂非天哉!且广年六十馀矣,终不能复对刀笔之吏!"遂引刀自刭。广为人廉,得赏赐辄分其麾下,饮食与士共之,为二千石四十馀年,家无馀财。猿臂,善射,度不中不发。将兵,乏绝之处见水,士卒不尽饮,广不近水,士卒不尽食,广不尝食;士以此爱乐为用。及死,一军皆哭。百姓闻之,知与不知,无老壮皆为垂涕。而右将军独下吏,当死,赎为庶人。

单于之遁走,其兵往往与汉兵相乱而随单于,单于久不与其大众相得。其右谷蠡王以为单于死,乃自立为单于。十馀日,真单于复得其众,而右谷蠡王乃去其单于号。

票骑将军骑兵车重与大将军军等而无裨将,悉以李敢等为大校,当裨将,出代、右北平二千馀里,绝大幕,直左方兵,获屯头王、韩王等三人,将军、相国、当户、都尉八十三人,封狼居胥山,禅于姑衍,登临翰海,卤获七万四百四十三级。天子以五千八百户益封票骑将军;又封其所部右北平太守路博德等四人为列侯,从票侯破奴等二人益封,校尉敢为关内侯,食邑;军吏卒为官,赏赐甚多。而大将军不得益封,军吏卒皆无封侯者。

两军之出塞,塞阅官及私马凡十四万匹,而复入塞者不满三万匹。

乃益置大司马位,大将军、票骑将军皆为大司马,定令,令票骑将军秩禄与大将军等。自是之后,大将军青日退而票骑日益贵。大将军故人、门下士多去事票骑,辄得官爵,唯任安不肯。

票骑将军为人,少言不泄,有气敢往。天子尝欲教之孙、吴兵法,对曰:"顾方略何如耳,不至学古兵法。"天子为治第,令票骑视之,对曰:"匈奴未灭,无以家为也!"由此上益重爱之。然少贵,不省士,其从军,天子为遣太官赍数十乘。既还,重车馀弃粱肉,而士有饥者。其在塞外,卒乏粮或不能自振,而票骑尚穿域蹋鞠;事多此类。大将军为人仁,喜士退让,以和柔自媚于上。两人志操如此。

是时,汉所杀虏匈奴合八九万,而汉士卒物故亦数万。是后匈奴远遁,而幕南无王庭。汉渡河自朔方以西至令居,往往通渠,置田官,吏卒五六万人,稍蚕食匈奴以北;然亦以马少,不复大出击匈奴矣。

匈奴用赵信计,遣使于汉,好辞请和亲。天子下其议,或言和亲,或言遂臣之。丞相长史任敞曰:"匈奴新破困,宜可使为外臣,朝请于边。"汉使任敞于单于,单于大怒,留之不遣。是时,博士狄山议以为和亲便,上以问张汤,汤曰:"此愚儒无知。"狄山曰:"臣固愚,愚忠;若御史大夫汤,乃诈忠。"于是上作色曰:"吾使生居一郡,能无使虏入盗乎?"曰:"不能。"曰:"居一县?"对曰:"不能。"复曰:"居一障间?"山自度辩穷且下吏,曰:

"能。"于是上遣<u>山</u>乘障；至月馀，<u>匈奴</u>斩<u>山</u>头而去。自是之后，群臣震慑，无敢忤<u>汤</u>者。

5　是岁，<u>汲黯</u>坐法免，以<u>定襄</u>太守<u>义纵</u>为右内史，<u>河内</u>太守<u>王温舒</u>为中尉。

先是，<u>甯成</u>为关都尉，吏民出入关者号曰："宁见乳虎，无值<u>甯成</u>之怒。"及<u>义纵</u>为<u>南阳</u>太守，至<u>关</u>，<u>甯成</u>侧行送迎。至郡，遂按<u>甯</u>氏，破碎其家；<u>南阳</u>吏民重足一迹。后徙<u>定襄</u>太守，初至，掩<u>定襄</u>狱中重罪、轻系二百馀人，及宾客、昆弟私入视亦二百馀人，一捕，鞫曰"为死罪解脱"，是日，皆报杀四百馀人，其后郡中不寒而栗。是时，<u>赵禹</u>、<u>张汤</u>以深刻为九卿，然其治尚辅法而行；<u>纵</u>专以鹰击为治。

<u>王温舒</u>始为<u>广平</u>都尉，择郡中豪敢往吏十馀人，以为爪牙，皆把其阴重罪，而纵使督盗贼。快其意所欲得，此人虽有百罪，弗法；即有避，因其事夷之，亦灭宗。以其故，<u>齐</u>、<u>赵</u>之郊盗贼不敢近<u>广平</u>，<u>广平</u>声为道不拾遗。迁<u>河内</u>太守；以九月至，令郡具私马五十匹为驿，捕郡中豪猾，相连坐千馀家。上书请，大者至族，小者乃死，家尽没入偿臧。奏行不过二三日得可，事论报，至流血十馀里，<u>河内</u>皆怪其奏，以为神速。尽十二月，郡中毋声，毋敢夜行，野无犬吠之盗。其颇不得，失之旁郡国，追求。会春，<u>温舒</u>顿足叹曰："嗟乎！令冬月益展一月，足吾事矣！"

天子闻之，皆以为能，故擢为中二千石。

6　<u>齐</u>人<u>少翁</u>，以鬼神方见上。上有所幸<u>王夫人</u>卒，<u>少翁</u>以方夜致鬼，如<u>王夫人</u>之貌，天子自帷中望见焉。于是乃拜<u>少翁</u>为文成将军，赏赐甚多，以客礼礼之。文成又劝上作<u>甘泉宫</u>，中为台室，画天、地、<u>太一</u>诸鬼神而置祭具，以致天神。居岁馀，其方益衰，神不至。乃为帛书以饭牛，佯不知，言曰："此牛腹中有奇。"杀视，得书，书言甚怪，天子识其手书，问其人，果是伪书；于是诛文成将军而隐之。

226

资治通鉴卷第二十

汉纪十二

世宗孝武皇帝中之下

元狩五年（癸亥，前118）

1　春，三月甲午，丞相李蔡坐盗孝景园壖地，葬其中，当下吏，自杀。

2　罢三铢钱，更铸五铢钱。于是民多盗铸钱，楚地尤甚。

上以为淮阳，楚地之郊，乃召拜汲黯为淮阳太守。黯伏谢不受印，诏数强予，然后奉诏。黯为上泣曰："臣自以为填沟壑，不复见陛下，不意陛下复收用之。臣常有狗马病，力不能任郡事。臣愿为中郎，出入禁闼，补过拾遗，臣之愿也。"上曰："君薄淮阳邪？吾今召君矣。顾淮阳吏民不相得，吾徒得君之重，卧而治之。"

黯既辞行，过大行李息曰："黯弃逐居郡，不得与朝廷议矣。御史大夫汤，智足以拒谏，诈足以饰非，务巧佞之语，辩数之辞，非肯正为天下言，专阿主意。主意所不欲，因而毁之；主意所欲，因而誉之。好兴事，舞文法，内怀诈以御主心，外挟贼吏以为威重。公列九卿，不早言之，公与之俱受其戮矣。"息畏汤，终不敢言；及汤败，上抵息罪。

使黯以诸侯相秩居淮阳，十岁而卒。

3　诏徙奸猾吏民于边。

4　夏，四月乙卯，以太子少傅武强侯庄青翟为丞相。

5　天子病鼎湖甚，巫医无所不致，不愈。游水发根言上郡有巫，病而鬼神下之。上召置，祠之甘泉，及病，使人问神君，神君言曰："天子无忧病；病少愈，强与我会甘泉。"于是病愈，遂起幸甘泉，病良已，置酒寿宫。神君非可得见，闻其言，言与人音等，时去时来，来则风肃然，居室帏中。神君所言，上使人受书其言，命之曰"画法"。其所语，世俗之所知也，无绝殊者，而天子心独喜；其事秘，世莫知也。

时上卒起，幸甘泉，过右内史界中，道多不治，上怒曰："义纵以我为不复行此道乎！"衔之。

六年（甲子，前117）

1 冬，十月，雨水，无冰。

2 上既下缗钱令而尊卜式，百姓终莫分财佐县官，于是杨可告缗钱纵矣。义纵以为此乱民，部吏捕其为可使者。天子以纵为废格沮事，弃纵市。

3 郎中令李敢，怨大将军之恨其父，乃击伤大将军，大将军匿讳之。居无何，敢从上雍，至甘泉宫猎，票骑将军去病射杀敢。去病时方贵幸，上为讳，云鹿触杀之。

4 夏，四月乙巳，庙立皇子闳为齐王，旦为燕王，胥为广陵王，初作诰策。

5 自造白金、五铢钱后，吏民之坐盗铸金钱死者数十万人，其不发觉者不可胜计，天下大抵无虑皆铸金钱矣。犯者众，吏不能尽诛。

6 六月，诏遣博士褚大、徐偃等六人分循郡国，举兼并之徒及守、相、为吏有罪者。

7 秋，九月，冠军景桓侯霍去病薨。天子甚悼之，为冢，像祁连山。

初，霍仲孺吏毕归家，娶妇，生子光。去病既壮大，乃自知父为霍仲孺。会为票骑将军，击匈奴，道出河东，遣吏迎仲孺而见之，大为买田宅奴婢而去；及还，因将光西至长安，任以为郎，稍迁至奉车都尉、光禄大夫。

8 是岁，大农令颜异诛。

初，异以廉直，稍迁至九卿。上与张汤既造白鹿皮币，问异，异曰："今王侯朝贺以苍璧，直数千，而以皮荐反四十万，本末不相称。"天子不说。张汤又与异有郤，及人有告异以他事，下张汤治异。异与客语初令下有不便者，异不应，微反唇。汤奏当："异九卿，见令不便，不入言而腹诽，论死。"自是之后，有腹诽之法比，而公卿大夫多谄谀取容矣。

元鼎元年（乙丑，前116）

1 夏，五月，赦天下。

2 济东王彭离骄悍，昏暮，与其奴、亡命少年数十人行剽杀人，取财物以为好。所杀发觉者百馀人，坐废，徙上庸。

二年（丙寅，前115）

1 冬，十一月，张汤有罪自杀。

初,御史中丞李文与汤有郤,汤所厚吏鲁谒居阴使人上变告文奸事,事下汤治,论杀之。汤心知谒居为之,上问:"变事踪迹安起?"汤佯惊曰:"此殆文故人怨之。"谒居病,汤亲为之摩足。赵王素怨汤,上书告:"汤大臣,乃与吏摩足,疑与为大奸。"事下廷尉。谒居病死,事连其弟。弟系导官,汤亦治他囚导官,见谒居弟,欲阴为之,而佯不省。谒居弟弗知,怨汤,使人上书,告汤与谒居谋共变告李文。事下减宣,宣尝与汤有郤,及得此事,穷竟其事,未奏也。会人有盗发孝文园瘗钱,丞相青翟朝,与汤约俱谢,至前,汤独不谢。上使御史按丞相,汤欲致其文"丞相见知",丞相患之。丞相长史朱买臣、王朝、边通,皆故九卿、二千石,仕宦绝在汤前。汤数行丞相事,知三长史素贵,故陵折,丞史遇之,三长史皆怨恨,欲死之。乃与丞相谋,使吏捕案贾人田信等,曰:"汤且欲奏请,信辄先知之,居物致富,与汤分之。"事辞颇闻,上问汤曰:"吾所为,贾人辄先知之,益居其物,是类有以吾谋告之者。"汤不谢,又佯惊曰:"固宜有。"减宣亦奏谒居等事。天子以汤怀诈面欺,使赵禹切责汤,汤乃为书谢,因曰:"陷臣者,三长史也。"遂自杀。汤既死,家产直不过五百金。昆弟诸子欲厚葬汤,汤母曰:"汤为天子大臣,被污恶言而死,何厚葬乎!"载以牛车,有棺无椁。天子闻之,乃尽按诛三长史。十二月壬辰,丞相青翟下狱,自杀。

2　春,起柏梁台。作承露盘,高二十丈,大七围,以铜为之;上有仙人掌,以承露,和玉屑饮之,云可以长生。宫室之修,自此日盛。

3　二月,以太子太傅赵周为丞相。

4　三月辛亥,以太子太傅石庆为御史大夫。

5　大雨雪。

6　夏,大水,关东饿死者以千数。

7　是岁,孔仅为大农令,而桑弘羊为大农中丞,稍置均输,以通货物。

8　白金稍贱,民不宝用,竟废之。于是悉禁郡、国无铸钱,专令上林三官铸钱,令天下非三官钱不得行。而民之铸钱益少,计其费不能相当,惟真工、大奸乃盗为之。

9　浑邪王既降汉,汉兵击逐匈奴于幕北,自盐泽以东空无匈奴,西域道可通。于是张骞建言:"乌孙王昆莫本为匈奴臣,后兵稍强,不肯复朝事匈奴,匈奴攻不胜而远之。今单于新困于汉,而故浑邪地空无人,蛮夷俗恋故地,又贪汉财物,今诚以此时厚币赂乌孙,招以益东,居故浑邪之地,与汉结昆弟,其势宜听,听则是断匈奴右臂也。既连乌孙,自其西大夏之属皆可招来而为外臣。"天子以为然,拜骞为中郎将,将三百人,马各二匹,牛羊以万数,赍金币帛直数千巨万;多持节副使,道可便遣之他旁国。

　　骞既至乌孙,昆莫见骞,礼节甚倨。骞谕指曰:"乌孙能东居故地,则汉遣公主为夫人,结为兄弟,共距匈奴,匈奴不足破也。"乌孙自以远汉,未知其大小;素服属匈奴日久,且又近之,其大臣皆畏匈奴,不欲移徙。骞留久之,不能得其要领,因分遣副使使大宛、康居、大月氏、大夏、安息、身毒、于阗及诸旁国。乌孙发译道送骞还,使数十人,马数十匹,随骞报谢,因令窥汉大小。是岁,骞还,到,拜为大行。后岁馀,骞所遣使通大夏之属者皆颇与其人俱来,于是西域始通于汉矣。

　　西域凡三十六国,南北有大山,中央有河,东西六千馀里,南北千馀里,东则接汉玉门、阳关,西则限以葱岭。河有两源,一出葱岭,一出于阗,合流东注盐泽。盐泽去玉门、阳关三百馀里。自玉门、阳关出西域有两道:从鄯善傍南山北,循河西行至莎车,为南道;南道西逾葱岭,则出大月氏、安息。自车师前王廷随北山循河西行至疏勒,为北道;北道西逾葱岭,则出大宛、康居、奄蔡焉。故皆役属匈奴,匈奴西边日逐王,置僮仆都尉,使领西域,常居焉耆、危须、尉黎间,赋税诸国,取富给焉。

　　乌孙王既不肯东还,汉乃于浑邪王故地置酒泉郡,稍发徙民以充实之;后又分置武威郡,以绝匈奴与羌通之道。

　　天子得宛汗血马,爱之,名曰"天马"。使者相望于道以求之。诸使外国,一辈大者数百,少者百馀人,人所赍操大放博望侯时,其后益习而衰少焉。汉率一岁中使多者十馀,少者五六辈;远者八九岁,近者数岁而反。

三年(丁卯,前114)

　　1　冬,徙函谷关于新安。

　　2　春,正月戊子,阳陵园火。

　　3　夏,四月,雨雹。

　　4　关东郡、国十馀饥,人相食。

　　5　常山宪王舜薨,子勃嗣,坐宪王病不侍疾及居丧无礼废,徙房陵。后月馀,天子更封宪王子平为真定王,以常山为郡,于是五岳皆在天子之邦矣。

　　6　徙代王义为清河王。

　　7　是岁,匈奴伊稚斜单于死,子乌维单于立。

四年(戊辰,前113)

1　冬,十月,上行幸雍,祠五畤。诏曰:"今上帝,朕亲郊,而后土无祀,则礼不答也。其令有司议!"立后土祠于泽中圜丘。上遂自夏阳东幸汾阴。是时,天子始巡郡、国。河东守不意行至,不办,自杀。十一月甲子,立后土祠于汾阴脽上,上亲望拜,如上帝礼。礼毕,行幸荥阳,还,至洛阳,封周后姬嘉为周子南君。

2　春,二月,中山靖王胜薨。

3　乐成侯丁义荐方士栾大,云与文成将军同师。上方悔诛文成,得栾大,大说。大先事胶东康王,为人长美言,多方略,而敢为大言,处之不疑。大言曰:"臣常往来海中,见安期、羡门之属,顾以臣为贱,不信臣;又以为康王诸侯耳,不足与方。臣之师曰:'黄金可成而河决可塞,不死之药可得,仙人可致也。'然臣恐效文成,则方士皆掩口,恶敢言方哉!"上曰:"文成食马肝死耳。子诚能修其方,我何爱乎!"大曰:"臣师非有求人,人者求之。陛下必欲致之,则贵其使者,令为亲属,以客礼待之,乃可使通言于神人。"于是上使验小方,斗旗,旗自相触击。是时,上方忧河决而黄金不就,乃拜大为五利将军,又拜为天士将军、地士将军、大通将军。夏,四月乙巳,封大为乐通侯,食邑二千户,赐甲第,僮千人,乘舆斥车马、帷帐、器物以充其家,又以卫长公主妻之,赍金十万斤,天子亲如五利之第,使者存问共给,相属于道。自太主、将、相以下,皆置酒其家,献遗之。天子又刻玉印曰"天道将军",使使衣羽衣,夜立白茅上;五利将军亦衣羽衣,立白茅上,受印,以示不臣。大见数月,佩六印,贵震天下。于是海上燕、齐之间,莫不搤腕自言有禁方、能神仙矣。

4　六月,汾阴巫锦得大鼎于魏脽后土营旁,河东太守以闻。天子使验问,巫得鼎无奸诈,乃以礼祠,迎鼎至甘泉,从上行,荐之宗庙及上帝,藏于甘泉宫;群臣皆上寿贺。

5　秋,立常山宪王子商为泗水王。

6　初,条侯周亚夫为丞相,赵禹为丞相史,府中皆称其廉平,然亚夫弗任,曰:"极知禹无害,然文深,不可以居大府。"及禹为少府,比九卿为酷急;至晚节,吏务为严峻,而禹更名宽平。

中尉尹齐素以敢斩伐著名,及为中尉,吏民益凋敝。是岁,齐坐不胜任抵罪。上乃复以王温舒为中尉,赵禹为廷尉。后四年,禹以老,贬为燕相。

是时吏治皆以惨刻相尚,独左内史兒宽,劝农业,缓刑罚,理狱讼,务在得人心;择用仁厚士,推情与下,不求名声,吏民大信爱之;收租税时,裁阔狭,与民相假贷,以故租多不入。后有军发,左内史以负租课殿,当免。民闻当免,皆恐失之,大家牛车、小家担负输租,襁属不绝,课更以最。上由此愈奇宽。

7　初,南越文王遣其子婴齐入宿卫,在长安取邯郸樛氏女,生子兴。文王薨,婴齐立,乃藏其先武帝玺,上书请立樛氏女为后,兴为嗣。汉数使使者风谕婴齐入朝。婴齐尚乐擅杀生自恣,惧入见要,用汉法比内诸侯,固称病,遂不入见。婴齐薨,谥曰明王。太子兴代立,其母为太后。

太后自未为婴齐姬时,尝与霸陵人安国少季通。是岁,上使安国少季往谕王、王太后以入朝,比内诸侯,令辩士谏大夫终军等宣其辞,勇士魏臣等辅其决,卫尉路博德将兵屯桂阳待使者。南越王年少,太后中国人;安国少季往,复与私通。国人颇知之,多不附太后。太后恐乱起,亦欲倚汉威,数劝王及群臣求内属;即因使者上书,请比内诸侯,三岁一朝,除边关。于是天子许之,赐其丞相吕嘉银印及内史、中尉、太傅印,馀得自置;除其故黥、劓刑,用汉法,比内诸侯。使者皆留,填抚之。

8　上行幸雍,且郊,或曰:"五帝,泰一之佐也。宜立泰一,而上亲郊。"上疑未定。齐人公孙卿曰:"今年得宝鼎,其冬辛巳朔旦冬至,与黄帝时等。"卿有札书曰:"黄帝得宝鼎,是岁己酉朔旦冬至,凡三百八十年,黄帝仙登于天。"因嬖人奏之。上大悦,召问,卿对曰:"受此书申公,申公曰:'汉兴复当黄帝之时,汉之圣者在高祖之孙且曾孙也。宝鼎出而与神通,黄帝接万灵明庭。明庭者,甘泉也。黄帝采首山铜,铸鼎于荆山下,鼎既成,有龙垂胡髯下迎黄帝,黄帝上骑龙,与群臣后宫七十馀人俱登天。'"于是天子曰:"嗟乎!诚得如黄帝,吾视去妻子如脱屣耳!"拜卿为郎,使东候神于太室。

五年(己巳,前112)

1　冬,十月,上祠五畤于雍,遂逾陇,西登崆峒。陇西守以行往卒,天子从官不得食,惶恐,自杀。于是上北出萧关,从数万骑猎新秦中,以勒边兵而归。新秦中或千里无亭徼,于是诛北地太守以下。上又幸甘泉,立泰一祠坛,所用祠具如雍一畤而有加焉。五帝坛环居其下四方地,为醴食群神从者及北斗云。十一月,辛巳朔,冬至;昧爽,天子始郊拜泰一,朝朝日,夕夕月则揖。其祠,列火满坛,坛旁亨炊具。有司云:"祠上有光。"又云:"昼有黄气上属天。"太史令谈、祠官宽舒等请三岁天子一郊见,诏从之。

2　南越王、王太后饬治行装,重赍为入朝具。其相吕嘉,年长矣,相三王,宗族仕宦为长吏者七十馀人,男尽尚王女,女尽嫁王子弟、宗室,及苍梧秦王有连,其居国中甚重,得众心愈于王。王之上书,数谏止王,王弗听;有畔心,数称病,不见汉使者。使者皆注意嘉,势未能诛。王、王太后亦恐嘉等先事发,欲介汉使者权,谋诛嘉等,乃置酒请使者,大臣皆侍坐饮。嘉弟为将,将卒居宫外。酒行,太后谓嘉曰:"南越内属,国之利也;而相君苦不便者,何也?"以激怒使者。使者狐疑相杖,遂莫敢发。嘉见耳目非是,即起而出。太后怒,欲铁嘉以矛,王止太后。嘉遂出,介其弟兵就舍,称病,不肯见王及使者,阴与大臣谋作乱。王素无意诛嘉,嘉知之,以故数月不发。

天子闻嘉不听命,王、王太后孤弱不能制,使者怯无决;又以为王、王太后已附汉,独吕嘉为乱,不足以兴兵,欲使庄参以二千人往使。参曰:"以好往,数人足矣;以武往,二千人无足以为也。"辞不可,天子罢参。郏壮士故济北相韩千秋奋曰:"以区区之越,又有王、王太后应,独相吕嘉为害,愿得勇士三百人,必斩嘉以报。"于是天子遣千秋与王太后弟樛乐将二千人往。入越境。吕嘉等乃遂反,下令国中曰:"王年少。太后,中国人也,又与使者乱,专欲内属,尽持先王宝器入献天子以自媚。多从人行,至长安,虏卖以为僮仆;取自脱一时之利,无顾赵氏社稷、为万世虑计之意。"乃与其弟将卒攻杀王、王太后及汉使者,遣人告苍梧秦王及其诸郡县,立明王长男越妻子术阳侯建德为王。而韩千秋兵入,破数小邑。其后越开直道给食,未至番禺四十里,越以兵击千秋等,遂灭之;使人函封汉使者节置塞上,好为谩辞谢罪,发兵守要害处。

春,三月壬午,天子闻南越反,曰:"韩千秋虽无功,亦军锋之冠,封其子延年为成安侯;樛乐姊为王太后,首愿属汉,封其子广德为龙亢侯。"

3　夏,四月,赦天下。

4　丁丑晦,日有食之。

5　秋,遣伏波将军路博德出桂阳,下湟水;楼船将军杨仆出豫章,下浈水;归义越侯严为戈船将军,出零陵,下离水;甲为下濑将军,下苍梧,皆将罪人,江、淮以南楼船十万人。越驰义侯遗别将巴、蜀罪人,发夜郎兵,下牂柯江,咸会番禺。

齐相卜式上书,请父子与齐习船者往死南越。天子下诏褒美式,赐爵关内侯,金六十斤,田十顷,布告天下;天下莫应。是时列侯以百数,皆莫求从军击越。会九月尝酎,祭宗庙,列侯以令献金助祭。少府省金,金有轻及色恶者,上皆令劾以不敬,夺爵者百六人。辛巳,丞相赵周坐知列侯酎金轻,下狱,自杀。

6 丙申,以御史大夫石庆为丞相,封牧丘侯。时国家多事,桑弘羊等致利,王温舒之属峻法,而兒宽等推文学,皆为九卿,更进用事;事不关决于丞相,丞相庆醇谨而已。

7 五利将军装治行,东入海求其师。既而不敢入海,之太山祠。上使人随验,实无所见。五利妄言见其师,其方尽多不售,坐诬罔,腰斩;乐成侯亦弃市。

8 西羌众十万人反,与匈奴通使,攻故安,围枹罕。匈奴入五原,杀太守。

六年(庚午,前111)

1 冬,发卒十万人,遣将军李息、郎中令徐自为征西羌,平之。

2 楼船将军杨仆入越地,先陷寻陕,破石门,挫越锋,以数万人待伏波将军路博德至俱进,楼船居前,至番禺。南越王建德、相吕嘉城守。楼船居东南面,伏波居西北面。会暮,楼船攻败越人,纵火烧城。伏波为营,遣使者招降者,赐印绶,复纵令相招。楼船力攻烧敌,驱而入伏波营中。黎旦,城中皆降。建德、嘉已夜亡入海,伏波遣人追之。校尉司马苏弘得建德,越郎都稽得嘉。戈船、下濑将军兵及驰义侯所发夜郎兵未下,南越已平矣。遂以其地为南海、苍梧、郁林、合浦、交趾、九真、日南、珠崖、儋耳九郡。师还,上益封伏波;封楼船为将梁侯,苏弘为海常侯,都稽为临蔡侯,及越降将苍梧王赵光等四人皆为侯。

3 公孙卿候神河南,言见仙人迹缑氏城上。春,天子亲幸缑氏城视迹,问卿:"得毋效文成、五利乎?"卿曰:"仙者非有求人主,人主者求之;其道非宽假,神不来。言神事如迂诞,积以岁月,乃可致也。"上信之。于是郡、国各除道,缮治宫观、名山、神祠以望幸焉。

4 赛南越,祠泰一、后土,始用乐舞。

5 驰义侯发南夷兵,欲以击南越。且兰君恐远行旁国虏其老弱,乃与其众反,杀使者及犍为太守。汉乃发巴、蜀罪人尝击南越者八校尉,遣中郎将郭昌、卫广将而击之,诛且兰及邛君、莋侯,遂平南夷为牂柯郡。夜郎侯始倚南越,南越已灭,夜郎遂入朝,上以为夜郎王。冉駹皆振恐,请臣置吏,乃以邛都为越嶲郡,莋都为沈黎郡,冉駹为汶山郡,广汉西白马为武都郡。

6 初,东越王馀善上书,请以卒八千人从楼船击吕嘉;兵至揭阳,以

海风波为解,不行,持两端,阴使南越。及汉破番禺,不至。杨仆上书愿便
引兵击东越;上以士卒劳倦,不许,令诸校屯豫章、梅岭以待命。馀善闻楼
船请诛之,汉兵临境,乃遂反,发兵距汉道,号将军驺力等为吞汉将军,入
白沙、武林、梅岭,杀汉三校尉。是时,汉使大农张成、故山州侯齿将屯,弗
敢击,却就便处,皆坐畏懦诛。馀善自称武帝。

　　上欲复使杨仆将,为其伐前劳,以书敕责之曰:"将军之功独有先破
石门、寻陿,非有斩将搴旗之实也,乌足以骄人哉! 前破番禺,捕降者以为
虏,掘死人以为获,是一过也。使建德、吕嘉得以东越为援,是二过也。士
卒暴露连岁,将军不念其勤劳,而请乘传行塞,因用归家,怀银、黄,垂三
组,夸乡里,是三过也。失期内顾,以道恶为解,是四过也。问君蜀刀价而
阳不知,挟伪干君,是五过也。受诏不至兰池,明日又不对;假令将军之
吏,问之不对,令之不从,其罪何如? 推此心在外,江海之间可得信乎? 今
东越深入,将军能率众以掩过不?"仆惶恐对曰:"愿尽死赎罪!"上乃遣横
海将军韩说出句章,浮海从东方往;楼船将军杨仆出武林,中尉王温舒出
梅岭,以越侯为戈船、下濑将军,出若邪、白沙,以击东越。

　　7　博望侯既以通西域尊贵,其吏士争上书言外国奇怪利害求使。天
子为其绝远,非人所乐往,听其言,予节,募吏民,毋问所从来,为具备人众
遣之,以广其道。来还,不能毋侵盗币物及使失指,天子为其习之,辄覆按
致重罪,以激怒令赎,复求使,使端无穷,而轻犯法。其吏卒亦辄复盛推外
国所有,言大者予节,言小者为副,故妄言无行之徒皆争效之。其使皆贫
人子,私县官赍物,欲贱市以私其利。外国亦厌汉使,人人有言轻重,度汉
兵远不能至,而禁其食物以苦汉使。汉使乏绝,积怨至相攻击。而楼兰、
车师,小国当空道,攻劫汉使王恢等尤甚,而匈奴奇兵又时遮击之。使者
争言西域皆有城邑,兵弱易击。于是天子遣浮沮将军公孙贺将万五千骑
出九原二千馀里,至浮沮井而还;匈河将军赵破奴将万馀骑出令居数千
里,至匈河水而还:以斥逐匈奴,不使遮汉使。皆不见匈奴一人,乃分武
威、酒泉地置张掖、敦煌郡,徙民以实之。

　　8　是岁,齐相卜式为御史大夫。式既在位,乃言"郡、国多不便县官
作盐铁器,苦恶价贵,或强令民买之;而船有算,商者少,物贵。"上由是不
悦卜式。

　　9　初,司马相如病且死,有遗书,颂功德,言符瑞,劝上封泰山。上感
其言,会得宝鼎,上乃与公卿诸生议封禅。封禅用希旷绝,莫知其仪,而诸
方士又言:"封禅者合不死之名也。黄帝以上,封禅皆致怪物,与神通,秦

皇帝不得上封。陛下必欲上,稍上即无风雨,遂上封矣。"上于是乃令诸儒采尚书、周官、王制之文,草封禅仪,数年不成。上以问左内史兒宽,宽曰:"封泰山,禅梁父,昭姓考瑞,帝王之盛节也;然享荐之义,不著于经。臣以为封禅告成,合袚于天地神祇,唯圣主所由,制定其当,非群臣之所能列。今将举大事,优游数年,使群臣得人人自尽,终莫能成。唯天子建中和之极,兼总条贯,金声而玉振之,以顺成天庆,垂万世之基。"上乃自制仪,颇采儒术以文之。上为封禅祠器,以示群儒,或曰"不与古同",于是尽罢诸儒不用。上又以古者先振兵释旅,然后封禅。

元封元年(辛未,前110)

1 冬,十月,下诏曰:"南越、东瓯,咸伏其辜;西蛮、北夷,颇未辑睦;朕将巡边垂,躬秉武节,置十二部将军,亲帅师焉。"乃行,自云阳北历上郡、西河、五原,出长城,北登单于台,至朔方,临北河;遣使者郭吉告单于曰:"南越王头已县于汉北阙。今单于能战,天子自将待边;不能,即南面而臣于汉,何徒远走亡匿于幕北寒苦无水草之地,毋为也!"语卒而单于大怒,立斩主客见者,而留郭吉,迁之北海上。然匈奴亦詟,终不敢出。上乃还,祭黄帝冢桥山,释兵须如。上曰:"吾闻黄帝不死,今有冢,何也?"公孙卿曰:"黄帝已仙上天,群臣思慕,葬其衣冠。"上叹曰:"吾后升天,群臣亦当葬吾衣冠于东陵乎?"乃还甘泉,类祠太一。

2 上以卜式不习文章,贬秩为太子太傅,以兒宽代为御史大夫。

3 汉兵入东越境,东越素发兵距险,使徇北将军守武林。楼船将军卒钱塘辕终古斩徇北将军。故越衍侯吴阳以其邑七百人反攻越军于汉阳。越建成侯敖与繇王居股杀馀善,以其众降。上封终古为御兒侯,阳为卯石侯,居股为东成侯,敖为开陵侯;又封横海将军说为按道侯,横海校尉福为缭嫈侯,东越降将多军为无锡侯。上以闽地险阻,数反覆,终为后世患,乃诏诸将悉其民徙于江、淮之间,遂虚其地。

4 春,正月,上行幸缑氏,礼祭中岳太室,从官在山下闻若有言"万岁"者三。诏祠官加增太室祠,禁无伐其草木,以山下户三百为之奉邑。

上遂东巡海上,行礼祠八神。齐人之上疏言神怪、奇方者以万数,乃益发船,令言海中神山者数千人求蓬莱神人。公孙卿持节常先行,候名山,至东莱,言:"夜见大人,长数丈,就之则不见,其迹甚大,类禽兽云。"群臣有言:"见一老父牵狗,言'吾欲见巨公',已忽不见。"上既见大迹,未信,及君臣又言老父,则大以为仙人也,宿留海上;与方士传车及间使求神仙,人以千数。

　　夏,四月,还,至<u>奉高</u>,礼祠<u>地主</u>于<u>梁父</u>。乙卯,令侍中儒者皮弁、搢绅,射牛行事,封<u>泰山</u>下东方,如郊祠<u>泰一</u>之礼。封广丈二尺,高九尺,其下则有玉牒书,书秘。礼毕,天子独与侍中、奉车都尉<u>霍子侯</u>上<u>泰山</u>,亦有封,其事皆禁。明日,下阴道。丙辰,禅<u>泰山</u>下阯东北<u>肃然山</u>,如祭后土礼,天子皆亲拜见,衣尚黄,而尽用乐焉。<u>江</u>、<u>淮</u>间茅三脊为神藉,五色土益杂封。其封禅祠,夜若有光,昼有白云出封中。天子从禅还,坐明堂,群臣更上寿颂功德。诏曰:"朕以眇身承至尊,兢兢焉惟德菲薄,不明于礼乐,故用事八神。遭天地况施,著见景象,屑然如有闻,震于怪物,欲止不敢,遂登封<u>泰山</u>,至于<u>梁父</u>,然后升禅<u>肃然</u>自新,嘉与士大夫更始,其以十月为<u>元封</u>元年。行所巡至、<u>博</u>、<u>奉高</u>、<u>蛇丘</u>、<u>历城</u>、<u>梁父</u>,民田租逋赋,皆贷除之,无出今年算。赐天下民爵一级。"又以五载一巡狩,用事<u>泰山</u>,令诸侯各治邸<u>泰山</u>下。

　　天子既已封<u>泰山</u>,无风雨,而方士更言<u>蓬莱</u>诸神若将可得,于是上欣然庶几遇之,复东至海上望焉。上欲自浮海求<u>蓬莱</u>,群臣谏,莫能止。<u>东方朔</u>曰:"夫仙者,得之自然,不必躁求。若其有道,不忧不得;若其无道,虽至<u>蓬莱</u>见仙人,亦无益也。臣愿陛下第还宫静处以须之,仙人将自至。"上乃止。会奉车<u>霍子侯</u>暴病,一日死。<u>子侯</u>,<u>去病</u>子也,上甚悼之;乃遂去,并海上,北至<u>碣石</u>,巡自<u>辽西</u>,历北边,至<u>九原</u>,五月,乃至<u>甘泉</u>。凡周行万八千里云。

　　先是,<u>桑弘羊</u>为治粟都尉,领大农,尽管天下盐铁。<u>弘羊</u>作平准之法,令远方各以其物如异时商贾所转贩者为赋而相灌输。置平准于京师,都受天下委输。大农诸官,尽笼天下之货物,贵即卖之,贱则买之,欲使富商大贾无所牟大利,而万物不得腾踊。至是,天子巡狩郡县,所过赏赐,用帛百馀万匹,钱金以巨万计,皆取足大农。<u>弘羊</u>又请令吏得入粟补官及罪人赎罪。山东漕粟益岁六百万石,一岁之中,太仓、<u>甘泉</u>仓满,边馀谷,诸物均输,帛五百万匹,民不益赋而天下用饶。于是<u>弘羊</u>赐爵左庶长,黄金再百斤焉。

　　是时小旱,上令官求雨。<u>卜式</u>言曰:"县官当食租衣税而已,今<u>弘羊</u>令吏坐市列肆,贩物求利。烹<u>弘羊</u>,天乃雨。"

　　5　秋,有星孛于东井,后十馀日,有星孛于三台。望气<u>王朔</u>言:"候独见填星出如瓜,食顷,复入。"有司皆曰:"陛下建<u>汉</u>家封禅,天其报德星云。"

6　<u>齐怀王闳</u>薨,无子,国除。

资治通鉴卷第二十一

汉纪十三

世宗孝武皇帝下之上

元封二年（壬申，前109）

1　冬，十月，上行幸雍，祠五畤；还，祝祠泰一，以拜德星。

2　春，正月，公孙卿言："见神人东莱山，若云欲见天子。"天子于是幸缑氏城，拜卿为中大夫，遂至东莱，宿留之，数日，无所见，见大人迹云。复遣方士求神怪，采芝药，以千数。时岁旱，天子既出无名，乃祷万里沙。夏，四月，还，过祠泰山。

3　初，河决瓠子，后二十馀岁不复塞，梁、楚之地尤被其害。是岁，上使汲仁、郭昌二卿发卒数万人塞瓠子河决。天子自泰山还，自临决河，沉白马、玉璧于河，令群臣、从官自将军以下皆负薪，卒填决河。筑宫其上，名曰宣防宫。导河北行二渠，复禹旧迹，而梁、楚之地复宁，无水灾。

4　上还长安。

5　初令越巫祠上帝、百鬼，而用鸡卜。

6　公孙卿言仙人好楼居，于是上令长安作蜚廉、桂观，甘泉作益寿、延寿观，使卿持节设具而候神人。又作通天茎台，置祠具其下。更置甘泉前殿，益广诸宫室。

7　初，全燕之世，尝略属真番、朝鲜，为置吏，筑障塞。秦灭燕，属辽东外徼。汉兴，为其远难守，复修辽东故塞，至浿水为界，属燕。燕王卢绾反，入匈奴。燕人卫满亡命，聚党千馀人，椎髻、蛮夷服而东走出塞，渡浿水，居秦故空地上下障，稍役属真番、朝鲜蛮夷及燕亡命者王之，都王险。会孝惠、高后时，天下初定，辽东太守即约满为外臣，保塞外蛮夷，无使盗边；诸蛮夷君欲入见天子，勿得禁止。以故满得以兵威财物侵降其旁小邑，真番、临屯皆来服属，方数千里。传子至孙右渠，所诱汉亡人滋多，又未尝入见；辰国欲上书见天子，又雍阏不通。是岁，汉使涉何诱谕，右渠终不肯奉诏。何去至界上，临浿水，使御刺杀送何者朝鲜裨王长，即渡，驰入塞,遂归报天子曰:"杀朝鲜将。"上为其名美,即不诘,拜何为辽东东部都尉。朝鲜怨何,发兵袭攻杀何。

8　六月,甘泉房中产芝九茎,上为之赦天下。

9　上以旱为忧,公孙卿曰:"黄帝时,封则天旱,乾封三年。"上乃下诏曰:"天旱,意乾封乎!"

10　秋,作明堂于汶上。

11　上募天下死罪为兵,遣楼船将军杨仆从齐浮渤海,左将军荀彘出辽东,以讨朝鲜。

12　初,上使王然于以越破及诛南夷兵威喻滇王入朝。滇王者,其众数万人,其旁东北有劳深、靡莫,皆同姓相杖,未肯听。劳深、靡莫数侵犯使者吏卒。于是上遣将军郭昌、中郎将卫广发巴、蜀兵击灭劳深、靡莫,以兵临滇。滇王举国降,请置吏入朝,于是以为益州郡,赐滇王王印,复长其民。

是时,汉灭两越,平西南夷,置初郡十七,且以其故俗治,毋赋税。南阳、汉中以往郡,各以地比,给初郡吏卒奉食、币物、传车、马被具。而初郡时时小反,杀吏,汉发南方吏卒往诛之,间岁万余人,费皆仰给大农。大农以均输、调盐铁助赋,故能赡之。然兵所过,县为以訾给毋乏而已,不敢言擅赋法矣。

13　是岁,以御史中丞南阳杜周为廷尉。周外宽,内深次骨,其治大放张汤。时诏狱益多,二千石系者,新故相因,不减百余人;廷尉一岁至千余章,章大者连逮证案数百,小者数十人,远者数千、近者数百里会狱。廷尉及中都官诏狱逮至六七万人,吏所增加,十万余人。

三年(癸酉,前108)

1　冬,十二月,雷,雨雹,大如马头。

2　上遣将军赵破奴击车师。破奴与轻骑七百余先至,虏楼兰王,遂破车师,因举兵威以困乌孙、大宛之属。春,正月甲申,封破奴为浞野侯。王恢佐破奴击楼兰,封恢为浩侯。于是酒泉列亭障至玉门矣。

3　初作角牴戏、鱼龙曼延之属。

4　汉兵入朝鲜境,朝鲜王右渠发兵距险。楼船将军将齐兵七千人先至王险。右渠城守,窥知楼船军少,即出城击楼船;楼船军败散,遁山中十余日,稍求收散卒,复聚。左将军击朝鲜浿水西军,未能破。天子为两将未有利,乃使卫山因兵威往谕右渠。右渠见使者,顿首谢:"愿降,恐两将诈杀臣；今见信节，请复降。”遣太子入谢，献马五千匹，及馈军粮；人众万馀，持兵方渡浿水。使者及左将军疑其为变，谓太子："已服降，宜令人毋持兵。"太子亦疑使者、左将军诈杀之，遂不渡浿水，复引归。山还报天子，天子诛山。

　　左将军破浿水上军，乃前至城下，围其西北，楼船亦往会，居城南。右渠遂坚守城，数月未能下。左将军所将燕、代卒多劲悍，楼船将齐卒已尝败亡困辱，卒皆恐，将心惭，其围右渠，常持和节。左将军急击之，朝鲜大臣乃阴间使人私约降楼船，往来言尚未肯决。左将军数与楼船期战，楼船欲就其约，不会。左将军亦使人求间隙降下朝鲜，朝鲜不肯，心附楼船，以故两将不相能。左将军心意楼船前有失军罪，今与朝鲜私善，而又不降，疑其有反计，未敢发。

　　天子以两将围城乖异，兵久不决，使济南太守公孙遂往正之，有便宜得以从事。遂至，左将军曰："朝鲜当下，久之不下者，楼船数期不会。"具以素所意告，曰："今如此不取，恐为大害。"遂亦以为然，乃以节召楼船将军入左将军营计事，即命左将军麾下执楼船将军，并其军；以报天子，天子诛遂。

　　左将军已并两军，即急击朝鲜。朝鲜相路人、相韩阴、尼谿相参、将军王唊相与谋曰："始欲降楼船，楼船今执，独左将军并将，战益急，恐不能与战；王又不肯降。"阴、唊、路人皆亡降汉，路人道死。夏，尼谿参使人杀朝鲜王右渠来降。王险城未下，故右渠之大臣成已又反，复攻吏。左将军使右渠子长、降相路人之子最告谕其民，诛成已。以故遂定朝鲜，为乐浪、临屯、玄菟、真番四郡。封参为澅清侯，阴为荻苴侯，唊为平州侯，长为几侯，最以父死颇有功，为涅阳侯。左将军征至，坐争功相嫉乖计，弃市。楼船将军亦坐兵至列口，当待左将军，擅先纵，失亡多，当诛，赎为庶人。

　　　班固曰：玄菟、乐浪，本箕子所封。昔箕子居朝鲜，教其民以礼义，田蚕织作，为民设禁八条，相杀，以当时偿杀；相伤，以谷偿；相盗者，男没入为其家奴，女为婢；欲自赎者人五十万，虽免为民，俗犹羞之，嫁娶无所售。是以其民终不相盗，无门户之闭，妇人贞信不淫辟。其田野饮食以笾豆，都邑颇放效吏，往往以杯器食。郡初取吏于辽东，吏见民无闭臧，及贾人往者，夜则为盗，俗稍益薄，今于犯禁浸多，至六十馀条。可贵哉，仁贤之化也！然东夷天性柔顺，异于三方之外。故孔子悼道不行，设浮桴于海，欲居九夷,有以也夫!

5 秋,七月,胶西于王端薨。

6 武都氐反,分徙酒泉。

四年(甲戌,前107)

1 冬,十月,上行幸雍,祠五畤。通回中道,遂北出萧关,历独鹿、鸣泽,自代而还,幸河东。春,三月,祠后土,赦汾阴、夏阳、中都死罪以下。

2 夏,大旱。

3 匈奴自卫、霍度幕以来,希复为寇,远徙北方,休养士马,习射猎,数使使于汉,好辞甘言求请和亲。汉使北地人王乌等窥匈奴,乌从其俗,去节入穹庐,单于爱之,佯许甘言,为遣其太子入汉为质。汉使杨信于匈奴,信不肯从其俗,单于曰:"故约汉尝遣翁主,给缯絮食物有品,以和亲,而匈奴亦不扰边。今乃欲反古,令吾太子为质,无几矣。"信既归,汉又使王乌往,而单于复诒以甘言,欲多得汉财物,绐谓王乌曰:"吾欲入汉见天子面,相约为兄弟。"王乌归报汉,汉为单于筑邸于长安。匈奴曰:"非得汉贵人使,吾不与诚语。"匈奴使其贵人至汉,病,汉予药,欲愈之,不幸而死。汉使路充国佩二千石印绶往使,因送其丧,厚葬,直数千金,曰:"此汉贵人也。"单于以为汉杀吾贵使者,乃留路充国不归。诸所言者,单于特空绐王乌,殊无意入汉及遣太子。于是匈奴数使奇兵侵犯汉边。乃拜郭昌为拔胡将军,及浞野侯屯朔方以东,备胡。

五年(乙亥,前106)

1 冬,上南巡狩,至于盛唐,望祀虞舜于九疑。登灊天柱山,自寻阳浮江,亲射蛟江中,获之。舳舻千里,薄枞阳而出,遂北至琅邪,并海,所过礼祠其名山大川。春,三月,还至太山,增封。甲子,始祀上帝于明堂,配以高祖;因朝诸侯王、列侯,受郡、国计。夏,四月,赦天下,所幸县毋出今年租赋。还,幸甘泉,郊泰畤。

2 长平烈侯卫青薨。起冢,象庐山。

3 上既攘却胡、越,开地斥境,乃置交趾、朔方之州,及冀、幽、并、兖、徐、青、扬、荆、豫、益、凉等州,凡十三部,皆置刺史焉。

4 上以名臣文武欲尽,乃下诏曰:"盖有非常之功,必待非常之人。故马或奔踶而致千里,士或有负俗之累而立功名。夫泛驾之马,跅弛之士,亦在御之而已。其令州、郡察吏民有茂才、异等可为将、相及使绝国者。"

六年（丙子，前105）

1　冬，上行幸回中。

2　春，作首山宫。

3　三月，行幸河东，祠后土，赦汾阴殊死以下。

4　汉既通西南夷，开五郡，欲地接以前通大夏，岁遣使十馀辈出此初郡，皆闭昆明，为所杀，夺币物。于是天子赦京师亡命，令从军，遣拔胡将军郭昌将以击之，斩首数十万。后复遣使，竟不得通。

5　秋，大旱，蝗。

6　乌孙使者见汉广大，归报其国，其国乃益重汉。匈奴闻乌孙与汉通，怒，欲击之；又其旁大宛、月氏之属皆事汉；乌孙于是恐，使使愿得尚汉公主，为昆弟。天子与群臣议，许之。乌孙以千匹马聘汉女。汉以江都王建女细君为公主，往妻乌孙，赠送甚盛；乌孙王昆莫以为右夫人。匈奴亦遣女妻昆莫，以为左夫人。公主自治宫室居，岁时一再与昆莫会，置酒饮食。昆莫年老，言语不通，公主悲愁思归，天子闻而怜之，间岁遣使者以帷帐锦绣给遗焉。昆莫曰"我老"，欲使其孙岑娶尚公主。公主不听，上书言状。天子报曰："从其国俗，欲与乌孙共灭胡。"岑娶遂妻公主。昆莫死，岑娶代立，为昆弥。

是时，汉使西逾葱岭，抵安息。安息发使，以大鸟卵及黎轩善眩人献于汉，及诸小国驩潜、大益、车〔姑〕师、扜罙、苏薤之属皆随汉使献见天子，天子大悦。西国使更来更去，天子每巡狩海上，悉从外国客，大都，多人则过之，散财帛以赏赐，厚具以饶给之，以览示汉富厚焉。大角抵，出奇戏、诸怪物，多聚观者。行赏赐，酒池肉林，令外国客遍观各仓库府藏之积，见汉之广大，倾骇之。大宛左右多蒲萄，可以为酒，多苜蓿，天马嗜之。汉使采其实以来，天子种之于离宫别观旁，极望。然西域以近匈奴，常畏匈奴使，待之过于汉使焉。

7　是岁，匈奴乌维单于死，子乌师庐立，年少，号"儿单于"。自此之后，单于益西北徙，左方兵直云中，右方兵直酒泉、燉煌郡。

太初元年（丁丑，前104）

1　冬，十月，上行幸泰山。十一月甲子朔旦，冬至，祠上帝于明堂。东至海上，考入海及方士求神者莫验；然益遣，冀遇之。

2　乙酉，<u>柏梁台</u>灾。

3　十二月甲午朔，上亲禅<u>高里</u>，祠后土，临<u>勃海</u>，将以望祀<u>蓬莱</u>之属，冀至殊廷焉。春，上还，以<u>柏梁</u>灾，故朝诸侯、受计于<u>甘泉</u>。<u>甘泉</u>作诸侯邸。

<u>越</u>人<u>勇之</u>曰："<u>越</u>俗，有火灾复起屋，必以大，用胜服之。"于是作<u>建章宫</u>，度为千门万户。其东则<u>凤阙</u>，高二十馀丈。其西则<u>唐中</u>，数十里虎圈。其北治大池，<u>渐台</u>高二十馀丈，命曰<u>太液池</u>，中有<u>蓬莱</u>、<u>方丈</u>、<u>瀛洲</u>、<u>壶梁</u>，象海中神山、龟鱼之属。其南有<u>玉堂</u>、<u>璧门</u>、大鸟之属。立<u>神明台</u>、<u>井幹楼</u>，度五十丈，辇道相属焉。

4　大中大夫<u>公孙卿</u>、<u>壶遂</u>、太史令<u>司马迁</u>等言："历纪坏废，宜改正朔。"上诏<u>兒宽</u>与博士<u>赐</u>等共议，以为宜用<u>夏</u>正。夏，五月，诏<u>卿</u>、<u>遂</u>、<u>迁</u>等共造<u>汉</u>《<u>太初历</u>》，以正月为岁首，色上黄，数用五，定官名，协音律，定宗庙百官之仪，以为典常，垂之后世云。

5　<u>匈奴</u>儿单于好杀伐，国人不安；又有天灾，畜多死。左大都尉使人间告<u>汉</u>曰："我欲杀单于降<u>汉</u>，<u>汉</u>远，即兵来迎我，我即发。"上乃遣<u>因杅</u>将军<u>公孙敖</u>筑塞外受降城以应之。

6　秋，八月，上行幸<u>安定</u>。

7　<u>汉</u>使入<u>西域</u>者言："<u>宛</u>有善马，在<u>贰师城</u>，匿不肯与<u>汉</u>使。"天子使壮士<u>车令</u>等持千金及金马以请之。<u>宛</u>王与其群臣谋曰："<u>汉</u>去我远，而<u>盐水</u>中数败，出其北有<u>胡</u>寇，出其南乏水草，又且往往而绝邑，乏食者多，<u>汉</u>使数百人为辈来，而常乏食，死者过半，是安能致大军乎！无奈我何。<u>贰师</u>马，<u>宛</u>宝马也。"遂不肯予<u>汉</u>使。<u>汉</u>使怒，妄言，椎金马而去。<u>宛</u>贵人怒曰："<u>汉</u>使至轻我！"遣<u>汉</u>使去，令其东边<u>郁成王</u>遮攻，杀<u>汉</u>使，取其财物。

于是天子大怒。诸尝使<u>宛</u>姚定<u>汉</u>等言："<u>宛</u>兵弱，诚以<u>汉</u>兵不过三千人，强弩射之，可尽虏矣。"天子尝使<u>浞野侯</u>以七百骑虏<u>楼兰王</u>，以定<u>汉</u>等言为然；而欲侯宠姬<u>李氏</u>，乃拜夫人兄<u>广利</u>为<u>贰师</u>将军，发属国六千骑及郡国恶少年数万人，以往伐<u>宛</u>。期至<u>贰师城</u>取善马，故号<u>贰师</u>将军。<u>赵始成</u>为军正，故<u>浩侯王恢</u>使导军，而<u>李哆</u>为校尉，制军事。

臣<u>光</u>曰：<u>武帝</u>欲侯宠姬<u>李氏</u>，而使<u>广利</u>将兵伐<u>宛</u>，其意以为非有功不侯，不欲负<u>高帝</u>之约也。夫军旅大事，国之安危、民之死生系焉。苟为不择贤愚而授之，欲微幸咫尺之功，藉以为名而私其所爱，不若无功而侯之为愈也。然则<u>武帝</u>有见于封国，无见于置将；谓之能守先帝之约，臣曰过矣。

8 中尉王温舒坐为奸利,罪当族,自杀;时两弟及两婚家亦各自坐他罪而族。光禄勋徐自为曰:"悲夫! 古有三族,而王温舒罪至同时而五族乎!"

9 关东蝗大起,飞西至敦煌。

二年(戊寅,前103)

1 春,正月戊申,牧丘恬侯石庆薨。

2 闰月丁丑,以太仆公孙贺为丞相,封葛绎侯。时朝廷多事,督责大臣,自公孙弘后,丞相比坐事死。石庆虽以谨得终,然数被谴。贺引拜为丞相,不受印绶,顿首涕泣不肯起。上乃起去,贺不得已拜,出曰:"我从是殆矣!"

3 三月,上行幸河东,祠后土。

4 夏,五月,籍吏民马补车骑马。

5 秋,蝗。

6 贰师将军之西也,既过盐水,当道小国各城守,不肯给食,攻之不能下;下者得食,不下者数日则去。比至郁成,士至者不过数千,皆饥罢。攻郁成,郁成大破之,所杀伤甚众。贰师将军与李哆、赵始成等计:"至郁成尚不能举,况至其王都乎!"引兵而还。至敦煌,士不过什一二。使使上书言:"道远乏食,且士卒不患战而患饥,人少,不足以拔宛,愿且罢兵,益发而复往。"天子闻之,大怒,使使遮玉门曰:"军有敢入者辄斩之!"贰师恐,因留敦煌。

7 上犹以受降城去匈奴远,遣浚稽将军赵破奴将二万馀骑出朔方西北二千馀里,期至浚稽山而还。浞野侯既至期,左大都尉欲发而觉,单于诛之,发左方兵击浞野侯。浞野侯行捕首虏,得数千人,还,未至受降城四百里,匈奴兵八万骑围之。浞野侯夜自出求水,匈奴间捕生得浞野侯,因急击其军,军吏畏亡将而诛,莫相劝归者,军遂没于匈奴。儿单于大喜,因遣奇兵攻受降城,不能下,乃寇入边而去。

8 冬,十二月,兒宽卒。

三年(己卯,前102)

1 春,正月,胶东太守延广为御史大夫。

2 上东巡海上,考神仙之属皆无验,令祠官礼东泰山。夏,四月,还,修封泰山,禅石闾。

3 匈奴儿单于死,子年少,匈奴立其季父右贤王呴犂湖为单于。

4 上遣光禄勋徐自为出五原塞数百里,远者千馀里,筑城、障、列亭,西北至庐朐,而使游击将军韩说、长平侯卫伉屯其旁;使强弩都尉路博德筑居延泽上。秋,匈奴大入定襄、云中,杀略数千人,败数二千石而去,行破坏光禄所筑城、列亭、障,又使右贤王入酒泉、张掖,略数千人。会军正任文击救,尽复失所得而去。

5 是岁,睢阳侯张昌坐为太常乏祠,国除。

初,高祖封功臣为列侯百四十有三人。时兵革之馀,大城、名都民人散亡,户口可得而数,裁什二三。大侯不过万家,小者五六百户。其封爵之誓曰:"使黄河如带,泰山若厉,国以永存,爰及苗裔。"申以丹书之信,重以白马之盟。及高后时,尽差第列侯位次,藏诸宗庙,副在有司。逮文、景,四五世间,流民既归,户口亦息,列侯大者至三四万户,小国自倍,富厚如之。子孙骄逸,多抵法禁,陨身失国,至是见侯裁四人,罔亦少密焉。

6 汉既亡浞野之兵,公卿议者皆愿罢宛军,专力攻胡。天子业出兵诛宛,宛小国而不能下,则大夏之属渐轻汉,而宛善马绝不来,乌孙、轮台易苦汉使,为外国笑,乃案言伐宛尤不便者邓光等。赦囚徒,发恶少年及边骑,岁馀而出敦煌者六万人,负私从者不与,牛十万,马三万匹,驴、橐驼以万数,赍粮、兵弩甚设。天下骚动,转相奉伐宛五十馀校尉。宛城中无井,汲城外流水,于是遣水工徙其城下水,空以穴其城。益发戍甲卒十八万酒泉、张掖北,置居延、休屠屯兵以卫酒泉,而发天下吏有罪者、亡命者及赘婿、贾人、故有市籍、父母大父母有市籍者凡七科,適为兵;及载糒给贰师,转车人徒相连属;而拜习马者二人为执、驱马校尉,备破宛择取其善马云。

于是贰师后复行,兵多,所至小国莫不迎,出食给军。至轮台,轮台不下,攻数日,屠之。自此而西,平行至宛城,兵到者三万。宛兵迎击汉兵,汉兵射败之,宛兵走入,保其城。贰师欲攻郁成城,恐留行而令宛益生诈,乃先至宛,决其水原移之,则宛固已忧困,围其城,攻之四十馀日。宛贵人谋曰:"王毋寡匿善马,杀汉使,今杀王而出善马,汉兵宜解;即不解,乃力战而死,未晚也。"宛贵人皆以为然,共杀王。其外城坏,虏宛贵人勇将煎靡。宛大恐,走入城中,持王毋寡头,遣人使贰师约曰:"汉无攻我,我尽出善马恣所取,而给汉军食。即不听我,我尽杀善马,康居之救又且至,至,我居内,康居居外,与汉军战。孰计之,何从?"是时,康居候视汉兵尚盛,不敢进。贰师闻宛城中新得汉人,知穿井,而其内食尚多,计以为"来诛首恶者毋寡，毋寡头已至，如此不许则坚守，而康居候汉兵罢来救宛，破汉兵必矣"，乃许宛之约。宛乃出其马，令汉自择之，而多出食食汉军。汉军取其善马数十匹，中马以下牝牡三千馀匹，而立宛贵人之故时遇汉善者名昧蔡为宛王，与盟而罢兵。

初，贰师起敦煌西，分为数军，从南、北道。校尉王申生将千馀人别至郁成，郁成王击灭之，数人脱亡，走贰师。贰师令搜粟都尉上官桀往攻破郁成，郁成王亡走康居，桀追至康居。康居闻汉已破宛，出郁成王与桀，桀令四骑士缚守诣贰师。上邽骑士赵弟恐失郁成王，拔剑击斩其首，追及贰师。

四年（庚辰，前101）

1　春，贰师将军来至京师。贰师所过小国闻宛破，皆使其子弟从入贡献，见天子，因为质焉。军还，入马千馀匹。后行，军非乏食，战死不甚多，而将吏贪，不爱卒，侵牟之，以此物故者众。天子为万里而伐，不录其过，乃下诏封李广利为海西侯，封赵弟为新畤侯，以上官桀为少府，军官吏为九卿者三人，诸侯相、郡守、二千石百馀人，千石以下千馀人，奋行者官过其望，以谪过行，皆黜其劳，士卒赐直四万钱。

匈奴闻贰师征大宛，欲遮之，贰师兵盛，不敢当，即遣骑因楼兰候汉使后过者，欲绝勿通。时汉军正任文将兵屯玉门关，捕得生口，知状以闻。上诏文便道引兵捕楼兰王，将诣阙簿责。王对曰："小国在大国间，不两属无以自安，愿徙国入居汉地。"上直其言，遣归国，亦因使候司匈奴，匈奴自是不甚亲信楼兰。

自大宛破后，西域震惧，汉使入西域者益得职。于是自敦煌西至盐泽往往起亭，而轮台、渠犁皆有田卒数百人，置使者、校尉领护，以给使外国者。

后岁馀，宛贵人以为昧蔡善谀，使我国遇屠，乃相与杀昧蔡，立毋寡昆弟蝉封为宛王，而遣其子入质于汉。汉因使使赂赐，以镇抚之。蝉封与汉约，岁献天马二匹。

2　秋，起明光宫。

3　冬，上行幸回中。

4　匈奴呴犁湖单于死，匈奴立其弟左大都尉且鞮侯为单于。天子欲因伐宛之威遂困胡，乃下诏曰："高皇帝遗朕平城之忧，高后时，单于书绝悖逆。昔齐襄公复九世之仇，春秋大之。"且鞮侯单于初立，恐汉袭之，乃曰："我儿子,安敢望汉天子。汉天子,我丈人行也。"因尽归汉使之不降者路充国等,使使来献。

天汉元年（辛巳,前100）

1 春,正月,上行幸甘泉,郊泰畤。三月,行幸河东,祠后土。

2 上嘉匈奴单于之义,遣中郎将苏武送匈奴使留在汉者,因厚赂单于,答其善意。武与副中郎将张胜及假吏常惠等俱,既至匈奴,置币遗单于。单于益骄,非汉所望也。

会缑王与长水虞常等及卫律所将降者,阴相与谋劫单于母阏氏归汉。卫律者,父故长水胡人,律善协律都尉李延年,延年荐言律使于匈奴,使还,闻延年家收,遂亡降匈奴。单于爱之,与谋国事,立为丁灵王。虞常在汉时素与副张胜相知,私候胜曰："闻汉天子甚怨卫律,常能为汉伏弩射杀之。吾母、弟在汉,幸蒙其赏赐。"张胜许之,以货物与常。后月馀,单于出猎,独阏氏、子弟在,虞常等七十馀人欲发,其一人夜亡告之。单于子弟发兵与战,缑王等皆死,虞常生得。

单于使卫律治其事。张胜闻之,恐前语发,以状语武。武曰："事如此,此必及我,见犯乃死,重负国。"欲自杀,胜、惠共止之。虞常果引张胜。单于怒,召诸贵人议,欲杀汉使者。左伊秩訾曰："即谋单于,何以复加! 宜皆降之。"单于使卫律召武受辞。武谓惠等："屈节辱命,虽生,何面目以归汉!"引佩刀自刺。卫律惊,自抱持武,驰召医,凿地为坎,置煴火,覆武其上,蹈其背以出血。武气绝,半日复息。惠等哭,舆归营。单于壮其节,朝夕遣人候问武,而收系张胜。

武益愈,单于使使晓武,欲降之,会论虞常,欲因此时降武。剑斩虞常已,律曰："汉使张胜谋杀单于近臣,当死,单于募降者赦罪。"举剑欲击之,胜请降。律谓武曰："副有罪,当相坐。"武曰："本无谋,又非亲属,何谓相坐!"复举剑拟之,武不动。律曰："苏君! 律前负汉归匈奴,幸蒙大恩赐号称王,拥众数万,马畜弥山,富贵如此! 苏君今日降,明日复然;空以身膏草野,谁复知之!"武不应。律曰："君因我降,与君为兄弟;今不听吾计,后虽欲复见我,尚可得乎!"武骂律曰："汝为人臣子,不顾恩义,畔主背亲,为降虏于蛮夷,何以汝为见! 且单于信汝,使决人死生,不平心持正,反欲斗两主,观祸败。南越杀汉使者,屠为九郡;宛王杀汉使者,头县北阙;朝鲜杀汉使者,即时诛灭;独匈奴未耳。若知我不降明,欲令两国相攻,匈奴之祸从我始矣。"律知武终不可胁,白单于,单于愈益欲降之。乃幽<u>武</u>置大窖中,绝不饮食;天雨雪,<u>武</u>卧,啮雪与旃毛并咽之,数日不死。<u>匈奴</u>以为神,乃徙<u>武北海</u>上无人处,使牧羝,曰:"羝乳乃得归。"别其官属<u>常惠</u>等,各置他所。

3　天雨白牦。

4　夏,大旱。

5　五月,赦天下。

6　发谪戍屯<u>五原</u>。

7　<u>浞野侯赵破奴</u>自<u>匈奴</u>亡归。

8　是岁,<u>济南</u>太守<u>王卿</u>为御史大夫。

二年(壬午,前99)

1　春,上行幸<u>东海</u>。还幸<u>回中</u>。

2　夏,五月,遣<u>贰师</u>将军<u>广利</u>以三万骑出<u>酒泉</u>,击右贤王于<u>天山</u>,得胡首虏万馀级而还。<u>匈奴</u>大围<u>贰师</u>将军,<u>汉</u>军乏食数日,死伤者多。假司马<u>陇西赵充国</u>与壮士百馀人溃围陷陈,<u>贰师</u>引兵随之,遂得解。<u>汉</u>兵物故什六七,<u>充国</u>身被二十馀创。<u>贰师</u>奏状,诏征<u>充国</u>诣行在所,帝亲见,视其创,嗟叹之,拜为中郎。

<u>汉</u>复使<u>因杅</u>将军<u>敖</u>出<u>西河</u>,与强弩都尉<u>路博德</u>会<u>涿涂山</u>,无所得。

初,<u>李广</u>有孙<u>陵</u>,为侍中,善骑射,爱人下士。帝以为有<u>广</u>之风,拜骑都尉,使将<u>丹阳</u>、<u>楚</u>人五千人,教射<u>酒泉</u>、<u>张掖</u>以备<u>胡</u>。及<u>贰师</u>击<u>匈奴</u>,上诏<u>陵</u>,欲使为<u>贰师</u>将辎重。<u>陵</u>叩头自请曰:"臣所将屯边者,皆<u>荆楚</u>勇士奇材剑客也,力扼虎,射命中,愿得自当一队,到<u>兰干山</u>南以分单于兵,毋令专乡<u>贰师</u>军。"上曰:"将恶相属邪!吾发军多,无骑予女。"<u>陵</u>对:"无所事骑,臣愿以少击众,步兵五千人涉单于庭。"上壮而许之,因诏<u>路博德</u>将兵半道迎<u>陵</u>军。<u>博德</u>亦羞为<u>陵</u>后距,奏言:"方秋,<u>匈奴</u>马肥,未可与战,愿留<u>陵</u>至春俱出。"上怒,疑<u>陵</u>悔不欲出而教<u>博德</u>上书,乃诏<u>博德</u>引兵击<u>匈奴</u>于<u>西河</u>。诏<u>陵</u>以九月发,出<u>遮虏障</u>,至<u>东浚稽山</u>南<u>龙勒水</u>上,徘徊观虏,即无所见,还,抵<u>受降城</u>休士。<u>陵</u>于是将其步卒五千人,出<u>居延</u>,北行三十日,至<u>浚稽山</u>止营,举图所过山川地形,使麾下骑<u>陈步乐</u>还以闻。<u>步乐</u>召见,道<u>陵</u>将率得士死力,上甚悦,拜<u>步乐</u>为郎。

<u>陵</u>至<u>浚稽山</u>,与单于相值,骑可三万围<u>陵</u>军,军居两山间,以大车为营。<u>陵</u>引士出营外为陈,前行持戟、盾,后行持弓、弩。虏见<u>汉</u>军少,直前就营。<u>陵</u>搏战攻之,千弩俱发,应弦而倒,虏还走上山,<u>汉</u>军追击杀数千

人。单于大惊，召左、右地兵八万馀骑攻陵。陵且战且引南行，数日，抵山谷中，连战，士卒中矢伤，三创者载辇，两创者将车，一创者持兵战，复斩首三千馀级。引兵东南，循故龙城道行，四五日，抵大泽葭苇中，虏从上风纵火，陵亦令军中纵火以自救。南行至山下，单于在南山上，使其子将骑击陵。陵军步斗树木间，复杀数千人，因发连弩射单于，单于下走。是日捕得虏，言"单于曰：'此汉精兵，击之不能下，日夜引吾南近塞，得无有伏兵乎？'诸当户君长皆言：'单于自将数万骑击汉数千人不能灭，后无以复使边臣，令汉益轻匈奴。复力战山谷间，尚四五十里，得平地，不能破，乃还。'"

是时陵军益急，匈奴骑多，战一日数十合，复伤杀虏二千馀人。虏不利，欲去，会陵军候管敢为校尉所辱，亡降匈奴，具言："陵军无后救，射矢且尽，独将军麾下及校尉成安侯韩延年各八百人为前行，以黄与白为帜；当使精骑射之即破矣。"单于得敢大喜，使骑并攻汉军，疾呼曰："李陵、韩延年趣降！"遂遮道急攻陵。陵居谷中，虏在山上，四面射，矢如雨下。汉军南行，未至鞮汗山，一日五十万矢皆尽，即弃车去。士尚三千馀人，徒斩车辐而持之，军吏持尺刀，抵山入狭谷，单于遮其后，乘隅下垒石，士卒多死，不得行。昏后，陵便衣独步出营，止左右："毋随我，丈夫一取单于耳！"良久，陵还，太息曰："兵败，死矣！"于是尽斩旌旗，及珍宝埋地中，陵叹曰："复得数十矢，足以脱矣。今无兵复战，天明，坐受缚矣，各鸟兽散，犹有得脱归报天子者。"令军士人持二升糒，一片冰，期至遮虏障者相待。夜半时，击鼓起士，鼓不鸣。陵与韩延年俱上马，壮士从者十馀人，虏骑数千追之，韩延年战死。陵曰："无面目报陛下！"遂降。军人分散，脱至塞者四百馀人。

陵败处去塞百馀里，边塞以闻。上欲陵死战；后闻陵降，上怒甚，责问陈步乐，步乐自杀。群臣皆罪陵，上以问太史令司马迁，迁盛言："陵事亲孝，与士信，常奋不顾身以徇国家之急，其素所畜积也，有国士之风。今举事一不幸，全躯保妻子之臣随而媒蘖其短，诚可痛也！且陵提步卒不满五千，深蹂戎马之地，抑数万之师，虏救死扶伤不暇，悉举引弓之民共攻围之，转斗千里，矢尽道穷，士张空拳，冒白刃，北首争死敌，得人之死力，虽古名将不过也。身虽陷败，然其所摧败亦足暴于天下。彼之不死，宜欲得当以报汉也。"上以迁为诬罔，欲沮贰师，为陵游说，下迁腐刑。

久之，上悔陵无救，曰："陵当发出塞，乃诏强弩都尉令迎军；坐预诏之，得令老将生奸诈。"乃遣使劳赐陵馀军得脱者。

3 上以法制御下,好尊用酷吏,而郡、国二千石为治者大抵多酷暴,吏民益轻犯法。东方盗贼滋起,大群至数千人,攻城邑,取库兵,释死罪,缚辱郡太守、都尉,杀二千石,小群以百数掠卤乡里者,不可胜数,道路不通。上始使御史中丞、丞相长史督之,弗能禁;乃使光禄大夫范昆及故九卿张德等衣绣衣,持节、虎符,发兵以兴击。斩首大郡或至万馀级,及以法诛通行、饮食当连坐者,诸郡甚者数千人。数岁,乃颇得其渠率,散卒失亡复聚党阻山川者往往而群居,无可奈何。于是作沉命法,曰:"群盗起,不发觉,发觉而捕弗满品者,二千石以下至小吏,主者皆死。"其后小吏畏诛,虽有盗不敢发,恐不能得,坐课累府,府亦使其不言。故盗贼浸多,上下相为匿,以文辞避法焉。

是时,暴胜之为直指使者,所诛杀二千石以下尤多,威震州郡。至勃海,闻郡人隽不疑贤,请与相见。不疑容貌尊严,衣冠甚伟,胜之蹑履起迎,登堂坐定,不疑据地曰:"窃伏海濒,闻暴公子旧矣,今乃承颜接辞。凡为吏,太刚则折,太柔则废。威行,施之以恩,然后树功扬名,永终天禄。"胜之深纳其戒;及还,表荐不疑,上召拜不疑为青州刺史。济南王贺亦为绣衣御史,逐捕魏郡群盗,多所纵舍,以奉使不称免,叹曰:"吾闻活千人,子孙有封,吾所活者万馀人,后世其兴乎!"

4 是岁,以匈奴降者介和王成娩为开陵侯,将楼兰国兵击车师。匈奴遣右贤王将数万骑救之,汉兵不利,引去。

资治通鉴卷第二十二

汉纪十四

世宗孝武皇帝下之下

天汉三年（癸未，前98）

1　春，二月，王卿有罪自杀，以执金吾杜周为御史大夫。

2　初榷酒酤。

3　三月，上行幸泰山，修封，祀明堂，因受计。还，祠常山，瘞玄玉。方士之候祠神人、入海求蓬莱者终无有验，而公孙卿犹以大人迹为解，天子益怠厌方士之怪迂语矣；然犹羁縻不绝，冀遇其真。自此之后，方士言神祠者弥众，然其效可睹矣。

4　夏，四月，大旱。赦天下。

5　秋，匈奴入雁门。太守坐畏愞弃市。

四年（甲申，前97）

1　春，正月，朝诸侯王于甘泉宫。

2　发天下七科谪及勇敢士，遣贰师将军李广利将骑六万、步兵七万出朔方；强弩都尉路博德将万馀人与贰师会；游击将军韩说将步兵三万人出五原；因杅将军公孙敖将骑万、步兵三万人出雁门。匈奴闻之，悉远其累重于余吾水北；而单于以兵十万待水南，与贰师接战。贰师解而引归，与单于连斗十馀日。游击无所得。因杅与左贤王战，不利，引归。

时上遣敖深入匈奴迎李陵，敖军无功还，因曰："捕得生口，言李陵教单于为兵以备汉军，故臣无所得。"上于是族陵家。既而闻之，乃汉将降匈奴者李绪，非陵也。陵使人刺杀绪。大阏氏欲杀陵，单于匿之北方；大阏氏死，乃还。单于以女妻陵，立为右校王，与卫律皆贵用事。卫律常在单于左右；陵居外，有大事乃入议。

3　夏，四月，立皇子髆为昌邑王。

太始元年（乙酉，前96）

1　春，正月，公孙敖坐妻为巫蛊要斩。

2　徙郡国豪桀于茂陵。

3　夏，六月，赦天下。

4　是岁，匈奴且鞮侯单于死。有两子，长为左贤王，次为左大将。左贤王未至，贵人以为有病，更立左大将为单于。左贤王闻之，不敢进。左大将使人召左贤王而让位焉。左贤王辞以病，左大将不听，谓曰：“即不幸死，传之于我。”左贤王许之，遂立，为狐鹿姑单于。以左大将为左贤王。数年，病死；其子先贤掸不得代，更以为日逐王。单于自以其子为左贤王。

二年（丙戌，前95）

1　春，正月，上行幸回中。

2　杜周卒，光禄大夫暴胜之为御史大夫。

3　秋，旱。

4　赵中大夫白公奏穿渠引泾水，首起谷口，尾入栎阳，衺二百里，溉田四千五百馀顷，因名曰白渠；民得其饶。

三年（丁亥，前94）

1　春，正月，上行幸甘泉宫。二月，幸东海，获赤雁。幸琅邪，礼日成山，登之罘，浮大海而还。

2　是岁，皇子弗陵生。弗陵母曰河间赵婕伃，居钩弋宫，任身十四月而生。上曰：“闻昔尧十四月而生，今钩弋亦然。”乃命其所生门曰尧母门。

　　臣光曰：为人君者，动静举措不可不慎，发于中必形于外，天下无不知之。当是时也，皇后、太子皆无恙，而命钩弋之门曰尧母，非名也。是以奸人逆探上意，知其奇爱少子，欲以为嗣，遂有危皇后、太子之心，卒成巫蛊之祸，悲夫！

3　赵人江充为水衡都尉。初，充为赵敬肃王客，得罪于太子丹，亡逃；诣阙告赵太子阴事，太子坐废。上召充入见。充容貌魁岸，被服轻靡，上奇之；与语政事，大悦，由是有宠，拜为直指绣衣使者，使督察贵戚、近臣逾侈者。充举劾无所避，上以为忠直，所言皆中意。尝从上甘泉，逢太子家使乘车马行驰道中，充以属吏。太子闻之，使人谢充曰：“非爱车马，诚不欲令上闻之，以教敕亡素者；唯江君宽之！"充不听，遂白奏。上曰："人臣当如是矣！"大见信用，威震京师。

四年（戊子，前93）

　　1　春，三月，上行幸泰山。壬午，祀高祖于明堂以配上帝，因受计。癸未，祀孝景皇帝于明堂。甲申，修封。丙戌，禅石闾。夏，四月，幸不其。五月，还，幸建章宫，赦天下。

　　2　冬，十月甲寅晦，日有食之。

　　3　十二月，上行幸雍，祠五畤；西至安定、北地。

征和元年（己丑，前92）

　　1　春，正月，上还，幸建章宫。

　　2　三月，赵敬肃王彭祖薨。彭祖取江都易王所幸淖姬，生男，号淖子。时淖姬兄为汉宦者，上召问："淖子何如？"对曰："为人多欲。"上曰："多欲不宜君国子民。"问武始侯昌，曰："无咎无誉。"上曰："如是可矣。"遣使者立昌为赵王。

　　3　夏，大旱。

　　4　上居建章宫，见一男子带剑入中龙华门，疑其异人，命收之。男子捐剑走，逐之弗获。上怒，斩门候。冬，十一月，发三辅骑士大搜上林，闭长安城门索；十一日乃解。巫蛊始起。

　　5　丞相公孙贺夫人君孺，卫皇后姊也，贺由是有宠。贺子敬声代父为太仆，骄奢不奉法，擅用北军钱千九百万；发觉，下狱。是时诏捕阳陵大侠朱安世甚急，贺自请逐捕安世以赎敬声罪，上许之。后果得安世。安世笑曰："丞相祸及宗矣！"遂从狱中上书，告"敬声与阳石公主私通；上且上甘泉，使巫当驰道埋偶人，祝诅上，有恶言"。

二年（庚寅，前91）

　　1　春，正月，下贺狱，案验；父子死狱中，家族。以涿郡太守刘屈氂为左丞相，封澎侯。屈氂，中山靖王子也。

　　2　夏，四月，大风，发屋折木。

　　3　闰月，诸邑公主、阳石公主及皇后弟子长平侯伉皆坐巫蛊诛。

　　4　上行幸甘泉。

　　5　初，上年二十九乃生戾太子，甚爱之。及长，性仁恕温谨，上嫌其材能少,不类己;而所幸王夫人生子闳,李姬生子旦、胥,李夫人生子髆,皇后、太子宠浸衰,常有不自安之意。上觉之,谓大将军青曰:"汉家庶事草创,加四夷侵陵中国,朕不变更制度,后世无法;不出师征伐,天下不安;为此者不得不劳民。若后世又如朕所为,是袭亡秦之迹也。太子敦重好静,必能安天下,不使朕忧。欲求守文之主,安有贤于太子者乎!闻皇后与太子有不安之意,岂有之邪?可以意晓之。"大将军顿首谢。皇后闻之,脱簪请罪。太子每谏征伐四夷,上笑曰:"吾当其劳,以逸遗汝,不亦可乎!"

上每行幸,常以后事付太子,宫内付皇后;有所平决,还,白其最,上亦无异,有时不省也。上用法严,多任深刻吏;太子宽厚,多所平反,虽得百姓心,而用法大臣皆不悦。皇后恐久获罪,每戒太子,宜留取上意,不应擅有所纵舍。上闻之,是太子而非皇后。群臣宽厚长者皆附太子,而深酷用法者皆毁之;邪臣多党与,故太子誉少而毁多。卫青薨后,臣下无复外家为据,竞欲构太子。

上与诸子疏,皇后希得见。太子尝谒皇后,移日乃出。黄门苏文告上曰:"太子与宫人戏。"上益太子宫人满二百人。太子后知之,心衔文。文与小黄门常融、王弼等常微伺太子过,辄增加白之。皇后切齿,使太子白诛文等。太子曰:"第勿为过,何畏文等!上聪明,不信邪佞,不足忧也!"上尝小不平,使常融召太子,融言"太子有喜色",上嘿然。及太子至,上察其貌,有涕泣处,而佯语笑,上怪之;更微问,知其情,乃诛融。皇后亦善自防闲,避嫌疑,虽久无宠,尚被礼遇。

是时,方士及诸神巫多聚京师,率皆左道惑众,变幻无所不为。女巫往来宫中,教美人度厄,每屋辄埋木人祭祀之;因妒忌恚詈,更相告讦,以为祝诅上,无道。上怒,所杀后宫延及大臣,死者数百人。上心既以为疑,尝昼寝,梦木人数千持杖欲击上,上惊寤,因是体不平,遂苦忽忽善忘。江充自以与太子及卫氏有隙,见上年老,恐晏驾后为太子所诛,因是为奸,言上疾祟在巫蛊。于是上以充为使者,治巫蛊狱。充将胡巫掘地求偶人,捕蛊及夜祠、视鬼,染污令有处,辄收捕验治,烧铁钳灼,强服之。民转相诬以巫蛊,吏辄劾以为大逆无道;自京师、三辅连及郡、国,坐而死者前后数万人。

是时,上春秋高,疑左右皆为蛊祝诅;有与无,莫敢讼其冤者。充既知上意,因胡巫檀何言:"宫中有蛊气;不除之,上终不差。"上乃使充入宫,至省中,坏御座,掘地求蛊;又使按道侯韩说、御史章赣、黄门苏文等助充。充先治后宫希幸夫人,以次及皇后、太子宫,掘地纵横,太子、皇后无复施床处。充云:"于太子宫得木人尤多,又有帛书,所言不道;当奏闻。"太子惧,问少傅石德。德惧为师傅并诛,因谓太子曰:"前丞相父子、两公主及卫氏皆坐此,今巫与使者掘地得征验,不知巫置之邪,将实有也,无以自明。可矫以节收捕充等系狱,穷治其奸诈。且上疾在甘泉,皇后及家吏请问皆不报;上存亡未可知,而奸臣如此,太子将不念秦扶苏事邪!"太子曰:"吾人子,安得擅诛!不如归谢,幸得无罪。"太子将往之甘泉,而江充持太子甚急;太子计不知所出,遂从石德计。秋,七月,壬午,太子使客诈为使者,收捕充等;按道侯说疑使者有诈,不肯受诏,客格杀说。太子自临斩充,骂曰:"赵虏!前乱乃国王父子不足邪!乃复乱吾父子也!"又炙胡巫上林中。

太子使舍人无且持节夜入未央宫殿长秋门,因长御倚华具白皇后,发中厩车载射士,出武库兵,发长乐宫卫卒。长安扰乱,言太子反。苏文迸走,得亡归甘泉,说太子无状。上曰:"太子必惧,又忿充等,故有此变。"乃使使召太子。使者不敢进,归报云:"太子反已成,欲斩臣,臣逃归。"上大怒。丞相屈氂闻变,挺身逃,亡其印绶,使长史乘疾置以闻。上问:"丞相何为?"对曰:"丞相秘之,未敢发兵。"上怒曰:"事籍籍如此,何谓秘也!丞相无周公之风矣,周公不诛管、蔡乎!"乃赐丞相玺书曰:"捕斩反者,自有赏罚。以牛车为橹,毋接短兵,多杀伤士众!坚闭城门,毋令反者得出!"太子宣言告令百官云:"帝在甘泉病困,疑有变;奸臣欲作乱。"上于是从甘泉来,幸城西建章宫,诏发三辅近县兵,部中二千石以下,丞相兼将之。太子亦遣使者矫制赦长安中都官囚徒,命少傅石德及宾客张光等分将;使长安囚如侯持节发长水及宣曲胡骑,皆以装会。侍郎马通使长安,因追捕如侯,告胡人曰:"节有诈,勿听也!"遂斩如侯,引骑入长安;又发楫棹士以予大鸿胪商丘成。初,汉节纯赤,以太子持赤节,故更为黄旄加上以相别。

太子立车北军南门外,召护北军使者任安,与节,令发兵。安拜受节;入,闭门不出。太子引兵去,驱四市人凡数万众,至长乐西阙下,逢丞相军,合战五日,死者数万人,血流入沟中。民间皆云"太子反",以故众不附太子,丞相附兵浸多。

庚寅,太子兵败,南奔覆盎城门。司直田仁部闭城门,以为太子父子之亲,不欲急之;太子由是得出亡。丞相欲斩仁,御史大夫暴胜之谓丞相曰:"司直,吏二千石,当先请,奈何擅斩之!"丞相释仁。上闻而大怒,下吏责问御史大夫曰:"司直纵反者,丞相斩之,法也;大夫何以擅止之?"胜之惶恐，自杀。诏遣宗正刘长、执金吾刘敢奉策收皇后玺绶，后自杀。上以为任安老吏，见兵事起，欲坐观成败，见胜者合从之，有两心，与田仁皆要斩。上以马通获如侯，长安男子景建从通获石德，商丘成力战获张光，封通为重合侯，建为德侯，成为秅侯。诸太子宾客尝出入宫门，皆坐诛；其随太子发兵，以反法族；吏士劫略者皆徙敦煌郡。以太子在外，始置屯兵长安诸城门。

　　上怒甚，群下忧惧，不知所出。壶关三老茂上书曰："臣闻父者犹天，母者犹地，子犹万物也，故天平地安，物乃茂成；父慈母爱，子乃孝顺。今皇太子为汉适嗣，承万世之业，体祖宗之重，亲则皇帝之宗子也。江充，布衣之人，闾阎之隶臣耳；陛下显而用之，衔至尊之命以迫蹙皇太子，造饰奸诈，群邪错缪，是以亲戚之路隔塞而不通。太子进则不得见上，退则困于乱臣，独冤结而无告，不忍忿忿之心，起而杀充，恐惧逋逃，子盗父兵，以救难自免耳；臣窃以为无邪心。诗曰：'营营青蝇，止于藩。恺悌君子，无信谗言。谗言罔极，交乱四国。'往者江充谗杀赵太子，天下莫不闻。陛下不省察，深过太子，发盛怒，举大兵而求之，三公自将，智者不敢言，辩士不敢说，臣窃痛之！唯陛下宽心慰意，少察所亲，毋患太子之非，亟罢甲兵，无令太子久亡！臣不胜倦倦，出一旦之命，待罪建章宫下。"书奏，天子感寤，然尚未显言赦之也。

　　太子亡，东至湖，藏匿泉鸠里；主人家贫，常卖屦以给太子。太子有故人在湖，闻其富赡，使人呼之而发觉。八月，辛亥，吏围捕太子。太子自度不得脱，即入室距户自经。山阳男子张富昌为卒，足蹴开户，新安令史李寿趋抱解太子，主人公遂格斗死，皇孙二人并皆遇害。上既伤太子，乃封李寿为邘侯，张富昌为题侯。

　　初，上为太子立博望苑，使通宾客，从其所好，故宾客多以异端进者。

　　　臣光曰：古之明王教养太子，为之择方正敦良之士以为保傅、师友，使朝夕与之游处。左右前后无非正人，出入起居无非正道，然犹有淫放邪僻而陷于祸败者焉。今乃使太子自通宾客，从其所好。夫正直难亲，谄谀易合，此固中人之常情，宜太子之不终也！

6　癸亥，地震。

7　九月，商丘成为御史大夫。

8　立赵敬肃王小子偃为平干王。

9　匈奴入上谷、五原，杀掠吏民。

三年（辛卯，前90）

1　春，正月，上行幸雍，至安定、北地。

2　匈奴入五原、酒泉，杀两都尉。三月，遣李广利将七万人出五原，商丘成将二万人出西河，马通将四万骑出酒泉，击匈奴。

3　夏，五月，赦天下。

4　匈奴单于闻汉兵大出，悉徙其辎重北邸郅居水。左贤王驱其人民度余吾水六七百里，居兜衔山；单于自将精兵渡姑且水。商丘成军至，追邪径，无所见，还。匈奴使大将与李陵将三万馀骑追汉军，转战九日，至蒲奴水；虏不利，还去。马通军至天山，匈奴使大将偃渠将二万馀骑要汉兵，见汉兵强，引去，通无所得失。是时，汉恐车师兵遮马通军，遣开陵侯成娩将楼兰、尉犁、危须等六国兵共围车师，尽得其王民众而还。贰师将军出塞，匈奴使右大都尉与卫律将五千骑要击汉军于夫羊句山狭，贰师击破之，乘胜追北至范夫人城，匈奴奔走，莫敢距敌。

初，贰师之出也，丞相刘屈氂为祖道，送至渭桥。广利曰："愿君侯早请昌邑王为太子；如立为帝，君侯长何忧乎！"屈氂许诺。昌邑王者，贰师将军女弟李夫人子也；贰师女为屈氂子妻，故共欲立焉。会内者令郭穰告"丞相夫人祝诅上及与贰师共祷祠，欲令昌邑王为帝"，按验，罪至大逆不道。六月，诏载屈氂厨车以徇，要斩东市，妻子枭首华阳街；贰师妻子亦收。贰师闻之，忧惧，其掾胡亚夫亦避罪从军，说贰师曰："夫人、室家皆在吏，若还，不称意适与狱会，郅居以北，可复得见乎！"贰师由是狐疑，深入要功，遂北至郅居水上。虏已去，贰师遣护军将二万骑度郅居之水，逢左贤王、左大将将二万骑，与汉兵合战一日，汉军杀左大将，虏死伤甚众。军长史与决眭都尉辉渠侯谋曰："将军怀异心，欲危众求功，恐必败。"谋共执贰师。贰师闻之，斩长史，引兵还至燕然山。单于知汉军劳倦，自将五万骑遮击贰师，相杀伤甚众；夜，堑汉军前，深数尺，从后急击之，军大乱败，贰师遂降。单于素知其汉大将，以女妻之，尊宠在卫律上。宗族遂灭。

5　秋，蝗。

6　九月，故城父令公孙勇与客胡倩等谋反，倩诈称光禄大夫，言使督盗贼；淮阳太守田广明觉知，发兵捕斩焉。公孙勇衣绣衣、乘驷马车至圉；圉守尉魏不害等诛之。封不害等四人为侯。

7　吏民以巫蛊相告言者，案验多不实。上颇知太子惶恐无他意，会高寝郎田千秋上急变，讼太子冤曰："子弄父兵，罪当笞。天子之子过误杀人，当何罪哉！臣尝梦一白头翁教臣言。"上乃大感寤，召见千秋，谓曰:"父子之间,人所难言也,公独明其不然。此高庙神灵使公教我,公当遂为吾辅佐。"立拜千秋为大鸿胪,而族灭江充家,焚苏文于横桥上;及泉鸠里加兵刃于太子者,初为北地太守,后族。上怜太子无辜,乃作思子宫,为归来望思之台于湖,天下闻而悲之。

四年(壬辰,前89)

1　春,正月,上行幸东莱,临大海,欲浮海求神山。群臣谏,上弗听,而大风晦冥,海水沸涌。上留十馀日,不得御楼船,乃还。

2　二月丁酉,雍县无云如雷者三,陨石二,黑如黳。

3　三月,上耕于钜定。还,幸泰山,修封。庚寅,祀于明堂。癸巳,禅石闾,见群臣,上乃言曰:"朕即位以来,所为狂悖,使天下愁苦,不可追悔。自今事有伤害百姓,靡费天下者,悉罢之!"田千秋曰:"方士言神仙者甚众,而无显功,臣请皆罢斥遣之!"上曰:"大鸿胪言是也。"于是悉罢诸方士候神人者。是后上每对群臣自叹:"向时愚惑,为方士所欺。天下岂有仙人,尽妖妄耳!节食服药,差可少病而已。"夏,六月,还,幸甘泉。

4　丁巳,以大鸿胪田千秋为丞相,封富民侯。千秋无他材能术学,又无伐阅功劳,特以一言寤意,数月取宰相,封侯,世未尝有也。然为人敦厚有智,居位自称,逾于前后数公。

先是搜粟都尉桑弘羊与丞相、御史奏言:"轮台东有溉田五千顷以上,可遣屯田卒,置校尉三人分护,益种五谷;张掖、酒泉遣骑假司马为斥候;募民壮健敢徙者诣田所,益垦溉田,稍筑列亭,连城而西,以威西国,辅乌孙。"上乃下诏,深陈既往之悔曰:"前有司奏欲益民赋三十,助边用,是重困老弱孤独也。而今又请遣卒田轮台。轮台西于车师千馀里,前开陵侯击车师时,虽胜,降其王,以辽远乏食,道死者尚数千人,况益西乎!曩者朕之不明,以军候弘上书,言'匈奴缚马前后足置城下,驰言"秦人,我与若马"'。又,汉使者久留不还,故兴遣贰师将军,欲以为使者威重也。古者卿、大夫与谋,参以蓍、龟,不吉不行。乃者以缚马书遍视丞相、御史、二千石、诸大夫、郎、为文学者,乃至郡、属国都尉等,皆以'虏自缚其马,不祥甚哉!'或以为'欲以见强,夫不足者视人有馀'。公车方士、太史、治星、望气及太卜龟蓍皆以为'吉,匈奴必破,时不可再得也'。又曰:'北伐行将,于鬴山必克。卦,诸将贰师最吉。'故朕亲发贰师下鬴山,诏之必毋深入。今计谋、卦兆皆反缪。重合侯得虏候者,乃言'缚马者匈奴诅军事也'。匈奴常言'汉极大,然不耐饥渴,失一狼,走千羊'。乃者贰师败,军士死略离散,悲痛常在朕心。今又请远田轮台,欲起亭隧,是扰劳天下,非所以优民也,朕不忍闻! 大鸿胪等又议欲募囚徒送匈奴使者,明封侯之赏以报忿,此五伯所弗为也。且匈奴得汉降者常提掖搜索,问以所闻,岂得行其计乎! 当今务在禁苛暴,止擅赋,力本农,修马复令,以补缺、毋乏武备而已。郡国二千石各上进畜马方略补边状,与计对。”

由是不复出军,而封田千秋为富民侯,以明休息,思富养民也。又以赵过为搜粟都尉。过能为代田,其耕耘田器皆有便巧,以教民,用力少而得谷多,民皆便之。

臣光曰:天下信未尝无士也! 武帝好四夷之功,而勇锐轻死之士充满朝廷,辟土广地,无不如意。及后息民重农,而赵过之俦教民耕耘,民亦被其利。此一君之身趣好殊别,而士辄应之,诚使武帝兼三王之量以兴商、周之治,其无三代之臣乎!

5　秋,八月辛酉晦,日有食之。

6　卫律害贰师之宠,会匈奴单于母阏氏病,律饬胡巫言:“先单于怒曰:‘胡故时祠兵,常言得贰师以社,何故不用?’”于是收贰师。贰师骂曰:“我死必灭匈奴!”遂屠贰师以祠。

后元元年(癸巳,前88)

1　春,正月,上行幸甘泉,郊泰畤;遂幸安定。

2　昌邑哀王髆薨。

3　二月,赦天下。

4　夏,六月,商丘成坐祝诅自杀。

5　初,侍中仆射马何罗与江充相善。及卫太子起兵,何罗弟通以力战封重合侯。后上夷灭充宗族、党与,何罗兄弟惧及,遂谋为逆。侍中驸马都尉金日䃅视其志意有非常,心疑之,阴独察其动静,与俱上下。何罗亦觉日䃅意,以故久不得发。是时上行幸林光宫,日䃅小疾卧庐,何罗与通及小弟安成矫制夜出,共杀使者,发兵。明旦,上未起,何罗无何从外入。日䃅奏厕,心动,立入,坐内户下。须臾,何罗袖白刃从东厢上,见日䃅,色变,走趋卧内,欲入,行触宝瑟,僵。日䃅得抱何罗,因传曰:“马何罗反!”上惊起。左右拔刃欲格之,上恐并中日䃅,止勿格。日䃅投何罗殿下,得禽缚之。穷治,皆伏辜。

6　秋,七月,地震。

7　燕王旦自以次第当为太子,上书求入宿卫。上怒,斩其使于北阙。

又坐藏匿亡命,削良乡、安次、文安三县。上由是恶旦。旦辩慧博学,其弟广陵王胥,有勇力,而皆动作无法度,多过失,故上皆不立。

时钩弋夫人之子弗陵,年数岁,形体壮大,多知,上奇爱之,心欲立焉;以其年稚,母少,犹与久之。欲以大臣辅之,察群臣,唯奉车都尉、光禄大夫霍光,忠厚可任大事,上乃使黄门画周公负成王朝诸侯以赐光。后数日,帝谴责钩弋夫人;夫人脱簪珥,叩头。帝曰:"引持去,送掖庭狱!"夫人还顾,帝曰:"趣行,汝不得活!"卒赐死。顷之,帝闲居,问左右曰:"外人言云何?"左右对曰:"人言'且立其子,何去其母乎?'"帝曰:"然,是非儿曹愚人之所知也。往古国家所以乱,由主少母壮也。女主独居骄蹇,淫乱自恣,莫能禁也。汝不闻吕后邪! 故不得不先去之也。"

二年(甲午,前87)

1　春,正月,上朝诸侯王于甘泉宫。二月,行幸盩厔五柞宫。

2　上病笃,霍光涕泣问曰:"如有不讳,谁当嗣者?"上曰:"君未谕前画意邪? 立少子,君行周公之事!"光顿首让曰:"臣不如金日磾!"日磾亦曰:"臣,外国人,不如光;且使匈奴轻汉矣!"乙丑,诏立弗陵为皇太子,时年八岁。丙寅,以光为大司马、大将军,日磾为车骑将军,太仆上官桀为左将军,受遗诏辅少主,又以搜粟都尉桑弘羊为御史大夫,皆拜卧内床下。光出入禁闼二十餘年,出则奉车,入侍左右,小心谨慎,未尝有过。为人沉静详审,每出入、下殿门,止进有常处,郎、仆射窃识视之,不失尺寸。日磾在上左右,目不忤视者数十年;赐出宫女,不敢近;上欲内其女后宫,不肯;其笃慎如此,上尤奇异之。日磾长子为帝弄儿,帝甚爱之。其后弄儿壮大,不谨,自殿下与宫人戏;日磾适见之,恶其淫乱,遂杀弄儿。上闻之,大怒。日磾顿首谢,具言所以杀弄儿状。上甚哀,为之泣;已而心敬日磾。上官桀始以材力得幸,为未央厩令。上尝体不安,及愈,见马,马多瘦,上大怒曰:"令以我不复见马邪!"欲下吏。桀顿首曰:"臣闻圣体不安,日夜忧惧,意诚不在马。"言未卒,泣数行下。上以为爱己,由是亲近,为侍中,稍迁至太仆。三人皆上素所爱信者,故特举之,授以后事。丁卯,帝崩于五柞宫;入殡未央宫前殿。

帝聪明能断,善用人,行法无所假贷。隆虑公主子昭平君尚帝女夷安公主。隆虑主病困,以金千斤、钱千万为昭平君豫赎死罪,上许之。隆虑主卒,昭平君日骄,醉杀主傅,系狱;廷尉以公主子上请。左右人人为言:"前又入赎,陛下许之。"上曰:"吾弟老有是一子,死,以属我。"于是为之垂涕,叹息良久,曰:"法令者,先帝所造也,用弟故而诬先帝之法,吾何面目入高庙乎! 又下负万民。"乃可其奏,哀不能自止,左右尽悲。待诏<u>东方朔</u>前上寿,曰:"臣闻圣王为政,赏不避仇雠,诛不择骨肉。<u>书</u>曰:'不偏不党,王道荡荡。'此二者,<u>五帝</u>所重,<u>三王</u>所难也,陛下行之,天下幸甚! 臣朔奉觞昧死再拜上万岁寿!"上初怒<u>朔</u>,既而善之,以<u>朔</u>为中郎。

　　<u>班固</u>赞曰:<u>汉</u>承百王之弊,<u>高祖</u>拨乱反正,<u>文</u>、<u>景</u>务在养民,至于稽古礼文之事,犹多阙焉。<u>孝武</u>初立,卓然罢黜百家,表章<u>六经</u>,遂畴咨海内,举其俊茂,与之立功;兴太学,修郊祀,改正朔,定历数,协音律,作诗乐,建封禅,礼百神,绍周后,号令文章,焕然可述,后嗣得遵洪业而有<u>三代</u>之风。如<u>武帝</u>之雄材大略,不改<u>文</u>、<u>景</u>之恭俭以济斯民,虽<u>诗</u>、<u>书</u>所称何有加焉!

　　<u>臣光</u>曰:<u>孝武</u>穷奢极欲,繁刑重敛,内侈宫室,外事四夷,信惑神怪,巡游无度,使百姓疲敝,起为盗贼,其所以异于<u>秦始皇</u>者无几矣。然<u>秦</u>以之亡,<u>汉</u>以之兴者,<u>孝武</u>能尊先王之道,知所统守,受忠直之言,恶人欺蔽,好贤不倦,诛赏严明,晚而改过,顾托得人,此其所以有亡<u>秦</u>之失而免亡<u>秦</u>之祸乎!

3　戊辰,太子即皇帝位。帝姊<u>鄂邑公主</u>共养省中,<u>霍光</u>、<u>金日磾</u>、<u>上官桀</u>共领尚书事。<u>光</u>辅幼主,政自己出,天下想闻其风采。殿中尝有怪,一夜,群臣相惊,<u>光</u>召尚符玺郎,欲收取玺。郎不肯授,<u>光</u>欲夺之。郎按剑曰:"臣头可得,玺不可得也!"<u>光</u>甚谊之。明日,诏增此郎秩二等。众庶莫不多<u>光</u>。

4　三月甲辰,葬<u>孝武皇帝</u>于茂陵。

5　夏,六月,赦天下。

6　秋,七月,有星孛于东方。

7　<u>济北王宽</u>坐禽兽行自杀。

8　冬,<u>匈奴</u>入<u>朔方</u>,杀略吏民;发军屯<u>西河</u>,左将军<u>桀</u>行北边。

资治通鉴卷第二十三

汉纪十五

孝昭皇帝上

始元元年（乙未，前86）

1　夏，益州夷二十四邑、三万馀人皆反。遣水衡都尉吕辟胡募吏民及发犍为、蜀郡奔命往击，大破之。

2　秋，七月，赦天下。

3　大雨，至于十月，渭桥绝。

4　初，武帝崩，赐诸侯王玺书。燕王旦得书不肯哭，曰："玺书封小，京师疑有变。"遣幸臣寿西长、孙纵之、王孺等之长安，以问礼仪为名，阴刺候朝廷事。及有诏褒赐旦钱三十万，益封万三千户，旦怒曰："我当为帝，何赐也！"遂与宗室中山哀王子长、齐孝王孙泽等结谋，诈言以武帝时受诏，得职吏事，修武备，备非常。郎中成轸谓旦曰："大王失职，独可起而索，不可坐而得也。大王壹起，国中虽女子皆奋臂随大王。"旦即与泽谋，为奸书，言："少帝非武帝子，人臣所共立，天下宜共伐之！"使人传行郡国以摇动百姓。泽谋归发兵临菑，杀青州刺史隽不疑。旦招来郡国奸人，赋敛铜铁作甲兵，数阅其车骑、材官卒，发民大猎以讲士马，须期日。郎中韩义等数谏旦，旦杀义等凡十五人。会餠侯成知泽等谋，以告隽不疑。八月，不疑收捕泽等以闻。天子遣大鸿胪丞治，连引燕王。有诏，以燕王至亲，勿治；而泽等皆伏诛。迁隽不疑为京兆尹。

不疑为京兆尹，吏民敬其威信。每行县、录囚徒还，其母辄问不疑："有所平反？活几何人？"即不疑多有所平反，母喜笑异于他时；或无所出，母怒，为不食。故不疑为吏，严而不残。

5　九月丙子，秺敬侯金日磾薨。初，武帝病，有遗诏，封金日磾为秺侯，上官桀为安阳侯，霍光为博陆侯，皆以前捕反者马何罗等功封。日磾以帝少，不受封，光等亦不敢受。及日磾病困，光白封，日磾卧受印绶；一日薨。日磾两子赏、建俱侍中，与帝略同年，共卧起。赏为奉车，建驸马都尉。及赏嗣侯,佩两绶,上谓霍将军曰:"金氏兄弟两人,不可使俱两绶邪?"对曰:"赏自嗣父为侯耳。"上笑曰:"侯不在我与将军乎?"对曰:"先帝之约,有功乃得封侯。"遂止。

6 闰月,遣故廷尉王平等五人持节行郡国,举贤良,问民疾苦、冤、失职者。

7 冬,无冰。

二年(丙申,前85)

1 春,正月,封大将军光为博陆侯,左将军桀为安阳侯。

2 或说霍光曰:"将军不见诸吕之事乎?处伊尹、周公之位,摄政擅权,而背宗室,不与共职,是以天下不信,卒至于灭亡。今将军当盛位,帝春秋富,宜纳宗室,又多与大臣共事,反诸吕道。如是,则可以免患。"光然之,乃择宗室可用者,遂拜楚元王孙辟疆及宗室刘长乐皆为光禄大夫,辟疆守长乐卫尉。

3 三月,遣使者振贷贫民无种、食者。

4 秋,八月,诏曰:"往年灾害多,今年蚕、麦伤,所振贷种、食勿收责,毋令民出今年田租!"

5 初,武帝征伐匈奴,深入穷追,二十馀年,匈奴马畜孕重堕殰,罢极,苦之,常有欲和亲意,未能得。狐鹿孤单于有异母弟为左大都尉,贤,国人乡之。母阏氏恐单于不立子而立左大都尉也,乃私使杀之。左大都尉同母兄怨,遂不肯复会单于庭。是岁,单于病且死,谓诸贵人:"我子少,不能治国,立弟右谷蠡王。"及单于死,卫律等与颛渠阏氏谋,匿其丧,矫单于令,更立子左谷蠡王为壶衍鞮单于。左贤王、右谷蠡王怨望,率其众欲南归汉,恐不能自致,即胁卢屠王,欲与西降乌孙。卢屠王告之单于,使人验问,右谷蠡王不服,反以其罪罪卢屠王,国人皆冤之。于是二王去居其所,不复肯会龙城,匈奴始衰。

三年(丁酉,前84)

1 春,二月,有星孛于西北。

2 冬,十一月壬辰朔,日有食之。

3 初,霍光与上官桀相亲善。光每休沐出,桀常代光入决事。光女为桀子安妻,生女,年甫五岁,安欲因光内之宫中;光以为尚幼,不听。盖长公主私近子客河间丁外人,安素与外人善,说外人曰:"安子容貌端正,诚因长主时得入为后,以臣父子在朝而有椒房之重,成之在于足下。汉家故事,常以列侯尚主,足下何忧不封侯乎!"外人喜,言于长主。长主以为然。诏召安女为倢伃,安为骑都尉。

四年(戊戌,前83)

1　春,三月甲寅,立皇后上官氏,赦天下。

2　西南夷姑缯、叶榆复反,遣水衡都尉吕辟胡将益州兵击之。辟胡不进,蛮夷遂杀益州太守,乘胜与辟胡战,士战及溺死者四千馀人。冬,遣大鸿胪田广明击之。

3　廷尉李种坐故纵死罪弃市。

4　是岁,上官安为车骑将军。

五年(己亥,前82)

1　春,正月,追尊帝外祖赵父为顺成侯。顺成侯有姊君姁,赐钱二百万、奴婢、第宅以充实焉。诸昆弟各以亲疏受赏赐,无在位者。

2　有男子乘黄犊车诣北阙,自谓卫太子;公车以闻。诏使公、卿、将军、中二千石杂识视。长安中吏民聚观者数万人。右将军勒兵阙下以备非常。丞相、御史、中二千石至者并莫敢发言。京兆尹不疑后到,叱从吏收缚。或曰:"是非未可知,且安之!"不疑曰:"诸君何患于卫太子!昔蒯聩违命出奔,辄距而不纳,春秋是之。卫太子得罪先帝,亡不即死,今来自诣,此罪人也!"遂送诏狱。天子与大将军霍光闻而嘉之曰:"公卿大臣当用有经术、明于大谊者。"繇是不疑名声重于朝廷,在位者皆自以不及也。廷尉验治何人,竟得奸诈,本夏阳人,姓成,名方遂,居湖,以卜筮为事。有故太子舍人尝从方遂卜,谓曰:"子状貌甚似卫太子。"方遂心利其言,冀得以富贵。坐诬罔不道,要斩。

3　夏,六月,封上官安为桑乐侯。安日以骄淫,受赐殿中,对宾客言:"与我婿饮,大乐!"见其服饰,使人归,欲自烧物。子病死,仰而骂天。其顽悖如此。

4　罢儋耳、真番郡。

5　秋,大鸿胪广明、军正王平击益州,斩首、捕虏三万馀人,获畜产五万馀头。

6　谏大夫杜延年见国家承武帝奢侈、师旅之后,数为大将军光言:"年岁比不登,流民未尽还,宜修孝文时政,示以俭约、宽和,顺天心,说民意,年岁宜应。"光纳其言。延年,故御史大夫周之子也。

六年(庚子,前81)

　　1　春,二月,诏有司问郡国所举贤良、文学,民所疾苦、教化之要,皆对:"愿罢盐、铁、酒榷、均输官,毋与天下争利,示以俭节,然后教化可兴。"桑弘羊难,以为:"此国家大业,所以制四夷,安边足用之本,不可废也。"于是盐铁之议起焉。

　　2　初,苏武既徙北海上,禀食不至,掘野鼠、去草实而食之。杖汉节牧羊,卧起操持,节旄尽落。武在汉,与李陵俱为侍中;陵降匈奴,不敢求武。久之,单于使陵至海上,为武置酒设乐,因谓武曰:"单于闻陵与子卿素厚,故使来说足下,虚心欲相待。终不得归汉,空自苦;亡人之地,信义安所见乎!足下兄弟二人,前皆坐事自杀;来时,太夫人已不幸;子卿妇年少,闻已更嫁矣;独有女弟二人、两女、一男,今复十馀年,存亡不可知。人生如朝露,何久自苦如此!陵始降时,忽忽如狂,自痛负汉,加以老母系保宫。子卿不欲降,何以过陵!且陛下春秋高,法令无常,大臣无罪夷灭者数十家。安危不可知,子卿尚复谁为乎!"武曰:"武父子无功德,皆为陛下所成就,位列将,爵通侯,兄弟亲近,常愿肝脑涂地。今得杀身自效,虽斧钺、汤镬,诚甘乐之!臣事君,犹子事父也;子为父死,无所恨。愿勿复再言!"陵与武饮数日,复曰:"子卿壹听陵言!"武曰:"自分已死久矣,王必欲降武,请毕今日之欢,效死于前!"陵见其至诚,喟然叹曰:"嗟乎,义士!陵与卫律之罪上通于天!"因泣下沾衿,与武决去。赐武牛羊数十头。

　　后陵复至北海上,语武以武帝崩。武南向号哭欧血,旦夕临,数月。及壶衍鞮单于立,母阏氏不正,国内乖离,常恐汉兵袭之,于是卫律为单于谋,与汉和亲。汉使至,求苏武等,匈奴诡言武死。后汉使复至匈奴,常惠私见汉使,教使者谓单于,言:"天子射上林中,得雁,足有系帛书,言武等在某泽中。"使者大喜,如惠语以让单于。单于视左右而惊,谢汉使曰:"武等实在。"乃归武及马宏等。马宏者,前副光禄大夫王忠使西国,为匈奴所遮;忠战死,马宏生得,亦不肯降。故匈奴归此二人,欲以通善意。于是李陵置酒贺武曰:"今足下还归,扬名于匈奴,功显于汉室,虽古竹帛所载,丹青所画,何以过子卿!陵虽驽怯,令汉贳陵罪,全其老母,使得奋大辱之积志,庶几乎曹柯之盟,此陵宿昔之所不忘也。收族陵家,为世大戮,陵尚复何顾乎!已矣,令子卿知吾心耳!"陵泣下数行,因与武决。

单于召会武官属,前已降及物故,凡随武还者九人。既至京师,诏武奉一太牢谒武帝园庙,拜为典属国,秩中二千石,赐钱二百万,公田二顷,宅一区。武留匈奴凡十九岁,始以强壮出,及还,须发尽白。霍光、上官桀与李陵素善,遣陵故人陇西任立政等三人俱至匈奴招之。陵曰:"归易耳,丈夫不能再辱!"遂死于匈奴。

3 夏,旱。

4 秋,七月,罢榷酤官,从贤良、文学之议也。武帝之末,海内虚耗,户口减半。霍光知时务之要,轻徭薄赋,与民休息。至是匈奴和亲,百姓充实,稍复文、景之业焉。

5 诏以钩町侯毋波率其邑君长、人民击反者有功,立以为钩町王。赐田广明爵关内侯。

元凤元年(辛丑,前80)

1 春,武都氐人反,遣执金吾马适建、龙頟侯韩增、大鸿胪田广明将三辅、太常徒,皆免刑,击之。

2 夏,六月,赦天下。

3 秋,七月乙亥晦,日有食之,既。

4 八月,改元。

5 上官桀父子既尊,盛德长公主,欲为丁外人求封侯,霍光不许。又为外人求光禄大夫,欲令得召见,又不许。长主大以是怨光,而桀、安数为外人求官爵弗能得,亦惭。又桀妻父所幸充国为太医监,阑入殿中,下狱当死。冬月且尽,盖主为充国入马二十匹赎罪,乃得减死论。于是桀、安父子深怨光而重德盖主。自先帝时,桀已为九卿,位在光右,及父子并为将军,皇后亲安女,光乃其外祖,而顾专制朝事,由是与光争权。燕王旦自以帝兄不得立,常怀怨望。及御史大夫桑弘羊建造酒榷、盐、铁,为国兴利,伐其功,欲为子弟得官,亦怨恨光。于是盖主、桀、安、弘羊皆与旦通谋。

旦遣孙纵之等前后十馀辈,多赍金宝、走马赂遗盖主、桀、弘羊等。桀等又诈令人为燕王上书,言:"光出都肄郎、羽林,道上称趸,太官先置。"又引"苏武使匈奴二十年不降,乃为典属国;大将军长史敞无功,为搜粟都尉;又擅调益莫府校尉。光专权自恣,疑有非常。臣旦愿归符玺,入宿卫,察奸臣变"。候司光出沐日奏之。桀欲从中下其事,弘羊当与诸大臣共执退光。书奏,帝不肯下。明旦,光闻之,止画室中不入。上问:"大将军安在?"左将军桀对曰:"以燕王告其罪,故不敢入。"有诏:"召大将军。"光入,免冠、顿首谢。上曰:"将军冠!朕知是书诈也,将军无罪。"光曰:"陛下何以知之?"上曰:"将军之广明都郎,近耳;调校尉以来,未能十日,燕王何以得知之!且将军为非,不须校尉。"是时帝年十四,尚书、左右皆惊。而上书者果亡,捕之甚急。桀等惧,白上:"小事不足遂。"上不听。后桀党与有谮光者,上辄怒曰:"大将军忠臣,先帝所属以辅朕身,敢有毁者坐之!"自是桀等不敢复言。

　　李德裕论曰:人君之德,莫大于至明,明以照奸,则百邪不能蔽矣,汉昭帝是也。周成王有惭德矣,高祖、文、景俱不如也。成王闻管、蔡流言,遂使周公狼跋而东。汉高闻陈平去魏背楚,欲舍腹心臣。汉文惑季布使酒难近,罢归股肱郡;疑贾生擅权纷乱,复疏贤士。景帝信诛晁错兵解,遂戮三公。所谓"执狐疑之心,来谗贼之口"。使昭帝得伊、吕之佐,则成、康不足侔矣。

　　6　桀等谋令长公主置酒请光,伏兵格杀之,因废帝,迎立燕王为天子。旦置驿书往来相报,许立桀为王,外连郡国豪桀以千数。旦以语相平,平曰:"大王前与刘泽结谋,事未成而发觉者,以刘泽素夸,好侵陵也。平闻左将军素轻易,车骑将军少而骄,臣恐其如刘泽时不能成,又恐既成反大王也。"旦曰:"前日一男子诣阙,自谓故太子,长安中民趣向之,正谨不可止。大将军恐,出兵陈之,以自备耳。我,帝长子,天下所信,何忧见反!"后谓群臣:"盖主报言,独患大将军与右将军王莽。今右将军物故,丞相病,幸事必成,征不久。"令群臣皆装。

　　安又谋诱燕王至而诛之,因废帝而立桀。或曰:"当如皇后何?"安曰:"逐麋之狗,当顾菟邪!且用皇后为尊,一旦人主意有所移,虽欲为家人亦不可得。此百世之一时也!"会盖主舍人父稻田使者燕仓知其谋,以告大司农杨敞。敞素谨,畏事,不敢言,乃移病卧,以告谏大夫杜延年;延年以闻。九月,诏丞相部中二千石逐捕孙纵之及桀、安、弘羊、外人等,并宗族悉诛之;盖主自杀。燕王旦闻之,召相平曰:"事败,遂发兵乎?"平曰:"左将军已死,百姓皆知之,不可发也!"王忧懑,置酒与群臣、妃妾别。会天子以玺书让旦,旦以绶自绞死,后、夫人随旦自杀者二十馀人。天子加恩,赦王太子建为庶人,赐旦谥曰剌王。皇后以年少,不与谋,亦霍光外孙,故得不废。

　　7　庚午,右扶风王䜣为御史大夫。

　　8　冬,十月,封杜延年为建平侯,燕仓为宜城侯,故丞相征事任宫捕得桀,为弋阳侯,丞相少史王山寿诱安入府,为商利侯。久之,文学济阴魏相对策,以为:"日者燕王为无道,韩义出身强谏,为王所杀。义无比干之亲而蹈比干之节,宜显赏其子以示天下,明为人臣之义。"乃擢义子延寿为谏大夫。

9　大将军光以朝无旧臣,光禄勋张安世自先帝时为尚书令,志行纯笃,乃白用安世为右将军兼光禄勋以自副焉。安世,故御史大夫汤之子也。光又以杜延年有忠节,擢为太仆、右曹、给事中。光持刑罚严,延年常辅之以宽。吏民上书言便宜,辄下延年平处复奏。言可官试者,至为县令;或丞相、御史除用,满岁,以状闻;或抵其罪法。

10　是岁匈奴发左、右部二万骑为四队,并入边为寇。汉兵追之,斩首、获虏九千人,生得瓯脱王;汉无所失亡。匈奴见瓯脱王在汉,恐,以为道击之,即西北远去,不敢南逐水草;发人民屯瓯脱。

二年(壬寅,前79)

1　夏,四月,上自建章宫徙未央宫。

2　六月,赦天下。

3　是岁,匈奴复遣九千骑屯受降城以备汉,北桥余吾水,令可度,以备奔走;欲求和亲,而恐汉不听,故不肯先言,常使左右风汉使者。然其侵盗益希,遇汉使愈厚,欲以渐致和亲。汉亦羁縻之。

三年(癸卯,前78)

1　春,正月,泰山有大石自起立;上林有柳树枯僵自起生,有虫食其叶成文,曰"公孙病已立"。符节令鲁国眭弘上书,言:"大石自立,僵柳复起,当有匹庶为天子者。枯树复生,故废之家公孙氏当复兴乎? 汉家承尧之后,有传国之运,当求贤人禅帝位,退自封百里,以顺天命。"弘坐设妖言惑众伏诛。

2　匈奴单于使犁污王窥边,言酒泉、张掖兵益弱,出兵试击,冀可复得其地。时汉先得降者,闻其计,天子诏边警备。后无几,右贤王、犁污王四千骑分三队,入日勒、屋兰、番和。张掖太守、属国都尉发兵击,大破之,得脱者数百人。属国义渠王射杀犁污王,赐黄金二百斤,马二百匹,因封为犁污王。自是后,匈奴不敢入张掖。

3　燕、盖之乱,桑弘羊子迁亡,过父故吏侯史吴;后迁捕得,伏法。会赦,侯史吴自出系狱。廷尉王平与少府徐仁杂治反事,皆以为"桑迁坐父谋反而侯史吴臧之，非匿反者，乃匿为随者也"，即以赦令除吴罪。后侍御史治实，以"桑迁通经术，知父谋反而不谏争，与反者身无异。侯史吴故三百石吏，首匿迁，不与庶人匿随从者等，吴不得赦"奏请覆治，劾廷尉、少府纵反者。少府徐仁，即丞相车千秋女婿也，故千秋数为侯史吴言；恐大将军光不听，千秋即召中二千石、博士会公车门，议问吴法。议者知大将军指，皆执吴为不道。明日，千秋封上众议。光于是以千秋擅召中二千石以下，外内异言，遂下廷尉平、少府仁狱。朝廷皆恐丞相坐之。太仆杜延年奏记光曰："吏纵罪人，有常法。今更诋吴为不道，恐于法深。又，丞相素无所守持而为好言于下，尽其素行也。至擅召中二千石，甚无状。延年愚以为丞相久故及先帝用事，非有大故，不可弃也。间者民颇言狱深，吏为峻诋。今丞相所议，又狱事也，如是以及丞相；恐不合众心，群下谨哗，庶人私议，流言四布。延年窃重将军失此名于天下也。"光以廷尉、少府弄法轻重，卒下之狱。夏，四月，仁自杀，平与左冯翊贾胜胡皆要斩。而不以及丞相，终与相竟。延年论议持平，合和朝廷，皆此类也。

4 冬，辽东乌桓反。初，冒顿破东胡，东胡馀众散保乌桓及鲜卑山为二族，世役属匈奴。武帝击破匈奴左地，因徙乌桓于上谷、渔阳、右北平、辽东塞外，为汉侦察匈奴动静。置护乌桓校尉监领之，使不得与匈奴交通。至是，部众渐强，遂反。

先是，匈奴三千馀骑入五原，杀略数千人；后数万骑南旁塞猎，行攻塞外亭障，略取吏民去。是时汉边郡烽火候望精明，匈奴为边寇者少利，希复犯塞。汉复得匈奴降者，言乌桓尝发先单于冢，匈奴怨之，方发二万骑击乌桓。霍光欲发兵邀击之，以问护军都尉赵充国，充国以为："乌桓间数犯塞，今匈奴击之，于汉便。又匈奴希寇盗，北边幸无事，蛮夷自相攻击而发兵要之，招寇生事，非计也！"光更问中郎将范明友，明友言可击，于是拜明友为度辽将军，将二万骑出辽东。匈奴闻汉兵至，引去。初，光诫明友："兵不空出；即后匈奴，遂击乌桓。"乌桓时新中匈奴兵，明友既后匈奴，因乘乌桓敝，击之，斩首六千馀级，获三王首。匈奴由是恐，不能复出兵。

四年（甲辰，前77）

1 春，正月丁亥，帝加元服。

2 甲戌，富民定侯田千秋薨。时政事壹决大将军光；千秋居丞相位，谨厚自守而已。

3　夏,五月丁丑,孝文庙正殿火。上及群臣皆素服,发中二千石将五校作治,六日,成。太常及庙令丞、郎、吏,皆劾大不敬;会赦,太常辕阳侯德免为庶人。

4　六月,赦天下。

5　初,杅罙遣太子赖丹为质于龟兹;贰师击大宛还,将赖丹入至京师。霍光用桑弘羊前议,以赖丹为校尉,将军田轮台。龟兹贵人姑翼谓其王曰:“赖丹本臣属吾国,今佩汉印绶来,迫吾国而田,必为害。”王即杀赖丹而上书谢汉。

楼兰王死,匈奴先闻之,遣其质子安归归,得立为王。汉遣使诏新王令入朝,王辞不至。楼兰国最在东垂,近汉,当白龙堆,乏水草,常主发导,负水担粮,送迎汉使,又数为吏卒所寇,惩艾,不便与汉通。后复为匈奴反间,数遮杀汉使。其弟尉屠耆降汉,具言状。骏马监北地傅介子使大宛,诏因令责楼兰、龟兹。介子至楼兰、龟兹,责其王,皆谢服。介子从大宛还,到龟兹,会匈奴使从乌孙还,在龟兹,介子因率其吏士共诛斩匈奴使者。还,奏事,诏拜介子为中郎,迁平乐监。

介子谓大将军霍光曰:“楼兰、龟兹数反覆,而不诛,无所惩艾。介子过龟兹时,其王近就人,易得也;愿往刺之,以威示诸国!”大将军曰:“龟兹道远,且验之于楼兰。”于是白遣之。介子与士卒俱赍金币,扬言以赐外国为名,至楼兰。楼兰王意不亲介子,介子阳引去,至其西界,使译谓曰:“汉使者持黄金、锦绣行赐诸国。王不来受,我去之西国矣。”即出金、币以示译。译还报王,王贪汉物,来见使者。介子与坐饮,陈物示之,饮酒皆醉。介子谓王曰:“天子使我私报王。”王起,随介子入帐中屏语,壮士二人从后刺之,刃交匈,立死;其贵人、左右皆散走。介子告谕以王负汉罪:“天子遣我诛王,当更立王弟尉屠耆在汉者。汉兵方至,毋敢动,自令灭国矣!”介子遂斩王安归首,驰传诣阙,县首北阙下。

乃立尉屠耆为王,更名其国为鄯善,为刻印章;赐以宫女为夫人,备车骑、辎重。丞相率百官送至横门外,祖而遣之。王自请天子曰:“身在汉久,今归单弱,而前王有子在,恐为所杀。国中有伊循城,其地肥美,愿汉遣一将屯田积谷,令臣得依其威重。”于是汉遣司马一人、吏士四十人田伊循以填抚之。

秋,七月乙巳,封范明友为平陵侯,傅介子为义阳侯。

臣光曰:王者之于戎狄,叛则讨之,服则舍之。今楼兰王既服其罪,又从而诛之,后有叛者,不可得而怀矣。必以为有罪而讨之,则宜陈师鞠旅,明致其罚。今乃遣使者诱以金币而杀之,后有奉使诸国者,复可信乎! 且以大汉之强而为盗贼之谋于蛮夷,不亦可羞哉! 论者或美介子以为奇功,过矣!

五年(乙巳,前76)

1 夏,大旱。

2 秋,罢象郡,分属郁林、牂柯。

3 冬,十一月,大雷。

4 十二月庚戌,宜春敬侯王䜣薨。

六年(丙午,前75)

1 春,正月,募郡国徒筑辽东、玄菟城。

2 夏,赦天下。

3 乌桓复犯塞,遣度辽将军范明友击之。

4 冬,十一月乙丑,以杨敞为丞相,少府河内蔡义为御史大夫。

资治通鉴卷第二十四

汉纪十六

孝昭皇帝下

元平元年（丁未，前74）

1　春，二月，诏减口赋钱什三。

2　夏，四月癸未，帝崩于未央宫；无嗣。时武帝子独有广陵王胥，大将军光与群臣议所立，咸持广陵王。王本以行失道，先帝所不用；光内不自安。郎有上书言：“周太王废太伯立王季，文王舍伯邑考立武王，唯在所宜，虽废长立少可也。广陵王不可以承宗庙。”言合光意。光以其书示丞相敞等，擢郎为九江太守。即日承皇后诏，遣行大鸿胪事少府乐成、宗正德、光禄大夫吉、中郎将利汉迎昌邑王贺，乘七乘传诣长安邸。光又白皇后，徙右将军安世为车骑将军。

贺，昌邑哀王之子也，在国素狂纵，动作无节。武帝之丧，贺游猎不止。尝游方与，不半日驰二百里。中尉琅邪王吉上疏谏曰：“大王不好书术而乐逸游，冯式撙衔，驰骋不止，口倦乎叱咤，手苦于棰辔，身劳虖车舆，朝则冒雾露，昼则被尘埃，夏则为大暑之所暴炙，冬则为风寒之所匽薄，数以蒬脆之玉体犯勤劳之烦毒，非所以全寿命之宗也，又非所以进仁义之隆也。夫广厦之下，细旃之上，明师居前，劝诵在后，上论唐、虞之际，下及殷、周之盛，考仁圣之风，习治国之道，忻忻焉发愤忘食，日新厥德，其乐岂衔橛之间哉！休则俛仰屈伸以利形，进退步趋以实下，吸新吐故以练臧，专意积精以适神，于以养生，岂不长哉！大王诚留意如此，则心有尧、舜之志，体有乔、松之寿，美声广誉，登而上闻，则福禄其臻而社稷安矣。皇帝仁圣，至今思慕未息，于宫馆、囿池、弋猎之乐未有所幸，大王宜夙夜念此以承圣意。诸侯骨肉，莫亲大王，大王于属则子也，于位则臣也，一身而二任之责加焉。恩爱行义，孅介有不具者，于以上闻，非飨国之福也。”王乃下令曰：“寡人造行不能无惰，中尉甚忠，数辅吾过。”使谒者千秋赐中尉牛肉五百斤，酒五石，脯五束。其后复放纵自若。

郎中令山阳龚遂,忠厚刚毅,有大节,内谏争于王,外责傅相,引经义,陈祸福,至于涕泣,蹇蹇亡已,面刺王过。王至掩耳起走,曰:"郎中令善愧人!"王尝久与驺奴、宰人游戏饮食,赏赐无度,遂入见王,涕泣膝行,左右侍御皆出涕。王曰:"郎中令何为哭?"遂曰:"臣痛社稷危也!愿赐清闲,竭愚!"王辟左右。遂曰:"大王知胶西王所以为无道亡乎?"王曰:"不知也。"曰:"臣闻胶西王有谀臣侯得,王所为拟于桀、纣也,得以为尧、舜也。王说其谄谀,常与寝处,唯得所言,以至于是。今大王亲近群小,渐渍邪恶所习,存亡之机,不可不慎也!臣请选郎通经有行义者与王起居,坐则诵诗、书,立则习礼容,宜有益。"王许之。遂乃选郎中张安等十人侍王。居数日,王皆逐去安等。

王尝见大白犬,颈以下似人,冠方山冠而无尾,以问龚遂;遂曰:"此天戒,言在侧者尽冠狗也,去之则存,不去则亡矣。"后又闻人声曰"熊",视而见大熊,左右莫见,以问遂;遂曰:"熊,山野之兽,而来入宫室,王独见之,此天戒大王,恐宫室将空,危亡象也。"王仰天而叹曰:"不祥何为数来!"遂叩头曰:"臣不敢隐忠,数言危亡之戒;大王不说。夫国之存亡,岂在臣言哉!愿王内自揆度。大王诵诗三百五篇,人事浃,王道备。王之所行,中诗一篇何等也?大王位为诸侯王,行污于庶人,以存难,以亡易,宜深察之!"后又血污王坐席,王问遂;遂叫然号曰:"宫空不久,妖祥数至。血者,阴忧象也,宜畏慎自省!"王终不改节。

及征书至,夜漏未尽一刻,以火发书。其日中,王发;晡时,至定陶,行百三十五里,侍从者马死相望于道。王吉奏书戒王曰:"臣闻高宗谅暗,三年不言。今大王以丧事征,宜日夜哭泣悲哀而已,慎毋有所发!大将军仁爱、勇智、忠信之德,天下莫不闻;事孝武皇帝二十馀年,未尝有过。先帝弃群臣,属以天下,寄幼孤焉。大将军抱持幼君襁褓之中,布政施教,海内晏然,虽周公、伊尹无以加也。今帝崩无嗣,大将军惟思可以奉宗庙者,攀援而立大王,其仁厚岂有量哉!臣愿大王事之,敬之,政事壹听之,大王垂拱南面而已。愿留意,常以为念!"

王至济阳,求长鸣鸡,道买积竹杖。过弘农,使大奴善以衣车载女子。至湖,使者以让相安乐。安乐告龚遂,遂入问王,王曰:"无有。"遂曰:"即无有,何爱一善以毁行义!请收属吏,以湔洒大王。"即捽善属卫士长行法。

王到霸上,大鸿胪郊迎,驺奉乘舆车。王使寿成御,郎中令遂参乘。且至广明、东都门,遂曰:"礼,奔丧望见国都哭。此长安东郭门也。"王

曰:"我嗌痛,不能哭。"至城门,遂复言;王曰:"城门与郭门等耳。"且至未
央宫东阙,遂曰:"昌邑帐在是阙外驰道北,未至帐所,有南北行道,马足
未至数步;大王宜下车,乡阙西面伏哭,尽哀止。"王曰:"诺。"到,哭如仪。
六月丙寅,王受皇帝玺绶,袭尊号;尊皇后曰皇太后。

3　壬申,葬孝昭皇帝于平陵。

4　昌邑王既立,淫戏无度。昌邑官属皆征至长安,往往超擢拜官。
相安乐迁长乐卫尉。龚遂见安乐,流涕谓曰:"王立为天子,日益骄溢,谏
之不复听。今哀痛未尽,日与近臣饮食作乐,斗虎豹,召皮轩车九旒,驱驰
东西,所为悖道。古制宽,大臣有隐退;今去不得,阳狂恐知,身死为世戮,
奈何?君,陛下故相,宜极谏争!"

王梦青蝇之矢积西阶东,可五六石,以屋版瓦覆之,以问遂,遂曰:
"陛下之诗不云乎:'营营青蝇,止于藩。恺悌君子,毋信谗言。'陛下左侧
谗人众多,如是青蝇恶矣。宜进先帝大臣子孙,亲近以为左右。如不忍昌
邑故人,信用谗谀,必有凶咎。愿诡祸为福,皆放逐之!臣当先逐矣。"王
不听。

太仆丞河东张敞上书谏,曰:"孝昭皇帝蚤崩无嗣,大臣忧惧,选贤圣
承宗庙,东迎之日,唯恐属车之行迟。今天子以盛年初即位,天下莫不拭
目倾耳,观化听风。国辅大臣未褒,而昌邑小辇先迁,此过之大者也。"王
不听。

大将军光忧懑,独以问所亲故吏大司农田延年,延年曰:"将军为国
柱石,审此人不可,何不建白太后,更选贤而立之?"光曰:"今欲如是,于
古尝有此不?"延年曰:"伊尹相殷,废太甲以安宗庙,后世称其忠。将军
若能行此,亦汉之伊尹也。"光乃引延年给事中,阴与车骑将军张安世
图计。

王出游,光禄大夫鲁国夏侯胜当乘舆前谏曰:"天久阴而不雨,臣下
有谋上者。陛下出,欲何之?"王怒,谓胜为妖言,缚以属吏。吏白霍光,
光不举法。光让安世,以为泄语。安世实不言,乃召问胜。胜对言:"在
鸿范传曰:'皇之不极,厥罚常阴,时则有下人伐上者。'恶察察言,故云
'臣下有谋'。"光、安世大惊,以此益重经术士。侍中傅嘉数进谏,王亦缚
嘉系狱。

光、安世既定议,乃使田延年报丞相杨敞。敞惊惧,不知所言,汗出洽
背,徒唯唯而已。延年起,至更衣。敞夫人遽从东厢谓敞曰:"此国大事,
今大将军议已定,使九卿来报君侯,君侯不疾应,与大将军同心,犹与无

决,先事诛矣!"延年从更衣还,敞夫人与延年参语许诺:"请奉大将军教令!"

癸巳,光召丞相、御史、将军、列侯、中二千石、大夫、博士会议未央宫。光曰:"昌邑王行昏乱,恐危社稷,如何?"群臣皆惊鄂失色,莫敢发言,但唯唯而已。田延年前,离席按剑曰:"先帝属将军以幼孤,寄将军以天下,以将军忠贤,能安刘氏也。今群下鼎沸,社稷将倾;且汉之传谥常为'孝'者,以长有天下,令宗庙血食也。如汉家绝祀,将军虽死,何面目见先帝于地下乎?今日之议,不得旋踵,群臣后应者,臣请剑斩之!"光谢曰:"九卿责光是也!天下匈匈不安,光当受难。"于是议者皆叩头曰:"万姓之命,在于将军,唯大将军令!"

光即与群臣俱见白太后,具陈昌邑王不可以承宗庙状。皇太后乃车驾幸未央承明殿,诏诸禁门毋内昌邑群臣。王入朝太后还,乘辇欲归温室,中黄门宦者各持门扇,王入,门闭,昌邑群臣不得入。王曰:"何为?"大将军跪曰:"有皇太后诏,毋内昌邑群臣!"王曰:"徐之,何乃惊人如是!"光使尽驱出昌邑群臣,置金马门外。车骑将军安世将羽林骑收缚二百馀人,皆送廷尉诏狱。令故昭帝侍中中臣侍守王。光敕左右:"谨宿卫!卒有物故自裁,令我负天下,有杀主名。"王尚未自知当废,谓左右:"我故群臣从官安得罪,而大将军尽系之乎?"

顷之,有太后诏召王。王闻召,意恐,乃曰:"我安得罪而召我哉?"太后被珠襦,盛服坐武帐中,侍御数百人皆持兵,期门武士陛戟陈列殿下,群臣以次上殿,召昌邑王伏前听诏。光与群臣连名奏王,尚书令读奏曰:"丞相臣敞等昧死言皇太后陛下:孝昭皇帝早弃天下,遣使征昌邑王典丧,服斩衰,无悲哀之心,废礼谊,居道上不素食,使从官略女子载衣车,内所居传舍。始至谒见,立为皇太子,常私买鸡豚以食。受皇帝信玺、行玺大行前,就次,发玺不封。从官更持节引内昌邑从官、驺宰、官奴二百馀人,常与居禁闼内敖戏。为书曰:'皇帝问侍中君卿:使中御府令高昌奉黄金千斤,赐君卿取十妻。'大行在前殿,发乐府乐器,引内昌邑乐人击鼓,歌吹,作俳倡;召内泰壹、宗庙乐人,悉奏众乐。驾法驾驱驰北宫、桂宫,弄彘斗虎。召皇太后御小马车,使官奴骑乘,游戏掖庭中。与孝昭皇帝宫人蒙等淫乱,诏掖庭令:'敢泄言,要斩!'——"太后曰:"止!为人臣子,当悖乱如是邪!"王离席伏。尚书令复读曰:"——取诸侯王、列侯、二千石绶及墨绶、黄绶以并佩昌邑郎官者免奴。发御府金钱、刀剑、玉器、采缯,赏赐所与游戏者。与从官、官奴夜饮,湛沔于酒。独夜设九宾温室,延见姊夫昌邑关内侯。祖宗庙祠未举，为玺书，使使者持节以三太牢祠昌邑哀王园庙，称'嗣子皇帝'。受玺以来二十七日，使者旁午，持节诏诸官署征发凡一千一百二十七事。荒淫迷惑，失帝王礼谊，乱汉制度。臣敞等数进谏，不变更，日以益甚；恐危社稷，天下不安。臣敞等谨与博士议，皆曰：'今陛下嗣孝昭皇帝后，行淫辟不轨。"五辟之属，莫大不孝。"周襄王不能事母，春秋曰："天王出居于郑。"由不孝出之，绝之于天下也。宗庙重于君，陛下不可以承天序，奉祖宗庙，子万姓，当废！'臣请有司以一太牢具告祠高庙。"皇太后诏曰："可。"光令王起，拜受诏，王曰："闻'天子有争臣七人，虽亡道不失天下'。"光曰："皇太后诏废，安得称天子！"乃即持其手，解脱其玺组，奉上太后；扶王下殿，出金马门，群臣随送。王西面拜曰："愚戆，不任汉事！"起，就乘舆副车；大将军光送至昌邑邸。光谢曰："王行自绝于天，臣宁负王，不敢负社稷！愿王自爱，臣长不复左右。"光涕泣而去。

群臣奏言："古者废放之人，屏于远方，不及以政。请徙王贺汉中房陵县。"太后诏归贺昌邑，赐汤沐邑二千户，故王家财物皆与贺；及哀王女四人，各赐汤沐邑千户；国除，为山阳郡。

昌邑群臣坐在国时不举奏王罪过，令汉朝不闻知，又不能辅道，陷王大恶，皆下狱，诛杀二百馀人；唯中尉吉、郎中令遂以忠直数谏正，得减死，髡为城旦。师王式系狱当死，治事使者责问曰："师何以无谏书？"式对曰："臣以诗三百五篇朝夕授王，至于忠臣、孝子之篇，未尝不为王反复诵之也；至于危亡失道之君，未尝不流涕为王深陈之也。臣以三百五篇谏，是以无谏书。"使者以闻，亦得减死论。

霍光以群臣奏事东宫，太后省政，宜知经术，白令夏侯胜用尚书授太后，迁胜长信少府，赐爵关内侯。

5　初，卫太子纳鲁国史良娣，生子进，号史皇孙。皇孙纳涿郡王夫人，生子病已，号皇曾孙。皇曾孙生数月，遭巫蛊事，太子三男、一女及诸妻、妾皆遇害，独皇曾孙在，亦坐收系郡邸狱。故廷尉监鲁国丙吉受诏治巫蛊狱，吉心知太子无事实，重哀皇曾孙无辜，择谨厚女徒渭城胡组、淮阳郭徵卿，令乳养曾孙，置闲燥处。吉日再省视。

巫蛊事连岁不决，武帝疾，来往长杨、五柞宫，望气者言长安狱中有天子气，于是武帝遣使者分条中都官，诏狱系者无轻重，一切皆杀之。内谒者令郭穰夜到郡邸狱，吉闭门拒使者不纳，曰："皇曾孙在。他人无辜死者犹不可，况亲曾孙乎！"相守至天明，不得入。穰还，以闻，因劾奏吉。

武帝亦寤，曰："天使之也。"因赦天下。郡邸狱系者，独赖吉得生。

　　既而吉谓守丞谁如"皇孙不当在官"，使谁如移书京兆尹，遣与胡组俱送；京兆尹不受，复还。及组日满当去，皇孙思慕，吉以私钱雇组令留，与郭徵卿并养，数月，乃遣组去。后少内啬夫白吉曰："食皇孙无诏令。"时吉得食米、肉，月月以给皇曾孙。曾孙病，几不全者数焉，吉数敕保养乳母加致医药，视遇甚有恩惠。吉闻史良娣有母贞君及兄恭，乃载皇曾孙以付之。贞君年老，见孙孤，甚哀之，自养视焉。

　　后有诏掖庭养视，上属籍宗正。时掖庭令张贺，尝事戾太子，思顾旧恩，哀曾孙，奉养甚谨，以私钱供给，教书。既壮，贺欲以女孙妻之。是时昭帝始冠，长八尺二寸。贺弟安世为右将军，辅政，闻贺称誉皇曾孙，欲妻以女，怒曰："曾孙乃卫太子后也，幸得以庶人衣食县官足矣，勿复言予女事！"于是贺止。时暴室啬夫许广汉有女，贺乃置酒请广汉，酒酣，为言"曾孙体近，下乃关内侯，可妻也"。广汉许诺。明日，妪闻之，怒。广汉重令人为介，遂与曾孙；贺以家财聘之。曾孙因依倚广汉兄弟及祖母家史氏，受诗于东海澓中翁，高材好学；然亦喜游侠，斗鸡走马，以是具知闾里奸邪，吏治得失。数上下诸陵，周遍三辅，尝困于莲勺卤中。尤乐杜、鄠之间，率常在下杜。时会朝请，舍长安尚冠里。

　　及昌邑王废，霍光与张安世诸大臣议所立，未定。丙吉奏记光曰："将军事孝武皇帝，受襁褓之属，任天下之寄。孝昭皇帝早崩亡嗣，海内忧惧，欲亟闻嗣主。发丧之日，以大谊立后；所立非其人，复以大谊废之；天下莫不服焉。方今社稷、宗庙、群生之命在将军之壹举，窃伏听于众庶，察其所言诸侯、宗室在列位者，未有所闻于民间也。而遗诏所养武帝曾孙名病已在掖庭、外家者，吉前使居郡邸时，见其幼少；至今十八九矣，通经术，有美材，行安而节和。愿将军详大义，参以蓍龟岂宜，褒显先使入侍，令天下昭然知之，然后决定大策，天下幸甚！"杜延年亦知曾孙德美，劝光、安世立焉。

　　秋，七月，光坐庭中，会丞相以下议定所立，遂复与丞相敞等上奏曰："孝武皇帝曾孙病已，年十八，师受诗、论语、孝经，躬行节俭，慈仁爱人，可以嗣孝昭皇帝后，奉承祖宗庙，子万姓。臣昧死以闻！"皇太后诏曰："可。"光遣宗正德至曾孙家尚冠里，洗沐，赐御衣；太仆以軨猎车迎曾孙，就斋宗正府。庚申，入未央宫，见皇太后，封为阳武侯。已而群臣奏上玺绶，即皇帝位，谒高庙，尊皇太后为太皇太后。

　　侍御史严延年劾奏"大将军光擅废立主，无人臣礼，不道"。奏虽寝，然朝廷肃然敬惮之。

6　八月己巳,安平敬侯杨敞薨。

7　九月,大赦天下。

8　戊寅,蔡义为丞相。

9　初,许广汉女适皇曾孙,一岁,生子奭。数月,曾孙立为帝,许氏为倢伃。是时霍将军有小女与皇太后亲,公卿议更立皇后,皆心拟霍将军女,亦未有言。上乃诏求微时故剑。大臣知指,白立许倢伃为皇后。十一月壬子,立皇后许氏。霍光以后父广汉刑人,不宜君国;岁馀,乃封为昌成君。

10　太皇太后归长乐宫。长乐宫初置屯卫。

中宗孝宣皇帝上之上

本始元年(戊申,前73)

1　春,诏有司论定策安宗庙功。大将军光益封万七千户,与故所食凡二万户。车骑将军富平侯安世以下益封者十人,封侯者五人,赐爵关内侯者八人。

2　大将军光稽首归政,上谦让不受;诸事皆先关白光,然后奏御。自昭帝时,光子禹及兄孙云皆为中郎将,云弟山奉车都尉、侍中,领胡、越兵,光两女婿为东、西宫卫尉,昆弟、诸婿、外孙皆奉朝请,为诸曹、大夫、骑都尉、给事中,党亲连体,根据于朝廷。及昌邑王废,光权益重,每朝见,上虚己敛容,礼下之已甚。

3　夏,四月庚午,地震。

4　五月,凤皇集胶东、千乘。赦天下,勿收田租赋。

5　六月,诏曰:“故皇太子在湖,未有号谥,岁时祠;其议谥,置园邑。”有司奏请:“礼,为人后者,为之子也,故降其父母,不得祭,尊祖之义也。陛下为孝昭帝后,承祖宗之祀,愚以为亲谥宜曰悼,母曰悼后;故皇太子谥曰戾,史良娣曰戾夫人。”皆改葬焉。

6　秋,七月,诏立燕刺王太子建为广阳王;立广陵王胥少子弘为高密王。

7　初,上官桀与霍光争权,光既诛桀,遂遵武帝法度,以刑罚痛绳群下,由是俗吏皆尚严酷以为能;而河南太守丞淮阳黄霸独用宽和为名。上在民间时,知百姓苦吏急也,闻霸持法平,乃召为廷尉正;数决疑狱,庭中称平。

二年（己酉，前72）

1　春，大司农田延年有罪自杀。昭帝之丧，大司农儆民车，延年诈增儆直，盗取钱三千万，为怨家所告。霍将军召问延年，欲为道地。延年抵曰："无有是事！"光曰："即无事，当穷竟！"御史大夫田广明谓太仆杜延年曰："春秋之义，以功覆过。当废昌邑王时，非田子宾之言，大事不成。今县官出三千万自乞之，何哉？愿以愚言白大将军！"延年言之大将军，大将军曰："诚然，实勇士也！当发大议时，震动朝廷。"光因举手自抚心曰："使我至今病悸。谢田大夫晓大司农，通往就狱，得公议之。"田大夫使人语延年。延年曰："幸县官宽我耳，何面目入牢狱，使众人指笑我，卒徒唾吾背乎！"即闭阁独居斋舍，偏袒，持刀东西步。数日，使者召延年诣廷尉。闻鼓声，自刭死。

2　夏，五月，诏曰："孝武皇帝躬仁谊，厉威武，功德茂盛，而庙乐未称，朕甚悼焉。其与列侯、二千石、博士议。"于是群臣大议庭中，皆曰："宜如诏书。"长信少府夏侯胜独曰："武帝虽有攘四夷、广土境之功，然多杀士众，竭民财力，奢泰无度，天下虚耗，百姓流离，物故者半，蝗虫大起，赤地数千里，或人民相食，畜积至今未复；无德泽于民，不宜为立庙乐。"公卿共难胜曰："此诏书也。"胜曰："诏书不可用也。人臣之谊，宜直言正论，非苟阿意顺指。议已出口，虽死不悔！"于是丞相、御史劾奏胜非议诏书，毁先帝，不道，及丞相长史黄霸阿纵胜，不举劾，俱下狱。有司遂请尊孝武帝庙为世宗庙，奏盛德、文始五行之舞。武帝巡狩所幸郡国皆立庙，如高祖、太宗焉。夏侯胜、黄霸既久系，霸欲从胜受尚书，胜辞以罪死。霸曰："朝闻道，夕死可矣。"胜贤其言，遂授之。系再更冬，讲论不息。

3　初，乌孙公主死，汉复以楚王戊之孙解忧为公主，妻岑娶。岑娶胡妇子泥靡尚小，岑娶且死，以国与季父大禄子翁归靡，曰："泥靡大，以国归之。"翁归靡既立，号肥王，复尚楚主，生三男、两女。长男曰元贵靡，次曰万年，次曰大乐。昭帝时，公主上书言："匈奴与车师共侵乌孙，唯天子幸救之！"汉养士马，议击匈奴。会昭帝崩，上遣光禄大夫常惠使乌孙。乌孙公主及昆弥皆遣使上书，言："匈奴复连发大兵，侵击乌孙。使使谓乌孙，'趣持公主来！'欲隔绝汉。昆弥愿发国精兵五万骑，尽力击匈奴。唯天子出兵以救公主、昆弥！"先是匈奴数侵汉边，汉亦欲讨之。秋，大发兵，遣御史大夫田广明为祁连将军，四万馀骑，出西河；度辽将军范明友三万馀骑，出张掖；前将军韩增三万馀骑，出云中；后将军赵充国为蒲类将军,三万馀骑,出酒泉;云中太守田顺为虎牙将军,三万馀骑,出五原;期以出塞各二千馀里。以常惠为校尉,持节护乌孙兵共击匈奴。

三年(庚戌,前71)

1　春,正月癸亥,恭哀许皇后崩。时霍光夫人显欲贵其小女成君,道无从。会许后当娠,病,女医淳于衍者,霍氏所爱,尝入宫侍皇后疾。衍夫赏为掖庭户卫,谓衍:"可过辞霍夫人,行为我求安池监。"衍如言报显,显因生心,辟左右,字谓衍曰:"少夫幸报我以事,我亦欲报少夫,可乎?"衍曰:"夫人所言,何等不可者!"显曰:"将军素爱小女成君,欲奇贵之,愿以累少夫!"衍曰:"何谓邪?"显曰:"妇人免乳,大故,十死一生。今皇后当免身,可因投毒药去也,成君即为皇后矣。如蒙力,事成,富贵与少夫共之。"衍曰:"药杂治,常系尝,安可?"显曰:"在少夫为之耳。将军领天下,谁敢言者! 缓急相护,但恐少夫无意耳。"衍良久曰:"愿尽力!"即捣附子,赍入长定宫。皇后免身后,衍取附子并合大医大丸以饮皇后,有顷,曰:"我头岑岑也,药中得无有毒?"对曰:"无有。"遂加烦懑,崩。衍出,过见显,相劳问,亦未敢重谢衍。后人有上书告诸医侍疾无状者,皆收系诏狱,劾不道。显恐急,即以状具语光,因曰:"既失计为之,无令吏急衍!"光大惊,欲自发举,不忍,犹与。会奏上,光署衍勿论。显因劝光内其女入宫。

2　戊辰,五将军发长安。匈奴闻汉兵大出,老弱奔走,驱畜产远遁逃,是以五将少所得。夏,五月,军罢。度辽将军出塞千二百馀里,至蒲离候水,斩首、捕虏七百馀级。前将军出塞千二百馀里,至乌员,斩首、捕虏百馀级。蒲类将军出塞千八百馀里,西至候山,斩首、捕虏,得单于使者蒲阴王以下三百馀级。闻虏已引去,皆不至期还。天子薄其过,宽而不罪。祁连将军出塞千六百里,至鸡秩山,斩首、捕虏十九级。逢汉使匈奴还者冉弘等,言鸡秩山西有虏众,祁连即戒弘,使言无虏,欲还兵。御史属公孙益寿谏,以为不可。祁连不听,遂引兵还。虎牙将军出塞八百馀里,至丹馀吾水上,即止兵不进,斩首、捕虏千九百馀级,引兵还。上以虎牙将军不至期,诈增卤获,而祁连知虏在前,逗遛不进,皆下吏,自杀。擢公孙益寿为侍御史。

乌孙昆弥自将五万骑与校尉常惠从西方入,至右谷蠡王庭,获单于父行及嫂、居次、名王、犁污都尉、千长、骑将以下四万级,马、牛、羊、驴、橐佗七十馀万头。乌孙皆自取所虏获。上以五将皆无功,独惠奉使克获,封惠为长罗侯。然匈奴民众伤而去者及畜产远移死亡,不可胜数,于是匈奴遂衰耗,怨乌孙。

上复遣常惠持金币还赐乌孙贵人有功者。惠因奏请龟兹国尝杀校尉赖丹,未伏诛,请便道击之。帝不许。大将军霍光风惠以便宜从事。惠与吏士五百人俱至乌孙,还,过,发西国兵二万人,令副使发龟兹东国二万人,乌孙兵七千人,从三面攻龟兹。兵未合,先遣人责其王以前杀汉使状。王谢曰:"乃我先王时为贵人姑翼所误耳,我无罪。"惠曰:"即如此,缚姑翼来,吾置王。"王执姑翼诣惠,惠斩之而还。

3 大旱。

4 六月己丑,阳平节侯蔡义薨。

5 甲辰,长信少府韦贤为丞相。

6 大司农魏相为御史大夫。

7 冬,匈奴单于自将数万骑击乌孙,颇得老弱。欲还,会天大雨雪,一日深丈馀,人民、畜产冻死,还者不能什一。于是丁令乘弱攻其北,乌桓入其东,乌孙击其西,凡三国所杀数万级,马数万匹,牛羊甚众,又重以饿死,人民死者什三,畜产什五。匈奴大虚弱,诸国羁属者皆瓦解,攻盗不能理。其后汉出三千馀骑为三道,并入匈奴,捕虏得数千人还。匈奴终不敢取当,滋欲乡和亲,而边境少事矣。

8 是岁,颍川太守赵广汉为京兆尹。颍川俗,豪桀相朋党。广汉为鈆筒,受吏民投书,使相告讦,于是更相怨咎,奸党散落,盗贼不敢发。匈奴降者言匈奴中皆闻广汉名,由是入为京兆尹。广汉遇吏,殷勤甚备,事推功善,归之于下,行之发于至诚,吏咸愿为用,僵仆无所避。广汉聪明,皆知其能之所宜,尽力与否;其或负者,辄收捕之,无所逃,案之,罪立具,即时伏辜。尤善为钩距以得事情,闾里铢两之奸皆知之。长安少年数人会穷里空舍,谋共劫人;坐语未讫,广汉使吏捕治,具服。其发奸擿伏如神。京兆政清,吏民称之不容口。长老传以为自汉兴,治京兆者莫能及。

四年(辛亥,前70)

1 春,三月乙卯,立霍光女为皇后;赦天下。初,许后起微贱,登至尊日浅,从官车服甚节俭。及霍后立,舆驾、侍从益盛,赏赐官属以千万计,与许后时县绝矣。

2 夏,四月壬寅,郡国四十九同日地震,或山崩,坏城郭、室屋,杀六千馀人。北海、琅邪坏祖宗庙。诏丞相、御史与列侯、中二千石博问经学之士,有以应变,毋有所讳。令三辅、太常、内郡国举贤良方正各一人。大赦天下。上素服,避正殿五日。释夏侯胜、黄霸;以胜为谏大夫、给事中,霸为扬州刺史。

胜为人,质朴守正,简易无威仪,或时谓上为君,误相字于前,上亦以是亲信之。尝见,出道上语,上闻而让胜,胜曰:"陛下所言善,臣故扬之。尧言布于天下,至今见诵。臣以为可传,故传耳。"朝廷每有大议,上知胜素直,谓曰:"先生建正言,无惩前事!"胜复为长信少府,后迁太子太傅。年九十卒,太后赐钱二百万,为胜素服五日,以报师傅之恩。儒者以为荣。

3 五月,凤皇集北海安丘、淳于。

4 广川王去坐杀其师及姬妾十馀人,或销铅锡灌口中,或支解,并毒药煮之,令糜尽,废徙上庸;自杀。

地节元年(壬子,前69)

1 春,正月,有星孛于西方。

2 楚王延寿以广陵王胥,武帝子,天下有变,必得立,阴附助之,为其后母弟赵何齐取广陵王女为妻,因使何齐奉书遗广陵王曰:"愿长耳目,毋后人有天下!"何齐父长年上书告之,事下有司考验,辞服。冬,十一月,延寿自杀。胥勿治。

3 十二月癸亥晦,日有食之。

4 是岁,于定国为廷尉。定国决疑平法,务在哀鳏寡,罪疑从轻,加审慎之心。朝廷称之曰:"张释之为廷尉,天下无冤民。于定国为廷尉,民自以不冤。"

二年(癸丑,前68)

1 春,霍光病笃。车驾自临问,上为之涕泣。光上书谢恩,愿分国邑三千户以封兄孙奉车都尉山为列侯,奉兄去病祀。即日,拜光子禹为右将军。三月庚午,光薨。上及皇太后亲临光丧,中二千石治冢,赐梓宫、葬具皆如乘舆制度,谥曰宣成侯。发三河卒穿复土,置园邑三百家,长、丞奉守;下诏复其后世,畴其爵邑,世世无有所与。

御史大夫魏相上封事曰:"国家新失大将军,宜显明功臣以填藩国,毋空大位,以塞争权。宜以车骑将军安世为大将军,毋令领光禄勋事;以其子延寿为光禄勋。"上亦欲用之。夏,四月戊申,以安世为大司马、车骑将军,领尚书事。

2　凤凰集鲁，群鸟从之。大赦天下。

3　上思报大将军德，乃封光兄孙山为乐平侯，使以奉车都尉领尚书事。魏相因昌成君许广汉奏封事，言"春秋讥世卿，恶宋三世为大夫及鲁季孙之专权，皆危乱国家。自后元以来，禄去王室，政由冢宰。今光死，子复为右将军，兄子秉枢机，昆弟、诸婿据权势，在兵官，光夫人显及诸女皆通籍长信宫，或夜诏门出入，骄奢放纵，恐浸不制，宜有以损夺其权，破散阴谋，以固万世之基，全功臣之世。"又故事：诸上书者皆为二封，署其一曰"副"，领尚书者先发副封，所言不善，屏去不奏。相复因许伯白去副封以防壅蔽。帝善之，诏相给事中，皆从其议。

4　帝兴于间阎，知民事之艰难。霍光既薨，始亲政事，厉精为治，五日一听事。自丞相以下各奉职奏事，敷奏其言，考试功能。侍中、尚书功劳当迁及有异善，厚加赏赐，至于子孙，终不改易。枢机周密，品式备具，上下相安，莫有苟且之意。及拜刺史、守、相，辄亲见问，观其所由，退而考察所行以质其言，有名实不相应，必知其所以然。常称曰："庶民所以安其田里而亡叹息愁恨之心者，政平讼理也。与我共此者，其唯良二千石乎！"以为太守，吏民之本，数变易则下不安；民知其将久，不可欺罔，乃服从其教化。故二千石有治理效，辄以玺书勉厉，增秩、赐金，或爵至关内侯。公卿缺，则选诸所表，以次用之。是以汉世良吏，于是为盛，称中兴焉。

5　匈奴壶衍鞮单于死，弟左贤王立为虚闾权渠单于，以右大将女为大阏氏，而黜前单于所幸颛渠阏氏。颛渠阏氏父左大且渠怨望。是时汉以匈奴不能为边寇，罢塞外诸城以休百姓。单于闻之，喜，召贵人谋，欲与汉和亲。左大且渠心害其事，曰："前汉使来，兵随其后。今亦效汉发兵，先使使者入。"乃自请与呼卢訾王各将万骑，南旁塞猎，相逢俱入。行未到，会三骑亡降汉，言匈奴欲为寇。于是天子诏发边骑屯要害处，使大将军军监治众等四人将五千骑，分三队，出塞各数百里，捕得虏各数十人而还。时匈奴亡其三骑，不敢入，即引去。是岁，匈奴饥，人民、畜产死什六七，又发两屯各万骑以备汉。其秋，匈奴前所得西嗕居左地者，其君长以下数千人皆驱畜产行，与瓯脱战，所杀伤甚众，遂南降汉。

资治通鉴卷第二十五

汉纪十七

中宗孝宣皇帝上之下

地节三年（甲寅，前67）

1 春，三月，诏曰："盖闻有功不赏，有罪不诛，虽唐、虞不能以化天下。今胶东相王成，劳来不怠，流民自占八万馀口，治有异等之效。其赐成爵关内侯，秩中二千石。"未及征用，会病卒官。后诏使丞相、御史问郡、国上计长史、守丞以政令得失。或对言"前胶东相成伪自增加以蒙显赏。是后俗吏多为虚名"云。

2 夏，四月戊申，立子奭为皇太子，以丙吉为太傅，太中大夫疏广为少傅。封太子外祖父许广汉为平恩侯。又封霍光兄孙中郎将云为冠阳侯。

霍显闻立太子，怒恚不食，欧血，曰："此乃民间时子，安得立！即后有子，反为王邪？"复教皇后令毒太子。皇后数召太子赐食，保、阿辄先尝之，后挟毒不得行。

3 五月甲申，丞相贤以老病乞骸骨；赐黄金百斤、安车、驷马，罢就第。丞相致仕自贤始。

4 六月壬辰，以魏相为丞相。辛丑，丙吉为御史大夫，疏广为太子太傅，广兄子受为少傅。

太子外祖父平恩侯许伯，以为太子少，白使其弟中郎将舜监护太子家。上以问广，广对曰："太子，国储副君，师友必于天下英俊，不宜独亲外家许氏。且太子自有太傅、少傅，官属已备，今复使舜护太子家，示陋，非所以广太子德于天下也。"上善其言，以语魏相，相免冠谢曰："此非臣等所能及。"广由是见器重。

5 京师大雨雹，大行丞东海萧望之上疏，言大臣任政，一姓专权之所致。上素闻望之名，拜为谒者。时上博延贤俊，民多上书言便宜，辄下望之问状；高者请丞相、御史、次者中二千石试事，满岁以状闻；下者报闻，罢。所白处奏皆可。

6　冬,十月,诏曰:"乃者九月壬申地震,朕甚惧焉。有能箴朕过失,及贤良方正直言极谏之士,以匡朕之不逮,毋讳有司! 朕既不德,不能附远,是以边境屯戍未息。今复饬兵重屯,久劳百姓,非所以绥天下也。其罢车骑将军、右将军屯兵!"又诏:"池篽未御幸者,假与贫民。郡国宫馆勿复修治。流民还归者,假公田,贷种食,且勿算事。"

7　霍氏骄侈纵横。太夫人显,广治第室,作乘舆辇,加画,绣絪冯,黄金涂;韦絮荐轮,侍婢以五采丝挽显游戏第中;与监奴冯子都乱。而禹、山亦并缮治第宅,走马驰逐平乐馆。云当朝请,数称病私出,多从宾客,张围猎黄山苑中,使仓头奴上朝谒,莫敢谴者。显及诸女昼夜出入长信宫殿中,亡期度。

帝自在民间,闻知霍氏尊盛日久,内不能善。既躬亲朝政,御史大夫魏相给事中。显谓禹、云、山:"女曹不务奉大将军馀业,今大夫给事中,他人壹间女,能复自救邪!"后两家奴争道,霍氏奴入御史府,欲蹋大夫门;御史为叩头谢,乃去。人以谓霍氏,显等始知忧。

会魏大夫为丞相,数燕见言事,平恩侯与侍中金安上等径出入省中。时霍山领尚书,上令吏民得奏封事,不关尚书,群臣进见独往来,于是霍氏甚恶之。上颇闻霍氏毒杀许后而未察,乃徙光女婿度辽将军、未央卫尉、平陵侯范明友为光禄勋,出次婿诸吏、中郎将、羽林监任胜为安定太守。数月,复出光姊婿给事中、光禄大夫张朔为蜀郡太守,群孙婿中郎将王汉为武威太守。顷之,复徙光长女婿长乐卫尉邓广汉为少府。戊戌,更以张安世为卫将军,两宫卫尉、城门、北军兵属焉。以霍禹为大司马,冠小冠,亡印绶;罢其屯兵官属,特使禹官名与光俱大司马者。又收范明友度辽将军印绶,但为光禄勋;及光中女婿赵平为散骑、骑都尉、光禄大夫,将屯兵,又收平骑都尉印绶。诸领胡、越骑、羽林及两宫卫将屯兵,悉易以所亲信许、史子弟代之。

8　初,孝武之世,征发烦数,百姓贫耗,穷民犯法,奸轨不胜,于是使张汤、赵禹之属,条定法令,作见知故纵、监临部主之法,缓深、故之罪,急纵、出之诛。其后奸猾巧法转相比况,禁罔浸密,律令烦苛,文书盈于几阁,典者不能遍睹。是以郡国承用者驳,或罪同而论异,奸吏因缘为市,所欲活则傅生议,所欲陷则予死比,议者咸冤伤之。

廷尉史钜鹿路温舒上书曰:"臣闻齐有无知之祸而桓公以兴,晋有骊姬之难而文公用伯;近世赵王不终,诸吕作乱,而孝文为太宗。繇是观之,祸乱之作,将以开圣人也。夫继变乱之后,必有异旧之恩,此贤圣所以昭天命也。往者昭帝即世无嗣,昌邑淫乱,乃皇天所以开至圣也。臣闻春秋正即位,大一统而慎始也。陛下初登至尊,与天合符,宜改前世之失,正始受命之统,涤烦文,除民疾,以应天意。臣闻秦有十失,其一尚存,治狱之吏是也。夫狱者,天下之大命也,死者不可复生,绝者不可复属。书曰:'与其杀不辜,宁失不经。'今治狱吏则不然,上下相驱,以刻为明,深者获公名,平者多后患。故治狱之吏皆欲人死,非憎人也,自安之道在人之死。是以死人之血,流离于市,被刑之徒,比肩而立,大辟之计,岁以万数。此仁圣之所以伤也。太平之未洽,凡以此也。夫人情,安则乐生,痛则思死,棰楚之下,何求而不得!故囚人不胜痛,则饰辞以示之,吏治者利其然,则指导以明之;上奏畏却,则锻练而周内之。盖奏当之成,虽皋陶听之,犹以为死有馀辜。何则?成练者众,文致之罪明也。故俗语曰:'画地为狱,议不入;刻木为吏,期不对。'此皆疾吏之风,悲痛之辞也。唯陛下省法制,宽刑罚,则太平之风可兴于世。"上善其言。

9　十二月,诏曰:"间者吏用法巧文浸深,是朕之不德也。夫决狱不当,使有罪兴邪,不辜蒙戮,父子悲恨,朕甚伤之!今遣廷史与郡鞠狱,任轻禄薄,其为置廷尉平,秩六百石,员四人。其务平之,以称朕意!"于是每季秋后请谳时,上常幸宣室,斋居而决事,狱刑号为平矣。

涿郡太守郑昌上疏言:"今明主躬垂明听,虽不置廷平,狱将自正;若开后嗣,不若删定律令。律令一定,愚民知所避,奸吏无所弄矣。今不正其本,而置廷平以理其末,政衰听息,则廷平将召权而为乱首矣。"

10　昭帝时,匈奴使四千骑田车师。及五将军击匈奴,车师田者惊去,车师复通于汉。匈奴怒,召其太子军宿,欲以为质。军宿,焉耆外孙,不欲质匈奴,亡走焉耆,车师王更立子乌贵为太子。及乌贵立为王,与匈奴结婚姻,教匈奴遮汉道通乌孙者。

是岁,侍郎会稽郑吉与校尉司马憙,将免刑罪人田渠犁,积谷,发城郭诸国兵万馀人与所将田士千五百人共击车师,破之;车师王请降。匈奴发兵攻车师;吉、憙引兵北逢之,匈奴不敢前。吉、憙即留一候与卒二十人留守王,吉等引兵归渠犁。车师王恐匈奴兵复至而见杀也,乃轻骑奔乌孙。吉即迎其妻子,传送长安。匈奴更以车师王昆弟兜莫为车师王,收其馀民东徙,不敢居故地;而郑吉始使吏卒三百人往田车师地以实之。

11　上自初即位,数遣使者求外家;久远,多似类而非是。是岁,求得外祖母王媪及媪男无故、武。上赐无故、武爵关内侯。旬月间,赏赐以钜万计。

四年（乙卯，前66）

1　春，二月，赐外祖母号为博平君；封舅无故为平昌侯，武为乐昌侯。

2　夏，五月，山阳、济阴雹如鸡子，深二尺五寸，杀二十馀人，飞鸟皆死。

3　诏："自今子有匿父母、妻匿夫、孙匿大父母，皆勿治。"

4　立广川惠王孙文为广川王。

5　霍显及禹、山、云自见日侵削，数相对啼泣自怨。山曰："今丞相用事，县官信之，尽变易大将军时法令，发扬大将军过失。又，诸儒生多窭人子，远客饥寒，喜妄说狂言，不避忌讳，大将军常仇之。今陛下好与诸儒生语，人人自书对事，多言我家者。尝有上书言我家昆弟骄恣，其言绝痛；山屏不奏。后上书者益黠，尽奏封事，辄使中书令出取之，不关尚书，益不信人。又闻民间谗言'霍氏毒杀许皇后'，宁有是邪？"显恐急，即具以实告禹、山、云。禹、山、云惊曰："如是，何不早告禹等！县官离散、斥逐诸婿，用是故也。此大事，诛罚不小，奈何？"于是始有邪谋矣。

云舅李竟所善张赦，见云家卒卒，谓竟曰："今丞相与平恩侯用事，可令太夫人言太后，先诛此两人，移徙陛下，在太后耳。"长安男子张章告之，事下廷尉、执金吾，捕张赦等。后有诏，止勿捕。山等愈恐，相谓曰："此县官重太后，故不竟也。然恶端已见，久之犹发，发即族矣，不如先也。"遂令诸女各归报其夫，皆曰："安所相避！"

会李竟坐与诸侯王交通，辞语及霍氏，有诏："云、山不宜宿卫，免就第。"山阳太守张敞上封事曰："臣闻公子季友有功于鲁，赵衰有功于晋，田完有功于齐，皆畴其庸，延及子孙。终后田氏篡齐，赵氏分晋，季氏颛鲁。故仲尼作春秋，迹盛衰，讥世卿最甚。乃者大将军决大计，安宗庙，定天下，功亦不细矣。夫周公七年耳，而大将军二十岁，海内之命断于掌握。方其隆盛时，感动天地，侵迫阴阳。朝臣宜有明言曰：'陛下褒宠故大将军以报功德足矣。间者辅臣颛政，贵戚太盛，君臣之分不明，请罢霍氏三侯皆就第；及卫将军张安世，宜赐几杖归休，时存问召见，以列侯为天子师。'明诏以恩不听，群臣以义固争而后许之，天下必以陛下为不忘功德而朝臣为知礼，霍氏世世无所患苦。今朝廷不闻直声，而令明诏自亲其文，非策之得者也。今两侯已出，人情不相远，以臣心度之，大司马及其枝属必有畏惧之心。夫近臣自危，非完计也。臣敞愿于广朝白发其端，直守远郡,其路无由。唯陛下省察!"上甚善其计,然不召也。

禹、山等家数有妖怪,举家忧愁。山曰:"丞相擅减宗庙羔、菟、蛙,可以此罪也!"谋令太后为博平君置酒,召丞相、平恩侯以下,使范明友、邓广汉承太后制引斩之,因废天子而立禹。约定,未发,云拜为玄菟太守,太中大夫任宣为代郡太守。会事发觉,秋,七月,云、山、明友自杀。显、禹、广汉等捕得;禹要斩,显及诸女昆弟皆弃市;与霍氏相连坐诛灭者数十家。太仆杜延年以霍氏旧人,亦坐免官。八月己酉,皇后霍氏废,处昭台宫。乙丑,诏封告霍氏反谋者男子张章、期门董忠、左曹杨恽、侍中金安上、史高皆为列侯。恽,丞相敞子;安上,车骑将军日磾弟子;高,史良娣兄子也。

初,霍氏奢侈,茂陵徐生曰:"霍氏必亡。夫奢则不逊,不逊必侮上。侮上者,逆道也,在人之右,众必害之。霍氏秉权日久,害之者多矣;天下害之,而又行以逆道,不亡何待!"乃上疏言:"霍氏泰盛,陛下即爱厚之,宜以时抑制,无使至亡!"书三上,辄报闻。其后霍氏诛灭,而告霍氏者皆封,人为徐生上书曰:"臣闻客有过主人者,见其灶直突,傍有积薪,客谓主人:'更为曲突,远徙其薪,不者且有火患!'主人嘿然不应。俄而家果失火,邻里共救之,幸而得息。于是杀牛置酒,谢其邻人,灼烂者在于上行,馀各以功次坐,而不录言曲突者。人谓主人曰:'乡使听客之言,不费牛酒,终亡火患。今论功而请宾,曲突徙薪无恩泽,焦头烂额为上客邪?'主人乃寤而请之。今茂陵徐福,数上书言霍氏且有变,宜防绝之。乡使福说得行,则国无裂土出爵之费,臣无逆乱诛灭之败。往事既已,而福独不蒙其功,唯陛下察之,贵徙薪曲突之策,使居焦发灼烂之右!"上乃赐福帛十匹,后以为郎。

帝初立,谒见高庙,大将军光骖乘,上内严惮之,若有芒刺在背。后车骑将军张安世代光骖乘,天子从容肆体,甚安近焉。及光身死而宗族竟诛,故俗传霍氏之祸萌于骖乘。后十二岁,霍后复徙云林馆,乃自杀。

> 班固赞曰:霍光受襁褓之托,任汉室之寄,匡国家,安社稷,拥昭,立宣,虽周公、阿衡何以加此!然光不学亡术,暗于大理;阴妻邪谋,立女为后,湛溺盈溢之欲,以增颠覆之祸,死财三年,宗族诛夷,哀哉!

> 臣光曰:霍光之辅汉室,可谓忠矣;然卒不能庇其宗,何也?夫威福者,人君之器也;人臣执之,久而不归,鲜不及矣。以孝昭之明,十四而知上官桀之诈,固可以亲政矣。况孝宣十九即位,聪明刚毅,知民疾苦,而光久专大柄,不知避去,多置私党,充塞朝

廷,使人主蓄愤于上,吏民积怨于下,切齿侧目,待时而发,其得免于身幸矣,况子孙以骄侈趣之哉!虽然,向使孝宣专以禄秩赏赐富其子孙,使之食大县,奉朝请,亦足以报盛德矣;乃复任之以政,授之以兵,及事丛衅积,更加裁夺,遂至怨惧以生邪谋,岂徒霍氏之自祸哉?亦孝宣酝酿以成之也。昔鬬椒作乱于楚,庄王灭其族而赦箴尹克黄,以为子文无后,何以劝善。夫以显、禹、云、山之罪,虽应夷灭,而光之忠勋不可不祀;遂使家无噍类,孝宣亦少恩哉!

6 九月,诏减天下盐贾。又令郡国岁上系囚以掠笞若瘐死者,所坐县、名、爵、里,丞相、御史课殿最以闻。

7 十二月,清河王年坐内乱废,迁房陵。

8 是岁,北海太守庐江朱邑以治行第一入为大司农,勃海太守龚遂入为水衡都尉。先是,勃海左右郡岁饥,盗贼并起,二千石不能禽制。上选能治者,丞相、御史举故昌邑郎中令龚遂,上拜为勃海太守。召见,问:"何以治勃海,息其盗贼?"对曰:"海濒遐远,不沾圣化,其民困于饥寒而吏不恤,故使陛下赤子盗弄陛下之兵于潢池中耳。今欲使臣胜之邪,将安之也?"上曰:"选用贤良,固欲安之也。"遂曰:"臣闻治乱民犹治乱绳,不可急也;唯缓之,然后可治。臣愿丞相、御史且无拘臣以文法,得一切便宜从事。"上许焉,加赐黄金赠遣。乘传至勃海界,郡闻新太守至,发兵以迎,遂皆遣还。移书敕属县:"悉罢逐捕盗贼吏,诸持锄、钩、田器者皆为良民,吏毋得问;持兵者乃为贼。"遂单车独行至府。盗贼闻遂教令,即时解散,弃其兵弩而持钩、锄,于是悉平,民安土乐业。遂乃开仓廪假贫民,选用良吏尉安牧养焉。遂见齐俗奢侈,好末技,不田作,乃躬率以俭约,劝民务农桑,各以口率种树畜养。民有带持刀剑者,使卖剑买牛,卖刀买犊,曰:"何为带牛佩犊!"劳来循行,郡中皆有畜积,狱讼止息。

9 乌孙公主女为龟兹王绛宾夫人。绛宾上书言:"得尚汉外孙,愿与公主女俱入朝。"

元康元年(丙辰,前65)

1 春,正月,龟兹王及其夫人来朝;皆赐印绶,夫人号称公主,赏赐甚厚。

2 初作杜陵。徙丞相、将军、列侯、吏二千石、訾百万者杜陵。

3 三月,诏以凤皇集泰山、陈留,甘露降未央宫,赦天下。

4　有司复言悼园宜称尊号曰皇考；夏，五月，立皇考庙。

5　冬，置建章卫尉。

6　赵广汉好用世吏子孙新进年少者，专厉强壮鋊气，见事风生，无所回避，率多果敢之计，莫为持难，终以此败。广汉以私怨论杀男子荣畜，人上书言之，事下丞相、御史按验。广汉疑丞相夫人杀侍婢，欲以此胁丞相，丞相按之愈急。广汉乃将吏卒入丞相府，召其夫人跪庭下受辞，收奴婢十馀人去。丞相上书自陈，事下廷尉治，实丞相自以过谴笞傅婢，出至外第乃死，不如广汉言。帝恶之，下广汉廷尉狱。吏民守阙号泣者数万人，或言："臣生无益县官，愿代赵京兆死，使牧养小民！"广汉竟坐要斩。广汉为京兆尹，廉明，威制豪强，小民得职，百姓追思歌之。

7　是岁，少府宋畸坐议"凤皇下彭城，未至京师，不足美"，贬为泗水太傅。

8　上选博士、谏大夫通政事者补郡国守相，以萧望之为平原太守。望之上疏曰："陛下哀愍百姓，恐德之不究，悉出谏官以补郡吏。朝无争臣，则不知过，所谓忧其末而忘其本者也。"上乃征望之入守少府。

9　东海太守河东尹翁归，以治郡高第入为右扶风。翁归为人，公廉明察，郡中吏民贤、不肖及奸邪罪名尽知之。县县各有记籍，自听其政；有急名则少缓之。吏民小解，辄披籍。取人必于秋冬课吏大会中及出行县，不以无事时。其有所取也，以一警百。吏民皆服，恐惧，改行自新。其为扶风，选用廉平疾奸吏以为右职，接待以礼，好恶与同之；其负翁归，罚亦必行。然温良谦退，不以行能骄人，故尤得名誉于朝廷。

10　初，乌孙公主少子万年有宠于莎车王。莎车王死而无子，时万年在汉，莎车国人计，欲自托于汉，又欲得乌孙心，上书请万年为莎车王。汉许之，遣使者奚充国送万年。万年初立，暴恶，国人不说。

上令群臣举可使西域者，前将军韩增举上党冯奉世以卫候使持节送大宛诸国客至伊循城。会故莎车王弟呼屠徵与旁国共杀其王万年及汉使者奚充国，自立为王。时匈奴又发兵攻车师城，不能下去。莎车遣使扬言"北道诸国已属匈奴矣"，于是攻劫南道，与歃盟畔汉，从鄯善以西皆绝不通。都护郑吉、校尉司马憙皆在北道诸国间，奉世与其副严昌计，以为不亟击之，则莎车日强，其势难制，必危西域，遂以节谕告诸国王，因发其兵，南北道合万五千人，进击莎车，攻拔其城。莎车王自杀，传其首诣长安，更立他昆弟子为莎车王。诸国悉平，威振西域，奉世乃罢兵以闻。帝召见韩增曰："贺将军所举得其人。"

奉世遂西至大宛。大宛闻其斩莎车王,敬之异于他使,得其名马象龙而还。上甚说,议封奉世。丞相、将军皆以为可,独少府萧望之以为"奉世奉使有指,而擅矫制违命,发诸国兵,虽有功效,不可以为后法。即封奉世,开后奉使者利以奉世为比,争逐发兵,要功万里之外,为国家生事于夷狄,渐不可长。奉世不宜受封"。上善望之议,以奉世为光禄大夫。

二年(丁巳,前64)

1 春,正月,赦天下。

2 上欲立皇后,时馆陶主母华倢伃及淮阳宪王母张倢伃、楚孝王母卫倢伃皆爱幸。上欲立张倢伃为后;久之,惩艾霍氏欲害皇太子,乃更选后宫无子而谨慎者,二月乙丑,立长陵王倢伃为皇后,令母养太子;封其父奉光为邛成侯。后无宠,希得进见。

3 五月,诏曰:"狱者,万民之命。能使生者不怨,死者不恨,则可谓文吏矣。今则不然。用法或持巧心,析律贰端,深浅不平,奏不如实,上亦亡由知,四方黎民将何仰哉! 二千石各察官属,勿用此人。吏或擅兴徭役,饰厨传,称过使客,越职逾法以取名誉,譬如践薄冰以待白日,岂不殆哉! 今天下颇被疾疫之灾,朕甚愍之,其令郡国被灾甚者毋出今年租赋。"

4 又曰:"闻古天子之名,难知而易讳也;其更讳询。"

5 匈奴大臣皆以为"车师地肥美,近匈奴,使汉得之,多田积谷,必害人国,不可不争",由是数遣兵击车师田者。郑吉将渠犁田卒七千馀人救之,为匈奴所围。吉上言:"车师去渠犁千馀里,汉兵在渠犁者少,势不能相救,愿益田卒。"上与后将军赵充国等议,欲因匈奴衰弱,出兵击其右地,使不敢复扰西域。

魏相上书谏曰:"臣闻之:救乱诛暴,谓之义兵,兵义者王。敌加于己,不得已而起者,谓之应兵,兵应者胜;争恨小故,不忍忿怒者,谓之忿兵,兵忿者败;利人土地、货宝者,谓之贪兵,兵贪者破;恃国家之大,矜民人之众,欲见威于敌者,谓之骄兵,兵骄者灭。此五者,非但人事,乃天道也。间者匈奴尝有善意,所得汉民,辄奉归之,未有犯于边境,虽争屯田车师,不足致意中。今闻诸将军欲兴兵入其地,臣愚不知此兵何名者也! 今边郡困乏,父子共犬羊之裘,食草莱之实,常恐不能自存,难以动兵。'军旅之后,必有凶年',言民以其愁苦之气伤阴阳之和也。出兵虽胜,犹有后忧,恐灾害之变因此以生。今郡国守相多不实选,风俗尤薄,水旱不时。

按今年计,子弟杀父兄、妻杀夫者凡二百二十二人,臣愚以为此非小变也。今左右不忧此,乃欲发兵报纤介之忿于远夷,殆孔子所谓'吾恐季孙之忧不在颛臾而在萧墙之内也'。"上从相言,止遣长罗侯常惠将张掖、酒泉骑往车师,迎郑吉及其吏士还渠犂。召故车师太子军宿在焉耆者,立以为王;尽徙车师国民令居渠犂,遂以车师故地与匈奴。以郑吉为卫司马,使护鄯善以西南道。

6　魏相好观汉故事及便宜章奏,数条汉兴已来国家便宜行事及贤臣贾谊、晁错、董仲舒等所言,奏请施行之。相敕掾史按事郡国,及休告,从家还至府,辄白四方异闻。或有逆贼、风雨灾变,郡不上,相辄奏言之。与御史大夫丙吉同心辅政,上皆重之。

丙吉为人深厚,不伐善。自曾孙遭遇,吉绝口不道前恩,故朝廷莫能明其功也。会掖庭宫婢则令民夫上书,自陈尝有阿保之功,章下掖庭令考问,则辞引使者丙吉知状。掖庭令将则诣御史府以视吉,吉识,谓则曰:"汝尝坐养皇曾孙不谨,督笞汝,汝安得有功!独渭城胡组、淮阳郭徵卿有恩耳。"分别奏组等共养劳苦状。诏吉求组、徵卿;已死,有子孙,皆受厚赏。诏免则为庶人,赐钱十万。上亲见问,然后知吉有旧恩而终不言,上大贤之。

7　帝以萧望之经明持重,议论有馀,材任宰相,欲详试其政事,复以为左冯翊。望之从少府出为左迁,恐有不合意,即移病。上闻之,使侍中成都侯金安上谕意曰:"所用皆更治民以考功。君前为平原太守日浅,故复试之于三辅,非有所闻也。"望之即起视事。

8　初,掖庭令张贺数为弟车骑将军安世称皇曾孙之材美及征怪;安世辄绝止,以为少主在上,不宜称述曾孙。及帝即位而贺已死,上谓安世曰:"掖庭令平生称我,将军止之,是也。"上追思贺恩,欲封其冢为恩德侯,置守冢二百家。贺有子蚤死,子安世小男彭祖。彭祖又小与上同席研书指,欲封之,先赐爵关内侯。安世深辞贺封;又求损守冢户数,稍减至三十户。上曰:"吾自为掖庭令,非为将军也!"安世乃止,不敢复言。

9　上心忌故昌邑王贺,赐山阳太守张敞玺书,令谨备盗贼,察往来过客;毋下所赐书。敞于是条奏贺居处,著其废亡之效曰:"故昌邑王为人,青黑色,小目,鼻末锐卑,少须眉,身体长大,疾痿,行步不便。臣敞尝与之言,欲动观其意,即以恶鸟感之曰:'昌邑多枭。'故王应曰:'然。前贺西至长安,殊无枭;复来,东至济阳,乃复闻枭声。'察故王衣服、言语、跪起,清狂不惠。臣敞前言:'哀王歌舞者张修等十人无子,留守哀王园,请罢归。'故王闻之曰:'中人守园,疾者当勿治,相杀伤者当勿法,欲令亟死。太守奈何而欲罢之?'其天资喜由乱亡,终不见仁义如此。"上乃知贺不足忌也。

三年(戊午,前63)

1　春,三月,诏封故昌邑王贺为海昏侯。

2　乙未,诏曰:"朕微眇时,御史大夫丙吉、中郎将史曾、史玄、长乐卫尉许舜、侍中、光禄大夫许延寿皆与朕有旧恩,及故掖庭令张贺,辅导朕躬,修文学经术,恩惠卓异,厥功茂焉。诗不云乎:'无德不报',封贺所子弟子侍中、中郎将彭祖为阳都侯,追赐贺谥曰阳都哀侯,吉为博阳侯,曾为将陵侯,玄为平台侯,舜为博望侯,延寿为乐成侯。"贺有孤孙霸,年七岁,拜为散骑、中郎将,赐爵关内侯。故人下至郡邸狱复作尝有阿保之功者,皆受官禄、田宅、财物,各以恩深浅报之。

吉临当封,病;上忧其不起,将使人就加印绂而封之,及其生存也。太子太傅夏侯胜曰:"此未死也! 臣闻有阴德者必飨其乐,以及子孙。今吉未获报而疾甚,非其死疾也。"后病果愈。

张安世自以父子封侯,在位太盛,乃辞禄,诏都内别藏张氏无名钱以百万数。安世谨慎周密,每定大政,已决,辄移病出。闻有诏令,乃惊,使吏之丞相府问焉。自朝廷大臣,莫知其与议也。尝有所荐,其人来谢,安世大恨,以为"举贤达能,岂有私谢邪!"绝弗复为通。有郎功高不调,自言安世,安世应曰:"君之功高,明主所知,人臣执事何长短,而自言乎!"绝不许。已而郎果迁。安世自见父子尊显,怀不自安,为子延寿求出补吏,上以为北地太守;岁馀,上闵安世年老,复征延寿为左曹、太仆。

3　夏,四月丙子,立皇子钦为淮阳王。皇太子年十二,通论语、孝经。太傅疏广谓少傅受曰:"吾闻'知足不辱,知止不殆'。今仕宦至二千石,官成名立,如此不去,惧有后悔。"即日,父子俱移病,上疏乞骸骨。上皆许之,加赐黄金二十斤,皇太子赠以五十斤。公卿故人设祖道供张东都门外,送者车数百两。道路观者皆曰:"贤哉二大夫!"或叹息为之下泣。

广、受归乡里,日令其家卖金共具,请族人、故旧、宾客,与相娱乐。或劝广以其金为子孙颇立产业者,广曰:"吾岂老悖不念子孙哉! 顾自有旧田庐,令子孙勤力其中,足以共衣食,与凡人齐。今复增益之以为赢馀,但教子孙怠堕耳。贤而多财,则损其志;愚而多财,则益其过。且夫富者众之怨也,吾既无以教化子孙,不欲益其过而生怨。又此金者,圣主所以惠养老臣也，故乐与乡党、宗族共飨其赐，以尽吾馀日，不亦可乎！"于是族人悦服。

4　颍川太守黄霸使邮亭、乡官皆畜鸡、豚，以赡鳏、寡、穷者；然后为条教，置父老、师帅、伍长，班行之于民间，劝以为善防奸之意，及务耕桑、节用、殖财、种树、畜养，去浮淫之费。其治，米盐靡密，初若烦碎，然霸精力能推行之。吏民见者，语次寻绎，问他阴伏以相参考，聪明识事，吏民不知所出，咸称神明，豪厘不敢有所欺。奸人去入他郡，盗贼日少。霸力行教化而后诛罚，务在成就全安长吏。许丞老，病聋，督邮白欲逐之。霸曰："许丞廉吏，虽老，尚能拜起送迎，正颇重听何伤！且善助之，毋失贤者意！"或问其故，霸曰："数易长吏，送故迎新之费，及奸吏因缘，绝簿书，盗财物，公私费耗甚多，皆当出于民。所易新吏又未必贤，或不如其故，徒相益为乱。凡治道，去其泰甚者耳。"霸以外宽内明，得吏民心，户口岁增，治为天下第一，征守京兆尹。顷之，坐法，连贬秩；有诏复归颍川为太守，以八百石居。

四年（己未，前62）

1　春，正月，诏："年八十以上，非诬告、杀伤人，他皆勿坐。"

2　右扶风尹翁归卒，家无馀财。秋，八月，诏曰："翁归廉平乡正，治民异等。其赐翁归子黄金百斤，以奉祭祀。"

3　上令有司求高祖功臣子孙失侯者，得槐里公乘周广汉等百三十六人，皆赐黄金二十斤，复其家，令奉祭祀，世世勿绝。

4　丙寅，富平敬侯张安世薨。

5　初，扶阳节侯韦贤薨，长子弘有罪系狱，家人矫贤令，以次子大河都尉玄成为后。玄成深知其非贤雅意，即阳为病狂，卧便利，妄笑语，昏乱。既葬，当袭爵，以狂不应召。大鸿胪奏状，章下丞相、御史按验。按事丞相史乃与玄成书曰："古之辞让，必有文义可观，故能垂荣于后。今子独坏容貌，蒙耻辱为狂痴，光曜晻而不宣，微哉子之所托名也！仆素愚陋，过为丞相执事，愿少闻风声；不然，恐子伤高而仆为小人也。"玄成友人侍郎章亦上疏言："圣王贵以礼让为国，宜优养玄成，勿枉其志，使得自安衡门之下。"而丞相、御史遂以玄成实不病，劾奏之，有诏勿劾，引拜；玄成不得已，受爵。帝高其节，以玄成为河南太守。

6　车师王乌贵之走乌孙也，乌孙留不遣。汉遣使责乌孙，乌孙送乌贵诣阙。

7　初,武帝开河西四郡,隔绝羌与匈奴相通之路,斥逐诸羌,不使居湟中地。及帝即位,光禄大夫义渠安国使行诸羌;先零豪言:"愿时渡湟水北,逐民所不田处畜牧。"安国以闻。后将军赵充国劾安国奉使不敬。是后羌人旁缘前言,抵冒渡湟水,郡县不能禁。

既而先零与诸羌种豪二百馀人解仇、交质、盟诅,上闻之,以问赵充国,对曰:"羌人所以易制者,以其种自有豪,数相攻击,势不壹也。往三十馀岁西羌反时,亦先解仇合约攻令居,与汉相距,五六年乃定。匈奴数诱羌人,欲与之共击张掖、酒泉地,使羌居之。间者匈奴困于西方,疑其更遣使至羌中与相结。臣恐羌变未止此,且复结联他种,宜及未然为之备。"后月馀,羌侯狼何果遣使至匈奴藉兵,欲击鄯善、敦煌以绝汉道。充国以为"狼何势不能独造此计,疑匈奴使已至羌中,先零、罕、开乃解仇作约。到秋马肥,变必起矣。宜遣使者行边兵,豫为备敕,视诸羌毋令解仇,以发觉其谋"。于是两府复白遣义渠安国行视诸羌,分别善恶。

8　是时,比年丰稔,谷石五钱。

资治通鉴卷第二十六

汉纪十八

中宗孝宣皇帝中

神爵元年（庚申，前61）

1　春，正月，上始行幸甘泉，郊泰畤；三月，行幸河东，祠后土。上颇修武帝故事，谨斋祀之礼，以方士言增置神祠；闻益州有金马、碧鸡之神，可醮祭而致，于是遣谏大夫蜀郡王褒使持节而求之。

初，上闻褒有俊才，召见，使为圣主得贤臣颂。其辞曰："夫贤者，国家之器用也。所任贤，则趋舍省而功施普；器用利，则用力少而就效众。故工人之用钝器也，劳筋苦骨，终日矻矻；及至巧冶铸干将，使离娄督绳，公输削墨，虽崇台五层，延袤百丈而不溷者，工用相得也。庸人之御驽马，亦伤吻、敝策而不进于行；及至驾啮膝、骖乘旦，王良执靶，韩哀附舆，周流八极，万里一息，何其辽哉？人马相得也。故服絺绤之凉者，不苦盛暑之郁燠；袭貂狐之暖者，不忧至寒之凄怆。何则？有其具者易其备。贤人、君子，亦圣王之所以易海内也。昔周公躬吐捉之劳，故有圄空之隆；齐桓设庭燎之礼，故有匡合之功。由此观之，君人者勤于求贤而逸于得人。人臣亦然。昔贤者之未遭遇也，图事揆策，则君不用其谋；陈见悃诚，则上不然其信；进仕不得施效，斥逐又非其愆。是故伊尹勤于鼎俎，太公困于鼓刀，百里自鬻，宁子饭牛，离此患也。及其遇明君、遭圣主也，运筹合上意，谏诤即见听，进退得关其忠，任职得行其术，剖符锡壤而光祖考。故世必有圣知之君而后有贤明之臣。故虎啸而风冽，龙兴而致云，蟋蟀俟秋吟，蜉蝣出以阴。易曰：'飞龙在天，利见大人。'诗曰：'思皇多士，生此王国。'故世平主圣，俊艾将自至；明明在朝，穆穆布列，聚精会神，相得益章，虽伯牙操递钟，逢门子弯乌号，犹未足以喻其意也。故圣主必待贤臣而弘功业，俊士亦俟明主以显其德。上下俱欲，驩然交欣，千载壹合，论说无疑，翼乎如鸿毛遇顺风，沛乎如巨鱼纵大壑；其得意若此，则胡禁不止，曷令不行，化溢四表，横被无穷。是以圣主不遍窥望而视已明，不殚倾耳而听已聪,太平之责塞,优游之望得,休征自至,寿考无疆,何必偃仰屈伸若彭祖,呴嘘呼吸如侨、松,眇然绝俗离世哉!"是时上颇好神仙,故褒对及之。

京兆尹张敞亦上疏谏曰:"愿明主时忘车马之好,斥远方士之虚语,游心帝王之术,太平庶几可兴也。"上由是悉罢尚方待诏。初,赵广汉死后,为京兆尹者皆不称职,唯敞能继其迹;其方略、耳目不及广汉,然颇以经术儒雅文之。

2　上颇修饰,宫室、车服盛于昭帝时;外戚许、史、王氏贵宠。谏大夫王吉上疏曰:"陛下躬圣质,总万方,惟思世务,将兴太平,诏书每下,民欣然若更生。臣伏而思之,可谓至恩,未可谓本务也。欲治之主不世出,公卿幸得遭遇其时,言听谏从,然未有建万世之长策,举明主于三代之隆也。其务在于期会、簿书、断狱、听讼而已,此非太平之基也。臣闻民者,弱而不可胜,愚而不可欺。圣主独行于深宫,得则天下称诵之,失则天下咸言之,故宜谨选左右,审择所使。左右所以正身,所使所以宣德,此其本也。孔子曰'安上治民,莫善于礼',非空言也。王者未制礼之时,引先王礼宜于今者而用之。臣愿陛下承天心,发大业,与公卿大臣延及儒生,述旧礼,明王制,驱一世之民跻之仁寿之域,则俗何以不若成、康,寿何以不若高宗! 窃见当世趋务不合于道者,谨条奏,唯陛下财择焉。"吉意以为:"世俗聘妻、送女无节,则贫人不及,故不举子。又,汉家列侯尚公主,诸侯则国人承翁主,使男事女,夫屈于妇,逆阴阳之位,故多女乱。古者衣服、车马,贵贱有章;今上下僭差,人人自制,是以贪财诛利,不畏死亡。周之所以能致治刑措而不用者,以其禁邪于冥冥,绝恶于未萌也。"又言:"舜、汤不用三公、九卿之世而举皋陶、伊尹,不仁者远。今使俗吏得任子弟,率多骄骜,不通古今,无益于民,宜明选求贤,除任子之令;外家及故人,可厚以财,不宜居位。去角抵,减乐府,省尚方,明示天下以俭。古者工不造雕瑑,商不通侈靡,非工、商之独贤,政教使之然也。"上以其言为迂阔,不甚宠异也。吉遂谢病归。

3　义渠安国至羌中,召先零诸豪三十馀人,以尤桀黠者皆斩之;纵兵击其种人,斩首千馀级。于是诸降羌及归义羌侯杨玉等怨怒,无所信乡,遂劫略小种,背畔犯塞,攻城邑,杀长吏。安国以骑都尉将骑三千屯备羌;至浩亹,为房所击,失亡车重、兵器甚众。安国引还,至令居,以闻。

时赵充国年七十馀,上老之,使丙吉问谁可将者。充国对曰:"无逾于老臣者矣!"上遣问焉,曰:"将军度羌虏何如? 当用几人?"充国曰:"百闻不如一见。兵难遥度,臣愿驰至金城,图上方略。羌戎小夷,逆天背畔,灭亡不久,愿陛下以属老臣,勿以为忧!"上笑曰:"诺。"乃大发兵诣金城。夏,四月,遣充国将之,以击西羌。

4　六月,有星孛于东方。

5　赵充国至金城,须兵满万骑,欲渡河,恐为虏所遮,即夜遣三校衔枚先渡,渡,辄营陈;会明毕,遂以次尽渡。虏数十百骑来,出入军傍,充国曰:"吾士马新倦,不可驰逐,此皆骁骑难制,又恐其为诱兵也。击虏以珍灭为期,小利不足贪!"令军勿击。遣骑候四望陕中无虏,夜,引兵上至落都,召诸校司马谓曰:"吾知羌虏不能为兵矣!使虏发数千人守杜四望陕中,兵岂得入哉!"

充国常以远斥候为务,行必为战备,止必坚营壁,尤能持重,爱士卒,先计而后战。遂西至西部都尉府,日飨军士,士皆欲为用。虏数挑战,充国坚守。捕得生口,言羌豪相数责曰:"语汝无反,今天子遣赵将军来,年八九十矣,善为兵;今请欲壹斗而死,可得邪!"初,罕、开豪靡当儿使弟雕库来告都尉曰:"先零欲反。"后数日,果反。雕库种人颇在先零中,都尉即留雕库为质。充国以为无罪,乃遣归告种豪:"大兵诛有罪者,明白自别,毋取并灭。天子告诸羌人:犯法者能相捕斩,除罪,仍以功大小赐钱有差;又其所捕妻子、财物尽与之。"充国计欲以威信招降罕、开及劫略者,解散虏谋,徼其疲剧,乃击之。

时上已发内郡兵屯边者合六万人矣。酒泉太守辛武贤奏言:"郡兵皆屯备南山,北边空虚,势不可久。若至秋冬乃进兵,此虏在境外之册。今虏朝夕为寇,土地寒苦,汉马不耐冬,不如以七月上旬赍三十日粮,分兵出张掖、酒泉,合击罕、开在鲜水上者。虽不能尽诛,但夺其畜产,虏其妻子,复引兵还,冬复击之,大兵仍出,虏必震坏。"天子下其书充国,令议之。充国以为:"一马自负三十日食,为米二斛四斗,麦八斛,又有衣装、兵器,难以追逐。虏必商军进退,稍引去,逐水草,入山林。随而深入,虏即据前险,守后厄,以绝粮道,必有伤危之忧,为夷狄笑,千载不可复。而武贤以为可夺其畜产,虏其妻子,此殆空言,非至计也。先零首为畔逆,他种劫略,故臣愚册,欲捐罕、开暗昧之过,隐而勿章,先行先零之诛以震动之。宜悔过反善,因赦其罪,选择良吏知其俗者,抚循和辑。此全师保胜安边之册。"

天子下其书,公卿议者咸以为"先零兵盛而负罕、开之助,不先破罕、开,则先零未可图也"。上乃拜侍中许延寿为强弩将军,即拜酒泉太守武贤为破羌将军,赐玺书嘉纳其册。以书敕让充国曰:"今转输并起,百姓烦扰,将军将万馀之众,不早及秋共水草之利,争其畜食,欲至冬,虏皆当畜食,多臧匿山中,依险阻,将军士寒,手足皲瘃,宁有利哉!将军不念中国之费,欲以岁数而胜敌,将军谁不乐此者!今诏破羌将军武贤等将兵,以七月击罕羌;将军其引兵并进,勿复有疑!"

充国上书曰:"陛下前幸赐书,欲使人谕罕,以大军当至,汉不诛罕,以解其谋。臣故遣开豪雕库宣天子至德,罕、开之属皆闻知明诏。今先零羌杨玉阻石山木,候便为寇,罕羌未有所犯,乃置先零,先击罕,释有罪,诛无辜,起壹难,就两害,诚非陛下本计也!臣闻兵法:'攻不足者守有馀。'又曰:'善战者致人,不致于人。'今罕羌欲为敦煌、酒泉寇,宜饬兵马,练战士,以须其至。坐得致敌之术,以逸击劳,取胜之道也。今恐二郡兵少,不足以守,而发之行攻,释致虏之术而从为虏所致之道,臣愚以为不便。先零羌虏欲为背畔,故与罕、开解仇结约,然其私心不能无恐汉兵至而罕、开背之也。臣愚以为其计常欲先赴罕、开之急以坚其约。先击罕羌,先零必助之。今虏马肥,粮食方饶,击之恐不能伤害,适使先零得施德于罕羌,坚其约,合其党。虏交坚党,合精兵二万馀人,迫胁诸小种,附著者稍众,莫须之属不轻得离也。如是,虏兵浸多,诛之用力数倍。臣恐国家忧累,由十年数,不二三岁而已。于臣之计,先诛先零已,则罕、开之属不烦兵而服矣。先零已诛而罕、开不服,涉正月击之,得计之理,又其时也。以今进兵,诚不见其利!"戊申,充国上奏。秋,七月甲寅,玺书报,从充国计焉。

充国乃引兵至先零在所。虏久屯聚,懈弛,望见大军,弃车重,欲渡湟水,道厄狭;充国徐行驱之。或曰:"逐利行迟。"充国曰:"此穷寇,不可迫也。缓之则走不顾,急之则还致死。"诸校皆曰:"善。"虏赴水溺死者数百,降及斩首五百馀人。虏马、牛、羊十万馀头,车四千馀两。兵至罕地,令军毋燔聚落、刍牧田中。罕羌闻之,喜曰:"汉果不击我矣!"豪靡忘使人来言:"愿得还复故地。"充国以闻,未报。靡忘来自归,充国赐饮食,遣还谕种人。护军以下皆争之曰:"此反虏,不可擅遣!"充国曰:"诸君但欲便文自营,非为公家忠计也!"语未卒,玺书报,令靡忘以赎论。后罕竟不烦兵而下。

上诏破羌、强弩将军诣屯所,以十二月与充国合,进击先零。时羌降者万馀人矣,充国度其必坏,欲罢骑兵,屯田以待其敝。作奏未上,会得进兵玺书,充国子中郎将卬惧,使客谏充国曰:"诚令兵出,破军杀将,以倾国家,将军守之可也。即利与病,又何足争!一旦不合上意,遣绣衣来责将军,将军之身不能自保,何国家之安!"充国叹曰:"是何言之不忠也!本用吾言,羌虏得至是邪!往者举可先行羌者,吾举辛武贤;丞相御史复白遣义渠安国,竟沮败羌。金城、湟中谷斛八钱,吾谓耿中丞:'籴三百万斛谷,羌人不敢动矣!'耿中丞请籴百万斛,乃得四十万斛耳;义渠再使,且费其半。失此二册,羌人致敢为逆。失之豪厘,差以千里,是既然矣。今兵久不决,四夷卒有动摇,相因而起,虽有知者不能善其后,羌独足忧邪!吾固以死守之,明主可为忠言。"

遂上屯田奏曰:"臣所将吏士、马牛食所用粮谷、荽稿,调度甚广,难久不解,徭役不息,恐生他变,为明主忧,诚非素定庙胜之册。且羌易以计破,难用兵碎也,故臣愚心以为击之不便!计度临羌东至浩亹,羌虏故田及公田,民所未垦,可二千顷以上,其间邮亭多坏败者。臣前部士入山,伐林木六万馀枚,在水次。臣愿罢骑兵,留步兵万二百八十一人,分屯要害处,冰解漕下,缮乡亭,浚沟渠,治湟陿以西道桥七十所,令可至鲜水左右。田事出,赋人二十亩;至四月草生,发郡骑及属国胡骑各千,就草为田者游兵,以充入金城郡,益积畜,省大费。今大司农所转谷至者,足支万人一岁食,谨上田处及器用簿。"

上报曰:"即如将军之计,虏当何时伏诛?兵当何时得决?孰计其便,复奏!"

充国上状曰:"臣闻帝王之兵,以全取胜,是以贵谋而贱战。'百战而百胜,非善之善者也,故先为不可胜以待敌之可胜。'蛮夷习俗虽殊于礼义之国,然其欲避害就利,爱亲戚,畏死亡,一也。今虏亡其美地荐草,愁于寄托,远遁,骨肉心离,人有畔志。而明主班师罢兵,万人留田,顺天时,因地利,以待可胜之虏,虽未即伏辜,兵决可期月而望。羌虏瓦解,前后降者万七百馀人,及受言去者凡七十辈,此坐支解羌虏之具也。臣谨条不出兵留田便宜十二事:步兵九校,吏士万人留屯,以为武备,因田致谷,威德并行,一也。又因排折羌虏,令不得归肥饶之地,贫破其众,以成羌虏相畔之渐,二也。居民得并田作,不失农业,三也。军马一月之食,度支田士一岁,罢骑兵以省大费,四也。至春,省甲士卒,循河、湟漕谷至临羌,以示羌虏,扬威武,传世折冲之具,五也。以闲暇时,下先所伐材,缮治邮亭,充入金城,六也。兵出,乘危徼幸;不出,令反畔之虏窜于风寒之地,离霜露、疾疫、瘃堕之患,坐得必胜之道,七也。无经阻、远追、死伤之害,八也。内不损威武之重,外不令虏得乘间之势,九也。又亡惊动河南大开使生他变之忧,十也。治湟陿中道桥,令可至鲜水以制西域,伸威千里,从枕席上过师,十一也。大费既省,徭役豫息,以戒不虞,十二也。留屯田得十二便,出兵失十二利,唯明诏采择!"

上复赐报曰:"兵决可期月而望者,谓今冬邪,谓何时也? 将军独不计虏闻兵颇罢,且丁壮相聚,攻扰田者及道上屯兵,复杀略人民,将何以止之? 将军孰计复奏!"

充国复奏曰:"臣闻兵以计为本,故多算胜少算。先零羌精兵,今馀不过七八千人,失地远客分散,饥冻,畔还者不绝。臣愚以为虏破坏可日月冀,远在来春,故曰兵决可期月而望。窃见北边自敦煌至辽东万一千五百馀里,乘塞列隧有吏卒数千人,虏数以大众攻之而不能害。今骑兵虽罢,虏见屯田之士精兵万人,从今尽三月,虏马羸瘦,必不敢捐其妻子于他种中,远涉河山而来为寇;亦不敢将其累重,还归故地。是臣之愚计所以度虏且必瓦解其处,不战而自破之册也。至于虏小寇盗,时杀人民,其原未可卒禁。臣闻战不必胜,不苟接刃;攻不必取,不苟劳众。诚令兵出,虽不能灭先零,但能令虏绝不为小寇,则出兵可也。即今同是,而释坐胜之道,从乘危之势,往终不见利,空内自疲敝,贬重以自损,非所以示蛮夷也。又大兵一出,还不可复留,湟中亦未可空,如是,徭役复更发也。臣愚以为不便。臣窃自惟念:奉诏出塞,引军逐击,穷天子之精兵,散车甲于山野,虽亡尺寸之功,偷得避嫌之便,而亡后咎馀责,此人臣不忠之利,非明主社稷之福也!"

充国奏每上,辄下公卿议臣。初是充国计者什三,中什五,最后什八。有诏诘前言不便者,皆顿首服。魏相曰:"臣愚不习兵事利害。后将军数画军册,其言常是,臣任其计必可用也。"上于是报充国,嘉纳之;亦以破羌、强弩将军数言当击,以是两从其计,诏两将军与中郎将卬出击。强弩出,降四千馀人;破羌斩首二千级;中郎将卬斩首降者亦二千馀级;而充国所降复得五千馀人。诏罢兵,独充国留屯田。

6　大司农朱邑卒。上以其循吏,闵惜之,诏赐其子黄金百斤,以奉其祭祀。

7　是岁,以前将军、龙额侯韩增为大司马、车骑将军。

8　丁令比三岁钞盗匈奴,杀略数千人。匈奴遣万馀骑往击之,无所得。

二年(辛酉,前60)

1　春,正月,以凤皇、甘露降集京师,赦天下。

2　夏,五月,<u>赵充国</u>奏言:"羌本可五万人军,凡斩首七千六百级,降者三万一千二百人,溺<u>河湟</u>、饿死者五六千人,定计遗脱与<u>煎巩</u>、<u>黄羝</u>俱亡者不过四千人。羌<u>靡忘</u>等自诡必得,请罢屯兵!"奏可。<u>充国</u>振旅而还。

所善<u>浩星赐</u>迎说<u>充国</u>曰:"众人皆以破羌、强弩出击,多斩首、生降,虏以破坏。然有识者以为虏势穷困,兵虽不出,即必服矣。将军即见,宜归功于二将军出击,非愚臣所及。如此,将军计未失也。"<u>充国</u>曰:"吾年老矣,爵位已极,岂嫌伐一时事以欺明主哉!兵势,国之大事,当为后法。老臣不以余命壹为陛下明言兵之利害,卒死,谁当复言之者!"卒以其意对。上然其计,罢遣<u>辛武贤</u>归酒泉太守,官<u>充国</u>复为后将军。

秋,<u>羌若零</u>、<u>离留</u>、<u>且种</u>、<u>儿库</u>共斩<u>先零</u>大豪<u>犹非</u>、<u>杨玉</u>首,及诸豪弟<u>泽</u>、<u>阳雕</u>、<u>良儿</u>、<u>靡忘</u>皆帅<u>煎巩</u>、<u>黄羝</u>之属四千余人降。<u>汉</u>封<u>若零</u>、弟<u>泽</u>二人为帅众王,余皆为侯、为君。初置金城属国以处降<u>羌</u>。

诏举可护<u>羌</u>校尉者。时<u>充国</u>病,四府举<u>辛武贤</u>小弟<u>汤</u>。<u>充国</u>遽起,奏:"<u>汤</u>使酒,不可典蛮夷。不如<u>汤</u>兄<u>临众</u>。"时<u>汤</u>已拜受节,有诏更用<u>临众</u>。后<u>临众</u>病免,五府复举<u>汤</u>。<u>汤</u>数醉酗<u>羌</u>人,<u>羌</u>人反畔,卒如<u>充国</u>之言。<u>辛武贤</u>深恨<u>充国</u>,上书告中郎将<u>卬</u>泄省中语,下吏,自杀。

3　司隶校尉<u>魏郡</u> <u>盖宽饶</u>,刚直公清,数干犯上意。时上方用刑法,任中书官,<u>宽饶</u>奏封事曰:"方今圣道浸微,儒术不行,以刑余为<u>周</u>、<u>召</u>,以法律为<u>诗</u>、<u>书</u>。"又引<u>易传</u>言:"五帝官天下,三王家天下。家以传子孙,官以传贤圣。"书奏,上以为<u>宽饶</u>怨谤,下其书中二千石。时执金吾议,以为"<u>宽饶</u>旨意欲求禅,大逆不道!"谏大夫<u>郑昌</u>愍伤<u>宽饶</u>忠直忧国,以言事不当意而为文吏所诋挫,上书讼<u>宽饶</u>曰:"臣闻山有猛兽,藜藿为之不采;国有忠臣,奸邪为之不起。司隶校尉<u>宽饶</u>,居不求安,食不求饱;进有忧国之心,退有死节之义;上无<u>许</u>、<u>史</u>之属,下无<u>金</u>、<u>张</u>之托;职在司察,直道而行,多仇少与。上书陈国事,有司劾以大辟。臣幸得从大夫之后,官以谏为名,不敢不言!"上不听。九月,下<u>宽饶</u>吏;<u>宽饶</u>引佩刀自刭北阙下,众莫不怜之。

4　<u>匈奴</u> <u>虚闾权渠</u>单于将十余万骑旁塞猎,欲入边为寇。未至,会其民<u>题除渠堂</u>亡降<u>汉</u>言状,<u>汉</u>以为言兵<u>鹿奚卢侯</u>,而遣后将军<u>赵充国</u>将兵四万余骑屯缘边九郡备虏。月余,单于病欧血,因不敢入,还去,即罢兵。乃使<u>题王都犁胡次</u>等入<u>汉</u>请和亲,未报。会单于死。<u>虚闾权渠</u>单于始立,而黜<u>颛渠阏氏</u>。<u>颛渠阏氏</u>即与右贤王<u>屠耆堂</u>私通,右贤王会<u>龙城</u>而去。<u>颛渠阏氏</u>语以单于病甚,且勿远。后数日,单于死,用事贵人<u>郝宿王</u> <u>刑未央</u>

使人召诸王,未至,颛渠阏氏与其弟左大且渠都隆奇谋,立右贤王为握衍朐鞮单于。握衍朐鞮单于者,乌维单于耳孙也。

握衍朐鞮单于立,凶恶,杀刑未央等而任用都隆奇,又尽免虚闾权渠子弟近亲而自以其子弟代之。虚闾权渠单于子稽侯狦既不得立,亡归妻父乌禅幕。乌禅幕者,本康居、乌孙间小国,数见侵暴,率其众数千人降匈奴,狐鹿姑单于以其弟子日逐王姊妻之,使长其众,居右地。日逐王先贤掸,其父左贤王当为单于,让狐鹿姑单于,狐鹿姑单于许立之。国人以故颇言日逐王当为单于。日逐王素与握衍朐鞮单于有隙,即帅其众欲降汉,使人至渠犁,与骑都尉郑吉相闻。吉发渠犁、龟兹诸国五万人迎日逐王口万二千人,小王将十二人,随吉至河曲,颇有亡者,吉追斩之,遂将诣京师。汉封日逐王为归德侯。

吉既破车师,降日逐,威震西域,遂并护车师以西北道,故号都护。都护之置,自吉始焉。上封吉为安远侯。吉于是中西域而立莫府,治乌垒城,去阳关二千七百馀里。匈奴益弱,不敢争西域,僮仆都尉由此罢。都护督察乌孙、康居等三十六国动静,有变以闻,可安辑,安辑之,不可者诛伐之,汉之号令班西域矣。

握衍朐鞮单于更立其从兄薄胥堂为日逐王。

5　乌孙昆弥翁归靡因长罗侯常惠上书:"愿以汉外孙元贵靡为嗣,得令复尚汉公主,结婚重亲,畔绝匈奴。"诏下公卿议。大鸿胪萧望之以为:"乌孙绝域,变故难保,不可许。"上美乌孙新立大功,又重绝故业,乃以乌孙主解忧弟相夫为公主,盛为资送而遣之,使常惠送之至敦煌。未出塞,闻翁归靡死,乌孙贵人共从本约立岑娶子泥靡为昆弥,号狂王。常惠上书:"愿留少主敦煌。"惠驰至乌孙,责让不立元贵靡为昆弥,还迎少主。事下公卿,望之复以为"乌孙持两端,难约结。今少主以元贵靡不立而还,信无负于夷狄,中国之福也。少主不止,繇役将兴"。天子从之,征还少主。

三年(壬戌,前59)

1　春,三月丙辰,高平宪侯魏相薨。夏,四月戊辰,丙吉为丞相。吉上宽大,好礼让,不亲小事;时人以为知大体。

2　秋,七月甲子,大鸿胪萧望之为御史大夫。

3　八月,诏曰:"吏不廉平,则治道衰。今小吏皆勤事而俸禄薄,欲无侵渔百姓,难矣! 其益吏百石已下俸十五。"

4 是岁,东郡太守韩延寿为左冯翊。始,延寿为颍川太守,颍川承赵广汉构会吏民之后,俗多怨仇。延寿改更,教以礼让;召故老,与议定嫁娶、丧祭仪品,略依古礼,不得过法。百姓遵用其教。卖偶车马、下里伪物者,弃之市道。黄霸代延寿居颍川,霸因其迹而大治。延寿为吏,上礼义,好古教化,所至必聘其贤士,以礼待,用广谋议,纳谏争;表孝弟有行,修治学官,春秋乡射,陈钟鼓、管弦,盛升降、揖让;及都试讲武,设斧钺、旌旗,习射、御之事;治城郭,收赋租,先明布告其日,以期会为大事。吏民敬畏,趋乡之。又置正、五长,相率以孝弟;不得舍奸人,闾里阡陌有非常,吏辄闻知,奸人不敢入界。其始若烦,后吏无追捕之苦,民无箠楚之忧,皆便安之。接待下吏,恩施甚厚而约誓明。或欺负之者,延寿痛自刻责:"岂其负之,何以至此!"吏闻者自伤悔,其县尉至自刺死。及门下掾自刭,人救不殊,延寿涕泣,遣吏医治视,厚复其家。在东郡三岁,令行禁止,断狱大减,由是入为冯翊。

延寿出行县至高陵,民有昆弟相与讼田,自言。延寿大伤之,曰:"幸得备位,为郡表率,不能宣明教化,至令民有骨肉争讼,既伤风化,重使贤长吏、啬夫、三老、孝弟受其耻,咎在冯翊,当先退!"是日,移病不听事,因入卧传舍,闭阁思过。一县莫知所为,令、丞、啬夫、三老亦皆自系待罪。于是讼者宗族传相责让;此两昆弟深自悔,皆自髡,肉袒谢,愿以田相移,终死不敢复争。郡中歙然,莫不传相敕厉,不敢犯。延寿恩信周遍二十四县,莫敢以辞讼自言者。推其至诚,吏民不忍欺绐。

5 匈奴单于又杀先贤掸两弟;乌禅幕请之,不听,心恚。其后左奥鞬王死,单于自立其小子为奥鞬王,留庭。奥鞬贵人共立故奥鞬王子为王,与俱东徙。单于右丞相将万骑往击之。失亡数千人,不胜。

资治通鉴卷第二十七

汉纪十九

中宗孝宣皇帝下

神爵四年（癸亥，前58）

1　春，二月，以凤皇、甘露降集京师，赦天下。

2　颍川太守黄霸在郡前后八年，政事愈治；是时凤皇、神爵数集郡国，颍川尤多。夏，四月，诏曰："颍川太守霸，宣布诏令，百姓乡化，孝子、弟弟、贞妇、顺孙日以众多，田者让畔，道不拾遗，养视鳏寡，赡助贫穷，狱或八年无重罪囚；其赐爵关内侯、黄金百斤、秩中二千石。"而颍川孝、弟、有行义民，三老、力田皆以差赐爵及帛。后数月，征霸为太子太傅。

3　五月，匈奴单于遣弟呼留若王胜之来朝。

4　冬，十月，凤皇十一集杜陵。

5　河南太守严延年为治阴鸷酷烈，众人所谓当死者一朝出之，所谓当生者诡杀之，吏民莫能测其意深浅，战栗不敢犯禁。冬月，传属县囚会论府上，流血数里，河南号曰"屠伯"。延年素轻黄霸为人，及比郡为守，褒赏反在己前，心内不服。河南界中又有蝗虫，府丞义出行蝗，还，见延年。延年曰："此蝗岂凤皇食邪？"义年老，颇悖，素畏延年，恐见中伤。延年本尝与义俱为丞相史，实亲厚之，馈遗之甚厚。义愈益恐，自筮，得死卦，忽忽不乐，取告至长安，上书言延年罪名十事；已拜奏，因饮药自杀，以明不欺。事下御史丞按验，得其语言怨望、诽谤政治数事。十一月，延年坐不道，弃市。

初，延年母从东海来，欲从延年腊；到洛阳，适见报囚，母大惊，便止都亭，不肯入府。延年出至都亭谒母，母闭阁不见。延年免冠顿首阁下，良久，母乃见之，因数责延年："幸得备郡守，专治千里，不闻仁爱教化，有以全安愚民；顾乘刑罚，多刑杀人，欲以立威，岂为民父母意哉！"延年服罪，重顿首谢，因自为母御归府舍。母毕正腊，谓延年曰："天道神明，人不可独杀。我不意当老见壮子被刑戮也！行矣，去汝东归，扫除墓地耳！"遂去,归郡,见昆弟、宗人,复为言之。后岁馀,果败,<u>东海</u>莫不贤智其母。

6　匈奴<u>握衍朐鞮单于</u>暴虐,好杀伐,国中不附。及太子、左贤王数谗左地贵人,左地贵人皆怨。会乌桓击匈奴东边<u>姑夕王</u>,颇得人民,单于怒。<u>姑夕王</u>恐,即与乌禅幕及左地贵人共立<u>稽侯狦</u>为<u>呼韩邪单于</u>,发左地兵四五万人,西击<u>握衍朐鞮单于</u>,至<u>姑且水</u>北。未战,<u>握衍朐鞮单于</u>兵败走,使人报其弟右贤王曰:"匈奴共攻我,若肯发兵助我乎?"右贤王曰:"若不爱人,杀昆弟、诸贵人。各自死若处,无来污我!"<u>握衍朐鞮单于</u>恚,自杀。左大且渠都隆奇亡之右贤王所,其民尽降<u>呼韩邪单于</u>。<u>呼韩邪单于</u>归庭;数月,罢兵,使各归故地,乃收其兄<u>呼屠吾斯</u>在民间者,立为左谷蠡王,使人告右贤贵人,欲令杀右贤王。其冬,<u>都隆奇</u>与右贤王共立日逐王<u>薄胥堂</u>为<u>屠耆单于</u>,发兵数万人东袭<u>呼韩邪单于</u>,<u>呼韩邪单于</u>兵败走。<u>屠耆单于</u>还,以其长子<u>都涂吾西</u>为左谷蠡王,少子<u>姑瞀楼头</u>为右谷蠡王,留居单于庭。

五凤元年(甲子,前57)

1　春,正月,上幸<u>甘泉</u>,郊<u>泰畤</u>。

2　皇太子冠。

3　秋,匈奴<u>屠耆单于</u>使先贤掸兄右奥鞮王与乌藉都尉各二万骑屯东方,以备<u>呼韩邪单于</u>。是时西方<u>呼揭王</u>来与<u>唯犁当户</u>谋,共谗右贤王,言欲自立为单于。<u>屠耆单于</u>杀右贤王父子;后知其冤,复杀<u>唯犁当户</u>,于是<u>呼揭王</u>恐,遂畔去,自立为<u>呼揭单于</u>。右奥鞮王闻之,即自立为<u>车犁单于</u>。乌藉都尉亦自立为<u>乌藉单于</u>。凡五单于。<u>屠耆单于</u>自将兵东击<u>车犁单于</u>,使<u>都隆奇</u>击<u>乌藉</u>。<u>乌藉</u>、<u>车犁</u>皆败,西北走,与<u>呼揭单于</u>兵合为四万人。<u>乌藉</u>、<u>呼揭</u>皆去单于号,共并力尊辅<u>车犁单于</u>。<u>屠耆单于</u>闻之,使左大将、都尉将四万骑分屯东方,以备<u>呼韩邪单于</u>,自将四万骑西击<u>车犁单于</u>。<u>车犁单于</u>败,西北走。<u>屠耆单于</u>即引兵西南留<u>阗敦</u>地。

<u>汉</u>议者多曰:"匈奴为害日久,可因其坏乱,举兵灭之。"诏问御史大夫<u>萧望之</u>,对曰:"《春秋》,<u>晋士匄</u>帅师侵<u>齐</u>,闻<u>齐侯</u>卒,引师而还,君子大其不伐丧,以为恩足以服孝子,谊足以动诸侯。前单于慕化乡善,称弟,遣使请求和亲,海内欣然,夷狄莫不闻。未终奉约,不幸为贼臣所杀;今而伐之,是乘乱而幸灾也,彼必奔走远遁。不以义动,兵恐劳而无功。宜遣使者吊问,辅其微弱,救其灾患,四夷闻之,咸贵<u>中国</u>之仁义。如遂蒙恩得复其位,必称臣服从,此德之盛也。"上从其议。

4　冬,十有二月乙酉朔,日有食之。

5　韩延寿代萧望之为左冯翊。望之闻延寿在东郡时放散官钱千馀万,使御史案之。延寿闻知,即部吏案校望之在冯翊时廪牺官钱放散百馀万。望之自奏:"职在总领天下,闻事不敢不问,而为延寿所拘持。"上由是不直延寿,各令穷竟所考。望之卒无事实。而望之遣御史案东郡者,得其试骑士日奢僭逾制;又取官铜物,候月食铸刀,效尚方事;及取官钱帛私假徭使吏;及治饰车甲三百万以上。延寿竟坐狡猾不道,弃市。吏民数千人送至渭城,老小扶持车毂,争奏酒炙。延寿不忍距逆,人人为饮,计饮酒石馀。使掾、史分谢送者:"远苦吏民,延寿死无所恨!"百姓莫不流涕。

二年(乙丑,前56)

1　春,正月,上幸甘泉,郊泰畤。

2　车骑将军韩增薨。五月,将军许延寿为大司马、车骑大将军。

3　丞相丙吉年老,上重之。萧望之意常轻吉,上由是不悦。丞相司直奏望之遇丞相礼节倨慢,又使吏买卖,私所附益凡十万三千,请逮捕系治。秋,八月壬午,诏左迁望之为太子太傅;以太子太傅黄霸为御史大夫。

4　匈奴呼韩邪单于遣其弟右谷蠡王等西袭屠耆单于屯兵,杀略万馀人。屠耆单于闻之,即自将六万骑击呼韩邪单于。屠耆单于兵败,自杀。都隆奇乃与屠耆少子右谷蠡王姑瞀楼头亡归汉。车犁单于东降呼韩邪单于。冬,十一月,呼韩邪单于左大将乌厉屈与父呼遫累乌厉温敦皆见匈奴乱,率其众数万人降汉;封乌厉屈为新城侯,乌厉温敦为义阳侯。是时李陵子复立乌藉都尉为单于,呼韩邪单于捕斩之,遂复都单于庭,然众裁数万人。屠耆单于从弟休旬王自立为闰振单于,在西边;呼韩邪单于兄左贤王呼屠吾斯亦自立为郅支骨都侯单于,在东边。

5　光禄勋平通侯杨恽,廉洁无私;然伐其行能,又性刻害,好发人阴伏,由是多怨于朝廷。与太仆戴长乐相失;人有上书告长乐罪,长乐疑恽教人告之,亦上书告恽罪曰:"恽上书讼韩延寿,郎中丘常谓恽曰:'闻君侯讼韩冯翊,当得活乎?'恽曰:'事何容易,胫胫者未必全也!我不能自保,真人所谓鼠不容穴,衔窭数者也。'又语长乐曰:'正月以来,天阴不雨,此春秋所记,夏侯君所言。'"事下廷尉。廷尉定国奏恽怨望,为妖恶言,大逆不道。上不忍加诛,有诏皆免恽、长乐为庶人。

三年(丙寅,前55)

1　春,正月癸卯,博阳定侯丙吉薨。

　　班固赞曰:古之制名,必由象类,远取诸物,近取诸身。故经谓君为元首,臣为股肱,明其一体相待而成也。是故君臣相配,古今常道,自然之势也。近观汉相,高祖开基,萧、曹为冠;孝宣中兴,丙、魏有声。是时黜陟有序,众职修理,公卿多称其位,海内兴于礼让。览其行事,岂虚虖哉!

2　二月壬辰,黄霸为丞相。霸材长于治民,及为丞相,功名损于治郡。时京兆尹张敞舍鹖雀飞集丞相府,霸以为神雀,议欲以闻。敞奏霸曰:"窃见丞相请与中二千石、博士杂问郡、国上计长史、守丞为民兴利除害,成大化,条其对。有耕者让畔,男女异路,道不拾遗,及举孝子、贞妇者为一辈,先上殿;举而不知其人数者,次之;不为条教者在后。叩头谢丞相,口虽不言,而心欲其为之也。长史、守丞对时,臣敞舍有鹖雀飞止丞相府屋上,丞相以下见者数百人。边吏多知鹖雀者,问之,皆阳不知。丞相图议上奏曰:'臣问上计长史、守丞以兴化条,皇天报下神爵。'后知从臣敞舍来,乃止。郡国吏窃笑丞相仁厚有知略,微信奇怪也。臣敞非敢毁丞相也,诚恐群臣莫白,而长史、守丞畏丞相指,归舍法令,各为私教,务相增加,浇淳散朴,并行伪貌,有名亡实,倾摇解怠,甚者为妖。假令京师先行让畔、异路、道不拾遗,其实亡益廉贪、贞淫之行,而以伪先天下,固未可也。即诸侯先行之,伪声轶于京师,非细事也。汉家承敝通变,造起律令,所以劝善禁奸,条贯详备,不可复加。宜令贵臣明饬长史、守丞,归告二千石,举三老、孝弟、力田、孝廉、廉吏,务得其人,郡事皆以法令检式,毋得擅为条教;敢挟诈伪以奸名誉者,必先受戮,以正明好恶。"天子嘉纳敞言,召上计吏,使侍中临饬,如敞指意。霸甚惭。

　　又,乐陵侯史高以外属旧恩侍中,贵重,霸荐高可太尉。天子使尚书召问霸:"太尉官罢久矣。夫宣明教化,通达幽隐,使狱无冤刑,邑无盗贼,君之职也。将相之官,朕之任焉。侍中、乐陵侯高,帷幄近臣,朕之所自亲,君何越职而举之?"尚书令受丞相对,霸免冠谢罪,数日,乃决,自是后不敢复有所请。然自汉兴,言治民吏,以霸为首。

3　三月,上幸河东,祠后土。减天下口钱,赦殊死以下。

4　六月辛酉,以西河太守杜延年为御史大夫。

5　置西河、北地属国以处匈奴降者。

6　广陵厉王胥使巫李女须祝诅上,求为天子。事觉,药杀巫及宫人二十馀人以绝口。公卿请诛胥。

四年（丁卯，前54）

1　春，胥自杀。

2　匈奴单于称臣，遣弟谷蠡王入侍。以边塞亡寇，减戍卒什二。

3　大司农中丞耿寿昌奏言："岁数丰穰，谷贱，农人少利。故事：岁漕关东谷四百万斛以给京师，用卒六万人。宜籴三辅、弘农、河东、上党、太原郡谷，足供京师，可以省关东漕卒过半。"上从其计。寿昌又白："令边郡皆筑仓，以谷贱增其贾而籴，以利农，谷贵时减贾而粜，名曰常平仓。"民便之。上乃下诏赐寿昌爵关内侯。

4　夏，四月辛丑朔，日有食之。

5　杨恽既失爵位，家居治产业，以财自娱。其友人安定太守西河孙会宗与恽书，谏戒之，为言"大臣废退，当阖门惶惧，为可怜之意；不当治产业，通宾客，有称誉"。恽，宰相子，有材能，少显朝廷，一朝以晻昧语言见废，内怀不服，报会宗书曰："窃自思念，过已大矣，行已亏矣，常为农夫以没世矣，是故身率妻子，戮力耕桑，不意当复用此为讥议也！夫人情所不能止者，圣人弗禁；故君、父至尊、亲，送其终也，有时而既。臣之得罪，已三年矣，田家作苦，岁时伏腊，烹羊、炰羔，斗酒自劳，酒后耳热，仰天拊缶而呼乌乌，其诗曰：'田彼南山，芜秽不治；种一顷豆，落而为萁。人生行乐耳，须富贵何时！'诚荒淫无度，不知其不可也。"又恽兄子安平侯谭谓恽曰："侯罪薄，又有功，且复用！"恽曰："有功何益！县官不足为尽力。"谭曰："县官实然。盖司隶、韩冯翊皆尽力吏也，俱坐事诛。"会有日食之变，驷马猥佐成上书告"恽骄奢，不悔过。日食之咎，此人所致"。章下廷尉，按验，得所予会宗书，帝见而恶之。廷尉当恽大逆无道，要斩；妻子徙酒泉郡；谭坐免为庶人，诸在位与恽厚善者，未央卫尉韦玄成及孙会宗等，皆免官。

　　臣光曰：以孝宣之明，魏相、丙吉为丞相，于定国为廷尉，而赵、盖、韩、杨之死皆不厌众心，其为善政之累大矣！周官司寇之法，有议贤、议能，若广汉、延寿之治民，可不谓能乎！宽饶、恽之刚直，可不谓贤乎！然则虽有死罪，犹将宥之，况罪不足以死乎！扬子以韩冯翊之怼萧为臣之自失。夫所以使延寿犯上者，望之激之也。上不之察，而延寿独蒙其辜，不亦甚哉！

6　匈奴闰振单于率其众东击郅支单于。郅支与战，杀之，并其兵；遂进攻呼韩邪。呼韩邪兵败走，郅支都单于庭。

甘露元年（戊辰，前53）

1　春，正月，行幸甘泉，郊泰畤。

2　杨恽之诛也，公卿奏京兆尹张敞，恽之党友，不宜处位。上惜敞材，独寝其奏，不下。敞使掾絮舜有所案验，舜私归其家曰："五日京兆耳，安能复案事！"敞闻舜语，即部吏收舜系狱，昼夜验治，竟致其死事。舜当出死，敞使主簿持教告舜曰："五日京兆竟何如？冬月已尽，延命乎？"乃弃舜市。会立春，行冤狱使者出，舜家载尸并编敞教，自言使者。使者奏敞贼杀不辜。上欲令敞得自便，即先下敞前坐杨恽奏，免为庶人。敞诣阙上印绶，便从阙下亡命。数月，京师吏民解弛，枹鼓数起，而冀州部中有大贼，天子思敞功效，使使者即家在所召敞。敞身被重劾，及使者至，妻子家室皆泣惶惧，而敞独笑曰："吾身亡命为民，郡吏当就捕。今使者来，此天子欲用我也。"装随使者，诣公车上书曰："臣前幸得备位列卿，待罪京兆，坐杀掾絮舜。舜本臣敞素所厚吏，数蒙恩贷；以臣有章劾当免，受记考事，便归卧家，谓臣'五日京兆'。背恩忘义，伤薄俗化。臣窃以舜无状，枉法以诛之。臣敞贼杀不辜，鞫狱故不直，虽伏明法，死无所恨！"天子引见敞，拜为冀州刺史。敞到部，盗贼屏迹。

3　皇太子柔仁好儒，见上所用多文法吏，以刑绳下，尝侍燕从容言："陛下持刑太深，宜用儒生。"帝作色曰："汉家自有制度，本以霸王道杂之；奈何纯任德教，用周政乎！且俗儒不达时宜，好是古非今，使人眩于名实，不知所守，何足委任！"乃叹曰："乱我家者太子也！"

　　臣光曰：王霸无异道。昔三代之隆，礼乐、征伐自天子出，则谓之王。天子微弱不能治诸侯，诸侯有能率其与国同讨不庭以尊王室者，则谓之霸。其所以行之也，皆本仁祖义，任贤使能，赏善罚恶，禁暴诛乱；顾名位有尊卑，德泽有深浅，功业有巨细，政令有广狭耳，非若白黑、甘苦之相反也。汉之所以不能复三代之治者，由人主之不为，非先王之道不可复行于后世也。夫儒有君子，有小人。彼俗儒者，诚不足与为治也，独不可求真儒而用之乎！稷、契、皋陶、伯益、伊尹、周公、孔子，皆大儒也，使汉得而用之，功烈岂若是而止邪！孝宣谓太子懦而不立，暗于治体，必乱我家，则可矣；乃曰王道不可行，儒者不可用，岂不过哉！非所以训示子孙，垂法将来者也。

4　淮阳宪王好法律，聪达有材；王母张婕伃尤幸。上由是疏太子而爱淮阳宪王，数嗟叹宪王曰："真我子也！"常有意欲立宪王，然用太子起于微细，上少依倚许氏，及即位而许后以杀死，故弗忍也。久之，上拜韦玄成为淮阳中尉，以玄成尝让爵于兄，欲以感谕宪王；由是太子遂安。

5　匈奴呼韩邪单于之败也，左伊秩訾王为呼韩邪计，劝令称臣入朝事汉，从汉求助，如此，匈奴乃定。呼韩邪问诸大臣，皆曰："不可。匈奴之俗，本上气力而下服役，以马上战斗为国，故有威名于百蛮。战死，壮士所有也。今兄弟争国，不在兄则在弟，虽死犹有威名，子孙常长诸国。汉虽强，犹不能兼并匈奴；奈何乱先古之制，臣事于汉，卑辱先单于，为诸国所笑！虽如是而安，何以复长百蛮！"左伊秩訾曰："不然，强弱有时。今汉方盛，乌孙城郭诸国皆为臣妾。自且鞮侯单于以来，匈奴日削，不能取复，虽屈强于此，未尝一日安也。今事汉则安存，不事则危亡，计何以过此！"诸大人相难久之。呼韩邪从其计，引众南近塞，遣子右贤王铢娄渠堂入侍。郅支单于亦遣子右大将驹于利受入侍。

6　二月丁巳，乐成敬侯许延寿薨。

7　夏，四月，黄龙见新丰。

8　丙申，太上皇庙火；甲辰，孝文庙火；上素服五日。

9　乌孙狂王复尚楚主解忧，生一男鸱靡，不与主和；又暴恶失众。汉使卫司马魏和意、副侯任昌至乌孙。公主言："狂王为乌孙所患苦，易诛也。"遂谋置酒，使士拔剑击之。剑旁下，狂王伤，上马驰去。其子细沈瘦会兵围和意、昌及公主于赤谷城；数月，都护郑吉发诸国兵救之，乃解去。汉遣中郎将张遵持医药治狂王，赐金帛；因收和意、昌系琐，从尉犁槛车至长安，斩之。

初，肥王翁归靡胡妇子乌就屠，狂王伤时，惊，与诸翎侯俱去，居北山中，扬言母家匈奴兵来，故众归之；后遂袭杀狂王，自立为昆弥。是岁，汉遣破羌将军辛武贤将兵万五千人至敦煌，通渠积谷，欲以讨之。

初，楚主侍者冯嫽，能史书，习事，尝持汉节为公主使，城郭诸国敬信之，号曰冯夫人，为乌孙右大将妻。右大将与乌就屠相爱，都护郑吉使冯夫人说乌就屠，以汉兵方出，必见灭，不如降。乌就屠恐，曰："愿得小号以自处！"帝征冯夫人，自问状；遣谒者竺次、期门甘延寿为副，送冯夫人。冯夫人锦车持节，诏乌就屠诣长罗侯赤谷城，立元贵靡为大昆弥，乌就屠为小昆弥，皆赐印绶。破羌将军不出塞，还。后乌就屠不尽归翎侯民众，汉复遣长罗侯将三校屯赤谷，因为分别其人民地界，大昆弥户六万馀，小昆弥户四万馀,然众心皆附小昆弥。

二年(己巳,前52)

1　春,正月,立皇子嚣为定陶王。

2　诏赦天下,减民算三十。

3　珠崖郡反。夏,四月,遣护军都尉张禄将兵击之。

4　杜延年以老病免。五月己丑,廷尉于定国为御史大夫。

5　秋,九月,立皇子宇为东平王。

6　冬,十二月,上行幸萯阳宫,属玉观。

7　是岁,营平壮武侯赵充国薨。先是,充国以老乞骸骨,赐安车、驷马、黄金,罢就弟。朝廷每有四夷大议,常与参兵谋、问筹策焉。

8　匈奴呼韩邪单于款五原塞,愿奉国珍,朝三年正月。诏有司议其仪。丞相、御史曰:“圣王之制,先京师而后诸夏,先诸夏而后夷狄。匈奴单于朝贺,其礼仪宜如诸侯王,位次在下。”太子太傅萧望之以为:“单于非正朔所加,故称敌国,宜待以不臣之礼,位在诸侯王上。外夷稽首称藩,中国让而不臣,此则羁縻之谊,谦亨之福也。书曰‘戎狄荒服’,言其来服荒忽亡常。如使匈奴后嗣卒有鸟窜鼠伏,阙于朝享,不为畔臣,万世之长策也。”天子采之,下诏曰:“匈奴单于称北蕃,朝正朔。朕之不德,不能弘覆。其以客礼待之,令单于位在诸侯王上,赞谒称臣而不名。”

　　　荀悦论曰:春秋之义,王者无外,欲一于天下也。戎狄道里辽远,人迹介绝,故正朔不及,礼教不加,非尊之也,其势然也。诗云:“自彼氐、羌,莫敢不来王。”故要、荒之君必奉王贡;若不供职,则有辞让号令加焉,非敌国之谓也。望之欲待以不臣之礼,加之王公之上,僭度失序,以乱天常,非礼也!若以权时之宜,则异论矣。

9　诏遣车骑都尉韩昌迎单于,发所过七郡二千骑为陈道上。

三年(庚午,前51)

1　春,正月,上行幸甘泉,郊泰畤。

2　匈奴呼韩邪单于来朝,赞谒称藩臣而不名;赐以冠带、衣裳,黄金玺、戾绶,玉具剑、佩刀,弓一张,矢四发,棨戟十,安车一乘,鞍勒一具,马十五匹,黄金二十斤,钱二十万,衣被七十七袭,锦绣、绮縠、杂帛八千匹,絮六千斤。礼毕,使使者道单于先行宿长平。上自甘泉宿池阳宫。上登长平阪,诏单于毋谒,其左右当户、群臣皆得列观,及诸蛮夷君长、王、侯数万,咸迎于渭桥下,夹道陈。上登渭桥,咸称万岁。单于就邸长安。置酒建章宫,飨赐单于,观以珍宝。二月,遣单于归国。单于自请"愿留居幕南光禄塞下;有急,保汉受降城"。汉遣长乐卫尉、高昌侯董忠、车骑都尉韩昌将骑万六千,又发边郡士马以千数,送单于出朔方鸡鹿塞。诏忠等留卫单于,助诛不服,又转边谷米糒,前后三万四千斛,给赡其食。先是,自乌孙以西至安息诸国近匈奴者,皆畏匈奴而轻汉;及呼韩邪单于朝汉后,咸尊汉矣。

上以戎狄宾服,思股肱之美,乃图画其人于麒麟阁,法其容貌,署其官爵、姓名;唯霍光不名,曰"大司马、大将军、博陆侯,姓霍氏",其次张安世、韩增、赵充国、魏相、丙吉、杜延年、刘德、梁丘贺、萧望之、苏武,凡十一人,皆有功德,知名当世,是以表而扬之,明著中兴辅佐,列于方叔、召虎、仲山甫焉。

3　凤皇集新蔡。

4　三月己巳,建成安侯黄霸薨。五月甲午,于定国为丞相,封西平侯。太仆沛郡陈万年为御史大夫。

5　诏诸儒讲五经同异,萧望之等平奏其议,上亲称制临决焉。乃立梁丘易、大小夏侯尚书、穀梁春秋博士。

6　乌孙大昆弥元贵靡及鸱靡皆病死。公主上书言:"年老土思,愿得归骸骨,葬汉地!"天子闵而迎之。冬,至京师,待之一如公主之制。后二岁卒。

元贵靡子星靡代为大昆弥,弱。冯夫人上书:"愿使乌孙,镇抚星靡。"汉遣之。都护韩宣奏乌孙大吏大禄、大监皆可赐以金印紫绶,以尊辅大昆弥。汉许之。其后段会宗为都护,乃招还亡叛,安定之。星靡死,子雌栗靡代立。

7　皇太子所幸司马良娣,病,且死,谓太子曰:"妾死非天命,乃诸娣妾、良人更祝诅杀我。"太子以为然。及死,太子悲恚发病,忽忽不乐。帝乃令皇后择后宫家人子可以娱侍太子者,得元城王政君,送太子宫。政君,故绣衣御史贺之孙女也,见于丙殿,壹幸,有身。是岁,生成帝于甲馆画堂,为世適皇孙。帝爱之,自名曰骜,字大孙,常置左右。

四年(辛未,前50)

1　夏,广川王海阳坐禽兽行、贼杀不辜废,徙房陵。

2　冬,十月丁卯,未央宫宣室阁火。

3　是岁,徙定陶王嚣为楚王。

4　匈奴呼韩邪、郅支两单于俱遣使朝献,汉待呼韩邪使有加焉。

黄龙元年(壬申,前49)

1　春,正月,上行幸甘泉,郊泰畤。

2　匈奴呼韩邪单于来朝;二月,归国。始,郅支单于以为呼韩邪兵弱,降汉,不能复自还,即引其众西,欲攻定右地。又屠耆单于小弟本侍呼韩邪,亦亡之右地,收两兄馀兵,得数千人,自立为伊利目单于;道逢郅支,合战,郅支杀之,并其兵五万馀人。郅支闻汉出兵谷助呼韩邪,即遂留居右地;自度力不能定匈奴,乃益西,近乌孙,欲与并力,遣使见小昆弥乌就屠。乌就屠杀其使,发八千骑迎郅支。郅支觉其谋,勒兵逢击乌孙,破之;因北击乌揭、坚昆、丁令,并三国。数遣兵击乌孙,常胜之。坚昆东去单于庭七千里,南去车师五千里,郅支留都之。

3　三月,有星孛于王良、阁道,入紫微宫。

4　帝寝疾,选大臣可属者,引外属侍中乐陵侯史高、太子太傅萧望之、少傅周堪至禁中,拜高为大司马、车骑将军,望之为前将军、光禄勋,堪为光禄大夫,皆受遗诏辅政,领尚书事。冬,十二月甲戌,帝崩于未央宫。

　　班固赞曰:孝宣之治,信赏必罚,综核名实。政事、文学、法理之士,咸精其能。至于技巧、工匠、器械,自元、成间鲜能及之。亦足以知吏称其职,民安其业也。遭值匈奴乖乱,推亡固存,信威北夷,单于慕义,稽首称藩。功光祖宗,业垂后嗣,可谓中兴,侔德殷宗、周宣矣!

5　癸巳,太子即皇帝位,谒高庙,尊皇太后曰太皇太后,皇后曰皇太后。

资治通鉴卷第二十八

汉纪二十

孝元皇帝上

初元元年（癸酉，前48）

1　春，正月辛丑，葬孝宣皇帝于杜陵；赦天下。

2　三月丙午，立皇后王氏，封后父禁为阳平侯。

3　以三辅、太常、郡国公田及苑可省者振业贫民；訾不满千钱者，赋贷种、食。

4　封外祖平恩戴侯同产弟子中常侍许嘉为平恩侯。

5　夏，六月，以民疾疫，令太官损膳，减乐府员，省苑马，以振困乏。

6　秋，九月，关东郡、国十一大水，饥，或人相食；转旁郡钱谷以相救。

7　上素闻琅邪王吉、贡禹皆明经洁行，遣使者征之。吉道病卒。禹至，拜为谏大夫。上数虚己问以政，禹奏言："古者人君节俭，什一而税，无他赋役，故家给人足。高祖、孝文、孝景皇帝，宫女不过十馀人，厩马百馀匹。后世争为奢侈，转转益甚；臣下亦稍放效。臣愚以为如太古难，宜少放古以自节焉。方今宫室已定，无可奈何矣；其馀尽可减损。故时齐三服官，输物不过十笥；方今齐三服官，作工各数千人，一岁费数巨万。厩马食粟将万匹。武帝时，又多取好女至数千人，以填后宫。及弃天下，多藏金钱、财物，鸟兽、鱼鳖凡百九十物；又皆以后宫女置于园陵。至孝宣皇帝时，陛下恶有所言，群臣亦随故事，甚可痛也！故使天下承化，取女皆大过度：诸侯妻妾或至数百人，豪富吏民畜歌者至数十人，是以内多怨女，外多旷夫。及众庶葬埋，皆虚地上以实地下。其过自上生，皆在大臣循故事之罪也。唯陛下深察古道，从其俭者：大减损乘舆服御器物，三分去二；择后宫贤者，留二十人，馀悉归之，及诸陵园女无子者，宜悉遣；厩马可无过数十匹，独舍长安城南苑地，以为田猎之囿。以方今天下饥馑，可无大自损减以救之称天意乎！天生圣人，盖为万民，非独使自娱乐而已也。"天子纳善其言，下诏，令诸宫馆希御幸者勿缮治；太仆减谷食马；水衡减肉食兽。

　　臣光曰：忠臣之事君也，责其所难，则其易者不劳而正；补其所短，则其长者不劝而遂。孝元践位之初，虚心以问禹，禹宜先其所急，后其所缓。然则优游不断，谗佞用权，当时之大患也，而禹不以为言；恭谨节俭，孝元之素志也，而禹孜孜言之；何哉！使禹之智不足以知，乌得为贤！知而不言，为罪愈大矣。

　　8　匈奴呼韩邪单于复上书，言民众困乏。诏云中、五原郡转谷二万斛以给之。

　　9　是岁，初置戊己校尉，使屯田车师故地。

二年（甲戌，前47）

　　1　春，正月，上行幸甘泉，郊泰畤。乐陵侯史高以外属领尚书事，前将军萧望之、光禄大夫周堪为之副。望之名儒，与堪皆以师傅旧恩，天子任之，数宴见，言治乱，陈王事。望之选白宗室明经有行散骑、谏大夫刘更生给事中，与侍中金敞并拾遗左右。四人同心谋议，劝导上以古制，多所欲匡正；上甚乡纳之。史高充位而已，由此与望之有隙。

　　中书令弘恭、仆射石显，自宣帝时久典枢机，明习文法；帝即位多疾，以显久典事，中人无外党，精专可信任，遂委以政，事无大小，因显白决，贵幸倾朝，百僚皆敬事显。显为人巧慧习事，能深得人主微指，内深贼，持诡辩，以中伤人，忤恨睚眦，辄被以危法；亦与车骑将军高为表里，议论常独持故事，不从望之等。

　　望之等患苦许、史放纵，又疾恭、显擅权，建白以为："中书政本，国家枢机，宜以通明公正处之。武帝游宴后庭，故用宦者，非古制也。宜罢中书宦官，应古不近刑人之义。"由是大与高、恭、显忤。上初即位，谦让，重改作，议久不定，出刘更生为宗正。

　　望之、堪数荐名儒、茂材以备谏官，会稽郑朋阴欲附望之，上书言车骑将军高遣客为奸利郡国，及言许、史子弟罪过。章视周堪，堪白："令朋待诏金马门。"朋奏记望之曰："今将军规模，云若管、晏而休，遂行日昃，至周、召乃留乎？若管、晏而休，则下走将归延陵之皋，没齿而已矣。如将军兴周、召之遗业，亲日昃之兼听，则下走其庶几愿竭区区奉万分之一！"望之始见朋，接待以意；后知其倾邪，绝不与通。朋，楚士，怨恨，更求入许、史，推所言许、史事，曰："皆周堪、刘更生教我；我关东人，何以知此！"于是侍中许章白见朋。朋出，扬言曰："我见言前将军小过五，大罪一。"待诏华龙行污秽,欲入堪等,堪等不纳,亦与朋相结。

恭、显令二人告望之等谋欲罢车骑将军,疏退许、史状,候望之出休日,令朋、龙上之。事下弘恭问状,望之对曰:"外戚在位多奢淫,欲以匡正国家,非为邪也。"恭、显奏:"望之、堪、更生朋党相称举,数谮诉大臣,毁离亲戚,欲以专擅权势。为臣不忠,诬上不道,请谒者召致廷尉。"时上初即位,不省召致廷尉为下狱也,可其奏。后上召堪、更生,曰:"系狱。"上大惊曰:"非但廷尉问邪!"以责恭、显,皆叩头谢。上曰:"令出视事。"恭、显因使史高言:"上新即位,未以德化闻天下,而先验师傅。既下九卿、大夫狱,宜因决免。"于是制诏丞相、御史:"前将军望之,傅朕八年,无他罪过,今事久远,识忘难明,其赦望之罪,收前将军、光禄勋印绶;及堪、更生皆免为庶人。"

2　二月丁巳,立弟竟为清河王。

3　戊午,陇西地震,败城郭、屋室,压杀人众。

4　三月,立广陵厉王子霸为王。

5　诏罢黄门乘舆狗马,水衡禁囿、宜春下苑、少府佽飞外池、严籞池田假与贫民。又诏赦天下,举茂材异等、直言极谏之士。

6　夏,四月丁巳,立子骜为皇太子。待诏郑朋荐太原太守张敞,先帝名臣,宜傅辅皇太子。上以问萧望之,望之以为敞能吏,任治烦乱,材轻,非师傅之器。天子使使者征敞,欲以为左冯翊,会病卒。

7　诏赐萧望之爵关内侯,给事中,朝朔望。

8　关东饥,齐地人相食。

9　秋,七月己酉,地复震。

10　上复征周堪、刘更生,欲以为谏大夫;弘恭、石显白,皆以为中郎。

上器重萧望之不已,欲倚以为相;恭、显及许、史兄弟,侍中、诸曹皆侧目于望之等。更生乃使其外亲上变事,言"地震殆为恭等,不为三独夫动。臣愚以为宜退恭、显以章蔽善之罚,进望之等以通贤者之路,如此,则太平之门开,灾异之原塞矣。"书奏,恭、显疑其更生所为,白请考奸诈,辞果服;遂逮更生系狱,免为庶人。

会望之子散骑、中郎伋亦上书讼望之前事,事下有司,复奏:"望之前所坐明白,无谮诉者,而教子上书,称引亡辜之诗,失大臣体,不敬;请逮捕。"弘恭、石显等知望之素高节,不诎辱,建白:"望之前幸得不坐,复赐爵邑,不悔过服罪,深怀怨望,教子上书,归非于上,自以托师傅,终必不坐,非颇屈望之于牢狱,塞其怏怏心,则圣朝无以施恩厚!"上曰:"萧太傅素刚,安肯就吏!"显等曰:"人命至重,望之所坐,语言薄罪,必无所忧。"
上乃可其奏。冬,十二月,显等封诏以付谒者,敕令召望之手付。因令太
常急发执金吾车骑驰围其第。使者至,召望之。望之以问门下生鲁国朱
云,云者,好节士,劝望之自裁。于是望之仰天叹曰:"吾尝备位将相,年
逾六十矣,老入牢狱,苟求生活,不亦鄙乎!"字谓云曰:"游,趣和药来,无
久留我死!"竟饮鸩自杀。天子闻之惊,拊手曰:"曩固疑其不就牢狱,果
然杀吾贤傅!"是时,太官方上昼食,上乃却食,为之涕泣,哀动左右。于
是召显等责问以议不详,皆免冠谢,良久然后已。上追念望之不忘,每岁
时遣使者祠祭望之冢,终帝之世。

　　臣光曰:甚矣孝元之为君,易欺而难悟也!夫恭、显之谮诉望
之,其邪说诡计,诚有所不能辨也。至于始疑望之不肯就狱,恭、
显以为必无忧,已而果自杀,则恭、显之欺亦明矣。在中智之君,
孰不感动奋发以厎邪臣之罚!孝元则不然。虽涕泣不食以伤望
之,而终不能诛恭、显,才得其免冠谢而已。如此,则奸臣安所惩
乎!是使恭、显得肆其邪心而无复忌惮者也。

11　是岁,弘恭病死,石显为中书令。

12　初,武帝灭南越,开置珠崖、儋耳郡,在海中洲上,吏卒皆中国人,
多侵陵之。其民亦暴恶,自以阻绝,数犯吏禁,率数年壹反,杀吏;汉辄发
兵击定之。二十馀年间,凡六反。至宣帝时,又再反。上即位之明年,珠
崖山南县反,发兵击之。诸县更叛,连年不定。上博谋于群臣,欲大发军。
待诏贾捐之曰:"臣闻尧、舜、禹之圣德,地方不过数千里,西被流沙,东渐
于海,朔南暨声教,言欲与声教则治之,不欲与者不强治也。故君臣歌德,
含气之物各得其宜。武丁、成王,殷、周之大仁也,然地东不过江、黄,西不
过氐、羌,南不过蛮荆,北不过朔方,是以颂声并作,视听之物咸乐其生,越
裳氏重九译而献,此非兵革之所能致也。以至于秦,兴兵远攻,贪外虚内
而天下溃畔。孝文皇帝偃武行文,当此之时,断狱数百,赋役轻简。孝武
皇帝厉兵马以攘四夷,天下断狱万数,赋烦役重,寇贼并起,军旅数发,父
战死于前,子斗伤于后,女子乘亭障,孤儿号于道,老母、寡妇饮泣巷哭,是
皆廓地泰大,征伐不休之故也。今关东民众久困,流离道路。人情莫亲父
母,莫乐夫妇;至嫁妻、卖子,法不能禁,义不能止,此社稷之忧也。今陛下
不忍悁悁之忿,欲驱士众挤之大海之中,快心幽冥之地,非所以救助饥馑,
保全元元也。诗云:'蠢尔蛮荆,大邦为仇。'言圣人起则后服,中国衰则
先畔,自古而患之,何况乃复其南方万里之蛮乎!骆越之人,父子同川而

浴,相习以鼻饮,与禽兽无异,本不足郡县置也。��独居一海之中,雾露气湿,多毒草、虫蛇、水土之害;人未见虏,战士自死。又非独珠崖有珠、犀、玳瑁也。弃之不足惜,不击不损威。其民譬犹鱼鳖,何足贪也!臣窃以往者羌军言之,暴师曾未一年,兵出不逾千里,费四十馀万万;大司农钱尽,乃以少府禁钱续之。夫一隅为不善,费尚如此,况于劳师远攻,亡士毋功乎!求之往古则不合,施之当今又不便,臣愚以为非冠带之国,禹贡所及,春秋所治,皆可且无以为。愿遂弃珠崖,专用恤关东为忧!"上以问丞相、御史。御史大夫陈万年以为当击;丞相于定国以为:"前日兴兵击之连年,护军都尉、校尉及丞凡十一人,还者二人,卒士及转输死者万人以上,费用三万万馀,尚未能尽降。今关东困乏,民难摇动,捐之议是。"上从之。捐之,贾谊曾孙也。

三年(乙亥,前46)

1 春,诏曰:"珠崖虏杀吏民,背畔为逆。今廷议者或言可击,或言可守,或欲弃之,其指各殊。朕日夜惟思议者之言,羞威不行,则欲诛之;狐疑辟难,则守屯田;通乎时变,则忧万民。夫万民之饥饿与远蛮之不讨,危孰大焉?且宗庙之祭,凶年不备,况乎辟不嫌之辱哉!今关东大困,仓库空虚,无以相赡,又以动兵,非特劳民,凶年随之。其罢珠崖郡,民有慕义欲内属,便处之;不欲,勿强。"

2 夏,四月乙未晦,茂陵白鹤馆灾;赦天下。

3 夏,旱。

4 立长沙炀王弟宗为王。

5 长信少府贡禹上言:"诸离宫及长乐宫卫,可减其太半以宽繇役。"六月,诏曰:"朕惟烝庶之饥寒,远离父母妻子,劳于非业之作,卫于不居之宫,恐非所以佐阴阳之道也。其罢甘泉、建章宫卫,令就农。百官各省费。条奏,毋有所讳。"

6 是岁,上复擢周堪为光禄勋,堪弟子张猛为光禄大夫、给事中,大见信任。

四年(丙子,前45)

1 春,正月,上行幸甘泉,郊泰畤。三月,行幸河东,祠后土;赦汾阴徒。

五年（丁丑，前44）

1　春，正月，以周子南君为周承休侯。

2　三月，上行幸雍，祠五畤。

3　夏，四月，有星孛于参。

4　上用诸儒贡禹等之言，诏太官毋日杀，所具各减半；乘舆秣马，无乏正事而已。罢角抵、上林宫馆希御幸者、齐三服官、北假田官、盐铁官、常平仓。博士弟子毋置员，以广学者；令民有能通一经者，皆复。省刑罚七十馀事。

5　陈万年卒。六月辛酉，长信少府贡禹为御史大夫。禹前后言得失书数十上，上嘉其质直，多采用之。

6　匈奴郅支单于自以道远，又怨汉拥护呼韩邪而不助己，困辱汉使者江乃始等；遣使奉献，因求侍子。汉议遣卫司马谷吉送之，御史大夫贡禹、博士东海匡衡以为："郅支单于乡化未醇，所在绝远，宜令使者送其子，至塞而还。"吉上书言："中国与夷狄有羁縻不绝之义，今既养全其子十年，德泽甚厚，空绝而不送，近从塞还，示弃捐不畜，使无乡从之心，弃前恩，立后怨，不便！议者见前江乃始无应敌之数，智勇俱困，以致耻辱，即豫为臣忧。臣幸得建强汉之节，承明圣之诏，宣谕厚恩，不宜敢桀。若怀禽兽心，加无道于臣，则单于长婴大罪，必遁逃远舍，不敢近边。没一使以安百姓，国之计，臣之愿也。愿送至庭。"上许焉。既至，郅支单于怒，竟杀吉等；自知负汉，又闻呼韩邪益强，恐见袭击，欲远去。会康居王数为乌孙所困，与诸翕侯计，以为："匈奴大国，乌孙素服属之。今郅支单于困厄在外，可迎置东边，使合兵取乌孙而立之，长无匈奴忧矣。"即使使至坚昆，通语郅支。郅支素恐，又怨乌孙，闻康居计，大说，遂与相结，引兵而西。郅支人众中寒道死，馀财三千人。到康居，康居王以女妻郅支；郅支亦以女予康居王。康居甚尊敬郅支，欲倚其威以胁诸国。郅支数借兵击乌孙，深入至赤谷城，杀略民人，驱畜产去。乌孙不敢追，西边空虚不居者五千里。

7　冬，十二月丁未，贡禹卒。丁巳，长信少府薛广德为御史大夫。

永光元年（戊寅，前43）

1　春，正月，上行幸甘泉，郊泰畤。礼毕，因留射猎。薛广德上书曰："窃见关东困极，人民流离；陛下日撞亡秦之钟，听郑、卫之乐，臣诚悼之。今士卒暴露，从官劳倦，愿陛下亟反宫，思与百姓同忧乐，天下幸甚！"上即日还。

2　二月，诏："丞相、御史举质朴、敦厚、逊让、有行者，光禄岁以此科第郎、从官。"

3　三月，赦天下。

4　雨雪、陨霜，杀桑。

5　秋，上酎祭宗庙，出便门，欲御楼船。薛广德当乘舆车，免冠顿首曰："宜从桥。"诏曰："大夫冠。"广德曰："陛下不听臣，臣自刭，以血污车轮，陛下不得入庙矣！"上不说。先驱光禄大夫张猛进曰："臣闻主圣臣直。乘船危，就桥安；圣主不乘危。御史大夫言可听！"上曰："晓人不当如是邪！"乃从桥。

6　九月，陨霜杀稼，天下大饥。丞相于定国，大司马、车骑将军史高，御史大夫薛广德俱以灾异乞骸骨；赐安车、驷马、黄金六十斤，罢。太子太傅韦玄成为御史大夫。广德归，县其安车，以传示子孙为荣。

7　帝之为太子也，从太中大夫孔霸受尚书；及即位，赐霸爵关内侯，号褒成君，给事中。上欲致霸相位，霸为人谦退，不好权势，常称"爵位泰过，何德以堪之！"御史大夫屡缺，上辄欲用霸；霸让位，自陈至于再三。上深知其至诚，乃弗用。以是敬之，赏赐甚厚。

8　戊子，侍中、卫尉王接为大司马、车骑将军。

9　石显惮周堪、张猛等，数谮毁之。刘更生惧其倾危，上书曰："臣闻舜命九官，济济相让，和之至也。众臣和于朝则万物和于野，故箫韶九成，凤皇来仪。至周幽、厉之际，朝廷不和，转相非怨，则日月薄食，水泉沸腾，山谷易处，霜降失节。由此观之，和气致祥，乖气致异，祥多者其国安，异众者其国危，天地之常经，古今之通义也。今陛下开三代之业，招文学之士，优游宽容，使得并进。今贤不肖浑殽，白黑不分，邪正杂糅，忠谗并进；章交公车，人满北军，朝臣舛午，胶戾乖剌，更相谗诉，转相是非；所以营惑耳目，感移心意，不可胜载，分曹为党，往往群朋将同心以陷正臣。正臣进者，治之表也；正臣陷者，乱之机也；乘治乱之机，未知孰任，而灾异数见，此臣所以寒心者也。初元以来六年矣，按春秋六年之中，灾异未有稠如今者也。原其所以然者，由谗邪并进也；谗邪之所以并进者，由上多疑心，既已用贤人而行善政，如或谮之，则贤人退而善政还矣。夫执狐疑之心者，来谗贼之口；持不断之意者，开群枉之门；谗邪进则众贤退，群枉盛则正士消。故易有否、泰，小人道长，君子道消，则政日乱；君子道长，小人道消，则政日治。昔者鲧、共工、驩兜与舜、禹杂处尧朝，周公与管、蔡并居周位,当是时,迭进相毁,流言相谤,岂可胜道哉!帝尧、成王能贤舜、禹、周公而消共工、管、蔡,故以大治,荣华至今。孔子与季、孟偕仕于鲁,李斯与叔孙俱宦于秦,定公、始皇贤季、孟、李斯而消孔子、叔孙,故以大乱,污辱至今。故治乱荣辱之端,在所信任;信任既贤,在于坚固而不移。诗云‘我心匪石,不可转也’,言守善笃也。易曰‘涣汗其大号’,言号令如汗,汗出而不反者也。今出善令未能逾时而反,是反汗也;用贤未能三旬而退,是转石也。论语曰:‘见不善如探汤。’今二府奏佞谄不当在位,历年而不去。故出令则如反汗,用贤则如转石,去佞则如拔山,如此,望阴阳之调,不亦难乎!是以群小窥见间隙,缘饰文字,巧言丑诋,流言、飞文哗于民间。故诗云:‘忧心悄悄,愠于群小。’小人成群,诚足愠也。昔孔子与颜渊、子贡更相称誉,不为朋党;禹、稷与皋陶传相汲引,不为比周;何则?忠于为国,无邪心也。今佞邪与贤臣并交戟之内,合党共谋,违善依恶,歙歙訿訿,数设危险之言,欲以倾移主上,如忽然用之,此天地之所以先戒,灾异之所以重至者也。自古明圣未有无诛而治者也,故舜有四放之罚,孔子有两观之诛,然后圣化可得而行也。今以陛下明知,诚深思天地之心,览否、泰之卦,历周、唐之所进以为法,原秦、鲁之所消以为戒,考祥应之福,灾异之祸,以揆当世之变,放远佞邪之党,坏散险诐之聚,杜闭群枉之门,广开众正之路,决断狐疑,分别犹豫,使是非炳然可知,则百异消灭而众祥并至,太平之基,万世之利也。”显见其书,愈与许、史比而怨更生等。

是岁,夏寒,日青无光,显及许、史皆言堪、猛用事之咎。上内重堪,又患众口之浸润,无所取信。时长安令杨兴以材能幸,常称誉堪,上欲以为助,乃见问兴:“朝臣断断不可光禄勋,何邪?”兴者,倾巧士,谓上疑堪,因顺指曰:“堪非独不可于朝廷,自州里亦不可也!臣见众人闻堪与刘更生等谋毁骨肉,以为当诛;故臣前书言堪不可诛伤,为国养恩也。”上曰:“然此何罪而诛?今宜奈何?”兴曰:“臣愚以为可赐爵关内侯,食邑三百户,勿令典事。明主不失师傅之恩,此最策之得者也。”上于是疑之。

司隶校尉琅邪诸葛丰始以刚直特立著名于朝,数侵犯贵戚,在位者多言其短;后坐春夏系治人,徙城门校尉。丰于是上书告堪、猛罪。上不直丰,乃制诏御史:“城门校尉丰,前与光禄勋堪、光禄大夫猛在朝之时,数称言堪、猛之美。丰前为司隶校尉,不顺四时,修法度,专作苛暴以获虚威;朕不忍下吏,以为城门校尉。不内省诸己,而反怨堪、猛以求报举,告按无证之辞,暴扬难验之罪,毁誉恣意,不顾前言,不信之大也。朕怜丰之耆老,不忍加刑,其免为庶人!”又曰:“丰言堪、猛贞信不立,朕闵而不治,又惜其材能未有所效,其左迁堪为河东太守,猛槐里令。"

　　臣光曰:诸葛丰之于堪、猛,前誉而后毁,其志非为朝廷进善而去奸也,欲比周求进而已矣;斯亦郑朋、杨兴之流,乌在其为刚直哉!人君者,察美恶,辨是非,赏以劝善,罚以惩奸,所以为治也。使丰言得实,则丰不当黜;若其诬罔,则堪、猛何辜焉!今两贵而俱弃之,则美恶、是非果安在哉!

　10　贾捐之与杨兴善。捐之数短石显,以故不得官,稀复进见;兴新以材能得幸。捐之谓兴曰:"京兆尹缺,使我得见,言君兰,京兆尹可立得。"兴曰:"君房下笔,言语妙天下;使君房为尚书令,胜五鹿充宗远甚!"捐之曰:"令我得代充宗,君兰为京兆,京兆,郡国首,尚书,百官本,天下真大治,士则不隔矣!"捐之复短石显,兴曰:"显方贵,上信用之;今欲进,第从我计,且与合意,即得入矣!"捐之即与兴共为荐显奏,称誉其美,以为宜赐爵关内侯,引其兄弟以为诸曹;又共为荐兴奏,以为可试守京兆尹。石显闻知,白之上,乃下兴、捐之狱,令显治之,奏"兴、捐之怀诈伪,更相荐誉,欲得大位,罔上不道!"捐之竟坐弃市;兴髡钳为城旦。

　　臣光曰:君子以正攻邪,犹惧不克,况捐之以邪攻邪,其能免乎!

　11　徙清河王竟为中山王。

　12　匈奴呼韩邪单于民众益盛,塞下禽兽尽,单于足以自卫,不畏郅支,其大臣多劝单于北归者。久之,单于竟北归庭,民众稍稍归之,其国遂定。

二年(己卯,前42)

　1　春,二月,赦天下。

　2　丁酉,御史大夫韦玄成为丞相;右扶风郑弘为御史大夫。

　3　三月壬戌朔,日有食之。

　4　夏,六月,赦天下。

　5　上问给事中匡衡以地震日食之变,衡上疏曰:"陛下躬圣德,开太平之路,闵愚吏民触法抵禁,比年大赦,使百姓得改行自新,天下幸甚!臣窃见大赦之后,奸邪不为衰止,今日大赦,明日犯法,相随入狱,此殆导之未得其务也。今天下俗,贪财贱义,好声色,上侈靡,亲戚之恩薄,婚姻之党隆,苟合徼幸,以身设利;不改其原,虽岁赦之,刑犹难使错而不用也,臣愚以为宜壹旷然大变其俗。夫朝廷者,天下之桢干也。朝有变色之言,则下有争斗之患；上有自专之士，则下有不让之人；上有克胜之佐，则下有伤害之心；上有好利之臣，则下有盗窃之民；此其本也。治天下者，审所上而已。教化之流，非家至而人说之也；贤者在位，能者布职，朝廷崇礼，百僚敬让，道德之行，由内及外，自近者始，然后民知所法，迁善日进而不自知也。诗曰：'商邑翼翼，四方之极。'今长安，天子之都，亲承圣化，然其习俗无以异于远方，郡国来者无所法则，或见侈靡而放效之；此教化之原本，风俗之枢机，宜先正者也。臣闻天人之际，精祲有以相荡，善恶有以相推，事作乎下者象动乎上，阴变则静者动，阳蔽则明者暗，水旱之灾随类而至。陛下祗畏天戒，哀闵元元，宜省靡丽，考制度，近忠正，远巧佞，以崇至仁，匡失俗，道德弘于京师，淑问扬乎疆外，然后大化可成、礼让可兴也。"上说其言，迁衡为光禄大夫。

　　荀悦论曰：夫赦者，权时之宜，非常典也。汉兴，承秦兵革之后，大愚之世，比屋可刑，故设三章之法，大赦之令，荡涤秽流，与民更始，时势然也。后世承业，袭而不革，失时宜矣。若惠、文之世，无所赦之。若孝景之时，七国皆乱，异心并起，奸诈非一；及武帝末年，赋役繁兴，群盗并起，加以太子之事，巫蛊之祸，天下纷然，百姓无聊，人不自安；及光武之际，拨乱之后：如此之比，宜为赦矣。

　　6　秋，七月，陇西羌乡姐旁种反，诏召丞相韦玄成等入议。是时，岁比不登，朝廷方以为忧，而遭羌变，玄成等漠然，莫有对者。右将军冯奉世曰："羌虏近在竟内背畔，不以时诛，无以威制远蛮，臣愿帅师讨之！"上问用兵之数，对曰："臣闻善用兵者，役不再兴，粮不三载，故师不久暴而天诛亟决。往者数不料敌，而师至于折伤，再三发调，则旷日烦费，威武亏矣。今反虏无虑三万人，法当倍，用六万人；然羌戎，弓矛之兵耳，器不犀利，可用四万人。一月足以决。"丞相、御史、两将军皆以为"民方收敛时未可多发；发万人屯守之，且足"。奉世曰："不可。天下被饥馑，士马羸耗，守战之备久废不简，夷狄皆有轻边吏之心，而羌首难。今以万人分屯数处，虏见兵少，必不畏惧；战则挫兵病师，守则百姓不救，如此，怯弱之形见。羌人乘利，诸种并和，相扇而起，臣恐中国之役不得止于四万，非财币之所能解也。故少发师而旷日，与一举而疾决，利害相万也。"固争之，不能得。有诏，益二千人。于是遣奉世将万二千人骑，以将屯为名，典属国任立、护军都尉韩昌为偏裨，到陇西，分屯三处。昌先遣两校尉与羌战，羌虏盛多，皆为所破，杀两校尉。奉世具上地形部众多少之计，愿益三万六千人,乃足以决事。书奏,天子大为发兵六万馀人。八月,拜太常弋阳侯任千秋为奋武将军以助之。冬,十月,兵毕至陇西,十一月,并进,羌虏大破,斩首数千级,馀皆走出塞。兵未决间,汉复发募士万人,拜定襄太守韩安国为建威将军;未进,闻羌破而还。诏罢吏士,颇留屯田,备要害处。

资治通鉴卷第二十九

汉纪二十一

孝元皇帝下

永光三年（庚辰，前41）

1 春，二月，冯奉世还京师，更为左将军，赐爵关内侯。

2 三月，立皇子康为济阳王。

3 夏，四月癸未，平昌考侯王接薨。秋，七月壬戌，以平恩侯许嘉为大司马、车骑将军。

4 冬，十一月己丑，地震，雨水。

5 复盐铁官，置博士弟子员千人。以用度不足，民多复除，无以给中外繇役故也。

四年（辛巳，前40）

1 春，二月，赦天下。

2 三月，上行幸雍，祠五畤。

3 夏，六月甲戌，孝宣园东阙灾。

4 戊寅晦，日有食之。上于是召诸前言日变在周堪、张猛者责问，皆稽首谢；因下诏称堪之美，征诣行在所，拜为光禄大夫，秩中二千石，领尚书事，猛复为太中大夫、给事中。中书令石显管尚书，尚书五人皆其党也；堪希得见，常因显白事，事决显口。会堪疾喑，不能言而卒。显诬谮猛，令自杀于公车。

5 初，贡禹奏言："孝惠、孝景庙皆亲尽宜毁，及郡国庙不应古礼，宜正定。"天子是其议。秋，七月戊子，罢昭灵后、武哀王、昭哀后、卫思后、戾太子、戾后园，皆不奉祠，裁置吏卒守焉。冬，十月乙丑，罢祖宗庙在郡国者。

6 诸陵分属三辅。以渭城寿陵亭部原上为初陵，诏勿置县邑及徙郡国民。

五年（壬午，前39）

1　春，正月，上行幸甘泉，郊泰畤。三月，幸河东，祠后土。

2　秋，颍川水流杀人民。

3　冬，上幸长杨射熊馆，大猎。

4　十二月乙酉，毁太上皇、孝惠皇帝寝庙园，用韦玄成等之议也。

5　上好儒术、文辞，颇改宣帝之政；言事者多进见，人人自以为得上意。又傅昭仪及子济阳王康爱幸，逾于皇后、太子。太子少傅匡衡上疏曰：“臣闻治乱安危之机，在乎审所用心。盖受命之王，务在创业垂统，传之无穷；继体之君，心存于承宣先王之德而褒大其功。昔者成王之嗣位，思述文、武之道以养其心，休烈盛美皆归之二后，而不敢专其名，是以上天歆享，鬼神佑焉。陛下圣德天覆，子爱海内，然而阴阳未和，奸邪未禁者，殆议者未丕扬先帝之盛功，争言制度不可用也，务变更之，所更或不可行而复复之，是以群下更相是非，吏民无所信。臣窃恨国家释乐成之业而虚为此纷纷！愿陛下详览统业之事，留神于遵制扬功，以定群下之心。诗大雅曰‘无念尔祖，聿修厥德’，盖至德之本也。传曰：‘审好恶，理情性，而王道毕矣。’治性之道，必审己之所有馀而强其所不足，盖聪明疏通者戒于太察，寡闻少见者戒于雍蔽，勇猛刚强者戒于太暴，仁爱温良者戒于无断，湛静安舒者戒于后时，广心浩大者戒于遗忘。必审己之所当戒而齐之以义，然后中和之化应，而巧伪之徒不敢比周而望进。唯陛下戒之，所以崇圣德也！

臣又闻室家之道修，则天下之理得，故诗始国风，礼本冠、婚。始乎国风，原情性以明人伦也；本乎冠、婚，正基兆以防未然也；故圣王必慎妃后之际，别適长之位，礼之于内也。卑不逾尊，新不先故，所以统人情而理阴气也；其尊適而卑庶也，適子冠乎阼，礼之用醴，众子不得与列，所以贵正体而明嫌疑也。非虚加其礼文而已，乃中心与之殊异，故礼探其情而见之外也。圣人动静游燕所亲，物得其序，则海内自修，百姓从化。如当亲者疏，当尊者卑，则佞巧之奸因时而动，以乱国家。故圣人慎防其端，禁于未然，不以私恩害公义。传曰：‘正家而天下定矣！’”

6　初，武帝既塞宣房，后河复北决于馆陶，分为屯氏河，东北入海，广深与大河等，故因其自然，不堤塞也。是岁，河决于清河灵鸣犊口，而屯氏河绝。

建昭元年（癸未，前38）

1　春,正月戊辰,陨石于梁。

2　三月,上行幸雍,祠五畤。

3　冬,河间王元坐贼杀不辜废,迁房陵。

4　罢孝文太后寝祠园。

5　上幸虎圈斗兽,后宫皆坐;熊逸出圈,攀槛欲上殿,左右、贵人、傅
倢伃等皆惊走;冯倢伃直前,当熊而立。左右格杀熊。上问:"人情惊惧,
何故前当熊?"倢伃对曰:"猛兽得人而止;妾恐熊至御坐,故以身当之。"
帝嗟叹,倍敬重焉。傅倢伃惭,由是与冯倢伃有隙。冯倢伃,左将军奉世
之女也。

二年(甲申,前37)

1　春,正月,上行幸甘泉,郊泰畤。三月,行幸河东,祠后土。

2　夏,四月,赦天下。

3　六月,立皇子兴为信都王。

4　东郡京房学易于梁人焦延寿。延寿常曰:"得我道以亡身者,京
生也。"其说长于灾变,分六十卦,更直日用事,以风雨寒温为候,各有占
验。房用之尤精,以孝廉为郎,上疏屡言灾异,有验。天子说之,数召见
问。房对曰:"古帝王以功举贤,则万化成,瑞应著;末世以毁誉取人,故
功业废而致灾异。宜令百官各试其功,灾异可息。"诏使房作其事,房奏
考功课吏法。上令公卿朝臣与房会议温室,皆以房言烦碎,令上下相司,
不可许;上意乡之。时部刺史奏事京师,上召见诸刺史,令房晓以课事;刺
史复以为不可行。唯御史大夫郑弘、光禄大夫周堪初言不可,后善之。

是时,中书令石显颛权,显友人五鹿充宗为尚书令,二人用事。房尝
宴见,问上曰:"幽、厉之君何以危? 所任者何人也?"上曰:"君不明而所
任者巧佞。"房曰:"知其巧佞而用之邪,将以为贤也?"上曰:"贤之。"房
曰:"然则今何以知其不贤也?"上曰:"以其时乱而君危知之。"房曰:"若
是,任贤必治,任不肖必乱,必然之道也。幽、厉何不觉悟而更求贤,曷为
卒任不肖以至于是?"上曰:"临乱之君,各贤其臣;令皆觉寤,天下安得危
亡之君!"房曰:"齐桓公、秦二世亦尝闻此君而非笑之;然则任竖刁、赵
高,政治日乱,盗贼满山,何不以幽、厉卜之而觉寤乎?"上曰:"唯有道者
能以往知来耳。"房因免冠顿首曰:"春秋纪二百四十二年灾异,以示万世
之君。今陛下即位以来,日月失明,星辰逆行,山崩,泉涌,地震,石陨,夏
霜,冬雷,春凋,秋荣,陨霜不杀,水、旱、螽虫,民人饥、疫,盗贼不禁,刑人

满市,春秋所记灾异尽备。陛下视今为治邪,乱邪?"上曰:"亦极乱耳,尚何道!"房曰:"今所任用者谁与?"上曰:"然,幸其愈于彼,又以为不在此人也。"房曰:"夫前世之君,亦皆然矣。臣恐后之视今,犹今之视前也!"上良久,乃曰:"今为乱者谁哉?"房曰:"明主宜自知之。"上曰:"不知也;如知,何故用之!"房曰:"上最所信任,与图事帷幄之中,进退天下之士者是矣。"房指谓石显,上亦知之,谓房曰:"已谕。"房罢出,后上亦不能退显也。

　　臣光曰:人君之德不明,则臣下虽欲竭忠,何自而入乎! 观京房所以晓孝元,可谓明白切至矣,而终不能寤,悲夫! 诗曰:"匪面命之,言提其耳。匪手携之,言示之事。"又曰:"诲尔谆谆,听我藐藐。"孝元之谓矣!

　　5　上令房上弟子晓知考功、课吏事者,欲试用之。房上:"中郎任良、姚平,愿以为刺史,试考功法;臣得通籍殿中,为奏事,以防壅塞。"石显、五鹿充宗皆疾房,欲远之,建言,宜试以房为郡守。帝于是以房为魏郡太守,得以考功法治郡。

　　房自请"岁竟乘传奏事",天子许焉。房自知数以论议为大臣所非,与石显等有隙,不欲远离左右,乃上封事曰:"臣出之后,恐为用事所蔽,身死而功不成,故愿岁尽乘传奏事,蒙哀见许。乃辛巳,蒙气复乘卦,太阳侵色,此上大夫覆阳而上意疑也。已卯、庚辰之间,必有欲隔绝臣,令不得乘传奏事者。"

　　房未发,上令阳平侯王凤承制诏房止无乘传奏事。房意愈恐。秋,房去至新丰,因邮上封事曰:"臣前以六月中言遁卦不效,法曰:'道人始去,寒涌水为灾。'至其七月,涌水出。臣弟子姚平谓臣曰:'房可谓知道,未可谓信道也。房言灾异,未尝不中。涌水已出,道人当逐死,尚复何言!'臣曰:'陛下至仁,于臣尤厚,虽言而死,臣犹言也。'平又曰:'房可谓小忠,未可谓大忠也。昔秦时赵高用事,有正先者,非刺高而死,高威自此成,故秦之乱,正先趣之。'今臣得出守郡,自诡效功,恐未效而死,惟陛下毋使臣塞涌水之异,当正先之死,为姚平所笑。"

　　房至陕,复上封事曰:"臣前白愿出任良试考功,臣得居内。议者知如此于身不利,臣不可蔽,故云'使弟子不若试师'。臣为刺史,又当奏事,故复云'为刺史,恐太守不与同心,不若以为太守'。此其所以隔绝臣也。陛下不违其言而遂听之,此乃蒙气所以不解、太阳无色者也。臣去稍远,太阳侵色益甚,愿陛下毋难还臣而易逆天意! 邪说虽安于人,天气必变,故人可欺,天不可欺也,愿陛下察焉!"

房去月馀,竟征下狱。初,淮阳宪王舅张博,倾巧无行,多从王求金钱,欲为王求入朝。博从京房学,以女妻房。房每朝见,退辄为博道其语。博因记房所说密语,令房为王作求朝奏草,皆持柬与王,以为信验。石显知之,告"房与张博通谋,非谤政治,归恶天子,诖误诸侯王"。皆下狱,弃市,妻子徙边。郑弘坐与房善,免为庶人。

6 御史中丞陈咸数毁石显,久之,坐与槐里令朱云善,漏泄省中语,石显微伺知之,与云皆下狱,髡为城旦。

石显威权日盛,公卿以下畏显,重足一迹。显与中书仆射牢梁、少府五鹿充宗结为党友,诸附倚者皆得宠位。民歌之曰:"牢邪,石邪!五鹿客邪!印何累累,绶若若邪!"

显内自知擅权,事柄在掌握,恐天子一旦纳用左右耳目以间己,乃时归诚,取一信以为验。显尝使至诸官,有所征发,显先自白"恐后漏尽宫门闭,请使诏吏开门",上许之。显故投夜还,称诏开门入。后果有上书告"显颛命,矫诏开宫门",天子闻之,笑以其书示显。显因泣曰:"陛下过私小臣,属任以事,群下无不嫉妒,欲陷害臣者,事类如此非一,唯独明主知之。愚臣微贱,诚不能以一躯称快万众,任天下之怨;臣愿归枢机职,受后宫扫除之役,死无所恨。唯陛下哀怜财幸,以此全活小臣!"天子以为然而怜之,数劳勉显,加厚赏赐,赏赐及赂遗訾一万万。初,显闻众人匈匈,言己杀前将军萧望之,恐天下学士讪己,以谏大夫贡禹明经著节,乃使人致意,深自结纳,因荐禹天子,历位九卿,礼事之甚备。议者于是或称显,以为不妒谮望之矣。显之设变诈以自解免,取信人主者,皆此类也。

荀悦曰:夫佞臣之惑君主也甚矣,故孔子曰:"远佞人。"非但不用而已,乃远而绝之,隔塞其源,戒之极也。孔子曰:"政者,正也。"夫要道之本,正己而已矣。平直真实者,正之主也。故德必核其真,然后授其位;能必核其真,然后授其事;功必核其真,然后授其赏;罪必核其真,然后授其刑;行必核其真,然后贵之;言必核其真,然后信之;物必核其真,然后用之;事必核其真,然后修之。故众正积于上,万事实于下,先王之道,如斯而已矣!

7 八月癸亥,以光禄勋匡衡为御史大夫。

8 闰月丁酉,太皇太后上官氏崩。

9 冬,十一月,齐、楚地震,大雨雪,树折,屋坏。

三年（乙酉，前36）

1　夏，六月甲辰，扶阳共侯韦玄成薨。

2　秋，七月，匡衡为丞相。戊辰，卫尉李延寿为御史大夫。

3　冬，使西域都护、骑都尉北地甘延寿、副校尉山阳陈汤共诛斩匈奴郅支单于于康居。

始，郅支单于自以大国，威名尊重，又乘胜骄，不为康居王礼，怒杀康居王女及贵人、人民数百，或支解投都赖水中；发民作城，日作五百人，二岁乃已。又遣使责阖苏、大宛诸国岁遗，不敢不予。汉遣使三辈至康居，求谷吉等死，郅支困辱使者，不肯奉诏；而因都护上书，言“居困厄，愿归计强汉，遣子入侍”。其骄嫚如此。

汤为人沉勇，有大虑，多策略，喜奇功，与延寿谋曰：“夷狄畏服大种，其天性也。西域本属匈奴，今郅支单于威名远闻，侵陵乌孙、大宛，常为康居画计，欲降服之；如得此二国，数年之间，城郭诸国危矣。且其人剽悍，好战伐，数取胜；久畜之，必为西域患。虽所在绝远，蛮夷无金城、强弩之守。如发屯田吏士，驱从乌孙众兵，直指其城下，彼亡则无所之，守则不足自保，千载之功可一朝而成也！”延寿以为然，欲奏请之。汤曰：“国家与公卿议，大策非凡所见，事必不从。”延寿犹与不听。会其久病，汤独矫制发城郭诸国兵、车师戊己校尉屯田吏士。延寿闻之，惊起，欲止焉。汤怒，按剑叱延寿曰：“大众已集会，竖子欲沮众邪！”延寿遂从之。部勒行陈，汉兵、胡兵合四万馀人。延寿、汤上疏自劾奏矫制，陈言兵状，即日引军分行，别为六校：其三校从南道逾葱领，径大宛；其三校都护自将，发温宿国，从北道入赤谷，过乌孙，涉康居界，至阗池西。而康居副王抱阗将数千骑寇赤谷城东，杀略大昆弥千馀人，驱畜产甚多，从后与汉军相及，颇寇盗后重。汤纵胡兵击之，杀四百六十人，得其所略民四百七十人，还付大昆弥，其马、牛、羊以给军食。又捕得抱阗贵人伊奴毒。入康居东界，令军不得为寇。间呼其贵人屠墨见之，谕以威信，与饮、盟，遣去。径引行，未至单于城可六十里，止营。复捕得康居贵人贝色子男开牟以为导。贝色子，即屠墨母之弟，皆怨单于，由是具知郅支情。明日，引行，未至城三十里，止营。

单于遣使问：“汉兵何以来？”应曰：“单于上书言：‘居困厄，愿归计强汉，身入朝见。’天子哀闵单于，弃大国，屈意康居，故使都护将军来迎单于妻子。恐左右惊动，故未敢至城下。”使数往来相答报，延寿、汤因让之：“我为单于远来，而至今无名王、大人见将军受事者，何单于忽大计，失客主之礼也！兵来道远，人畜罢极，食度且尽，恐无以自还，愿单于与大臣审计策！"

明日，前至郅支城都赖水上，离城三里，止营傅陈。望见单于城上立五采幡帜，数百人被甲乘城；又出百馀骑往来驰城下，步兵百馀人夹门鱼鳞陈，讲习用兵。城上人更招汉军曰："斗来！"百馀骑驰赴营，营皆张弩持满指之，骑引却。颇遣吏士射城门骑、步兵，骑、步兵皆入。延寿、汤令军："闻鼓音，皆薄城下，四面围城，各有所守，穿堑，塞门户，卤楯为前，戟弩为后，仰射城楼上人。"楼上人下走；土城外有重木城，从木城中射，颇杀伤外人。外人发薪烧木城，夜，数百骑欲出，外迎射，杀之。

初，单于闻汉兵至，欲去，疑康居怨己，为汉内应，又闻乌孙诸国兵皆发，自以无所之。郅支已出，复还，曰："不如坚守。汉兵远来，不能久攻。"单于乃被甲在楼上，诸阏氏、夫人数十皆以弓射外人。外人射中单于鼻，诸夫人颇死；单于乃下。夜过半，木城穿；中人却入土城，乘城呼。时康居兵万馀骑，分为十馀处，四面环城，亦与相应和。夜，数奔营，不利，辄却。平明，四面火起，吏士喜，大呼乘之，钲、鼓声动地。康居兵引却；汉兵四面推卤楯，并入土城中。单于男女百馀人走入大内。汉兵纵火，吏士争入，单于被创死。军候假丞杜勋斩单于首。得汉使节二及谷吉等所赍帛书，诸卤获以畀得者。凡斩阏氏、太子、名王以下千五百一十八级；生虏百四十五人，降虏千馀人，赋予城郭诸国所发十五王。

四年（丙戌，前35）

1　春，正月，郅支首至京师。延寿、汤上疏曰："臣闻天下之大义当混为一，昔有唐、虞，今有强汉。匈奴呼韩邪单于已称北藩，唯郅支单于叛逆，未伏其辜，大夏之西，以为强汉不能臣也。郅支单于惨毒行于民，大恶通于天；臣延寿、臣汤，将义兵，行天诛，赖陛下神灵，阴阳并应，天气精明，陷陈克敌，斩郅支首及名王以下，宜县头槁街蛮夷邸间，以示万里，明犯强汉者，虽远必诛！"丞相匡衡等以为："方春掩骼、埋胔之时，宜勿县。"诏县十日，乃埋之；仍告祠郊庙，赦天下。群臣上寿，置酒。

2　六月甲申，中山哀王竟薨。哀王者，帝之少弟，与太子游学相长大。及薨，太子前吊。上望见太子，感念哀王，悲不能自止。太子既至前，不哀，上大恨曰："安有人不慈仁，而可以奉宗庙，为民父母者乎！"是时驸马都尉、侍中史丹护太子家，上以责谓丹，丹免冠谢曰："臣诚见陛下哀痛中山王，至以感损。向者太子当进见，臣窃戒属，毋涕泣，感伤陛下，罪乃在臣,当死!"上以为然,意乃解。

　　3　蓝田地震,山崩,壅霸水;安陵岸崩,壅泾水,泾水逆流。

五年(丁亥,前34)

　　1　春,三月,赦天下。

　　2　夏,六月庚申,复戾园。

　　3　壬申晦,日有食之。

　　4　秋,七月庚子,复太上皇寝庙园、原庙、昭灵后、武哀王、昭哀后、卫思后园。时上寝疾,久不平,以为祖宗谴怒,故尽复之;唯郡国庙遂废云。

　　5　是岁,徙济阳王康为山阳王。

　　6　匈奴呼韩邪单于闻郅支既诛,且喜且惧;上书,愿入朝见。

竞宁元年(戊子,前33)

　　1　春,正月,匈奴呼韩邪单于来朝,自言愿婿汉氏以自亲。帝以后宫良家子王嫱字昭君赐单于。单于欢喜,上书"愿保塞上谷以西至敦煌,传之无穷。请罢边备塞吏卒,以休天子人民"。天子下有司议,议者皆以为便。郎中侯应习边事,以为不可许。上问状,应曰:"周、秦以来,匈奴暴桀,寇侵边境;汉兴,尤被其害。臣闻北边塞至辽东,外有阴山,东西千馀里,草木茂盛,多禽兽,本冒顿单于依阻其中,治作弓矢,来出为寇,是其苑囿也。至孝武世,出师征伐,斥夺此地,攘之于幕北,建塞徼,起亭隧,筑外城,设屯戍以守之,然后边境得用少安。幕北地平,少草木,多大沙,匈奴来寇,少所蔽隐;从塞以南,径深山谷,往来差难。边长老言:'匈奴失阴山之后,过之未尝不哭也!'如罢备塞吏卒,示夷狄之大利,不可一也。今圣德广被,天覆匈奴,匈奴得蒙全活之恩,稽首来臣。夫夷狄之情,困则卑顺,强则骄逆,天性然也。前已罢外城,省亭隧,才足以候望,通烽火而已。古者安不忘危,不可复罢,二也。中国有礼义之教,刑罚之诛,愚民犹尚犯禁;又况单于,能必其众不犯约哉!三也。自中国尚建关梁以制诸侯,所以绝臣下之觊欲也。设塞徼,置屯戍,非独为匈奴而已,亦为诸属国降民本故匈奴之人,恐其思旧逃亡,四也。近西羌保塞,与汉人交通,吏民贪利,侵盗其畜产、妻子,以此怨恨,起而背畔。今罢乘塞,则生嫚易分争之渐,五也。往者从军多没不还者,子孙贫困,一旦亡出,从其亲戚,六也。又边人奴婢愁苦,欲亡者多,曰:'闻匈奴中乐,无奈候望急何!'然时有亡出塞者,七也。盗贼桀黠,群辈犯法,如其窘急,亡走北出,则不可制,八也。起塞以来百有馀年,非皆以土垣也,或因山岩、石、木、溪谷、水门,稍稍平之,卒徒筑治,功费久远,不可胜计。臣恐议者不深虑其终始,欲以壹切省繇戍,十年之外,百岁之内,卒有他变,障塞破坏,亭隧灭绝,当更发屯缮治,累世之功不可卒复,九也。如罢戍卒,省候望,单于自以保塞守御,必深德汉,请求无已;小失其意,则不可测。开夷狄之隙,亏中国之固,十也。非所以永持至安,威制百蛮之长策也!"对奏,天子有诏:"勿议罢边塞事。"使车骑将军嘉口谕单于曰:"单于上书愿罢北塞吏士屯戍,子孙世世保塞。单于乡慕礼义,所以为民计者甚厚,此长久之策也。朕甚嘉之!中国四方皆有关梁障塞,非独以备塞外也,亦以防中国奸邪放纵,出为寇害,故明法度以专众心也。敬谕单于之意,朕无疑焉。为单于怪其不罢,故使嘉晓单于。"单于谢曰:"愚不知大计,天子幸使大臣告语,甚厚!"

初,左伊秩訾为呼韩邪画计归汉,竟以安定。其后或谗伊秩訾自伐其功,常鞅鞅,呼韩邪疑之;伊秩訾惧诛,将其众千馀人降汉,汉以为关内侯,食邑三百户,令佩其王印绶。及呼韩邪来朝,与伊秩訾相见,谢曰:"王为我计甚厚,令匈奴至今安宁,王之力也,德岂可忘!我失王意,使王去,不复顾留,皆我过也。今欲白天子,请王归庭。"伊秩訾曰:"单于赖天命,自归于汉,得以安宁,单于神灵,天子之佑也,我安得力!既已降汉,又复归匈奴,是两心也。愿为单于侍使于汉,不敢听命!"单于固请,不能得而归。

单于号王昭君为宁胡阏氏;生一男伊屠智牙师,为右日逐王。

2　皇太子冠。

3　二月,御史大夫李延寿卒。

4　初,石显见冯奉世父子为公卿著名,女又为昭仪在内;显心欲附之,荐言:"昭仪兄谒者逡修敕,宜侍幄帷。"天子召见,欲以为侍中。逡请间言事。上闻逡言显专权,大怒,罢逡归郎官。及御史大夫缺,在位多举逡兄大鸿胪野王;上使尚书选第中二千石,而野王行能第一。上以问显,显曰:"九卿无出野王者;然野王,亲昭仪兄,臣恐后世必以陛下度越众贤,私后宫亲以为三公。"上曰:"善,吾不见是!"因谓群臣曰:"吾用野王为三公,后世必谓我私后宫亲属,以野王为比。"三月丙寅,诏曰:"刚强坚固,确然亡欲,大鸿胪野王是也。心辨善辞,可使四方,少府五鹿充宗是也。廉洁节俭,太子少傅张谭是也。其以少傅为御史大夫。"

5　河南太守九江召信臣为少府。信臣先为南阳太守,后迁河南,治行常第一。视民如子,好为民兴利,躬劝耕稼,开通沟渎,户口增倍。吏民亲爱,号曰"召父"。

6　癸未,复孝惠皇帝寝庙园、孝文太后、孝昭太后寝园。

7　初,中书令石显尝欲以姊妻甘延寿,延寿不取。及破郅支还,丞相、御史亦恶其矫制,皆不与延寿等。陈汤素贪,所卤获财物入塞,多不法。司隶校尉移书道上,系吏士,按验之。汤上疏言:"臣与吏士共诛郅支单于,幸得禽灭,万里振旅,宜有使者迎劳道路。今司隶反逆收系按验,是为郅支报仇也!"上立出吏士,令县、道具酒食以过军。既至,论功,石显、匡衡以为:"延寿、汤擅兴师矫制,幸得不诛;如复加爵土,则后奉使者争欲乘危徼幸,生事于蛮夷,为国招难。"帝内嘉延寿、汤功而重违衡、显之议,久之不决。

故宗正刘向上疏曰:"郅支单于囚杀使者、吏士以百数,事暴扬外国,伤威毁重,群臣皆闵焉。陛下赫然欲诛之,意未尝有忘。西域都护延寿,副校尉汤,承圣指,倚神灵,总百蛮之君,揽城郭之兵,出百死,入绝域,遂蹈康居,屠三重城,搴歙侯之旗,斩郅支之首,县旌万里之外,扬威昆山之西,埽谷吉之耻,立昭明之功,万夷慑伏,莫不惧震。呼韩邪单于见郅支已诛,且喜且惧,乡风驰义,稽首来宾,愿守北藩,累世称臣。立千载之功,建万世之安,群臣之勋莫大焉。昔周大夫方叔、吉甫为宣王诛猃狁而百蛮从,其诗曰:'啴啴焞焞,如霆如雷。显允方叔,征伐猃狁,蛮荆来威。'易曰:'有嘉折首,获匪其丑。'言美诛首恶之人,而诸不顺者皆来从也。今延寿、汤所诛震,虽易之折首,诗之雷霆,不能及也。论大功者不录小过,举大美者不疵细瑕。司马法曰'军赏不逾月',欲民速得为善之利也。盖急武功,重用人也。吉甫之归,周厚赐之,其诗曰:'吉甫燕喜,既多受祉。来归自镐,我行永久。'千里之镐犹以为远,况万里之外,其勤至矣。延寿、汤既未获受祉之报,反屈捐命之功,久挫于刀笔之前,非所以厉有功,劝戎士也。昔齐桓前有尊周之功,后有灭项之罪,君子以功覆过而为之讳。贰师将军李广利,捐五万之师,靡亿万之费,经四年之劳,而仅获骏马三十匹,虽斩宛王母寡之首,犹不足以复费,其私罪恶甚多,孝武以为万里征伐,不录其过,遂封拜两侯、三卿、二千石百有馀人。今康居之国,强于大宛,郅支之号,重于宛王,杀使者罪,甚于留马,而延寿、汤不烦汉士,不费斗粮;比于贰师,功德百之。且常惠随欲击之乌孙,郑吉迎自来之日逐,犹皆裂土受爵。故言威武勤劳,则大于方叔、吉甫;列功覆过,则优于齐桓、贰师;近事之功,则高于安远、长罗:而大功未著,小恶数布,臣窃痛之!宜以时解县,通籍,除过勿治,尊宠爵位,以劝有功。"于是天子下诏赦延寿、汤罪勿治,令公卿议封焉。议者以为宜如军法捕斩单于令。匡衡、石显以为"郅支本亡逃失国,窃号绝域,非真单于"。帝取安远侯郑吉故事,封千户;衡、显复争。夏,四月戊辰,封延寿为义成侯,赐汤爵关内侯,食邑各三百户,加赐黄金百斤。拜延寿为长水校尉,汤为射声校尉。

于是杜钦上疏追讼冯奉世前破莎车功。上以先帝时事,不复录。钦,故御史大夫延年子也。

> 荀悦论曰:诚其功义足封,追录前事可也。春秋之义,毁泉台则恶之,舍中军则善之,各由其宜也。夫矫制之事,先王之所慎也,不得已而行之。若矫大而功小者,罪之可也;矫小而功大者,赏之可也;功过相敌,如斯而已可也。权其轻重而为之制宜焉。

8 初,太子少好经书,宽博谨慎;其后幸酒,乐燕乐,上不以为能。而山阳王康有才艺,母傅昭仪又爱幸,上以故常有意欲以山阳王为嗣。上晚年多疾,不亲政事,留好音乐;或置鼙鼓殿下,天子自临轩槛上,隤铜丸以擿鼓,声中严鼓之节。后宫及左右习知音者莫能为,而山阳王亦能之,上数称其材。史丹进曰:"凡所谓材者,敏而好学,温故知新,皇太子是也。若乃器人于丝竹鼙鼓之间,则是陈惠、李微高于匡衡,可相国也!"于是上嘿然而笑。

及上寝疾,傅昭仪、山阳王康常在左右,而皇后、太子希得进见。上疾稍侵,意忽忽不平,数问尚书以景帝时立胶东王故事。是时太子长舅阳平侯王凤为卫尉、侍中,与皇后、太子皆忧,不知所出。史丹以亲密臣得侍视疾,候上间独寝时,丹直入卧内,顿首伏青蒲上,涕泣而言曰:"皇太子以适长立,积十馀年,名号系于百姓,天下莫不归心臣子。见山阳王雅素爱幸,今者道路流言,为国生意,以为太子有动摇之议。审若此,公卿以下必以死争,不奉诏。臣愿先赐死以示群臣!"天子素仁,不忍见丹涕泣,言又切至,意大感寤,喟然太息曰:"吾日困劣,而太子、两王幼少,意中恋恋,亦何不念乎!然无有此议。且皇后谨慎,先帝又爱太子,吾岂可违指!驸马都尉安所受此语?"丹即却,顿首曰:"愚臣妄闻,罪当死!"上因纳,谓丹曰:"吾病浸加,恐不能自还,善辅道太子,毋违我意!"丹嘘唏而起,太子由是遂定为嗣。而右将军、光禄大夫王商、中书令石显亦拥佑太子,颇有力焉。夏,五月壬辰,帝崩于未央宫。

> 班彪赞曰:臣外祖兄弟为元帝侍中,语臣曰:"元帝多材艺,善史书,鼓琴瑟,吹洞箫,自度曲,被歌声,分刌节度,穷极幼眇。少而好儒;及即位,征用儒生,委之以政,贡、薛、韦、匡迭为宰相。而

上牵制文义,优游不断,孝宣之业衰焉。然宽弘尽下,出于恭俭,号令温雅,有古之风烈。"

9　匡衡奏言:"前以上体不平,故复诸所罢祠;卒不蒙福。案卫思后、戾太子、戾后园,亲未尽。孝惠、孝景庙,亲尽,宜毁。及太上皇、孝文、孝昭太后、昭灵后、昭哀后、武哀王祠,请悉罢勿奉。"奏可。

10　六月己未,太子即皇帝位,谒高庙。尊皇太后曰太皇太后,皇后曰皇太后。以元舅侍中、卫尉、阳平侯王凤为大司马、大将军、领尚书事。

11　秋,七月丙戌,葬孝元皇帝于渭陵。

12　大赦天下。

13　丞相衡上疏曰:"陛下秉至孝,哀伤思慕,不绝于心,未有游虞弋射之宴,诚隆于慎终追远,无穷已也。窃愿陛下虽圣性得之,犹复加圣心焉! 诗云'茕茕在疚',言成王丧毕思慕,意气未能平也。盖所以就文、武之业,崇大化之本也。臣又闻之师曰:'妃匹之际,生民之始,万福之原。婚姻之礼正,然后品物遂而天命全。'孔子论诗以关雎为始,此纲纪之首,王教之端也。自上世以来,三代兴废,未有不由此者也。愿陛下详览得失盛衰之效,以定大基,采有德,戒声色,近严敬,远技能! 臣闻六经者,圣人所以统天地之心,著善恶之归,明吉凶之分,通人道之正,使不悖于其本性者也。及论语、孝经,圣人言行之要,宜究其意。臣又闻圣王之自为,动静周旋,奉天承亲,临朝享臣,物有节文,以章人伦。盖钦翼祗栗,事天之容也;温恭敬逊,承亲之礼也;正躬严恪,临众之仪也;嘉惠和说,飨下之颜也。举错动作,物遵其仪,故形为仁义,动为法则。今正月初,幸路寝,临朝贺,置酒以飨万方。传曰:'君子慎始。'愿陛下留神动静之节,使群下得望盛德休光,以立基桢,天下幸甚!"上敬纳其言。

资治通鉴卷第三十

汉纪二十二

孝成皇帝上之上

建始元年（己丑，前32）

1　春，正月乙丑，悼考庙灾。

2　石显迁长信中太仆，秩中二千石。显既失倚，离权，于是丞相、御史条奏显旧恶；及其党牢梁、陈顺皆免官，显与妻子徙归故郡，忧懑不食，道死。诸所交结以显为官者，皆废罢；少府五鹿充宗左迁玄菟太守，御史中丞伊嘉为雁门都尉。

司隶校尉涿郡王尊劾奏："丞相衡，御史大夫谭，知显等颛权擅势，大作威福，为海内患害，不以时白奏行罚；而阿谀曲从，附下罔上，怀邪迷国，无大臣辅政之义，皆不道！在赦令前。赦后，衡、谭举奏显，不自陈不忠之罪，而反扬著先帝任用倾覆之徒，妄言'百官畏之，甚于主上'；卑君尊臣，非所宜称，失大臣体！"于是衡惭惧，免冠谢罪，上丞相、侯印绶。天子以新即位，重伤大臣，乃左迁尊为高陵令。然群下多是尊者。衡嘿嘿不自安，每有水旱，连乞骸骨让位；上辄以诏书慰抚，不许。

3　立故河间王元弟上郡库令良为河间王。

4　有星孛于营室。

5　赦天下。

6　壬子，封舅诸吏、光禄大夫、关内侯王崇为安成侯；赐舅谭、商、立、根、逢时爵关内侯。夏，四月，黄雾四塞，诏博问公卿大夫，无有所讳。谏大夫杨兴、博士驷胜等，对皆以为"阴盛侵阳之气也。高祖之约，非功臣不侯。今太后诸弟皆以无功为侯，外戚未曾有也，故天为见异"。于是大将军凤惧，上书乞骸骨，辞职；上优诏不许。

7　御史中丞东海薛宣上疏曰："陛下至德仁厚，而嘉气尚凝，阴阳不和，殆吏多苛政。部刺史或不循守条职，举错各以其意，多与郡县事，至开私门，听谗佞，以求吏民过，谴呵及细微，责义不量力；郡县相迫促，亦内相刻,流及众庶。是故乡党阙于嘉宾之欢,九族忘其亲亲之恩,饮食周急之厚弥衰,送往劳来之礼不行。夫人道不通则阴阳否隔,和气不兴,未必不由此也!诗云:'民之失德,乾糇以愆。'鄙语曰:'苛政不亲,烦苦伤恩。'方刺史奏事时,宜明申敕,使昭然知本朝之要务。"上嘉纳之。

8　八月,有两月相承,晨见东方。

9　冬,十二月,作长安南、北郊,罢甘泉、汾阴祠,及紫坛伪饰、女乐、鸾路、骍驹、龙马、石坛之属。

二年(庚寅,前31)

1　春,正月,罢雍五畤及陈宝祠,皆从匡衡之请也。辛巳,上始郊祀长安南郊。赦奉郊县及中都官耐罪徒;减天下赋钱,算四十。

2　闰月,以渭城延陵亭部为初陵。

3　三月辛丑,上始祠后土于北郊。

4　丙午,立皇后许氏。后,车骑将军嘉之女也。元帝伤母恭哀后居位日浅而遭霍氏之辜,故选嘉女以配太子。

5　上自为太子时,以好色闻;及即位,皇太后诏采良家女以备后宫。大将军武库令杜钦说王凤曰:"礼,一娶九女,所以广嗣重祖也;娣侄虽缺不复补,所以养寿塞争也。故后妃有贞淑之行,则胤嗣有贤圣之君;制度有威仪之节,则人君有寿考之福。废而不由,则女德不厌;女德不厌,则寿命不究于高年。男子五十,好色未衰;妇人四十,容貌改前;以改前之容侍于未衰之年,而不以礼为制,则其原不可救而后徕异态;后徕异态,则正后自疑而支庶有间適之心;是以晋献被纳谗之谤,申生蒙无罪之辜。今圣主富于春秋,未有適嗣,方乡术入学,未亲后妃之议。将军辅政,宜因始初之隆,建九女之制,详择有行义之家,求淑女之质,毋必有声色技能,为万世大法。夫少戒之在色,小卞之作,可为寒心。唯将军常以为忧!"凤白之太后,太后以为故事无有;凤不能自立法度,循故事而已。凤素重钦,故置之莫府,国家政谋常与钦虑之,数称达名士,裨正阙失;当世善政多出于钦者。

6　夏,大旱。

7　匈奴呼韩邪单于嬖左伊秩訾兄女二人;长女颛渠阏氏,生二子,长曰且莫车,次曰囊知牙斯;少女为大阏氏,生四子,长曰雕陶莫皋,次曰且麋胥,皆长于且莫车,少子咸、乐二人,皆小于囊知牙斯。又他阏氏子十馀人。颛渠阏氏贵,且莫车爱,呼韩邪病且死,欲立且莫车。颛渠阏氏曰:

"匈奴乱十馀年,不绝如发,赖蒙汉力,故得复安。今平定未久,人民创艾战斗。且莫车年少,百姓未附,恐复危国。我与大阏氏一家共子,不如立雕陶莫皋。"大阏氏曰:"且莫车虽少,大臣共持国事。今舍贵立贱,后世必乱。"单于卒从颛渠阏氏计,立雕陶莫皋,约令传国与弟。呼韩邪死,雕陶莫皋立,为复株累若鞮单于。复株累若鞮单于以且麋胥为左贤王,且莫车为左谷蠡王,囊知牙斯为右贤王。复株累单于复妻王昭君,生二女,长女云为须卜居次,小女为当于居次。

三年(辛卯,前30)

1　春,三月,赦天下徒。

2　秋,关内大雨四十馀日。京师民相惊,言大水至;百姓奔走相蹂躏,老弱号呼,长安中大乱。天子亲御前殿,召公卿议。大将军凤以为:"太后与上及后宫可御船,令吏民上长安城以避水。"群臣皆从凤议。左将军王商独曰:"自古无道之国,水犹不冒城郭;今政治和平,世无兵革,上下相安,何因当有大水一日暴至,此必讹言也!不宜令上城,重惊百姓。"上乃止。有顷,长安中稍定;问之,果讹言。上于是美壮商之固守,数称其议;而凤大惭,自恨失言。

3　上欲专委任王凤,八月,策免车骑将军许嘉,以特进侯就朝位。

4　张谭坐选举不实,免。冬,十月,光禄大夫尹忠为御史大夫。

5　十二月戊申朔,日有食之。其夜,地震未央宫殿中。诏举贤良方正能直言极谏之士。杜钦及太常丞谷永上对,皆以为后宫女宠太盛,嫉妒专上,将害继嗣之咎。

6　越巂山崩。

7　丁丑,匡衡坐多取封邑四百顷,监临盗所主守直十金以上,免为庶人。

四年(壬辰,前29)

1　春,正月癸卯,陨石于亳四,陨于肥累二。

2　罢中书宦官,初置尚书员五人。

3　三月甲申,以左将军乐昌侯王商为丞相。

4　夏,上悉召前所举直言之士,诣白虎殿对策。是时上委政王凤,议者多归咎焉。谷永知凤方见柄用,阴欲自托,乃曰:"方今四夷宾服,皆为臣妾,北无荤粥、冒顿之患,南无赵佗、吕嘉之难,三垂晏然,靡有兵革之警。诸侯大者乃食数县，汉吏制其权柄，不得有为，无吴、楚、燕、梁之势。百官盘互，亲疏相错，骨肉大臣有申伯之忠，洞洞属属，小心畏忌，无重合、安阳、博陆之乱。三者无毛发之辜，窃恐陛下舍昭昭之白过，忽天地之明戒，听晻昧之瞽说，归咎乎无辜，倚异乎政事，重失天心，不可之大者也。陛下诚深察愚臣之言，抗湛溺之意，解偏驳之爱，奋乾刚之威，平天覆之施，使列妾得人人更进，益纳宜子妇人，毋择好丑，毋避尝字，毋论年齿。推法言之，陛下得继嗣于微贱之间，乃反为福；得继嗣而已，母非有贱也。后宫女史、使令有直意者，广求于微贱之间，以遇天所开右，慰释皇太后之忧愲，解谢上帝之谴怒，则继嗣蕃滋，灾异讫息！"杜钦亦仿此意。上皆以其书示后宫，擢永为光禄大夫。

5　夏，四月，雨雪。

6　秋，桃、李实。

7　大雨水十馀日，河决东郡金堤。先是清河都尉冯逡奏言："郡承河下流，土壤轻脆易伤，顷所以阔无大害者，以屯氏河通，两川分流也。今屯氏河塞，灵鸣犊口又益不利，独一川兼受数河之任，虽高增堤防，终不能泄。如有霖雨，旬日不霁，必盈溢。九河故迹，今既灭难明，屯氏河新绝未久，其处易浚，又其口所居高，于以分杀水力，道里便宜，可复浚以助大河，泄暴水，备非常。不豫修治，北决病四、五郡，南决病十馀郡，然后忧之，晚矣！"事下丞相、御史，白遣博士许商行视，以为"方用度不足，可且勿浚"。后三岁，河果决于馆陶及东郡金堤，泛滥兖、豫入平原、千乘、济南，凡灌四郡、三十二县，水居地十五万馀顷，深者三丈；坏败官亭、室庐且四万所。

冬，十一月，御史大夫尹忠以对方略疏阔，上切责其不忧职，自杀。遣大司农非调调均钱谷河决所灌之郡，谒者二人发河南以东船五百艘，徙民避水居丘陵九万七千馀口。

8　壬戌，以少府张忠为御史大夫。

9　南山群盗傰宗等数百人为吏民害。诏发兵千人逐捕，岁馀不能禽。或说大将军凤，以"贼数百人在毂下，讨不能得，难以示四夷；独选贤京兆尹乃可"。于是凤荐故高陵令王尊，征为谏大夫，守京辅都尉，行京兆尹事。旬月间，盗贼清；后拜为京兆尹。

10　上即位之初，丞相匡衡复奏："射声校尉陈汤以吏二千石奉使，颛命蛮夷中，不正身以先下，而盗所收康居财物，戒官属曰：'绝域事不覆校。'虽在赦前，不宜处位。"汤坐免。

后汤上言："康居王侍子，非王子也。"按验，实王子也。汤下狱当死。

太中大夫谷永上疏讼汤曰："臣闻楚有子玉得臣,文公为之仄席而坐;赵有廉颇、马服,强秦不敢窥兵井陉;近汉有郅都、魏尚,匈奴不敢南乡沙幕。由是言之,战克之将,国之爪牙,不可不重也。盖君子闻鼓鼙之声,则思将帅之臣。窃见关内侯陈汤,前斩郅支,威震百蛮,武畅西海,汉元以来,征伐方外之将,未尝有也!今汤坐言事非是,幽囚久系,历时不决,执宪之吏欲致之大辟。昔白起为秦将,南拔郢都,北坑赵括,以纤介之过,赐死杜邮;秦民怜之,莫不陨涕。今汤亲秉钺,席卷、喋血万里之外,荐功祖庙,告类上帝,介胄之士靡不慕义。以言事为罪,无赫赫之恶。周书曰:'记人之功,忘人之过,宜为君者也。'夫犬马有劳于人,尚加帷盖之报,况国之功臣者哉!窃恐陛下忽于鼙鼓之声,不察周书之意,而忘帷盖之施,庸臣遇汤,卒从吏议,使百姓介然有秦民之恨,非所以厉死难之臣也!"书奏,天子出汤,夺爵为士伍。

　　会西域都护段会宗为乌孙兵所围,驿骑上书,愿发城郭、敦煌兵以自救;丞相商、大将军凤及百僚议数日不决。凤言:"陈汤多筹策,习外国事,可问。"上召汤见宣室。汤击郅支时中寒,病两臂不屈申;汤入见,有诏毋拜,示以会宗奏。汤对曰:"臣以为此必无可忧也。"上曰:"何以言之?"汤曰:"夫胡兵五而当汉兵一,何者?兵刃朴钝,弓弩不利。今闻颇得汉巧,然犹三而当一。又兵法曰:'客倍而主人半,然后敌。'今围会宗者人众不足以胜会宗,唯陛下勿忧!且兵轻行五十里,重行三十里,今会宗欲发城郭、敦煌,历时乃至,所谓报仇之兵,非救急之用也。"上曰:"奈何?其解可必乎?度何时解?"汤知乌孙瓦合,不能久攻,故事不过数日,因对曰:"已解矣!"屈指计其日,曰:"不出五日,当有吉语闻。"居四日,军书到,言已解。大将军凤奏以为从事中郎,莫府事壹决于汤。

河平元年（癸巳,前28）

　　1　春,杜钦荐犍为王延世于王凤,使塞决河。凤以延世为河堤使者。延世以竹落长四丈,大九围,盛以小石,两船夹载而下之。三十六日,河堤成。三月,诏以延世为光禄大夫,秩中二千石,赐爵关内侯、黄金百斤。

　　2　夏,四月己亥晦,日有食之。诏公卿百僚陈过失,无有所讳;大赦天下。光禄大夫刘向对曰:"四月交于五月,月同孝惠,日同孝昭,其占恐害继嗣。"是时许皇后专宠,后宫希得进见,中外皆忧上无继嗣,故杜钦、谷永及向所对皆及之。上于是减省椒房、掖庭用度,服御、舆驾所发诸官署及所造作,遗赐外家、群臣妾,皆如竟宁以前故事。

皇后上书自陈，以为："时世异制，长短相补，不出汉制而已，纤微之间未必可同。若竟宁前与黄龙前，岂相放哉！家吏不晓，今壹受诏如此，且使妾摇手不得。设妾欲作某屏风张于某所，曰'故事无有'，或不能得，则必绳妾以诏书矣。此诚不可行，唯陛下省察！故事，以特牛祠大父母，戴侯、敬侯皆得蒙恩以太牢祠，今当率如故事，唯陛下哀之！今吏甫受诏读记，直豫言使后知之，非可复若私府有所取也。其萌牙所以约制妾者，恐失人理。唯陛下深察焉！"

上于是采谷永、刘向所言灾异咎验皆在后宫之意以报之，且曰："吏拘于法，亦安足过！盖矫枉者过直，古今同之。且财币之省，特牛之祠，其于皇后，所以扶助德美，为华宠也。咎根不除，灾变相袭，祖宗且不血食，何戴侯也！传不云乎：'以约失之者鲜。'审皇后欲从其奢与？朕亦当法孝武皇帝也，如此，则甘泉、建章可复兴矣。孝文皇帝，朕之师也。皇太后，皇后成法也。假使太后在彼时不如职，今见亲厚，又恶可以逾乎！皇后其刻心秉德，谦约为右，垂则列妾，使有法焉！"

3　给事中平陵平当上言："太上皇，汉之始祖，废其寝庙园，非是。"上亦以无继嗣，遂纳当言。秋，九月，复太上皇寝庙园。

4　诏曰："今大辟之刑千有馀条，律令烦多，百有馀万言；奇请、他比，日以益滋。自明习者不知所由，欲以晓喻众庶，不亦难乎！于以罗元元之民，夭绝无辜，岂不哀哉！其议减死刑及可蠲除约省者，令较然易知，条奏！"时有司不能广宣上意，徒钩摭微细，毛举数事，以塞诏而已。

5　匈奴单于遣右皋林王伊邪莫演等奉献，朝正月。

二年（甲午，前27）

1　春，伊邪莫演罢归，自言欲降，"即不受我，我自杀，终不敢还归"。使者以闻，下公卿议。议者或言："宜如故事，受其降。"光禄大夫谷永、议郎杜钦以为："汉兴，匈奴数为边害，故设金爵之赏以待降者。今单于屈体称臣，列为北藩，遣使朝贺，无有二心，汉家接之，宜异于往时。今既享单于聘贡之质，而更受其逋逃之臣，是贪一夫之得而失一国之心，拥有罪之臣而绝慕义之君也。假令单于初立，欲委身中国，未知利害，私使伊邪莫演诈降以卜吉凶，受之，亏德沮善，令单于自疏，不亲边吏；或者设为反间，欲因以生隙，受之，适合其策，使得归曲而责直；此诚边境安危之原，师旅动静之首，不可不详也。不如勿受，以昭日月之信，抑诈谖之谋，怀附亲之心，便！"对奏，天子从之。遣中郎将王舜往问降状，伊邪莫演曰："我病狂,妄言耳。"遣去。归到,官位如故,不肯令见汉使。

2　夏,四月,楚国雨雹,大如釜。

3　徙山阳王康为定陶王。

4　六月,上悉封诸舅:王谭为平阿侯,商为成都侯,立为红阳侯,根为曲阳侯,逢时为高平侯。五人同日封,故世谓之"五侯"。太后母李氏更嫁为河内苟宾妻,生子参;太后欲以田蚡为比而封之。上曰:"封田氏,非正也!"以参为侍中、水衡都尉。

5　御史大夫张忠奏京兆尹王尊暴虐倨慢,尊坐免官;吏民多称惜之。湖三老公乘兴等上书讼:"尊治京兆,拨剧整乱,诛暴禁邪,皆前所希有,名将所不及,虽拜为真,未有殊绝褒赏加于尊身。今御史大夫奏尊'伤害阴阳,为国家忧,无承用诏书意,"靖言庸违,象恭滔天"'。原其所以,出御史丞杨辅,素与尊有私怨,外依公事建画为此议,傅致奏文,浸润加诬,臣等窃痛伤。尊修身洁己,砥节首公,刺讥不惮将相,诛恶不避豪强,诛不制之贼,解国家之忧,功著职修,威信不废,诚国家爪牙之吏,折冲之臣。今一旦无辜制于仇人之手,伤于诋欺之文,上不得以功除罪,下不得蒙棘木之听,独掩怨仇之偏奏,被共工之大恶,无所陈冤诉罪。尊以京师废乱,群盗并兴,选贤征用,起家为卿;贼乱既除,豪猾伏辜,即以佞巧废黜。一尊之身,三期之间,乍贤乍佞,岂不甚哉!孔子曰:'爱之欲其生,恶之欲其死,是惑也。''浸润之谮不行焉,可谓明矣。'愿下公卿、大夫、博士、议郎定尊素行!夫人臣而'伤害阴阳',死诛之罪也;'靖言庸违',放殛之刑也。审如御史章,尊乃当伏观阙之诛,放于无人之域,不得苟免;及任举尊者,当获选举之辜,不可但已。即不如章,饰文深诋以诉无罪,亦宜有诛,以惩谗贼之口,绝诈欺之路。唯明主参详,使白黑分别!"书奏,天子复以尊为徐州刺史。

6　夜郎王兴、钩町王禹、漏卧侯俞更举兵相攻。牂柯太守请发兵诛兴等。议者以为道远不可击,乃遣太中大夫蜀郡张匡持节和解。兴等不从命,刻木象汉吏,立道旁,射之。

杜钦说大将军王凤曰:"蛮夷王侯轻易汉使,不惮国威,恐议者选耎,复守和解;太守察动静有变,乃以闻。如此,则复旷一时,王侯得收猎其众,申固其谋,党助众多,各不胜忿,必相珍灭。自知罪成,狂犯守尉,远臧温暑毒草之地;虽有孙、吴将,贲、育士,若入水火,往必焦没,智勇亡所施。屯田守之,费不可胜量。宜因其罪恶未成,未疑汉家加诛,阴敕旁郡守尉练士马,大司农豫调谷积要害处,选任职太守往,以秋凉时入,诛其王侯尤不轨者。即以为不毛之地，无用之民，圣王不以劳中国，宜罢郡，放弃其民，绝其王侯勿复通。如以先帝所立累世之功不可堕坏，亦宜因其萌牙，早断绝之，及已成形然后战师，则万姓被害。"大将军凤于是荐金城司马临邛陈立为牂柯太守。

立至牂柯谕告夜郎王兴，兴不从命；立请诛之，未报。乃从吏数十人出行县，至兴国且同亭，召兴。兴将数千人往至亭，从邑君数十人入见立。立数责，因断头。邑君曰："将军诛无状，为民除害，愿出晓士众！"以兴头示之，皆释兵降。钩町王禹、漏卧侯俞震恐，入粟千斛、牛羊劳吏士。立还归郡。

兴妻父翁指，与子邪务收馀兵，迫胁旁二十二邑反。至冬，立奏募诸夷，与都尉、长史分将攻翁指等。翁指据厄为垒，立使奇兵绝其饷道，纵反间以诱其众。都尉万年曰："兵久不决，费不可共。"引兵独进；败走，趋立营。立怒，叱戏下令格之。都尉复还战，立救之。时天大旱，立攻绝其水道。蛮夷共斩翁指，持首出降，西夷遂平。

三年（乙未，前26）

1 春，正月，楚王嚣来朝。二月乙亥，诏以嚣素行纯茂，特加显异，封其子勋为广戚侯。

2 丙戌，犍为地震，山崩，壅江水，水逆流。

3 秋，八月乙卯晦，日有食之。

4 上以中秘书颇散亡，使谒者陈农求遗书于天下。诏光禄大夫刘向校经传、诸子、诗赋，步兵校尉任宏校兵书，太史令尹咸校数术，侍医李柱国校方技。每一书已，向辄条其篇目，撮其指意，录而奏之。

5 刘向以王氏权位太盛，而上方向诗、书古文，向乃因尚书洪范，集合上古以来，历春秋、六国至秦、汉符瑞、灾异之记，推迹行事，连傅祸福，著其占验，比类相从，各有条目，凡十一篇，号曰洪范五行传论，奏之。天子心知向忠精，故为凤兄弟起此论也；然终不能夺王氏权。

6 河复决平原，流入济南、千乘，所坏败者半建始时。复遣王延世与丞相史杨焉及将作大匠许商、谏大夫乘马延年同作治，六月乃成。复赐延世黄金百斤。治河卒非受平贾者，为著外繇六月。

四年（丙申，前25）

1 春，正月，匈奴单于来朝。

2 赦天下徒。

3 三月癸丑朔,日有食之。

4 琅邪太守杨肜与王凤连昏,其郡有灾害,丞相王商按问之。凤以为请,商不听,竟奏免肜,奏果寝不下。凤以是怨商,阴求其短,使频阳耿定上书,言"商与父傅婢通;及女弟淫乱,奴杀其私夫,疑商教使"。天子以为暗昧之过,不足以伤大臣。凤固争,下其事司隶。太中大夫蜀郡张匡,素佞巧,复上书极言诋毁商。有司奏请召商诣诏狱。上素重商,知匡言多险,制曰:"勿治!"凤固争之。夏,四月壬寅,诏收商丞相印绶。商免相三日,发病,欧血薨,谥曰戾侯。而商子弟亲属为驸马都尉、侍中、中常侍、诸曹、大夫、郎吏者,皆出补吏,莫得留给事、宿卫者。有司奏请除国邑,有诏:"长子安嗣爵为乐昌侯。"

5 上之为太子也,受论语于莲勺张禹,及即位,赐爵关内侯,拜为诸吏、光禄大夫,秩中二千石,给事中,领尚书事。禹与王凤并领尚书,内不自安,数病,上书乞骸骨,欲退避凤;上不许,抚待愈厚。六月丙戌,以禹为丞相,封安昌侯。

6 庚戌,楚孝王嚣薨。

7 初,武帝通西域,罽宾自以绝远,汉兵不能至,独不服,数剽杀汉使。久之,汉使者文忠与容屈王子阴末赴合谋攻杀其王;立阴末赴为罽宾王。后军候赵德使罽宾,与阴末赴相失;阴末赴锁琅当德,杀副已下七十馀人,遣使者上书谢。孝元帝以其绝域,不录,放其使者于县度,绝而不通。

及帝即位,复遣使谢罪。汉欲遣使者报送其使。杜钦说王凤曰:"前罽宾王阴末赴,本汉所立,后卒畔逆。夫德莫大于有国子民,罪莫大于执杀使者,所以不报恩,不惧诛者,自知绝远,兵不至也。有求则卑辞,无欲则骄慢,终不可怀服。凡中国所以为通厚蛮夷,慊快其求者,为壤比而为寇。今县度之厄,非罽宾所能越也;其乡慕,不足以安西域;虽不附,不能危城郭。前亲逆节,恶暴西域,故绝而不通;今悔过来,而无亲属、贵人,奉献者皆行贾贱人,欲通货市买,以献为名,故烦使者送至县度,恐失实见欺。凡遣使送客者,欲为防护寇害也。起皮山,南更不属汉之国四、五,斥候士百馀人,五分夜击刁斗自守,尚时为所侵盗。驴畜负粮,须诸国禀食,得以自赡。国或贫小不能食,或桀黠不肯给,拥强汉之节,馁山谷之间,乞丐无所得,离一、二旬,则人畜弃捐旷野而不反。又历大头痛、小头痛之山,赤土、身热之阪,令人身热无色,头痛呕吐,驴畜尽然。又有三池盘、石阪道,狭者尺六七寸,长者径三十里,临峥嵘不测之深,行者骑步相持,绳索相引,二千馀里,乃到县度。畜坠,未半坑谷尽糜碎;人堕,势不得相收视;险阻危害,不可胜言。圣王分九州,制五服,务盛内,不求外;今遣使者承至尊之命,送蛮夷之贾,劳吏士之众,涉危难之路,罢敝所恃以事无用,非久长计也。使者业已受节,可至皮山而还。"于是凤白从钦言。罽宾实利赏赐贾市,其使数年而壹至云。

阳朔元年(丁酉,前24)

1　春,二月丁未晦,日有食之。

2　三月,赦天下徒。

3　冬,京兆尹泰山王章下狱,死。

时大将军凤用事,上谦让无所颛。左右尝荐光禄大夫刘向少子歆通达有异材,上召见,歆诵读诗赋,甚悦之,欲以为中常侍;召取衣冠,临当拜,左右皆曰:"未晓大将军。"上曰:"此小事,何须关大将军!"右右叩头争之,上于是语凤,凤以为不可,乃止。

王氏子弟皆卿、大夫、侍中、诸曹,分据势官,满朝廷。杜钦见凤专政泰重,戒之曰:"愿将军由周公之谦惧,损穰侯之威,放武安之欲,毋使范睢之徒得间其说!"凤不听。

时上无继嗣,体常不平。定陶共王来朝,太后与上承先帝意,遇共王甚厚,赏赐十倍于他王,不以往事为纤介;留之京师,不遣归国。上谓共王:"我未有子,人命不讳,一朝有他,且不复相见,尔长留侍我矣!"其后天子疾益有瘳,共王因留国邸,旦夕侍上;上甚亲重之。大将军凤心不便共王在京师,会日食,凤因言:"日食,阴盛之象。定陶王虽亲,于礼当奉藩在国;今留侍京师,诡正非常,故天见戒,宜遣王之国!"上不得已于凤而许之。共王辞去,上与相对涕泣而决。

王章素刚直敢言,虽为凤所举,非凤专权,不亲附凤,乃奏封事,言"日食之咎,皆凤专权蔽主之过"。上召见章,延问以事。章对曰:"天道聪明,佑善而灾恶,以瑞异为符效。今陛下以未有继嗣,引近定陶王,所以承宗庙,重社稷,上顺天心,下安百姓,此正议善事,当有祥瑞,何故致灾异!灾异之发,为大臣专政者也。今闻大将军猥归日食之咎于定陶王,建遣之国,苟欲使天子孤立于上,颛擅朝事以便其私,非忠臣也。且日食,阴侵阳,臣颛君之咎。今政事大小皆自凤出,天子曾不壹举手,凤不内省责,反归咎善人,推远定陶王。且凤诬罔不忠,非一事也。前丞相乐昌侯商,本以先帝外属,内行笃,有威重,位历将相,国家柱石臣也,其人守正,不肯屈节随凤委曲;卒用闺门之事为凤所罢,身以忧死,众庶愍之。又凤知其小妇弟张美人已尝适人,于礼不宜配御至尊,托以为宜子,内之后宫,苟以私其妻弟;闻张美人未尝任身就馆也。且羌、胡尚杀首子以荡肠正世,况于天子,而近已出之女也!此三者皆大事,陛下所自见,足以知其馀及他所不见者。凤不可令久典事,宜退使就第,选忠贤以代之!”

自凤之白罢商,后遣定陶王也,上不能平;及闻章言,天子感寤,纳之,谓章曰:“微京兆尹直言,吾不闻社稷计。且唯贤知贤,君试为朕求可以自辅者。”于是章奏封事,荐信都王舅琅邪太守冯野王,忠信质直,智谋有馀。上自为太子时,数闻野王名,方倚欲以代凤。章每召见,上辄辟左右。时太后从弟子侍中音独侧听,具知章言,以语凤。凤闻之,甚忧惧。杜钦令凤称病出就第,上疏乞骸骨,其辞指甚哀。太后闻之,为垂涕,不御食。上少而亲倚凤,弗忍废,乃优诏报凤,强起之;于是凤起视事。

上使尚书劾奏章:“知野王前以王舅出补吏,而私荐之,欲令在朝,阿附诸侯;又知张美人体御至尊,而妄称引羌胡杀子荡肠,非所宜言。”下章吏。廷尉致其大逆罪,以为“比上夷狄,欲绝继嗣之端;背畔天子,私为定陶王”。章竟死狱中,妻子徙合浦。自是公卿见凤,侧目而视。

冯野王惧不自安,遂病;满三月,赐告,与妻子归杜陵就医药。大将军凤风御史中丞劾奏“野王赐告养病而私自便,持虎符出界归家,奉诏不敬”。杜钦奏记于凤曰:“二千石病,赐告得归,有故事;不得去郡,亡著令。传曰‘赏疑从予’,所以广恩劝功也;‘罚疑从去’,所以慎刑,阙难知也。今释令与故事而假不敬之法,甚违‘阙疑从去’之意。即以二千石守千里之地,任兵马之重,不宜去郡,将以制刑为后法者,则野王之罪在未制令前也。刑赏大信,不可不慎!”凤不听,竟免野王官。

时众庶多冤王章讥朝廷者,钦欲救其过,复说凤曰:“京兆尹章,所坐事密,自京师不晓,况于远方!恐天下不知章实有罪,而以为坐言事。如是,塞争引之原,损宽明之德。钦愚以为宜因章事举直言极谏,并见郎从官,展尽其意,加于往前,以明示四方,使天下咸知主上圣明,不以言罪下也。若此,则流言消释,疑惑著明。”凤白行其策焉。

4　是岁,陈留太守薛宣为左冯翊。宣为郡,所至有声迹。宣子惠为彭城令,宣尝过其县,心知惠不能,不问以吏事。或问宣:“何不教戒惠以吏职?”宣笑曰:“吏道以法令为师,可问而知;及能与不能,自有资材,何可学也!”众人传称,以宣言为然。

二年（戊戌，前23）

1　春，三月，大赦天下。

2　御史大夫张忠卒。

3　夏，四月丁卯，以侍中、太仆王音为御史大夫。于是王氏愈盛，郡国守相、刺史皆出其门下。五侯群弟争为奢侈，赂遗珍宝，四面而至，皆通敏人事，好士养贤，倾财施予以相高尚；宾客满门，竞为之声誉。刘向谓陈汤曰："今灾异如此，而外家日盛，其渐必危刘氏。吾幸得以同姓末属，累世蒙汉厚恩，身为宗室遗老，历事三主。上以我先帝旧臣，每进见，常加优礼。吾而不言，孰当言者！"遂上封事极谏曰："臣闻人君莫不欲安，然而常危；莫不欲存，然而常亡；失御臣之术也。夫大臣操权柄，持国政，未有不为害者也。故书曰：'臣之有作威作福，害于而家，凶于而国。'孔子曰'禄去公室，政逮大夫'，危亡之兆也。今王氏一姓，乘朱轮华毂者二十三人，青、紫、貂、蝉充盈幄内，鱼鳞左右。大将军秉事用权，五侯骄奢僭盛，并作威福，击断自恣，行污而寄治，身私而托公，依东宫之尊，假甥舅之亲，以为威重。尚书、九卿、州牧、郡守皆出其门，管执枢机，朋党比周；称誉者登进，忤恨者诛伤；游谈者助之说，执政者为之言。排摈宗室，孤弱公族，其有智能者，尤非毁而不进，远绝宗室之任，不令得给事朝省，恐其与己分权；数称燕王、盖主以疑上心，避讳吕、霍而弗肯称。内有管、蔡之萌，外假周公之论，兄弟据重，宗族磐互，历上古至秦、汉，外戚僭贵未有如王氏者也。物盛必有非常之变先见，为其人微象。孝昭帝时，冠石立于泰山，仆柳起于上林，而孝宣帝即位。今王氏先祖坟墓在济南者，其梓柱生枝叶，扶疏上出屋，根垂地中，虽立石起柳，无以过此之明也。事势不两大，王氏与刘氏亦且不并立，如下有泰山之安，则上有累卵之危。陛下为人子孙，守持宗庙，而令国祚移于外亲，降为皂隶，纵不为身，奈宗庙何！妇人内夫家而外父母家，此亦非皇太后之福也。孝宣皇帝不与舅平昌侯权，所以全安之也。夫明者起福于无形，销患于未然，宜发明诏，吐德音，援近宗室，亲而纳信，黜远外戚，毋授以政，皆罢令就弟，以则效先帝之所行，厚安外戚，全其宗族，诚东宫之意，外家之福也。王氏永存，保其爵禄，刘氏长安，不失社稷，所以褒睦外内之姓，子子孙孙无疆之计也。如不行此策，田氏复见于今，六卿必起于汉，为后嗣忧，昭昭甚明。唯陛下深留圣思！"书奏，天子召见向，叹息悲伤其意，谓曰："君且休矣，吾将思之！"然终不能用其言。

4　秋,关东大水。

5　八月甲申,定陶共王康薨。

6　是岁,徙信都王兴为中山王。

资治通鉴卷第三十一

汉纪二十三

孝成皇帝上之下

阳朔三年（己亥，前22）

1 春，三月壬戌，陨石东郡八。

2 夏，六月，颍川铁官徒申屠圣等百八十人杀长吏，盗库兵，自称将军，经历九郡。遣丞相长史、御史中丞逐捕，以军兴从事，皆伏辜。

3 秋，王凤疾，天子数自临问，亲执其手涕泣曰："将军病，如有不可言，平阿侯谭次将军矣！"凤顿首泣曰："谭等虽与臣至亲，行皆奢僭，无以率导百姓，不如御史大夫音谨敕，臣敢以死保之！"及凤且死，上疏谢上，复固荐音自代，言谭等五人必不可用；天子然之。初，谭倨，不肯事凤，而音敬凤，卑恭如子，故凤荐之。八月丁巳，凤薨。九月甲子，以王音为大司马、车骑将军，而王谭位特进，领城门兵。安定太守谷永以谭失职，劝谭辞让，不受城门职；由是谭、音相与不平。

4 冬，十一月丁卯，光禄勋于永为御史大夫。永，定国之子也。

四年（庚子，前21）

1 春，二月，赦天下。

2 夏，四月，雨雪。

3 秋，九月壬申，东平思王宇薨。

4 少府王骏为京兆尹。骏，吉之子也。先是，京兆有赵广汉、张敞、王尊、王章，至骏，皆有能名，故京师称曰："前有赵、张，后有三王。"

5 闰月壬戌，于永卒。

6 乌孙小昆弥乌就屠死，子拊离代立；为弟日贰所杀。汉遣使者立拊离子安日为小昆弥。日贰亡阻康居；安日使贵人姑莫匿等三人诈亡从日贰，刺杀之。于是西域诸国上书，愿复得前都护段会宗；上从之。城郭诸国闻之，皆翕然亲附。

7　谷永奏言:"圣王不以名誉加于实效;御史大夫任重职大,少府宣达于从政,唯陛下留神考察!"上然之。

鸿嘉元年(辛丑,前20)

1　春,正月癸巳,以薛宣为御史大夫。

2　二月壬午,上行幸初陵,赦作徒;以新丰之戏乡为昌陵县,奉初陵。

3　上始为微行,从期门郎或私奴十馀人,或乘小车,或皆骑,出入市里郊野,远至旁县甘泉、长杨、五柞,斗鸡、走马,常自称富平侯家人。富平侯者,张安世四世孙放也。放父临,尚敬武公主,生放,放为侍中、中郎将,娶许皇后女弟,当时宠幸无比,故假称之。

4　三月庚戌,张禹以老病罢,以列侯朝朔、望,位特进,见礼如丞相;赏赐前后数千万。

5　夏,四月庚辰,薛宣为丞相,封高阳侯;京兆尹王骏为御史大夫。

6　王音既以从舅越亲用事,小心亲职。上以音自御史大夫入为将军,不获宰相之封,六月乙巳,封音为安阳侯。

7　冬,黄龙见真定。

8　是岁,匈奴复株累单于死,弟且麋胥立,为搜谐若鞮单于;遣子左祝都韩王呴留斯侯入侍,以且莫车为左贤王。

二年(壬寅,前19)

1　春,上行幸云阳、甘泉。

2　三月,博士行大射礼。有飞雉集于庭,历阶登堂而雊;后雉又集太常、宗正、丞相、御史大夫、车骑将军之府,又集未央宫承明殿屋上。车骑将军音、待诏宠等上言:"天地之气,以类相应;谴告人君,甚微而著。雉者听察,先闻雷声,故月令以纪气。经载高宗雊雉之异,以明转祸为福之验。今雉以博士行礼之日大众会,飞集于庭,历阶登堂,万众睢睢,惊怪连日,径历三公之府,太常、宗正典宗庙骨肉之官,然后入宫,其宿留告晓人,具备深切;虽人道相戒,何以过是!"后帝使中常侍晁闳诏音曰:"闻捕得雉,毛羽颇摧折,类拘执者,得无人为之?"音复对曰:"陛下安得亡国之语!不知谁主为佞谄之计,诬乱圣德如此者!左右阿谀甚众,不待臣音复谄而足。公卿以下,保位自守,莫有正言。如令陛下觉寤,惧大祸且至身,深责臣下,绳以圣法,臣音当先诛,岂有以自解哉!今即位十五年,继嗣不立,日日驾车而出,失行流闻,海内传之,甚于京师。外有微行之害,内有疾病之忧,皇天数见灾异,欲人变更,终已不改。天尚不能感动陛下,臣子何望! 独有极言待死,命在朝暮而已。如有不然,老母安得处所,尚何皇太后之有! 高祖天下当以谁属乎! 宜谋于贤智,克己复礼,以求天意,继嗣可立,灾变尚可销也。”

3 初,元帝俭约,渭陵不复徙民起邑;帝起初陵,数年后,乐霸陵曲亭南,更营之。将作大匠解万年使陈汤为奏,请为初陵徙民起邑,欲自以为功,求重赏。汤因自请先徙,冀得美田宅。上从其言,果起昌陵邑。

夏,徙郡国豪桀赀五百万以上五千户于昌陵。

4 五月癸未,陨石于杜邮三。

5 六月,立中山宪王孙云客为广德王。

6 是岁,城阳哀王云薨;无子,国除。

三年(癸卯,前18)

1 夏,四月,赦天下。

2 大旱。

3 王氏五侯争以奢侈相尚。成都侯商尝病,欲避暑,从上借明光宫。后又穿长安城,引内沣水,注第中大陂以行船,立羽盖,张周帷,楫棹越歌。上幸商第,见穿城引水,意恨,内衔之,未言。后微行出,过曲阳侯第,又见园中土山、渐台,象白虎殿,于是上怒,以让车骑将军音。商、根兄弟欲自黥、劓以谢太后。上闻之,大怒,乃使尚书责问司隶校尉、京兆尹,知成都侯商等奢僭不轨,藏匿奸猾,皆阿纵,不举奏正法;二人顿首省户下。又赐车骑将军音策书曰:“外家何亨乐祸败! 而欲自黥、劓,相戮辱于太后前,伤慈母之心,以危乱国家! 外家宗族强,上一身浸弱日久,今将一施之,君其召诸侯,令待府舍!”是日,诏尚书奏文帝诛将军薄昭故事。车骑将军音藉稿请罪,商、立、根皆负斧质谢,良久乃已。上特欲恐之,实无意诛也。

4 秋,八月乙卯,孝景庙北阙灾。

5 初,许皇后与班倢伃皆有宠于上。上尝游后庭,欲与倢伃同辇载,倢伃辞曰:“观古图画,贤圣之君皆有名臣在侧,三代末主乃有嬖妾;今欲同辇,得无近似之乎!”上善其言而止。太后闻之,喜曰:“古有樊姬,今有班倢伃!”班倢伃进侍者李平得幸,亦为倢伃,赐姓曰卫。

其后,上微行过阳阿主家,悦歌舞者赵飞燕,召入宫,大幸;有女弟,复召入,姿性尤醲粹,左右见之,皆啧啧嗟赏。有宣帝时披香博士淖方成在帝后,唾曰:“此祸水也,灭火必矣!”姊、弟俱为倢伃,贵倾后宫。许皇后、班婕妤皆失宠。于是赵飞燕谮告许皇后、班婕妤挟媚道,祝诅后宫,詈及主上。冬,十一月甲寅,许后废处昭台宫,后姊谒等皆诛死,亲属归故郡。考问班婕妤,婕妤对曰:"妾闻'死生有命,富贵在天'。修正尚未蒙福,为邪欲以何望!使鬼神有知,不受不臣之诉;如其无知,诉之何益!故不为也。"上善其对,赦之,赐黄金百斤。赵氏姊、弟骄妒,婕妤恐久见危,乃求共养太后于长信宫。上许焉。

　　6　广汉男子郑躬等六十馀人攻官寺,篡囚徒,盗库兵;自称山君。

四年(甲辰,前17)

　　1　秋,勃海、清河、信都河水溢溢,灌县、邑三十一,败官亭、民舍四万馀所。平陵李寻等奏言:"议者常欲求索九河故迹而穿之。今因其自决,可且勿塞,以观水势;河欲居之,当稍自成川,跳出沙土。然后顺天心而图之,必有成功,而用财力寡。"于是遂止不塞。朝臣数言百姓可哀,上遣使者处业振赡之。

　　2　广汉郑躬党与浸广,犯历四县,众且万人;州郡不能制。冬,以河东都尉赵护为广汉太守,发郡中及蜀郡合三万人击之,或相捕斩除罪;旬月平。迁护为执金吾,赐黄金百斤。

　　3　是岁,平阿安侯王谭薨。上悔废谭使不辅政而薨也,乃复进成都侯商,以特进领城门兵,置幕府,得举吏如将军。

　　魏郡杜邺时为郎,素善车骑将军音,见音前与平阿侯有隙,即说音曰:"夫戚而不见殊,孰能无怨!昔秦伯有千乘之国而不能容其母弟,春秋讥焉。周、召则不然,忠以相辅,义以相匡,同己之亲,等己之尊,不以圣德独兼国宠,又不为长专受荣任,分职于陕,并为弼疑,故内无感恨之隙,外无侵侮之羞,俱享天佑,两荷高名者,盖以此也。窃见成都侯以特进领城门兵,复有诏得举吏如五府,此明诏所欲必宠也。将军宜承顺圣意,加异往时,每事凡议,必与及之。发于至诚,则孰不说谕!"音甚嘉其言,由是与成都侯商亲密。二人皆重邺。

永始元年(乙巳,前16)

　　1　春,正月癸丑,太官凌室火。戊午,戾后园南阙火。

　　2　上欲立赵婕妤为皇后,皇太后嫌其所出微甚,难之。太后姊子淳于长为侍中,数往来通语东宫;岁馀,乃得太后指,许之。夏,四月乙亥,上先封婕妤父临为成阳侯。谏大夫河间刘辅上书,言:"昔武王、周公,承顺天地以飨鱼、乌之瑞,然犹君臣祗惧,动色相戒。况于季世,不蒙继嗣之福,屡受威怒之异者乎!虽夙夜自责,改过易行,畏天命,念祖业,妙选有德之世,考卜窈窕之女,以承宗庙,顺神祗心,塞天下望,子孙之祥犹恐晚暮!今乃触情纵欲,倾于卑贱之女,欲以母天下,不畏于天,不愧于人,惑莫大焉!里语曰:‘腐木不可以为柱;人婢不可以为主。’天人之所不予,必有祸而无福,市道皆共知之,朝廷莫肯壹言。臣窃伤心,不敢不尽死!”书奏,上使侍御史收缚辅,系掖庭秘狱,群臣莫知其故。于是左将军辛庆忌、右将军廉褒、光禄勋琅邪师丹、太中大夫谷永俱上书曰:“窃见刘辅前以县令求见,擢为谏大夫,此其言必有卓诡切至当圣心者,故得拔至于此;旬月之间,收下秘狱。臣等愚以为辅幸得托公族之亲,在谏臣之列,新从下土来,未知朝廷体,独触忌讳,不足深过。小罪宜隐忍而已,如有大恶,宜暴治理官,与众共之。今天心未豫,灾异屡降,水旱迭臻,方当隆宽广间,褒直尽下之时也,而行惨急之诛于谏争之臣,震惊群下,失忠直心。假令辅不坐直言,所坐不著,天下不可户晓。同姓近臣,本以言显,其于治亲养忠之义,诚不宜幽囚于掖庭狱。公卿以下,见陛下进用辅亟而折伤之暴,人有惧心,精锐销耎,莫敢尽节正言,非所以昭有虞之听,广德美之风!臣等窃深伤之,惟陛下留神省察!”上乃徙辅系共工狱,减死罪一等,论为鬼薪。

　　3　初,太后兄弟八人,独弟曼早死,不侯;太后怜之。曼寡妇渠供养东宫,子莽幼孤,不及等比;其群兄弟皆将军、五侯子,乘时侈靡,以舆马声色佚游相高。莽因折节为恭俭,勤身博学,被服如儒生;事母及寡嫂,养孤兄子,行甚敕备;又外交英俊,内事诸父,曲有礼意。大将军凤病,莽侍疾,亲尝药,乱首垢面,不解衣带连月。凤且死,以托太后及帝,拜为黄门郎,迁射声校尉。久之,叔父成都侯商上书,愿分户邑以封莽。长乐少府戴崇、侍中金涉、中郎陈汤等皆当世名士,咸为莽言,上由是贤莽,太后又数以为言。五月乙未,封莽为新都侯,迁骑都尉、光禄大夫、侍中。宿卫谨敕,爵位益尊,节操愈谦,散舆马、衣裘振施宾客,家无所馀;收赡名士,交结将、相、卿、大夫甚众。故在位者更推荐之,游者为之谈说,虚誉隆洽,倾其诸父矣。敢为激发之行,处之不惭恶。尝私买侍婢,昆弟或颇闻知,莽因曰:“后将军朱子元无子,莽闻此儿种宜子,为买之。”即日以婢奉朱博。其匿情求名如此。

　　4　六月丙寅,立皇后赵氏,大赦天下。

　　皇后既立,宠少衰;而其女弟绝幸,为昭仪,居昭阳舍,其中庭彤朱而

殿上髹漆；切皆铜沓，黄金涂；白玉阶；壁带往往为黄金钉，函蓝田璧、明
珠、翠羽饰之；自后宫未尝有焉。赵后居别馆，多通侍郎、宫奴多子者。昭
仪尝谓帝曰：“妾姊性刚，有如为人构陷，则赵氏无种矣！”因泣下凄恻。
帝信之，有白后奸状者，帝辄杀之。由是后公为淫恣，无敢言者，然卒
无子。

　　光禄大夫刘向以为王教由内及外，自近者始，于是采取诗、书所载贤
妃、贞妇兴国显家及孽、嬖乱亡者，序次为列女传，凡八篇，及采传记行事，
著新序、说苑，凡五十篇，奏之；数上疏言得失，陈法戒。书数十上，以助观
览，补遗阙。上虽不能尽用，然内嘉其言，常嗟叹之。

　　5　昌陵制度奢泰，久而不成。刘向上疏曰：“臣闻王者必通三统，明
天命所授者博，非独一姓也。自古及今，未有不亡之国。孝文皇帝尝美石
椁之固，张释之曰：‘使其中有可欲，虽锢南山犹有隙。’夫死者无终极而
国家有废兴，故释之之言为无穷计也。孝文寤焉，遂薄葬。棺椁之作，自
黄帝始。黄帝、尧、舜、禹、汤、文、武、周公，丘垄皆小，葬具甚微；其贤臣孝
子亦承命顺意而薄葬之，此诚奉安君父忠孝之至也。孔子葬母于防，坟四
尺。延陵季子葬其子，封坟掩坎，其高可隐。故仲尼孝子而延陵慈父，舜、
禹忠臣，周公弟弟，其葬君、亲、骨肉皆微薄矣；非苟为俭，诚便于体也。秦
始皇葬于骊山之阿，下锢三泉，上崇山坟，水银为江、海，黄金为凫、雁，珍
宝之藏，机械之变，棺椁之丽，宫馆之盛，不可胜原；天下苦其役而反之，骊
山之作未成，而周章百万之师至其下矣。项籍燔其宫室、营宇，牧儿持火
照求亡羊，失火烧其臧椁。自古及今，葬未有盛如始皇者也；数年之间，外
被项籍之灾，内离牧竖之祸，岂不哀哉！是故德弥厚者葬弥薄，知愈深者
葬愈微。无德寡知，其葬愈厚，丘垄弥高，宫庙甚丽，发掘必速。由是观
之，明暗之效，葬之吉凶，昭然可见矣！陛下即位，躬亲节俭，始营初陵，其
制约小，天下莫不称贤明；及徙昌陵，增埤为高，积土为山，发民坟墓，积以
万数，营起邑居，期日迫卒，功费大万百馀。死者恨于下，生者愁于上，臣
甚憨焉！以死者为有知，发人之墓，其害多矣；若其无知，又安用大！谋之
贤知则不说，以示众庶则苦之，若苟以说愚夫淫侈之人，又何为哉！唯陛
下上览明圣之制以为则，下观亡秦之祸以为戒，初陵之模，宜从公卿大臣
之议，以息众庶！”上感其言。

　　初，解万年自诡昌陵三年可成，卒不能就；群臣多言其不便者。下有
司议，皆曰：“昌陵因卑为高，度便房犹在平地上；客土之中，不保幽冥之
灵，浅外不固。卒徒工庸以巨万数，至然脂夜作，取土东山，且与谷同贾，

作治数年,天下遍被其劳。故陵因天性,据真土,处势高敞,旁近祖考,前又已有十年功绪,宜还复故陵,勿徙民,便!"秋,七月,诏曰:"朕执德不固,谋不尽下,过听将作大匠万年言'昌陵三年可成',作治五年,中陵、司马殿门内尚未加功。天下虚耗,百姓罢劳,客土疏恶,终不可成,朕惟其难,悢然伤心。夫'过而不改,是谓过矣'。其罢昌陵,及故陵勿徙吏民,令天下毋有动摇之心!"

6　初,酂侯萧何之子嗣为侯者,无子及有罪,凡五绝祀。高后、文帝、景帝、武帝、宣帝思何之功,辄以其支庶绍封。是岁,何七世孙酂侯获坐使奴杀人,减死,完为城旦。先是,上诏有司访求汉初功臣之后,久未省录。杜业说上曰:"唐、虞、三代皆封建诸侯,以成太平之美,是以燕、齐之祀与周并传,子继弟及,历载不堕。岂无刑辟,繇祖之竭力,故支庶赖焉。迹汉功臣,亦皆剖符世爵,受山、河之誓;百馀年间,而袭封者尽,朽骨孤于墓,苗裔流于道,生为愍隶,死为转尸。以往况今,甚可悲伤。圣朝怜闵,诏求其后,四方忻忻,靡不归心。出入数年而不省察,恐议者不思大义,徒设虚言,则厚德掩息,咎简布章,非所以示化劝后也。虽难尽继,宜从尤功。"上纳其言。癸卯,封萧何六世孙南缵长喜为酂侯。

7　立城阳哀王弟俚为王。

8　八月丁丑,太皇太后王氏崩。

9　九月,黑龙见东莱。

10　丁巳晦,日有食之。

11　是岁,以南阳太守陈咸为少府,侍中淳于长为水衡都尉。

二年(丙午,前15)

1　春,正月己丑,安阳敬侯王音薨。王氏唯音为修整,数谏正,有忠直节。

2　二月癸未夜,星陨如雨,绎绎,未至地灭。

3　乙酉晦,日有食之。

4　三月丁酉,以成都侯王商为大司马、卫将军;红阳侯王立位特进,领城门兵。

5　京兆尹翟方进为御史大夫。

6　谷永为凉州刺史,奏事京师,讫,当之部,上使尚书问永,受所欲言。永对曰:"臣闻王天下、有国家者,患在上有危亡之事而危亡之言不得上闻。如使危亡之言辄上闻,则商、周不易姓而迭兴,三正不变改而更用。夏、商之将亡也,行道之人皆知之,晏然自以若天有日,莫能危,是故恶日广而不自知,大命倾而不自寤。易曰:'危者有其安者也,亡者保其存者也。'陛下诚垂宽明之听,无忌讳之诛,使刍荛之臣得尽所闻于前,群臣之上愿,社稷之长福也!

元年,九月,黑龙见;其晦,日有食之。今年二月己未夜,星陨;乙酉,日有食之。六月之间,大异四发,二二而同月。三代之末,春秋之乱,未尝有也。臣闻三代所以陨社稷,丧宗庙者,皆由妇人与群恶沉湎于酒;秦所以二世、十六年而亡者,养生泰奢,奉终泰厚也。二者,陛下兼而有之,臣请略陈其效:

建始、河平之际,许、班之贵,倾动前朝,熏灼四方,女宠至极,不可上矣;今之后起,什倍于前。废先帝法度,听用其言,官秩不当,纵释王诛,骄其亲属,假之威权,从横乱政,刺举之吏,莫敢奉宪。又以掖庭狱大为乱阱,榜棰瘯于炮烙,绝灭人命,主为赵、李报德复怨。反除白罪,建治正吏,多系无辜,掠立迫恐,至为人起责,分利受谢,生入死出者,不可胜数。是以日食再既,以昭其辜。

王者必先自绝,然后天绝之。今陛下弃万乘之至贵,乐家人之贱事,厌高美之尊号,好匹夫之卑字,崇聚儇轻无义小人以为私客,数离深宫之固,挺身晨夜,与群小相随,乌集杂会,醉饱吏民之家,乱服共坐,沉湎媟嫚,溷淆无别,黾勉遁乐,昼夜在路,典门户、奉宿卫之臣执干戈而守空宫,公卿百僚不知陛下所在,积数年矣。

王者以民为基,民以财为本,财竭则下畔,下畔则上亡。是以明王爱养基本,不敢穷极,使民如承大祭。今陛下轻夺民财,不爱民力,听邪臣之计,去高敞初陵,改作昌陵,役百乾溪,费拟骊山,靡敝天下,五年不成而后反故。百姓愁恨感天,饥馑仍臻,流散冗食,馁死于道,以百万数。公家无一年之畜,百姓无旬日之储,上下俱匮,无以相救。诗云:'殷监不远,在夏后之世。'愿陛下追观夏、商、周、秦所以失之,以镜考己行,有不合者,臣当伏妄言之诛!

汉兴九世,百九十馀载,继体之主七,皆承天顺道,遵先祖法度,或以中兴,或以治安;至于陛下,独违道纵欲,轻身妄行,当盛壮之隆,无继嗣之福,有危亡之忧,积失君道,不合天意,亦以多矣。为人后嗣,守人功业如此,岂不负哉!方今社稷、宗庙祸福安危之机在于陛下;陛下诚能昭然远寤,专心反道,旧愆毕改,新德既章,则赫赫大异庶几可销,天命去就庶几可复,社稷、宗庙庶几可保!唯陛下留神反覆,熟省臣言!"

帝性宽,好文辞,而溺于宴乐,皆皇太后与诸舅凤夜所常忧;至亲难数言,故推永等使因天变而切谏,劝上纳用之。永自知有内应,展意无所依违,每言事辄见答礼。至上此对,上大怒。卫将军商密擿永令发去。上使侍御史收永,敕过交道厩者勿追;御史不及永,还。上意亦解,自悔。

7　上尝与张放及赵、李诸侍中共宴饮禁中,皆引满举白,谈笑大噱。时乘舆幄坐张画屏风,画纣醉踞妲己,作长夜之乐。侍中、光禄大夫班伯久疾新起,上顾指画而问伯曰:"纣为无道,至于是乎?"对曰:"书云'乃用妇人之言',何有踞肆于朝!所谓众恶归之,不如是之甚者也!"上曰:"苟不若此,此图何戒?"对曰:"'沉湎于酒',微子所以告去也。'式号式呼',大雅所以流连也。诗、书淫乱之戒,其原皆在于酒!"上乃喟然叹曰:"吾久不见班生,今日复闻谠言!"放等不怿,稍自引起更衣,因罢出。

时长信庭林表适使来,闻见之。后上朝东宫,太后泣曰:"帝间颜色瘦黑。班侍中本大将军所举,宜宠异之;益求其比,以辅圣德!宜遣富平侯且就国!"上曰:"诺。"上诸舅闻之,以风丞相、御史,求放过失。于是丞相宣、御史大夫方进奏"放骄蹇纵恣,奢淫不制,拒闭使者,贼伤无辜,从者支属并乘权势,为暴虐,请免放就国"。上不得已,左迁放为北地都尉。其后比年数有灾变,故放久不得还。玺书劳问不绝。敬武公主有疾,诏征放归第视母疾。数月,主有瘳,后复出放为河东都尉。上虽爱放,然上迫太后,下用大臣,故常涕泣而遣之。

8　邛成太后之崩也,丧事仓卒,吏赋敛以趋办,上闻之,以过丞相、御史。冬,十一月己丑,策免丞相宣为庶人,御史大夫方进左迁执金吾。二十馀日,丞相官缺,群臣多举方进者;上亦器其能,十一月壬子,擢方进为丞相,封高陵侯。以诸吏、散骑、光禄勋孔光为御史大夫。方进以经术进,其为吏,用法刻深,好任势立威;有所忌恶,峻文深诋,中伤甚多。有言其挟私诋欺不专平者,上以方进所举应科,不以为非也。光,褒成君霸之少子也,领尚书,典枢机十馀年,守法度,修故事,上有所问,据经法,以心所安而对,不希指苟合;如或不从,不敢强谏争,以是久而安。时有所言,辄削草稿,以为章主之过以奸忠直,人臣大罪也。有所荐举,唯恐其人之闻知。沐日归休,兄弟妻子燕语,终不及朝省政事。或问光:"温室省中树,皆何木也?"光嘿不应,更答以他语,其不泄如是。

9　上行幸雍,祠五畤。

10　卫将军王商恶陈汤,奏"汤妄言昌陵且复发徙;又言黑龙冬出,微行数出之应"。廷尉奏"汤非所宜言,大不敬"。诏以汤有功,免为庶人,徙边。

上以赵后之立也,淳于长有力焉,故德之,乃追显其前白罢昌陵之功,下公卿,议封长。光禄勋平当以为:"长虽有善言,不应封爵之科。"当坐左迁钜鹿太守。上遂下诏,以常侍闳、卫尉长首建至策,赐长、闳爵关内侯。

将作大匠万年佞邪不忠,毒流众庶,与陈汤俱徙敦煌。

初,少府陈咸、卫尉逢信,官簿皆在翟方进之右;方进晚进,为京兆尹,与咸厚善。及御史大夫缺,三人皆名卿,俱在选中,而方进得之。会丞相薛宣得罪,与方进相连,上使五二千石杂问丞相、御史,咸诘责方进,冀得其处,方进心恨。陈汤素以材能得幸于王凤及王音,咸、信皆与汤善,汤数称之于凤、音所,以此得为九卿。及王商黜逐汤,方进因奏"咸、信附会汤以求荐举,苟得无耻",皆免官。

11　是岁,琅邪太守朱博为左冯翊。博治郡,常令属县各用其豪桀以为大吏,文、武从宜。县有剧贼及他非常,博辄移书以诡责之,其尽力有效,必加厚赏;怀诈不称,诛罚辄行。以是豪强慑服,事无不集。

三年（丁未,前14）

1　春,正月己卯晦,日有食之。

2　初,帝用匡衡议,罢甘泉泰畤,其日,大风坏甘泉竹宫,折拔畤中树木十围以上百馀。帝异之,以问刘向;对曰:"家人尚不欲绝种祠,况于国之神宝旧畤!且甘泉、汾阴及雍五畤始立,皆有神祇感应,然后营之,非苟而已也。武、宣之世奉此三神,礼敬敕备,神光尤著。祖宗所立神祇旧位,诚未易动。前始纳贡禹之议,后人相因,多所动摇。易大传曰:'诬神者殃及三世。'恐其咎不独止禹等!"上意恨之,又以久无继嗣,冬,十月庚辰,上白太后,令诏有司复甘泉泰畤、汾阴后土如故,及雍五畤、陈宝祠、长安及郡国祠著明者,皆复之。

是时,上以无继嗣,颇好鬼神、方术之属,上书言祭祀方术得待诏者甚众,祠祭费用颇多。谷永说上曰:"臣闻明于天地之性,不可惑以神怪;知万物之情,不可罔以非类。诸背仁义之正道,不遵五经之法言,而盛称奇怪鬼神,广崇祭祀之方,求报无福之祠,及言世有仙人,服食不终之药,遥兴轻举、黄冶变化之术者,皆奸人惑众,挟左道,怀诈伪,以欺罔世主,听其言,洋洋满耳,若将可遇,求之,荡荡如系风捕景,终不可得。是以明王距而不听,圣人绝而不语。昔秦始皇使徐福发男女入海求神采药,因逃不还,天下怨恨。<u>汉</u>兴,<u>新垣平</u>、<u>齐人少翁</u>、<u>公孙卿</u>、<u>栾大</u>等皆以术穷诈得,诛夷伏辜。唯陛下距绝此类,毋令奸人有以窥朝者!"上善其言。

3　十一月,<u>尉氏</u>男子<u>樊并</u>等十三人谋反,杀<u>陈留</u>太守,劫略吏民,自称将军;徒<u>李谭</u>、<u>称忠</u>、<u>锺祖</u>、<u>訾顺</u>共杀<u>并</u>,以闻,皆封为侯。

4　十二月,<u>山阳</u>铁官徒<u>苏令</u>等二百二十八人攻杀长吏,盗库兵,自称将军;经郡国十九,杀<u>东郡</u>太守及<u>汝南</u>都尉。<u>汝南</u>太守<u>严䜣</u>捕斩<u>令</u>等。迁<u>䜣</u>为大司农。

5　故<u>南昌</u>尉<u>九江梅福</u>上书曰:"昔<u>高祖</u>纳善若不及,从谏如转圜,听言不求其能,举功不考其素,<u>陈平</u>起于亡命而为谋主,<u>韩信</u>拔于行陈而建上将;故天下之士云合归<u>汉</u>,争进奇异,知者竭其策,愚者尽其虑,勇士极其节,怯夫勉其死。合天下之知,并天下之威,是以举<u>秦</u>如鸿毛,取<u>楚</u>若拾遗,此<u>高祖</u>所以无敌于天下也。<u>孝武皇帝</u>好忠谏,说至言,出爵不待廉、茂,庆赐不须显功,是以天下布衣各厉志竭精以赴阙庭,自衒鬻者不可胜数,<u>汉</u>家得贤,于此为盛。使<u>孝武皇帝</u>听用其计,升平可致,于是积尸暴骨,快心<u>胡</u>、<u>越</u>,故<u>淮南王安</u>缘间而起;所以计虑不成而谋议泄者,以众贤聚于本朝,故其大臣势陵,不敢和从也。方今布衣乃窥国家之隙,见间而起者,<u>蜀郡</u>是也。及<u>山阳</u>亡徒<u>苏令</u>之群,蹈藉名都、大郡,求党与,索随和,而无逃匿之意,此皆轻量大臣,无所畏忌,国家之权轻,故匹夫欲与上争衡也。

士者,国之重器;得士则重,失士则轻。《诗》云:'济济多士,<u>文王</u>以宁。'庙堂之议,非草茅所言也;臣诚恐身涂野草,尸并卒伍,故数上书求见,辄报罢。臣闻<u>齐桓</u>之时,有以九九见者,<u>桓公</u>不逆,欲以致大也。今臣所言,非特九九也;陛下距臣者三矣,此天下士所以不至也。昔<u>秦武王</u>好力,<u>任鄙</u>叩关自鬻;<u>缪公</u>行霸,<u>由余</u>归德。今欲致天下之士,民有上书求见者,辄使诣尚书问其所言,言可采取者,秩以升斗之禄,赐以一束之帛,若此,则天下之士,发愤懑,吐忠言,嘉谋日闻于上,天下条贯,国家表里,烂然可睹矣。

夫以四海之广,士民之数,能言之类至众多也;然其隽桀指世陈政,言成文章,质之先圣而不缪,施之当世合时务,若此者亦无几人。故爵禄束帛者,天下之砥石,<u>高祖</u>所以厉世摩钝也。

<u>孔子</u>曰:'工欲善其事,必先利其器。'至<u>秦</u>则不然,张诽谤之罔以为<u>汉</u>驱除,倒持泰阿,授<u>楚</u>其柄。故诚能勿失其柄,天下虽有不顺,莫敢触其锋,此<u>孝武皇帝</u>所以辟地建功,为<u>汉</u>世宗也。

　　今陛下既不纳天下之言,又加戮焉。夫鸢鹊遭害,则仁鸟增逝,愚者蒙戮,则智士深退。间者愚民上书,多触不急之法,或下廷尉而死者众。自阳朔以来,天下以言为讳,朝廷尤甚,群臣皆承顺上指,莫有执正。何以明其然也?取民所上书,陛下之所善,试下之廷尉,廷尉必曰'非所宜言,大不敬',以此卜之,一矣。故京兆尹王章,资质忠直,敢面引廷争,孝元皇帝擢之,以厉具臣而矫曲朝;及至陛下,戮及妻子;且恶恶止其身,王章非有反畔之辜而殃及室家,折直士之节,结谏臣之舌。群臣皆知其非,然不敢争,天下以言为戒,最国家之大患也!

　　愿陛下循高祖之轨,杜亡秦之路,除不急之法,下无讳之诏,博览兼听,谋及疏贱,令深者不隐,远者不塞,所谓'辟四门,明四目'也。往者不可及,来者犹可追。方今君命犯而主威夺,外戚之权,日以益隆。陛下不见其形,愿察其景!建始以来,日食、地震,以率言之,三倍春秋,水灾亡与比数,阴盛阳微,金铁为飞,此何景也?汉兴以来,社稷三危:吕、霍、上官;皆母后之家也。亲亲之道,全之为右,当与之贤师良傅,教以忠孝之道;今乃尊宠其位,授以魁柄,使之骄逆,至于夷灭,此失亲亲之大者也。自霍光之贤,不能为子孙虑,故权臣易世则危。书曰:'毋若火,始庸庸。'势陵于君,权隆于主,然后防之,亦无及已!"上不纳。

资治通鉴卷第三十二

汉纪二十四

孝成皇帝中

永始四年（戊申，前13）

1 春，正月，上行幸甘泉，郊泰畤；大赦天下。三月，行幸河东，祠后土。

2 夏，大旱。

3 四月癸未，长乐临华殿、未央宫东司马门皆灾。六月甲午，霸陵园门阙灾。

4 秋，七月辛未晦，日有食之。

5 冬，十一月庚申，卫将军王商病免。

6 梁王立骄恣无度，至一日十一犯法。相禹奏"立对外家怨望，有恶言"。有司按验，因发其与姑园子奸事，奏"立禽兽行，请诛"。太中大夫谷永上书曰："臣闻礼，天子外屏，不欲见外也；是以帝王之意，不窥人闺门之私，听闻中冓之言。春秋为亲者讳。今梁王年少，颇有狂病，始以恶言按验，既无事实，而发闺门之私，非本章所指。王辞又不服，猥强劾立，傅致难明之事，独以偏辞成罪断狱，无益于治道，污蔑宗室以内乱之恶，披布宣扬于天下，非所以为公族隐讳，增朝廷之荣华，昭圣德之风化也。臣愚以为王少而父同产长，年齿不伦；梁国之富足以厚聘美女，招致妖丽；父同产亦有耻辱之心；按者乃验问恶言，何故猥自发舒！以三者揆之，殆非人情，疑有所迫切，过误失言，文吏蹑寻，不得转移。萌牙之时，加恩勿治，上也。既已按验举宪，宜及王辞不服，诏廷尉选上德通理之吏更审考清问，著不然之效，定失误之法，而反命于下吏，以广公族附疏之德，为宗室刷污乱之耻，甚得治亲之谊。"天子由是寝而不治。

7 是岁，司隶校尉蜀郡何武为京兆尹。武为吏，守法尽公，进善退恶，所居无赫赫名，去后常见思。

元延元年（己酉，前12）

1 春，正月己亥朔，日有食之。

2 壬戌，王商复为大司马、卫将军。

3 三月，上行幸雍，祠五畤。

4 夏，四月丁酉，无云而雷；有流星从日下东南行，四面耀耀如雨，自晡及昏而止。

5 赦天下。

6 秋，七月，有星孛于东井。

上以灾变，博谋群臣。北地太守谷永对曰："王者躬行道德，承顺天地，则五征时序，百姓寿考，符瑞并降；失道妄行，逆天暴物，则咎征著邮，妖孽并见，饥馑荐臻；终不改寤，恶洽变备，不复谴告，更命有德。此天地之常经，百王之所同也。加以功德有厚薄，期质有修短，时世有中季，天道有盛衰。陛下承八世之功业，当阳数之标季，涉三七之节纪，遭无妄之卦运，直百六之灾厄，三难异科，杂焉同会；建始元年以来，二十载间，群灾大异，交错锋起，多于春秋所书。内则为深宫后庭，将有骄臣悍妾、醉酒狂悖卒起之败，北宫苑囿街巷之中，臣妾之家幽闲之处徵舒、崔杼之乱；外则为诸夏下土，将有樊并、苏令、陈胜、项梁奋臂之祸。安危之分界，宗庙之至忧，臣永所以破胆寒心，豫言之累年。下有其萌，然后变见于上，可不致慎！祸起细微，奸生所易。愿陛下正君臣之义，无复与群小媟黩宴饮；勤三纲之严，修后宫之政，抑远骄妒之宠，崇近婉顺之行；朝觐法驾而后出，陈兵清道而后行，无复轻身独出，饮食臣妾之家。三者既除，内乱之路塞矣。诸夏举兵，萌在民饥馑而吏不恤，兴于百姓困而赋敛重，发于下怨离而上不知。传曰：'饥而不损，兹谓泰，厥咎亡。'比年郡国伤于水灾，禾麦不收，宜损常税之时，而有司奏请加赋，甚缪经义，逆于民心，市怨趋祸之道也。臣愿陛下勿许加赋之奏，益减奢泰之费，流恩广施，振赡困乏，救劝耕桑，以慰绥元元之心，诸夏之乱庶几可息！"

中垒校尉刘向上书曰："臣闻帝舜戒伯禹'毋若丹朱傲'，周公戒成王'毋若殷王纣'，圣帝明王常以败乱自戒，不讳废兴，故臣敢极陈其愚，唯陛下留神察焉！

谨按春秋二百四十二年，日食三十六，今连三年比食，自建始以来，二十岁间而八食，率二岁六月而一发，古今罕有。异有小大希稠，占有舒疾缓急，观秦、汉之易世，览惠、昭之无后，察昌邑之不终，视孝宣之绍起，皆有变异著于汉纪。天之去就，岂不昭昭然哉！臣幸得托末属，诚见陛下宽明之德,冀销大异而兴高宗、成王之声,以崇刘氏,故恳恳数奸死亡之诛!天文难以相晓,臣虽图上,犹须口说,然后可知;愿赐清燕之间,指图陈状!"上辄入之,然终不能用也。

7　红阳侯立举陈咸方正;对策,拜为光禄大夫、给事中。丞相方进复奏"咸前为九卿,坐为贪邪免,不当蒙方正举,备内朝臣";并劾"红阳侯立选举故不以实。"有诏免咸,勿劾立。

8　十二月乙未,王商为大将军。辛亥,商薨。其弟红阳侯立次当辅政;先是立使客因南郡太守李尚占垦草田数百顷,上书以入县官,贵取其直一亿万以上,丞相司直孙宝发之,上由是废立,而用其弟光禄勋曲阳侯根。庚申,以根为大司马、骠骑将军。

9　特进、安昌侯张禹请平陵肥牛亭地;曲阳侯根争,以为此地当平陵寝庙,衣冠所出游道,宜更赐禹他地。上不从,卒以赐禹。根由是害禹宠,数毁恶之。天子愈益敬厚禹,每病,辄以起居闻,车驾自临问之,上亲拜禹床下,禹顿首谢恩;禹小子未有官,禹数视其小子;上即禹床下拜为黄门郎、给事中。禹虽家居,以特进为天子师,国家每有大政,必与定议。

时吏民多上书言灾异之应,讥切王氏专政所致,上意颇然之,未有以明见,乃车驾至禹弟,辟左右,亲问禹以天变,因用吏民所言王氏事示禹。禹自见年老,子孙弱,又与曲阳侯不平,恐为所怨,则谓上曰:"春秋日食、地震,或为诸侯相杀,夷狄侵中国。灾变之意,深远难见,故圣人罕言命,不语怪神,性与天道,自子贡之属不得闻,何况浅见鄙儒之所言。陛下宜修政事,以善应之,与下同其福喜,此经义意也。新学小生,乱道误人,宜无信用,以经术断之!"上雅信爱禹,由此不疑王氏。后曲阳侯根及诸王子弟闻知禹言,皆喜说,遂亲就禹。

故槐里令朱云上书求见,公卿在前,云曰:"今朝廷大臣,上不能匡主,下无以益民,皆尸位素餐,孔子所谓'鄙夫不可与事君,苟患失之,亡所不至'者也!臣愿赐尚方斩马剑,断佞臣一人头以厉其馀!"上问:"谁也?"对曰:"安昌侯张禹!"上大怒曰:"小臣居下讪上,廷辱师傅,罪死不赦!"御史将云下;云攀殿槛,槛折。云呼曰:"臣得下从龙逢、比干游于地下,足矣!未知圣朝何如耳!"御史遂将云去。于是左将军辛庆忌免冠,解印绶,叩头殿下曰:"此臣素著狂直于世,使其言是,不可诛;其言非,固当容之。臣敢以死争!"庆忌叩头流血;上意解,然后得已。及后当治槛,上曰:"勿易,因而辑之,以旌直臣!"

10　匈奴搜谐单于将入朝;未入塞,病死。弟且莫车立,为车牙若鞮单于;以囊知牙斯为左贤王。

11 北地都尉张放到官数月,复征入侍中。太后与上书曰:"前所道尚未效,富平侯反复来,其能默乎!"上谢曰:"请今奉诏!"上于是出放为天水属国都尉;引少府许商、光禄勋师丹为光禄大夫,班伯为水衡都尉,并侍中,皆秩中二千石,每朝东宫,常从;及大政,俱使谕指于公卿。上亦稍厌游宴,复修经书之业;太后甚悦。

12 是岁,左将军辛庆忌卒。庆忌为国虎臣,遭世承平,匈奴、西域亲附,敬其威信。

二年(庚戌,前11)

1 春,正月,上行幸甘泉,郊泰畤。三月,行幸河东,祠后土。既祭,行游龙门,登历观,陟西岳而归。

2 夏,四月,立广陵孝王子守为王。

3 初,乌孙小昆弥安日为降民所杀,诸翎侯大乱;诏征故金城太守段会宗为左曹、中郎将、光禄大夫,使安辑乌孙;立安日弟末振将为小昆弥,定其国而还。时大昆弥雌栗靡勇健,末振将恐为所并,使贵人乌日领诈降,刺杀雌栗靡,汉欲以兵讨之而未能,遣中郎将段会宗立公主孙伊秩靡为大昆弥。久之,大昆弥、翎侯难栖杀末振将,安日子安犁靡代为小昆弥。汉恨不自诛末振将,复遣段会宗发戊己校尉诸国兵,即诛末振将太子番丘。会宗恐大兵入乌孙,惊番丘,亡逃不可得,即留所发兵垫娄地,选精兵三十弩径至昆弥所在,召番丘,责以末振将之罪,即手剑击杀番丘。官属以下惊恐,驰归。小昆弥安犁靡勒兵数千骑围会宗,会宗为言来诛之意,"今围守杀我,如取汉牛一毛耳。宛王、郅支头县槁街,乌孙所知也。"昆弥以下服,曰:"末振将负汉,诛其子可也,独不可告我,令饮食之邪!"会宗曰:"豫告昆弥,逃匿之,为大罪。即饮食以付我,伤骨肉恩。故不先告。"昆弥以下号泣罢去。会宗还,奏事,天子赐会宗爵关内侯、黄金百斤。会宗以难栖杀末振将,奏以为坚守都尉。责大禄、大监以雌栗靡见杀状,夺金印、紫绶,更与铜、墨云。末振将弟卑爰疐本共谋杀大昆弥,将众八万北附康居,谋欲借兵兼并两昆弥;汉复遣会宗与都护孙建并力以备之。

自乌孙分立两昆弥,汉用忧劳,且无宁岁。时康居复遣子侍汉,贡献,都护郭舜上言:"本匈奴盛时,非以兼有乌孙、康居故也;及其称臣妾,非以失二国也。汉虽皆受其质子,然三国内相输遗,交通如故;亦相候司,见便则发;合不能相亲信,离不能相臣役。以今言之,结配乌孙,竟未有益,反为中国生事。然乌孙既结在前,今与匈奴俱称臣,义不可距。而康居骄黠,讫不肯拜使者;都护吏至其国,坐之乌孙诸使下,王及贵人先饮食已,乃饮啖都护吏,故为无所省以夸旁国。以此度之,何故遣子入侍? 其欲贾市,为好辞之诈也。匈奴,百蛮大国,今事汉甚备;闻康居不拜,且使单于有悔自卑之意。宜归其侍子,绝不复使,以章汉家不通无礼之国!"汉为其新通,重致远人,终羁縻不绝。

三年(辛亥,前10)

1 春,正月丙寅,蜀郡岷山崩,壅江三日,江水竭。刘向大恶之,曰:"昔周岐山崩,三川竭,而幽王亡。岐山者,周所兴也。汉家本起于蜀、汉,今所起之地,山崩川竭,星孛又及摄提、大角,从参至辰,殆必亡矣!"

2 二月丙午,封淳于长为定陵侯。

3 三月,上行幸雍,祠五畤。

4 上将大夸胡人以多禽兽,秋,命右扶风发民入南山,西自褒、斜,东至弘农,南驱汉中,张罗罔罝罘,捕熊罴禽兽,载以槛车,输之长杨射熊馆,以罔为周陛,纵禽兽其中,令胡人手搏之,自取其获,上亲临观焉。

四年(壬子,前9)

1 春,正月,上行幸甘泉,郊泰畤。

2 中山王兴、定陶王欣皆来朝,中山王独从傅,定陶王尽从傅、相、中尉。上怪之,以问定陶王,对曰:"令:诸侯王朝,得从其国二千石。傅、相、中尉,皆国二千石,故尽从之。"上令诵诗,通习,能说。他日,问中山王:"独从傅在何法令?"不能对;令诵尚书,又废;及赐食于前,后饱;起下,袜系解。帝由此以为不能,而贤定陶王,数称其材。是时诸侯王唯二人于帝为至亲,定陶王祖母傅太后随王来朝,私赂遗赵皇后、昭仪及票骑将军王根。后、昭仪、根见上无子,亦欲豫自结,为长久计,皆更称定陶王,劝帝以为嗣。帝亦自美其材,为加元服而遣之,时年十七矣。

3 三月,上行幸河东,祠后土。

4 陨石于关东二。

5 王根荐谷永,征入,为大司农。永前后所上四十馀事,略相反覆,专攻上身与后宫而已;党于王氏,上亦知之,不甚亲信也。为大司农岁馀,病;满三月,上不赐告,即时免。数月,卒。

绥和元年(癸丑,前8)

1　春,正月,大赦天下。

2　上召丞相翟方进、御史大夫孔光、右将军廉褒、后将军朱博入禁中,议"<u>中山</u>、<u>定陶王</u>谁宜为嗣者?"<u>方进</u>、<u>根</u>、<u>褒</u>、<u>博</u>皆以为:"<u>定陶王</u>,帝弟之子。<u>礼</u>曰:'昆弟之子,犹子也。为其后者,为之子也。'<u>定陶王</u>宜为嗣。"<u>光</u>独以为:"礼,立嗣以亲。以<u>尚书盘庚殷</u>之及<u>王</u>为比,兄终弟及。<u>中山王</u>,先帝之子,帝亲弟,宜为嗣。"上以"<u>中山王</u>不材",又礼,兄弟不得相入庙",不从<u>光</u>议。二月癸丑,诏立<u>定陶王欣</u>为皇太子,封<u>中山王</u>舅谏大夫<u>冯参</u>为<u>宜乡侯</u>,益<u>中山</u>国三万户,以慰其意;使执金吾<u>任宏</u>守大鸿胪,持节征<u>定陶王</u>。<u>定陶王</u>谢曰:"臣材质不足以假充太子之宫;臣愿且得留国邸,旦夕奉问起居,俟有圣嗣,归国守藩。"书奏,天子报"闻"。戊午,<u>孔光</u>以议不合意,左迁廷尉;<u>何武</u>为御史大夫。

3　初,诏求<u>殷</u>后,分散为十馀姓,推求其嫡,不能得。<u>匡衡</u>、<u>梅福</u>皆以为宜封<u>孔子</u>世为<u>汤</u>后,上从之,封<u>孔吉</u>为<u>殷绍嘉侯</u>。三月,与<u>周承休侯</u>皆进爵为公,地各百里。

4　上行幸<u>雍</u>,祠<u>五畤</u>。

5　初,<u>何武</u>之为廷尉也,建言:"末俗之敝,政事烦多,宰相之材不能及古,而丞相独兼三公之事,所以久废而不治也。宜建三公官。"上从之。夏,四月,赐<u>曲阳侯根</u>大司马印绶,置官属,罢票骑将军官;以御史大夫<u>何武</u>为大司空,封<u>氾乡侯</u>:皆增奉如丞相,以备三公焉。

6　秋,八月庚戌,<u>中山孝王兴</u>薨。

7　<u>匈奴车牙单于</u>死;弟<u>囊知牙斯</u>立,为<u>乌珠留若鞮单于</u>。<u>乌珠留单于</u>立,以弟<u>乐</u>为左贤王,<u>舆</u>为右贤王,<u>汉</u>遣中郎将<u>夏侯藩</u>、副校尉<u>韩容</u>使<u>匈奴</u>。

或说<u>王根</u>曰:"<u>匈奴</u>有斗入<u>汉</u>地,直<u>张掖郡</u>,生奇材箭竿、鹫羽;如得之,于边甚饶,国家有广地之实,将军显功垂于无穷!"<u>根</u>为上言其利,上直欲从单于求之,为有不得,伤命损威。<u>根</u>即但以上指晓<u>藩</u>,令从<u>藩</u>所说而求之。<u>藩</u>至<u>匈奴</u>,以语次说单于曰:"窃见<u>匈奴</u>斗入<u>汉</u>地,直<u>张掖郡</u>,<u>汉</u>三都尉居塞上,士卒数百人,寒苦,候望久劳,单于宜上书献此地,直断割之,省两都尉士卒数百人,以复天子厚恩,其报必大!"单于曰:"此天子诏语邪,将从使者所求也?"<u>藩</u>曰:"诏指也,然<u>藩</u>亦为单于画善计耳。"单于曰:"此<u>温偶駼王</u>所居地也,未晓其形状、所生,请遣使问之。"

<u>藩</u>、<u>容</u>归<u>汉</u>后,复使<u>匈奴</u>,至则求地。单于曰:"父兄传五世,<u>汉</u>不求

此地,至知独求,何也？已问温偶駼王,匈奴西边诸侯作穹庐及车,皆仰此山材木,且先父地,不敢失也。"藩还,迁太原太守。单于遣使上书,以藩求地状闻。诏报单于:"藩擅称诏,从单于求地,法当死;更大赦二,今徙藩为济南太守,不令当匈奴。"

8 冬,十月甲寅,王根病免。

9 上以太子既奉大宗后,不得顾私亲,十一月,立楚孝王孙景为定陶王。太子议欲谢;少傅阎崇以为"为人后之礼,不得顾私亲,不当谢";太傅赵玄以为"当谢",太子从之。诏问所以谢状,尚书劾奏玄,左迁少府;以光禄勋师丹为太傅。

初,太子之幼也,王祖母傅太后躬自养视;及为太子,诏傅太后、丁姬自居定陶国邸,不得相见。顷之,王太后欲令傅太后、丁姬十日一至太子家,帝曰:"太子承正统,当共养陛下,不得复顾私亲。"王太后曰:"太子小而傅太后抱养之;今至太子家,以乳母恩耳,不足有所妨!"于是令傅太后得至太子家;丁姬以不养太子,独不得。

10 卫尉、侍中淳于长有宠于上,大见信用,贵倾公卿,外交诸侯、牧、守,赂遗、赏赐累巨万,淫于声色。许后姊嬻为龙雒思侯夫人,寡居,长与嬻私通,因取为小妻。许后时居长定宫,因嬻赂遗长,欲求复为婕妤。长受许后金钱乘舆、服御物前后千馀万,诈许为白上,立为左皇后。嬻每入长定宫,辄与嬻书,戏侮许后,嫚易无不言;交通书记,赂遗连年。

时曲阳侯根辅政,久病,数乞骸骨。长以外亲居九卿位,次第当代根。侍中、骑都尉、光禄大夫王莽心害长宠,私闻其事。莽侍曲阳侯病,因言"长见将军久病意喜,自以当代辅政,至对衣冠议语署置";具言其罪过。根怒曰:"即如是,何不白也!"莽曰:"未知将军意,故未敢言!"根曰:"趣白东宫!"莽求见太后,具言长骄佚,欲代曲阳侯;私与长定贵人姊通,受取其衣物。太后亦怒曰:"儿至如此!往,白之帝!"莽白上;上以太后故,免长官,勿治罪,遣就国。

初,红阳侯立不得辅政,疑为长毁谮,常怨毒长;上知之。及长当就国,立嗣子融从长请车骑,长以珍宝因融重遗立。立因上封事,为长求留曰:"陛下既托文以皇太后故,诚不可更有他计。"于是天子疑焉,下有司按验。吏捕融,立令融自杀以灭口。上愈疑其有大奸,遂逮长系洛阳诏狱,穷治。长具服戏侮长定宫,谋立左皇后,罪至大逆,死狱中。妻子当坐者徙合浦,母若归故郡。上使廷尉孔光持节赐废后药,自杀。丞相方进复劾奏"红阳侯立,狡猾不道,请下狱"。上曰:"红阳侯,朕之舅,不忍致法;

遣就国。"于是方进复奏立党友后将军朱博、钜鹿太守孙闳,皆免官,与故光禄大夫陈咸皆归故郡。咸自知废锢,以忧死。

方进智能有馀,兼通文法吏事,以儒雅缘饰,号为通明相,天子器重之;又善求人主微指,奏事无不当意。方淳于长用事,方进独与长交,称荐之;及长坐大逆诛,上以方进大臣,为之隐讳,方进内惭,上疏乞骸骨。上报曰:"定陵侯长已伏其辜,君虽交通,传不云乎:'朝过夕改,君子与之。'君何疑焉!其专心壹意,毋怠医药,以自持。"方进起视事,复条奏长所厚善京兆尹孙宝、右扶风萧育,刺史二千石以上免二十馀人。函谷都尉、建平侯杜业,素与方进不平,方进奏"业受红阳侯书听请,不敬",免,就国。

上以王莽首发大奸,称其忠直,王根因荐莽自代。丙寅,以莽为大司马,时年三十八。莽既拔出同列,继四父而辅政,欲令名誉过前人,遂克己不倦。聘诸贤良以为掾、史,赏赐、邑钱悉以享士,愈为俭约。母病,公卿列侯遣夫人问疾,莽妻迎之,衣不曳地,布蔽膝,见之者以为僮使,问知其夫人。其饰名如此。

11　丞相方进、大司空武奏言:"《春秋》之义,用贵治贱,不以卑临尊。刺史位下大夫而临二千石,轻重不相准。臣请罢刺史,更置州牧以应古制!"十二月,罢刺史,更置州牧,秩二千石。

12　犍为郡于水滨得古磬十六枚,议者以为善祥。刘向因是说上:"宜兴辟雍,设庠序,陈礼乐,隆雅颂之声,盛揖让之容,以风化天下。如此而不治者,未之有也。或曰:不能具礼。礼以养人为本,如有过差,是过而养人也。刑罚之过或至死伤,今之刑非皋陶之法也,而有司请定法,削则削,笔则笔,救时务也。至于礼乐,则曰不敢,是敢于杀人、不敢于养人也。为其俎豆、管弦之间小不备,因是绝而不为,是去小不备而就大不备,惑莫甚焉!夫教化之比于刑法,刑法轻,是舍所重而急所轻也。教化,所恃以为治也;刑法,所以助治也;今废所恃而独立其所助,非所以致太平也。自京师有悖逆不顺之子孙,至于陷大辟,受刑戮者不绝,由不习五常之道也。夫承千岁之衰周,继暴秦之馀敝,民渐渍恶俗,贪饕险诐,不闲义理,不示以大化而独驱以刑罚,终已不改!"帝以向言下公卿议,丞相、大司空奏请立辟痈,按行长安城南营表;未作而罢。时又有言"孔子布衣,养徒三千人,今天子太学弟子少"。于是增弟子员三千人,岁馀,复如故。

刘向自见得信于上,故常显讼宗室,讥刺王氏及在位大臣,其言多痛切,发于至诚。上数欲用向为九卿,辄不为王氏居位者及丞相、御史所持,故终不迁,居列大夫官前后三十馀年而卒。后十三岁而王氏代汉。

资治通鉴卷第三十三

汉纪二十五

孝成皇帝下

绥和二年（甲寅，前7）

1 春，正月，上行幸甘泉，郊泰畤。

2 二月壬子，丞相方进薨。

时荧惑守心，丞相府议曹平陵李寻奏记方进，言："灾变迫切，大责日加，安得保斥逐之戮！阖府三百馀人，唯君侯择其中，与尽节转凶。"方进忧之，不知所出。会郎贲丽善为星，言大臣宜当之。上乃召见方进。还归，未及引决，上遂赐册，责让以政事不治，灾害并臻，百姓穷困，曰："欲退君位，尚未忍，使尚书令赐君上尊酒十石，养牛一，君审处焉！"方进即日自杀。上秘之，遣九卿策赠印绶，赐乘舆秘器、少府供张，柱槛皆衣素。天子亲临吊者数至，礼赐异于他相故事。

　　臣光曰：晏婴有言："天命不慆，不贰其命。"祸福之至，安可移乎！昔楚昭王、宋景公不忍移灾于卿佐，曰："移腹心之疾，置诸股肱，何益也！"藉其灾可移，仁君犹不忍为，况不可乎！使方进罪不至死而诛之，以当大变，是诬天也；方进有罪当刑，隐其诛而厚其葬，是诬人也；孝成欲诬天、人而卒无所益，可谓不知命矣。

3 三月，上行幸河东，祠后土。

4 丙戌，帝崩于未央宫。

帝素强无疾病，是时，楚思王衍、梁王立来朝，明旦，当辞去，上宿供张白虎殿；又欲拜左将军孔光为丞相，已刻侯印，书赞。昏夜，平善，乡晨，傅绔袜欲起，因失衣，不能言，昼漏上十刻而崩。民间谨哗，咸归罪赵昭仪。皇太后诏大司马莽杂与御史、丞相、廷尉治，问皇帝起居发病状；赵昭仪自杀。

　　班彪赞曰：臣姑充后宫为婕妤，父子、昆弟侍帷幄，数为臣言："成帝善修容仪，升车正立，不内顾，不疾言，不亲指，临朝渊嘿，尊严若神,可谓穆穆天子之容者矣。博览古今,容受直辞,公卿奏议可述。遭世承平,上下和睦。然湛于酒色,赵氏乱内,外家擅朝,言之可为於邑!"建始以来,王氏始执国命,哀、平短祚,莽遂篡位,盖其威福所由来者渐矣!

5　是日,孔光于大行前拜受丞相、博山侯印绶。

6　富平侯张放闻帝崩,思慕哭泣而死。

　　荀悦论曰:放非不爱上,忠不存焉。故爱而不忠,仁之贼也!

7　皇太后诏南、北郊长安如故。

8　夏,四月丙午,太子即皇帝位,谒高庙;尊皇太后曰太皇太后,皇后曰皇太后。大赦天下。

哀帝初立,躬行俭约,省减诸用,政事由己出,朝廷翕然望至治焉。

9　己卯,葬孝成皇帝于延陵。

10　太皇太后令傅太后、丁姬十日一至未央宫。

有诏问丞相、大司空:"定陶共王太后宜当何居?"丞相孔光素闻傅太后为人刚暴,长于权谋,自帝在襁褓,而养长教道至于成人,帝之立又有力;光心恐傅太后与政事,不欲与帝旦夕相近,即议以为:"定陶太后宜改筑宫。"大司空何武曰:"可居北宫。"上从武言。北宫有紫房复道通未央宫,傅太后果从复道朝夕至帝所,求欲称尊号,贵宠其亲属,使上不得由直道行。高昌侯董宏希指,上书言:"秦庄襄王,母本夏氏,而为华阳夫人所子,及即位后,俱称太后。宜立定陶共王后为帝太后。"事下有司,大司马王莽、左将军、关内侯、领尚书事师丹劾奏宏:"知皇太后至尊之号,天下一统,而称引亡秦以为比喻,违误圣朝,非所宜言,大不道!"上新立,谦让,纳用莽、丹言,免宏为庶人。傅太后大怒,要上,欲必称尊号。上乃白太皇太后,令下诏尊定陶恭王为恭皇。

11　五月丙戌,立皇后傅氏,傅太后从弟晏之子也。

12　诏曰:"春秋,母以子贵。宜尊定陶太后曰恭皇太后、丁姬曰恭皇后,各置左右詹事,食邑如长信宫、中宫。"追尊傅父为崇祖侯,丁父为褒德侯;封舅丁明为阳安侯,舅子满为平周侯,皇后父晏为孔乡侯,皇太后弟侍中、光禄大夫赵钦为新城侯。太皇太后诏大司马莽就第,避帝外家;莽上疏乞骸骨。帝遣尚书令诏起莽,又遣丞相孔光、大司空何武、左将军师丹、卫尉傅喜白太皇太后曰:"皇帝闻太后诏,甚悲!大司马即不起,皇帝即不敢听政!"太后乃复令莽视事。

13　成帝之世,郑声尤甚,黄门名倡丙彊、景武之属富显于世,贵戚至与人主争女乐。帝自为定陶王时疾之,又性不好音,六月,诏曰:"孔子不云乎:'放郑声,郑声淫。'其罢乐府官;郊祭乐及古兵法武乐在经,非郑、卫之乐者,条奏,别属他官。"凡所罢省过半。然百姓渐渍日久,又不制雅乐有以相变,豪富吏民湛沔自若。

14　王莽荐中垒校尉刘歆有材行,为侍中,稍迁光禄大夫,贵幸;更名秀。上复令秀典领五经,卒父前业。秀于是总群书而奏其七略,有辑略、有六艺略、有诸子略、有诗赋略、有兵书略、有术数略、有方技略。凡书六略,三十八种,五百九十六家,万三千二百六十九卷。其叙诸子,分为九流:曰儒,曰道,曰阴阳,曰法,曰名,曰墨,曰从横,曰杂,曰农,以为:"九家皆起于王道既微,诸侯力政,时君世主好恶殊方,是以九家之术蜂出并作,各引一端,崇其所善,以此驰说,取合诸侯。其言虽殊,譬如水火相灭,亦相生也;仁之与义,敬之与和,相反而皆相成也。易曰:'天下同归而殊涂,一致而百虑。'今异家者推所长,穷知究虑以明其指,虽有蔽短,合其要归,亦六经之支与流裔;使其人遭明王圣主,得其所折中,皆股肱之材已。仲尼有言:'礼失而求诸野。'方今去圣久远,道术缺废,无所更索,彼九家者,不犹愈于野乎!若能修六艺之术,而观此九家之言,舍短取长,则可以通万方之略矣。"

15　河间惠王良能修献王之行,母太后薨,服丧如礼;诏益封万户,以为宗室仪表。

16　初,董仲舒说武帝,以"秦用商鞅之法,除井田,民得卖买,富者田连阡陌,贫者亡立锥之地,邑有人君之尊,里有公侯之富,小民安得不困!古井田法虽难卒行,宜少近古,限民名田以赡不足,塞并兼之路;去奴婢,除专杀之威;薄赋敛,省繇役,以宽民力,然后可善治也!"及上即位,师丹复建言:"今累世承平,豪富吏民訾数巨万,而贫弱愈困,宜略为限。"天子下其议,丞相光、大司空武奏请:"自诸侯王、列侯、公主名田各有限;关内侯、吏、民名田皆毋过三十顷;奴婢毋过三十人。期尽三年,犯者没入官。"时田宅、奴婢贾为减贱,贵戚近习皆不便也,诏书:"且须后。"遂寝不行。又诏:"齐三服官、诸官,织绮绣难成、害女红之物,皆止,无作输。除任子令及诽谤诋欺法。掖庭宫人年三十以下,出嫁之;官奴婢五十以上,免为庶人。益吏三百石以下俸。"

17　上置酒未央宫,内者令为傅太后张幄,坐于太皇太后坐旁。大司马莽按行,责内者令曰:"定陶太后,藩妾,何以得与至尊并!"彻去,更设坐。傅太后闻之,大怒,不肯会,重怨恚莽;莽复乞骸骨。秋,七月丁卯,上赐莽黄金五百斤,安车驷马,罢就第。公卿大夫多称之者,上乃加恩宠,置中黄门,为莽家给使,十日一赐餐。又下诏益封曲阳侯根、安阳侯舜、新都侯莽、丞相光、大司空武邑户各有差。以莽为特进、给事中,朝朔望,见礼如三公。又还红阳侯立于京师。

傅太后从弟右将军喜,好学问,有志行。王莽既罢退,众庶归望于喜。初,上之官爵外亲也,喜独执谦称疾;傅太后始与政事,数谏之;由是傅太后不欲令喜辅政。庚午,以左将军师丹为大司马,封高乡亭侯;赐喜黄金百斤,上右将军印绶,以光禄大夫养病;以光禄勋淮阳彭宣为右将军。大司空何武、尚书令唐林皆上书言:“喜行义修洁,忠诚忧国,内辅之臣也。今以寝病一旦遣归,众庶失望,皆曰:‘傅氏贤子,以论议不合于定陶太后,故退。’百寮莫不为国恨之。忠臣,社稷之卫,鲁以季友治乱,楚以子玉轻重,魏以无忌折冲,项以范增存亡。百万之众,不如一贤;故秦行千金以间廉颇,汉散万金以疏亚父。喜立于朝,陛下之光辉,傅氏之废兴也。”上亦自重之,故寻复进用焉。

18　建平侯杜业上书诋曲阳侯王根、高阳侯薛宣、安昌侯张禹而荐朱博。帝少而闻知王氏骄盛,心不能善,以初立,故且优之。后月馀,司隶校尉解光奏:“曲阳侯,先帝山陵未成,公聘取掖庭女乐五官殷严、王飞君等置酒歌舞,及根兄子成都侯况,亦聘取故掖庭贵人以为妻,皆无人臣礼,大不敬,不道!”于是天子曰:“先帝遇根、况父子,至厚也,今乃背恩忘义!”以根尝建社稷之策,遣归国;免况为庶人,归故郡。根及况父商所荐举为官者皆罢。

19　九月庚申,地震,自京师到北边郡国三十馀处,坏城郭,凡压杀四百馀人。上以灾异问待诏李寻,对曰:“夫日者,众阳之长,人君之表也。君不修道,则日失其度,暗昧亡光。间者日尤不精,光明侵夺失色,邪气珥、蜺数作。小臣不知内事,窃以日视陛下,志操衰于始初多矣。唯陛下执乾刚之德,强志守度,毋听女谒、邪臣之态,诸保阿、乳母甘言悲辞之托,断而勿听。勉强大义,绝小不忍;良有不得已,可赐以货财,不可私以官位,诚皇天之禁也!

臣闻月者,众阴之长,妃后、大臣、诸侯之象也。间者月数为变,此为母后与政乱朝,阴阳俱伤,两不相便;外臣不知朝事,窃信天文,即如此,近臣已不足杖矣。唯陛下亲求贤士,无强所恶,以崇社稷,尊强本朝!

臣闻五行以水为本,水为准平,王道公正修明,则百川理,落脉通,偏党失纲,则涌溢为败。今汝、颍漂涌,与雨水并为民害,此诗所谓‘百川沸腾'，咎在皇甫卿士之属。唯陛下少抑外亲大臣!

臣闻地道柔静，阴之常义也。间者关东地数震，宜务崇阳抑阴以救其咎，固志建威，闭绝私路，拔进英隽，退不任职，以强本朝! 夫本强则精神折冲;本弱则招殃致凶，为邪谋所陵。闻往者淮南王作谋之时，其所难者独有汲黯，以为公孙弘等不足言也。弘，汉之名相，于今无比，而尚见轻，何况亡弘之属乎! 故曰朝廷亡人，则为贼乱所轻，其道自然也。"

20　骑都尉平当使领河堤，奏:"九河今皆真灭。按经义，治水有决河深川而无堤防壅塞之文。河从魏郡以东多溢决，水迹难以分明，四海之众不可诬。宜博求能浚川疏河者。"上从之。

待诏贾让奏言:"治河有上、中、下策。古者立国居民，疆理土地，必遗川泽之分，度水势所不及。大川无防，小水得入，陂障卑下，以为污泽，使秋水多得其所休息，左右游波宽缓而不迫。夫土之有川，犹人之有口也，治土而防其川，犹止儿啼而塞其口，岂不遽止，然其死可立而待也。故曰:'善为川者决之使道，善为民者宣之使言。'盖堤防之作，近起战国，雍防百川，各以自利。齐与赵、魏以河为竟，赵、魏濒山，齐地卑下，作堤去河二十五里，河水东抵齐堤则西泛赵、魏;赵、魏亦为堤去河二十五里，虽非其正，水尚有所游荡。时至而去，则填淤肥美，民耕田之;或久无害，稍筑室宅，遂成聚落;大水时至，漂没，则更起堤防以自救，稍去其城郭，排水泽而居之，湛溺自其宜也。今堤防，狭者去水数百步，远者数里，于故大堤之内复有数重，民居其间，此皆前世所排也。河从河内黎阳至魏郡昭阳，东西互有石堤，激水使还，百馀里间，河再西三东，迫厄如此，不得安息。

今行上策，徙冀州之民当水冲者，决黎阳遮害亭，放河使北入海;河西薄大山，东薄金堤，势不能远泛滥，期月自定。难者将曰:'若如此，败坏城郭、田庐、冢墓以万数，百姓怨恨。'昔大禹治水，山陵当路者毁之，故凿龙门，辟伊阙，析底柱，破碣石，堕断天地之性;此乃人功所造，何足言也! 今濒河十郡，治堤岁费且万万;及其大决，所残无数。如出数年治河之费以业所徙之民，遵古圣之法，定山川之位，使神人各处其所而不相奸;且大汉方制万里，岂其与水争咫尺之地哉! 此功一立，河定民安，千载无患，故谓之上策。

若乃多穿漕渠于冀州地，使民得以溉田，分杀水怒，虽非圣人法，然亦救败术也。可从淇口以东为石堤，多张水门。恐议者疑河大川难禁制，荥阳漕渠足以卜之。冀州渠首尽，当仰此水门，诸渠皆往往股引取之:旱则开东方下水门，溉冀州;水则开西方高门，分河流，民田适治，河堤亦成。

此诚富国安民、兴利除害,支数百岁,故谓之中策。

若乃缮完故堤,增卑倍薄,劳费无已,数逢其害,此最下策也!"

21 孔光何武奏:"迭毁之次当以时定,请与群臣杂议。"于是光禄勋彭宣等五十三人皆以为"孝武皇帝虽有功烈,亲尽宜毁"。太仆王舜、中垒校尉刘歆议曰:"礼,天子七庙。七者其正法数,可常数者也。宗不在此数中,宗变也。苟有功德则宗之,不可预为设数。臣愚以为孝武皇帝功烈如彼,孝宣皇帝崇立之如此,不宜毁!"上览其议,制曰:"太仆舜、中垒校尉歆议可。"

22 何武后母在蜀郡,遣吏归迎;会成帝崩,吏恐道路有盗贼,后母留止。左右或讥武事亲不笃,帝亦欲改易大臣,冬,十月,策免武,以列侯归国。癸酉,以师丹为大司空。丹见上多所匡改成帝之政,乃上书言:"古者谅暗不言,听于冢宰;三年无改于父之道。前大行尸柩在堂,而官爵臣等以及亲属,赫然皆贵宠,封舅为阳安侯,皇后尊号未定,豫封父为孔乡侯;出侍中王邑、射声校尉王邯等。诏书比下,变动政事,卒暴无渐。臣纵不能明陈大义,复曾不能牢让爵位,相随空受封侯,增益陛下之过。间者郡国多地动水出,流杀人民,日月不明,五星失行,此皆举错失中,号令不定,法度失理,阴阳溷浊之应也。

臣伏惟人情无子,年虽六七十,犹博取而广求。孝成皇帝深见天命,烛知至德,以壮年克己,立陛下为嗣。先帝暴弃天下,而陛下继体,四海安宁,百姓不惧,此先帝圣德,当合天人之功也。臣闻'天威不违颜咫尺',愿陛下深思先帝所以建立陛下之意,且克己躬行,以观群下之从化。天下者,陛下之家也,肺附何患不富贵,不宜仓卒若是,其不久长矣。"丹书数十上,多切直之言。

傅太后从弟子迁在左右,尤倾邪,上恶之,免官,遣归故郡。傅太后怒;上不得已,复留迁。丞相光与大司空丹奏言:"诏书前后相反,天下疑惑,无所取信。臣请归迁故郡,以销奸党。"卒不得遣,复为侍中。其逼于傅太后,皆此类也。

23 议郎耿育上书冤讼陈汤曰:"甘延寿、陈汤,为圣汉扬钩深致远之威,雪国家累年之耻,讨绝域不羁之君,系万里难制之虏,岂有比哉!先帝嘉之,仍下明诏,宣著其功,改年垂历,传之无穷。应是,南郡献白虎,边垂无警备。会先帝寝疾,然犹垂意不忘,数使尚书责问丞相,趣立其功,独丞相匡衡排而不予,封延寿、汤数百户,此功臣战士所以失望也。孝成皇帝承建业之基,乘征伐之威,兵革不动,国家无事,而大臣倾邪,欲专主威,排妒有功,使汤块然被见拘囚,不能自明,卒以无罪老弃,敦煌正当西域通道,令威名折冲之臣,旋踵及身,复为郅支遗虏所笑,诚可悲也!至今奉使外蛮者,未尝不陈郅支之诛以扬汉国之盛。夫援人之功以惧敌,弃人之身以快谗,岂不痛哉!且安不忘危,盛必虑衰,今国家素无文帝累年节俭富饶之畜,又无武帝荐延枭俊禽敌之臣,独有一陈汤耳!假使异世不及陛下,尚望国家追录其功,封表其墓,以劝后进也。汤幸得身当圣世,功曾未久,反听邪臣鞭逐斥远,使亡逃分窜,死无处所。远览之士,莫不计度,以为汤功累世不可及,而汤过人情所有,汤尚如此,虽复破绝筋骨,暴露形骸,犹复制于唇舌,为嫉妒之臣所系虏耳!此臣所以为国家尤戚戚也。”书奏,天子还汤,卒于长安。

孝哀皇帝上

建平元年(乙卯,前6)

1　春,正月,陨石于北地十六。

2　赦天下。

3　司隶校尉解光奏言:“臣闻许美人及故中宫史曹宫皆御幸孝成皇帝,产子,子隐不见。臣遣吏验问,皆得其状。元延元年,宫有身;其十月,宫乳掖庭牛官令舍。中黄门田客持诏记与掖庭狱丞籍武,令收置暴室狱。‘毋问儿男、女,谁儿也!’宫曰:‘善臧我儿胞。丞知是何等儿也!’后三日,客持诏记与武,问:‘儿死未?’武对:‘未死。’客曰:‘上与昭仪大怒,奈何不杀!’武叩头啼曰:‘不杀儿,自知当死;杀之,亦死!’即因客奏封事曰:‘陛下未有继嗣,子无贵贱,唯留意!’奏入,客复持诏记取儿,付中黄门王舜。舜受诏,内儿殿中,为择乳母,告‘善养儿,且有赏,毋令漏泄!’舜择官婢张弃为乳母。后三日,客复持诏记并药以饮宫。宫曰:‘果也欲姊弟擅天下!我儿,男也,额上有壮发,类孝元皇帝。今儿安在?危杀之矣!奈何令长信得闻之?’遂饮药死。弃所养儿,十一日,宫长李南以诏书取儿去,不知所置。

许美人元延二年怀子,十一月乳。昭仪谓帝曰:‘常绐我言从中宫来。即从中宫来,许美人儿何从生中!许氏竟当复立邪!’怼,以手自捣,以头击壁户柱,从床上自投地,啼泣不肯食,曰:‘今当安置我,我欲归耳!’帝曰:‘今故告之,反怒为,殊不可晓也!’帝亦不食。昭仪曰:‘陛下自知是,不食何为!陛下尝自言:“约不负女!”今美人有子,竟负约,谓何?’帝曰:‘约以赵氏故不立许氏,使天下无出赵氏上者,毋忧也!’后诏使中黄门靳严从许美人取儿去,盛以苇箧,置饰室帷南去。帝与昭仪坐,使御者于客子解箧缄,未已,帝使客子及御者皆出,自闭户,独与昭仪在。须臾开户,呼客子使缄封箧,及诏记令中黄门吴恭持以与籍武曰:'告武,箧中有死儿,埋屏处,勿令人知!'武穿狱楼垣下为坎,埋其中。

其他饮药伤堕者无数事,皆在四月丙辰赦令前。臣谨按:永光三年,男子忠等发长陵傅夫人冢,事更大赦,孝元皇帝下诏曰:'此朕所不当得赦也!'穷治,尽伏辜。天下以为当。赵昭仪倾乱圣朝,亲灭继嗣,家属当伏天诛。而同产亲属皆在尊贵之位,迫近帷幄,天下寒心,请事穷竟!"丞相以下议正法,帝于是免新成侯赵钦、钦兄子咸阳侯䜣皆为庶人,将家属徙辽西郡。

议郎耿育上疏言:"臣闻继嗣失统,废适立庶,圣人法禁,古今至戒。然太伯见历知适,逡循固让,委身吴、粤,权变所设,不计常法,致位王季,以崇圣嗣,卒有天下,子孙承业,七八百载,功冠三王,道德最备,是以尊号追及太王。故世必有非常之变,然后乃有非常之谋。孝成皇帝自知继嗣不以时立,念虽末有皇子,万岁之后未能持国,权柄之重,制于女主,女主骄盛则耆欲无极,少主幼弱则大臣不使,世无周公抱负之辅,恐危社稷,倾乱天下。知陛下有贤圣通明之德,仁孝子爱之恩,怀独见之明,内断于身,故废后宫就馆之渐,绝微嗣祸乱之根,乃欲致位陛下以安宗庙。愚臣既不能深援安危,定金匮之计,又不知推演圣德,述先帝之志,乃反覆校省内,暴露私燕,诬污先帝倾惑之过,成结宠妾妒媚之诛,甚失贤圣远见之明,逆负先帝忧国之意!夫论大德不拘俗,立大功不合众,此乃孝成皇帝至思所以万万于众臣,陛下圣德盛茂所以符合于皇天也,岂当世庸庸斗筲之臣所能及哉!且褒广将顺君父之美,匡救销灭既往之过,古今通义也。事不当时固争,防祸于未然,各随指阿从以求容媚;晏驾之后,尊号已定,万事已讫,乃探追不及之事,讦扬幽昧之过,此臣所深痛也!愿下有司议,即如臣言,宜宣布天下,使咸晓知先帝圣意所起。不然,空使谤议上及山陵,下流后世,远闻百蛮,近布海内,甚非先帝托后之意也。盖孝子善述父之志,善成人之事,唯陛下省察!"帝亦以为太子颇得赵太后力,遂不竟其事。傅太后恩赵太后,赵太后亦归心,故太皇太后及王氏皆怨之。

4 丁酉,光禄大夫傅喜为大司马,封高武侯。

5 秋,九月甲辰,陨石于虞二。

6 郎中令泠褒、黄门郎段犹等复奏言:"定陶共皇太后、共皇后皆不宜复引定陶藩国之名,以冠大号;车马、衣服宜皆称皇之意,置吏二千石以下,各供厥职;又宜为共皇立庙京师。"上复下其议,群下多顺指言:"母以子贵,宜立尊号以厚孝道。"唯丞相光、大司马喜、大司空丹以为不可。丹曰:"圣王制礼,取法于天地。尊卑者,所以正天地之位,不可乱也。今定陶共皇太后、共皇后以'定陶共'为号者,母从子,妻从夫之义也。欲立官置吏,车服与太皇太后并,非所以明'尊无二上'之义也。定陶共皇号谥已前定,义不得复改。礼:'父为士,子为天子,祭以天子,其尸服以士服',子无爵父之义,尊父母也。为人后者为之子,故为所后服斩衰三年,而降其父母期,明尊本祖而重正统也。孝成皇帝圣恩深远,故为共王立后,奉承祭祀,令共皇长为一国太祖,万世不毁,恩义已备。陛下既继体先帝,持重大宗,承宗庙、天地、社稷之祀,义不可复奉定陶共皇祭入其庙。今欲立庙于京师,使臣下祭之,是无主也。又,亲尽当毁,空去一国太祖不堕之祀而就无主当毁不正之礼,非所以尊厚共皇也!"丹由是浸不合上意。

会有上书言:"古者以龟、贝为货,今以钱易之,民以故贫,宜可改币。"上以问丹,丹对言可改。章下有司议,皆以为行钱以来久,难卒变易。丹老人,忘其前语,复从公卿议。又丹使吏书奏,吏私写其草,丁、傅子弟闻之,使人上书告"丹上封事,行道人遍持其书"。上以问将军、中朝臣,皆对曰:"忠臣不显谏。大臣奏事,不宜漏泄,宜下廷尉治。"事下廷尉,劾丹大不敬,事未决,给事中、博士申咸、炔钦上书言:"丹经、行无比,自近世大臣能若丹者少。发愤懑,奏封事,不及深思远虑,使主簿书,漏泄之过不在丹,以此贬黜,恐不厌众心。"上贬咸、钦秩各二等;遂策免丹曰:"朕惟君位尊任重,怀谖迷国,进退违命,反覆异言,甚为君耻之!以君尝托傅位,未忍考于理,其上大司空、高乐侯印绶,罢归!"

尚书令唐林上疏曰:"窃见免大司空丹策书,泰深痛切。君子作文,为贤者讳。丹,经为世儒宗,德为国黄耉,亲傅圣躬,位在三公;所坐者微,海内未见其大过。事既以往,免爵太重,京师识者咸以为宜复丹爵邑,使奉朝请。唯陛下裁览众心,有以尉复师傅之臣!"上从林言,下诏,赐丹爵关内侯。

上用杜业之言,召见朱博,起家复为光禄大夫,迁京兆尹。冬,十月壬午,以博为大司空。

7 中山王箕子,幼有眚病,祖母冯太后自养视,数祷祠解。上遣中郎谒者张由将医治之。由素有狂易病,病发,怒去,西归长安。尚书簿责由擅去状,由恐,因诬言中山太后祝诅上及傅太后。傅太后与冯太后并事元帝,追怨之,因是遣御史丁玄按验;数十日,无所得。更使中谒者令史立治之;立受傅太后指,冀得封侯,治冯太后女弟习及弟妇君之,死者数十人,诬奏云:"祝诅,谋弑上,立中山王。"责问冯太后,无服辞。立曰:"熊之上殿何其勇,今何怯也!"太后还谓左右:"此乃中语,前世事,吏何用知之?欲陷我效也!"乃饮药自杀。宜乡侯参、君之、习及夫、子当相坐者,或自杀,或伏法,凡死者十七人。众莫不怜之。

司隶孙宝奏请覆治冯氏狱,傅太后大怒曰:"帝置司隶,主使察我!冯氏反事明白,故欲摘抉以扬我恶,我当坐之!"上乃顺指,下宝狱。尚书仆射唐林争之,上以林朋党比周,左迁敦煌鱼泽障候。大司马傅喜、光禄大夫龚胜固争,上为言太后,出宝,复官。张由以先告,赐爵关内侯;史立迁中太仆。

资治通鉴卷第三十四

汉纪二十六

孝哀皇帝中

建平二年（丙辰，前5）

1　春，正月，有星孛于牵牛。

2　丁、傅宗族骄奢，皆嫉傅喜之恭俭。又，傅太后欲求称尊号，与成帝母齐尊；喜与孔光、师丹共执以为不可。上重违大臣正议，又内迫傅太后，依违者连岁。傅太后大怒，上不得已，先免师丹以感动喜；喜终不顺。朱博与孔乡侯傅晏连结，共谋成尊号事，数燕见，奏封事，毁短喜及孔光。丁丑，上遂策免喜，以侯就第。

御史大夫官既罢，议者多以为古今异制，汉自天子之号下至佐史，皆不同于古，而独改三公，职事难分明，无益于治乱。于是朱博奏言："故事：选郡国守相高第为中二千石，选中二千石为御史大夫，任职者为丞相；位次有序，所以尊圣德，重国相也。今中二千石未更御史大夫而为丞相，权轻，非所以重国政也。臣愚以为大司空官可罢，复置御史大夫，遵奉旧制。臣愿尽力以御史大夫为百僚率！"上从之。夏，四月戊午，更拜博为御史大夫。又以丁太后兄阳安侯明为大司马、卫将军，置官属；大司马冠号如故事。

3　傅太后又自诏丞相、御史大夫曰："高武侯喜附下罔上，与故大司空丹同心背畔，放命圮族，不宜奉朝请，其遣就国！"

4　丞相孔光，自先帝时议继嗣，有持异之隙，又重忤傅太后指；由是傅氏在位者与朱博为表里，共毁潜光。乙亥，策免光为庶人。以御史大夫朱博为丞相，封阳乡侯；少府赵玄为御史大夫。临延登受策，有大声如钟鸣，殿中郎吏陛者皆闻焉。

上以问黄门侍郎蜀郡扬雄及李寻。寻对曰："此洪范所谓鼓妖者也。师法，以为人君不聪，为众所惑，空名得进，则有声无形，不知所从生。其传曰：'岁、月、日之中，则正卿受之。'今以四月日加辰、巳有异，是为中焉。正卿,谓执政大臣也。宜退丞相、御史,以应天变。然虽不退,不出期年,其人自蒙其咎。"扬雄亦以为"鼓妖,听失之象也。朱博为人强毅,多权谋,宜将不宜相,恐有凶恶丞疾之怒"。上不听。

朱博既为丞相,上遂用其议,下诏曰:"定陶共皇之号,不宜复称定陶;尊共皇太后曰帝太太后,称永信宫;共皇后曰帝太后,称中安宫;为共皇立寝庙于京师,比宣帝父悼皇考制度。"于是四太后各置少府、太仆,秩皆中二千石。傅太后既尊后,尤骄,与太皇太后语,至谓之"妪"。时丁、傅以一二年间暴兴尤盛,为公卿列侯者甚众;然帝不甚假以权势,不如王氏在成帝世也。

5　丞相博、御史大夫玄奏言:"前高昌侯宏,首建尊号之议,而为关内侯师丹所劾奏,免为庶人。时天下衰粗,委政于丹,丹不深惟褒广尊号之义,而妄称说,抑贬尊号,亏损孝道,不忠莫大焉!陛下仁圣,昭然定尊号,宏以忠孝复封高昌侯;丹恶逆暴著,虽蒙赦令,不宜有爵邑,请免为庶人。"奏可。

又奏:"新都侯莽前为大司马,不广尊尊之义,抑贬尊号,亏损孝道,当伏显戮。幸蒙赦令,不宜有爵土,请免为庶人。"上曰:"以莽与太皇太后有属,勿免,遣就国。"及平阿侯仁臧匿赵昭仪亲属,皆遣就国。

天下多冤王氏者!谏大夫杨宣上封事言:"孝成皇帝深惟宗庙之重,称述陛下至德以承天序,圣策深远,恩德至厚。惟念先帝之意,岂不欲以陛下自代,奉承东宫哉!太皇太后春秋七十,数更忧伤,敕令亲属引领以避丁、傅,行道之人为之陨涕,况于陛下!登高远望,独不惭于延陵乎!"帝深感其言,复封成都侯商中子邑为成都侯。

6　朱博又奏言:"汉家故事,置部刺史,秩卑而赏厚,咸劝功乐进。前罢刺史,更置州牧,秩真二千石,位次九卿;九卿缺,以高第补;其中材则苟自守而已,恐功效陵夷,奸轨不禁。臣请罢州牧,置刺史如故。"上从之。

7　六月庚申,帝太后丁氏崩,诏归葬定陶共皇之园,发陈留、济阴近郡国五万人穿复土。

8　初,成帝时,齐人甘忠可诈造天官历、包元太平经十二卷,言汉家逢天地之大终,当更受命于天;以教渤海夏贺良等。中垒校尉刘向奏忠可假鬼神,罔上惑众;下狱,治服;未断,病死。贺良等复私以相教。上即位,司隶校尉解光、骑都尉李寻白贺良等,皆待诏黄门。数召见,陈说"汉历中衰,当更受命。成帝不应天命,故绝嗣。今陛下久疾,变异屡数,天所以谴告人也;宜急改元易号,乃得延年益寿,皇子生,灾异息矣。得道不得行,咎殃且无不有,洪水将出,灾火且起,涤荡民人"。上久寝疾,冀其有益,遂从贺良等议,诏大赦天下,以建平二年为太初元年,号曰"陈圣刘太平皇帝",漏刻以百二十为度。

9　秋,七月,以渭城西北原上永陵亭部为初陵,勿徙郡国民。

10　上既改号月馀,寝疾自若。夏贺良等复欲妄变政事,大臣争以为不可许。贺良等奏言:"大臣皆不知天命,宜退丞相、御史,以解光、李寻辅政。"上以其言无验,八月,诏曰:"待诏贺良等建言改元易号,增益漏刻,可以永安国家;朕信道不笃,过听其言,冀为百姓获福,卒无嘉应。夫过而不改,是谓过矣! 六月甲子诏书,非赦令,皆蠲除之。贺良等反道惑众,奸态当穷竟。"皆下狱,伏诛。寻及解光减死一等,徙敦煌郡。

11　上以寝疾,尽复前世所尝兴诸神祠凡七百馀所,一岁三万七千祠云。

12　傅太后怨傅喜不已,使孔乡侯晏风丞相朱博令奏免喜侯。博与御史大夫赵玄议之,玄言:"事已前决,得无不宜?"博曰:"已许孔乡侯矣。匹夫相要,尚相得死,何况至尊! 博唯有死耳!"玄即许可。博恶独斥奏喜,以故大司空氾乡侯何武前亦坐过免就国,事与喜相似,即并奏:"喜、武前在位,皆无益于治,虽已退免,爵土之封,非所当也,皆请免为庶人。"上知傅太后素尝怨喜,疑博、玄承指,即召玄诣尚书问状,玄辞服。有诏:"左将军彭宣与中朝者杂问",宣等奏劾"博、玄、晏皆不道,不敬,请召诣廷尉诏狱"。上减玄死罪三等,削晏户四分之一;假谒者节召丞相诣廷尉,博自杀,国除。

13　九月,以光禄勋平当为御史大夫;冬,十月甲寅,迁为丞相;以冬月故,且赐爵关内侯。以京兆尹平陵王喜为御史大夫。

14　上欲令丁、傅处爪牙官,是岁,策免左将军淮阳彭宣,以关内侯归家,而以光禄勋丁望代为左将军。

15　乌孙卑爰疐侵盗匈奴西界,单于遣兵击之,杀数百人,略千馀人,驱牛畜去。卑爰疐恐,遣子趋逯为质匈奴,单于受,以状闻。汉遣使者责让单于,告令还归卑爰疐质子;单于受诏遣归。

三年(丁巳,前4)

1　春,正月,立广德夷王弟广汉为广平王。

2　癸卯,帝太太后所居桂宫正殿火。

3　上使使者召丞相平当，欲封之，当病笃，不应。室家或谓当："不可强起受侯印为子孙邪？"当曰："吾居大位，已负素餐责矣；起受侯印，还卧而死，死有馀罪。今不起者，所以为子孙也！"遂上书乞骸骨，上不许。三月己酉，当薨。

4　有星孛于河鼓。

5　夏，四月丁酉，王嘉为丞相，河南太守王崇为御史大夫。崇，京兆尹骏之子也。嘉以时政苛急，郡国守相数有变动，乃上疏曰："臣闻圣王之功在于得人，孔子曰：'材难，不其然与！'故'继世立诸侯，象贤也'。虽不能尽贤，天子为择臣、立命卿以辅之。居是国也，累世尊重，然后士民之众附焉，是以教化行而治功立。今之郡守重于古诸侯，往者致选贤材，贤材难得，拔擢可用者，或起于囚徒。昔魏尚坐事系，文帝感冯唐之言，遣使持节赦其罪，拜为云中太守；匈奴忌之。武帝擢韩安国于徒中，拜为梁内史；骨肉以安。张敞为京兆尹，有罪当免，黜吏知而犯敞，敞收杀之，其家自冤，使者覆狱，劾敞贼杀人，上逮捕不下，会免；亡命十数日，宣帝征敞拜为冀州刺史，卒获其用。前世非私此三人，贪其材器有益于公家也。孝文时，吏居官者或长子孙，以官为氏，仓氏、库氏则仓库吏之后也；其二千石长吏亦安官乐职，然后上下相望，莫有苟且之意。其后稍稍变易，公卿以下传相促急，又数改更政事，司隶、部刺史举劾苛细，发扬阴私，吏或居官数月而退，送故迎新，交错道路。中材苟容求全，下材怀危内顾，壹切营私者多。二千石益轻贱，吏民慢易之，或持其微过，增加成罪，言于司隶、刺史，或上书告之；众庶知其易危，小失意则有离畔之心。前山阳亡徒苏令等纵横，吏士临难，莫肯伏节死义，以守、相威权素夺也。孝成皇帝悔之，下诏书，二千石不为故纵，遣使者赐金，尉厚其意，诚以为国家有急，取办于二千石；二千石尊重难危，乃能使下。孝宣皇帝爱其善治民之吏，有章劾事留中，会赦壹解。故事：尚书希下章，为烦扰百姓，证验系治，或死狱中，章文必有'敢告之'字乃下。唯陛下留神于择贤，记善忘过，容忍臣子，勿责以备。二千石、部刺史、三辅县令有材任职者，人情不能不有过差，宜可阔略，令尽力者有所劝。此方今急务，国家之利也。前苏令发，欲遣大夫使逐问状，时见大夫无可使者，召盩厔令尹逢，拜为谏大夫遣之。今诸大夫有材能者甚少，宜豫畜养可成就者，则士赴难不爱其死；临事仓卒乃求，非所以明朝廷也。"嘉因荐儒者公孙光、满昌及能吏萧咸、薛脩，皆故二千石有名称者，天子纳而用之。

6　六月，立鲁顷王子郚乡侯闵为王。

7　上以寝疾未定，冬，十一月壬子，令太皇太后下诏复甘泉泰畤、汾阴后土祠，罢南、北郊。上亦不能亲至甘泉、河东，遣有司行事而礼祠焉。

8　无盐危山土自起覆草，如驰道状；又，瓠山石转立。东平王云及后谒自之石所祭；治石象瓠山立石，束倍草，并祠之。河内息夫躬、长安孙宠相与谋共告之，曰："此取封侯之计也！"乃与中郎右师谭共因中常侍宋弘上变事，告焉。是时上被疾，多所恶，事下有司，逮王后谒下狱验治；服"祠祭诅祝上，为云求为天子，以为石立，宣帝起之表也"。有司请诛王，有诏，废徙房陵。云自杀，谒及舅伍宏及成帝舅安成共侯夫人放，皆弃市。事连御史大夫王崇，左迁大司农。擢宠为南阳太守，谭颍川都尉，弘、躬皆光禄大夫、左曹、给事中。

四年（戊午，前3）

1　春，正月，大旱。

2　关东民无故惊走，持稾或撚一枚，转相付与，曰"行西王母筹"，道中相过逢，多至千数；或被发徒跣，或夜折关，或逾墙入，或乘车骑奔驰，以置驿传行，经郡国二十六至京师，不可禁止。民又聚会里巷阡陌，设博具，歌舞祠西王母，至秋乃止。

3　上欲封傅太后从父弟侍中、光禄大夫商，尚书仆射平陵郑崇谏曰："孝成皇帝封亲舅五侯，天为赤黄，昼昏，日中有黑气。孔乡侯，皇后父，高武侯以三公封，尚有因缘。今无故复欲封商，坏乱制度，逆天人之心，非傅氏之福也！臣愿以身当国咎！"崇因持诏书案起。傅太后大怒曰："何有为天子乃反为一臣所颛制邪！"二月癸卯，上遂下诏封商为汝昌侯。

4　驸马都尉、侍中云阳董贤得幸于上，出则参乘，入御左右，赏赐累巨万，贵震朝廷。常与上卧起；尝昼寝，偏藉上袖，上欲起，贤未觉，不欲动贤，乃断袖而起。又诏贤妻得通引籍殿中，止贤庐。又召贤女弟以为昭仪，位次皇后。昭仪及贤与妻旦夕上下，并侍左右。以贤父恭为少府，赐爵关内侯。诏将作大匠为贤起大第北阙下，重殿，洞门，土木之功，穷极技巧。赐武库禁兵、上方珍宝。其选物上弟尽在董氏，而乘舆所服乃其副也。及至东园秘器、珠襦、玉柙，豫以赐贤，无不备具。又令将作为贤起冢茔义陵旁，内为便房，刚柏题凑，外为徼道，周垣数里，门阙罘罳甚盛。

郑崇以贤贵宠过度谏上，由是重得罪，数以职事见责；发疾颈痈，欲乞骸骨，不敢。尚书令赵昌佞谄，素害崇；知见疏，因奏"崇与宗族通，疑有奸，请治"。上责崇曰："君门如市人，何以欲禁切主上？"崇对曰："臣门如市,臣心如水。愿得考覆!"上怒,下<u>崇</u>狱。司隶<u>孙宝</u>上书曰:"按尚书令<u>昌</u>奏仆射<u>崇</u>狱,覆治,榜掠将死,卒无一辞;道路称冤。疑<u>昌</u>与<u>崇</u>内有纤介,浸润相陷。自禁门枢机近臣,蒙受冤谮,亏损国家,为谤不小。臣请治<u>昌</u>以解众心。"书奏,上下诏曰:"司隶<u>宝</u>附下罔上,以春月作诋欺,遂其奸心,盖国之贼也。免<u>宝</u>为庶人。"<u>崇</u>竟死狱中。

　　5　三月丁卯,诸吏、散骑、光禄勋<u>贾延</u>为御史大夫。

　　6　上欲侯<u>董贤</u>而未有缘,侍中<u>傅嘉</u>劝上定<u>息夫躬</u>、<u>孙宠</u>告<u>东平</u>本章,去<u>宋弘</u>,更言因<u>董贤</u>以闻,欲以其功侯之,皆先赐爵关内侯。顷之,上欲封<u>贤</u>等而心惮<u>王嘉</u>,乃先使孔乡侯<u>晏</u>持诏书示丞相、御史。于是<u>嘉</u>与御史大夫<u>贾延</u>上封事言:"窃见<u>董贤</u>等三人始赐爵,众庶匈匈,咸曰<u>贤</u>贵,其馀并蒙恩;至今流言未解。陛下仁恩于<u>贤</u>等不已,宜暴<u>贤</u>等本奏语言,延问公卿、大夫、博士、议郎,考合古今,明正其义,然后乃加爵土;不然,恐大失众心,海内引领而议。暴评其事,必有言当封者,在陛下所从;天下虽不说,咎有所分,不独在陛下。前定陵侯<u>淳于长</u>初封,其事亦议,大司农<u>谷永</u>以<u>长</u>当封;众人归咎于<u>永</u>,先帝不独蒙其讥。臣<u>嘉</u>,臣<u>延</u>,材驽不称,死有馀责,知顺指不迕,可得容身须臾,所以不敢者,思报厚恩也。"上不得已,且为之止。

　　7　夏,六月,尊帝太太后为皇太太后。

　　8　秋,八月辛卯,上下诏切责公卿曰:"昔<u>楚</u>有<u>子玉得臣</u>,<u>晋文公</u>为之侧席而坐;近事,<u>汲黯</u>折<u>淮南</u>之谋。今<u>东平王云</u>等至有图弑天子逆乱之谋者,是公卿股肱莫能悉心、务聪明以销厌未萌故也。赖宗庙之灵,侍中、驸马都尉<u>贤</u>等发觉以闻,咸伏厥辜。<u>书</u>不云乎:'用德章厥善。'其封<u>贤</u>为高安侯,<u>南阳</u>太守<u>宠</u>为方阳侯,左曹、光禄大夫<u>躬</u>为宜陵侯,赐右师<u>谭</u>爵关内侯。"又封<u>傅太后</u>同母弟<u>郑恽</u>子<u>业</u>为阳信侯。<u>息夫躬</u>既亲近,数进见言事,议论无所避,上疏历诋公卿大臣。众畏其口,见之仄目。

　　9　上使中黄门发武库兵,前后十辈,送<u>董贤</u>及上乳母<u>王阿舍</u>。执金吾<u>毋将隆</u>奏言:"武库兵器,天下公用。国家武备,缮治造作,皆度大司农钱。大司农钱,自乘舆不以给共养;共养劳赐,一出少府。盖不以本臧给末用,不以民力共浮费,别公私,示正路也。古者诸侯、方伯得颛征伐,乃赐斧钺,<u>汉</u>家边吏职任距寇,亦赐武库兵,皆任事然后蒙之。<u>春秋</u>之谊,家不臧甲,所以抑臣威,损私力也。今<u>贤</u>等便僻弄臣,私恩微妾,而以天下公用给其私门,契国威器,共其家备,民力分于弄臣,武兵设于微妾,建立非宜,以广骄僭,非所以示四方也。<u>孔子</u>曰:'奚取于三家之堂!'臣请收还武库。"上不说。

　　顷之，<u>傅太后</u>使谒者贱买执金吾官婢八人，<u>隆</u>奏言："买贱，请更平直。"上于是制诏丞相、御史："<u>隆</u>位九卿，既无以匡朝廷之不逮，而反奏请与<u>永信宫</u>争贵贱之贾，伤化失俗。以<u>隆</u>前有安国之言，左迁为沛郡都尉。"初，<u>成帝</u>末，<u>隆</u>为谏大夫，尝奏封事言："古者选诸侯入为公卿，以褒功德，宜征<u>定陶王</u>使在国邸，以填万方。"故上思其言而宥之。

　　10　谏大夫<u>渤海鲍宣</u>上书曰："窃见<u>孝成皇帝</u>时，外亲持权，人人牵引所私以充塞朝廷，妨贤人路，浊乱天下，奢泰亡度，穷困百姓，是以日食且十，彗星四起。危亡之征，陛下所亲见也；今奈何反覆剧于前乎！

　　今民有七亡：阴阳不和，水旱为灾，一亡也；县官重责更赋租税，二亡也；贪吏并公，受取不已，三亡也；豪强大姓，蚕食亡厌，四亡也；苛吏繇役，失农桑时，五亡也；部落鼓鸣，男女遮列，六亡也；盗贼劫略，取民财物，七亡也。七亡尚可，又有七死：酷吏殴杀，一死也；治狱深刻，二死也；冤陷亡辜，三死也；盗贼横发，四死也；怨仇相残，五死也；岁恶饥饿，六死也；时气疾疫，七死也。民有七亡而无一得，欲望国安，诚难；民有七死而无一生，欲望刑措，诚难。此非公卿、守相贪残成化之所致邪！

　　群臣幸得居尊官，食重禄，岂有肯加恻隐于细民，助陛下流教化者邪！志但在营私家，称宾客，为奸利而已。以苟容曲从为贤，以拱默尸禄为智，谓如臣<u>宣</u>等为愚。陛下擢臣岩穴，诚冀有益豪毛，岂徒使臣美食大官、重<u>高门</u>之地哉！

　　天下，乃皇天之天下也。陛下上为皇天子，下为黎庶父母，为天牧养元元，视之当如一，合<u>尸鸠</u>之诗。今贫民菜食不厌，衣又穿空，父子、夫妇不能相保，诚可为酸鼻。陛下不救，将安所归命乎！奈何独养外亲与幸臣<u>董贤</u>，多赏赐，以大万数，使奴从、宾客，浆酒藿肉，苍头庐儿，皆用致富，非天意也！

　　及<u>汝昌侯傅商</u>，亡功而封。夫官爵非陛下之官爵，乃天下之官爵也。陛下取非其官，官非其人，而望天说民服，岂不难哉！<u>方阳侯孙宠</u>、<u>宜陵侯息夫躬</u>，辩足以移众，强可用独立，奸人之雄，惑世尤剧者也，宜以时罢退；及外亲幼童未通经术者，皆宜令休，就师傅。急征故大司马<u>傅喜</u>，使领外亲；故大司空<u>何武</u>、<u>师丹</u>，故丞相<u>孔光</u>，故左将军<u>彭宣</u>，经皆更博士，位皆历三公；<u>龚胜</u>为司直，郡国皆慎选举；可大委任也。陛下前以小不忍退<u>武</u>等，海内失望。陛下尚能容亡功德者甚众，曾不能忍<u>武</u>等邪！治天下者，当用天下之心为心，不得自专快意而已也。"<u>宣</u>语虽刻切，上以<u>宣</u>名儒，优容之。

　　11　匈奴单于上书愿朝五年。时帝被疾，或言："匈奴从上游来厌人；自黄龙、竟宁时，单于朝中国，辄有大故。"上由是难之，以问公卿，亦以为虚费府帑，可且勿许。单于使辞去，未发，黄门郎扬雄上书谏曰："臣闻六经之治，贵于未乱；兵家之胜，贵于未战；二者皆微，然而大事之本，不可不察也。今单于上书求朝，国家不许而辞之，臣愚以为汉与匈奴从此隙矣。匈奴本五帝所不能臣，三王所不能制，其不可使隙明甚。臣不敢远称，请引秦以来明之：

　　以秦始皇之强，蒙恬之威，然不敢窥西河，乃筑长城以界之。会汉初兴，以高祖之威灵，三十万众困于平城，时奇谲之士、石画之臣甚众，卒其所以脱者，世莫得而言也。又高后时，匈奴悖慢，大臣权书遗之，然后得解。及孝文时，匈奴侵暴北边，候骑至雍甘泉，京师大骇，发三将军屯棘门、细柳、霸上以备之，数月乃罢。孝武即位，设马邑之权，欲诱匈奴，徒费财劳师，一虏不可得见，况单于之面乎！其后深惟社稷之计，规恢万载之策，乃大兴师数十万，使卫青、霍去病操兵，前后十徐年，于是浮西河，绝大幕，破寘颜，袭王庭，穷极其地，追奔逐北，封狼居胥山，禅于姑衍，以临瀚海，虏名王、贵人以百数；自是之后，匈奴震怖，益求和亲，然而未肯称臣也。

　　且夫前世岂乐倾无量之费，役无罪之人，快心狼望之北哉？以为不壹劳者不久逸，不暂费者不永宁，是以忍百万之师以摧饿虎之喙，运府库之财填卢山之壑而不悔也。至本始之初，匈奴有桀心，欲掠乌孙，侵公主，乃发五将之师十五万骑以击之，时鲜有所获，徒奋扬威武，明汉兵若雷风耳！虽空行空反，尚诛两将军，故北狄不服，中国未得高枕安寝也。逮至元康、神爵之间，大化神明，鸿恩溥洽，而匈奴内乱，五单于争立，日逐、呼韩邪携国归死，扶伏称臣，然尚羁縻之，计不颛制。自此之后，欲朝者不距，不欲者不强。何者？外国天性忿鸷，形容魁健，负力怙气，难化以善，易肆以恶，其强难诎，其和难得。故未服之时，劳师远攻，倾国殚货，伏尸流血，破坚拔敌，如彼之难也；既服之后，慰荐抚循，交接赂遗，威仪俯仰，如此之备也。往时尝屠大宛之城，蹈乌桓之垒，探姑缯之壁，藉荡姐之场，艾朝鲜之旃，拔两越之旗，近不过旬月之役，远不离二时之劳，固已犁其庭，扫其闾，郡县而置之，云彻席卷，后无馀灾。唯北狄为不然，真中国之坚敌也，三垂比之悬矣；前世重之兹甚，未易可轻也。

　　今单于归义，怀款诚之心，欲离其庭，陈见于前，此乃上世之遗策，神灵之所想望,国家虽费,不得已者也。奈何距以来厌之辞,疏以无日之期,消往昔之恩,开将来之隙! 夫疑而隙之,使有恨心,负前言,缘往辞,归怨于汉,因以自绝,终无北面之心,威之不可,谕之不能,焉得不为大忧乎! 夫明者视于无形,聪者听于无声,诚先于未然,即兵革不用而忧患不生。不然,壹有隙之后,虽智者劳心于内,辩者毂击于外,犹不若未然之时也。且往者图西域,制车师,置城郭都护三十六国,岂为康居、乌孙能逾白龙堆而寇西边哉? 乃以制匈奴也。夫百年劳之,一日失之,费十而爱一,臣窃为国不安也。唯陛下少留意于未乱、未战,以遏边萌之祸!"书奏,天子寤焉,召还匈奴使者,更报单于书而许之。赐雄帛五十匹,黄金十斤。单于未发,会病,复遣使愿朝明年;上许之。

12　董贤贵幸日盛,丁、傅害其宠,孔乡侯晏与息夫躬谋欲求居位辅政。会单于以病未朝,躬因是而上奏,以为:"单于当以十一月入塞,后以病为解,疑有他变。乌孙两昆弥弱,卑爰疐强盛,东结单于,遣子往侍,恐其合势以并乌孙;乌孙并,则匈奴盛而西域危矣。可令降胡诈为卑爰疐使者来上书,欲因天子威告单于归臣侍子,因下其章,令匈奴客闻焉;则是所谓'上兵伐谋,其次伐交'者也。"

书奏,上引见躬,召公卿、将军大议。左将军公孙禄以为:"中国常以威信怀伏夷狄,躬欲逆诈,进不信之谋,不可许。且匈奴赖先帝之德,保塞称藩;今单于以疾病不任奉朝贺,遣使自陈,不失臣子之礼。臣禄自保没身不见匈奴为边竟忧也!"躬椅禄曰:"臣为国家计,冀先谋将然,豫图未形,为万世虑。而禄欲以其犬马齿保目所见。臣与禄异议,未可同日语也!"上曰:"善!"乃罢群臣,独与躬议。

躬因建言:"灾异屡见,恐必有非常之变,可遣大将军行边兵,敕武备,斩一郡守以立威,震四夷,因以厌应变异。"上然之,以问丞相嘉,对曰:"臣闻动民以行不以言,应天以实不以文,下民微细,犹不可诈,况于上天神明而可欺哉! 天之见异,所以救戒人君,欲令觉悟反正,推诚行善,民心说而天意得矣! 辩士见一端,或妄以意傅著星历,虚造匈奴、乌孙、西羌之难,谋动干戈,设为权变,非应天之道也。守相有罪,车驰诣阙,交臂就死,恐惧如此,而谈说者欲动安之危,辩口快耳,其实未可从。夫议政者,苦其诡谀、倾险、辩惠、深刻也。昔秦缪公不从百里奚、蹇叔之言,以败其师,其悔过自责,疾诐误之臣,思黄发之言,名垂于后世。愿陛下观览古戒,反覆参考,无以先人之语为主!"上不听。

资治通鉴卷第三十五

汉纪二十七

孝哀皇帝下

元寿元年(己未,前2)

1 春,正月辛丑朔,诏将军、中二千石举明习兵法者各一人,因就拜孔乡侯傅晏为大司马、卫将军,阳安侯丁明为大司马、票骑将军。

2 是日,日有食之。上诏公卿大夫悉心陈过失;又令举贤良方正能直言者各一人。大赦天下。

丞相嘉奏封事曰:"孝元皇帝奉承大业,温恭少欲,都内钱四十万万。尝幸上林,后宫冯贵人从临兽圈,猛兽惊出,贵人前当之,元帝嘉美其义,赐钱五万。掖庭见亲,有加赏赐,属其人勿众谢。示平恶偏,重失人心,赏赐节约。是时外戚赀千万者少耳,故少府、水衡见钱多也。虽遭初元、永光凶年饥馑,加以西羌之变,外奉师旅,内振贫民,终无倾危之忧,以府臧内充实也。孝成皇帝时,谏臣多言燕出之害,及女宠专爱,耽于酒色,损德伤年,其言甚切,然终不怨怒也。宠臣淳于长、张放、史育,育数贬退,家赀不满千万,放斥逐就国,长榜死于狱,不以私爱害公义,故虽多内讥,朝廷安平,传业陛下。

陛下在国之时,好诗、书,上俭节,征来,所过道上称诵德美,此天下所以回心也。初即位,易帷帐,去锦绣,乘舆席缘绨缯而已。共皇寝庙比当作,忧闵元元,惟用度不足,以义割恩,辄且止息,今始作治。而驸马都尉董贤亦起官寺上林中,又为贤治大第,开门乡北阙,引王渠灌园池,使者护作,赏赐吏卒,甚于治宗庙。贤母病,长安厨给祠具,道中过者皆饮食。为贤治器,器成,奏御乃行,或物好,特赐其工;自贡献宗庙、三宫,犹不至此。贤家有宾婚及见亲,诸官并共,赐及仓头、奴婢人十万钱。使者护视、发取市物,百贾震动,道路谨哗,群臣惶惑。诏书罢苑,而以赐贤二千馀顷,均田之制从此堕坏。奢僭放纵,变乱阴阳,灾异众多,百姓讹言,持筹相惊,天惑其意,不能自止。陛下素仁智慎事,今而有此大讥。

孔子曰:'危而不持,颠而不扶,则将安用彼相矣!'臣嘉幸得备位,窃内悲伤不能通愚忠之信;身死有益于国,不敢自惜。唯陛下慎己之所独乡,察众人之所共疑!往者宠臣邓通、韩嫣,骄贵失度,逸豫无厌,小人不胜情欲,卒陷罪辜,乱国亡躯,不终其禄,所谓'爱之适足以害之'者也!宜深览前世,以节贤宠,全安其命。"上由是于嘉浸不说。

前凉州刺史杜邺以方正对策曰:"臣闻阳尊阴卑,天之道也。是以男虽贱,各为其家阳;女虽贵,犹为其国阴。故礼明三从之义,虽有文母之德,必系于子。昔郑伯随姜氏之欲,终有叔段篡国之祸;周襄王内迫惠后之难,而遭居郑之危。汉兴,吕太后权私亲属,几危社稷。窃见陛下约俭正身,欲与天下更始,然嘉瑞未应,而日食、地震。案春秋灾异,以指象为言语。日食,明阳为阴所临。坤以法地,为土,为母,以安静为德;震,不阴之效也。占象甚明,臣敢不直言其事!昔曾子问从令之义,孔子曰:'是何言与!'善闵子骞守礼不苟从亲,所行无非理者,故无可间也。今诸外家昆弟,无贤不肖,并侍帷幄,布在列位,或典兵卫,或将军屯,宠意并于一家,积贵之势,世所希见、所希闻也。至乃并置大司马、将军之官,皇甫虽盛,三桓虽隆,鲁为作三军,无以甚此!当拜之日,暗然日食。不在前后,临事而发者,明陛下谦逊无专,承指非一,所言辄听,所欲辄随,有罪恶者不坐辜罚,无功能者毕受官爵,流渐积猥,过在于是,欲令昭昭以觉圣朝。昔诗人所刺,春秋所讥,指象如此,殆不在他。由后视前,忿邑非之;逮身所行,不自镜见,则以为可,计之过者。愿陛下加致精诚,思承始初,事稽诸古,以厌下心,则黎庶群生无不说喜,上帝百神收还威怒,祯祥福禄,何嫌不报!"

上又征孔光诣公车,问以日食事,拜为光禄大夫,秩中二千石,给事中,位次丞相。

初,王莽既就国,杜门自守。其中子获杀奴,莽切责获,令自杀。在国三岁,吏民上书冤讼莽者百数。至是,贤良周护、宋崇等对策,复深讼莽功德;上于是征莽及平阿侯仁还京师,侍太后。

3 董贤因日食之变以沮傅晏、息夫躬之策,辛亥,上收晏印绶,罢就第。

4 丁巳,皇太太后傅氏崩,合葬渭陵,称孝元傅皇后。

5 丞相、御史奏息夫躬、孙宠等罪过,上乃免躬、宠官,遣就国;又罢侍中、诸曹、黄门郎数十人。

鲍宣上书曰:"陛下父事天,母事地,子养黎民;即位以来,父亏明,母震动,子讻言相惊恐。今日食于三始,诚可畏惧。小民正朔日尚恐毁败器物,何况于日亏乎! 陛下深内自责,避正殿,举直言,求过失,罢退外亲及旁仄素餐之人,征拜孔光为光禄大夫,发觉孙宠、息夫躬过恶,免官遣就国,众庶歙然,莫不说喜。天人同心,人心说则天意解矣。乃二月丙戌,白虹干日,连阴不雨,此天下有忧结未解,民有怨望未塞者也。侍中、驸马都尉董贤,本无葭莩之亲,但以令色、谀言自进,赏赐无度,竭尽府臧,并合三第,尚以为小,复坏暴室。贤父、子坐使天子使者,将作治第,行夜吏卒皆得赏赐,上冢有会,辄太官为供。海内贡献,当养一君,今反尽之贤家,岂天意与民意邪! 天不可久负,厚之如此,反所以害之也! 诚欲哀贤,宜为谢过天地,解仇海内,免遣就国,收乘舆器物还之县官,如此可以父子终其性命;不者,海内之所仇,未有得久安者也。孙宠、息夫躬不宜居国,可皆免,以视天下。复征何武、师丹、彭宣、傅喜,旷然使民易视,以应天心,建立大政,兴太平之端。”上感大异,纳宣言,征何武、彭宣;拜鲍宣为司隶。

6　上托傅太后遗诏,令太皇太后下丞相、御史,益封董贤二千户,赐孔乡侯、汝昌侯、阳新侯国。王嘉封还诏书,因奏封事谏曰:“臣闻爵禄、土地,天之有也。书云:‘天命有德,五服五章哉!’王者代天爵人,尤宜慎之。裂地而封,不得其宜,则众庶不服,感动阴阳,其害疾自深。今圣体久不平,此臣嘉所内惧也。高安侯贤,佞幸之臣,陛下倾爵位以贵之,单货财以富之,损至尊以宠之,主威已黜,府臧已竭,唯恐不足。财皆民力所为,孝文皇帝欲起露台,重百金之费,克己不作。今贤散公赋以施私惠,一家至受千金,往古以来,贵臣未尝有此,流闻四方,皆同怨之。里谚曰:‘千人所指,无病而死。’臣常为之寒心。今太皇太后以永信太后遗诏诏丞相、御史,益贤户,赐三侯国,臣嘉窃惑。山崩、地动、日食于三朝,皆阴侵阳之戒也。前贤已再封,晏、商再易邑,业缘私横求,恩已过厚,求索自恣,不知厌足,甚伤尊尊之义,不可以示天下,为害痛矣! 臣骄侵罔,阴阳失节,气感相动,害及身体。陛下寝疾久不平,继嗣未立,宜思正万事,顺天人之心,以求福祐,奈何轻身肆意,不念高祖之勤苦,垂立制度,欲传之于无穷哉! 臣谨封上诏书,不敢露见;非爱死而不自法,恐天下闻之,故不敢自劾。”

初,廷尉梁相治东平王云狱时,冬月未尽二旬,而相心疑云冤狱,有饰辞,奏欲传之长安,更下公卿覆治。尚书令鞫谭,仆射宗伯凤以为可许。天子以为相等皆见上体不平,外内顾望,操持两心,幸云逾冬,无讨贼疾恶主仇之意,免相等皆为庶人。后数月,大赦,嘉荐“相等皆有材行,圣王有计功除过,臣窃为朝廷惜此三人”。书奏,上不能平。后二十馀日,嘉封还益董贤户事,上乃发怒,召嘉诣尚书,责问以"相等前坐不忠,罪恶著闻,君时辄已自劾;今又称誉,云'为朝廷惜之',何也?"嘉免冠谢罪。

事下将军朝者,光禄大夫孔光等劾"嘉迷国罔上,不道,请谒者召嘉诣廷尉诏狱"。议郎龚等以为"嘉言事前后相违,宜夺爵土,免为庶人"。永信少府猛等以为"嘉罪名虽应法,大臣括发关械,裸躬就笞,非所以重国,褒宗庙也"。上不听,三月,诏"假谒者节,召丞相诣廷尉诏狱"。

使者既到,府掾、史涕泣,共和药进嘉,嘉不肯服。主簿曰:"将相不对理陈冤,相踵以为故事,君侯宜引决!"使者危坐府门上,主簿复前进药。嘉引药杯以击地,谓官属曰:"丞相幸得备位三公,奉职负国,当伏刑都市,以示万众。丞相岂儿女子邪!何谓咀药而死!"嘉遂装,出见使者,再拜受诏,乘吏小车,去盖,不冠,随使者诣廷尉。廷尉收嘉丞相、新甫侯印绶,缚嘉载致都船诏狱。上闻嘉生自诣吏,大怒,使将军以下与五二千石杂治。吏诘问嘉,嘉对曰:"案事者思得实。窃见相等前治东平王狱,不以云为不当死,欲关公卿,示重慎,诚不见其外内顾望、阿附为云验,复幸得蒙大赦。相等皆良善吏,臣窃为国惜贤,不私此三人。"狱吏曰:"苟如此,则君何以为罪,犹当有以负国,不空入狱矣?"吏稍侵辱嘉,嘉喟然仰天叹曰:"幸得充备宰相,不能进贤、退不肖,以是负国,死有馀责。"吏问贤、不肖主名。嘉曰:"贤故丞相孔光、故大司空何武,不能进;恶高安侯董贤父、子佞邪乱朝,而不能退。罪当死,死无所恨!"嘉系狱二十馀日,不食,欧血而死。

已而上览其对,思嘉言,会御史大夫贾延免,夏,五月乙卯,以孔光为御史大夫。秋,七月丙午,以光为丞相,复故国博山侯;又以氾乡侯何武为御史大夫。上乃知孔光前免非其罪,以过近臣毁短光者,曰:"傅嘉前为侍中,毁谮仁贤,诬诉大臣,令俊艾者久失其位,其免嘉为庶人,归故郡。"

7 八月,何武徙为前将军。辛卯,光禄大夫彭宣为御史大夫。

8 司隶鲍宣坐摧辱丞相,拒闭使者,无人臣礼,减死髡钳。

9 大司马丁明素重王嘉,以其死而怜之;九月乙卯,册免明,使就第。

10 冬,十一月壬午,以故定陶太傅、光禄大夫韦赏为大司马、车骑将军。己丑,赏卒。

11 十二月庚子,以侍中、驸马都尉董贤为大司马、卫将军,册曰:"建尔于公,以为汉辅!往悉尔心,匡正庶事,允执其中!"是时贤年二十二,虽为三公,常给事中,领尚书事,百官因贤奏事。以父卫尉恭不宜在卿位,徙为光禄大夫,秩中二千石;弟宽信代贤为驸马都尉。董氏亲属皆侍中、诸曹、奉朝请,宠在丁、傅之右矣。

初,丞相孔光为御史大夫,贤父恭为御史,事光;及贤为大司马,与光并为三公。上故令贤私过光。光雅恭谨,知上欲尊宠贤。及闻贤当来也,光警戒衣冠出门待,望见贤车乃却入,贤至中门,光入阁,既下车,乃出,拜谒,送迎甚谨,不敢以宾客钧敌之礼。上闻之,喜,立拜光两兄子为谏大夫、常侍。贤自是权与人主侔矣。

是时,成帝外家王氏衰废,唯平阿侯谭子去疾为侍中,弟闳为中常侍。闳妻父中郎将萧咸,前将军望之子也,贤父恭慕之,欲为子宽信求咸女为妇,使闳言之。咸惶恐不敢当,私谓闳曰:"董公为大司马,册文言'允执其中',此乃尧禅舜之文,非三公故事,长老见者莫不心惧。此岂家人子所能堪邪!"闳性有知略,闻咸言,亦悟;乃还报恭,深达咸自谦薄之意。恭叹曰:"我家何用负天下,而为人所畏如是!"意不说。后上置酒麒麟殿,贤父子、亲属宴饮,侍中、中常侍皆在侧,上有酒所,从容视贤笑曰:"吾欲法尧禅舜,何如?"王闳进曰:"天下乃高皇帝天下,非陛下之有也!陛下承宗庙,当传子孙于亡穷,统业至重,天子亡戏言!"上默然不说,左右皆恐。于是遣闳出归郎署。

久之,太皇太后为闳谢,复召闳还。闳遂上书谏曰:"臣闻王者立三公,法三光,居之者当得贤人。易曰:'鼎折足,覆公餗',喻三公非其人也。昔孝文皇帝幸邓通,不过中大夫,武帝幸韩嫣,赏赐而已,皆不在大位。今大司马、卫将军董贤,无功于汉朝,又无肺腑之连,复无名迹高行以矫世,升擢数年,列备鼎足,典卫禁兵,无功封爵,父子、兄弟横蒙拔擢,赏赐空竭帑藏,万民喧哗,偶言道路,诚不当天心也!昔褒神蚖变化为人,实生褒姒,乱周国,恐陛下有过失之讥,贤有小人不知进退之祸,非所以垂法后世也!"上虽不从闳言,多其年少志强,亦不罪也。

二年(庚申,前1)

1　春,正月,匈奴单于及乌孙大昆弥伊秩靡皆来朝,汉以为荣。是时西域凡五十国,自译长至将、相、侯、王皆佩汉印绶,凡三百七十六人;而康居、大月氏、安息、罽宾、乌弋之属,皆以绝远,不在数中,其来贡献,则相与报,不督录总领也。自黄龙以来,单于每入朝,其赏赐锦绣、缯絮辄加厚于前,以慰接之。单于宴见,群臣在前,单于怪董贤年少,以问译。上令译报曰:"大司马年少,以大贤居位。"单于乃起,拜贺汉得贤臣。是时上以太岁厌胜所在,舍单于上林苑蒲陶宫,告之以加敬于单于;单于知之,不悦。

2　夏，四月壬辰晦，日有食之。

3　五月甲子，正三公官分职。大司马、卫将军董贤为大司马；丞相孔光为大司徒；御史大夫彭宣为大司空，封长平侯。

4　六月戊午，帝崩于未央宫。

帝睹孝成之世禄去王室，及即位，屡诛大臣，欲强主威以则武、宣。然而宠信谗谄，憎疾忠直，汉业由是遂衰。

太皇太后闻帝崩，即日驾之未央宫，收取玺绶。太后召大司马贤，引见东箱，问以丧事调度；贤内忧，不能对，免冠谢。太后曰："新都侯莽，前以大司马奉送先帝大行，晓习故事，吾令莽佐君。"贤顿首："幸甚！"太后遣使者驰召莽，诏尚书，诸发兵符节、百官奏事、中黄门、期门兵皆属莽。莽以太后指，使尚书劾贤，帝病不亲医药，禁止贤不得入宫殿司马中；贤不知所为，诣阙免冠徒跣谢。已未，莽使谒者以太后诏即阙下册贤曰："贤年少，未更事理，为大司马，不合众心，其收大司马印绶，罢归第！"即日，贤与妻皆自杀；家惶恐，夜葬。莽疑其诈死；有司奏请发贤棺，至狱诊视，因埋狱中。太皇太后诏"公卿举可大司马者"。莽故大司马，辞位避丁、傅，众庶称以为贤，又太皇太后近亲，自大司徒孔光以下，举朝皆举莽。独前将军何武、左将军公孙禄二人相与谋，以为"往时惠、昭之世，外戚吕、霍、上官持权，几危社稷；今孝成、孝哀比世无嗣，方当选立近亲辅幼主，不宜令外戚大臣持权；亲疏相错，为国计便"。于是武举公孙禄可大司马，而禄亦举武。庚申，太皇太后自用莽为大司马、领尚书事。

太皇太后与莽议立嗣。安阳侯王舜，莽之从弟，其人修饬，太皇太后所信爱也，莽白以舜为车骑将军。秋，七月，遣舜与大鸿胪左咸使持节迎中山王箕子以为嗣。

莽又白太皇太后，诏有司以皇太后前与女弟昭仪专宠锢寝，残灭继嗣，贬为孝成皇后，徙居北宫；又以定陶共王太后与孔乡侯晏同心合谋，背恩忘本，专恣不轨，徙孝哀皇后退就桂宫，傅氏、丁氏皆免官爵归故郡，傅晏将妻子徙合浦。独下诏褒扬傅喜曰："高武侯喜，姿性端悫，论议忠直，虽与故定陶太后有属，终不顺指从邪，介然守节，以故斥逐就国。传不云乎：'岁寒然后知松柏之后凋也。'其还喜长安，位特进，奉朝请。"喜虽外见褒赏，孤立忧惧；后复遣就国，以寿终。莽又贬傅太后号为定陶共王母，丁太后号曰丁姬。莽又奏董贤父子骄恣奢僭，请收没入财物县官，诸以贤为官者皆免；父恭、弟宽信与家属徙合浦，母别归故郡钜鹿。长安中小民谨哗，乡其第哭，几获盗之。县官斥卖董氏财，凡四十三万万。贤所厚吏沛朱诩自劾去大司马府，买棺衣，收贤尸葬之；莽闻之，以他罪击杀诩。莽以大司徒孔光名儒，相三主，太后所敬，天下信之，于是盛尊事光，引光女婿甄邯为侍中、奉车都尉。诸素所不说者，莽皆傅致其罪，为请奏草，令邯持与光，以太后指风光，光素畏慎，不敢不上之；莽白太后，辄可其奏。于是劾奏何武、公孙禄互相称举，皆免官，武就国。又奏董宏子高昌侯武父为佞邪，夺爵。又奏南郡太守毋将隆前为冀州牧，治中山冯太后狱，冤陷无辜，关内侯张由诬告骨肉，中太仆史立、泰山太守丁玄陷人入大辟，河内太守赵昌谮害郑崇，幸逢赦令，皆不宜处位在中土，免为庶人，徙合浦。中山之狱，本立、玄自典考之，但与隆连名奏事，莽少时慕与隆交，隆不甚附，故因事挤之。

红阳侯立，太后亲弟，虽不居位，莽以诸父内敬惮之，畏立从容言太后，令己不得肆意，复令光奏立罪恶："前知定陵侯长犯大逆罪，多受其赂，为言误朝；后白以官婢杨寄私子为皇子，众言曰'吕氏少帝复出'，纷纷为天下所疑，难以示来世，成襁褓之功；请遣立就国。"太后不听。莽曰："今汉家衰，比世无嗣，太后独代幼主统政，诚可畏惧。力用公正先天下，尚恐不从；今以私恩逆大臣议，如此，群下倾邪，乱从此起。宜可且遣就国，安后复征召之。"太后不得已，遣立就国。莽之所以胁持上下，皆此类也。

于是附顺莽者拔擢，忤恨者诛灭，以王舜、王邑为腹心，甄丰、甄邯主击断，平晏领机事，刘秀典文章，孙建为爪牙。丰子寻、秀子棻、涿郡崔发、南阳陈崇皆以材能幸于莽。莽色厉而言方，欲有所为，微见风采，党与承其指意而显奏之；莽稽首涕泣，固推让，上以惑太后，下用示信于众庶焉。

5 八月，莽复白太皇太后，废孝成皇后、孝哀皇后为庶人，就其园。是日，皆自杀。

6 大司空彭宣以王莽专权，乃上书言："三公鼎足承君；一足不任，则覆乱美实。臣资性浅薄，年齿老眊，数伏疾病，昏乱遗忘，愿上大司空、长平侯印绶，乞骸骨归乡里，俟寘沟壑。"莽白太后策免宣，使就国。莽恨宣求退，故不赐黄金、安车、驷马。宣居国数年，薨。

班固赞曰：薛广德保县车之荣，平当逡巡有耻，彭宣见险而止，异乎苟患失之者矣！

7 戊午，右将军王崇为大司空，光禄勋东海马宫为右将军，左曹、中郎将甄丰为光禄勋。

8 九月辛酉，中山王即皇帝位，大赦天下。

平帝年九岁，太皇太后临朝，大司马莽秉政，百官总己以听于莽。莽权日盛,**孔光**忧惧,不知所出,上书乞骸骨;**莽**白太后,帝幼少,宜置师傅,徙**光**为帝太傅,位四辅,给事中,领宿卫、供养,行内署门户,省服御食物。以**马宫**为大司徒,**甄丰**为右将军。

9　冬,十月壬寅,葬**孝哀皇帝**于义陵。

孝平皇帝上

元始元年(辛酉,1)

1　春,正月,**王莽**风**益州**,令塞外蛮夷自称**越裳氏**重译献白雉一、黑雉二。**莽**白太后下诏,以白雉荐宗庙。于是群臣盛陈**莽**功德:"致周成白雉之瑞;**周公**及身在而托号于周,**莽**宜赐号曰安汉公,益户畴爵邑。"太后诏尚书具其事。**莽**上书言:"臣与**孔光**、**王舜**、**甄丰**、**甄邯**共定策;今愿独条光等功赏,寝置臣**莽**,勿随辈列。"**甄邯**白太后下诏曰:"'无偏无党,王道荡荡。'君有安宗庙之功,不可以骨肉故蔽隐不扬,君其勿辞!"**莽**复上书固让数四,称疾不起;左右白太后,"宜勿夺**莽**意,但条**孔光**等",**莽**乃肯起。二月丙辰,太后下诏:"以太傅、**博山侯光**为太师,车骑将军、**安阳侯舜**为太保,皆益封万户;左将军、光禄勋**丰**为少傅,封广阳侯;皆授四辅之职。侍中、奉车都尉**邯**封承阳侯。"四人既受赏,**莽**尚未起。群臣复上言:"**莽**虽克让,朝所宜章,以时加赏,明重元功,无使百僚元元失望!"太后乃下诏:"以大司马、**新都侯莽**为太傅,干四辅之事,号曰安汉公,益封二万八千户。"于是**莽**为惶恐,不得已而起,受太傅、安汉公号,让还益封事,云:"愿须百姓家给,然后加赏。"群臣复争,太后诏曰:"公自期百姓家给,是以听之,其令公奉赐皆倍故。百姓家给人足,大司徒、大司空以闻。"**莽**复让不受,而建言褒赏宗室群臣,立故**东平王云**太子**开明**为王;又以故**东平思王**孙**成都**为中山王,奉孝王后;封宣帝耳孙**信**等三十六人皆为列侯;太仆**王恽**等二十五人皆赐爵关内侯。又令诸侯王公、列侯、关内侯无子而有孙若同产子者,皆得以为嗣;宗室属未尽而以罪绝者,复其属;天下吏比二千石以上年老致仕者,参分故禄,以一与之,终其身。下及庶民鳏寡,恩泽之政,无所不施。

莽既媚说吏民,又欲专断;知太后老,厌政,乃风公卿奏言:"往者吏以功次迁至二千石,及州部所举茂材异等吏,率多不称,宜皆见**安汉公**。又,太后春秋高,不宜亲省小事。"令太后下诏曰:"自今以来,唯封爵乃以闻,他事**安汉公**、四辅平决。州牧、二千石及茂材吏初除奏事者,辄引入,至近署对**安汉公**,考故官,问新职,以知其称否?"于是**莽**人人延问,密致恩意,厚加赠送,其不合指,显奏免之,权与人主侔矣。

2　置羲和官,秩二千石。

3　夏,五月丁巳朔,日有食之。大赦天下。公卿以下举敦厚能直言者各一人。

4　王莽恐帝外家卫氏夺其权,白太后:"前哀帝立,背恩义,自贵外家丁、傅,挠乱国家,几危社稷。今帝以幼年复奉大宗为成帝后,宜明一统之义,以戒前事,为后代法。"六月,遣甄丰奉玺绶,即拜帝母卫姬为中山孝王后。赐帝舅卫宝、宝弟玄爵关内侯。赐帝女弟三人号曰君,皆留中山,不得至京师。

扶风功曹申屠刚以直言对策曰:"臣闻成王幼少,周公摄政,听言下贤,均权布宠,动顺天地,举措不失;然近则召公不说,远则四国流言。今圣主始免襁褓,即位以来,至亲分离,外戚杜隔,恩不得通。且汉家之制,虽任英贤,犹援姻戚,亲疏相错,杜塞间隙,诚所以安宗庙,重社稷也。宜亟遣使者征中山太后,置之别宫,令时朝见,又召冯、卫二族,裁与冗职,使得执戟亲奉宿卫,以抑患祸之端,上安社稷,下全保傅。"莽令太后下诏曰:"刚所言僻经妄说,违背大义!"罢归田里。

5　丙午,封鲁顷公之八世孙公子宽为褒鲁侯,奉周公祀;封褒成君孔霸曾孙均为褒成侯,奉孔子祀。

6　诏"天下女徒已论,归家,出雇山钱,月三百。复贞妇,乡一人。大司农部丞十三人,人部一州,劝农桑"。

7　秋,九月,赦天下徒。

二年(壬戌,2)

1　春,黄支国献犀牛。黄支在南海中,去京师三万里。王莽欲耀威德,故厚遗其王,令遣使贡献。

2　越巂郡上黄龙游江中,太师光、大司徒宫等咸称"莽功德比周公,宜告祠宗庙"。大司农孙宝曰:"周公上圣,召公大贤,尚犹有不相说,著于经典,两不相损。今风雨未时,百姓不足,每有一事,群臣同声,得无非其美者?"时大臣皆失色。甄邯即时承制罢议者。会宝遣吏迎母,母道病,留弟家,独遣妻子。司直陈崇劾奏宝,事下三公即讯。宝对曰:"年七十,悖眊,恩衰共养,营妻子,如章。"宝坐免,终于家。

3　帝更名衎。

4　三月癸酉,大司空王崇谢病免,以避王莽。

5 夏,四月丁酉,左将军甄丰为大司空,右将军孙建为左将军,光禄勋甄邯为右将军。

6 立代孝王玄孙之子如意为广宗王,江都易王孙盱台侯宫为广川王,广川惠王曾孙伦为广德王。绍封汉兴以来大功臣之后周共等皆为列侯及关内侯,凡百一十七人。

7 郡国大旱、蝗,青州尤甚,民流亡。王莽白太后:宜衣缯练,颇损膳,以示天下。莽因上书愿出钱百万,献田三十顷,付大司农助给贫民。于是公卿皆慕效焉,凡献田宅者二百三十人,以口赋贫民。又起五里于长安城中,宅二百区,以居贫民。莽帅群臣奏太后言:"幸赖陛下德泽,间者风雨时,甘露降,神芝生,蓂荚、朱草、嘉禾,休征同时并至。愿陛下遵帝王之常服,复太官之法膳,使臣子各得尽欢心,备共养!"莽又令太后下诏,不许。每有水旱,莽辄素食,左右以白太后。太后遣使者诏莽曰:"闻公菜食,忧民深矣。今秋幸孰,公以时食肉,爱身为国!"

8 六月,陨石于钜鹿二。

9 光禄大夫楚国龚胜、太中大夫琅邪邴汉以王莽专政,皆乞骸骨。莽令太后策诏之曰:"朕愍以官职之事烦大夫,大夫其修身守道,以终高年。"皆加优礼而遣之。

10 梅福知王莽必篡汉祚,一朝弃妻子去,不知所之。其后,人有见福于会稽者,变姓名为吴市门卒云。

11 秋,九月戊申晦,日有食之,赦天下徒。

12 遣执金吾候陈茂谕说江湖贼成重等二百馀人皆自出,送家在所收事。重徙云阳,赐公田宅。

13 王莽欲悦太后以威德至盛,异于前,乃风单于令遣王昭君女须卜居次云入侍太后,所以赏赐之甚厚。

14 车师后王国有新道通玉门关,往来差近,戊己校尉徐普欲开之。车师后王姑句以当道供给使者,心不便也。普欲分明其界,然后奏之,召姑句使证之;不肯,系之。其妻股紫陬谓姑句曰:"前车师前王为都护司马所杀,今久系必死,不如降匈奴!"即驰突出高昌壁,入匈奴。又去胡来王唐兜与赤水羌数相寇,不胜,告急都护,都护但钦不以时救助。唐兜困急,怨钦,东守玉门关;玉门关不内,即将妻子、人民千馀人亡降匈奴;单于受置左谷蠡地,遣使上书言状曰:"臣谨已受。"诏遣中郎将韩隆等使匈奴,责让单于;单于叩头谢罪,执二虏还付使者。诏使中郎将王萌待于西域恶都奴界上。单于遣使送,因请其罪;使者以闻。莽不听,诏会西域诸国王,陈军斩姑句、唐兜以示之;乃造设四条,中国人亡入匈奴者,乌孙亡降匈奴者,西域诸国佩中国印绶降匈奴者,乌桓降匈奴者,皆不得受。遣中郎将王骏、王昌、副校尉甄阜、王寻使匈奴,班四条与单于,杂函封,付单于,令奉行;因收故宣帝所为约束封函还。时莽奏令中国不得有二名,因使使者以风单于,宜上书慕化,为一名,汉必加厚赏。单于从之,上书言:"幸得备藩臣,窃乐太平圣制。臣故名囊知牙斯,今谨更名曰知。"莽大说,白太后,遣使者答谕,厚赏赐焉。

15 莽欲以女配帝为皇后以固其权,奏言:"皇帝即位三年,长秋宫未建,掖庭媵未充。乃者国家之难,本从无嗣,配取不正,请考论五经,定取后礼,正十二女之义,以广继嗣,博采二王后及周公、孔子世、列侯在长安者適子女。"事下有司,上众女名,王氏女多在选中者,莽恐其与己女争,即上言:"身无德,子材下,不宜与众女并采。"太后以为至诚,乃下诏曰:"王氏女,朕之外家,其勿采。"庶民、诸生、郎吏以上守阙上书者日千馀人,公卿大夫或诣廷中,或伏省户下,咸言:"安汉公盛勋堂堂若此,今当立后,独奈何废公女,天下安所归命!愿得公女为天下母!"莽遣长史以下分部晓止公卿及诸生,而上书者愈甚。太后不得已,听公卿采莽女。莽复自白:"宜博选众女。"公卿争曰:"不宜采诸女以贰正统。"莽乃曰:"愿见女。"

资治通鉴卷第三十六

汉纪二十八

孝平皇帝下

元始三年（癸亥，3）

1 春，太后遣长乐少府夏侯藩、宗正刘宏、尚书令平晏纳采见女。还，奏言："公女渐渍德化，有窈窕之容，宜承天序，奉祭祀。"太师光、大司徒宫、大司空丰、左将军孙建、执金吾尹赏、行太常事、太中大夫刘秀及太卜、太史令服皮弁、素积，以礼杂卜筮，皆曰："兆遇金水王相，卦遇父母得位，所谓康强之占，逢吉之符也。"又以太牢策告宗庙。有司奏："故事：聘皇后，黄金二万斤，为钱二万万。"莽深辞让，受六千三百万，而以其四千三百万分予十一媵家及九族贫者。

2 夏，安汉公奏车服制度，吏民养生、送终、嫁娶、奴婢、田宅、器械之品，立官稷，及郡国、县邑、乡聚皆置学官。

3 大司徒司直陈崇使张敞孙竦草奏，盛称安汉公功德，以为："宜恢公国令如周公，建立公子令如伯禽，所赐之品亦皆如之，诸子之封皆如六子。"太后以示群公。群公方议其事，会吕宽事起。

初，莽长子宇非莽隔绝卫氏，恐久后受祸，即私与卫宝通书，教卫后上书谢恩，因陈丁、傅旧恶，冀得至京师。莽白太皇太后，诏有司褒赏中山孝王后，益汤沐邑七千户。卫后日夜啼泣，思见帝面，而但益户邑；宇复教令上书求至京师。莽不听。宇与师吴章及妇兄吕宽议其故，章以为莽不可谏而好鬼神，可为变怪以惊惧之，章因推类说令归政卫氏。宇即使宽夜持血洒莽第，门吏发觉之；莽执宇送狱，饮药死。宇妻焉怀子，系狱，须产子已，杀之。甄邯等白太后，下诏曰："公居周公之位，辅成王之主，而行管、蔡之诛，不以亲亲害尊尊，朕甚嘉之！"莽尽灭卫氏支属，唯卫后在。吴章要斩，磔尸东市门。

初，章为当世名儒，教授尤盛，弟子千馀人。莽以为恶人党，皆当禁锢不得仕宦，门人尽更名他师。平陵云敞时为大司徒掾，自劾吴章弟子，收抱章尸归，棺敛葬之，京师称焉。

莽于是因吕宽之狱，遂穷治党与，连引素所恶者悉诛之。元帝女弟敬武长公主素附丁、傅，及莽专政，复非议莽；红阳侯王立，莽之尊属；平阿侯王仁，素刚直，莽皆以太皇太后诏，遣使迫守，令自杀。莽白太后，主暴病薨；太后欲临其丧，莽固争而止。甄丰遣使者乘传案治卫氏党与，郡国豪桀及汉忠直臣不附莽者，皆诬以罪法而杀之。何武、鲍宣及王商子乐昌侯安、辛庆忌三子护羌校尉通、函谷都尉遵、水衡都尉茂、南郡太守辛伯皆坐死。凡死者数百人，海内震焉。北海逢萌谓友人曰："三纲绝矣，不去，祸将及人！"即解冠挂东都城门，归，将家属浮海，客于辽东。

莽召明礼少府宗伯凤入说为人后之谊，白令公卿、将军、侍中、朝臣并听，欲以内厉天子而外塞百姓之议。先是，秺侯金日磾子赏、都成侯金安上子常皆以无子国绝，莽以日磾曾孙当及安上孙京兆尹钦绍其封。钦谓"当宜为其父、祖立庙，而使大夫主赏祭。"甄邯时在旁，廷叱钦，因劾奏"钦诬祖不孝，大不敬"；下狱，自杀。邯以纲纪国体，无所阿私，忠孝尤著，益封千户。更封安上曾孙汤为都成侯。汤受封日，不敢还归家，以明为人后之谊。

4 是岁，尚书令颍川锺元为大理。颍川太守陵阳严诩本以孝行为官，谓掾、史为师友，有过辄闭阁自责，终不大言。郡中乱。王莽遣使征诩，官属数百人为设祖道，诩据地哭。掾、史曰："明府吉征，不宜若此！"诩曰："吾哀颍川士，身岂有忧哉！我以柔弱征，必选刚猛代；代到，将有僵仆者，故相吊耳！"诩至，拜为美俗使者；徙陇西太守何并为颍川太守。并到郡，捕锺元弟威及阳翟轻侠赵季、李款，皆杀之；郡中震栗。

四年（甲子，4）

1 春，正月，郊祀高祖以配天，宗祀孝文以配上帝。

2 改殷绍嘉公曰宋公，周承休公曰郑公。

3 诏："妇女非身犯法，及男子年八十以上、七岁已下，家非坐不道、诏所名捕，他皆无得系；其当验者即验问。定著令！"

4 二月丁未，遣大司徒宫、大司空丰等奉乘舆法驾迎皇后于安汉公第，授皇后玺绂，入未央宫。大赦天下。

5 遣太仆王恽等八人各置副，假节，分行天下，览观风俗。

6 夏，太保舜等及吏民上书者八千馀人，咸请"如陈崇言，加赏于安汉公"。章下有司，有司请"益封公以召陵、新息二县及黄邮聚、新野田；

采伊尹、周公称号,加公为宰衡,位上公,三公言事称'敢言之';赐公太夫人号曰功显君;封公子男二人安为褒新侯,临为赏都侯;加后聘三千七百万,合为一万万,以明大礼;太后临前殿亲封拜,安汉公拜前,二子拜后,如周公故事。"莽稽首辞让,出奏封事:"愿独受母号,还安、临印韍及号位户邑。"事下,太师光等皆曰:"赏未足以直功;谦约退让,公之常节,终不可听。忠臣之节亦宜自屈,而伸主上之义。宜遣大司徒、大司空持节承制诏公亟入视事;诏尚书勿复受公之让奏。"奏可。莽乃起视事,止减召陵、黄邮、新野之田而已。

莽复以所益纳征钱千万遗太后左右奉共养者。莽虽专权,然所以诳耀媚事太后,下至旁侧长御,方故万端,赂遗以千万数。白尊太后姊、妹号皆为君,食汤沐邑。以故左右日夜共誉莽。莽又知太后妇人,厌居深宫中,莽欲虞乐以市其权,乃令太后四时车驾巡狩四郊,存见孤、寡、贞妇,所至属县,辄施恩惠,赐民钱帛、牛酒,岁以为常。太后旁弄儿病,在外舍,莽自亲候之。其欲得太后意如此。

太保舜奏言:"天下闻公不受千乘之土,辞万金之币,莫不乡化。蜀郡男子路建等辍讼,惭怍而退,虽文王却虞,芮何以加!宜报告天下。"奏可。于是孔光愈恐,固称疾辞位。太后诏:"太师毋朝,十日一入省中,置几杖,赐餐十七物,然后归;官属按职如故。"

7 莽奏起明堂、辟雍、灵台,为学者筑舍万区,制度甚盛。立乐经;益博士员,经各五人。征天下通一艺、教授十一人以上,及有逸礼、古书、天文、图谶、钟律、月令、兵法、史篇文字,通知其意者,皆诣公车。网罗天下异能之士,前后至者千数,皆令记说廷中,将令正乖谬,壹异说云。

又征能治河者以百数,其大略异者,长水校尉平陵关并言:"河决率常于平原、东郡左右,其地形下而土疏恶。闻禹治河时,本空此地,以为水猥盛则放溢,少稍自索,虽时易处,犹不能离此。上古难识。近察秦、汉以来,河决曹、卫之域,其南北不过百八十里。可空此地,勿以为官亭、民室而已。"御史临淮韩牧以为:"可略于禹贡九河处穿之,纵不能为九,但为四、五,宜有益。"大司空掾王横言:"河入勃海地,高于韩牧所欲穿处。往者天常连雨,东北风,海水溢,西南出,浸数百里,九河之地已为海所渐矣。禹之行河水,本随西山下东北去。周谱云'定王五年,河徙',则今所行非禹之所穿也。又秦攻魏,决河灌其都,决处遂大,不可复补。宜却徙完平处更开空,使缘西山足,乘高地而东北入海,乃无水灾。"司空掾沛国桓谭典其议,为甄丰言:"凡此数者,必有一是;宜详考验,皆可豫见。计定然后举事,费不过数亿万,亦可以事诸浮食无产业民。空居与行役,同当衣食,衣食县官而为之作,乃两便,可以上继禹功,下除民疾。"时莽但崇空语,无施行者。

8 群臣奏言:"昔周公摄政七年,制度乃定。今安汉公辅政四年,营作二旬,大功毕成,宜升宰衡位在诸侯王上。"诏曰:"可。"仍令议九锡之法。

9 莽奏尊孝宣庙为中宗,孝元庙为高宗;又奏毁孝宣皇考庙勿修;罢南陵、云陵为县。奏可。

10 莽自以北化匈奴,东致海外,南怀黄支,唯西方未有加,乃遣中郎将平宪等多持金币诱塞外羌,使献地愿内属。宪等奏言:"羌豪良愿等种可万二千人,愿为内臣,献鲜水海、允谷、盐池,平地美草,皆与汉民;自居险阻处为藩蔽。问良愿降意,对曰:'太皇太后圣明,安汉公至仁,天下太平,五谷成孰,或禾长丈馀,或一粟三米,或不种自生,或茧不蚕自成,甘露从天下,醴泉自地出,凤凰来仪,神爵降集。从四岁以来,羌人无所疾苦,故思乐内属。'宜以时处业,置属国领护。"事下莽,莽复奏:"今已有东海、南海、北海郡,请受良愿等所献地为西海郡。分天下为十二州,应古制。"奏可。冬,置西海郡。又增法五十条,犯者徙之西海。徙者以千万数,民始怨矣。

11 梁王立坐与卫氏交通,废,徙南郑;自杀。

12 分京师置前辉光、后丞烈二郡。更公卿、大夫、八十一元士官名、位次及十二州名、分界。郡国所属,罢置改易,天下多事,吏不能纪矣。

五年(乙丑,5)

1 春,正月,袷祭明堂;诸侯王二十八人,列侯百二十人,宗室子九百馀人,征助祭。礼毕,皆益户、赐爵及金帛、增秩、补吏各有差。

2 安汉公又奏复长安南、北郊。三十馀年间,天地之祠凡五徙焉。

3 诏曰:"宗室子自汉元至今十馀万人,其令郡国各置宗师以纠之,致教训焉。"

4 夏,四月乙未,博山简烈侯孔光薨,赠赐、葬送甚盛,车万馀两。以马宫为太师。

5 吏民以莽不受新野田而上书者前后四十八万七千五百七十二人,及诸侯王公、列侯、宗室见者皆叩头言:"宜亟加赏于安汉公。"于是莽上书言:"诸臣民所上章下议者,愿皆寝勿上,使臣莽得尽力毕制礼作乐;事成,愿赐骸骨归家,避贤者路。"甄邯等白太后,诏曰:"公每见辄流涕叩头言,愿不受赏;赏即加,不敢当位。方制作未定,事须公而决,故且听公制作;毕成,群公以闻,究于前议。其九锡礼仪亟奏!"

五月,策命安汉公莽以九锡,莽稽首再拜,受绿韨,衮冕,衣裳,玚瓒、玚祕,句履,鸾路,乘马,龙旂九旒,皮弁、素积,戎路、乘马,彤弓矢、卢弓矢,左建朱钺,右建金戚,甲、胄一具,秬鬯二卣,圭瓒二,九命青玉珪二,朱户,纳陛,署宗官、祝官、卜官、史官,虎贲三百人。

6　王恽等八人使行风俗还,言天下风俗齐同,诈为郡国造歌谣、颂功德,凡三万言。闰月丁酉,诏以羲和刘秀等四人使治明堂、辟雍,令汉与文王灵台、周公作洛同符。太仆王恽等八人使行风俗,宣明德化,万国齐同,皆封为列侯。

时广平相班稚独不上嘉瑞及歌谣;琅邪太守公孙闳言灾害于公府。甄丰遣属驰至两郡,讽吏民,而劾"闳空造不祥,稚绝嘉应,嫉害圣政,皆不道"。稚,班倢伃弟也。太后曰:"不宣德美,宜与言灾害者异罚。且班稚后宫贤家,我所哀也。"闳独下狱,诛。稚惧,上书陈恩谢罪,愿归相印,入补延陵园郎;太后许焉。

7　莽又奏为市无二贾,官无狱讼,邑无盗贼,野无饥民,道不拾遗,男女异路之制;犯者象刑。

8　莽复奏言:"共王母、丁姬,前不臣妾,冢高与元帝山齐,怀帝太后、皇太太后玺绶以葬。请发共王母及丁姬冢,取其玺绶;徙共王母归定陶,葬共王冢次。"太后以为既已之事,不须复发。莽固争之,太后诏因故棺改葬之。莽奏:"共王母及丁姬棺皆名梓宫,珠玉之衣,非藩妾服。请更以木棺代,去珠玉衣;葬丁姬媵妾之次。"奏可。公卿在位皆阿莽指,入钱帛,遣子弟及诸生、四夷凡十馀万人,操持作具,助将作掘平共王母、丁姬故冢,二旬间,皆平。莽又周棘其处,以为世戒云。又隳坏共皇庙,诸造议者泠褒、段犹等皆徙合浦。

征师丹诣公车,赐爵关内侯,食故邑。数月,更封丹为义阳侯;月馀,薨。

初,哀帝时,马宫为光禄勋,与丞相、御史杂议傅太后谥曰孝元傅皇后。及莽追诛前议者,宫为莽所厚,独不及。宫内惭惧,上书言:"臣前议定陶共王母谥,希指雷同,诡经僻说,以惑误主上,为臣不忠。幸蒙洒心自新,诚无颜复望阙庭,无心复居官府,无宜复食国邑。愿上太师、大司徒、扶德侯印绶,避贤者路。"八月壬午,莽以太后诏赐宫策曰:"四辅之职,为国维纲;三公之任,鼎足承君;不有鲜明固守,无以居位。君言至诚,不敢文过,朕甚多之。不夺君之爵邑,其上太师、大司徒印绶使者,以侯就第。”

9　莽以皇后有子孙瑞,通子午道,从杜陵直绝南山,径汉中。

10　泉陵侯刘庆上书言:“周成王幼少,称孺子,周公居摄。今帝富于春秋,宜令安汉公行天子事,如周公。”群臣皆曰:“宜如庆言。”

11　时帝春秋益壮,以卫后故,怨不悦。冬,十二月,莽因腊日上椒酒,置毒酒中;帝有疾。莽作策,请命于泰畤,愿以身代,藏策金縢,置于前殿,敕诸公勿敢言。丙午,帝崩于未央宫。大赦天下。莽令天下吏六百石以上皆服丧三年。奏尊孝成庙曰统宗,孝平庙曰元宗。敛孝平,加元服,葬康陵。

　　　班固赞曰:孝平之世,政自莽出,褒善显功,以自尊盛。观其文辞,方处百蛮,无思不服,休征嘉应,颂声并作;至于变异见于上,民怨于下,莽亦不能文也。

12　以长乐少府平晏为大司徒。

13　太后与群臣议立嗣。时元帝世绝,而宣帝曾孙有见王五人,列侯四十八人。莽恶其长大,曰:“兄弟不得相为后。”乃悉征宣帝玄孙,选立之。

　　是月,前煇光谢嚣奏武功长孟通浚井得白石,上圆下方,有丹书著石,文曰:“告安汉公莽为皇帝。”符命之起,自此始矣。莽使群公以白太后,太后曰:“此诬罔天下,不可施行!”太保舜谓太后曰:“事已如此,无可奈何;沮之,力不能止。又莽非敢有他,但欲称摄以重其权,填服天下耳!”太后心不以为可,然力不能制,乃听许。舜等即共令太后下诏曰:“孝平皇帝短命而崩,已使有司征孝宣皇帝玄孙二十三人,差度宜者,以嗣孝平皇帝之后。玄孙年在襁褓,不得至德君子,孰能安之!安汉公莽,辅政三世,与周公异世同符。今前煇光嚣、武功长通上言丹石之符,朕深思厥意,云‘为皇帝’者,乃摄行皇帝之事也。其令安汉公居摄践祚,如周公故事,具礼仪奏!”于是群臣奏言:“太后圣德昭然,深见天意,诏令安汉公居摄。臣请安汉公践祚,服天子韨冕,背斧依立于户牖之间,南面朝群臣,听政事;车服出入警跸,民臣称臣妾,皆如天子之制。郊祀天地,宗祀明堂,共祀宗庙,享祭群神,赞曰:‘假皇帝’,民臣谓之‘摄皇帝’,自称曰‘予’。平决朝事,常以皇帝之诏称‘制’。以奉顺皇天之心,辅翼汉室,保安孝平皇帝之幼嗣,遂寄托之义,隆治平之化。其朝见太皇太后、帝皇后皆复臣节。

自施政教于其宫家国采,如诸侯礼仪故事。"太后诏曰:"可。"

王莽上

居摄元年(丙寅,6)

1 春,正月,王莽祀上帝于南郊,又行迎春、大射、养老之礼。

2 三月己丑,立宣帝玄孙婴为皇太子,号曰孺子。婴,广戚侯显之子也。年二岁;托以卜相最吉,立之。尊皇后曰皇太后。

3 以王舜为太傅、左辅,甄丰为太阿、右拂,甄邯为太保、后承;又置四少,秩皆二千石。

4 四月,安众侯刘崇与相张绍谋曰:"安汉公莽必危刘氏,天下非之,莫敢先举,此乃宗室之耻也。吾帅宗族为先,海内必和。"绍等从者百馀人遂进攻宛,不得入而败。

绍从弟竦与崇族父嘉诣阙自归,莽赦弗罪。竦因为嘉作奏,称莽德美,罪状刘崇:"愿为宗室倡始,父子兄弟负笼荷锸,驰之南阳,猪崇宫室,令如古制;及崇社宜如亳社,以赐诸侯,用永监戒!"于是莽大说,封嘉为率礼侯,嘉子七人皆赐爵关内侯;后又封竦为淑德侯。长安为之语曰:"欲求封,过张伯松。力战斗,不如巧为奏。"自后谋反者皆污池云。

群臣复白:"刘崇等谋逆者,以莽权轻也;宜尊重以填海内。"五月甲辰,太后诏莽朝见太后称"假皇帝"。

5 冬,十月丙辰朔,日有食之。

6 十二月,群臣奏请以安汉公庐为摄省,府为摄殿,第为摄宫。奏可。

7 是岁,西羌庞恬、傅幡等怨莽夺其地,反攻西海太守程永;永奔走。莽诛永,遣护羌校尉窦况击之。

二年(丁卯,7)

1 春,窦况等击破西羌。

2 五月,更造货:错刀,一直五千;契刀,一直五百;大钱,一直五十;与五铢钱并行,民多盗铸者。禁列侯以下不得挟黄金,输御府受直;然卒不与直。

3 东郡太守翟义,方进之子也,与姊子上蔡陈丰谋曰:"新都侯摄天子位,号令天下,故择宗室幼稚者以为孺子,依托周公辅成王之义,且以观望,必代汉家,其渐可见。方今宗室衰弱,外无强蕃,天下倾首服从,莫能亢扞国难。吾幸得备宰相子，身守大郡，父子受汉厚恩，义当为国讨贼，以安社稷；欲举兵西，诛不当摄者，选宗室子孙辅而立之。设令时命不成，死国埋名，犹可以不惭于先帝。今欲发之，汝肯从我乎？"圭年十八，勇壮，许诺。义遂与东郡都尉刘宇、严乡侯刘信、信弟武平侯刘璜结谋，以九月都试日斩观令，因勒其车骑、材官士，募郡中勇敢，部署将帅。信子匡时为东平王，乃并东平兵，立信为天子；义自号大司马、柱天大将军；移檄郡国，言"莽鸩杀孝平皇帝，摄天子位，欲绝汉室。今天子已立，共行天罚！"郡国皆震。比至山阳，众十馀万。

莽闻之，惶惧不能食。太皇太后谓左右曰："人心不相远也。我虽妇人，亦知莽必以此自危。"莽乃拜其党、亲轻车将军、成武侯孙建为奋武将军，光禄勋、成都侯王邑为虎牙将军，明义侯王骏为强弩将军，春王城门校尉王况为震威将军，宗伯、忠孝侯刘宏为奋冲将军，中少府、建威侯王昌为中坚将军，中郎将、震羌侯窦况为奋威将军，凡七人，自择除关西人为校尉、军吏，将关东甲卒，发奔命以击义焉。复以太仆武让为积弩将军，屯函谷关；将作大匠蒙乡侯逯并为横壄将军，屯武关；羲和、红休侯刘秀为扬武将军，屯宛。

三辅闻翟义起，自茂陵以西至汧二十三县，盗贼并发。槐里男子赵朋、霍鸿等自称将军，攻烧官寺，杀右辅都尉及槃令，相与谋曰："诸将精兵悉东，京师空，可攻长安！"众稍多至十馀万，火见未央宫前殿。莽复拜卫尉王级为虎贲将军，大鸿胪、望乡侯阎迁为折冲将军，西击朋等。以常乡侯王恽为车骑将军，屯平乐馆；骑都尉王晏为建威将军，屯城北；城门校尉赵恢为城门将军，皆勒兵自备。以太保、后承、承阳侯甄邯为大将军，受钺高庙，领天下兵，左杖节，右把钺，屯城外。王舜、甄丰昼夜循行殿中。

莽日抱孺子祷郊庙，会群臣，称曰："昔成王幼，周公摄政，而管、蔡挟禄父以畔。今翟义亦挟刘信而作乱。自古大圣犹惧此，况臣莽之斗筲！"群臣皆曰："不遭此变，不章圣德！"冬，十月甲子，莽依周书作大诰曰："粤其闻日，宗室之俊有四百人，民献仪九万夫，予敬以终于此谋继嗣图功。"遣大夫桓谭等班行谕告天下，以当反位孺子之意。

诸将东至陈留菑，与翟义会战，破之，斩刘璜首。莽大喜，复下诏先封车骑都尉孙贤等五十五人皆为列侯，即军中拜授。因大赦天下。于是吏士精锐遂攻围义于圉城，十二月，大破之。义与刘信弃军亡，至固始界中，捕得义，尸磔陈都市，卒不得信。

始初元年（戊辰，8）

1　春，地震。大赦天下。

2　王邑等还京师，西与王级等合击赵朋、霍鸿。二月，朋等殄灭，诸县息平。还师振旅，莽乃置酒白虎殿，劳赐将帅。诏陈崇治校军功，第其高下，依周制爵五等，以封功臣为侯、伯、子、男，凡三百九十五人，曰"皆以奋怒，东指西击，羌寇、蛮盗，反虏、逆贼，不得旋踵，应时殄灭，天下咸服"之功封云。其当赐爵关内侯者，更名曰附城，又数百人。莽发翟义父方进及先祖冢在汝南者，烧其棺柩；夷灭三族，诛及种嗣，至皆同坑，以棘五毒并葬之。又取义及赵朋、霍鸿党众之尸，聚之通路之旁，濮阳、无盐、圉、槐里、鬷厘凡五所，建表木于其上，书曰："反虏逆贼鳢鲵。"义等既败，莽于是自谓威德日盛，大获天人之助，遂谋即真之事矣。

3　群臣复奏：进摄皇帝子安、临爵为公；封兄子光为衍功侯。是时莽还归新都国；群臣复白以封莽孙宗为新都侯。

4　九月，莽母功显君死。莽自以居摄践阼，奉汉大宗之后，为功显君缌缞弁而加麻环绖，如天子吊诸侯服。凡壹吊再会；而令新都侯宗为主，服丧三年云。

5　司威陈崇奏：莽兄子衍功侯光私报执金吾窦况，令杀人；况为收系，致其法。莽大怒，切责光。光母曰："汝自视孰与长孙、中孙！"长孙、中孙者，宇及获之字也。遂母子自杀，及况皆死。初，莽以事母、养嫂、抚兄子为名，及后悖虐，复以示公义焉。令光子嘉嗣爵为侯。

6　是岁，广饶侯刘京言齐郡新井，车骑将军千人扈云言巴郡石牛，太保属臧鸿言扶风雍石；莽皆迎受。十一月甲子，莽奏太后曰："陛下遇汉十二世三七之厄，承天威命，诏臣莽居摄。广饶侯刘京上书言：'七月中，齐郡临淄县昌兴亭长辛当一暮数梦，曰："吾，天公使也。天公使我告亭长，曰'摄皇帝当为真'。即不信我，此亭中当有新井。"亭长晨起视亭中，诚有新井，入地且百尺。'十一月壬子，直建冬至，巴郡石牛，戊午，雍石文，皆到于未央宫之前殿。臣与太保安阳侯舜等视，天风起，尘冥，风止，得铜符帛图于石前，文曰'天告帝符，献者封侯'，骑都尉崔发等视说。孔子曰：'畏天命，畏大人，畏圣人之言。'臣莽敢不承用！臣请共事神祇、宗庙，奏言太皇太后、孝平皇后，皆称'假皇帝'；其号令天下，天下奏言事，毋言'摄'；以居摄三年为始初元年；漏刻以百二十为度；用应天命。臣莽夙夜养育隆就孺子，令与周之成王比德，宣明太皇太后威德于万方，期于富而教之。孺子加元服，复子明辟，如周公故事。"奏可。众庶知其奉符命,指意群臣博议别奏,以示即真之渐矣。

7 期门郎张充等六人谋共劫莽,立楚王。发觉,诛死。

8 梓潼人哀章学问长安,素无行,好为大言,见莽居摄,即作铜匮,为两检,署其一曰"天帝行玺金匮图",其一署曰"赤帝玺某传予皇帝金策书"。某者,高皇帝名也。书言王莽为真天子,皇太后如天命。图书皆书莽大臣八人,又取令名王兴、王盛,章因自窜姓名,凡十一人,皆署官爵,为辅佐。章闻齐井、石牛事下,即日昏时,衣黄衣,持匮至高庙,以付仆射。仆射以闻。戊辰,莽至高庙拜受金匮神禅,御王冠,谒太后,还坐未央宫前殿,下书曰:"予以不德,托于皇初祖考黄帝之后,皇始祖考虞帝之苗裔,而太皇太后之末属。皇天上帝隆显大佑,成命统序,符契、图文、金匮策书,神明诏告,属予以天下兆民。赤帝汉氏高皇帝之灵,承天命,传国金策之书,予甚祗畏,敢不钦受!以戊辰直定,御王冠,即真天子位,定有天下之号曰新。其改正朔,易服色,变牺牲,殊徽帜,异器制。以十二月朔癸酉为始建国元年正月之朔,以鸡鸣为时。服色配德上黄,牺牲应正用白,使节之旄幡皆纯黄,其署曰'新使五威节',以承皇天上帝威命也。"

莽将即真,先奉诸符瑞以白太后,太后大惊。是时以孺子未立,玺藏长乐宫。及莽即位,请玺,太后不肯授莽。莽使安阳侯舜谕指。舜素谨敕,太后雅爱信之。舜既见太后,太后知其为莽求玺,怒骂之曰:"而属父子宗族,蒙汉家力,富贵累世,既无以报,受人孤寄,乘便利时夺取其国,不复顾恩义。人如此者,狗猪不食其馀,天下岂有而兄弟邪!且若自以金匮符命为新皇帝,变更正朔、服制,亦当自更作玺,传之万世,何用此亡国不祥玺为,而欲求之!我汉家老寡妇,旦暮且死,欲与此玺俱葬,终不可得!"太后因涕泣而言,旁侧长御以下皆垂涕。舜亦悲不能自止,良久,乃仰谓太后:"臣等已无可言者。莽必欲得传国玺,太后宁能终不与邪!"太后闻舜语切,恐莽欲胁之,乃出汉传国玺投之地,以授舜曰:"我老已死,如而兄弟今族灭也!"舜既得传国玺,奏之;莽大说,乃为太后置酒未央宫渐台,大纵众乐。

莽又欲改太后汉家旧号,易其玺绶,恐不见听;而莽疏属王谏欲谄莽,上书言:"皇天废去汉而命立新室,太皇太后不宜称尊号,当随汉废,以奉天命。"莽以其书白太后,太后曰:"此言是也!"莽因曰:"此悖德之臣也,罪当诛!"于是冠军张永献符命铜璧文,言太皇太后当为新室文母太皇太后;莽乃下诏从之。于是鸩杀王谏而封张永为贡符子。

班彪赞曰:三代以来,王公失世,稀以女宠。及王莽之兴,由<u>孝元后</u>历<u>汉</u>四世为天下母,飨国六十馀载,群弟世权,更持国柄;五将、十侯,卒成<u>新都</u>。位号已移于天下,而<u>元后</u>卷卷犹握一玺,不欲以授<u>莽</u>,妇人之仁,悲夫!

资治通鉴卷第三十七

汉纪二十九

王莽中

始建国元年（己巳，9）

1　春，正月，朔，莽帅公侯卿士奉皇太后玺�上太皇太后，顺符命，去汉号焉。

初，莽娶故丞相王䜣孙宜春侯咸女为妻，立以为皇后；生四男，宇、获前诛死，安颇荒忽，乃以临为皇太子，安为新嘉辟。封宇子六人皆为公。大赦天下。

莽乃策命孺子为定安公，封以万户，地方百里；立汉祖宗之庙于其国，与周后并行其正朔、服色；以孝平皇后为定安太后。读策毕，莽亲执孺子手，流涕歔欷曰：“昔周公摄位，终得复子明辟；今予独迫皇天威命，不得如意！”哀叹良久。中傅将孺子下殿，北面而称臣。百僚陪位，莫不感动。

又按金匮封拜辅臣：以太傅、左辅王舜为太师，封安新公；大司徒平晏为太傅，就新公；少阿、羲和刘秀为国师，嘉新公；广汉梓潼哀章为国将，美新公；是为四辅，位上公。太保、后承甄邯为大司马，承新公；丕进侯王寻为大司徒，章新公；步兵将军王邑为大司空，隆新公；是为三公。太阿、右拂、大司空甄丰为更始将军，广新公；京兆王兴为卫将军，奉新公；轻车将军孙建为立国将军，成新公；京兆王盛为前将军，崇新公；是为四将。凡十一公。王兴者，故城门令史；王盛者，卖饼；莽按符命求得此姓名十馀人，两人容貌应卜相，径从布衣登用，以示神焉。

是日，封拜卿大夫、侍中、尚书官凡数百人，诸刘为郡守者皆徙为谏大夫。改明光宫为定安馆，定安太后居之；以大鸿胪府为定安公第；皆置门卫使者监领。敕阿乳母不得与婴语，常在四壁中，至于长大，不能名六畜；后莽以女孙宇子妻之。

莽策命群司各以其职，如典诰之文。置大司马司允、大司徒司直、大司空司若，位皆孤卿。更名大司农曰羲和，后更为纳言；大理曰作士；太常曰秩宗;大鸿胪曰典乐;少府曰共工,水衡都尉曰予虞;与三公司卿分属三公。置二十七大夫,八十一元士,分主中都官诸职。又更光禄勋等名为六监,皆上卿。改郡太守曰大尹,都尉曰大尉,县令、长曰宰,长乐宫曰常乐室,长安曰常安;其馀百官、宫室、郡县尽易其名,不可胜纪。

封王氏齐缞之属为侯,大功为伯,小功为子,缌麻为男;其女皆为任。男以"睦",女以"隆"为号焉。

又曰:"汉氏诸侯或称王,至于四夷亦如之,违于古典,缪于一统。其定诸侯王之号皆称公,及四夷僭号称王者皆更为侯。"于是汉诸侯王二十二人皆降为公,王子侯者百八十一人皆降为子,其后皆夺爵焉。

2　莽又封黄帝、少昊、颛顼、帝喾、尧、舜、夏、商、周及皋陶、伊尹之后皆为公、侯,使各奉其祭祀。

3　莽因汉承平之业,府库百官之富,百蛮宾服,天下晏然,莽一朝有之,其心意未满,狭小汉家制度,欲更为疏阔。乃自谓黄帝、虞舜之后,至齐王建孙济北王安失国,齐人谓之王家,因以为氏;故以黄帝为初祖,虞帝为始祖。追尊陈胡公曰陈胡王,田敬仲曰齐敬王,济北王安曰济北愍王。立祖庙五,亲庙四。天下姚、妫、陈、田、王五姓皆为宗室,世世复,无所与。封陈崇、田丰为侯,以奉胡王、敬王后。

天下牧、守皆以前有翟义、赵朋等作乱,领州郡,怀忠孝,封牧为男,守为附城。

以汉高庙为文祖庙。汉氏园寝庙在京师者,勿罢,祠荐如故。诸刘勿解其复,各终厥身;州牧数存问,勿令有侵冤。

4　莽以刘之为字"卯、金、刀"也,诏正月刚卯、金刀之利皆不得行,乃罢错刀、契刀及五铢钱,更作小钱,径六分,重一铢,文曰"小钱直一",与前"大钱五十"者为二品,并行。欲防民盗铸,乃禁不得挟铜、炭。

5　夏,四月,徐乡侯刘快结党数千人起兵于其国。快兄殷,故汉胶东王,时为扶崇公。快举兵攻即墨,殷闭城门,自系狱。吏民距快;快败走,至长广死。莽赦殷,益其国满万户,地方百里。

6　莽曰:"古者一夫田百亩,什一而税,则国给民富而颂声作。秦坏圣制,废井田,是以兼并起,贪鄙生,强者规田以千数,弱者曾无立锥之居。又置奴婢之市,与牛马同阑,制于民臣,颛断其命,缪于'天地之性人为贵'之义。汉氏减轻田租,三十而税一,常有更赋,罢癃咸出;而豪民侵陵,分田劫假。厥名三十税一,实什税五也。故富者犬马馀菽粟,骄而为邪;贫者不厌糟糠,穷而为奸;俱陷于辜,刑用不错。今更名天下田曰'王田'，奴婢曰'私属'，皆不得卖买。其男口不盈八而田过一井者，分馀田予九族、邻里、乡党。故无田、今当受田者，如制度。敢有非井田圣制、无法惑众者，投诸四裔，以御魑魅，如皇始祖考虞帝故事!"

7　秋，遣五威将王奇等十二人班符命四十二篇于天下:德祥五事，符命二十五，福应十二。五威将奉符命，赍印绶，王侯以下及吏官名更者，外及匈奴、西域、徼外蛮夷，皆即授新室印绶，因收故汉印绶。大赦天下。

五威将乘乾文车，驾坤六马，背负鹫鸟之毛，服饰甚伟。每一将各置五帅，将持节，帅持幢。其东出者至玄菟、乐浪、高句骊、夫馀;南出者隃徼外，历益州，改句町王为侯;西出者至西域，尽改其王为侯;北出至匈奴庭，授单于印，改汉印文，去玺曰章。

8　冬，雷，桐华。

9　以统睦侯陈崇为司命，主司察上公以下。又以说符侯崔发等为中城、四关将军，主十二城门及绕霤、羊头、肴黾、汧陇之固，皆以五威冠其号。

10　又遣谏大夫五十人分铸钱于郡国。

11　是岁，真定、常山大雨雹。

二年(庚午，10)

1　春，二月，赦天下。

2　五威将帅七十二人还奏事，汉诸侯王为公者悉上玺绶为民，无违命者。独故广阳王嘉以献符命，鲁王闵以献神书，中山王成都以献书言莽德，皆封列侯。

　　班固论曰:昔周封国八百，同姓五十有馀，所以亲亲贤贤，关诸盛衰，深根固本，为不可拔者也。故盛则周、召相其治，致刑错;衰则五伯扶其弱，与共守;天下谓之共主，强大弗之敢倾。历载八百馀年，数极德尽，降为庶人，用天年终。秦㓕笑三代，窃自号为皇帝，而子弟为匹夫，内无骨肉本根之辅，外无尺土藩翼之卫;陈、吴奋其白梃，刘、项随而毙之。故曰，周过其历，秦不及期，国势然也。

　　汉兴之初，惩戒亡秦孤立之败，于是尊王子弟，大启九国。自雁门以东尽辽阳，为燕、代;常山以南，太行左转，渡河、济，渐于海，为齐、赵;穀、泗以往，奄有龟、蒙，为梁、楚;东带江、湖，薄会稽，为荆、吴;北界淮濒，略庐、衡，为淮南;波汉之阳，亘九嶷，为长沙。诸侯比境，周匝三垂，外接胡、越。天子自有三河、东郡、颍川、南阳，自江陵以西至巴、蜀，北自云中至陇西，与京师、内史，凡十五郡；公主、列侯颇邑其中。而藩国大者夸州兼郡，连城数十，宫室、百官同制京师，可谓矫枉过其正矣。虽然，高祖创业，日不暇给，孝惠享国又浅，高后女主摄位，而海内晏如，亡狂狡之忧，卒折诸吕之难，成太宗之业者，亦赖之于诸侯也。

　　然诸侯原本以大末，流滥以致溢，小者淫荒越法，大者睽孤横逆以害身丧国，故文帝分齐、赵，景帝削吴、楚，武帝下推恩之令而藩国自析。自此以来，齐分为七，赵分为六，梁分为五，淮南分为三。皇子始立者，大国不过十馀城。长沙、燕、代虽有旧名，皆亡南北边矣。景遭七国之难，抑损诸侯，减黜其官。武有衡山、淮南之谋，作左官之律，设附益之法；诸侯惟得衣食税租，不与政事。至于哀、平之际，皆继体苗裔，亲属疏远，生于帷墙之中，不为士民所尊，势与富室亡异。而本朝短世，国统三绝。是故王莽知汉中外殚微，本末俱弱，无所忌惮，生其奸心，因母后之权，假伊、周之称，颛作威福庙堂之上，不降阶序而运天下。诈谋既成，遂据南面之尊，分遣五威之吏，驰传天下，班行符命；汉诸侯王厥角稽首，奉上玺韍，惟恐在后，或乃称美颂德以求容媚，岂不哀哉！

　　3　国师公刘秀言：“周有泉府之官，收不售，与欲得，即易所谓‘理财正辞，禁民为非’者也。”莽乃下诏曰：“周礼有赊贷，乐语有五均，传记各有筦焉。今开赊贷、张五均、设诸筦者，所以齐众庶，抑并兼也。”遂于长安及洛阳、邯郸、临菑、宛、成都立五均司市、钱府官。司市常以四时仲月定物上中下之贾，各为其市平。民卖五谷、布帛、丝绵之物不售者，均官考检厥实，用其本贾取之；物贵过平一钱，则以平贾卖与民；贱减平者，听民自相与市。又民有乏绝欲赊贷者，钱府予之；每月百钱收息三钱。

　　又以周官税民，凡田不耕为不殖，出三夫之税；城郭中宅不树艺者为不毛，出三夫之布；民浮游无事，出夫布一匹；其不能出布者冗作，县官衣食之。诸取金、银、连、锡、鸟、兽、鱼、鳖于山林、水泽及畜牧者，嫔妇桑蚕、织纴、纺绩、补缝，工匠、医、巫、卜、祝及他方技，商贩、贾人，皆各自占所为于其所之，县官除其本，计其利十分之，而以其一为贡；敢不自占、自占不以实者，尽没入所采取而作县官一岁。

　　羲和鲁匡复奏请榷酒酤，莽从之。又禁民不得挟弩、铠，犯者徙西海。

4　初,莽既班四条于匈奴,后护乌桓使者告乌桓民,毋得复与匈奴皮布税。匈奴遣使者责税,收乌桓酋豪,缚,倒悬之。酋豪兄弟怒,共杀匈奴使。单于闻之,发左贤王兵入乌桓,攻击之,颇杀人民,驱妇女弱小且千人去,置左地,告乌桓曰:"持马畜皮布来赎之!"乌桓持财畜往赎,匈奴受,留不遣。

及五威将帅王骏等六人至匈奴,重遗单于金帛,谕晓以受命代汉状,因易单于故印。故印文曰"匈奴单于玺";莽更曰"新匈奴单于章"。将率既至,授单于印绶,诏令上故印绶。单于再拜受诏。译前,欲解取故印绶,单于举掖授之。左姑夕侯苏从旁谓单于曰:"未见新印文,宜且勿与。"单于止,不肯与。请使者坐穹庐,单于欲前为寿。五威将曰:"故印绶当以时上。"单于曰:"诺。"复举掖授译,苏复曰:"未见印文,且勿与。"单于曰:"印文何由变更!"遂解故印绶奉上将帅;受著新绶,不解视印。饮食至夜,乃罢。右帅陈饶谓诸将帅曰:"向者姑夕侯疑印文,几令单于不与人。如令视印,见其变改,必求故印,此非辞说所能距也。既得而复失之,辱命莫大焉!不如椎破故印以绝祸根。"将帅犹与,莫有应者。饶,燕士,果悍,即引斧椎坏之。明日,单于果遣右骨都侯当白将帅曰:"汉单于印言'玺'不言'章',又无'汉'字;诸王已下乃有'汉',言'章'。今去'玺'加'新',与臣下无别。愿得故印。"将帅示以故印,谓曰:"新室顺天制作,故印随将帅所自为破坏。单于宜承天命,奉新室之制!"当还白,单于知已无可奈何,又多得赂遗,即遣弟右贤王舆奉马牛随将帅入谢,因上书求故印。将帅还到左犁汙王咸所居地,见乌桓民多,以问咸;咸具言状。将帅曰:"前封四条,不得受乌桓降者。亟还之!"咸曰:"请密与单于相闻,得语,归之。"单于使咸报曰:"当从塞内还之邪,从塞外还之邪?"将帅不敢颛决,以闻。诏报:"从塞外还之。"莽悉封五威将为子,帅为男;独陈饶以破玺之功,封威德子。

单于始用夏侯藩求地,有拒汉语,后以求税乌桓不得,因寇掠其人民,衅由是生,重以印文改易,故怨恨,乃遣右大且渠蒲呼卢訾等十馀人将兵众万骑,以护送乌桓为名,勒兵朔方塞下,朔方太守以闻。莽以广新公甄丰为右伯,当出西域。车师后王须置离闻之,惮于供给烦费,谋亡入匈奴,都护但钦召置离,斩之。置离兄辅国侯狐兰支将置离众二千馀人,亡降匈奴;单于受之,遣兵与狐兰支共入寇,击车师,杀后城长,伤都护司马,及狐兰兵复还入匈奴。

时戊己校尉刁护病,史陈良、终带、司马丞韩玄、右曲候任商相与谋曰："西域诸国颇背叛,匈奴欲大侵,要死,可杀校尉,帅人众降匈奴。"遂杀护及其子男、昆弟,尽胁略戊己校尉吏士男女二千馀人入匈奴。单于号良、带曰乌贲都尉。

5 冬,十一月,立国将军孙建奏:"九月辛巳,陈良、终带自称废汉大将军,亡入匈奴。又今月癸酉,不知何一男子遮臣建车前,自称'汉氏刘子舆,成帝下妻子也。刘氏当复,趣空宫!'收系男子,即常安姓武字仲。皆逆天违命,大逆无道。汉氏宗庙不当在常安城中,及诸刘当与汉俱废。陛下至仁,久未定,前故安众侯刘崇等更聚众谋反,令狂狡之虏复依托亡汉,至犯夷灭连未止者,此圣恩不夐绝其萌芽故也。臣请汉氏诸庙在京师者皆罢;诸刘为吏者皆罢待除于家。"莽曰:"可。嘉新公、国师以符命为予四辅,明德侯刘龚、率礼侯刘嘉等凡三十二人,皆知天命,或献天符,或贡昌言,或捕告反虏,厥功茂焉。诸刘与三十二人同宗共祖者,勿罢,赐姓曰王。"唯国师公以女配莽子,故不赐姓。

6 定安公太后自刘氏之废,常称疾不朝会。时年未二十,莽敬惮伤哀,欲嫁之,乃更号曰黄皇室主,欲绝之于汉;令孙建世子盛饰,将医往问疾。后大怒,鞭笞其傍侍御,因发病,不肯起。莽遂不复强也。

7 十二月,雷。

8 莽恃府库之富,欲立威匈奴,乃更名匈奴单于曰"降奴服于",下诏遣立国将军孙建等率十二将分道并出:五威将军苗诉、虎贲将军王况出五原;厌难将军陈钦、震狄将军王巡出云中;振武将军王嘉、平狄将军王萌出代郡;相威将军李棽、镇远将军李翁出西河;诛貉将军杨俊、讨秽将军严尤出渔阳;奋武将军王骏、定胡将军王晏出张掖;及偏裨以下百八十人,募天下囚徒、丁男、甲卒三十万人,转输衣裘、兵器、粮食,自负海江、淮至北边,使者驰传督趣,以军兴法从事。先至者屯边郡,须毕具乃同时出;穷追匈奴,内之丁令。分其国土人民以为十五,立呼韩邪子孙十五人皆为单于。

9 莽以钱币讫不行,复下书曰:"宝货皆重则小用不给,皆轻则儳载烦费;轻重大小各有差品,则用便而民乐。"于是更作金、银、龟、贝、钱、布之品,名曰宝货。钱货六品,金货一品,银货二品,龟货四品,贝货五品,布货十品,凡宝货五物、六名、二十八品。铸作钱布,皆用铜,殽以连、锡。百姓愦乱,其货不行。莽知民愁,乃但行小钱直一与大钱五十,二品并行;龟、贝、布属且寝。盗铸钱者不可禁,乃重其法,一家铸钱,五家坐之,没入为奴婢。吏民出入持钱,以副符传,不持者厨传勿舍,关津苛留。公卿皆持以入宫殿门,欲以重而行之。是时百姓便安汉五铢钱,以莽钱大小两行，难知，又数变改，不信，皆私以五铢钱市买；讹言大钱当罢，莫肯挟。莽患之，复下书："诸挟五铢钱、言大钱当罢者，比非井田制，投四裔！"及坐卖买田宅、奴婢、铸钱，自诸侯、卿大夫至于庶民，抵罪者不可胜数。于是农商失业，食货俱废，民人至涕泣于市道。

10　莽之谋篡也，吏民争为符命，皆得封侯。其不为者相戏曰："独无天帝除书乎？"司命陈崇白莽曰："此开奸臣作福之路而乱天命，宜绝其原。"莽亦厌之，遂使尚书大夫赵并验治，非五威将帅所班，皆下狱。

初，甄丰、刘秀、王舜为莽腹心，唱导在位，褒扬功德，"安汉""宰衡"之号及封莽母、两子、兄子，皆丰等所共谋，而丰、舜、秀亦受其赐，并富贵矣，非复欲令莽居摄也。居摄之萌，出于泉陵侯刘庆、前辉光谢嚣、长安令田终术。莽羽翼已成，意欲称摄，丰等承顺其意；莽辄复封舜、秀、丰等子孙以报之。丰等爵位已盛，心意既满，又实畏汉宗室、天下豪桀；而疏远欲进者并作符命，莽遂据以即真，舜、秀内惧而已。丰素刚强，莽觉其不说，故托符命文，徙丰为更始将军，与卖饼儿王盛同列；丰父子默默。时子寻为侍中、京兆大尹、茂德侯，即作符命：新室当分陕，立二伯，以丰为右伯，太傅平晏为左伯，如周、召故事。莽即从之，拜丰为右伯。当述职西出，未行，寻复作符命，言故汉氏平帝后黄皇室主为寻之妻。莽以诈立，心疑大臣怨谤，欲震威以惧下，因是发怒曰："黄皇室主天下母，此何谓也！"收捕寻。寻亡，丰自杀。寻随方士入华山，岁馀，捕得，辞连国师公秀子侍中隆威侯棻、棻弟右曹、长水校尉、伐虏侯泳、大司空邑弟左关将军、掌威侯奇及秀门人侍中、骑都尉丁隆等，牵引公卿党、亲、列侯以下，死者数百人。乃流棻于幽州，放寻于三危，殛隆于羽山，皆驿车其尸传致云。

11　是岁，莽始兴神仙事，以方士苏乐言，起八风台，台成万金；又种五粱禾于殿中，先以宝玉渍种，计粟斛成一金。

三年（辛未，11）

1　遣田禾将军赵并发戍卒屯田五原、北假，以助军粮。

2　莽遣中郎将蔺苞、副校尉戴级将兵万骑，多赍珍宝至云中塞下，招诱呼韩邪单于诸子，欲以次拜为十五单于。苞、级使译出塞，诱呼右犁汙王咸、咸子登、助三人至。至则胁拜咸为孝单于，助为顺单于，皆厚加赏赐；传送助、登长安。莽封苞为宣威公，拜为虎牙将军，封级为扬威公，拜为虎贲将军。单于闻之，怒曰："先单于受汉宣帝恩，不可负也。今天子非宣帝子孙，何以得立！"遣左骨都侯、右伊秩訾王呼卢訾及左贤王乐将兵入云中益寿塞,大杀吏民。是后,单于历告左右部都尉、诸边王入塞寇盗,大辈万馀,中辈数千,少者数百,杀雁门、朔方太守、郡尉,略吏民畜产,不可胜数,缘边虚耗。

是时诸将在边,以大众未集,未敢出击匈奴。讨秽将军严尤谏曰:"臣闻匈奴为害,所从来久矣,未闻上世有必征之者也。后世三家周、秦、汉征之,然皆未有得上策者也。周得中策,汉得下策,秦无策焉。当周宣王时,猃狁内侵,至于泾阳;命将征之,尽境而还。其视戎狄之侵,譬犹蚊虻,驱之而已,故天下称明,是为中策。汉武帝选将练兵,约赍轻粮,深入远戍,虽有克获之功,胡辄报之。兵连祸结三十馀年,中国罢耗,匈奴亦创艾,而天下称武,是为下策。秦始皇不忍小耻而轻民力,筑长城之固,延袤万里,转输之行,起于负海;疆境既完,中国内竭,以丧社稷,是为无策。今天下遭阳九之厄,比年饥馑,西北边尤甚。发三十万众,具三百日粮,东援海、代,南取江、淮,然后乃备。计其道里,一年尚未集合,兵先至者聚居暴露,师老械弊,势不可用,此一难也。边既空虚,不能奉军粮,内调郡国,不相及属,此二难也。计一人三百日食,用糒十八斛,非牛力不能胜;牛又自当赍食,加二十斛,重矣;胡地沙卤,多乏水草,以往事揆之,军出未满百日,牛必物故且尽,馀粮尚多,人不能负,此三难也。胡地秋冬甚寒,春夏甚风,多赍釜镟、薪炭,重不可胜,食糒饮水,以历四时,师有疾疫之忧,是故前世伐胡不过百日,非不欲久,势力不能,此四难也。辎重自随,则轻锐者少,不得疾行,虏徐遁逃,势不能及。幸而逢虏,又累辎重;如遇险阻,衔尾相随,虏要遮前后,危殆不测,此五难也。大用民力,功不可必立,臣伏忧之! 今既发兵,宜纵先至者,令臣尤等深入霆击,且以创艾胡虏。"莽不听尤言,转兵谷如故,天下骚动。

咸既受莽孝单于之号,驰出塞归庭,具以见胁状白单于;单于更以为於栗置支侯,匈奴贱官也。后助病死,莽以登代助为顺单于。

吏士屯边者所在放纵,而内郡愁于征发,民弃城郭,始流亡为盗贼,并州、平州尤甚。莽令七公、六卿号皆兼称将军,遣著武将军逯并等镇名都,中郎将、绣衣执法各五十五人,分镇缘边大郡,督大奸猾擅弄兵者。皆乘便为奸于外,挠乱州郡,货赂为市,侵渔百姓。莽下书切责之曰:"自今以来,敢犯此者,辄捕系,以名闻!"然犹放纵自若。北边自宣帝以来,数世不见烟火之警,人民炽盛,牛马布野;及莽挠乱匈奴,与之构难,边民死亡系获,数年之间,北边虚空,野有暴骨矣。

3　太师王舜自莽篡位后,病悸浸剧,死。

4 莽为太子置师、友各四人,秩以大夫。以故大司徒马宫等为师疑、傅丞、阿辅、保拂,是为四师;故尚书令唐林等为胥附、奔走、先后、御侮,是为四友。又置师友、侍中、谏议、六经祭酒各一人,凡九祭酒,秩皆上卿。

遣使者奉玺书、印绶、安车、驷马迎龚胜,即拜为师友祭酒。使者与郡太守、县长吏、三老、官属、行义、诸生千人以上入胜里致诏。使者欲令胜起迎,久立门外。胜称病笃,为床室中户西、南牖下,东首加朝服拖绅。使者付玺书,奉印绶,内安车、驷马,进谓胜曰:"圣朝未尝忘君,制作未定,待君为政;思闻所欲施行,以安海内。"胜对曰:"素愚,加以年老被病,命在朝夕,随使君上道,必死道路,无益万分!"使者要说,至以印绶就加胜身;胜辄推不受。使者上言:"方盛夏暑热,胜病少气,可须秋凉乃发。"有诏许之。使者五日壹与太守俱问起居,为胜两子及门人高晖等言:"朝廷虚心待君以茅土之封,虽疾病,宜移动至传舍,示有行意;必为子孙遗大业。"晖等白使者语,胜自知不见听,即谓晖等:"吾受汉家厚恩,无以报;今年老矣,且暮入地,谊岂以一身事二姓,下见故主哉!"胜因敕以棺敛丧事:"衣周于身,棺周于衣。勿随俗动吾冢、种柏、作祠堂!"语毕,遂不复开口饮食。积十四日死。死时,七十九矣。

是时清名之士,又有琅邪纪逡、齐薛方、太原郇越、郇相、沛唐林、唐尊,皆以明经饬行显名于世。纪逡、两唐皆仕莽,封侯,贵重,历公卿位。唐林数上疏谏正,有忠直节。唐尊衣敝、履空,被虚伪名。郇相为莽太子四友,病死,莽太子遣使祱以衣衾,其子攀棺不听,曰:"死父遗言:'师友之送,勿有所受!'今于皇太子得托友官,故不受也。"京师称之。莽以安车迎薛方,方因使者辞谢曰:"尧、舜在上,下有巢、由。今明主方隆唐、虞之德,小臣欲守箕山之节。"使者以闻。莽说其言,不强致。

初,隃麋郭钦为南郡太守,杜陵蒋诩为兖州刺史,亦以廉直为名。莽居摄,钦、诩皆以病免官,归乡里,卧不出户,卒于家。哀、平之际,沛国陈咸以律令为尚书。莽辅政,多改汉制,咸心非之;及何武、鲍宣死,咸叹曰:"易称'见几而作,不俟终日'。吾可以逝矣!"即乞骸骨去职。及莽篡位,召咸为掌寇大夫,咸谢病不肯应。时三子参、钦、丰皆在位,咸悉令解官归乡里,闭门不出入,犹用汉家祖腊。人问其故,咸曰:"我先人岂知王氏腊乎!"悉收敛其家律令、书文,壁藏之。又,齐栗融、北海禽庆、苏章、山阳曹竟,皆儒生,去官,不仕于莽。

班固赞曰:春秋列国卿大夫及至汉兴将相名臣,怀禄耽宠以失其世者多矣,是故清节之士,于是为贵;然大率多能自治而不能治人。<u>王</u>、<u>贡</u>之材,优于<u>龚</u>、<u>鲍</u>。守死善道,胜实蹈焉。贞而不谅,<u>薛方</u>近之。<u>郭钦</u>、<u>蒋诩</u>,好遁不污,绝<u>纪</u>、<u>唐</u>矣。

5　是岁,<u>濒河郡</u>蝗生。

6　河决<u>魏郡</u>,泛<u>清河</u>以东数郡。先是,<u>莽</u>恐河决为<u>元城</u>冢墓害;及决东去,<u>元城</u>不忧水,故遂不堤塞。

四年(壬申,12)

1　春,二月,赦天下。

2　厌难将军<u>陈钦</u>、震狄将军<u>王巡</u>上言:"捕得虏生口验问,言虏犯边者皆<u>孝单于咸</u>子<u>角</u>所为。"<u>莽</u>乃会诸夷,斩<u>咸</u>子<u>登</u>于<u>长安</u>市。

3　大司马<u>甄邯</u>死。

4　<u>莽</u>至明堂,下书:"以<u>洛阳</u>为<u>东都</u>,<u>常安</u>为<u>西都</u>。邦畿连体,各有采、任。州从<u>禹贡</u>为九,爵从<u>周氏</u>为五。诸侯之员千有八百,附城之数亦如之,以俟有功。诸公一同,有众万户;其馀以是为差。今已受封者,公侯以下凡七百九十六人,附城千五百一十一人。"以图簿未定,未授国邑,且令受奉都内,月钱数千。诸侯皆困乏,至有佣作者。

5　<u>莽</u>性躁扰,不能无为,每有所兴造,动欲慕古,不度时宜,制度又不定;吏缘为奸,天下謷謷,陷刑者众。<u>莽</u>知民愁怨,乃下诏:"诸食<u>王田</u>,皆得卖之,勿拘以法。犯私买卖庶人者,且一切勿治。"然他政悖乱,刑罚深刻,赋敛重数,犹如故焉。

6　初,五威将帅出<u>西南夷</u>,改<u>句町王</u>为侯,王<u>邯</u>怨怒不附。<u>莽</u>讽<u>牂柯</u>大尹<u>周歆</u>诈杀<u>邯</u>。<u>邯</u>弟<u>承</u>起兵杀<u>歆</u>,州郡击之,不能服。<u>莽</u>又发<u>高句骊</u>兵击<u>匈奴</u>;<u>高句骊</u>不欲行,郡强迫,皆亡出塞,因犯法为寇。<u>辽西</u>大尹<u>田谭</u>追击之,为所杀。州郡归咎于<u>高句骊</u>侯<u>驺</u>,严尤奏言:"貊人犯法,不从<u>驺</u>起;正有他心,宜令州郡且尉安之。今猥被以大罪,恐其遂畔,夫馀之属必有和者。<u>匈奴</u>未克,<u>夫馀</u>、<u>濊貊</u>复起,此大忧也。"<u>莽</u>不尉安,<u>濊貊</u>遂反;诏<u>尤</u>击之。<u>尤</u>诱<u>高句骊</u>侯<u>驺</u>至而斩焉,传首<u>长安</u>。<u>莽</u>大说,下书更名<u>高句骊</u>为<u>下句骊</u>。于是<u>貊</u>人愈犯边,东、北与<u>西南夷</u>皆乱。<u>莽</u>志方盛,以为四夷不足吞灭,专念稽古之事,复下书:"以此年二月东巡狩,具礼仪调度。"既而以<u>文母太后</u>体不安,且止待后。

7　初,<u>莽</u>为<u>安汉公</u>时,欲谄<u>太皇太后</u>,以<u>斩郅支功</u>奏尊<u>元帝庙</u>为<u>高宗</u>,太后晏驾后,当以礼配食云。及<u>莽</u>改号太后为<u>新室文母</u>,绝之于<u>汉</u>,不令得体<u>元帝</u>,堕坏<u>孝元庙</u>,更为<u>文母太后</u>起庙;独置<u>孝元庙</u>故殿以为<u>文母</u>

篡食堂,既成,名曰长寿宫,以太后在,故未谓之庙。莽置酒长寿宫,请太后。既至,见孝元庙废彻涂地,太后惊泣曰:"此汉家宗庙,皆有神灵,与何治而坏之! 且使鬼神无知,又何用庙为! 如令有知,我乃人之妃妾,岂宜辱帝之堂以陈馈食哉!"私谓左右曰:"此人慢神多矣,能久得佑乎!"饮酒不乐而罢。自莽篡位后,知太后怨恨,求所以媚太后者无不为,然愈不说。莽更汉家黑貂著黄貂;又改汉正朔、伏腊日。太后令其官属黑貂;至汉家正、腊日,独与其左右相对饮食。

五年(癸酉,13)

1 春,二月,文母皇太后崩,年八十四;葬渭陵,与元帝合,而沟绝之。新室世世献祭其庙;元帝配食,坐于床下。莽为太后服丧三年。

2 乌孙大、小昆弥遣使贡献。莽以乌孙国人多亲附小昆弥,见匈奴诸边并侵,意欲得乌孙心,乃遣使者引小昆弥使坐大昆弥使上。师友祭酒满昌刻奏使者曰:"夷狄以中国有礼谊,故诎而服从。大昆弥,君也。今序臣使于君使之上,非所以有夷狄也。奉使大不敬!"莽怒,免昌官。

3 西域诸国以莽积失恩信,焉耆先叛,杀都护但钦;西域遂瓦解。

4 十一月,彗星出;二十馀日,不见。

5 是岁,以挟铜炭者多,除其法。

6 匈奴乌珠留单于死,用事大臣右骨都侯须卜当,即王昭君女伊墨居次云之婿也。云常欲与中国和亲,又素与於栗置支侯咸厚善,见咸前后为莽所拜,故遂立咸为乌累若鞮单于。乌累单于咸立,以弟舆为左谷蠡王。乌珠留单于子苏屠胡本为左贤王,后更谓之护于,欲传以国。咸怨乌珠留单于贬己号,乃贬护于为左屠耆王。

天凤元年(甲戌,14)

1 春,正月,赦天下。

2 莽下诏:"将以是岁四仲月遍行巡狩之礼,太官赍糒、干肉,内者行张坐卧;所过毋得有所给。俟毕北巡狩之礼,即于土中居洛阳之都。"群公奏言:"皇帝至孝,新遭文母之丧,颜色未复,饮食损少;今一岁四巡,道路万里,春秋尊,非糒、干肉之所能堪。且无巡狩,须阕大服,以安圣体。"莽从之,要期以天凤七年巡狩;厥明年,即土之中,遣太傅平晏、大司空王邑之洛阳营相宅兆,图起宗庙、社稷、郊兆云。

3 三月壬申晦,日有食之。大赦天下。以灾异策大司马逯并就侯氏朝位,太傅平晏勿领尚书事。以利苗男䜣为大司马。莽即真,尤备大臣,抑夺下权,朝臣有言其过失者,辄拔擢。孔仁、赵博、费兴等以敢击大臣,故见信任,择名官而居之。国将哀章颇不清,莽为选置和叔,敕曰:"非但保国将闺门,当保亲属在西州者。"诸公皆轻贱,而章尤甚。

4　夏,四月,陨霜杀草木,海濒尤甚。六月,黄雾四塞。秋,七月,大风拔树,飞北阙直城门屋瓦。雨雹,杀牛羊。

5　莽以周官、王制之文,置卒正、连率、大尹,职如太守;又置州牧、部监二十五人。分长安城旁六乡,置帅各一人。分三辅为六尉郡;河内、河东、弘农、河南、颍川、南阳为六队郡。更名河南大尹曰保忠信卿。益河南属县满三十,置六郊州长各一人,人主五县。及他官名悉改。大郡至分为五,合百二十有五郡。九州之内,县二千二百有三。又仿古六服为惟城、惟宁、惟翰、惟屏、惟垣、惟藩,各以其方为称,总为万国焉。其后,岁复变更,一郡至五易名,而还复其故。吏民不能纪,每下诏书,辄系其故名云。

6　匈奴右骨都侯须卜当、伊墨居次云劝单于和亲,遣人之西虎猛制虏塞下,告塞吏云:"欲见和亲侯。"和亲侯者,王昭君兄子歙也。中部都尉以闻,莽遣歙、歙弟骑都尉、展德侯飒使匈奴,贺单于初立,赐黄金、衣被、缯帛;绐言侍子登在,因购求陈良、终带等。单于尽收陈良等二十七人,皆械槛付使者,遣厨唯姑夕王富等四十人送歙、飒。莽作焚如之刑,烧杀陈良等。

7　缘边大饥,人相食。谏大夫如普行边兵还,言"军士久屯寒苦,边郡无以相赡。今单于新和,宜因是罢兵"。校尉韩威进曰:"以新室之威而吞胡虏,无异口中蚤虱。臣愿得勇敢之士五千人,不赍斗粮,饥食虏肉,渴饮其血,可以横行!"莽壮其言,以威为将军。然采普言,征还诸将在边者,免陈钦等十八人,又罢四关镇都尉诸屯兵。

单于贪莽赂遗,故外不失汉故事,然内利寇掠;又使还,知子登前死,怨恨,寇虏从左地入不绝。使者问单于,辄曰:"乌桓与匈奴无状黠民共为寇入塞,譬如中国有盗贼耳!咸初立持国,威信尚浅,尽力禁止,不敢有二心!"莽复发军屯。

8　益州蛮夷愁扰,尽反,复杀益州大尹程隆。莽遣平蛮将军冯茂发巴、蜀、犍为吏士,赋敛取足于民,以击之。

9　莽复申下金、银、龟、贝之货,颇增减其贾直,而罢大、小钱,改作货布、货泉二品并行。又以大钱行久,罢之恐民挟不止,乃令民且独行大钱;尽六年,毋得复挟大钱矣。每一易钱,民用破业而大陷刑。

资治通鉴卷第三十八

汉纪三十

王莽下

天凤二年（乙亥，15）

1 春，二月，大赦天下。

2 民讹言黄龙堕死黄山宫中，百姓奔走往观者有万数。莽恶之，捕系，问语所从起；不能得。

3 单于咸既和亲，求其子登尸。莽欲遣使送致，恐咸怨恨，害使者，乃收前言当诛侍子者故将军陈钦，以他罪杀之。莽选辩士济南王咸为大使。夏，五月，莽复遣和亲侯歙与咸等送右厨唯姑夕王，因奉归前所斩侍子登及诸贵人从者丧；单于遣云，当子男大且渠奢等至塞迎之。咸到单于庭，陈莽威德，莽亦多遗单于金珍，因谕说改其号，号匈奴曰"恭奴"，单于曰"善于"，赐印绶，封骨都侯当为后安公，当子男奢为后安侯。单于贪莽金币，故曲听之；然寇盗如故。

4 莽意以为制定则天下自平，故锐思于地理，制礼，作乐，讲合六经之说。公卿旦入暮出，论议连年不决，不暇省狱讼冤结，民之急务。县宰缺者数年守兼，一切贪残日甚。中郎将、绣衣执法在郡国者，并乘权势，传相举奏。又十一公士分布劝农桑，班时令，按诸章，冠盖相望，交错道路，召会吏民，逮捕证左，郡县赋敛，递相赇赂，白黑纷然，守阙告诉者多。莽自见前颛权以得汉政，故务自揽众事，有司受成苟免。诸宝物名、帑藏、钱谷官皆宦者领之；吏民上封事，宦官、左右开发，尚书不得知，其畏备臣下如此。又好变改制度，政令烦多，当奉行者，辄质问乃以从事，前后相乘，愦眊不渫。莽常御灯火至明，犹不能胜。尚书因是为奸，寝事，上书待报者连年不得去，拘系郡县者逢赦而后出，卫卒不交代者至三岁。谷籴常贵，边兵二十馀万人，仰衣食县官，五原、代郡尤被其毒，起为盗贼，数千人为辈，转入旁郡。莽遣捕盗将军孔仁将兵与郡县合击，岁馀乃定。

5 邯郸以北大雨，水出，深者数丈，流杀数千人。

三年（丙子，16）

1 春，二月乙酉，地震，大雨雪；关东尤甚，深者一丈，竹柏或枯。大司空王邑上书，以地震乞骸骨。莽不许，曰："夫地有动有震，震者有害，动者不害。春秋记地震，易系坤动；动静辟翕，万物生焉。"其好自诬饰，皆此类也。

2 先是，莽以制作未定，上自公侯，下至小吏，皆不得俸禄。夏，五月，莽下书曰："予遭阳九之厄，百六之会，国用不足，民人骚动，自公卿以下，一月之禄十缲布二匹，或帛一匹。予每念之，未尝不戚焉。今厄会已度，府帑虽未能充，略颇稍给。其以六月朔庚寅始，赋吏禄皆如制度。"四辅、公卿、大夫、士下至舆、僚，凡十五等。僚禄一岁六十六斛，稍以差增。上至四辅而为万斛云。莽又曰："古者岁丰穰则充其礼，有灾害则有所损，与百姓同忧喜也。其用上计时通计，天下幸无灾害者，太官膳羞备其品矣；即有灾害，以什率多少而损膳焉。自十一公、六司、六卿以下，各分州郡、国邑保其灾害，亦以十率多少而损其禄。郎、从官、中都官吏食禄都内之委者，以太官膳羞备损而为节。冀上下同心，劝进农业，安元元焉。"莽之制度烦碎如此，课计不可理，吏终不得禄，各因官职为奸，受取赇赂以自共给焉。

3 戊辰，长平馆西岸崩，壅泾水不流，毁而北行。群臣上寿，以为河图所谓"以土填水"，匈奴灭亡之祥也。莽乃遣并州牧宋弘、游击都尉任萌等将兵击匈奴，至边止屯。

4 秋，七月辛酉，霸城门灾。

5 戊子晦，日有食之。大赦天下。

6 平蛮将军冯茂击句町，士卒疾疫死者什六七，赋敛民财什取五，益州虚耗而不克；征还，下狱死。冬，更遣宁始将军廉丹与庸部牧史熊，大发天水、陇西骑士，广汉、巴、蜀、犍为吏民十万人，转输者合二十万人击之。始至，颇斩首数千；其后军粮前后不相及，士卒饥疫。莽征丹、熊，丹、熊愿益调度，必克乃还，复大赋敛。就都大尹冯英不肯给，上言："自西南夷反叛以来，积且十年，郡县距击不已，续用冯茂，苟施一切之政；僰道以南，山险高深，茂多驱众远居，费以亿计，吏士罹毒气死者什七。今丹、熊惧于自诡期会，调发诸郡兵谷，复訾民取其什四，空破梁州，功终不遂。宜罢兵屯田，明设购赏。"莽怒，免英官；后颇觉寤，曰："英亦未可厚非。"复以英为长沙连率。越巂蛮夷任贵亦杀太守枚根，自立为邛穀王。

7　翟义党王孙庆捕得,莽使太医、尚方与巧屠共刳剥之,量度五藏,以竹筳导其脉,知所终始,云可以治病。

8　是岁,遣大使五威将王骏、西域都护李崇、戊己校尉郭钦出西域;诸国皆郊迎,送兵谷。骏欲袭击之,焉耆诈降而聚兵自备,骏等将莎车、龟兹兵七千馀人分为数部,命郭钦及佐帅何封别将居后。骏等入焉耆;焉耆伏兵要遮骏,及姑墨、封犁、危须国兵为反间,还共袭骏等,皆杀之。钦后至焉耆,焉耆兵未还,钦袭击,杀其老弱,从车师还入塞。莽拜钦为填外将军,封剿胡子;何封为集胡男。李崇收馀士,还保龟兹。及莽败,崇没,西域遂绝。

四年(丁丑,17)

1　夏,六月,莽更授诸侯茅土于明堂;亲设文石之平,陈菁茅四色之土,告于岱宗、泰社、后土、先祖、先妣以班授之。莽好空言,慕古法,多封爵人;性实吝啬,托以地理未定,故且先赋茅土,用慰喜封者。

2　秋,八月,莽亲之南郊,铸作威斗,以五石铜为之,若北斗,长二尺五寸,欲以厌胜众兵。既成,令司命负之,莽出在前,入在御旁。

3　莽置羲和命士,以督五均、六筦。郡有数人,皆用富贾为之,乘传求利,交错天下;因与郡县通奸,多张空簿,府藏不实,百姓愈病。是岁,莽复下诏申明六筦,每一筦为设科条防禁,犯者罪至死。奸民猾吏并侵,众庶各不安生,又一切调上公以下诸有奴婢者,率一口出钱三千六百,天下愈愁。纳言冯常以六筦谏,莽大怒,免常官。法令烦苛,民摇手触禁,不得耕桑,繇役烦剧,而枯旱、蝗虫相因,狱讼不决。吏用苛暴立威,旁缘莽禁,侵刻小民,富者不自保,贫者无以自存,于是并起为盗贼,依阻山泽,吏不能禽而覆蔽之,浸淫日广。临淮瓜田仪等依阻会稽长州;琅邪吕母聚党数千人,杀海曲宰,入海中为盗,其众浸多,至万数。荆州饥馑,民众入野泽,掘凫茈而食之,更相侵夺。新市人王匡、王凤为平理诤讼,遂推为渠帅,众数百人。于是诸亡命南阳马武、颍川王常、成丹等,皆往从之;共攻离乡聚,臧于绿林山中,数月间至七八千人。又有南郡张霸、江夏羊牧等与王匡俱起,众皆万人。莽遣使者即赦盗贼,还言:“盗贼解辄复合。问其故,皆曰:‘愁法禁烦苛,不得举手,力作所得,不足以给贡税;闭门自守,又坐邻伍铸钱挟铜,奸吏因以愁民。’民穷,悉起为盗贼。”莽大怒,免之。其或顺指言“民骄黠当诛”及言“时运适然,且灭不久”,莽说,辄迁官。

五年（戊寅，18）

1　春，正月朔，北军南门灾。

2　以大司马司允费兴为荆州牧；见，问到部方略，兴对曰："荆、扬之民，率依阻山泽，以渔采为业。间者国张六筦，税山泽，妨夺民之利，连年久旱，百姓饥穷，故为盗贼。兴到部，欲令明晓告盗贼归田里，假贷犁牛、种食，阔其租赋，冀可以解释安集。"莽怒，免兴官。

3　天下吏以不得俸禄，并为奸利，郡尹、县宰家累千金。莽乃考始建国二年胡虏猾夏以来诸军吏及缘边吏大夫以上为奸利增产致富者，收其家所有财产五分之四以助边急。公府士驰传天下，考覆贪饕，开吏告其将，奴婢告其主，冀以禁奸，而奸愈甚。

4　莽孙功崇公宗坐自画容貌被服天子衣冠、刻三印，发觉，自杀。宗姊妨为卫将军王兴夫人，坐祝诅姑，杀婢以绝口，与兴皆自杀。

5　是岁，扬雄卒。初，成帝之世，雄为郎，给事黄门，与莽及刘秀并列；哀帝之初，又与董贤同官。莽、贤为三公，权倾人主，所荐莫不拔擢，而雄三世不徙官。及莽篡位，雄以耆老久次，转为大夫。恬于势利，好古乐道，欲以文章成名于后世，乃作太玄以综天、地、人之道；又见诸子各以其智舛驰，大抵诋訾圣人，即为怪迂，析辩诡辞以挠世事，虽小辩，终破大道而惑众，使溺于所闻而不自知其非也，故人时有问雄者，常用法应之，号曰法言。用心于内，不求于外，于时人皆忽之；唯刘秀及范逡敬焉，而桓谭以为绝伦，钜鹿侯芭师事焉。大司空王邑、纳言严尤闻雄死，谓桓谭曰："子常称扬雄书，岂能传于后世乎？"谭曰："必传，顾君与谭不及见也。凡人贱近而贵远，亲见扬子云禄位容貌不能动人，故轻其书。昔老聃著虚无之言两篇，薄仁义，非礼学，然后好之者尚以为过于五经，自汉文、景之君及司马迁皆有是言。今扬子之书文义至深，而论不诡于圣人，则必度越诸子矣！"

6　琅邪樊崇起兵于莒，众百馀人，转入太山。群盗以崇勇猛，皆附之，一岁间至万馀人。崇同郡人逢安、东海人徐宣、谢禄、杨音各起兵，合数万人，复引从崇；共还攻莒，不能下，转掠青、徐间。又有东海刁子都，亦起兵钞击徐、兖。莽遣使者发郡国兵击之，不能克。

7　乌累单于死，弟左贤王舆立，为呼都而尸道皋若鞮单于。舆既立，贪利赏赐，遣大且渠奢与伊墨居次云女弟之子醯椟王俱奉献至长安。莽遣和亲侯歙与奢等俱至制虏塞下，与云及须卜当会；因以兵迫胁云、当，将至长安。云、当小男从塞下得脱，归匈奴。当至长安，莽拜为须卜单于，欲出大兵以辅立之,兵调度亦不合。而匈奴愈怒,并入北边为寇。

六年(己卯,19)

1　春,莽见盗贼多,乃令太史推三万六千岁历纪,六岁一改元,布天下;下书自言"己当如黄帝仙升天",欲以诳耀百姓,销解盗贼。众皆笑之。

2　初献新乐于明堂、太庙。

3　更始将军廉丹击益州,不能克。益州夷栋蚕、若豆等起兵杀郡守、越嶲夷人大牟亦叛,杀略吏人。莽召丹还,更遣大司马护军郭兴、庸部牧李晔击蛮夷若豆等、太傅羲叔士孙喜清洁江湖之盗贼。而匈奴寇边甚,莽乃大募天下丁男及死罪囚、吏民奴,名曰猪突、豨勇,以为锐卒。一切税天下吏民,訾三十取一,缣帛皆输长安。令公卿以下至郡县黄绶皆保养军马,多少各以秩为差,吏尽复以与民。又博募有奇技术可以攻匈奴者,将待以不次之位,言便宜者以万数:或言能渡水不用舟楫,连马接骑,济百万师;或言不持斗粮,服食药物,三军不饥;或言能飞,一日千里,可窥匈奴,莽辄试之,取大鸟翮为两翼,头与身皆著毛,通引环纽,飞数百步堕。莽知其不可用,苟欲获其名,皆拜为理军,赐以车马,待发。

初,莽之欲诱迎须卜当也,大司马严尤谏曰:"当在匈奴右部,兵不侵边,单于动静辄语中国,此方面之大助也。于今迎当置长安槀街,一胡人耳,不如在匈奴有益。"莽不听。既得当,欲遣尤与廉丹击匈奴,皆赐姓徵氏,号二徵将军,令诛单于舆而立当代之。出车城西横厩,未发。尤素有智略,非莽攻伐四夷,数谏不从;及当出,廷议,尤固言"匈奴可且以为后,先忧山东盗贼"。莽大怒,策免尤。

4　大司空议曹史代郡范升奏记王邑曰:"升闻子以人不间于其父母为孝,臣以下不非其君上为忠。今众人咸称朝圣,皆曰公明;盖明者无不见,圣者无不闻。今天下之事,昭昭于日月,震震于雷霆,而朝云不见,公云不闻,则元元焉所呼天!公以为是而不言,则过小矣;知而从令,则过大矣;二者于公无可以免,宜乎天下归怨于公矣。朝以远者不服为至念,升以近者不悦为重忧。今动与时戾,事与道反,驰骛覆车之辙,踵循败事之后,后出益可怪,晚发愈可惧耳。方春岁首而动发远役,藜藿不充,田荒不耕,谷价腾跃,斛至数千,吏民陷于汤火之中,非国家之民也。如此,则胡、貊守阙,青、徐之寇在于帷帐矣。升有一言,可以解天下倒县,免元元之急;不可书传,愿蒙引见,极陈所怀。"邑不听。

5　翼平连率田况奏郡县訾民不实，莽复三十取一；以况忠言忧国，进爵为伯，赐钱二百万，众庶皆詈之。青、徐民多弃乡里流亡，老弱死道路，壮者入贼中。

6　凤夜连率韩博上言："有奇士，长丈，大十围，来至臣府，曰欲奋击胡虏，自谓巨毋霸，出于蓬莱东南五城西北昭如海濒，轺车不能载，三马不能胜。即日以大车四马，建虎旗，载霸诣阙。霸卧则枕鼓，以铁箸食，此皇天所以辅新室也！愿陛下作大甲、高车、贲育之衣，遣大将一人与虎贲百人迎之于道，京师门户不容者，开高大之，以示百蛮，镇安天下。"博意欲以风莽；莽闻，恶之，留霸在所新丰，更其姓曰巨母氏，谓因文母太后而霸王符也。征博，下狱，以非所宜言，弃市。

7　关东饥旱连年，刁子都等党众浸多，至六七万。

地皇元年（庚辰，20）

1　春，正月乙未，赦天下；改元曰地皇，从三万六千岁历号也。

2　莽下书曰："方出军行师，敢有趋讙犯法者辄论斩，毋须时！"于是春、夏斩人都市，百姓震惧，道路以目。

3　莽见四方盗贼多，复欲厌之，又下书曰："予之皇初祖考黄帝定天下，将兵为大将军，内设大将，外置大司马五人，大将军至士吏凡七十三万八千九百人，士千三百五十万人。予受符命之文，稽前人，将条备焉。"于是置前、后、左、右、中大司马之位，赐诸州牧至县宰皆有大将军、偏、裨、校尉之号焉。乘传使者经历郡国，日且十辈，仓无见谷以给；传车马不能足，赋取道中车马，取办于民。

4　秋，七月，大风毁王路堂。莽下书曰："乃壬午铺时，有烈风雷雨发屋折木之变，予甚恐焉；伏念一旬，迷乃解矣。昔符命文立安为新迁王，临国洛阳，为统义阳王，议者皆曰：'临国洛阳为统，谓据土中为新室统也，宜为皇太子。'自此后，临久病，虽瘳不平。临有兄而称太子，名不正。惟即位以来，阴阳未和，谷稼鲜耗，蛮夷猾夏，寇贼奸宄，人民征营，无所错手足。深惟厥咎，在名不正焉。其立安为新迁王，临为统义阳王。"

5　莽又下书曰："宝黄厮赤。其令郎从官皆衣绛。"

6　望气为数者多言有土功象；九月甲申，莽起九庙于长安城南，黄帝庙方四十丈，高十七丈，馀庙半之，制度甚盛。博征天下工匠及吏民以义入钱谷助作者，骆驿道路；穷极百工之巧；功费数百馀万，卒徒死者万数。

7　是月，大雨六十馀日。

8　钜鹿男子马適求等谋举燕、赵兵以诛莽。大司空士王丹发觉,以闻。莽遣三公大夫逮治党与,连及郡国豪桀数千人,皆诛死。封丹为辅国侯。

9　莽以私铸钱死及非沮宝货投四裔,犯法者多,不可胜行;乃更轻其法,私铸作泉布者与妻子没入为官奴婢,吏及比伍知而不举告,与同罪;非沮宝货,民罚作一岁,吏免官。

10　太傅平晏死,以予虞唐尊为太傅。尊曰:"国虚民贫,咎在奢泰。"乃身短衣小袖,乘牝马、柴车,藉稿,以瓦器饮食,又以历遗公卿。出,见男女不异路者,尊自下车,以象刑赭幡污染其衣。莽闻而说之,下诏申敕公卿"思与厥齐";封尊为平化侯。

11　汝南郅恽明天文历数,以为汉必再受命,上书说莽曰:"上天垂戒,欲悟陛下,令就臣位。取之以天,还之以天,可谓知命矣!"莽大怒,系恽诏狱,逾冬,会赦得出。

二年(辛巳,21)

1　春,正月,莽妻死,谥曰孝睦皇后。初,莽妻以莽数杀其子,涕泣失明;莽令太子临居中养焉。莽妻旁侍者原碧,莽幸之,临亦通焉;恐事泄,谋共杀莽。临妻愔,国师公女,能为星,语临宫中且有白衣会,临喜,以为所谋且成;后贬为统义阳王,出在外第,愈忧恐。会莽妻病困,临予书曰:"上于子孙至严,前长孙、中孙年俱三十而死。今臣临复适三十,诚恐一旦不保中室,则不知命所在!"莽候妻疾,见其书,大怒,疑临有恶意,不令得会丧。既葬,收原碧等考问,具服奸、谋杀状。莽欲秘之,使杀案事使者司命从事,埋狱中,家不知所在。赐临药;临不肯饮,自刺死。又诏国师公:"临本不知星,事从愔起。"愔亦自杀。

2　是月,新迁王安病死。初,莽为侯就国时,幸侍者增秩、怀能,生子兴、匡,皆留新都国,以其不明故也。及安死,莽乃以王车遣使者迎兴、匡,封兴为功脩公,匡为功建公。

3　卜者王况谓魏成大尹李焉曰:"汉家当复兴,李氏为辅。"因为焉作谶书,合十馀万言。事发,莽皆杀之。

4　莽遣太师羲仲景尚、更始将军护军王党将兵击青、徐贼,国师和仲曹放助郭兴击句町,皆不能克。军师放纵,百姓重困。

5　莽又转天下谷帛诣西河、五原、朔方、渔阳,每一郡以百万数,欲以击匈奴。须卜当病死,莽以庶女妻其子后安公奢,所以尊宠之甚厚,终欲为出兵立之者。会莽败,云、奢亦死。

6　秋,陨霜杀菽,关东大饥,蝗。

7　莽既轻私铸钱之法,犯者愈众,及伍人相坐,没入为官奴婢;其男子槛车,女子步,以铁琐琅当其颈,传诣长安钟官以十万数。到者易其夫妇。愁苦死者什六七。

8　上谷储夏自请说瓜田仪降之,仪未出而死。莽求其尸葬之,为起冢、祠室,谥曰瓜宁殇男。

9　闰月丙辰,大赦。

10　郎阳成脩献符命,言继立民母;又曰:"黄帝以百二十女致神仙。"莽于是遣中散大夫、谒者各四十五人,分行天下,博采乡里所高有淑女者上名。

11　莽恶汉高庙神灵,遣虎贲武士入高庙,四面提击,斧坏户牖,桃汤、赭鞭鞭洒屋壁,令轻车校尉居其中。

12　是岁,南郡秦丰聚众且万人;平原女子迟昭平亦聚数千人在河阻中。莽召问群臣禽贼方略,皆曰:"此天囚行尸,命在漏刻。"故左将军公孙禄征来与议,禄曰:"太史令宗宣,典星历,候气变,以凶为吉,乱天文,误朝廷;太傅平化侯尊,饰虚伪以偷名位,贼夫人之子;国师嘉信公秀,颠倒五经,毁师法,令学士疑惑;明学男张邯、地理侯孙阳,造井田,使民弃土业;羲和鲁匡,设六筦以穷工商;说符侯崔发,阿谀取容,令下情不上通;宜诛此数子以慰天下!"又言:"匈奴不可攻,当与和亲。臣恐新室忧不在匈奴而在封域之中也。"莽怒,使虎贲扶禄出,然颇采其言,左迁鲁匡为五原卒正,以百姓怨诽故也;六筦非匡所独造,莽厌众意而出之。

初,四方皆以饥寒穷愁起为盗贼,稍稍群聚,常思岁熟得归乡里,众虽万数,不敢略有城邑,转掠求食,日阕而已;诸长吏牧守皆自乱斗中兵而死,贼非敢欲杀之也,而莽终不谕其故。是岁,荆州牧发奔命二万人讨绿林贼;贼帅王匡等相率迎击于云杜,大破牧军,杀数千人,尽获辎重。牧欲北归,贼马武等复遮击之,钩牧车屏泥,刺杀其骖乘,然终不敢杀牧。贼遂攻拔竟陵,转击云杜、安陆,多略妇女,还入绿林中,至有五万馀口,州郡不能制。又,大司马士按章豫州,为贼所获,贼送付县。士还,上书具言状。莽大怒,下狱以为诬罔,因下书责七公曰:"夫吏者,理也。宣德明恩,以牧养民,仁之道也。抑强督奸,捕诛盗贼,义之节也。今则不然。盗发不辄得,至成群党遮略乘传宰士。士得脱者又妄自言:'我责数贼:"何为如是?"贼曰:"以贫穷故耳。"贼护出我。'今俗人议者率多若此。惟贫困饥

寒犯法为非,大者群盗,小者偷穴,不过二科;今乃结谋连党以千百数,是
逆乱之大者,岂饥寒之谓邪! 七公其严敕卿大夫、卒正、连率、庶尹,谨牧养
善民,急捕殄盗贼! 有不同心并力疾恶黠贼,而妄曰饥寒所为,辄捕系,请
其罪!"于是群下愈恐,莫敢言贼情者,州郡又不得擅发兵,贼由是遂不制。

　　唯翼平连率田况素果敢,发民年十八以上四万馀人,授以库兵,与刻
石为约,樊崇等闻之,不敢入界。况自劾奏;莽让况:"未赐虎符而擅发
兵,此弄兵也,厥罪乏兴。以况自诡必禽灭贼,故且勿治。"后况自请出界
击贼,所向皆破。莽以玺书令况领青、徐二州牧事,况上言:"盗贼始发,
其原甚微,部吏、伍人所能禽也;咎在长吏不为意,县欺其郡,郡欺朝廷,实
百言十,实千言百。朝廷忽略,不辄督责,遂至延蔓连州,乃遣将帅,多使
者,传相监趣。郡县力事上官,应塞诘对,共酒食,具资用,以救断斩,不暇
复忧盗贼、治官事。将帅又不能躬率吏士,战则为贼所破,吏气浸伤,徒费
百姓。前幸蒙赦令,贼欲解散,或反遮击,恐入山谷,转相告语,故郡县降
贼皆更惊骇,恐见诈灭,因饥馑易动,旬日之间更十馀万人,此盗贼所以多
之故也。今洛阳以东,米石二千,窃见诏书欲遣太师、更始将军;二人爪牙
重臣,多从人众,道上空竭,少则无以威示远方。宜急选牧、尹以下,明其
赏罚,收合离乡;小国无城郭者,徙其老弱置大城中,积臧谷食,并力固守。
贼来攻城,则不能下;所过无食,势不得群聚;如此,招之必降,击之则灭。
今空复多出将帅,郡县苦之,反甚于贼。宜尽征还乘传诸使者以休息郡
县;委任臣况以二州盗贼,必平定之。"莽畏恶况,阴为发代,遣使者赐况
玺书。使者至,见况,因令代监其兵,遣况西诣长安,拜为师尉大夫。况
去,齐地遂败。

三年(壬午,22)

1　春,正月,九庙成,纳神主。莽谒见,大驾乘六马,以五采毛为龙
文衣,著角,长三尺。又造华盖九重,高八丈一尺,载以四轮车;挽者皆呼
"登仙",莽出,令在前。百官窃言:"此似轜车,非仙物也。"

2　二月,樊崇等杀景尚。

3　关东人相食。

4　夏,四月,遣太师王匡、更始将军廉丹东讨众贼。初,樊崇等众既
浸盛,乃相与为约:"杀人者死,伤人者偿创。"其中最尊号三老,次从事,
次卒史。及闻太师、更始将讨之,恐其众与莽兵乱,乃皆朱其眉以相识别,
由是号曰赤眉。匡、丹合将锐士十馀万人,所过放纵。东方为之语曰:

"宁逢赤眉，不逢太师！太师尚可，更始杀我！"卒如田况之言。

5　莽又多遣大夫、谒者分教民煮草木为酪，酪不可食，重为烦费。

6　绿林贼遇疾疫，死者且半，乃各分散引去。王常、成丹西入南郡，号"下江兵"；王凤、王匡、马武及其支党朱鲔、张卬等北入南阳，号"新市兵"；皆自称将军。莽遣司命大将军孔仁部豫州，纳言大将军严尤、秩宗大将军陈茂击荆州，各从吏士百馀人，乘传到部募士。尤谓茂曰："遣将不与兵符，必先请而后动，是犹绁韩卢而责之获也。"

7　蝗从东方来，飞蔽天。

8　流民入关者数十万人，乃置养赡官禀食之，使者监领，与小吏共盗其禀，饥死者什七八。

先是，莽使中黄门王业领长安市买，贱取于民；民甚患之。业以省费为功，赐爵附城。莽闻城中饥馑，以问业。业曰："皆流民也。"乃市所卖梁饭、肉羹，持入示莽曰："居民食咸如此。"莽信之。

9　秋，七月，新市贼王匡等进攻随；平林人陈牧、廖湛复聚众千馀人，号"平林兵"，以应之。

10　莽诏书让廉丹曰："仓廪尽矣，府库空矣，可以怒矣，可以战矣！将军受国重任，不捐身于中野，无以报恩塞责！"丹惶恐，夜，召其掾冯衍，以书示之。衍因说丹曰："张良以五世相韩，椎秦始皇博浪之中。将军之先，为汉信臣；新室之兴，英俊不附。今海内溃乱，人怀汉德，甚于诗人思召公也；人所歌舞，天必从之。今方为将军计，莫若屯据大郡，镇抚吏士，砥厉其节，纳雄桀之士，询忠智之谋，兴社稷之利，除万人之害，则福禄流于无穷，功烈著于不灭；何与军覆于中原，身膏于草野，功败名丧，耻及先祖哉！"丹不听。衍，左将军奉世曾孙也。

冬，无盐索卢恢等举兵，反城附贼，廉丹、王匡攻拔之，斩首万馀级。莽遣中郎将奉玺书劳丹、匡，进爵为公，封吏士有功者十馀人。

赤眉别校董宪等众数万人在梁郡，王匡欲进击之；廉丹以为新拔城罢劳，当且休士养威。匡不听，引兵独进，丹随之。合战成昌，兵败，匡走；丹使吏持其印、绶、节付匡曰："小儿可走，吾不可！"遂止，战死。校尉汝云、王隆等二十馀人别斗，闻之，皆曰："廉公已死，吾谁为生！"驰奔贼，皆战死。

国将哀章自请愿平山东，莽遣章驰东与太师匡并力。又遣大将军阳浚守敖仓；司徒王寻将十馀万屯洛阳，镇南宫；大司马董忠养士习射中军北垒；大司空王邑兼三公之职。

11　初,长沙定王发生春陵节侯买,买生戴侯熊渠,熊渠生考侯仁。仁以南方卑湿,徙封南阳之白水乡,与宗族往家焉。仁卒,子敞嗣;值莽篡位,国除。节侯少子外为郁林太守,外生钜鹿都尉回,回生南顿令钦。钦娶湖阳樊重女,生三男:缤、仲、秀,兄弟早孤,养于叔父良。缤性刚毅,慷慨有大节,自莽篡汉,常愤愤,怀复社稷之虑,不事家人居业,倾身破产,交结天下雄俊。秀隆准日角,性勤稼穑;缤常非笑之,比于高祖兄仲。秀姊元为新野邓晨妻,秀尝与晨俱过穰人蔡少公;少公颇学图谶,言"刘秀当为天子"。或曰:"是国师公刘秀乎?"秀戏曰:"何用知非仆邪!"坐者皆大笑。晨心独喜。

宛人李守,好星历、谶记,为莽宗卿师,尝谓其子通曰:"刘氏当兴,李氏为辅。"及新市、平林兵起,南阳骚动,通从弟轶谓通曰:"今四方扰乱,汉当复兴。南阳宗室,独刘伯升兄弟泛爱容众,可与谋大事。"通笑曰:"吾意也!"会秀卖谷于宛,通遣轶往迎秀,与相见,因具言谶文事,与相约结,定计议。通欲以立秋材官都试骑士日,劫前队大夫甄阜及属正梁丘赐,因以号令大众,使轶与秀归春陵举兵以相应。于是缤召诸豪桀计议曰:"王莽暴虐,百姓分崩;今枯旱连年,兵革并起,此亦天亡之时,复高祖之业,定万世之秋也!"众皆然之。于是分遣亲客于诸县起兵,缤自发春陵子弟。诸家子弟恐惧,皆亡匿,曰:"伯升杀我!"及见秀绛衣大冠,皆惊曰:"谨厚者亦复为之!"乃稍自安。凡得子弟七八千人,部署宾客,自称"柱天都部"。秀时年二十八。李通未发,事觉,亡走;父守及家属坐死者六十四人。

缤使族人嘉招说新市、平林兵,与其帅王凤、陈牧西击长聚;进屠唐子乡,又杀湖阳尉。军中分财物不均,众患恨,欲反攻诸刘;刘秀敛宗人所得物,悉以与之,众乃悦。进拔棘阳,李轶、邓晨皆将宾客来会。

12　严尤、陈茂破下江兵;成丹、王常、张卬等收散卒入蒌溪,略钟、龙间,众复振;引军与荆州牧战于上唐,大破之。

13　十一月,有星孛于张。

14　刘缤欲进攻宛,至小长安聚,与甄阜、梁丘赐战;时天密雾,汉军大败。秀单马走,遇女弟伯姬,与共骑而奔;前行,复见姊元,趣令上马,元以手挥曰:"行矣,不能相救,无为两没也!"会追兵至,元及三女皆死,缤弟仲及宗从死者数十人。

缤复收会兵众,还保棘阳。阜、赐乘胜留辎重于蓝乡,引精兵十万南渡潢淳,临泚水,阻两川间为营,绝后桥,示无还心。新市、平林见汉兵数败,阜、赐军大至,各欲解去,缤甚患之。会下江兵五千馀人至宜秋,缤即与秀及李通造其壁曰:"愿见下江一贤将,议大事。"众推王常。缤见常,说以合从之利,常大悟曰:"王莽残虐,百姓思汉。今刘氏复兴,即真主也;诚思出身为用,辅成大功。"缤曰:"如事成,岂敢独飨之哉!"遂与常深相结而去。常还,具为馀将成丹、张卬言之。丹、卬负其众曰:"大丈夫既起,当各自为主,何故受人制乎!"常乃徐晓说其将帅曰:"王莽苛酷,积失百姓之心,民之讴吟思汉,非一日也,故使吾属因此得起。夫民所怨者,天所去也;民所思者,天所与也。举大事,必当下顺民心,上合天意,功乃可成;若负强恃勇,触情恣欲,虽得天下,必复失之。以秦、项之势,尚至夷覆,况今布衣相聚草泽,以此行之,灭亡之道也。今南阳诸刘举宗起兵,观其来议者,皆有深计大虑,王公之才,与之并合,必成大功,此天所以佑吾属也!"下江诸将虽屈强少识,然素敬常,乃皆谢曰:"无王将军,吾属几陷于不义!"即引兵与汉军、新市、平林合。于是诸部齐心同力,锐气益壮。缤大飨军士,设盟约,休卒三日,分为六部;十二月晦,潜师夜起,袭取蓝乡,尽获其辎重。

资治通鉴卷第三十九

汉纪三十一

淮阳王

更始元年（癸未，23）

1　春，正月甲子朔，汉兵与下江兵共攻甄阜、梁丘赐，斩之，杀士卒二万馀人。王莽纳言将军严尤、秩宗将军陈茂引兵欲据宛，刘缤与战于淯阳下，大破之，遂围宛。先是，青、徐贼众虽数十万人，讫无文书、号令、旌旗、部曲；及汉兵起，皆称将军，攻城略地，移书称说。莽闻之，始惧。

春陵戴侯曾孙玄在平林兵中，号更始将军。时汉兵已十馀万，诸将议以兵多而无所统一，欲立刘氏以从人望。南阳豪桀及王常等皆欲立刘缤；而新市、平林将帅乐放纵，惮缤威明，贪玄懦弱，先共定策立之，然后召缤示其议。缤曰："诸将军幸欲尊立宗室，甚厚！然今赤眉起青、徐，众数十万，闻南阳立宗室，恐赤眉复有所立，王莽未灭而宗室相攻，是疑天下而自损权，非所以破莽也。春陵去宛三百里耳，遽自尊立，为天下准的，使后人得承吾敝，非计之善者也。不如且称王以号令，王势亦足以斩诸将。若赤眉所立者贤，相率而往从之，必不夺吾爵位；若无所立，破莽，降赤眉，然后举尊号，亦未晚也。"诸将多曰："善！"张卬拔剑击地曰："疑事无功，今日之议，不得有二！"众皆从之。二月辛巳朔，设坛场于淯水上沙中，玄即皇帝位，南面立，朝群臣；羞愧流汗，举手不能言。于是大赦，改元，以族父良为国三老，王匡为定国上公，王凤为成国上公，朱鲔为大司马，刘缤为大司徒，陈牧为大司空，馀皆九卿将军。由是豪桀失望，多不服。

2　王莽欲外示自安，乃染其须发，立杜陵史谌女为皇后；置后宫，位号视公、卿、大夫、元士者凡百二十人。

3　莽赦天下，诏："王匡、哀章等讨青、徐盗贼，严尤、陈茂等讨前队丑虏，明告以生活、丹青之信；复迷惑不解散，将遣大司空、隆新公将百万之师剿绝之矣。"

4　三月，王凤与太常偏将军刘秀等徇昆阳、定陵、郾，皆下之。

5　王莽闻严尤、陈茂败，乃遣司空王邑驰传，与司徒王寻发兵平定山东；征诸明兵法六十三家以备军吏，以长人巨毋霸为垒尉，又驱诸猛兽虎、豹、犀、象之属以助威武。邑至洛阳，州郡各选精兵，牧守自将，定会者四十二万人，号百万；馀在道者，旌旗、辎重，千里不绝。夏，五月，寻、邑南出颍川，与严尤、陈茂合。

诸将见寻、邑兵盛，皆反走，入昆阳，惶怖，忧念妻孥，欲散归诸城。刘秀曰："今兵谷既少而外寇强大，并力御之，功庶可立；如欲分散，势无俱全。且宛城未拔，不能相救；昆阳即拔，一日之间，诸部亦灭矣。今不同心胆，共举功名，反欲守妻子财物邪！"诸将怒曰："刘将军何敢如是！"秀笑而起。会候骑还，言："大兵且至城北，军陈数百里，不见其后。"诸将素轻秀，及迫急，乃相谓曰："更请刘将军计之。"秀复为图画成败，诸将皆曰："诺。"时城中唯有八九千人，秀使王凤与廷尉大将军王常守昆阳，夜与五威将军李轶等十三骑出城南门，于外收兵。

时莽兵到城下者且十万，秀等几不得出。寻、邑纵兵围昆阳，严尤说邑曰："昆阳城小而坚，今假号者在宛，亟进大兵，彼必奔走；宛败，昆阳自服。"邑曰："吾昔围翟义，坐不生得以见责让，今将百万之众，遇城而不能下，非所以示威也。当先屠此城，喋血而进，前歌后舞，顾不快邪！"遂围之数十重，列营百数，钲鼓之声闻数十里，或为地道、冲辒撞城；积弩乱发，矢下如雨，城中负户而汲。王凤等乞降，不许。寻、邑自以为功在漏刻，不以军事为忧。严尤曰："兵法：'围城为之阙'，宜使得逸出以怖宛下。"邑又不听。

6　棘阳守长岑彭与前队贰严说共守宛城，汉兵攻之数月，城中人相食，乃举城降，更始入都。诸将欲杀彭，刘縯曰："彭，郡之大吏，执心固守，是其节也。今举大事，当表义士，不如封之。"更始乃封彭为归德侯。

7　刘秀至郾、定陵，悉发诸营兵；诸将贪惜财物，欲分兵守之。秀曰："今若破敌，珍宝万倍，大功可成；如为所败，首领无馀，何财物之有！"乃悉发之。六月己卯朔，秀与诸营俱进，自将步骑千馀为前锋，去大军四五里而陈；寻、邑亦遣兵数千合战，秀奔之，斩首数十级。诸将喜曰："刘将军平生见小敌怯，今见大敌勇，甚可怪也！且复居前，请助将军！"秀复进，寻、邑兵却，诸部共乘之，斩首数百、千级。连胜，遂前，诸将胆气益壮，无不一当百，秀乃与敢死者三千人从城西水上冲其中坚。寻、邑易之，自将万馀人行陈，敕诸营皆按部毋得动，独迎与汉兵战，不利，大军不敢擅相救；寻、邑陈乱，汉兵乘锐崩之，遂杀王寻。城中亦鼓噪而出，中外合势，震呼动天地;莽兵大溃,走者相腾践,伏尸百馀里。会大雷、风,屋瓦皆飞,雨下如注,滍川盛溢,虎豹皆股战,士卒赴水溺死者以万数,水为不流。王邑、严尤、陈茂轻骑乘死人渡水逃去,尽获其军实辎重,不可胜算,举之连月不尽,或燔烧其馀。士卒奔走,各还其郡,王邑独与所将长安勇敢数千人还洛阳,关中闻之震恐。于是海内豪桀翕然响应,皆杀其牧守,自称将军,用汉年号以待诏命;旬月之间,遍于天下。

8 莽闻汉兵言莽鸩杀孝平皇帝,乃会公卿于王路堂,开所为平帝请命金縢之策,泣以示群臣。

9 刘秀复徇颍川,攻父城不下,屯兵巾车乡。颍川郡掾冯异监五县,为汉兵所获。异曰:“异有老母在父城,愿归,据五城以效功报德!”秀许之。异归,谓父城长苗萌曰:“诸将多暴横,独刘将军所到不虏略,观其言语举止,非庸人也!”遂与萌率五县以降。

10 新市、平林诸将以刘縯兄弟威名益盛,阴劝更始除之。秀谓縯曰:“事欲不善。”縯笑曰:“常如是耳。”更始大会诸将,取縯宝剑视之;绣衣御史申屠建随献玉玦;更始不敢发。縯舅樊宏谓縯曰:“建得无有范增之意乎?”縯不应。李轶初与縯兄弟善,后更谄事新贵,秀戒縯曰:“此人不可复信!”縯不从。縯部将刘稷,勇冠三军,闻更始立,怒曰:“本起兵图大事者,伯升兄弟也。今更始何为者邪!”更始以稷为抗威将军,稷不肯拜;更始乃与诸将陈兵数千人,先收稷,将诛之;縯固争。李轶、朱鲔因劝更始并执縯,即日杀之;以族兄光禄勋赐为大司徒。秀闻之,自父城驰诣宛谢。司徒官属迎吊秀,秀不与交私语,惟深引过而已,未尝自伐昆阳之功;又不敢为縯服丧,饮食言笑如平常。更始以是惭,拜秀为破虏大将军,封武信侯。

11 道士西门君惠谓王莽卫将军王涉曰:“谶文刘氏当复兴,国师公姓名是也。”涉遂与国师公刘秀、大司马董忠、司中大赘孙伋谋,以所部兵劫莽降汉,以全宗族。秋,七月,伋以其谋告莽,莽召忠诘责,因格杀之,使虎贲以斩马剑剉忠,收其宗族,以醇醯、毒药、白刃、丛棘并一坎而埋之,秀、涉皆自杀。莽以其骨肉、旧臣,恶其内溃,故隐其诛。莽以军师外破,大臣内畔,左右亡所信,不能复远念郡国,乃召王邑还,为大司马,以大长秋张邯为大司徒,崔发为大司空,司中寿容苗䜣为国师。莽忧懑不能食,但饮酒,啖鰒鱼;读军书倦,因冯几寐,不复就枕矣。

12 成纪隗崔、隗义、上邽杨广、冀人周宗同起兵以应汉,众数千人攻平襄,杀莽镇戎大尹李育。崔兄子嚣,素有名,好经书,崔等共推为上将军;崔为白虎将军,义为左将军。嚣遣使聘平陵方望,以为军师。望说嚣立高庙于邑东;己巳,祠高祖、太宗、世宗,嚣等皆称臣执事,杀马同盟,以兴辅刘宗;移檄郡国,数莽罪恶。勒兵十万,击杀雍州牧陈庆、安定大尹王向。分遣诸将徇陇西、武都、金城、武威、张掖、酒泉、敦煌,皆下之。

13　初,茂陵公孙述为清水长,有能名;迁导江卒正,治临邛。汉兵起,南阳宗成、商人王岑起兵徇汉中以应汉,杀王莽庸部牧宋遵,众合数万人。述遣使迎成等,成等至成都,虏掠暴横。述召郡中豪桀谓曰:"天下同苦新室,思刘氏久矣,故闻汉将军到,驰迎道路。今百姓无辜而妇子系获,此寇贼,非义兵也。"乃使人诈称汉使者,假述辅汉将军、蜀郡太守兼益州牧印绶,选精兵西击成等,杀之,并其众。

14　前锺武侯刘望起兵汝南,严尤、陈茂往归之;八月,望即皇帝位,以尤为大司马,茂为丞相。

15　王莽使太师王匡、国将哀章守洛阳。更始遣定国上公王匡攻洛阳,西屏大将军申屠建、丞相司直李松攻武关,三辅震动。析人邓晔、于匡起兵南乡以应汉,攻武关都尉朱萌,萌降;进攻右队大夫宋纲,杀之;西拔湖。莽愈忧,不知所出。崔发言:"古者国有大灾,则哭以厌之。宜告天以求救!"莽乃率群臣至南郊,陈其符命本末,仰天大哭,气尽,伏而叩头。诸生、小民旦夕会哭,为设餐粥;甚悲哀者,除以为郎,郎至五千馀人。

莽拜将军九人,皆以虎为号,将北军精兵数万人以东,内其妻子宫中以为质。时省中黄金尚六十馀万斤,他财物称是,莽愈爱之,赐九虎士人四千钱;众重怨,无斗意。九虎至华阴回溪,距隘自守。于匡、邓晔击之,六虎败走;二虎诣阙归死,莽使使责死者安在,皆自杀;其四虎亡。三虎收散卒保渭口京师仓。

邓晔开武关迎汉兵。李松将三千馀人至湖,与晔等共攻京师仓,未下。晔以弘农掾王宪为校尉,将数百人北渡渭,入左冯翊界。李松遣偏将军韩臣等径西至新丰击破莽波水将军,追奔至长门宫。王宪北至频阳,所过迎降。诸县大姓各起兵称汉将,率众随宪。李松、邓晔引军至华阴,而长安旁兵四会城下;又闻天水隗氏方到,皆争欲先入城,贪立大功、卤掠之利。莽赦城中囚徒,皆授兵,杀豨,饮其血,与誓曰:"有不为新室者,社鬼记之!"使更始将军史谌将之。渡渭桥,皆散走;谌空还。众兵发掘莽妻、子、父、祖冢,烧其棺椁及九庙、明堂、辟雍,火照城中。

九月戊申朔,兵从宣平城门入。张邯逢兵见杀;王邑、王林、王巡、䜌恽等分将兵距击北阙下,会日暮,官府、邸第尽奔亡。己酉,城中少年朱弟、张鱼等恐见卤掠,趋谨并和,烧作室门,斧敬法闼,呼曰:"反虏王莽,何不出降!"火及掖庭、承明,黄皇室主所居。黄皇室主曰:"何面目以见汉家!"自投火中而死。

　　莽避火宣室前殿,火辄随之。莽绀袀服,持虞帝匕首;天文郎按式于前,莽旋席随斗柄而坐,曰:"天生德于予,汉兵其如予何!"庚戌,且明,群臣扶掖莽自前殿之渐台,欲阻池水,公卿从官尚千馀人随之。王邑昼夜战,罢极,士死伤略尽,驰入宫,间关至渐台,见其子侍中睦解衣冠欲逃,邑叱之,令还,父子共守莽。军人入殿中,闻莽在渐台,众共围之数百重。台上犹与相射,矢尽,短兵接,王邑父子、蕫恽、王巡战死,莽入室。下餔时,众兵上台,苗䜣、唐尊、王盛等皆死。商人杜吴杀莽,校尉东海公宾就斩莽首;军人分莽身,节解脔分,争相杀者数十人;公宾就持莽首诣王宪。宪自称汉大将军,城中兵数十万皆属焉;舍东宫,妻莽后宫,乘其车服。癸丑,李松、邓晔入长安,将军赵萌、申屠建亦至;以王宪得玺绶不上,多挟宫女,建天子鼓旗,收斩之。传莽首诣宛,悬于市;百姓共提击之,或切食其舌。

　　　　班固赞曰:王莽始起外戚,折节力行以要名誉,及居位辅政,勤劳国家,直道而行,岂所谓'色取仁而行违'者邪!莽既不仁而有佞邪之材,又乘四父历世之权,遭汉中微,国统三绝,而太后寿考,为之宗主,故得肆其奸慝以成篡盗之祸。推是言之,亦天时,非人力之致矣!及其窃位南面,颠覆之势险于桀、纣,而莽晏然自以黄、虞复出也,乃始恣睢,奋其威诈,毒流诸夏,乱延蛮貉,犹未足以逞其欲焉。是以四海之内,嚣然丧其乐生之心,中外愤怨,远近俱发,城池不守,支体分裂,遂令天下城邑为虚,害遍生民,自书传所载乱臣贼子,考其祸败,未有如莽之甚者也!昔秦燔诗、书以立私议,莽诵六艺以文奸言,同归殊涂,俱用灭亡,皆圣王之驱除云尔。

16　定国上公王匡拔洛阳,生缚莽太师王匡、哀章,皆斩之。冬,十月,奋威大将军刘信击杀刘望于汝南,并诛严尤、陈茂,郡县皆降。

17　更始将都洛阳,以刘秀行司隶校尉,使前整修宫府。秀乃置僚属,作文移,从事司察,一如旧章。时三辅吏士东迎更始,见诸将过,皆冠帻而服妇人衣,莫不笑之;及见司隶僚属,皆欢喜不自胜,老吏或垂涕曰:"不图今日复见汉官威仪!"由是识者皆属心焉。

　　更始北都洛阳,分遣使者徇郡国,曰:"先降者复爵位!"使者至上谷,上谷太守扶风耿况迎，上印绶；使者纳之，一宿，无还意。功曹寇恂勒兵入见使者，请之，使者不与，曰："天王使者，功曹欲胁之邪！"恂曰："非敢胁使君，窃伤计之不详也。今天下初定，使君建节衔命，郡国莫不延颈倾耳；今始至上谷而先堕大信，将复何以号令他郡乎！"使者不应。恂叱左右以使者命召况；况至，恂进取印绶带况。使者不得已，乃承制诏之，况受而归。

宛人彭宠、吴汉亡命在渔阳，乡人韩鸿为更始使，徇北州，承制拜宠偏将军，行渔阳太守事，以汉为安乐令。

更始遣使降赤眉。樊崇等闻汉室复兴，即留其兵，自将渠帅二十馀人随使者至洛阳，更始皆封为列侯。崇等既未有国邑，而留众稍有离叛者，乃复亡归其营。

18　王莽庐江连率颍川李宪据郡自守，称淮南王。

19　故梁王立之子永诣洛阳；更始封为梁王，都睢阳。

20　更始欲令亲近大将徇河北，大司徒赐言："诸家子独有文叔可用。"朱鲔等以为不可，更始狐疑，赐深劝之，更始乃以刘秀行大司马事，持节北渡河，镇慰州郡。

21　以大司徒赐为丞相，令先入关修宗庙、宫室。

22　大司马秀至河北，所过郡县，考察官吏，黜陟能否，平遣囚徒，除王莽苛政，复汉官名；吏民喜悦，争持牛酒迎劳，秀皆不受。

南阳邓禹杖策追秀，及于邺。秀曰："我得专封拜，生远来，宁欲仕乎？"禹曰："不愿也。"秀曰："即如是，何欲为？"禹曰："但愿明公威德加于四海，禹得效其尺寸，垂功名于竹帛耳！"秀笑，因留宿间语；禹进说曰："今山东未安，赤眉、青犊之属动以万数。更始既是常才而不自听断，诸将皆庸人屈起，志在财币，争用威力，朝夕自快而已，非有忠良明智、深虑远图，欲尊主安民者也。历观往古圣人之兴，二科而已，天时与人事也。今以天时观之，更始既立而灾变方兴；以人事观之，帝王大业非凡夫所任，分崩离析，形势可见。明公虽建藩辅之功，犹恐无所成立也。况明公素有盛德大功，为天下所向服，军政齐肃，赏罚明信。为今之计，莫如延揽英雄，务悦民心，立高祖之业，救万民之命，以公而虑，天下不足定也！"秀大悦，因令禹常宿止于中，与定计议；每任使诸将，多访于禹，皆当其才。

秀自兄缤之死，每独居辄不御酒肉，枕席有涕泣处，主簿冯异独叩头宽譬；秀止之曰："卿勿妄言！"异因进说曰："更始政乱，百姓无所依戴。夫人久饥渴，易为充饱。今公专命方面，宜分遣官属徇行郡县，宣布惠泽。"秀纳之。

骑都尉宋子耿纯谒秀于邯郸,退,见官属将兵法度不与他将同,遂自结纳。

23　故赵缪王子林说秀决列人河水以灌赤眉,秀不从;去之真定。林素任侠于赵、魏间,王莽时,长安中有自称成帝子子舆者,莽杀之。邯郸卜者王郎缘是诈称真子舆,云"母故成帝讴者,尝见黄气从上下,遂任身,赵后欲害之,伪易他人子,以故得全"。林等信之,与赵国大豪李育、张参等谋共立郎。会民间传赤眉将渡河,林等因此宣言"赤眉当立刘子舆",以观众心,百姓多信之。十二月,林等率车骑数百晨入邯郸城,止于王宫,立郎为天子;分遣将帅徇下幽、冀,移檄州郡,赵国以北、辽东以西皆望风响应。

二年(甲申,24)

1　春,正月,大司马秀以王郎新盛,乃北徇蓟。

2　申屠建、李松自长安迎更始迁都;二月,更始发洛阳。初,三辅豪桀假号诛莽者,人人皆望封侯;申屠建既斩王宪,又扬言"三辅儿大黠,共杀其主"。吏民惶恐,属县屯聚;建等不能下。更始至长安,乃下诏大赦,非王莽子,他皆除其罪,于是三辅悉平。

时长安唯未央宫被焚,其馀宫室、供帐、仓库、官府皆按堵如故,市里不改于旧。更始居长乐宫,升前殿,郎吏以次列庭中;更始羞怍,俯首刮席,不敢视。诸将后至者,更始问:"虏掠得几何?"左右侍官皆宫省久吏,惊愕相视。

李松与棘阳赵萌说更始宜悉王诸功臣;朱鲔争之,以为高祖约,非刘氏不王。更始乃先封诸宗室:祉为定陶王,庆为燕王,歙为元氏王,嘉为汉中王,赐为宛王,信为汝阴王;然后立王匡为泚阳王,王凤为宜城王,朱鲔为胶东王,王常为邓王,申屠建为平氏王,陈牧为阴平王,卫尉大将军张卬为淮阳王,执金吾大将军廖湛为穰王,尚书胡殷为随王,柱天大将军李通为西平王,五威中郎将李轶为舞阴王,水衡大将军成丹为襄邑王,骠骑大将军宗佻为颍阴王,尹尊为郾王。唯朱鲔辞不受,乃以鲔为左大司马,宛王赐为前大司马,使与李轶等镇抚关东,又使李通镇荆州,王常行南阳太守事。以李松为丞相,赵萌为右大司马,共秉内任。

更始纳赵萌女为夫人,故委政于萌,日夜饮宴后庭;群臣欲言事,辄醉不能见,时不得已,乃令侍中坐帷中与语。韩夫人尤嗜酒,每侍饮,见常侍奏事,辄怒曰:"帝方对我饮,正用此时持事来邪!"起,抵破书案。赵萌专权,生杀自恣。郎吏有说萌放纵者,更始怒,拔剑斩之,自是无敢复言。以至群小、膳夫皆滥授官爵,长安为之语曰:"灶下养,中郎将。烂羊胃,骑都尉。烂羊头,关内侯。"军师将军李淑上书谏曰:"陛下定业,虽因下江、平林之势,斯盖临时济用,不可施之既安。唯名与器,圣人所重,今加非其人,望其裨益万分,犹缘木求鱼,升山采珠。海内望此,有以窥度汉祚!"更始怒,囚之。诸将在外者皆专行诛赏,各置牧守;州郡交错,不知所从。由是关中离心,四海怨叛。

3　更始征隗嚣及其叔父崔、义等。嚣将行,方望以更始成败未可知,固止之;嚣不听,望以书辞谢而去。嚣等至长安,更始以嚣为右将军,崔、义皆即旧号。

4　耿况遣其子弇奉奏诣长安,弇时年二十一。行至宋子,会王郎起,弇从吏孙仓、卫包曰:"刘子舆,成帝正统;舍此不归,远行安之!"弇按剑曰:"子舆弊贼,卒为降虏耳!我至长安,与国家陈上谷、渔阳兵马,归发突骑,以辚乌合之众,如摧枯折腐耳。观公等不识去就,族灭不久也!"仓、包遂亡,降王郎。

弇闻大司马秀在卢奴,乃驰北上谒;秀留署长史,与俱北至蓟。王郎移檄购秀十万户,秀令功曹令史颍川王霸至市中募人击王郎,市人皆大笑,举手邪揄之,霸惭懅而反。秀将南归,耿弇曰:"今兵从南方来,不可南行。渔阳太守彭宠,公之邑人;上谷太守,即弇父也。发此两郡控弦万骑,邯郸不足虑也。"秀官属腹心皆不肯,曰:"死尚南首,奈何北行入囊中!"秀指弇曰:"是我北道主人也。"

会故广阳王子接起兵蓟中以应郎,城内扰乱,言邯郸使者方到,二千石以下皆出迎。于是秀趣驾而出,至南城门,门已闭;攻之,得出,遂晨夜南驰,不敢入城邑,舍食道傍。至芜蒌亭,时天寒烈,冯异上豆粥。至饶阳,官属皆乏食。秀乃自称邯郸使者,入传舍,传吏方进食,从者饥,争夺之。传吏疑其伪,乃椎鼓数十通,给言"邯郸将军至";官属皆失色。秀升车欲驰,既而惧不免,徐还坐,曰:"请邯郸将军入。"久,乃驾去。晨夜兼行,蒙犯霜雪,面皆破裂。

至下曲阳,传闻王郎兵在后,从者皆恐。至滹沱河,候吏还白"河水流澌,无船,不可济"。秀使王霸往视之。霸恐惊众,欲且前,阻水还,即诡曰:"冰坚可度。"官属皆喜。秀笑曰:"候吏果妄语也!"遂前。比至河,河冰亦合,乃令王霸护渡,未毕数骑而冰解。至南宫,遇大风雨,秀引车入道傍空舍,冯异抱薪,邓禹爇火,秀对灶燎衣,冯异复进麦饭。

进至下博城西,惶惑不知所之。有白衣老父在道旁,指曰:"努力!信都郡为长安城守,去此八十里。"秀即驰赴之。是时郡国皆已降王郎,独信都太守南阳任光、和戎太守信都邳肜不肯从。光自以孤城独守,恐不能全,闻秀至,大喜;吏民皆称万岁。邳肜亦自和戎来会,议者多言可因信都兵自送,西还长安,邳肜曰:"吏民歌吟思汉久矣,故更始举尊号而天下响应,三辅清宫除道以迎。今卜者王郎,假名因势,驱集乌合之众,遂振燕、赵之地,无有根本之固。明公奋二郡之兵以讨之,何患不克!今释此而归,岂徒空失河北,必更惊动三辅,堕损威重,非计之得者也。若明公无复征伐之意,则虽信都之兵,犹难会也。何者?明公既西,则邯郸势成,民不肯捐父母、背成主而千里送公,其离散亡逃可必也!"秀乃止。

秀以二郡兵弱,欲入城头子路、力子都军中;任光以为不可。乃发傍县,得精兵四千人,拜任光为左大将军,信都都尉李忠为右大将军,邳肜为后大将军、和戎太守如故,信都令万脩为偏将军,皆封列侯。留南阳宗广领信都太守事;使任光、李忠、万脩将兵以从;邳肜将兵居前,任光乃多作檄文曰:"大司马刘公将城头子路、力子都兵百万众从东方来,击诸反虏!"遣骑驰至钜鹿界中。吏民得檄,传相告语。秀投暮入堂阳界,多张骑火,弥满泽中,堂阳即降。又击贳县,降之。城头子路者,东平爰曾也,寇掠河、济间,有众二十馀万,力子都有众六七万,故秀欲依之。昌城人刘植聚兵数千人据昌城,迎秀;秀以植为骁骑将军。耿纯率宗族宾客二千馀人,老病者皆载木自随,迎秀于育;拜纯为前将军。进攻下曲阳,降之。众稍合,至数万人,复北击中山。耿纯恐宗家怀异心,乃使从弟诉宿归,烧庐舍以绝其反顾之望。

秀进拔卢奴,所过发奔命兵,移檄边郡共击邯郸;郡县还复响应。时真定王杨起兵附王郎,众十馀万,秀遣刘植说杨,杨乃降。秀因留真定,纳杨甥郭氏为夫人以结之。进击元氏、防子,皆下之。至鄗,击斩王郎将李恽;至柏人,复破郎将李育。育还保城;攻之,不下。

5　南郑人延岑起兵据汉中;汉中王嘉击降之,有众数十万。校尉南阳贾复见更始政乱,乃说嘉曰:"今天下未定,而大王安守所保,所保得无不可保乎?"嘉曰:"卿言大,非吾任也。大司马在河北,必能相用。"乃为书荐复及长史南阳陈俊于刘秀。复等见秀于柏人,秀以复为破虏将军,俊为安集掾。

秀舍中儿犯法,军市令颍川祭遵格杀之,秀怒,命收遵。主簿陈副谏曰：“明公常欲众军整齐，今遵奉法不避，是教令所行也。”乃贳之，以为刺奸将军，谓诸将曰：“当备祭遵！吾舍中儿犯法尚杀之，必不私诸卿也。”

6　初，王莽既杀鲍宣，上党都尉路平欲杀其子永；太守苟谏保护之，永由是得全。更始征永为尚书仆射，行大将军事，将兵安集河东、并州，得自置偏裨。永至河东，击青犊，大破之。以冯衍为立汉将军，屯太原，与上党太守田邑等缮甲养士以扞卫并土。

7　或说大司马秀以守柏人不如定钜鹿，秀乃引兵东北拔广阿。秀披舆地图，指示邓禹曰：“天下郡国如是，今始乃得其一；子前言以吾虑天下不足定，何也？”禹曰：“方今海内殽乱，人思明君，犹赤子之慕慈母。古之兴者在德薄厚，不以大小也！”

8　蓟中之乱，耿弇与刘秀相失，北走昌平，就其父况，因说况击邯郸。时王郎遣将徇渔阳、上谷，急发其兵，北州疑惑，多欲从之。上谷功曹寇恂、门下掾闵业说况曰：“邯郸拔起，难可信向。大司马，刘伯升母弟，尊贤下士，可以归之。”况曰：“邯郸方盛，力不能独拒，如何？”对曰：“今上谷完实，控弦万骑，可以详择去就。恂请东约渔阳，齐心合众，邯郸不足图也！”况然之，遣恂东约彭宠，欲各发突骑二千匹，步兵千人诣大司马秀。

安乐令吴汉、护军盖延、狐奴令王梁亦劝宠从秀，宠以为然；而官属皆欲附王郎，宠不能夺。汉出止外亭，遇一儒生，召而食之，问以所闻。生言：“大司马刘公，所过为郡县所称，邯郸举尊号者，实非刘氏。”汉大喜，即诈为秀书，移檄渔阳，使生赍以诣宠，令具以所闻说之。会寇恂至，宠乃发步骑三千人，以吴汉行长史，与盖延、王梁将之，南攻蓟，杀王郎大将赵闳。

寇恂还，遂与上谷长史景丹及耿弇将兵俱南，与渔阳军合，所过击斩王郎大将、九卿、校尉以下，凡斩首三万级，定涿郡、中山、钜鹿、清河、河间凡二十二县。前及广阿，闻城中车骑甚众，丹等勒兵问曰：“此何兵？”曰：“大司马刘公也。”诸将喜，即进至城下。城下初传言二郡兵为邯郸来，众皆恐。刘秀自登西城楼勒兵问之；耿弇拜于城下，即召入，具言发兵状。秀乃悉召景丹等入，笑曰：“邯郸将帅数言我发渔阳、上谷兵，吾聊应言‘我亦发之’，何意二郡良为吾来！方与士大夫共此功名耳。”乃以景丹、寇恂、耿弇、盖延、吴汉、王梁皆为偏将军，使还领其兵，加耿况、彭宠大将军；封况、宠、丹、延皆为列侯。

吴汉为人，质厚少文，造次不能以辞自达，然沉勇有智略，邓禹数荐之于秀，秀渐亲重之。

更始遣尚书令谢躬率六将军讨王郎,不能下;秀至,与之合军,东围钜鹿,月馀未下。王郎遣将攻信都,大姓马宠等开门内之。更始遣兵攻破信都,秀使李忠还,行太守事。王郎遣将倪宏、刘奉率数万人救钜鹿,秀逆战于南䜌,不利。景丹等纵突骑击之,宏等大败。秀曰:"吾闻突骑天下精兵,今见其战,乐可言邪!"

耿纯言于秀曰:"久守钜鹿,士众疲弊;不如及大兵精锐,进攻邯郸,若王郎已诛,钜鹿不战自服矣。"秀从之。夏,四月,留将军邓满守钜鹿;进军邯郸,连战,破之,郎乃使其谏大夫杜威请降。威雅称郎实成帝遗体,秀曰:"设使成帝复生,天下不可得,况诈子舆者乎!"威请求万户侯,秀曰:"顾得全身可矣!"威怒而去。秀急攻之,二十馀日;五月甲辰,郎少傅李立开门内汉兵,遂拔邯郸。郎夜亡走,王霸追斩之。秀收郎文书,得吏民与郎交关谤毁者数千章;秀不省,会诸将军烧之,曰:"令反侧子自安!"

秀部分吏卒各隶诸军,士皆言愿属大树将军。大树将军者,偏将军冯异也,为人谦退不伐,敕吏士非交战受敌,常行诸营之后。每所止舍,诸将并坐论功,异常独屏树下,故军中号曰"大树将军"。

护军宛人朱祜从容言于秀曰:"长安政乱,公有日角之相,此天命也!"秀曰:"召刺奸收护军!"祜乃不敢复言。

更始遣使立秀为萧王,悉令罢兵,与诸将有功者诣行在所;遣苗曾为幽州牧,韦顺为上谷太守,蔡充为渔阳太守,并北之部。

萧王居邯郸宫,昼卧温明殿,耿弇入,造床下请间,因说曰:"吏士死伤者多,请归上谷益兵。"萧王曰:"王郎已破,河北略平,复用兵何为?"弇曰:"王郎虽破,天下兵革乃始耳。今使者从西方来,欲罢兵,不可听也。铜马、赤眉之属数十辈,辈数十百万人,所向无前,圣公不能办也,败必不久。"萧王起坐曰:"卿失言,我斩卿!"弇曰:"大王哀厚弇如父子,故敢披赤心。"萧王曰:"我戏卿耳,何以言之?"弇曰:"百姓患苦王莽,复思刘氏,闻汉兵起,莫不欢喜,如去虎口得归慈母。今更始为天子,而诸将擅命于山东,贵戚纵横于都内,虏掠自恣,元元叩心,更思莽朝,是以知其必败也。公功名已著,以义征伐,天下可传檄而定也。天下至重,公可自取,毋令他姓得之!"萧王乃辞以河北未平,不就征,始贰于更始。

是时,诸贼铜马、大肜、高湖、重连、铁胫、大枪、尤来、上江、青犊、五校、五幡、五楼、富平、获索等各领部曲,众合数百万人,所在寇掠。萧王欲击之,乃拜吴汉、耿弇俱为大将军,持节北发幽州十郡突骑;苗曾闻之,阴敕诸郡不得应调。吴汉将二十骑先驰至无终,曾出迎于路,汉即收曾,斩之。耿弇到上谷,亦收韦顺、蔡充,斩之。北州震骇,于是悉发其兵。

秋,萧王击铜马于鄡,吴汉将突骑来会清阳,士马甚盛,汉悉上兵簿于幕府,请所付与,不敢自私,王益重之。王以偏将军沛国朱浮为大将军、幽州牧,使治蓟城。铜马食尽,夜遁,萧王追击于馆陶,大破之。受降未尽,而高湖、重连从东南来,与铜马馀众合;萧王复与大战于蒲阳,悉破降之,封其渠帅为列侯。诸将未能信贼,降者亦不自安;王知其意,敕令降者各归营勒兵,自乘轻骑按行部陈。降者更相语曰:"萧王推赤心置人腹中,安得不投死乎!"由是皆服,悉以降人分配诸将,众遂数十万。赤眉别帅与青犊、上江、大肜、铁胫、五幡十馀万众在射犬,萧王引兵进击,大破之;南徇河内,河内太守韩歆降。

9　初,谢躬与萧王共灭王郎,数与萧王违戾,常欲袭萧王,畏其兵强而止;虽俱在邯郸,遂分城而处,然萧王每有以慰安之。躬勤于吏职,萧王常称之曰:"谢尚书,真吏也!"故不自疑。其妻知之,常戒之曰:"君与刘公积不相能,而信其虚谈,终受制矣!"躬不纳。既而躬率其兵数万还屯于邺。及萧王南击青犊,使躬邀击尤来于隆虑山,躬兵大败。萧王因躬在外,使吴汉与刺奸大将军岑彭袭据邺城。躬不知,轻骑还邺,汉等收斩之,其众悉降。

10　更始遣柱功侯李宝、益州刺史张忠将兵万馀人徇蜀、汉;公孙述遣其弟恢击宝、忠于绵竹,大破走之。述遂自立为蜀王,都成都,民、夷皆附之。

11　冬,更始遣中郎将归德侯飒、大司马护军陈遵使匈奴,授单于汉旧制玺绶,因送云、当馀亲属、贵人、从者还匈奴。单于舆骄,谓遵、飒曰:"匈奴本与汉为兄弟;匈奴中乱,孝宣皇帝辅立呼韩邪单于,故称臣以尊汉。今汉亦大乱,为王莽所篡,匈奴亦出兵击莽,空其边境,令天下骚动思汉;莽卒以败而汉复兴,亦我力也,当复尊我!"遵与相掌拒,单于终持此言。

12　赤眉樊崇等将兵入颍川,分其众为二部,崇与逢安为一部,徐宣、谢禄、杨音为一部。赤眉虽数战胜,而疲弊厌兵,皆日夜愁泣,思欲东归;崇等计议,虑众东向必散,不如西攻长安。于是崇、安自武关,宣等从陆浑关,两道俱入。更始使王匡、成丹与抗威将军刘均等分据河东、弘农以拒之。

13　萧王将北徇燕、赵,度赤眉必破长安,又欲乘衅并关中,而未知所寄,乃拜邓禹为前将军,中分麾下精兵二万人,遣西入关,令自选偏裨以下可与俱者。时朱鲔、李轶、田立、陈侨将兵号三十万,与河南太守武勃共守洛阳;鲍永、田邑在并州。萧王以河内险要富实,欲择诸将守河内者而难其人,问于邓禹。邓禹曰:"寇恂文武备足,有牧人御众之才,非此子莫可使也!"乃拜恂河内太守,行大将军事。萧王谓恂曰:"昔高祖留萧何关中,吾今委公以河内;当给足军粮,率厉士马,防遏他兵,勿令北渡而已!"拜冯异为孟津将军,统魏郡、河内兵于河上,以拒洛阳。萧王亲送邓禹至野王,禹既西,萧王乃复引兵而北。寇恂调粮粮、治器械以供军;军虽远征,未尝乏绝。

14　隗崔、隗义谋叛归天水;隗嚣恐并及祸,乃告之。更始诛崔、义,以嚣为御史大夫。

15　梁王永据国起兵,招诸郡豪桀,沛人周建等并署为将帅,攻下济阴、山阳、沛、楚、淮阳、汝南,凡得二十八城。又遣使拜西防贼帅山阳佼彊为横行将军,东海贼帅董宪为翼汉大将军,琅邪贼帅张步为辅汉大将军,督青、徐二州,与之连兵,遂专据东方。

16　邔人秦丰起兵于黎丘,攻得邔、宜城等十馀县,有众万人,自号楚黎王。

17　汝南田戎攻陷夷陵,自称扫地大将军;转寇郡县,众数万人。

资治通鉴卷第四十

汉纪三十二

世祖光武皇帝上之上

建武元年（乙酉，25）

1　春，正月，方望与安陵人弓林共立前定安公婴为天子，聚党数千人，居临泾。更始遣丞相松等击破，皆斩之。

2　邓禹至箕关，击破河东都尉，进围安邑。

3　赤眉二部俱会弘农。更始遣讨难将军苏茂拒之；茂军大败。赤眉众遂大集，乃分万人为一营，凡三十营。三月，更始遣丞相松与赤眉战于荔乡，松等大败，死者三万馀人；赤眉遂转北至湖。

4　蜀郡功曹李熊说公孙述宜称天子。夏，四月，述即帝位，号成家，改元龙兴；以李熊为大司徒，述弟光为大司马，恢为大司空。越巂任贵据郡降述。

5　萧王北击尤来、大枪、五幡于元氏，追至北平，连破之；又战于顺水北，乘胜轻进，反为所败。王自投高岸，遇突骑王丰下马授王，王仅而得免；散兵归保范阳。军中不见王，或云已殁，诸将不知所为，吴汉曰："卿曹努力！王兄子在南阳，何忧无主！"众恐惧，数日乃定。贼虽战胜，而惮王威名，夜，遂引去。大军复追至安次，连战，破之。贼退入渔阳，所过虏掠。强弩将军陈俊言于王曰："贼无辎重，宜令轻骑出贼前，使百姓各自坚壁以绝其食，可不战而殄也。"王然之，遣俊将轻骑驰出贼前，视人保壁坚完者，敕令固守；放散在野者，因掠取之。贼至，无所得，遂散败。王谓俊曰："困此虏者，将军策也。"

6　冯异遗李轶书，为陈祸福，劝令归附萧王；轶知长安已危，而以伯升之死，心不自安，乃报书曰："轶本与萧王首谋造汉，今轶守洛阳，将军镇孟津，俱据机轴，千载一会，思成断金。唯深达萧王，愿进愚策以佐国安民。"轶自通书之后，不复与异争锋，故异得北攻天井关，拔上党两城，又南下河南成皋以东十三县，降者十馀万。武勃将万馀人攻诸畔者，异与战于士乡下,大破,斩勃;轶闭门不救。异见其信效,具以白王。王报异曰:"季文多诈,人不能得其要领。令移其书告守、尉当警备者。"众皆怪王宣露轶书;朱鲔闻之,使人刺杀轶,由是城中乖离,多有降者。

朱鲔闻王北征而河内孤,乃遣其将苏茂、贾彊将兵三万馀人渡巩河,攻温;鲔自将数万人攻平阴以缀异。檄书至河内,寇恂即勒军驰出,并移告属县,发兵会温下。军吏皆谏曰:"今洛阳兵渡河,前后不绝;宜待众军毕集,乃可出也。"恂曰:"温,郡之藩蔽,失温则郡不可守。"遂驰赴之。旦日,合战,而冯异遣救及诸县兵适至,恂令士卒乘城鼓噪,大呼言曰:"刘公兵到!"苏茂军闻之,陈动;恂因奔击,大破之。冯异亦渡河击朱鲔,鲔走;异与恂追至洛阳,环城一匝而归。自是洛阳震恐,城门昼闭。

异、恂移檄上状,诸将入贺,因上尊号。将军南阳马武先进曰:"大王虽执谦退,奈宗庙社稷何!宜先即尊位,乃议征伐。今此谁贼而驰骛击之乎?"王惊曰:"何将军出此言?可斩也!"乃引军还蓟。复遣吴汉率耿弇、景丹等十三将军追尤来等,斩首万三千馀级,遂穷追至浚靡而还。贼散入辽西、辽东,为乌桓、貊人所钞击略尽。

都护将军贾复与五校战于真定,复伤创甚;王大惊曰:"我所以不令贾复别将者,为其轻敌也。果然,失吾名将!闻其妇有孕,生女邪,我子娶之;生男邪,我女嫁之;不令其忧妻子也。"复病寻愈,追及王于蓟,相见甚欢。

还至中山,诸将复上尊号;王又不听。行到南平棘,诸将复固请之;王不许。诸将且出,耿纯进曰:"天下士大夫,捐亲戚,弃土壤,从大王于矢石之间者,其计固望攀龙鳞,附凤翼,以成其所志耳。今大王留时逆众,不正号位,纯恐士大夫望绝计穷,则有去归之思,无为久自苦也。大众一散,难可复合。"纯言甚诚切,王深感曰:"吾将思之。"

行至鄗,召冯异诣鄗,问四方动静。异曰:"更始必败,宗庙之忧在于大王,宜从众议!"会儒生彊华自关中奉赤伏符来诣王曰:"刘秀发兵捕不道,四夷云集龙斗野,四七之际火为主。"群臣因复奏请。六月己未,王即皇帝位于鄗南;改元,大赦。

7　邓禹围安邑,数月未下,更始大将军樊参将数万人渡大阳,欲攻禹;禹逆击于解南,斩之。王匡、成丹、刘均合军十馀万,复共击禹,禹军不利。明日,癸亥,匡等以六甲穷日,不出,禹因得更治兵。甲子,匡悉军出攻禹;禹令军中毋得妄动,既至营下,因传发诸将,鼓而并进,大破之。匡等皆走,禹追斩均及河东太守杨宝,遂定河东,匡等奔还长安。

　　张卬与诸将议曰："赤眉旦暮且至，见灭不久，不如掠长安，东归南阳；事若不集，复入湖池中为盗耳！"乃共入，说更始；更始怒不应，莫敢复言。更始使王匡、陈牧、成丹、赵萌屯新丰，李松军掫，以拒赤眉。张卬、廖湛、胡殷、申屠建与隗嚣合谋，欲以立秋日㽞膢时共劫更始，俱成前计。更始知之，托病不出，召张卬等入，将悉诛之；唯隗嚣称疾不入，会客王遵、周宗等勒兵自守。更始狐疑不决，卬、湛、殷疑有变，遂突出；独申屠建在，更始斩建，使执金吾邓晔将兵围隗嚣第。卬、湛、殷勒兵烧门，入战宫中，更始大败；嚣亦溃围，走归天水。明旦，更始东奔赵萌于新丰。更始复疑王匡、陈牧、成丹与张卬等同谋，乃并召入；牧、丹先至，即斩之。王匡惧，将兵入长安，与张卬等合。

　　8　赤眉进至华阴，军中有齐巫，常鼓舞祠城阳景王，巫狂言："景王大怒曰：'当为县官，何故为贼！'"有笑巫者辄病，军中惊动。方望弟阳说樊崇等曰："今将军拥百万之众，西向帝城，而无称号，名为群贼，不可以久；不如立宗室，挟义诛伐，以此号令，谁敢不从！"崇等以为然，而巫言益甚。前至郑，乃相与议曰："今迫近长安，而鬼神若此，当求刘氏共尊立之。"

　　先是，赤眉过式，掠故式侯萌之子恭、茂、盆子三人自随。恭少习尚书，随樊崇等降更始于洛阳，复封式侯，为侍中，在长安。茂与盆子留军中，属右校卒史刘侠卿，主牧牛。及崇等欲立帝，求军中景王后，得七十余人，唯茂、盆子及前西安侯孝最为近属。崇等曰"闻古者天子将兵称上将军"，乃书札为符曰"上将军"，又以两空札置笥中，于郑北设坛场，祠城阳景王，诸三老、从事皆大会；列盆子等三人居中立，以年次探札，盆子最幼，后探，得符；诸将皆称臣，拜。盆子时年十五，被发徒跣，敝衣赭汗，见众拜，恐惧欲啼。茂谓曰："善臧符！"盆子即啮折，弃之。以徐宣为丞相，樊崇为御史大夫，逢安为左大司马，谢禄为右大司马，其余皆列卿、将军。盆子虽立，犹朝夕拜刘侠卿，时欲出从牧儿戏，侠卿怒止之，崇等亦不复候视也。

　　9　秋，七月辛未，帝使使持节拜邓禹为大司徒，封酂侯、食邑万户；禹时年二十四。又议选大司空，帝以赤伏符曰"王梁主卫作玄武"，丁丑，以野王令王梁为大司空。又欲以谶文用平狄将军孙咸行大司马，众咸不悦。壬午，以吴汉为大司马。

　　初，更始以琅邪伏湛为平原太守；时天下兵起，湛独晏然，抚循百姓。门下督谋为湛起兵，湛收斩之；于是吏民信向，平原一境赖湛以全。帝征湛为尚书,使典定旧制。又以邓禹西征,拜湛为司直,行大司徒事;车驾每出征伐,常留镇守。

10　邓禹自汾阴渡河,入夏阳,更始左辅都尉公乘歙引其众十万与左冯翊兵共拒禹于衙;禹复破走之。

宗室刘茂聚众京、密间,自称厌新将军,攻下颍川、汝南,众十馀万人。帝使骠骑大将军景丹、建威大将军耿弇、强弩将军陈俊攻之;茂来降,封为中山王。

11　己亥,帝幸怀,遣耿弇、陈俊军五社津,备荥阳以东;使吴汉率建义大将军朱祜等十一将军围朱鲔于洛阳。八月,进幸河阳。

12　李松自掫引兵还,从更始与赵萌共攻王匡、张卬于长安。连战月馀,匡等败走,更始徙居长信宫。

赤眉至高陵,王匡、张卬等迎降,遂共连兵进攻东都门。李松出战,赤眉生得松;松弟况为城门校尉,开门纳之。九月,赤眉入长安;更始单骑走。从厨城门出。式侯恭以赤眉立其弟,自系诏狱;闻更始败走,乃出,见定陶王祉,祉为之除械,相与从更始于渭滨。右辅都尉严本,恐失更始为赤眉所诛,即将更始至高陵,本将兵宿卫,其实围之。更始将相皆降赤眉,独丞相曹竟不降,手剑格死。

13　辛未,诏封更始为淮阳王;吏民敢有贼害者,罪同大逆;其送诣吏者封列侯。

14　初,宛人卓茂,宽仁恭爱,恬荡乐道,雅实不为华貌,行己在于清浊之间,自束发至白首,未尝与人有争竞,乡党故旧,虽行能与茂不同,而皆爱慕欣欣焉。哀、平间为密令,视民如子,举善而教,口无恶言,吏民亲爱,不忍欺之。民尝有言部亭长受其米肉遗者,茂曰:"亭长为从汝求乎,为汝有事嘱之而受乎,将平居自以恩意遗之乎?"民曰:"往遗之耳。"茂曰:"遗之而受,何故言邪?"民曰:"窃闻贤明之君,使民不畏吏,吏不取民。今我畏吏,是以遗之;吏既卒受,故来言耳。"茂曰:"汝为敝民矣!凡人所以群居不乱,异于禽兽者,以有仁爱礼义,知相敬事也。汝独不欲修之,宁能高飞远走,不在人间邪!吏顾不当乘威力强请求耳。亭长素善吏,岁时遗之,礼也。"民曰:"苟如此,律何故禁之?"茂笑曰:"律设大法,礼顺人情。今我以礼教汝,汝必无怨恶;以律治汝,汝何所措其手足乎!一门之内,小者可论,大者可杀也。且归念之!"初,茂到县,有所废置,吏民笑之,邻城闻者皆蚩其不能。河南郡为置守令;茂不为嫌,治事自若。数年,教化大行,道不拾遗;迁京部丞,密人老少皆涕泣随送。及王莽居摄,以病免归。上即位,先访求茂,茂时年七十馀。甲申,诏曰:"夫名冠天下,当受天下重赏。今以茂为太傅,封褒德侯。"

　　臣光曰:孔子称"举善而教不能则劝"。是以舜举皋陶,汤举伊尹,而不仁者远,有德故也。光武即位之初,群雄竞逐,四海鼎沸,彼摧坚陷敌之人,权略诡辩之士,方见重于世,而独能取忠厚之臣,旌循良之吏,拔于草莱之中,置诸群公之首,宜其光复旧物,享祚久长,盖由知所先务而得其本原故也。

　　15　诸将围洛阳数月,朱鲔坚守不下。帝以廷尉岑彭尝为鲔校尉,令往说之。鲔在城上,彭在城下,为陈成败。鲔曰:"大司徒被害时,鲔与其谋,又谏更始无遣萧王北伐,诚自知罪深,不敢降!"彭还,具言于帝。帝曰:"举大事者不忌小怨。鲔今若降,官爵可保,况诛罚乎! 河水在此,吾不食言!"彭复往告鲔,鲔从城上下索曰:"必信,可乘此上。"彭趣索欲上,鲔见其诚,即许降。辛卯,朱鲔面缚,与岑彭俱诣河阳。帝解其缚,召见之,复令彭夜送鲔归城。明旦,与苏茂等悉其众出降。拜鲔为平狄将军,封扶沟侯,后为少府,传封累世。

　　帝使侍御史河内杜诗安集洛阳。将军萧广纵兵士暴横,诗敕晓不改,遂格杀广,还,以状闻。上召见,赐以棨戟,遂擢任之。

　　冬,十月癸丑,车驾入洛阳,幸南宫,遂定都焉。

　　16　赤眉下书曰:"圣公降者,封为长沙王;过二十日,勿受。"更始遣刘恭请降,赤眉使其将谢禄往受之。更始随禄,肉袒,上玺绶于盆子。赤眉坐更始,置庭中,将杀之,刘恭、谢禄为请,不能得,遂引更始出。刘恭追呼曰:"臣诚力极,请得先死!"拔剑欲自刎,樊崇等遽共救止之。乃赦更始,封为畏威侯。刘恭复为固请,竟得封长沙王。更始常依谢禄居,刘恭亦拥护之。

　　17　刘盆子居长乐宫,三辅郡县、营长遣使贡献,兵士辄剽夺之,又数暴掠吏民,由是皆复固守。

　　百姓不知所归,闻邓禹乘胜独克而师行有纪,皆望风相携负以迎军,降者日以千数,众号百万。禹所止,辄停车拄节以劳来之,父老、童稚,垂发、戴白满其车下,莫不感悦,于是名震关西。

　　诸将豪桀皆劝禹径攻长安,禹曰:"不然。今吾众虽多,能战者少,前无可仰之积,后无转馈之资;赤眉新拔长安,财谷充实,锋锐未可当也。夫盗贼群居无终日之计,财谷虽多,变故万端,宁能坚守者也! 上郡、北地、安定三郡,土广人稀,饶谷多畜,吾且休兵北道,就粮养士,以观其敝,乃可图也。”于是引军北至枸邑，所到，诸营保郡邑皆开门归附。

18　上遣岑彭击荆州群贼，下犨、叶等十馀城。

19　十一月甲午，上幸怀。

20　梁王永称帝于睢阳。

21　十二月丙戌，上还洛阳。

22　三辅苦赤眉暴虐，皆怜更始，欲盗出之；张卬等深以为虑，使谢禄缢杀之。刘恭夜往，收藏其尸；帝诏邓禹葬之于霸陵。中郎将弘农赵熹将出武关，道遇更始亲属，皆裸跣饥困，熹竭其资粮以与之，将护而前；宛王赐闻之，迎还乡里。

23　隗嚣归天水，复招聚其众，兴修故业，自称西州上将军。三辅士大夫避乱者多归嚣，嚣倾身引接，为布衣交；以平陵范逡为师友，前凉州刺史河南郑兴为祭酒，茂陵申屠刚、杜林为治书，马援为绥德将军，杨广、王遵、周宗及平襄行巡、阿阳王捷、长陵王元为大将军，安陵班彪之属为宾客，由此名震西州，闻于山东。马援少时，以家用不足辞其兄况，欲就边郡田牧。况曰：“汝大才，当晚成；良工不示人以朴，且从所好。”遂之北地田牧。常谓宾客曰：“丈夫为志，穷当益坚，老当益壮。”后有畜数千头，谷数万斛，既而叹曰：“凡殖财产，贵其能赈施也，否则守钱虏耳！”乃尽散之于亲旧。闻隗嚣好士，往从之。嚣甚敬重，与决筹策。班彪，穉之子也。

24　初，平陵窦融累世仕宦河西，知其土俗，与更始右大司马赵萌善，私谓兄弟曰：“天下安危未可知；河西殷富，带河为固，张掖属国精兵万骑，一旦缓急，杜绝河津，足以自守，此遗种处也！”乃因萌求往河西。萌荐融于更始，以为张掖属国都尉。融既到，抚结雄桀，怀辑羌虏，甚得其欢心。是时，酒泉太守安定梁统、金城太守库钧、张掖都尉茂陵史苞、酒泉都尉竺曾、敦煌都尉辛肜，并州郡英俊，融皆与厚善。及更始败，融与梁统等计议曰：“今天下扰乱，未知所归。河西斗绝在羌、胡中，不同心戮力，则不能自守，权钧力齐，复无以相率，当推一人为大将军，共全五郡，观时变动。”议既定，而各谦让。以位次，咸共推梁统，统固辞，乃推融行河西五郡大将军事。武威太守马期、张掖太守任仲并孤立无党，乃共移书告示之；二人即解印绶去。于是以梁统为武威太守，史苞为张掖太守，竺曾为酒泉太守，辛肜为敦煌太守。融居属国，领都尉职如故，置从事，监察五郡。河西民俗质朴，而融等政亦宽和，上下相亲，晏然富殖；修兵马，习战射，明烽燧，羌胡犯塞，融辄自将与诸郡相救，皆如符要，每辄破之。其后羌、胡皆震服亲附，内郡流民避凶饥者归之不绝。

25 王莽之世，天下咸思汉德，安定三水卢芳居左谷中，诈称武帝曾祖孙刘文伯，云"曾祖母，匈奴浑邪王之姊也"；常以是言诳惑安定间。王莽末，乃与三水属国羌、胡起兵。更始至长安，征芳为骑都尉，使镇抚安定以西。更始败，三水豪桀共立芳为上将军、西平王，使使与西羌、匈奴结和亲。单于以为："汉氏中绝，刘氏来归，我亦当如呼韩邪立之，令尊事我。"乃使句林王将数千骑迎芳兄弟入匈奴，立芳为汉帝，以芳弟程为中郎将，将胡骑还入安定。

26 帝以关中未定，而邓禹久不进兵，赐书责之曰："司徒，尧也；亡贼，桀也。长安吏民遑遑无所依归，宜以时进讨，镇慰西京，系百姓之心！"禹犹执前意，别攻上郡诸县，更征兵引谷，归至大要。积弩将军冯愔、车骑将军宗歆守枸邑，二人争权相攻，愔遂杀歆，因反击禹，禹遣使以闻。帝问使人："愔所亲爱为谁？"对曰："护军黄防。"帝度愔、防不能久和，势必相忤，因报禹曰："缚冯愔者，必黄防也。"乃遣尚书宗广持节往降之。后月馀，防果执愔，将其众归罪。更始诸将王匡、胡殷、成丹等皆诣广降，广与东归；至安邑，道欲亡，广悉斩之。

愔之叛也，引兵西向天水；隗嚣逆击，破之于高平，尽获其辎重。于是禹承制遣使持节命嚣为西州大将军，得专制凉州、朔方事。

27 腊日，赤眉设乐大会，酒未行，群臣更相辩斗；而兵众遂各逾宫，斩关入，掠酒肉，互相杀伤。卫尉诸葛穉闻之，勒兵入，格杀百馀人，乃定。刘盆子惶恐，日夜啼泣；从官皆怜之。

28 帝遣宗正刘延攻天井关，与田邑连战十馀合，延不得进。及更始败，邑遣使请降；即拜为上党太守。帝又遣谏议大夫储大伯持节征鲍永；永未知更始存亡，疑不肯从，收系大伯，遣使驰至长安，诇问虚实。

29 初，帝从更始在宛，纳新野阴氏之女丽华。是岁，遣使迎丽华与帝姊湖阳公主、妹宁平公主俱到洛阳；以丽华为贵人。更始西平王李通先娶宁平公主，上征通为卫尉。

30 初，更始以王闳为琅邪太守，张步据郡拒之。闳谕降，得赣榆等六县；收兵与步战，不胜。步既受刘永官号，治兵于剧，遣将徇泰山、东莱、城阳、胶东、北海、济南、齐郡，皆下之。闳力不敌，乃诣步相见。步大陈兵而见之，怒曰："步有何罪，君前见攻之甚！"闳按剑曰："太守奉朝命，而文公拥兵相拒。闳攻贼耳，何谓甚邪！"步起跪谢，与之宴饮，待为上宾，令闳关掌郡事。

二年（丙戌，26）

1　春，正月甲子朔，日有食之。

2　刘恭知赤眉必败，密教弟盆子归玺绶，习为辞让之言。及正旦大会，恭先曰："诸君共立恭弟为帝，德诚深厚！立且一年，殽乱日甚，诚不足以相成，恐死而无益，愿得退为庶人，更求贤知，唯诸君省察！"樊崇等谢曰："此皆崇等罪也。"恭复固请，或曰："此宁式侯事邪！"恭惶恐起去。盆子乃下床解玺绶，叩头曰："今设置县官而为贼如故，四方怨恨，不复信向，此皆立非其人所致。愿乞骸骨，避贤圣路！必欲杀盆子以塞责者，无所离死！"因涕泣嘘唏。崇等及会者数百人，莫不哀怜之，乃皆避席顿首曰："臣无状，负陛下，请自今已后，不敢复放纵！"因共抱持盆子，带以玺绶，盆子号呼，不得已。既罢出，各闭营自守。三辅翕然，称天子聪明，百姓争还长安，市里且满。后二十馀日，复出，大掠如故。

3　刁子都为其部曲所杀，馀党与诸贼会檀乡，号檀乡贼，寇魏郡、清河。魏郡大吏李熊弟陆谋反城迎檀乡，或以告魏郡太守颍川铫期，期召问熊，熊叩头首服，愿与老母俱就死。期曰："为吏俭不若为贼乐者，可归与老母往就陆也！"使吏送出城。熊行，求得陆，将诣邺城西门，陆不胜愧感，自杀以谢期。期嗟叹，以礼葬之，而还熊故职。于是郡中服其威信。

帝遣吴汉率王梁等九将军击檀乡于邺东漳水上，大破之，十馀万众皆降。又使梁与大将军杜茂将兵安辑魏郡、清河、东郡，悉平诸营保，三郡清静，边路流通。

4　庚辰，悉封诸功臣为列侯；梁侯邓禹、广平侯吴汉皆食四县。博士丁恭议曰："古者封诸侯不过百里，强干弱枝，所以为治也。今封四县，不合法制。"帝曰："古之亡国皆以无道，未尝闻功臣地多而灭亡者也。"阴乡侯阴识，贵人之兄也，以军功当增封，识叩头让曰："天下初定，将帅有功者众，臣托属掖廷，仍加爵邑，不可以示天下；此为亲戚受赏，国人计功也。"帝从之。帝令诸将各言所乐，皆占美县；河南太守颍川丁綝独求封本乡。或问其故，綝曰："綝能薄功微，得乡亭厚矣！"帝从其志，封新安乡侯。帝使郎中魏郡冯勤典诸侯封事，勤差量功次轻重，国土远近，地势丰薄，不相逾越，莫不厌服焉。帝以为能，尚书众事皆令总录之。故事：尚书郎以令史久次补之，帝始用孝廉为尚书郎。

5　起高庙于洛阳，四时合祀高祖、太宗、世宗；建社稷于宗庙之右；立郊兆于城南。

6　长安城中粮尽，赤眉收载珍宝，大纵火烧宫室、市里，恣行杀掠，长安城中无复人行;乃引兵而西,众号百万,自南山转掠城邑,遂入安定、北地。邓禹引兵南至长安,军昆明池,谒祠高庙,收十一帝神主,送诣洛阳;因巡行园陵,为置吏士奉守焉。

7　真定王杨造谶记曰:"赤九之后,瘿杨为主。"杨病瘿,欲以惑众;与绵曼贼交通。帝遣骑都尉陈副、游击将军邓隆征之,杨闭城门不内。帝复遣前将军耿纯持节行幽、冀,所过劳慰王、侯,密敕收杨。纯至真定,止传舍,邀杨相见。纯,真定宗室之出也,故杨不以为疑,且自恃众强,而纯意安静,即从官属诣之;杨兄弟并将轻兵在门外。杨入,见纯,纯接以礼敬,因延请其兄弟皆入,乃闭阁,悉诛之,因勒兵而出。真定震怖,无敢动者。帝怜杨谋未发而诛,复封其子为真定王。

8　二月己酉,车驾幸修武。

9　鲍永、冯衍审知更始已亡,乃发丧,出储大伯等,封上印绶,悉罢兵,幅巾诣河内。帝见永,问曰:"卿众安在?"永离席叩头曰:"臣事更始,不能令全,诚惭以其众幸富贵,故悉罢之。"帝曰:"卿言大。"而意不悦。既而永以立功见用,衍遂废弃。永谓衍曰:"昔高祖赏季布之罪,诛丁固之功;今遭明主,亦何忧哉!"衍曰:"人有挑其邻人之妻者,其长者骂而少者报之。后其夫死,取其长者。或谓之曰:'夫非骂尔者邪!'曰:'在人欲其报我,在我欲其骂人也!'夫天命难知,人道易守,守道之臣,何患死亡!"

10　大司空王梁屡违诏命,帝怒,遣尚书宗广持节即军中斩梁;广槛车送京师。既至,赦之,以为中郎将,北守箕关。

11　壬子,以太中大夫京兆宋弘为大司空。弘荐沛国桓谭,为议郎、给事中。帝令谭鼓琴,爱其繁声。弘闻之,不悦;伺谭内出,正朝服坐府上,遣吏召之。谭至,不与席而让之,且曰:"能自改邪,将令相举以法乎?"谭顿首辞谢;良久,乃遣之。后大会群臣,帝使谭鼓琴;谭见弘,失其常度。帝怪而问之,弘乃离席免冠谢曰:"臣所以荐桓谭者,望能以忠正导主,而令朝廷耽悦郑声,臣之罪也。"帝改容谢之。

湖阳公主新寡,帝与共论朝臣,微观其意。主曰:"宋公威容德器,群臣莫及。"帝曰:"方且图之。"后弘被引见,帝令主坐屏风后,因谓弘曰:"谚言'贵易交,富易妻',人情乎?"弘曰:"臣闻贫贱之知不可忘,糟糠之妻不下堂。"帝顾谓主曰:"事不谐矣!"

12　帝之讨王郎也,彭宠发突骑以助军,转粮食,前后不绝。及帝追铜马至蓟,宠自负其功,意望甚高;帝接之不能满,以此怀不平。及即位,吴汉、王梁,宠之所遣,并为三公,而宠独无所加,愈怏怏不得志,叹曰:"如此,我当为王;但尔者,陛下忘我邪!"

是时北州破散,而渔阳差完,有旧铁官,宠转以贸谷,积珍宝,益富强。幽州牧朱浮,年少有俊才,欲厉风迹,收士心,辟召州中名宿及王莽时故吏二千石,皆引置幕府,多发诸郡仓谷禀赡其妻子。宠以为天下未定,师旅方起,不宜多置官属以损军实,不从其令。浮性矜急自多,宠亦狠强,嫌怨转积。浮数谮构之,密奏宠多聚兵谷,意计难量。上辄漏泄令宠闻,以胁恐之。至是,有诏征宠,宠上疏,愿与浮俱征;帝不许。宠益以自疑;其妻素刚,不堪抑屈,固劝无受征,曰:"天下未定,四方各自为雄,渔阳大郡,兵马最精,何故为人所奏而弃此去乎!"宠又与所亲信吏计议,皆怀怨于浮,莫有劝行者。帝遣宠从弟子后兰卿喻之;宠因留子后兰卿,遂发兵反,拜署将帅,自将二万馀人,攻朱浮于蓟。又以与耿况俱有重功,而恩赏并薄,数遣使要诱况;况不受,斩其使。

13　延岑复反,围南郑。汉中王嘉兵败走,岑遂据汉中,进兵武都;为更始柱功侯李宝所破,岑走天水。公孙述遣将侯丹取南郑;嘉收散卒得数万人,以李宝为相,从武都南击侯丹,不利,还军河池、下辨,复与延岑连战。岑引北,入散关,至陈仓;嘉追击,破之。

公孙述又遣将军任满从阆中下江州,东据扞关,于是尽有益州之地。

14　辛卯,上还洛阳。

15　三月乙未,大赦。

16　更始诸大将在南方未降者尚多。帝召诸将议兵事,以檄叩地曰:"郾最强,宛为次,谁当击之?"贾复率然对曰:"臣请击郾。"帝笑曰:"执金吾击郾,吾复何忧!大司马当击宛。"遂遣复击郾,破之;尹尊降。又东击更始淮阳太守暴汜,汜降。

17　夏,四月,虎牙大将军盖延督驸马都尉马武等四将军击刘永,破之;遂围永于睢阳。

故更始将苏茂反,杀淮阳太守潘蹇,据广乐而臣于永;永以茂为大司马、淮阳王。

18　吴汉击宛,宛王赐奉更始妻子诣洛阳降;帝封赐为慎侯。叔父良、族父歙、族兄祉皆自长安来。甲午,封良为广阳王,祉为城阳王;又封兄缤子章为太原王,兴为鲁王;更始三子求、歆、鲤皆为列侯。

19　邓王王常降,帝见之甚欢,曰:"吾见王廷尉,不忧南方矣!"拜为左曹,封山桑侯。

20 五月庚辰,封族父歙为泗水王。

21 帝以阴贵人雅性宽仁,欲立以为后。贵人以郭贵人有子,终不肯当。六月戊戌,立贵人郭氏为皇后,以其子彊为皇太子;大赦。

22 丙午,封泗水王子终为淄川王。

23 秋,贾复南击召陵、新息,平之。复部将杀人于颍川,颍川太守寇恂捕得,系狱。时尚草创,军营犯法,率多相容,恂戮之于市。复以为耻,还,过颍川,谓左右曰:“吾与寇恂并列将帅,而为其所陷,今见恂,必手剑之!”恂知其谋,不欲与相见。姊子谷崇曰:“崇,将也,得带剑侍侧;卒有变,足以相当。”恂曰:“不然,昔蔺相如不畏秦王而屈于廉颇者,为国也。”乃敕属县盛供具,储酒醪;执金吾军入界,一人皆兼二人之馈。恂出迎于道,称疾而还。复勒兵欲追之,而吏士皆醉,遂过去。恂遣谷崇以状闻,帝乃征恂。恂至,引见;时贾复先在坐,欲起相避。帝曰:“天下未定,两虎安得私斗!今日朕分之。”于是并坐极欢,遂共车同出,结友而去。

24 八月,帝自率诸将征五校;丙辰,幸内黄,大破五校于羛阳,降其众五万人。

25 帝遣游击将军邓隆助朱浮讨彭宠;隆军潞南,浮军雍奴,遣吏奏状。帝读檄,怒,谓使吏曰:“营相去百里,其势岂可得相及!比若还,北军必败矣。”彭宠果遣轻兵击隆军,大破之;浮远,遂不能救。

26 盖延围睢阳数月,克之。刘永走至虞,虞人反,杀其母、妻;永与麾下数十人奔谯。苏茂、佼彊、周建合军三万馀人救永;延与战于沛西,大破之。永、彊、建走保湖陵,茂奔还广乐;延遂定沛、楚、临淮。

帝使太中大夫伏隆持节使青、徐二州,招降郡国。青、徐群盗闻刘永破败,皆惶怖请降。张步遣其掾孙昱随隆诣阙上书,献鳆鱼。隆,湛之子也。

27 堵乡人董䜣反宛城,执南阳太守刘驎。扬化将军坚镡攻宛,拔之,䜣走还堵乡。

28 吴汉徇南阳诸县,所过多侵暴。破虏将军邓奉谒归新野,怒汉掠其乡里,遂反,击破汉军,屯据淯阳,与诸贼合从。

29 九月壬戌,帝自内黄还。

30 陕贼苏况攻破弘农;帝使景丹讨之。会丹薨,征虏将军祭遵击弘农、柏华、蛮中贼,皆平之。

31 赤眉引兵欲西上陇,隗嚣遣将军杨广迎击,破之;又追败之于乌氏、泾阳间。赤眉至阳城番须中,逢大雪,坑谷皆满,士多冻死;乃复还,发掘诸陵,取其宝货。凡有玉匣殓者,率皆如生;贼遂污辱吕后尸。邓禹遣兵击之于郁夷,反为所败;禹乃出之云阳。赤眉复入长安。延岑屯杜陵,赤眉将逢安击之。邓禹以安精兵在外,引兵袭长安;会谢禄救至,禹兵败走。延岑击逢安,大破之,死者十馀万人。

廖湛将赤眉十八万攻汉中王嘉,嘉与战于谷口,大破之,嘉手杀湛,遂到云阳就谷。嘉妻兄新野来歙,帝之姑子也,帝令邓禹招嘉,嘉因歙诣禹降。李宝倨慢,禹斩之。

32　冬,十一月,以廷尉岑彭为征南大将军。帝于大会中指王常谓群臣曰:“此家率下江诸将辅翼汉室,心如金石,真忠臣也!”即日,拜常为汉忠将军,使与岑彭率建义大将军朱祜等七将军讨邓奉、董䜣。彭等先击堵乡,邓奉救之。朱祜军败,为奉所获。

33　铜马、青犊、尤来馀贼共立孙登为天子。登将乐玄杀登,以其众五万馀人降。

34　邓禹自冯愔叛后,威名稍损,又乏粮食,战数不利,归附者日益离散。赤眉、延岑暴乱三辅,郡县大姓各拥兵众,禹不能定。帝乃遣偏将军冯异代禹讨之,车驾送至河南,敕异曰:“三辅遭王莽、更始之乱,重以赤眉、延岑之丑,元元涂炭,无所依诉。将军今奉辞讨诸不轨,营堡降者,遣其渠帅诣京师;散其小民,令就农桑;坏其营壁,无使复聚。征伐非必略地、屠城,要在平定安集之耳。诸将非不健斗,然好虏掠。卿本能御吏士,念自修敕,无为郡县所苦!”异顿首受命,引而西;所至布威信,群盗多降。

臣光曰:昔周人颂武王之德曰:“铺时绎思,我徂惟求定。”言王者之兵志在布陈威德安民而已。观光武之所以取关中,用是道也。岂不美哉!

35　又诏征邓禹还,曰:“慎毋与穷寇争锋!赤眉无谷,自当来东;吾以饱待饥,以逸待劳,折箠笞之,非诸将忧也。无得复妄进兵!”

帝以伏隆为光禄大夫,复使于张步,拜步东莱太守,并与新除青州牧、守、都尉俱东。诏隆辄拜令、长以下。

36　十二月戊午,诏宗室列侯为王莽所绝者,皆复故国。

37　三辅大饥,人相食,城郭皆空,白骨蔽野,遗民往往聚为营保,各坚壁清野。赤眉虏掠无所得,乃引而东归,众尚二十馀万,随道复散。帝遣破奸将军侯进等屯新安,建威大将军耿弇等屯宜阳,以要其还路,敕诸将曰:“贼若东走,可引宜阳兵会新安;贼若南走,可引新安兵会宜阳。”冯异与赤眉遇于华阴,相拒六十馀日,战数十合,降其将卒五千馀人。

资治通鉴卷第四十一

汉纪三十三

世祖光武皇帝上之下

建武三年（丁亥，27）

1　春，正月甲子，以冯异为征西大将军。邓禹惭于受任无功，数以饥卒徼赤眉战，辄不利；乃率车骑将军邓弘等自河北度至湖，要冯异共攻赤眉。异曰："异与贼相拒数十日，虽屡获雄将，馀众尚多，可稍以恩信倾诱，难卒用兵破也。上今使诸将屯渑池，要其东，而异击其西，一举取之，此万成计也！"禹、弘不从，弘遂大战移日。赤眉阳败，弃辎重走；车皆载土，以豆覆其上，兵士饥，争取之。赤眉引还，击弘，弘军溃乱，异与禹合兵救之，赤眉小却。异以士卒饥倦，可且休；禹不听，复战，大为所败，死伤者三千馀人，禹以二十四骑脱归宜阳。异弃马步走，上回溪阪，与麾下数人归营，收其散卒，复坚壁自守。

2　辛巳，立四亲庙于雒阳，祀父南顿君以上至春陵节侯。

3　壬午，大赦。

4　闰月乙巳，邓禹上大司徒、梁侯印绶；诏还梁侯印绶，以为右将军。

5　冯异与赤眉约期会战，使壮士变服与赤眉同，伏于道侧。旦日，赤眉使万人攻异前部，异少出兵以救之；贼见势弱，遂悉众攻异，异乃纵兵大战。日昃，贼气衰，伏兵卒起，衣服相乱，赤眉不复识别，众遂惊溃；追击，大破之于崤底，降男女八万人。帝降玺书劳异曰："始虽垂翅回溪，终能奋翼渑池，可谓失之东隅，收之桑榆。方论功赏，以答大勋。"

赤眉馀众东向宜阳。甲辰，帝亲勒六军，严陈以待之。赤眉忽遇大军，惊震不知所谓，乃遣刘恭乞降曰："盆子将百万众降陛下，何以待之？"帝曰："待汝以不死耳！"丙午，盆子及丞相徐宣以下三十馀人肉袒降，上所得传国玺绶。积兵甲宜阳城西，与熊耳山齐。赤眉众尚十馀万人，帝令县厨皆赐食。明旦，大陈兵马临雒水，令盆子君臣列而观之。帝谓樊崇等曰："得无悔降乎？朕今遣卿归营，勒兵鸣鼓相攻，决其胜负，不欲强相服也。"徐宣等叩头曰:"臣等出长安东都门,君臣计议,归命圣德。百姓可与乐成,难与图始,故不告众耳。今日得降,犹去虎口归慈母,诚欢诚喜,无所恨也!"帝曰:"卿所谓铁中铮铮,佣中佼佼者也!"戊申,还自宜阳。帝令樊崇等各与妻子居雒阳,赐之田宅。其后樊崇、逢安反,诛;杨音、徐宣卒于乡里。帝怜盆子,以为赵王郎中;后病失明,赐荥阳均输官地,使食其税终身。刘恭为更始报仇,杀谢禄,自系狱;帝赦不诛。

6 二月,刘永立董宪为海西王。永闻伏隆至剧,亦遣使立张步为齐王。步贪王爵,犹豫未决。隆晓譬曰:"高祖与天下约,非刘氏不王;今可得为十万户侯耳!"步欲留隆,与共守二州;隆不听,求得反命,步遂执隆而受永封。隆遣间使上书曰:"臣隆奉使无状,受执凶逆,虽在困厄,授命不顾。又,吏民知步反畔,心不附之,愿以时进兵,无以臣隆为念!臣隆得生到阙廷,受诛有司,此其大愿。若令没身寇手,以父母、昆弟长累陛下。陛下与皇后、太子永享万国,与天无极!"帝得隆奏,召其父湛,流涕示之,曰:"恨不且许而遽求还也!"其后步遂杀之。帝方北忧渔阳,南事梁、楚,故张步得专集齐地,据郡十二焉。

7 帝幸怀。

8 吴汉率耿弇、盖延击青犊于轵西,大破降之。

9 三月壬寅,以司直伏湛为大司徒。

10 涿郡太守张丰反,自称无上大将军,与彭宠连兵。朱浮以帝不自征彭宠,上疏求救。诏报曰:"往年赤眉跋扈长安,吾策其无谷必东;果来归附。今度此反虏,势无久全,其中必有内相斩者。今军资未充,故须后麦耳!"浮城中粮尽,人相食,会耿况遣骑来救,浮乃得脱身走,蓟城遂降于彭宠。宠自称燕王,攻拔右北平、上谷数县,赂遗匈奴,借兵为助;又南结张步及富平、获索诸贼,皆与交通。

11 帝自将征邓奉,至堵阳;奉逃归淯阳,董䜣降。夏,四月,帝追奉至小长安,与战,大破之;奉肉袒因朱祜降。帝怜奉旧功臣,且岷起吴汉,欲全宥之。岑彭、耿弇谏曰:"邓奉背恩反逆,暴师经年,陛下既至,不知悔善,而亲在行陈,兵败乃降;若不诛奉,无以惩恶!"于是斩之。复朱祜位。

12 延岑既破赤眉,即拜置牧守,欲据关中。时关中众寇犹盛,岑据蓝田,王歆据下邽,芳丹据新丰,蒋震据霸陵,张邯据长安,公孙守据长陵,杨周据谷口,吕鲔据陈仓,角闳据汧,骆延据盩厔,任良据鄠,汝章据槐里,各称将军,拥兵多者万馀人,少者数千人,转相攻击。冯异且战且行,屯军上林苑中。延岑引张邯、任良共攻异;异击,大破之,诸营保附岑者皆来降,岑遂自武关走南阳。时百姓饥饿,黄金一斤易豆五升,道路断隔,委输不至,冯异军士悉以果实为粮。诏拜南阳赵匡为右扶风,将兵助异,并送缣、谷。异兵谷渐盛,乃稍诛击豪杰不从令者,褒赏降附有功劳者,悉遣诸营渠帅诣京师,散其众归本业,威行关中。唯吕鲔、张邯、蒋震遣使降蜀,其馀悉平。

13 吴汉率骠骑大将军杜茂等七将军围苏茂于广乐;周建招集得十馀万人救之。汉迎与之战,不利,堕马伤膝,还营;建等遂连兵入城。诸将谓汉曰:“大敌在前,而公伤卧,众心惧矣!”汉乃勃然裹创而起,椎牛飨士,慰勉之,士气自倍。旦日,苏茂、周建出兵围汉;汉奋击,大破之,茂走还湖陵。睢阳人反城迎刘永,盖延率诸将围之;吴汉留杜茂、陈俊守广乐,自将兵助延围睢阳。

14 车驾自小长安引还,令岑彭率傅俊、臧宫、刘宏等三万馀人南击秦丰。五月己酉,车驾还宫。

15 乙卯晦,日有食之。

16 六月壬戌,大赦。

17 延岑攻南阳,得数城;建威大将军耿弇与战于穰,大破之。岑与数骑走东阳,与秦丰合,丰以女妻之。建义大将军朱祐率祭遵等与岑战于东阳,破之;岑走归秦丰。祐遂南与岑彭等军合。

延岑护军邓仲况拥兵据阴县,而刘歆孙龚为其谋主。前侍中扶风苏竟以书说之,仲况与龚降。竟终不伐其功,隐身乐道,寿终于家。

秦丰拒岑彭于邓,秋,七月,彭击破之。进围丰于黎丘,别遣积弩将军傅俊将兵徇江东,扬州悉定。

18 盖延围睢阳百日,刘永、苏茂、周建突出,将走酇;延追击之急,永将庆吾斩永首降。苏茂、周建奔垂惠,共立永子纡为梁王。佼彊奔保西防。

19 冬,十月壬申,上幸舂陵,祠园庙。

20 耿弇从容言于帝,自请北收上谷兵未发者,定彭宠于渔阳,取张丰于涿郡,还收富平、获索,东攻张步,以平齐地。帝壮其意,许之。

21 十一月乙未,帝还自舂陵。

22 是岁,李宪称帝,置百官,拥九城,众十馀万。

23 帝谓太中大夫来歙曰:“今西州未附,子阳称帝,道里阻远,诸将方务关东,思西州方略,未知所在,奈何?”歙曰:“臣尝与隗嚣相遇长安。

其人始起,以汉为名。臣愿得奉威命,开以丹青之信,嚣必束手自归;则述自亡之势,不足图也!"帝然之,始令歙使于嚣。嚣既有功于汉,又受邓禹爵署,其腹心议者多劝通使京师,嚣乃奉奏诣阙。帝报以殊礼,言称字,用敌国之仪,所以慰藉之甚厚。

四年(戊子,28)

1 正月甲申,大赦。

2 二月壬子,上行幸怀;壬申,还雒阳。

3 延岑复寇顺阳;遣邓禹将兵击破之。岑奔汉中;公孙述以岑为大司马,封汝宁王。

4 田戎闻秦丰破,恐惧,欲降。其妻兄辛臣图彭宠、张步、董宪、公孙述等所得郡国以示戎曰:"雒阳地如掌耳,不如且按甲以观其变。"戎曰:"以秦王之强,犹为征南所围,吾降决矣!"乃留辛臣使守夷陵,自将兵沿江溯沔上黎丘。辛臣于后盗戎珍宝,从间道先降于岑彭,而以书招戎曰:"宜以时降,无拘前计!"戎疑臣卖己,灼龟卜降,兆中坼,遂复反,与秦丰合;岑彭击破之,戎亡归夷陵。

5 夏,四月丁巳,上行幸邺;己巳,幸临平,遣吴汉、陈俊、王梁击破五校于临平。鬲县五姓共逐守长,据城而反;诸将争欲攻之。吴汉曰:"使鬲反者,守长罪也。敢轻冒进兵者斩!"乃移檄告郡使收守长,而使人谢城中五姓大喜,即相率降。诸将乃服,曰:"不战而下城,非众所及也!"

6 五月,上幸元氏;辛巳,幸卢奴,将亲征彭宠。伏湛谏曰:"今兖、豫、青、冀,中国之都,而寇贼从横,未及从化。渔阳边外荒耗,岂足先图!陛下舍近务远,弃易求难,诚臣之所惑也!"上乃还。

7 帝遣建义大将军朱祐、建威大将军耿弇、征虏将军祭遵、骁骑将军刘喜讨张丰于涿郡。祭遵先至,急攻丰;禽之。初,丰好方术,有道士言丰当为天子,以五彩囊裹石系丰肘,云"石中有玉玺"。丰信之,遂反。既执,当斩,犹曰"肘石有玉玺"。傍人为椎破之,丰乃知被诈,仰天叹曰:"当死无恨!"

上诏耿弇进击彭宠。弇以父况与宠同功,又兄弟无在京师者,不敢独进,求诣雒阳。诏报曰:"将军举宗为国,功效尤著,何嫌何疑,而欲求征!"况闻之,更遣弇弟国入侍。时祭遵屯良乡,刘喜屯阳乡,彭宠引匈奴兵欲击之;耿况使其子舒袭破匈奴兵,斩两王,宠乃退走。

8 六月辛亥,车驾还宫。

9　秋，七月丁亥，上幸谯，遣捕虏将军马武、骑都尉王霸围刘纡、周建于垂惠。

10　董宪将贲休以兰陵降；宪闻之，自郯围之。盖延及平狄将军山阳庞萌在楚，请往救之。帝敕曰："可直往捣郯，则兰陵自解。"延等以贲休城危，遂先赴之。宪逆战而阳败退，延等因拔围入城。明日，宪大出兵合围，延等惧，遽出突走，因往攻郯。帝让之曰："间欲先赴郯者，以其不意故耳！今既奔走，贼计已立，围岂可解乎！"延等至郯，果不能克；而董宪遂拔兰陵，杀贲休。

11　八月戊午，上幸寿春，遣扬武将军南阳马成率诛虏将军南阳刘隆等三将军发会稽、丹阳、九江、六安四郡兵击李宪。九月，围宪于舒。

王莽末，天下乱，临淮大尹河南侯霸独能保全其郡。帝征霸会寿春，拜尚书令。时朝廷无故典，又少旧臣，霸明习故事，收录遗文，条奏前世善政法度，施行之。

冬，十月甲寅，车驾还宫。

12　隗嚣使马援往观公孙述。援素与述同里闬，相善，以为既至，当握手欢如平生；而述盛陈陛卫以延援入，交拜礼毕，使出就馆。更为援制都布单衣、交让冠，会百官于宗庙中，立旧交之位，述鸾旗、旄骑，警跸就车，磬折而入，礼飨官属甚盛，欲授援以封侯大将军位。宾客皆乐留，援晓之曰："天下雌雄未定，公孙不吐哺走迎国士，与图成败，反修饰边幅，如偶人形，此子何足久稽天下士乎！"因辞归，谓嚣曰："子阳，井底蛙耳，而妄自尊大！不如专意东方。"

嚣乃使援奉书雒阳。援初到，良久，中黄门引入。帝在宣德殿南庑下，但帻，坐，迎笑，谓援曰："卿遨游二帝间；今见卿，使人大惭。"援顿首辞谢，因曰："当今之世，非但君择臣，臣亦择君矣！臣与公孙述同县，少相善；臣前至蜀，述陛戟而后进臣。臣今远来，陛下何知非刺客奸人，而简易若是！"帝复笑曰："卿非刺客，顾说客耳。"援曰："天下反覆，盗名字者不可胜数；今见陛下恢廓大度，同符高祖，乃知帝王自有真也。"

13　太傅卓茂薨。

14　十一月丙申，上行幸宛。岑彭攻秦丰三岁，斩首九万馀级；丰馀兵裁千人，食且尽。十二月丙寅，帝幸黎丘，遣使招丰，丰不肯降；乃使朱祜等代岑彭围黎丘，使岑彭、傅俊南击田戎。

15　公孙述聚兵数十万人，积粮汉中；又造十层楼船，多刻天下牧守印章。遣将军李育、程乌将数万众出屯陈仓，就吕鲔，将徇三辅；冯异迎击,大破之,育、乌俱奔汉中。异还,击破吕鲔,营保降者甚众。

是时,隗嚣遣兵佐异有功,遣使上状,帝报以手书曰:"慕乐德义,思相结纳。昔文王三分,犹服事殷,但弩马、铅刀,不可强扶,数蒙伯乐一顾之价。将军南拒公孙之兵,北御羌、胡之乱,是以冯异西征,得以数千百人蹑蹢三辅。微将军之助,则咸阳已为他人禽矣!如令子阳到汉中,三辅愿因将军兵马,鼓旗相当。倘肯如言,即智士计功割地之秋也!管仲曰:'生我者父母,成我者鲍子。'自今以后,手书相闻,勿用傍人间构之言。"其后公孙述数遣将间出,嚣辄与冯异合势,共摧挫之。述遣使以大司空、扶安王印绶授嚣;嚣斩其使,出兵击之,以故蜀兵不复北出。

16　泰山豪杰多与张步连兵。吴汉荐强弩大将军陈俊为泰山太守,击破步兵,遂定泰山。

五年(己丑,29)

1　春,正月癸巳,车驾还宫。

2　帝使来歙持节送马援归陇右。隗嚣与援共卧起,问以东方事,曰:"前到朝廷,上引见数十,每接燕语,自夕至旦,才明勇略,非人敌也。且开心见诚,无所隐伏,阔达多大节,略与高帝同;经学博览,政事文辨,前世无比。"嚣曰:"卿谓何如高帝?"援曰:"不如也。高帝无可无不可;今上好吏事,动如节度,又不喜饮酒。"嚣意不怿,曰:"如卿言,反复胜邪!"

3　二月丙午,大赦。

4　苏茂将五校兵救周建于垂惠。马武为茂、建所败,奔过王霸营,大呼求救。霸曰:"贼兵盛,出必两败,弩力而已!"乃闭营坚壁。军吏皆争之,霸曰:"茂兵精锐,其众又多,吾吏士心恐,而捕虏与吾相恃,两军不一,此败道也。今闭营固守,示不相援,贼必乘胜轻进,捕虏无救,其战自倍。如此,茂众疲劳,吾承其敝,乃可克也。"茂、建果悉出攻武,合战良久,霸军中壮士数十人断发请战,霸乃开营后,出精骑袭其背。茂、建前后受敌,惊乱败走,霸、武各归营。茂、建复聚兵挑战,霸坚卧不出,方飨士作倡乐;茂雨射营中,中霸前酒樽,霸安坐不动。军吏皆曰:"茂前日已破,今易击也!"霸曰:"不然,苏茂客兵远来,粮食不足,故数挑战,以徼一时之胜。今闭营休士,所谓'不战而屈人兵'者也。"茂、建既不得战,乃引还营。其夜,周建兄子诵反,闭城拒之;建于道死,茂奔下邳,与董宪合;刘纡奔佼彊。

5　乙丑,上行幸魏郡。

6　彭宠妻数为恶梦,又多见怪变;卜筮、望气者皆言兵当从中起。宠以子后兰卿质汉归,不信之,使将兵居外,无亲于中。宠斋在便室,苍头子密等三人因宠卧寐,共缚著床,告外吏云:"大王斋禁,皆使吏休。"伪称宠命,收缚奴婢,各置一处。又以宠命呼其妻,妻入,惊曰:"奴反!"奴乃捽其头,击其颊。宠急呼曰:"趣为诸将军办装!"于是两奴将妻入取宝物,留一奴守宠。宠谓守奴曰:"若小儿,吾素所爱也。今为子密所迫劫耳!解我缚,当以女珠妻汝,家中财物皆以与若。"小奴意欲解之,视户外,见子密听其语,遂不敢解。于是收金玉衣物,至宠所装之,被马六匹,使妻缝两缣囊。昏夜后,解宠手,令作记告城门将军云:"今遣子密等至子后兰卿所,速开门出,勿稽留之。"书成,斩宠及妻头置囊中,便持记驰出城,因以诣阙。明旦,阖门不开,官属逾墙而入,见宠尸,惊怖。其尚书韩立等共立宠子午为王,国师韩利斩午首诣祭遵降,夷其宗族。帝封子密为不义侯。

权德舆议曰:伯通之叛命,子密之戕君,同归于乱,罪不相蔽,宜各致于法,昭示王度;反乃爵于五等,又以"不义"为名。且举以不义,莫可侯也;此而可侯,汉爵为不足劝矣。春秋书齐豹盗、三叛人名之义,无乃异于是乎!

7　帝以扶风郭伋为渔阳太守。伋承离乱之后,养民训兵,开示威信,盗贼销散,匈奴远迹;在职五年,户口增倍。

8　帝使光禄大夫樊宏持节迎耿况于上谷,曰:"边郡寒苦,不足久居。"况至京师,赐甲第,奉朝请,封牟平侯。

吴汉率耿弇、王常击富平、获索贼于平原,大破之;追讨馀党,至勃海,降者四万馀人。上因诏弇进讨张步。

9　平敌将军庞萌,为人逊顺,帝信爱之,常称曰:"可以托六尺之孤,寄百里之命者,庞萌是也。"使与盖延共击董宪。时诏书独下延而不及萌,萌以为延谮己,自疑,遂反袭延军,破之;与董宪连和,自号东平王,屯桃乡之北。帝闻之,大怒,自将讨萌,与诸将书曰:"吾常以庞萌为社稷之臣,将军得无笑其言乎!老贼当族,其各厉兵马,会睢阳!"

庞萌攻破彭城,将杀楚郡太守孙萌。郡吏刘平伏太守身上,号泣请代其死,身被七创;庞萌义而舍之。太守已绝复苏,渴求饮,平倾创血以饮之。

10　岑彭攻拔夷陵,田戎亡入蜀,尽获其妻子、士众数万人。公孙述以戎为翼江王。

岑彭谋伐蜀,以夹川谷少,水险难漕,留威虏将军冯骏军江州,都尉田鸿军夷陵,领军李玄军夷道;自引兵还屯津乡,当荆州要会,喻告诸蛮夷降者,奏封其君长。

11 夏,四月,旱,蝗。

12 隗嚣问于班彪曰:"往者周亡,战国并争,数世然后定。意者从横之事将复起于今乎,将承运迭兴,在于一人也?"彪曰:"周之废兴,与汉殊异。昔周爵五等,诸侯从政,本根既微,枝叶强大,故其末流有从横之事,势数然也。汉承秦制,改立郡县,主有专己之威,臣无百年之柄。至于成帝,假借外家,哀、平短祚,国嗣三绝,故王氏擅朝,能窃号位,危自上起,伤不及下,是以即真之后,天下莫不引领而叹。十馀年间,中外骚扰,远近俱发,假号云合,咸称刘氏,不谋同辞。方今雄桀带州域者,皆无六国世业之资,而百姓讴吟思仰,汉必复兴,已可知矣。"

嚣曰:"生言周、汉之势可也,至于但见愚人习识刘氏姓号之故,而谓汉复兴,疏矣!昔秦失其鹿,刘季逐而掎之,时民复知汉乎?"彪乃为之著王命论以风切之曰:"昔尧之禅舜曰:'天之历数在尔躬。'舜亦以命禹。洎于稷、契,咸佐唐、虞,至汤、武而有天下。刘氏承尧之祚,尧据火德而汉绍之,有赤帝子之符,故为鬼神所福飨,天下所归往。由是言之,未见运世无本,功德不纪,而得屈起在此位者也!俗见高祖兴于布衣,不达其故,至比天下于逐鹿,幸捷而得之。不知神器有命,不可以智力求也。悲夫,此世所以多乱臣贼子者也!夫饿馑流隶,饥寒道路,所愿不过一金,然终转死沟壑,何则?贫穷亦有命也。况乎天子之贵,四海之富,神明之祚,可得而妄处哉!故虽遭罹厄会,窃其权柄,勇如信、布,强如梁、籍,成如王莽,然卒润镬伏质,亨醢分裂;又况幺麽尚不及数子,而欲暗奸天位者乎!昔陈婴之母以婴家世贫贱,卒富贵不祥,止婴勿王;王陵之母知汉王必得天下,伏剑而死,以固勉陵。夫以匹妇之明,犹能推事理之致,探祸福之机,而全宗祀于无穷,垂策书于春秋,而况大丈夫之事乎!是故穷达有命,吉凶由人,婴母知废,陵母知兴,审此二者,帝王之分决矣。加之高祖宽明而仁恕,知人善任使,当食吐哺,纳子房之策;拔足挥洗,揖郦生之说;举韩信于行陈,收陈平于亡命;英雄陈力,群策毕举,此高祖之大略所以成帝业也。若乃灵瑞符应,其事甚众,故淮阴、留侯谓之天授,非人力也。英雄诚知觉寤,超然远览,渊然深识,收陵、婴之明分,绝信、布之觊觎,距逐鹿之瞽说,审神器之有授,毋贪不可冀,为二母之所笑,则福祚流于子孙,天禄其永终矣!"嚣不听。彪遂避地河西;窦融以为从事,甚礼重之。彪遂为融画策,使之专意事汉焉。

13 初，窦融等闻帝威德，心欲东向，以河西隔远，未能自通，乃从隗嚣受建武正朔，嚣皆假其将军印绶。嚣外顺人望，内怀异心，使辩士张玄说融等曰："更始事已成，寻复亡灭，此一姓不再兴之效也！今即所有主，便相系属，一旦拘制，自令失柄，后有危败，虽悔无及。方今豪桀竞逐，雌雄未决，当各据土宇，与陇、蜀合从，高可为六国，下不失尉佗。"融等召豪桀议之，其中识者皆曰："今皇帝姓名见于图书，自前世博物道术之士谷子云、夏贺良等皆言汉有再受命之符，故刘子骏改易名字，冀应其占。及莽末，西门君惠谋立子骏，事觉被杀，出谓观者曰：'谶文不误，刘秀真汝主也！'此皆近事暴著，众所共见者也。况今称帝者数人，而雒阳土地最广，甲兵最强，号令最明，观符命而察人事，他姓殆未能当也！"众议或同或异。

融遂决策东向，遣长史刘钧等奉书诣雒阳。先是，帝亦发使遗融书以招之，遇钧于道，即与俱还。帝见钧欢甚，礼飨毕，乃遣令还，赐融玺书曰："今益州有公孙子阳，天水有隗将军。方蜀、汉相攻，权在将军，举足左右，便有轻重。以此言之，欲相厚岂有量哉！欲遂立桓、文，辅微国，当勉卒功业；欲三分鼎足，连衡合从，亦宜以时定。天下未并，吾与尔绝域，非相吞之国。今之议者，必有任嚣教尉佗制七郡之计。王者有分土，无分民，自适己事而已。"因授融为凉州牧。玺书至河西，河西皆惊，以为天子明见万里之外。

14 朱祜急攻黎丘，六月，秦丰穷困出降；槛车送雒阳。吴汉劾祜废诏命，受丰降；上诛丰，不罪祜。

15 董宪与刘纡、苏茂、佼彊去下邳，还兰陵，使茂、彊助庞萌围桃城。帝时幸蒙，闻之，乃留辎重，自将轻兵晨夜驰赴。至亢父，或言百官疲倦，可且止宿；上不听，复行十里，宿任城，去桃城六十里。旦日，诸将请进，庞萌等亦勒兵挑战；帝令诸将不得出，休士养锐以挫其锋。时吴汉等在东郡，驰使召之。萌等惊曰："数百里晨夜行，以为至当战，而坚坐任城，致人城下，真不可往也！"乃悉兵攻桃城。城中闻车驾至，众心益固；萌等攻二十馀日，众疲困，不能下。吴汉、王常、盖延、王梁、马武、王霸等皆至，帝乃率众军进救桃城，亲自搏战，大破之。庞萌、苏茂、佼彊夜走从董宪。

秋，七月丁丑，帝幸沛，进幸湖陵。董宪与刘纡悉其兵数万人屯昌虑；宪招诱五校馀贼，与之拒守建阳。帝至蕃，去宪所百馀里，诸将请进，帝不听，知五校乏食当退，敕各坚壁以待其敝。顷之，五校果引去。帝乃亲临，四面攻宪，三日，大破之；佼彊将其众降，苏茂奔张步，宪及庞萌走保郯。

八月己酉,帝幸郯,留吴汉攻之,车驾转徇彭城、下邳。吴汉拔郯,董宪、庞萌走保朐。刘纡不知所归,其军士高扈斩之以降。吴汉进围朐。

16 冬,十月,帝幸鲁。

17 张步闻耿弇将至,使其大将军费邑军历下,又令兵屯祝阿,别于泰山、钟城列营数十以待之。弇渡河,先击祝阿,自旦攻城,日未中而拔之;故开围一角,令其众得奔归钟城。钟城人闻祝阿已溃,大恐惧,遂空壁亡去。

费邑分遣弟敢守巨里。弇进兵先胁巨里,严令军中趣修攻具,宣敕诸部,后三日当悉力攻巨里城;阴缓生口,令得亡归,以弇期告邑。邑至日,果自将精兵三万馀人来救之。弇喜,谓诸将曰:"吾所以修攻具者,欲诱致之耳。野兵不击,何以城为!"即分三千人守巨里;自引精兵上冈阪,乘高合战,大破之,临陈斩邑;既而收首级以示城中,城中凶惧。费敢悉众亡归张步。弇复收其积聚,纵兵击诸未下者,平四十馀营,遂定济南。

时张步都剧,使其弟蓝将精兵二万守西安,诸郡太守合万馀人守临菑,相去四十里。弇进军画中,居二城之间。弇视西安城小而坚,且蓝兵又精,临菑名虽大而实易攻,乃敕诸校后五日会攻西安。蓝闻之,晨夜警守。至期,夜半,弇敕诸将皆蓐食,会明,至临菑城。护军荀梁等争之,以为"攻临菑,西安必救之,攻西安,临菑不能救,不如攻西安"。弇曰:"不然,西安闻吾欲攻之,日夜为备,方自忧,何暇救人!临菑出不意而至,必惊扰,吾攻之一日,必拔。拔临菑,即西安孤,与剧隔绝,必复亡去,所谓'击一而得二'者也。若先攻西安,不能卒下,顿兵坚城,死伤必多。纵能拔之,蓝引军还奔临菑,并兵合势,观人虚实,吾深入敌地,后无转输,旬月之间,不战而困矣。"遂攻临菑;半日,拔之,入据其城。张蓝闻之,惧,遂将其众亡归剧。

弇乃令军中无得虏掠,须张步至乃取之,以激怒步。步闻,大笑曰:"以尤来、大肜十馀万众,吾皆即其营而破之;今大耿兵少于彼,又皆疲劳,何足惧乎!"乃与三弟蓝、弘、寿及故大肜渠帅重异等兵号二十万,至临菑大城东,将攻弇。弇上书曰:"臣据临菑,深堑高垒;张步从剧县来攻,疲劳饥渴。欲进,诱而攻之;欲去,随而击之。臣依营而战,精锐百倍,以逸待劳,以实击虚,旬日之间,步首可获。"于是弇先出菑水上,与重异遇;突骑欲纵,弇恐挫其锋,令步不敢进,故示弱以盛其气,乃引归小城,陈兵于内,使都尉刘歆、泰山太守陈俊分陈于城下。步气盛,直攻弇营,与刘歆等合战。弇升王宫坏台望之,视歆等锋交,乃自引精兵以横突步陈于东城下，大破之。飞矢中弇股，以佩刀截之，左右无知者。至暮，罢；弇明旦复勒兵出。

是时帝在鲁，闻弇为步所攻，自往救之。未至，陈俊谓弇曰："剧虏兵盛，可且闭营休士，以须上来。"弇曰："乘舆且到，臣子当击牛、酾酒以待百官，反欲以贼虏遗君父邪！"乃出兵大战。自旦及昏，复大破之；杀伤无数，沟堑皆满。弇知步困将退，豫置左右翼为伏以待之；人定时，步果引去，伏兵起纵击，追至钜昧水上，八九十里，僵尸相属，收得辎重二千馀两。步还剧，兄弟各分兵散去。

后数日，车驾至临菑，自劳军，群臣大会。帝谓弇曰："昔韩信破历下以开基，今将军攻祝阿以发迹，此皆齐之西界，功足相方。而韩信袭击已降，将军独拔勍敌，其功又难于信也。又，田横亨郦生，及田横降，高帝诏卫尉不听为仇；张步前亦杀伏隆，若步来归命，吾当诏大司徒释其怨，又事尤相类也。将军前在南阳，建此大策，常以为落落难合，有志者事竟成也！"帝进幸剧。

耿弇复追张步，步奔平寿，苏茂将万馀人来救之。茂让步曰："以南阳兵精，延岑善战，而耿弇走之，大王奈何就攻其营？既呼茂，不能待邪！"步曰："负负，无可言者！"帝遣使告步、茂，能相斩降者，封为列侯。步遂斩茂，诣耿弇军门肉袒降；弇传诣行在所，而勒兵入据其城，树十二郡旗鼓，令步兵各以郡人诣旗下，众尚十馀万，辎重七千馀两，皆罢遣归乡里。张步三弟各自系所在狱，诏皆赦之，封步为安丘侯，与妻子居雒阳。

于是琅邪未平，上徙陈俊为琅邪太守；始入境，盗贼皆散。

耿弇复引兵至城阳，降五校馀党，齐地悉平，振旅还京师。弇为将，凡所平郡四十六，屠城三百，未尝挫折焉。

18　初起太学。车驾还宫，幸太学，稽式古典，修明礼乐，焕然文物可观矣！

19　十一月，大司徒伏湛免，以侯霸为大司徒。霸闻太原闵仲叔之名而辟之，既至，霸不及政事，徒劳苦而已。仲叔恨曰："始蒙嘉命，且喜且惧。今见明公，喜惧皆去。以仲叔为不足问邪？不当辟也。辟而不问，是失人也！"遂辞出，投劾而去。

20　初，五原人李兴、随昱，朔方人田飒，代郡人石鲔、闵堪各起兵自称将军。匈奴单于遣使与兴等和亲，欲令卢芳还汉地为帝。兴等引兵至单于庭迎芳；十二月，与俱入塞，都九原县；掠有五原、朔方、云中、定襄、雁门五郡，并置守、令，与胡通兵，侵苦北边。

21　冯异治关中，出入三岁，上林成都。人有上章言：“异威权至重，百姓归心，号为咸阳王。”帝以章示异；异惶惧，上书陈谢。诏报曰：“将军之于国家，义为君臣，恩犹父子，何嫌何疑，而有惧意！”

22　隗嚣矜已饰智，每自比西伯，与诸将议欲称王。郑兴曰：“昔文王三分天下有其二，尚服事殷；武王八百诸侯不谋同会，犹还兵待时；高帝征伐累年，犹以沛公行师。今令德虽明，世无宗周之祚；威略虽振，未有高祖之功；而欲举未可之事，昭速祸患，无乃不可乎！”嚣乃止。后又广置职位以自尊高，郑兴曰：“夫中郎将、太中大夫、使持节官，皆王者之器，非人臣所当制也。无益于实，有损于名，非尊上之意也。”嚣病之而止。

时关中将帅数上书言蜀可击之状，帝以书示嚣，因使击蜀以效其信。嚣上书，盛言三辅单弱，刘文伯在边，未宜谋蜀。帝知嚣欲持两端，不愿天下统一，于是稍黜其礼，正君臣之仪。帝以嚣与马援、来歙相善，数使歙、援奉使往来，劝令入朝，许以重爵。嚣连遣使，深持谦辞，言无功德，须四方平定，退伏闾里。帝复遣来歙说嚣遣子入侍，嚣闻刘永、彭宠皆已破灭，乃遣长子恂随歙诣阙；帝以为胡骑校尉，封镌羌侯。

郑兴因恂求归葬父母，嚣不听，而徙兴舍，益其秩礼。兴入见曰：“今为父母未葬，乞骸骨；若以增秩徙舍，中更停留，是以亲为饵也，无礼甚矣，将军焉用之！愿留妻子独归葬，将军又何猜焉！”嚣乃令与妻子俱东。马援亦将家属随恂归雒阳，以所将宾客猥多，求屯田上林苑中；帝许之。

嚣将王元以为天下成败未可知，不愿专心内事，说嚣曰：“昔更始西都，四方响应，天下喁喁，谓之太平；一旦坏败，将军几无所厝。今南有子阳，北有文伯，江湖海岱，王公十数，而欲牵儒生之说，弃千乘之基，羁旅危国以求万全，此循覆车之轨者也。今天水完富，士马最强，元请以一丸泥为大王东封函谷关，此万世一时也。若计不及此，且畜养士马，据隘自守，旷日持久，以待四方之变；图王不成，其敝犹足以霸。要之，鱼不可脱于渊，神龙失势，与蚯蚓同！”嚣心然元计，虽遣子入质，犹负其险厄，欲专制方面。

申屠刚谏曰：“愚闻人所归者天所与，人所畔者天所去也。本朝诚天之所福，非人力也。今玺书数到，委国归信，欲与将军共同吉凶。布衣相与，尚有没身不负然诺之信，况于万乘者哉！今何畏何利，而久疑若是？卒有非常之变，上负忠孝，下愧当世。夫未至豫言，固常为虚；及其已至，又无所及；是以忠言至谏，希得为用，诚愿反覆愚老之言！”嚣不纳，于是游士长者稍稍去之。

23　王莽末，交趾诸郡闭境自守。岑彭素与交趾牧邓让厚善，与让书，陈国家威德；又遣偏将军屈充移檄江南，班行诏命。于是让与江夏太守侯登、武陵太守王堂、长沙相韩福、桂阳太守张隆、零陵太守田翕、苍梧太守杜穆、交趾太守锡光等相率遣使贡献；悉封为列侯。锡光者，汉中人，在交趾，教民夷以礼义；帝复以宛人任延为九真太守，延教民耕种嫁娶；故岭南华风始于二守焉。

24　是岁，诏征处士太原周党、会稽严光等至京师。党入见，伏而不谒，自陈愿守所志。博士范升奏曰："伏见太原周党、东海王良、山阳王成等，蒙受厚恩，使者三聘，乃肯就车；及陛见帝廷，党不以礼屈，伏而不谒，偃蹇骄悍，同时俱逝。党等文不能演义，武不能死君，钓采华名，庶几三公之位。臣愿与坐云台之下，考试图国之道。不如臣言，伏虚妄之罪；而敢私窃虚名，夸上求高，皆大不敬！"书奏，诏曰："自古明王、圣主，必有不宾之士，伯夷、叔齐不食周粟，太原周党不受朕禄，亦各有志焉。其赐帛四十匹，罢之。"

帝少与严光同游学，及即位，以物色访之，得于齐国，累征乃至；拜谏议大夫，不肯受，去，耕钓于富春山中。以寿终于家。

王良后历沛郡太守、大司徒司直，在位恭俭，布被瓦器，妻子不入官舍。后以病归，一岁复征；至荥阳，疾笃，不任进道，过其友人。友人不肯见，曰："不有忠言奇谋而取大位，何其往来屑屑不惮烦也！"遂拒之。良惭，自后连征不应，卒于家。

25　元帝之世，莎车王延尝为侍子京师，慕乐中国。及王莽之乱，匈奴略有西域，唯延不肯附属；常敕诸子："当世奉汉家，不可负也！"延卒，子康立。康率旁国拒匈奴，拥卫故都护吏士、妻子千馀口；檄书河西，问中国动静。窦融乃承制立康为汉莎车建功怀德王、西域大都尉，五十五国皆属焉。

资治通鉴卷第四十二

汉纪三十四

世祖光武皇帝中之上

建武六年（庚寅，30）

1　春，正月丙辰，以春陵乡为章陵县，世世复徭役，比丰、沛。

2　吴汉等拔朐，斩董宪、庞萌，江、淮、山东悉平。诸将还京师，置酒赏赐。

帝积苦兵间，以隗嚣遣子内侍，公孙述远据边垂，乃谓诸将曰："且当置此两子于度外耳。"因休诸将于雒阳，分军士于河内，数腾书陇、蜀，告示祸福。

公孙述屡移书中国，自陈符命，冀以惑众。帝与述书曰："图谶言公孙，即宣帝也。代汉者姓当涂，其名高；君岂高之身邪？乃复以掌文为瑞，王莽何足效乎！君非吾贼臣乱子，仓卒时人皆欲为君事耳。君日月已逝，妻子弱小，当早为定计。天下神器，不可力争，宜留三思！"署曰"公孙皇帝"。述不答。

其骑都尉平陵荆邯说述曰："汉高祖起于行陈之中，兵破身困者数矣；然军败复合，疮愈复战。何则？前死而成功，愈于却就于灭亡也！隗嚣遭遇运会，割有雍州，兵强士附，威加山东；遇更始政乱，复失天下，众庶引领，四方瓦解，嚣不及此时推危乘胜以争天命，而退欲为西伯之事，尊师章句，宾友处士，偃武息戈，卑辞事汉，喟然自以文王复出也！令汉帝释关、陇之忧，专精东伐，四分天下而有其三；发间使，召携贰，使西州豪杰咸居心于山东，则五分而有其四；若举兵天水，必至沮溃，天水既定，则九分而有其八。陛下以梁州之地，内奉万乘，外给三军，百姓愁困，不堪上命，将有王氏自溃之变矣！臣之愚计，以为宜及天下之望未绝，豪杰尚可招诱，急以此时发国内精兵，令田戎据江陵，临江南之会，倚巫山之固，筑垒坚守，传檄吴、楚，长沙以南必随风而靡。令延岑出汉中，定三辅，天水、陇西拱手自服。如此，海内震摇，冀有大利。"述以问群臣，博士吴柱曰："武王伐殷，八百诸侯不期同辞，然犹还师以待天命。未闻无左右之助而欲出师千里之外者也！"邯曰："今东帝无尺土之柄，驱乌合之众，跨马陷敌，所向辄平，不亟乘时与之分功，而坐谈武王之说，是复效隗嚣欲为西伯也！"

述然邯言，欲悉发北军屯士及山东客兵，使延岑、田戎分出两道，与汉中诸将合兵并势。蜀人及其弟光以为不宜空国千里之外，决成败于一举，固争之，述乃止。延岑、田戎亦数请兵立功，述终疑不听，唯公孙氏得任事。

述废铜钱，置铁钱，货币不行，百姓苦之。为政苛细，察于小事，如为清水令时而已。好改易郡县官名。少尝为郎，习汉家故事，出入法驾，鸾旗旄骑。又立其两子为王，食犍为、广汉各数县。或谏曰："成败未可知，戎士暴露而先王爱子，示无大志也！"述不从，由此大臣皆怨。

3 冯异自长安入朝，帝谓公卿曰："是我起兵时主簿也，为吾披荆棘，定关中。"既罢，赐珍宝、钱帛，诏曰："仓卒芜蒌亭豆粥，滹沱河麦饭，厚意久不报。"异稽首谢曰："臣闻管仲谓桓公曰：'愿君无忘射钩，臣无忘槛车。'齐国赖之。臣今亦愿国家无忘河北之难，小臣不敢忘巾车之恩。"留十馀日，令与妻子还西。

4 申屠刚、杜林自隗嚣所来，帝皆拜侍御史。以郑兴为太中大夫。

5 三月，公孙述使田戎出江关，招其故众，欲以取荆州，不克。

帝乃诏隗嚣，欲从天水伐蜀。嚣上言："白水险阻，栈阁败绝。述性严酷，上下相患，须其罪恶孰著而攻之，此大呼响应之势也。"帝知其终不为用，乃谋讨之。

6 夏，四月丙子，上行幸长安，谒园陵；遣耿弇、盖延等七将军从陇道伐蜀，先使中郎将来歙奉玺书赐嚣谕旨。嚣复多设疑故，事久犹豫不决。歙遂发愤质责嚣曰："国家以君知臧否，晓废兴，故以手书畅意。足下推忠诚，既遣伯春委质，而反欲用佞惑之言，为族灭之计邪！"因欲前刺嚣。嚣起入，部勒兵将杀歙，歙徐杖节就车而去，嚣使牛邯将兵围守之。嚣将王遵谏曰："君叔虽单车远使，而陛下之外兄也，杀之无损于汉，而随以族灭。昔宋执楚使，遂有析骸易子之祸。小国犹不可辱，况于万乘之主，重以伯春之命哉！"歙为人有信义，言行不违，及往来游说，皆可按覆；西州士大夫皆信重之，多为其言，故得免而东归。

五月己未，车驾至自长安。

隗嚣遂发兵反，使王元据陇坻，伐木塞道。诸将因与嚣战，大败，各引兵下陇；嚣追之急，马武选精骑为后拒，杀数千人，诸军乃得还。

7　六月辛卯,诏曰:"夫张官置吏,所以为民也。今百姓遭难,户口耗少,而县官吏职,所置尚繁;其令司隶、州牧各实所部,省减吏员,县国不足置长吏者并之。"于是并省四百馀县,吏职减损,十置其一。

8　九月丙寅晦,日有食之。执金吾朱浮上疏曰:"昔尧、舜之盛,犹加三考;大汉之兴,亦累功效,吏皆积久,至子于孙。当时吏职,何能悉治,论议之徒,岂不喧哗!盖以为天地之功不可仓卒,艰难之业当累日也。而间者守宰数见换易,迎新相代,疲劳道路。寻其视事日浅,未足昭见其职,既加严切,人不自保,迫于举劾,惧于刺讥,故争饰诈伪以希虚誉,斯所以致日月失行之应也。夫物暴长者必夭折,功卒成者必亟坏;如摧长久之业而造速成之功,非陛下之福也。愿陛下游意于经年之外,望治于一世之后,天下幸甚!"帝采其言,自是牧守代易颇简。

9　十二月壬辰,大司空宋弘免。

10　癸巳,诏曰:"顷者师旅未解,用度不足,故行十一之税。今粮储差积,其令郡国收见田租,三十税一,如旧制。"

11　诸将之下陇也,帝诏耿弇军漆,冯异军栒邑,祭遵军汧,吴汉等还屯长安。冯异引军未至栒邑,隗嚣乘胜使王元、行巡将二万馀人下陇,分遣巡取栒邑,异即驰兵欲先据之。诸将曰:"虏兵盛而乘胜,不可与争锋,宜止军便地,徐思方略。"异曰:"虏兵临境,忸忕小利,遂欲深入;若得栒邑,三辅动摇。夫攻者不足,守者有馀。今先据城,以逸待劳,非所以争也。"潜往,闭城,偃旗鼓。行巡不知,驰赴之。异乘其不意,卒击鼓、建旗而出。巡军惊乱奔走,追击,大破之。祭遵亦破王元于汧。于是北地诸豪长耿定等悉畔隗嚣降。诏异进军义渠,击破卢芳将贾览、匈奴奥鞬日逐王,北地、上郡、安定皆降。

12　窦融复遣其弟友上书曰:"臣幸得托先后末属,累世二千石,臣复假历将帅,守持一隅,故遣刘钧口陈肝胆,自以底里上露,长无纤介。而玺书盛称蜀、汉二主三分鼎足之权,任嚣、尉佗之谋;窃自痛伤。臣融虽无识无知,利害之际,顺逆之分,岂可背真旧之主,事奸伪之人,废忠贞之节,为倾覆之事,弃已成之基,求无冀之利!此三者,虽问狂夫,犹知去就,而臣独何以用心!谨遣弟友诣阙,口陈至诚。"友至高平,会隗嚣反,道不通,乃遣司马席封间道通书。帝复遣封赐融、友书,所以尉藉之甚厚。

融乃与隗嚣书曰:"将军亲遇厄会之际,国家不利之时,守节不回,承事本朝;融等所以欣服高义,愿从役于将军者,良为此也!而忿悁之间,改节易图,委成功,造难就,百年累之,一朝毁之,岂不惜乎!殆执事者贪功建谋,以至于此。当今西州地势局迫,民兵离散,易以辅人,难以自建。计若失路不反,闻道犹迷,不南合子阳,则北入文伯耳。夫负虚交而易强御,恃远救而轻近敌,未见其利也。自兵起以来,城郭皆为丘墟,生民转于沟壑。幸赖天运少还,而将军复重其难,是使积痾不得遂瘳,幼孤将复流离,言之可为酸鼻,庸人且犹不忍,况仁者乎!融闻为忠甚易,得宜实难。忧人太过,以德取怨,知且以言获罪也!"嚣不纳。

融乃与五郡太守共砥厉兵马,上疏请师期,帝深嘉美之。融即与诸郡守将兵入金城,击嚣党先零羌封何等,大破之。因并河,扬威武,伺候车驾。时大兵未进,融乃引还。

帝以融信效著明,益嘉之,修理融父坟墓,祠以太牢,数驰轻使,致遗四方珍羞。

梁统犹恐众心疑惑,乃使人刺杀张玄,遂与隗嚣绝,皆解所假将军印绶。

13　先是,马援闻隗嚣欲贰于汉,数以书责譬之,嚣得书增怒。及嚣发兵反,援乃上书曰:"臣与隗嚣本实交友,初遣臣东,谓臣曰:'本欲为汉,愿足下往观之,于汝意可,即专心矣。'及臣还反,报以赤心,实欲导之于善,非敢谲以非义。而嚣自挟奸心,盗憎主人,怨毒之情,遂归于臣。臣欲不言,则无以上闻,愿听诣行在所,极陈灭嚣之术。"帝乃召之。援具言谋画。

帝因使援将突骑五千,往来游说嚣将高峻、任禹之属,下及羌豪,为陈祸福,以离嚣支党。援又为书与嚣将杨广,使晓劝于嚣曰:"援窃见四海已定,兆民同情,而季孟闭拒背畔,为天下表的,常惧海内切齿,思相屠裂,故遗书恋恋,以致恻隐之计。乃闻季孟归罪于援,而纳王游翁谄邪之说,因自谓函谷以西,举足可定。以今而观,竟何如邪!

援间至河内,过存伯春,见其奴吉从西方还,说伯春小弟仲舒望见吉,欲问伯春无他否,竟不能言,晓夕号泣,宛转尘中。又说其家悲愁之状,不可言也。夫怨仇可刺不可毁,援闻之,不自知泣下也。援素知季孟孝爱,曾、闵不过。夫孝于其亲,岂不慈于其子!可有子抱三木而跳梁妄作,自同分羹之事乎!

季孟平生自言所以拥兵众者,欲以保全父母之国而完坟墓也,又言苟厚士大夫而已;而今所欲全者将破亡之,所欲完者将伤毁之,所欲厚者将反薄之。季孟尝折愧子阳而不受其爵,今更共陆陆往,欲附之,将难为颜乎!若复责以重质,当安从得子主给是哉!往时子阳独欲以王相待而春卿拒之,今者归老,更欲低头与小儿曹共槽枥而食,并肩侧身于怨家之朝乎!

今国家待春卿意深,宜使牛孺卿与诸耆老大人共说季孟,若计画不从,真可引领去矣。前披舆地图,见天下郡国百有六所,奈何欲以区区二邦以当诸夏百有四乎!春卿事季孟,外有君臣之义,内有朋友之道。言君臣邪,固当谏争;语朋友邪,应有切磋。岂有知其无成,而但萎腇咋舌,又手从族乎!及今成计,殊尚善也,过是,欲少味矣!且来君叔天下信士,朝廷重之,其意依依,常独为西州言。援商朝廷,尤欲立信于此,必不负约。援不得久留,愿急赐报。"广竟不答。

诸将每有疑议,更请呼援,咸敬重焉。

14　隗嚣上疏谢曰:"吏民闻大兵卒至,惊恐自救,臣嚣不能禁止。兵有大利,不敢废臣子之节,亲自追还。昔虞舜事父,大杖则走,小杖则受。臣虽不敏,敢忘斯义!今臣之事,在于本朝,赐死则死,加刑则刑;如更得洗心,死骨不朽。"有司以嚣言慢,请诛其子;帝不忍,复使来歙至汧,赐嚣书曰:"昔柴将军云:'陛下宽仁,诸侯虽有亡叛而后归,辄复位号,不诛也。'今若束手,复遣恂弟归阙庭者,则爵禄获全,有浩大之福矣!吾年垂四十,在兵中十岁,厌浮语虚辞。即不欲,勿报。"嚣知帝审其诈,遂遣使称臣于公孙述。

15　匈奴与卢芳为寇不息,帝令归德侯飒使匈奴以修旧好。单于骄倨,虽遣使报命,而寇暴如故。

七年(辛卯,31)

1　春,三月,罢郡国轻车、骑士、材官,令还复民伍。

2　公孙述立隗嚣为朔宁王,遣兵往来,为之援势。

3　癸亥晦,日有食之。诏百僚各上封事,其上书者不得言圣。太中大夫郑兴上疏曰:"夫国无善政,则谪见日月;要在因人之心,择人处位。今公卿大夫多举渔阳太守郭伋可大司空者,而不以时定;道路流言,咸曰'朝廷欲用功臣',功臣用则人位谬矣。愿陛下屈己从众,以济群臣让善之功。顷年日食每多在晦,先时而合,皆月行疾也。日君象而月臣象;君亢急而臣下促迫,故月行疾。今陛下高明而群臣惶促,宜留思柔克之政,垂意洪范之法。"帝躬勤政事,颇伤严急,故兴奏及之。

4　夏,四月壬午,大赦。

5　五月戊戌,以前将军李通为大司空。

6　大司农江冯上言"宜令司隶校尉督察三公"。司空掾陈元上疏曰："臣闻师臣者帝，宾臣者霸。故武王以太公为师，齐桓以夷吾为仲父，近则高帝优相国之礼，太宗假宰辅之权。及亡新王莽，遭汉中衰，专操国柄以偷天下，况己自喻，不信群臣，夺公辅之任，损宰相之威，以刺举为明，激讦为直，至乃陪仆告其君长，子弟变其父兄，罔密法峻，大臣无所措手足；然不能禁董忠之谋，身为世戮。方今四方尚扰，天下未一，百姓观听，咸张耳目。陛下宜修文、武之圣典，袭祖宗之遗德，劳心下士，屈节待贤，诚不宜使有司察公辅之名。"帝从之。

7　酒泉太守竺曾以弟报怨杀人，自免去郡；窦融承制拜曾武锋将军，更以辛肜为酒泉太守。

8　秋，隗嚣将步骑三万侵安定，至阴槃，冯异率诸将拒之；嚣又令别将下陇攻祭遵于汧：并无利而还。

帝将自征隗嚣，先戒窦融期日，会遇雨，道断，且嚣兵已退，乃止。

帝令来歙以书招王遵，遵来降，拜太中大夫，封向义侯。

9　冬，卢芳以事诛其五原太守李兴兄弟；其朔方太守田飒、云中太守乔扈各举郡降，帝令领职如故。

10　帝好图谶，与郑兴议郊祀事，曰："吾欲以谶断之，何如？"对曰："臣不为谶！"帝怒曰："卿不为谶，非之邪？"兴惶恐曰："臣于书有所未学，而无所非也。"帝意乃解。

11　南阳太守杜诗政治清平，兴利除害，百姓便之。又修治陂池，广拓土田，郡内比室殷足，时人方于召信臣。南阳为之语曰："前有召父，后有杜母。"

八年（壬辰，32）

1　春，来歙将二千馀人伐山开道，从番须、回中径袭略阳，斩隗嚣守将金梁。嚣大惊曰："何其神也！"帝闻得略阳，甚喜，曰："略阳，嚣所依阻，心腹已坏，则制其支体易矣！"

吴汉等诸将闻歙据略阳，争驰赴之。上以为嚣失所恃，亡其要城，势必悉以精锐来攻，旷日久围而城不拔，士卒顿敝，乃可乘危而进。皆追汉等还。隗嚣果使王元拒陇坻，行巡守番须口，王孟塞鸡头道，牛邯军瓦亭。嚣自悉其大众数万人围略阳，公孙述遣将李育、田弇助之，斩山筑堤，激水灌城。来歙与将士固死坚守，矢尽，发屋断木以为兵。嚣尽锐攻之，累月不能下。

夏，闰四月，帝自将征隗嚣，光禄勋汝南郭宪谏曰："东方初定，车驾

未可远征。”乃当车拔佩刀以断车鞅。帝不从,西至漆。诸将多以王师之
重,不宜远入险阻,计犹豫未决;帝召马援问之。援因说隗嚣将帅有土崩
之势,兵进有必破之状;又于帝前聚米为山谷,指画形势,开示众军所从道
径,往来分析,昭然可晓。帝曰:“虏在吾目中矣!”明旦,遂进军,至高平
第一。

窦融率五郡太守及羌虏小月氏等步骑数万,辎重五千余两,与大军
会。是时军旅草创,诸将朝会礼容多不肃,融先遣从事问会见仪适。帝闻
而善之,以宣告百僚,乃置酒高会,待融等以殊礼。

遂共进军,数道上陇。使王遵以书招牛邯,下之,拜邯太中大夫。于
是嚣大将十三人、属县十六、众十余万皆降。嚣将妻子奔西城,从杨广,而
田弇、李育保上邽。略阳围解。帝劳赐来歙,班坐绝席,在诸将之右,赐歙
妻缣千匹。

进幸上邽,诏告隗嚣曰:“若束手自诣,父子相见,保无他也。若遂欲
为黥布者,亦自任也。”嚣终不降,于是诛其子恂。使吴汉、岑彭围西城,
耿弇、盖延围上邽。

以四县封窦融为安丰侯,弟友为显亲侯,及五郡太守皆封列侯,遣西
还所镇。融以久专方面,惧不自安,数上书求代;诏报曰:“吾与将军如左
右手耳,数执谦退,何不晓人意! 勉循士民,无擅离部曲!”

颍川盗贼群起,寇没属县,河东守兵亦叛,京师骚动。帝闻之曰:“吾
悔不用郭子横之言。”秋,八月,帝自上邽晨夜东驰,赐岑彭等书曰:“两城
若下,便可将兵南击蜀虏。人苦不知足,既平陇,复望蜀。每一发兵,头须
为白!”

九月乙卯,车驾还宫。帝谓执金吾寇恂曰:“颍川迫近京师,当以时
定。惟念独卿能平之耳,从九卿复出以忧国可也!”对曰:“颍川闻陛下有
事陇、蜀,故狂狡乘间相诖误耳。如闻乘舆南向,贼必惶怖归死,臣愿执锐
前驱。”帝从之。庚申,车驾南征,颍川盗贼悉降。寇恂竟不拜郡,百姓遮
道曰:“愿从陛下复借寇君一年。”乃留恂长社,镇抚吏民,受纳余降。

东郡、济阴盗贼亦起,帝遣李通、王常击之。以东光侯耿纯尝为东郡
太守,威信著于卫地,遣使拜太中大夫,使与大兵会东郡。东郡闻纯入界,
盗贼九千余人皆诣纯降,大兵不战而还;玺书复以纯为东郡太守。戊寅,
车驾还自颍川。

2 安丘侯张步将妻子逃奔临淮,与弟弘、蓝欲招其故众,乘船入海;
琅邪太守陈俊追讨,斩之。

3 冬,十月丙午,上行幸怀;十一月乙丑,还雒阳。

4 杨广死,隗嚣穷困,其大将王捷别在戎丘,登城呼汉军曰:"为隗
王城守者,皆必死,无二心,愿诸军亟罢,请自杀以明之。"遂自刎死。

初,帝敕吴汉曰:"诸郡甲卒但坐费粮食,若有逃亡,则沮败众心,宜
悉罢之。"汉等贪并力攻嚣,遂不能遣,粮食日少,吏士疲役,逃亡者多。
岑彭壅谷水灌西城,城未没丈馀。会王元、行巡、周宗将蜀救兵五千馀人
乘高卒至,鼓噪大呼曰:"百万之众方至!"汉军大惊,未及成陈,元等决围
殊死战,遂得入城,迎嚣归冀。吴汉军食尽,乃烧辎重,引兵下陇,盖延、耿
弇亦相随而退。嚣出兵尾击诸营,岑彭为后拒,诸将乃得全军东归;唯祭
遵屯汧不退。吴汉等复屯长安,岑彭还津乡。于是安定、北地、天水、陇西
复反为嚣。

校尉太原温序为嚣将苟宇所获,宇晓譬数四,欲降之。序大怒,叱宇
等曰:"虏何敢迫胁汉将!"因以节挝杀数人。宇众争欲杀之,宇止之曰:
"此义士,死节,可赐以剑。"序受剑,衔须于口,顾左右曰:"既为贼所杀,
无令须污土!"遂伏剑而死。从事王忠持其丧归雒阳,诏赐以冢地,拜三
子为郎。

5 十二月,高句丽王遣使朝贡,帝复其王号。

6 是岁,大水。

九年(癸巳,33)

1 春,正月,颍阳成侯祭遵薨于军;诏冯异并将其营。遵为人,廉约
小心,克己奉公,赏赐尽与士卒,约束严整,所在吏民不知有军。取士皆用
儒术,对酒设乐,必雅歌投壶。临终,遗戒薄葬;问以家事,终无所言。帝
愍悼之尤甚,遵丧至河南,车驾素服临之,望哭哀恸;还,幸城门,阅过丧
车,涕泣不能已;丧礼成,复亲祠以太牢。诏大长秋、谒者、河南尹护丧事,
大司农给费。至葬,车驾复临之;既葬,又临其坟,存见夫人、室家。其后
朝会,帝每叹曰:"安得忧国奉公如祭征虏者乎!"卫尉铫期曰:"陛下至
仁,哀念祭遵不已,群臣各怀惭惧。"帝乃止。

2 隗嚣病且饿,餐糗糒,恚愤而卒。王元、周宗立嚣少子纯为王,总
兵据冀。公孙述遣将赵匡、田弇助纯。帝使冯异击之。

3 公孙述遣其翼江王田戎、大司徒任满、南郡太守程汎将数万人下
江关,击破冯骏等军,遂拔巫及夷道、夷陵,因据荆门、虎牙,横江水起浮
桥、关楼,立攒柱以绝水道,结营跨山以塞陆路,拒汉兵。

4　夏,六月丙戌,帝幸缑氏,登辕辕。

5　吴汉率王常等四将军兵五万馀人击卢芳将贾览、闵堪于高柳;匈奴救之,汉军不利。于是匈奴转盛,钞暴日增。诏朱祐屯常山,王常屯涿郡,破奸将军侯进屯渔阳,以讨虏将军王霸为上谷太守,以备匈奴。

6　帝使来歙悉监护诸将屯长安,太中大夫马援为之副。歙上书曰:"公孙述以陇西、天水为藩蔽,故得延命假息;今二郡平荡,则述智计穷矣。宜益选兵马,储积资粮。今西州新破,兵人疲馑,若招以财谷,则其众可集。臣知国家所给非一,用度不足,然有不得已也!"帝然之。于是诏于汧积谷六万斛,秋八月,来歙率冯异等五将军讨隗纯于天水。

7　骠骑将军杜茂与贾览战于繁畤,茂军败绩。

8　诸羌自王莽末入居塞内,金城属县多为所有。隗嚣不能讨,因就慰纳,发其众与汉相拒。司徒掾班彪上言:"今凉州部皆有降羌。羌胡被发左衽,而与汉人杂处,习俗既异,言语不通,数为小吏黠人所见侵夺,穷恚无聊,故致反叛。夫蛮夷寇乱,皆为此也。旧制,益州部置蛮夷骑都尉,幽州部置领乌桓校尉,凉州部置护羌校尉,皆持节领护,治其怨结,岁时巡行,问所疾苦。又数遣使译,通导动静,使塞外羌夷为吏耳目,州郡因此可得警备。今宜复如旧,以明威防。"帝从之。以牛邯为护羌校尉。

9　盗杀阴贵人母邓氏及弟䜣。帝甚伤之,封贵人弟就为宣恩侯。复召就兄侍中兴,欲封之,置印绶于前。兴固让曰:"臣未有先登陷陈之功,而一家数人,并蒙爵土,令天下觖望,诚不愿!"帝嘉之,不夺其志。贵人问其故,兴曰:"夫外戚家苦不知谦退,嫁女欲配侯王,取妇眄睐公主,愚心实不安也。富贵有极,人当知足,夸奢益为观听所讥。"贵人感其言,深自降挹,卒不为宗亲求位。

10　帝召寇恂还,以渔阳太守郭伋为颍川太守。伋招降山贼赵宏、召吴等数百人,皆遣归附农;因自劾专命,帝不以咎之。后宏、吴等党与闻伋威信,远自江南,或从幽、冀,不期俱降,骆驿不绝。

11　莎车王康卒,弟贤立,攻杀拘弥、西夜王,而使康两子王之。

十年(甲午,34)

1　春,正月吴汉复率捕虏将军王霸等四将军六万人出高柳击贾览,匈奴数千骑救之,连战于平城下,破走之。

2　夏阳节侯冯异等与赵匡、田弇战且一年,皆斩之。隗纯未下,诸将欲且还休兵,异固持不动,共攻落门,未拔。夏,异薨于军。

3　秋，八月己亥，上幸长安。

4　初，隗嚣将安定高峻拥兵据高平第一，建威大将军耿弇等围之，一岁不拔。帝自将征之，寇恂谏曰："长安道里居中，应接近便，安定、陇西必怀震惧；此从容一处，可以制四方也。今士马疲倦，方履险阻，非万乘之固也。前年颍川，可为至戒。"帝不从，进幸汧。峻犹不下，帝遣寇恂往降之。恂奉玺书至第一，峻遣军师皇甫文出谒，辞礼不屈，恂怒，将诛之。诸将谏曰："高峻精兵万人，率多强弩，西遮陇道，连年不下，今欲降之而反戮其使，无乃不可乎？"恂不应，遂斩之，遣其副归告峻曰："军师无礼，已戮之矣！欲降，急降；不欲，固守！"峻惶恐，即日开城门降。诸将皆贺，因曰："敢问杀其使而降其城，何也？"恂曰："皇甫文，峻之腹心，其所取计者也。今来，辞意不屈，必无降心。全之则文得其计，杀之亡其胆，是以降耳。"诸将皆曰："非所及也！"

5　冬，十月，来歙与诸将攻破落门，周宗、行巡、苟宇、赵恢等将隗纯降，王元奔蜀。徙诸隗于京师以东。后隗纯与宾客亡入胡，至武威，捕得，诛之。

6　先零羌与诸种寇金城、陇西，来歙率盖延等进击，大破之，斩首虏数千人。于是开仓廪以赈饥乏，陇右遂安，而凉州流通焉。

7　庚寅，车驾还宫。

十一年（乙未，35）

1　春，三月己酉，帝幸南阳，还幸章陵；庚午，车驾还宫。

2　岑彭屯津乡，数攻田戎等，不克。帝遣吴汉率诛虏将军刘隆等三将，发荆州兵凡六万馀人、骑五千匹，与彭会荆门。彭装战船数十艘，吴汉以诸郡棹卒多费粮谷，欲罢之；彭以为蜀兵盛，不可遣，上书言状。帝报彭曰："大司马习用步骑，不晓水战，荆门之事，一由征南公为重而已。"

闰月，岑彭令军中募攻浮桥，先登者上赏。于是偏将军鲁奇应募而前，时东风狂急，鲁奇船逆流而上，直冲浮桥，而缵柱有反杷钩，奇船不得去；奇等乘势殊死战，因飞炬焚之，风怒火盛，桥楼崩烧。岑彭悉军顺风并进，所向无前，蜀兵大乱，溺死者数千人，斩任满，生获程泛，而田戎走保江州。

彭上刘隆为南郡太守；自率辅威将军臧宫、骁骑将军刘歆长驱入江关。令军中无得虏掠，所过百姓皆奉牛酒迎劳，彭复让不受；百姓大喜，争开门降。诏彭守益州牧，所下郡辄行太守事，彭若出界，即以太守号付后将军。选官属守州中长吏。

　　彭到江州，以其城固粮多，难卒拔，留冯骏守之；自引兵乘利直指垫江，攻破平曲，收其米数十万石。吴汉留夷陵，装露桡继进。

　　3　夏，先零羌寇临洮。来歙荐马援为陇西太守，击先零羌，大破之。

　　4　公孙述以王元为将军，使与领军环安拒河池。六月，来歙与盖延等进攻元、安，大破之，遂克下辨，乘胜遂进。蜀人大惧，使刺客刺歙，未殊，驰召盖延。延见歙，因伏悲哀，不能仰视。歙叱延曰："虎牙何敢然！今使者中刺客，无以报国，故呼巨卿，欲相属以军事，而反效儿女子涕泣乎！刃虽在身，不能勒兵斩公邪！"延收泪强起，受所诫。歙自书表曰："臣夜人定后，为何人所贼伤，中臣要害。臣不敢自惜，诚恨奉职不称，以为朝廷羞。夫理国以得贤为本，太中大夫段襄，骨鲠可任，愿陛下裁察。又臣兄弟不肖，终恐被罪，陛下哀怜，数赐教督。"投笔抽刃而绝。帝闻，大惊，省书揽涕；以扬武将军马成守中郎将代之。歙丧还洛阳，乘舆缟素临吊，送葬。

　　5　赵王良从帝送歙丧还，入夏城门，与中郎将张邯争道，叱邯旋车，又诘责门候，使前走数十步。司隶校尉鲍永劾奏："良无藩臣礼，大不敬。"良尊戚贵重，而永劾之，朝廷肃然。永辟扶风鲍恢为都官从事，恢亦抗直，不避强御。帝常曰："贵戚且敛手以避二鲍。"

　　永行县到霸陵，路经更始墓，下拜，哭尽哀而去；西至扶风，椎牛上苟谏冢。帝闻之，意不平，问公卿曰："奉使如此，何如？"太中大夫张湛对曰："仁者，行之宗，忠者，义之主也；仁不遗旧，忠不忘君，行之高者也。"帝意乃释。

　　6　帝自将征公孙述；秋七月，次长安。

　　7　公孙述使其将延岑、吕鲔、王元、公孙恢悉兵拒广汉及资中，又遣将侯丹率二万馀人拒黄石。岑彭使臧宫将降卒五万，从涪水上平曲，拒延岑，自分兵浮江下还江州，溯都江而上，袭击侯丹，大破之；因晨夜倍道兼行二千馀里，径拔武阳。使精骑驰击广都，去成都数十里，势若风雨，所至皆奔散。初，述闻汉兵在平曲，故遣大兵逆之。及彭至武阳，绕出延岑军后，蜀地震骇。述大惊，以杖击地曰："是何神也！"

　　延岑盛兵于沅水。臧宫众多食少，转输不至，降者皆欲散畔郡邑，复更保聚，观望成败。宫欲引还，恐为所反；会帝遣谒者将兵诣岑彭，有马七百匹，宫矫制取以自益，晨夜进兵，多张旗帜，登山鼓噪，右步左骑，挟船而引，呼声动山谷。岑不意汉军卒至，登山望之，大震恐；宫因纵击，大破之，斩首溺死者万馀人,水为之浊。延岑奔成都,其众悉降,尽获其兵马珍宝。自是乘胜追北,降者以十万数。军至阳乡,王元举众降。

帝与公孙述书,陈言祸福,示以丹青之信。述省书太息,以示所亲。太常常少、光禄勋张隆皆劝述降。述曰:"废兴,命也,岂有降天子哉!"左右莫敢复言。少、隆皆以忧死。

8　帝还自长安。

9　冬,十月,公孙述使刺客诈为亡奴,降岑彭,夜,刺杀彭;太中大夫监军郑兴领其营,以俟吴汉至而授之。彭持军整齐,秋豪无犯。邛縠王任贵闻彭威信,数千里遣使迎降;会彭已被害,帝尽以任贵所献赐彭妻子。蜀人为立庙祠之。

10　马成等破河池,遂平武都。先零诸种羌数万人,屯聚寇钞,拒浩亹隘。成与马援深入讨击,大破之,徙降羌置天水、陇西、扶风。

是时,朝臣以金城破羌之西,涂远多寇,议欲弃之。马援上言:"破羌以西,城多坚牢,易可依固;其田土肥壤,灌溉流通。如令羌在湟中,则为害不休,不可弃也。"帝从之。民归者三千馀口,援为置长吏,缮城郭,起坞候,开沟洫,劝以耕牧,郡中乐业。又招抚塞外氐、羌,皆来降附,援奏复其侯王君长;帝悉从之。乃罢马成军。

11　十二月,吴汉自夷陵将三万人溯江而上,伐公孙述。

12　郭伋为并州牧,过京师,帝问以得失,伋曰:"选补众职,当简天下贤俊,不宜专用南阳人。"是时在位多乡曲故旧,故伋言及之。

资治通鉴卷第四十三

汉纪三十五

世祖光武皇帝中之下

建武十二年（丙申，36）

1　春，正月，吴汉破公孙述将魏党、公孙永于鱼涪津，遂围武阳。述遣子婿史兴救之，汉迎击，破之，因入；犍为界诸县皆城守。诏汉直取广都，据其心腹。汉乃进军攻广都，拔之，遣轻骑烧成都市桥。公孙述将帅恐惧，日夜离叛，述虽诛灭其家，犹不能禁。帝必欲降之，又下诏谕述曰："勿以来歙、岑彭受害自疑，今以时自诣，则宗族完全。诏书手记，不可数得。"述终无降意。

2　秋，七月，冯骏拔江州，获田戎。

3　帝戒吴汉曰："成都十馀万众，不可轻也。但坚据广都，待其来攻，勿与争锋。若不敢来，公转营迫之，须其力疲，乃可击也。"汉乘利，遂自将步骑二万进逼成都；去城十馀里，阻江北为营，作浮桥，使副将武威将军刘尚将万馀人屯于江南，为营相去二十馀里。帝闻之大惊，让汉曰："比敕公千条万端，何意临事勃乱！既轻敌深入，又与尚别营，事有缓急，不复相及。贼若出兵缀公，以大众攻尚，尚破，公即败矣。幸无他者，急引兵还广都。"诏书未到，九月，述果使其大司徒谢丰、执金吾袁吉将众十许万，分为二十馀营，出攻汉，使别将将万馀人劫刘尚，令不得相救。汉与大战一日，兵败，走入壁，丰因围之。汉乃召诸将厉之曰："吾与诸君逾越险阻，转战千里，遂深入敌地，至其城下。而今与刘尚二处受围，势既不接，其祸难量；欲潜师就尚于江南，并兵御之。若能同心一力，人自为战，大功可立；如其不然，败必无馀。成败之机，在此一举。"诸将皆曰："诺。"于是飨士秣马，闭营三日不出，乃多树幡旗，使烟火不绝，夜，衔枚引兵与刘尚合军。丰等不觉，明日，乃分兵拒水北，自将攻江南。汉悉兵迎战，自旦至晡，遂大破之，斩丰、吉。于是引还广都，留刘尚拒述，具以状上，而深自谴责。帝报曰："公还广都，甚得其宜，述必不敢略尚而击公也。若先攻尚，公从广都五十里悉步骑赴之,适当值其危困,破之必矣!"自是汉与述战于广都、成都之间,八战八克,遂军于其郭中。

臧宫拔绵竹,破涪城,斩公孙恢,复攻拔繁、郫,与吴汉会于成都。

4　李通欲避权势,乞骸骨;积二岁,帝乃听上大司空印绶,以特进奉朝请。后有司奏封皇子,帝感通首创大谋,即日,封通少子雄为召陵侯。

5　公孙述困急,谓延岑曰:"事当奈何?"岑曰:"男儿当死中求生,可坐穷乎!财物易聚耳,不宜有爱。"述乃悉散金帛,募敢死士五千馀人以配岑。岑于市桥伪建旗帜,鸣鼓挑战,而潜遣奇兵出吴汉军后袭击破汉,汉堕水,缘马尾得出。汉军馀七日粮,阴具船,欲遁去;蜀郡太守南阳张堪闻之,驰往见汉,说述必败、不宜退师之策。汉从之,乃示弱以挑敌。

冬,十一月,臧宫军咸阳门;戊寅,述自将数万人攻汉,使延岑拒宫。大战,岑三合三胜,自旦及日中,军士不得食,并疲。汉因使护军高午、唐邯将锐卒数万击之,述兵大乱,高午奔陈刺述,洞胸堕马,左右舆入城。述以兵属延岑,其夜,死;明旦,延岑以城降。辛巳,吴汉夷述妻子,尽灭公孙氏,并族延岑,遂放兵大掠,焚述宫室。帝闻之怒,以谴汉。又让刘尚曰:"城降三日,吏民从服,孩儿、老母,口以万数,一旦放兵纵火,闻之可为酸鼻。尚宗室子孙,更尝吏职,何忍行此!仰视天,俯视地,观放麑、啜羹,二者孰仁?良失斩将吊民之义也!"

初,述征广汉李业为博士,业固称疾不起。述羞不能致,使大鸿胪尹融奉诏命以劫业:"若起则受公侯之位,不起赐以毒酒。"融譬旨曰:"方今天下分崩,孰知是非,而以区区之身试于不测之渊乎!朝廷贪慕名德,旷官缺位,于今七年,四时珍御,不以忘君;宜上奉知己,下为子孙,身名俱全,不亦优乎!"业乃叹曰:"古人危邦不入,乱邦不居,为此故也。君子见危授命,何乃诱以高位重饵哉!"融曰:"宜呼室家计之。"业曰:"丈夫断之于心久矣,何妻子之为!"遂饮毒而死。述耻有杀贤之名,遣使吊祠,赙赠百匹,业子翚逃,辞不受。述又聘巴郡谯玄,玄不诣;亦遣使者以毒药劫之,太守自诣玄庐,劝之行,玄曰:"保志全高,死亦奚恨!"遂受毒药。玄子瑛泣血叩头于太守,愿奉家钱千万以赎父死,太守为请,述许之。述又征蜀郡王皓、王嘉,恐其不至,先系其妻子,使者谓嘉曰:"速装,妻子可全。"对曰:"犬马犹识主,况于人乎!"王皓先自刭,以首付使者。述怒,遂诛皓家属。王嘉闻而叹曰:"后之哉!"乃对使者伏剑而死。犍为费贻不肯仕述,漆身为癞,阳狂以避之。同郡任永、冯信皆托青盲以辞征命。帝既平蜀,诏赠常少为太常,张隆为光禄勋。谯玄已卒,祠以中牢,敕所在还其家钱,而表李业之闾。征费贻、任永、冯信,会永、信病卒,独贻仕至合浦太守。上以述将程乌、李育有才干,皆擢用之。于是西土咸悦,莫不归心焉。

初,王莽以广汉文齐为益州太守,齐训农治兵,降集群夷,甚得其和。公孙述时,齐固守拒险,述拘其妻子,许以封侯,齐不降。闻上即位,间道遣使自闻。蜀平,征为镇远将军,封成义侯。

6　十二月辛卯,扬武将军马成行大司空事。

7　是岁,参狼羌与诸种寇武都,陇西太守马援击破之,降者万馀人,于是陇右清静。援务开恩信,宽以待下,任吏以职,但总大体,而宾客故人日满其门。诸曹时白外事,援辄曰:"此丞、掾之任,何足相烦!颇哀老子,使得遨游,若大姓侵小民,黠吏不从令,此乃太守事耳。"傍县尝有报仇者,吏民惊言羌反,百姓奔入城,狄道长诣门,请闭城发兵。援时与宾客饮,大笑曰:"虏何敢复犯我!晓狄道长,归守寺舍。良怖急者,可床下伏!"后稍定,郡中服之。

8　诏:"边吏力不足战则守,追虏料敌,不拘以逗留法。"

9　山桑节侯王常、牟平烈侯耿况、东光成侯耿纯皆薨。况疾病,乘舆数自临幸,复以弇弟广、举并为中郎将。弇兄弟六人,皆垂青紫,省侍医药,当世以为荣。

10　卢芳与匈奴、乌桓连兵,数寇边。帝遣骠骑大将军杜茂等将兵镇守北边,治飞狐道,筑亭障,修烽燧,凡与匈奴、乌桓大小数十百战,终不能克。

11　上诏窦融与五郡太守入朝。融等奉诏而行,官属宾客相随,驾乘千馀两,马牛羊被野。既至,诣城门,上印绶。诏遣使者还侯印绶,引见,赏赐恩宠,倾动京师。寻拜融冀州牧。又以梁统为太中大夫,姑臧长孔奋为武都郡丞。姑臧在河西最为富饶,天下未定,士多不修检操,居县者不盈数月,辄致丰积,奋在职四年,力行清洁,为众人所笑,以为身处脂膏不能自润。及从融入朝,诸守、令财货连毂,弥竟川泽;唯奋无资,单车就路,帝以是赏之。

帝以睢阳令任延为武威太守,帝亲见,戒之曰:"善事上官,无失名誉。"延对曰:"臣闻忠臣不和,和臣不忠。履正奉公,臣子之节;上下雷同,非陛下之福。善事上官,臣不敢奉诏。"帝叹息曰:"卿言是也!"

十三年(丁酉,37)

1　春，正月庚申，大司徒侯霸薨。

2　戊子，诏曰："郡国献异味，其令太官勿复受！远方口实所以荐宗庙，自如旧制。"时异国有献名马者，日行千里，又进宝剑，价直百金。诏以剑赐骑士，马驾鼓车。上雅不喜听音乐，手不持珠玉。尝出猎，车驾夜还，上东门候汝南郅恽拒关不开。上令从者见面于门间，恽曰："火明辽远。"遂不受诏。上乃回，从东中门入，明日，恽上书谏曰："昔文王不敢槃于游田，以万民惟正之供。而陛下远猎山林，夜以继昼，其如社稷宗庙何！"书奏，赐恽布百匹，贬东中门候为参封尉。

3　二月，遣捕虏将军马武屯虖沱河以备匈奴。

4　卢芳攻云中，久不下。其将随昱留守九原，欲胁芳来降；芳知之，与十馀骑亡入匈奴，其众尽归随昱，昱乃诣阙降。诏拜昱五原太守，封镌胡侯。

5　朱祜奏："古者人臣受封，不加王爵。"丙辰，诏长沙王兴、真定王得、河间王邵、中山王茂皆降爵为侯；丁巳，以赵王良为赵公，太原王章为齐公，鲁王兴为鲁公。是时，宗室及绝国封侯者凡一百三十七人。富平侯张纯，安世之四世孙也，历王莽世，以敦谨守约保全前封；建武初，先来诣阙，为侯如故。于是有司奏："列侯非宗室不宜复国。"上曰："张纯宿卫十有馀年，其勿废！"更封武始侯，食富平之半。

6　庚午，以绍嘉公孔安为宋公，承休公姬常为卫公。

7　三月辛未，以沛郡太守韩歆为大司徒。

8　丙子，行大司空马成复为扬武将军。

9　吴汉自蜀振旅而还，至宛，诏过家上冢，赐谷二万斛；夏四月，至京师。于是大飨将士，功臣增邑更封凡三百六十五人，其外戚、恩泽封者四十五人。定封邓禹为高密侯，食四县；李通为固始侯，贾复为胶东侯，食六县；馀各有差。已殁者益封其子孙，或更封支庶。

帝在兵间久，厌武事，且知天下疲耗，思乐息肩，自陇、蜀平后，非警急，未尝复言军旅。皇太子尝问攻战之事，帝曰："昔卫灵公问陈，孔子不对。此非尔所及。"邓禹、贾复知帝偃干戈，修文德，不欲功臣拥众京师，乃去甲兵，敦儒学。帝亦思念，欲完功臣爵土，不令以吏职为过，遂罢左、右将军官。耿弇等亦上大将军、将军印绶，皆以列侯就第，加位特进，奉朝请。

邓禹内行淳备，有子十三人，各使守一艺，修整闺门，教养子孙，皆可以为后世法，资用国邑，不修产利。

贾复为人刚毅方直,多大节,既还私第,阖门养威重。朱祜等荐复宜为宰相,帝方以吏事责三公,故功臣并不用。是时,列侯唯高密、固始、胶东三侯与公卿参议国家大事,恩遇甚厚。帝虽制御功臣,而每能回容,宥其小失。远方贡珍甘,必先遍赐诸侯,而太官无馀,故皆保其福禄,无诛谴者。

10　益州传送公孙述瞽师、郊庙乐器、葆车、舆辇,于是法物始备。时兵革既息,天下少事,文书调役,务从简寡,至乃十存一焉。

11　甲寅,以冀州牧窦融为大司空。融自以非旧臣,一旦入朝,在功臣之右,每召会进见,容貌辞气,卑恭已甚,帝以此愈亲厚之。融小心,久不自安,数辞爵位,上疏曰:“臣融有子,朝夕教导以经艺,不令观天文,见谶记,诚欲令恭肃畏事,恂恂守道,不愿其有才能,何况乃当传以连城广土,享故诸侯王国哉!”因复请间求见,帝不许。后朝罢,逡巡席后,帝知欲有让,遂使左右传出。他日会见,迎诏融曰:“日者知公欲让职还土,故命公暑热且自便;今相见,宜论他事,勿得复言。”融乃不敢重陈请。

12　五月,匈奴寇河东。

十四年(戊戌,38)

1　夏,邛穀王任贵遣使上三年计,即授越巂太守。

2　秋,会稽大疫。

3　冬,莎车王贤、鄯善王安皆遣使奉献。西域苦匈奴重敛,皆愿属汉,复置都护;上以中国新定,不许。

4　太中大夫梁统上疏曰:“臣窃见元帝初元五年,轻殊死刑三十四事,哀帝建平元年,轻殊死刑八十一事;其四十二事手杀人者,减死一等。自是之后,著为常准,故人轻犯法,吏易杀人。臣闻立君之道,仁义为主,仁者爱人,义者正理。爱人以除残为务,正理以去乱为心;刑罚在衷,无取于轻。高帝受命,约令定律,诚得其宜,文帝唯除省肉刑、相坐之法,自馀皆率由旧章。至哀、平继体,即位日浅,听断尚寡。丞相王嘉轻为穿凿,亏除先帝旧约成律,数年之间百有馀事,或不便于理,或不厌民心,谨表其尤害于体者,傅奏于左。愿陛下宣诏有司,详择其善,定不易之典!”事下公卿。光禄勋杜林奏曰:“大汉初兴,蠲除苛政,海内欢欣;及至其后,渐以滋章。果桃菜茹之馈,集以成赃,小事无妨于义,以为大戮。至于法不能禁,令不能止,上下相遁,为敝弥深。臣愚以为宜如旧制,不合翻移。”统复上言曰:“臣之所奏,非曰严刑。经曰:‘爰制百姓,于刑之衷。’衷之为言,不轻不重之谓也。自高祖至于孝宣,海内称治,至初元、建平而盗贼浸多,皆刑罚不衷,愚人易犯之所致也。由此观之,则刑轻之作,反生大患,惠加奸轨,而害及良善也!"事寝,不报。

十五年(己亥,39)

1　春,正月辛丑,大司徒韩歆免。歆好直言,无隐讳,帝每不能容。歆于上前证岁将饥凶,指天画地,言甚刚切,故坐免归田里。帝犹不释,复遣使宣诏责之,歆及子婴皆自杀。歆素有重名,死非其罪,众多不厌;帝乃追赐钱谷,以成礼葬之。

臣光曰:昔高宗命说曰:"若药弗瞑眩,厥疾弗瘳。"夫切直之言,非人臣之利,乃国家之福也。是以人君日夜求之,唯惧弗得闻。惜乎,以光武之世而韩歆用直谏死,岂不为仁明之累哉!

2　丁未,有星孛于昴。

3　以汝南太守欧阳歙为大司徒。

4　匈奴寇钞日盛,州郡不能禁。二月,遣吴汉率马成、马武等北击匈奴,徙雁门、代郡、上谷吏民六万馀口置居庸、常山关以东,以避胡寇。匈奴左部遂复转居塞内,朝廷患之,增缘边兵,部数千人。

5　夏,四月丁巳,封皇子辅为右翊公,英为楚公,阳为东海公,康为济南公,苍为东平公,延为淮阳公,荆为山阳公,衡为临淮公,焉为左翊公,京为琅邪公。癸丑,追谥兄缤为齐武公,兄仲为鲁哀公。帝感缤功业不就,抚育二子章、兴,恩爱甚笃;以其少贵,欲令亲吏事,使章试守平阴令,兴猴氏令;其后章迁梁郡太守,兴迁弘农太守。

6　帝以天下垦田多不以实自占,又户口、年纪互有增减,乃诏下州郡检核。于是刺史、太守多为诈巧,苟以度田为名,聚民田中,并度庐屋、里落,民遮道啼呼;或优饶豪右,侵刻羸弱。

时诸郡各遣使奏事,帝见陈留吏牍上有书,视之云:"颍川、弘农可问,河南、南阳不可问。"帝诘吏由趣,吏不肯服,抵言"于长寿街上得之"。帝怒。时东海公阳年十二,在幄后言曰:"吏受郡敕,当欲以垦田相方耳。"帝曰:"即如此,何故言河南、南阳不可问?"对曰:"河南帝城,多近臣;南阳帝乡,多近亲;田宅逾制,不可为准。"帝令虎贲将诘问吏,吏乃实首服,如东海公对。上由是益奇爱阳。

遣谒者考实二千石长吏阿枉不平者。冬,十一月甲戌,大司徒歙坐前为汝南太守,度田不实,赃罪千馀万,下狱。歙世授尚书,八世为博士,诸生守阙为歆求哀者千馀人,至有自髡剔者。平原礼震,年十七,求代歆死;帝竟不赦,歆死狱中。

7　十二月庚午,以关内侯戴涉为大司徒。

8　卢芳自匈奴复入居高柳。

9　是岁,骠骑大将军杜茂坐使军吏杀人,免。使扬武将军马成代茂,缮治障塞,十里一候,以备匈奴。使骑都尉张堪领杜茂营,击破匈奴于高柳。拜堪渔阳太守。堪视事八年,匈奴不敢犯塞,劝民耕稼,以致殷富。百姓歌曰:“桑无附枝,麦穗两岐。张君为政,乐不可支!”

10　安平侯盖延薨。

11　交趾麓泠县雒将女子徵侧,甚雄勇,交趾太守苏定以法绳之,徵侧忿怨。

十六年(庚子,40)

1　春,二月,徵侧与其妹徵贰反,九真、日南、合浦蛮俚皆应之,凡略六十五城,自立为王,都麓泠。交趾刺史及诸太守仅得自守。

2　三月辛丑晦,日有食之。

3　秋,九月,河南尹张伋及诸郡守十馀人皆坐度田不实,下狱死。后上从容谓虎贲中郎将马援曰:“吾甚恨前杀守、相多也!”对曰:“死得其罪,何多之有!但死者既往,不可复生也!”上大笑。

4　郡国群盗处处并起,郡县追讨,到则解散,去复屯结,青、徐、幽、冀四州尤甚。冬十月,遣使者下郡国,听群盗自相纠摘,五人共斩一人者,除其罪;吏虽逗留回避故纵者,皆勿问,听以禽讨为效。其牧守令长坐界内有盗贼而不收捕者,又以畏愞捐城委守者,皆不以为负,但取获贼多少为殿最,唯蔽匿者乃罪之。于是更相追捕,贼并解散,徙其魁帅于他郡,赋田受禀,使安生业。自是牛马放牧不收,邑门不闭。

5　卢芳与闵堪使使请降,帝立芳为代王,堪为代相,赐缯二万匹,因使和集匈奴。芳上疏谢,自陈思望阙庭;诏报芳朝明年正月。

初,匈奴闻汉购求芳,贪得财帛,故遣芳还降。既而芳以自归为功,不称匈奴所遣,单于复耻言其计,故赏遂不行。由是大恨,入寇尤深。

6　马援奏,宜如旧铸五铢钱,上从之;天下赖其便。

7　卢芳入朝,南及昌平,有诏止,令更朝明岁。

十七年(辛丑,41)

1 春,正月,赵孝公良薨。初,怀县大姓李子春二孙杀人,怀令赵憙穷治其奸,二孙自杀,收系子春。京师贵戚为请者数十,憙终不听。及良病,上临视之,问所欲言,良曰:"素与李子春厚,今犯罪,怀令赵憙欲杀之,愿乞其命。"帝曰:"吏奉法律,不可枉也。更道他所欲。"良无复言。既薨,上追思良,乃贳出子春。迁憙为平原太守。

2 二月乙未晦,日有食之。

3 夏,四月乙卯,上行幸章陵;五月乙卯,还宫。

4 六月癸巳,临淮怀公衡薨。

5 妖贼李广攻没皖城,遣虎贲中郎将马援、骠骑将军段志讨之。秋,九月,破皖城,斩李广。

6 郭后宠衰,数怀怨怼,上怒之。冬,十月辛巳,废皇后郭氏,立贵人阴氏为皇后。诏曰:"异常之事,非国休福,不得上寿称庆。"郅恽言于帝曰:"臣闻夫妇之好,父不能得之于子,况臣能得之于君乎!是臣所不敢言。虽然,愿陛下念其可否之计,无令天下有议社稷而已。"帝曰:"恽善恕己量主,知我必不有所左右而轻天下也!"帝进郭后子右翊公辅为中山王,以常山郡益中山国,郭后为中山太后;其馀九国公皆为王。

7 甲申,帝幸章陵,修园庙,祠旧宅,观田庐,置酒作乐,赏赐。时宗室诸母因酺悦相与语曰:"文叔少时谨信,与人不款曲,唯直柔耳,今乃能如此!"帝闻之,大笑曰:"吾治天下,亦欲以柔道行之。"十二月,还自章陵。

8 是岁,莎车王贤复遣使奉献,请都护;帝赐贤西域都护印绶及车旗、黄金、锦绣。敦煌太守裴遵上言:"夷狄不可假以大权;又令诸国失望。"诏书收还都护印绶,更赐贤以汉大将军印绶;其使不肯易,遵迫夺之。贤由是始恨,而犹诈称大都护,移书诸国,诸国悉服属焉。

9 匈奴、鲜卑、赤山乌桓数连兵入塞,杀略吏民;诏拜襄贲令祭肜为辽东太守。肜有勇力,虏每犯塞,常为士卒锋,数破走之。肜,遵之从弟也。

10 徵侧等寇乱连年,诏长沙、合浦、交趾具车船,修道桥,通障溪,储粮谷。拜马援为伏波将军,以扶乐侯刘隆为副,南击交趾。

十八年(壬寅,42)

1 春,二月,蜀郡守将史歆反,攻太守张穆,穆逾城走;宕渠杨伟等起兵以应歆。帝遣吴汉等将万馀人讨之。

2　甲寅,上行幸长安;三月,幸蒲坂,祠后土。

3　马援缘海而进,随山刊道千馀里,至浪泊上,与徵侧等战,大破之,追至禁溪,贼遂散走。

4　夏,四月甲戌,车驾还宫。

5　戊申,上行幸河内;戊子,还宫。

6　五月,旱。

7　卢芳自昌平还,内自疑惧,遂复反,与闵堪相攻连月。匈奴遣数百骑迎芳出塞。芳留匈奴中十馀年,病死。

8　吴汉发广汉、巴、蜀三郡兵,围成都百馀日,秋,七月,拔之,斩史歆等。汉乃乘桴沿江下巴郡,杨伟等惶恐解散。汉诛其渠帅,徙其党与数百家于南郡、长沙而还。

9　冬,十月庚辰,上幸宜城;还,祠章陵;十二月,还宫。

10　是岁,罢州牧,置刺史。

11　五官中郎将张纯与太仆朱浮奏议:"礼,为人子,事大宗,降其私亲。当除今亲庙四,以先帝四庙代之。"大司徒涉等奏"立元、成、哀、平四庙"。上自以昭穆次第,当为元帝后。

十九年(癸卯,43)

1　春,正月庚子,追尊宣帝曰中宗。始祠昭帝、元帝于太庙,成帝、哀帝、平帝于长安,舂陵节侯以下于章陵;其长安、章陵,皆太守、令、长侍祠。

2　马援斩徵侧、徵贰。

3　妖贼单臣、傅镇等相聚入原武城,自称将军。诏太中大夫臧宫将兵围之,数攻不下,士卒死伤。帝召公卿、诸侯王问方略,皆曰:"宜重其购赏。"东海王阳独曰:"妖巫相劫,势无久立,其中必有悔欲亡者,但外围急,不得走耳。宜小挺缓,令得逃亡,逃亡,则一亭长足以禽矣。"帝然之,即敕宫彻围缓贼,贼众分散。夏四月,拔原武,斩臣、镇等。

4　马援进击徵侧徐党都阳等,至居风,降之;峤南悉平。援与越人申明旧制以约束之,自后骆越奉行马将军故事。

5　闰月戊申,进赵、齐、鲁三公爵皆为王。

6　郭后既废,太子彊意不自安。郅恽说太子曰:"久处疑位,上违孝道,下近危殆,不如辞位以奉养母氏。"太子从之,数因左右及诸王陈其恳诚,愿备藩国。上不忍,迟回者数岁。六月戊申,诏曰:"春秋之义,立子以贵。东海王阳,皇后之子,宜承大统。皇太子彊,崇执谦退,愿备藩国,父子之情,重久违之。其以彊为东海王,立阳为皇太子,改名庄。"

　　　　袁宏论曰:夫建太子,所以重宗统,一民心也,非有大恶于天下,不可移也。世祖中兴汉业,宜遵正道以为后法。今太子之德未亏于外,内宠既多,嫡子迁位,可谓失矣。然东海归藩,谦恭之心弥亮;明帝承统,友于之情愈笃,虽长幼易位,兴废不同,父子兄弟,至性无间。夫以三代之道处之,亦何以过乎!

　　7　帝以太子舅阴识守执金吾,阴兴为卫尉,皆辅导太子。识性忠厚,入虽极言正议,及与宾客语,未尝及国事。帝敬重之,常指识以敕戒贵戚,激厉左右焉。兴虽礼贤好施,而门无游侠,与同郡张宗、上谷鲜于裒不相好,知其有用,犹称所长而达之;友人张汜、杜禽,与兴厚善,以为华而少实,但私之以财,终不为言;是以世称其忠。

　　上以沛国桓荣为议郎,使授太子经。车驾幸太学,会诸博士论难于前,荣辨明经义,每以礼让相厌,不以辞长胜人,儒者莫之及,特加赏赐。又诏诸生雅歌击磬,尽日乃罢。帝使左中郎将汝南锺兴授皇太子及宗室诸侯春秋,赐兴爵关内侯。兴辞以无功,帝曰:"生教训太子及诸王侯,非大功耶?"兴曰:"臣师少府丁恭。"于是复封恭,而兴遂固辞不受。

　　8　陈留董宣为雒阳令。湖阳公主苍头白日杀人,因匿主家,吏不能得。及主出行,以奴骖乘,宣于夏门亭候之,驻车叩马,以刀画地,大言数主之失;叱奴下车,因格杀之。主即还宫诉帝,帝大怒,召宣,欲棰杀之。宣叩头曰:"愿乞一言而死。"帝曰:"欲何言?"宣曰:"陛下圣德中兴,而纵奴杀人,将何以治天下乎?臣不须棰,请得自杀!"即以头击楹,流血被面。帝令小黄门持之。使宣叩头谢主,宣不从,强使顿之,宣两手据地,终不肯俯。主曰:"文叔为白衣时,藏亡匿死,吏不敢至门;今为天子,威不能行一令乎?"帝笑曰:"天子不与白衣同!"因敕:"强项令出!"赐钱三十万,宣悉以班诸吏。由是能搏击豪强,京师莫不震栗。

　　9　九月壬申,上行幸南阳;进幸汝南南顿县舍,置酒会,赐吏民,复南顿田租一岁。父老前叩头言:"皇考居此日久,陛下识知寺舍,每来辄加厚恩,愿赐复十年。"帝曰:"天下重器,常恐不任,日复一日,安敢远期十岁乎!"吏民又言:"陛下实惜之,何言谦也!"帝大笑,复增一岁。进幸淮阳、梁、沛。

　　10　西南夷栋蚕反,杀长吏;诏武威将军刘尚讨之。路由越嶲,邛谷王任贵恐尚既定南边,威法必行,己不得自放纵;即聚兵起营,多酿毒酒,欲先劳军,因袭击尚。尚知其谋,即分兵先据邛都,遂掩任贵,诛之。

二十年（甲辰，44）

1　春，二月戊子，车驾还宫。

2　夏，四月庚辰，大司徒<u>戴涉</u>坐入故太仓令<u>奚涉</u>罪，下狱死。帝以三公连职，策免大司空<u>窦融</u>。

3　<u>广平忠侯吴汉</u>病笃，车驾亲临，问所欲言，对曰："臣愚，无所知识，惟愿陛下慎无赦而已。"五月辛亥，<u>汉</u>薨，诏送葬如大将军<u>霍光</u>故事。

<u>汉</u>性强力，每从征伐，帝未安，常侧足而立。诸将见战陈不利，或多惶惧，失其常度，<u>汉</u>意气自若，方整厉器械，激扬吏士。帝时遣人观大司马何为，还言方修战攻之具，乃叹曰："<u>吴公</u>差强人意，隐若一敌国矣！"每当出师，朝受诏，夕则引道，初无辨严之日。及在朝廷，斤斤谨质，形于体貌。<u>汉</u>尝出征，妻子在后买田业，<u>汉</u>还，让之曰："军师在外，吏士不足，何多买田宅乎！"遂尽以分与昆弟、外家。故能任职以功名终。

4　匈奴寇<u>上党</u>、<u>天水</u>，遂至<u>扶风</u>。

5　帝苦风眩，疾甚，以<u>阴兴</u>领侍中，受顾命于<u>云台广室</u>。会疾瘳，召见<u>兴</u>，欲以代<u>吴汉</u>为大司马，<u>兴</u>叩头流涕固让，曰："臣不敢惜身，诚亏损圣德，不可苟冒！"至诚发中，感动左右，帝遂听之。太子太傅<u>张湛</u>，自<u>郭后</u>之废，称疾不朝，帝强起之，欲以为司徒，<u>湛</u>固辞疾笃，不能复任朝事，遂罢之。

六月庚寅，以<u>广汉</u>太守<u>河内蔡茂</u>为大司徒，太仆<u>朱浮</u>为大司空。壬辰，以左中郎将<u>刘隆</u>为骠骑将军，行大司马事。

6　乙未，徙<u>中山王辅</u>为<u>沛王</u>。以<u>郭况</u>为大鸿胪，帝数幸其第，赏赐金帛，丰盛莫比，京师号<u>况</u>家为"金穴"。

7　秋，九月，<u>马援</u>自<u>交趾</u>还，<u>平陵孟冀</u>迎劳之。<u>援</u>曰："方今匈奴、乌桓尚扰北边，欲自请击之，男儿要当死于边野，以马革裹尸还葬耳，何能卧床上在儿女子手中邪！"<u>冀</u>曰："谅！为烈士当如是矣！"

8　冬，十月甲午，上行幸<u>鲁</u>、<u>东海</u>、<u>楚</u>、<u>沛国</u>。

9　十二月，匈奴寇<u>天水</u>、<u>扶风</u>、<u>上党</u>。

10　壬寅，车驾还宫。

11　<u>马援</u>自请击匈奴，帝许之，使出屯<u>襄国</u>，诏百官祖道。<u>援</u>谓黄门郎<u>梁松</u>、<u>窦固</u>曰："凡人富贵，当使可复贱也；如卿等欲不可复贱，居高坚自持。勉思鄙言！"<u>松</u>，<u>统</u>之子；<u>固</u>，<u>友</u>之子也。

12　<u>刘尚</u>进兵与<u>栋蚕</u>等连战，皆破之。

二十一年（乙巳，45）

1　春，正月，追至不韦，斩栋蚕帅，西南诸夷悉平。

2　乌桓与匈奴、鲜卑连兵为寇，代郡以东尤被乌桓之害；其居止近塞，朝发穹庐，暮至城郭，五郡民庶，家受其辜，至于郡县损坏，百姓流亡，边陲萧条，无复人迹。秋，八月，帝遣马援与谒者分筑堡塞，稍兴立郡县，或空置太守、令、长，招还人民。乌桓居上谷塞外白山者最为强富，援将三千骑击之，无功而还。

3　鲜卑万馀骑寇辽东，太守祭肜率数千人迎击之，自被甲陷陈；虏大奔，投水死者过半，遂穷追出塞；虏急，皆弃兵裸身散走。是后鲜卑震怖，畏肜，不敢复窥塞。

4　冬，匈奴寇上谷、中山。

5　莎车王贤浸以骄横，欲兼并西域，数攻诸国，重求赋税，诸国愁惧。车师前王、鄯善、焉耆等十八国俱遣子入侍，献其珍宝；及得见，皆流涕稽首，愿得都护。帝以中国初定，北边未服，皆还其侍子，厚赏赐之。诸国闻都护不出，而侍子皆还，大忧恐，乃与敦煌太守檄：“愿留侍子以示莎车，言侍子见留，都护寻出，冀且息其兵。”裴遵以状闻，帝许之。

二十二年（丙午，46）

1　春，闰正月丙戌，上幸长安；二月己巳，还雒阳。

2　夏，五月乙未晦，日有食之。

3　秋，九月戊辰，地震。

4　冬，十月壬子，大司空朱浮免；癸丑，以光禄勋杜林为大司空。

初，陈留刘昆为江陵令，县有火灾，昆向火叩头，火寻灭；后为弘农太守，虎皆负子渡河。帝闻而异之，征昆代林为光禄勋。帝问昆曰：“前在江陵，反风灭火，后守弘农，虎北渡河，行何德政而致是事？”对曰：“偶然耳。”左右皆笑，帝叹曰：“此乃长者之言也！”顾命书诸策。

5　是岁，青州蝗。

6　匈奴单于舆死，子左贤王乌达鞮侯立；复死，弟左贤王蒲奴立。匈奴中连年旱蝗，赤地数千里，人畜饥疫，死耗太半。单于畏汉乘其敝，乃遣使诣渔阳求和亲；帝遣中郎将李茂报命。

7　乌桓乘匈奴之弱，击破之，匈奴北徙数千里，幕南地空。诏罢诸边郡亭候、吏卒，以币帛招降乌桓。

8　西域诸国侍子久留敦煌,皆愁思亡归。莎车王贤知都护不至,击破鄯善,攻杀龟兹王。鄯善王安上书:"愿复遣子入侍,更请都护;都护不出,诚迫于匈奴。"帝报曰:"今使者大兵未能得出,如诸国力不从心,东西南北自在也。"于是鄯善、车师复附匈奴。

班固论曰:孝武之世,图制匈奴,患其兼从西国,结党南羌,乃表河曲列四郡,开玉门,通西域,以断匈奴右臂,隔绝南羌、月氏;单于失援,由是远遁,而幕南无王庭。遭值文、景玄默,养民五世,财力有馀,士马强盛,故能睹犀布、玳瑁,则建珠崖七郡;感蒟酱、竹杖,则开牂柯、越巂;闻天马、蒲陶,则通大宛、安息;自是殊方异物,四面而至。于是开苑囿,广宫室,盛帷帐,美服玩,设酒池肉林以飨四夷之客,作鱼龙角抵之戏以观视之;及赂遗赠送,万里相奉,师旅之费,不可胜计。至于用度不足,乃榷酒酤,管盐铁,铸白金,造皮币,算至车船,租及六畜。民力屈,财用竭,因之以凶年,寇盗并起,道路不通,直指之使始出,衣绣杖斧,断斩于郡国,然后胜之。是以末年遂弃轮台之地而下哀痛之诏,岂非仁圣之所悔哉!

且通西域,近有龙堆,远则葱岭,身热、头痛、悬度之厄,淮南、杜钦、扬雄之论,皆以为此天地所以界别区域,绝外内也。西域诸国,各有君长,兵众分弱,无所统一,虽属匈奴,不相亲附;匈奴能得其马畜、旄罽而不能统率,与之进退。与汉隔绝,道里又远,得之不为益,弃之不为损,盛德在我,无取于彼。故自建武以来,西域思汉威德,咸乐内属,数遣使置质于汉,愿请都护。圣上远览古今,因时之宜,辞而未许;虽大禹之序西戎,周公之让白雉,太宗之却走马,义兼之矣!

资治通鉴卷第四十四

汉纪三十六

世祖光武皇帝下

建武二十三年（丁未,47）

1 春,正月,南郡蛮叛;遣武威将军刘尚讨破之。

2 夏,五月丁卯,大司徒蔡茂薨。

3 秋,八月丙戌,大司空杜林薨。

4 九月辛未,以陈留太守玉况为大司徒。

5 冬,十月丙申,以太仆张纯为大司空。

6 武陵蛮精夫相单程等反,遣刘尚发兵万馀人溯沅水入武溪击之。尚轻敌深入,蛮乘险邀之,尚一军悉没。

7 初,匈奴单于舆弟右谷蠡王知牙师以次当为左贤王,左贤王次即当为单于。单于欲传其子,遂杀知牙师。乌珠留单于有子曰比,为右奥鞬日逐王,领南边八部。比见知牙师死,出怨言曰:“以兄弟言之,右谷蠡王次当立;以子言之,我前单于长子,我当立!”遂内怀猜惧,庭会稀阔。单于疑之,乃遣两骨都侯监领比所部兵。及单于蒲奴立,比益恨望,密遣汉人郭衡奉匈奴地图诣西河太守求内附。两骨都侯颇觉其意,会五月龙祠,劝单于诛比。比弟渐将王在单于帐下,闻之,驰以报比。比遂聚八部兵四五万人,待两骨都侯还,欲杀之。骨都侯且到,知其谋,亡去。单于遣万骑击之,见比众盛,不敢进而还。

8 是岁,鬲侯朱祜卒。祜为人质直,尚儒学;为将多受降,以克定城邑为本,不存首级之功。又禁制士卒不得虏掠百姓,军人乐放纵,多以此怨之。

二十四年（戊申,48）

1 春,正月乙亥,赦天下。

2 匈奴八部大人共议立日逐王比为呼韩邪单于,款五原塞,愿永为藩蔽,扞御北虏。事下公卿,议者皆以为"天下初定,中国空虚,夷狄情伪难知,不可许"。五官中郎将耿国独以为"宜如孝宣故事,受之,令东扞鲜卑,北拒匈奴,率厉四夷,完复边郡"。帝从之。

3　秋,七月,武陵蛮寇临沅;遣谒者李嵩、中山太守马成讨之,不克。马援请行,帝愍其老,未许,援曰:"臣尚能被甲上马。"帝令试之。援据鞍顾眄,以示可用,帝笑曰:"矍铄哉是翁!"遂遣援率中郎将马武、耿舒等将四万馀人征五溪。援谓友人杜愔曰:"吾受厚恩,年迫日索,常恐不得死国事;今获所愿,甘心瞑目,但畏长者家儿或在左右,或与从事,殊难得调,介介独恶是耳!"

4　冬,十月,匈奴日逐王比自立为南单于,遣使诣阙奉藩称臣。上以问朗陵侯臧宫。宫曰:"匈奴饥疫分争,臣愿得五千骑以立功。"帝笑曰:"常胜之家,难与虑敌,吾方自思之。"

二十五年(己酉,49)

1　春,正月,辽东徼外貊人寇边,太守祭肜招降之。肜又以财利抚纳鲜卑大都护偏何,使招致异种,骆驿款塞。肜曰:"审欲立功,当归击匈奴,斩送头首,乃信耳。"偏何等即击匈奴,斩首二千馀级,持头诣郡。其后岁岁相攻,辄送首级,受赏赐。自是匈奴衰弱,边无寇警,鲜卑、乌桓并入朝贡。肜为人质厚重毅,抚夷狄以恩信,故皆畏而爱之,得其死力。

2　南单于遣其弟左贤王莫将兵万馀人击北单于弟薁鞬左贤王,生获之;北单于震怖,却地千馀里。北部薁鞬骨都侯与右骨都侯率众三万馀人归南单于。三月,南单于复遣使诣阙贡献,求使者监护,遣侍子,修旧约。

3　戊申晦,日有食之。

4　马援军至临乡,击破蛮兵,斩获二千馀人。

初,援尝有疾,虎贲中郎将梁松来候之,独拜床下,援不答。松去后,诸子问曰:"梁伯孙,帝婿,贵重朝廷,公卿已下莫不惮之,大人奈何独不为礼?"援曰:"我乃松父友也,虽贵,何得失其序乎!"

援兄子严、敦并喜讥议,通轻侠,援前在交趾,还书诫之曰:"吾欲汝曹闻人过失,如闻父母之名,耳可得闻,口不可得言也。好论议人长短,妄是非政法,此吾所大恶也;宁死,不愿闻子孙有此行也。龙伯高敦厚周慎,口无择言,谦约节俭,廉公有威,吾爱之重之,愿汝曹效之。杜季良豪侠好义,忧人之忧,乐人之乐,父丧致客,数郡毕至,吾爱之重之,不愿汝曹效也。效伯高不得,犹为谨敕之士,所谓'刻鹄不成尚类鹜'者也;效季良不得,陷为天下轻薄子,所谓'画虎不成反类狗'者也。"伯高者,山都长龙述也;季良者,越骑司马杜保也,皆京兆人。会保仇人上书,讼"保为行浮薄,乱群惑众,伏波将军万里还书以诫兄子,而梁松、窦固与之交结,将扇其轻伪,败乱诸夏"。书奏,帝召责松、固,以讼书及援诫书示之,松、固叩头流血,而得不罪。诏免保官,擢拜龙述为零陵太守。松由是恨援。

及援讨武陵蛮,军次下隽,有两道可入,从壶头则路近而水崄,从充则涂夷而运远。耿舒欲从充道;援以为弃日费粮,不如进壶头,扼其喉咽,充贼自破;以事上之,帝从援策。进营壶头,贼乘高守隘,水疾,船不得上;会暑甚,士卒多疫死,援亦中病,乃穿岸为室以避炎气。贼每升险鼓噪,援辄曳足以观之,左右哀其壮意,莫不为之流涕。耿舒与兄好畤侯弇书曰:"前舒上书当先击充,粮虽难运而兵马得用,军人数万,争欲先奋。今壶头竟不得进,大众怫郁行死,诚可痛惜!前到临乡,贼无故自致,若夜击之,即可殄灭,伏波类西域贾胡,到一处辄止,以是失利。今果疾疫,皆如舒言。"弇得书奏之,帝乃使梁松乘驿责问援,因代监军。

会援卒,松因是构陷援。帝大怒,追收援新息侯印绶。初,援在交趾,常饵薏苡实,能轻身,胜障气,军还,载之一车。及卒后,有上书谮之者,以为前所载还皆明珠文犀。帝益怒。

援妻孥惶惧,不敢以丧还旧茔,稿葬城西,宾客故人,莫敢吊会。严与援妻子草索相连,诣阙请罪。帝乃出松书以示之,方知所坐,上书诉冤,前后六上,辞甚哀切。

前云阳令扶风朱勃,诣阙上书曰:"窃见故伏波将军马援,拔自西州,钦慕圣义,间关险难,触冒万死,经营陇、冀,谋如涌泉,势如转规,兵动有功,师进辄克。诛锄先零,飞矢贯胫;出征交趾,与妻子生诀。间复南讨,立陷临乡,师已有业,未竟而死,吏士虽疫,援不独存。夫战或以久而立功,或以速而致败,深入未必为得,不进未必为非,人情岂乐久屯绝地不生归哉!惟援得事朝廷二十二年,北出塞漠,南渡江海,触冒害气,僵死军事,名灭爵绝,国土不传,海内不知其过,众庶未闻其毁,家属杜门,葬不归墓,怨隙并兴,宗亲怖栗,死者不能自列,生者莫为之讼,臣窃伤之!夫明主酬于用赏,约于用刑,高祖尝与陈平金四万斤以间楚军,不问出入所为,岂复疑以钱谷间哉!愿下公卿,平援功罪,宜绝宜续,以厌海内之望。"帝意稍解。

初,勃年十二,能诵诗、书,常候援兄况,辞言娴雅,援裁知书,见之自失。况知其意,乃自酌酒慰援曰:"朱勃小器速成,智尽此耳,卒当从汝禀

学,勿畏也。"勃未二十,右扶风请试守渭城宰。及援为将军封侯,而勃位
不过县令。援后虽贵,常待以旧恩而卑侮之,勃愈身自亲。及援遇谗,唯
勃能终焉。

　　谒者南阳宗均监援军,援既卒,军士疫死者太半,蛮亦饥困。均乃与
诸将议曰:"今道远士病,不可以战,欲权承制降之,何如?"诸将皆伏地莫
敢应。均曰:"夫忠臣出竟,有可以安国家,专之可也。"乃矫制调伏波司
马吕种守沅陵长,命种奉诏书入虏营,告以恩信,因勒兵随其后。蛮夷震
怖,冬十月,共斩其大帅而降。于是均入贼营,散其众,遣归本郡,为置长
吏而还,群蛮遂平。均未至,先自劾矫制之罪。上嘉其功,迎,赐以金帛,
令过家上冢。

　　5　是岁,辽西乌桓大人郝旦等率众内属,诏封乌桓渠帅为侯、王、君
长者八十一人,使居塞内,布于缘边诸郡,令招来种人,给其衣食,遂为汉
侦候,助击匈奴、鲜卑。时司徒掾班彪上言:"乌桓天性轻黠,好为寇贼,
若久放纵而无总领者,必复掠居人,但委主降掾吏,恐非所能制。臣愚以
为宜复置乌桓校尉,诚有益于附集,省国家之边虑。"帝从之,于是始复置
校尉于上谷宁城,开营府,并领鲜卑赏赐、质子,岁时互市焉。

二十六年(庚戌,50)

　　1　正月,诏增百官奉,其千石已上,减于西京旧制,六百石已下,增于
旧秩。

　　2　初作寿陵。帝曰:"古者帝王之葬,皆陶人、瓦器、木车、茅马,使
后世之人不知其处。太宗识终始之义,景帝能述遵孝道,遭天下反覆,而
霸陵独完受其福,岂不美哉!今所制地不过二三顷,无为山陵陂池,裁令
流水而已。使迭兴之后,与丘陇同体。"

　　3　诏遣中郎将段郴、副校尉王郁使南匈奴,立其庭,去五原西部塞八
十里。使者令单于伏拜受诏,单于顾望有顷,乃伏称臣。拜讫,令译晓使
者曰:"单于新立,诚惭于左右,愿使者众中无相屈折也。"诏听南单于入
居云中,始置使匈奴中郎将,将兵卫护之。

　　4　夏,南单于所获北虏薁鞬左贤王将其众及南部五骨都侯合三万
馀人畔归,去北庭三百馀里,自立为单于。月馀,日更相攻击,五骨都侯皆
死,左贤王自杀,诸骨都侯子各拥兵自守。

　　5　秋,南单于遣子入侍。诏赐单于冠带、玺绶、车马、金帛、甲兵、什
器。又转河东米糒二万五千斛,牛羊三万六千头以赡给之。令中郎将将

弛刑五十人,随单于所处,参辞讼,察动静。单于岁尽辄遣奉奏,送侍子入朝,汉遣谒者送前侍子还单于庭,赐单于及阏氏、左右贤王以下缯彩合万匹,岁以为常。于是云中、五原、朔方、北地、定襄、雁门、上谷、代八郡民归于本土。遣谒者分将弛刑,补治城郭,发遣边民在中国者布诸县,皆赐以装钱,转给粮食。时城郭丘墟,扫地更为,上乃悔前徙之。

6 冬,南匈奴五骨都侯子复将其众三千人归南部,北单于使骑追击,悉获其众。南单于遣兵拒之,逆战不利,于是复诏单于徙居西河美稷,因使段彬、王郁留西河拥护之,令西河长史岁将骑二千、弛刑五百人助中郎将卫护单于,冬屯夏罢,自后以为常。南单于既居西河,亦列置诸部王,助汉扞戍北地、朔方、五原、云中、定襄、雁门、代郡,皆领部众,为郡县侦逻耳目。北单于惶恐,颇还所掠汉民以示善意,钞兵每到南部下,还过亭候,辄谢曰:"自击亡虏奠鞬日逐耳,非敢犯汉民也。"

二十七年(辛亥,51)

1 夏,四月戊午,大司徒玉况薨。

2 五月丁丑,诏司徒、司空并去"大"名,改大司马为太尉。骠骑大将军行大司马刘隆即日罢,以太仆赵熹为太尉,大司农冯勤为司徒。

3 北匈奴遣使诣武威求和亲,帝召公卿廷议,不决。皇太子言曰:"南单于新附,北房惧于见伐,故倾耳而听,争欲归义耳。今未能出兵而反交通北房,臣恐南单于将有二心,北房降者且不复来矣。"帝然之,告武威太守勿受其使。

4 朗陵侯臧宫、扬虚侯马武上书曰:"匈奴贪利,无有礼信,穷则稽首,安则侵盗。房今人畜疫死,旱蝗赤地,疲困乏力,不当中国一郡,万里死命,县在陛下。福不再来,时或易失,岂宜固守文德而堕武事乎!今命将临塞,厚悬购赏,喻告高句骊、乌桓、鲜卑攻其左,发河西四郡、天水、陇西羌胡击其右,如此,北房之灭,不过数年。臣恐陛下仁恩不忍,谋臣狐疑,令万世刻石之功不立于圣世!"诏报曰:"黄石公记曰:'柔能制刚,弱能制强。舍近谋远者,劳而无功;舍远谋近者,逸而有终。故曰:务广地者荒,务广德者强,有其有者安,贪人有者残。残灭之政,虽成必败。'今国无善政,灾变不息,百姓惊惶,人不自保,而复欲远事边外乎!孔子曰:'吾恐季孙之忧不在颛臾。'且北狄尚强,而屯田警备,传闻之事,恒多失实。诚能举天下之半以灭大寇,岂非至愿!苟非其时,不如息民。"自是诸将莫敢复言兵事者。

5　上问赵熹以久长之计,熹请遣诸王就国。冬,上始遣鲁王兴、齐王石就国。

6　是岁,帝舅寿张恭侯樊宏薨。宏为人,谦柔畏慎,每当朝会,辄迎期先到,俯伏待事;所上便宜,手自书写,毁削草本;公朝访逮,不敢众对。宗族染其化,未尝犯法。帝甚重之。及病困,遗令薄葬,一无所用。以为棺枢一藏,不宜复见,如有腐败,伤孝子之心,使与夫人同坟异藏。帝善其令,以书示百官,因曰:"今不顺寿张侯意,无以彰其德;且吾万岁之后,欲以为式。"

二十八年(壬子,52)

1　春,正月己巳,徙鲁王兴为北海王;以鲁益东海。帝以东海王彊去就有礼,故优以大封,食二十九县,赐虎贲、旄头,设钟虡之乐,拟于乘舆。

2　夏,六月丁卯,沛太后郭氏薨。

3　初,马援兄子婿王磐,平阿侯仁之子也。王莽败,磐拥富赀为游侠,有名江、淮间。后游京师,与诸贵戚友善,援谓姊子曹训曰:"王氏,废姓也,子石当屏居自守,而反游京师长者,用气自行,多所陵折,其败必也。"后岁馀,磐坐事死,磐子肃复出入王侯邸第。时禁罔尚疏,诸王皆在京师,竞修名誉,招游士。马援谓司马吕种曰:"建武之元,名为天下重开,自今以往,海内日当安耳。但忧国家诸子并壮而旧防未立,若多通宾客,则大狱起矣。卿曹戒慎之!"至是,有上书告肃等受诛之家,为诸王宾客,虑因事生乱。会更始之子寿光侯鲤得幸于沛王,怨刘盆子,结客杀故式侯恭。帝怒,沛王坐系诏狱,三日乃得出。因诏郡县收捕诸王宾客,更相牵引,死者以千数,吕种亦与其祸,临命叹曰:"马将军诚神人也!"

4　秋,八月戊寅,东海王彊、沛王辅、楚王英、济南王康、淮阳王延始就国。

5　上大会群臣,问"谁可傅太子者?"群臣承望上意,皆言"太子舅执金吾原鹿侯阴识可。"博士张佚正色曰:"今陛下立太子,为阴氏乎,为天下乎? 即为阴氏,则阴侯可;为天下,则固宜用天下之贤才!"帝称善,曰:"欲置傅者,以辅太子也;今博士不难正朕,况太子乎!"即拜佚为太子太傅,以博士桓荣为少傅,赐以辎车、乘马。荣大会诸生,陈其车马、印绶,曰:"今日所蒙,稽古之力也,可不勉哉!"

6　北匈奴遣使贡马及裘,更乞和亲,并请音乐,又求率西域诸国胡客俱献见。帝下三府议酬答之宜,司徒掾班彪曰:"臣闻孝宣皇帝敕边守尉曰:'匈奴大国,多变诈,交接得其情,则却敌折冲;应对入其数,则反为轻欺。'今北匈奴见南单于来附,惧谋其国,故数乞和亲,又远驱牛马与汉合市,重遣名王,多所贡献,斯皆外示富强以相欺诞也。臣见其献益重,知其国益虚;归亲愈数,为惧愈多。然今既未获助南,则亦不宜绝北,羁縻之义,礼无不答。谓可颇加赏赐,略与所献相当,报答之辞,令必有适。今立稿草并上,曰:'单于不忘汉恩,追念先祖旧约,欲修和亲,以辅身安国,计议甚高,为单于嘉之!往者匈奴数有乖乱,呼韩邪、郅支自相仇隙,并蒙孝宣皇帝垂恩救护,故各遣侍子称藩保塞。其后郅支忿戾,自绝皇泽,而呼韩附亲,忠孝弥著。及汉灭郅支,遂保国传嗣,子孙相继。今南单于携众向南,款塞归命,自以呼韩嫡长,次第当立,而侵夺失职,猜疑相背,数请兵将,归扫北庭,策谋纷纭,无所不至。惟念斯言不可独听,又以北单于比年贡献,欲修和亲,故拒而未许,将以成单于忠孝之义。汉秉威信,总率万国,日月所照,皆为臣妾,殊俗百蛮,义无亲疏,服顺者褒赏,畔逆者诛罚,善恶之效,呼韩、郅支是也。今单于欲修和亲,款诚已达,何嫌而欲率西域诸国俱来献见!西域国属匈奴与属汉何异!单于数连兵乱,国内虚耗,贡物裁以通礼,何必献马裘!今赍杂缯五百匹,弓鞬韇丸一,矢四发,遗单于;又赐献马左骨都侯、右谷蠡王杂缯各四百匹,斩马剑各一。单于前言"先帝时所赐呼韩邪竽、瑟、空侯皆败,愿复裁赐"。念单于国尚未安,方厉武节,以战攻为务,竽、瑟之用,不如良弓、利剑,故未以赍。朕不爱小物,于单于便宜所欲,遣驿以闻。'"帝悉纳从之。

二十九年(癸丑,53)

1 春,二月丁巳朔,日有食之。

三十年(甲寅,54)

1 春,二月,车驾东巡。群臣上言:"即位三十年,宜封禅泰山。"诏曰:"即位三十年,百姓怨气满腹,'吾谁欺,欺天乎!''曾谓泰山不如林放乎!'何事污七十二代之编录!若郡县远遣吏上寿,盛称虚美,必髡,令屯田。"于是群臣不敢复言。

甲子,上幸鲁济南;闰月癸丑,还宫。

2 有星孛于紫宫。

3 夏,四月戊子,徙左翊王焉为中山王。

4 五月,大水。

5 秋,七月丁酉,上行幸鲁;冬,十一月丁酉,还宫。

6 胶东刚侯贾复薨。复从征伐,未尝丧败,数与诸将溃围解急,身被十二创。帝以复敢深入,希令远征,而壮其勇节,常自从之,故复少方面之勋。诸将每论功伐,复未尝有言。帝辄曰:"贾君之功,我自知之。"

三十一年(乙卯,55)

1 夏,五月,大水。

2 癸酉晦,日有食之。

3 蝗。

4 京兆掾第五伦领长安市,公平廉介,市无奸枉。每读诏书,常叹息曰:"此圣主也,一见决矣。"等辈笑之曰:"尔说将尚不能下,安能动万乘乎!"伦曰:"未遇知己,道不同故耳。"后举孝廉,补淮阳王医工长。

中元元年(丙辰,56)

1 春,正月,淮阳王入朝,伦随官属得会见。帝问以政事,伦因此酬对,帝大悦。明日,复特召入,与语至夕。帝谓伦曰:"闻卿为吏,篣妇公,不过从兄饭,宁有之邪?"对曰:"臣三娶妻,皆无父。少遭饥乱,实不敢妄过人食。众人以臣愚蔽,故生是语耳。"帝大笑。以伦为扶夷长,未到官,追拜会稽太守;为政清而有惠,百姓爱之。

2 上读河图会昌符曰:"赤刘之九,会命岱宗。"上感此文,乃诏虎贲中郎将梁松等按索河、雒谶文,言九世当封禅者凡三十六事。于是张纯等复奏请封禅,上乃许焉。诏有司求元封故事,当用方石再累,玉检、金泥。上以石功难就,欲因孝武故封石,置玉牒其中,梁松等争以为不可,乃命石工取完青石,无必五色。

丁卯,车驾东巡,二月己卯,幸鲁,进幸泰山。辛卯,晨,燎,祭天于泰山下南方,群神皆从,用乐如南郊。事毕,至食时,天子御辇登山,日中后,到山上,更衣。晡时,升坛北面,尚书令奉玉牒检,天子以寸二分玺亲封之,讫,太常命驺骑二千馀人发坛上方石,尚书令藏玉牒已,复石覆讫,尚书令以五寸印封石检。事毕,天子再拜。群臣称万岁,乃复道下。夜半后,上乃到山下,百官明旦乃讫。甲午,禅祭地于梁阴,以高后配,山川群神从,如元始中北郊故事。

3 三月戊辰,司空张纯薨。

4 夏,四月癸酉,车驾还宫。己卯,赦天下,改元。

5 上行幸长安;五月乙丑,还宫。

6 六月辛卯,以太仆冯鲂为司空。

7 乙未,司徒冯勤薨。

8 京师醴泉涌出,又有赤草生于水崖,郡国频上甘露。群臣奏言:"灵物仍降,宜令太史撰集,以传来世。"帝不纳。常自谦无德,每郡国所上,辄抑而不当,故史官罕得记焉。

9 秋,郡国三蝗。

10 冬,十月辛未,以司隶校尉东莱李䜣为司徒。

11 甲申,使司空告祠高庙,上薄太后尊号曰高皇后,配食地祇。迁吕太后庙主于园,四时上祭。

12 十一月甲子晦,日有食之。

13 是岁,起明堂、灵台、辟雍,宣布图谶于天下。

初,上以赤伏符即帝位,由是信用谶文,多以决定嫌疑。给事中桓谭上疏谏曰:"凡人情忽于见事而贵于异闻。观先王之所记述,咸以仁义正道为本,非有奇怪虚诞之事。盖天道性命,圣人所难言也,自子贡以下,不得而闻,况后世浅儒,能通之乎!今诸巧慧小才、伎数之人,增益图书,矫称谶记,以欺惑贪邪,诖误人主,焉可不抑远之哉!臣谭伏闻陛下穷折方士黄白之术,甚为明矣;而乃欲听纳谶记,又何误也!其事虽有时合,譬犹卜数只偶之类。陛下宜垂明听,发圣意,屏群小之曲说,述五经之正义。"疏奏,帝不悦。会议灵台所处,帝谓谭曰:"吾欲以谶决之,何如?"谭默然,良久曰:"臣不读谶。"帝问其故,谭复极言谶之非经。帝大怒曰:"桓谭非圣无法,将下,斩之!"谭叩头流血,良久,乃得解。出为六安郡丞,道病卒。

> 范晔论曰:桓谭以不善谶流亡,郑兴以逊辞仅免,贾逵能傅会文致,最差贵显;世主以此论学,悲哉!

> 逵,扶风人也。

14 南单于比死,弟左贤王莫立,为丘浮尤鞮单于。帝遣使赍玺书拜授玺绶,赐以衣冠及缯彩,是后遂以为常。

二年(丁巳,57)

1 春,正月辛未,初立北郊,祀后土。

2 二月戊戌,帝崩于南宫前殿,年六十二。帝每旦视朝,日昃乃罢,数引公卿、郎将讲论经理,夜分乃寐。皇太子见帝勤劳不怠,承间谏曰:

"陛下有<u>禹</u>、<u>汤</u>之明,而失<u>黄</u>、<u>老</u>养性之福,愿颐爱精神,优游自宁。"帝曰:
"我自乐此,不为疲也!"虽以征伐济大业,及天下既定,乃退功臣而进文
吏,明慎政体,总揽权纲,量时度力,举无过事,故能恢复前烈,身致太平。

太尉<u>赵熹</u>典丧事。时经<u>王莽</u>之乱,旧典不存,皇太子与诸王杂止同
席,藩国官属出入宫省,与百僚无别。<u>熹</u>正色,横剑殿阶,扶下诸王以明尊
卑;奏遣谒者将护官属分止他县,诸王并令就邸,唯得朝晡入临;整礼仪,
严门卫,内外肃然。

3 太子即皇帝位,尊皇后曰皇太后。

4 <u>山阳王荆</u>哭临不哀,而作飞书,令苍头诈称大鸿胪<u>郭况</u>书与<u>东海
王彊</u>,言其无罪被废,及<u>郭</u>后黜辱,劝令东归举兵以取天下,且曰:"<u>高祖</u>
起亭长,陛下兴<u>白水</u>,何况于王,陛下长子、故副主哉! 当为秋霜,毋为槛
羊。人主崩亡,闾阎之伍尚为盗贼,欲有所望,何况王邪!"<u>彊</u>得书惶怖,
即执其使,封书上之。<u>明帝以荆</u>母弟,秘其事,遣<u>荆</u>出止<u>河南</u>宫。

5 三月丁卯,葬<u>光武皇帝</u>于<u>原陵</u>。

6 夏,四月丙辰,诏曰:"方今上无天子,下无方伯,若涉渊水而无舟
楫。夫万乘至重而壮者虑轻,实赖有德左右小子。<u>高密侯禹</u>,元功之首;
<u>东平王苍</u>,宽博有谋;其以<u>禹</u>为太傅,<u>苍</u>为骠骑将军。"<u>苍</u>恳辞,帝不许。
又诏骠骑将军置长史,掾史员四十人,位在三公上。<u>苍</u>尝荐西曹掾<u>齐国吴
良</u>,帝曰:"荐贤助国,宰相之职也。<u>萧何</u>举<u>韩信</u>,设坛而拜,不复考试,今
以<u>良</u>为议郎。"

7 初,烧当<u>羌</u>豪<u>滇良</u>击破<u>先零</u>,夺居其地;<u>滇良</u>卒,子<u>滇吾</u>立,附落转
盛。秋,<u>滇吾</u>与弟<u>滇岸</u>率众寇<u>陇西</u>,败太守<u>刘盱</u>于<u>允街</u>,于是守塞诸<u>羌</u>皆
叛。诏谒者<u>张鸿</u>领诸郡兵击之,战于<u>允吾</u>,<u>鸿</u>军败没。冬,十一月,复遣中
郎将<u>窦固</u>监捕虏将军<u>马武</u>等二将军、四万人讨之。

8 是岁,<u>南单于莫</u>死,弟<u>汗</u>立,为<u>伊伐於虑鞮单于</u>。

显宗孝明皇帝上

永平元年(戊午,58)

1 春,正月,帝率公卿已下朝于<u>原陵</u>,如元会仪。乘舆拜神坐,退,坐
东厢;侍卫官皆在神坐后,太官上食,太常奏乐;郡国上计吏以次前,当神
轩占其郡谷价及民所疾苦。是后遂以为常。

2 夏,五月,<u>高密元侯邓禹</u>薨。

3 <u>东海恭王彊</u>病,上遣使者太医乘驿视疾,骆驿不绝。诏<u>沛王辅</u>、<u>济</u>

南王康、淮阳王延诣鲁省疾。戊寅,彊薨,临终,上书谢恩,言:"身既夭命,孤弱复为皇太后、陛下忧虑,诚悲诚惭! 息政,小人也,猥当袭臣后,必非所以全利之也,愿还东海郡。今天下新罹大忧,惟陛下加供养皇太后,数进御餐。臣彊困劣,言不能尽意,愿并谢诸王,不意永不复相见也!"帝览书悲恸,从太后出幸津门亭发衰,使大司空持节护丧事,赠送以殊礼,诏楚王英、赵王栩、北海王兴及京师亲戚皆会葬。帝追惟彊深执谦俭,不欲厚葬以违其意,于是特诏:"遣送之物,务从约省,衣足敛形,茅车瓦器,物减于制,以彰王卓尔独行之志。"将作大匠留起陵庙。

4 秋,七月,马武等击烧当羌,大破之,馀皆降散。

5 山阳王荆私迎能为星者,与谋议,冀天下有变。帝闻之,徙封荆广陵王,遣之国。

6 辽东太守祭肜使偏何讨赤山乌桓,大破之,斩其魁帅。塞外震慴,西自武威,东尽玄菟,皆来内附,野无风尘,乃悉罢缘边屯兵。

7 东平王苍以为中兴三十馀年,四方无虞,宜修礼乐,乃与公卿共议定南北郊冠冕、车服制度及光武庙登歌、八佾舞数,上之。

8 好畤愍侯耿弇薨。

二年(己未,59)

1 春,正月辛未,宗祀光武皇帝于明堂,帝及公卿列侯,始服冠冕、玉佩以行事。礼毕,登灵台,望云物。赦天下。

2 三月,临辟雍,初行大射礼。

冬,十月壬子,上幸辟雍,初行养老礼,以李躬为三老,桓荣为五更。三老服都纻大袍,冠进贤,扶玉杖;五更亦如之,不杖。乘舆到辟雍礼殿,御坐东厢,遣使者安车迎三老、五更于太学讲堂,天子迎于门屏,交礼;道自阼阶,三老升自宾阶;至阶,天子揖如礼。三老升,东面,三公设几,九卿正履,天子亲袒割牲,执酱而馈,执爵而酳,祝鲠在前,祝饐在后。五更南面,三公进供,礼亦如之。礼毕,引桓荣及弟子升堂,上自为下说,诸儒执经问难于前,冠带缙绅之人圜桥门而观听者,盖亿万计。于是下诏赐荣爵关内侯;三老五更皆以二千石禄养终厥身。赐天下三老酒,人一石,肉四十斤。

上自为太子,受尚书于桓荣,及即帝位,犹尊荣以师礼。尝幸太常府,令荣坐东面,设几杖,会百官及荣门生数百人,上亲自执业;诸生或避位发难,上谦曰:"太师在是。"既罢,悉以太官供具赐太常家。荣每疾病,帝辄遣使者存问,太官、太医相望于道。及笃,上疏谢恩,让还爵土。帝幸其家问起居,入街,下车,拥经而前,抚荣垂涕,赐以床茵、帷帐、刀剑、衣被,良久乃去。自是诸侯、将军、大夫问疾者,不敢复乘车到门,皆拜床下。荣卒,帝亲自变服临丧送葬,赐冢茔于首山之阳。子郁当嗣,让其兄子汎;帝不许,郁乃受封,而悉以租入与之。帝以郁为侍中。

3　上以中山王焉,郭太后少子,太后尤爱之,故独留京师,至是始与诸王俱就国,赐以虎贲、官骑,恩宠尤厚,独得往来京师。帝礼待阴、郭,每事必均,数受赏赐,恩宠俱渥。

4　甲子,上行幸长安。十一月甲申,遣使者以中牢祠萧何、霍光,帝过,式其墓。进幸河东;癸卯,还宫。

5　十二月,护羌校尉窦林坐欺罔及臧罪,下狱死。林者,融之从兄子也。于是窦氏一公、两侯、三公主、四二千石相与并时,自祖及孙,官府邸第相望京邑,于亲戚功臣中莫与为比。及林诛,帝数下诏切责融,融惶恐乞骸骨,诏令归第养病。

6　是岁,初迎气于五郊。

7　新阳侯阴就子丰尚郦邑公主。公主骄妒,丰杀之,被诛,父母皆自杀。

8　南单于汗死,单于比之子适立,为醯僮尸逐侯鞮单于。

三年(庚申,60)

1　春,二月甲寅,太尉赵熹、司徒李䜣免。丙辰,以左冯翊郭丹为司徒。己未,以南阳太守虞延为太尉。

2　甲子,立贵人马氏为皇后,皇子炟为太子。

后,援之女也,光武时,以选入太子宫,能奉承阴后,傍接同列,礼则修备,上下安之,遂见宠异;及帝即位,为贵人。时后前母姊女贾氏亦以选入,生皇子炟;帝以后无子,命养之,谓曰:"人未必当自生子,但患爱养不至耳!"后于是尽心抚育,劳悴过于所生。太子亦孝性淳笃,母子慈爱,始终无纤介之间。后常以皇嗣未广,荐达左右,若恐不及。后宫有进见者,每加慰纳;若数所宠引,辄加隆遇。

及有司奏立长秋宫,帝未有所言,皇太后曰:"马贵人德冠后宫,即其人也。"后既正位宫闱,愈自谦肃,好读书。常衣大练,裙不加缘;朔望诸姬主朝请,望见后袍衣疏粗,以为绮縠,就视,乃笑。后曰:"此缯特宜染色,故用之耳。"群臣奏事有难平者,帝数以试后,后辄分解趣理,各得其情,然未尝以家私干政事。帝由是宠敬,始终无衰焉。

3　帝思中兴功臣,乃图画二十八将于南宫云台,以邓禹为首,次马成、吴汉、王梁、贾复、陈俊、耿弇、杜茂、寇恂、傅俊、岑彭、坚镡、冯异、王霸、朱祜、任光、祭遵、李忠、景丹、万脩、盖延、邳肜、铫期、刘植、耿纯、臧宫、马武、刘隆;又益以王常、李通、窦融、卓茂,合三十二人。马援以椒房之亲,独不与焉。

4　夏,四月辛酉,封皇子建为千乘王,羡为广平王。

5　六月丁卯,有星孛于天船北。

6　帝大起北宫。时天旱,尚书仆射会稽锺离意诣阙、免冠、上疏曰:"昔成汤遭旱,以六事自责曰:'政不节邪? 使民疾邪? 宫室荣邪? 女谒盛邪? 苞苴行邪? 谗夫昌邪?'窃见北宫大作,民失农时;自古非苦宫室小狭,但患民不安宁,宜且罢止,以应天心。"帝策诏报曰:"汤引六事,咎在一人,其冠、履,勿谢!"又敕大匠止作诸宫,减省不急。诏因谢公卿百僚,遂应时澍雨。

意荐全椒长刘平,诏征拜议郎。平在全椒,政有恩惠,民或增赀就赋,或减年从役。刺史、太守行部,狱无系囚,人自以得所,不知所问,唯班诏书而去。

帝性褊察,好以耳目隐发为明,公卿大臣数被诋毁,近臣尚书以下至见提曳。常以事怒郎药崧,以杖撞之,崧走入床下,帝怒甚,疾言曰:"郎出!"崧乃曰:"天子穆穆,诸侯皇皇,未闻人君,自起撞郎。"帝乃赦之。

是时朝廷莫不悚栗,争为严切以避诛责,唯锺离意独敢谏争,数封还诏书,臣下过失,辄救解之。会连有变异,上疏曰:"陛下敬畏鬼神,忧恤黎元,而天气未和,寒暑违节者,咎在群臣不能宣化治职,而以苛刻为俗,百官无相亲之心,吏民无雍雍之志,至于感逆和气,以致天灾。百姓可以德胜,难以力服,鹿鸣之诗必言宴乐者,以人神之心洽,然后天气和也。愿陛下垂圣德,缓刑罚,顺时气以调阴阳。"帝虽不能时用,然知其至诚,终爱厚之。

7　秋,八月戊辰,诏改太乐官曰太予,用谶文也。

8　壬申晦,日有食之。诏曰:"昔楚庄无灾,以致戒惧,鲁哀祸大,天不降谴。今之动变,傥尚可救,有司勉思厥职,以匡无德!"

9　冬,十月甲子,车驾从皇太后幸章陵。荆州刺史郭贺,官有殊政,上赐以三公之服,黼黻、冕旒;敕行部去襜帷,使百姓见其容服,以章有德。戊辰,还自章陵。

10　是岁,京师及郡国七大水。

11　莎车王贤以兵威逼夺于窴、大宛、妫塞王国,使其将守之。于窴人杀其将君德,立大人休莫霸为王,贤率诸国兵数万击之,大为休莫霸所败,脱身走还。休莫霸进围莎车,中流矢死,于窴人复立其兄子广德为王,广德使其弟仁攻贤。广德父先拘在莎车,贤乃归其父,以女妻之,与之和亲。

资治通鉴卷第四十五

汉纪三十七

显宗孝明皇帝下

永平四年（辛酉，61）

1 春，帝近出观览城第，欲遂校猎河内。东平王苍上书谏；帝览奏，即还宫。

2 秋九月戊寅，千乘哀王建薨，无子，国除。

3 冬，十月乙卯，司徒郭丹、司空冯鲂免，以河南尹沛国范迁为司徒，太仆伏恭为司空。恭，湛之兄子也。

4 陵乡侯梁松坐怨望，县飞书诽谤，下狱死。

初，上为太子，太中大夫郑兴子众以通经知名，太子及山阳王荆因梁松以缣帛请之，众曰："太子储君，无外交之义；汉有旧防，蕃王不宜私通宾客。"松曰："长者意，不可逆。"众曰："犯禁触罪，不如守正而死。"遂不往。及松败，宾客多坐之，唯众不染于辞。

5 于寘王广德将诸国兵三万人攻莎车，诱莎车王贤，杀之，并其国。匈奴发诸国兵围于寘，广德请降。匈奴立贤质子不居徵为莎车王，广德又攻杀之，更立其弟齐黎为莎车王。

6 东平王苍自以至亲辅政，声望日重，意不自安，前后累上疏称："自汉兴以来，宗室子弟无得在公卿位者，乞上骠骑将军印绶，退就藩国。"辞甚恳切，帝乃许苍还国，而不听上将军印绶。

五年（壬戌，62）

1 春，二月庚戌，苍罢归藩。帝以骠骑长史为东平太傅，掾为中大夫，令史为王家郎，加赐钱五千万，布十万匹。

2 冬，十月，上行幸邺；是月，还宫。

3 十一月，北匈奴寇五原；十二月，寇云中，南单于击却之。

4 是岁，发遣边民在内郡者，赐装钱，人二万。

5　安丰戴侯窦融年老,子孙纵诞,多不法。长子穆尚内黄公主,矫称阴太后诏,令六安侯刘盱去妇,以女妻之。盱妇家上书言状,帝大怒,尽免穆等官。诸窦为郎吏者,皆将家属归故郡,独留融京师;融寻薨。后数岁,穆等复坐事与子勋、宣皆下狱死。久之,诏还融夫人与小孙一人居雒阳。

六年(癸亥,63)

1　春,二月,王雒山出宝鼎,献之。夏四月甲子,诏曰:"祥瑞之降,以应有德;方今政化多僻,何以致兹!易曰:'鼎象三公。'岂公卿奉职得其理邪!其赐三公帛五十匹,九卿、二千石半之。先帝诏书,禁人上事言'圣',而间者章奏颇多浮词;自今若有过称虚誉,尚书皆宜抑而不省,示不为谄子蚩也。"

2　冬,十月,上行幸鲁;十二月,还幸阳城;壬午,还宫。

3　是岁,南单于適死,单于莫之子苏立,为丘除车林鞮单于;数月,复死,单于適之弟长立,为湖邪尸逐侯鞮单于。

七年(甲子,64)

1　春,正月癸卯,皇太后阴氏崩。二月庚申,葬光烈皇后。

2　北匈奴犹盛,数寇边,遣使求合市。上冀其交通,不复为寇,许之。

3　以东海相宗均为尚书令。初,均为九江太守,五日一听事,悉省掾、史,闭督邮府内,属县无事,百姓安业。九江旧多虎暴,常募设槛阱,而犹多伤害。均下记属县曰:"夫江、淮之有猛兽,犹北土之有鸡豚也,今为民害,咎在残吏,而劳勤张捕,非忧恤之本也。其务退奸贪,思进忠善,可一去槛阱,除削课制。"其后无复虎患。帝闻均名,故任以枢机。均谓人曰:"国家喜文法、廉吏,以为足以止奸也;然文吏习为欺谩,而廉吏清在一己,无益百姓流亡、盗贼为害也。均欲叩头争之,时未可改也,久将自苦之,乃可言耳!"未及言,会迁司隶校尉。后上闻其言,追善之。

八年(乙丑,65)

1　春,正月己卯,司徒范迁薨。

2　三月辛卯,以太尉虞延为司徒,卫尉赵熹行太尉事。

3　越骑司马郑众使北匈奴,单于欲令众拜,众不为屈。单于围守,闭之不与水火;众拔刀自誓,单于恐而止,乃更发使,随众还京师。

初,大司农耿国上言:"宜置度辽将军屯五原,以防南匈奴逃亡。"朝廷不从。南匈奴须卜骨都侯等知汉与北虏交使,内怀嫌怨,欲畔,密使人诣北虏,令遣兵迎之。郑众出塞,疑有异,伺候,果得须卜使人。乃上言:"宜更置大将,以防二虏交通。"由是始置度辽营,以中郎将吴棠行度辽将军事,将黎阳虎牙营士屯五原曼柏。

4　秋,郡国十四大水。

5　冬,十月,北宫成。

6　丙子,募死罪系囚诣度辽营;有罪亡命者,令赎罪各有差。楚王英奉黄缣、白纨诣国相曰:"托在藩辅,过恶累积,欢喜大恩,奉送缣帛,以赎愆罪。"国相以闻,诏报曰:"楚王诵黄、老之微言,尚浮屠之仁慈,洁齐三月,与神为誓,何嫌何疑,当有悔吝! 其还赎,以助伊蒲塞、桑门之盛馔。"

初,帝闻西域有神,其名曰佛,因遣使之天竺求其道,得其书及沙门以来。其书大抵以虚无为宗,贵慈悲不杀;以为人死,精神不灭,随复受形;生时所行善恶,皆有报应,故所贵修炼精神,以至为佛。善为宏阔胜大之言,以劝诱愚俗。精于其道者,号曰沙门。于是中国始传其术,图其形像,而王公贵人,独楚王英最先好之。

7　壬寅晦,日有食之,既。诏群司勉修职事,极言无讳。于是在位者皆上封事,各言得失;帝览章,深自引咎,以所上班示百官。诏曰:"群僚所言,皆朕之过。民冤不能理,吏黠不能禁;而轻用民力,缮修宫宇,出入无节,喜怒过差。永览前戒,竦然兢惧,徒恐薄德,久而致怠耳!"

8　北匈奴虽遣使入贡,而寇钞不息,边城昼闭。帝议遣使报其使者,郑众上疏谏曰:"臣闻北单于所以要致汉使者,欲以离南单于之众,坚三十六国之心也,又当扬汉和亲,夸示邻敌,令西域欲归化者局足狐疑,怀土之人绝望中国耳。汉使既到,便偃蹇自信;若复遣之,虏必自谓得谋,其群臣驳议者不敢复言。如是,南庭动摇,乌桓有离心矣。南单于久居汉地,具知形势,万分离析,旋为边害。今幸有度辽之众扬威北垂,虽勿报答,不敢为患。"帝不从。复遣众往,众因上言:"臣前奉使,不为匈奴拜,单于恚恨,遣兵围臣;今复衔命,必见陵折,臣诚不忍持大汉节对毡裘独拜。如令匈奴遂能服臣,将有损大汉之强。"帝不听。众不得已,既行,在路连上书固争之;诏切责众,追还,系廷尉,会赦,归家。其后帝见匈奴来者,闻众与单于争礼之状,乃复召众为军司马。

九年(丙寅,66)

1　夏,四月甲辰,诏司隶校尉、部刺史岁上墨绶长吏视事三岁已上、治状尤异者各一人与计偕上,及尤不治者亦以闻。

2　是岁,大有年。

3　赐皇子恭号曰灵寿王,党号曰重熹王,未有国邑。

4　帝崇尚儒学,自皇太子诸王侯及大臣子弟、功臣子孙,莫不受经。又为外戚樊氏、郭氏、阴氏、马氏诸子立学于南宫,号"四姓小侯"。置五经师,搜选高能以授其业。自期门、羽林之士,悉令通孝经章句。匈奴亦遣子入学。

5　广陵王荆复呼相工谓曰:"我貌类先帝,先帝三十得天下,我今亦三十,可起兵未?"相者诣吏告之,荆惶恐,自系狱,帝加恩,不考极其事,诏不得臣属吏民,唯食租如故,使相、中尉谨宿卫之。荆又使巫祭祀、祝诅。诏长水校尉樊鯈等杂治其狱,事竟,奏请诛荆。帝怒曰:"诸卿以我弟故,欲诛之;即我子,卿等敢尔邪?"鯈对曰:"天下者高帝天下,非陛下之天下也。春秋之义,君亲无将,将而必诛。臣等以荆属托母弟,陛下留圣心,加恻隐,故敢请耳;如令陛下子,臣等专诛而已。"帝叹息善之。鯈,宏之子也。

十年(丁卯,67)

1　春,二月,广陵思王荆自杀,国除。

2　夏,四月戊子,赦天下。

3　闰月甲午,上幸南阳,召校官弟子作雅乐,奏鹿鸣,帝自奏埙篪和之,以娱嘉宾。还,幸南顿。冬,十二月甲午,还宫。

4　初,陵阳侯丁綝卒,子鸿当袭封,上书称病,让国于弟盛,不报。既葬,乃挂衰绖于冢庐而逃去。友人九江鲍骏遇鸿于东海,让之曰:"昔伯夷、吴札,乱世权行,故得申其志耳。春秋之义,不以家事废王事。今子以兄弟私恩而绝父不灭之基,可乎?"鸿感悟垂涕,乃还就国。鲍骏因上书荐鸿经学至行,上征鸿为侍中。

十一年(戊寅,68)

1　春,正月,东平王苍与诸王俱来朝,月馀,还国。帝临送归宫,凄然怀思,乃遣使手诏赐东平国中傅曰:"辞别之后,独坐不乐,因就车归,伏轼而吟,瞻望永怀,实劳我心。诵及采菽,以增叹息。日者问东平王:'处家何等最乐?'王言:'为善最乐。'其言甚大,副是要腹矣。今送列侯印十九枚,诸王子年五岁已上能趋拜者,皆令带之。"

十二年（己巳，69）

1 春，哀牢王柳貌率其民五万馀户内附，以其地置哀牢、博南二县。始通博南山，度兰仓水，行者苦之，歌曰："汉德广，开不宾；度兰仓，为他人。"

2 初，平帝时，河、汴决坏，久而不修。建武十年，光武欲修之；浚仪令乐俊上言，民新被兵革，未宜兴役，乃止。其后汴渠东侵，日月弥广，兖、豫百姓怨叹，以为县官恒兴他役，不先民急。会有荐乐浪王景能治水者，夏，四月，诏发卒数十万，遣景与将作谒者王吴修汴渠堤，自荥阳东至千乘海口千馀里，十里立一水门，令更相洄注，无复溃漏之患。景虽简省役费，然犹以百亿计焉。

3 秋，七月乙亥，司空伏恭罢；乙未，以大司农牟融为司空。

4 是时，天下安平，人无徭役，岁比登稔，百姓殷富，粟斛三十，牛羊被野。

十三年（庚午，70）

1 夏，四月，汴渠成；河、汴分流，复其旧迹。辛巳，帝行幸荥阳，巡行河渠，遂渡河，登太行，幸上党；壬寅，还宫。

2 冬，十月壬辰晦，日有食之。

3 楚王英与方士作金龟、玉鹤，刻文字为符瑞。男子燕广告英与渔阳王平、颜忠等造作图书，有逆谋；事下案验。有司奏："英大逆不道，请诛之。"帝以亲亲不忍。十一月，废英，徙丹阳泾县，赐汤沐邑五百户；男女为侯、主者，食邑如故；许太后勿上玺绶，留住楚宫。先是有私以英谋告司徒虞延者，延以英藩戚至亲，不然其言。及英事觉，诏书切让延。

十四年（辛未，71）

1 春，三月甲戌，延自杀。以太常周泽行司徒事；顷之，复为太常。夏，四月丁巳，以钜鹿太守南阳邢穆为司徒。

2 楚王英至丹阳，自杀。诏以诸侯礼葬于泾。封燕广为折奸侯。

是时，穷治楚狱，遂至累年。其辞语相连，自京师亲戚、诸侯、州郡豪桀及考按吏，阿附坐死、徙者以千数，而系狱者尚数千人。

初，樊鯈弟鮪，为其子赏求楚王英女，鯈闻而止之曰："建武中，吾家并受荣宠，一宗五侯。时特进一言，女可以配王，男可以尚主；但以贵宠过

盛,即为祸患,故不为也。且尔一子,奈何弃之于楚乎!"鲔不从。及楚事
觉,鯈已卒,上追念鯈谨恪,故其诸子皆得不坐。

英阴疏天下名士,上得其录,有吴郡太守尹兴名,乃征兴及掾史五百
馀人诣廷尉就考。诸吏不胜掠治,死者大半;惟门下掾陆续、主簿梁宏、功
曹史驷勋,备受五毒,肌肉消烂,终无异辞。续母自吴来雒阳,作食以馈
续。续虽见考,辞色未尝变,而对食悲泣不自胜。治狱使者问其故,续曰:
"母来不得见,故悲耳。"问:"何以知之?"续曰:"母截肉未尝不方,断葱以
寸为度,故知之。"使者以状闻,上乃赦兴等,禁锢终身。

颜忠、王平辞引隧乡侯耿建、朗陵侯臧信、濩泽侯邓鲤、曲成侯刘建。
建等辞未尝与忠、平相见。是时,上怒甚,吏皆惶恐,诸所连及,率一切陷
入,无敢以情恕者。侍御史寒朗心伤其冤,试以建等物色,独问忠、平,而
二人错愕不能对。朗知其诈,乃上言:"建等无奸,专为忠、平所诬;疑天
下无辜,类多如此。"帝曰:"即如是,忠、平何故引之?"对曰:"忠、平自知
所犯不道,故多有虚引,冀以自明。"帝曰:"即如是,何不早奏?"对曰:"臣
恐海内别有发其奸者。"帝怒曰:"吏持两端!"促提下捶之。左右方引去,
朗曰:"愿一言而死。"帝曰:"谁与共为章?"对曰:"臣独作之。"上曰:"何
以不与三府议?"对曰:"臣自知当必族灭,不敢多污染人。"上曰:"何故族
灭?"对曰:"臣考事一年,不能穷尽奸状,反为罪人讼冤,故知当族灭。然
臣所以言者,诚冀陛下一觉悟而已。臣见考囚在事者,咸共言妖恶大故,
臣子所宜同疾,今出之不如入之,可无后责。是以考一连十,考十连百。
又公卿朝会,陛下问以得失,皆长跪言:'旧制,大罪祸及九族;陛下大恩,
裁止于身,天下幸甚!'及其归舍,口虽不言而仰屋窃叹,莫不知其多冤,
无敢悟陛下言者。臣今所陈,诚死无悔!"帝意解,诏遣朗出。

后二日,车驾自幸洛阳狱录囚徒,理出千馀人。时天旱,即大雨。马
后亦以楚狱多滥,乘间为帝言之,帝恻然感悟,夜起彷徨,由是多所降宥。

任城令汝南袁安迁楚郡太守,到郡不入府,先往按楚王英狱事,理其
无明验者,条上出之。府丞、掾史皆叩头争,以为"阿附反虏,法与同罪,
不可"。安曰:"如有不合,太守自当坐之,不以相及也。"遂分别具奏。帝
感悟,即报许,得出者四百馀家。

3　夏,五月,封故广陵王荆子元寿为广陵侯,食六县。又封窦融孙嘉
为安丰侯。

4　初作寿陵,制:"令流水而已,无得起坟。万年之后,扫地而祭,杅
水脯糒而已。过百日,唯四时设奠。置吏卒数人,供给洒扫。敢有所兴作

者,以擅议宗庙法从事。”

十五年(壬申,72)

　　1　春,二月庚子,上东巡。癸亥,耕于下邳。三月,至鲁,幸孔子宅,亲御讲堂,命皇太子、诸王说经;又幸东平、大梁。夏,四月庚子,还宫。

　　2　封皇子恭为钜鹿王,党为乐成王,衍为下邳王,畅为汝南王,昞为常山王,长为济阴王;帝亲定其封域,裁令半楚、淮阳。马后曰:“诸子数县,于制不已俭乎?”帝曰:“我子岂宜与先帝子等,岁给二千万足矣!”

　　3　乙巳,赦天下。

　　4　谒者仆射耿秉数上言请击匈奴,上以显亲侯窦固尝从其世父融在河西,明习边事,乃使秉、固与太仆祭肜、虎贲中郎将马廖、下博侯刘张、好畤侯耿忠等共议之。耿秉曰:“昔者匈奴援引弓之类,并左衽之属,故不可得而制。孝武既得河西四郡及居延、朔方,虏失其肥饶畜兵之地,羌、胡分离,唯有西域,俄复内属;故呼韩邪单于请事款塞,其势易乘也。今有南单于,形势相似,然西域尚未内属,北虏未有衅作。臣愚以为当先击白山,得伊吾,破车师,通使乌孙诸国以断其右臂;伊吾亦有匈奴南呼衍一部,破此,复为折其左角,然后匈奴可击也。”上善其言。议者或以为“今兵出白山,匈奴必并兵相助,又当分其东以离其众”。上从之。十二月,以秉为驸马都尉,固为奉车都尉;以骑都尉秦彭为秉副,耿忠为固副,皆置从事、司马,出屯凉州。秉,国之子;忠,弇之子;廖,援之子也。

十六年(癸酉,73)

　　1　春,二月,遣肜与度辽将军吴棠将河东、西河羌、胡及南单于兵万一千骑出高阙塞,窦固、耿忠率酒泉、敦煌、张掖甲卒及卢水羌、胡万二千骑出酒泉塞,耿秉、秦彭率武威、陇西、天水募士及羌、胡万骑出张掖居延塞,骑都尉来苗、护乌桓校尉文穆将太原、雁门、代郡、上谷、渔阳、右北平、定襄郡兵及乌桓、鲜卑万一千骑出平城塞,伐北匈奴。窦固、耿忠至天山,击呼衍王,斩首千馀级;追至蒲类海,取伊吾卢地,置宜禾都尉,留吏士屯田伊吾卢城。耿秉、秦彭击匈林王,绝幕六百馀里,至三木楼山而还。来苗、文穆至匈河水上,虏皆奔走,无所获。祭肜与南匈奴左贤王信不相得,出高阙塞九百馀里,得小山,信妄言以为涿邪山,不见虏而还。肜与吴棠坐逗留畏懦,下狱,免。肜自恨无功,出狱数日,欧血死;临终,谓其子曰:“吾蒙国厚恩,奉使不称,身死诚惭恨,义不可以无功受赏。死后,若悉簿上所得物，身自诣兵屯，效死前行，以副吾心。"既卒，其子逢上疏，具陈遗言。帝雅重肜，方更任用，闻之，大惊，嗟叹良久。乌桓、鲜卑每朝贺京师，常过肜冢拜谒，仰天号泣；辽东吏民为立祠，四时奉祭焉。窦固独有功，加位特进。

固使假司马班超与从事郭恂俱使西域。超行到鄯善，鄯善王广奉超礼敬甚备，后忽更疏懈。超谓其官属曰："宁觉广礼意薄乎？"官属曰："胡人不能常久，无他故也。"超曰："此必有北房使来，狐疑未知所从故也。明者睹未萌，况已著邪！"乃召侍胡，诈之曰："匈奴使来数日，今安在乎？"侍胡惶恐曰："到已三日，去此三十里。"超乃闭侍胡，悉会其吏士三十六人，与共饮，酒酣，因激怒之曰："卿曹与我俱在绝域，今房使到裁数日，而王广礼敬即废。如令鄯善收吾属送匈奴，骸骨长为豺狼食矣，为之奈何？"官属皆曰："今在危亡之地，死生从司马！"超曰："不入虎穴，不得虎子。当今之计，独有因夜以火攻房，使彼不知我多少，必大震怖，可殄尽也。灭此房，则鄯善破胆，功成事立矣。"众曰："当与从事议之。"超怒曰："吉凶决于今日；从事文俗吏，闻此必恐而谋泄，死无所名，非壮士也。"众曰："善！"初夜，超遂将吏士往奔房营。会天大风，超令十人持鼓藏房舍后，约曰："见火然，皆当鸣鼓大呼。"馀人悉持兵弩，夹门而伏。超乃顺风纵火；前后鼓噪，房众惊乱，超手格杀三人，吏兵斩其使及从士三十馀级，馀众百许人悉烧死。明日乃还，告郭恂，恂大惊，既而色动，超知其意，举手曰："掾虽不行，班超何心独擅之乎！"恂乃悦。超于是召鄯善王广，以房使首示之，一国震怖。超告以汉威德，"自今以后，勿复与北房通"。广叩头："愿属汉，无二心。"遂纳子为质。还白窦固，固大喜，具上超功效，并求更选使使西域。帝曰："吏如班超，何故不遣，而更选乎！今以超为军司马，令遂前功。"

固复使超使于阗，欲益其兵；超愿但将本所从三十六人，曰："于阗国大而远，今将数百人，无益于强；如有不虞，多益为累耳。"是时于阗王广德雄张南道，而匈奴遣使监护其国。超既至于阗，广德礼意甚疏。且其俗信巫，巫言："神怒，何故欲向汉？汉使有骒马，急求取以祠我！"广德乃遣国相私来比就超请马。超密知其状，报许之，而令巫自来取马。有顷，巫至，超即斩其首；收私来比，鞭笞数百。以巫首送广德，因责让之。广德素闻超在鄯善诛灭房使，大惶恐，即杀匈奴使者而降。超重赐其王以下，因镇抚焉。于是诸国皆遣子入侍，西域与汉绝六十五载，至是乃复通焉。超，彪之子也。

2　淮阳王延,性骄奢,而遇下严烈。有上书告"延与姬兄谢弇及姊婿韩光招奸猾,作图谶,祠祭祝诅"。事下按验。五月癸丑,弇、光及司徒邢穆皆坐死,所连及死徙者甚众。

3　戊午晦,日有食之。

4　六月丙寅,以大司农西河王敏为司徒。

5　有司奏请诛淮阳王延;上以延罪薄于楚王英,秋,七月,徙延为阜陵王,食二县。

6　是岁,北匈奴大入云中,云中太守廉范拒之;吏以众少,欲移书傍郡求救,范不许。会日暮,范令军士各交缚两炬,三头爇火,营中星列。虏谓汉兵救至,大惊,待旦将退。范令军中蓐食,晨,往赴之,斩首数百级,虏自相辚藉,死者千馀人,由此不敢复向云中。范,丹之孙也。

十七年(甲戌,74)

1　春,正月,上当谒原陵,夜,梦先帝、太后如平生欢,既寤,悲不能寐;即案历,明旦日吉,遂率百官上陵。其日,降甘露于陵树,帝令百官采取以荐。会毕,帝从席前伏御床,视太后镜奁中物,感动悲涕,令易脂泽装具;左右皆泣,莫能仰视。

2　北海敬王睦薨。睦少好学,光武及上皆爱之。尝遣中大夫诣京师朝贺,召而谓之曰:"朝廷设问寡人,大夫将何辞以对?"使者曰:"大王忠孝慈仁,敬贤乐士,臣敢不以实对!"睦曰:"吁,子危我哉! 此乃孤幼时进趣之行也。大夫其对以孤袭爵以来,志意衰惰,声色是娱,犬马是好,乃为相爱耳。"其智虑畏慎如此。

3　二月乙巳,司徒王敏薨。

4　三月癸丑,以汝南太守鲍昱为司徒。昱,永之子也。

5　益州刺史梁国朱辅宣示汉德,威怀远夷,自汶山以西,前世所不至,正朔所未加,白狼、槃木等百馀国,皆举种称臣奉贡。白狼王唐菆作诗三章,歌颂汉德,辅使犍为郡掾田恭译而献之。

6　初,龟兹王建为匈奴所立,倚恃虏威,据有北道,攻杀疏勒王,立其臣兜题为疏勒王。班超从间道至疏勒,去兜题所居槃橐城九十里,逆遣吏田虑先往降之,敕虑曰:"兜题本非疏勒种,国人必不用命;若不即降,便可执之。"虑既到,兜题见虑轻弱,殊无降意。虑因其无备,遂前劫缚兜题,左右出其不意,皆惊惧奔走。虑驰报超,超即赴之,悉召疏勒将吏,说以龟兹无道之状,因立其故王兄子忠为王,国人大悦。超问忠及官属:

"当杀兜题邪,生遣之邪?"咸曰:"当杀之。"超曰:"杀之无益于事,当令龟兹知汉威德。"遂解遣之。

7　夏,五月戊子,公卿百官以帝威德怀远,祥物显应,并集朝堂奉觞上寿。制曰:"天生神物,以应王者;远人慕化,实由有德,朕以虚薄,何以享斯!唯高祖、光武圣德所被,不敢有辞,其敬举觞,太常择吉日策告宗庙。"仍推恩赐民爵及粟有差。

8　冬,十一月,遣奉车都尉窦固、驸马都尉耿秉、骑都尉刘张出敦煌昆仑塞,击西域,秉、张皆去符、传以属固。合兵万四千骑,击破白山虏于蒲类海上,遂进击车师。车师前王,即后王之子也,其廷相去五百馀里。固以后王道远,山谷深,士卒寒苦,欲攻前王;秉以为先赴后王,并力根本,则前王自服。固计未决,秉奋身而起曰:"请行前。"乃上马引兵北入,众军不得已,并进,斩首数千级。后王安得震怖,走出门迎秉,脱帽,抱马足降,秉将以诣固;其前王亦归命,遂定车师而还。于是固奏复置西域都护及戊、己校尉。以陈睦为都护;司马耿恭为戊校尉,屯后王部金蒲城;谒者关宠为己校尉,屯前王部柳中城,屯各置数百人。恭,况之孙也。

十八年(乙亥,75)

1　春,二月,诏窦固等罢兵还京师。

2　北单于遣左鹿蠡王率二万骑击车师,耿恭遣司马将兵三百人救之,皆为所没,匈奴遂破杀车师后王安得而攻金蒲城。恭以毒药傅矢,语匈奴曰:"汉家箭神,其中疮者必有异。"虏中矢者,视疮皆沸,大惊。会天暴风雨,随雨击之,杀伤甚众;匈奴震怖,相谓曰:"汉兵神,真可畏也!"遂解去。

3　夏,六月己未,有星孛于太微。

4　耿恭以疏勒城傍有涧水可固,引兵据之。秋,七月,匈奴复来攻,拥绝涧水;恭于城中穿井十五丈,不得水,吏士渴乏,至笮马粪汁而饮之。恭身自率士挽笼,有顷,水泉奔出,众皆称万岁。乃令吏士扬水以示虏,虏出不意,以为神明,遂引去。

5　八月壬子,帝崩于东宫前殿,年四十八。遗诏:"无起寝庙,藏主于光烈皇后更衣别室。"
帝遵奉建武制度,无所变更,后妃之家不得封侯与政。馆陶公主为子求郎,不许,而赐钱千万,谓群臣曰:"郎官上应列宿,出宰百里,苟非其人,则民受其殃,是以难之。"公车以反支日不受章奏,帝闻而怪曰:"民废

农桑,远来诣阙,而复拘以禁忌,岂为政之意乎!"于是遂镯其制。尚书阎
章二妹为贵人,章精力晓旧典,久次当迁重职,帝为后宫亲属,竟不用。是
以吏得其人,民乐其业,远近畏服,户口滋殖焉。

6　太子即位,年十八。尊皇后曰皇太后。

明帝初崩,马氏兄弟争欲入宫。北宫卫士令杨仁被甲持戟,严勒门
卫,人莫敢轻进者。诸马乃共谮仁于章帝,言其峻刻,帝知其忠,愈善之,
拜为什邡令。

7　壬戌,葬孝明皇帝于显节陵。

8　冬,十月丁未,赦天下。

9　诏以行太尉事节乡侯熹为太傅,司空融为太尉,并录尚书事。

10　十一月戊戌,以蜀郡太守第五伦为司空。伦在郡公清,所举吏多
得其人,故帝自远郡用之。

11　焉耆、龟兹攻没都护陈睦,北匈奴围关宠于柳中城。会中国有大
丧,救兵不至,车师复叛,与匈奴共攻耿恭。恭率厉士众御之,数月,食尽
穷困,乃煮铠弩,食其筋革。恭与士卒推诚同死生,故皆无二心,而稍稍死
亡,馀数十人。单于知恭已困,欲必降之,遣使招恭曰:"若降者,当封为
白屋王,妻以女子。"恭诱其使上城,手击杀之,炙诸城上。单于大怒,更
益兵围恭,不能下。

关宠上书求救,诏公卿会议,司空伦以为不宜救;司徒鲍昱曰:"今使
人于危难之地,急而弃之,外则纵蛮夷之暴,内则伤死难之臣,诚令权时,
后无边事可也。匈奴如复犯塞为寇,陛下将何以使将! 又二部兵人裁各
数十,匈奴围之,历旬不下,是其寡弱力尽之效也。可令敦煌、酒泉太守各
将精骑二千,多其幡帜,倍道兼行以赴其急;匈奴疲极之兵,必不敢当,四
十日间足还入塞。"帝然之。乃遣征西将军耿秉屯酒泉,行太守事,遣酒
泉太守段彭与谒者王蒙、皇甫援发张掖、酒泉、敦煌三郡及鄯善兵合七千
馀人以救之。

12　甲辰晦,日有食之。

13　太后兄弟虎贲中郎廖及黄门郎防、光终明帝世未尝改官。帝以
廖为卫尉,防为中郎将,光为越骑校尉。廖等倾身交结,冠盖之士争赴趣
之。第五伦上疏曰:"臣闻书曰:'臣无作威作福,其害于而家,凶于而
国。'近世光烈皇后虽友爱天至,而抑损阴氏,不假以权势。其后梁、窦之
家,互有非法,明帝即位,竟多诛之。自是雒中无复权戚,书记请托,一皆
断绝。又谕诸外戚曰:'苦身待士,不如为国。戴盆望天,事不两施。'今

之议者,复以马氏为言。窃闻卫尉廖以布三千匹,城门校尉防以钱三百万,私赡三辅衣冠,知与不知,莫不毕给。又闻腊日亦遗其在雒中者钱各五千。越骑校尉光,腊用羊三百头,米四百斛,肉五千斤。臣愚以为不应经义,惶恐,不敢不以闻。陛下情欲厚之,亦宜所以安之。臣今言此,诚欲上忠陛下,下全后家也。”

14　是岁,京师及兖、豫、徐州大旱。

资治通鉴卷第四十六

汉纪三十八

肃宗孝章皇帝上

建初元年（丙子，76）

1　春，正月，诏兖、豫、徐三州禀赡饥民。上问司徒鲍昱："何以消复旱灾？"对曰："陛下始践天位，虽有失得，未能致异。臣前为汝南太守，典治楚事，系者千馀人，恐未能尽当其罪。夫大狱一起，冤者过半。又，诸徙者骨肉离分，孤魂不祀。宜一切还诸徙家，蠲除禁锢，使死生获所，则和气可致。"帝纳其言。

校书郎杨终上疏曰："间者北征匈奴，西开三十六国，百姓频年服役，转输烦费；愁困之民足以感动天地，陛下宜留念省察！"帝下其章，第五伦亦同终议。牟融、鲍昱皆以为："孝子无改父之道，征伐匈奴，屯戍西域，先帝所建，不宜回异。"终复上疏曰："秦筑长城，功役繁兴；胡亥不革，卒亡四海。故孝元弃珠崖之郡，光武绝西域之国，不以介鳞易我衣裳。鲁文公毁泉台，春秋讥之曰：'先祖为之而己毁之，不如勿居而已。'以其无妨害于民也；襄公作三军，昭公舍之，君子大其复古，以为不舍则有害于民也。今伊吾之役，楼兰之屯兵久而未还，非天意也。"帝从之。

2　丙寅，诏："二千石勉劝农桑；罪非殊死，须秋按验。有司明慎选举，进柔良，退贪猾，顺时令，理冤狱。"是时承永平故事，吏政尚严切，尚书决事，率近于重。尚书沛国陈宠以帝新即位，宜改前世苛俗，乃上疏曰："臣闻先王之政，赏不僭，刑不滥；与其不得已，宁僭无滥。往者断狱严明，所以威惩奸慝；奸慝既平，必宜济之以宽。陛下即位，率由此义，数诏群僚，弘崇晏晏，而有司未悉承奉，犹尚深刻；断狱者急于箠格酷烈之痛，执宪者烦于诋欺放滥之文，或因公行私，逞纵威福。夫为政犹张琴瑟，大弦急者小弦绝。陛下宜隆先王之道，荡涤烦苛之法，轻薄箠楚以济群生，全广至德以奉天心！"帝深纳宠言，每事务于宽厚。

3　酒泉太守段彭等兵会柳中，击车师，攻交河城，斩首三千八百级，获生口三千馀人。北匈奴惊走，车师复降。会关宠已殁，谒者王蒙等欲引兵还；耿恭军吏范羌，时在军中，固请迎恭。诸将不敢前，乃分兵二千人与羌，从山北迎恭，遇大雪丈馀，军仅能至。城中夜闻兵马声，以为虏来，大惊。羌遥呼曰："我范羌也，汉遣军迎校尉耳。"城中皆称万岁。开门，共相持涕泣。明日，遂相随俱归。虏兵追之，且战且行。吏士素饥困，发疏勒时，尚有二十六人，随路死没，三月至玉门，唯馀十三人，衣屦穿决，形容枯槁。中郎将郑众为恭以下洗沐，易衣冠，上疏奏："恭以单兵守孤城，当匈奴数万之众，连月逾年，心力困尽，凿山为井，煮弩为粮，前后杀伤丑虏数百千计，卒全忠勇，不为大汉耻，宜蒙显爵，以厉将帅。"恭至雒阳，拜骑都尉。诏悉罢戊、己校尉及都护官，征还班超。

超将发还，疏勒举国忧恐；其都尉黎弇曰："汉使弃我，我必复为龟兹所灭耳，诚不忍见汉使去。"因以刀自刭。超还至于寘，王侯以下皆号泣，曰："依汉使如父母，诚不可去！"互抱超马脚不得行。超亦欲遂其本志，乃更还疏勒。疏勒两城已降龟兹，而与尉头连兵。超捕斩反者，击破尉头，杀六百馀人，疏勒复安。

4　甲寅，山阳、东平地震。

5　东平王苍上便宜三事。帝报书曰："间吏民奏事亦有此言；但明智浅短，或谓倪是，复虑为非，不知所定。得王深策，恢然意解；思惟嘉谋，以次奉行。特赐王钱五百万。"后帝欲为原陵、显节陵起县邑，苍上疏谏曰："窃见光武皇帝躬履俭约之行，深睹始终之分，勤勤恳恳，以葬制为言；孝明皇帝大孝无违，承奉遵行，谦德之美，于斯为盛。臣愚以园邑之兴，始自强秦。古者丘陇且不欲其著明，岂况筑郭邑、建都郛哉！上违先帝圣心，下造无益之功，虚费国用，动摇百姓，非所以致和气、祈丰年也。陛下履有虞之至性，追祖祢之深思，臣苍诚伤二帝纯德之美不畅于无穷也！"帝乃止。自是朝廷每有疑政，辄驿使谘问，苍悉心以对，皆见纳用。

6　秋，八月庚寅，有星孛于天市。

7　初，益州西部都尉广汉郑纯，为政清洁，化行夷貊，君长感慕，皆奉珍内附；明帝为之置永昌郡，以纯为太守。纯在官十年而卒。后人不能抚循夷人，九月，哀牢王类牢杀守令反，攻博南。

8　阜陵王延数怀怨望，有告延与子男鲂造逆谋者；上不忍诛，冬十一月，贬延为阜陵侯，食一县，不得与吏民通。

9　北匈奴皋林温禺犊王将众还居涿邪山，南单于与边郡及乌桓共击破之。是岁，南部大饥，诏禀给之。

二年（丁丑，77）

1　春，三月甲辰，罢伊吾卢屯兵，匈奴复遣兵守其地。

2　永昌、越嶲、益州三郡兵及昆明夷卤承等击哀牢王类牢于博南，大破，斩之。

3　夏，四月戊子，诏还坐楚、淮阳事徙者四百馀家。

4　上欲封爵诸舅，太后不听。会大旱，言事者以为不封外戚之故，有司请依旧典。太后诏曰：“凡言事者，皆欲媚朕以要福耳。昔王氏五侯同日俱封，黄雾四塞，不闻澍雨之应。夫外戚贵盛，鲜不倾覆，故先帝防慎舅氏，不令在枢机之位，又言‘我子不当与先帝子等’，今有司奈何欲以马氏比阴氏乎！且阴卫尉，天下称之，省中御者至门，出不及履，此蘧伯玉之敬也；新阳侯虽刚强，微失理，然有方略，据地谈论，一朝无双；原鹿贞侯，勇猛诚信；此三人者，天下选臣，岂可及哉！马氏不及阴氏远矣。吾不才，夙夜累息，常恐亏先后之法，有毛发之罪吾不释，言之不舍昼夜，而亲属犯之不止，治丧起坟，又不时觉，是吾言之不立而耳目之塞也。

吾为天下母，而身服大练，食不求甘，左右但著帛布，无香薰之饰者，欲身率下也。以为外亲见之，当伤心自敕；但笑言‘太后素好俭’。前过濯龙门上，见外家问起居者，车如流水，马如游龙，仓头衣绿褠，领袖正白，顾视御者，不及远矣。故不加谴怒，但绝岁用而已，冀以默愧其心；犹懈怠无忧国忘家之虑。知臣莫若君，况亲属乎！吾岂可上负先帝之旨，下亏先人之德，重袭西京败亡之祸哉！”固不许。

帝省诏悲叹，复重请曰：“汉兴，舅氏之封侯，犹皇子之为王也。太后诚存谦虚，奈何令臣独不加恩三舅乎！且卫尉年尊，两校尉有大病，如令不讳，使臣长抱刻骨之恨。宜及吉时，不可稽留。”太后报曰：“吾反覆念之，思令两善，岂徒欲获谦让之名而使帝受不施之嫌哉！昔窦太后欲封王皇后之兄，丞相条侯言：‘高祖约，无军功不侯。’今马氏无功于国，岂得与阴、郭中兴之后等邪！常观富贵之家，禄位重叠，犹再实之木，其根必伤。且人所以愿封侯者，欲上奉祭祀，下求温饱耳；今祭祀则受太官之赐，衣食则蒙御府馀资，斯岂不可足，而必当得一县乎！吾计之熟矣，勿有疑也！

夫至孝之行，安亲为上。今数遭变异，谷价数倍，忧惶昼夜，不安坐卧，而欲先营外家之封，违慈母之拳拳乎！吾素刚急，有匈中气，不可不顺也。子之未冠，由于父母，已冠成人，则行子之志。念帝，人君也；吾以未逾三年之故,自吾家族,故得专之。若阴阳调和,边境清静,然后行子之志;吾但当含饴弄孙,不能复关政矣。”上乃止。

太后尝诏三辅:诸马婚亲有属托郡县、干乱吏治者,以法闻。太夫人葬起坟微高,太后以为言,兄卫尉廖等即时减削。其外亲有谦素义行者,辄假借温言,赏以财位;如有纤介,则先见严恪之色,然后加谴。其美车服、不遵法度者,便绝属籍,遣归田里。广平、钜鹿、乐成王,车骑朴素,无金银之饰,帝以白太后,即赐钱各五百万。于是内外从化,被服如一;诸家惶恐,倍于永平时。置织室,蚕于濯龙中,数往观视,以为娱乐。常与帝旦夕言道政事及教授小王论语经书,述叙平生,雍和终日。

马廖虑美业难终,上疏劝成德政曰:“昔元帝罢服官,成帝御浣衣,哀帝去乐府,然而侈费不息,至于衰乱者,百姓从行不从言也。夫改政移风,必有其本。传曰:‘吴王好剑客,百姓多创瘢;楚王好细腰,宫中多饿死。’长安语曰:‘城中好高结,四方高一尺;城中好广眉,四方且半额;城中好大袖,四方全匹帛。’斯言如戏,有切事实。前下制度未几,后稍不行;虽或吏不奉法,良由慢起京师。今陛下素简所安,发自圣性,诚令斯事一竟,则四海诵德,声薰天地,神明可通,况于行令乎!”太后深纳之。

5　初,安夷县吏略妻卑湳种羌人妇,吏为其夫所杀,安夷长宗延追之出塞。种人恐见诛,遂共杀延而与勒姐、吾良二种相结为寇。于是烧当羌豪滇吾之子迷吾率诸种俱反,败金城太守郝崇。诏以武威太守北地傅育为护羌校尉,自安夷徙居临羌。迷吾又与封养种豪布桥等五万馀人共寇陇西、汉阳。秋,八月,遣行车骑将军马防、长水校尉耿恭将北军五校兵及诸郡射士三万人击之。第五伦上疏曰:“臣愚以为贵戚可封侯以富之,不当任以职事。何者?绳以法则伤恩,私以亲则违宪。伏闻马防今当西征,臣以太后恩仁,陛下至孝,恐卒有纤介,难为意爱。”帝不从。

马防等军到冀,布桥等围南部都尉于临洮,防进击,破之,斩首虏四千馀人,遂解临洮围;其众皆降,唯布桥等二万馀人屯望曲谷不下。

6　十二月戊寅,有星孛于紫宫。

7　帝纳窦勋女为贵人,有宠。贵人母,即东海恭王女沘阳公主也。

8　第五伦上疏曰:“光武承王莽之馀,颇以严猛为政,后代因之,遂成风化;郡国所举,类多办职俗吏,殊未有宽博之选以应上求者也。陈留令刘豫、冠军令驷协,并以刻薄之姿,务为严苦,吏民愁怨,莫不疾之。而今之议者反以为能,违天心,失经义,非徒应坐豫、协,亦宜谴举者。务进仁贤以任时政,不过数人,则风俗自化矣。臣尝读书记,知秦以酷急亡国,又目见王莽亦以苛法自灭，故勤勤恳恳，实在于此。又闻诸王、主、贵戚，骄奢逾制，京师尚然，何以示远！故曰：'其身不正，虽令不行。'以身教者从，以言教者讼。"上善之。伦虽天性峭直，然常疾俗吏苛刻，论议每依宽厚云。

三年（戊寅，78）

1　春，正月己酉，宗祀明堂，登灵台，赦天下。

2　马防击布桥，大破之，布桥将种人万馀降，诏征防还。留耿恭击诸未服者，斩首虏千馀人，勒姐、烧何等十三种数万人，皆诣恭降。恭尝以言事忤马防，监营谒者承旨，奏恭不忧军事，坐征下狱，免官。

3　三月癸巳，立贵人窦氏为皇后。

4　初，显宗之世，治虖沱、石臼河，从都虑至羊肠仓，欲令通漕。太原吏民苦役，连年无成，死者不可胜算。帝以郎中邓训为谒者，监领其事。训考量隐括，知其难成，具以上言。夏，四月己巳，诏罢其役，更用驴辇，岁省费亿万计，全活徒士数千人。训，禹之子也。

5　闰月，西域假司马班超率疏勒、康居、于寘、拘弥兵一万人攻姑墨石城，破之，斩首七百级。

6　冬，十二月丁酉，以马防为车骑将军。

7　武陵溇中蛮反。

8　是岁，有司奏遣广平王羡、钜鹿王恭、乐成王党俱就国；上性笃爱，不忍与诸王乖离，遂皆留京师。

四年（己卯，79）

1　春，二月庚寅，太尉牟融薨。

2　夏，四月戊子，立皇子庆为太子。

3　己丑，徙钜鹿王恭为江陵王，汝南王畅为梁王，常山王昞为淮阳王。

4　辛卯，封皇子伉为千乘王，全为平春王。

5　有司连据旧典，请封诸舅；帝以天下丰稔，方垂无事，癸卯，遂封卫尉廖为顺阳侯，车骑将军防为颍阳侯，执金吾光为许侯。太后闻之曰："吾少壮时，但慕竹帛，志不顾命。今虽已老，犹戒之在得，故日夜惕厉，思自降损，冀乘此道，不负先帝。所以化导兄弟，共同斯志，欲令瞑目之日，无所复恨，何意老志复不从哉！万年之日长恨矣！"廖等并辞让，愿就关内侯,帝不许。廖等不得已受封爵而上书辞位,帝许之。五月丙辰,防、廖、光皆以特进就第。

6　甲戌,以司徒鲍昱为太尉,南阳太守桓虞为司徒。

7　六月癸丑,皇太后马氏崩。帝既为太后所养,专以马氏为外家,故贾贵人不登极位,贾氏亲族无受宠荣者。及太后崩,但加贵人王赤绶,安车一驷,永巷宫人二百,御府杂帛二万匹,大司农黄金千斤,钱二千万而已。

8　秋,七月壬戌,葬明德皇后。

9　校书郎杨终建言:"宣帝博征群儒,论定五经于石渠阁。方今天下少事,学者得成其业,而章句之徒,破坏大体。宜如石渠故事,永为后世则。"帝从之。冬,十一月壬戌,诏太常:"将、大夫、博士、郎官及诸儒会白虎观,议五经同异。"使五官中郎将魏应承制问,侍中淳于恭奏,帝亲称制临决,作白虎议奏,名儒丁鸿、楼望、成封、桓郁、班固、贾逵及广平王羡皆与焉。固,超之兄也。

五年(庚辰,80)

1　春,二月庚辰朔,日有食之;诏举直言极谏。

2　荆、豫诸郡兵讨溇中蛮,破之。

3　夏,五月辛亥,诏曰:"朕思迟直士,侧席异闻,其先至者,各已发愤吐懑,略闻子大夫之志矣。皆欲置于左右,顾问省纳。建武诏书又曰:'尧试臣以职,不直以言语笔札。'今外官多旷,并可以补任。"

4　戊辰,太傅赵熹薨。

5　班超欲遂平西域,上疏请兵曰:"臣窃见先帝欲开西域,故北击匈奴,西使外国,鄯善、于寘即时向化,今拘弥、莎车、疏勒、月氏、乌孙、康居复愿归附,欲共并力,破灭龟兹,平通汉道。若得龟兹,则西域未服者百分之一耳。前世议者皆曰:'取三十六国,号为断匈奴右臂。'今西域诸国,自日之所入,莫不向化,大小欣欣,贡奉不绝,唯焉耆、龟兹独未服从。臣前与官属三十六人奉使绝域,备遭艰厄,自孤守疏勒,于今五载,胡夷情数,臣颇识之,问其城郭小大,皆言倚汉与依天等。以是效之,则葱领可通,龟兹可伐。今宜拜龟兹侍子白霸为其国王,以步骑数百送之,与诸国连兵,岁月之间,龟兹可禽。以夷狄攻夷狄,计之善者也!臣见莎车、疏勒田地肥广,草牧饶衍,不比敦煌、鄯善间也,兵可不费中国而粮食自足。且姑墨、温宿二王,特为龟兹所置,既非其种,更相厌苦,其势必有降者;若二国来降,则龟兹自破。愿下臣章,参考行事,诚有万分,死复何恨!臣超区区特蒙神灵,窃冀未便僵仆,目见西域平定,陛下举万年之觞,荐勋祖庙,布大喜于天下。"书奏,帝知其功可成,议欲给兵。平陵徐幹上疏,愿奋身佐超,帝以幹为假司马,将弛刑及义从千人就超。

先是莎车以为汉兵不出,遂降于龟兹,而疏勒都尉番辰亦叛。会徐幹适至,超遂与幹击番辰,大破之,斩首千馀级。欲进攻龟兹,以乌孙兵强,宜因其力,乃上言:"乌孙大国,控弦十万,故武帝妻以公主,至孝宣帝卒得其用,今可遣使招慰,与共合力。"帝纳之。

六年(辛巳,81)

1 春,二月辛卯,琅邪孝王京薨。

2 夏,六月丙辰,太尉鲍昱薨。

3 辛未晦,日有食之。

4 秋,七月癸巳,以大司农邓彪为太尉。

5 武都太守廉范迁蜀郡太守。成都民物丰盛,邑宇逼侧,旧制,禁民夜作以防火灾,而更相隐蔽,烧者日属。范乃毁削先令,但严使储水而已。百姓以为便,歌之曰:"廉叔度,来何暮!不禁火,民安作。昔无襦,今五绔。"

6 帝以沛王等将入朝,遣谒者赐貂裘及太官食物、珍果,又使大鸿胪窦固持节郊迎。帝亲自循行邸第,豫设帷床,其钱帛、器物无不充备。

七年(壬午,82)

1 春,正月沛王辅、济南王康、东平王苍、中山王焉、东海王政、琅邪王宇来朝。诏沛、济南、东平、中山王赞拜不名;升殿乃拜,上亲答之,所以宠光荣显,加于前古。每入宫,辄以辇迎,至省阁乃下,上为之兴席改容,皇后亲拜于内;皆鞠躬辞谢不自安。三月,大鸿胪奏遣诸王归国,帝特留东平王苍于京师。

2 初,明德太后为帝纳扶风宋杨二女为贵人,大贵人生太子庆;梁松弟竦有二女,亦为贵人,小贵人生皇子肇。窦皇后无子,养肇为子。宋贵人有宠于马太后,太后崩,窦皇后宠盛,与母沘阳公主谋陷宋氏,外令兄弟求其纤过,内使御者侦伺得失。宋贵人病,思生兔,令家求之,因诬言欲为厌胜之术,由是太子出居承禄观。夏六月甲寅,诏曰:"皇太子有失惑无常之性,不可以奉宗庙。大义灭亲,况降退乎!今废庆为清河王。皇子肇,保育皇后,承训怀衽,今以肇为皇太子。"遂出宋贵人姊妹置丙舍,使小黄门蔡伦案之。二贵人皆饮药自杀,父议郎杨免归本郡。庆时虽幼,亦知避嫌畏祸,言不敢及宋氏;帝更怜之,敕皇后令衣服与太子齐等。太子亦亲爱庆,入则共室,出则同舆。

　　3　己未,徙广平王羡为西平王。

　　4　秋,八月,饮酎毕,有司复奏遣东平王苍归国,帝乃许之,手诏赐苍曰:"骨肉天性,诚不以远近为亲疏;然数见颜色,情重昔时。念王久劳,思得还休,欲署大鸿胪奏,不忍下笔,顾授小黄门;中心恋恋,恻然不能言。"于是车驾祖送,流涕而诀;复赐乘舆服御、珍宝、舆马,钱布以亿万计。

　　5　九月甲戌,帝幸偃师,东涉卷津,至河内,下诏曰:"车驾行秋稼,观收获,因涉郡界,皆精骑轻行,无他辎重。不得辄修道桥,远离城郭,遣吏逢迎,刺探起居,出入前后,以为烦扰。动务省约,但患不能脱粟瓢饮耳。"己酉,进幸邺;辛卯,还宫。

　　6　冬,十月癸丑,帝行幸长安,封萧何末孙熊为鄼侯。进幸槐里、岐山;又幸长平,御池阳宫,东至高陵;十二月丁亥,还宫。

　　7　东平献王苍疾病,驰遣名医、小黄门侍疾,使者冠盖不绝于道。又置驿马,千里传问起居。

八年(癸未,83)

　　1　春,正月壬辰,王薨。诏告中傅"封上王自建武以来章奏,并集览焉"。遣大鸿胪持节监丧,令四姓小侯、诸国王、主悉会葬。

　　2　夏,六月,北匈奴三木楼訾大人稽留斯等率三万馀人款五原塞降。

　　3　冬,十二月甲午,上行幸陈留、梁国、淮阳、颍阳;戊申,还宫。

　　4　太子肇之立也,梁氏私相庆;诸窦闻而恶之。皇后欲专名外家,忌梁贵人姊妹,数谮之于帝,渐致疏嫌。是岁,窦氏作飞书,陷梁竦以恶逆,竦遂死狱中,家属徙九真,贵人姊妹以忧死。辞语连及梁松妻舞阴公主,坐徙新城。

　　5　顺阳侯马廖,谨笃自守,而性宽缓,不能教勒子弟,皆骄奢不谨。校书郎杨终与廖书,戒之曰:"君位地尊重,海内所望。黄门郎年幼,血气方盛,既无长君退让之风,而要结轻狡无行之客,纵而莫诲,视成任性,鉴念前往,可为寒心!"廖不能从。防、光兄弟资产巨亿,大起第观,弥亘街路,食客常数百人。防又多牧马畜,赋敛羌、胡。帝不喜之,数加谴敕,所以禁遏甚备。由是权势稍损,宾客亦衰。

廖子豫为步兵校尉,投书怨诽。于是有司上奏防、光兄弟奢侈逾僭、浊乱圣化,悉免就国。临上路,诏曰:"舅氏一门俱就国封,四时陵庙无助祭先后者,朕甚伤之。其令许侯思愆田庐,有司勿复请,以慰朕渭阳之情。"光比防稍为谨密,故帝特留之,后复位特进。豫随廖归国。考击物故。后复有诏还廖京师。

诸马既得罪,窦氏益贵盛。皇后兄宪为侍中、虎贲中郎将、弟笃为黄门侍郎,并侍宫省,赏赐累积,喜交通宾客。司空第五伦上疏曰:"臣伏见虎贲中郎将窦宪,椒房之亲,典司禁兵,出入省闼,年盛志美,卑让乐善,此诚其好士交结之方。然诸出入贵戚者,类多瑕衅禁锢之人,尤少守约安贫之节;士大夫无志之徒,更相贩卖,云集其门,盖骄佚所从生也。三辅论议者至云:'以贵戚废锢,当复以贵戚浣濯之,犹解醒当以酒也。'诐险趣势之徒,诚不可亲近。臣愚愿陛下、中宫严敕宪等闭门自守,无妄交通士大夫,防其未萌,虑于无形,令宪永保福禄,君臣交欢,无纤介之隙,此臣之至愿也!"

宪恃宫掖声势,自王、主及阴、马诸家,莫不畏惮。宪以贱直请夺沁水公主园田,主逼畏不敢计。后帝出过园,指以问宪,宪阴喝不得对。后发觉,帝大怒,召宪切责曰:"深思前过夺主田园时,何用愈赵高指鹿为马!久念使人惊怖。昔永平中,常令阴党、阴博、邓叠三人更相纠察,故诸豪戚莫敢犯法者。今贵主尚见枉夺,何况小民哉!国家弃宪,如孤雏、腐鼠耳!"宪大惧,皇后为毁服深谢,良久乃得解,使以田还主。虽不绳其罪,然亦不授以重任。

臣光曰:人臣之罪,莫大于欺罔,是以明君疾之。孝章谓窦宪何异指鹿为马,善矣;然卒不能罪宪,则奸臣安所惩哉!夫人主之于臣下,患在不知其奸,苟或知之而复赦之,则不若不知之为愈也。何以言之?彼或为奸而上不之知,犹有所畏;既知而不能讨,彼知其不足畏也,则放纵而无所顾矣!是故知善而不能用,知恶而不能去,人主之深戒也。

6 下邳周纡为雒阳令,下车,先问大姓主名;吏闾里豪强以对数。纡厉声怒曰:"本问贵戚若马、窦等辈,岂能知此卖菜佣乎!"于是部吏望风旨,争以激切为事,贵戚跼蹐,京师肃清。窦笃夜至止奸亭,亭长霍延拔剑拟笃,肆詈恣口。笃以表闻,诏召司隶校尉、河南尹诣尚书谴问;遣剑戟士收纡,送廷尉诏狱,数日,贳出之。

7　帝拜班超为将兵长史,以徐幹为军司马,别遣卫候李邑护送乌孙使者。邑到于寘,值龟兹攻疏勒,恐惧不敢前,因上书陈西域之功不可成,又盛毁超:"拥爱妻,抱爱子,安乐外国,无内顾心。"超闻之叹曰:"身非曾参而有三至之谗,恐见疑于当时矣!"遂去其妻。帝知超忠,乃切责邑曰:"纵超拥爱妻,抱爱子,思归之士千馀人,何能尽与超同心乎!"令邑诣超受节度,诏:"若邑任在外者,便留与从事。"超即遣邑将乌孙侍子还京师。徐幹谓超曰:"邑前亲毁君,欲败西域,今何不缘诏书留之,更遣他吏送侍子乎?"超曰:"是何言之陋也! 以邑毁超,故今遣之。内省不疚,何恤人言! 快意留之,非忠臣也。"

8　帝以侍中会稽郑弘为大司农。旧交趾七郡贡献转运,皆从东冶泛海而至,风波艰阻,沉溺相系。弘奏开零陵、桂阳峤道,自是夷通,遂为常路。在职二年,所省息以亿万计。遭天下旱,边方有警,民食不足,而帑藏殷积。弘又奏宜省贡献,减徭费以利饥民;帝从之。

元和元年(甲申,84)

1　春,闰正月辛丑,济阴悼王长薨。

2　夏,四月己卯,分东平国,封献王子尚为任城王。

3　六月辛酉,沛献王辅薨。

4　陈事者多言"郡国贡举,率非功次,故守职益懈而吏事浸疏,咎在州郡"。有诏下公卿朝臣议。大鸿胪韦彪上议曰:"夫国以简贤为务,贤以孝行为首,是以求忠臣必于孝子之门。夫人才行少能相兼,是以孟公绰优于赵、魏老,不可以为滕、薛大夫。忠孝之人,持心近厚,锻炼之吏,持心近薄。士宜以才行为先,不可纯以阀阅。然其要归,在于选二千石。二千石贤,则贡举皆得其人矣。"彪又上疏曰:"天下枢要,在于尚书,尚书之选,岂可不重! 而间者多从郎官超升此位,虽晓习文法,长于应对,然察察小慧,类无大能。宜鉴啬夫捷急之对,深思绛侯木讷之功也。"帝皆纳之。彪,贤之玄孙也。

5　秋,七月丁未,诏曰:"律云:'掠者唯得榜、笞、立';又令丙,箠长短有数。自往者大狱以来,掠考多酷,钻钻之属,惨苦无极。念其痛毒,怵然动心! 宜及秋冬治狱,明为其禁。"

6　八月甲子,太尉邓彪罢,以大司农郑弘为太尉。

7　癸酉,诏改元。丁酉,车驾南巡。诏:"所经道上郡县,毋得设储峙。命司空自将徒支拄桥梁。有遣使奉迎,探知起居,二千石当坐。"

8　九月辛丑,幸章陵;十月己未,进幸江陵;还,幸宛。召前临淮太守宛人朱晖,拜尚书仆射。晖在临淮,有善政,民歌之曰:"强直自遂,南阳朱季吏畏其威,民怀其惠。"时坐法免,家居,故上召而用之。十一月己丑,车驾还宫。尚书张林上言:"县官经用不足,宜自煮盐,及复修武帝均输之法。"朱晖固执以为不可,曰:"均输之法,与贾贩无异,盐利归官,则下民穷怨,诚非明主所宜行。"帝因发怒切责诸尚书,晖等皆自系狱。三日,诏敕出之,曰:"国家乐闻驳议,黄发无愆;诏书过耳,何故自系!"晖因称病笃,不肯复署议。尚书令以下惶怖,谓晖曰:"今临得谴让,奈何称病,其祸不细!"晖曰:"行年八十,蒙恩得在机密,当以死报。若心知不可,而顺旨雷同,负臣子之义!今耳目无所闻见,伏待死命。"遂闭口不复言。诸尚书不知所为,乃共劾奏晖。帝意解,寝其事。后数日,诏使直事郎问晖起居,太医视疾,太官赐食,晖乃起谢;复赐钱十万,布百匹,衣十领。

9　鲁国孔僖、涿郡崔骃同游太学,相与论"孝武皇帝,始为天子,崇信圣道,五六年间,号胜文、景;及后恣己,忘其前善"。邻房生梁郁上书,告"骃、僖诽谤先帝,刺讥当世",事下有司。骃诣吏受讯。僖以书自讼曰:"凡言诽谤者,谓实无此事而虚加诬之也。至如孝武皇帝,政之美恶,显在汉史,坦如日月,是为直说书传实事,非虚谤也。夫帝者,为善为恶,天下莫不知,斯皆有以致之,故不可以诛于人也。且陛下即位以来,政教未过而德泽有加,天下所具也,臣等独何讥刺哉!假使所非实是,则固应悛改,悦其不当,亦宜含容,又何罪焉!陛下不推原大数,深自为计,徒肆私忌以快其意,臣等受戮,死即死耳;顾天下之人,必回视易虑,以此事窥陛下心,自今以后,苟见不可之事,终莫复言者矣。齐桓公亲扬其先君之恶以唱管仲,然后群臣得尽其心。今陛下乃欲为十世之武帝远讳实事,岂不与桓公异哉!臣恐有司卒然见构,衔恨蒙枉,不得自叙,使后世论者擅以陛下有所比方,宁可复使子孙追掩之乎!谨诣阙伏待重诛。"书奏,帝立诏勿问,拜僖兰台令史。

10　十二月壬子,诏:"前以妖恶禁锢三属者,一皆蠲除之,但不得在宿卫而已。"

11　庐江毛义、东平郑均,皆以行义称于乡里。南阳张奉慕义名,往候之,坐定而府檄适至,以义守安阳令,义捧檄而入,喜动颜色;奉心贱之,辞去。后义母死,征辟皆不至,奉乃叹曰:"贤者固不可测。往日之喜,乃为亲屈也。"均兄为县吏,颇受礼遗,均谏不听,乃脱身为佣,岁馀得钱帛,归以与兄曰:"物尽可复得;为吏坐臧,终身捐弃。"兄感其言,遂为廉洁。均仕为尚书,免归。帝下诏褒宠义、均,赐谷各千斛,常以八月长吏问起居,加赐羊酒。

　　12　武威太守孟云上言:"北匈奴复愿与吏民合市。"诏许之。北匈奴大且渠伊莫訾王等驱牛马万馀头来与汉交易,南单于遣轻骑出上郡钞之,大获而还。

　　13　帝复遣假司马和恭等将兵八百人诣班超。超因发疏勒、于�’兵击莎车。莎车以赂诱疏勒王忠,忠遂反,从之,西保乌即城。超乃更立其府丞成大为疏勒王,悉发其不反者以攻忠,使人说康居王执忠以归其国,乌即城遂降。

资治通鉴卷第四十七

汉纪三十九

肃宗孝章皇帝下

元和二年（乙酉，85）

1　春，正月乙酉，诏曰："令云：'民有产子者，复勿算三岁。'今诸怀妊者，赐胎养谷人三斛，复其夫勿算一岁。著以为令！"又诏三公曰："夫欲吏矫饰外貌，似是而非，朕甚厌之，甚苦之！安静之吏，恫愊无华，日计不足，月计有馀。如襄城令刘方，吏民同声谓之不烦，虽未有他异，斯亦殆近之矣！夫以苛为察，以刻为明，以轻为德，以重为威，四者或兴，则下有怨心。吾诏书数下，冠盖接道，而吏不加治，民或失职，其咎安在？勉思旧令，称朕意焉！"

2　北匈奴大人车利涿兵等亡来入塞，凡七十三辈。时北虏衰耗，党众离畔，南部攻其前，丁零寇其后，鲜卑击其左，西域侵其右，不复自立，乃远引而去。

3　南单于长死，单于汗之子宣立，为伊屠於闾鞮单于。

4　太初历施行百馀年，历稍后天。上命治历编䜣、李梵等综校其状，作四分历；二月甲寅，始施行之。

5　帝之为太子也，受尚书于东郡太守汝南张酺。丙辰，帝东巡，幸东郡，引酺及门生并郡县掾史并会庭中。帝先备弟子之仪，使酺讲尚书一篇，然后修君臣之礼；赏赐殊特，莫不沾洽。行过任城，幸郑均舍，赐尚书禄以终其身，时人号为"白衣尚书"。

6　乙丑，帝耕于定陶。辛未，幸泰山，柴告岱宗；进幸奉高。壬申，宗祀五帝于汶上明堂；丙子，赦天下。戊寅，进幸济南。三月己丑，幸鲁；庚寅，祠孔子于阙里，及七十二弟子，作六代之乐，大会孔氏男子二十以上者六十二人。帝谓孔僖曰："今日之会，宁于卿宗有光荣乎？"对曰："臣闻明王圣主，莫不尊师贵道。今陛下亲屈万乘，辱临敝里，此乃崇礼先师，增辉圣德；至于光荣，非所敢承！"帝大笑曰："非圣者子孙焉有斯言乎！"拜僖郎中。

7　壬辰,帝幸东平,追念献王,谓其诸子曰:“思其人,至其乡;其处在,其人亡。”因泣下沾襟。遂幸献王陵,祠以太牢,亲拜祠坐,哭泣尽哀。献王之归国也,骠骑府吏丁牧、周栩以献王爱贤下士,不忍去之,遂为王家大夫数十年,事祖及孙。帝闻之,皆引见,既愍其淹滞,且欲扬献王德美,即皆擢为议郎。乙未,幸东阿,北登太行山,至天井关。夏,四月乙卯,还宫。庚申,假于祖祢。

8　五月,徙江陵王恭为六安王。

9　秋,七月庚子,诏曰:“春秋重三正,慎三微。其定律无以十一月、十二月报囚,止用冬初十月而已。”

10　冬,南单于遣兵与北虏温禺犊王战于涿邪山,斩获而还。武威太守孟云上言:“北虏以前既和亲,而南部复往抄掠,北单于谓汉欺之,谋欲犯塞,谓宜还南所掠生口以慰安其意。”诏百官议于朝堂。太尉郑弘、司空第五伦以为不可许,司徒桓虞及太仆袁安以为当与之。弘因大言激厉虞曰:“诸言当还生口者,皆为不忠!”虞廷叱之,伦及大鸿胪韦彪皆作色变容。司隶校尉举奏弘等,弘等皆上印绶谢。诏报曰:“久议沉滞,各有所志,盖事以议从,策由众定,间闾衎衎,得礼之容,寝嘿抑心,更非朝廷之福。君何尤而深谢!其各冠履!”帝乃下诏曰:“江海所以能长百川者,以其下之也。少加屈下,尚何足病!况今与匈奴君臣分定,辞顺约明,贡献累至,岂宜违信,自受其曲!其敕度辽及领中郎将庞奋倍雇南部所得生口以还北虏;其南部斩首获生,计功受赏,如常科。”

三年(丙戌,86)

1　春,正月丙申,帝北巡;辛丑,耕于怀。二月乙丑,敕侍御史、司空曰:“方春所过,毋得有所伐杀;车可以引避,引避之,騑马可辍解,辍解之。”戊辰,进幸中山,出长城;癸酉,还,幸元氏。三月己卯,进幸赵;辛卯,还宫。

2　太尉郑弘数陈侍中窦宪权势太盛,言甚苦切,宪疾之。会弘奏宪党尚书张林、雒阳令杨光在官贪残。书奏,吏与光故旧,因以告之,光报宪。宪奏弘大臣,漏泄密事,帝诘让弘。夏,四月丙寅,收弘印绶。弘自诣廷尉,诏敕出之,因乞骸骨归,未许。病笃,上书陈谢曰:“窦宪奸恶,贯天达地,海内疑惑,贤愚疾恶,谓‘宪何术以迷主上!近日王氏之祸,晓然可见’。陛下处天子之尊,保万世之祚,而信谗佞之臣,不计存亡之机;臣虽命在晷刻,死不忘忠,愿陛下诛四凶之罪,以厌人鬼愤结之望!"帝省章,遣医视<u>弘</u>病,比至,已薨。

3　以大司农<u>宋由</u>为太尉。

4　司空<u>第五伦</u>以老病乞身;五月丙子,赐策罢,以二千石俸终其身。<u>伦</u>奉公尽节,言事无所依违。性质悫,少文采,在位以贞白称。或问<u>伦</u>曰:"公有私乎?"对曰:"昔人有与吾千里马者,吾虽不受,每三公有所选举,心不能忘,而亦终不用也。若是者,岂可谓无私乎!"

以太仆<u>袁安</u>为司空。

5　秋,八月乙丑,帝幸<u>安邑</u>,观盐池。九月,还宫。

6　烧当<u>羌迷吾</u>复与弟<u>号吾</u>及诸种反。<u>号吾</u>先轻入,寇<u>陇西</u>界,督烽掾<u>李章</u>追之,生得<u>号吾</u>,将诣郡。<u>号吾</u>曰:"独杀我,无损于<u>羌</u>;诚得生归,必悉罢兵,不复犯塞。"<u>陇西</u>太守<u>张纡</u>放遣之,<u>羌</u>即为解散,各归故地。<u>迷吾</u>退居<u>河北归义城</u>。

7　<u>疏勒王忠</u>从<u>康居王</u>借兵,还据<u>损中</u>,遣使诈降于<u>班超;超</u>知其奸而伪许之。<u>忠</u>从轻骑诣<u>超,超</u>斩之,因击破其众,南道遂通。

8　<u>楚</u>许太后薨。诏改葬<u>楚王英</u>,追爵谥曰<u>楚厉侯</u>。

9　帝以<u>颍川郭躬</u>为廷尉。决狱断刑,多依矜恕,条诸重文可从轻者四十一,奏之,事皆施行。

10　博士<u>鲁国曹褒</u>上疏,以为"宜定文制,著成汉礼"。太常<u>巢堪</u>以为"一世大典,非<u>褒</u>所定,不可许"。帝知诸儒拘挛,难与图始,朝廷礼宪,宜以时立,乃拜<u>褒</u>侍中。玄武司马<u>班固</u>以为"宜广集诸儒,共议得失"。帝曰:"谚言:'作舍道边,三年不成。'会礼之家,名为聚讼,互生疑异,笔不得下。昔<u>尧</u>作大章,一<u>夔</u>足矣。"

章和元年(丁亥,87)

1　春,正月,帝召<u>褒</u>,授以<u>叔孙通</u>汉仪十二篇,曰:"此制散略,多不合经,今宜依礼条正,使可施行。"

2　护羌校尉<u>傅育</u>欲伐烧当<u>羌</u>,为其新降,不欲出兵,乃募人斗诸<u>羌</u>、<u>胡;羌</u>、<u>胡</u>不肯,遂复叛出塞,更依<u>迷吾</u>。<u>育</u>请发诸郡兵数万人共击<u>羌</u>。未及会,三月,<u>育</u>独进军。<u>迷吾</u>闻之,徙庐落去。<u>育</u>遣精骑三千穷追之,夜,至<u>三兜谷</u>,不设备,<u>迷吾</u>袭击,大破之,杀<u>育</u>及吏士八百八十人。及诸郡兵到,<u>羌</u>遂引去。诏以<u>陇西</u>太守<u>张纡</u>为校尉,将万人屯<u>临羌</u>。

3　夏,六月戊辰,司徒<u>桓虞</u>免。癸卯,以司空<u>袁安</u>为司徒,光禄勋<u>任</u>

隗为司空。隗,光之子也。

4 齐王晃及弟利侯刚,与母太姬更相诬告。秋,七月癸卯,诏贬晃爵为芜湖侯,削刚户三千,收太姬玺绶。

5 壬子,淮阳顷王昞薨。

6 鲜卑入左地,击北匈奴,大破之,斩优留单于而还。

7 羌豪迷吾复与诸种寇金城塞,张纡遣从事河内司马防,与战于木乘谷;迷吾兵败走,因译使欲降,纡纳之。迷吾将人众诣临羌,纡设兵大会,施毒酒中,伏兵杀其酋豪八百馀人,斩迷吾头以祭傅育冢,复放兵击其馀众,斩获数千人。迷吾子迷唐,与诸种解仇,结婚交质,据大、小榆谷以叛,种众炽盛,张纡不能制。

8 壬戌,诏以瑞物仍集,改元章和。是时,京师四方屡有嘉瑞,前后数百千,言事者咸以为美。而太尉掾平陵何敞独恶之,谓宋由、袁安曰:“夫瑞应依德而至,灾异缘政而生。今异鸟翔于殿屋,怪草生于庭际,不可不察!”由、安惧不敢答。

9 八月癸酉,帝南巡。戊子,幸梁,乙未晦,幸沛。

10 日有食之。

11 九月庚子,帝幸彭城。辛亥,幸寿春;复封阜陵侯延为阜陵王。己未,幸汝阴。冬,十月丙子,还宫。

12 北匈奴大乱,屈兰储等五十八部、口二十八万诣云中、五原、朔方、北地降。

13 曹褒依准旧典,杂以五经、谶记之文,撰次天子至于庶人冠、婚、吉、凶终始制度凡百五十篇,奏之。帝以众论难一,故但纳之,不复令有司平奏。

14 是岁,班超发于寘诸国兵共二万五千人击莎车,龟兹王发温宿、姑墨、尉头兵合五万人救之。超召将校及于寘王议曰:“今兵少不敌,其计莫若各散去;于寘从是而东,长史亦于此西归,可须夜鼓声而发。”阴缓所得生口。龟兹王闻之,大喜,自以万骑于西界遮超,温宿王将八千骑于东界徼于寘。超知二虏已出,密召诸部勒兵,鸡鸣驰赴莎车营。胡大惊乱,奔走,追斩五千馀级,莎车遂降,龟兹等因各退散。自是威震西域。

二年(戊子,88)

1 春,正月,济南王康、阜陵王延、中山王焉来朝。上性宽仁,笃于亲亲,故叔父济南、中山二王,每数入朝,特加恩宠,及诸昆弟并留京师,不遣就国。又赏赐群臣,过于制度,仓帑为虚。<u>何敞</u>奏记<u>宋由</u>曰:"比年水旱,民不收获,<u>凉州</u>缘边,家被凶害;中州内郡,公私屈竭;此实损膳节用之时。国恩覆载,赏赉过度,但闻腊赐,自郎官以上,公卿、王侯以下,至于空竭帑藏,损耗国资。寻公家之用,皆百姓之力。明君赐赉,宜有品制;忠臣受赏,亦应有度。是以<u>夏禹</u>玄圭,<u>周公</u>束帛。今明公位尊任重,责深负大,上当匡正纲纪,下当济安元元,岂但空空无违而已哉! 宜先正己以率群下,还所得赐,因陈得失,奏王侯就国,除苑囿之禁,节省浮费,赈恤穷孤,则恩泽下畅,黎庶悦豫矣。"<u>由</u>不能用。

尚书<u>南阳</u><u>宋意</u>上疏曰:"陛下至孝烝烝,恩爱隆深,礼宠诸王,同之家人,车入殿门,即席不拜,分甘损膳,赏赐优渥。<u>康</u>、<u>焉</u>幸以支庶,享食大国,陛下恩宠逾制,礼敬过度。<u>春秋</u>之义,诸父、昆弟,无所臣,所以尊尊卑卑,强干弱枝者也。陛下德业隆盛,当为万世典法,不宜以私恩损上下之序,失君臣之正。又<u>西平王</u><u>羡</u>等六王,皆妻子成家,官属备具,当早就蕃国,为子孙基址;而室第相望,久磐京邑,骄奢僭拟,宠禄隆过。宜割情不忍,以义断恩,发遣<u>康</u>、<u>焉</u>,各归蕃国,令<u>羡</u>等速就便时,以塞众望。"帝未及遣。

2　壬辰,帝崩于<u>章德前殿</u>,年三十一。遗诏:"无起寝庙,一如先帝法制。"

范晔论曰:<u>魏文帝</u>称<u>明帝</u>察察,<u>章帝</u>长者。<u>章帝</u>素知人,厌<u>明帝</u>苛切,事从宽厚;奉承<u>明德太后</u>,尽心孝道;平徭简赋,而民赖其庆;又体之以忠恕,文之以礼乐。谓之长者,不亦宜乎!

3　太子即位,年十岁,尊皇后曰皇太后。

4　三月丁酉,用遗诏徙<u>西平王</u><u>羡</u>为<u>陈王</u>,<u>六安王</u><u>恭</u>为<u>彭城王</u>。

5　癸卯,葬<u>孝章皇帝</u>于<u>敬陵</u>。

6　<u>南单于</u><u>宣</u>死,单于<u>长</u>之弟<u>屯屠何</u>立,为<u>休兰尸逐侯鞮单于</u>。

7　太后临朝,<u>窦宪</u>以侍中内干机密,出宣诰命;弟<u>笃</u>为虎贲中郎将,<u>笃</u>弟<u>景</u>、<u>瑰</u>并为中常侍,兄弟皆在亲要之地。<u>宪</u>客<u>崔骃</u>以书戒<u>宪</u>曰:"传曰:'生而富者骄,生而贵者傲。'生富贵而能不骄傲者,未之有也。今宠禄初隆,百僚观行,岂可不'庶几夙夜,以永终誉'乎! 昔<u>冯野王</u>以外戚居位,称为贤臣;近<u>阴卫尉</u>克己复礼,终受多福。外戚所以获讥于时,垂愆于后者,盖在满而不挹,位有馀而仁不足也。<u>汉</u>兴以后,迄于<u>哀</u>、<u>平</u>,外家二十,保族全身,四人而已。书曰'鉴于<u>有殷</u>',可不慎哉!"

8　庚戌,皇太后诏:"以故太尉<u>邓彪</u>为太傅,赐爵关内侯,录尚书事,百官总己以听。"<u>窦宪</u>以<u>彪</u>有义让,先帝所敬,而仁厚委随,故尊崇之。其

所施为，辄外令__彪__奏，内白太后，事无不从。__彪__在位，修身而已，不能有所
匡正。__宪__性果急，睚眦之怨，莫不报复。__永平__时，谒者__韩纡__考劾__宪__父__勋__狱，
__宪__遂令客斩__纡__子，以首祭__勋__冢。

9　癸亥，__陈王羡、彭城王恭、乐成王党、下邳王衍、梁王畅__始就国。

10　夏，四月戊寅，以遗诏罢郡国盐铁之禁，纵民煮铸。

11　五月，京师旱。

12　__北匈奴__饥乱，降__南部__者岁数千人。秋，七月，__南单于__上言："宜及
__北虏__分争，出兵讨伐，破北成南，并为一国，令__汉__家长无北念。臣等生长__汉__
地，开口仰食，岁时赏赐，动辄亿万，虽垂拱安枕，惭无报效之义，愿发国中
及诸部故__胡__新降精兵，分道并出，期十二月同会__虏__地。臣兵众单少，不足
以防内外，愿遣执金吾__耿秉__、度辽将军__邓鸿__及__西河__、__云中__、__五原__、__朔方__、__上郡__
太守并力而北，冀因圣帝威神，一举平定。臣国成败，要在今年，已敕诸部
严兵马，唯裁哀省察！"太后以示__耿秉__。__秉__上言："昔__武帝__单极天下，欲臣
__虏匈奴__，未遇天时，事遂无成。今幸遭天授，__北虏__分争，以夷伐夷，国家之
利，宜可听许。"__秉__因自陈受恩，分当出命效用。太后议欲从之。尚书__宋
意__上书曰："夫戎狄简贱礼义，无有上下，强者为雄，弱即屈服。自__汉__兴以
来，征伐数矣，其所克获，曾不补害。__光武皇帝__躬服金革之难，深昭天地之
明，因其来降，羁縻畜养，边民得生，劳役休息，于兹四十馀年矣。今__鲜卑__
奉顺，斩获万数，中国坐享大功而百姓不知其劳，__汉__兴功烈，于斯为盛。所
以然者，夷__虏__相攻，无损__汉__兵者也。臣察__鲜卑__侵伐__匈奴__，正是利其抄掠；及
归功圣朝，实由贪得重赏。今若听__南虏__还都北庭，则不得不禁制__鲜卑__；__鲜
卑__外失暴掠之愿，内无功劳之赏，豺狼贪婪，必为边患。今__北虏__西通，请求
和亲，宜因其归附，以为外扞，巍巍之业，无以过此。若引兵费赋，以顺__南
虏__，则坐失上略，去安即危矣。诚不可许。"

会__齐殇王__子__都乡侯畅__来吊国忧，太后数召见之，__窦宪__惧__畅__分宫省之
权，遣客刺杀__畅__于屯卫之中，而归罪于__畅__弟__利侯刚__，乃使侍御史与__青州__刺
史杂考__刚__等。尚书__颍川韩棱__以为"贼在京师，不宜舍近问远，恐为奸臣所
笑"。太后怒，以切责__棱__，__棱__固执其议。__何敞__说__宋由__曰："__畅__宗室肺府，茅
土藩臣，来吊大忧，上书须报，亲在武卫，致此残酷。奉__宪__之吏，莫适讨捕，
踪迹不显，主名不立。__敞__备数股肱，职典贼曹，欲亲至发所，以纠其变。而
二府执事以为故事三公不与贼盗，公纵奸慝，莫以为咎。__敞__请独奏案之。"
__由__乃许焉。二府闻__敞__行，皆遣主者随之。于是推举，具得事实。太后怒，
闭__宪__于内宫。__宪__惧诛，因自求击__匈奴__以赎死。

冬,十月乙亥,以宪为车骑将军,伐北匈奴,以执金吾耿秉为副;发北军五校、黎阳、雍营、缘边十二郡骑士及羌、胡兵出塞。

13　公卿举故张掖太守邓训代张纡为护羌校尉。迷唐率兵万骑来至塞下,未敢攻训,先欲胁小月氏胡。训拥卫小月氏胡,令不得战。议者咸以羌、胡相攻,县官之利,不宜禁护。训曰:"张纡失信,众羌大动,凉州吏民,命县丝发。原诸胡所以难得意者,皆恩信不厚耳。今因其追急,以德怀之,庶能有用。"遂令开城及所居园门,悉驱群胡妻子内之,严兵守卫。羌掠无所得,又不敢逼诸胡,因即解去。由是湟中诸胡皆言:"汉家常欲斗我曹;今邓使君待我以恩信,开门内我妻子,乃是得父母也!"咸欢喜叩头曰:"唯使君所命!"训遂抚养教谕,大小莫不感悦。于是赏赂诸羌种,使相招诱,迷唐叔父号吾将其种人八百户来降。训因发湟中秦、胡、羌兵四千人出塞,掩击迷唐于写谷,破之,迷唐乃去大、小榆,居颇岩谷,众悉离散。

　　孝和皇帝上
永元元年(己丑,89)

1　春,迷唐欲复归故地;邓训发湟中六千人,令长史任尚将之,缝革为船,置于箄上以渡河,掩击迷唐,大破之,斩首前后一千八百馀级,获生口二千人,马牛羊三万馀头,一种殆尽。迷唐收其馀众西徙千馀里,诸附落小种皆畔之。烧当豪帅东号,稽颡归死,馀皆款塞纳质。于是训绥接归附,威信大行,遂罢屯兵,各令归郡,唯置弛刑徒二千馀人,分以屯田、修理坞壁而已。

2　窦宪将征匈奴,三公、九卿诣朝堂上书谏,以为:"匈奴不犯边塞,而无故劳师远涉,损费国用,徼功万里,非社稷之计。"书连上,辄寝,宋由惧,遂不敢复署议,而诸卿稍自引止;唯袁安、任隗守正不移,至免冠朝堂固争,前后且十上,众皆为之危惧,安、隗正色自若。侍御史鲁恭上疏曰:"国家新遭大忧,陛下方在谅暗,百姓阙然,三时不闻警跸之音,莫不怀思皇皇,若有求而不得。今乃以盛春之月兴发军役,扰动天下以事戎夷,诚非所以垂恩中国,改元正时,由内及外也。万民者,天之所生;天爱其所生,犹父母爱其子,一物有不得其所,则天气为之舛错,况于人乎!故爱民者必有天报。夫戎狄者,四方之异气,与鸟兽无别;若杂居中国,则错乱天气,污辱善人,是以圣王之制,羁縻不绝而已。今匈奴为鲜卑所破,远藏于史侯河西,去塞数千里,而欲乘其虚耗,利其微弱,是非义之所出也。今始征发,而大司农调度不足,上下相迫,民间之急,亦已甚矣。群僚百姓咸曰不可,陛下独奈何以一人之计,弃万人之命,不恤其言乎!上观天心,下察人志,足以知事之得失。臣恐中国不为中国,岂徒匈奴而已哉!"尚书令韩稜、骑都尉朱晖、议郎京兆乐恢,皆上疏谏,太后不听。

又诏使者为宪弟笃、景并起邸第,劳役百姓。侍御史何敞上疏曰:"臣闻匈奴之为桀逆久矣,平城之围,慢书之耻,此二辱者,臣子所为捐躯而必死,高祖、吕后忍怒含忿,舍而不诛。今匈奴无逆节之罪,汉朝无可惭之耻,而盛春东作,兴动大役,元元怨恨,咸怀不悦。又猥为卫尉笃、奉车都尉景缮修馆第,弥街绝里。笃、景亲近贵臣,当为百僚表仪。今众军在道,朝廷焦唇,百姓愁苦,县官无用,而遽起大第,崇饰玩好,非所以垂令德、示无穷也。宜且罢工匠,专忧北边,恤民之困。"书奏,不省。

窦宪尝使门生赍书诣尚书仆射郅寿,有所请托,寿即送诏狱,前后上书,陈宪骄恣,引王莽以诫国家;又因朝会,刺讥宪等以伐匈奴、起第宅事,厉音正色,辞旨甚切。宪怒,陷寿以买公田、诽谤,下吏,当诛,何敞上疏曰:"寿机密近臣,匡救为职,若怀默不言,其罪当诛。今寿违众正议以安宗庙,岂其私邪!臣所以触死瞀言,非为寿也。忠臣尽节,以死为归;臣虽不知寿,度其甘心安之。诚不欲圣朝行诽谤之诛,以伤晏晏之化,杜塞忠直,垂讥无穷。臣敞谬与机密,言所不宜,罪名明白,当填牢狱,先寿僵仆,万死有余。"书奏,寿得减死论,徙合浦,未行,自杀。寿,恽之子也。

夏六月,窦宪、耿秉出朔方鸡鹿塞,南单于出满夷谷,度辽将军邓鸿出稒阳塞,皆会涿邪山。宪分遣副校尉阎盘、司马耿夔、耿谭将南匈奴精骑万余,与北单于战于稽洛山,大破之,单于遁走;追击诸部,遂临私渠北鞮海,斩名王已下万三千级,获生口甚众,杂畜百余万头,诸裨小王率众降者,前后八十一部二十余万人。宪、秉出塞三千余里,登燕然山,命中护军班固刻石勒功,纪汉威德而还。遣军司马吴汜、梁讽奉金帛遗北单于,时虏中乖乱,汜、讽及北单于于西海上,宣国威信,以诏致赐,单于稽首拜受。讽因说令修呼韩邪故事,单于喜悦,即将其众与讽俱还,到私渠海,闻汉军已入塞,乃遣弟右温禺鞮王奉贡入侍,随讽诣阙。宪以单于不自身到,奏还其侍弟。

3 秋,七月乙未,会稽山崩。

4 九月庚申,以窦宪为大将军,中郎将刘尚为车骑将军,封宪武阳侯,食邑二万户;宪固辞封爵,诏许之。旧,大将军位在三公下,至是,诏宪位次太傅下、三公上;长史、司马秩中二千石。封耿秉为美阳侯。

窦氏兄弟骄纵,而执金吾景尤甚,奴客缇骑强夺人财货,篡取罪人,妻略妇女;商贾闭塞,如避寇仇;又擅发缘边诸郡突骑有才力者。有司莫敢举奏,袁安劾景"擅发边兵,惊惑吏民;二千石不待符信而辄承景檄,当伏显诛"。又奏"司隶校尉河南尹阿附贵戚,不举劾,请免官案罪"。并寝不报。驸马都尉瓌,独好经书,节约自修。

尚书何敞上封事曰:"昔郑武姜之幸叔段,卫庄公之宠州吁,爱而不教,终至凶戾。由是观之,爱子若此,犹饥而食之以毒,适所以害之也。伏见大将军宪,始遭大忧,公卿比奏,欲令典干国事;宪深执谦退,固辞盛位,恳恳勤勤,言之深至,天下闻之,莫不说喜。今逾年未几,大礼未终,卒然中改,兄弟专朝,宪秉三军之重,笃、景总宫卫之权,而虐用百姓,奢侈僭逼,诛戮无罪,肆心自快。今者论议讻讻,咸谓叔段、州吁复生于汉。臣观公卿怀持两端,不肯极言者,以为宪等若有匡辅之志,则已受吉甫褒申伯之功;如宪等陷于罪辜,则自取陈平、周勃顺吕后之权,终不以宪等吉凶为忧也!臣敞区区诚欲计策两安,绝其绵绵,塞其涓涓,上不欲令皇太后损文母之号,陛下有誓泉之讥,下使宪等得长保其福佑也。驸马都尉瓌,比请退身,愿抑家权,可与参谋,听顺其意,诚宗庙至计,窦氏之福!"时济南王康尊贵骄甚,宪乃白出敞为济南太傅。康有违失,敞辄谏争,康虽不能从,然素敬重敞,无所嫌忤焉。

5 冬,十月庚子,阜陵质王延薨。

6 是岁,郡国九大水。

二年(庚寅,90)

1 春,正月丁丑,赦天下。

2 二月壬午,日有食之。

3 夏,五月丙辰,封皇弟寿为济北王,开为河间王,淑为城阳王;绍封故淮南顷王子侧为常山王。

4 窦宪遣副校尉阎盘将二千馀骑掩击北匈奴之守伊吾者,复取其地。车师震慑,前、后王各遣子入侍。

5 月氏求尚公主,班超拒还其使,由是怨恨,遣其副王谢将兵七万攻超。超众少,皆大恐;超譬军士曰:"月氏兵虽多,然数千里逾葱岭来,非有运输,何足忧邪!但当收谷坚守,彼饥穷自降,不过数十日决矣!"谢遂前攻超,不下,又钞掠无所得。超度其粮将尽,必从龟兹求食,乃遣兵数百于东界要之。谢果遣骑赍金银珠玉以赂龟兹,超伏兵遮击,尽杀之,持其使首以示谢。谢大惊,即遣使请罪,愿得生归,超纵遣之。月氏由是大震,岁奉贡献。

6　初,北海哀王无后,肃宗以齐武王首创大业而后嗣废绝,心常愍之,遗诏令复齐、北海二国。丁卯,封芜湖侯无忌为齐王,北海敬王庶子威为北海王。

7　六月辛卯,中山简王焉薨。焉,东海恭王之母弟,而窦太后,恭王之甥也;故加赙钱一亿,大为修冢茔,平夷吏民冢墓以千数,作者万馀人,凡征发摇动六州十八郡。

8　诏封窦宪为冠军侯,笃为郾侯,瑰为夏阳侯;宪独不受封。

9　秋,七月乙卯,窦宪出屯凉州,以侍中邓叠行征西将军事为副。

10　北单于以汉还其侍弟,九月,复遣使款塞称臣,欲入朝见。冬十月,窦宪遣班固、梁讽迎之。会南单于复上书求灭北庭,于是遣左谷蠡王师子等将左右部八千骑出鸡鹿塞,中郎将耿谭遣从事将护之,袭击北单于。夜至,围之,北单于被创,仅而得免,获阏氏及男女五人,斩首八千级,生房数千口。班固至私渠海而还。是时,南部党众益盛,领户三万四千,胜兵五万。

三年(辛卯,91)

1　春,正月甲子,帝用曹褒新礼,加元服;擢褒监羽林左骑。

2　窦宪以北匈奴微弱,欲遂灭之,二月,遣左校尉耿夔、司马任尚出居延塞,围北单于于金微山,大破之,获其母阏氏,名王已下五千馀级,北单于逃走,不知所在。出塞五千馀里而还,自汉出师所未尝至也。封夔为粟邑侯。

3　窦宪既立大功,威名益盛,以耿夔、任尚等为爪牙,邓叠、郭璜为心腹,班固、傅毅之徒典文章,刺史、守、令,多出其门,赋敛吏民,共为赂遗。司徒袁安、司空任隗举奏诸二千石并所连及,贬秩免官者四十馀人,窦氏大恨;但安、隗素行高,亦未有以害之。尚书仆射乐恢,刺举无所回避,宪等疾之。恢上书曰:“陛下富于春秋,纂承大业,诸舅不宜干正王室,以示天下之私。方今之宜,上以义自割,下以谦自引,四舅可长保爵土之荣,皇太后永无惭负宗庙之忧,诚策之上者也。”书奏,不省。恢称疾乞骸骨,归长陵;宪风厉州郡,迫胁恢饮药死。于是朝臣震慑,望风承旨,无敢违者。袁安以天子幼弱,外戚擅权,每朝会进见及与公卿言国家事,未尝不喑呜流涕;自天子及大臣,皆恃赖之。

4　冬,十月癸未,上行幸长安,诏求萧、曹近亲宜为嗣者,绍其封邑。

5　诏窦宪与车驾会长安。宪至,尚书以下议欲拜之,伏称万岁,尚书韩棱正色曰:"夫上交不谄,下交不渎;礼无人臣称万岁之制!"议者皆惭而止。尚书左丞王龙私奏记,上牛酒于宪,棱举奏龙,论为城旦。

6　龟兹、姑墨、温宿诸国皆降。十二月,复置西域都护、骑都尉、戊己校尉官。以班超为都护,徐幹为长史。拜龟兹侍子白霸为龟兹王,遣司马姚光送之。超与光共胁龟兹,废其王尤利多而立白霸,使光将尤利多还诣京师。超居龟兹它乾城,徐幹屯疏勒,惟焉耆、危须、尉犁以前没都护,犹怀二心,其馀悉定。

7　庚辰,上至自长安。初,北单于既亡,其弟右谷蠡王於除鞬自立为单于,将众数千人止蒲类海,遣使款塞。窦宪请遣使立於除鞬为单于,置中郎将领护,如南单于故事。事下公卿议,宋由等以为可许;袁安、任隗奏以为:"光武招怀南虏,非谓可永安内地,正以权时之算,可得捍御北狄故也。今朔漠已定,宜令南单于反其北庭,并领降众,无缘更立於除鞬以增国费。"事奏,未以时定。安惧宪计遂行,乃独上封事曰:"南单于屯先父举众归德,自蒙恩以来四十馀年,三帝积累以遗陛下,陛下深宜追述先志,成就其业。况屯首创大谋,空尽北虏,辍而弗图,更立新降;以一朝之计,违三世之规,失信于所养,建立于无功。论语曰:'言忠信,行笃敬,虽蛮貊行焉。'今若失信于一屯,则百蛮不敢复保誓矣。又,乌桓、鲜卑新杀北单于,凡人之情,咸畏仇雠,今立其弟,则二虏怀怨。且汉故事,供给南单于,费直岁一亿九十馀万,西域岁七千四百八十万;今北庭弥远,其费过倍,是乃空尽天下而非建策之要也。"诏下其议,安又与宪更相难折。宪险急负势,言辞骄讦,至诋毁安,称光武诛韩歆、戴涉故事,安终不移;然上竟从宪策。

资治通鉴卷第四十八

汉纪四十

孝和皇帝下

永元四年（壬辰，92）

1　春，正月，遣大将军左校尉耿夔授於除鞬印绶，使中郎将任尚持节卫护屯伊吾，如南单于故事。

初，庐江周荣辟袁安府，安举奏窦景及争立北单于事，皆荣所具草，窦氏客太尉掾徐齮深恶之，胁荣曰："子为袁公腹心之谋，排奏窦氏，窦氏悍士、刺客满城中，谨备之矣！"荣曰："荣，江淮孤生，得备宰士，纵为窦氏所害，诚所甘心！"因敕妻子："若卒遇飞祸，无得殡敛，冀以区区腐身觉悟朝廷。"

2　三月癸丑，司徒袁安薨。

3　闰月丁丑，以太常丁鸿为司徒。

4　夏，四月丙辰，窦宪还至京师。

5　六月戊戌朔，日有食之。丁鸿上疏曰："昔诸吕擅权，统嗣几移；哀、平之末，庙不血食。故虽有周公之亲而无其德，不得行其势也。今大将军虽欲敕身自约，不敢僭差；然而天下远近，皆惶怖承旨。刺史、二千石初除，谒辞、求通待报，虽奉符玺，受台敕，不敢便去，久者至数十日，背王室，向私门，此乃上威损，下权盛也。人道悖于下，效验见于天，虽有隐谋，神照其情，垂象见戒，以告人君。禁微则易，救末则难；人莫不忽于微细以致其大，恩不忍诲，义不忍割，去事之后，未然之明镜也。夫天不可以不刚，不刚则三光不明；王不可以不强，不强则宰牧从横。宜因大变，改政匡失，以塞天意！"

6　丙辰，郡国十三地震。

7　旱，蝗。

8　窦氏父子兄弟并为卿、校，充满朝廷，穰侯邓叠、叠弟步兵校尉磊及母元、宪女婿射声校尉郭举、举父长乐少府璜共相交结。元、举并出入禁中,举得幸太后,遂共图为杀害,帝阴知其谋。是时,宪兄弟专权,帝与内外臣僚莫由亲接,所与居者阉宦而已。帝以朝臣上下莫不附宪,独中常侍钩盾令郑众,谨敏有心几,不事豪党,遂与众定议诛宪。以宪在外,虑其为乱,忍而未发;会宪与邓叠皆还京师。时清河王庆,恩遇尤渥,常入省宿止;帝将发其谋,欲得外戚传,惧左右,不敢使,令庆私从千乘王求,夜,独内之;又令庆传语郑众,求索故事。庚申,帝幸北宫,诏执金吾、五校尉勒兵屯卫南、北宫,闭城门,收捕郭璜、郭举、邓叠、邓磊,皆下狱死。遣谒者仆射收宪大将军印绶,更封为冠军侯,与笃、景、瓌皆就国。帝以太后故,不欲名诛宪,为选严能相督察之。宪、笃、景到国,皆迫令自杀。

初,河南尹张酺,数以正法绳治窦景,及窦氏败,酺上疏曰:"方宪等宠贵,群臣阿附唯恐不及,皆言宪受顾命之托,怀伊、吕之忠,至乃复比邓夫人于文母,今严威既行,皆言当死,不复顾其前后,考折厥衷。臣伏见夏阳侯瓌每存忠善,前与臣言,常有尽节之心,检敕宾客,未尝犯法。臣闻王政骨肉之刑,有三宥之义,过厚不过薄。今议者欲为瓌选严能相,恐其迫切,必不完免,宜裁加贷宥,以崇厚德。"帝感其言,由是瓌独得全。窦氏宗族宾客以宪为官者,皆免归故郡。

初,班固奴尝醉骂洛阳令种兢,兢因逮考窦氏宾客,收捕固,死狱中。固尝著汉书,尚未就,诏固女弟曹寿妻昭踵而成之。

华峤论曰:固之序事,不激诡,不抑抗,赡而不秽,详而有体,使读之者亹亹而不厌,信哉其能成名也!固讥司马迁是非颇谬于圣人,然其论议,常排死节,否正直,而不叙杀身成仁之为美,则轻仁义,贱守节甚矣!

9　初,窦宪纳妻,天下郡国皆有礼庆。汉中郡亦当遣吏,户曹李郃谏曰:"窦将军椒房之亲,不修德礼而专权骄恣,危亡之祸,可翘足而待;愿明府一心王室,勿与交通。"太守固遣之,郃不能止,请求自行,许之。郃遂所在迟留以观其变,行至扶风而宪就国。凡交通者皆坐免官,汉中太守独不与焉。

帝赐清河王庆奴婢、舆马、钱帛、珍宝,充牣其第。庆或时不安,帝朝夕问讯,进膳药,所以垂意甚备。庆亦小心恭孝,自以废黜,尤畏事慎法,故能保其宠禄焉。

10　帝除袁安子赏为郎,任隗子屯为步兵校尉,郑众迁大长秋。帝策勋班赏,众每辞多受少,帝由是贤之,常与之议论政事,宦官用权自此始矣。

11　秋,七月己丑,太尉宋由以窦氏党策免,自杀。

12　八月辛亥,司空任隗薨。

13　癸丑,以大司农尹睦为太尉。太傅邓彪以老病上还枢机职,诏许焉,以睦代彪录尚书事。

14　冬,十月己亥,以宗正刘方为司空。

15　武陵、零陵、澧中蛮叛。

16　护羌校尉邓训卒,吏、民、羌、胡旦夕临者日数千人。羌、胡或以刀自割,又刺杀其犬马牛羊,曰:"邓使君已死,我曹亦俱死耳!"前乌桓吏士皆奔走道路,至空城郭;吏执,不听,以状白校尉徐傿,傿叹息曰:"此为义也!"乃释之。遂家家为训立祠,每有疾病,辄请祷求福。

蜀郡太守聂尚代训为护羌校尉,欲以恩怀诸羌,乃遣译使招呼迷唐,使还居大、小榆谷。迷唐既还,遣祖母卑缺诣尚,尚自送至塞下,为设祖道,令译田汜等五人护送至庐落。迷唐遂反,与诸种共生屠裂汜等,以血盟诅,复寇金城塞。尚坐免。

五年(癸巳,93)

1　春,正月乙亥,宗祀明堂,登灵台,赦天下。

2　戊子,千乘贞王伉薨。

3　辛卯,封皇弟万岁为广宗王。

4　甲寅,太傅邓彪薨。

5　戊午,陇西地震。

6　夏,四月壬子,绍封阜陵殇王兄鲂为阜陵王。

7　九月辛酉,广宗殇王万岁薨,无子,国除。

8　初窦宪既立於除鞬为北单于,欲辅归北庭,会宪诛而止。於除鞬自畔还北,诏遣将兵长史王辅以千馀骑与任尚共追讨,斩之,破灭其众。

9　耿夔之破北匈奴也,鲜卑因此转徙据其地。匈奴馀种留者尚有十馀万落,皆自号鲜卑;鲜卑由此渐盛。

10　冬,十月辛未,太尉尹睦薨。

11　十一月乙丑,太仆张酺为太尉。酺与尚书张敏等奏:"射声校尉曹褒,擅制汉礼,破乱圣术,宜加刑诛。"书凡五奏。帝知酺守学不通,虽寝其奏,而汉礼遂不行。

12　是岁,武陵郡兵破叛蛮,降之。

13　梁王畅与从官卜忌祠祭求福,忌等谄媚云:"神言王当为天子。"

畅与相应答,为有司所奏,请征诣诏狱。帝不许,但削成武、单父二县。畅惭惧,上疏深自刻责曰:"臣天性狂愚,不知防禁,自陷死罪,分伏显诛。陛下圣德,枉法曲平,横赦贷臣,为臣受污。臣知大贷不可再得,自誓束身约妻子,不敢复出入失绳墨,不敢复有所横费,租入有馀,乞裁食睢阳、谷熟、虞、蒙、宁陵五县,还馀所食四县。臣畅小妻三十七人,其无子者,愿还本家,自选择谨敕奴婢二百人,其馀所受虎贲、官骑及诸工技、鼓吹、仓头、奴婢,兵弩、厩马,皆上还本署。臣畅以骨肉近亲,乱圣化,污清流,既得生活,诚无心面目以凶恶复居大宫,食大国,张官属,藏杂物,愿陛下加恩开许。"上优诏不听。

14　护羌校尉贯友遣译使构离诸羌,诱以财货,由是解散。乃遣兵出塞,攻迷唐于大、小榆谷,获首虏八百馀人,收麦数万斛,遂夹逢留大河筑城坞,作大航,造河桥,欲度兵击迷唐。迷唐率部落远徙,依赐支河曲。

15　单于屯屠何死,单于宣弟安国立。安国初为左贤王,无称誉;及为单于,单于适之子右谷蠡王师子以次转为左贤王。师子素勇黠多知,前单于宣及屯屠何皆爱其气决,数遣将兵出塞,掩击北庭,还,受赏赐,天子亦加殊异。由是国中尽敬师子而不附安国,安国欲杀之;诸新降胡,初在塞外数为师子所驱掠,多怨之。安国因是委计降者,与同谋议。师子觉其谋,乃别居五原界,每龙庭会议,师子辄称病不往。度辽将军皇甫稜知之,亦拥护不遣,单于怀愤益甚。

六年(甲午,94)

1　春,正月,皇甫稜免,以执金吾朱徽行度辽将军。时单于与中郎将杜崇不相平,乃上书告崇;崇讽西河太守令断单于章,单于无由自闻。崇因与朱徽上言:"南单于安国,疏远故胡,亲近新降,欲杀左贤王师子及左台且渠刘利等;又,右部降者,谋共迫胁安国起兵背畔,请西河、上郡、安定为之儆备。"帝下公卿议,皆以为:"蛮夷反覆,虽难测知,然大兵聚会,必未敢动摇。今宜遣有方略使者之单于庭,与杜崇、朱徽及西河太守并力,观其动静。如无他变,可令崇等就安国会其左右大臣,责其部众横暴为边害者,共平罪诛。若不从命,令为权时方略,事毕之后,裁行赏赐,亦足以威示百蛮。"于是徽、崇遂发兵造其庭。安国夜闻汉军至,大惊,弃帐而去,因举兵欲诛师子。师子先知,乃悉将庐落入曼柏城;安国追到城下,门闭,不得入。朱徽遣吏晓譬和之,安国不听;城既不下,乃引兵屯五原。崇、徽因发诸郡骑追赴之急,众皆大恐,安国舅骨都侯喜为等虑并被诛,乃格杀安国,立师子为亭独尸逐侯鞮单于。

2　己卯,司徒丁鸿薨。

3　二月丁未,以司空刘方为司徒,太常张奋为司空。

4　夏,五月,城阳怀王淑薨,无子,国除。

5　秋,七月,京师旱。

6　西域都护班超发龟兹、鄯善等八国兵合七万馀人讨焉耆,到其城下,诱焉耆王广、尉犁王泛等于陈睦故城,斩之,传首京师;因纵兵钞掠,斩首五千馀级,获生口万五千人,更立焉耆左侯元孟为焉耆王。超留焉耆半岁,慰抚之。于是西域五十馀国悉纳质内属,至于海滨,四万里外,皆重译贡献。

7　南单于师子立,降胡五六百人夜袭师子,安集掾王恬将卫护士与战,破之。于是降胡遂相惊动,十五部二十馀万人皆反,胁立前单于屯屠何子奠鞮日逐王逢侯为单于,遂杀略吏民,燔烧邮亭、庐帐,将车重向朔方,欲度幕北。九月癸丑,以光禄勋邓鸿行车骑将军事,与越骑校尉冯柱、行度辽将军朱徽将左右羽林、北军五校士及郡国迹射、缘边兵,乌桓校尉任尚将乌桓、鲜卑,合四万人讨之。时南单于及中郎将杜崇屯牧师城,逢侯将万馀骑攻围之。冬,十一月,邓鸿等至美稷,逢侯乃解围去,向满夷谷。南单于遣子将万骑及杜崇所领四千骑,与邓鸿等追击逢侯于大城塞,斩首四千馀级。任尚率鲜卑、乌桓要击逢侯于满夷谷,复大破之,前后凡斩万七千馀级。逢侯遂率众出塞,汉兵不能追而还。

8　以大司农陈宠为廷尉。宠性仁矜,数议疑狱,每附经典,务从宽恕,刻敝之风,于此少衰。

9　帝以尚书令江夏黄香为东郡太守,香辞以:“典郡从政,才非所宜,乞留备冗官,赐以督责小职,任之宫台烦事。”帝乃复留香为尚书令,增秩二千石,甚见亲重。香亦祗勤物务,忧公如家。

七年(乙未,95)

1　春,正月,邓鸿等军还,冯柱将虎牙营留屯五原;鸿坐逗留失利,下狱死。后帝知朱徽、杜崇失胡和,又禁其上书,以致胡反,皆征,下狱死。

2　夏,四月辛亥朔,日有食之。

3　秋,七月乙巳,易阳地裂。

4　九月癸卯,京师地震。

5　乐成王党坐贼杀人,削东光、鄡二县。

八年（丙申，96）

1　春，二月，立贵人阴氏为皇后。后，识之曾孙也。

2　夏，四月癸亥，乐成靖王党薨。子哀王崇立，寻死，无子，国除。

3　五月，河内、陈留蝗。

4　南匈奴右温禺犊王乌居战畔出塞。秋，七月，度辽将军庞奋、越骑校尉冯柱追击破之，徙其馀众及诸降胡二万馀人于安定、北地。

5　车师后部王涿鞮反，击前王尉毕大，获其妻子。

6　九月，京师蝗。

7　冬，十月乙丑，北海王威以非敬王子，又坐诽谤，自杀。

8　十二月辛亥，陈敬王羡薨。

9　丁巳，南宫宣室殿火。

10　护羌校尉贯友卒，以汉阳太守史充代之。充至，遂发湟中羌、胡出塞击迷唐。迷唐迎败充兵，杀数百人。充坐征，以代郡太守吴祉代之。

九年（丁酉，97）

1　春，三月庚辰，陇西地震。

2　癸巳，济南安王康薨。

3　西域长史王林击车师后王，斩之。

4　夏，四月丁卯，封乐成王党子巡为乐成王。

5　五月，封皇后父屯骑校尉阴纲为吴房侯，以特进就第。

6　六月，旱，蝗。

7　秋，八月，鲜卑寇肥如，辽东太守祭参坐沮败，下狱死。

8　闰月辛巳，皇太后窦氏崩。初，梁贵人既死，宫省事秘，莫有知帝为梁氏出者。舞阴公主子梁扈遣从兄禤奏记三府，以为“汉家旧典，崇贵母氏，而梁贵人亲育圣躬，不蒙尊号，求得申议”。太尉张酺言状，帝感恸良久，曰：“于君意若何？”酺请追上尊号，存录诸舅。帝从之。会贵人姊南阳樊调妻嫕上书自讼曰：“妾父竦冤死牢狱，骸骨不掩；母氏年逾七十，及弟棠等远在绝域，不知死生。愿乞收竦朽骨，使母、弟得归本郡。”帝引见嫕，乃知贵人枉殁之状。三公上奏，“请依光武黜吕太后故事，贬窦太后尊号，不宜合葬先帝”，百官亦多上言者。帝手诏曰：“窦氏虽不遵法度，而太后常自减损。朕奉事十年，深惟大义：礼，臣子无贬尊上之文，恩不忍离，义不忍亏。按前世，上官太后亦无降黜，其勿复议！”丙申，葬章德皇后。

　　9　烧当羌迷唐率众八千人寇陇西,胁塞内诸种羌合步骑三万人击破陇西兵,杀大夏长。诏遣行征西将军刘尚、越骑校尉赵世副之,将汉兵、羌胡共三万人讨之。尚屯狄道,世屯枹罕;尚遣司马寇盱监诸郡兵,四面并会。迷唐惧,弃老弱,奔入临洮南。尚等追至高山,大破之,斩虏千馀人。迷唐引去,汉兵死伤亦多,不能复追,乃还。

　　10　九月庚申,司徒刘方策免,自杀。

　　11　甲子,追尊梁贵人为皇太后,谥曰恭怀,追复丧制。冬,十月乙酉,改葬梁太后及其姊大贵人于西陵。擢樊调为羽林左监。追封谥皇太后父竦为褒亲愍侯,遣使迎其丧,葬于恭怀皇后陵旁。征还竦妻子;封子棠为乐平侯,棠弟雍为乘氏侯,雍弟翟为单父侯,位皆特进,赏赐以巨万计,宠遇光于当世,梁氏自此盛矣。

　　清河王庆始敢求上母宋贵人冢,帝许之,诏太官四时给祭具。庆垂涕曰:“生虽不获供养,终得奉祭祀,私愿足矣!”欲求作祠堂,恐有自同恭怀梁后之嫌,遂不敢言,常泣向左右,以为没齿之恨。后上言:“外祖母王年老,乞诣雒阳疗疾。”于是诏宋氏悉归京师,除庆舅衍、俊、盖、暹等皆为郎。

　　12　十一月癸卯,以光禄勋河南吕盖为司徒。

　　13　十二月丙寅,司空张奋罢。壬申,以太仆韩棱为司空。

　　14　西域都护定远侯班超遣掾甘英使大秦、条支,穷西海,皆前世所不至,莫不备其风土,传其珍怪焉。及安息西界,临大海,欲渡,船人谓英曰:“海水广大,往来者逢善风,三月乃得渡,若遇迟风,亦有二岁者;故入海人皆赍三岁粮,海中善使人思土恋慕,数有死亡者。”英乃止。

十年(戊戌,98)

　　1　夏,五月,京师大水。

　　2　秋,七月己巳,司空韩棱薨。八月丙子,以太常太山巢堪为司空。

　　3　冬,十月,五州雨水。

　　4　行征西将军刘尚、越骑校尉赵世坐畏懦征,下狱,免。谒者王信领尚营屯枹罕,谒者耿谭领世营屯白石。谭乃设购赏,诸种颇来内附。迷唐恐,乃请降;信、谭遂受降罢兵。十二月,迷唐等帅种人诣阙贡献。

　　5　戊寅,梁节王畅薨。

　　6　初,居巢侯刘般薨,子恺当嗣,称父遗意,让其弟宪,遁逃久之,有司奏绝恺国。肃宗美其义,特优假之,恺犹不出。积十馀岁,有司复奏之,侍中贾逵上书曰:"孔子称'能以礼让为国乎何有'。有司不原乐善之心,而绳以循常之法,惧非长克让之风,成含弘之化也。"帝纳之,下诏曰:"王法崇善,成人之美,其听宪嗣爵;遭事之宜,后不得以为比。"乃征恺,拜为郎。

7 南单于师子死,单于长之子檀立,为万氏尸逐鞮单于。

十一年(己亥,99)

1 夏,四月丙寅,赦天下。

2 帝因朝会,召见诸儒,使中大夫鲁丕与侍中贾逵、尚书令黄香等相难数事,帝善丕说,罢朝,特赐衣冠。丕因上疏曰:"臣闻说经者,传先师之言,非从己出,不得相让;相让则道不明,若规矩权衡之不可枉也。难者必明其据,说者务立其义,浮华无用之言,不陈于前,故精思不劳而道术愈章。法异者各令自说师法,博观其义,无令竘莸以言得罪,幽远独有遗失也。"

十二年(庚子,100)

1 夏,四月戊辰,秭归山崩。

2 秋,七月辛亥朔,日有食之。

3 九月戊午,太尉张酺免。丙寅,以大司农张禹为太尉。

4 烧当羌豪迷唐既入朝,其馀种人不满二千,饥窘不立,入居金城。帝令迷唐将其种人还大、小榆谷;迷唐以汉作河桥,兵来无常,故地不可复居,辞以种人饥饿,不肯远出。护羌校尉吴祉等多赐迷唐金帛,令籴谷市畜,促使出塞,种人更怀猜惊。是岁,迷唐复叛,胁将湟中诸胡寇钞而去,王信、耿谭、吴祉皆坐征。

十三年(辛丑,101)

1 秋,八月己亥,北宫盛馔门阁火。

2 迷唐复还赐支河曲,将兵向塞。护羌校尉周鲔与金城太守侯霸及诸郡兵、属国羌、胡合三万人出塞至允川。侯霸击破迷唐,种人瓦解,降者六千馀口,分徙汉阳、安定、陇西。迷唐遂弱,远逾赐支河首,依发羌居。久之,病死,其子来降,户不满数十。

3 荆州雨水。

4　冬,十一月丙辰,诏曰:"幽、并、凉州户口率少,边役众剧,束脩良吏进仕路狭。抚接夷狄,以人为本,其令缘边郡口十万以上,岁举孝廉一人,不满十万,二岁举一人,五万以下,三岁举一人。"

5　鲜卑寇右北平,遂入渔阳,渔阳太守击破之。

6　戊辰,司徒吕盖以老病致仕。

7　巫蛮许圣以郡收税不均,怨恨,遂反;辛卯,寇南郡。

十四年(壬寅,102)

1　春,安定降羌烧何种反,郡兵击灭之。时西海及大、小榆谷左右无复羌寇。隃麋相曹凤上言:"自建武以来,西羌犯法者,常从烧当种起,所以然者,以其居大、小榆谷,土地肥美,有西海鱼盐之利,阻大河以为固。又,近塞诸种,易以为非,难以攻伐,故能强大,常雄诸种,恃其拳勇,招诱羌、胡。今者衰困,党援坏沮,亡逃栖窜,远依发羌。臣愚以为宜及此时建复西海郡县,规固二榆,广设屯田,隔塞羌、胡交关之路,遏绝狂狡窥欲之源。又殖谷富边,省委输之役,国家可以无西方之忧。"上从之,缮修故西海郡,徙金城西部都尉以戍之,拜凤为金城西部都尉,屯龙耆。后增广屯田,列屯夹河,合三十四部。其功垂立,会永初中,诸羌叛,乃罢。

2　三月戊辰,临辟雍飨射,赦天下。

3　夏,四月,遣使者督荆州兵万馀人,分道讨巫蛮许圣等,大破之。圣等乞降,悉徙置江夏。

4　阴皇后多妒忌,宠遇浸衰,数怀恚恨。后外祖母邓朱,出入宫掖,有言后与朱共挟巫蛊道者;帝使中常侍张慎与尚书陈褒案之,劾以大逆无道,朱二子奉、毅,后弟辅皆考死狱中。六月辛卯,后坐废,迁于桐宫,以忧死。父特进纲自杀,后弟轶、敞及朱家属徙日南比景。

5　秋,七月壬子,常山殇王侧薨,无子,立其兄防子侯章为常山王。

6　三州大水。

7　班超久在绝域,年老思土,上书乞归曰:"臣不敢望到酒泉郡,但愿生入玉门关。谨遣子勇随安息献物入塞,及臣生在,令勇目见中土。"朝廷久之未报,超妹曹大家上书曰:"蛮夷之性,悖逆侮老;而超旦暮入地,久不见代,恐开奸宄之原,生逆乱之心。而卿大夫咸怀一切,莫肯远虑,如有卒暴,超之气力不能从心,便为上损国家累世之功,下弃忠臣竭力之用,诚可痛也!故超万里归诚,自陈苦急,延颈逾望,三年于今,未蒙省录。妾窃闻古者十五受兵,六十还之,亦有休息,不任职也。故妾敢触死为超求哀,丐超馀年,一得生还,复见阙庭,使国家无劳远之虑,西域无仓卒之忧,超得长蒙文王葬骨之恩,子方哀老之惠。"帝感其言,乃征超还。八月,超至雒阳,拜为射声校尉;九月,卒。

　　超之被征,以戊己校尉任尚代为都护,尚谓超曰:"君侯在外国三十馀年,而小人猥承君后,任重虑浅,宜有以诲之!"超曰:"年老失智。君数当大位,岂班超所能及哉! 必不得已,愿进愚言:塞外吏士,本非孝子顺孙,皆以罪过徙补边屯;而蛮夷怀鸟兽之心,难养易败。今君性严急,水清无大鱼,察政不得下和,宜荡佚简易,宽小过,总大纲而已。"超去,尚私谓所亲曰:"我以班君当有奇策,今所言,平平耳。"尚后竟失边和,如超所言。

　　8　初,太傅邓禹尝谓人曰:"吾将百万之众,未尝妄杀一人,后世必有兴者。"其子护羌校尉训,有女曰绥,性孝友,好书传,常昼修妇业,暮诵经典,家人号曰"诸生"。叔父陔曰:"尝闻活千人者子孙有封。兄训为谒者,使修石臼河,岁活数千人,天道可信,家必蒙福。"绥后选入宫为贵人,恭肃小心,动有法度,承事阴后,接抚同列,常克己以下之,虽宫人隶役,皆加恩借,帝深嘉焉。尝有疾,帝特令其母、兄弟入亲医药,不限以日数,贵人辞曰:"宫禁至重,而使外舍久在内省,上令陛下有私幸之讥,下使贱妾获不知足之谤,上下交损,诚不愿也!"帝曰:"人皆以数入为荣,贵人反以为忧邪!"每有宴会,诸姬竞自修饰,贵人独尚质素,其衣有与阴后同色者,即时解易,若并时进见,则不敢正坐离立,行则偻身自卑,帝每有所问,常逡巡后对,不敢先后言。阴后短小,举止时失仪,左右掩口而笑,贵人独怆然不乐,为之隐讳,若己之失。帝知贵人劳心曲体,叹曰:"修德之劳,乃如是乎!"后阴后宠衰,贵人每当御见,辄辞以疾。时帝数失皇子,贵人忧继嗣不广,数选进才人以博帝意。阴后见贵人德称日盛,深疾之;帝尝寝病,危甚,阴后密言:"我得意,不令邓氏复有遗类!"贵人闻之,流涕言曰:"我竭诚尽心以事皇后,竟不为所佑。今我当从死,上以报帝之恩,中以解宗族之祸,下不令阴氏有人豕之讥。"即欲饮药。宫人赵玉者固禁止之,因诈言"属有使来,上疾已愈",贵人乃止。明日,上果瘳。及阴后之废,贵人请救,不能得;帝欲以贵人为皇后,贵人愈称疾笃,深自闭绝。冬,十月辛卯,诏立贵人邓氏为皇后;后辞让,不得已,然后即位。郡国贡献,悉令禁绝,岁时但供纸墨而已。帝每欲官爵邓氏,后辄哀请谦让,故兄骘终帝世不过虎贲中郎将。

　　9　丁酉,司空巢堪罢。

10　十一月癸卯,以大司农沛国徐防为司空。防上疏,以为:"汉立博士十有四家,设甲乙之科以勉劝学者。伏见太学试博士弟子,皆以意说,不修家法,私相容隐,开生奸路。每有策试,辄兴诤讼,论议纷错,互相是非。孔子称'述而不作',又曰'吾犹及史之阙文'。今不依章句,妄生穿凿,以遵师为非义,意说为得理,轻侮道术,浸以成俗,诚非诏书实选本意。改薄从忠,三代常道;专精务本,儒学所先。臣以为博士及甲乙策试,宜从其家章句,开五十难以试之,解释多者为上第,引文明者为高说。若不依先师,义有相伐,皆正以为非。"上从之。

11　是岁,初封大长秋郑众为鄟乡侯。

十五年(癸卯,103)

1　夏,四月甲子晦,日有食之。时帝遵肃宗故事,兄弟皆留京师,有司以日食阴盛,奏遣诸王就国。诏曰:"甲子之异,责由一人。诸王幼稚,早离顾复,弱冠相育,常有蓼莪、凯风之哀。选懦之恩,知非国典,且复宿留。"

2　秋,九月壬午,车驾南巡,清河、济北、河间三王并从。

3　四州雨水。

4　冬,十月戊申,帝幸章陵;戊午,进幸云梦。时太尉张禹留守,闻车驾当幸江陵,以为不宜冒险远游,驿马上谏。诏报曰:"祠谒既讫,当南礼大江;会得君奏,临汉回舆而旋。"十一月甲申,还宫。

5　岭南旧贡生龙眼、荔枝,十里一置,五里一候,昼夜传送。临武长汝南唐羌上书曰:"臣闻上不以滋味为德,下不以贡膳为功。伏见交趾七郡献生龙眼等,鸟惊风发;南州土地炎热,恶虫猛兽,不绝于路,至于触犯死亡之害。死者不可复生,来者犹可救也。此二物升殿,未必延年益寿。"帝下诏曰:"远国珍羞,本以荐奉宗庙,苟有伤害,岂爱民之本,其敕太官勿复受献!"

6　是岁,初令郡国以日北至按薄刑。

十六年(甲辰,104)

1　秋,七月,旱。

2　辛酉,司徒鲁恭免。

3　庚午,以光禄勋张酺为司徒;八月己酉,酺薨。冬,十月辛卯,以司空徐防为司徒,大鸿胪陈宠为司空。

4　十一月己丑,帝行幸缑氏,登百虻山。

5　北匈奴遣使称臣贡献,愿和亲,修呼韩邪故约。帝以其旧礼不备,未许;而厚加赏赐,不答其使。

元兴元年(乙巳,105)

1　春,高句骊王宫入辽东塞,寇略六县。

2　夏,四月庚午,赦天下,改元。

3　秋,九月,辽东太守耿夔击高句骊,破之。

4　冬,十二月辛未,帝崩于章德前殿。初,帝失皇子,前后十数,后生者辄隐秘养于民间,群臣无知者。及帝崩,邓皇后乃收皇子于民间。长子胜,有痼疾;少子隆,生始百馀日,迎立以为皇太子,是夜,即皇帝位。尊皇后曰皇太后,太后临朝。是时新遭大忧,法禁未设,宫中亡大珠一箧;太后念欲考问,必有不辜,乃亲阅宫人,观察颜色,即时首服。又,和帝幸人吉成御者共枉吉成以巫蛊事,下掖庭考讯,辞证明白。太后以吉成先帝左右,待之有恩,平日尚无恶言,今反若此,不合人情;更自呼见实核,果御者所为,莫不叹服以为圣明。

5　北匈奴重遣使诣敦煌贡献,辞以国贫未能备礼,愿请大使,当遣子入侍。太后亦不答其使,加赐而已。

6　雒阳令广汉王涣,居身平正,能以明察发摘奸伏,外行猛政,内怀慈仁。凡所平断,人莫不悦服,京师以为有神,是岁卒官,百姓市道,莫不咨嗟流涕。涣丧西归,道经弘农,民庶皆设槃案于路,吏问其故,咸言:"平常持米到雒,为吏卒所钞,恒亡其半,自王君在事,不见侵枉,故来报恩。"雒阳民为立祠、作诗,每祭,辄弦歌而荐之。太后诏曰:"夫忠良之吏,国家之所以为治也,求之甚勤,得之至寡,今以涣子石为郎中,以劝劳勤。"

资治通鉴卷第四十九

汉纪四十一

孝殇皇帝

延平元年（丙午，106）

1　春，正月辛卯，以太尉张禹为太傅，司徒徐防为太尉，参录尚书事。太后以帝在襁褓，欲令重臣居禁内。乃诏禹舍宫中，五日一归府；每朝见，特赞，与三公绝席。

2　封皇兄胜为平原王。

3　癸卯，以光禄勋梁鲔为司徒。

4　三月甲申，葬孝和皇帝于慎陵，庙曰穆宗。

5　丙戌，清河王庆、济北王寿、河间王开、常山王章始就国；太后特加庆以殊礼。庆子祜，年十三，太后以帝幼弱，远虑不虞，留祜与嫡母耿姬居清河邸。耿姬，况子曾孙也；祜母，犍为左姬也。

6　夏，四月，鲜卑寇渔阳，渔阳太守张显率数百人出塞追之。兵马掾严授谏曰："前道险阻，贼势难量，宜且结营，先令轻骑侦视之。"显意甚锐，怒，欲斩之，遂进兵。遇虏伏发，士卒悉走，唯授力战，身被十创，手杀数人而死。主簿卫福、功曹徐咸皆自投赴显，俱没于陈。

7　丙寅，以虎贲中郎将邓骘为车骑将军、仪同三司。骘弟黄门侍郎悝为虎贲中郎将，弘、阊皆侍中。

8　司空陈宠薨。

9　五月辛卯，赦天下。

10　壬辰，河东垣山崩。

11　六月丁未，以太常尹勤为司空。

12　郡国三十七雨水。

13　己未，太后诏减太官、导官、尚方、内署诸服御、珍膳、靡丽难成之物，自非供陵庙，稻粱米不得导择，朝夕一肉饭而已。旧太官、汤官经用岁且二万万，自是裁数千万。及郡国所贡，皆减其过半；悉斥卖上林鹰犬；离宫、别馆储峙米糒、薪炭,悉令省之。

14 丁卯,诏免遣掖庭宫人及宗室没入者皆为庶民。

15 秋,七月庚寅,敕司隶校尉、部刺史曰:"间者郡国或有水灾,妨害秋稼,朝廷惟咎,忧惶悼惧。而郡国欲获丰穰虚饰之誉,遂覆蔽灾害,多张垦田,不揣流亡,竞增户口,掩匿盗贼,令奸恶无惩,署用非次,选举乖宜,贪苛惨毒,延及平民。刺史垂头塞耳,阿私下比,不畏于天,不愧于人。假贷之恩,不可数恃,自今以后,将纠其罚。二千石长吏其各实核所伤害,为除田租刍稿。"

16 八月辛卯,帝崩。癸丑,殡于崇德前殿。太后与兄车骑将军骘、虎贲中郎将悝等定策禁中,其夜,使骘持节以王青盖车迎清河王子祜,斋于殿中。皇太后御崇德殿,百官皆吉服陪位,引拜祜为长安侯。乃下诏,以祜为孝和皇帝嗣,又作策命。有司读策毕,太尉奉上玺绶,即皇帝位,太后犹临朝。

17 诏告司隶校尉、河南尹、南阳太守曰:"每览前代,外戚宾客浊乱奉公,为民患苦,咎在执法怠懈,不辄行其罚故也。今车骑将军骘等虽怀敬顺之志,而宗门广大,姻戚不少,宾客奸猾,多干禁宪,其明加检敕,勿相容护。"自是亲属犯罪,无所假贷。

18 九月,六州大水。

19 丙寅,葬孝殇皇帝于康陵。以连遭大忧,百姓苦役,方中秘藏及诸工作事,减约十分居一。

20 乙亥,陨石于陈留。

21 诏以北地梁慬为西域副校尉。慬行至河西,会西域诸国反,攻都护任尚于疏勒;尚上书求救,诏慬将河西四郡羌、胡五千骑驰赴之。慬未至而尚已得解,诏征尚还,以骑都尉段禧为都护,西域长史赵博为骑都尉。禧、博守它乾城,城小,梁慬以为不可固,乃谲说龟兹王白霸,欲入共保其城;白霸许之,吏民固谏,白霸不听。慬既入,遣将急迎段禧、赵博,合军八九千人。龟兹吏民并叛其王,而与温宿、姑墨数万兵反,共围城,慬等出战,大破之。连兵数月,胡众败走,乘胜追击,凡斩首万馀级,获生口数千人,龟兹乃定。

22 冬,十月,四州大水,雨雹。

23 清河孝王庆病笃,上书求葬樊濯宋贵人冢旁。十二月甲子,王薨。

24 乙酉,罢鱼龙曼延戏。

25　尚书郎南阳樊准以儒风浸衰,上疏曰:"臣闻人君不可以不学。光武皇帝受命中兴,东西诛战,不遑启处,然犹投戈讲艺,息马论道。孝明皇帝庶政万机,无不简心,而垂情古典,游意经艺,每飨射礼毕,正坐自讲,诸儒并听,四方欣欣。又多征名儒,布在廊庙,每谠会则论难衎衎,共求政化,期门、羽林介胄之士,悉通孝经,化自圣躬,流及蛮荒,是以议者每称盛时,咸言永平。今学者益少,远方尤甚,博士倚席不讲,儒者竞论浮丽,忘蹇蹇之忠,习诐诐之辞。臣愚以为宜下明诏,博求幽隐,宠进儒雅,以俟圣上讲习之期。"太后深纳其言,诏:"公、卿、中二千石各举隐士、大儒,务取高行,以劝后进,妙简博士,必得其人。"

孝安皇帝上

永初元年(丁未,107)

1　春,正月癸酉朔,赦天下。

2　蜀郡徼外羌内属。

3　二月丁卯,分清河国封帝弟常保为广川王。

4　庚午,司徒梁鲔薨。

5　三月癸酉,日有食之。

6　己卯,永昌徼外僬侥种夷陆类等举种内附。

7　甲申,葬清河孝王于广丘,司空、宗正护丧事,仪比东海恭王。

8　自和帝之丧,邓骘兄弟常居禁中。骘不欲久在内,连求还第,太后许之。夏,四月,封太傅张禹、太尉徐防、司空尹勤、车骑将军邓骘,城门校尉邓悝、虎贲中郎将邓弘、黄门郎邓阊皆为列侯,食邑各万户,骘以定策功增三千户,骘及诸弟辞让不获,遂逃避使者,间关诣阙,上疏自陈,至于五六,乃许之。

9　五月甲戌,以长乐卫尉鲁恭为司徒。恭上言:"旧制立秋乃行薄刑,自永元十五年以来,改用孟夏。而刺史、太守因以盛夏征召农民,拘对考验,连滞无已,上逆时气,下伤农业。按月令'孟夏断薄刑'者,谓其轻罪已正,不欲令久系,故时断之也。臣愚以为今孟夏之制,可从此令;其决狱案考,皆以立秋为断。"又奏:"孝章皇帝欲助三正之微,定律著令,断狱皆以冬至之前。小吏不与国同心者,率入十一月得死罪贼,不问曲直,便即格杀,虽有疑罪,不复谳正。可令大辟之科,尽冬月乃断。"朝廷皆从之。

10　丁丑,诏封北海王睦孙寿光侯普为北海王。

11　九真徼外、夜郎蛮夷,举土内属。

12　西域都护段禧等虽保龟兹，而道路隔塞，檄书不通。公卿议者以为"西域阻远，数有背叛，吏士屯田，其费无已"。六月壬戌，罢西域都护，遣骑都尉王弘发关中兵迎禧及梁懂、赵博，伊吾卢、柳中屯田吏士而还。

13　初，烧当羌豪东号之子麻奴随父来降，居于安定。时诸降羌布在郡县，皆为吏民豪右所徭役，积以愁怨。及王弘西迎段禧，发金城、陇西、汉阳羌数百千骑与俱，郡县迫促发遣。群羌惧远屯不还，行到酒泉，颇有散叛，诸郡各发兵邀遮，或覆其庐落；于是勒姐、当煎大豪东岸等愈惊，遂同时奔溃。麻奴兄弟因此与种人俱西出塞，先零别种滇零与锺羌诸种大为寇掠，断陇道。时羌归附既久，无复器甲，或持竹竿木枝以代戈矛，或负板案以为盾，或执铜镜以象兵，郡县畏懦不能制。丁卯，赦除诸羌相连结谋叛逆者罪。

14　秋，九月庚午，太尉徐防以灾异、寇贼策免。三公以灾异免，自防始。辛未，司空尹勤以水雨漂流策免。

仲长统昌言曰：光武皇帝愠数世之失权，忿强臣之窃命，矫枉过直，政不任下，虽置三公，事归台阁。自此以来，三公之职，备员而已；然政有不治，犹加谴责。而权移外戚之家，宠被近习之竖，亲其党类，用其私人，内充京师，外布州郡，颠倒贤愚，贸易选举，疲驽守境，贪残牧民，挠扰百姓，忿怒四夷，招致乖叛，乱离斯瘼，怨气并作，阴阳失和，三光亏缺，怪异数至，虫螟食稼，水旱为灾。此皆戚宦之臣所致然也，反以策让三公，至于死、免，乃足为叫呼苍天，号咷泣血者矣！又，中世之选三公也，务于清悫谨慎，循常习故者，是乃妇女之检柙，乡曲之常人耳，恶足以居斯位邪！势既如彼，选又如此，而欲望三公勋立于国家，绩加于生民，不亦远乎！昔文帝之于邓通，可谓至爱，而犹展申徒嘉之志。夫见任如此，则何患于左右小臣哉！至如近世，外戚、宦竖，请托不行，意气不满，立能陷人于不测之祸，恶可得弹正者哉！曩者任之重而责之轻，今者任之轻而责之重。光武夺三公之重，至今而加甚；不假后党以权，数世而不行；盖亲疏之势异也！今人主诚专委三公，分任责成，而在位病民，举用失贤，百姓不安，争讼不息，天地多变，人物多妖，然后可以分此罪矣！

15　壬午，诏太仆、少府减黄门鼓吹以补羽林士；厩马非乘舆常所御者，皆减半食；诸所造作，非供宗庙园陵之用，皆且止。

16　庚寅,以太傅张禹为太尉,太常周章为司空。

大长秋郑众、中常侍蔡伦等皆秉势豫政,周章数进直言,太后不能用。初,太后以平原王胜有痼疾,而贪殇帝孩抱,养为己子,故立焉。及殇帝崩,群臣以胜疾非痼,意咸归之;太后以前不立胜,恐后为怨,乃迎帝而立之。周章以众心不附,密谋闭宫门,诛邓骘兄弟及郑众、蔡伦,劫尚书,废太后于南宫,封帝为远国王而立平原王。事觉,冬,十一月丁亥,章自杀。

17　戊子,敕司隶校尉、冀、并二州刺史:“民讹言相惊,弃捐旧居,老弱相携,穷困道路。其各敕所部长吏躬亲晓喻:若欲归本郡,在所为封长檄;不欲,勿强。”

18　十二月乙卯,以颍川太守张敏为司空。

19　诏车骑将军邓骘、征西校尉任尚将五营及诸郡兵五万人,屯汉阳以备羌。

20　是岁,郡国十八地震,四十一大水,二十八大风,雨雹。

21　鲜卑大人燕荔阳诣阙朝贺。太后赐燕荔阳王印绶、赤车、参驾,令止乌桓校尉所居宁城下,通胡市,因筑南、北两部质馆。鲜卑邑落百二十部各遣入质。

二年（戊申,108）

1　春,正月,邓骘至汉阳;诸郡兵未至,锺羌数千人击败骘军于冀西,杀千馀人。梁慬还,至敦煌,逆诏慬留为诸军援。慬至张掖,破诸羌万馀人,其能脱者十二三;进至姑臧,羌大豪三百馀人诣慬降,并慰譬,遣还故地。

2　御史中丞樊准以郡国连年水旱,民多饥困,上疏:“请令太官、尚方、考功、上林池篽诸官,实减无事之物;五府调省中都官吏、京师作者。又,被灾之郡,百姓凋残,恐非赈给所能胜赡,虽有其名,终无其实。可依征和元年故事,遣使持节慰安,尤困乏者徙置荆、扬孰郡。今虽有西屯之役,宜先东州之急。”太后从之,悉以公田赋与贫民,即擢准与议郎吕仓并守光禄大夫。二月乙丑,遣准使冀州、仓使兖州禀贷,流民咸得苏息。

3　夏,旱。五月丙寅,皇太后幸雒阳寺及若卢狱录囚徒。雒阳有囚,实不杀人而被考自诬,羸困舆见,畏吏不敢言,将去,举头若欲自诉。太后察视觉之,即呼还问状,具得枉实。即时收雒阳令下狱抵罪。行未还宫,澍雨大降。

4　六月,京师及郡国四十大水,大风,雨雹。

5　秋，七月，太白入北斗。

6　闰月辛丑，广川王常保薨，无子，国除。

7　癸未，蜀郡徼外羌举土内属。

8　冬，邓骘使任尚及从事中郎河内司马钧率诸郡兵与滇零等数万人战于平襄，尚军大败，死者八千馀人，羌众遂大盛，朝廷不能制。湟中诸县，粟石万钱，百姓死亡不可胜数，而转运难剧。故左校令河南庞参先坐法输作若卢，使其子俊上书曰："方今西州流民扰动，而征发不绝，水潦不休，地力不复，重之以大军，疲之以远戍，农功消于转运，资财竭于征发，田畴不得垦辟，禾稼不得收入，搏手困穷，无望来秋，百姓力屈，不复堪命。臣愚以为万里运粮，远就羌戎，不若总兵养众，以待其疲。车骑将军骘宜且振旅，留征西校尉任尚，使督凉州士民转居三辅，休徭役以助其时，止烦赋以益其财，令男得耕种，女得织纴，然后畜精锐，乘懈沮，出其不意，攻其不备，则边民之仇报，奔北之耻雪矣。"书奏，会樊准上疏荐参，太后即擢参于徒中，召拜谒者，使西督三辅诸军屯。十一月辛酉，诏邓骘还师，留任尚屯汉阳为诸军节度。遣使迎拜骘为大将军。既至，使大鸿胪亲迎，中常侍郊劳，王、主以下候望于道，宠灵显赫，光震都鄙。

9　滇零自称天子，于北地招集武都参狼、上郡、西河诸杂种羌断陇道，寇钞三辅，南入益州，杀汉中太守董炳。梁慬受诏当屯金城，闻羌寇三辅，即引兵赴击，转战武功、美阳间，连破走之，羌稍退散。

10　十二月，广汉塞外参狼羌降。

11　是岁，郡国十二地震。

三年（己酉，109）

1　春，正月庚子，皇帝加元服，赦天下。

2　遣骑都尉任仁督诸郡屯兵救三辅。仁战数不利，当煎、勒姐羌攻没破羌县，锺羌攻没临洮县，执陇西南部都尉。

3　三月，京师大饥，民相食。壬辰，公卿诣阙谢；诏"务思变复，以助不逮"。

4　壬寅，司徒鲁恭罢。恭再在公位，选辟高第至列卿、郡守者数十人，而门下着生或不蒙荐举，至有怨望者。恭闻之，曰："学之不讲，是吾忧也，诸生不有乡举者乎！"终无所言，亦不借之议论。学者受业，必穷核问难，道成，然后谢遣之。学者曰："鲁公谢与议论，不可虚得。"

5　夏，四月丙寅，以大鸿胪九江夏勤为司徒。

6　三公以国用未足,奏令吏民入钱谷得为关内侯、虎贲、羽林郎、五官、大夫、官府吏、缇骑、营士各有差。

7　甲申,清河愍王虎威薨,无子。五月丙申,封乐安王宠子延平为清河王,奉孝王后。

8　六月,渔阳乌桓与右北平胡千馀寇代郡、上谷。

9　汉人韩琮随匈奴南单于入朝,既还,说南单于云:"关东水潦,人民饥饿死尽,可击也。"单于信其言,遂反。

10　秋,七月,海贼张伯路等寇滨海九郡,杀二千石、令、长;遣侍御史巴郡庞雄督州郡兵击之,伯路等乞降,寻复屯聚。

11　九月,雁门乌桓率众王无何允与鲜卑大人丘伦等及南匈奴骨都侯合七千骑寇五原,与太守战于高渠谷,汉兵大败。

12　南单于围中郎将耿种于美稷。冬十一月,以大司农陈国何熙行车骑将军事,中郎将庞雄为副,将五营及边郡兵二万馀人,又诏辽东太守耿夔率鲜卑及诸郡兵共击之。以梁慬行度辽将军事。雄、夔击南匈奴奥鞬日逐王,破之。

13　十二月辛酉,郡国九地震。

14　乙亥,有星孛于天苑。

15　是岁,京师及郡国四十一雨水,并、凉二州大饥,人相食。

16　太后以阴阳不和,军旅数兴,诏岁终飨遣卫士勿设戏作乐,减逐疫侲子之半。

四年(庚戌,110)

1　春,正月,元会,彻乐,不陈充庭车。

2　邓骘在位,颇能推进贤士,荐何熙、李郃等列于朝廷,又辟弘农杨震、巴郡陈禅等置之幕府,天下称之。震孤贫好学,明欧阳尚书,通达博览,诸儒为之语曰:"关西孔子杨伯起。"教授二十馀年,不答州郡礼命,众人谓之晚暮,而震志愈笃。骘闻而辟之,时震年已五十馀,累迁荆州刺史、东莱太守。当之郡,道经昌邑,故所举荆州茂才王密为昌邑令,夜怀金十斤以遗震。震曰:"故人知君,君不知故人,何也?"密曰:"暮夜无知者。"震曰:"天知,地知,我知,子知,何谓无知者!"密愧而出。后转涿郡太守。性公廉,子孙常蔬食、步行;故旧或欲令为开产业,震不肯,曰:"使后世称为清白吏子孙,以此遗之,不亦厚乎!"

3　张伯路复攻郡县,杀守令。党众浸盛;诏遣御史中丞王宗持节发幽、冀诸郡兵，合数万人，征宛陵令扶风法雄为青州刺史，与宗并力讨之。

4　南单于围耿种数月，梁懂、耿夒击斩其别将于属国故城，单于自将迎战，懂等复破之，单于遂引还虎泽。

5　丙午，诏减百官及州郡县奉各有差。

6　二月，南匈奴寇常山。

7　滇零遣兵寇褒中，汉中太守郑勤移屯褒中。

任尚军久出无功，民废农桑，乃诏尚将吏兵，还屯长安，罢遣南阳、颍川、汝南吏士。

乙丑，初置京兆虎牙都尉于长安，扶风都尉于雍，如西京三辅都尉故事。

谒者庞参说邓骘，"徙边郡不能自存者入居三辅"，骘然之，欲弃凉州，并力北边。乃会公卿集议，骘曰："譬若衣败坏，一以相补，犹有所完，若不如此，将两无所保。"公卿皆以为然。郎中陈国虞诩言于太尉张禹曰："若大将军之策，不可者三：先帝开拓土宇，勤劳后定，而今惮小费，举而弃之，此不可一也。凉州既弃，即以三辅为塞，则园陵单外，此不可二也。谚曰：'关西出将，关东出相。'烈士武臣，多出凉州，土风壮猛，便习兵事。今羌、胡所以不敢入据三辅为心腹之害者，以凉州在后故也。凉州士民所以推锋执锐，蒙矢石于行陈，父死于前，子战于后，无反顾之心者，为臣属于汉故也。今推而捐之，割而弃之，民庶安土重迁，必引领而怨曰：'中国弃我于夷狄！'虽赴义从善之人，不能无恨。如卒然起谋，因天下之饥敝，乘海内之虚弱，豪雄相聚，量材立帅，驱氐、羌以为前锋，席卷而东，虽贲、育为卒，太公为将，犹恐不足当御；如此，则函谷以西，园陵旧京非复汉有，此不可三也。议者喻以补衣犹有所完，诩恐其疽食侵淫而无限极也！"禹曰："吾意不及此，微子之言，几败国事！"诩因说禹："收罗凉土豪桀，引其牧守子弟于朝，令诸府各辟数人，外以劝厉答其功勤，内以拘致防其邪计。"禹善其言，更集四府，皆从诩议。于是辟西州豪桀为掾属，拜牧守、长吏子弟为郎，以安慰之。

邓骘由是恶诩，欲以吏法中伤之。会朝歌贼宁季等数千人攻杀长吏，屯聚连年，州郡不能禁，乃以诩为朝歌长。故旧皆吊之，诩笑曰："事不避难，臣之职也。不遇槃根错节，无以别利器，此乃吾立功之秋也！"始到，谒河内太守马棱。棱曰："君儒者，当谋谟庙堂，乃在朝歌，甚为君忧之！"诩曰："此贼犬羊相聚，以求温饱耳，愿明府不以为忧！"棱曰："何以言之？"诩曰："朝歌者，韩、魏之郊，背太行，临黄河，去敖仓不过百里，而青、冀之民流亡万数,贼不知开仓招众,劫库兵,守成皋,断天下右臂,此不足忧也。今其众新盛,难与争锋;兵不厌权,愿宽假辔策,勿令有所拘阂而已。"及到官,设三科以募求壮士,自掾史以下各举所知,其攻劫者为上,伤人偷盗者次之,不事家业者为下,收得百馀人。诩为飨会,悉贳其罪,使入贼中诱令劫掠,乃伏兵以待之,遂杀贼数百人。又潜遣贫人能缝者佣作贼衣,以采线缝其裾,有出市里者,吏辄禽之。贼由是骇散,咸称神明,县境皆平。

　　8　三月,何熙军到五原曼柏,暴疾,不能进;遣庞雄与梁慬、耿种将步骑万六千人攻虎泽,连营稍前。单于见诸军并进,大恐怖,顾让韩琮曰:"汝言汉人死尽,今是何等人也!"乃遣使乞降,许之。单于脱帽徒跣,对庞雄等拜陈,道死罪。于是赦之,遇待如初,乃还所钞汉民男女及羌所略转卖入匈奴中者合万馀人。会熙卒,即拜梁慬为度辽将军。庞雄还,为大鸿胪。

　　9　先零羌复寇褒中,郑勤欲击之,主簿段崇谏,以为"虏乘胜,锋不可当,宜坚守待之"。勤不从,出战,大败,死者三千馀人,段崇及门下史王宗、原展以身扞刃,与勤俱死。于是徙金城郡居襄武。

　　10　戊子,杜陵园火。

　　11　癸巳,郡国九地震。

　　12　夏,四月,六州蝗。

　　13　丁丑,赦天下。

　　14　王宗、法雄与张伯路连战,破走之。会赦到,贼以军未解甲,不敢归降。王宗召刺史太守共议,皆以为当遂击之,法雄曰:"不然。兵凶器,战危事,勇不可恃,胜不可必。贼若乘船浮海,深入远岛,攻之未易也。及有赦令,可且罢兵以慰诱其心,势必解散,然后图之,可不战而定也。"宗善其言,即罢兵。贼闻,大喜,乃还所略人;而东莱郡兵独未解甲,贼复惊恐,遁走辽东,止海岛上。

　　15　秋,七月乙酉,三郡大水。

　　16　骑都尉任仁与羌战累败,而兵士放纵,槛车征诣廷尉,死。护羌校尉段禧卒,复以前校尉侯霸代之,移居张掖。

　　17　九月甲申,益州郡地震。

　　18　皇太后母新野君病,太后幸其第,连日宿止;三公上表固争,乃还宫。冬,十月甲戌,新野君薨,使司空护丧事,仪比东海恭王。邓骘等乞身行服,太后欲不许,以问曹大家,大家上疏曰:"妾闻谦让之风,德莫大焉。

今四舅深执忠孝,引身自退,而以方垂未静,拒而不许,如后有毫毛加于今日,诚恐推让之名不可再得。"太后乃许之。及服除,诏骘复还辅朝政,更授前封,骘等叩头固让,乃止。于是并奉朝请,位次三公下,特进、侯上,其有大议,乃诣朝堂,与公卿参谋。

19　太后诏阴后家属皆归故郡,还其资财五百馀万。

五年(辛亥,111)

1　春,正月庚辰朔,日有食之。

2　丙戌,郡国十地震。

3　己丑,太尉张禹免。甲申,以光禄勋颍川李修为太尉。

4　先零羌寇河东,至河内,百姓相惊,多南奔渡河,使北军中候朱宠将五营士屯孟津,诏魏郡、赵国、常山、中山缮作坞候六百一十六所。羌既转盛,而缘边二千石、令、长多内郡人,并无守战意,皆争上徙郡县以避寇难。三月,诏陇西徙襄武,安定徙美阳,北地徙池阳,上郡徙衙。百姓恋土,不乐去旧,遂乃刈其禾稼,发彻室屋,夷营壁,破积聚。时连旱蝗饥荒,而驱蹙劫掠,流离分散,随道死亡,或弃捐老弱,或为人仆妾,丧其太半。复以任尚为侍御史,击羌于上党羊头山,破之;乃罢孟津屯。

5　夫馀王寇乐浪。高句骊王宫与濊貊寇玄菟。

6　夏,闰四月丁酉,赦凉州、河西四郡。

7　海贼张伯路复寇东莱,青州刺史法雄击破之;贼逃还辽东,辽东人李久等共斩之,于是州界清静。

8　秋,九月,汉阳人杜琦及弟季贡、同郡王信等与羌通谋,聚众据上邽城。冬,十二月,汉阳太守赵博遣客杜习刺杀琦;封习讨奸侯。杜季贡、王信等将其众据樗泉营。

9　是岁,九州蝗,郡国八雨水。

六年(壬子,112)

1　春,正月甲寅,诏曰:"凡供荐新味,多非其节,或郁养强孰,或穿掘萌芽,味无所至而夭折生长,岂所以顺时育物乎!传曰:'非其时不食。'自今当奉祠陵庙及给御者,皆须时乃上。"凡所省二十三种。

2　三月,十州蝗。

3　夏,四月乙丑,司空张敏罢。己卯,以太常刘恺为司空。

4　诏建武元功二十八将皆绍封。

5 五月,旱。

6 丙寅,诏令中二千石下至黄绶,一切复秩。

7 六月壬辰,豫章员溪原山崩。

8 辛巳,赦天下。

9 侍御史唐喜讨汉阳贼王信,破斩之。杜季贡亡,从滇零。是岁,滇零死,子零昌立,年尚少,同种狼莫为其计策,以季贡为将军,别居丁奚城。

七年(癸丑,113)

1 春,二月丙午,郡国十八地震。

2 夏,四月乙未,平原怀王胜薨,无子;太后立乐安夷王宠子得为平原王。

3 丙申晦,日有食之。

4 秋,护羌校尉侯霸、骑都尉马贤击先零别部牢羌于安定,获首虏千人。

5 蝗。

元初元年(甲寅,114)

1 春,正月甲子,改元。

2 二月乙卯,日南地坼,长百馀里。

3 三月癸亥,日有食之。

4 诏遣兵屯河内通谷冲要三十三所,皆作坞壁,设鸣鼓,以备羌寇。

5 夏,四月丁酉,赦天下。

6 京师及郡国五旱,蝗。

7 五月,先零羌寇雍城。

8 秋七月,蜀郡夷寇蚕陵,杀县令。

9 九月乙丑,太尉李脩罢。

10 羌豪号多与诸种钞掠武都、汉中,巴郡板楯蛮救之,汉中五官掾程信率郡兵与蛮共击破之。号多走还,断陇道,与零昌合,侯霸、马贤与战于枹罕,破之。

11 辛未,以大司农山阳司马苞为太尉。

12 冬,十月戊子朔,日有食之。

13 凉州刺史皮杨击羌于狄道,大败,死者八百馀人。

14 是岁,郡国十五地震。

二年（乙卯，115）

1 春，护羌校尉庞参以恩信招诱诸羌，号多等帅众降；参遣诣阙，赐号多侯印，遣之。参始还治令居，通河西道。

2 零昌分兵寇益州，遣中郎将尹就讨之。

3 夏，四月丙午，立贵人荥阳阎氏为皇后。后性妒忌，后宫李氏生皇子保，后鸩杀李氏。

4 五月，京师旱，河南及郡国十九蝗。

5 六月丙戌，太尉司马苞薨。

6 秋，七月辛巳，以太仆泰山马英为太尉。

7 八月，辽东鲜卑围无虑；九月，又攻夫犁营，杀县令。

8 壬午晦，日有食之。

9 尹就击羌党吕叔都等，蜀人陈省、罗横应募刺杀叔都，皆封侯，赐钱。

10 诏屯骑校尉班雄屯三辅。雄，超之子也。以左冯翊司马钧行征西将军，督关中诸郡兵八千馀人。庞参将羌、胡兵七千馀人，与钧分道并击零昌。参兵至勇士东，为杜季贡所败，引退。钧等独进，攻拔丁奚城，杜季贡率众伪逃。钧令右扶风仲光等收羌禾稼，光等违钧节度，散兵深入，羌乃设伏要击之，钧在城中，怒而不救。冬十月，乙未，光等兵败，并没，死者三千馀人，钧乃遁还。庞参既失期，称病引还。皆坐征，下狱，钧自杀。时度辽将军梁慬亦坐事抵罪。校书郎中扶风马融上书称参、慬智能，宜宥过责效。诏赦参等，以马贤代参领护羌校尉，复以任尚为中郎将，代班雄屯三辅。

怀令虞诩说尚曰："兵法：弱不攻强，走不逐飞，自然之势也。今虏皆马骑，日行数百里，来如风雨，去如绝弦，以步追之，势不相及，所以虽屯兵二十馀万，旷日而无功也。为使君计，莫如罢诸郡兵，各令出钱数千，二十人共市一马，以万骑之众，逐数千之虏，追尾掩截，其道自穷。便民利事，大功立矣！"尚即上言，用其计，遣轻骑击杜季贡于丁奚城破之。

太后闻虞诩有将帅之略，以为武都太守。羌众数千遮诩于陈仓崤谷，诩即停军不进，而宣言"上书请兵，须到当发"。羌闻之，乃分钞傍县。诩因其兵散，日夜进道，兼行百馀里，令吏士各作两灶，日增倍之，羌不敢逼。或问曰："孙膑减灶而君增之；兵法日行不过三十里，以戒不虞，而今日且二百里，何也？"诩曰："虏众多，吾兵少，徐行则易为所及，速进则彼所不

测。虏见吾灶日增,必谓郡兵来迎,众多行速,必惮追我。孙膑见弱,吾今
示强,势有不同故也。"既到郡,兵不满三千,而羌众万馀,攻围赤亭数十
日。诩乃令军中,强弩勿发,而潜发小弩;羌以为矢力弱,不能至,并兵急
攻。诩于是使二十强弩共射一人,发无不中,羌大震,退。诩因出城奋击,
多所伤杀。明日,悉陈其兵众,令从东郭门出,北郭门入,贸易衣服,回转
数周;羌不知其数,更相恐动。诩计贼当退,乃潜遣五百馀人于浅水设伏,
候其走路;虏果大奔,因掩击,大破之,斩获甚众,贼由是败散。诩乃占相
地势,筑营壁百八十所,招还流亡,假赈贫民,开通水运。诩始到郡,谷石
千,盐石八千,见户万三千;视事三年,米石八十,盐石四百,民增至四万馀
户,人足家给,一郡遂安。

11　十一月庚申,郡国十地震。

12　十二月,武陵澧中蛮反,州郡讨平之。

13　己酉,司徒夏勤罢。

14　庚戌,以司空刘恺为司徒,光禄勋袁敞为司空。敞,安之子也。

15　前虎贲中郎将邓弘卒。弘性俭素,治欧阳尚书,授帝禁中。有司
奏赠弘骠骑将军,位特进,封西平侯。太后追弘雅意,不加赠位、衣服,但
赐钱千万,布万匹;兄骘等复辞不受。诏封弘子广德为西平侯。将葬,有
司复奏发五营轻车骑士,礼仪如霍光故事。太后皆不听,但白盖双骑,门
生挽送。后以帝师之重,分西平之都乡,封广德弟甫德为都乡侯。

资治通鉴卷第五十

汉纪四十二

孝安皇帝中

元初三年（丙辰，116）

　　1　春，正月，苍梧、郁林、合浦蛮夷反；二月，遣侍御史任逴督州郡兵讨之。

　　2　郡国十地震。

　　3　三月辛亥，日有食之。

　　4　夏，四月，京师旱。

　　5　五月，武陵蛮反，州郡讨破之。

　　6　癸酉，度辽将军邓遵率南单于击零昌于灵州，斩首八百馀级。

　　7　越巂徼外夷举种内属。

　　8　六月，中郎将任尚遣兵击破先零羌于丁奚城。

　　9　秋，七月，武陵蛮复反，州郡讨平之。

　　10　九月，筑冯翊北界候坞五百所以备羌。

　　11　冬，十一月，苍梧、郁林、合浦蛮夷降。

　　12　旧制：公卿、二千石、刺史不得行三年丧，司徒刘恺以为"非所以师表百姓，宣美风俗"。丙戌，初听大臣行三年丧。

　　13　癸卯，郡国九地震。

　　14　十二月丁巳，任尚遣兵击零昌于北地，杀其妻子，烧其庐落，斩首七百馀级。

四年（丁巳，117）

　　1　春，二月乙巳朔，日有食之。

　　2　乙卯，赦天下。

　　3　壬戌，武库灾。

　　4　任尚遣当阗种羌榆鬼等刺杀杜季贡，封榆鬼为破羌侯。

5 司空袁敞,廉劲不阿权贵,失邓氏旨。尚书郎张俊有私书与敞子俊,怨家封上之。夏,四月戊申,敞坐策免,自杀;俊等下狱当死。俊上书自讼;临刑,太后诏以减死论。

6 己巳,辽西鲜卑连休等入寇,郡兵与乌桓大人於秩居等共击,大破之,斩首千三百级。

7 六月戊辰,三郡雨雹。

8 尹就坐不能定益州,征抵罪;以益州刺史张乔领其军屯,招诱叛羌,稍稍降散。

9 秋,七月,京师及郡国十雨水。

10 九月,护羌校尉任尚复募效功种羌号封刺杀零昌;封号封为羌王。

11 冬,十一月己卯,彭城靖王恭薨。

12 越巂夷以郡县赋敛烦数,十二月,大牛种封离等反,杀遂久令。

13 甲子,任尚与骑都尉马贤共击先零羌狼莫,追至北地,相持六十馀日,战于富平河上,大破之,斩首五千级,狼莫逃去。于是西河虔人种羌万人诣邓遵降,陇右平。

14 是岁,郡国十三地震。

五年(戊午,118)

1 春,三月,京师及郡国五旱。

2 夏,六月,高句骊与溅貊寇玄菟。

3 永昌、益州、蜀郡夷皆叛应封离,众至十馀万,破坏二十馀县,杀长吏,焚掠百姓,骸骨委积,千里无人。

4 秋,八月丙申朔,日有食之。

5 代郡鲜卑入寇,杀长吏;发缘边甲卒、黎阳营兵屯上谷以备之。冬,十月,鲜卑寇上谷,攻居庸关,复发缘边诸郡黎阳营兵、积射士步骑二万人屯列冲要。

6 邓遵募上郡全无种羌雕何刺杀狼莫,封雕何为羌侯。自羌叛十馀年间,军旅之费,凡用二百四十馀亿,府帑空竭,边民及内郡死者不可胜数,并、凉二州遂至虚耗。及零昌、狼莫死,诸羌瓦解,三辅、益州无复寇警。诏封邓遵为武阳侯,邑三千户。遵以太后从弟,故爵封优大。任尚与遵争功,又坐诈增首级、受赇枉法赃千万已上,十二月,槛车征尚,弃市,没入财物。邓骘子侍中凤尝受尚马,骘髡妻及凤以谢罪。

7　是岁,郡国十四地震。

8　太后弟悝、阊皆卒,封悝子广宗为叶侯,阊子忠为西华侯。

六年(己未,119)

1　春,二月乙巳,京师及郡国四十二地震。

2　夏,四月,沛国、勃海大风,雨雹。

3　五月,京师旱。

4　六月丙戌,平原哀王得薨,无子。

5　秋,七月,鲜卑寇马城塞,杀长吏,度辽将军邓遵及中郎将马续率南单于追击,大破之。

6　九月癸巳,陈怀王崇薨,无子,国除。

7　冬,十二月戊午朔,日有食之,既。

8　郡国八地震。

9　是岁,太后征和帝弟济北王寿、河间王开子男女年五岁以上四十馀人,及邓氏近亲子孙三十馀人,并为开邸第,教学经书,躬自监试。诏从兄河南尹豹、越骑校尉康等曰:"末世贵戚食禄之家,温衣美饭,乘坚驱良,而面墙术学,不识臧否,斯故祸败之所从来也。"

10　豫章有芝草生,太守刘祇欲上之,以问郡人唐檀,檀曰:"方今外戚豪盛,君道微弱,斯岂嘉瑞乎!"祇乃止。

11　益州刺史张乔遣从事杨竦将兵至楪榆,击封离等,大破之,斩首三万馀级,获生口千五百人。封离等惶怖,斩其同谋渠帅,诣竦乞降。竦厚加慰纳,其馀三十六种皆来降附。竦因奏长吏奸猾,侵犯蛮夷者九十人,皆减死论。

12　初,西域诸国既绝于汉,北匈奴复以兵威役属之,与共为边寇。敦煌太守曹宗患之,乃上遣行长史索班将千馀人屯伊吾以招抚之。于是车师前王及鄯善王复来降。

13　初,疏勒王安国死,无子,国人立其舅子遗腹为王;遗腹叔父臣磐在月氏,月氏纳而立之。后莎车畔于寘,属疏勒,疏勒遂强,与龟兹、于寘为敌国焉。

永宁元年(庚申,120)

1　春,三月丁酉,济北惠王寿薨。

2　北匈奴率车师后王军就共杀后部司马及敦煌长史索班等,遂击走其前王,略有北道。鄯善逼急,求救于曹宗,宗因此请出兵五千人击匈奴,以报索班之耻,因复取西域;公卿多以为宜闭玉门关,绝西域。太后闻军司马班勇有父风,召诣朝堂问之。勇上议曰:"昔孝武皇帝患匈奴强盛,于是开通西域,论者以为夺匈奴府藏,断其右臂。光武中兴,未遑外事,故匈奴负强,驱率诸国;及至永平,再攻敦煌,河西诸郡,城门昼闭。孝明皇帝深惟庙策,乃命虎臣出征西域,故匈奴远遁,边境得安;及至永元,莫不内属。会间者羌乱,西域复绝,北虏遂遣责诸国,备其逋租,高其价直,严以期会,鄯善、车师皆怀愤怨,思乐事汉,其路无从;前所以时有叛者,皆由牧养失宜,还为其害故也。今曹宗徒耻于前负,欲报雪匈奴,而不寻出兵故事,未度当时之宜也。大要功荒外,万无一成,若兵连祸结,悔无所及。况今府藏未充,师无后继,是示弱于远夷,暴短于海内,臣愚以为不可许也。旧敦煌郡有营兵三百人,今宜复之,复置护西域副校尉,居于敦煌,如永元故事,又宜遣西域长史将五百人屯楼兰,西当焉耆、龟兹径路,南强鄯善、于寘心胆,北扞匈奴,东近敦煌,如此诚便。"

尚书复问勇:"利害云何?"勇对曰:"昔永平之末,始通西域,初遣中郎将居敦煌,后置副校尉于车师,既为胡虏节度,又禁汉人不得有所侵扰,故外夷归心,匈奴畏威。今鄯善王尤还,汉人外孙,若匈奴得志,则尤还必死。此等虽同鸟兽,亦知避害,若出屯楼兰,足以招附其心,愚以为便。"

长乐卫尉镡显、廷尉綦毋参、司隶校尉崔据难曰:"朝廷前所以弃西域者,以其无益于中国而费难供也。今车师已属匈奴,鄯善不可保信,一旦反覆,班将能保北虏不为边害乎?"勇对曰:"今中国置州牧者,以禁郡县奸猾盗贼也。若州牧能保盗贼不起者,臣亦愿以要斩保匈奴之不为边害也。今通西域则虏势必弱,虏势弱则为患微矣;孰与归其府藏,续其断臂哉?今置校尉以扞抚西域,设长史以招怀诸国,若弃而不立,则西域望绝,望绝之后,屈就北虏,缘边之郡将受困害,恐河西城门必须复有昼闭之儆矣!今不廓开朝廷之德而拘屯戍之费,若此,北虏遂炽,岂安边久长之策哉!"

太尉属毛轸难曰:"今若置校尉,则西域骆驿遣使,求索无厌,与之则费难供,不与则失其心,一旦为匈奴所迫,当复求救,则为役大矣。"勇对曰:"今设以西域归匈奴,而使其恩德大汉,不为钞盗,则可矣。如其不然,则因西域租入之饶,兵马之众,以扰动缘边,是为富仇雠之财,增暴夷之势也。置校尉者,宣威布德,以系诸国内向之心而疑匈奴觊觎之情,而无费财耗国之虑也。且西域之人,无他求索,其来入者不过禀食而已;今若拒绝,势归北属夷虏,并力以寇并、凉,则中国之费不止十亿。置之诚便。”

于是从勇议,复敦煌郡营兵三百人,置西域副校尉居敦煌,虽复羁縻西域,然亦未能出屯。其后匈奴果数与车师共入寇钞,河西大被其害。

3　沈氐羌寇张掖。

4　夏,四月丙寅,立皇子保为太子,改元,赦天下。

5　己巳,绍封陈敬王子崇为陈王,济北惠王子苌为乐成王,河间孝王子翼为平原王。

6　六月,护羌校尉马贤将万人讨沈氐羌于张掖,破之,斩首千八百级,获生口千馀人,馀虏悉降。时当煎种大豪饥五等,以贤兵在张掖,乃乘虚寇金城,贤还军追之出塞,斩首数千级而还。烧当、烧何种闻贤军还,复寇张掖,杀长吏。

7　秋,七月乙酉朔,日有食之。

8　冬,十月己巳,司空李郃免。癸酉,以卫尉庐江陈褒为司空。

9　京师及郡国三十三大水。

10　十二月,永昌徼外掸国王雍曲调遣使者献乐及幻人。

11　戊辰,司徒刘恺请致仕;许之,以千石禄归养。

12　辽西鲜卑大人乌伦、其至鞬各以其众诣度辽将军邓遵降。

13　癸酉,以太常杨震为司徒。

14　是岁,郡国二十三地震。

15　太后从弟越骑校尉康,以太后久临朝政,宗门盛满,数上书太后,以为宜崇公室,自损私权,言甚切至,太后不从。康谢病不朝,太后使内侍者问之,所使者乃康家先婢,自通“中大人”,康闻而诟之。婢怨恚,还,白康诈疾而言不逊。太后大怒,免康官,遣归国,绝属籍。

16　初,当煎种饥五同种大豪卢忽、忍良等千馀户别留允街,而首施两端。

建光元年(辛酉,121)

1　春,护羌校尉马贤召卢忽,斩之,因放兵击其种人,获首虏二千馀,忍良等皆亡出塞。

2　幽州刺史巴郡冯焕、玄菟太守姚光、辽东太守蔡讽等将兵击高句骊,高句丽王宫遣子遂成诈降而袭玄菟、辽东,杀伤二千馀人。

3　二月,皇太后寝疾,癸亥,赦天下。三月癸巳,皇太后邓氏崩。未及大敛,帝复申前命,封邓骘为上蔡侯,位特进。

丙午,葬和熹皇后。

太后自临朝以来,水旱十载,四夷外侵,盗贼内起,每闻民饥,或达旦不寐,躬自减彻以救灾厄,故天下复平,岁还丰穰。

上始亲政事,尚书陈忠荐隐逸及直道之士颍川杜根、平原成翊世之徒,上皆纳用之。忠,宠之子也。初,邓太后临朝,根为郎中,与同时郎上书言:“帝年长,宜亲政事。”太后大怒,皆令盛以缣囊,于殿上扑杀之,既而载出城外,根得苏;太后使人检视,根遂诈死,三日,目中生蛆,因得逃窜,为宜城山中酒家保,积十五年。成翊世以郡吏亦坐谏太后不归政抵罪。帝皆征诣公车,拜根侍御史,翊世尚书郎。或问根曰:“往者遇祸,天下同义,知故不少,何至自苦如此?”根曰:“周旋民间,非绝迹之处,邂逅发露,祸及亲知,故不为也。”

4　戊申,追尊清河孝王曰孝德皇,皇妣左氏曰孝德后,祖妣宋贵人曰敬隐后。初,长乐太仆蔡伦受窦后讽旨诬陷宋贵人,帝敕使自致廷尉,伦饮药死。

5　夏,四月,高句丽复与鲜卑入寇辽东,蔡讽追击于新昌,战殁。功曹掾龙端、兵马掾公孙酺以身扞讽,俱殁于陈。

6　丁巳,尊帝嫡母耿姬为甘陵大贵人。

7　甲子,乐成王苌坐骄淫不法,贬为芜湖侯。

8　己巳,令公卿下至郡国守相各举有道之士一人。尚书陈忠以诏书既开谏争,虑言事者必多激切,或致不能容,乃上疏豫通广帝意曰:“臣闻仁君广山薮之大,纳切直之谋,忠臣尽謇谔之节,不畏逆耳之害,是以高祖舍周昌桀、纣之譬,孝文喜袁盎人彘之讥,武帝纳东方朔宣室之正,元帝容薛广德自刎之切。今明诏崇高宗之德,推宋景之诚,引咎克躬,谘访群吏。言事者见杜根、成翊世等新蒙表录,显列二台,必承风响应,争为切直。若嘉谋异策,宜辄纳用;如其管穴,妄有讥刺,虽苦口逆耳,不得事实,且优游宽容,以示圣朝无讳之美;若有道之士对问高者,宜垂省览,特迁一等,以广直言之路。”书御,有诏,拜有道高第士沛国施延为侍中。

初,汝南薛包,少有至行,父娶后妻而憎包,分出之。包日夜号泣,不能去,至被殴扑,不得已,庐于舍外,旦入洒扫。父怒,又逐之,乃庐于里门,晨昏不废。积岁馀,父母惭而还之。及父母亡,弟子求分财异居;包不能止,乃中分其财,奴婢引其老者,曰:“与我共事久,若不能使也。”田庐取其荒顿者,曰:“吾少时所治,意所恋也。”器物取朽败者,曰:“我素所服食,身口所安也。"弟子数破其产,辄复赈给。帝闻其名,令公车特征,至,拜侍中。包以死自乞,有诏赐告归,加礼如毛义。

9　帝少号聪明,故邓太后立之。及长,多不德,稍不可太后意;帝乳母王圣知之。太后征济北、河间王子诣京师;河间王子翼,美容仪,太后奇之,以为平原怀王后,留京师。王圣见太后久不归政,虑有废置,常与中黄门李闰、江京候伺左右,共毁短太后于帝,帝每怀忿惧。及太后崩,宫人先有受罚者怀怨恚,因诬告太后兄弟悝、弘、阊先从尚书邓访取废帝故事,谋立平原王。帝闻,追怒,令有司奏悝等大逆无道,遂废西平侯广宗、叶侯广德、西华侯忠、阳安侯珍、都乡侯甫德皆为庶人,邓骘以不与谋,但免特进,遣就国;宗族免官归故郡,没入骘等赀财田宅。徙邓访及家属于远郡,郡县迫逼,广宗及忠皆自杀。又徙封骘为罗侯;五月庚辰,骘与子凤并不食而死。骘从弟河南尹豹、度辽将军舞阳侯遵、将作大匠畅皆自杀;唯广德兄弟以母与阎后同产,得留京师。复以耿夔为度辽将军,征乐安侯邓康为太仆。丙申,贬平原王翼为都乡侯,遣归河间。翼谢绝宾客,闭门自守,由是得免。

初,邓后之立也,太尉张禹、司徒徐防欲与司空陈宠共奏追封后父训,宠以先世无奏请故事,争之,连日不能夺;及训追加封谥,禹、防复约宠俱遣子奉礼于虎贲中郎将骘,宠不从;故宠子忠不得志于邓氏。骘等败,忠为尚书,数上疏陷成其恶。

大司农京兆朱宠痛骘无罪遇祸,乃肉袒舆榇上疏曰:"伏惟和熹皇后圣善之德,为汉文母。兄弟忠孝,同心忧国,宗庙有主,王室是赖;功成身退,让国逊位,历世贵戚,无与为比,当享积善履谦之佑。而横为宫人单辞所陷,利口倾险,反乱国家,罪无申证,狱不讯鞫,遂令骘等罹此酷滥,一门七人,并不以命,尸骸流离,冤魂不反,逆天感人,率土丧气。宜收还冢次,宠树遗孤,奉承血祀,以谢亡灵。"宠知其言切,自致廷尉;陈忠复劾奏宠,诏免官归田里。众庶多为骘称枉者,帝意颇悟,乃遣让州郡,还葬骘等于北芒,诸从兄弟皆得归京师。

10　帝以耿贵人兄牟平侯宝监羽林左军车骑,封宋杨四子皆为列侯,宋氏为卿、校、侍中大夫、谒者、郎吏十馀人;阎皇后兄弟显、景、耀,并为卿、校,典禁兵。于是内宠始盛。

帝以江京尝迎帝于邸,以为京功,封都乡侯,封李闰为雍乡侯,闰、京并迁中常侍。京兼大长秋,与中常侍樊丰、黄门令刘安、钩盾令陈达及王圣、圣女伯荣扇动内外,竞为侈虐;伯荣出入宫掖,传通奸赂。司徒杨震上疏曰："臣闻政以得贤为本,治以去秽为务;是以唐、虞俊乂在官,四凶流放,天下咸服,以致雍熙。方今九德未事,嬖幸充庭。阿母王圣,出自贱微,得遭千载,奉养圣躬,虽有推燥居湿之勤,前后赏惠,过报劳苦,而无厌之心不知纪极,外交属托,扰乱天下,损辱清朝,尘点日月。夫女子、小人,近之喜,远之怨,实为难养。宜速出阿母,令居外舍,断绝伯荣,莫使往来;令恩德两隆,上下俱美。"奏御,帝以示阿母等,内幸皆怀忿恚。

　　而伯荣骄淫尤甚,通于故朝阳侯刘护从兄瓌,瓌遂以为妻,官至侍中,得袭护爵。震上疏曰:"经制,父死子继,兄亡弟及,以防篡也。伏见诏书,封故朝阳侯刘护再从兄瓌袭护爵为侯;护同产弟威,今犹见在。臣闻天子专封,封有功,诸侯专爵,爵有德。今瓌无他功行,但以配阿母女,一时之间,既位侍中,又至封侯,不稽旧制,不合经义,行人喧哗,百姓不安。陛下宜鉴镜既往,顺帝之则。"尚书广陵翟酺上疏曰:"昔窦、邓之宠,倾动四方,兼官重绂,盈金积货,至使议弄神器,改更社稷,岂不以势尊威广以致斯患乎!及其破坏,头颡堕地,愿为孤豚,岂可得哉!夫致贵无渐,失必暴;受爵非道,殃必疾。今外戚宠幸,功均造化,汉元以来未有等比。陛下诚仁恩周洽,以亲九族,然禄去公室,政移私门,覆车重寻,宁无摧折!此最安危之极戒,社稷之深计也。昔文帝爱百金于露台,饰帷帐于皁囊,或有讥其俭者,上曰:'朕为天下守财耳,岂得妄用之哉!'今自初政以来,日月未久,费用赏赐,已不可算。敛天下之财,积无功之家,帑藏单尽,民物凋伤,卒有不虞,复当重赋,百姓怨叛既生,危乱可待也。愿陛下勉求忠贞之臣,诛远佞谄之党,割情欲之欢,罢宴私之好,心存亡国所以失之,鉴观兴王所以得之,庶灾害可息,丰年可招矣。"书奏,皆不省。

　　11　秋,七月己卯,改元,赦天下。

　　12　壬寅,太尉马英薨。

　　13　烧当羌忍良等,以麻奴兄弟本烧当世嫡,而校尉马贤抚恤不至,常有怨心,遂相结,共胁将诸种寇湟中,攻金城诸县。八月,贤将先零种击之,战于牧苑,不利。麻奴等又败武威、张掖郡兵于令居,因胁将先零、沈氏诸种四千馀户缘山西走,寇武威。贤追到鸾鸟,招引之,诸种降者数千,麻奴南还湟中。

　　14　甲子,以前司徒刘恺为太尉。初,清河相叔孙光坐臧抵罪,遂增禁锢二世。至是,居延都尉范邠复犯臧罪,朝廷欲依光比;刘恺独以"春秋之义,善善及子孙,恶恶止其身,所以进人于善也。如今使臧吏禁锢子孙,以轻从重,惧及善人,非先王详刑之意也"。尚书陈忠亦以为然。有诏:"太尉议是。"

15　鲜卑其至鞬寇居庸关。九月,云中太守成严击之,兵败,功曹杨穆以身扞严,与之俱殁;鲜卑于是围乌桓校尉徐常于马城。度辽将军耿夔与幽州刺史庞参发广阳、渔阳、涿郡甲卒救之,鲜卑解去。

16　戊子,帝幸卫尉冯石府,留饮十馀日,赏赐甚厚,拜其子世为黄门侍郎,世弟二人皆为郎中。石,阳邑侯鲂之孙也,父柱尚显宗女获嘉公主,石袭公主爵,为获嘉侯,能取悦当世,故为帝所宠。

17　京师及郡国二十七雨水。

18　冬,十一月己丑,郡国三十五地震。

19　鲜卑寇玄菟。

20　尚书令祋讽等奏,以为"孝文皇帝定约礼之制,光武皇帝绝告宁之典,贻则万世,诚不可改,宜复断大臣行三年丧"。尚书陈忠上疏曰:"高祖受命,萧何创制,大臣有宁告之科,合于致忧之义。建武之初,新承大乱,凡诸国政,多趣简易,大臣既不得告宁而群司营禄念私,鲜循三年之丧以报顾复之恩者,礼义之方,实为凋损。陛下听大臣终丧,圣功美业,靡以尚兹。孟子曰:'老吾老以及人之老,幼吾幼以及人之幼,天下可运于掌。'臣愿陛下登高北望,以甘陵之思揆度臣子之心,则海内咸得其所。"时宦官不便之,竟寝忠奏。庚子,复断二千石以上行三年丧。

　　　袁宏论曰:古之帝王所以笃化美俗,率民为善,因其自然而不夺其情,民犹有不及者,而况毁礼止哀,灭其天性乎!

21　十二月,高句骊王宫率马韩、濊貊数千骑围玄菟,夫馀王遣子尉仇台将二万馀人与州郡并力讨破之。是岁,宫死,子遂成立。玄菟太守姚光上言,欲因其丧,发兵击之,议者皆以为可许。陈忠曰:"宫前桀黠,光不能讨,死而击之,非义也。宜遣使吊问,因责让前罪,赦不加诛,取其后善。"帝从之。

延光元年(壬戌,122)

1　春,三月丙午,改元,赦天下。

2　护羌校尉马贤追击麻奴,到湟中,破之,种众散遁。

3　夏,四月癸未,京师、郡国四十一雨雹,河西雹大者如斗。

4　幽州刺史冯焕、玄菟太守姚光数纠发奸恶,怨者诈作玺书,谴责焕、光,赐以欧刀,又下辽东都尉庞奋,使速行刑。奋即斩光,收焕。焕欲自杀,其子缇疑诏文有异,止焕曰:"大人在州,志欲去恶,实无他故。必是凶人妄诈,规肆奸毒。愿以事自上,甘罪无晚。"焕从其言,上书自讼,果诈者所为,征奋,抵罪。

5　癸巳,司空陈褒免。五月庚戌,宗正彭城刘授为司空。

6　己巳,封河间孝王子德为安平王,嗣乐成靖王后。

7　六月,郡国蝗。

8　秋,七月癸卯,京师及郡国十三地震。

9　高句骊王遂成还汉生口,诣玄菟降,其后涉貊率服,东垂少事。

10　虔人羌与上郡胡反,度辽将军耿夔击破之。

11　八月,阳陵园寝火。

12　九月甲戌,郡国二十七地震。

13　鲜卑既累杀郡守,胆气转盛,控弦数万骑,冬,十月,复寇雁门、定襄;十一月,寇太原。

14　烧当羌麻奴饥困,将种众诣汉阳太守耿种降。

15　是岁,京师及郡国二十七雨水。

16　帝数遣黄门常侍及中使伯荣往来甘陵,尚书仆射陈忠上疏曰:"今天心未得,隔并屡臻,青、冀之域,淫雨漏河,徐、岱之滨,海水盆溢,兖、豫蝗蝶滋生,荆、扬稻收俭薄,并、凉二州羌戎叛戾,加以百姓不足,府帑虚匮。陛下以不得亲奉孝德皇园庙,比遣中使致敬甘陵,朱轩骈马,相望道路,可谓孝至矣。然臣窃闻使者所过,威权翕赫,震动郡县,王、侯、二千石至为伯荣独拜车下,发民修道,缮理亭传,多设储偫,征役无度,老弱相随,动有万计,赂遗仆从,人数百匹,顿踣呼嗟,莫不叩心。河间托叔父之属,清河有陵庙之尊,及剖符大臣,皆猥为伯荣屈节车下,陛下不问,必以为陛下欲其然也。伯荣之威,重于陛下,陛下之柄,在于臣妾,水灾之发,必起于此。昔韩嫣托副车之乘,受驰视之使,江都误为一拜,而嫣受欧刀之诛。臣愿明主严天元之尊,正乾刚之位,不宜复令女使干错万机。重察左右,得无石显漏泄之奸?尚书纳言,得无赵昌谮崇之诈?公卿大臣,得无朱博阿傅之援?外属近戚,得无王凤害商之谋?若国政一由帝命,王事每决于己,则下不得逼上,臣不得干君,常雨大水必当霁止,四方众异不能为害。"书奏,不省。

时三府任轻,机事专委尚书,而灾眚变咎,辄切免三公,陈忠上疏曰:"汉典旧事,丞相所请,靡有不听。今之三公,虽当其名而无其实,选举诛赏,一由尚书,尚书见任,重于三公,陵迟以来,其渐久矣。臣忠心常独不安。近以地震,策免司空陈褒,今者灾异,复欲切让三公。昔孝成皇帝以妖星守心,移咎丞相,卒不蒙上天之福,徒乖宋景之诚;故知是非之分,较然有归矣。又尚书决事,多违故典,罪法无例,诋欺为先,文惨言丑,有乖章宪。宜责求其意,割而勿听,上顺国典,下防威福,置方员于规矩,审轻重于衡石,诚国家之典,万世之法也!”

17　汝南太守山阳王龚,政崇宽和,好才爱士。以袁阆为功曹,引进郡人黄宪、陈蕃等;宪虽不屈,蕃遂就吏。阆不修异操而致名当时,蕃性气高明,龚皆礼之,由是群士莫不归心。

宪世贫贱,父为牛医。颍川荀淑至慎阳,遇宪于逆旅,时年十四;淑竦然异之,揖与语,移日不能去,谓宪曰:“子,吾之师表也。”既而前至袁阆所,未及劳问,逆曰:“子国有颜子,宁识之乎?”阆曰:“见吾叔度耶?”是时同郡戴良,才高倨傲,而见宪未尝不正容,及归,罔然若有失也。其母问曰:“汝复从牛医儿来邪?”对曰:“良不见叔度,自以为无不及;既睹其人,则瞻之在前,忽然在后,固难得而测矣。”陈蕃及同郡周举尝相谓曰:“时月之间,不见黄生,则鄙吝之萌复存乎心矣。”太原郭泰,少游汝南,先过袁阆,不宿而退;进,往从宪,累日方还。或以问泰,曰:“奉高之器,譬诸氿滥,虽清而易挹。叔度汪汪若千顷陂,澄之不清,淆之不浊,不可量也。”宪初举孝廉,又辟公府。友人劝其仕,宪亦不拒之,暂到京师,即还,竟无所就,年四十八终。

范晔论曰:黄宪言论风旨,无所传闻;然士君子见之者靡不服深远,去玼吝,将以道周性全,无德而称乎!余曾祖穆侯以为:“宪,隤然其处顺,渊乎其似道,浅深莫臻其分,清浊未议其方,若及门于孔氏,其殆庶乎!”

二年(癸亥,123)

1　春,正月,旄牛夷反,益州刺史张乔击破之。

2　夏,四月戊子,爵乳母王圣为野王君。

3　北匈奴连与车师入寇河西,议者欲复闭玉门、阳关以绝其患。敦煌太守张珰上书曰:“臣在京师,亦以为西域宜弃,今亲践其土地,乃知弃西域则河西不能自存。谨陈西域三策:北虏呼衍王常展转蒲类、秦海之间,专制西域,共为寇钞。今以酒泉属国吏士二千馀人集昆仑塞,先击呼衍王,绝其根本,因发鄯善兵五千人胁车师后部,此上计也。若不能出兵,可置军司马,将士五百人,四郡供其犁牛、谷食,出据柳中,此中计也。如又不能,则宜弃交河城,收鄯善等悉使入塞,此下计也。”朝廷下其议。陈忠上疏曰："西域内附日久，区区东望扣关者数矣，此其不乐匈奴、慕汉之效也。今北虏已破车师，势必南攻鄯善，弃而不救，则诸国从矣。若然，则虏财贿益增，胆势益殖，威临南羌，与之交通，如此，河西四郡危矣。河西既危，不可不救，则百倍之役兴，不訾之费发矣。议者但念西域绝远，恤之烦费，不见孝武苦心勤劳之意也。方今敦煌孤危，远来告急，复不辅助，内无以慰劳吏民，外无以威示百蛮，蹙国减土，非良计也。臣以为敦煌宜置校尉，按旧增四郡屯兵，以西抚诸国。"帝纳之，于是复以班勇为西域长史，将兵五百人出屯柳中。

4 秋，七月，丹阳山崩。

5 九月，郡国五雨水。

6 冬，十月辛未，太尉刘恺罢；甲戌，以司徒杨震为太尉，光禄勋东莱刘熹为司徒。大鸿胪耿宝自候震，荐中常侍李闰兄于震曰："李常侍国家所重，欲令公辟其兄；宝唯传上意耳。"震曰："如朝廷欲令三府辟召，故宜有尚书敕。"宝大恨而去。执金吾阎显亦荐所亲于震，震又不从。司空刘授闻之，即辟此二人；由是震益见怨。时诏遣使者大为王圣修第；中常侍樊丰及侍中周广、谢恽等更相扇动，倾摇朝廷。震上疏曰："臣伏念方今灾害滋甚，百姓空虚，三边震扰，帑藏匮乏，殆非社稷安宁之时。诏书为阿母兴起第舍，合两为一，连里竟街，雕修缮饰，穷极巧伎，攻山采石，转相迫促，为费巨亿。周广、谢恽兄弟，与国无肺府枝叶之属，依倚近幸奸佞之人，与之分威共权，属托州郡，倾动大臣，宰司辟召，承望旨意，招来海内贪污之人，受其货赂，至有臧锢弃世之徒，复得显用；白黑浑淆，清浊同源，天下谨哗，为朝结讥。臣闻师言，上之所取，财尽则怨，力尽则叛，怨叛之人，不可复使，惟陛下度之！"上不听。

7 鲜卑其至鞬自将万馀骑攻南匈奴于曼柏，奠鞬日逐王战死，杀千馀人。

8 十二月戊辰，京师及郡国三地震。

9 陈忠荐汝南周燮、南阳冯良学行深纯，隐居不仕，名重于世；帝以玄纁羔币聘之；燮宗族更劝之曰："夫修德立行，所以为国，君独何为守东冈之陂乎？"燮曰："夫修道者度其时而动，动而不时，焉得亨乎！"与良皆自载至近县，称病而还。

三年（甲子，124）

1 春，正月，班勇至楼兰，以鄯善归附，特加三绶，而龟兹王白英犹自疑未下；勇开以恩信，白英乃率姑墨、温宿，自缚诣勇，因发其兵步骑万馀人到车师前王庭，击走匈奴伊蠡王于伊和谷，收得前部五千馀人，于是前部始复开通；还，屯田柳中。

2　二月丙子，车驾东巡。辛卯，幸泰山。三月戊戌，幸鲁；还，幸东平，至东郡，历魏郡、河内而还。

3　初，樊丰、周广、谢恽等见杨震连谏不从，无所顾忌，遂诈作诏书，调发司农钱谷、大匠见徒材木，各起冢舍、园池、庐观，役费无数。震复上疏曰："臣备台辅，不能调和阴阳，去年十二月四日，京师地动，其日戊辰；三者皆土，位在中宫，此中臣、近官持权用事之象也。臣伏惟陛下以边境未宁，躬自菲薄，宫殿垣屋倾倚，枝拄而已。而亲近幸臣，未崇断金，骄溢逾法，多请徒士，盛修第舍，卖弄威福，道路諠哗，地动之变，殆为此发。又，冬无宿雪，春节未雨，百僚焦心，而缮修不止，诚致旱之征也。惟陛下奋乾刚之德，弃骄奢之臣，以承皇天之戒！"震前后所言转切，帝既不平之，而樊丰等皆侧目愤怨，以其名儒，未敢加害。会河间男子赵腾上书指陈得失，帝发怒，遂收考诏狱，结以罔上不道。震上疏救之曰："臣闻殷、周哲王，小人怨詈，则还自敬德。今赵腾所坐，激讦谤语，为罪与手刃犯法有差，乞为亏除，全腾之命，以诱刍荛舆人之言。"帝不听，腾竟伏尸都市。及帝东巡，樊丰等因乘舆在外，竞修第宅，太尉部掾高舒召大匠令史考校之，得丰等所诈下诏书，具奏，须行还上之，丰等惶怖。会太史言星变逆行，遂共谮震云："自赵腾死后，深用怨怼；且邓氏故吏，有恚恨之心。"壬戌，车驾还京师，便时太学，夜，遣使者策收震太尉印绶，震于是柴门绝宾客。丰等复恶之，令大鸿胪耿宝奏："震大臣，不服罪，怀恚望。"有诏，遣归本郡。震行至城西几阳亭，乃慷慨谓其诸子、门人曰："死者，士之常分。吾蒙恩居上司，疾奸臣狡猾而不能诛，恶嬖女倾乱而不能禁，何面目复见日月！身死之日，以杂木为棺，布单被，裁足盖形，勿归冢次，勿设祭祀！"因饮鸩而卒。弘农太守移良承樊丰等旨，遣吏于陕县留停震丧，露棺道侧，谪震诸子代邮行书，道路皆为陨涕。

太仆征羌侯来历曰："耿宝托元舅之亲，荣宠过厚，不念报国恩，而倾侧奸臣，伤害忠良，其天祸亦将至矣。"历，歙之曾孙也。

4　夏，四月乙丑，车驾入宫。

5　戊辰，以光禄勋冯石为太尉。

6　南单于檀死，弟拔立，为乌稽侯尸逐鞮单于。时鲜卑数寇边，度辽将军耿夔与温禺犊王呼尤徽将新降者连年出塞击之，还使屯列冲要。耿夔征发烦剧,新降者皆怨恨,大人阿族等遂反,胁呼尤徽欲与俱去。呼尤徽曰:"我老矣,受汉家恩,宁死,不能相随!"众欲杀之,有救者,得免。阿族等遂将其众亡去。中郎将马翼与胡骑追击,破之,斩获殆尽。

7　日南徼外蛮夷内属。

8　六月,鲜卑寇玄菟。

9　庚午,阆中山崩。

10　秋,八月辛巳,以大鸿胪耿宝为大将军。

11　王圣、江京、樊丰等谮太子乳母王男、厨监邴吉等,杀之,家属徙比景;太子思男、吉,数为叹息。京、丰惧有后害,乃与阎后妄造虚无,构谮太子及东宫官属。帝怒,召公卿以下,议废太子。耿宝等承旨,皆以为当废。太仆来历与太常桓焉、廷尉犍为张皓议曰:"经说,年未满十五,过恶不在其身;且男、吉之谋,太子容有不知;宜选忠良保傅,辅以礼义。废置事重,此诚圣恩所宜宿留!"帝不从。焉,郁之子也。张皓退,复上书曰:"昔贼臣江充造构谮逆,倾覆戾园,孝武久乃觉寤,虽追前失,悔之何及。今皇太子方十岁,未习保傅之教,可遽责乎!"书奏,不省。九月,丁酉,废皇太子保为济阴王,居于德阳殿西钟下。来历乃要结光禄勋祋讽、宗正刘玮、将作大匠薛皓、侍中闾丘弘、陈光、赵代、施延、太中大夫九江朱伥等十馀人,俱诣鸿都门证太子无过。帝与左右患之,乃使中常侍奉诏胁群臣曰:"父子一体,天性自然;以义割恩,为天下也。历、讽等不识大典,而与群小共为谲哗,外见忠直而内希后福,饰邪违义,岂事君之礼! 朝廷广开言事之路,故且一切假贷;若怀迷不反,当显明刑书。"谏者莫不失色。薛皓先顿首曰:"固宜如明诏。"历怫然,廷诘皓曰:"属通谏何言,而今复背之? 大臣乘朝车,处国事,固得辗转若此乎!"乃各稍自引起。历独守阙,连日不肯去。帝大怒,尚书令陈忠与诸尚书遂共劾奏历等,帝乃免历兄弟官,削国租,黜历母武安公主不得会见。

12　陇西郡始还狄道。

13　烧当羌豪麻奴死,弟犀苦立。

14　庚申晦,日有食之。

15　冬,十月,上行幸长安;十一月乙丑,还雒阳。

16　是岁,京师及诸郡国二十三地震,三十六大水,雨雹。

资治通鉴卷第五十一

汉纪四十三

孝安皇帝下

延光四年（乙丑，125）

1 春，二月乙亥，下邳惠王衍薨。

2 甲辰，车驾南巡。

3 三月戊午朔，日有食之。

4 庚申，帝至宛，不豫。乙丑，帝发自宛；丁卯，至叶，崩于乘舆。年三十二。

皇后与阎显兄弟、江京、樊丰等谋曰："今晏驾道次，济阴王在内，邂逅公卿立之，还为大害。"乃伪云"帝疾甚"，徙御卧车。所在上食、问起居如故。驱驰行四日，庚午，还宫。辛未，遣司徒刘熹诣郊庙、社稷，告天请命；其夕，乃发丧。尊皇后曰皇太后。太后临朝。以显为车骑将军，仪同三司。太后欲久专国政，贪立幼年，与显等定策禁中，迎济北惠王子北乡侯懿为嗣。济阴王以废黜，不得上殿亲临梓宫，悲号不食；内外群僚莫不哀之。

5 甲戌，济南孝王香薨，无子，国绝。

6 乙酉，北乡侯即皇帝位。

7 夏，四月丁酉，太尉冯石为太傅，司徒刘熹为太尉，参录尚书事；前司空李郃为司徒。

8 阎显忌大将军耿宝位尊权重，威行前朝，乃风有司奏"宝及其党与中常侍樊丰、虎贲中郎将谢恽、侍中周广、野王君王圣、圣女永等更相阿党，互作威福，皆大不道"。辛卯，丰、恽、广皆下狱，死；家属徙比景。贬宝及弟子林虑侯承皆为亭侯，遣就国；宝于道自杀。王圣母、子徙雁门。于是以阎景为卫尉，耀为城门校尉，晏为执金吾，兄弟并处权要，威福自由。

9 己酉，葬孝安皇帝于恭陵，庙曰恭宗。

10 九〔六〕月乙巳，赦天下。

11　秋,七月,西域长史班勇发敦煌、张掖、酒泉六千骑及鄯善、疏勒、车师前部兵击后部王军就,大破之,获首虏八千馀人,生得军就及匈奴持节使者,将至索班没处斩之,传首京师。

12　冬,十月丙午,越嶲山崩。

13　北乡侯病笃,中常侍孙程谓济阴王谒者长兴渠曰:"王以嫡统,本无失德;先帝用谗,遂至废黜。若北乡侯不起,相与共断江京、阎显,事无不成者。"渠然之。又中黄门南阳王康,先为太子府史,及长乐太官丞京兆王国等并附同于程。江京谓阎显曰:"北乡侯病不解,国嗣宜以时定,何不早征诸王子,简所置乎!"显以为然。辛亥,北乡侯薨;显白太后,秘不发丧,更征诸王子,闭宫门,屯兵自守。

十一月乙卯,孙程、王康、王国与中黄门黄龙、彭恺、孟叔、李建、王成、张贤、史泛、马国、王道、李元、杨佗、陈予、赵封、李刚、魏猛、苗光等聚谋于西钟下,皆截单衣为誓。丁巳,京师及郡国十六地震。是夜,程等共会崇德殿上,因入章台门。时江京、刘安及李闰、陈达等俱坐省门下,程与王康共就斩京、安、达。以李闰权势积为省内所服,欲引为主,因举刃胁闰曰:"今当立济阴王,毋得摇动!"闰曰:"诺。"于是扶闰起,俱于西钟下迎济阴王即皇帝位,时年十一。召尚书令、仆射以下从辇幸南宫,程等留守省门,遮扦内外。帝登云台,召公卿、百僚,使虎贲、羽林士屯南、北宫诸门。

阎显时在禁中,忧迫不知所为,小黄门樊登劝显以太后诏召越骑校尉冯诗、虎贲中郎将阎崇将兵屯平朔门以御程等。显诱诗入省,谓曰:"济阴王立,非皇太后意,玺绶在此。苟尽力效功,封侯可得。"太后使授之印曰:"能得济阴王者,封万户侯;得李闰者,五千户侯。"诗等皆许诺,辞以"卒被召,所将众少"。显使与登迎吏士于左掖门外,诗因格杀登,归营屯守。

显弟卫尉景遽从省中还外府,收兵至盛德门。孙程传召诸尚书使收景。尚书郭镇时卧病,闻之,即率直宿羽林出南止车门,逢景从吏士拔白刃呼曰:"无干兵!"镇即下车持节诏之,景曰:"何等诏!"因斫镇,不中。镇引剑击景堕车,左右以戟叉其胸,遂禽之,送廷尉狱,即夜死。

戊午,遣使者入省,夺得玺绶,帝乃幸嘉德殿,遣侍御史持节收阎显及其弟城门校尉耀、执金吾晏,并下狱,诛;家属皆徙比景。迁太后于离宫。己未,开门,罢屯兵。壬戌,诏司隶校尉:"惟阎显、江京近亲,当伏辜诛,其馀务崇宽贷。"封孙程等皆为列侯:程食邑万户,王康、王国食九千户,黄龙食五千户,彭恺、孟叔、李建食四千二百户,王成、张贤、史泛、马国、王道、李元、杨佗、陈予、赵封、李刚食四千户，魏猛食二千户，苗光食千户：是为十九侯，加赐车马、金银、钱帛各有差。李闰以先不豫谋，故不封。擢孙程为骑都尉。初，程等入章台门，苗光独不入。诏书录功臣，令王康疏名，康诈疏光入章台门。光未受符策，心不自安，诣黄门令自告。有司奏康、光欺诈主上；诏书勿问。以将作大匠来历为卫尉。役讽、刘玮、闾丘弘等先卒，皆拜其子为郎。朱伥、施延、陈光、赵代皆见拔用，后至公卿。征王男、邴吉家属还京师，厚加赏赐。帝之见废也，监太子家小黄门籍建、傅高梵、长秋长赵熹、丞良贺、药长夏珍皆坐徙朔方；帝即位，并擢为中常侍。

初，阎显辟崔骃之子瑗为吏，瑗以北乡侯立不以正，知显将败，欲说令废立，而显日沉醉，不能得见，乃谓长史陈禅曰："中常侍江京等惑蛊先帝，废黜正统，扶立疏孽。少帝即位，发病庙中，周勃之征，于斯复见。今欲与君共求见说将军，白太后，收京等，废少帝，引立济阴王，必上当天心，下合人望，伊、霍之功不下席而立，则将军兄弟传祚于无穷；若拒违天意，久旷神器，则将以无罪并辜元恶；此所谓祸福之会，分功之时也。"禅犹豫未敢从。会显败，瑗坐被斥；门生苏祇欲上书言状，瑗遽止之。时陈禅为司隶校尉，召瑗谓曰："弟听祇上书，禅请为之证。"瑗曰："此譬犹儿妾屏语耳，愿使君勿复出口！"遂辞归，不复应州郡命。

14　己卯，以诸王礼葬北乡侯。

15　司空刘授以阿附恶逆，辟召非其人，策免。十二月甲申，以少府河南陶敦为司空。

16　杨震门生虞放、陈翼诣阙追讼震事；诏除震二子为郎，赠钱百万，以礼改葬于华阴潼亭，远近毕至。有大鸟高丈馀集震丧前，郡以状上。帝感震忠直，诏复以中牢具祠之。

17　议郎陈禅以为："阎太后与帝无母子恩，宜徙别馆，绝朝见。"群臣议者咸以为宜。司徒掾汝南周举谓李郃曰："昔瞽瞍常欲杀舜，舜事之逾谨；郑武姜谋杀庄公，庄公誓之黄泉，秦始皇怨母失行，久而隔绝，后感颍考叔、茅焦之言，复修子道；书传美之。今诸阎新诛，太后幽在离宫，若悲愁生疾，一旦不虞，主上将何以令于天下！如从禅议，后世归咎明公。宜密表朝廷，令奉太后，率群臣朝觐如旧，以厌天心，以答人望！"郃即上疏陈之。

孝顺皇帝上

永建元年（丙寅，126）

1　春,正月,帝朝太后于东宫,太后意乃安。

2　甲寅,赦天下。

3　辛未,皇太后阎氏崩。

4　辛巳,太傅冯石、太尉刘熹以阿党权贵免。司徒李郃罢。

5　二月甲申,葬安思皇后。

6　丙戌,以太常桓焉为太傅;大鸿胪京兆朱宠为太尉,参录尚书事;长乐少府朱伥为司徒。

7　封尚书郭镇为定颍侯。

8　陇西锺羌反,校尉马贤击之,战于临洮,斩首千馀级,羌众皆降;由是凉州复安。

9　六月己亥,封济南简王错子显为济南王。

10　秋,七月庚午,以卫尉来历为车骑将军。

11　八月,鲜卑寇代郡,太守李超战殁。

12　司隶校尉虞诩到官数月,奏冯石、刘熹,免之,又劾奏中常侍程璜、陈秉、孟生、李闰等,百官侧目,号为苛刻。三公劾奏:"诩盛夏多拘系无辜,为吏民患。"诩上书自讼曰:"法禁者,俗之堤防;刑罚者,民之衔辔。今州曰任郡,郡曰任县,更相委远,百姓怨穷;以苟容为贤,尽节为愚。臣所发举,臧罪非一。三府恐为臣所奏,遂加诬罪。臣将从史鱼死,即以尸谏耳!"帝省其章,乃不罪诩。

中常侍张防卖弄权势,请托受取;诩案之,屡寝不报。诩不胜其愤,乃自系廷尉,奏言:"昔孝安皇帝任用樊丰,交乱嫡统,几亡社稷。今者张防复弄威柄,国家之祸将重至矣。臣不忍与防同朝,谨自系以闻,无令臣袭杨震之迹!"书奏,防流涕诉帝,诩坐论输左校;防必欲害之,二日之中,传考四狱。狱吏劝诩自引,诩曰:"宁伏欧刀以示远近!喑呜自杀,是非孰辨邪!"浮阳侯孙程、祝阿侯张贤相率乞见,程曰:"陛下始与臣等造事之时,常疾奸臣,知其倾国。今者即位而复自为,何以非先帝乎!司隶校尉虞诩为陛下尽忠,而更被拘系;常侍张防臧罪明正,反构忠良。今客星守羽林,其占宫中有奸臣;宜急收防送狱,以塞天变。"时防立在帝后,程叱防曰:"奸臣张防,何不下殿!"防不得已,趋就东箱。程曰:"陛下急收防,无令从阿母求请!"帝问诸尚书,尚书贾朗素与防善,证诩之罪;帝疑焉,谓程曰:"且出,吾方思之!"于是诩子颛与门生百馀人,举幡候中常侍高梵车,叩头流血,诉言枉状。梵入言之,防坐徙边,贾朗等六人或死或黜;即日赦出诩。程复上书陈诩有大功,语甚切激。帝感悟,复征拜议郎;数日,迁尚书仆射。

诩上疏荐议郎南阳左雄曰:"臣见方今公卿以下,类多拱默,以树恩为贤,尽节为愚,至相戒曰:'白璧不可为,容容多后福。'伏见议郎左雄,有王臣蹇蹇之节,宜擢在喉舌之官,必有匡弼之益。"由是拜雄尚书。

13 浮阳侯孙程等怀表上殿争功,帝怒;有司劾奏"程等干乱悖逆,王国等皆与程党,久留京都,益其骄恣"。帝乃免程等官,悉徙封远县;因遣十九侯就国,敕雒阳令促期发遣。

司徒掾周举说朱伥曰:"朝廷在西钟下时,非孙程等岂立!今忘其大德,录其小过;如道路夭折,帝有杀功臣之讥。及今未去,宜急表之!"伥曰:"今诏指方怒,吾独表此,必致罪谴。"举曰:"明公年过八十,位为台辅,不于今时竭忠报国,惜身安宠,欲以何求!禄位虽全,必陷佞邪之讥,谏而获罪,犹有忠贞之名。若举言不足采,请从此辞!"伥乃表谏,帝果从之。

程徙封宜城侯;到国,怨恨恚怼,封还印绶、符策,亡归京师,往来山中。诏书追求,复故爵土,赐车马、衣物,遣还国。

14 冬,十月丁亥,司空陶敦免。

15 朔方以西,障塞多坏,鲜卑因此数侵南匈奴;单于忧恐,上书乞修复障塞。庚寅,诏:"黎阳营兵出屯中山北界;令缘边郡增置步兵,列屯塞下,教习战射。"

16 以廷尉张皓为司空。

17 班勇更立车师后部故王子加特奴为王。勇又使别校诛斩东且弥王,亦更立其种人为王;于是车师六国悉平。

勇遂发诸国兵击匈奴,呼衍王亡走,其众二万馀人皆降。生得单于从兄,勇使加特奴手斩之,以结车师、匈奴之隙。北单于自将万馀骑入后部,至金且谷,勇使假司马曹俊救之,单于引去,俊追斩其贵人骨都侯。于是呼衍王遂徙居枯梧河上,是后车师无复虏迹。

二年(丁卯,127)

1 春,正月,中郎将张国以南单于兵击鲜卑其至鞬,破之。

2 二月,辽东鲜卑寇辽东玄菟;乌桓校尉耿晔发缘边诸郡兵及乌桓出塞击之,斩获甚众;鲜卑三万人诣辽东降。

3 三月,旱。

4 初,帝母李氏瘗在雒阳北,帝初不知;至是,左右白之,帝乃发哀,亲到瘗所,更以礼殡。六月乙酉,追谥为恭愍皇后,葬于恭陵之北。

　　5　西域城郭诸国皆服于汉,唯焉耆王元孟未降,班勇奏请攻之。于是遣敦煌太守张朗将河西四郡兵三千人配勇,因发诸国兵四万馀人分为两道击之,勇从南道,朗从北道,约期俱至焉耆。而朗先有罪,欲徼功自赎,遂先期至爵离关,遣司马将兵前战,获首虏二千馀人,元孟惧诛,逆遣使乞降。张朗径入焉耆,受降而还。朗得免诛,勇以后期征,下狱,免。

　　6　秋,七月甲戌朔,日有食之。

　　7　壬午,太尉朱宠、司徒朱伥免。庚子,以太常刘光为太尉、录尚书事,光禄勋汝南许敬为司徒。光,矩之弟也。敬仕于和、安之间,当窦、邓、阎氏之盛,无所屈桡;三家既败,士大夫多染污者,独无谤言及于敬,当世以此贵之。

　　8　初,南阳樊英,少有学行,名著海内,隐于壶山之阳,州郡前后礼请,不应;公卿举贤良、方正、有道,皆不行;安帝赐策书征之,不赴。是岁,帝复以策书、玄纁,备礼征英,英固辞疾笃。诏切责郡县,驾载上道。英不得已,到京,称疾不肯起;强舆入殿,犹不能屈。帝使出就太医养疾,月致羊酒。其后帝乃为英设坛,令公车令导,尚书奉引,赐几、杖,待以师傅之礼,延问得失,拜五官中郎将。数月,英称疾笃;诏以为光禄大夫,赐告归,令在所送谷,以岁时致牛酒。英辞位不受,有诏譬旨,勿听。

　　英初被诏命,众皆以为必不降志。南郡王逸素与英善,因与其书,多引古譬谕,劝使就聘。英顺逸议而至;及后应对无奇谋深策,谈者以为失望。河南张楷与英俱征,谓英曰:“天下有二道,出与处也。吾前以子之出,能辅是君也,济斯民也。而子始以不訾之身怒万乘之主,及其享受爵禄,又不闻匡救之术,进退无所据矣。”

　　　臣光曰:古之君子,邦有道则仕,邦无道则隐。隐非君子之所欲也。人莫己知而道不得行,群邪共处而害将及身,故深藏以避之。王者举逸民,扬仄陋,固为其有益于国家,非以徇世俗之耳目也。是故有道德足以尊主,智能足以庇民,被褐怀玉,深藏不市,则王者当尽礼而致之,屈己以下之,虚心以访之,克己以从之,然后能利泽施于四表,功烈格于上下。盖取其道不取其人,务其实不务其名也。

　　　其或礼备而不至,意勤而不起,则姑内自循省而不敢强致其人,曰:岂吾德之薄而不足慕乎? 政之乱而不可辅乎? 群小在朝而不敢进乎? 诚心不至而忧其言之不用乎? 何贤者之不我从也?

苟其德已厚矣,政已治矣,群小远矣,诚心至矣,彼将扣阍而自售,又安有勤求而不至者哉!荀子曰:"耀蝉者,务在明其火,振其木而已;火不明,虽振其木,无益也。今人主有能明其德,则天下归之,若蝉之归明火也。"或者人主耻不能致,乃至诱之以高位,胁之以严刑。使彼诚君子邪,则位非所贪,刑非所畏,终不可得而致也;可致者,皆贪位畏刑之人也,乌足贵哉!

若乃孝弟著于家庭,行谊隆于乡曲,利不苟取,仕不苟进,洁己安分,优游卒岁,虽不足以尊主庇民,是亦清修之吉士也;王者当褒优安养,俾遂其志。若孝昭之待韩福,光武之遇周党,以励廉耻,美风俗,斯亦可矣,固不当如范升之诋毁,又不可如张楷之责望也。

至于饰伪以邀誉,钓奇以惊俗,不食君禄而争屠沽之利,不受小官而规卿相之位,名与实反,心与迹违,斯乃华士、少正卯之流,其得免于圣王之诛幸矣,尚何聘召之有哉!

9　时又征广汉杨厚、江夏黄琼。琼,香之子也。厚既至,豫陈汉有三百五十年之厄以为戒,拜议郎。琼将至,李固以书逆遗之曰:"君子谓伯夷隘,柳下惠不恭。不夷不惠,可否之间,圣贤居身之所珍也。诚欲枕山栖谷,拟迹巢、由,斯则可矣;若当辅政济民,今其时也。自生民以来,善政少而乱俗多,必待尧、舜之君,此为士行其志终无时矣。尝闻语曰:'峣峣者易缺,皦皦者易污。'盛名之下,其实难副。近鲁阳樊君被征初至,朝廷设坛席,犹待神明,虽无大异,而言行所守,亦无所缺;而毁谤布流,应时折减者,岂非观听望深,声名太盛乎!是故俗论皆言'处士纯盗虚声'。愿先生弘此远谟,令众人叹服,一雪此言耳!"琼至,拜议郎,稍迁尚书仆射。琼昔随父在台阁,习见故事;及后居职,达练官曹,争议朝堂,莫能抗夺。数上疏言事,上颇采用之。

李固,郃之子,少好学,常改易姓名,杖策驱驴,负笈从师,不远千里,遂究览坟籍,为世大儒。每到太学,密入公府,定省父母,不令同业诸生知其为郃子也。

三年(戊辰,128)

1　春,正月丙子,京师地震。

2　夏,六月,旱。

3　秋,七月丁酉,茂陵园寝灾。

4　九月,鲜卑寇渔阳。

5　冬,十二月己亥,太傅桓焉免。

6　车骑将军来历罢。

7　南单于拔死,弟休利立,为去特若尸逐就单于。

8　帝悉召孙程等还京师。

四年(己巳,129)

1　春,正月丙寅,赦天下。

2　丙子,帝加元服。

3　夏,五月壬辰,诏曰:"海内颇有灾异,朝廷修政,太官减膳,珍玩不御。而桂阳太守文砻,不惟竭忠宣畅本朝,而远献大珠以求幸媚,今封以还之!"

4　五州雨水。

5　秋,八月丁巳,太尉刘光、司空张皓免。

6　尚书仆射虞诩上言:"安定、北地、上郡,山川险厄,沃野千里,土宜畜牧,水可溉漕。顷遭元元之灾,众羌内溃,郡县兵荒,二十馀年。夫弃沃壤之饶,捐自然之财,不可谓利;离河山之阻,守无险之处,难以为固。今三郡未复,园陵单外,而公卿选懦,容头过身,张解设难,但计所费,不图其安。宜开圣听,考行所长。"九月,诏复安定、北地、上郡还旧土。

7　癸酉,以大鸿胪庞参为太尉、录尚书事。太常王龚为司空。

8　冬,十一月庚辰,司徒许敬免。

9　鲜卑寇朔方。

10　十二月乙卯,以宗正弘农刘崎为司徒。

11　是岁,于寘王放前杀拘弥王兴,自立其子为拘弥王,而遣使者贡献,敦煌太守徐由上求讨之。帝赦于寘罪,令归拘弥国;放前不肯。

五年(庚午,130)

1　夏,四月,京师旱。

2　京师及郡国十二蝗。

3　定远侯班超之孙始尚帝姑阴城公主。主骄淫无道;始积忿怒,伏刃杀主。冬,十月乙亥,始坐腰斩,同产皆弃市。

六年(辛未,131)

1　春，二月庚午，河间孝王开薨；子政嗣。政慠很不奉法，帝以侍御史吴郡沈景有强能，擢为河间相。景到国，谒王，王不正服，箕踞殿上；侍郎赞拜，景崎不为礼，问王所在。虎贲曰："是非王邪！"景曰："王不正服，常人何别！今相谒王，岂谒无礼者邪！"王惭而更服，景然后拜；出，住宫门外，请王傅责之曰："前发京师，陛见受诏，以王不恭，相使检督。诸君空受爵禄，曾无训导之义！"因奏治其罪，诏书让政而诘责傅。景因捕诸奸人，奏案其罪，杀戮尤恶者数十人，出冤狱百馀人。政遂为改节，悔过自修。

2　帝以伊吾膏腴之地，傍近西域，匈奴资之以为钞暴；三月辛亥，复令开设屯田，如永元时事，置伊吾司马一人。

3　初，安帝薄于艺文，博士不复讲习，朋徒相视怠散，学舍颓敝，鞠为园蔬，或牧儿、荛竖薪刈其下。将作大匠翟酺上疏请修缮，诱进后学，帝从之。秋，九月，缮起太学，凡所造构二百四十房，千八百五十室。

4　护乌桓校尉耿晔遣兵击鲜卑，破之。

5　护羌校尉韩皓转湟中屯田置两河间，以逼群羌。皓坐事征，以张掖太守马续代为校尉。两河间羌以屯田近之，恐必见图，乃解仇诅盟，各自儆备；续上移屯田还湟中，羌意乃安。

6　帝欲立皇后，而贵人有宠者四人，莫知所建，议欲探筹，以神定选。尚书仆射南郡胡广与尚书冯翊郭虔、史敞上疏谏曰："窃见诏书，以立后事大，谦不自专，欲假之筹策，决疑灵神；篇籍所记，祖宗典故，未尝有也。恃神任筮，既未必当贤；就值其人，犹非德选。夫岐嶷形于自然，俔天必有异表，宜参良家，简求有德，德同以年，年钧以貌；稽之典经，断之圣虑。"帝从之。

恭怀皇后弟子乘氏侯商之女，选入掖庭为贵人，常特被引御，从容辞曰："夫阳以博施为德，阴以不专为义。螽斯则百福所由兴也。愿陛下思云雨之均泽，小妾得免于罪。"帝由是贤之。

阳嘉元年（壬申，132）

1　春，正月乙巳，立贵人梁氏为皇后。

2　京师旱。

3　三月，扬州六郡妖贼章河等寇四十九县，杀伤长吏。

4　庚寅，赦天下，改元。

5　夏，四月，梁商加位特进；顷之，拜执金吾。

6　冬,耿晔遣乌桓戎末廆等钞击鲜卑,大获而还。鲜卑复寇辽东属国,耿晔移屯辽东无虑城以拒之。

7　尚书令左雄上疏曰:"昔宣帝以为吏数变易,则下不安业;久于其事,则民服教化;其有政治者,辄以玺书勉励,增秩赐金,公卿缺则以次用之。是以吏称其职,民安其业,汉世良吏,于兹为盛。今典城百里,转动无常,各怀一切,莫虑长久。谓杀害不辜为威风,聚敛整办为贤能;以治己安民为劣弱,奉法循理为不治。髡钳之戮,生于睚眦;覆尸之祸,成于喜怒。视民如寇仇,税之如豺虎。监司项背相望,与同疾疢,见非不举,闻恶不察。观政于亭传,责成于期月;言善不称德,论功不据实。虚诞者获誉,拘检者离毁;或因罪而引高,或色斯而求名,州宰不覆,竞共辟召,踊跃升腾,超等逾匹。或考奏捕案,而亡不受罪,会赦行赂,复见洗涤,朱紫同色,清浊不分。故使奸猾枉滥,轻忽去就,拜除如流,缺动百数。乡官、部吏,职贱禄薄,车马衣服,一出于民,廉者取足,贪者充家;特选、横调,纷纷不绝,送迎烦费,损政伤民。和气未洽,灾眚不消,咎皆在此。臣愚以为守相、长吏惠和有显效者,可就增秩,勿移徙;非父母丧,不得去官。其不从法禁,不式王命,锢之终身,虽会赦令,不得齿列。若被劾奏,亡不就法者,徙家边郡,以惩其后。其乡部亲民之吏,皆用儒生清白任从政者,宽其负算,增其秩禄;吏职满岁,宰府州郡乃得辟举。如此,威福之路塞,虚伪之端绝,送迎之役损,赋敛之源息,循理之吏得成其化,率土之民各宁其所矣。"帝感其言,复申无故去官之禁,又下有司考吏治真伪,详所施行;而宦官不便,终不能行。

雄又上言:"孔子曰'四十不惑',礼称强仕。请自今,孝廉年不满四十,不得察举,皆先诣公府,诸生试家法,文吏课笺奏,副之端门,练其虚实,以观异能,以美风俗;有不承科令者,正其罪法。若有茂材异行,自可不拘年齿。"帝从之。

胡广、郭虔、史敞上书驳之曰:"凡选举因才,无拘定制。六奇之策,不出经学;郑、阿之政,非必章奏;甘、奇显用,年乖强仕;终、贾扬声,亦在弱冠。前世以来,贡举之制,莫或回革。今以一臣之言,划戾旧章,便利未明,众心不厌。矫枉变常,政之所重,而不访台司,不谋卿士;若事下之后,议者剥异,异之则朝失其便,同之则王言已行。臣愚以为可宣下百官,参其同异,然后览择胜否,详采厥衷。"帝不从。

辛卯,初令"郡国举孝廉,限年四十以上;诸生通章句,文吏能笺奏,乃得应选。其有茂才异行,若颜渊、子奇,不拘年齿"。

久之，广陵所举孝廉徐淑，年未四十；台郎诘之，对曰："诏书曰：'有如颜回、子奇，不拘年齿。'是故本郡以臣充选。"郎不能屈。左雄诘之曰："颜回闻一知十，孝廉闻一知几邪？"淑无以对，乃罢却之。郡守坐免。

　　袁宏论曰：夫谋事作制，以经世训物，必使可为也。古者四十而仕，非谓弹冠之会必将是年也，以为可仕之时在于强盛，故举其大限以为民衷。且颜渊、子奇，旷代一有，而欲以斯为格，岂不偏乎！

然雄公直精明，能审核真伪，决志行之。顷之，胡广出为济阴太守，与诸郡守十馀人皆坐谬举免黜；唯汝南陈蕃、颍川李膺、下邳陈球等三十馀人得拜郎中。自是牧、守畏栗，莫敢轻举。迄于永嘉，察选清平，多得其人。

8　闰月庚子，恭陵百丈庑灾。

9　上闻北海郎颛精于阴阳之学。

二年（癸酉，133）

1　春，正月，诏公车征颛，问以灾异。颛上章曰："三公上应台阶，下同元首，政失其道，则寒阴反节。今之在位，竞托高虚，纳累钟之奉，亡天下之忧。栖迟偃仰，寝疾自逸，被策文，得赐钱，即复起矣，何疾之易而愈之速！以此消伏灾眚，兴致升平，其可得乎！今选牧、守，委任三府；长吏不良，既咎州、郡，州、郡有失，岂得不归责举者！而陛下崇之弥优，自下慢事愈甚，所谓'大网疏，小网数'。三公非臣之仇，臣非狂夫之作，所以发愤忘食，恳恳不已者，诚念朝廷，欲致兴平。臣书不择言，死不敢恨！"因条便宜七事："一，园陵火灾，宜念百姓之劳，罢缮修之役。二，立春以后阴寒失节，宜采纳良臣，以助圣化。三，今年少阳之岁，春当旱，夏必有水，宜遵前典，惟节惟约。四，去年八月，荧惑出入轩辕，宜简出宫女，恣其姻嫁。五，去年闰十月，有白气从西方天苑趋参左足，入玉井，恐立秋以后，将有羌寇畔戾之患，宜豫告诸郡，严为备御。六，今月十四日乙卯，白虹贯日，宜令中外官司，并须立秋然后考事。七，汉兴以来三百三十九岁，于时三期，宜大蠲法令，有所变更。王者随天，譬犹自春徂夏，改青服绛也。自文帝省刑，适三百年，而轻微之禁，渐已殷积。王者之法，譬犹江、河，当使易避而难犯也。"

二月，颛复上书荐黄琼、李固，以为宜加擢用。又言："自冬涉春，迄无嘉泽，数有西风，反逆时节，朝廷劳心，广为祷祈，荐祭山川，暴龙移市。

臣闻皇天感物,不为伪动;灾变应人,要在责己。若令雨可请降,水可攘止,则岁无隔并,太平可待。然而灾害不息者,患不在此也!"书奏,特拜郎中;辞病不就。

2　三月,使匈奴中郎将赵稠遣从事将南匈奴兵出塞击鲜卑,破之。

3　初,帝之立也,乳母宋娥与其谋,帝封娥为山阳君,又封执金吾梁商子冀为襄邑侯。尚书令左雄上封事曰:"高皇帝约,非刘氏不王,非有功不侯。孝安皇帝封江京、王圣等,遂致地震之异。永建二年封阴谋之功,又有日食之变。数术之士,咸归咎于封爵。今青州饥虚,盗贼未息,诚不宜追录小恩,亏失大典。"诏不听。

雄复谏曰:"臣闻人君莫不好忠正而恶谗谀,然而历世之患,莫不以忠正得罪,谗谀蒙幸者,盖听忠难,从谀易也。夫刑罪,人情之所甚恶,贵宠,人情之所甚欲,是以时俗为忠者少而习谀者多;故令人主数闻其美,稀知其过,迷而不悟,以至于危亡。臣伏见诏书,顾念阿母旧德宿恩,欲特加显赏。按尚书故事,无乳母爵邑之制,唯先帝时阿母王圣为野王君,圣造生谗贼废立之祸,生为天下所咀嚼,死为海内所欢快。桀、纣贵为天子,而庸仆羞与为比者,以其无义也;夷、齐贱为匹夫,而王侯争与为伍者,以其有德也。今阿母躬蹈俭约,以身率下,群僚蒸庶,莫不向风;而与王圣并同爵号,惧违本操,失其常愿。臣愚以为凡人之心,理不相远,其所不安,古今一也。百姓深惩王圣倾覆之祸,民萌之命危于累卵,常惧时世复有此类,怵惕之念未离于心,恐惧之言未绝于口。乞如前议,岁以千万给奉阿母,内足以尽恩爱之欢,外可不为吏民所怪。梁冀之封,事非机急,宜过灾厄之运,然后平议可否。"于是冀父商让还冀封;书十馀上,帝乃从之。

夏,四月己亥,京师地震。五月庚子,诏群公、卿士各直言厥咎,仍各举敦朴士一人。左雄复上疏曰:"先帝封野王君,汉阳地震,今封山阳君而京城复震,专政在阴,其灾尤大。臣前后瞽言,封爵至重,王者可私人以财,不可以官,宜还阿母之封以塞灾异。今冀已高让,山阳君亦宜崇其本节。"雄言切至,娥亦畏惧辞让;而帝恋恋不能已,卒封之。

是时,大司农刘据以职事被遣,召诣尚书,传呼促步,又加以捶扑。雄上言:"九卿位亚三事,班在大臣,行有佩玉之节,动有庠序之仪。孝明皇帝始有扑罚,皆非古典。"帝纳之,是后九卿无复捶扑者。

4　戊午,司空王龚免。六月辛未,以太常鲁国孔扶为司空。

5　丁丑,雒阳宣德亭地坼,长八十五丈;帝引公卿所举敦朴之士,使之对策,及特问以当世之敝,为政所宜。李固对曰:"前孝安皇帝变乱旧

典,封爵阿母,因造妖孽,改乱嫡嗣,至今圣躬狼狈,亲遇其艰。既拔自困
殆,龙兴即位,天下喁喁,属望风政。积敝之后,易致中兴,诚当沛然,思惟
善道,而论者犹云'方今之事,复同于前';臣伏在草泽,痛心伤臆! 实以
汉兴以来三百馀年,贤圣相继十有八主,岂无阿乳之恩? 岂忘贵爵之宠?
然上畏天威,俯案经典,知义不可,故不封也。今宋阿母虽有大功、勤谨之
德,但加赏赐,足以酬其劳苦;至于裂土开国,实乖旧典。闻阿母体性谦
虚,必有逊让,陛下宜许其辞国之高,使成万安之福。夫妃、后之家所以少
完全者,岂天性当然? 但以爵位尊显,颛总权柄,天道恶盈,不知自损,故
致颠仆。先帝宠遇阎氏,位号太疾,故其受祸曾不旋时,老子曰:'其进锐
者其退速也。'今梁氏戚为椒房,礼所不臣,尊以高爵,尚可然也;而子弟
群从,荣显兼加,永平、建初故事,殆不如此。宜令步兵校尉冀及诸侍中还
居黄门之官,使权去外戚,政归国家,岂不休乎! 又,诏书所以禁侍中、尚
书、中臣子弟不得为吏、察孝廉者,以其秉威权,容请托故也。而中常侍在
日月之侧,声势振天下,子孙禄任,曾无限极,虽外托谦默,不干州郡,而谄
伪之徒,望风进举。今可为设常禁,同之中臣。昔馆陶公主为子求郎,明
帝不许,赐钱千万,所以轻厚赐,重薄位者,为官人失才,害及百姓也。窃
闻长水司马武宣、开阳城门候羊迪等,无他功德,初拜便真,此虽小失而渐
坏旧章。先圣法度,所宜坚守,故政教一跌,百年不复,诗云'上帝板板,
下民卒瘅',刺周王变祖法度,故使下民将尽病也。今陛下之有尚书,犹
天之有北斗也。斗为天喉舌,尚书亦为陛下喉舌。斗斟酌元气,运乎四
时;尚书出纳王命,赋政四海,权尊势重,责之所归,若不平心,灾眚必至,
诚宜审择其人,以毗圣政。今与陛下共天下者,外则公、卿、尚书,内则常
侍、黄门,譬犹一门之内,一家之事,安则共其福庆,危则通其祸败。刺史、
二千石,外统职事,内受法则。夫表曲者景必邪,源清者流必洁,犹叩树
本,百枝皆动也。由此言之,本朝号令,岂可蹉跌! 天下之纪纲,当今之急
务也。夫人君之有政,犹水之有堤防;堤防完全,虽遭雨水霖潦,不能为
变;政教一立,暂遭凶年,不足为忧。诚令堤防穿漏,万夫同力,不能复救;
政教一坏,贤智驰骛,不能复还;今堤防虽坚,渐有孔穴。譬之一人之身,
本朝者,心腹也,州、郡者,四支也,心腹痛则四支不举。故臣之所忧,在腹
心之疾,非四支之患也。苟坚堤防,务政教,先安心腹,整理本朝,虽有寇
贼、水旱之变,不足介意也;诚令堤防坏漏,心腹有疾,虽无水旱之灾,天下
固可忧矣。又宜罢退宦官,去其权重,裁置常侍二人,方直有德者省事
左右;小黄门五人,才智闲雅者给事殿中。如此,则论者厌塞,升平可致

也!"

扶风功曹马融对曰:"今科条品制,四时禁令,所以承天顺民者,备矣,悉矣,不可加矣。然而天犹有不平之效,民犹有咨嗟之怨者,百姓屡闻恩泽之声而未见惠和之实也。古之足民者,非能家赡而人足之,量其财用,为之制度。故嫁娶之礼俭,则婚者以时矣;丧祭之礼约,则终者掩藏矣;不夺其时,则农夫利矣。夫妻子以累其心,产业以重其志,舍此而为非者,有必不多矣!"

太史令南阳张衡对曰:"自初举孝廉,迄今二百岁矣,皆先孝行;行有馀力,始学文法。辛卯诏书,以能章句、奏案为限;虽有至孝,犹不应科,此弃本而取末。曾子长于孝,然实鲁钝,文学不若游、夏,政事不若冉、季。今欲使一人兼之,苟外有可观,内必有阙,则违选举孝廉之志矣。且郡国守相,剖符宁境,为国大臣,一旦免黜十有馀人,吏民罢于送迎之役,新故交际,公私放滥,或临政为百姓所便而以小过免之,是为夺民父母使嗟号也。易不远复,论不惮改,朋友交接且不宿过,况于帝王,承天理物,以天下为公者乎! 中间以来,妖星见于上,震裂著于下,天诫详矣,可为寒心! 明者销祸于未萌,今既见矣,修政恐惧,则祸转为福矣。"

上览众对,以李固为第一,即时出阿母还舍,诸常侍悉叩头谢罪,朝廷肃然。以固为议郎,而阿母、宦者皆疾之,诈为飞章以陷其罪。事从中下,大司农南郡黄尚等请之于梁商,仆射黄琼复救明其事。久乃得释,出为洛令,固弃官归汉中。融博通经籍,美文辞;对奏,亦拜议郎。衡善属文,通贯六艺,虽才高于世,而无骄尚之情;善机巧,尤致思于天文、阴阳、历算,作浑天仪,著灵宪。性恬憺,不慕当世;所居之官辄积年不徙。

6　太尉庞参,在三公中最名忠直,数为左右所毁。会所举用忤帝旨,司隶承风案之。时当会茂才、孝廉,参以被奏,称疾不会。广汉上计掾段恭因会上疏曰:"伏见道路行人、农夫、织妇皆曰:'太尉参竭忠尽节,徒以直道不能曲心,孤立群邪之间,自处中伤之地。'夫以谗佞伤毁忠正,此天地之大禁,人主之至诫也! 昔白起赐死,诸侯酌酒相贺;季子来归,鲁人喜其纾难。夫国以贤治,君以忠安;今天下咸欣陛下有此忠贤,愿卒宠任以安社稷。"书奏,诏即遣小黄门视参疾,太医致羊酒。后参夫人疾前妻子,投于井而杀之;雒阳令祝良奏参罪。秋,七月己未,参竟以灾异免。

7　八月己巳,以大鸿胪施延为太尉。

8　鲜卑寇马城,代郡太守击之,不克。顷之,其至鞬死。鲜卑由是抄盗差稀。

资治通鉴卷第五十二

汉纪四十四

孝顺皇帝下

阳嘉三年（甲戌，134）

1　夏，四月，车师后部司马率后王加特奴等掩击北匈奴于阊吾陆谷，大破之；获单于母。

2　五月戊戌，诏以春夏连旱，赦天下。上亲自露坐德阳殿东厢请雨。以尚书周举才学优深，特加策问。举对曰："臣闻阴阳闭隔，则二气否塞。陛下废文帝、光武之法，而循亡秦奢侈之欲，内积怨女，外有旷夫。自枯旱以来，弥历年岁，未闻陛下改过之效，徒劳至尊暴露风尘，诚无益也。陛下但务其华，不寻其实，犹缘木希鱼，却行求前。诚宜推信革政，崇道变惑，出后宫不御之女，除太官重膳之费。易传曰：'阳感天不旋日。'惟陛下留神裁察！"帝复召举面问得失，举对以"宜慎官人，去贪污，远佞邪"。帝曰："官贪污、佞邪者为谁乎？"对曰："臣从下州超备机密，不足以别群臣。然公卿大臣数有直言者，忠贞也；阿谀苟容者，佞邪也。"

太史令张衡亦上疏言："前年京师地震土裂，裂者，威分；震者，民扰也。窃惧圣思厌倦，制不专己，恩不忍割，与众共威。威不可分；德不可共。愿陛下思惟所以稽古率旧，勿使刑德八柄不由天子，然后神望允塞，灾消不至矣！"

衡又以中兴之后，儒者争学图纬，上疏言："春秋元命包有公输班与墨翟，事见战国，又言别有益州，益州之置在于汉世。又刘向父子领校秘书，阅定九流，亦无谶录。则知图谶成于哀、平之际，皆虚伪之徒以要世取资，欺罔较然，莫之纠禁。且律历、卦候、九宫、风角，数有征效，世莫肯学，而竞称不占之书，譬犹画工恶图犬马而好作鬼魅，诚以实事难形而虚伪不穷也！宜收藏图谶，一禁绝之，则朱紫无所眩，典籍无瑕玷矣！"

3　秋，七月，锺羌良封等复寇陇西、汉阳。诏拜前校尉马贤为谒者，镇抚诸种。冬，十月，护羌校尉马续遣兵击良封，破之。

4　十一月壬寅,司徒刘崎、司空孔扶免,用周举之言也。乙巳,以大司农黄尚为司徒,光禄勋河东王卓为司空。

5　耿贵人数为耿氏请,帝乃绍封耿宝子箕为牟平侯。

四年(乙亥,135)

1　春,北匈奴呼衍王侵车师后部。帝令敦煌太守发兵救之,不利。

2　二月丙子,初听中官得以养子袭爵。初,帝之复位,宦官之力也,由是有宠,参与政事。御史张纲上书曰:"窃寻文、明二帝,德化尤盛,中官常侍,不过两人,近幸赏赐,裁满数金,惜费重民,故家给人足。而顷者以来,无功小人,皆有官爵,非爱民重器、承天顺道者也。"书奏,不省。纲,皓之子也。

3　旱。

4　谒者马贤击锺羌,大破之。

5　夏,四月甲子,太尉施延免。戊寅,以执金吾梁商为大将军,故太尉庞参为太尉。

商称疾不起且一年;帝使太常桓焉奉策就第即拜,商乃诣阙受命。商少通经传,谦恭好士,辟汉阳巨览、上党陈龟为掾属,李固为从事中郎,杨伦为长史。

李固以商柔和自守,不能有所整裁,乃奏记于商曰:"数年以来,灾怪屡见。孔子曰:'智者见变思形,愚者睹怪讳名。'天道无亲,可为祗畏。诚令王纲一整,道行忠立,明公踵伯成之高,全不朽之誉,岂与此外戚凡辈耽荣好位者同日而论哉!"商不能用。

6　秋,闰八月丁亥朔,日有食之。

7　冬,十月,乌桓寇云中。度辽将军耿晔追击,不利。十一月,乌桓围晔于兰池城;发兵数千人救之,乌桓乃退。

8　十二月甲寅,京师地震。

永和元年(丙子,136)

1　春,正月己巳,改元,赦天下。

2　冬,十月丁亥,承福殿火。

3　十一月丙子,太尉庞参罢。

4　十二月,象林蛮夷反。

5　乙巳,以前司空王龚为太尉。

龚疾宦官专权,上书极言其状。诸黄门使客诬奏龚罪;上命龚呕自实。李固奏记于梁商曰:"王公以坚贞之操,横为谗佞所构,众人闻知,莫不叹栗。夫三公尊重,无诣理诉冤之义,纤微感概,辄引分决,是以旧典不有大罪,不至重问。王公卒有他变,则朝廷获害贤之名,群臣无救护之节矣!语曰:'善人在患,饥不及餐。'斯其时也!"商即言之于帝,事乃得释。

6　是岁,以执金吾梁冀为河南尹。冀性嗜酒,逸游自恣,居职多纵暴非法。父商所亲客雒阳令吕放以告商,商以让冀。冀遣人于道刺杀放,而恐商知之,乃推疑放之怨仇,请以放弟禹为雒阳令,使捕之;尽灭其宗、亲、宾客百馀人。

7　武陵太守上书,以蛮夷率服,可比汉人,增其租赋。议者皆以为可。尚书令虞诩曰:"自古圣王,不臣异俗。先帝旧典,贡赋多少,所由来久矣;今猥增之,必有怨叛。计其所得,不偿所费,必有后悔。"帝不从。澧中、溇中蛮各争贡布非旧约,遂杀乡吏,举种反。

二年(丁丑,137)

1　春,武陵蛮二万人围充城,八千人寇夷道。

2　二月,广汉属国都尉击破白马羌。

3　帝遣武陵太守李进击叛蛮,破平之。进乃简选良吏,抚循蛮夷,郡境遂安。

4　三月乙卯,司空王卓薨。丁丑,以光禄勋郭虔为司空。

5　夏,四月丙申,京师地震。

6　五月癸丑,山阳君宋娥坐构奸诬罔,收印绶,归里舍。黄龙、杨佗、孟叔、李建、张贤、史汎、王道、李元、李刚等九侯坐与宋娥更相赂遗,求高官增邑,并遣就国,减租四分之一。

7　象林蛮区怜等攻县寺,杀长吏。交趾刺史樊演发交趾、九真兵万馀人救之;兵士惮远役,秋,七月,二郡兵反,攻其府。府虽击破反者,而蛮势转盛。

8　冬,十月甲申,上行幸长安。扶风田弱荐同郡法真博通内、外学,隐居不仕,宜就加衮职。帝虚心欲致之,前后四征,终不屈。友人郭正称之曰:"法真名可得闻,身难得而见。逃名而名我随,避名而名我追,可谓百世之师者矣!"真,雄之子也。

9　丁卯,京师地震。

10　太尉王龚以中常侍张昉等专弄国权,欲奏诛之。宗亲有以杨震行事谏之者,龚乃止。

　　11　十二月乙亥,上还自长安。

三年（戊寅,138）

　　1　春,二月乙亥,京师及金城、陇西地震,二郡山崩。

　　2　夏,闰四月己酉,京师地震。

　　3　五月,吴郡丞羊珍反,攻郡府;太守王衡破斩之。

　　4　侍御史贾昌与州郡并力讨区怜,不克,为所攻围;岁馀,兵谷不继。帝召公卿百官及四府掾属问以方略;皆议遣大将,发荆、扬、兖、豫四万人赴之。李固驳曰:"若荆、扬无事,发之可也。今二州盗贼磐结不散,武陵、南郡蛮夷未辑,长沙、桂阳数被征发,如复扰动,必更生患,其不可一也。又,兖、豫之人卒被征发,远赴万里,无有还期,诏书迫促,必致叛亡,其不可二也。南州水土温暑,加有瘴气,致死亡者十必四五,其不可三也。远涉万里,士卒疲劳,比至岭南,不复堪斗,其不可四也。军行三十里为程,而去日南九千馀里,三百日乃到,计人禀五升,用米六十万斛,不计将吏驴马之食,但负甲自致,费便若此,其不可五也。设军所在,死亡必众,既不足御敌,当复更发,此为刻割心腹以补四支,其不可六也。九真、日南相去千里,发其吏民犹尚不堪,何况乃苦四州之卒以赴万里之艰哉!其不可七也。前中郎将尹就讨益州叛羌,益州谚曰:'虏来尚可,尹来杀我。'后就征还,以兵付刺史张乔;乔因其将吏,旬月之间破殄寇虏。此发将无益之效,州郡可任之验也。宜更选有勇略仁惠任将帅者,以为刺史、太守,悉使共住交趾。今日南兵单无谷,守既不足,战又不能,可一切徙其吏民,北依交趾,事静之后,乃命归本;还募蛮夷使自相攻,转输金帛以为其资;有能反间致头首者,许以封侯裂土之赏。故并州刺史长沙祝良,性多勇决,又南阳张乔,前在益州有破虏之功,皆可任用。昔太宗就加魏尚为云中守,哀帝即拜龚舍为泰山守;宜即拜良等,便道之官。"四府悉从固议,即拜祝良为九真太守,张乔为交趾刺史。乔至,开示慰诱,并皆降散。良到九真,单车入贼中,设方略,招以威信,降者数万人,皆为良筑起府寺。由是岭外复平。

　　5　秋,八月己未,司徒黄尚免。九月己酉,以光禄勋长沙刘寿为司徒。

　　6　丙戌,令大将军、三公举刚毅、武猛、谋谟任将帅者各二人,特进、卿、校尉各一人。

初,尚书令左雄荐冀州刺史周举为尚书;既而雄为司隶校尉,举故冀州刺史冯直任将帅。直尝坐臧受罪,举以此劾奏雄。雄曰:"诏书使我选武猛,不使我选清高。"举曰:"诏书使君选武猛,不使君选贪污也!"雄曰:"进君,适所以自伐也。"举曰:"昔赵宣子任韩厥为司马,厥以军法戮宣子仆,宣子谓诸大夫曰:'可贺我矣! 吾选厥也任其事。'今君不以举之不才误升诸朝,不敢阿君以为君羞;不寤君之意与宣子殊也。"雄悦,谢曰:"吾尝事冯直之父,又与直善;今宣光以此奏吾,是吾之过也!"天下益以此贤之。

是时,宦官竞卖恩势,唯大长秋良贺清俭退厚。及诏举武猛,贺独无所荐。帝问其故,对曰:"臣生自草茅,长于宫掖,既无知人之明,又未尝交加士类。昔卫鞅因景监以见,有识知其终。今得臣举者,匪荣伊辱,是以不敢!"帝由是赏之。

7　冬,十月,烧当羌那离等三千馀骑寇金城,校尉马贤击破之。

8　十二月戊戌朔,日有食之。

9　大将军商以小黄门南阳曹节等用事于中,遣子冀、不疑与为交友;而宦官忌其宠,反欲陷之。中常侍张逵、蘧政、杨定等与左右连谋,共谮商及中常侍曹腾、孟贲,云"欲征诸王子,图议废立,请收商等案罪"。帝曰:"大将军父子,我所亲,腾、贲,我所爱,必无是,但汝曹共妒之耳。"逵等知言不用,惧迫,遂出,矫诏收缚腾、贲于省中。帝闻,震怒,敕宦者李歙急呼腾、贲释之;收逵等下狱。

四年(己卯,139)

1　春,正月庚辰,逵等伏诛;事连弘农太守张凤、安平相杨皓,皆坐死;辞所连染,延及在位大臣。商惧多侵枉,乃上疏曰:"春秋之义,功在元帅,罪止首恶。大狱一起,无辜者众,死囚久系,纤微成大,非所以顺迎和气,平政化也。宜早讫竟,以止逮捕之烦。"帝纳之,罪止坐者。

二月,帝以商少子虎贲中郎将不疑为步兵校尉。商上书辞曰:"不疑童孺,猥处成人之位。昔晏平仲辞鄙殿以守其富,公仪休不受鱼飧以定其位;臣虽不才,亦愿固福禄于圣世!"上乃以不疑为侍中、奉车都尉。

2　三月乙亥,京师地震。

3　烧当羌那离等复反;夏,四月癸卯,护羌校尉马贤讨斩之,获首虏千二百馀级。

4　戊午,赦天下。

5　五月戊辰,封故济北惠王寿子安为济北王。

6　秋,八月,太原旱。

五年(庚辰,140)

1　春,二月戊申,京师地震。

2　南匈奴句龙王吾斯、车纽等反,寇西河;招诱右贤王合兵围美稷,杀朔方、代郡长吏。夏,五月,度辽将军马续与中郎将梁并等发边兵及羌、胡合二万馀人掩击,破之。吾斯等复更屯聚,攻没城邑。天子遣使责让单于;单于本不预谋,乃脱帽避帐,诣并谢罪。并以病征,五原太守陈龟代为中郎将。龟以单于不能制下,逼迫单于及其弟左贤王皆令自杀。龟又欲徙单于近亲于内郡,而降者遂更狐疑。龟坐下狱,免。

大将军商上表曰:"匈奴寇畔,自知罪极;穷鸟困兽,皆知救死,况种类繁炽,不可单尽。今转运日增,三军疲苦,虚内给外,非中国之利。度辽将军马续,素有谋谟,且典边日久,深晓兵要;每得续书,与臣策合。宜令续深沟高垒,以恩信招降,宣示购赏,明为期约,如此,则丑类可服,国家无事矣!"帝从之,乃诏续招降畔虏。

商又移书续等曰:"中国安宁,忘战日久。良骑野合,交锋接矢,决胜当时,戎狄之所长而中国之所短也;强弩乘城,坚营固守,以待其衰,中国之所长而戎狄之所短也。宜务先所长而观其变,设购开赏,宣示反悔,勿贪小功以乱大谋。"于是右贤王部抑鞮等万三千口皆诣续降。

3　己丑晦,日有食之。

4　初,那离等既平,朝廷以来机为并州刺史,刘秉为凉州刺史。机等天性虐刻,多所扰发;且冻、傅难种羌遂反,攻金城,与杂种羌、胡大寇三辅,杀害长吏。机等并坐征。于是拜马贤为征西将军,以骑都尉耿叔为副,将左右羽林五校士及诸州郡兵十万人屯汉阳。

5　九月,令扶风、汉阳筑陇道坞三百所,置屯兵。

6　辛未,太尉王龚以老病罢。

7　且冻羌寇武都,烧陇关。

8　壬午,以太常桓焉为太尉。

9　匈奴句龙王吾斯等立车纽为单于,东引乌桓,西收羌、胡等数万人攻破京兆虎牙营,杀上郡都尉及军司马,遂寇掠并、凉、幽、冀四州。乃徙西河治离石,上郡治夏阳,朔方治五原。十二月,遣使匈奴中郎将张耽将幽州、乌桓诸郡营兵击车纽等,战于马邑,斩首三千级,获生口甚众。车纽乞降,而吾斯犹率其部曲与乌桓寇钞。

10 初,上命马贤讨西羌,大将军商以为贤老,不如太中大夫宋汉;帝不从。汉,由之子也。贤到军,稽留不进。武都太守马融上疏曰:"今杂种诸羌转相钞盗,宜及其未并,亟遣深入,破其支党;而马贤等处处留滞。羌、胡百里望尘,千里听声,今逃匿避回,漏出其后,则必侵寇三辅,为民大害。臣愿请贤所不可,用关东兵五千,裁假部队之号,尽力率厉,埋根、行首以先吏士;三旬之中,必克破之。臣又闻吴起为将,暑不张盖,寒不披裘;今贤野次垂幕,珍肴杂遝,儿子侍妾,事与古反。臣惧贤等专守一城,言攻于西而羌出于东,且其将士将不堪命,必有高克溃叛之变也。"安定人皇甫规亦见贤不恤军事,审其必败,上书言状。朝廷皆不从。

六年(辛巳,141)

1 春,正月丙子,征西将军马贤与且冻羌战于射姑山,贤军败;贤及二子皆没,东、西羌遂大合。闰月,巩唐羌寇陇西,遂及三辅,烧园陵,杀掠吏民。

2 二月丁巳,有星孛于营室。

3 三月上巳,大将军商大会宾客,宴于雒水;酒阑,继以薤露之歌。从事中郎周举闻之,叹曰:"此所谓哀乐失时,非其所也,殃将及乎!"

4 武都太守赵冲追击巩唐羌,斩首四百馀级,降二千馀人。诏冲督河西四郡兵为节度。

安定上计掾皇甫规上疏曰:"臣比年以来,数陈便宜:羌戎未动,策其将反;马贤始出,知其必败,误中之言,在可考校。臣每惟贤等拥众四年,未有成功,县师之费,且百亿计,出于平民,回入奸吏,故江湖之人,群为盗贼,青、徐荒饥,襁负流散。夫羌戎溃叛,不由承平,皆因边将失于绥御,乘常守安则加侵暴,苟竞小利则致大害,微胜则虚张首级,军败则隐匿不言。军士劳怨,困于猾吏,进不得快战以徼功,退不得温饱以全命,饿死沟渠,暴骨中原;徒见王师之出,不闻振旅之声。酋豪泣血,惊惧生变,是以安不能久,叛则经年,臣所以搏手扣心而增叹者也!愿假臣两营、二郡屯列坐食之兵五千,出其不意,与赵冲共相首尾。土地山谷,臣所晓习;兵势巧便,臣已更之;可不烦方寸之印,尺帛之赐,高可以涤患,下可以纳降。若谓臣年少、官轻,不足用者,凡诸败将,非官爵之不高,年齿之不迈。臣不胜至诚,没死自陈!"帝不能用。

5 庚子,司空郭虔免。丙午,以太仆赵戒为司空。

6　夏,使匈奴中郎将张耽、度辽将军马续率鲜卑到毂城,击乌桓于通天山,大破之。

7　巩唐羌寇北地。北地太守贾福与赵冲击之,不利。

8　秋,八月,乘氏忠侯梁商病笃,敕子冀等曰:"吾生无以辅益朝廷,死何可耗费帑藏!衣衾、饭含、玉匣、珠贝之属,何益朽骨!百僚劳扰,纷华道路,只增尘垢耳。宜皆辞之。"丙辰,薨;帝亲临丧。诸子欲从其诲,朝廷不听,赐以东园秘器、银镂、黄肠、玉匣。及葬,赐轻车、介士,中宫亲送。帝至宣阳亭,瞻望车骑。壬戌,以河南尹、乘氏侯梁冀为大将军,冀弟侍中不疑为河南尹。

臣光曰:成帝不能选任贤俊,委政舅家,可谓暗矣;犹知王立之不材,弃而不用。顺帝援大柄,授之后族,梁冀顽嚚凶暴,著于平昔,而使之继父之位,终于悖逆,荡覆汉室;校于成帝,暗又甚焉!

9　初,梁商病笃,帝亲临幸,问以遗言。对曰:"臣从事中郎周举,清高忠正,可重任也。"由是拜举谏议大夫。

10　九月,诸羌寇武威。

11　辛亥晦,日有食之。

12　冬,十月癸丑,以羌寇充斥,凉部震恐,复徙安定居扶风,北地居冯翊。十一月庚子,以执金吾张乔行车骑将军事,将兵万五千人屯三辅。

13　荆州盗贼起,弥年不定;以大将军从事中郎李固为荆州刺史。固到,遣吏劳问境内,赦寇盗前衅,与之更始。于是贼帅夏密等率其魁党六百馀人自缚归首,固皆原之,遣还,自相招集,开示威法;半岁间,馀类悉降,州内清平。奏南阳太守高赐等臧秽;赐等重赂大将军梁冀,冀为之千里移檄,而固持之愈急,冀遂徙固为泰山太守。时泰山盗贼屯聚历年,郡兵常千人追讨,不能制;固到,悉罢遣归农,但选留任战者百馀人,以恩信招诱之。未满岁,贼皆弭散。

汉安元年(壬午,142)

1　春,正月癸巳,赦天下,改元。

2　秋,八月,南匈奴句龙吾斯与薁鞬、台耆等复反,寇掠并部。

3　丁卯,遣侍中河内杜乔、周举、守光禄大夫周栩、冯羡、魏郡栾巴、张纲、郭遵、刘班分行州郡,表贤良,显忠勤;其贪污有罪者,刺史、二千石驿马上之,墨绶以下便辄收举。乔等受命之部,张纲独埋其车轮于雒阳都亭,曰:"豺狼当路,安问狐狸!"遂劾奏"大将军冀、河南尹不疑,以外戚蒙恩,居阿衡之任,而专肆贪叨,纵恣无极,谨条其无君之心十五事,斯皆臣子所切齿者也"。书御,京师震竦。时皇后宠方盛,诸梁姻戚满朝,帝虽知纲言直,不能用也。杜乔至兖州,表奏泰山太守李固政为天下第一,上征固为将作大匠。八使所劾奏,多梁冀及宦者亲党,互为请救,事皆寝遏。侍御史河南种暠疾之,复行案举。廷尉吴雄、将作大匠李固亦上言:"八使所纠,宜急诛罚。"帝乃更下八使奏章,令考正其罪。

梁冀恨张纲,思有以中伤之。时广陵贼张婴寇乱扬、徐间积十馀年,二千石不能制,冀乃以纲为广陵太守。前太守率多求兵马,纲独单车之职。既到,径诣婴垒门;婴大惊,遽走闭垒。纲于门外罢遣吏兵,独留所亲者十馀人,以书喻婴,请与相见。婴见纲至诚,乃出拜谒。纲延置上坐,譬之曰:"前后二千石多肆贪暴,故致公等怀愤相聚;二千石信有罪矣,然为之者又非义也。今主上仁圣,欲以恩德服叛,故遣太守来,思以爵禄相荣,不愿以刑罚相加,今诚转祸为福之时也。若闻义不服,天子赫然震怒,荆、扬、兖、豫大兵云合,身首横分,血嗣俱绝。二者利害,公其深计之!"婴闻,泣下曰:"荒裔愚民,不能自通朝廷,不堪侵枉,遂复相聚偷生,若鱼游釜中,知其不可久,且以喘息须臾间耳! 今闻明府之言,乃婴等更生之辰也!"乃辞还营。明日,将所部万馀人与妻子面缚归降。纲单车入婴垒,大会,置酒为乐,散遣部众,任从所之;亲为卜居宅、相田畴;子弟欲为吏者,皆引召之。人情悦服,南州晏然。朝廷论功当封,梁冀遏之。在郡一岁,卒;张婴等五百馀人为之制服行丧,送到犍为,负土成坟。诏拜其子续为郎中,赐钱百万。

是时,二千石长吏有能政者,有雒阳令渤海任峻、冀州刺史京兆苏章、胶东相陈留吴祐。雒阳令自王涣之后,皆不称职;峻能选用文武吏,各尽其用,发奸不旋踵,民间不畏吏,其威禁猛于涣,而文理政教不如也。章为冀州刺史,有故人为清河太守,章行部,欲案其奸臧,乃请太守为设酒肴,陈平生之好甚欢。太守喜曰:"人皆有一天,我独有二天!"章曰:"今夕苏孺文与故人饮者,私恩也;明日冀州刺史案事者,公法也。"遂举正其罪,州境肃然。后以摧折权豪忤旨,坐免。时天下日敝,民多愁苦,论者日夜称章,朝廷遂不能复用也。祐为胶东相,政崇仁简,民不忍欺。啬夫孙性,私赋民钱,市衣以进其父,父得而怒曰:"有君如是,何忍欺之!"促归伏罪。性惭惧诣阁,持衣自首。祐屏左右问其故,性具谈父言。祐曰:"掾以亲故受污秽之名,所谓'观过斯知仁矣'。"使归谢其父,还以衣遗之。

4　冬,十月辛未,太尉桓焉、司徒刘寿免。

5　罕羌邑落五千馀户诣赵冲降,唯烧何种据参㝈未下。甲戌,罢张乔军屯。

6　十一月壬午,以司隶校尉下邳赵峻为太尉,大司农胡广为司徒。

二年(癸未,143)

1　夏,四月庚戌,护羌校尉赵冲与汉阳太守张贡击烧当羌于参㝈,破之。

2　六月丙寅,立南匈奴守义王兜楼储为呼兰若尸逐就单于。时兜楼储在京师,上亲临轩授玺绶,引上殿,赐车马、器服、金帛甚厚。诏太常、大鸿胪与诸国侍子于广阳门外祖会,飨赐,作乐、角抵、百戏。

3　冬,闰十月,赵冲击烧当羌于阿阳,破之。

4　十一月,使匈奴中郎将扶风马寔遣人刺杀句龙吾斯。

5　凉州自九月以来,地百八十震,山谷坼裂,坏败城寺,民压死者甚众。

6　尚书令黄琼以前左雄所上孝廉之选,专用儒学、文吏,于取士之义犹有所遗,乃奏增孝悌及能从政者为四科;帝从之。

建康元年(甲申,144)

1　春,护羌从事马玄为诸羌所诱,将羌众亡出塞,领护羌校尉卫琚追击玄等,斩首八百馀级。赵冲复追叛羌到建威鹯阴河,军渡竟,所将降胡六百馀人叛走;冲将数百人追之,遇羌伏兵,与战而殁。冲虽死,而前后多所斩获,羌遂衰耗。诏封冲子为义阳亭侯。

2　夏,四月,使匈奴中郎将马寔击南匈奴左部,破之。于是胡、羌、乌桓悉诣寔降。

3　辛巳,立皇子炳为太子,改元,赦天下。太子居承光宫,帝使侍御史种暠监太子家。中常侍高梵从中单驾出迎太子,时太傅杜乔等疑不欲从而未决,暠乃手剑当车曰:“太子,国之储副,人命所系。今常侍来,无诏信,何以知非奸邪?今日有死而已!”梵辞屈,不敢对,驰还奏之。诏报,太子乃得去。乔退而叹息,愧暠临事不惑;帝亦嘉其持重,称善者良久。

4　扬、徐盗贼群起,盘互连岁。秋,八月,九江范容、周生等寇掠城邑,屯据历阳,为江、淮巨患;遣御史中丞冯绲督州兵讨之。

5 庚午,帝崩于<u>玉堂前殿</u>。太子即皇帝位,年二岁。尊皇后曰皇太后。太后临朝。丁丑,以太尉<u>赵峻</u>为太傅,大司农<u>李固</u>为太尉,参录尚书事。

6 九月丙午,葬孝顺皇帝于<u>宪陵</u>,庙曰<u>敬宗</u>。

7 是日,京师及<u>太原</u>、<u>雁门</u>地震。

8 庚戌,诏举贤良方正之士,策问之。<u>皇甫规</u>对曰:"伏惟孝顺皇帝初勤王政,纪纲四方,几以获安;后遭奸伪,威分近习,受赂卖爵,宾客交错,天下扰扰,从乱如归,官民并竭,上下穷虚。陛下体兼乾坤,聪哲纯茂,摄政之初,拔用忠贞,其馀维纲,多所改正,远近翕然望见太平,而灾异不息,寇贼纵横,殆以奸臣权重之所致也。其常侍尤无状者,宜亟黜遣,披扫凶党,收入财贿,以塞痛怨,以答天诫。大将军<u>冀</u>、<u>河南尹不疑</u>,亦宜增修谦节,辅以儒术,省去游娱不急之务,割减庐第无益之饰。夫君者,舟也;民者,水也;群臣,乘舟者也;将军兄弟,操楫者也。若能平志毕力,以度元元,所谓福也;如其息弛,将沦波涛,可不慎乎!夫德不称禄,犹凿墉之趾以益其高,岂量力审功,安固之道哉!凡诸宿猾、酒徒、戏客,皆宜贬斥,以惩不轨;令<u>冀</u>等深思得贤之福,失人之累。"<u>梁冀</u>忿之,以<u>规</u>为下第,拜郎中;托疾,免归,州郡承<u>冀</u>旨,几陷死者再三,遂沉废于家,积十馀年。

9 <u>扬州刺史尹耀</u>、<u>九江太守邓显</u>讨<u>范容</u>等于<u>历阳</u>,败殁。

10 冬,十月,<u>日南</u>蛮夷复反,攻烧县邑。<u>交趾刺史九江夏方</u>招诱降之。

11 十一月,<u>九江</u>盗贼<u>徐凤</u>、<u>马勉</u>攻烧城邑;<u>凤</u>称无上将军,<u>勉</u>称皇帝,筑营于<u>当涂</u>山中,建年号,置百官。

12 十二月,<u>九江</u>贼<u>黄虎</u>等攻<u>合肥</u>。

13 是岁,群盗发<u>宪陵</u>。

孝冲皇帝

永嘉元年(乙酉,145)

1 春,正月戊戌,帝崩于<u>玉堂前殿</u>。<u>梁太后</u>以<u>扬</u>、<u>徐</u>盗贼方盛,欲须所征诸王侯到乃发丧。太尉<u>李固</u>曰:"帝虽幼少,犹天下之父。今日崩亡,人神感动,岂有人子反共掩匿乎!昔<u>秦皇沙丘</u>之谋及近日<u>北乡</u>之事,皆秘不发丧,此天下大忌,不可之甚者也!"太后从之,即暮发丧。

征<u>清河王蒜</u>及<u>渤海孝王鸿</u>之子<u>缵</u>皆至京师。<u>蒜</u>父曰<u>清河恭王延平</u>;<u>延平</u>及<u>鸿</u>皆<u>乐安夷王宠</u>之子,<u>千乘贞王伉</u>之孙也。<u>清河王</u>为人严重,动止有法度,公卿皆归心焉。李固谓大将军冀曰:"今当立帝,宜择长年,高明有德,任亲政事者,愿将军审详大计,察周、霍之立文、宣,戒邓、阎之利幼弱!"冀不从,与太后定策禁中。丙辰,冀持节以王青盖车迎缵入南宫。丁巳,封为建平侯。其日,即皇帝位,年八岁。蒜罢归国。

2 将卜山陵,李固曰:"今处处寇贼,军兴费广,新创宪陵,赋发非一;帝尚幼小,可起陵于宪陵茔内,依康陵制度。"太后从之。己未,葬孝冲皇帝于怀陵。

3 太后委政宰辅,李固所言,太后多从之,黄门宦官为恶者一皆斥遣,天下咸望治平;而梁冀深忌疾之。

初,顺帝时所除官多不以次;及固在事,奏免百馀人。此等既怨,又希望冀旨,遂共作飞章诬奏固曰:"太尉李固,因公假私,依正行邪,离间近戚,自隆支党。大行在殡,路人掩涕,固独胡粉饰貌,搔头弄姿,槃旋偃仰,从容治步,曾无惨怛伤悴之心。山陵未成,违矫旧政,善则称己,过则归君;斥逐近臣,不得侍送。作威作福,莫固之甚矣!夫子罪莫大于累父,臣恶莫深于毁君,固之过衅,事合诛辟。"书奏,冀以白太后,使下其书;太后不听。

4 广陵贼张婴复聚众数千人反,据广陵。

5 二月乙酉,赦天下。

6 西羌叛乱积年,费用八十馀亿。诸将多断盗牢禀,私自润入,皆以珍宝货赂左右。上下放纵,不恤军事,士卒不得其死者,白骨相望于野。左冯翊梁并以恩信招诱叛羌;离湳、狐奴等五万馀户皆诣并降,陇右复平。

7 太后以徐、扬盗贼益炽,博求将帅。三公举涿令北海滕抚有文武才;诏拜抚九江都尉,与中郎将赵序助冯绲,合州郡兵数万人共讨之。又广开赏募,钱、邑各有差。又议遣太尉李固,未及行。三月,抚等进击众贼,大破之,斩马勉、范容、周生等千五百级。徐凤以馀众烧东城县。夏,五月,下邳人谢安应募,率其宗亲设伏击凤,斩之。封安为平乡侯。拜滕抚中郎将,督扬、徐二州事。

8 丙辰,诏曰:"孝殇皇帝即位逾年,君臣礼成。孝安皇帝承袭统业,而前世遂令恭陵在康陵之上,先后相逾,失其次序。今其正之!"

9 六月,鲜卑寇代郡。

10 秋,庐江盗贼攻寻阳,又攻盱台。滕抚遣司马王章击破之。

11 九月庚戌,太傅赵峻薨。

12 滕抚进击张婴;冬,十一月丙午,破婴,斩获千馀人。丁未,中郎将赵序坐畏懦、诈增首级,弃市。

13　历阳贼华孟自称黑帝,攻杀九江太守杨岑。滕抚进击,破之,斩孟等三千八百级,虏获七百馀人。于是东南悉平,振旅而还。以抚为左冯翊。

14　永昌太守刘君世,铸黄金为文蛇,以献大将军冀;益州刺史种暠纠发逮捕,驰传上言。冀由是恨暠。会巴郡人服直聚党数百人,自称天王,暠与太守应承讨捕,不克,吏民多被伤害;冀因此陷之,传逮暠、承。李固上疏曰:"臣伏闻讨捕所伤,本非暠、承之意,实由县吏惧法畏罪,迫逐深苦,致此不详。比盗贼群起,处处未绝。暠、承以首举大奸而相随受罪,臣恐沮伤州县纠发之意,更共饰匿,莫复尽心!"太后省奏,乃赦暠、承罪,免官而已。金蛇输司农,冀从大司农杜乔借观之,乔不肯与;冀小女死,令公卿会丧,乔独不往;冀由是衔之。

资治通鉴卷第五十三

汉纪四十五

孝质皇帝

本初元年（丙戌，146）

1　夏，四月庚辰，令郡、国举明经诣太学，自大将军以下皆遣子受业；岁满课试，拜官有差。又千石、六百石、四府掾属、三署郎、四姓小侯先能通经者，各令随家法，其高第者上名牒，当以次赏进。自是游学增盛，至三万馀生。

2　五月庚寅，徙乐安王鸿为勃海王。

3　海水溢，漂没民居。

4　六月丁巳，赦天下。

5　帝少而聪慧，尝因朝会，目梁冀曰：“此跋扈将军也！”冀闻，深恶之。闰月，甲申，冀使左右置毒于煮饼而进之；帝苦烦甚，使促召太尉李固。固入前，问帝得患所由；帝尚能言，曰：“食煮饼。今腹中闷，得水尚可活。”时冀亦在侧，曰：“恐吐，不可饮水。”语未绝而崩。固伏尸号哭，推举侍医，冀虑其事泄，大恶之。

将议立嗣，固与司徒胡广、司空赵戒先与冀书曰：“天下不幸，频年之间，国祚三绝。今当立帝，天下重器，诚知太后垂心，将军劳虑，详择其人，务存圣明；然愚情眷眷，窃独有怀。远寻先世废立旧仪，近见国家践祚前事，未尝不询访公卿，广求群议，令上应天心，下合众望。传曰：‘以天下与人易，为天下得人难。’昔昌邑之立，昏乱日滋，霍光忧愧发愤，悔之折骨。自非博陆忠勇，延年奋发，大汉之祀，几将倾矣。至忧至重，可不熟虑！悠悠万事，唯此为大；国之兴衰，在此一举。”冀得书，乃召三公、中二千石、列侯，大议所立。固、广、戒及大鸿胪杜乔皆以为清河王蒜明德著闻，又属最尊亲，宜立为嗣，朝臣莫不归心。而中常侍曹腾尝谒蒜，蒜不为礼，宦者由此恶之。初，平原王翼既贬归河间，其父请分蠡吾县以侯之；顺帝许之。翼卒，子志嗣，梁太后欲以女弟妻志，征到夏门亭。会帝崩，梁冀欲立志。众论既异,愤愤不得意,而未有以相夺。曹腾等闻之,夜往说冀曰:"将军累世有椒房之亲,秉摄万机,宾客纵横,多有过差。清河王严明,若果立,则将军受祸不久矣! 不如立蠡吾侯,富贵可长保也。"冀然其言,明日,重会公卿,冀意气凶凶,言辞激切,自胡广、赵戒以下莫不慑惮,皆曰:"惟大将军令!"独李固、杜乔坚守本议。冀厉声曰:"罢会!"固犹望众心可立,复以书劝冀,冀愈激怒。丁亥,冀说太后,先策免固。戊子,以司徒胡广为太尉;司空赵戒为司徒,与大将军冀参录尚书事;太仆袁汤为司空。汤,安之孙也。庚寅,使大将军冀持节以王青盖车迎蠡吾侯志入南宫;其日,即皇帝位,时年十五。太后犹临朝政。

6　秋,七月乙卯,葬孝质皇帝于静陵。

7　大将军掾朱穆奏记劝戒梁冀曰:"明年丁亥之岁,刑德合于乾位,易经龙战之会,阳道将胜,阴道将负。愿将军专心公朝,割除私欲,广求贤能,斥远佞恶,为皇帝置师傅,得小心忠笃敦礼之士,将军与之俱入,参劝讲授,师贤法古,此犹倚南山、坐平原也,谁能倾之! 议郎大夫之位,本以式序儒术高行之士,今多非其人,九卿之中亦有乖其任者,惟将军察焉!"又荐种暠、栾巴等,冀不能用。穆,晖之孙也。

8　九月戊戌,追尊河间孝王为孝穆皇,夫人赵氏曰孝穆后,庙曰清庙,陵曰乐成陵;蠡吾先侯曰孝崇皇,庙曰烈庙,陵曰博陵;皆置令、丞,使司徒持节奉策书玺绶,祠以太牢。

9　冬,十月甲午,尊帝母匽氏为博园贵人。

10　滕抚性方直,不交权势,为宦官所恶;论讨贼功当封,太尉胡广承旨奏黜之;卒于家。

孝桓皇帝上之上

建和元年(丁亥,147)

1　春,正月辛亥朔,日有食之。

2　戊午,赦天下。

3　三月,龙见谯。

4　夏,四月庚寅,京师地震。

5　立阜陵王代兄勃遒亭侯便为阜陵王。

6　六月,太尉胡广罢,光禄勋杜乔为太尉。自李固之废,朝野丧气,群臣侧足而立;唯乔正色无所回桡,由是朝野皆倚望焉。

7　秋,七月,渤海孝王鸿薨,无子;太后立帝弟蠡吾侯悝为渤海王,以奉鸿祀。

8　诏以定策功,益封梁冀万三千户,封冀弟不疑为颍阳侯,蒙为西平侯,冀子胤为襄邑侯,胡广为安乐侯,赵戒为厨亭侯,袁汤为安国侯。又封中常侍刘广等皆为列侯。

杜乔谏曰:"古之明君,皆以用贤、赏罚为务。失国之主,其朝岂无贞干之臣,典诰之篇哉?患得贤不用其谋,韬书不施其教,闻善不信其义,听谗不审其理也。陛下自藩臣即位,天人属心,不急忠贤之礼而先左右之封,梁氏一门,宦者微孽,并带无功之绂,裂劳臣之土,其为乖滥,胡可胜言!夫有功不赏,为善失其望;奸回不诘,为恶肆其凶。故陈资斧而人靡畏,班爵位而物无劝。苟遂斯道,岂伊伤政为乱而已,丧身亡国,可不慎哉!"书奏,不省。

9　八月乙未,立皇后梁氏。梁冀欲以厚礼迎之,杜乔据执旧典,不听。冀属乔举氾宫为尚书,乔以宫为臧罪,不用。由是日忤于冀。九月,丁卯,京师地震。乔以灾异策免。冬,十月,以司徒赵戒为太尉,司空袁汤为司徒,前太尉胡广为司空。

10　宦者唐衡、左悺共谮杜乔于帝曰:"陛下前当即位,乔与李固抗议,以为不堪奉汉宗祀。"帝亦怨之。

十一月,清河刘文与南郡妖贼刘鲔交通,妄言"清河王当统天下",欲共立蒜。事觉,文等遂劫清河相谢暠曰:"当立王为天子,以暠为公。"暠骂之,文刺杀暠。于是捕文、鲔,诛之。有司劾奏蒜;坐贬爵为尉氏侯,徙桂阳,自杀。

梁冀因诬李固、杜乔,云与文、鲔等交通,请逮按罪;太后素知乔忠,不许。冀遂收固下狱;门生渤海王调贯械上书,证固之枉,河内赵承等数十人亦要铁锧诣阙通诉;太后诏赦之。及出狱,京师市里皆称万岁。冀闻之,大惊,畏固名德终为己害,乃更据奏前事。大将军长史吴祐伤固之枉,与冀争之;冀怒,不从。从事中郎马融主为冀作章表,融时在坐,祐谓融曰:"李公之罪,成于卿手。李公若诛,卿何面目视天下人!"冀怒,起,入室;祐亦径去。固遂死于狱中;临命,与胡广、赵戒书曰:"固受国厚恩,是以竭其股肱,不顾死亡,志欲扶持王室,比隆文、宣。何图一朝梁氏迷谬,公等曲从,以吉为凶,成事为败乎!汉家衰微,从此始矣。公等受主厚禄,颠而不扶,倾覆大事,后之良史岂有所私!固身已矣,于义得矣,夫复何言!"广、戒得书悲惭,皆长叹流涕而已。

冀使人胁杜乔曰:"早从宜,妻子可得全。"乔不肯。明日,冀遣骑至其门,不闻哭者,遂白太后收系之;亦死狱中。

冀暴固、乔尸于城北四衢,令:"有敢临者加其罪。"固弟子汝南郭亮尚未冠,左提章、钺,右秉铁锧,诣阙上书,乞收固尸,不报;与南阳董班俱往临哭,守丧不去。夏门亭长呵之曰:"卿曹何等腐生! 公犯诏书,欲干试有司乎!"亮曰:"义之所动,岂知性命! 何为以死相惧邪!"太后闻之,皆赦不诛。杜乔故掾陈留杨匡,号泣星行,到雒阳,著故赤帻,托为夏门亭吏,守护尸丧,积十二日;都官从事执之以闻,太后赦之。匡因诣阙上书,并乞李、杜二公骸骨,使得归葬,太后许之。匡送乔丧还家,葬讫,行服,遂与郭亮、董班皆隐匿,终身不仕。

梁冀出吴祐为河间相,祐自免归,卒于家。

冀以刘鲔之乱,思朱穆之言,于是请种暠为从事中郎,荐栾巴为议郎,举穆高第,为侍御史。

11　是岁,南单于兜楼储死,伊陵尸逐就单于车儿立。

二年(戊子,148)

1　春,正月甲子,帝加元服。庚午,赦天下。

2　三月戊辰,帝从皇太后幸大将军冀府。

3　白马羌寇广汉属国,杀长吏。益州刺史率板楯蛮讨破之。

4　夏,四月,丙子,封帝弟顾为平原王,奉孝崇皇祀;尊孝崇皇夫人马氏为孝崇园贵人。

5　五月癸丑,北宫掖庭中德阳殿及左掖门火,车驾移幸南宫。

6　六月,改清河为甘陵。立安平孝王得子经侯理为甘陵王,奉孝德皇祀。

7　秋,七月,京师大水。

三年(己丑,149)

1　夏,四月丁卯晦,日有食之。

2　秋,八月乙丑,有星孛于天市。

3　京师大水。

4　九月己卯,地震。庚寅,地又震。

5　郡、国五山崩。

6　冬,十月,太尉赵戒免;以司徒袁汤为太尉,大司农河内张歆为司徒。

7　是岁,前朗陵侯相荀淑卒。淑少博学有高行,当世名贤李固、李膺皆师宗之。在朗陵,莅事明治,称为神君。有子八人:俭、绲、靖、焘、汪、爽、肃、专,并有名称,时人谓之八龙。所居里旧名西豪,颍阴令渤海苑康以为昔高阳氏有才子八人,更命其里曰高阳里。

膺性简亢,无所交接,唯以淑为师,以同郡陈寔为友。荀爽尝就谒膺,因为其御;既还,喜曰:“今日乃得御李君矣!”其见慕如此。

陈寔出于单微,为郡西门亭长。同郡钟皓以笃行称,前后九辟公府,年辈远在寔前,引与为友。皓为郡功曹,辟司徒府;临辞,太守问:“谁可代卿者?”皓曰:“明府欲必得其人,西门亭长陈寔可。”寔闻之曰:“钟君似不察人,不知何独识我!”太守遂以寔为功曹。时中常侍山阳侯览托太守高伦用吏,伦教署为文学掾,寔知非其人,怀檄请见,言曰:“此人不宜用,而侯常侍不可违,寔乞从外署,不足以尘明德。”伦从之。于是乡论怪其非举,寔终无所言。伦后被征为尚书,郡中士大夫送至纶氏,伦谓众人曰:“吾前为侯常侍用吏,陈君密持教还而于外白署,比闻议者以此少之,此咎由故人畏惮强御,陈君可谓‘善则称君,过则称己’者也。”寔固自引愆,闻者方叹息,由是天下服其德。后为太丘长,修德清静,百姓以安。邻县民归附者,寔辄训导譬解发遣,各令还本。司官行部,吏虑民有讼者,白欲禁之;寔曰:“讼以求直,禁之,理将何申!其勿有所拘。”司官闻而叹息曰:“陈君所言若是,岂有冤于人乎!”亦竟无讼者。以沛相赋敛违法,解印绶去;吏民追思之。

钟皓素与荀淑齐名,李膺常叹曰:“荀君清识难尚,钟君至德可师。”皓兄子瑾母,膺之姑也。瑾好学慕古,有退让风,与膺同年,俱有声名。膺祖太尉修常言:“瑾似我家性,‘邦有道,不废;邦无道,免于刑戮’。”复以膺妹妻之。膺谓瑾曰:“孟子以为‘人无是非之心,非人也’,弟于是何太无皂白邪!”瑾尝以膺言白皓。皓曰:“元礼祖、父在位,诸宗并盛,故得然乎!昔国子好招人过,以致怨恶,今岂其时邪!必欲保身全家,尔道为贵。”

和平元年(庚寅,150)

1　春,正月甲子,赦天下,改元。

2　乙丑,太后诏归政于帝,始罢称制。二月甲寅,太后梁氏崩。

3　三月,车驾徙幸北宫。

4　甲午,葬顺烈皇后。增封大将军冀万户,并前合三万户;封冀妻孙寿为襄城君,兼食阳翟租,岁入五千万,加赐赤绂,比长公主。寿善为妖态以蛊惑冀,冀甚宠惮之。冀爱监奴秦宫,官至太仓令,得出入寿所,威权大震,刺史、二千石皆谒辞之。冀与寿对街为宅,弹极土木,互相夸竞,金玉珍怪,充积藏室;又广开园圃,采土筑山,十里九阪,深林绝涧,有若自然,奇禽驯兽飞走其间。冀、寿共乘辇车,游观第内,多从倡伎,酤讴竟路,或连日继夜以骋娱恣。客到门不得通,皆请谢门者;门者累千金。又多拓林苑,周遍近县,起兔苑于河南城西,经亘数十里,移檄所在调发生兔,刻其毛以为识,人有犯者,罪至死刑。尝有西域贾胡不知禁忌,误杀一兔,转相告言,坐死者十馀人。又起别第于城西,以纳奸亡;或取良人悉为奴婢,至数千口,名曰自卖人。冀用寿言,多斥夺诸梁在位者,外以示谦让,而实崇孙氏。孙氏宗亲冒名为侍中、卿、校、郡守、长吏者十馀人,皆贪饕凶淫,各使私客籍属县富人,被以他罪,闭狱掠拷,使出钱自赎,赀物少者至于死徒。扶风人士孙奋,居富而性吝,冀以马乘遗之,从贷钱五千万,奋以三千万与之。冀大怒,乃告郡县,认奋母为其守藏婢,云盗白珠十斛、紫金千斤以叛,遂收考奋兄弟死于狱中,悉没其赀财亿七千馀万。冀又遣客周流四方,远至塞外,广求异物,而使人复乘势横暴,妻略妇女,殴击吏卒;所在怨毒。

　　侍御史朱穆自以冀故吏,奏记谏曰:“明将军地有申伯之尊,位为群公之首,一日行善,天下归仁;终朝为恶,四海倾覆。顷者官民俱匮,加以水虫为害,京师诸官费用增多,诏书发调,或至十倍,各言官无见财,皆当出民,搒掠割剥,强令充足。公赋既重,私敛又深,牧守长吏多非德选,贪聚无厌,遇民如虏,或绝命于箠楚之下,或自贼于迫切之求。又掠夺百姓,皆托之尊府,遂令将军结怨天下,吏民酸毒,道路叹嗟。昔永和之末,纲纪少弛,颇失人望,四五岁耳,而财空户散,下有离心,马勉之徒乘敝而起,荆、扬之间几成大患;幸赖顺烈皇后初政清静,内外同力,仅乃讨定。今百姓戚戚,困于永和,内非仁爱之心可得容忍,外非守国之计所宜久安也。夫将相大臣,均体元首,共舆而驰,同舟而济,舆倾舟覆,患实共之。岂可以去明即昧,履危自安,主孤时困而莫之恤乎!宜时易宰守非其人者,减省第宅园池之费,拒绝郡国诸所奉送,内以自明,外解人惑;使挟奸之吏无所依托,司察之臣得尽耳目。宪度既张,远迩清壹,则将军身尊事显,德耀无穷矣!”冀不纳。冀虽专朝纵横,而犹交结左右宦官,任其子弟、宾客为州郡要职,欲以自固恩宠。穆又奏记极谏,冀终不悟,报书云:“如此,仆亦无一可邪!”然素重穆,亦不甚罪也。

冀遣书诣乐安太守陈蕃,有所请托,不得通。使者诈称他客求谒蕃;蕃怒,笞杀之。坐左转脩武令。

时皇子有疾,下郡县市珍药,而冀遣客赍书诣京兆,并货牛黄。京兆尹南阳延笃发书收客,曰:“大将军椒房外家,而皇子有疾,必应陈进医方,岂当使客千里求利乎!”遂杀之。冀惭而不得言。有司承旨求其事,笃以病免。

5　夏,五月庚辰,尊博园匽贵人曰孝崇后,宫曰永乐;置太仆、少府以下,皆如长乐宫故事。分钜鹿九县为后汤沐邑。

6　秋,七月,梓潼山崩。

元嘉元年(辛卯,151)

1　春,正月朔,群臣朝会,大将军冀带剑入省。尚书蜀郡张陵呵叱令出,敕虎贲、羽林夺剑。冀跪谢,陵不应,即劾奏冀,请廷尉论罪。有诏,以一岁俸赎;百僚肃然。河南尹不疑尝举陵孝廉,乃谓陵曰:“昔举君,适所以自罚也!”陵曰:“明府不以陵不肖,误见擢序,今申公宪以报私恩!”不疑有愧色。

2　癸酉,赦天下,改元。

3　梁不疑好经书,喜待士,梁冀疾之,转不疑为光禄勋;以其子胤为河南尹。胤年十六,容貌甚陋,不胜冠带,道路见者莫不蚩笑。不疑自耻兄弟有隙,遂让位归第,与弟蒙闭门自守。冀不欲令与宾客交通,阴使人变服至门,记往来者。南郡太守马融、江夏太守田明初除,过谒不疑;冀讽有司奏融在郡贪浊,及以他事陷明,皆髡笞徙朔方。融自刺不殊,明遂死于路。

4　夏,四月己丑,上微行,幸河南尹梁胤府舍。是日,大风拔树,昼昏。尚书杨秉上疏曰:“臣闻天不言语,以灾异谴告。王者至尊,出入有常,警跸而行,静室而止,自非郊庙之事,则銮旗不驾。故诸侯入诸臣之家,春秋尚列其诫;况于以先王法服而私出槃游,降乱尊卑,等威无序,侍卫守空宫,玺绂委女妾! 设有非常之变,任章之谋,上负先帝,下悔靡及!”帝不纳。秉,震之子也。

5　京师旱,任城、梁国饥,民相食。

6　司徒张歆罢,以光禄勋吴雄为司徒。

7　北匈奴呼衍王寇伊吾,败伊吾司马毛恺,攻伊吾屯城。诏敦煌太守马达将兵救之;至蒲类海,呼衍王引去。

8 秋,七月,武陵蛮反。

9 冬,十月,司空胡广致仕。

10 十一月辛巳,京师地震。诏百官举独行之士。涿郡举崔寔,诣公车,称病,不对策;退而论世事,名曰政论。其辞曰:"凡天下所以不治者,常由人主承平日久,俗渐敝而不悟,政浸衰而不改,习乱安危,怵不自睹。或荒耽耆欲,不恤万机;或耳蔽箴诲,厌伪忽真;或犹豫岐路,莫适所从;或见信之佐,括囊守禄;或疏远之臣,言以贱废;是以王纲纵弛于上,智士郁伊于下。悲夫!

自汉兴以来,三百五十馀岁矣,政令垢玩,上下怠懈,百姓嚣然,咸复思中兴之救矣。且济时拯世之术,在于补绽决坏,枝拄邪倾,随形裁割,要措斯世于安宁之域而已。故圣人执权,遭时定制,步骤之差,各有云设,不强人以不能,背急切而慕所闻也。盖孔子对叶公以来远,哀公以临人,景公以节礼,非其不同,所急异务也。俗人拘文牵古,不达权制,奇伟所闻,简忽所见,乌可与论国家之大事哉!故言事者虽合圣听,辄见揜夺。何者?其顽士暗于时权,安习所见,不知乐成,况可虑始,苟云率由旧章而已;其达者或矜名妒能,耻策非己,舞笔奋辞以破其义。寡不胜众,遂见摈弃,虽稷、契复存,犹将困焉。斯贤智之论所以常愤郁而不伸者也。

凡为天下者,自非上德,严之则治,宽之则乱。何以明其然也?近孝宣皇帝明于君人之道,审于为政之理,故严刑峻法,破奸轨之胆,海内清肃,天下密如,算计见效,优于孝文。及元帝即位,多行宽政,卒以堕损,威权始夺,遂为汉室基祸之主。政道得失,于斯可鉴。昔孔子作春秋,褒齐桓,懿晋文,叹管仲之功;夫岂不美文、武之道哉?诚达权救敝之理也。故圣人能与世推移,而俗士苦不知变,以为结绳之约,可复治乱秦之绪,干戚之舞,足以解平城之围。夫熊经鸟伸,虽延历之术,非伤寒之理;呼吸吐纳,虽度纪之道,非续骨之膏。盖为国之法,有似理身,平则致养,疾则攻焉。夫刑罚者,治乱之药石也;德教者,兴平之粱肉也。夫以德教除残,是以粱肉养疾也;以刑罚治平,是以药石供养也。方今承百王之敝,值厄运之会,自数世以来,政多恩贷,驭委其辔,马骀其衔,四牡横奔,皇路险倾,方将拊勒鞚辖以救之,岂暇鸣和鸾,调节奏哉!昔文帝虽除肉刑,当斩右趾者弃市,笞者往往至死。是文帝以严致平,非以宽致平也。"寔,瑗之子也。山阳仲长统尝见其书,叹曰:"凡为人主,宜写一通,置之坐侧。"

臣光曰:"汉家之法已严矣,而崔寔犹病其宽,何哉?盖衰世之君,率多柔懦,凡愚之佐,唯知姑息,是以权幸之臣有罪不坐,豪猾之民犯法不诛；仁恩所施，止于目前；奸宄得志，纪纲不立。故崔寔之论，以矫一时之枉，非百世之通义也。孔子曰："政宽则民慢，慢则纠之以猛；猛则民残，残则施之以宽。宽以济猛，猛以济宽，政是以和。"斯不易之常道矣。

11　闰月庚午，任城节王崇薨；无子，国绝。

12　以太常黄琼为司空。

13　帝欲褒崇梁冀，使中朝二千石以上会议其礼。特进胡广、太常羊溥、司隶校尉祝恬、太中大夫边韶等咸称冀之勋德宜比周公，锡之山川、土田、附庸。黄琼独曰："冀前以亲迎之劳，增邑万三千户；又其子胤亦加封赏。今诸侯以户邑为制，不以里数为限，冀可比邓禹，合食四县。"朝廷从之。于是有司奏："冀入朝不趋，剑履上殿，谒赞不名，礼仪比萧何；悉以定陶、阳成馀户增封为四县，比邓禹；赏赐金钱、奴婢、彩帛、车马、衣服、甲第，比霍光；以殊元勋。每朝会，与三公绝席。十日一入，平尚书事。宣布天下，为万世法。"冀犹以所奏礼薄，意不悦。

二年（壬辰，152）

1　春，正月，西域长史王敬为于寘所杀。初，西域长史赵评在于寘，病痈死。评子迎丧，道经拘弥。拘弥王成国与于寘王建素有隙，谓评子曰："于寘王令胡医持毒药著创中，故致死耳！"评子信之，还，以告敦煌太守马达。会敬代为长史，马达令敬隐核于寘事。敬先过拘弥，成国复说云："于寘国人欲以我为王；今可因此罪诛建，于寘必服矣。"敬贪立功名，前到于寘，设供具，请建而阴图之。或以敬谋告建，建不信，曰："我无罪，王长史何为欲杀我？"旦日，建从官属数十人诣敬，坐定，建起行酒，敬叱左右执之。吏士并无杀建意，官属悉得突走。时成国主簿秦牧随敬在会，持刀出，曰："大事已定，何为复疑！"即前斩建。于寘侯、将输僰等遂会兵攻敬，敬持建头上楼宣告曰："天子使我诛建耳！"输僰不听，上楼斩敬，悬首于市。输僰自立为王；国人杀之，而立建子安国。马达闻王敬死，欲将诸郡兵出塞击于寘；帝不听，征达还，而以宋亮代为敦煌太守。亮到，开募于寘，令自斩输僰；时输僰死已经月，乃断死人头送敦煌而不言状，亮后知其诈，而竟不能讨也。

2　丙辰，京师地震。

3　夏，四月甲辰，孝崇皇后匽氏崩；以帝弟平原王石为丧主，敛送制度比恭怀皇后。五月辛卯，葬于博陵。

4 秋,七月庚辰,日有食之。

5 冬,十月乙亥,京师地震。

6 十一月,司空黄琼免。十二月,以特进赵戒为司空。

永兴元年(癸巳,153)

1 春,三月丁亥,帝幸鸿池。

2 夏,四月丙申,赦天下,改元。

3 丁酉,济南悼王广薨;无子,国除。

4 秋,七月,郡、国三十二蝗,河水溢。百姓饥穷流冗者数十万户,冀州尤甚。诏以侍御史朱穆为冀州刺史。冀部令长闻穆济河,解印绶去者四十馀人。及到,奏劾诸郡贪污者,有至自杀,或死狱中。宦者赵忠丧父,归葬安平,僣为玉匣,穆下郡案验,吏畏其严,遂发墓剖棺,陈尸出之。帝闻,大怒,征穆诣廷尉,输作左校。太学书生颍川刘陶等数千人诣阙上书讼穆曰:"伏见弛刑徒朱穆,处公忧国,拜州之日,志清奸恶。诚以常侍贵宠,父子兄弟布在州郡,竞为虎狼,噬食小民,故穆张理天纲,补缀漏目,罗取残祸,以塞天意。由是内官咸共恚疾,谤讟烦兴,逸隙仍作,极其刑谪,输作左校。天下有识,皆以穆同勤禹、稷而被共、鲧之戾,若死者有知,则唐帝怒于崇山,重华忿于苍墓矣!当今中官近习,窃持国柄,手握王爵,口衔天宪,运赏则使饿隶富于季孙,呼噏则令伊、颜化为桀、跖;而穆独亢然不顾身害,非恶荣而好辱,恶生而好死也,徒感王纲之不摄,惧天纲之久失,故竭心怀忧,为上深计。臣愿黥首系趾,代穆校作。"帝览其奏,乃赦之。

5 冬,十月,太尉袁汤免,以太常胡广为太尉。司徒吴雄、司空赵戒免,以太仆黄琼为司徒,光禄勋房植为司空。

6 武陵蛮詹山等反,武陵太守汝南应奉招降之。

7 车师后部王阿罗多与戊部候严皓不相得,忿戾而反,攻围屯田,杀伤吏士。后部候炭遮领馀民畔阿罗多,诣汉吏降。阿罗多迫急,从百馀骑亡入北匈奴。敦煌太守宋亮上立后〔后部〕故王军就质子卑君为王。后阿罗多复从匈奴中还,与卑君争国,颇收其国人。戊校尉阎详虑其招引北虏,将乱西域,乃开信告示,许复为王,阿罗多乃诣详降。于是更立阿罗多为王,将卑君还敦煌,以后部人三百帐与之。

二年(甲午,154)

1　春,正月甲午,赦天下。

2　二月辛丑,复听刺史、二千石行三年丧。

3　癸卯,京师地震。

4　夏,蝗。

5　东海朐山崩。

6　乙卯,封乳母马惠子初为列侯。

7　秋,九月丁卯朔,日有食之。

8　太尉胡广免,以司徒黄琼为太尉。闰月,以光禄勋尹颂为司徒。

9　冬,十一月甲辰,帝校猎上林苑,遂至函谷关。

10　泰山、琅邪贼公孙举、东郭窦等反,杀长吏。

永寿元年(乙未,155)

1　春,正月戊申,赦天下,改元。

2　二月,司隶、冀州饥,人相食。

3　太学生刘陶上疏陈事曰:"夫天之与帝,帝之与民,犹头之与足,相须而行也。陛下目不视鸣条之事,耳不闻檀车之声,天灾不有痛于肌肤,震食不即损于圣体,故蔑三光之谬,轻上天之怒。伏念高祖之起,始自布衣,合散扶伤,克成帝业,勤亦至矣;流福遗祚,至于陛下。陛下既不能增明烈考之轨,而忽高祖之勤,妄假利器,委授国柄,使群丑刑隶,芟刈小民,虎豹窟于麠场,豺狼乳于春囿,货殖者为穷冤之魂,贫馁者作饥寒之鬼,死者悲于窀穸,生者戚于朝野,是愚臣所为咨嗟长怀叹息者也!且秦之将亡,正谏者诛,谀进者赏,嘉言结于忠舌,国命出于谗口,擅阎乐于咸阳,授赵高以车府,权去己而不知,威离身而不顾。古今一揆,成败同势;愿陛下远览强秦之倾,近察哀、平之变,得失昭然,祸福可见。臣又闻危非仁不扶,乱非智不救,窃见故冀州刺史南阳朱穆、前乌桓校尉臣同郡李膺,皆履正清平,贞高绝俗,斯实中兴之良佐,国家之柱臣也,宜还本朝,夹辅王室。臣敢吐不时之义于讳言之朝,犹冰霜见日,必至消灭;臣始悲天下之可悲,今天下亦悲臣之愚惑也。"书奏,不省。

4　夏,南阳大水。

5　司空房植免,以太常韩缜为司空。

6　巴郡、益州郡山崩。

7　秋,南匈奴左薁鞬台耆、且渠伯德等反,寇美稷;东羌复举种应之。安定属国都尉敦煌张奂初到职,壁中唯有二百许人,闻之,即勒兵而出;军吏以为力不敌,叩头争止之。奂不听,遂进屯长城,收集兵士,遣将王卫招诱东羌,因据龟兹县,使南匈奴不得交通。东羌诸豪遂相率与奂共击奠鞬等,破之。伯德惶恐,将其众降,郡界以宁。羌豪遗奂马二十匹,金镡八枚。奂于诸羌前以酒酹地曰:"使马如羊,不以入厩;使金如粟,不以入怀。"悉以还之。前此八都尉率好财货,为羌所患苦;及奂正身洁己,无不悦服,威化大行。

二年(丙申,156)

1 春,三月,蜀郡属国夷反。

2 初,鲜卑檀石槐,勇健有智略,部落畏服,乃施法禁,平曲直,无敢犯者,遂推以为大人。檀石槐立庭于弹汗山、歠仇水上,去高柳北三百余里,兵马甚盛;东、西部大人皆归焉。因南抄缘边,北拒丁零,东却夫馀,西击乌孙,尽据匈奴故地,东西万四千余里。

秋,七月,檀石槐寇云中。以故乌桓校尉李膺为度辽将军。膺到边,羌、胡皆望风畏服,先所掠男女,悉诣塞下送还之。

3 公孙举、东郭窦等聚众至三万人,寇青、兖、徐三州,破坏郡县。连年讨之,不能克。尚书选能治剧者,以司徒掾颍川韩韶为嬴长。贼闻其贤,相戒不入嬴境。馀县流民万馀户入县界;韶开仓赈之,主者争谓不可。韶曰:"长活沟壑之人,而以此伏罪,含笑入地矣。"太守素知韶名德,竟无所坐。韶与同郡荀淑、锺皓、陈寔皆尝为县长,所至以德政称,时人谓之"颍川四长"。

4 初,鲜卑寇辽东,属国都尉武威段颎率所领驰赴之。既而恐贼惊去,乃使驿骑诈赍玺书召颎,颎于道伪退,潜于还路设伏;虏以为信然,乃入追颎,颎因大纵兵,悉斩获之。坐诈为玺书,当伏重刑;以有功,论司寇;刑竟,拜议郎。至是,诏以东方盗贼昌炽,令公卿选将帅有文武材者。司徒尹颂荐颎,拜中郎将,击举、窦等,大破斩之,获首万馀级,馀党降散。封颎为列侯。

5 冬,十二月,京师地震。

6 封梁不疑子马为颍阴侯,梁胤子桃为城父侯。

资治通鉴卷第五十四

汉纪四十六

孝桓皇帝上之下

永寿三年（丁酉，157）

1　春，正月己未，赦天下。

2　居风令贪暴无度，县人朱达等与蛮夷同反，攻杀令，聚众至四五千人。夏，四月，进攻九真，九真太守兒式战死。诏九真都尉魏朗讨破之。

3　闰月庚辰晦，日有食之。

4　京师蝗。

5　或上言："民之贫困以货轻钱薄，宜改铸大钱。"事下四府群僚及太学能言之士议之。太学生刘陶上议曰："当今之忧，不在于货，在乎民饥。窃见比年已来，良苗尽于蝗螟之口，杼轴空于公私之求。民所患者，岂谓钱货之厚薄，铢两之轻重哉！就使当今沙砾化为南金，瓦石变为和玉，使百姓渴无所饮，饥无所食，虽皇、羲之纯德，唐、虞之文明，犹不能以保萧墙之内也。盖民可百年无货，不可一朝有饥，故食为至急也。议者不达农殖之本，多言铸冶之便。盖万人铸之，一人夺之，犹不能给；况今一人铸之，则万人夺之乎！虽以阴阳为炭，万物为铜，役不食之民，使不饥之士，犹不能足无厌之求也。夫欲民殷财阜，要在止役禁夺，则百姓不劳而足。陛下愍海内之忧戚，欲铸钱齐货以救其弊，犹养鱼沸鼎之中，栖鸟烈火之上；水、木，本鱼鸟之所生也，用之不时，必至焦烂。愿陛下宽锲薄之禁，后冶铸之议，听民庶之谣吟，问路叟之所忧，瞰三光之文耀，视山河之分流，天下之心，国家大事，粲然皆见，无有遗惑者矣。伏念当今地广而不得耕，民众而无所食，群小竞进，秉国之位，鹰扬天下，鸟钞求饱，吞肌及骨，并噬无厌。诚恐卒有役夫、穷匠起于版筑之间，投斤攘臂，登高远呼，使愁怨之民响应云合，虽方尺之钱，何有能救其危也！"遂不改钱。

6　冬，十一月，司徒尹颂薨。

7　长沙蛮反，寇益阳。

8 以司空韩缜为司徒，以太常北海孙朗为司空。

延熹元年（戊戌，158）

1 夏，五月甲戌晦，日有食之。太史令陈授因小黄门徐璜陈"日食之变咎在大将军冀"。冀闻之，讽雒阳收考授，死于狱。帝由是怒冀。

2 京师蝗。

3 六月戊寅，赦天下，改元。

4 大雩。

5 秋，七月甲子，太尉黄琼免；以太常胡广为太尉。

6 冬，十月，帝校猎广成，遂幸上林苑。

7 十二月，南匈奴诸部并叛，与乌桓、鲜卑寇缘边九郡。帝以京兆尹陈龟为度辽将军。龟临行，上疏曰："臣闻三辰不轨，擢士为相；蛮夷不恭，拔卒为将。臣无文武之材而忝鹰扬之任，虽殁躯体，无所云补。今西州边鄙，土地塉埆，民更寇虏，室家残破，虽含生气，实同枯朽。往岁并州水雨，灾螟互生，稼穑荒耗，租更空阙。陛下以百姓为子，焉可不垂抚循之恩哉！古公、西伯，天下归仁，岂复舆金辇宝以为民惠乎！陛下继中兴之统，承光武之业，临朝听政而未留圣意。且牧守不良，或出中官，惧逆上旨，取过目前。呼嗟之声，招致灾害，胡虏凶悍，因衰缘隙；而令仓库单于豺狼之口，功业无铢两之效，皆由将帅不忠，聚奸所致。前凉州刺史祝良，初除到州，多所纠罚，太守令长，贬黜将半，政未逾时，功效卓然，实应赏异，以劝功能；改任牧守，去斥奸残，又宜更选匈奴、乌桓护羌中郎将、校尉，简练文武，授之法令，除并、凉二州今年租、更，宽赦罪隶，扫除更始；则善吏知奉公之佑，恶者觉营私之祸，胡马可不窥长城，塞下无候望之患矣。"帝乃更选幽、并刺史，自营、郡太守、都尉以下，多所革易。下诏为陈将军除并、凉一年租赋，以赐吏民。龟到职，州郡重足震栗，省息经用，岁以亿计。

诏拜安定属国都尉张奂为北中郎将，以讨匈奴、乌桓等。匈奴、乌桓烧度辽将军门，引屯赤阬，烟火相望，兵众大恐，各欲亡去。奂安坐帷中，与弟子讲诵自若，军士稍安。乃潜诱乌桓，阴与和通，遂使斩匈奴、屠各渠帅，袭破其众，诸胡悉降。奂以南单于车儿不能统理国事，乃拘之，奏立左谷蠡王为单于。诏曰："春秋大居正；车儿一心向化，何罪而黜！其遣还庭！"

8 大将军冀与陈龟素有隙，谮其沮毁国威，挑取功誉，不为胡虏所畏,坐征还,以种暠为度辽将军。龟遂乞骸骨归田里,复征为尚书。冀暴虐日甚,龟上疏言其罪状,请诛之,帝不省。龟自知必为冀所害,不食七日而死。种暠到营所,先宣恩信,诱降诸胡,其有不服,然后加讨;羌虏先时有生见获质于郡县者,悉遣还之;诚心怀抚,信赏分明,由是羌、胡皆来顺服。暠乃去烽燧,除候望,边方晏然无警;入为大司农。

二年(己亥,159)

1　春,二月,鲜卑寇雁门。

2　蜀郡夷寇蚕陵。

3　三月,复断刺史、二千石行三年丧。

4　夏,京师大水。

5　六月,鲜卑寇辽东。

6　梁皇后恃姊、兄荫势,恣极奢靡,兼倍前世,专宠妒忌,六宫莫得进见。及太后崩,恩宠顿衰。后既无嗣,每宫人孕育,鲜得全者。帝虽迫畏梁冀,不敢谴怒,然进御转希,后益忧恚。秋,七月丙午,皇后梁氏崩。乙丑,葬懿献皇后于懿陵。

梁冀一门,前后七侯,三皇后,六贵人,二大将军,夫人、女食邑称君者七人,尚公主者三人,其馀卿、将、尹、校五十七人。冀专擅威柄,凶恣日积,宫卫近侍,并树所亲,禁省起居,纤微必知。其四方调发,岁时贡献,皆先输上第于冀,乘舆乃其次焉。吏民赍货求官、请罪者,道路相望。百官迁召,皆先到冀门笺檄谢恩,然后敢诣尚书。下邳吴树为宛令,之官辞冀,冀宾客布在县界,以情托树,树曰:“小人奸蠹,比屋可诛。明将军处上将之位,宜崇贤善以补朝阙。自侍坐以来,未闻称一长者,而多托非人,诚非敢闻!”冀默然不悦。树到县,遂诛杀冀客为人害者数十。树后为荆州刺史,辞冀,冀鸩之,出,死车上。辽东太守侯猛初拜,不谒冀,冀托以他事腰斩之。郎中汝南袁著,年十九,诣阙上书曰:“夫四时之运,功成则退,高爵厚宠,鲜不致灾。今大将军位极功成,可为至戒;宜遵县车之礼,高枕颐神。传曰:‘木实繁者披枝害心。’若不抑损盛权,将无以全其身矣!”冀闻而密遣掩捕,著乃变易姓名,托病伪死,结蒲为人,市棺殡送;冀知其诈,求得,笞杀之。太原郝絜、胡武,好危言高论,与著友善,絜、武尝连名奏记三府,荐海内高士,而不诣冀,冀追怒之,敕中都官移檄禽捕,遂诛武家,死者六十馀人。絜初逃亡,知不得免,因舆榇奏书冀门,书入,仰药而死,家乃得全。安帝嫡母耿贵人薨,冀从贵人从子林虑侯承求贵人珍玩,不能得,冀怒,并族其家十馀人。涿郡崔琦以文章为冀所善,琦作外戚箴、白鹄赋以风,冀怒。琦曰:"昔管仲相齐,乐闻讥谏之言;萧何佐汉,乃设书过之吏。今将军屡世台辅,任齐伊、周,而德政未闻,黎元涂炭,不能结纳贞良以救祸败,反欲钳塞士口,杜蔽主听,将使玄黄改色、鹿马易形乎!"冀无以对,因遣琦归。琦惧而亡匿,冀捕得,杀之。

冀秉政几二十年,威行内外,天子拱手,不得有所亲与,帝既不平之;及陈授死,帝愈怒。和熹皇后从兄子郎中邓香妻宣,生女猛,香卒,宣更适梁纪,纪,孙寿之舅也。寿以猛色美,引入掖庭,为贵人,冀欲认猛为其女,易猛姓为梁。冀恐猛姊婿议郎邴尊沮败宣意,遣客刺杀之。又欲杀宣,宣家与中常侍袁赦相比,冀客登赦屋,欲入宣家,赦觉之,鸣鼓会众以告宣。宣驰入白帝,帝大怒,因如厕,独呼小黄门史唐衡,问:"左右与外舍不相得者,谁乎?"衡对:"中常侍单超、小黄门史左悺与梁不疑有隙;中常侍徐璜、黄门令具瑗常私忿疾外舍放横,口不敢道。"于是帝呼超、悺入室,谓曰:"梁将军兄弟专朝,迫胁内外,公卿以下,从其风旨,今欲诛之,于常侍意如何?"超等对曰:"诚国奸贼,当诛日久,臣等弱劣,未知圣意如何耳。"帝曰:"审然者,常侍密图之。"对曰:"图之不难,但恐陛下腹中狐疑。"帝曰:"奸臣胁国,当伏其罪,何疑乎!"于是召璜、瑗,五人共定其议,帝啮超臂出血为盟。超等曰:"陛下今计已决,勿复更言,恐为人所疑。"

冀心疑超等,八月丁丑,使中黄门张恽入省宿,以防其变。具瑗敕吏收恽,以"辄从外入,欲图不轨"。帝御前殿,召诸尚书入,发其事,使尚书令尹勋持节勒丞、郎以下皆操兵守省阁,敛诸符节送省中,使具瑗将左右厩驺、虎贲、羽林、都候剑戟士合千馀人,与司隶校尉张彪共围冀第,使光禄勋袁盱持节收冀大将军印绶,徙封比景都乡侯。冀及妻寿即日皆自杀;不疑、蒙先卒。悉收梁氏、孙氏中外宗亲送诏狱,无少长皆弃市;他所连及公卿、列校、刺史、二千石,死者数十人。太尉胡广、司徒韩缜、司空孙朗皆坐阿附梁冀,不卫宫,止长寿亭,减死一等,免为庶人。故吏、宾客免黜者三百馀人,朝廷为空。是时,事猝从中发,使者交驰,公卿失其度,官府市里鼎沸,数日乃定;百姓莫不称庆。收冀财货,县官斥卖,合三十馀万万,以充王府用,减天下税租之半,散其苑囿,以业穷民。

7　壬午,立梁贵人为皇后,追废懿陵为贵人冢。帝恶梁氏,改皇后姓为薄氏,久之,知为邓香女,乃复姓邓氏。

8　诏赏诛梁冀之功,封单超、徐璜、具瑗、左悺、唐衡皆为县侯,超食二万户,璜等各万馀户,世谓之"五侯"。仍以悺、衡为中常侍。又封尚书令尹勋等七人皆为亭侯。

9　以大司农黄琼为太尉,光禄大夫中山祝恬为司徒,大鸿胪梁国盛允为司空。

是时,新诛梁冀,天下想望异政,黄琼首居公位,乃举奏州郡素行暴污,至死徙者十馀人,海内翕然称之。

琼辟汝南范滂。滂少厉清节,为州里所服。尝为清诏使,案察冀州,滂登车揽辔,慨然有澄清天下之志。守令臧污者,皆望风解印绶去;其所举奏,莫不厌塞众议。会诏三府掾属举谣言,滂奏刺史、二千石权豪之党二十馀人。尚书责滂所劾猥多,疑有私故;滂对曰:"臣之所举,自非叨秽奸暴,深为民害,岂以污简札哉!间以会日迫促,故先举所急,其未审者,方更参实。臣闻农夫去草,嘉谷必茂;忠臣除奸,王道以清。若臣言有贰,甘受显戮!"尚书不能诘。

10　尚书令陈蕃上疏荐五处士,豫章徐稚、彭城姜肱、汝南袁闳、京兆韦著、颍川李昙;帝悉以安车、玄纁备礼征之,皆不至。

稚家贫,常自耕稼,非其力不食,恭俭义让,所居服其德;屡辟公府,不起。陈蕃为豫章太守,以礼请署功曹,稚不之免,既谒而退。蕃性方峻,不接宾客,唯稚来,特设一榻,去则县之。后举有道,家拜太原太守,皆不就。稚虽不应诸公之辟,然闻其死丧,辄负笈赴吊。常于家豫炙鸡一只,以一两绵絮渍酒中暴干,以裹鸡,径到所赴冢隧外,以水渍绵,使有酒气,斗米饭,白茅为藉,以鸡置前,酹酒毕,留谒则去,不见丧主。

肱与二弟仲海、季江俱以孝友著闻,常同被而寝,不应征聘。肱尝与弟季江俱诣郡,夜于道为盗所劫,欲杀之,肱曰:"弟年幼,父母所怜,又未聘娶,愿杀身济弟。"季江曰:"兄年德在前,家之珍宝,国之英俊,乞自受戮,以代兄命。"盗遂两释焉,但掠夺衣资而已。既至,郡中见肱无衣服,怪问其故,肱托以他辞,终不言盗。盗闻而感悔,就精庐求见征君,叩头谢罪,还所略物。肱不受,劳以酒食而遣之。帝既征肱不至,乃下彭城,使画工图其形状。肱卧于幽暗,以被韬面,言患眩疾,不欲出风,工竟不得见之。

闳,安之玄孙也,苦身修节,不应辟召。

著隐居讲授,不修世务。

昙继母酷烈,昙奉之逾谨,得四时珍玩,未尝不先拜而后进,乡里以为法。

帝又征安阳魏桓,其乡人劝之行,桓曰:"夫干禄求进,所以行其志也。今后宫千数，其可损乎？厩马万匹，其可减乎？左右权豪，其可去乎？”皆对曰：“不可。”桓乃慨然叹曰：“使桓生行死归，于诸子何有哉！”遂隐身不出。

11　帝既诛梁冀，故旧恩私，多受封爵：追赠皇后父邓香为车骑将军，封安阳侯；更封后母宣为昆阳君，兄子康、秉皆为列侯，宗族皆列校、郎将，赏赐以巨万计。中常侍侯览上缣五千匹，帝赐爵关内侯，又托以与议诛冀，进封高乡侯；又封小黄门刘普、赵忠等八人为乡侯，自是权势专归宦官矣；五侯尤贪纵，倾动内外。时灾异数见，白马令甘陵李云露布上书，移副三府曰：“梁冀虽持权专擅，虐流天下，今以罪行诛，犹召家臣扼杀之耳，而猥封谋臣万户以上；高祖闻之，得无见非！西北列将，得无解体！孔子曰：‘帝者，谛也。’今官位错乱，小人谄进，财货公行，政化日损；尺一拜用，不经御省，是帝欲不谛乎！”帝得奏震怒，下有司逮云，诏尚书都护剑戟送黄门北寺狱，使中常侍管霸与御史、廷尉杂考之。时弘农五官掾杜众伤云以忠谏获罪，上书“愿与云同日死”，帝愈怒，遂并下廷尉。大鸿胪陈蕃上疏曰：“李云所言，虽不识禁忌，干上逆旨，其意归于忠国而已。昔高祖忍周昌不讳之谏，成帝赦朱云腰领之诛，今日杀云，臣恐剖心之讥，复议于世矣！”太常杨秉、雒阳市长沐茂、郎中上官资并上疏请云。帝恚甚，有司奏以为大不敬；诏切责蕃、秉，免归田里，茂、资贬秩二等。时帝在濯龙池，管霸奏云等事，霸跪言曰：“李云草泽愚儒，杜众郡中小吏，出于狂戆，不足加罪。”帝谓霸曰：“‘帝欲不谛’，是何等语，而常侍欲原之邪！”顾使小黄门可其奏，云、众皆死狱中，于是嬖宠益横。太尉琼自度力不能制，乃称疾不起，上疏曰：“陛下即位以来，未有胜政，诸梁秉权，竖宦充朝，李固、杜乔既以忠言横见残灭，而李云、杜众复以直道继踵受诛，海内伤惧，益以怨结，朝野之人，以忠为讳。尚书周永，素事梁冀，假其威势，见冀将衰，乃阳毁示忠，遂因奸计，亦取封侯。又，黄门挟邪，群辈相党，自冀兴盛，腹背相亲，朝夕图谋，共构奸轨，临冀当诛，无可设巧，复托其恶以要爵赏。陛下不加清征，审别真伪，复与忠臣并时显封，使朱紫共色，粉墨杂糅，所谓抵金玉于砂砾，碎珪璧于泥涂，四方闻之，莫不愤叹。臣世荷国恩，身轻位重，敢以垂绝之日，陈不讳之言。”书奏，不纳。

12　冬，十月壬申，上行幸长安。

13　中常侍单超疾病；壬寅，以超为车骑将军。

14　十二月己巳，上还自长安。

15　烧当、烧何、当煎、勒姐等八种羌寇陇西金城塞，护羌校尉段颎击破之,追至罗亭,斩其酋豪以下二千级,获生口万馀人。

16 诏复以陈蕃为光禄勋,杨秉为河南尹。单超兄子匡为济阴太守,负势贪放。兖州刺史第五种使从事卫羽案之,得赃五六千万,种即奏匡,并以劾超。匡窘迫,赂客任方刺羽。羽觉其奸,捕方,囚系雒阳。匡虑杨秉穷竟其事,密令方等突狱亡走。尚书召秉诘责,秉对曰:"方等无状,衅由单匡,乞槛车征匡,考核其事,则奸慝踪绪,必可立得。"秉竟坐论作左校。时泰山贼叔孙无忌寇暴徐、兖,州郡不能讨,单超以是陷第五种,坐徙朔方;超外孙董援为朔方太守,稽怒以待之。种故吏孙斌知种必死,结客追种,及于太原,劫之以归,亡命数年,会赦得免。种,伦之曾孙也。

是时,封赏逾制,内宠猥盛。陈蕃上疏曰:"夫诸侯上象四七,藩屏上国;高祖之约,非功臣不侯。而闻追录河南尹邓万世父遵之微功,更爵尚书令黄隽先人之绍封,近习以非义授邑,左右以无功传赏,至乃一门之内,侯者数人,故纬象失度,阴阳谬序。臣知封事已行,言之无及,诚欲陛下从是而止。又,采女数千,食肉衣绮,脂油粉黛,不可赀计。鄙谚言'盗不过五女门',以女贫家也;今后宫之女,岂不贫国乎!"帝颇采其言,为出宫女五百馀人,但赐隽爵关内侯,而封万世南乡侯。

帝从容问侍中陈留爰延:"朕何如主也?"对曰:"陛下为汉中主。"帝曰:"何以言之?"对曰:"尚书令陈蕃任事则治,中常侍黄门与政则乱:是以知陛下可与为善,可与为非。"帝曰:"昔朱云廷折栏槛,今侍中面称朕违,敬闻阙矣。"拜五官中郎将,累迁大鸿胪。会客星经帝坐,帝密以问延,延上封事曰:"陛下以河南尹邓万世有龙潜之旧,封为通侯,恩重公卿,惠丰宗室;加顷引见,与之对博,上下媟黩,有亏尊严。臣闻之,帝左右者,所以咨政德也。善人同处,则日闻嘉训;恶人从游,则日生邪情。惟陛下远谗谀之人,纳謇謇之士,则灾变可除。"帝不能用。延称病,免归。

三年(庚子,160)

1 春,正月丙申,赦天下,诏求李固后嗣。初,固既策罢,知不免祸,乃遣三子基、兹、燮皆归乡里。时燮年十三,姊文姬为同郡赵伯英妻,见二兄归,具知事本,默然独悲曰:"李氏灭矣! 自太公以来,积德累仁,何以遇此!"密与二兄谋,豫藏匿燮,托言还京师,人咸信之。有顷,难作,州郡收基、兹,皆死狱中。文姬乃告父门生王成曰:"君执义先公,有古人之节;今委君以六尺之孤,李氏存灭,其在君矣!"成乃将燮乘江东下,入徐州界,变姓名为酒家佣,而成卖卜于市,各为异人,阴相往来。积十馀年,梁冀既诛,夔乃以本末告酒家,酒家具车重厚遣之,夔皆不受。遂还乡里,追行丧服,姊弟相见,悲感傍人。姊戒夔曰:"吾家血食将绝,弟幸而得济,岂非天邪! 宜杜绝众人,勿妄往来,慎无一言加于梁氏! 加梁氏则连主上,祸重至矣,唯引咎而已。"夔谨从其诲。后王成卒,夔以礼葬之,每四节为设上宾之位而祠焉。

2 丙午,新丰侯单超卒,赐东园秘器,棺中玉具;及葬,发五营骑士、将作大匠起冢茔。其后四侯转横,天下为之语曰:"左回天,具独坐,徐卧虎,唐雨堕。"皆竞起第宅,以华侈相尚,其仆从皆乘牛车而从列骑,兄弟姻戚,宰州临郡,辜较百姓,与盗无异,虐遍天下;民不堪命,故多为盗贼焉。

中常侍侯览,小黄门段珪,皆有田业近济北界,仆从宾客,劫掠行旅。济北相滕延,一切收捕,杀数十人,陈尸路衢。览、珪以事诉帝,延坐征诣廷尉,免。

左悺兄胜为河东太守,皮氏长京兆赵岐耻之,即日弃官西归。唐衡兄玹为京兆尹,素与岐有隙,收岐家属宗亲,陷以重法,尽杀之。岐逃难四方,靡所不历,自匿姓名,卖饼北海市中;安丘孙嵩见而异之,载与俱归,藏于复壁中。及诸唐死,遇赦,乃敢出。

3 闰月,西羌馀众复与烧何大豪寇张掖,晨,薄校尉段颎军。颎下马大战,至日中,刀折矢尽,虏亦引退。颎追之,且斗且行,昼夜相攻,割肉食雪,四十馀日,遂至积石山,出塞二千馀里,斩烧何大帅,降其馀众而还。

4 夏,五月甲戌,汉中山崩。

5 六月辛丑,司徒祝恬薨。

6 秋,七月,以司空盛允为司徒,太常虞放为司空。

7 长沙蛮反,屯益阳,零陵蛮寇长沙。

8 九真馀贼屯据日南,众转强盛;诏复拜桂阳太守夏方为交趾刺史。方威惠素著,冬十一月,日南贼二万馀人相率诣方降。

9 勒姐、零吾种羌围允街,段颎击破之。

10 泰山贼叔孙无忌攻杀都尉侯章,遣中郎将宗资讨破之。诏征皇甫规,拜泰山太守。规到官,广设方略,寇虏悉平。

四年(辛丑,161)

1 春,正月辛酉,南宫嘉德殿火;戊子,丙署火。

2 大疫。

3 二月壬辰,武库火。

4 司徒盛允免,以大司农种暠为司徒。

5 三月,太尉黄琼免;夏,四月,以太常沛国刘矩为太尉。

初,矩为雍丘令,以礼让化民;有讼者,常引之于前,提耳训告,以为忿志可忍,县官不可入,使归更思。讼者感之,辄各罢去。

6 甲寅,封河间孝王子参户亭侯博为任城王,奉孝王后。

7 五月辛酉,有星孛于心。

8 丁卯,原陵长寿门火。

9 己卯,京师雨雹。

10 六月,京兆、扶风及凉州地震。

11 庚子,岱山及博尤来山并颓裂。

12 己酉,赦天下。

13 司空虞放免,以前太尉黄琼为司空。

14 犍为属国夷寇钞百姓。益州刺史山昱击破之。

15 零吾羌与先零诸种反,寇三辅。

16 秋,七月,京师雩。

17 减公卿已下奉,贡王侯半租,占卖关内侯、虎贲、羽林缇骑、营士、五大夫钱各有差。

18 九月,司空黄琼免,以大鸿胪东莱刘宠为司空。

宠尝为会稽太守,简除烦苛,禁察非法,郡中大治;征为将作大匠。山阴县有五六老叟,自若邪山谷间出,人赍百钱以送宠曰:"山谷鄙生,未尝识郡朝,他守时,吏发求民间,至夜不绝,或狗吠竟夕,民不得安。自明府下车以来,狗不夜吠,民不见吏;年老遭值圣明,今闻当见弃去,故自扶奉送。"宠曰:"吾政何能及公言邪! 勤苦父老!"为人选一大钱受之。

19 冬,先零、沈氏羌与诸种羌寇并、凉二州,校尉段颎将湟中义从讨之。凉州刺史郭闳贪共其功,稽固颎军,使不得进。义从役久恋乡旧,皆悉叛归。郭闳归罪于颎,颎坐征下狱,输作左校,以济南相胡闳代为校尉。胡闳无威略,羌遂陆梁,覆没营坞,转相招结,唐突诸郡,寇患转盛。泰山太守皇甫规上疏曰:"今猾贼就灭,泰山略平,复闻群羌并皆反逆。臣生长邠岐,年五十有九,昔为郡吏,再更叛羌,豫筹其事,有误中之言。臣素有痼疾,恐犬马齿穷,不报大恩,愿乞冗官,备单车一介之使,劳来三辅,宣国威泽,以所习地形兵势佐助诸军。臣穷居孤危之中,坐观郡将已数十年,自鸟鼠至于东岱,其病一也。力求猛敌,不如清平;勤明孙、吴,未若奉法。前变未远,臣诚戚之,是以越职尽其区区。"诏以规为中郎将,持节监关西兵讨零吾等。十一月,规击羌,破之,斩首八百级。先零诸种羌慕规威信,相劝降者十馀万。

五年(壬寅,162)

1　春,正月壬午,南宫丙署火。

2　三月,沈氏羌寇张掖、酒泉。皇甫规发先零诸种羌,共讨陇右,而道路隔绝,军中大疫,死者十三四。规亲入庵庐,巡视将士,三军感悦。东羌遂遣使乞降,凉州复通。

　　先是安定太守孙儁受取狼藉,属国都尉李翕、督军御史张禀多杀降羌,凉州刺史郭闳、汉阳太守赵熹并老弱不任职,而皆倚恃权贵,不遵法度。规到,悉条奏其罪,或免或诛;羌人闻之,翕然反善,沈氏大豪滇昌、饥恬等十馀万口复诣规降。

3　夏,四月,长沙贼起,寇桂阳、苍梧。

4　乙丑,恭陵东阙火。戊辰,虎贲掖门火。五月,康陵园寝火。

5　长沙、零陵贼入桂阳、苍梧、南海,交趾刺史及苍梧太守望风逃奔,遣御史中丞盛脩督州郡募兵讨之,不能克。

6　乙亥,京师地震。

7　甲申,中藏府丞禄署火。秋七月己未,南宫承善闼火。

8　鸟吾羌寇汉阳、陇西、金城诸郡兵讨破之。

9　艾县贼攻长沙郡县,杀益阳令,众至万馀人;谒者马睦督荆州刺史刘度击之,军败,睦、度奔走。零陵蛮亦反。冬十月,武陵蛮反,寇江陵,南郡太守李肃奔走,主簿胡爽扣马首谏曰:"蛮夷见郡无儆备,故敢乘间而进。明府为国大臣,连城千里,举旗鸣鼓,应声十万,奈何委符守之重,而为逋逃之人乎!"肃拔刃向爽曰:"掾促去!太守今急,何暇此计!"爽抱马固谏,肃遂杀爽而走。帝闻之,征肃,弃市;度、睦减死一等;复爽门闾,拜家一人为郎。

　　尚书朱穆举右校令山阳度尚为荆州刺史。辛丑,以太常冯绲为车骑将军,将兵十馀万讨武陵蛮。先是,所遣将帅,宦官多陷以折耗军资,往往抵罪,绲愿请中常侍一人监军财费。尚书朱穆奏"绲以财自嫌,失大臣之节";有诏勿问。绲请前武陵太守应奉与俱,拜从事中郎。十一月,绲军至长沙,贼闻之,悉诣营乞降。进击武陵蛮夷,斩首四千馀级,受降十馀万人,荆州平定。诏书赐钱一亿,固让不受,振旅还京师,推功于应奉,荐以为司隶校尉;而上书乞骸骨,朝廷不许。

10　滇那羌寇武威、张掖、酒泉。

11　太尉刘矩免,以太常杨秉为太尉。

12　皇甫规持节为将,还督乡里,既无他私惠,而多所举奏,又恶绝宦官,不与交通。于是中外并怨,遂共诬规货赂群羌,令其文降,帝玺书诮让相属。

规上书自讼曰:"四年之秋,戎丑蠢戾,旧都惧骇,朝廷西顾。臣振国威灵,羌戎稽首,所省之费一亿以上。以为忠臣之义不敢告劳,故耻以片言自及微效,然比方先事,庶免罪悔。前践州界,先奏孙隽、李翕、张禀;旋师南征,又上郭闳、赵熹,陈其过恶,执据大辟。凡此五臣,支党半国,其馀墨绶下至小吏,所连及者复有百馀。吏托报将之怨,子思复父之耻,载赘驰车,怀粮步走,交构豪门,竞流谤讟,云臣私报诸羌,雠以钱货。若臣以私财,则家无担石;如物出于官,则文簿易考。就臣愚惑,信如言者,前世尚遗匈奴以宫姬,镇乌孙以公主;今臣但费千万以怀叛羌,则良臣之才略,兵家之所贵,将有何罪负义违理乎!自永初以来,将出不少,覆军有五,动资巨亿,有旋车完封,写之权门,而名成功立,厚加爵封。今臣还本土,纠举诸郡,绝交离亲,戮辱旧故,众谤阴害,固其宜也!"

帝乃征规还,拜议郎,论功当封;而中常侍徐璜、左悺欲从求货,数遣宾客就问功状,规终不答。璜等忿怒,陷以前事,下之于吏。官属欲赋敛请谢,规誓而不听,遂以馀寇不绝,坐系廷尉,论输左校。诸公及太学生张凤等三百馀人诣阙讼之,会赦,归家。

六年(癸卯,163)

1　春,二月戊午,司徒种暠薨。

2　三月戊戌,赦天下。

3　以卫尉颍川许栩为司徒。

4　夏,四月辛亥,康陵东署火。

5　五月,鲜卑寇辽东属国。

6　秋,七月甲申,平陵园寝火。

7　桂阳贼李研等寇郡界,武陵蛮复反;太守陈奉讨平之。宦官素恶冯绲,八月,绲坐军还,盗贼复发,免。

8　冬,十月丙辰,上校猎广成,遂幸函谷关、上林苑。光禄勋陈蕃上疏谏曰:"安平之时,游畋宜有节,况今有三空之厄哉!田野空,朝廷空,仓库空。加之兵戎未戢，四方离散，是陛下焦心毁颜，坐以待旦之时也，岂宜扬旗曜武，骋心舆马之观乎！又前秋多雨，民始种麦，今失其劝种之时，而令给驱禽除路之役，非贤圣恤民之意也。"书奏，不纳。

9　十一月，司空<u>刘宠</u>免。十二月，以卫尉<u>周景</u>为司空。<u>景</u>，<u>荣</u>之孙也。

时宦官方炽，<u>景</u>与太尉<u>杨秉</u>上言："内外吏职，多非其人。旧典，中臣子弟，不得居位秉势；而今枝叶宾客，布列职署，或年少庸人，典据守宰；上下忿患，四方愁毒。可遵用旧章，退贪残，塞灾谤。请下司隶校尉、中二千石、城门、五营校尉、北军中候，各实核所部；应当斥罢，自以状言三府，廉察有遗漏，续上。"帝从之。于是<u>秉</u>条奏牧、守<u>青州</u>刺史<u>羊亮</u>等五十馀人，或死或免，天下莫不肃然。

10　诏征<u>皇甫规</u>为度<u>辽</u>将军。初，<u>张奂</u>坐<u>梁冀</u>故吏，免官禁锢，凡诸交旧，莫敢为言；唯<u>规</u>荐举，前后七上，由是拜<u>武威</u>太守。及<u>规</u>为度<u>辽</u>，到营数月，上书荐<u>奂</u>："才略兼优，宜正元帅，以从众望。若犹谓愚臣宜充举事者，愿乞冗官，以为<u>奂</u>副。"朝廷从之。以<u>奂</u>代<u>规</u>为度<u>辽</u>将军，以<u>规</u>为使<u>匈奴</u>中郎将。

11　<u>西州</u>吏民守阙为前护<u>羌</u>校尉<u>段颎</u>讼冤者甚众；会<u>滇那</u>等诸种<u>羌</u>益炽，<u>凉州</u>几亡，乃复以<u>颎</u>为护<u>羌</u>校尉。

12　尚书<u>朱穆</u>疾宦官恣横，上疏曰："按<u>汉</u>故事，中常侍参选士人，<u>建武</u>以后，乃悉用宦者。自<u>延平</u>以来，浸益贵盛，假貂珰之饰，处常伯之任，天朝政事，一更其手；权倾海内，宠贵无极，子弟亲戚，并荷荣任，放滥骄溢，莫能禁御，穷破天下，空竭小民。愚臣以为可悉罢省，遵复往初，更选海内清淳之士明达国体者，以补其处，即兆庶黎萌，蒙被圣化矣！"帝不纳。后<u>穆</u>因进见，复口陈曰："臣闻<u>汉家</u>旧典，置侍中、中常侍各一人，省尚书事；黄门侍郎一人，传发书奏；皆用姓族。自<u>和熹太后</u>以女主称制，不接公卿，乃以阉人为常侍，小黄门通命两宫。自此以来，权倾人主，穷困天下，宜皆罢遣，博选耆儒宿德，与参政事。"帝怒，不应。<u>穆</u>伏不肯起，左右传"出"！良久，乃趋而去。自此中官数因事称诏诋毁之。<u>穆</u>素刚，不得意，居无几，愤懑发疽卒。

资治通鉴卷第五十五

汉纪四十七

孝桓皇帝中

延熹七年（甲辰，164）

1 春，二月丙戌，邟乡忠侯黄琼薨。将葬，四方远近名士会者六七千人。

初，琼之教授于家，徐稚从之咨访大义，及琼贵，稚绝不复交。至是，稚往吊之，进酹，哀哭而去，人莫知者。诸名士推问丧宰，宰曰："先时有一书生来，衣粗薄而哭之哀，不记姓字。"众曰："必徐孺子也。"于是选能言者陈留茅容轻骑追之，及于涂。容为沽酒市肉，稚为饮食。容问国家之事，稚不答。更问稼穑之事，稚乃答之。容还，以语诸人，或曰："孔子云：'可与言而不与言，失人。'然则孺子其失人乎？"太原郭泰曰："不然。孺子之为人，清洁高廉，饥不可得食，寒不可得衣，而为季伟饮酒食肉，此为已知季伟之贤故也！所以不答国事者，是其智可及，其愚不可及也！"

泰博学，善谈论。初游雒阳，时人莫识，陈留符融一见嗟异，因以介于河南尹李膺。膺与相见，曰："吾见士多矣，未有如郭林宗者也。其聪识通朗，高雅密博，今之华夏，鲜见其俦。"遂与为友，于是名震京师。后归乡里，衣冠诸儒送至河上，车数千两，膺唯与泰同舟而济，众宾望之，以为神仙焉。

泰性明知人，好奖训士类，周游郡国。茅容，年四十馀，耕于野，与等辈避雨树下，众皆夷踞相对，容独危坐愈恭；泰见而异之，因请寓宿。旦日，容杀鸡为馔，泰谓为己设；容分半食母，馀半庋置，自以草蔬与客同饭。泰曰："卿贤哉远矣！郭林宗犹减三牲之具以供宾旅，而卿如此，乃我友也。"起，对之揖，劝令从学，卒为盛德。钜鹿孟敏，客居太原，荷甑堕地，不顾而去。泰见而问其意，对曰："甑已破矣，视之何益！"泰以为有分决，与之言，知其德性，因劝令游学，遂知名当世。陈留申屠蟠，家贫，佣为漆工；鄢陵庾乘，少给事县廷为门士；泰见而奇之，其后皆为名士。自馀或出于屠沽、卒伍,因泰奖进成名者甚众。

陈国童子魏昭请于泰曰:"经师易遇,人师难遭,愿在左右,供给洒扫。"泰许之。泰尝不佳,命昭作粥,粥成,进泰,泰呵之曰:"为长者作粥,不加意敬,使不可食!"以杯掷地。昭更为粥重进,泰复呵之。如此者三,昭姿容无变。泰乃曰:"吾始见子之面,而今而后,知卿心耳!"遂友而善之。

陈留左原,为郡学生,犯法见斥,泰遇诸路,为设酒肴以慰之。谓曰:"昔颜涿聚,梁甫之巨盗,段干木,晋国之大驵,卒为齐之忠臣,魏之名贤,蘧瑗、颜回尚不能无过,况其馀乎!慎勿恚恨,责躬而已!"原纳其言而去。或有讥泰不绝恶人者,泰曰:"人而不仁,疾之已甚,乱也。"原后忽更怀忿结客,欲报诸生。其日,泰在学,原愧负前言,因遂罢去。后事露,众人咸谢服焉。

或问范滂曰:"郭林宗何如人?"滂曰:"隐不违亲,贞不绝俗,天子不得臣,诸侯不得友,吾不知其他。"

泰尝举有道,不就,同郡宋冲素服其德,以为自汉元以来,未见其匹,尝劝之仕。泰曰:"吾夜观乾象,昼察人事,天之所废,不可支也,吾将优游卒岁而已。"然犹周旋京师,诲诱不息。徐稚以书戒之曰:"大木将颠,非一绳所维,何为栖栖不遑宁处!"泰感寤曰:"谨拜斯言,以为师表。"

济阴黄允,以隽才知名,泰见而谓曰:"卿高才绝人,足成伟器,年过四十,声名著矣。然至于此际,当深自匡持,不然,将失之矣!"后司徒袁隗欲为从女求姻,见允,叹曰:"得婿如是,足矣。"允闻而黜遣其妻。妻请大会宗亲为别,因于众中攘袂数允隐慝十五事而去,允以此废于时。

初,允与汉中晋文经并恃其才智,曜名远近,征辟不就。托言疗病京师,不通宾客,公卿大夫遣门生旦暮问疾,郎吏杂坐其门,犹不得见;三公所辟召者,辄以询访之,随所臧否,以为与夺。符融谓李膺曰:"二子行业无闻,以豪桀自置,遂使公卿问疾,王臣坐门,融恐其小道破义,空誉违实,特宜察焉。"膺然之。二人自是名论渐衰,宾徒稍省,旬日之间,惭叹逃去,后并以罪废弃。

陈留仇香,至行纯嘿,乡党无知者。年四十,为蒲亭长。民有陈元,独与母居,母诣香告元不孝,香惊曰:"吾近日过元舍,庐落整顿,耕耘以时,此非恶人,当是教化未至耳。母守寡养孤,苦身投老,奈何以一旦之忿,弃历年之勤乎!且母养人遗孤,不能成济,若死者有知,百岁之后,当何以见亡者!"母涕泣而起。香乃亲到元家,为陈人伦孝行,譬以祸福之言,元感

悟,卒为孝子。考城令河内王奂署香主簿,谓之曰:"闻在蒲亭,陈元不罚
而化之,得无少鹰鹯之志邪?"香曰:"以为鹰鹯不若鸾凤,故不为也。"奂
曰:"枳棘之林非鸾凤所集,百里非大贤之路。"乃以一月奉资香,使入太
学。郭泰、符融赍刺谒之,因留宿;明旦,泰起,下床拜之曰:"君,泰之师,
非泰之友也。"香学毕归乡里,虽在宴居,必正衣服,妻子事之若严君;妻
子有过,免冠自责,妻子庭谢思过,香冠,妻子乃敢升堂,终不见其喜怒声
色之异。不应征辟,卒于家。

2　三月癸亥,陨石于鄠。

3　夏,五月己丑,京师雨雹。

4　荆州刺史度尚募诸蛮夷击艾县贼,大破之,降者数万人。桂阳宿
贼卜阳、潘鸿等逃入深山,尚穷追数百里,破其三屯,多获珍宝。阳、鸿党
众犹盛,尚欲击之,而士卒骄富,莫有斗志。尚计缓之则不战,逼之必逃
亡,乃宣言:"卜阳、潘鸿作贼十年,习于攻守,今兵寡少,未易可进,当须
诸郡所发悉至,乃并力攻之。"申令军中恣听射猎,兵士喜悦,大小皆出。
尚乃密使所亲客潜焚其营,珍积皆尽,猎者来还,莫不泣涕。尚人人慰劳,
深自咎责,因曰:"卜阳等财宝足富数世,诸卿但不并力耳,所亡少少,何
足介意!"众咸愤踊。尚敕令秣马蓐食,明旦,径赴贼屯,阳、鸿等自以深
固,不复设备,吏士乘锐,遂破平之。尚出兵三年,群寇悉定,封右乡侯。

5　冬,十月壬寅,帝南巡;庚申,幸章陵;戊辰,幸云梦,临汉水,还,幸
新野。时公卿、贵戚车骑万计,征求费役,不可胜极。护驾从事桂阳胡腾
上言:"天子无外,乘舆所幸,即为京师。臣请以荆州刺史比司隶校尉,臣
自同都官从事。"帝从之。自是肃然,莫敢妄干扰郡县。帝在南阳,左右
并通奸利,诏书多除人为郎,太尉杨秉上疏曰:"太微积星,名为郎位,入
奉宿卫,出牧百姓,宜割不忍之恩,以断求欲之路。"于是诏除乃止。

6　护羌校尉段颎击当煎羌,破之。

7　十二月辛丑,车驾还宫。

8　中常侍汝阳侯唐衡、武原侯徐璜皆卒。

9　初,侍中寇荣,恂之曾孙也,性矜洁,少所与,以此为权宠所疾。荣
从兄子尚帝妹益阳长公主,帝又纳其从孙女于后宫。左右益忌之,遂共陷
以罪,与宗族免归故郡,吏承望风旨,持之浸急。荣恐不免,诣阙自讼。未
至,刺史张敬追劾荣以擅去边,有诏捕之。荣逃窜数年,会赦,不得除,积
穷困,乃自亡命中上书曰:"陛下统天理物,作民父母,自生齿以上,咸蒙
德泽;而臣兄弟独以无辜,为专权之臣所见批抵,青蝇之人所共构会,令陛

下忽慈母之仁,发投杼之怒。残诡之吏,张设机网,并驱争先,若赴仇敌,罚及死没,髡剔坟墓,欲使严朝必加滥罚;是以不敢触突天威而自窜山林,以俟陛下发神圣之听,启独睹之明,救可济之人,援没溺之命。不意滞怒不为春夏息,淹恚不为岁时怠,遂驰使邮驿,布告远近,严文克剥,痛于霜雪,逐臣者穷人迹,追臣者极车轨,虽楚购伍员,汉求季布,无以过也。臣遇罚以来,三赦再赎,无验之罪,足以蠲除;而陛下疾臣愈深,有司咎臣甫力,止则见扫灭,行则为亡虏,苟生则为穷人,极死则为冤鬼,天广而无以自覆,地厚而无以自载,蹈陆土而有沉沦之忧,远岩墙而有镇压之患。如臣犯元恶大憝,足以陈原野,备刀锯,陛下当班布臣之所坐,以解众论之疑。臣思入国门,坐于肺石之上,使三槐九棘平臣之罪,而闾阖九重,陷阱步设,举趾触罘罝,动行缀罗网,无缘至万乘之前,永无见信之期。悲夫,久生亦复何聊!盖忠臣杀身以解君怒,孝子殒命以宁亲怨,故大舜不避涂廪、浚井之难,申生不辞姬氏谗邪之谤,臣敢忘斯义,不自毙以解明朝之忿哉!乞以身塞责,愿陛下丐兄弟死命,使臣一门颇有遗类,以崇陛下宽饶之惠。先死陈情,临章泣血!"帝省章愈怒,遂诛荣,寇氏由是衰废。

八年(乙巳,165)

1　春,正月,帝遣中常侍左悺之苦县祠老子。

2　勃海王悝,素行险僻,多僭傲不法。北军中候陈留史弼上封事曰:"臣闻帝王之于亲戚,爱虽隆必示之以威,体虽贵必禁之以度,如是,和睦之道兴,骨肉之恩遂矣。窃闻勃海王悝,外聚剽轻不逞之徒,内荒酒乐,出入无常,所与群居,皆家之弃子,朝之斥臣,必有羊胜、伍被之变。州司不敢弹纠,傅相不能匡辅,陛下隆于友于,不忍遏绝,恐遂滋蔓,为害弥大。乞露臣奏,宣示百僚,平处其法。法决罪定,乃下不忍之诏;臣下固执,然后少有所许:如是,则圣朝无伤亲之讥,勃海有享国之庆;不然,惧大狱将兴矣。"上不听。悝果谋为不道,有司请废之,诏贬为瘿陶王,食一县。

3　丙申晦,日有食之。诏公、卿、校尉举贤良方正。

4　千秋万岁殿火。

5　中常侍侯览弟参为益州刺史,残暴贪婪,累臧亿计。太尉杨秉奏槛车征参,参于道自杀,阅其车重三百馀两,皆金银锦帛。秉因奏曰:"臣案旧典,宦者本在给使省闼,司昏守夜;而今猥受过宠,执政操权,附会者因公褒举,违忤者求事中伤,居法王公,富拟国家,饮食极肴膳,仆妾盈纨素。中常侍侯览弟参,贪残元恶,自取祸灭;览顾知衅重,必有自疑之意,臣愚以为不宜复见亲近。昔懿公刑邴鄹之父,夺阎职之妻,而使二人参乘,卒有竹中之难。览宜急屏斥,投畀有虎,若斯之人,非恩所宥,请免官送归本郡。"书奏,尚书召对秉掾属,诘之曰:"设官分职,各有司存。三公统外,御史察内;今越奏近官,经典、汉制,何所依据? 其开公具对!"秉使对曰:"春秋传曰:'除君之恶,唯力是视。'邓通懈慢,申屠嘉召通诘责,文帝从而请之。汉世故事,三公之职,无所不统。"尚书不能诘,帝不得已,竟免览官。司隶校尉韩缤因奏左悺罪恶,及其兄太仆南乡侯称请托州郡,聚敛为奸,宾客放纵,侵犯吏民。悺、称皆自杀。缤又奏中常侍具瑗兄沛相恭臧罪,征诣廷尉。瑗诣狱谢,上还东武侯印绶,诏贬为都乡侯。超及璜、衡袭封者,并降为乡侯,子弟分封者,悉夺爵土。刘普等贬为关内侯,尹勋等亦皆夺爵。

6　帝多内宠,宫女至五六千人,及驱役从使复兼倍于此,而邓后恃尊骄忌,与帝所幸郭贵人更相谮诉。癸亥,废皇后邓氏,送暴室,以忧死。河南尹邓万世、虎贲中郎将邓会皆下狱诛。

7　护羌校尉段颎击罕姐羌,破之。

8　三月辛巳,赦天下。

9　宛陵大姓羊元群罢北海郡,臧污狼藉;郡舍溷轩有奇巧,亦载之以归。河南尹李膺表按其罪,元群行赂宦官,膺竟反坐。单超弟迁为山阳太守,以罪系狱,廷尉冯绲考致其死;中官相党,共飞章诬绲以罪。中常侍苏康、管霸,固天下良田美业,州郡不敢诘,大司农刘祐移书所在,依科品没入之;帝大怒,与膺、绲俱输作左校。

10　夏,四月甲寅,安陵园寝火。

11　丁巳,诏坏郡国诸淫祀,特留雒阳王涣、密县卓茂二祠。

12　五月丙戌,太尉杨秉薨。秉为人,清白寡欲,尝称:"我有三不惑:酒、色、财也。"

秉既没,所举贤良广陵刘瑜乃至京师上书言:"中官不当比肩裂土,竞立胤嗣,继体传爵。又,嬖女充积,冗食空宫,伤生费国。又,第舍增多,穷极奇巧,掘山攻石,促以严刑。州郡官府,各自考事,奸情赇赂,皆为吏饵。民愁郁结,起入贼党,官辄兴兵诛讨其罪,贫困之民,或有卖其首级以要酬赏,父兄相代残身,妻孥相视分裂。又,陛下好微行近习之家,私幸宦者之舍,宾客市买,熏灼道路,因此暴纵,无所不容。惟陛下开广谏道,博观前古,远佞邪之人,放郑、卫之声,则政致和平,德感祥风矣。"诏特召瑜问灾咎之征。执政者欲令瑜依违其辞,乃更策以他事,瑜复悉心对八千馀言,有切于前。拜为议郎。

13 荆州兵朱盖等叛,与桂阳贼胡兰等复攻桂阳,太守任胤弃城走,贼众遂至数万。转攻零陵,太守下邳陈球固守拒之。零陵下湿,编木为城,郡中惶恐。掾史白球遣家避难,球怒曰:"太守分国虎符,受任一邦,岂顾妻孥而沮国威乎! 复言者斩!"乃弦大木为弓,羽矛为矢,引机发之,多所杀伤。贼激流灌城,球辄于内因地势,反决水淹贼,相拒十馀日不能下。时度尚征还京师,诏以尚为中郎将,率步骑二万馀人救球,发诸郡兵并势讨击,大破之,斩兰等首三千馀级,复以尚为荆州刺史。苍梧太守张叙为贼所执,及任胤皆征弃市。胡兰馀党南走苍梧,交趾刺史张磐击破之,贼复还入荆州界。度尚惧为己负,乃伪上言苍梧贼入荆州界,于是征磐下廷尉。辞状未正,会赦见原,磐不肯出狱,方更牢持械节。狱吏谓磐曰:"天恩旷然,而君不出,可乎?"磐曰:"磐备位方伯,为尚所枉,受罪牢狱。夫事有虚实,法有是非,磐实不辜,赦无所除;如忍以苟免,永受侵辱之耻,生为恶吏,死为敝鬼。乞传尚诣廷尉,面对曲直,足明真伪。尚不征者,磐埋骨牢槛,终不虚出,望尘受枉!"廷尉以其状上,诏书征尚,到廷尉,辞穷,受罪,以先有功得原。

14 闰月甲午,南宫朔平署火。

15 段颎击破西羌,进兵穷追,展转山谷间,自春及秋,无日不战,虏遂败散,凡斩首二万三千级,获生口数万人,降者万馀落。封颎都乡侯。

16 秋,七月,以太中大夫陈蕃为太尉。蕃让于太常胡广、议郎王畅、弛刑徒李膺,帝不许。

畅,龚之子也;尝为南阳太守,疾其多贵戚豪族,下车,奋厉威猛,大姓有犯,或使吏发屋伐树,埋井夷灶。功曹张敞奏记谏曰:"文翁、召父、卓茂之徒,皆以温厚为政,流闻后世。发屋伐树,将为严烈,虽欲惩恶,难以闻远。郡为旧都,侯甸之国,园庙出于章陵,三后生自新野,自中兴以来,功臣将相,继世而隆。愚以为恳恳用刑,不如行恩;孳孳求奸,未若礼贤。舜举皋陶,不仁者远,化人在德,不在用刑。"畅深纳其言,更崇宽政,教化大行。

17 八月戊辰,初令郡国有田者亩敛税钱。

18 九月丁未,京师地震。

19 冬,十月,司空周景免;以太常刘茂为司空。茂,恺之子也。

20 郎中窦武,融之玄孙也,有女为贵人。采女田圣有宠于帝,帝将立之为后。司隶校尉应奉上书曰:"母后之重,兴废所因;汉立飞燕,胤祀

泯绝。宜思关雎之所求,远五禁之所忌。"太尉陈蕃亦以田氏卑微,窦族
良家,争之甚固。帝不得已,辛巳,立窦贵人为皇后,拜武为特进、城门校
尉,封槐里侯。

21　十一月壬子,黄门北寺火。

22　陈蕃数言李膺、冯绲、刘祐之枉,请加原宥,升之爵任,言及反覆,
诚辞恳切,以至流涕;帝不听。应奉上疏曰:"夫忠贤武将,国之心膂。窃
见左校弛刑徒冯绲、刘祐、李膺等,诛举邪臣,肆之以法;陛下既不听察,而
猥受谮诉,遂令忠臣同愆元恶,自春迄冬,不蒙降恕,遐迩观听,为之叹息。
夫立政之要,记功忘失;是以武帝舍安国于徒中,宣帝征张敞于亡命。绲
前讨蛮荆,均吉甫之功;祐数临督司,有不吐茹之节;膺著威幽、并,遗爱度
辽。今三垂蠢动,王旅未振,乞原膺等,以备不虞。"书奏,乃悉免其刑。
久之,李膺复拜司隶校尉。时小黄门张让弟朔为野王令,贪残无道,畏膺
威严,逃还京师,匿于兄家合柱中。膺知其状,率吏卒破柱取朔,付雒阳
狱,受辞毕,即杀之。让诉冤于帝,帝召膺,诘以不先请便加诛之意。对
曰:"昔仲尼为鲁司寇,七日而诛少正卯。今臣到官已积一旬,私惧以稽
留为愆,不意获速疾之罪。诚自知衅责,死不旋踵,特乞留五日,克珍元
恶,退就鼎镬,始生之愿也。"帝无复言,顾谓让曰:"此汝弟之罪,司隶何
愆!"乃遣出。自此诸黄门、常侍皆鞠躬屏气,休沐不敢出宫省。帝怪问
其故,并叩头泣曰:"畏李校尉。"时朝廷日乱,纲纪颓弛,而膺独持风裁,
以声名自高,士有被其容接者,名为登龙门云。

23　征东海相刘宽为尚书令。宽,崎之子也,历典三郡,温仁多恕,虽
在仓卒,未尝疾言遽色。吏民有过,但用蒲鞭罚之,示辱而已,终不加苦。
每见父老,慰以农里之言,少年,勉以孝悌之训,人皆悦而化之。

九年(丙午,166)

1　春,正月辛卯朔,日有食之。诏公卿、郡国举至孝。太常赵典所举
荀爽对策曰:"昔者圣人建天地之中而谓之礼,众礼之中,昏礼为首。阳
性纯而能施,阴体顺而能化,以礼济乐,节宣其气,故能丰子孙之祥,致老
寿之福。及三代之季,淫而无节,阳竭于上,阴隔于下,故周公之戒曰:
'时亦罔或克寿。'传曰:'截趾适屦,孰云其愚,何与斯人,追欲丧躯。'诚
可痛也。臣窃闻后宫采女五六千人,从官、侍使复在其外,空赋不辜之民,
以供无用之女,百姓穷困于外,阴阳隔塞于内,故感动和气,灾异屡臻。臣
愚以为诸未幸御者,一皆遣出,使成妃合,此诚国家之大福也。"诏拜

郎中。

　　2　司隶、豫州饥,死者什四五,至有灭户者。

　　3　诏征张奂为大司农,复以皇甫规代为度辽将军。规自以为连在大位,欲求退避,数上病,不见听。会友人丧至,规越界迎之,因令客密告并州刺史胡芳,言规擅远军营,当急举奏。芳曰:"威明欲避第仕涂,故激发我耳。吾当为朝廷爱才,何能申此子计邪!"遂无所问。

　　4　夏,四月,济阴、东郡、济北、平原河水清。

　　5　司徒许栩免;五月,以太常胡广为司徒。

　　6　庚午,上亲祠老子于濯龙宫,以文罽为坛饰,淳金钖器,设华盖之坐,用郊天乐。

　　7　鲜卑闻张奂去,招结南匈奴及乌桓同叛。六月,南匈奴、乌桓、鲜卑数道入塞,寇掠缘边九郡。秋七月,鲜卑复入塞,诱引东羌与共盟诅。于是上郡沈氐、安定先零诸种共寇武威、张掖,缘边大被其毒。诏复以张奂为护匈奴中郎将,以九卿秩督幽、并、凉三州及度辽、乌桓二营,兼察刺史、二千石能否。

　　8　初,帝为蠡吾侯,受学于甘陵周福,及即位,擢福为尚书。时同郡河南尹房植有名当朝,乡人为之谣曰:"天下规矩,房伯武;因师获印,周仲进。"二家宾客,互相讥揣,遂各树朋徒,渐成尤隙。由是甘陵有南北部,党人之议自此始矣。

　　汝南太守宗资以范滂为功曹,南阳太守成瑨以岑晊为功曹,皆委心听任,使之褒善纠违,肃清朝府。滂尤刚劲,疾恶如仇。滂甥李颂,素无行,中常侍唐衡以属资,资用为吏;滂寝而不召。资迁怒,捶书佐朱零,零仰曰:"范滂清裁,今日宁受笞而死,滂不可违。"资乃止。郡中中人以下,莫不怨之。于是二郡为谣曰:"汝南太守范孟博,南阳宗资主画诺;南阳太守岑公孝,弘农成瑨但坐啸。"

　　太学诸生三万馀人,郭泰及颍川贾彪为其冠,与李膺、陈蕃、王畅更相褒重。学中语曰:"天下模楷,李元礼;不畏强御,陈仲举;天下俊秀,王叔茂。"于是中外承风,竞以臧否相尚,自公卿以下,莫不畏其贬议,屣履到门。

　　宛有富贾张汎者,与后宫有亲,又善雕镂玩好之物,颇以赂遗中官,以此得显位,用势纵横。岑晊与贼曹史张牧劝成瑨收捕汎等;既而遇赦,瑨竟诛之,并收其宗族宾客,杀二百馀人,后乃奏闻。小黄门晋阳赵津,贪暴放恣,为一县巨患。太原太守平原刘瓆使郡吏王允讨捕,亦于赦后杀之。

于是中常侍侯览使张汎妻上书讼冤，宦者因缘谮诉瑨、瓆。帝大怒，征瑨、瓆，皆下狱。有司承旨，奏瑨、瓆罪当弃市。

山阳太守翟超以郡人张俭为东部督邮。侯览家在防东，残暴百姓；览丧母还家，大起茔冢。俭举奏览罪，而览伺候遮截，章竟不上。俭遂破览冢宅，藉没资财，具奏其状，复不得御。徐璜兄子宣为下邳令，暴虐尤甚。尝求故汝南太守李暠女不能得，遂将吏卒至暠家，载其女归，戏射杀之。东海相汝南黄浮闻之，收宣家属，无少长，悉考之。掾史以下固争，浮曰："徐宣国贼，今日杀之，明日坐死，足以瞑目矣！"即案宣罪弃市，暴其尸。于是宦官诉冤于帝，帝大怒，超、浮并坐髡钳，输作左校。

太尉陈蕃、司空刘茂共谏，请瑨、瓆、超、浮等罪；帝不悦。有司劾奏之，茂不敢复言。蕃乃独上疏曰："今寇贼在外，四支之疾；内政不理，心腹之患。臣寝不能寐，食不能饱，实忧左右日亲，忠言日疏，内患渐积，外难方深。陛下超从列侯，继承天位，小家畜产百万之资，子孙尚耻愧失其先业，况乃产兼天下，受之先帝，而欲懈怠以自轻忽乎！诚不爱己，不当念先帝得之勤苦邪！前梁氏五侯，毒遍海内，天启圣意，收而戮之。天下之议，冀当小平；明鉴未远，覆车如昨，而近习之权，复相扇结。小黄门赵津、大猾张汎等，肆行贪虐，奸媚左右。前太原太守刘瓆、南阳太守成瑨纠而戮之，虽言赦后不当诛杀，原其诚心，在乎去恶，至于陛下，有何惜惜！而小人道长，荧惑圣听，遂使天威为之发怒，必加刑谴，已为过甚，况乃重罚令伏欧刀乎！又，前山阳太守翟超、东海相黄浮，奉公不桡，疾恶如仇，超没侯览财物，浮诛徐宣之罪，并蒙刑坐，不逢赦恕。览之从横，没财已幸；宣犯衅过，死有馀辜。昔丞相申屠嘉召责邓通，雒阳令董宣折辱公主，而文帝从而请之，光武加以重赏，未闻二臣有专命之诛。而今左右群竖，恶伤党类，妄相交构，致此刑谴，闻臣是言，当复啼诉。陛下深宜割塞近习与政之源，引纳尚书朝省之士，简练清高，斥黜佞邪。如是天和于上，地洽于下，休祯符瑞，岂远乎哉！"帝不纳。宦官由此疾蕃弥甚，选举奏议，辄以中诏谴却，长史以下多至抵罪，犹以蕃名臣，不敢加害。

平原襄楷诣阙上疏曰："臣闻皇天不言，以文象设教。臣窃见太微，天廷五帝之坐，而金、火罚星扬光其中，于占，天子凶；又俱入房、心，法无继嗣。前年冬大寒，杀鸟兽，害鱼鳖，城傍竹柏之叶有伤枯者。臣闻于师曰：'柏伤竹枯，不出二年，天子当之。'今自春夏以来，连有霜雹及大雨雷电，臣作威作福，刑罚急刻之所感也。太原太守刘瓆，南阳太守成瑨，志除奸邪，其所诛剪，皆合人望。而陛下受阉竖之谮，乃远加考逮。三公上书乞哀瑍等,不见采察而严被谴让,忧国之臣,将遂杜口矣。臣闻杀无罪,诛贤者,祸及三世。自陛下即位以来,频行诛罚,梁、寇、孙、邓并见族灭,其从坐者又非其数。李云上书,明主所不当讳;杜众乞死,谅以感悟圣朝;曾无赦宥而并被残戮,天下之人咸知其冤,汉兴以来,未有拒谏诛贤,用刑太深如今者也!昔文王一妻,诞致十子;今宫女数千,未闻庆育,宜修德省刑以广螽斯之祚。按春秋以来,及古帝王,未有河清。臣以为河者,诸侯位也。清者,属阳;浊者,属阴。河当浊而反清者,阴欲为阳,诸侯欲为帝也。京房易传曰:‘河水清,天下平。’今天垂异,地吐妖,人疠疫,三者并时而有河清,犹春秋麟不当见而见,孔子书之以为异也。愿赐清闲,极尽所言。”书奏,不省。

十馀日,复上书曰:“臣闻殷纣好色,妲己是出;叶公好龙,真龙游廷。今黄门、常侍,天刑之人,陛下爱待,兼倍常宠,系嗣未兆,岂不为此!又闻宫中立黄、老、浮屠之祠,此道清虚,贵尚无为,好生恶杀,省欲去奢。今陛下耆欲不去,杀罚过理,既乖其道,岂获其祚哉!浮屠不三宿桑下,不欲久生恩爱,精之至也;其守一如此,乃能成道。今陛下淫女艳妇,极天下之丽,甘肥饮美,单天下之味,奈何欲如黄、老乎!”书上,即召入,诏尚书问状。楷言:“古者本无宦臣,武帝末数游后宫,始置之耳。”尚书承旨,奏:“楷不正辞理,而违背经艺,假借星宿,造合私意,诬上罔事,请下司隶正楷罪法,收送雒阳狱。”帝以楷言虽激切,然皆天文恒象之数,故不诛;犹司寇论刑。自永平以来,臣民虽有习浮屠术者,而天子未之好;至帝,始笃好之,常躬自祷祠,由是其法浸盛,故楷言及之。

符节令汝南蔡衍、议郎刘瑜表救成瑨、刘瓆,言甚切厉,亦坐免官。瑨、瓆竟死狱中。瑨、瓆素刚直,有经术,知名当时,故天下惜之。岑晊、张牧逃窜获免。

晊之亡也,亲友竞匿之;贾彪独闭门不纳,时人望之。彪曰:“传言‘相时而动,无累后人。’公孝以要君致衅,自遗其咎,吾已不能奋戈相待,反可容隐之乎!”于是咸服其裁正。彪尝为新息长,小民困贫,多不养子;彪严为其制,与杀人同罪。城南有盗劫害人者,北有妇人杀子者,彪出按验,掾吏欲引南;彪怒曰:“贼寇害人,此则常理;母子相残,逆天违道!”遂驱车北行,按致其罪。城南贼闻之,亦面缚自首。数年间,人养子者以千数。曰:“此贾父所生也。”皆名之为贾。

9 河内张成,善风角,推占当赦,教子杀人。司隶李膺督促收捕,既而逢宥获免;膺愈怀愤疾,竟按杀之。成素以方伎交通宦官,帝亦颇讯其

占;宦官教成弟子牢脩上书,告"膺等养太学游士,交结诸郡生徒,更相驱
驰,共为部党,诽讪朝廷,疑乱风俗"。于是天子震怒,班下郡国,逮捕党
人,布告天下,使同忿疾。案经三府,太尉陈蕃却之曰:"今所按者,皆海
内人誉,忧国忠公之臣,此等犹将十世宥也,岂有罪名不章而致收掠者
乎!"不肯平署。帝愈怒,遂下膺等于黄门北寺狱,其辞所连及,太仆颍川
杜密、御史中丞陈翔及陈寔、范滂之徒二百馀人。或逃遁不获,皆悬金购
募,使者四出相望。陈寔曰:"吾不就狱,众无所恃。"乃自往请囚。范滂
至狱,狱吏谓曰:"凡坐系者,皆祭皋陶。"滂曰:"皋陶,古之直臣,知滂无
罪,将理之于帝;如其有罪,祭之何益!"众人由此亦止。陈蕃复上书极
谏,帝讳其言切,托以蕃辟召非其人,策免之。

　　时党人狱所染逮者,皆天下名贤,度辽将军皇甫规,自以西州豪桀,耻
不得与,乃自上言:"臣前荐故大司农张奂,是附党也。又,臣昔论输左校
时,太学生张凤等上书讼臣,是为党人所附也,臣宜坐之。"朝廷知而
不问。

　　杜密素与李膺名行相次,时人谓之李、杜,故同时被系。密尝为北海
相,行春,到高密,见郑玄为乡啬夫,知其异器,即召署郡职,遂遣就学,卒
成大儒。后密去官还家,每谒守令,多所陈托。同郡刘胜,亦自蜀郡告归
乡里,闭门扫轨,无所干及。太守王昱谓密曰:"刘季陵清高士,公卿多举
之者。"密知昱以激己,对曰:"刘胜位为大夫,见礼上宾,而知善不荐,闻
恶无言,隐情惜己,自同寒蝉,此罪人也。今志义力行之贤而密达之,违道
失节之士而密纠之,使明府赏刑得中,令问休扬,不亦万分之一乎!"昱惭
服,待之弥厚。

　　10　九月,以光禄勋周景为太尉。

　　11　司空刘茂免;冬,十二月,以光禄勋汝南宣酆为司空。

　　12　以越骑校尉窦武为城门校尉。武在位,多辟名士,清身疾恶,礼
赂不通;妻子衣食裁充足而已,得两宫赏赐,悉散与太学诸生及丐施贫民,
由是众誉归之。

　　13　匈奴、乌桓闻张奂至,皆相率还降,凡二十万口;奂但诛其首恶,馀
皆慰纳之,唯鲜卑出塞去。朝廷患檀石槐不能制,遣使持印绶封为王,欲
与和亲。檀石槐不肯受,而寇抄滋甚;自分其地为三部:从右北平以东至
辽东,接夫馀、濊貊二十馀邑,为东部;从右北平以西,至上谷十馀邑,为中
部;从上谷以西至敦煌、乌孙二十馀邑,为西部,各置大人领之。

资治通鉴卷第五十六

汉纪四十八

孝桓皇帝下

永康元年（丁未，167）

1　春，正月，东羌先零围祋祤，掠云阳，当煎诸种复反。段颎击之于鸾鸟，大破之，西羌遂定。

2　夫馀王夫台寇玄菟；玄菟太守公孙域击破之。

3　夏，四月，先零羌寇三辅，攻没两营，杀千馀人。

4　五月壬子晦，日有食之。

5　陈蕃既免，朝臣震栗，莫敢复为党人言者。贾彪曰："吾不西行，大祸不解。"乃入雒阳，说城门校尉窦武、尚书魏郡霍谞等，使讼之。武上疏曰："陛下即位以来，未闻善政，常侍、黄门，竞行谲诈，妄爵非人。伏寻西京，佞臣执政，终丧天下。今不虑前事之失，复循覆车之轨，臣恐二世之难，必将复及，赵高之变，不朝则夕。近者奸臣牢脩造设党议，遂收前司隶校尉李膺等逮考，连及数百人，旷年拘录，事无效验。臣惟膺等建忠抗节，志经王室，此诚陛下稷、卨、伊、吕之佐；而虚为奸臣贼子之所诬枉，天下寒心，海内失望。惟陛下留神澄省，时见理出，以厌人鬼喁喁之心。今台阁近臣，尚书朱寓、荀绲、刘祐、魏朗、刘矩、尹勋等，皆国之贞士，朝之良佐；尚书郎张陵、妫皓、苑康、杨乔、边韶、戴恢等，文质彬彬，明达国典，内外之职，群才并列。而陛下委任近习，专树饕餮，外典州郡，内干心膂，宜以次贬黜，案罪纠罚；信任忠良，平决臧否，使邪正毁誉，各得其所，宝爱天官，唯善是授，如此，咎征可消，天应可待。间者有嘉禾、芝草、黄龙之见。夫瑞生必于嘉士，福至实由善人，在德为瑞，无德为灾。陛下所行不合天意，不宜称庆。"书奏，因以病上还城门校尉、槐里侯印绶。霍谞亦为表请。帝意稍解，使中常侍王甫就狱讯党人范滂等，皆三木囊头，暴于阶下，甫以次辩诘曰："卿等更相拔举，迭为唇齿，其意如何？"滂曰："仲尼之言，'见善如不及，见恶如探汤'，滂欲使善善同其清，恶恶同其污，谓王政之所愿闻,不悟更以为党。古之修善,自求多福。今之修善,身陷大戮。身死之日,愿埋滂于首阳山侧,上不负皇天,下不愧夷、齐。"甫愍然为之改容,乃得并解桎梏。李膺等又多引宦官子弟,宦官惧,请帝以天时宜赦。六月庚申,赦天下,改元;党人二百馀人皆归田里,书名三府,禁锢终身。

范滂往候霍谞而不谢。或让之,滂曰:"昔叔向不见祁奚,吾何谢焉!"滂南归汝南,南阳士大夫迎之者,车数千两,乡人殷陶、黄穆侍卫于旁,应对宾客。滂谓陶等曰:"今子相随,是重吾祸也!"遂逃还乡里。

初,诏书下举钩党,郡国所奏相连及者,多至百数,唯平原相史弼独无所上。诏书前后迫切州郡,髡笞掾史。从事坐传舍责曰:"诏书疾恶党人,旨意恳侧。青州六郡,其五有党,平原何治而得独无?"弼曰:"先王疆理天下,画界分境,水土异齐,风俗不同。他郡自有,平原自无,胡可相比!若承望上司,诬陷良善,淫刑滥罚,以逞非理,则平原之人,户可为党。相有死而已,所不能也!"从事大怒,即收郡僚职送狱,遂举奏弼。会党禁中解,弼以俸赎罪。所脱者甚众。

窦武所荐:朱寓,沛人;苑康,勃海人;杨乔,会稽人;边韶,陈留人。乔容仪伟丽,数上言政事,帝爱其才貌,欲妻以公主,乔固辞,不听,遂闭口不食,七日而死。

6　秋,八月,巴郡言黄龙见。初,郡人欲就池浴,见池水浊,因戏相恐,"此中有黄龙",语遂行民间,太守欲以为美,故上之。郡吏傅坚谏曰:"此走卒戏语耳。"太守不听。

7　六月,大水,勃海海溢。

8　冬,十月,先零羌寇三辅,张奂遣司马尹端、董卓拒击,大破之,斩其酋豪,首虏万馀人,三州清定。奂论功当封,以不事宦官故不果封,唯赐钱二十万,除家一人为郎。奂辞不受,请徙属弘农。旧制,边人不得内徙,诏以奂有功,特许之。拜董卓为郎中。卓,陇西人,性粗猛有谋,羌胡畏之。

9　十二月壬申,复瘿陶王悝为勃海王。

10　丁丑,帝崩于德阳前殿。戊寅,尊皇后曰皇太后。太后临朝。初,窦后既立,御见甚稀,唯采女田圣等有宠。后素忌忍,帝梓宫尚在前殿,遂杀田圣。城门校尉窦武议立嗣,召侍御史河间刘儵,问以国中宗室之贤者,儵称解渎亭侯宏。宏者,河间孝王之曾孙也,祖淑,父苌,世封解渎亭侯。武乃入白太后,定策禁中,以儵守光禄大夫,与中常侍曹节并持节将中黄门、虎贲、羽林千人,奉迎宏,时年十二。

孝灵皇帝上之上

建宁元年（戊申，168）

1　春，正月壬午，以城门校尉窦武为大将军。前太尉陈蕃为太傅，与武及司徒胡广参录尚书事。

时新遭大丧，国嗣未立，诸尚书畏惧，多托病不朝。陈蕃移书责之曰："古人立节，事亡如存。今帝祚未立，政事日蹙，诸君奈何委荼蓼之苦，息偃在床，于义安乎！"诸尚书惶怖，皆起视事。

2　己亥，解渎亭侯至夏门亭，使窦武持节，以王青盖车迎入殿中；庚子，即皇帝位，改元。

3　二月辛酉，葬孝桓皇帝于宣陵，庙曰威宗。

4　辛未，赦天下。

5　初，护羌校尉段颎既定西羌，而东羌先零等种犹未服，度辽将军皇甫规、中郎将张奂招之连年，既降又叛。桓帝诏问颎曰："先零东羌造恶反逆，而皇甫规、张奂各拥强众，不时辑定，欲令颎移兵东讨，未识其宜，可参思术略。"颎上言曰："臣伏见先零东羌虽数叛逆，而降于皇甫规者，已二万许落；善恶既分，馀寇无几。今张奂踌躇久不进者，当虑外离内合，兵往必惊。且自冬践春，屯结不散，人畜疲羸，有自亡之势，欲更招降，坐制强敌耳。臣以为狼子野心，难以恩纳，势穷虽服，兵去复动，唯当长矛挟胁，白刃加颈耳！计东种所馀三万馀落，近居塞内，路无险折，非有燕、齐、秦、赵从横之势，而久乱并、凉，累侵三辅，西河、上郡，已各内徙，安定、北地，复至单危，自云中、五原，西至汉阳二千馀里，匈奴、诸羌，并擅其地，是为痛疽伏疾，留滞胁下，如不加诛，转就滋大。若以骑五千、步万人、车三千两，三冬二夏，足以破定，无虑用费为钱五十四亿，如此，则可令群羌破尽，匈奴长服，内徙郡县，得反本土。伏计永初中，诸羌反叛，十有四年，用二百四十亿；永和之末，复经七年，用八十馀亿。费耗若此，犹不诛尽，馀孽复起，于兹作害。今不暂疲民，则永宁无期。臣庶竭驽劣，伏待节度。"帝许之，悉听如所上。颎于是将兵万馀人，赍十五日粮，从彭阳直指高平，与先零诸种战于逢义山。虏兵盛，颎众皆恐。颎乃令军中长镞利刃，长矛三重，挟以强弩，列轻骑为左右翼，谓将士曰："今去家数千里，进则事成，走必尽死，努力共功名！"因大呼，众皆应声腾赴，驰骑于傍，突而击之，虏众大溃，斩首八千馀级。太后赐诏书褒美曰："须东羌尽定，当并录功勤；今且赐颎钱二十万，以家一人为郎中。"敕中藏府调金钱、彩物增助军费，拜颍破羌将军。

6　闰月甲午，追尊皇祖为孝元皇，夫人夏氏为孝元后，考为孝仁皇，尊帝母董氏为慎园贵人。

7　夏，四月戊辰，太尉周景薨，司空宣酆免；以长乐卫尉王畅为司空。

8　五月丁未朔，日有食之。

9　以太中大夫刘矩为太尉。

10　六月，京师大水。

11　癸巳，录定策功，封窦武为闻喜侯，武子机为渭阳侯，兄子绍为鄠侯，靖为西乡侯，中常侍曹节为长安乡侯，侯者凡十一人。

涿郡卢植上书说武曰：“足下之于汉朝，犹旦、奭之在周室，建立圣主，四海有系，论者以为吾子之功，于斯为重。今同宗相后，披图案牒，以次建之，何勋之有！岂可横叨天功以为己力乎！宜辞大赏，以全身名。”武不能用。植身长八尺二寸，音声如钟，性刚毅，有大节。少事马融，融性豪侈，多列女倡歌舞于前，植侍讲积年，未尝转盼，融以是敬之。

太后以陈蕃旧德，特封高阳乡侯。蕃上疏让曰：“臣闻割地之封，功德是为。臣虽无素洁之行，窃慕君子‘不以其道得之，不居也’。若受爵不让，掩面就之，使皇天震怒，灾流下民，于臣之身，亦何所寄！”太后不许。蕃固让，章前后十上，竟不受封。

12　段颎将轻兵追羌，出桥门，晨夜兼行，与战于奢延泽、落川、令鲜水上，连破之；又战于灵武谷，羌遂大败。秋，七月，颎至泾阳，馀寇四千落，悉散入汉阳山谷间。

护匈奴中郎将张奂上言：“东羌虽破，馀种难尽，段颎性轻果，虑负败难常，宜且以恩降，可无后悔。”诏书下颎，颎复上言：“臣本知东羌虽众，而软弱易制，所以比陈愚虑，思为永宁之算；而中郎将张奂说虏强难破，宜用招降。圣朝明监，信纳瞽言，故臣谋得行，奂计不用。事势相反，遂怀猜恨，信叛羌之诉，饰润辞意，云臣兵‘累见折衄’，又言‘羌一气所生，不可诛尽，山谷广大，不可空静，血流污野，伤和致灾’。臣伏念周、秦之际，戎狄为害，中兴以来，羌寇最盛，诛之不尽，虽降复叛。今先零杂种，累以反覆，攻没县邑，剽略人物，发冢露尸，祸及生死，上天震怒，假手行诛。昔邢为无道，卫国伐之，师兴而雨；臣动兵涉夏，连获甘澍，岁时丰稔，人无疵疫。上占天心，不为灾伤；下察人事，众和师克。自桥门以西、落川以东，故宫县邑，更相通属，非为深险绝域之地，车骑安行，无应折衄。案奂为汉吏，身当武职，驻军二年，不能平寇，虚欲修文戢戈，招降犷敌，诞辞空说，僭而无征。何以言之？昔先零作寇，赵充国徙令居内，煎当乱边，马援迁之三辅，始服终叛，至今为鲠，故远识之士，以为深忧。今傍郡户口单少，数为羌所创毒，而欲令降徒与之杂居，是犹种枳棘于良田，养蛇虺于室内也。故臣奉大汉之威，建长久之策，欲绝其本根，不使能殖。本规三岁之费，用五十四亿；今适期年，所耗未半，而馀寇残烬，将向殄灭。臣每奉诏书，军不内御，愿卒斯言，一以任臣，临时量宜，不失权便。”

13　八月，司空王畅免，宗正刘宠为司空。

14　初，窦太后之立也，陈蕃有力焉。及临朝，政无大小，皆委于蕃。蕃与窦武同心戮力，以奖王室，征天下名贤李膺、杜密、尹勋、刘瑜等，皆列于朝廷，与共参政事。于是天下之士，莫不延颈想望太平。而帝乳母赵娆及诸女尚书，旦夕在太后侧，中常侍曹节、王甫等共相朋结，谄事太后，太后信之，数出诏命，有所封拜。蕃、武疾之，尝共会朝堂，蕃私谓武曰：“曹节、王甫等，自先帝时操弄国权，浊乱海内，今不诛之，后必难图。”武深然之。蕃大喜，以手椎席而起。武于是引同志尚书令尹勋等共定计策。

会有日食之变，蕃谓武曰：“昔萧望之困一石显，况今石显数十辈乎！蕃以八十之年，欲为将军除害，今可因日食斥罢宦官，以塞天变。”武乃白太后曰：“故事，黄门、常侍但当给事省内门户，主近署财物耳；今乃使与政事，任重权，子弟布列，专为贪暴。天下匈匈，正以此故，宜悉诛废以清朝廷。”太后曰：“汉元以来故事，世有宦官，但当诛其有罪者，岂可尽废邪！”时中常侍管霸，颇有才略，专制省内，武先白收霸及中常侍苏康等，皆坐死。武复数白诛曹节等，太后尤豫未忍，故事久不发。蕃上疏曰：“今京师嚣嚣，道路喧哗，言侯览、曹节、公乘昕、王甫、郑飒等，与赵夫人、诸尚书并乱天下，附从者升进，忤逆者中伤，一朝群臣如河中木耳，泛泛东西，耽禄畏害。陛下今不急诛此曹，必生变乱，倾危社稷，其祸难量。愿出臣章宣示左右，并令天下诸奸知臣疾之。”太后不纳。

是月，太白犯房之上将，入太微。侍中刘瑜素善天官，恶之，上书皇太后曰：“案占书：宫门当闭，将相不利，奸人在主傍；愿急防之。”又与武、蕃书，以星辰错缪，不利大臣，宜速断大计。于是武、蕃以朱寓为司隶校尉，刘祐为河南尹，虞祁为雒阳令。武奏免黄门令魏彪，以所亲小黄门山冰代之，使冰奏收长乐尚书郑飒，送北寺狱。蕃谓武曰：“此曹子便当收杀，何复考为！”武不从，令冰与尹勋、侍御史祝瑨杂考飒，辞连及曹节、王甫。勋、冰即奏收节等，使刘瑜内奏。

九月辛亥，武出宿归府。典中书者先以告长乐五官史朱瑀，瑀盗发武奏，骂曰："中官放纵者，自可诛耳，我曹何罪，而当尽见族灭！"因大呼曰："陈蕃、窦武奏白太后废帝，为大逆！"乃夜召素所亲壮健者长乐从官史共普、张亮等十七人，歃血共盟，谋诛武等。曹节白帝曰："外间切切，请出御德阳前殿。"令帝拔剑踊跃，使乳母赵娆等拥卫左右，取棨信，闭诸禁门，召尚书官属，胁以白刃，使作诏板，拜王甫为黄门令，持节至北寺狱，收尹勋、山冰。冰疑，不受诏，甫格杀之，并杀勋；出郑飒，还兵劫太后，夺玺绶。令中谒者守南宫，闭门绝复道。使郑飒等持节及侍御史谒者捕收武等。武不受诏，驰入步兵营，与其兄子步兵校尉绍共射杀使者。召会北军五校士数千人屯都亭，下令军士曰："黄门、常侍反，尽力者封侯重赏。"陈蕃闻难，将官属诸生八十馀人，并拔刃突入承明门，到尚书门，攘臂呼曰："大将军忠以卫国，黄门反逆，何云窦氏不道邪！"王甫时出与蕃相遇，适闻其言，而让蕃曰："先帝新弃天下，山陵未成，武有何功，兄弟父子并封三侯！又设乐饮谯，多取掖庭宫人，旬日之间，赏财巨万，大臣若此，为是道邪！公为宰辅，苟相阿党，复何求贼！"使剑士收蕃，蕃拔剑叱甫，辞色逾厉。遂执蕃，送北寺狱。黄门从官驺蹋蹴蕃曰："死老魅！复能损我曹员数、夺我曹禀假不！"即日，杀之。时护匈奴中郎将张奂征还京师，曹节等以奂新至，不知本谋，矫制以少府周靖行车骑将军、加节，与奂率五营士讨武。夜漏尽，王甫将虎贲、羽林等合千馀人，出屯朱雀掖门，与奂等合，已而悉军阙下，与武对陈。甫兵渐盛，使其士大呼武军曰："窦武反，汝皆禁兵，当宿卫宫省，何故随反者乎！先降有赏！"营府兵素畏服中官，于是武军稍稍归甫，自旦至食时，兵降略尽。武、绍走，诸军追围之，皆自杀，枭首雒阳都亭；收捕宗亲宾客姻属，悉诛之，及侍中刘瑜、屯骑校尉冯述，皆夷其族。宦官又谮虎贲中郎将河间刘淑、故尚书会稽魏朗，云与武等通谋，皆自杀。迁皇太后于南宫，徙武家属于日南；自公卿以下尝为蕃、武所举者及门生故吏，皆免官禁锢。议郎勃海巴肃，始与武等同谋，曹节等不知，但坐禁锢，后乃知而收之。肃自载诣县，县令见肃，入阁，解印绶，欲与俱去。肃曰："为人臣者，有谋不敢隐，有罪不逃刑，既不隐其谋矣，又敢逃其刑乎！"遂被诛。

曹节迁长乐卫尉，封育阳侯。王甫迁中常侍，黄门令如故。朱瑀、共普、张亮等六人皆为列侯，十一人为关内侯。于是群小得志，士大夫皆丧气。

蕃友人陈留朱震收葬蕃尸，匿其子逸，事觉，系狱，合门桎梏。震受考掠，誓死不言，逸由是得免。武府掾桂阳胡腾殡敛武尸，行丧，坐以禁锢。

武孙辅,年二岁,腾诈以为己子,与令史南阳张敞共匿之于零陵界中,亦得免。

张奂迁大司农,以功封侯。奂深病为曹节等所卖,固辞不受。

15　以司徒胡广为太傅,录尚书事,司空刘宠为司徒,大鸿胪许栩为司空。

16　冬,十月甲辰晦,日有食之。

17　十一月,太尉刘矩免,以太仆沛国闻人袭为太尉。

18　十二月,鲜卑及濊貊寇幽、并二州。

19　是岁,疏勒王季父和得杀其王自立。

20　乌桓大人上谷难楼有众九千馀落,辽西丘力居有众五千馀落,自称王。辽东苏仆延有众千馀落,自称峭王。右北平乌延有众八百馀落,自称汗鲁王。

二年(己酉,169)

1　春,正月丁丑,赦天下。

2　帝迎董贵人于河间。三月乙巳,尊为孝仁皇后,居永乐宫;拜其兄宠为执金吾,兄子重为五官中郎将。

3　夏,四月壬辰,有青蛇见于御坐上。癸巳,大风,雨雹,霹雳,拔大木百馀。诏公卿以下各上封事。大司农张奂上疏曰:"昔周公葬不如礼,天乃动威。今窦武、陈蕃忠贞,未被昭宥,妖眚之来,皆为此也,宜急为收葬,徙还家属,其从坐禁锢,一切蠲除。又,皇太后虽居南宫,而恩礼不接,朝臣莫言,远近失望。宜思大义顾复之报。"上深嘉奂言,以问诸常侍,左右皆恶之,帝不得自从。奂又与尚书刘猛等共荐王畅、李膺可参三公之选,曹节等弥疾其言,遂下诏切责之。奂等皆自囚廷尉,数日,乃得出,并以三月俸赎罪。

郎中东郡谢弼上封事曰:"臣闻'惟虺惟蛇,女子之祥'。伏惟皇太后定策宫闼,援立圣明,书曰:'父子兄弟,罪不相及',窦氏之诛,岂宜咎延太后!幽隔空宫,愁感天心,如有雾露之疾,陛下当何面目以见天下!孝和皇帝不绝窦氏之恩,前世以为美谈。礼,'为人后者为之子',今以桓帝为父,岂得不以太后为母哉!愿陛下仰慕有虞蒸蒸之化,俯思凯风慰母之念。臣又闻'开国承家,小人勿用',今功臣久外,未蒙爵秩,阿母宠私,乃享大封,大风雨雹,亦由于兹。又,故太傅陈蕃,勤身王室,而见陷群邪,一旦诛灭,其为酷滥,骇动天下;而门生故吏,并离徙锢。蕃身已往,人百何赎！宜还其家属，解除禁网。夫台宰重器，国命所系，今之四公，唯司空刘宠断断守善，馀皆素餐致寇之人，必有折足覆𫗧之凶，可因灾异，并加罢黜，征故司空王畅、长乐少府李膺并居政事，庶灾变可消，国祚惟永。”左右恶其言，出为广陵府丞，去官，归家。曹节从子绍为东郡太守，以他罪收弼，掠死于狱。

　　帝以蛇妖问光禄勋杨赐，赐上封事曰：“夫善不妄来，灾不空发。王者心有所想，虽未形颜色，而五星以之推移，阴阳为其变度。夫皇极不建，则有龙蛇之孽，诗云：‘惟虺惟蛇，女子之祥。’惟陛下思乾刚之道，别内外之宜，抑皇甫之权，割艳妻之爱，则蛇变可消，祯祥立应。”赐，秉之子也。

　　4　五月，太尉闻人袭、司空许栩免；六月，以司徒刘宠为太尉，太常汝南许训为司徒，太仆长沙刘嚣为司空。嚣素附诸常侍，故致位公辅。

　　5　诏遣谒者冯禅说降汉阳散羌。段颎以春农，百姓布野，羌虽暂降，而县官无廪，必当复为盗贼，不如乘虚放兵，势必殄灭。颎于是自进营，去羌所屯凡亭山四五十里，遣骑司马田晏、假司马夏育将五千人先进，击破之。羌众溃东奔，复聚射虎谷，分兵守谷上下门，颎规一举灭之，不欲复令散走。秋七月，颎遣千人于西县结木为栅，广二十步，长四十里遮之。分遣晏、育等将七千人衔枚夜上西山，结营穿堑，去虏一里许，又遣司马张恺等将三千人上东山，虏乃觉。颎因与恺等挟东、西山，纵兵奋击，破之，追至谷上下门，穷山深谷之中，处处破之，斩其渠帅以下万九千级。冯禅等所招降四千人，分置安定、汉阳、陇西三郡。于是东羌悉平。颎凡百八十战，斩三万八千馀级，获杂畜四十二万七千馀头，费用四十四亿，军士死者四百馀人；更封新丰县侯，邑万户。

　　　臣光曰：书称“天地，万物父母。惟人万物之灵，亶聪明，作元后，元后作民父母”。夫蛮夷戎狄，气类虽殊，其就利避害，乐生恶死，亦与人同耳。御之得其道则附顺服从，失其道则离叛侵扰，固其宜也。是以先王之政，叛则讨之，服则怀之，处之四裔，不使乱礼义之邦而已。若乃视之如草木禽兽，不分臧否，不辨去来，悉艾杀之，岂作民父母之意哉！且夫羌之所以叛者，为郡县所侵冤故也；叛而不即诛者，将帅非其人故也。苟使良将驱而出之塞外，择良吏而牧之，则疆场之臣也，岂得专以多杀为快邪！夫御之不得其道，虽华夏之民，亦将蜂起而为寇，又可尽诛邪！然则段纪明之为将，虽克捷有功，君子所不与也。

　　6　九月，江夏蛮反，州郡讨平之。

7　丹杨山越围太守陈夤，夤击破之。

8　初，李膺等虽废锢，天下士大夫皆高尚其道而污秽朝廷，希之者唯恐不及，更共相标榜，为之称号：以窦武、陈蕃、刘淑为三君，君者，言一世之所宗也；李膺、荀翌、杜密、王畅、刘祐、魏朗、赵典、朱寓为八俊，俊者，言人之英也；郭泰、范滂、尹勋、巴肃及南阳宗慈、陈留夏馥、汝南蔡衍、泰山羊陟为八顾，顾者，言能以德行引人者也；张俭、翟超、岑晊、苑康及山阳刘表、汝南陈翔、鲁国孔昱、山阳檀敷为八及，及者，言其能导人追宗者也；度尚及东平张邈、王孝、东郡刘儒、泰山胡母班、陈留秦周、鲁国蕃向、东莱王章为八厨，厨者，言能以财救人者也。及陈、窦用事，复举拔膺等；陈、窦诛，膺等复废。

宦官疾恶膺等，每下诏书，辄申党人之禁。侯览怨张俭尤甚，览乡人朱并素佞邪，为俭所弃，承览意指，上书告俭与同乡二十四人别相署号，共为部党，图危社稷，而俭为之魁。诏刊章捕俭等。冬，十月，大长秋曹节因此讽有司奏"诸钩党者故司空虞放及李膺、杜密、朱寓、荀翌、翟超、刘儒、范滂等，请下州郡考治"。是时上年十四，问节等曰："何以为钩党？"对曰："钩党者，即党人也。"上曰："党人何用为恶而欲诛之邪？"对曰："皆相举群辈，欲为不轨。"上曰："不轨欲如何？"对曰："欲图社稷。"上乃可其奏。

或谓李膺曰："可去矣！"对曰："事不辞难，罪不逃刑，臣之节也。吾年已六十，死生有命，去将安之！"乃诣诏狱，考死，门生故吏并被禁锢。侍御史蜀郡景毅子顾为膺门徒，未有录牒，不及于谴，毅慨然曰："本谓膺贤，遣子师之，岂可以漏脱名籍，苟安而已！"遂自表免归。

汝南督邮吴导受诏捕范滂，至征羌，抱诏书闭传舍，伏床而泣，一县不知所为。滂闻之曰："必为我也。"即自诣狱。县令郭揖大惊，出，解印绶，引与俱亡，曰："天下大矣，子何为在此！"滂曰："滂死则祸塞，何敢以罪累君。又令老母流离乎！"其母就与之诀，滂白母曰："仲博孝敬，足以供养。滂从龙舒君归黄泉，存亡各得其所。惟大人割不可忍之恩，勿增感戚！"仲博者，滂弟也。龙舒君者，滂父龙舒侯相显也。母曰："汝今得与李、杜齐名，死亦何恨！既有令名，复求寿考，可兼得乎！"滂跪受教，再拜而辞。顾其子曰："吾欲使汝为恶，恶不可为；使汝为善，则我不为恶。"行路闻之，莫不流涕。

凡党人死者百馀人，妻子皆徙边，天下豪桀及儒学有行义者，宦官一切指为党人；有怨隙者，因相陷害，睚眦之忿，滥入党中。州郡承旨，或有未尝交关，亦离祸毒，其死、徙、废、禁者又六七百人。

郭泰闻党人之死,私为之恸曰:"诗云:'人之云亡,邦国殄瘁。'汉室灭矣,但未知'瞻乌爰止,于谁之屋'耳!"泰虽好臧否人伦,而不为危言核论,故能处浊世而怨祸不及焉。

张俭亡命困迫,望门投止,莫不重其名行,破家相容。后流转东莱,止李笃家。外黄令毛钦操兵到门,笃引钦就席曰:"张俭负罪亡命,笃岂得藏之! 若审在此,此人名士,明廷宁宜执之乎?"钦因起抚笃曰:"蘧伯玉耻独为君子,足下如何专取仁义!"笃曰:"今欲分之,明廷载半去矣。"钦叹息而去。笃导俭经北海戏子然家,遂入渔阳出塞。其所经历,伏重诛者以十数,连引收考者布遍天下,宗亲并皆殄灭,郡县为之残破。俭与鲁国孔褒有旧,亡抵褒,不遇,褒弟融,年十六,匿之。后事泄,俭得亡走,国相收褒、融送狱,未知所坐。融曰:"保纳舍藏者,融也,当坐。"褒曰:"彼来求我,非弟之过。"吏问其母,母曰:"家事任长,妾当其辜。"一门争死,郡县疑不能决,乃上谳之,诏书竟坐褒。及党禁解,俭乃还乡里,后为卫尉,卒,年八十四。夏馥闻张俭亡命,叹曰:"孽自己作,空污良善,一人逃死,祸及万家,何以生为!"乃自翦须变形,入林虑山中,隐姓名,为冶家佣,亲突烟炭,形貌毁瘁,积二三年,人无知者。馥弟静载缣帛追饷之,馥不受曰:"弟奈何载祸相饷乎!"党禁未解而卒。

初,中常侍张让父死,归葬颍川,虽一郡毕至,而名士无往者,让甚耻之,陈寔独吊焉。及诛党人,让以寔故,多所全宥。南阳何颙,素与陈蕃、李膺善,亦被收捕,乃变名姓匿汝南间,与袁绍为奔走之交,常私入雒阳,从绍计议,为诸名士罹党事者求救援,设权计,使得逃隐,所全免甚众。

初,太尉袁汤三子,成、逢、隗,成生绍,逢生术。逢、隗皆有名称,少历显官。时中常侍袁赦以逢、隗宰相家,与之同姓,推崇以为外援,故袁氏贵宠于世,富奢甚,不与他公族同。绍壮健有威容,爱士养名,宾客辐凑归之,辎軿、柴毂,填接街陌。术亦以侠气闻。逢从兄子闳,少有操行,以耕学为业,逢、隗数馈之,无所受。闳见时方险乱,而家门富盛,常对兄弟叹曰:"吾先公福祚,后世不能以德守之,而竞为骄奢,与乱世争权,此即晋之三郤矣。"及党事起,闳欲投迹深林,以母老,不宜远遁,乃筑土室四周于庭,不为户,自牖纳饮食。母思闳时,往就视,母去,便自掩闭,兄弟妻子莫得见也。潜身十八年,卒于土室。

初,范滂等非讦朝政,自公卿以下皆折节下之,太学生争慕其风,以为文学将兴,处士复用。申屠蟠独叹曰:"昔战国之世,处士横议,列国之王至为拥篲先驱,卒有坑儒烧书之祸,今之谓矣。"乃绝迹于梁、砀之间,因树为屋,自同佣人。居二年,滂等果罹党锢之祸,唯蟠超然免于评论。

臣光曰:天下有道,君子扬于王庭以正小人之罪,而莫敢不服。天下无道,君子囊括不言以避小人之祸,而犹或不免。党人生昏乱之世,不在其位,四海横流,而欲以口舌救之,臧否人物,激浊扬清,撩虺蛇之头,践虎狼之尾,以至身被淫刑,祸及朋友,士类歼灭而国随以亡,不亦悲乎!夫唯郭泰既明且哲,以保其身,申屠蟠见几而作,不俟终日,卓乎其不可及已!

9 庚子晦,日有食之。

10 十一月,太尉刘宠免;太仆扶沟郭禧为太尉。

11 鲜卑寇并州。

12 长乐太仆曹节病困,诏拜车骑将军。有顷,疾瘳,上印绶,复为中常侍,位特进,秩中二千石。

13 高句骊王伯固寇辽东,玄菟太守耿临讨降之。

三年(庚戌,170)

1 春,三月丙寅晦,日有食之。

2 征段颎还京师,拜侍中。颎在边十馀年,未尝一日蓐寝,与将士同甘苦,故皆乐为死战,所向有功。

3 夏,四月,太尉郭禧罢;以太中大夫闻人袭为太尉。

4 秋,七月,司空刘嚣罢;八月,以大鸿胪梁国桥玄为司空。

5 九月,执金吾董宠坐矫永乐太后属请,下狱死。

6 冬,郁林太守谷永以恩信招降乌浒人十馀万,皆内属,受冠带,开置七县。

7 凉州刺史扶风孟佗遣从事任涉将敦煌兵五百人,与戊己司马曹宽、西域长史张宴将焉耆、龟兹、车师前、后部,合三万馀人讨疏勒,攻桢中城,四十馀日,不能下,引去。其后疏勒王连相杀害,朝廷亦不能复治。

初,中常侍张让有监奴,典任家事,威形喧赫。孟佗资产饶赡,与奴朋结,倾竭馈问,无所遗爱。奴咸德之,问其所欲。佗曰:"吾望汝曹为我一拜耳!"时宾客求谒让者,车常数百千两,佗诣让,后至,不得进,监奴乃率诸仓头迎拜于路,遂共舁车入门,宾客咸惊,谓佗善于让,皆争以珍玩赂之。佗分以遗让,让大喜,由是以佗为凉州刺史。

四年(辛亥,171)

1　春,正月甲子,帝加元服,赦天下,唯党人不赦。

2　二月癸卯,地震。

3　三月辛酉朔,日有食之。

4　太尉闻人袭免,以太仆汝南李咸为太尉。

5　大疫。司徒许训免,以司空桥玄为司徒;夏,四月,以太常南阳来艳为司空。

6　秋,七月,司空来艳免。

7　癸丑,立贵人宋氏为皇后。后,执金吾酆之女也。

8　司徒桥玄免;以太常南阳宗俱为司空,前司空许栩为司徒。

9　帝以窦太后有援立之功,冬,十月戊子朔,率群臣朝太后于南宫,亲馈上寿。黄门令董萌因此数为太后诉冤,帝深纳之,供养资奉,有加于前。曹节、王甫疾之,诬萌以谤讪永乐宫,下狱死。

10　鲜卑寇并州。

资治通鉴卷第五十七

汉纪四十九

孝灵皇帝上之下

熹平元年（壬子，172）

1　春，正月，车驾上原陵。司徒掾陈留蔡邕曰："吾闻古不墓祭。朝廷有上陵之礼，始谓可损；今见威仪，察其本意，乃知孝明皇帝至孝恻隐，不易夺也。礼有烦而不可省者，此之谓也。"

2　三月壬戌，太傅胡广薨，年八十二。广周流四公，三十馀年，历事六帝，礼任极优，罢免未尝满岁，辄复升进。所辟多天下名士，与故吏陈蕃、李咸并为三司。练达故事，明解朝章，故京师谚曰："万事不理，问伯始；天下中庸，有胡公。"然温柔谨悫，常逊言恭色以取媚于时，无忠直之风，天下以此薄之。

3　五月己巳，赦天下，改元。

4　长乐太仆侯览坐专权骄奢，策收印绶，自杀。

5　六月，京师大水。

6　窦太后母卒于比景，太后忧思感疾，癸巳，崩于云台。宦者积怨窦氏，以衣车载太后尸置城南市舍，数日，曹节、王甫欲用贵人礼殡。帝曰："太后亲立朕躬，统承大业，岂宜以贵人终乎！"于是发丧成礼。

节等欲别葬太后，而以冯贵人配祔。诏公卿大会朝堂，令中常侍赵忠监议。太尉李咸时病，扶舆而起，捣椒自随，谓妻子曰："若皇太后不得配食桓帝，吾不生还矣！"既议，坐者数百人，各瞻望良久，莫肯先言。赵忠曰："议当时定！"廷尉陈球曰："皇太后以盛德良家，母临天下，宜配先帝，是无所疑。"忠笑而言曰："陈廷尉宜便操笔。"球即下议曰："皇太后自在椒房，有聪明母仪之德；遭时不造，援立圣明承继宗庙，功烈至重。先帝晏驾，因遇大狱，迁居空宫，不幸早世，家虽获罪，事非太后，今若别葬，诚失天下之望。且冯贵人冢尝被发掘，骸骨暴露，与贼并尸，魂灵污染，且无功于国，何宜上配至尊！"忠省球议，作色俯仰，蚩球曰："陈廷尉建此议甚健！"球曰："陈、窦既冤，皇太后无故幽闭，臣常痛心，天下愤叹！今日言之，退而受罪，宿昔之愿也！"李咸曰："臣本谓宜尔，诚与意合。"于是公卿以下皆从球议。曹节、王甫犹争，以为："梁后家犯恶逆，别葬懿陵，武帝黜废卫后，而以李夫人配食，今窦氏罪深，岂得合葬先帝！"李咸复上疏曰："臣伏惟章德窦后虐害恭怀，安思阎后家犯恶逆，而和帝无异葬之议，顺朝无贬降之文。至于卫后，孝武皇帝身所废弃，不可以为比。今长乐太后尊号在身，亲尝称制，且援立圣明，光隆皇祚。太后以陛下为子，陛下岂得不以太后为母！子无黜母，臣无贬君，宜合葬宣陵，一如旧制。"帝省奏，从之。

秋，七月甲寅，葬桓思皇后于宣陵。

7　有人书朱雀阙，言："天下大乱，曹节、王甫幽杀太后，公卿皆尸禄，无忠言者。"诏司隶校尉刘猛逐捕，十日一会。猛以诽书言直，不肯急捕。月馀，主名不立，猛坐左转谏议大夫，以御史中丞段颎代之。颎乃四出逐捕，及太学游生系者千馀人。节等又使颎以他事奏猛，论输左校。

初，司隶校尉王寓依倚宦官，求荐于太常张奂，奂拒之，寓遂陷奂以党罪禁锢。奂尝与段颎争击羌，不相平，颎为司隶，欲逐奂归敦煌而害之；奂奏记哀请于颎，乃得免。

初，魏郡李暠为司隶校尉，以旧怨杀扶风苏谦；谦子不韦瘗而不葬，变姓名，结客报仇。暠迁大司农，不韦匿于罋中，凿地旁达暠之寝室，杀其妾并小儿。暠大惧，以板藉地，一夕九徙。又掘暠父冢，断取其头，标之于市。暠求捕不获，愤恚，呕血死。不韦遇赦还家，乃葬父行丧。张奂素睦于苏氏，而段颎与暠善，颎辟不韦为司隶从事，不韦惧，称病不诣。颎怒，使从事张贤就家杀之，先以酖与贤父曰："若贤不得不韦，便可饮此！"贤遂收不韦，并其一门六十馀人，尽诛之。

8　勃海王悝之贬瘿陶也，因中常侍王甫求复国，许谢钱五千万；既而桓帝遗诏复悝国，悝知非甫功，不肯还谢钱。中常侍郑飒、中黄门董腾数与悝交通，甫密司察以告段颎。冬，十月，收飒送北寺狱，使尚书令廉忠诬奏"飒等谋迎立悝，大逆不道"，遂诏冀州刺史收悝考实，迫责悝，令自杀；妃妾十一人、子女七十人、伎女二十四人皆死狱中，傅、相以下悉伏诛。甫等十二人皆以功封列侯。

9　十一月，会稽妖贼许生起句章，自称阳明皇帝，众以万数；遣扬州刺史臧旻、丹阳太守陈寅讨之。

10　十二月，司徒许栩罢；以大鸿胪袁隗为司徒。

11　鲜卑寇并州。

12　是岁,单于车儿死,子屠特若尸逐就单于立。

二年(癸丑,173)

1　春,正月,大疫。

2　丁丑,司空宗俱薨。

3　二月壬午,赦天下。

4　以光禄勋杨赐为司空。

5　三月,太尉李咸免。

6　夏,五月,以司隶校尉段颎为太尉。

7　六月,北海地震。

8　秋,七月,司空杨赐免;以太常颍川唐珍为司空。珍,衡之弟也。

9　冬,十二月,太尉段颎罢。

10　鲜卑寇幽、并二州。

11　癸酉晦,日有食之。

三年(甲寅,174)

1　春,二月己巳,赦天下。

2　以太常东海陈耽为太尉。

3　三月,中山穆王畅薨,无子,国除。

4　夏,六月,封河间王利子康为济南王,奉孝仁皇祀。

5　吴郡司马富春孙坚召募精勇,得千馀人,助州郡讨许生。冬,十一月,臧旻、陈寅大破生于会稽,斩之。

6　任城王博薨,无子,国绝。

7　十二月,鲜卑入北地,太守夏育率屠各追击,破之。迁育为护乌桓校尉。鲜卑又寇并州。

8　司空唐珍罢,以永乐少府许训为司空。

四年(乙卯,175)

1　春,三月,诏诸儒正五经文字,命议郎蔡邕为古文、篆、隶三体书之,刻石,立于太学门外。使后儒晚学咸取正焉。碑始立,其观视及摹写者车乘日千馀两,填塞街陌。

2　初,朝议以州郡相党,人情比周,乃制昏姻之家及两州人士不得对相监临,至是复有三互法,禁忌转密,选用艰难,幽、冀二州久缺不补。蔡邕上疏曰:"伏见幽、冀旧壤,铠、马所出,比年兵饥,渐至空耗。今者阙职经时,吏民延属,而三府选举,逾月不定。臣怪问其故,云避三互。十一州有禁,当取二州而已。又,二州之士或复限以岁月,狐疑迟淹,两州悬空,万里萧条,无所管系。愚以为三互之禁,禁之薄者。今但申以威灵,明其宪令,对相部主,尚畏惧不敢营私;况乃三互,何足为嫌! 昔韩安国起自徒中,朱买臣出于幽贱,并以才宜,还守本邦,岂复顾循三互,系以末制乎! 臣愿陛下上则先帝,蠲除近禁,其诸州刺史器用可换者,无拘日月、三互,以差厥中。"朝廷不从。

　　臣光曰:叔向有言:"国将亡,必多制。"明王之政,谨择忠贤而任之,凡中外之臣,有功则赏,有罪则诛,无所阿私,法制不烦而天下大治。所以然者何哉? 执其本故也。及其衰也,百官之任不能择人,而禁令益多,防闲益密,有功者以阙文不赏,为奸者以巧法免诛,上下劳扰而天下大乱。所以然者何哉? 逐其末故也。孝灵之时,刺史、二千石贪如豺虎,暴殄烝民,而朝廷方守三互之禁。以今视之,岂不适足为笑而深可为戒哉!

3　封河间王建孙佗为任城王。

4　夏,四月,郡、国七大水。

5　五月丁卯,赦天下。

6　延陵园灾。

7　鲜卑寇幽州。

8　六月,弘农、三辅螟。

9　于寘王安国攻拘弥,大破之,杀其王。戊己校尉、西域长史各发兵辅立拘弥侍子定兴为王,人众裁千口。

五年(丙辰,176)

1　夏,四月癸亥,赦天下。

2　益州郡夷反,太守李颙讨平之。

3　大雪。

4　五月,太尉陈耽罢;以司空许训为太尉。

5　闰月,永昌太守曹鸾上书曰:"夫党人者,或耆年渊德,或衣冠英贤,皆宜股肱王室,左右大猷者也;而久被禁锢,辱在涂泥。谋反大逆尚蒙赦宥,党人何罪,独不开恕乎! 所以灾异屡见,水旱荐臻,皆由于斯。宜加沛然,以副天心。"帝省奏,大怒,即诏司隶、益州槛车收鸾,送槐里狱,掠杀之。于是诏州郡更考党人门生、故吏、父子、兄弟在位者,悉免官禁锢,爰及五属。

6　六月壬戌,以太常南阳刘逸为司空。

7　秋,七月,太尉许训罢;以光禄勋刘宽为太尉。

8　冬,十月,司徒袁隗罢;十一月丙戌,以光禄大夫杨赐为司徒。

9　是岁,鲜卑寇幽州。

六年(丁巳,177)

1　春,正月辛丑,赦天下。

2　夏,四月,大旱,七州蝗。

令三公条奏长吏苛酷贪污者,罢免之。平原相渔阳阳球坐严酷,征诣廷尉。帝以球前为九江太守讨贼有功,特赦之,拜议郎。

3　鲜卑寇三边。

4　市贾小民相聚为宣陵孝子者数十人,诏皆除太子舍人。

5　秋,七月,司空刘逸免;以卫尉陈球为司空。

6　初,帝好文学,自造皇羲篇五十章,因引诸生能为文赋者并待制鸿都门下;后诸为尺牍及工书鸟篆者,皆加引召,遂至数十人。侍中祭酒乐松、贾护多引无行趣势之徒置其间,憙陈闾里小事,帝甚悦之,待以不次之位;又久不亲行郊庙之礼。会诏群臣各陈政要,蔡邕上封事曰:"夫迎气五郊,清庙祭祀、养老辟雍,皆帝者之大业,祖宗所祗奉也。而有司数以蕃国疏丧、宫内产生及吏卒小污,废阙不行,忘礼敬之大,任禁忌之书,拘信小故,以亏大典。自今斋制宜如故典,庶答风霆、灾妖之异。又,古者取士必使诸侯岁贡,孝武之世,郡举孝廉,又有贤良、文学之选,于是名臣辈出,文武并兴。汉之得人,数路而已。夫书画辞赋,才之小者;匡国治政,未有其能。陛下即位之初,先涉经术,听政馀日,观省篇章,聊以游意当代博奕,非以为教化取士之本。而诸生竞利,作者鼎沸,其高者颇引经训风喻之言,下则连偶俗语,有类俳优,或窃成文,虚冒名氏。臣每受诏于盛化门,差次录第,其未及者,亦复随辈皆见拜擢。既加之恩,难复收改,但守奉禄,于义已弘,不可复使治民及在州郡。昔孝宣会诸儒于石渠,章帝集学士于白虎,通经释义,其事优大,文武之道,所宜从之。若乃小能小善,虽有可观,孔子以为致远则泥,君子固当志其大者。又,前一切以宣陵孝子为太子舍人,臣闻孝文皇帝制丧服三十六日,虽继体之君,父子至亲,公卿列臣受恩之重，皆屈情从制，不敢逾越。今虚伪小人，本非骨肉，既无幸私之恩，又无禄仕之实，恻隐之心，义无所依。至有奸轨之人通容其中；桓思皇后祖载之时，东郡有盗人妻者，亡在孝中，本县追捕，乃伏其辜。虚伪杂秽，难得胜言。太子官属，宜搜选令德，岂有但取丘墓凶丑之人！其为不祥，莫与大焉，宜遣归田里，以明诈伪。"书奏，帝乃亲迎气北郊及行辟雍之礼。又诏宣陵孝子为舍人者悉改为丞、尉焉。

7　护乌桓校尉夏育上言："鲜卑寇边，自春以来三十馀发，请征幽州诸郡兵出塞击之，一冬、二春，必能禽灭。"先是护羌校尉田晏坐事论刑，被原，欲立功自效，乃请中常侍王甫求得为将。甫因此议遣兵与育并力讨贼，帝乃拜晏为破鲜卑中郎将；大臣多有不同，乃召百官议于朝堂。蔡邕议曰："征讨殊类，所由尚矣。然而时有同异，势有可否，故谋有得失，事有成败，不可齐也。夫以世宗神武，将帅良猛，财赋充实，所括广远，数十年间，官民俱匮，犹有悔焉。况今人财并乏，事劣昔时乎！自匈奴遁逃，鲜卑强盛，据其故地，称兵十万，才力劲健，意智益生；加以关塞不严，禁网多漏，精金良铁，皆为贼有，汉人逋逃为之谋主，兵利马疾，过于匈奴。昔段颎良将，习兵善战，有事西羌，犹十馀年。今育、晏才策未必过颎，鲜卑种众不弱曩时，而虚计二载，自许有成，若祸结兵连，岂得中休，当复征发众人，转运无已，是为耗竭诸夏，并力蛮夷。夫边垂之患，手足之疥搔，中国之困，胸背之瘭疽，方今郡县盗贼尚不能禁，况此丑虏而可伏乎！昔高祖忍平城之耻，吕后弃慢书之诟，方之于今，何者为盛？天设山河，秦筑长城，汉起塞垣，所以别内外，异殊俗也。苟无蠹国内侮之患则可矣，岂与虫螳之虏校往来之数哉！虽或破之，岂可殄尽，而方令本朝为之盱食乎！昔淮南王安谏伐越曰：'如使越人蒙死以逆执事，厮舆之卒有一不备而归者，虽得越王之首，犹为大汉羞之。'而欲以齐民易丑虏，皇威辱外夷，就如其言，犹已危矣，况乎得失不可量邪！"帝不从。八月，遣夏育出高柳，田晏出云中，匈奴中郎将臧旻率南单于出雁门，各将万骑，三道出塞二千馀里。檀石槐命三部大人各帅众逆战，育等大败，丧其节传辎重，各将数十骑奔还，死者什七八。三将槛车征下狱，赎为庶人。

8　冬，十月癸丑朔，日有食之。

9　太尉刘宽免。

10　辛丑，京师地震。

11　十一月司空陈球免。

12　十二月甲寅，以太常河南孟戫为太尉。

13　庚辰,司徒杨赐免。

14　以太常陈耽为司空。

15　辽西太守甘陵赵苞到官,遣使迎母及妻子,垂当到郡;道经柳城,值鲜卑万馀人入塞寇钞,苞母及妻子遂为所劫质,载以击郡。苞率骑二万与贼对陈,贼出母以示苞,苞悲号,谓母曰:"为子无状,欲以微禄奉养朝夕,不图为母作祸。昔为母子,今为王臣,义不得顾私恩,毁忠节,唯当万死,无以塞罪。"母遥谓曰:"威豪,人各有命,何得相顾以亏忠义,尔其勉之!"苞即时进战,贼悉摧破,其母妻皆为所害。苞自上归葬,帝遣使吊慰,封鄃侯。苞葬讫,谓乡人曰:"食禄而避难,非忠也;杀母以全义,非孝也。如是,有何面目立于天下!"遂欧血而死。

光和元年(戊午,178)

1　春,正月,合浦、交趾乌浒蛮反,招引九真、日南民攻没郡县。

2　太尉孟𪧼罢。

3　二月辛亥朔,日有食之。

4　癸丑,以光禄勋陈国袁滂为司徒。

5　己未,地震。

6　置鸿都门学,其诸生皆敕州郡、三公举用辟召,或出为刺史、太守,入为尚书、侍中,有封侯、赐爵者;士君子皆耻与为列焉。

7　三月辛丑,赦天下,改元。

8　以太常常山张颢为太尉。颢,中常侍奉之弟也。

9　夏,四月丙辰,地震。

10　侍中寺雌鸡化为雄。

11　司空陈耽免,以太常来艳为司空。

12　六月丁丑,有黑气堕帝所御温德殿东庭中,长十馀丈,似龙。

13　秋,七月壬子,青虹见玉堂后殿庭中。诏召光禄大夫杨赐等诣金商门,问以灾异及消复之术。赐对曰:"春秋谶曰:'天投蜺,天下怨,海内乱。'加四百之期,亦复垂及。今妾媵、阉尹之徒共专国朝,欺罔日月;又,鸿都门下招会群小,造作赋说,见宠于时,更相荐说,旬月之间,并各拔擢。乐松处常伯,任芝居纳言,郤俭、梁鹄各受丰爵不次之宠,而令搢绅之徒委伏畎亩,口诵尧、舜之言,身蹈绝俗之行,弃捐沟壑,不见逮及。冠履倒易,陵谷代处,幸赖皇天垂象谴告。周书曰:'天子见怪则修德,诸侯见怪则修政,卿大夫见怪则修职,士庶人见怪则修身。'唯陛下斥远佞巧之臣,速征鹤鸣之士,断绝尺一,抑止槃游,冀上天还威,众变可弭。"

　　议郎蔡邕对曰:"臣伏思诸异,皆亡国之怪也。天于大汉殷勤不已,故屡出祆变以当谴责,欲令人君感悟,改危即安。今霓堕、鸡化,皆妇人干政之所致也。前者乳母赵娆,贵重天下,谇谆骄溢,续以永乐门史霍玉,依阻城社,又为奸邪。今道路纷纷,复云有程大人者,察其风声,将为国患;宜高为堤防,明设禁令,深惟赵、霍,以为至戒。今太尉张颢,为玉所进;光禄勋伟璋,有名贪浊;又长水校尉赵玹,屯骑校尉盖升,并叨时幸,荣富优足;宜念小人在位之咎,退思引身避贤之福。伏见廷尉郭禧,纯厚老成;光禄大夫桥玄,聪达方直;故太尉刘宠,忠实守正;并宜为谋主,数见访问。夫宰相大臣,君之四体,委任责成,优劣已分,不宜听纳小吏,雕琢大臣也。又,尚方工技之作,鸿都篇赋之文,可且消息,以示惟忧。宰府孝廉,士之高选,近者以辟召不慎,切责三公,而今并以小文超取选举,开请托之门,违明王之典,众心不厌,莫之敢言;臣愿陛下忍而绝之,思惟万机,以答天望。圣朝既自约厉,左右近臣亦宜从化,人自抑损,以塞咎戒,则天道亏满,鬼神福谦矣。夫君臣不密,上有漏言之戒,下有失身之祸,愿寝臣表,无使尽忠之吏受怨奸仇。"章奏,帝览而叹息;因起更衣,曹节于后窃视之,悉宣语左右,事遂漏露。其为邕所裁黜者,侧目思报。

　　初,邕与大鸿胪刘郃素不相平,叔父卫尉质又与将作大匠阳球有隙。球即中常侍程璜女夫也。璜遂使人飞章言:"邕、质数以私事请托于郃,郃不听。邕含隐切,志欲相中。"于是诏下尚书召邕诘状。邕上书曰:"臣实愚戆,不顾后害,陛下不念忠臣直言,宜加掩蔽,诽谤卒至,便用疑怪。臣年四十有六,孤特一身,得托名忠臣,死有馀荣,恐陛下于此不复闻至言矣!"于是下邕、质于雒阳狱,劾以"仇怨奉公,议害大臣,大不敬,弃市"。事奏,中常侍河南昌强愍邕无罪,力为伸请,帝亦更思其章,有诏:"减死一等,与家属髡钳徙朔方,不得以赦令除。"阳球使客追路刺邕,客感其义,皆莫为用。球又赂其部主,使加毒害,所赂者反以其情戒邕,由是得免。

　　14　八月,有星孛于天市。

　　15　九月,太尉张颢罢;以太常陈球为太尉。

　　16　司空来艳薨。冬,十月,以屯骑校尉袁逢为司空。

　　17　宋皇后无宠,后宫幸姬众共谮毁。勃海王悝妃宋氏,即后之姑也,中常侍王甫恐后怨之,因谮后挟左道祝诅;帝信之,遂策收玺绶。后自致暴室,以忧死。父不其乡侯酆及兄弟并被诛。

18　丙子晦,日有食之。

尚书卢植上言:"凡诸党锢多非其罪,可加赦恕,申宥回枉。又,宋后家属并以无辜委骸横尸,不得敛葬,宜敕收拾,以安游魂。又,郡守、刺史一月数迁,宜依黜陟以章能否,纵不九载,可满三岁。又,请谒希求,一宜禁塞,选举之事,责成主者。又,天子之体,理无私积,宜弘大务,蠲略细微。"帝不省。

19　十一月,太尉陈球免;十二月丁巳,以光禄大夫桥玄为太尉。

20　鲜卑寇酒泉;种众日多,缘边莫不被毒。

21　诏中尚方为鸿都文学乐松、江览等三十二人图象立赞,以劝学者。尚书令阳球谏曰:"臣案松、览等皆出于微蔑,斗筲小人,依凭世戚,附托权豪,俯眉承睫,徼进明时。或献赋一篇,或鸟篆盈简,而位升郎中,形图丹青。亦有笔不点牍,辞不辨心,假手请字,妖伪百品,莫不蒙被殊恩,蝉蜕滓浊。是以有识掩口,天下嗟叹。臣闻图象之设,以昭劝戒,欲令人君动鉴得失,未闻竖子小人诈作文颂,而可妄窃天官,垂象图素者也。今太学、东观足以宣明圣化,愿罢鸿都之选,以销天下之谤。"书奏,不省。

22　是岁,初开西邸卖官,入钱各有差:二千石二千万;四百石四百万;其以德次应选者半之,或三分之一;于西园立库以贮之。或诣阙上书占令长,随县好丑,丰约有贾。富者则先入钱,贫者到官然后倍输。又私令左右卖公卿,公千万,卿五百万。初,帝为侯时常苦贫,及即位,每叹桓帝不能作家居,曾无私钱,故卖官聚钱以为私藏。

帝尝问侍中杨奇曰:"朕何如桓帝?"对曰:"陛下之于桓帝,亦犹虞舜比德唐尧。"帝不悦曰:"卿强项,真杨震子孙,死后必复致大鸟矣。"奇,震之曾孙也。

23　南匈奴屠特若尸逐就单于死,子呼徵立。

二年(己未,179)

1　春,大疫。

2　三月,司徒袁滂免,以大鸿胪刘郃为司徒。

3　乙丑,太尉桥玄罢,拜太中大夫;以太中大夫段颎为太尉。玄幼子游门次,为人所劫,登楼求货;玄不与。司隶校尉、河南尹围守玄家,不敢迫。玄瞋目呼曰:"奸人无状,玄岂以一子之命而纵国贼乎!"促令攻之,玄子亦死。玄因上言:"天下凡有劫质,皆并杀之,不得赎以财宝,开张奸路。"由是劫质遂绝。

4　京兆地震。

5　司空袁逢罢,以太常张济为司空。

6　夏,四月甲戌朔,日有食之。

7　王甫、曹节等奸虐弄权,扇动内外,太尉段颎阿附之。节、甫父兄子弟为卿、校、牧、守、令、长者布满天下,所在贪暴。甫养子吉为沛相,尤残酷,凡杀人,皆磔尸车上,随其罪目,宣示属县,夏月腐烂,则以绳连其骨,周遍一郡乃止,见者骇惧。视事五年,凡杀万馀人。尚书令阳球常扼髀发愤曰:“若阳球作司隶,此曹子安得容乎!”既而球果迁司隶。

甫使门生于京兆界辜榷官财物七千馀万,京兆尹杨彪发其奸,言之司隶。彪,赐之子也。时甫休沐里舍,颎方以日食自劾。球诣阙谢恩,因奏甫、颎及中常侍淳于登、袁赦、封𬯎等罪恶,辛巳,悉收甫、颎等送雒阳狱,及甫子永乐少府萌、沛相吉。球自临考甫等,五毒备极;萌先尝为司隶,乃谓球曰:“父子既当伏诛,亦以先后之义,少以楚毒假借老父。”球曰:“尔罪恶无状,死不灭责,乃欲论先后求假借邪!”萌乃骂曰:“尔前奉事吾父子如奴,奴敢反汝主乎! 今日临厄相挤,行自及也!”球使以土窒萌口,箠扑交至,父子悉死于杖下;颎亦自杀。乃僵磔甫尸于夏城门,大署榜曰:“贼臣王甫。”尽没入其财产,妻子皆徙比景。

球既诛甫,欲以次表曹节等,乃敕中都官从事曰:“且先去权贵大猾,乃议其馀耳。公卿豪右若袁氏儿辈,从事自办之,何须校尉邪!”权门闻之,莫不屏气。曹节等皆不敢出沐。会顺帝虞贵人葬,百官会丧还,曹节见磔甫尸道次,慨然抆泪曰:“我曹可自相食,何宜使犬舐其汁乎!”语诸常侍:“今且俱入,勿过里舍也。”节直入省,白帝曰:“阳球故酷暴吏,前三府奏当免官,以九江微功,复见擢用。怨过之人,好为妄作,不宜使在司隶,以骋毒虐。”帝乃徙球为卫尉。时球出谒陵,节敕尚书令召拜,不得稽留尺一。球被召急,因求见帝,叩头曰:“臣无清高之行,横蒙鹰犬之任,前虽诛王甫、段颎,盖狐狸小丑,未足宣示天下。愿假臣一月,必令豺狼鸱枭各服其辜。”叩头流血。殿上呵叱曰:“卫尉扞诏邪!”至于再三,乃受拜。

于是曹节、朱瑀等权势复盛。节领尚书令。郎中梁人审忠上书曰:“陛下即位之初,未能万机,皇太后念在抚育,权时摄政,故中常侍苏康、管霸应时诛殄。太傅陈蕃、大将军窦武考其党与,志清朝政。华容侯朱瑀知事觉露,祸及其身,遂兴造逆谋,作乱王室,撞蹹省闼,执夺玺绶,迫胁陛下,聚会群臣,离间骨肉母子之恩,遂诛蕃、武及尹勋等。因共割裂城社,自相封赏,父子兄弟,被蒙尊荣,素所亲厚,布在州郡,或登九列,或据三司。不惟禄重位尊之责,而苟营私门,多蓄财货,缮修第舍,连里竟巷,盗取御水,以作渔钓,车马服玩,拟于天家。群公卿士,杜口吞声,莫敢有言,州牧郡守,承顺风旨,辟召选举,释贤取愚。故虫蝗为之生,夷寇为之起。天意愤盈,积十馀年;故频岁日食于上,地震于下,所以谴戒人主,欲令觉悟,诛锄无状。昔高宗以雊雉之变,故获中兴之功,近者神祇启悟陛下,发赫斯之怒,故王甫父子应时馘截,路人士女莫不称善,若除父母之仇。诚怪陛下复忍孽臣之类,不悉殄灭。昔秦信赵高,以危其国,吴使刑臣,身遘其祸。今以不忍之恩,赦夷族之罪,奸谋一成,悔亦何及!臣为郎十五年,皆耳目闻见,瑀之所为,诚皇天所不复赦。愿陛下留漏刻之听,裁省臣表,扫灭丑类,以答天怒。与瑀考验,有不如言,愿受汤镬之诛,妻子并徙,以绝妄言之路。"章寝不报。

中常侍吕强清忠奉公,帝以众例封为都乡侯,强固辞不受,因上疏陈事曰:"臣闻高祖重约,非功臣不侯,所以重天爵、明劝戒也。中常侍曹节等,宦官祐薄,品卑人贱,谗谄媚主,佞邪徼宠,有赵高之祸,未被辕裂之诛。陛下不悟,妄授茅土,开国承家,小人是用,又并及家人,重金兼紫,交结邪党,下比群佞。阴阳乖刺,稼穑荒芜,人用不康,罔不由兹。臣诚知封事已行,言之无逮,所以冒死干触陈愚忠者,实愿陛下损改既谬,从此一止。臣又闻后宫采女数千馀人,衣食之费日数百金,比谷虽贱而户有饥色,按法当贵而今更贱者,由赋发繁数,以解县官,寒不敢衣,饥不敢食,民有斯厄而莫之恤。宫女无用,填积后庭,天下虽复尽力耕桑,犹不能供。又,前召议郎蔡邕对问于金商门,邕不敢怀道迷国,而切言极对,毁刺贵臣,讥呵宦官。陛下不密其言,至令宣露,群邪项领,膏唇拭舌,竞欲咀嚼,造作飞条。陛下回受诽谤,致邕刑罪,室家徙放,老幼流离,岂不负忠臣哉!今群臣皆以邕为戒,上畏不测之难,下惧剑客之害,臣知朝廷不复得闻忠言矣!故太尉段颎,武勇冠世,习于边事,垂发服戎,功成皓首,历事二主,勋烈独昭。陛下既已式序,位登台司,而为司隶校尉阳球所见诬胁,一身既毙,而妻子远播,天下恫怅,功臣失望。宜征邕更加授任,反颎家属,则忠贞路开,众怨以弭矣。"帝知其忠而不能用。

8　丁酉,赦天下。

9　上禄长和海上言:"礼,从祖兄弟别居异财,恩义已轻,服属疏末。而今党人锢及五族,既乖典训之文,有谬经常之法。"帝览之而悟,于是党锢自从祖以下皆得解释。

10　五月,以卫尉刘宽为太尉。

11 护匈奴中郎将张脩与南单于呼徵不相能,脩擅斩之,更立右贤王羌渠为单于。秋,七月,脩坐不先请而擅诛杀,槛车征诣廷尉,死。

12 初,司徒刘郃兄侍中儵与窦武同谋,俱死,永乐少府陈球说郃曰:"公出自宗室,位登台鼎,天下瞻望,社稷镇卫,岂得雷同,容容无违而已。今曹节等放纵为害,而久在左右,又公兄侍中受害节等,今可表徙卫尉阳球为司隶校尉,以次收节等诛之,政出圣主,天下太平,可翘足而待也!"郃曰:"凶竖多耳目,恐事未会,先受其祸。"尚书刘纳曰:"为国栋梁,倾危不持,焉用彼相邪!"郃许诺,亦与阳球结谋。球小妻,程璜之女,由是节等颇得闻知,乃重赂璜,且胁之。璜惧迫,以球谋告节,节因共白帝曰:"郃与刘纳、陈球、阳球交通书疏,谋议不轨。"帝大怒。冬,十月甲申,刘郃、陈球、刘纳、阳球皆下狱,死。

13 巴郡板楯蛮反,遣御史中丞萧瑗督益州刺史讨之,不克。

14 十二月,以光禄勋杨赐为司徒。

15 鲜卑寇幽、并二州。

三年(庚申,180)

1 春,正月癸酉,赦天下。

2 夏,四月,江夏蛮反。

3 秋,酒泉地震。

4 冬,有星孛于狼、弧。

5 鲜卑寇幽、并二州。

6 十二月己巳,立贵人何氏为皇后。征后兄颍川太守进为侍中。后本南阳屠家,以选入掖庭,生皇子辩,故立之。

7 是岁作罼圭、灵昆苑。司徒杨赐谏曰:"先帝之制,左开鸿池,右作上林,不奢不约,以合礼中。今猥规郊城之地以为苑囿,坏沃衍,废田园,驱居民,畜禽兽,殆非所谓若保赤子之义。今城外之苑已有五六,可以逞情意,顺四节也。宜惟夏禹卑宫、太宗露台之意,以尉下民之劳。"书奏,帝欲止,以问侍中任芝、乐松;对曰:"昔文王之囿百里,人以为小;齐宣五里,人以为大。今与百姓共之,无害于政也。"帝悦,遂为之。

8 巴郡板楯蛮反。

9 苍梧、桂阳贼攻郡县,零陵太守杨璇制马车数十乘,以排囊盛石灰于车上,系布索于马尾;又为兵车,专毂弓弩。及战,令马车居前,顺风鼓灰,贼不得视,因以火烧布然,马惊,奔突贼阵,因使后车弓弩乱发,钲鼓鸣震,群盗波骇破散,追逐伤斩无数,枭其渠帅,郡境以清。荆州刺史赵凯诬奏琁实非身亲破贼,而妄有其功;琁与相章奏。凯有党助,遂槛车征琁,防禁严密,无由自讼;乃噬臂出血,书衣为章,具陈破贼形势,及言凯所诬状,潜令亲属诣阙通之。诏书原琁,拜议郎;凯受诬人之罪。琁,乔之弟也。

资治通鉴卷第五十八

汉纪五十

孝灵皇帝中

光和四年（辛酉，181）

1　春，正月，初置骐骥厩丞，领受郡国调马。豪右辜榷，马一匹至二百万。

2　夏，四月庚子，赦天下。

3　<u>交趾乌浒</u>蛮久为乱，牧守不能禁。<u>交趾</u>人<u>梁龙</u>等复反，攻破郡县。诏拜<u>兰陵</u>令会稽<u>朱儁</u>为<u>交趾</u>刺史，击斩<u>梁龙</u>，降者数万人，旬月尽定；以功封都亭侯，征为谏议大夫。

4　六月庚辰，雨雹如鸡子。

5　秋，九月庚寅朔，日有食之。

6　太尉<u>刘宽</u>免，卫尉<u>许馘</u>为太尉。

7　闰月辛酉，<u>北宫</u>东掖庭永巷署灾。

8　司徒<u>杨赐</u>罢；冬，十月，太常<u>陈耽</u>为司徒。

9　鲜卑寇<u>幽</u>、<u>并</u>二州。<u>檀石槐</u>死，子<u>和连</u>代立。<u>和连</u>才力不及父而贪淫，后出攻<u>北地</u>，<u>北地</u>人射杀之。其子<u>骞曼</u>尚幼，兄子<u>魁头</u>立。后<u>骞曼</u>长大，与<u>魁头</u>争国，众遂离散。<u>魁头</u>死，弟<u>步度根</u>立。

10　是岁，帝作列肆于后宫，使诸采女贩卖，更相盗窃争斗；帝著商贾服，从之饮宴为乐。又于<u>西园</u>弄狗，著进贤冠，带绶。又驾四驴，帝躬自操辔，驱驰周旋，京师转相仿效，驴价遂与马齐。

帝好为私稸，收天下之珍货，每郡国贡献，先输中署，名为"导行费"。中常侍<u>吕强</u>上疏谏曰："天下之财，莫不生之阴阳，归之陛下，岂有公私！而今中尚方敛诸郡之宝，中御府积天下之缯，<u>西园</u>引司农之藏，中厩聚太仆之马，而所输之府，辄有导行之财，调广民困，费多献少，奸吏因其利，百姓受其敝。又，阿媚之臣，好献其私，容谄姑息，自此而进。旧典：选举委任三府，尚书受奏御而已；受试任用，责以成功，功无可察，然后付之尚书举劾,请下廷尉覆按虚实,行其罪罚;于是三公每有所选,参议掾属,咨其行状,度其器能;然犹有旷职废官,荒秽不治。今但任尚书,或有诏用,如是,三公得免选举之负,尚书亦复不坐,责赏无归,岂肯空自劳苦乎!"书奏,不省。

11　<u>何皇后</u>性强忌,后宫<u>王美人</u>生皇子<u>协</u>,后鸩杀美人。帝大怒,欲废后;诸中官固请,得止。

12　大长秋<u>华容侯曹节</u>卒,中常侍<u>赵忠</u>代领大长秋。

五年(壬戌,182)

1　春,正月辛未,赦天下。

2　诏公卿以谣言举刺史、二千石为民蠹害者。太尉<u>许馘</u>、司空<u>张济</u>承望内官,受取货赂,其宦者子弟、宾客,虽贪污秽浊,皆不敢问,而虚纠边远小郡清修有惠化者二十六人,吏民诣阙陈诉。司徒<u>陈耽</u>上言:"公卿所举,率党其私,所谓放鸱枭而囚鸾凤。"帝以让<u>馘</u>、<u>济</u>,由是诸坐谣言征者,悉拜议郎。

3　二月,大疫。

4　三月,司徒<u>陈耽</u>免。

5　夏,四月,旱。

6　以太常<u>袁隗</u>为司徒。

7　五月庚申,<u>永乐宫</u>署灾。

8　秋,七月,有星孛于太微。

9　<u>板楯蛮</u>寇乱<u>巴郡</u>,连年讨之,不能克。帝欲大发兵,以问<u>益州</u>计吏<u>汉中程包</u>,对曰:"<u>板楯</u>七姓,自<u>秦</u>世立功,复其租赋。其人勇猛善战。昔<u>永初</u>中,<u>羌</u>入<u>汉川</u>,郡县破坏,得<u>板楯</u>救之,<u>羌</u>死败殆尽,<u>羌</u>人号为神兵,传语种辈,勿复南行。至<u>建和</u>二年,<u>羌</u>复大入,实赖<u>板楯</u>连摧破之。前车骑将军<u>冯绲</u>南征<u>武陵</u>,亦倚<u>板楯</u>以成其功。近<u>益州</u>郡乱,太守<u>李颙</u>亦以<u>板楯</u>讨而平之。忠功如此,本无恶心。长吏乡亭更赋至重,仆役箠楚,过于奴虏,亦有嫁妻卖子,或乃至自刭割,虽陈冤州郡,而牧守不为通理,阙庭悠远,不能自闻,含怨呼天,无所叩诉,故邑落相聚以致叛戾,非有谋主僭号以图不轨。今但选明能牧守,自然安集,不烦征伐也!"帝从其言,选用太守<u>曹谦</u>,宣诏赦之,即时皆降。

10　八月,起四百尺观于<u>阿亭道</u>。

11　冬,十月,太尉<u>许馘</u>罢;以太常<u>杨赐</u>为太尉。

12　帝校猎上林苑,历函谷关,遂狩于广成苑。十二月,还,幸太学。

13　桓典为侍御史,宦官畏之。典常乘骢马,京师为之语曰:"行行且止,避骢马御史!"典,焉之孙也。

六年(癸亥,183)

1　春,三月辛未,赦天下。

2　夏,大旱。

3　爵号皇后母为舞阳君。

4　秋,金城河水溢出二十馀里。

5　五原山岸崩。

6　初,钜鹿张角奉事黄、老,以妖术教授,号"太平道"。咒符水以疗病,令病者跪拜首过,或时病愈,众共神而信之。角分遣弟子周行四方,转相诳诱,十馀年间,徒众数十万,自青、徐、幽、冀、荆、扬、兖、豫八州之人,莫不毕应。或弃卖财产,流移奔赴,填塞道路,未至病死者亦以万数。郡县不解其意,反言角以善道教化,为民所归。

太尉杨赐时为司徒,上书言:"角诳曜百姓,遭赦不悔,稍益滋蔓。今若下州郡捕讨,恐更骚扰,速成其患。宜切敕刺史、二千石,简别流民,各护归本郡,以孤弱其党,然后诛其渠帅,可不劳而定。"会赐去位,事遂留中。司徒掾刘陶复上疏申赐前议,言:"角等阴谋益甚,四方私言,云角等窃入京师,觇视朝政。鸟声兽心,私共鸣呼;州郡忌讳,不欲闻之,但更相告语,莫肯公文。宜下明诏,重募角等,赏以国土,有敢回避,与之同罪。"帝殊不为意,方诏陶次第春秋条例。

角遂置三十六方;方,犹将军也,大方万馀人,小方六七千,各立渠帅;讹言:"苍天已死,黄天当立,岁在甲子,天下大吉。"以白土书京城寺门及州郡官府,皆作"甲子"字。大方马元义等先收荆、扬数万人,期会发于邺。元义数往来京师,以中常侍封谞、徐奉等为内应,约以三月五日内外俱起。

中平元年(甲子,184)

1　春,角弟子济南唐周上书告之。于是收马元义,车裂于雒阳。诏三公、司隶按验宫省直卫及百姓有事角道者,诛杀千馀人;下冀州逐捕角等。角等知事已露,晨夜驰敕诸方,一时俱起,皆著黄巾以为标帜,故时人谓之"黄巾贼"。二月,角自称天公将军,角弟宝称地公将军,宝弟梁称人公将军,所在燔烧官府,劫略聚邑,州郡失据,长吏多逃亡;旬月之间,天下响应,京师震动。安平、甘陵人各执其王应贼。

三月戊申,以河南尹何进为大将军,封慎侯,率左右羽林、五营营士屯都亭,修理器械,以镇京师;置函谷、太谷、广成、伊阙、辕辕、旋门、孟津、小平津八关都尉。

帝召群臣会议。北地太守皇甫嵩以为宜解党禁,益出中藏钱、西园厩马以班军士。嵩,规之兄子也。上问计于中常侍吕强,对曰:"党锢久积,人情怨愤,若不赦宥,轻与张角合谋,为变滋大,悔之无救。今请先诛左右贪浊者,大赦党人,料简刺史、二千石能否,则盗无不平矣。"帝惧而从之。壬子,赦天下党人,还诸徒者;唯张角不赦。发天下精兵,遣北中郎将卢植讨张角,左中郎将皇甫嵩、右中郎将朱儁讨颍川黄巾。

是时中常侍赵忠、张让、夏恽、郭胜、段珪、宋典等皆封侯贵宠,上常言:"张常侍是我公,赵常侍是我母。"由是宦官无所惮畏,并起第宅,拟则宫室。上尝欲登永安候台,宦官恐望见其居处,乃使中大人尚但谏曰:"天子不当登高,登高则百姓虚散。"上自是不敢复升台榭。及封谞、徐奉事发,上诘责诸常侍曰:"汝曹常言党人欲为不轨,皆令禁锢,或有伏诛者。今党人更为国用,汝曹反与张角通,为可斩未?"皆叩头曰:"此王甫、侯览所为也!"于是诸常侍人人求退,各自征还宗亲、子弟在州郡者。

赵忠、夏恽等遂共谮吕强,云与党人共议朝廷,数读霍光传。强兄弟所在并皆贪秽。帝使中黄门持兵召强。强闻帝召,怒曰:"吾死,乱起矣!丈夫欲尽忠国家,岂能对狱吏乎!"遂自杀。忠、恽复谮曰:"强见召,未知所问而就外自屏,有奸明审。"遂收捕其宗亲,没入财产。

侍中河内向栩上便宜,讥刺左右。张让诬栩与张角同心,欲为内应,收送黄门北寺狱,杀之。郎中中山张钧上书曰:"窃惟张角所以能兴兵作乱,万民所以乐附之者,其源皆由十常侍多放父兄、子弟、婚亲、宾客典据州郡,辜榷财利,侵掠百姓,百姓之冤,无所告诉,故谋议不轨,聚为盗贼。宜斩十常侍,县头南郊,以谢百姓,遣使者布告天下,可不须师旅而大寇自消。"帝以钧章示诸常侍,皆免冠徒跣顿首,乞自致雒阳诏狱,并出家财以助军费。有诏,皆冠履视事如故。帝怒钧曰:"此真狂子也!十常侍固当有一人善者不!"御史承旨,遂诬奏钧学黄巾道,收掠,死狱中。

2　庚子,南阳黄巾张曼成攻杀太守褚贡。

3　帝问太尉杨赐以黄巾事,赐所对切直,帝不悦。夏,四月,赐坐寇贼免。以太仆弘农邓盛为太尉。已而帝阅录故事,得赐与刘陶所上张角奏,乃封赐为<u>临晋</u>侯,<u>陶</u>为<u>中陵</u>乡侯。

4　司空<u>张济</u>罢;以大司农<u>张温</u>为司空。

5　<u>皇甫嵩</u>、<u>朱儁</u>合将四万馀人共讨<u>颍川</u>,<u>嵩</u>、<u>儁</u>各统一军。<u>儁</u>与贼<u>波才</u>战,败;<u>嵩</u>进保<u>长社</u>。

6　<u>汝南</u>黄巾败太守<u>赵谦</u>于<u>邵陵</u>。<u>广阳</u>黄巾杀幽州刺史<u>郭勋</u>及太守<u>刘卫</u>。

7　<u>波才</u>围<u>皇甫嵩</u>于<u>长社</u>。<u>嵩</u>兵少,军中皆恐。贼依草结营,会大风,<u>嵩</u>约敕军士皆束苣乘城,使锐士间出围外,纵火大呼,城上举燎应之,<u>嵩</u>从城中鼓噪而出,奔击贼陈,贼惊,乱走。会骑都尉<u>沛国曹操</u>将兵适至,五月,<u>嵩</u>、<u>操</u>与<u>朱儁</u>合军,更与贼战,大破之,斩首数万级。封<u>嵩</u>都乡侯。

<u>操</u>父<u>嵩</u>,为中常侍<u>曹腾</u>养子,不能审其生出本末,或云<u>夏侯</u>氏子也。<u>操</u>少机警,有权数,而任侠放荡,不治行业;世人未之奇也,唯太尉<u>桥玄</u>及<u>南阳何颙</u>异焉。<u>玄</u>谓<u>操</u>曰:“天下将乱,非命世之才,不能济也。能安之者,其在君乎!”<u>颙</u>见<u>操</u>,叹曰:“汉家将亡,安天下者,必此人也。”<u>玄</u>谓<u>操</u>曰:“君未有名,可交<u>许子将</u>。”子将者,<u>训</u>之从子<u>劭</u>也,好人伦,多所赏识,与从兄<u>靖</u>俱有高名,好共核论乡党人物,每月辄更其品题,故<u>汝南</u>俗有月旦评焉。尝为郡功曹,府中闻之,莫不改操饰行。<u>曹操</u>往造<u>劭</u>而问之曰:“我何如人?”<u>劭</u>鄙其为人,不答。<u>操</u>乃劫之,<u>劭</u>曰:“子,治世之能臣,乱世之奸雄。”<u>操</u>大喜而去。

<u>朱儁</u>之击黄巾也,其护军司马<u>北地傅燮</u>上疏曰:“臣闻天下之祸不由于外,皆兴于内。是故<u>虞舜</u>先除四凶,然后用十六相,明恶人不去,则善人无由进也。今<u>张角</u>起于<u>赵</u>、<u>魏</u>,黄巾乱于六州,此皆衅发萧墙而祸延四海者也。臣受戎任,奉辞伐罪,始到<u>颍川</u>,战无不克;黄巾虽盛,不足为庙堂忧也。臣之所惧,在于治水不自其源,末流弥增其广耳。陛下仁德宽容,多所不忍,故阉竖弄权,忠臣不进。诚使<u>张角</u>枭夷,黄巾变服,臣之所忧,甫益深耳。何者? 夫邪正之人不宜共国,亦犹冰炭不可同器。彼知正人之功显而危亡之兆见,皆将巧辞饰说,共长虚伪。夫孝子疑于屡至,市虎成于三夫,若不详察真伪,忠臣将复有<u>杜邮</u>之戮矣! 陛下宜思<u>虞舜</u>四罪之举,速行谗佞之诛,则善人思进,奸凶自息。”<u>赵忠</u>见其疏而恶之。<u>燮</u>击黄巾,功多当封,<u>忠</u>潜诉之;帝识<u>燮</u>言,得不加罪,竟亦不封。

8　<u>张曼成</u>屯<u>宛</u>下百馀日;六月,<u>南阳</u>太守<u>秦颉</u>击<u>曼成</u>,斩之。

9　<u>交趾</u>土多珍货,前后刺史多无清行,财计盈给,辄求迁代,故吏民怨叛,执刺史及<u>合浦</u>太守<u>来达</u>,自称柱天将军。三府选京令<u>东郡贾琮</u>为<u>交</u>

趾刺史。琼到部,讯其反状,咸言"赋敛过重,百姓莫不空单。京师遥远,告冤无所,民不聊生,故聚为盗贼"。琼即移书告示,各使安其资业,招抚荒散,蠲复徭役,诛斩渠帅为大害者,简选良吏试守诸县,岁间荡定,百姓以安。巷路为之歌曰:"贾父来晚,使我先反;今见清平,吏不敢饭!"

10　皇甫嵩、朱儁乘胜进讨汝南、陈国黄巾,追波才于阳翟,击彭脱于西华,并破之,馀贼降散,三郡悉平。嵩乃上言其状,以功归儁,于是进封儁西乡侯,迁镇贼中郎将。诏嵩讨东郡,儁讨南阳。

北中郎将卢植连战破张角,斩获万馀人,角等走保广宗。植筑围凿堑,造作云梯,垂当拔之。帝遣小黄门左丰视军,或劝植以赂送丰,植不肯。丰还,言于帝曰:"广宗贼易破耳,卢中郎固垒息军,以待天诛。"帝怒,槛车征植,减死一等;遣东中郎将陇西董卓代之。

11　巴郡张脩以妖术为人疗病,其法略与张角同,令病家出五斗米,号"五斗米师"。秋,七月,脩聚众反,寇郡县;时人谓之"米贼"。

12　八月,皇甫嵩与黄巾战于苍亭,获其帅卜巳。董卓攻张角无功,抵罪。乙巳,诏嵩讨角。

13　九月,安平王续坐不道,诛,国除。

初,续为黄巾所虏,国人赎之得还,朝廷议复其国。议郎李燮曰:"续守藩不称,损辱圣朝,不宜复国。"朝廷不从。燮坐谤毁宗室,输作左校;未满岁,王坐诛,乃复拜议郎。京师为之语曰:"父不肯立帝,子不肯立王。"

14　冬,十月,皇甫嵩与张角弟梁战于广宗,梁众精勇,嵩不能克;明日,乃闭营休士以观其变,知贼意稍懈,乃潜夜勒兵,鸡鸣,驰赴其陈,战至晡时,大破之,斩梁,获首三万级,赴河死者五万许人。角先已病死,剖棺戮尸,传首京师。十一月,嵩复攻角弟宝于下曲阳,斩之,斩获十馀万人。即拜嵩为左车骑将军,领冀州牧,封槐里侯。嵩能温恤士卒,每军行顿止,须营幔修立,然后就舍,军士皆食,尔乃尝饭,故所向有功。

15　北地先零羌及枹罕、河关群盗反,共立湟中义从胡北宫伯玉、李文侯为将军,杀护羌校尉泠徵。金城人边章、韩遂素著名西州,群盗诱而劫之,使专任军政,杀金城太守陈懿,攻烧州郡。

初,武威太守倚恃权贵,恣行贪暴,凉州从事武都苏正和案致其罪。刺史梁鹄惧,欲杀正和以免其负,访于汉阳长史敦煌盖勋。勋素与正和有仇,或劝勋因此报之,勋曰:"谋事杀良,非忠也;乘人之危,非仁也。"乃谏鹄曰:"夫继食鹰隼,欲其鸷也。鸷而亨之,将何用哉!"鹄乃止。正和诣勋求谢,勋不见,曰:"吾为梁使君谋,不为苏正和也。"怨之如初。

后刺史左昌盗军谷数万,勋谏之。昌怒,使勋与从事辛曾、孔常别屯阿阳以拒贼,欲因军事罪之;而勋数有战功。及北宫伯玉之攻金城也,勋劝昌救之,昌不从。陈懿既死,边章等进围昌于冀,昌召勋等自救,辛曾等疑不肯赴,勋怒曰:"昔庄贾后期,穰苴奋剑。今之从事岂重于古之监军乎!"曾等惧而从之。勋至冀,诮让章等以背叛之罪;皆曰:"左使君若早从君言,以兵临我,庶可自改;今罪已重,不得降也。"乃解围去。

叛羌围校尉夏育于畜官,勋与州郡合兵救育,至狐槃,为羌所败。勋馀众不及百人,身被三创,坚坐不动,指木表曰:"尸我于此!"句就种羌滇吾以兵扞众曰:"盖长史贤人,汝曹杀之者为负天。"勋仰骂曰:"死反虏!汝何知,促来杀我!"众相视而惊。滇吾下马与勋,勋不肯上,遂为羌所执。羌服其义勇,不敢加害,送还汉阳。后刺史杨雍表勋领汉阳太守。

16 张曼成馀党更以赵弘为帅,众复盛,至十馀万,据宛城。朱儁与荆州刺史徐璆等合兵围之,自六月至八月不拔;有司奏征儁。司空张温上疏曰:"昔秦用白起,燕任乐毅,皆旷年历载,乃能克敌。儁讨颍川已有功效,引师南指,方略已设;临军易将,兵家所忌,宜假日月,责其成功。"帝乃止。儁击弘,斩之。

贼帅韩忠复据宛拒儁,儁鸣鼓攻其西南,贼悉众赴之;儁自将精卒掩其东北,乘城而入。忠乃退保小城,惶惧乞降;诸将皆欲听之,儁曰:"兵固有形同而势异者。昔秦、项之际,民无定主,故赏附以劝来耳。今海内一统,唯黄巾造逆。纳降无以劝善,讨之足以惩恶。今若受之,更开逆意,贼利则进战,钝则乞降,纵敌长寇,非良计也!"因急攻,连战不克。儁登土山望之,顾谓司马张超曰:"吾知之矣。贼今外围周固,内营逼急,乞降不受,欲出不得,所以死战也。万人一心,犹不可当,况十万乎!不如彻围,并兵入城,忠见围解,势必自出,自出则意散,易破之道也。"既而解围,忠果出战,儁因击,大破之,斩首万馀级。

南阳太守秦颉杀忠,馀众复奉孙夏为帅,还屯宛。儁急攻之,司马孙坚率众先登;癸巳,拔宛城。孙夏走,儁追至西鄂精山,复破之,斩万馀级。于是黄巾破散,其馀州郡所诛,一郡数千人。

17 十二月己巳,赦天下,改元。

18 豫州刺史太原王允破黄巾,得张让宾客书,与黄巾交通,上之。上责怒让;让叩头陈谢,竟亦不能罪也。让由是以事中允,遂传下狱,会赦,还为刺史,旬日间,复以他罪被捕。杨赐不欲使更楚辱,遣客谢之曰:

"君以张让之事,故一月再征,凶慝难量,幸为深计!"诸从事好气决者,共流涕奉药而进之。允厉声曰:"吾为人臣,获罪于君,当伏大辟以谢天下,岂有乳药求死乎!"投杯而起,出就槛车。既至廷尉,大将军进与杨赐、袁隗共上疏请之,得减死论。

二年(乙丑,185)

1 春,正月,大疫。

2 二月己酉,南宫云台灾。庚戌,乐城门灾。

中常侍张让、赵忠说帝敛天下田,亩十钱,以修宫室,铸铜人。乐安太守陆康上疏谏曰:"昔鲁宣税亩而蝝灾自生,哀公增赋而孔子非之,岂有聚夺民物以营无用之铜人,捐舍圣戒,自蹈亡王之法哉!"内幸谮康援引亡国以譬圣明,大不敬,槛车征诣廷尉。侍御史刘岱表陈解释,得免归田里。康,续之孙也。

又诏发州郡材木文石,部送京师。黄门常侍辄令谴呵不中者,因强折贱买,仅得本贾十分之一,因复货之,宦官复不为即受,材木遂至腐积,宫室连年不成。刺史、太守复增私调,百姓呼嗟。又令西园骓分道督趣,恐动州郡,多受赇赂。刺史、二千石及茂才、孝廉迁除,皆责助军、修宫钱,大郡至二三千万,馀各有差。当之官者,皆先至西园谐价,然后得去;其守清者乞不之官,皆迫遣之。时钜鹿太守河内司马直新除,以有清名,减责三百万。直被诏,怅然曰:"为民父母而反割剥百姓以称时求,吾不忍也。"辞疾;不听。行至孟津,上书极陈当世之失,即吞药自杀。书奏,帝为暂绝修宫钱。

3 以朱儁为右车骑将军。

4 自张角之乱,所在盗贼并起,博陵张牛角、常山褚飞燕及黄龙、左校、于氐根、张白骑、刘石、左髭文八、平汉大计、司隶缘城、雷公、浮云、白雀、杨凤、于毒、五鹿、李大目、白绕、眭固、苦蝤之徒,不可胜数,大者二三万,小者六七千人。

张牛角、褚飞燕合军攻瘿陶,牛角中流矢,且死,令其众奉飞燕为帅,改姓张。飞燕名燕,轻勇趫捷,故军中号曰"飞燕"。山谷寇贼多附之,部众浸广,殆至百万,号"黑山贼",河北诸郡县并被其害,朝廷不能讨。燕乃遣使至京师,奏书乞降;遂拜燕平难中郎将,使领河北诸山谷事,岁得举孝廉、计吏。

5 司徒袁隗免。三月,以廷尉崔烈为司徒。烈,寔之从兄也。

是时,三公往往因常侍、阿保入钱西园而得之,段颎、张温等虽有功勤名誉,然皆先输货财,乃登公位。烈因傅母入钱五百万,故得为司徒。及拜日,天子临轩,百僚毕会,帝顾谓亲幸者曰:"悔不少靳,可至千万!"程夫人于傍应曰:"崔公,冀州名士,岂肯买官!赖我得是,反不知姝邪!"烈由是声誉顿衰。

6　北宫伯玉等寇三辅,诏左车骑将军皇甫嵩镇长安以讨之。

时凉州兵乱不止,征发天下役赋无已,崔烈以为宜弃凉州。诏会公卿百官议之,议郎傅燮厉言曰:"斩司徒,天下乃安!"尚书奏燮廷辱大臣。帝以问燮,对曰:"樊哙以冒顿悖逆,愤激思奋,未失人臣之节,季布犹曰'哙可斩也'。今凉州天下要冲,国家藩卫。高祖初兴,使郦商别定陇右;世宗拓境,列置四郡,议者以为断匈奴右臂。今牧御失和,使一州叛逆;烈为宰相,不念为国思所以弭之之策,乃欲割弃一方万里之土,臣窃惑之!若使左衽之虏得居此地,士劲甲坚,因以为乱,此天下之至虑,社稷之深忧也。若烈不知,是极蔽也;知而故言,是不忠也。"帝善而从之。

7　夏,四月庚戌,大雨雹。

8　五月,太尉邓盛罢;以太仆河南张延为太尉。

9　六月,以讨张角功,封中常侍张让等十二人为列侯。

10　秋,七月,三辅螟。

11　皇甫嵩之讨张角也,过邺,见中常侍赵忠舍宅逾制,奏没入之。又中常侍张让私求钱五千万,嵩不与。二人由是奏嵩连战无功,所费者多,征嵩还,收左车骑将军印绶,削户六千。八月,以司空张温为车骑将军,执金吾袁滂为副,以讨北宫伯玉;拜中郎将董卓为破虏将军,与荡寇将军周慎并统于温。

12　九月,以特进杨赐为司空。冬,十月庚寅,临晋文烈侯杨赐薨。以光禄大夫许相为司空。相,训之子也。

13　谏议大夫刘陶上言:"天下前遇张角之乱,后遭边章之寇,今西羌逆类已攻河东,恐遂转盛,豕突上京。民有百走退死之心,而无一前斗生之计,西寇浸前,车骑孤危,假令失利,其败不救。臣自知言数见厌,而言不自裁者,以为国安则臣蒙其庆,国危则臣亦先亡也。谨复陈当今要急八事。"大较言天下大乱,皆由宦官。宦官共谮陶曰:"前张角事发,诏书示以威恩,自此以来,各各改悔。今者四方安静,而陶疾害圣政,专言妖孽。州郡不上,陶何缘知?疑陶与贼通情。"于是收陶下黄门北寺狱,掠按日急。陶谓使者曰:"臣恨不与伊、吕同畴,而以三仁为辈。今上杀忠謇之臣,下有憔悴之民,亦在不久,后悔何及!"遂闭气而死。前司徒陈耽为人忠正,宦官怨之,亦诬陷,死狱中。

14 张温将诸郡兵步骑十馀万屯美阳,边章、韩遂亦进兵美阳,温与战,辄不利。十一月,董卓与右扶风鲍鸿等并兵攻章、遂,大破之,章、遂走榆中。

温遣周慎将三万人追之。参军事孙坚说慎曰:"贼城中无谷,当外转粮食,坚愿得万人断其运道,将军以大兵继后,贼必困乏而不敢战,走入羌中,并力讨之,则凉州可定也!"慎不从,引军围榆中城,而章、遂分屯葵园峡,反断慎运道,慎惧,弃车重而退。

温又使董卓将兵三万讨先零羌,羌、胡围卓于望垣北,粮食乏绝,乃于所渡水中伪立隄以捕鱼,而潜从隄下过军。比贼追之,决水已深,不得渡,遂还屯扶风。

张温以诏书召卓,卓良久乃诣温;温责让卓,卓应对不顺。孙坚前耳语谓温曰:"卓不怖罪而鸱张大语,宜以召不时至,陈军法斩之。"温曰:"卓素著威名于河、陇之间,今日杀之,西行无依。"坚曰:"明公亲率王师,威震天下,何赖于卓!观卓所言,不假明公,轻上无礼,一罪也;章、遂跋扈经年,当以时进讨,而卓云未可,沮军疑众,二罪也;卓受任无功,应召稽留,而轩昂自高,三罪也。古之名将仗钺临众,未有不断斩以成功者也。今明公垂意于卓,不即加诛,亏损威刑,于是在矣。"温不忍发,乃曰:"君且还,卓将疑人。"坚遂出。

15 是岁,帝造万金堂于西园,引司农金钱、缯帛牣积堂中,复藏寄小黄门、常侍家钱各数千万,又于河间买田宅,起第观。

三年(丙寅,186)

1 春,二月,江夏兵赵慈反,杀南阳太守秦颉。

2 庚戌,赦天下。

3 太尉张延罢。遣使者持节就长安拜张温为太尉。三公在外始于温。

4 以中常侍赵忠为车骑将军。帝使忠论讨黄巾之功,执金吾甄举谓忠曰:"傅南容前在东军,有功不侯,天下失望。今将军亲当重任,宜进贤理屈,以副众心。"忠纳其言,遣弟城门校尉延致殷勤于傅燮。延谓燮曰:"南容少答我常侍,万户侯不足得也!"燮正色拒之曰:"有功不论,命也。傅燮岂求私赏哉!"忠愈怀恨,然惮其名,不敢害,出为汉阳太守。

5　帝使钩盾令宋典修南宫玉堂,又使掖庭令毕岚铸四铜人,又铸四钟,皆受二千斛。又铸天禄、虾蟆吐水于平门外桥东,转水入宫。又作翻车、渴乌,施于桥西,用洒南北郊路,以为可省百姓洒道之费。

6　五月壬辰晦,日有食之。

7　六月,荆州刺史王敏讨赵慈,斩之。

8　车骑将军赵忠罢。

9　冬,十月,武陵蛮反,郡兵讨破之。

10　前太尉张延为宦官所谮,下狱死。

11　十二月,鲜卑寇幽、并二州。

12　征张温还京师。

四年(丁卯,187)

1　春,正月己卯,赦天下。

2　二月,荥阳贼杀中牟令。三月,河南尹何苗讨荥阳贼,破之;拜苗为车骑将军。

3　韩遂杀边章及北宫伯玉、李文侯,拥兵十馀万,进围陇西,太守李相如叛,与遂连和。

凉州刺史耿鄙率六郡兵讨遂。鄙任治中程球,球通奸利,士民怨之。汉阳太守傅燮谓鄙曰:"使君统政日浅,民未知教。贼闻大军将至,必万人一心,边兵多勇,其锋难当;而新合之众,上下未和,万一内变,虽悔无及。不若息军养德,明赏必罚,贼得宽挺,必谓我怯,群恶争势,其离可必。然后率已教之民,讨成离之贼,其功可坐而待也!"鄙不从。夏,四月,鄙行至狄道,州别驾反应贼,先杀程球,次害鄙,贼遂进围汉阳。城中兵少粮尽,燮犹固守。

时北地胡骑数千随贼攻郡,皆夙怀燮恩,共于城外叩头,求送燮归乡里。燮子幹,年十三,言于燮曰:"国家昏乱,遂令大人不容于朝。今兵不足以自守,宜听羌、胡之请,还乡里,徐俟有道而辅之。"言未终,燮慨然叹曰:"汝知吾必死邪!圣达节,次守节。殷纣暴虐,伯夷不食周粟而死。吾遭世乱,不能养浩然之志,食禄,又欲避其难乎!吾行何之,必死于此!汝有才智,勉之勉之!主簿杨会,吾之程婴也。"

狄道人王国使故酒泉太守黄衍说燮曰:"天下已非复汉有,府君宁有意为吾属帅乎?"燮按剑叱衍曰:"若剖符之臣,反为贼说邪!"遂麾左右进兵,临陈战殁。耿鄙司马扶风马腾亦拥兵反,与韩遂合,共推王国为主,寇掠三辅。

4　太尉张温以寇贼未平,免;以司徒崔烈为太尉。五月,以司空许相为司徒;光禄勋沛国丁宫为司空。

5　初,张温发幽州乌桓突骑三千以讨凉州,故中山相渔阳张纯请将之,温不听,而使涿令辽西公孙瓒将之。军到蓟中,乌桓以牢禀逋县,多叛还本国。张纯忿不得将,乃与同郡故泰山太守张举及乌桓大人丘力居等连盟,劫略蓟中,杀护乌桓校尉公綦稠、右北平太守刘政、辽东太守阳终等,众至十馀万,屯肥如。举称天子,纯称弥天将军、安定王,移书州郡,云举当代汉,告天子避位,敕公卿奉迎。

6　冬,十月,长沙贼区星自称将军,众万馀人;诏以议郎孙坚为长沙太守,讨击平之,封坚乌程侯。

7　十一月,太尉崔烈罢;以大司农曹嵩为太尉。

8　十二月,屠各胡反。

9　是岁,卖关内侯,直五百万钱。

10　前太丘长陈寔卒,海内赴吊者三万馀人。寔在乡间,平心率物,其有争讼,辄求判正,晓譬曲直,退无怨者;至乃叹曰:“宁为刑罚所加,不为陈君所短!”杨赐、陈耽,每拜公卿,群僚毕贺,辄叹寔大位未登,愧于先之。

资治通鉴卷第五十九

汉纪五十一

孝灵皇帝下

中平五年（戊辰，188）

1　春，正月丁酉，赦天下。

2　二月，有星孛于紫宫。

3　黄巾馀贼郭大等起于河西白波谷，寇太原、河东。

4　三月，屠各胡攻杀并州刺史张懿。

5　太常江夏刘焉见王室多故，建议以为："四方兵寇，由刺史威轻，既不能禁，且用非其人，以致离叛。宜改置牧伯，选清名重臣以居其任。"焉内欲求交趾牧。侍中广汉董扶私谓焉曰："京师将乱，益州分野有天子气。"焉乃更求益州。会益州刺史郤俭赋敛烦扰，谣言远闻，而耿鄙、张懿皆为盗所杀，朝廷遂从焉议，选列卿、尚书为州牧，各以本秩居任。以焉为益州牧，太仆黄琬为豫州牧，宗正东海刘虞为幽州牧。州任之重，自此而始。焉，鲁恭王之后；虞，东海恭王之五世孙也。虞尝为幽州刺史，民夷怀其恩信，故用之。董扶及太仓令赵韪皆弃官，随焉入蜀。

6　诏发南匈奴兵配刘虞讨张纯，单于羌渠遣左贤王将骑诣幽州。国人恐发兵无已，于是右部醢落反，与屠各胡合，凡十馀万人，攻杀羌渠。国人立其子右贤王於扶罗为持至尸逐侯单于。

7　夏，四月，太尉曹嵩罢。

8　五月，以永乐少府南阳樊陵为太尉；六月，罢。

9　益州贼马相、赵祇等起兵绵竹，自号黄巾，杀刺史郤俭，进击巴郡、犍为，旬月之间，破坏三郡，有众数万，相自称天子。州从事贾龙率吏民攻相等，数日破走，州界清静。龙乃选吏卒迎刘焉。

焉徙治绵竹，抚纳离叛，务行宽惠，以收人心。

10　郡国七大水。

11　故太傅陈蕃子逸与术士襄楷会于冀州刺史王芬坐，楷曰："天文不利宦者,黄门、常侍真族灭矣。"逸喜。芬曰:"若然者,芬愿驱除!"因与豪杰转相招合,上书言"黑山贼"攻劫郡县,欲因以起兵。会帝欲北巡河间旧宅,芬等谋以兵徼劫,诛诸常侍、黄门,因废帝,立合肥侯,以其谋告议郎曹操。操曰:"夫废立之事,天下之至不祥也。古人有权成败、计轻重而行之者,伊、霍是也。伊、霍皆怀至忠之诚,据宰辅之势,因秉政之重,同众人之欲,故能计从事立。今诸君徒见曩者之易,未睹当今之难,而造作非常,欲望必克,不以危乎!"芬又呼平原华歆、陶丘洪共定计。洪欲行,歆止之曰:"夫废立大事,伊、霍之所难。芬性疏而不武,此必无成。"洪乃止。会北方夜半有赤气,东西竟天,太史上言:"北方有阴谋,不宜北行。"帝乃止。敕芬罢兵,俄而征之。芬惧,解印绶亡走,至平原,自杀。

12 秋,七月,以射声校尉马日磾为太尉。日磾,融之族孙也。

13 八月,初置西园八校尉,以小黄门蹇硕为上军校尉,虎贲中郎将袁绍为中军校尉,屯骑校尉鲍鸿为下军校尉,议郎曹操为典军校尉,赵融为助军左校尉,冯芳为助军右校尉,谏议大夫夏牟为左校尉,淳于琼为右校尉,皆统于蹇硕。帝自黄巾之起,留心戎事,硕壮健有武略,帝亲任之,虽大将军亦领属焉。

14 九月,司徒许相罢;以司空丁宫为司徒,光禄勋南阳刘弘为司空。

15 以卫尉条侯董重为票骑将军。重,永乐太后兄子也。

16 冬,十月,青、徐黄巾复起,寇郡县。

17 望气者以为京师当有大兵,两宫流血。帝欲厌之,乃大发四方兵,讲武于平乐观下,起大坛,上建十二重华盖,盖高十丈;坛东北为小坛,复建九重华盖,高九丈。列步骑数万人,结营为陈。甲子,帝亲出临军,驻大华盖下,大将军进驻小华盖下。帝躬擐甲、介马,称"无上将军",行陈三匝而还,以兵授进。帝问讨虏校尉盖勋曰:"吾讲武如是,何如?"对曰:"臣闻先王曜德不观兵。今寇在远而设近陈,不足以昭果毅,只黩武耳!"帝曰:"善!恨见君晚,群臣初无是言也。"勋谓袁绍曰:"上甚聪明,但蔽于左右耳。"与绍谋共诛嬖幸,蹇硕惧,出勋为京兆尹。

18 十一月,王国围陈仓。诏复拜皇甫嵩为左将军,督前将军董卓,合兵四万人以拒之。

19 张纯与丘力居钞略青、徐、幽、冀四州;诏骑都尉公孙瓒讨之。瓒与战于属国石门,纯等大败,弃妻子,逾塞走;悉得所略男女。瓒深入无继,反为丘力居等所围于辽西管子城,二百馀日,粮尽众溃,士卒死者什五六。

20　董卓谓皇甫嵩曰:"陈仓危急,请速救之。"嵩曰:"不然,百战百胜,不如不战而屈人兵。陈仓虽小,城守固备,未易可拔。王国虽强,攻陈仓不下,其众必疲,疲而击之,全胜之道也,将何救焉!"国攻陈仓八十馀日,不拔。

六年(己巳,189)

1　春,二月,国众疲敝,解围去,皇甫嵩进兵击之。董卓曰:"不可!兵法,穷寇勿迫,归众勿迫。"嵩曰:"不然。前吾不击,避其锐也;今而击之,待其衰也;所击疲师,非归众也,国众且走,莫有斗志,以整击乱,非穷寇也。"遂独进击之,使卓为后拒,连战,大破之,斩首万馀级。卓大惭恨,由是与嵩有隙。

韩遂等共废王国,而劫故信都令汉阳阎忠使督统诸部。忠病死,遂等稍争权利,更相杀害,由是浸衰。

2　幽州牧刘虞到部,遣使至鲜卑中,告以利害,责使送张举、张纯首,厚加购赏。丘力居等闻虞至,喜,各遣译自归。举、纯走出塞,馀皆降散。虞上罢诸屯兵,但留降虏校尉公孙瓒,将步骑万人屯右北平。三月,张纯客王政杀纯,送首诣虞。公孙瓒志欲扫灭乌桓,而虞欲以恩信招降,由是与瓒有隙。

3　夏,四月丙子朔,日有食之。

4　太尉马日磾免;遣使即拜幽州牧刘虞为太尉,封容丘侯。

5　蹇硕忌大将军进,与诸常侍共说帝遣进西击韩遂;帝从之。进阴知其谋,奏遣袁绍收徐、兖二州兵,须绍还而西,以稽行期。

6　初,帝数失皇子,何皇后生子辩,养于道人史子眇家,号曰"史侯"。王美人生子协,董太后自养之,号曰"董侯"。群臣请立太子。帝以辩轻佻无威仪,欲立协,犹豫未决。会疾笃,属协于蹇硕。丙辰,帝崩于嘉德殿。硕时在内,欲先诛何进而立协,使人迎进,欲与计事;进即驾往。硕司马潘隐与进早旧,迎而目之。进惊,驰从儳道归营,引兵入屯百郡邸,因称疾不入。

戊午,皇子辩即皇帝位,年十四。尊皇后曰皇太后。太后临朝。赦天下,改元为光熹。封皇弟协为勃海王。协年九岁。以后将军袁隗为太傅,与大将军何进参录尚书事。

进既秉朝政,忿蹇硕图己,阴规诛之。袁绍因进亲客张津,劝进悉诛诸宦官。进以袁氏累世贵宠,而绍与从弟虎贲中郎将术皆为豪桀所归,信而用之。复博征智谋之士何颙、荀攸及河南郑泰等二十馀人，以颙为北军中候，攸为黄门侍郎，泰为尚书，与同腹心。攸，爽之从孙也。

蹇硕疑不自安，与中常侍赵忠、宋典等书曰："大将军兄弟秉国专朝，今与天下党人谋诛先帝左右，扫灭我曹，但以硕典禁兵，故且沉吟。今宜共闭上阁，急捕诛之。"中常侍郭胜，进同郡人也，太后及进之贵幸，胜有力焉，故亲信何氏；与赵忠等议，不从硕计，而以其书示进。庚午，进使黄门令收硕，诛之，因悉领其屯兵。

骠骑将军董重，与何进权势相害，中官挟重以为党助。董太后每欲参干政事，何太后辄相禁塞，董后忿恚，詈曰："汝今辀张，怙汝兄耶！吾敕骠骑断何进头，如反手耳！"何太后闻之，以告进。五月，进与三公共奏："孝仁皇后使故中常侍夏恽等交通州郡，辜较财利，悉入西省。故事，蕃后不得留京师；请迁宫本国。"奏可。辛巳，进举兵围骠骑府，收董重，免官，自杀。六月，辛亥，董太后忧怖，暴崩。民间由是不附何氏。

7　辛酉，葬孝灵皇帝于文陵。何进惩蹇硕之谋，称疾，不入陪丧，又不送山陵。

8　大水。

9　秋，七月，徙勃海王协为陈留王。

10　司徒丁宫罢。

11　袁绍复说何进曰："前窦武欲诛内宠而反为所害者，但坐言语漏泄；五营兵士皆畏服中人，而窦氏反用之，自取祸灭。今将军兄弟并领劲兵，部曲将吏皆英俊名士，乐尽力命，事在掌握，此天赞之时也。将军宜一为天下除患，以垂名后世，不可失也！"进乃白太后，请尽罢中常侍以下，以三署郎补其处。太后不听，曰："中官统领禁省，自古及今，汉家故事，不可废也。且先帝新弃天下，我奈何楚楚与士人共对事乎！"进难违太后意，且欲诛其放纵者。绍以为中官亲近至尊，出纳号令，今不悉废，后必为患。而太后母舞阳君及何苗数受诸宦官赂遗，知进欲诛之，数白太后为其障蔽；又言："大将军专杀左右，擅权以弱社稷。"太后疑以为然。进新贵，素敬惮中官，虽外慕大名而内不能断，故事久不决。

绍等又为画策，多召四方猛将及诸豪杰，使并引兵向京城，以胁太后；进然之。主簿广陵陈琳谏曰："谚称'掩目捕雀'，夫微物尚不可欺以得志，况国之大事，其可以诈立乎！今将军总皇威，握兵要，龙骧虎步，高下在心，此犹鼓洪炉燎毛发耳。但当速发雷霆，行权立断，则天人顺之。而反委释利器，更征外助，大兵聚会，强者为雄，所谓倒持干戈，授人以柄，功必不成,只为乱阶耳!"进不听。典军校尉曹操闻而笑曰:"宦者之官,古今宜有,但世主不当假之权宠,使至于此。既治其罪,当诛元恶,一狱吏足矣,何至纷纷召外兵乎!欲尽诛之,事必宣露,吾见其败也。"

初,灵帝征董卓为少府,卓上书言:"所将湟中义从及秦、胡兵皆诣臣言:'牢直不毕,禀赐断绝,妻子饥冻。'牵挽臣车,使不得行。羌、胡憋肠狗态,臣不能禁止,辄将顺安慰。增异复上。"朝廷不能制。及帝寝疾,玺书拜卓并州牧,令以兵属皇甫嵩。卓复上书言:"臣误蒙天恩,掌戎十年,士卒大小,相狎弥久,恋臣畜养之恩,为臣奋一旦之命,乞将之北州,效力边垂。"嵩从子郦说嵩曰:"天下兵柄,在大人与董卓耳。今怨隙已结,势不俱存。卓被诏委兵而上书自请,此逆命也。彼度京师政乱,故敢踌躇不进,此怀奸也。二者,刑所不赦。且其凶戾无亲,将士不附。大人今为元帅,杖国威以讨之,上显忠义,下除凶害,无不济也。"嵩曰:"违命虽罪,专诛亦有责也。不如显奏其事,使朝廷裁之。"乃上书以闻。帝以让卓。卓亦不奉诏,驻兵河东以观时变。

何进召卓使将兵诣京师。侍御史郑泰谏曰:"董卓强忍寡义,志欲无厌,若借之朝政,授以大事,将恣凶欲,必危朝廷。明公以亲德之重,据阿衡之权,秉意独断,诛除有罪,诚不宜假卓以为资援也!且事留变生,殷鉴不远,宜在速决。"尚书卢植亦言不宜召卓,进皆不从。泰乃弃官去,谓荀攸曰:"何公未易辅也。"

进府掾王匡,骑都尉鲍信,皆泰山人,进使还乡里募兵;并召东郡太守桥瑁屯成皋,使武猛都尉丁原将数千人寇河内,烧孟津,火照城中,皆以诛宦官为言。

董卓闻召,即时就道,并上书曰:"中常侍张让等,窃幸承宠,浊乱海内。臣闻扬汤止沸,莫若去薪;溃痈虽痛,胜于内食。昔赵鞅兴晋阳之甲以逐君侧之恶,今臣辄鸣钟鼓如雒阳,请收让等以清奸秽!"太后犹不从。何苗谓进曰:"始共从南阳来,俱以贫贱依省内以致富贵,国家之事,亦何容易。覆水不收,宜深思之,且与省内和也。"卓至渑池,而进更狐疑,使谏议大夫种邵宣诏止之。卓不受诏,遂前至河南,邵迎劳之,因譬令还军。卓疑有变,使其军士以兵胁邵。邵怒,称诏叱之,军士皆披,遂前质责卓;卓辞屈,乃还军夕阳亭。邵,暠之孙也。

袁绍惧进变计,因胁之曰:"交构已成,形势已露,将军复欲何待而不早决之乎?事久变生,复为窦氏矣!"进于是以绍为司隶校尉,假节,专命击断;从事中郎王允为河南尹。绍使雒阳方略武吏司察宦者,而促董卓等使驰驿上奏，欲进兵平乐观。太后乃恐，悉罢中常侍、小黄门使还里舍，唯留进所私人以守省中。诸常侍、小黄门皆诣进谢罪，唯所措置。进谓曰："天下匈匈，正患诸君耳。今董卓垂至，诸君何不早各就国！"袁绍劝进便于此决之，至于再三；进不许。绍又为书告诸州郡，诈宣进意，使捕按中官亲属。

进谋积日，颇泄，中官惧而思变。张让子妇，太后之妹也，让向子妇叩头曰："老臣得罪，当与新妇俱归私门。唯受恩累世，今当远离宫殿，情怀恋恋，愿复一入直，得暂奉望太后陛下颜色，然后退就沟壑，死不恨矣！"子妇言于舞阳君，入白太后；乃诏诸常侍皆复入直。

八月戊辰，进入长乐宫，白太后，请尽诛诸常侍。中常侍张让、段珪相谓曰："大将军称疾，不临丧，不送葬，今欻入省，此意何为？窦氏事竟复起邪？"使潜听，具闻其语。乃率其党数十人持兵窃自侧闼入，伏省户下，进出，因诈以太后诏召进，入坐省闼。让等诘进曰："天下愦愦，亦非独我曹罪也。先帝尝与太后不快，几至成败，我曹涕泣救解，各出家财千万为礼，和悦上意，但欲托卿门户耳。今乃欲灭我曹种族，不亦大甚乎！"于是尚方监渠穆拔剑斩进于嘉德殿前。让、珪等为诏，以故太尉樊陵为司隶校尉，少府许相为河南尹。尚书得诏版，疑之，曰："请大将军出共议。"中黄门以进头掷与尚书曰："何进谋反，已伏诛矣！"

进部曲将吴匡、张璋在外，闻进被害，欲引兵入宫，宫门闭。虎贲中郎将袁术与匡共斫攻之，中黄门持兵守阁。会日暮，术因烧南宫青琐门，欲以胁出让等。让等入白太后，言大将军兵反，烧宫，攻尚书阁，因将太后、少帝及陈留王劫省内官属，从复道走北宫。尚书卢植执戈于阁道窗下，仰数段珪；珪惧，乃释太后，太后投阁，得免。袁绍与叔父隗矫诏召樊陵、许相，斩之。绍及何苗引兵屯朱雀阙下，捕得赵忠等，斩之。吴匡等素怨苗不与进同心，而又疑其与宦官通谋，乃令军中曰："杀大将军者即车骑也，吏士能为报仇乎？"皆流涕曰："愿致死！"匡遂引兵与董卓弟奉车都尉旻攻杀苗，弃其尸于苑中。绍遂闭北宫门，勒兵捕诸宦者，无少长皆杀之，凡二千馀人，或有无须而误死者。绍因进兵排宫，或上端门屋，以攻省内。

庚午，张让、段珪等困迫，遂将帝与陈留王数十人步出穀门，夜，至小平津，六玺不自随，公卿无得从者，唯尚书卢植、河南中部掾闵贡夜至河上。贡厉声质责让等，且曰："今不速死，吾将杀汝！"因手剑斩数人。让等惶怖，又手再拜，叩头向帝辞曰："臣等死，陛下自爱！"遂投河而死。

贡扶帝与陈留王夜步逐萤光南行，欲还宫，行数里，得民家露车，共乘之,至雒舍止。辛未,帝独乘一马,陈留王与贡共乘一马,从雒舍南行,公卿稍有至者。董卓至显阳苑,远见火起,知有变,引兵急进;未明,到城西,闻帝在北,因与公卿往奉迎于北芒阪下。帝见卓将兵卒至,恐怖涕泣。群公谓卓曰:"有诏却兵。"卓曰:"公诸人为国大臣,不能匡正王室,至使国家播荡,何却兵之有!"卓与帝语,语不可了;乃更与陈留王语,问祸乱由起,王答,自初至终,无所遗失。卓大喜,以王为贤,且为董太后所养,卓自以与太后同族,遂有废立之意。

是日,帝还宫,赦天下,改光熹为昭宁。失传国玺,馀玺皆得之。以丁原为执金吾。骑都尉鲍信自泰山募兵适至,说袁绍曰:"董卓拥强兵,将有异志,今不早图,必为所制;及其新至疲劳,袭之,可禽也!"绍畏卓,不敢发。信乃引兵还泰山。

董卓之入也,步骑不过三千,自嫌兵少,恐不为远近所服,率四五日辄夜潜出军近营,明旦,乃大陈旌鼓而还,以为西兵复至,雒中无知者。俄而进及弟苗部曲皆归于卓,卓又阴使丁原部曲司马五原吕布杀原而并其众,卓兵于是大盛。乃讽朝廷,以久雨,策免司空刘弘而代之。

初,蔡邕徙朔方,会赦得还。五原太守王智,甫之弟也,奏邕谤讪朝廷;邕遂亡命江海,积十二年。董卓闻其名而辟之,称疾不就。卓怒,詈曰:"我能族人!"邕惧而应命,到,署祭酒,甚见敬重,举高第,三日之间,周历三台,迁为侍中。

12　董卓谓袁绍曰:"天下之主,宜得贤明,每念灵帝,令人愤毒!董侯似可,今欲立之,为能胜史侯否?人有小智大痴,亦知复何如?为当且尔,刘氏种不足复遗!"绍曰:"汉家君天下四百许年,恩泽深渥,兆民戴之。今上富于春秋,未有不善宣于天下。公欲废嫡立庶,恐众不从公议也!"卓按剑叱绍曰:"竖子敢然!天下之事,岂不在我!我欲为之,谁敢不从!尔谓董卓刀为不利乎?"绍勃然曰:"天下健者岂惟董公!"引佩刀,横揖,径出。卓以新至,见绍大家,故不敢害。绍县节于上东门,逃奔冀州。

九月癸酉,卓大会百僚,奋首而言曰:"皇帝暗弱,不可以奉宗庙,为天下主。今欲依伊尹、霍光故事,更立陈留王,何如?"公卿以下皆惶恐,莫敢对。卓又抗言曰:"昔霍光定策,延年按剑。有敢沮大议,皆以军法从事!"坐者震动。尚书卢植独曰:"昔太甲既立不明,昌邑罪过千馀,故有废立之事。今上富于春秋,行无失德,非前事之比也。"卓大怒,罢坐。将杀植,蔡邕为之请,议郎彭伯亦谏卓曰:"卢尚书海内大儒,人之望也;

今先害之，天下震怖。"卓乃止，但免植官，植遂逃隐于上谷。卓以废立议示太傅袁隗，隗报如议。

甲戌，卓复会群僚于崇德前殿，遂胁太后策废少帝，曰："皇帝在丧，无人子之心，威仪不类人君，今废为弘农王，立陈留王协为帝。"袁隗解帝玺绶，以奉陈留王，扶弘农王下殿，北面称臣。太后鲠涕，群臣含悲，莫敢言者。

卓又议："太后蹴迫永乐宫，至令忧死，逆妇姑之礼。"乃迁太后于永安宫。赦天下，改昭宁为永汉。丙子，卓鸩杀何太后，公卿以下不布服，会葬，素衣而已。卓又发何苗棺，出其尸，支解节断，弃于道边，杀苗母舞阳君，弃尸于苑枳落中。

13　诏除公卿以下子弟为郎，以补宦官之职，侍于殿上。

14　乙酉，以太尉刘虞为大司马，封襄贲侯。董卓自为太尉，领前将军事，加节传、斧钺、虎贲，更封郿侯。

15　丙戌，以太中大夫杨彪为司空。

16　甲午，以豫州牧黄琬为司徒。

17　董卓率诸公上书，追理陈蕃、窦武及诸党人，悉复其爵位，遣使吊祠，擢用其子孙。

18　自六月雨至于是月。

19　冬，十月乙巳，葬灵思皇后。

20　白波贼寇河东，董卓遣其将牛辅击之。

初，南单于於扶罗既立，国人杀其父者遂叛，共立须卜骨都侯为单于。於扶罗诣阙自讼。会灵帝崩，天下大乱，於扶罗将数千骑与白波贼合兵寇郡县。时民皆保聚，钞掠无利，而兵遂挫伤。复欲归国，国人不受，乃止河东平阳。须卜骨都侯为单于一年而死，南庭遂虚其位，以老王行国事。

21　十一月以董卓为相国，赞拜不名，入朝不趋，剑履上殿。

22　十二月戊戌，以司徒黄琬为太尉，司空杨彪为司徒，光禄勋荀爽为司空。

初，尚书武威周毖，城门校尉汝南伍琼，说董卓矫桓、灵之政，擢用天下名士以收众望，卓从之，命毖、琼与尚书郑泰、长史何颙等沙汰秽恶，显拔幽滞。于是征处士荀爽、陈纪、韩融、申屠蟠。复就拜爽平原相，行至宛陵，迁光禄勋，视事三日，进拜司空。自被征命及登台司，凡九十三日。又以纪为五官中郎将，融为大鸿胪。纪，寔之子；融，韶之子也。爽等皆畏卓之暴，无敢不至。独申屠蟠得征书，人劝之行，蟠笑而不答，卓终不能屈，年七十馀,以寿终。卓又以尚书韩馥为冀州牧,侍中刘岱为兖州刺史,陈留孔伷为豫州刺史,东平张邈为陈留太守,颍川张咨为南阳太守。卓所亲爱,并不处显职,但将校而已。

23　诏除光熹、昭宁、永汉三号。

24　董卓性残忍,一旦专政,据有国家甲兵、珍宝,威震天下,所愿无极,语宾客曰:"我相,贵无上也!"侍御史扰龙宗诣卓白事,不解剑,立楇杀之。是时,雒中贵戚,室第相望,金帛财产,家家充积,卓纵放兵士,突其庐舍,剽虏资物,妻略妇女,不避贵贱;人情崩恐,不保朝夕。

卓购求袁绍急,周毖、伍琼说卓曰:"夫废立大事,非常人所及。袁绍不达大体,恐惧出奔,非有他志。今急购之,势必为变。袁氏树恩四世,门生故吏遍于天下,若收豪桀以聚徒众,英雄因之而起,则山东非公之有也。不如赦之,拜一郡守,绍喜于免罪,必无患矣。"卓以为然,乃即拜绍勃海太守,封邟乡侯。又以袁术为后将军,曹操为骁骑校尉。

术畏卓,出奔南阳。操变易姓名,间行东归,过中牟,为亭长所疑,执诣县。时县已被卓书,唯功曹心知是操,以世方乱,不宜拘天下雄隽,因白令释之。操至陈留,散家财,合兵得五千人。

是时,豪杰多欲起兵讨卓者,袁绍在勃海,冀州牧韩馥遣数部从事守之,不得动摇。东郡太守桥瑁诈作京师三公移书与州郡,陈卓罪恶,云:"见逼迫,无以自救,企望义兵,解国患难。"馥得移,请诸从事问曰:"今当助袁氏邪,助董氏邪?"治中从事刘子惠曰:"今兴兵为国,何谓袁、董!"馥有惭色。子惠复言:"兵者凶事,不可为首;今宜往视他州,有发动者,然后和之。冀州于他州不为弱也,他人功未有在冀州之右者也。"馥然之。馥乃作书与绍,道卓之恶,听其举兵。

孝献皇帝甲

初平元年(庚午,190)

1　春,正月,关东州郡皆起兵以讨董卓,推勃海太守袁绍为盟主;绍自号车骑将军,诸将皆板授官号。绍与河内太守王匡屯河内,冀州牧韩馥留邺,给其军粮。豫州刺史孔伷屯颍川,兖州刺史刘岱、陈留太守张邈、邈弟广陵太守超、东郡太守桥瑁、山阳太守袁遗、济北相鲍信与曹操俱屯酸枣,后将军袁术屯鲁阳,众各数万。豪桀多归心袁绍者;鲍信独谓曹操曰:"夫略不世出,能拨乱反正者,君也。苟非其人,虽强必毙。君殆天之所启乎!"

2　辛亥,赦天下。

3　癸酉,董卓使郎中令李儒鸩杀弘农王辩。

4　卓议大发兵以讨山东。尚书郑泰曰:"夫政在德,不在众也。"卓不悦曰:"如卿此言,兵为无用邪!"泰曰:"非谓其然也,以为山东不足加大兵耳。明公出自西州,少为将帅,闲习军事。袁本初公卿子弟,生处京师;张孟卓东平长者,坐不窥堂;孔公绪清谈高论,嘘枯吹生;并无军旅之才,临锋决敌,非公之俦也。况王爵不加,尊卑无序,若恃众恃力,将各棋峙以观成败,不肯同心共胆,与齐进退也。且山东承平日久,民不习战;关西顷遭羌寇,妇女皆能挟弓而斗,天下所畏者,无若并、凉之人与羌、胡义从;而明公拥之以为爪牙,譬犹驱虎兕以赴犬羊,鼓烈风以扫枯叶,谁敢御之!无事征兵以惊天下,使患役之民相聚为非,弃德恃众,自亏威重也。"卓乃悦。

5　董卓以山东兵盛,欲迁都以避之,公卿皆不欲而莫敢言。卓表河南尹朱儁为太仆以为己副,使者召拜,儁辞,不肯受;因曰:"国家西迁,必孤天下之望,以成山东之衅,臣不知其可也。"使者曰:"召君受拜而君拒之,不问徙事而君陈之,何也?"儁曰:"副相国,非臣所堪也;迁都非计,事所急也。辞所不堪,言其所急,臣之宜也。"由是止不为副。

卓大会公卿议,曰:"高祖都关中,十有一世,光武宫雒阳,于今亦十一世矣。按石包谶,宜徙都长安,以应天人之意。"百官皆默然。司徒杨彪曰:"移都改制,天下大事,故盘庚迁亳,殷民胥怨。昔关中遭王莽残破,故光武更都雒邑,历年已久,百姓安乐,今无故捐宗庙,弃园陵,恐百姓惊动,必有糜沸之乱。石包谶,妖邪之书,岂可信用!"卓曰:"关中肥饶,故秦得并吞六国。且陇右材木自出,杜陵有武帝陶灶,并功营之,可使一朝而办。百姓何足与议!若有前却,我以大兵驱之,可令诣沧海。"彪曰:"天下动之至易,安之甚难,惟明公虑焉!"卓作色曰:"公欲沮国计邪!"太尉黄琬曰:"此国之大事,杨公之言,得无可思?"卓不答。司空荀爽见卓意壮,恐害彪等,因从容言曰:"相国岂乐此邪!山东兵起,非一日可禁,故当迁以图之,此秦、汉之势也。"卓意小解。琬退,又为驳议。二月,乙亥,卓以灾异奏免琬、彪等,以光禄勋赵谦为太尉,太仆王允为司徒。城门校尉伍琼、督军校尉周珌固谏迁都,卓大怒曰:"卓初入朝,二君劝用善士,故卓相从,而诸君到官,举兵相图,此二君卖卓,卓何用相负!"庚辰,收琼、珌,斩之。杨彪、黄琬恐惧,诣卓谢,卓亦悔杀琼、珌,乃复表彪、琬为光禄大夫。

6　卓征京兆尹盖勋为议郎；时左将军皇甫嵩将兵三万屯扶风，勋密与嵩谋讨卓。会卓亦征嵩为城门校尉，嵩长史梁衍说嵩曰："董卓寇掠京邑，废立从意，今征将军，大则危祸，小则困辱。今及卓在雒阳，天子来西，以将军之众迎接至尊，奉令讨逆，征兵群帅，袁氏逼其东，将军迫其西，此成禽也！"嵩不从，遂就征。勋以众弱不能独立，亦还京师。卓以勋为越骑校尉。河南尹朱儁为卓陈军事，卓折儁曰："我百战百胜，决之于心，卿勿妄说，且污我刀！"盖勋曰："昔武丁之明，犹求箴谏，况如卿者，而欲杜人之口乎！"卓乃谢之。

7　卓遣军至阳城，值民会于社下，悉就斩之，驾其车重，载其妇女，以头系车辕，歌呼还雒，云攻贼大获。卓焚烧其头，以妇女与甲兵为婢妾。

8　丁亥，车驾西迁，董卓收诸富室，以罪恶诛之，没入其财物，死者不可胜计；悉驱徙其馀民数百万口于长安，步骑驱蹙，更相蹈藉，饥饿寇掠，积尸盈路。卓自留屯毕圭苑中，悉烧宫庙、官府、居家，二百里内，室屋荡尽，无复鸡犬。又使吕布发诸帝陵及公卿以下冢墓，收其珍宝。卓获山东兵，以猪膏涂布十馀匹，用缠其身，然后烧之，先从足起。

9　三月乙巳，车驾入长安，居京兆府舍，后乃稍葺宫室而居之。时董卓未至，朝政大小皆委之王允。允外相弥缝，内谋王室，甚有大臣之度，自天子及朝中皆倚允；允屈意承卓，卓亦雅信焉。

10　董卓以袁绍之故，戊午，杀太傅袁隗、太仆袁基，及其家尺口以上五十馀人。

11　初，荆州刺史王叡与长沙太守孙坚共击零、桂贼，以坚武官，言颇轻之。及州郡举兵讨董卓，叡与坚亦皆起兵。叡素与武陵太守曹寅不相能，扬言当先杀寅。寅惧，诈作按行使者檄移坚，就叡罪过，令收，行刑讫，以状上。坚承檄，即勒兵袭叡。叡闻兵至，登楼望之，遣问："欲何为？"坚前部答曰："兵久战劳苦，欲诣使君求资直耳。"叡见坚惊曰："兵自求赏，孙府君何以在其中？"坚曰："被使者檄诛君！"叡曰："我何罪？"坚曰："坐无所知！"叡穷迫，刮金饮之而死。坚前至南阳，众已数万人。南阳太守张咨不肯给军粮，坚诱而斩之；郡中震栗，无求不获。前到鲁阳，与袁术合兵。术由是得据南阳，表坚行破虏将军、领豫州刺史。

诏以北军中候刘表为荆州刺史。时寇贼纵横，道路梗塞，表单马入宜城，请南郡名士蒯良、蒯越，与之谋曰："今江南宗贼甚盛，各拥众不附，若袁术因之，祸必至矣。吾欲征兵，恐不能集，其策焉出？"蒯良曰："众不附者，仁不足也；附而不治者，义不足也。苟仁义之道行，百姓归之如水之趋下,何患征兵之不集乎!"蒯越曰:"袁术骄而无谋,宗贼帅多贪暴,为下所患,若使人示之以利,必以众来。使君诛其无道,抚而用之,一州之人有乐存之心,闻君威德,必襁负而至矣。兵集众附,南据江陵,北守襄阳,荆州八郡可传檄而定,公路虽至,无能为也。"表曰:"善!"乃使越诱宗贼帅,至者五十五人,皆斩之而取其众。遂徙治襄阳,镇抚郡县,江南悉平。

12 董卓在雒阳,袁绍等诸军皆畏其强,莫敢先进。曹操曰:"举义兵以诛暴乱,大众已合,诸君何疑! 向使董卓倚王室,据旧京,东向以临天下,虽以无道行之,犹足为患。今焚烧宫室,劫迁天子,海内震动,不知所归,此天亡之时也,一战而天下定矣。"遂引兵西,将据成皋,张邈遣将卫兹分兵随之。进至荥阳汴水,遇卓将玄菟徐荣,与战,操兵败,为流矢所中,所乘马被创。从弟洪以马与操,操不受。洪曰:"天下可无洪,不可无君!"遂步从操,夜遁去。荣见操所将兵少,力战尽日,谓酸枣未易攻也,亦引兵还。

操到酸枣,诸军十余万,日置酒高会,不图进取,操责让之,因为谋曰:"诸君能听吾计,使勃海引河内之众临孟津,酸枣诸将守成皋,据敖仓,塞辕辕、太谷,全制其险,使袁将军率南阳之军军丹、析,入武关,以震三辅,皆高垒深壁,勿与战,益为疑兵,示天下形势,以顺诛逆,可立定也。今兵以义动,持疑不进,失天下望,窃为诸君耻之!"邈等不能用。操乃与司马沛国夏侯惇等诣扬州,募兵,得千余人,还屯河内。

顷之,酸枣诸军食尽,众散。刘岱与桥瑁相恶,岱杀瑁,以王肱领东郡太守。青州刺史焦和亦起兵讨董卓,务及诸将西行,不为民人保障,兵始济河,黄巾已入其境。青州素殷实,甲兵甚盛,和每望寇奔北,未尝接风尘、交旗鼓也。性好卜筮,信鬼神,入见其人,清谈干云,出观其政,赏罚淆乱,州遂萧条,悉为丘墟。顷之,和病卒,袁绍使广陵臧洪领青州以抚之。

13 夏,四月,以幽州牧刘虞为太傅,道路壅塞,信命竟不得通。先是,幽部应接荒外,资费甚广,岁常割青、冀赋调二亿有馀以足之。时处处断绝,委输不至,而虞敝衣绳屦,食无兼肉,务存宽政,劝督农桑,开上谷胡市之利,通渔阳盐铁之饶,民悦年登,谷石三十,青、徐士庶避难归虞者百馀万口,虞皆收视温恤,为安立生业,流民皆忘其迁徙焉。

14 五月,司空荀爽薨。六月辛丑,以光禄大夫种拂为司空。拂,邵之父也。

15 董卓遣大鸿胪韩融、少府阴脩、执金吾胡毋班、将作大匠吴脩、越骑校尉王瓌安集关东,解譬袁绍等。胡毋班、吴脩、王瓌至河内,袁绍使王匡悉收系杀之。袁术亦杀阴脩,惟韩融以名德免。

16　董卓坏五铢钱,更铸小钱,悉取雒阳及长安铜人、钟虡、飞廉、铜马之属以铸之,由是货贱物贵,谷石至数万钱。

17　冬,孙坚与官属会饮于鲁阳城东,董卓步骑数万猝至,坚方行酒,谈笑,整顿部曲,无得妄动。后骑渐益,坚徐罢坐,导引入城,乃曰:"向坚所以不即起者,恐兵相蹈藉,诸君不得入耳。"卓兵见其整,不敢攻而还。

18　王匡屯河阳津,董卓袭击,大破之。

19　左中郎将蔡邕议:"孝和以下庙号称宗者,皆宜省去,以遵先典。"从之。

20　中郎将徐荣荐同郡故冀州刺史公孙度于董卓,卓以为辽东太守。度到官,以法诛灭郡中名豪大姓百馀家,郡中震栗,乃东伐高句骊,西击乌桓,语所亲吏柳毅、阳仪等曰:"汉祚将绝,当与诸卿图王耳。"于是分辽东为辽西、中辽郡,各置太守,越海收东莱诸县,置营州刺史。自立为辽东侯、平州牧,立汉二祖庙,承制,郊祀天地,藉田,乘鸾路,设旄头、羽骑。

资治通鉴卷第六十

汉纪五十二

孝献皇帝乙

初平二年（辛未，191）

1　春，正月辛丑，赦天下。

2　关东诸将议：以朝廷幼冲，迫于董卓，远隔关塞，不知存否，幽州牧刘虞，宗室贤俊，欲共立为主。曹操曰："吾等所以举兵而远近莫不响应者，以义动故也。今幼主微弱，制于奸臣，非有昌邑亡国之衅，而一旦改易，天下其孰安之！诸君北面，我自西向。"韩馥、袁绍以书与袁术曰："帝非孝灵子，欲依绛、灌诛废少主、迎立代王故事，奉大司马虞为帝。"术阴有不臣之心，不利国家有长君，乃外托公义以拒之。绍复与术书曰："今西名有幼君，无血脉之属，公卿以下皆媚事卓，安可复信！但当使兵往屯关要，皆自蹙死；东立圣君，太平可冀，如何有疑！又室家见戮，不念子胥，可复北面乎？"术答曰："圣主聪睿，有周成之质，贼卓因危乱之际，威服百寮，此乃汉家小厄之会，乃云今上'无血脉之属'，岂不诬乎！又曰'室家见戮，可复北面'，此卓所为，岂国家哉！惓惓赤心，志在灭卓，不识其他！"馥、绍竟遣故乐浪太守张岐等赍议上虞尊号。虞见岐等，厉色叱之曰："今天下崩乱，主上蒙尘，吾被重恩，未能清雪国耻；诸君各据州郡，宜共戮力尽心王室，而反造逆谋以相垢污邪！"固拒之。馥等又请虞领尚书事，承制封拜，复不听，欲奔匈奴以自绝；绍等乃止。

3　二月丁丑，以董卓为太师，位在诸侯王上。

4　孙坚移屯梁东，为卓将徐荣所败，复收散卒进屯阳人。卓遣东郡太守胡轸督步骑五千击之，以吕布为骑督。轸与布不相得，坚出击，大破之，枭其都督华雄。

或谓袁术曰："坚若得雒，不可复制，此为除狼而得虎也。"术疑之，不运军粮。坚夜驰见术，画地计校曰："所以出身不顾者，上为国家讨贼，下慰将军家门之私仇。坚与卓非有骨肉之怨也，而将军受浸润之言，还相嫌疑,何也?”术踧踖,即调发军粮。

坚还屯,卓遣将军李傕说坚,欲与和亲,令坚疏子弟任刺史、郡守者,许表用之。坚曰:“卓逆天无道,今不夷汝三族,县示四海,则吾死不瞑目,岂将与乃和亲邪!”复进军大谷,距雒九十里。卓自出,与坚战于诸陵间,卓败走,却屯渑池,聚兵于陕。坚进至雒阳,击吕布,复破走。坚乃扫除宗庙,祠以太牢,得传国玺于城南甄官井中;分兵出新安、渑池间以要卓。

卓谓长史刘艾曰:“关东军败数矣,皆畏孤,无能为也。惟孙坚小戆,颇能用人,当语诸将,使知忌之。孤昔与周慎西征边、韩于金城,孤语张温,求引所将兵为慎作后驻,温不听。温又使孤讨先零叛羌,孤知其不克而不得止,遂行,留别部司马刘靖将步骑四千屯安定以为声势。叛羌欲截归道,孤小击辄开,畏安定有兵故也。虏谓安定当数万人,不知但靖也。而孙坚随周慎行,谓慎求先将万兵造金城,使慎以二万作后驻。边、韩畏慎大兵,不敢轻与坚战,而坚兵足以断其运道。儿曹用其言,凉州或能定也。温既不能用孤,慎又不能用坚,卒用败走。坚以佐军司马,所见略与人同,固自为可;但无故从诸袁儿,终亦死耳!”乃使东中郎将董越屯渑池,中郎将段煨屯华阴,中郎将牛辅屯安邑,其馀诸将布在诸县,以御山东。辅,卓之婿也。卓引还长安。孙坚修塞诸陵,引军还鲁阳。

5　夏,四月,董卓至长安,公卿皆迎拜车下。卓抵手谓御史中丞皇甫嵩曰:“义真,怖未乎?”嵩曰:“明公以德辅朝廷,大庆方至,何怖之有! 若淫刑以逞,将天下皆惧,岂独嵩乎!”卓党欲尊卓比太公,称尚父,卓以问蔡邕,邕曰:“明公威德,诚为巍巍,然比之太公,愚意以为未可,宜须关东平定,车驾还反旧京,然后议之。”卓乃止。

卓使司隶校尉刘嚣籍吏民有为子不孝、为臣不忠、为吏不清、为弟不顺者,皆身诛,财物没官。于是更相诬引,冤死者以千数。百姓嚣嚣,道路以目。

6　六月丙戌,地震。

7　秋,七月,司空种拂免;以光禄大夫济南淳于嘉为司空。太尉赵谦罢,以太常马日碑为太尉。

8　初,何进遣云中张杨还并州募兵,会进败,杨留上党,有众数千人。袁绍在河内,杨往归之,与南单于於扶罗屯漳水。韩馥以豪杰多归心袁绍,忌之;阴贬节其军粮,欲使其众离散。会馥将麴义叛,馥与战而败,绍因与义相结。

绍客逢纪谓绍曰："将军举大事而仰人资给，不据一州，无以自全。"绍曰："冀州兵强，吾士饥乏，设不能办，无所容立。"纪曰："韩馥庸才，可密要公孙瓒使取冀州，馥必骇惧，因遣辩士为陈祸福，馥迫于仓卒，必肯逊让。"绍然之，即以书与瓒。瓒遂引兵而至，外托讨董卓而阴谋袭馥，馥与战不利。会董卓入关，绍还军延津，使外甥陈留高幹及馥所亲颍川辛评、荀谌、郭图等说馥曰："公孙瓒将燕、代之卒乘胜来南，而诸郡应之，其锋不可当。袁车骑引军东向，其意未可量也，窃为将军危之！"馥惧，曰："然则为之奈何？"谌曰："君自料宽仁容众为天下所附，孰与袁氏？"馥曰："不如也。""临危吐决，智勇过人，又孰与袁氏？"馥曰："不如也。""世布恩德，天下家受其惠，又孰与袁氏？"馥曰："不如也。"谌曰："袁氏一时之杰，将军资三不如之势，久处其上，彼必不为将军下也。夫冀州，天下之重资也，彼若与公孙瓒并力取之，危亡可立而待也。夫袁氏，将军之旧，且为同盟，当今之计，若举冀州以让袁氏，彼必厚德将军，瓒亦不能与之争矣。是将军有让贤之名，而身安于泰山也。"馥性恇怯，因然其计。馥长史耿武、别驾闵纯、治中李历闻而谏曰："冀州带甲百万，谷支十年。袁绍孤客穷军，仰我鼻息，譬如婴儿在股掌之上，绝其哺乳，立可饿杀，奈何欲以州与之！"馥曰："吾袁氏故吏，且才不如本初，度德而让，古人所贵，诸君独何病焉！"先是，馥从事赵浮、程涣将强弩万张屯孟津，闻之，率兵驰还。时绍在朝歌清水，浮等从后来，船数百艘，众万馀人，整兵鼓，夜过绍营，绍甚恶之。浮等到，谓馥曰："袁本初军无斗粮，各已离散，虽有张杨、於扶罗新附，未肯为用，不足敌也。小从事等请以见兵拒之，旬日之间，必土崩瓦解；明将军但当开阁高枕，何忧何惧！"馥又不听，乃避位，出居中常侍赵忠故舍，遣子送印绶以让绍。绍将至，从事十人争弃馥去，独耿武、闵纯杖刀拒之，不能禁，乃止；绍皆杀之。绍遂领冀州牧，承制以馥为奋威将军，而无所将御，亦无官属。绍以广平沮授为奋武将军，使监护诸将，宠遇甚厚。魏郡审配、钜鹿田丰并以正直不得志于韩馥，绍以丰为别驾，配为治中，及南阳许攸、逢纪、颍川荀谌皆为谋主。

绍以河内朱汉为都官从事。汉先为韩馥所不礼，且欲徼迎绍意，擅发兵围守馥第，拔刃登屋，馥走上楼，收得馥大儿，槌折两脚；绍立收汉，杀之。馥犹忧怖，从绍索去，往依张邈。后绍遣使诣邈，有所计议，与邈耳语；馥在坐上，谓为见图，无何，起至溷，以书刀自杀。

鲍信谓曹操曰："袁绍为盟主，因权专利，将自生乱，是复有一卓也。若抑之，则力不能制，祇以遘难。且可规大河之南以待其变。"操善之。

会黑山、于毒、白绕、眭固等十馀万众略东郡,王肱不能御。曹操引兵入东郡,击白绕于濮阳,破之。袁绍因表操为东郡太守,治东武阳。

9　南单于劫张杨以叛袁绍,屯于黎阳。董卓以杨为建义将军、河内太守。

10　太史望气,言当有大臣戮死者;董卓使人诬卫尉张温与袁术交通,冬,十月壬戌,笞杀温于市以应之。

11　青州黄巾寇勃海,众三十万,欲与黑山合。公孙瓒率步骑二万人逆击于东光南,大破之,斩首三万馀级。贼弃其辎重,奔走渡河;瓒因其半济薄之,贼复大破,死者数万,流血丹水,收得生口七万馀人,车甲财物不可胜算,威名大震。

12　刘虞子和为侍中,帝思东归,使和伪逃董卓,潜出武关诣虞,令将兵来迎。和至南阳,袁术利虞为援,留和不遣,许兵至俱西,令和为书与虞。虞得书,遣数千骑诣和。公孙瓒知术有异志,止之,虞不听。瓒恐术闻而怨之,亦遣其从弟越将千骑诣术,而阴教术执和,夺其兵,由是虞、瓒有隙。和逃术来北,复为袁绍所留。

是时关东州、郡务相兼并以自强大,袁绍、袁术亦自相离贰。术遣孙坚击董卓未返,绍以会稽周昂为豫州刺史,袭夺坚阳城。坚叹曰:“同举义兵,将救社稷,逆贼垂破而各若此,吾当谁与戮力乎!”引兵击昂,走之。袁术遣公孙越助坚攻昂,越为流矢所中死。公孙瓒怒曰:“余弟死,祸起于绍。”遂出军屯磐河,上书绍罪恶,进兵攻绍。冀州诸城多叛绍从瓒,绍惧,以所佩勃海太守印绶授瓒从弟范,遣之郡,而范遂背绍,领勃海兵以助瓒。瓒乃自署其将帅严纲为冀州刺史,田楷为青州刺史,单经为兖州刺史,又悉改置郡、县守、令。

初,涿郡刘备,中山靖王之后也,少孤贫,与母以贩履为业,长七尺五寸,垂手下膝,顾自见其耳;有大志,少语言,喜怒不形于色。尝与公孙瓒同师事卢植,由是往依瓒。瓒使备与田楷徇青州有功,因以为平原相。备少与河东关羽、涿郡张飞相友善;以羽、飞为别部司马,分统部曲。备与二人寝则同床,恩若兄弟,而稠人广坐,侍立终日,随备周旋,不避艰险。常山赵云为本郡将吏兵诣公孙瓒,瓒曰:“闻贵州人皆愿袁氏,君何独迷而能反乎?”云曰:“天下讻讻,未知孰是,民有倒县之厄,鄙州论议,从仁政所在,不为忽袁公,私明将军也。”刘备见而奇之,深加接纳,云遂从备至平原,为备主骑兵。

13　初,袁术之得南阳,户口数百万,而术奢淫肆欲,征敛无度,百姓苦之,稍稍离散。既与袁绍有隙,各立党援以相图谋。术结公孙瓒而绍连刘表,豪杰多附于绍。术怒曰:"群竖不吾从而从吾家奴乎!"又与公孙瓒书曰:"绍非袁氏子。"绍闻大怒。

术使孙坚击刘表,表遣其将黄祖逆战于樊、邓之间,坚击破之,遂围襄阳。表夜遣黄祖潜出发兵,祖将兵欲还,坚逆与战,祖败走,窜岘山中。坚乘胜,夜追祖,祖部兵从竹木间暗射坚,杀之。坚所举孝廉长沙桓阶诣表请坚丧,表义而许之。坚兄子贲率其士众就袁术,术复表贲为豫州刺史。术由是不能胜表。

14　初,董卓入关,留朱儁守雒阳,而儁潜与山东诸将通谋,惧为卓所袭,出奔荆州。卓以弘农杨懿为河南尹;儁复引兵还雒,击懿,走之。儁以河南残破无所资,乃东屯中牟,移书州郡,请师讨卓。徐州刺史陶谦上儁行车骑将军,遣精兵三千助之,徐州郡亦有所给。谦,丹阳人。朝廷以黄巾寇乱徐州,用谦为刺史。谦至,击黄巾,大破走之,州境晏然。

15　刘焉在益州阴图异计。沛人张鲁,自祖父陵以来世为五斗米道,客居于蜀。鲁母以鬼道常往来焉家,焉乃以鲁为督义司马,以张修为别部司马,与合兵掩杀汉中太守苏固,断绝斜谷阁,杀害汉使。焉上书言"米贼断道,不得复通"。又托他事杀州中豪强王咸、李权等十馀人,以立威刑。犍为太守任岐及校尉贾龙由此起兵攻焉,焉击杀岐、龙。焉意渐盛,作乘舆车具千馀乘,刘表上"焉有似子夏在西河疑圣人"之论。时焉子范为左中郎将,诞为治书御史,璋为奉车都尉,皆从帝在长安,惟小子别部司马瑁素随焉;帝使璋晓喻焉,焉留璋不遣。

16　公孙度威行海外,中国人士避乱者多归之,北海管宁、邴原、王烈皆往依焉。宁少时与华歆为友,尝与歆共锄菜,见地有金,宁挥锄不顾,与瓦石无异,歆捉而掷之,人以是知其优劣。邴原远行游学,八九年而归,师友以原不饮酒,会米肉送之;原曰:"本能饮酒,但以荒思废业,故断之耳。今当远别,可一饮燕。"于是共坐饮酒,终日不醉。宁、原俱以操尚称,度虚馆以候之。宁既见度,乃庐于山谷,时避难者多居郡南,而宁独居北,示无还志,后渐来从之,旬月而成邑。宁每见度,语唯经典,不及世事;还山,专讲诗、书,习俎豆,非学者无见也。由是度安其贤,民化其德。邴原性刚直,清议以格物,度以下心不安之。宁谓原曰:"潜龙以不见成德。言非其时,皆招祸之道也。"密遣原逃归,度闻之,亦不复追也。王烈器业过人,少时名闻在原、宁之右。善于教诱,乡里有盗牛者,主得之,盗请罪,曰:"刑戮是甘,乞不使王彦方知也!"烈闻而使人谢之,遗布一端。或问其故,烈曰:"盗惧吾闻其过,是有耻恶之心,既知耻恶,则善心将生,故与布以劝为善也。"后有老父遗剑于路,行道一人见而守之,至暮,老父还,寻得剑,怪之,以事告烈,烈使推求,乃先盗牛者也。诸有争讼曲直将质之于烈,或至涂而反,或望庐而还,皆相推以直,不敢使烈闻之。度欲以为长史,烈辞之,为商贾以自秽,乃免。

三年(壬申,192)

1 春,正月丁丑,赦天下。

2 董卓遣牛辅将兵屯陕,辅分遣校尉北地李傕、张掖郭汜、武威张济将步骑数万击破朱儁于中牟,因掠陈留、颍川诸县,所过杀虏无遗。

初,荀淑有孙曰彧,少有才名,何颙见而异之,曰:"王佐才也!"及天下乱,彧谓父老曰:"颍川四战之地,宜亟避之。"乡人多怀土不能去,彧独率宗族去依韩馥。会袁绍已夺馥位,待彧以上宾之礼。彧度绍终不能定大业,闻曹操有雄略,乃去绍从操。操与语,大悦,曰:"吾子房也!"以为奋武司马。其乡人留者,多为傕、汜等所杀。

3 袁绍自出拒公孙瓒,与瓒战于界桥南二十里。瓒兵三万,其锋甚锐。绍令麹义领精兵八百先登,强弩千张夹承之。瓒轻其兵少,纵骑腾之。义兵伏楯下不动,未至十数步,一时同发,欢呼动地,瓒军大败。斩其所置冀州刺史严纲,获甲首千馀级。追至界桥,瓒敛兵还战,义复破之,遂到瓒营,拔其牙门,馀众皆走。

初,兖州刺史刘岱与绍、瓒连和,绍令妻子居岱所,瓒亦遣从事范方将骑助岱。及瓒击破绍军,语岱令遣绍妻子,别敕范方:"若岱不遣绍家,将骑还!吾定绍,将加兵于岱。"岱与官属议,连日不决,闻东郡程昱有智谋,召而问之。昱曰:"若弃绍近援而求瓒远助,此假人于越以救溺子之说也。夫公孙瓒非袁绍之敌也,今虽坏绍军,然终为绍所禽。"岱从之。范方将其骑归,未至而瓒败。

4 曹操军顿丘,于毒等攻东武阳。操引兵西入山,攻毒等本屯。诸将皆请救武阳。操曰:"使贼闻我西而还,武阳自解也;不还,我能败其本屯,虏不能拔武阳必矣。"遂行。毒闻之,弃武阳还。操遂击眭固及匈奴於扶罗于内黄,皆大破之。

5 董卓以其弟旻为左将军,兄子璜为中军校尉,皆典兵事,宗族内外并列朝廷。卓侍妾怀抱中子皆封侯,弄以金紫。卓车服僭拟天子,召呼三台,尚书以下皆自诣卓府启事。又筑坞于郿,高厚皆七丈,积谷为三十年储,自云:"事成,雄据天下;不成,守此足以毕老。"

卓忍于诛杀,诸将言语有蹉跌者,便戮于前,人不聊生。司徒王允与司隶校尉黄琬、仆射士孙瑞、尚书杨瓒密谋诛卓。中郎将吕布,便弓马,膂力过人,卓自以遇人无礼,行止常以布自卫,甚爱信之,誓为父子。然卓性刚褊,尝小失卓意,卓拔手戟掷布,布拳捷避之,而改容顾谢,卓意亦解。布由是阴怨于卓。卓又使布守中阁,而私于傅婢,益不自安。王允素善待布,布见允,自陈卓几见杀之状,允因以诛卓之谋告布,使为内应。布曰:"如父子何?"曰:"君自姓吕,本非骨肉。今忧死不暇,何谓父子?掷戟之时,岂有父子情邪!"布遂许之。

夏,四月丁巳,帝有疾新愈,大会未央殿。卓朝服乘车而入,陈兵夹道,自营至宫,左步右骑,屯卫周匝,令吕布等扞卫前后。王允使士孙瑞自书诏以授布,布令同郡骑都尉李肃与勇士秦谊、陈卫等十馀人伪著卫士服,守北掖门内以待卓。卓入门,肃以戟刺之;卓衷甲,不入,伤臂,堕车,顾大呼曰:"吕布何在!"布曰:"有诏讨贼臣!"卓大骂曰:"庸狗,敢如是邪!"布应声持矛刺卓,趣兵斩之。主簿田仪及卓仓头前赴其尸,布又杀之,凡所杀三人。布即出怀中诏版以令吏士曰:"诏讨卓耳,馀皆不问。"吏士皆正立不动,大称万岁。百姓歌舞于道,长安中士女卖其珠玉衣装市酒肉相庆者,填满街肆。弟旻、璜等及宗族老弱在郿,皆为其群下所斫射死。暴卓尸于市,天时始热,卓素充肥,脂流于地,守尸吏为大炷,置卓脐中然之,光明达曙,如是积日。诸袁门生聚董氏之尸,焚灰扬之于路。坞中有金二三万斤,银八九万斤,锦绮奇玩积如丘山。以王允录尚书事,吕布为奋威将军、假节、仪比三司,封温侯,共秉朝政。

卓之死也,左中郎将高阳侯蔡邕在王允坐,闻之惊叹。允勃然,叱之曰:"董卓国之大贼,几亡汉室,君为王臣,所宜同疾,而怀其私遇,反相伤痛,岂不共为逆哉!"即收付廷尉。邕谢曰:"身虽不忠,古今大义,耳所厌闻,口所常玩,岂当背国而向卓也!愿黥首刖足,继成汉史。"士大夫多矜救之,不能得。太尉马日䃅谓允曰:"伯喈旷世逸才,多识汉事,当续成后史,为一代大典;而所坐至微,诛之,无乃失人望乎!"允曰:"昔武帝不杀司马迁,使作谤书流于后世。方今国祚中衰,戎马在郊,不可令佞臣执笔在幼主左右,既无益圣德,复使吾党蒙其讪议。"日䃅退而告人曰:"王公其无后乎!善人,国之纪也;制作,国之典也;灭纪废典,其能久乎!"邕遂死狱中。

初,黄门侍郎荀攸与尚书郑泰、侍中种辑等谋曰:"董卓骄忍无亲,虽资强兵,实一匹夫耳,可直刺杀也。"事垂就而觉,收<u>攸</u>系狱,<u>泰</u>逃奔袁术。<u>攸</u>言语饮食自若,会<u>卓</u>死,得免。

　　6　<u>青州</u>黄巾寇<u>兖州</u>,<u>刘岱</u>欲击之,<u>济北相鲍信</u>谏曰:"今贼众百万,百姓皆震恐,士卒无斗志,不可敌也。然贼军无辎重,唯以钞略为资,今不若畜士众之力,先为固守;彼欲战不得,攻又不能,其势必离散,然后选精锐,据要害,击之可破也。"<u>岱</u>不从,遂与战,果为所杀。

　　<u>曹操</u>部将<u>东郡陈宫</u>谓<u>操</u>曰:"州今无主,而王命断绝,<u>宫</u>请说州中纲纪,明府寻往牧之,资之以收天下,此霸王之业也。"<u>宫</u>因往说别驾、治中曰:"今天下分裂而州无主,<u>曹东郡</u>,命世之才也,若迎以牧州,必宁生民。"<u>鲍信</u>等亦以为然,乃与州吏<u>万潜</u>等<u>至东郡</u>,迎<u>操</u>领<u>兖州</u>刺史。<u>操</u>遂进兵击黄巾于<u>寿张</u>东,不利。贼众精悍,<u>操</u>兵寡弱,<u>操</u>抚循激励,明设赏罚,承间设奇,昼夜会战,战辄禽获,贼遂退走。<u>鲍信</u>战死,<u>操</u>购求其丧不得,乃刻木如<u>信</u>状,祭而哭焉。诏以京兆<u>金尚</u>为<u>兖州</u>刺史,将之部,<u>操</u>逆击之,<u>尚奔袁术</u>。

　　7　五月,以征西将军<u>皇甫嵩</u>为车骑将军。

　　8　初,<u>吕布</u>劝<u>王允</u>尽杀<u>董卓</u>部曲,<u>允</u>曰:"此辈无罪,不可。"<u>布</u>欲以<u>卓</u>财物班赐公卿、将校,<u>允</u>又不从。<u>允</u>素以剑客遇<u>布</u>,<u>布</u>负其功劳,多自夸伐,既失意望,渐不相平。<u>允</u>性刚棱疾恶,初惧<u>董卓</u>,故折节下之。<u>卓</u>既歼灭,自谓无复患难,颇自骄傲,以是群下不甚附之。

　　<u>允</u>始与<u>士孙瑞</u>议,特下诏赦<u>卓</u>部曲,既而疑曰:"部曲从其主耳。今若名之恶逆而赦之,恐适使深自疑,非所以安之也。"乃止。又议悉罢其军,或说<u>允</u>曰:"<u>凉州</u>人素惮<u>袁氏</u>而畏<u>关东</u>,今若一旦解兵开关,必人人自危。可以<u>皇甫义真</u>为将军,就领其众,因使留<u>陕</u>以安抚之。"<u>允</u>曰:"不然。<u>关东</u>举义兵者,皆吾徒也,今若距险屯<u>陕</u>,虽安<u>凉州</u>,而疑<u>关东</u>之心,不可也。"

　　时百姓讹言当悉诛<u>凉州</u>人,<u>卓</u>故将校遂转相恐动,皆拥兵自守,更相谓曰:"<u>蔡伯喈</u>但以<u>董公</u>亲厚尚从坐;今既不赦我曹而欲使解兵,今日解兵,明日当复为鱼肉矣。"<u>吕布</u>使<u>李肃</u>至<u>陕</u>,以诏命诛<u>牛辅</u>,<u>辅</u>等逆与<u>肃</u>战,<u>肃</u>败,走<u>弘农</u>,<u>布</u>诛杀之。<u>辅</u>恇怯失守,会营中无故自惊,<u>辅</u>欲走,为左右所杀。<u>李傕</u>等还,<u>辅</u>已死,<u>傕</u>等无所依,遣使诣<u>长安</u>求赦。<u>王允</u>曰:"一岁不可再赦。"不许。<u>傕</u>等益惧,不知所为,欲各解散,间行归乡里,讨虏校尉<u>武威贾诩</u>曰:"诸君若弃军单行,则一亭长能束君矣;不如相率而西,以攻<u>长安</u>,为<u>董公</u>报仇,事济,奉国家以正天下;若其不合,走未晚也。"<u>傕</u>

等然之,乃相与结盟,率军数千,晨夜西行。王允以胡文才、杨整脩皆凉州大人,召使东,解释之,不假借以温颜,谓曰:"关东鼠子,欲何为邪!卿往呼之!"于是二人往,实召兵而还。

催随道收兵,比至长安,已十馀万,与卓故部曲樊稠、李蒙等合围长安城,城峻不可攻,守之八日。吕布军有叟兵内反,六月,戊午,引催众入城,放兵虏掠。布与战城中,不胜,将数百骑以卓头系马鞍出走,驻马青琐门外,招王允同去。允曰:"若蒙社稷之灵,上安国家,吾之愿也;如其不获,则奉身以死之。朝廷幼少,恃我而已,临难苟免,吾不忍也。努力谢关东诸公,勤以国家为念!"太常种拂曰:"为国大臣,不能禁暴御侮,使白刃向宫,去将安之!"遂战而死。

催、氾屯南宫掖门,杀太仆鲁馗、大鸿胪周奂、城门校尉崔烈、越骑校尉王颀,吏民死者万馀人,狼籍满道。王允扶帝上宣平门避兵,催等于城门下伏地叩头,帝谓催等曰:"卿等放兵纵横,欲何为乎?"催等曰:"董卓忠于陛下,而无故为吕布所杀,臣等为卓报仇,非敢为逆也。请事毕诣廷尉受罪。"催等围门楼,共表请司徒王允出,问"太师何罪?"允穷蹙,乃下见之。己未,赦天下,以李催为扬武将军,郭氾为扬烈将军,樊稠等皆为中郎将。催等收司隶校尉黄琬下狱,杀之。

初,王允以同郡宋翼为左冯翊,王宏为右扶风,催等欲杀允,恐二郡为患,乃先征翼、宏。宏遣使谓翼曰:"郭氾、李催以我二人在外,故未危王公,今日就征,明日俱族,计将安出?"翼曰:"虽祸福难量,然王命,所不得避也!"宏曰:"关东义兵鼎沸,欲诛董卓,今卓已死,其党与易制耳。若举兵共讨催等,与山东相应,此转祸为福之计也。"翼不从,宏不能独立,遂俱就征。甲子,催收允及翼、宏,并杀之;允妻子皆死。宏临命诟曰:"宋翼竖儒,不足议大计!"催尸王允于市,莫敢收者,故吏平陵令京兆赵戬弃官收而葬之。始,允自专讨卓之劳,士孙瑞归功不侯,故得免于难。

臣光曰:易称"劳谦君子有终吉",士孙瑞有功不伐,以保其身,可不谓之智乎!

9 催等以贾诩为左冯翊,欲侯之,诩曰:"此救命之计,何功之有!"固辞不受。又以为尚书仆射,诩曰:"尚书仆射,官之师长,天下所望,诩名不素重,非所以服人也。"乃以为尚书。

10 吕布自武关奔南阳,袁术待之甚厚。布自恃有功于袁氏,恣兵钞掠。术患之,布不自安,去从张杨于河内。李催等购求布急,布又逃归袁绍。

11　丙子,以前将军赵谦为司徒。

12　秋,七月庚子,以太尉马日磾为太傅,录尚书事;八月,以车骑将军皇甫嵩为太尉。

13　诏太傅马日磾、太仆赵岐杖节镇抚关东。

14　九月,以李傕为车骑将军、领司隶校尉、假节;郭汜为后将军,樊稠为右将军,张济为骠骑将军,皆封侯。傕、汜、稠筦朝政,济出屯弘农。

15　司徒赵谦罢。

16　甲申,以司空淳于嘉为司徒,光禄大夫杨彪为司空,录尚书事。

17　初,董卓入关,说韩遂、马腾与共图山东,遂、腾率众诣长安。会卓死,李傕等以遂为镇西将军,遣还金城;腾为征西将军,遣屯郿。

18　冬,十月,荆州刺史刘表遣使贡献。以表为镇南将军荆州牧,封成武侯。

19　十二月,太尉皇甫嵩免,以光禄大夫周忠为太尉,参录尚书事。

20　曹操追黄巾至济北,悉降之,得戎卒三十馀万,男女百馀万口,收其精锐者,号青州兵。

操辟陈留毛玠为治中从事,玠言于操曰:“今天下分崩,乘舆播荡,生民废业,饥馑流亡,公家无经岁之储,百姓无安固之志,难以持久。夫兵义者胜,守位以财,宜奉天子以令不臣,修耕植以畜军资,如此,则霸王之业可成也。”操纳其言,遣使诣河内太守张杨,欲假涂西至长安;杨不听。

定陶董昭说杨曰:“袁、曹虽为一家,势不久群。曹今虽弱,然实天下之英雄也,当故结之。况今有缘,宜通其上事,并表荐之,若事有成,永为深分。”杨于是通操上事,仍表荐操。昭为操作书与李傕、郭汜等,各随轻重致殷勤。

傕、汜见操使,以为关东欲自立天子,今曹操虽有使命,非其诚实,议留操使。黄门侍郎锺繇说傕、汜曰:“方今英雄并起,各矫命专制,唯曹兖州乃心王室,而逆其忠款,非所以副将来之望也!”傕、汜乃厚加报答。繇,皓之曾孙也。

21　徐州刺史陶谦与诸守相共奏记,推朱儁为太师,因移檄牧伯,欲以同讨李傕等,奉迎天子。会李傕用太尉周忠、尚书贾诩策,征儁入朝,儁乃辞谦议而就征,复为太仆。

22　公孙瓒复遣兵击袁绍,至龙凑,绍击破之。瓒遂还幽州,不敢复出。

23　扬州刺史汝南陈温卒,袁绍使袁遗领扬州;袁术击破之,遗走至沛,为兵所杀。术以下邳陈瑀为扬州刺史。

四年(癸酉,193)

1 春,正月甲寅朔,日有食之。

2 丁卯,赦天下。

3 曹操军鄄城。袁术为刘表所逼,引兵屯封丘,黑山别部及匈奴於扶罗皆附之。曹操击破术军,遂围封丘;术走襄邑,又走宁陵。操追击,连破之。术走九江,扬州刺史陈瑀拒术不纳。术退保阴陵,集兵于淮北,复进向寿春;瑀惧,走归下邳,术遂领其州,兼称徐州伯。李傕欲结术为援,以术为左将军,封阳翟侯,假节。

4 袁绍与公孙瓒所置青州刺史田楷连战二年,士卒疲困,粮食并尽,互掠百姓;野无青草。绍以其子谭为青州刺史,楷与战,不胜。会赵岐来和解关东,瓒乃与绍和亲,各引兵去。

5 三月,袁绍在薄落津。魏郡兵反,与黑山贼于毒等数万人共覆邺城,杀其太守。绍还屯斥丘。

6 夏,曹操还军定陶。

7 徐州治中东海王朗及别驾琅邪赵昱说刺史陶谦曰:"求诸侯莫如勤王,今天子越在西京,宜遣使奉贡。"谦乃遣昱奉章至长安。诏拜谦徐州牧,加安东将军,封溧阳侯。以昱为广陵太守,朗为会稽太守。

是时,徐方百姓殷盛,谷实差丰,流民多归之。而谦信用谗邪,疏远忠直,刑政不治,由是徐州渐乱。许劭避地广陵,谦礼之甚厚,劭告其徒曰:"陶恭祖外慕声名,内非真正,待吾虽厚,其势必薄。"遂去之。后谦果捕诸寓士,人乃服其先识。

8 六月,扶风大雨雹。

9 华山崩裂。

10 太尉周忠免,以太仆朱儁为太尉,录尚书事。

11 下邳阙宣聚众数千人,自称天子;陶谦击杀之。

12 大雨,昼夜二十馀日,漂没民居。

13 袁绍出军入朝歌鹿肠山,讨于毒,围攻五日,破之,斩毒及其众万馀级。绍遂寻山北行,进击诸贼左髭、丈八等,皆斩之。又击刘石、青牛角、黄龙左校、郭大贤、李大目、于氐根等,复斩数万级,皆屠其屯壁。遂与黑山贼张燕及四营屠各、雁门乌桓战于常山。燕精兵数万,骑数千匹。绍与吕布共击燕,连战十馀日,燕兵死伤虽多,绍军亦疲,遂俱退。

吕布将士多暴横，绍患之，布因求还雒阳。绍承制以布领司隶校尉，遣壮士送布，而阴图之。布使人鼓筝于帐中，密亡去，送者夜起，斫帐被皆坏。明旦，绍闻布尚在，惧，闭城自守。布引军复归张杨。

14　前太尉曹嵩避难在琅邪，其子操令泰山太守应劭迎之。嵩辎重百馀两，陶谦别将守阴平，士卒利嵩财宝，掩袭嵩于华、费间，杀之，并少子德。秋，操引兵击谦，攻拔十馀城，至彭城，大战，谦兵败，走保郯。

初，京、雒遭董卓之乱，民流移东出，多依徐土，遇操至，坑杀男女数十万口于泗水，水为不流。

操攻郯不能克，乃去，攻取虑、睢陵、夏丘，皆屠之，鸡犬亦尽，墟邑无复行人。

15　冬，十月辛丑，京师地震。

16　有星孛于天市。

17　司空杨彪免。丙午，以太常赵温为司空，录尚书事。

18　刘虞与公孙瓒积不相能，瓒数与袁绍相攻，虞禁之，不可，而稍节其禀假。瓒怒，屡违节度，又复侵犯百姓。虞不能制，乃遣驿使奉章陈其暴掠之罪，瓒亦上虞禀粮不周。二奏交驰，互相非毁，朝廷依违而已。瓒乃筑小城于蓟城东南以居之，虞数请会，瓒辄称病不应；虞恐其终为乱，乃率所部兵合十万人以讨之。时瓒部曲放散在外，仓卒掘东城欲走。虞兵无部伍，不习战，又爱民庐舍，敕不听焚烧，戒军士曰："无伤馀人，杀一伯珪而已。"攻围不下。瓒乃简募锐士数百人，因风纵火，直冲突之，虞众大溃。虞与官属北奔居庸，瓒追攻之，三日，城陷，执虞并妻子还蓟，犹使领州文书。会诏遣使者段训增虞封邑，督六州事；拜瓒前将军，封易侯。瓒乃诬虞前与袁绍等谋称尊号，胁训斩虞及妻子于蓟市。故常山相孙瑾、掾张逸、张瓒等相与就虞，骂瓒极口，然后同死。瓒传虞首于京师，故吏尾敦于路劫虞首，归葬之。虞以恩厚得众心，北州百姓流旧莫不痛惜。

初，虞欲遣使奉章诣长安，而难其人，众咸曰："右北平田畴，年二十二，年虽少，颇有奇材。"虞乃备礼，请以为掾。具车骑将行，畴曰："今道路阻绝，寇虏纵横，称官奉使，为众所指。愿以私行，期于得达而已。"虞从之。畴乃自选家客二十骑，俱上西关，出塞，傍北山，直趣朔方，循间道至长安致命。

诏拜畴为骑都尉。畴以天子方蒙尘未安，不可以荷佩荣宠，固辞不受。得报，驰还，比至，虞已死，畴谒祭虞墓，陈发章表，哭泣而去。公孙瓒怒，购求获畴，谓曰："汝不送章报我，何也？"畴曰："汉室衰颓，人怀异心，唯<u>刘公</u>不失忠节。章报所言,于将军未美,恐非所乐闻,故不进也。且将军既灭无罪之君,又仇守义之臣,<u>畴</u>恐<u>燕</u>、<u>赵</u>之士皆将蹈<u>东海</u>而死,莫有从将军者也。”<u>瓒</u>乃释之。

　　<u>畴</u>北归<u>无终</u>,率宗族及他附从者数百人,扫地而盟曰:“君仇不报,吾不可以立于世!”遂入<u>徐无山</u>中,营深险平敞地而居,躬耕以养父母,百姓归之,数年间至五千馀家。<u>畴</u>谓其父老曰:“今众成都邑,而莫相统一,又无法制以治之,恐非久安之道。<u>畴</u>有愚计,愿与诸君共施之,可乎?”皆曰:“可!”<u>畴</u>乃为约束,相杀伤、犯盗、诤讼者,随轻重抵罪,重者至死,凡一十馀条。又制为婚姻嫁娶之礼,与学校讲授之业,班行于众,众皆便之,至道不拾遗。北边翕然服其威信,<u>乌桓</u>、鲜卑各遣使致馈,<u>畴</u>悉抚纳,令不为寇。

19　十二月辛丑,地震。

20　司空<u>赵温</u>免。乙巳,以卫尉<u>张喜</u>为司空。

资治通鉴卷第六十一

汉纪五十三

孝献皇帝丙

兴平元年（甲戌，194）

1　春，正月辛酉，赦天下。

2　甲子，帝加元服。

3　二月戊寅，有司奏立长秋宫。诏曰："皇妣宅兆未卜，何忍言后宫之选乎！"壬午，三公奏改葬皇妣王夫人，追上尊号曰灵怀皇后。

4　陶谦告急于田楷，楷与平原相刘备救之。备自有兵数千人，谦益以丹阳兵四千，备遂去楷归谦，谦表为豫州刺史，屯小沛。曹操军食亦尽，引兵还。

5　马腾私有求于李傕，不获而怒，欲举兵相攻；帝遣使者和解之，不从。韩遂率众来和腾、傕，既而复与腾合。谏议大夫种邵、侍中马宇、左中郎将刘範谋使腾袭长安，己为内应，以诛傕等。壬申，腾、遂勒兵屯长平观。邵等谋泄，出奔槐里。傕使樊稠、郭汜及兄子利击之，腾、遂败走，还凉州。又攻槐里，邵等皆死。庚申，诏赦腾等。夏，四月，以腾为安狄将军，遂为安降将军。

6　曹操使司马荀彧、寿张令程昱守甄城，复往攻陶谦，遂略地至琅邪、东海，所过残减。还，击破刘备于郯东。谦恐，欲走归丹阳。会陈留太守张邈叛操迎吕布，操乃引军还。

　　初，张邈少时，好游侠，袁绍、曹操皆与之善。及绍为盟主，有骄色，邈正议责绍；绍怒，使操杀之。操不听，曰："孟卓，亲友也，是非当容之。今天下未定，奈何自相危也！"操之前攻陶谦，志在必死，敕家曰："我若不还，往依孟卓。"后还见邈，垂泣相对。

　　陈留高柔谓乡人曰："曹将军虽据兖州，本有四方之图，未得安坐守也。而张府君恃陈留之资，将乘间为变，欲与诸君避之，何如？"众人皆以曹、张相亲，柔又年少，不然其言。柔从兄斡自河北呼柔，柔举宗从之。

吕布之舍袁绍从张杨也，过邈，临别，把手共誓；绍闻之，大恨。邈畏
操终为绍杀己也，心不自安。前九江太守陈留边让尝讥议操，操闻而杀
之，并其妻子。让素有才名，由是兖州士大夫皆恐惧。陈宫性刚直壮烈，
内亦自疑，乃与从事中郎许汜、王楷及邈弟超共谋叛操。宫说邈曰："今
天下分崩，雄杰并起，君以千里之众，当四战之地，抚剑顾盼，亦足以为人
豪，而反受制于人，不亦鄙乎！今州军东征，其处空虚，吕布壮士，善战无
前，若权迎之，共牧兖州，观天下形势，俟时事之变，此亦纵横之一时也。"
邈从之。

时操使宫将兵留屯东郡，遂以其众潜迎布为兖州牧。布至，邈乃使其
党刘翊告荀彧曰："吕将军来助曹使君击陶谦，宜亟供其军食。"众疑惑，
彧知邈为乱，即勒兵设备，急召东郡太守夏侯惇于濮阳；惇来，布遂据濮
阳。时操悉军攻陶谦，留守兵少，而督将、大吏多与邈、宫通谋，惇至，其
夜，诛谋叛者数十人，众乃定。

豫州刺史郭贡率众数万来至城下，或言与吕布同谋，众甚惧。贡求见
荀彧，彧将往，惇等曰："君一州镇也，往必危，不可。"彧曰："贡与邈等，分
非素结也，今来速，计必未定，及其未定说之，纵不为用，可使中立。若先
疑之，彼将怒而成计。"贡见彧无惧意，谓鄄城未易攻，遂引兵去。

是时，兖州郡县皆应布，唯鄄城、范、东阿不动。布军降者言："陈宫
欲自将兵取东阿，又使汜嶷取范。"吏民皆恐。程昱本东阿人，或谓昱曰：
"今举州皆叛，唯有此三城，宫等以重兵临之，非有以深结其心，三城必
动。君，民之望也，宜往抚之。"昱乃归过范，说其令靳允曰："闻吕布执君
母、弟、妻子，孝子诚不可以心。今天下大乱，英雄并起，必有命世能息天
下之乱者，此智者所宜详择也。得主者昌，失主者亡。陈宫叛迎吕布而百
城皆应，似能有为；然以君观之，布何如人哉？夫布粗中少亲，刚而无礼，
匹夫之雄耳。宫等以势假合，不能相君也；兵虽众，终必无成。曹使君智
略不世出，殆天所授；君必固范，我守东阿，则田单之功可立也。孰与违忠
从恶而母子俱亡乎？唯君详虑之！"允流涕曰："不敢有贰心。"时汜嶷已
在县，允乃见嶷，伏兵刺杀之，归，勒兵自守。

徐众评曰：允于曹公未成君臣；母至亲也，于义应去。卫公子开
方仕齐，积年不返，管仲以为不怀其亲，安能爱君！是以求忠臣必于
孝子之门；允宜先救至亲。徐庶母为曹公所得，刘备遣庶归北，欲为
天下者恕人子之情也；曹公亦宜遣允。

7　昱又遣别骑绝仓亭津，陈宫至，不得渡。昱至东阿，东阿令颍川枣

祗已率厉吏民拒城坚守,卒完三城以待操。操还,执昱手曰:"微子之力,吾无所归矣。"表昱为东平相,屯范。吕布攻鄄城不能下,西屯濮阳。曹操曰:"布一旦得一州,不能据东平,断亢父、泰山之道,乘险要我,而乃屯濮阳,吾知其无能为也。"乃进攻之。

8　五月,以扬武将军郭汜为后将军,安集将军樊稠为右将军,并开府如三公,合为六府,皆参选举。李傕等各欲用其所举,若一违之,便忿愤喜怒,主者患之,乃以次第用其所举。先从傕起,汜次之,稠次之,三公所举,终不见用。

9　河西四郡以去凉州治远,隔以河寇,上书求别置州。六月丙子,诏以陈留邯郸商为雍州刺史,典治之。

10　丁丑,京师地震,戊寅,又震。

11　乙酉晦,日有食之。

12　秋,七月壬子,太尉朱儁免。

13　戊午,以太常杨彪为太尉,录尚书事。

14　甲子,以镇南将军杨定为安西将军,开府如三公。

15　自四月不雨至于是月,谷一斛直钱五十万,长安中人相食。帝令侍御史侯汶出太仓米豆为贫人作糜,饿死者如故。帝疑禀赋不实,取米豆各五升于御前作糜,得二盆。乃杖汶五十,于是悉得全济。

16　八月,冯翊羌寇属县,郭汜、樊稠等率众破之。

17　吕布有别屯在濮阳西,曹操夜袭破之,未及还;会布至,身自搏战,自旦至日昳,数十合,相持甚急。操募人陷陈,司马陈留典韦将应募者进当之,布弓弩乱发,矢至如雨,韦不视,谓等人曰:"虏来十步,乃白之。"等人曰:"十步矣。"又曰:"五步乃白。"等人惧,疾言:"虏至矣!"韦持戟大呼而起,所抵无不应手倒者,布众退。会日暮,操乃得引去;拜韦都尉,令常将亲兵数百人,绕大帐左右。

濮阳大姓田氏为反间,操得入城,烧其东门,示无反意。及战,军败,布骑得操而不识,问曰:"曹操何在?"操曰:"乘黄马走者是也。"布骑乃释操而追黄马者。操突火而出,至营,自力劳军,令军中促为攻具,进,复攻之,与布相守百馀日。蝗虫起,百姓大饿,布粮食亦尽,各引去。九月,操还鄄城。布到乘氏,为其县人李进所破,东屯山阳。

冬,十月,操至东阿。袁绍使人说操,欲使操遣家居邺;操新失兖州,军食尽,将许之。程昱曰:"意者将军殆临事而惧,不然,何虑之不深也!夫袁绍有并天下之心,而智不能济也;将军自度能为之下乎? 将军以龙虎之威,可为之韩、彭邪! 今兖州虽残,尚有三城,能战之士,不下万人,以将军之神武,与文若、昱等收而用之,霸王之业可成也,愿将军更虑之!”操乃止。

18　十二月,司徒淳于嘉罢,以卫尉赵温为司徒,录尚书事。

19　马腾之攻李傕也,刘焉二子范、诞皆死。议郎河南庞羲,素与焉善,乃募将焉诸孙入蜀。会天火烧城,焉徙治成都,疽发背而卒。州大吏赵韪等贪焉子璋温仁,共上璋为益州刺史,诏拜颍川扈瑁为刺史。璋将沈弥、娄发、甘宁反,击璋,不胜,走入荆州;诏乃以璋为益州牧。璋以韪为征东中郎将,率众击刘表,屯朐䏰。

20　徐州牧陶谦疾笃,谓别驾东海麋竺曰:“非刘备不能安此州也。”谦卒,竺率州人迎备。备未敢当,曰:“袁公路近在寿春,君可以州与之。”典农校尉下邳陈登曰:“公路骄豪,非治乱之主,今欲为使君合步骑十万,上可以匡主济民,下可以割地守境;若使君不见听许,登亦未敢听使君也。”北海相孔融谓备曰:“袁公路岂忧国忘家者邪! 冢中枯骨,何足介意! 今日之事,百姓与能;天与不取,悔不可追。”备遂领徐州。

21　初,太傅马日磾与赵岐俱奉使至寿春,岐守志不桡,袁术惮之。日磾颇有求于术,术侵侮之,从日磾借节视之,因夺不还,条军中十馀人,使促辟之。日磾从术求去,术留不遣,又欲逼为军师;日磾病其失节,呕血而死。

22　初,孙坚娶钱唐吴氏,生四男策、权、翊、匡及一女。坚从军于外,留家寿春。策年十馀岁,已交结知名。舒人周瑜与策同年,亦英达夙成,闻策声问,自舒来造焉,便推结分好,劝策徙居舒;策从之。瑜乃推道旁大宅与策,升堂拜母,有无通共。及坚死,策年十七,还葬曲阿;已乃渡江,居江都,结纳豪俊,有复仇之志。

丹阳太守会稽周昕与袁术相恶,术上策舅吴景领丹阳太守,攻昕,夺其郡,以策从兄贲为丹阳都尉。策以母弟托广陵张纮,径到寿春见袁术,涕泣言曰:“亡父昔从长沙入讨董卓,与明使君会于南阳,同盟结好,不幸遇难,勋业不终。策感惟先人旧恩,欲自凭结,愿明使君垂察其诚!”术甚奇之,然未肯还其父兵,谓策曰:“孤用贵舅为丹阳太守,贤从伯阳为都尉,彼精兵之地,可还依召募。”策遂与汝南吕范及族人孙河迎其母诣曲阿,依舅氏,因缘召募,得数百人;而为泾县大帅祖郎所袭,几至危殆,于是复往见术。术以坚馀兵千馀人还策,表拜怀义校尉。策骑士有罪,逃入术营,隐于内厩,策指使人就斩之,讫,诣术谢。术曰:“兵人好叛,当共疾之,何为谢也!"由是军中益畏惮之。术初许以策为九江太守,已而更用丹阳陈纪。后术欲攻徐州,从庐江太守陆康求米三万斛;康不与。术大怒,遣策攻康,谓曰:"前错用陈纪,每恨本意不遂,今若得康,庐江真卿有也。"策攻康,拔之,术复用其故吏刘勋为太守;策益失望。

侍御史刘繇,岱之弟也,素有盛名,诏书用为扬州刺史;州旧治寿春,术已据之,繇欲南渡江,吴景、孙贲迎置曲阿。及策攻庐江,繇闻之,以景、贲本术所置,惧为袁、孙所并,遂构嫌隙,迫逐景、贲;景、贲退屯历阳,繇遣将樊能、于麋屯横江,张英屯当利口以拒之。术乃自用故吏惠衢为扬州刺史,以景为督军中郎将,与贲共将兵击英等。

二年(乙亥,195)

1 春,正月癸丑,赦天下。

2 曹操败吕布于定陶。

3 诏即拜袁绍为右将军。

4 董卓初死,三辅民尚数十万户,李傕等放兵劫掠,加以饥馑,二年间,民相食略尽。李傕、郭汜、樊稠各相与矜功争权,欲斗者数矣,贾诩每以大体责之,虽内不能善,外相含容。

樊稠之击马腾、韩遂也,李利战不甚力,稠叱之曰:"人欲截汝父头,何敢如此,我不能斩卿邪!"及腾、遂败走,稠追至陈仓,遂语稠曰:"本所争者非私怨,王家事耳。与足下州里人,欲相与善语而别。"乃俱却骑,前接马,交臂相加,共语良久而别。军还,李利告傕"韩、樊交马语,不知所道,意爱甚密",傕亦以稠勇而得众,忌之。稠欲将兵东出关,从傕索益兵。二月,傕请稠会议,便于坐杀稠。由是诸将转相疑贰。

傕数设酒请郭汜,或留汜止宿。汜妻恐汜爱傕婢妾,思有以间之。会傕送馈,妻以豉为药,擿以示汜曰:"一栖不两雄,我固疑将军信李公也。"他日,傕复请汜,饮大醉,汜疑其有毒,绞粪汁饮之,于是各治兵相攻矣。

帝使侍中、尚书和傕、汜,傕、汜不从。汜谋迎帝幸其营,夜有亡者,告傕。三月丙寅,傕使兄子暹将数千兵围宫,以车三乘迎帝。太尉杨彪曰:"自古帝王无在人家者,诸君举事,奈何如是!"暹曰:"将军计定矣。"于是群臣步从乘舆以出,兵即入殿中,掠宫人、御物。帝至傕营,傕又徙御府金帛置其营,遂放火烧宫殿、官府、民居悉尽。帝复使公卿和傕、汜,汜留杨彪及司空张喜、尚书王隆、光禄勋刘渊、卫尉士孙瑞、太仆韩融、廷尉宣璠、大鸿胪荣郃、大司农朱儁、将作大匠梁邵、屯骑校尉姜宣等于其营以为质。

朱儁愤懑发病死。

5　夏，四月甲子，立贵人琅邪伏氏为皇后；以后父侍中完为执金吾。

6　郭汜飨公卿，议攻李傕。杨彪曰："群臣共斗，一人劫天子，一人质公卿，可行乎！"汜怒，欲手刃之。彪曰："卿尚不奉国家，吾岂求生邪！"中郎将杨密固谏，汜乃止。傕召羌胡数千人，先以御物缯彩与之，许以宫人、妇女，欲令攻郭汜。汜阴与傕党中郎将张苞等谋攻傕。丙申，汜将兵夜攻傕门，矢及帝帷帐中，又贯傕左耳。苞等烧屋，火不然。杨奉于外拒汜，汜兵退，苞等因将所领兵归汜。

是日，傕复移乘舆幸北坞，使校尉监坞门，内外隔绝，侍臣皆有饥色。帝求米五斗、牛骨五具以赐左右。傕曰："朝晡上饭，何用米为？"乃以臭牛骨与之。帝大怒，欲诘责之。侍中杨琦谏曰："傕自知所犯悖逆，欲转车驾幸池阳黄白城，臣愿陛下忍之。"帝乃止。司徒赵温与傕书曰："公前屠陷王城，杀戮大臣，今争睚眦之隙，以成千钧之仇，朝廷欲令和解，诏命不行，而复欲转乘舆于黄白城，此诚老夫所不解也。于易，一为过，再为涉，三而弗改，灭其顶，凶。不如早共和解。"傕大怒，欲杀温，其弟应谏之，数日乃止。

傕信巫觋厌胜之术，常以三牲祠董卓于省门外；每对帝或言"明陛下"，或言"明帝"，为帝说郭汜无状，帝亦随其意应答之。傕喜，自谓良得天子欢心也。

闰月己卯，帝使谒者仆射皇甫郦和傕、汜。郦先诣汜，汜从命；又诣傕，傕不肯，曰："郭多，盗马虏耳，何敢欲与吾等邪，必诛之！君观吾方略士众，足办郭多否邪？郭多又劫质公卿，所为如是，而君苟欲左右之邪！"郦曰："近者董公之强，将军所知也；吕布受恩而反图之，斯须之间，身首异处，此有勇而无谋也。今将军身为上将，荷国宠荣，汜质公卿而将军胁主，谁轻重乎！张济与汜有谋，杨奉、白波贼帅耳，犹知将军所为非是，将军虽宠之，犹不为用也。"傕呵之令出。郦出，诣省门，白"傕不肯奉诏，辞语不顺"。帝恐傕闻之，亟令郦去。傕遣虎贲王昌呼，欲杀之，昌知郦忠直，纵令去，还答傕，言"追之不及"。

辛巳，以车骑将军李傕为大司马，在三公之右。

7　吕布将薛兰、李封屯钜野，曹操攻之，布救兰等，不胜而走，操遂斩兰等。操军乘氏，以陶谦已死，欲遂取徐州，还乃定布。荀彧曰："昔高祖保关中，光武据河内，皆深根固本以制天下，进足以胜敌，退足以坚守，故虽有困败而终济大业。将军本以兖州首事，平山东之难，百姓无不归心悦服。且河、济，天下之要地也，今虽残坏，犹易以自保，是亦将军之关中、河内也，不可以不先定。今已破李封、薛兰，若分兵东击陈宫，宫必不敢西顾，以其间勒兵收熟麦，约食畜谷，一举而布可破也。破布，然后南结扬州，共讨袁术，以临淮、泗。若舍布而东，多留兵则不足用，少留兵则民皆保城，不得樵采，布乘虚寇暴，民心益危，唯甄城、范、卫可全，其馀非己之有，是无兖州也。若徐州不定，将军当安所归乎！且陶谦虽死，徐州未易亡也。彼惩往年之败，将惧而结亲，相为表里。今东方皆已收麦，必坚壁清野以待将军，攻之不拔，略之无获，不出十日，则十万之众，未战而先自困耳。前讨徐州，威罚实行，其子弟念父兄之耻，必人自为守，无降心，就能破之，尚不可有也。夫事固有弃此取彼者，以大易小可也，以安易危可也，权一时之势，不患本之不固可也。今三者莫利，惟将军熟虑之。"操乃止。

布复从东缗与陈宫将万馀人来战，操兵皆出收麦，在者不能千人，屯营不固。屯西有大堤，其南树木幽深，操隐兵堤里，出半兵堤外；布益进，乃令轻兵挑战，既合，伏兵乃悉乘堤，步骑并进，大破之，追至其营而还。布夜走，操复攻拔定陶，分兵平诸县。布东奔刘备，张邈从布，使其弟超将家属保雍丘。

布初见备，甚尊敬之，谓备曰："我与卿同边地人也！布见关东起兵，欲诛董卓。布杀卓东出，关东诸将无安布者，皆欲杀布耳。"请备于帐中，坐妇床上，令妇向拜，酌酒饮食，名备为弟。备见布语言无常，外然之而内不悦。

8　李傕、郭汜相攻连月，死者以万数。六月，傕将杨奉谋杀傕，事泄，遂将兵叛傕，傕众稍衰。庚午，镇东将军张济自陕至，欲和傕、汜，迁乘舆权幸弘农。帝亦思旧京，遣使宣谕，十反，汜、傕许和，欲质其爱子。傕妻爱其男，和计未定，而羌胡数来窥省门，曰："天子在此中邪！李将军许我宫人，今皆何在？"帝患之，使侍中刘艾谓宣义将军贾诩曰："卿前奉职公忠，故仍升荣宠；今羌胡满路，宜思方略。"诩乃召羌胡大帅饮食之，许以封赏，羌胡皆引去，傕由此单弱。于是复有言和解之计者，傕乃从之，各以女为质。

秋，七月甲子，车驾出宣平门，当渡桥，汜兵数百人遮桥曰："此天子非也？"车不得前。傕兵数百人，皆持大戟在乘舆车前，兵欲交，侍中刘艾大呼曰："是天子也！"使侍中杨琦高举车帷，帝曰："诸兵何敢迫近至尊邪？"汜兵乃却。既渡桥，士众皆称万岁。夜到霸陵，从者皆饥，张济赋给各有差。傕出屯池阳。

丙寅,以张济为票骑将军,开府如三公;郭汜为车骑将军,杨定为后将
军,杨奉为兴义将军,皆封列侯。又以故牛辅部曲董承为安集将军。

郭汜欲令车驾幸高陵,公卿及济以为宜幸弘农,大会议之,不决。帝
遣使谕汜曰:"弘农近郊庙,勿有疑也!"汜不从。帝遂终日不食。汜闻之
曰:"可且幸近县。"八月甲辰,车驾幸新丰。丙子,郭汜复谋胁帝还都郿,
侍中种辑知之,密告杨定、董承、杨奉令会新丰。郭汜自知谋泄,乃弃军入
南山。

9　曹操围雍丘,张邈诣袁术求救,未至,为其下所杀。

10　冬,十月,以曹操为兖州牧。

11　戊戌,郭汜党夏育、高硕等谋胁乘舆西行。侍中刘艾见火起不
止,请帝出幸一营以避火。杨定、董承将兵迎天子幸杨奉营,夏育等勒兵
欲止乘舆,杨定、杨奉力战,破之,乃得出。壬寅,行幸华阴。

宁辑将军段煨具服御及公卿已下资储,欲上幸其营。煨与杨定有隙,
定党种辑、左灵言煨欲反,太尉杨彪、司徒赵温、侍中刘艾、尚书梁绍皆曰:
"段煨不反,臣等敢以死保。"董承、杨定胁弘农督邮令言郭汜来在煨营,
帝疑之,乃露次于道南。

丁未,杨奉、董承、杨定将攻煨,使种辑、左灵请帝为诏,帝曰:"煨罪
未著,奉等攻之,而欲令朕有诏邪!"辑固请,至夜半,犹弗听。奉等乃辄
攻煨营,十馀日不下。煨供给御膳,禀赡百官,无有二意。诏使侍中、尚书
告谕定等,令与煨和解,定等奉诏还营。

李傕、郭汜悔令车驾东,闻定攻煨,相招共救之,因欲劫帝而西。杨定
闻傕、汜至,欲还蓝田,为汜所遮,单骑亡走荆州。张济与杨奉、董承不相
平,乃复与傕、汜合。十二月,帝幸弘农,张济、李傕、郭汜共追乘舆,大战
于弘农东涧,承、奉军败,百官士卒死者,不可胜数,弃御物、符策、典籍,略
无所遗。射声校尉沮儁被创坠马,傕谓左右曰:"尚可活否?"儁骂之曰:
"汝等凶逆,逼劫天子,使公卿被害,宫人流离,乱臣贼子,未有如此也!"
傕乃杀之。

壬申,帝露次曹阳。承、奉乃谲傕等与连和,而密遣间使至河东,招故
白波帅李乐、韩暹、胡才及南匈奴右贤王去卑;并率其众数千骑来,与承、
奉共击傕等,大破之,斩首数千级。

于是董承等以新破傕等,可复东引。庚申,车驾发东,董承、李乐卫乘
舆,胡才、杨奉、韩暹、匈奴右贤王于后为拒。傕等复来战,奉等大败,死者
甚于东涧。光禄勋邓渊、廷尉宣播、少府田芬、大司农张义皆死。司徒赵

温、太常王绛、卫尉周忠、司隶校尉管邰为傕所遮,欲杀之,贾诩曰:"此皆大臣,卿奈何害之!"乃止。李乐曰:"事急矣,陛下宜御马。"上曰:"不可舍百官而去,此何辜哉!"兵相连缀四十里,方得至陕,乃结营自守。

时残破之馀,虎贲、羽林不满百人,傕、汜兵绕营叫呼,吏士失色,各有分散之意。李乐惧,欲令车驾御船过砥柱,出孟津,杨彪以为河道险难,非万乘所宜乘;乃使李乐夜渡,潜具船,举火为应。上与公卿步出营,皇后兄伏德扶后,一手挟绢十匹。董承使符节令孙徽从人间斫之,杀旁侍者,血溅后衣。河岸高十馀丈,不得下,乃以绢为辇,使人居前负帝,馀皆匍匐而下,或从上自投,冠帻皆坏。既至河边,士卒争赴舟,董承、李乐以戈击之,手指于舟中可掬。帝乃御船,同济者,皇后及杨彪以下才数十人,其宫女及吏民不得渡者,皆为兵所掠夺,衣服俱尽,发亦被截,冻死者不可胜计。卫尉士孙瑞为傕所杀。

傕见河北有火,遣骑候之,适见上渡河,呼曰:"汝等将天子去邪!"董承惧射之,以被为幔。既到大阳,幸李乐营。河内太守张杨使数千人负米来贡饷。乙亥,帝御牛车,幸安邑,河东太守王邑奉献绵帛,悉赋公卿以下,封邑为列侯,拜胡才为征东将军,张杨为安国将军,皆假节开府。其垒壁群帅竞求拜职,刻印不给,至乃以锥画之。

乘舆居棘篱中,门户无关闭,天子与群臣会,兵士伏篱上观,互相镇压以为笑。

帝又遣太仆韩融至弘农与傕、汜等连和,傕乃放遣公卿百官,颇归所掠宫人及乘舆器服。已而粮谷尽,宫人皆食菜果。

乙卯,张杨自野王来朝,谋以乘舆还雒阳;诸将不听,杨复还野王。

是时,长安城空四十馀日,强者四散,嬴者相食,二三年间,关中无复人迹。

沮授说袁绍曰:"将军累叶台辅,世济忠义。今朝廷播越,宗庙残毁,观诸州郡虽外托义兵,内实相图,未有忧存社稷恤民之意。今州域粗定,兵强士附,西迎大驾,即宫邺都,挟天子而令诸侯,畜士马以讨不庭,谁能御之!"颍川郭图、淳于琼曰:"汉室陵迟,为日久矣,今欲兴之,不亦难乎!且英雄并起,各据州郡,连徒聚众,动有万计,所谓秦失其鹿,先得者王。今迎天子自近,动辄表闻,从之则权轻,违之则拒命,非计之善者也。"授曰:"今迎朝廷,于义为得,于时为宜,若不早定,必有先之者矣。"绍不从。

12 初,丹阳朱治尝为孙坚校尉,见袁术政德不立,劝孙策归取江东。时吴景攻樊能、张英等,岁馀不克。策说术曰:"家有旧恩在东,愿助舅讨横江；横江拔，因投本土召募，可得三万兵，以佐明使君定天下。"术知其恨，而以刘繇据曲阿，王朗在会稽，谓策未必能定，乃许之，表策为折冲校尉。将兵千馀人，骑数十匹，行收兵，比至历阳，众五六千。时周瑜从父尚为丹阳太守，瑜将兵迎之，仍助以资粮，策大喜，曰："吾得卿，谐也！"进攻横江、当利，皆拔之，樊能、张英败走。

策渡江转斗，所向皆破，莫敢当其锋者。百姓闻孙郎至，皆失魂魄。长吏委城郭，窜伏山草。及策至，军士奉令，不敢虏略，鸡犬菜茹，一无所犯，民乃大悦，竞以牛酒劳军。策为人，美姿颜，能笑语，性阔达听受，善于用人，是以士民见者莫不尽心，乐为致死。

策攻刘繇牛渚营，尽得邸阁粮谷、战具。时彭城相薛礼、下邳相丹阳笮融依繇为盟主，礼据秣陵城，融屯县南，策皆击破之。又破繇别将于梅陵，转攻湖孰、江乘，皆下之，进击繇于曲阿。

繇同郡太史慈时自东莱来省繇。会策至，或劝繇可以慈为大将。繇曰："我若用子义，许子将不当笑我邪！"但使慈侦视轻重。时独与一骑卒遇策于神亭，策从骑十三，皆坚旧将辽西韩当、零陵黄盖辈也。慈便前斗，正与策对，策刺慈马，而揽得慈项上手戟，慈亦得策兜鍪。会两家兵骑并各来赴，于是解散。

繇与策战，兵败，走丹徒。策入曲阿，劳赐将士，发恩布令，告谕诸县："其刘繇、笮融等故乡部曲来降首者，一无所问；乐从军者，一身行，复除门户；不乐者不强。"旬日之间，四面云集，得见兵二万馀人，马千馀匹，威震江东。

丙辰，袁术表策行殄寇将军。策将吕范言于策曰："今将军事业日大，士众日盛，而纲纪犹有不整者，范愿暂领都督，佐将军部分之。"策曰："子衡既士大夫，加手下已有大众，立功于外，岂宜复屈小职，知军中细事乎！"范曰："不然。今舍本土而托将军者，非为妻子也，欲济世务也。譬犹同舟涉海，一事不牢，即俱受其败。此亦范计，非但将军也。"策笑，无以答。范出，便释褠，著裤褶，执鞭诣阁下启事，自称领都督，策乃授传，委以众事；由是军中肃睦，威禁大行。

策以张纮为正议校尉，彭城张昭为长史，常令一人居守，一人从征讨，及广陵秦松、陈端等亦参与谋谟。策待昭以师友之礼，文武之事，一以委昭。昭每得北方士大夫书疏，专归美于昭，策闻之，欢笑曰："昔管子相齐，一则仲父，二则仲父，而桓公为霸者宗。今子布贤，我能用之，其功名独不在我乎！"

袁术以从弟胤为丹阳太守。周尚、周瑜皆还寿春。

刘繇自丹徒将奔会稽,许劭曰:"会稽富实,策之所贪,且穷在海隅,不可往也。不如豫章,北连豫壤,西接荆州;若收合吏民,遣使贡献,与曹兖州相闻,虽有袁公路隔在其间,其人豺狼,不能久也。足下受王命,孟德、景升必相救济。"繇从之。

13 初,陶谦以笮融为下邳相,使督广陵、下邳、彭城粮运。融遂断三郡委输以自入,大起浮屠祠,课人诵读佛经,招致旁郡好佛者至五千馀户。每浴佛,辄多设饮食,布席于路,经数十里,费以钜亿计。及曹操击破陶谦,徐土不安,融乃将男女万口走广陵,广陵太守赵昱待以宾礼。先是彭城相薛礼为陶谦所逼,屯秣陵,融利广陵资货,遂乘酒酣杀昱,放兵大掠,因过江依礼,既而复杀之。

刘繇使豫章太守朱皓攻袁术所用太守诸葛玄,玄退保西城。及繇溯江西上,驻于彭泽,使融助皓攻玄。许劭谓繇曰:"笮融出军,不顾名义者也。朱文明喜推诚以信人。宜使密防之。"融到,果诈杀皓,代领郡事。繇进讨融,融败走,入山,为民所杀。诏以前太傅掾华歆为豫章太守。

丹阳都尉朱治逐吴郡太守许贡而据其郡,贡南依山贼严白虎。

14 张超在雍丘,曹操围之急,超曰:"惟臧洪当来救吾。"众曰:"袁、曹方睦,洪为袁所表用,必不败好以招祸。"超曰:"子源天下义士,终不背本;但恐见制强力,不相及耳。"洪时为东郡太守,徒跣号泣,从绍请兵,将赴其难,绍不与,请自率所领以行,亦不许。雍丘遂溃,张超自杀,操夷其三族。

洪由是怨绍,绝不与通。绍兴兵围之,历年不下。绍令洪邑人陈琳以书喻之,洪复书曰:"仆小人也,本乏志用;中因行役,蒙主人倾盖,恩深分厚,遂窃大州,宁乐今日自还接刃乎!当受任之初,自谓究竟大事,共尊王室。岂悟本州被侵,郡将遘厄,请师见拒,辞行被拘,使洪故君遂至沦灭,区区微节,无所获申,岂得复全交友之道、重亏忠孝之名乎!斯所以忍悲挥戈,收泪告绝。行矣孔璋,足下徼利于境外,臧洪投命于君亲;吾子托身于盟主,臧洪策名于长安;子谓余身死而名灭,仆亦笑子生而无闻焉!"

绍见洪书,知无降意,增兵急攻。城中粮谷已尽,外无强救,洪自度必不免,呼将吏士民谓曰:"袁氏无道,所图不轨,且不救洪郡将,洪于大义,不得不死;念诸君无事空与此祸,可先城未败,将妻子出。"皆垂泣曰:"明府与袁氏本无怨隙,今为本朝郡将之故,自致残困,吏民何忍当舍明府去也!"初尚掘鼠煮筋角,后无可复食者。主簿启内厨米三升,请稍以为饘粥,洪叹曰:"何能独甘此邪!"使作薄糜,遍班士众,又杀其爱妾以食将士。将士咸流涕,无能仰视者。男女七八千人,相枕而死,莫有离叛者。城陷,生执洪。绍大会诸将见洪,谓曰:"臧洪,何相负若此!今日服未?"洪据地瞋目曰:"诸袁事汉,四世五公,可谓受恩。今王室衰弱,无扶翼之意,欲因际会,希冀非望,多杀忠良以立奸威。洪亲见呼张陈留为兄,则洪府君亦宜为弟,同共戮力,为国除害,奈何拥众观人屠灭!洪惜力劣,不能推刃为天下报仇,何谓服乎!"绍本爱洪,意欲令屈服,原之;见洪辞切,知终不为己用,乃杀之。

洪邑人陈容少亲慕洪,时在绍坐,起谓绍曰:"将军举大事,欲为天下除暴,而先诛忠义,岂合天意!臧洪发举为郡将,奈何杀之!"绍惭,使人牵出,谓曰:"汝非臧洪俦,空复尔为!"容顾曰:"仁义岂有常,蹈之则君子,背之则小人。今日宁与臧洪同日而死,不与将军同日而生也!"遂复见杀,在坐无不叹息,窃相谓曰:"如何一日杀二烈士!"

15　公孙瓒既杀刘虞,尽有幽州之地,志气益盛,恃其才力,不恤百姓,记过忘善,睚眦必报。衣冠善士,名在其右者,必以法害之,有材秀者,必抑困使在穷苦之地。或问其故,瓒曰:"衣冠皆自以职分当贵,不谢人惠。"故所宠爱,类多商贩、庸儿,与为兄弟,或结婚姻,所在侵暴,百姓怨之。

刘虞从事渔阳鲜于辅等,合率州兵欲共报仇,以燕国阎柔素有恩信,推为乌桓司马。柔招诱胡、汉数万人,与瓒所置渔阳太守邹丹战于潞北,斩丹等四千馀级。乌桓峭王亦率种人及鲜卑七千馀骑,随辅南迎虞子和与袁绍将麹义合兵十万共攻瓒,破瓒于鲍丘,斩首二万馀级。于是代郡、广阳、上谷、右北平各杀瓒所置长吏,复与鲜于辅、刘和兵合,瓒军屡败。

先是有童谣曰:"燕南垂,赵北际,中央不合大如砺,唯有此中可避世。"瓒自谓易地当之,遂徙镇易,为围堑十重,于堑里筑京,皆高五六丈,为楼其上;中堑为京,特高十丈,自居焉。以铁为门,斥去左右,男人七岁以上不得入门,专与姬妾居。其文簿、书记皆汲而上之。令妇人习为大声,使闻数百步,以传宣教令。疏远宾客,无所亲信,谋臣猛将,稍稍乖散。自此之后,希复攻战。或问其故。瓒曰:"我昔驱畔胡于塞表,扫黄巾于孟津,当此之时,谓天下指麾可定。至于今日,兵革方始,观此,非我所决,不如休兵力耕,以救凶年。兵法,百楼不攻。今吾诸营楼橹数十重,积谷三百万斛,食尽此谷,足以待天下之事矣。"

16　南单于於扶罗死,弟呼厨泉立,居于平阳。

资治通鉴卷第六十二

汉纪五十四

孝献皇帝丁

建安元年（丙子，196）

1　春，正月癸酉，大赦，改元。

2　董承、张杨欲以天子还雒阳，杨奉、李乐不欲，由是诸将更相疑贰。二月，韩暹攻董承，承奔野王。韩暹屯闻喜，胡才、杨奉之坞乡。胡才欲攻韩暹，上使人喻止之。

3　汝南、颍川黄巾何仪等拥众附袁术，曹操击破之。

4　张杨使董承先缮修雒阳宫。太仆赵岐为承说刘表，使遣兵诣雒阳，助修宫室；军资委输，前后不绝。夏，五月，丙寅，帝遣使至杨奉、李乐、韩暹营，求送至雒阳，奉等从诏。六月乙未，车驾幸闻喜。

5　袁术攻刘备以争徐州，备使司马张飞守下邳，自将拒术于盱眙、淮阴，相持经月，更有胜负。下邳相曹豹，陶谦故将也，与张飞相失，飞杀之，城中乖乱。袁术与吕布书，劝令袭下邳，许助以军粮。布大喜，引军水陆东下。备中郎将丹阳许耽开门迎之。张飞败走，布虏备妻子及将吏家口。备闻之，引还，比至下邳，兵溃。备收馀兵东取广陵，与袁术战，又败，屯于海西，饥饿困踧，吏士相食，从事东海麋竺以家财助军。备请降于布，布亦忿袁术运粮不继，乃召备，复以为豫州刺史，使屯小沛。布自称徐州牧。

　　布将河内郝萌夜攻布，布科头袒衣，走诣都督高顺营。顺即严兵入府讨之，萌败走；比明，萌将曹性击斩萌。

6　庚子，杨奉、韩暹奉帝东还，张杨以粮迎道路。秋，七月甲子，车驾至雒阳，幸故中常侍赵忠宅。丁丑，大赦。八月辛丑，幸南宫杨安殿。张杨以为己功，故名其殿曰杨安。杨谓诸将曰："天子当与天下共之，朝廷自有公卿大臣，杨当出扞外难。"遂还野王，杨奉亦出屯梁，韩暹、董承并留宿卫。癸卯，以安国将军张杨为大司马，杨奉为车骑将军，韩暹为大将军、领司隶校尉,皆假节钺。

　　是时,宫室烧尽,百官披荆棘,依墙壁间,州郡各拥强兵,委输不至;群僚饥乏,尚书郎以下自出采稆,或饥死墙壁间,或为兵士所杀。

　　7　袁术以谶言“代汉者当涂高”,自云名字应之。又以袁氏出陈,为舜后,以黄代赤,德运之次,遂有僭逆之谋。闻孙坚得传国玺,拘坚妻而夺之。及闻天子败于曹阳,乃会群下议称尊号;众莫敢对。主簿阎象进曰:“昔周自后稷至于文王,积德累功,参分天下有其二,犹服事殷。明公虽奕世克昌,未若有周之盛;汉室虽微,未若殷纣之暴也!”术默然。

　　术聘处士张范;范不往,使其弟承谢之。术谓承曰:“孤以土地之广,士民之众,欲徼福齐桓,拟迹高祖,何如?”承曰:“在德不在强。夫用德以同天下之欲,虽由匹夫之资而兴霸王之功,不足为难。若苟欲僭拟,干时而动,众之所弃,谁能兴之!”术不悦。

　　孙策闻之,与术书曰:“成汤讨桀称‘有夏多罪’,武王伐纣曰‘殷有重罚’,此二主者,虽有圣德,假使时无失道之过,无由逼而取也。今主上非有恶于天下,徒以幼小,胁于强臣,异于汤、武之时也。且董卓贪淫骄陵,志无纪极,至于废主自兴,亦犹未也,而天下同心疾之,况效尤而甚焉者乎!又闻幼主明智聪敏,有凤成之德,天下虽未被其恩,咸归心焉。使君五世相承,为汉宰辅,荣宠之盛,莫与为比,宜效忠守节,以报王室,则旦、奭之美,率土所望也。时人多惑图纬之言,妄牵非类之文,苟以悦主为美,不顾成败之计,古今所慎,可不孰虑!忠言逆耳,驳议致憎,苟有益于尊明,无所敢辞。”术始自以为有淮南之众,料策必与己合,及得其书,愁沮发疾。既不纳其言,策遂与之绝。

　　8　曹操在许,谋迎天子。众以为“山东未定,韩暹、杨奉,负功恣睢,未可卒制”。荀彧曰:“昔晋文公纳周襄王而诸侯景从,汉高祖为义帝缟素而天下归心。自天子蒙尘,将军首唱义兵,徒以山东扰乱,未遑远赴。今銮驾旋轸,东京榛芜,义士有存本之思,兆民怀感旧之哀。诚因此时,奉主上以从人望,大顺也;秉至公以服天下,大略也;扶弘义以致英俊,大德也。四方虽有逆节,其何能为?韩暹、杨奉,安足恤哉!若不时定,使豪杰生心,后虽为虑,亦无及矣。”操乃遣扬武中郎将曹洪将兵西迎天子,董承等据险拒之,洪不得进。

　　议郎董昭,以杨奉兵马最强而少党援,作操书与奉曰:“吾与将军闻名慕义,便推赤心。今将军拔万乘之艰难,反之旧都,翼佐之功,超世无畴,何其休哉!方今群凶猾夏,四海未宁,神器至重,事在维辅;必须众贤,以清王轨,诚非一人所能独建,心腹四支,实相恃赖,一物不备,则有阙焉。将军当为内主,吾为外援,今吾有粮,将军有兵,有无相通,足以相济,死生契阔,相与共之。"奉得书喜悦,语诸将军曰:"兖州诸军近在许耳,有兵有粮,国家所当依仰也。"遂共表操为镇东将军,袭父爵费亭侯。

韩暹矜功专恣,董承患之,因潜召操;操乃将兵诣雒阳。既至,奏韩暹、张杨之罪。暹惧诛,单骑奔杨奉。帝以暹、杨有翼车驾之功,诏一切勿问。辛亥,以曹操领司隶校尉、录尚书事。操于是诛尚书冯硕等三人,讨有罪也;封卫将军董承等十三人为列侯,赏有功也;赠射声校尉沮儁为弘农太守,矜死节也。

操引董昭并坐,问曰:"今孤来此,当施何计?"昭曰:"将军兴义兵以诛暴乱,入朝天子,辅翼王室,此五霸之功也。此下诸将,人殊意异,未必服从,今留匡弼,事势不便,惟有移驾幸许耳。然朝廷播越,新还旧京,远近跂望,冀一朝获安,今复徙驾,不厌众心。夫行非常之事,乃有非常之功,愿将军算其多者。"操曰:"此孤本志也。杨奉近在梁耳,闻其兵精,得无为孤累乎?"昭曰:"奉少党援,心相凭结,镇东、费亭之事,皆奉所定,宜时遣使厚遗答谢,以安其意。说'京都无粮,欲车驾暂幸鲁阳,鲁阳近许,转运稍易,可无县乏之忧'。奉为人勇而寡虑,必不见疑,比使往来,足以定计,奉何能为累!"操曰:"善!"即遣使诣奉。庚申,车驾出轘辕而东,遂迁都许。己巳,幸曹操营,以操为大将军,封武平侯。始立宗庙社稷于许。

9 孙策将取会稽。吴人严白虎等众各万馀人,处处屯聚,诸将欲先击白虎等。策曰:"白虎等群盗,非有大志,此成禽耳。"遂引兵渡浙江。会稽功曹虞翻说太守王朗曰:"策善用兵,不如避之。"朗不从。发兵拒策于固陵。

策数渡水战,不能克。策叔父静说策曰:"朗负阻城守,难可卒拔。查渎南去此数十里,宜从彼据其内,所谓攻其无备,出其不意者也。"策从之,夜,多然火为疑兵,分军投查渎道,袭高迁屯。朗大惊,遣故丹阳太守周昕等帅兵逆战,策破昕等,斩之。朗遁走;虞翻追随营护朗,浮海至东冶,策追击,大破之,朗乃诣策降。

策自领会稽太守,复命虞翻为功曹,待以交友之礼。策好游猎,翻谏曰:"明府喜轻出微行,从官不暇严,吏卒常苦。夫君人者不重则不威,故白龙鱼服,困于豫且;白蛇自放,刘季害之。愿少留意!"策曰:"君言是也。"然不能改。

10 九月,司徒淳于嘉、太尉杨彪、司空张喜皆罢。

11　车驾之东迁也,杨奉自梁欲邀之,不及。冬,十月,曹操征奉,奉南奔袁术,遂攻其梁屯,拔之。

12　诏书下袁绍,责以"地广兵多,而专自树党,不闻勤王之师,但擅相讨伐"。绍上书深自陈诉。戊辰,以绍为太尉,封邺侯。绍耻班在曹操下,怒曰:"曹操当死数矣,我辄救存之,今乃挟天子以令我乎!"表辞不受。操惧,请以大将军让绍。丙戌,以操为司空,行车骑将军事。

操以荀彧为侍中,守尚书令。操问彧以策谋之士,彧荐其从子蜀郡太守攸及颍川郭嘉。操征攸为尚书,与语,大悦,曰:"公达,非常人也。吾得与之计事,天下当何忧哉!"以为军师。

初,郭嘉往见袁绍,绍甚敬礼之,居数十日,谓绍谋臣辛评、郭图曰:"夫智者审于量主,故百全而功名可立。袁公徒欲效周公之下士,而不知用人之机,多端寡要,好谋无决,欲与共济天下大难,定霸王之业,难矣。吾将更举求主,子盍去乎!"二人曰:"袁氏有恩德于天下,人多归之,且今最强;去将何之!"嘉知其不寤,不复言,遂去之。操召见,与论天下事,喜曰:"使孤成大业者,必此人也!"嘉出,亦喜曰:"真吾主也!"操表嘉为司空祭酒。

操以山阳满宠为许令,操从弟洪,有宾客在许界数犯法,宠收治之,洪书报宠,宠不听。洪以白操,操召许主者,宠知将欲原客,乃速杀之。操喜曰:"当事不当尔邪!"

13　北海太守孔融,负其高气,志在靖难,而才疏意广,迄无成功。高谈清教,盈溢官曹,辞气温雅,可玩而诵,论事考实,难可悉行。但能张磔网罗,而目理甚疏;造次能得人心,久久亦不愿附也。其所任用,好奇取异,多剽轻小才。至于尊事名儒郑玄,执子孙礼,易其乡名曰郑公乡,及清俊之士左承祖、刘义逊等,皆备在坐席而已,不与论政事,曰:"此民望,不可失也!"

黄巾来寇,融战败,走保都昌。时袁、曹、公孙首尾相连,融兵弱粮寡,孤立一隅,不与相通。左承祖劝融宜自托强国,融不听而杀之,刘义逊弃去。青州刺史袁谭攻融,自春至夏,战士所馀才数百人,流矢交集,而融犹隐几读书,谈笑自若。城夜陷,乃奔东山,妻子为谭所虏。曹操与融有旧,征为将作大匠。

袁谭初至青州,其土自河而西,不过平原。谭北排田楷,东破孔融,威惠甚著;其后信任群小,肆志奢淫,声望遂衰。

14　中平以来,天下乱离,民弃农业,诸军并起,率乏粮谷,无终岁之计，饥则寇掠，饱则弃馀，瓦解流离，无敌自破者，不可胜数。袁绍在河北，军人仰食桑椹，袁术在江、淮，取给蒲蠃，民多相食，州里萧条。羽林监枣祗请建置屯田，曹操从之，以祗为屯田都尉，以骑都尉任峻为典农中郎将。募民屯田许下，得谷百万斛。于是州郡例置田官，所在积谷，仓廪皆满。故操征伐四方，无运粮之劳，遂能兼并群雄。军国之饶，起于祗而成于峻。

15　袁术畏吕布为己害，乃为子求婚，布复许之。术遣将纪灵等步骑三万攻刘备，备求救于布。诸将谓布曰："将军常欲杀刘备，今可假手于术。"布曰："不然。术若破备，则北连泰山诸将，吾为在术围中，不得不救也。"便率步骑千馀驰往赴之。灵等闻布至，皆敛兵而止。布屯沛城西南，遣铃下请灵等，灵等亦请布，布往就之，与备共饮食。布谓灵等曰："玄德，布弟也，为诸君所困，故来救之。布性不喜合斗，喜解斗耳。"乃令军候植戟于营门，布弯弓顾曰："诸君观布射戟小支，中者当各解兵，不中可留决斗。"布即一发，正中戟支。灵等皆惊，言："将军天威也！"明日复欢会，然后各罢。

备合兵得万馀人，布恶之，自出兵攻备；备败走，归曹操，操厚遇之，以为豫州牧。或谓操曰："备有英雄之志，今不早图，后必为患。"操以问郭嘉，嘉曰："有是。然公起义兵，为百姓除暴，推诚杖信以招俊杰，犹惧其未也。今备有英雄名，以穷归己而害之，是以害贤为名也。如此，则智士将自疑，回心择主，公谁与定天下乎！夫除一人之患以沮四海之望，安危之机也，不可不察。"操笑曰："君得之矣！"遂益其兵，给粮食，使东至沛，收散兵以图吕布。

初，备在豫州，举陈郡袁涣为茂才。涣为吕布所留，布欲使涣作书骂辱备，涣不可，再三强之，不许。布大怒，以兵胁涣曰："为之则生，不为则死！"涣颜色不变，笑而应之曰："涣闻唯德可以辱人，不闻以骂！使彼固君子邪，且不耻将军之言；彼诚小人邪，将复将军之意，则辱在此不在于彼。且涣他日之事刘将军，犹今日之事将军也，如一旦去此，复骂将军，可乎？"布惭而止。

16　张济自关中引兵入荆州界，攻穰城，为流矢所中死。荆州官属皆贺，刘表曰："济以穷来，主人无礼，至于交锋，此非牧意，牧受吊，不受贺也。"使人纳其众；众闻之喜，皆归心焉。济族子建忠将军绣代领其众，屯宛。

初，帝既出长安，宣威将军贾诩上还印绶，往依段煨于华阴。诩素知名，为煨军所望，煨礼奉甚备。诩潜谋归张绣，或曰："煨待君厚矣，君去安之！"诩曰："煨性多疑，有忌诩意，礼虽厚，不可恃久，将为所图。我去必喜，又望吾结大援于外，必厚吾妻子；绣无谋主，亦愿得诩：则家与身必俱全矣。"诩遂往，绣执子孙礼，煨果善视其家。诩说绣附于刘表，绣从之。诩往见表，表以客礼待之。诩曰："表，平世三公才也，不见事变，多疑无决，无能为也！"

刘表爱民养士，从容自保，境内无事，关西、兖、豫学士归之者以千数。表乃起立学校，讲明经术，命故雅乐郎河南杜夔作雅乐。乐备，表欲庭观之。夔曰："今将军号不为天子，合乐而庭作之，无乃不可乎！"表乃止。

平原祢衡，少有才辩，而尚气刚傲，孔融荐之于曹操。衡骂辱操，操怒，谓融曰："祢衡竖子，孤杀之，犹雀鼠耳！顾此人素有虚名，远近将谓孤不能容之。"乃送与刘表，表延礼以为上宾。衡称表之美盈口，而好讥贬其左右，于是左右因形而谮之曰："衡称将军之仁，西伯不过也，唯以为不能断，终不济者，必由此也。"其言实指表短，而非衡所言也。表由是怒，以江夏太守黄祖性急，送衡与之，祖亦善待焉。后衡众辱祖，祖杀之。

二年（丁丑，197）

1　春，正月，曹操讨张绣，军于淯水，绣举众降。操纳张济之妻，绣恨之；又以金与绣骁将胡车儿，绣闻而疑惧，袭击操军，杀操长子昂。操中流矢，败走，校尉典韦与绣力战，左右死伤略尽，韦被数十创。绣兵前搏之，韦双挟两人击杀之，瞋目大骂而死。操收散兵，还住舞阴。绣率骑来追，操击破之，绣走还穰，复与刘表合。

是时，诸军大乱，平虏校尉泰山于禁独整众而还，道逢青州兵劫掠人，禁数其罪而击之；青州兵走，诣操。禁既至，先立营垒，不时谒操。或谓禁："青州兵已诉君矣，宜促诣公辨之。"禁曰："今贼在后，追至无时，不先为备，何以待敌！且公聪明，谮诉何缘得行！"徐凿堑安营讫，乃入谒，具陈其状。操悦，谓禁曰："淯水之难，吾犹狼狈，将军在乱能整，讨暴坚垒，有不可动之节，虽古名将，何以加之！"于是录禁前后功，封益寿亭侯。操引军还许。

2　袁绍与操书，辞语骄慢。操谓荀彧、郭嘉曰："今将讨不义而力不敌，何如？"对曰："刘、项之不敌，公所知也。汉祖惟智胜项羽，故羽虽强，终为所禽。今绍有十败，公有十胜，绍虽强，无能为也。绍繁礼多仪，公体任自然，此道胜也。绍以逆动，公奉顺以率天下，此义胜也。桓、灵以来，政失于宽，绍以宽济宽，故不摄，公纠之以猛而上下知制，此治胜也。绍外宽内忌，用人而疑之，所任唯亲戚子弟，公外易简而内机明，用人无疑，唯才所宜，不间远近，此度胜也。绍多谋少决，失在后事，公得策辄行，应变无穷，此谋胜也。绍高议揖让以收名誉，士之好言饰外者多归之，公以至心待人，不为虚美，士之忠正远见而有实者皆愿为用，此德胜也。绍见人饥寒，恤念之，形于颜色，其所不见，虑或不及，公于目前小事，时有所忽，至于大事，与四海接，恩之所加，皆过其望，虽所不见，虑无不周，此仁胜也。绍大臣争权，谗言惑乱，公御下以道，浸润不行，此明胜也。绍是非不可知，公所是进之以礼，所不是正之以法，此文胜也。绍好为虚势，不知兵要，公以少克众，用兵如神，军人恃之，敌人畏之，此武胜也。"操笑曰："如卿所言，孤何德以堪之！"嘉又曰："绍方北击公孙瓒，可因其远征，东取吕布；若绍为寇，布为之援，此深害也。"或曰："不先取吕布，河北未易图也。"操曰："然，吾所惑者，又恐绍侵扰关中，西乱羌、胡，南诱蜀、汉，是我独以兖、豫抗天下六分之五也，为将奈何？"或曰："关中将帅以十数，莫能相一，唯韩遂、马腾最强，彼见山东方争，必各拥众自保，今若抚以恩德，遣使连和，虽不能久安，比公安定山东，足以不动。侍中、尚书仆射锺繇有智谋，若属以西事，公无忧矣。"操乃表繇以侍中守司隶校尉，持节督关中诸军，特使不拘科制。繇至长安，移书腾、遂等，为陈祸福，腾、遂各遣子入侍。

3　袁术称帝于寿春，自称仲家，以九江太守为淮南尹，置公卿百官，郊祀天地。沛相陈珪，球弟子也，少与术游；术以书召珪，又劫质其子，期必致珪。珪答书曰："曹将军兴复典刑，将拨平凶慝，以为足下当戮力同心，匡翼汉室；而阴谋不轨，以身试祸，欲吾昏私阿附，有死不能也。"术欲以故兖州刺史金尚为太尉，尚不许而逃去，术杀之。

4　三月，诏将作大匠孔融持节拜袁绍大将军，兼督冀、青、幽、并四州。

5　夏，五月，蝗。

6　袁术遣使者韩胤以称帝事告吕布，因求迎妇，布遣女随之。陈珪恐徐、扬合从，为难未已，往说布曰："曹公奉迎天子，辅赞国政，将军宜与协同策谋，共存大计。今与袁术结昏，必受不义之名，将有累卵之危矣！"布亦怨术初不己受也，女已在涂，乃追还绝昏，械送韩胤，枭首许市。

陈珪欲使子登诣曹操，布固不肯。会诏以布为左将军，操复遗布手书，深加尉纳。布大喜，即遣登奉章谢恩，并答操书。登见操，因陈布勇而无谋，轻于去就，宜早图之。操曰："布狼子野心，诚难久养，非卿莫究其情伪。"即增珪秩中二千石,拜登广陵太守。临别,操执登手曰:"东方之事,便以相付。"令阴合部众以为内应。

始,布因登求徐州牧不得,登还,布怒,拔戟斫几曰:"卿父劝吾协同曹操,绝婚公路;今吾所求无获,而卿父子并显重,但为卿所卖耳!"登不为动容,徐对之曰:"登见曹公言:'养将军譬如养虎,当饱其肉,不饱则将噬人。'公曰:'不如卿言。譬如养鹰,饥即为用,饱则飏去。'其言如此。"布意乃解。

袁术遣其大将张勋、桥蕤等与韩暹、杨奉连势,步骑数万趣下邳,七道攻布。布时有兵三千,马四百匹,惧其不敌,谓陈珪曰:"今致术军,卿之由也,为之奈何?"珪曰:"暹、奉与术,卒合之师耳,谋无素定,不能相维,子登策之,比于连鸡,势不俱栖,立可离也。"布用珪策,与暹、奉书曰:"二将军亲拔大驾,而布手杀董卓,俱立功名,今奈何与袁术同为贼乎! 不如相与并力破术,为国除害。"且许悉以术军资与之。暹、奉大喜,即回计从布。布进军,去勋营百步,暹、奉兵同时叫呼,并到勋营,勋等散走,布兵追击,斩其将十人首,所杀伤堕水死者殆尽。布因与暹、奉合军向寿春,水陆并进,到锺离,所过虏掠,还渡淮北,留书辱术。术自将步骑五千扬兵淮上,布骑皆于水北大哈笑之而还。

泰山贼帅臧霸袭琅邪相萧建于莒,破之。霸得建资实,许以赂布而未送,布自往求之。其督将高顺谏曰:"将军威名宣播,远近所畏,何求不得,而自行求赂! 万一不克,岂不损邪!"布不从。既至莒,霸等不测往意,固守拒之,无获而还。

顺为人清白有威严,少言辞,所将七百余兵,号令整齐,每战必克,名"陷陈营"。布后疏顺,以魏续有内外之亲,夺其兵以与续,及当攻战,则复令顺将,顺亦终无恨意。布性决易,所为无常,顺每谏曰:"将军举动,不肯详思,忽有失得,动辄言误,误岂可数乎!"布知其忠而不能从。

7 曹操遣议郎王诮以诏书拜孙策为骑都尉,袭爵乌程侯,领会稽太守,使与吕布及吴郡太守陈瑀共讨袁术。策欲得将军号以自重,诮便承制假策明汉将军。

策治严,行到钱唐。瑀阴图袭策,潜结祖郎、严白虎等,使为内应。策觉之,遣其将吕範、徐逸攻瑀于海西;瑀败,单骑奔袁绍。

8 初,陈王宠有勇,善弩射。黄巾贼起,宠治兵自守,国人畏之,不敢离叛。国相会稽骆俊素有威恩,是时王侯无复租禄,而数见虏夺,或并日而食,转死沟壑,而陈独富强,邻郡人多归之,有众十余万。及州郡兵起,宠率众屯阳夏,自称辅汉大将军。袁术求粮于陈,骆俊拒绝之,术忿恚,遣客诈杀俊及宠,陈由是破败。

9　秋,九月,司空曹操东征袁术。术闻操来,弃军走,留其将桥蕤等于蕲阳以拒操;操击破蕤等,皆斩之。术走渡淮,时天旱岁荒,士民冻馁,术由是遂衰。

操辟陈国何夔为掾,问以袁术何如,对曰:"天之所助者顺,人之所助者信。术无信顺之实而望天人之助,其可得乎!"操曰:"为国失贤则亡,君不为术所用,亡,不亦宜乎!"操性严,掾属公事往往加杖;夔常蓄毒药,誓死无辱,是以终不见及。

沛国许褚,勇力绝人,聚少年及宗族数千家,坚壁以御外寇,淮、汝、陈、梁间皆畏惮之,操徇淮、汝,褚以众归操,操曰:"此吾樊哙也!"即日拜都尉,引入宿卫,诸从褚侠客,皆以为虎士焉。

10　故太尉杨彪与袁术昏姻,曹操恶之,诬云欲图废立,奏收下狱,劾以大逆。将作大匠孔融闻之,不及朝服,往见操曰:"杨公四世清德,海内所瞻。周书,父子兄弟,罪不相及,况以袁氏归罪杨公乎!"操曰:"此国家之意。"融曰:"假使成王杀召公,周公可得言不知邪!"操使许令满宠按彪狱,融与尚书令荀彧皆属宠曰:"但当受辞,勿加考掠。"宠一无所报,考讯如法。数日,求见操,言之曰:"杨彪考讯,无他辞语。此人有名海内,若罪不明白,必大失民望;窃为明公惜之。"操即日赦出彪。初,彧、融闻宠考掠彪,皆怒;及因此得出,乃更善宠。彪见汉室衰微,政在曹氏,遂称脚挛,积十馀年不行,由是得免于祸。

11　马日磾丧至京师,朝廷议欲加礼,孔融曰:"日磾以上公之尊,秉旄节之使,而曲媚奸臣,为所牵率,王室大臣,岂得以见胁为辞!圣上哀矜旧臣,未忍追按,不宜加礼。"朝廷从之。金尚丧至京师,诏百官吊祭,拜其子玮为郎中。

12　冬,十一月,曹操复攻张绣,拔湖阳,禽刘表将邓济;又攻舞阴,下之。

13　韩暹、杨奉在下邳,寇掠徐、扬间,军饥饿,辞吕布,欲诣荆州;布不听。奉知刘备与布有宿憾,私与备相闻,欲共击布;备阳许之。奉引军诣沛,备请奉入城,饮食未半,于座上缚奉,斩之。暹失奉,孤特,与十馀骑归并州,为杼秋令张宣所杀。胡才、李乐留河东,才为怨家所杀,乐自病死。郭汜为其将伍习所杀。

14　颍川杜袭、赵俨、繁钦避乱荆州,刘表俱待以宾礼。钦数见奇于表,袭喻之曰:"吾所以与子俱来者,徒欲全身以待时耳,岂谓刘牧当为拨乱之主而规长者委身哉!子若见能不已,非吾徒也,吾与子绝矣!"钦慨然曰:"请敬受命!"及曹操迎天子都许,俨谓钦曰:"曹镇东必能匡济华夏,吾知归矣!"遂还诣操,操以俨为朗陵长。

　　阳安都尉江夏李通妻伯父犯法,俨收治,致之大辟。时杀生之柄,决于牧守,通妻子号泣以请其命。通曰:"方与曹公戮力,义不以私废公!"嘉俨执宪不阿,与为亲交。

三年(戊寅,198)

　　1　春,正月,曹操还许。三月,将复击张绣。荀攸曰:"绣与刘表相恃为强;然绣以游军仰食于表,表不能供也,势必乖离。不如缓军以待之,可诱而致也;若急之,其势必相救。"操不从,围绣于穰。

　　2　夏,四月,使谒者仆射裴茂,诏关中诸将段煨等讨李傕,夷其三族。以煨为安南将军,封阅乡侯。

　　3　初,袁绍每得诏书,患其有不便于己者,欲移天子自近,使说曹操以许下埤湿,雒阳残破,宜徙都鄄城以就全实;操拒之。田丰说绍曰:"徙都之计,既不克从,宜早图许,奉迎天子,动托诏书,号令海内,此算之上者。不尔,终为人所禽,虽悔无益也。"绍不从。

　　会绍亡卒诣操,云田丰劝绍袭许,操解穰围而还,张绣率众追之。五月,刘表遣兵救绣,屯于安众,守险以绝军后。操与荀彧书曰:"吾到安众,破绣必矣。"及到安众,操军前后受敌,操乃夜凿险伪遁。表、绣悉军来追,操纵奇兵步骑夹攻,大破之。他日,彧问操:"前策贼必破,何也?"操曰:"虏遏吾归师,而与吾死地,吾是以知胜矣。"

　　绣之追操也,贾诩止之曰:"不可追也,追必败。"绣不听,进兵交战,大败而还。诩登城谓绣曰:"促更追之,更战必胜。"绣谢曰:"不用公言,以至于此,今已败,奈何复追?"诩曰:"兵势有变,促追之!"绣素信诩言,遂收散卒更追,合战,果以胜还。乃问诩曰:"绣以精兵追退军而公曰必败,以败卒击胜兵而公曰必克,悉如公言,何也?"诩曰:"此易知耳。将军虽善用兵,非曹公敌也。曹公军新退,必自断后,故知必败。曹公攻将军,既无失策,力未尽而一朝引退,必国内有故也。已破将军,必轻军速进,留诸将断后,诸将虽勇,非将军敌,故虽用败兵而战必胜也。"绣乃服。

　　4　吕布复与袁术通,遣其中郎将高顺及北地太守雁门张辽攻刘备;曹操遣将军夏侯惇救之,为顺等所败。秋,九月,顺等破沛城,虏备妻子,备单身走。

曹操欲自击布，诸将皆曰："刘表、张绣在后，而远袭吕布，其危必也。"荀攸曰："表、绣新破，势不敢动。布骁猛，又恃袁术，若从横淮、泗间，豪杰必应之。今乘其初叛，众心未一，往可破也。"操曰："善!"比行，泰山屯帅臧霸、孙观、吴敦、尹礼、昌豨等皆附于布。操与刘备遇于梁，进至彭城。陈宫谓布："宜逆击之，以逸待劳，无不克也。"布曰："不如待其来，麛著泗水中。"冬，十月，操屠彭城。广陵太守陈登率郡兵为操先驱，进至下邳。布自将屡与操战，皆大败，还保城，不敢出。

操遗布书，为陈祸福；布惧，欲降。陈宫曰："曹操远来，势不能久。将军若以步骑出屯于外，宫将馀众闭守于内，若向将军，宫引兵而攻其背；若但攻城，则将军救于外。不过旬月，操军食尽，击之，可破也。"布然之，欲使宫与高顺守城，自将骑断操粮道。布妻谓布曰："宫、顺素不和，将军一出，宫、顺必不同心共城守也，如有蹉跌，将军当于何自立乎!且曹氏待公台如赤子，犹舍而归我。今将军厚公台不过曹氏，而欲委全城，捐妻子，孤军远出，若一旦有变，妾岂得复为将军妻哉!"布乃止，潜遣其官属许汜、王楷求救于袁术。术曰："布不与我女，理自当败，何为复来?"汜、楷曰："明上今不救布，为自败耳；布破，明上亦破也。"术乃严兵为布作声援。布恐术为女不至，故不遣救兵，以绵缠女身缚著马上，夜自送女出，与操守兵相触，格射不得过，复还城。

河内太守张杨素与布善，欲救之，不能，乃出兵东市，遥为之势。十一月，杨将杨丑杀杨以应操，别将眭固复杀丑，将其众北合袁绍。杨性仁和，无威刑，下人谋反发觉，对之涕泣，辄原不问，故及于难。

操掘堑围下邳，积久，士卒疲敝，欲还。荀攸、郭嘉曰："吕布勇而无谋，今屡战皆北，锐气衰矣。三军以将为主，主衰则军无奋意。陈宫有智而迟，今及布气之未复，宫谋之未定，急攻之，布可拔也。"乃引沂、泗灌城，月馀，布益困迫，临城谓操军士曰："卿曹无相困我，我当自首于明公。"陈宫曰："逆贼曹操，何等明公!今日降之，若卵投石，岂得全也!"

布将侯成亡其名马，已而复得之，诸将合礼以贺成，成分酒肉先入献布。布怒曰："布禁酒而卿等酝酿，为欲因酒共谋布邪!"成忿惧，十二月，癸酉，成与诸将宋宪、魏续等共执陈宫、高顺，率其众降。布与麾下登白门楼。兵围之急，布令左右取其首诣操，左右不忍，乃下降。

布见操曰："今日已往，天下定矣。"操曰："何以言之?"布曰："明公之所患不过于布，今已服矣。若令布将骑，明公将步，天下不足定也。"顾谓刘备曰："玄德,卿为坐上客,我为降虏,绳缚我急,独不可一言邪!"操笑曰："缚虎不得不急。"乃命缓布缚,刘备曰："不可。明公不见吕布事丁建阳、董太师乎!"操颔之。布目备曰："大耳儿,最叵信!"

操谓陈宫曰:"公台平生自谓智有馀,今竟何如!"宫指布曰:"是子不用宫言,以至于此。若其见从,亦未必为禽也。"操曰:"奈卿老母何?"宫曰:"宫闻以孝治天下者不害人之亲,老母存否,在明公,不在宫也。"操曰:"奈卿妻子何?"宫曰:"宫闻施仁政于天下者不绝人之祀,妻子存否,在明公,不在宫也。"操未复言。宫请就刑,遂出,不顾,操为之泣涕,并布、顺皆缢杀之,传首许市。操召陈宫之母,养之终其身,嫁宫女,抚视其家,皆厚于初。

前尚书令陈纪、纪子群在布军中,操皆礼用之。张辽将其众降,拜中郎将。臧霸自亡匿,操募索得之,使霸招吴敦、尹礼、孙观等,皆诣操降。操乃分琅邪、东海为城阳、利城、昌虑郡,悉以霸等为守、相。

初,操在兖州,以徐翕、毛晖为将。及兖州乱,翕、晖皆叛。兖州既定,翕、晖亡命投霸。操语刘备,令霸送二首,霸谓备曰:"霸所以能自立者,以不为此也。霸受主公生全之恩,不敢违命;然王霸之君,可以义告,愿将军为之辞。"备以霸言白操,操叹息谓霸曰:"此古人之事,而君能行之,孤之愿也。"皆以翕、晖为郡守。陈登以功加伏波将军。

5 刘表与袁绍深相结约。治中邓羲谏表,表曰:"内不失贡职,外不背盟主,此天下之达义也。治中独何怪乎?"羲乃辞疾而退。

长沙太守张羡,性屈强,表不礼焉。郡人桓阶说羡举长沙、零陵、桂阳三郡以拒表,遣使附于曹操,羡从之。

6 孙策遣其正议校尉张纮献方物,曹操欲抚纳之,表策为讨逆将军,封吴侯;以弟女配策弟匡,又为子彰取孙贲女;礼辟策弟权、翊;以张纮为侍御史。

袁术以周瑜为居巢长,以临淮鲁肃为东城长。瑜、肃知术终无所成,皆弃官渡江从孙策,策以瑜为建威中郎将。肃因家于曲阿。

曹操表征王朗,策遣朗还。操以朗为谏议大夫,参司空军事。

袁术遣间使赍印绶与丹阳宗帅祖郎等,使激动山越,共图孙策。刘繇之奔豫章也,太史慈遁于芜湖山中,自称丹阳太守。策已定宣城以东,惟泾以西六县未服,慈因进住泾县,大为山越所附。于是策自将讨祖郎于陵阳,禽之。策谓郎曰:"尔昔袭孤,斫孤马鞍,今创军立事,除弃宿恨,惟取能用,与天下通耳,非但汝,汝勿恐怖。"郎叩头谢罪,即破械,署门下贼曹。又讨太史慈于勇里,禽之,解缚,捉其手曰:"宁识神亭时邪? 若卿尔时得我云何?"慈曰:"未可量也。"策大笑曰:"今日之事,当与卿共之,闻卿有烈义,天下智士也,但所托未得其人耳。孤是卿知己,勿忧不如意也。"即署门下督。军还,祖郎、太史慈俱在前导,军人以为荣。

会刘繇卒于豫章,士众万馀人,欲奉豫章太守华歆为主;歆以为"因时擅命,非人臣所宜",众守之连月,卒谢遣之,其众未有所附。策命太史慈往抚安之,谓慈曰:"刘牧往责吾为袁氏攻庐江,吾先君兵数千人,尽在公路许。吾志在立事,安得不屈意于公路而求之乎! 其后不遵臣节,谏之不从,丈夫义交,苟有大故,不得不离,吾交求公路及绝之本末如此,恨不及其生时与共论辩也。今儿子在豫章,卿往视之,并宣孤意于其部曲,部曲乐来者与俱来,不乐来者且安慰之。并观华子鱼所以牧御方规何如。卿须几兵,多少随意。"慈曰:"慈有不赦之罪,将军量同桓、文,当尽死以报德。今并息兵,兵不宜多,将数十人足矣。"左右皆曰:"慈必北去不还。"策曰:"子义舍我,当复从谁!"饯送昌门,把腕别曰:"何时能还?"答曰:"不过六十日。"慈行,议者犹纷纭言遣之非计。策曰:"诸君勿复言,孤断之详矣。太史子义虽气勇有胆烈,然非纵横之人,其心秉道义,重然诺,一以意许知己,死亡不相负,诸君勿忧也。"慈果如期而反,谓策曰:"华子鱼,良德也,然无他方规,自守而已。又,丹阳僮芝,自擅庐陵,番阳民帅别立宗部,言'我已别立郡海昏上缭,不受发召',子鱼但睹视之而已。"策拊掌大笑,遂有兼并之志。

7 袁绍连年攻公孙瓒,不能克,以书谕之,欲相与释憾连和;瓒不答,而增修守备,谓长史太原关靖曰:"当今四方虎争,无有能坐吾城下相守经年者明矣,袁本初其若我何!"绍于是大兴兵以攻瓒。先是瓒别将有为敌所围者,瓒不救,曰:"救一人,使后将恃救,不肯力战。"及绍来攻,瓒南界别营,自度守则不能自固,又知必不见救,或降或溃。绍军径至其门,瓒遣子续请救于黑山诸帅,而欲自将突骑出傍西山,拥黑山之众侵掠冀州,横断绍后。关靖谏曰:"今将军将士莫不怀瓦解之心,所以犹能相守者,顾恋其居处老少,而恃将军为主故耳。坚守旷日,或可使绍自退;若舍之而出,后无镇重,易京之危,可立待也。"瓒乃止。绍渐相攻逼,瓒众日蹙。

资治通鉴卷第六十三

汉纪五十五

孝献皇帝戊

建安四年（己卯，199）

1　春，三月，黑山贼帅张燕与公孙续率兵十万，三道救之。未至，瓒密使行人赍书告续，使引五千铁骑于北隰之中，起火为应，瓒欲自内出战。绍候得其书，如期举火。瓒以为救至，遂出战。绍设伏击之，瓒大败，复还自守。绍为地道，穿其楼下，施木柱之，度足达半，便烧之，楼辄倾倒，稍至京中。瓒自计必无全，乃悉缢其姊妹、妻子，然后引火自焚。绍趣兵登台，斩之。田楷战死。关靖叹曰："前若不止将军自行，未必不济。吾闻君子陷人危，必同其难，岂可以独生乎！"策马赴绍军而死。续为屠各所杀。

渔阳田豫说太守鲜于辅曰："曹氏奉天子以令诸侯，终能定天下，宜早从之。"辅乃率其众以奉王命。诏以辅为建忠将军，都督幽州六郡。

初，乌桓王丘力居死，子楼班年少，从子蹋顿有武略，代立，总摄上谷大人难楼、辽东大人苏仆延、右北平大人乌延等。袁绍攻公孙瓒，蹋顿以乌桓助之。瓒灭，绍承制皆赐蹋顿、难楼、苏仆延、乌延等单于印绶；又以阎柔得乌桓心，因加宠慰以安北边。其后难楼、苏仆延奉楼班为单于，以蹋顿为王，然蹋顿犹秉计策。

2　眭固屯射犬，夏，四月，曹操进军临河，使将军史涣、曹仁渡河击之。仁，操从弟也。固自将兵北诣袁绍求救，与涣、仁遇于犬城，涣、仁击斩之。操遂济河，围射犬；射犬降，操还军敖仓。

初，操在兖州举魏种孝廉。兖州叛，操曰："唯魏种且不弃孤。"及闻种走，操怒曰："种不南走越、北走胡，不置汝也！"既下射犬，生禽种，操曰："唯其才也！"释其缚而用之，以为河内太守，属以河北事。

3　以卫将军董承为车骑将军。

4　袁术既称帝，淫侈滋甚，媵御数百，无不兼罗纨，厌粱肉，自下饥困，莫之收恤。既而资实空尽，不能自立，乃烧宫室，奔其部曲陈简、雷薄于灊山，复为简等所拒，遂大穷，士卒散走，忧懑不知所为。乃遣使归帝号于从兄绍曰："禄去汉室久矣，袁氏受命当王，符瑞炳然。今君拥有四州，人户百万，谨归大命，君其兴之！"袁谭自青州迎术，欲从下邳北过。曹操遣刘备及将军清河朱灵邀之，术不得过，复走寿春。六月，至江亭，坐簀床而叹曰："袁术乃至是乎！"因愤慨结病，欧血死。术从弟胤畏曹操，不敢居寿春，率其部曲奉术枢及妻子奔庐江太守刘勋于皖城。故广陵太守徐璆得传国玺，献之。

5　袁绍既克公孙瓒，心益骄，贡御稀简。主簿耿包密白绍，宜应天人，称尊号。绍以包白事示军府。僚属皆言包妖妄，宜诛，绍不得已，杀包以自解。

绍简精兵十万、骑万匹，欲以攻许。沮授谏曰："近讨公孙瓒，师出历年，百姓疲敝，仓库无积，未可动也。宜务农息民，先遣使献捷天子；若不得通，乃表曹操隔我王路，然后进屯黎阳，渐营河南，益作舟船，缮修器械，分遣精骑抄其边鄙，令彼不得安，我取其逸，如此，可坐定也。"郭图、审配曰："以明公之神武，引河朔之强众，以伐曹操，易如覆手，何必乃尔！"授曰："夫救乱诛暴，谓之义兵；恃众凭强，谓之骄兵；义者无敌，骄者先灭。曹操奉天子以令天下，今举师南向，于义则违。且庙胜之策，不在强弱。曹操法令既行，士卒精练，非公孙瓒坐而受攻者也。今弃万安之术而兴无名之师，窃为公惧之！"图、配曰："武王伐纣，不为不义；况兵加曹操，而云无名！且以公今日之强，将士思奋，不及时以定大业，所谓'天与不取，反受其咎'，此越之所以霸，吴之所以灭也。监军之计在于持牢，而非见时知几之变也。"绍纳图言。图等因是谮授曰："授监统内外，威震三军，若其浸盛，何以制之！夫臣与主同者亡，此黄石之所忌也。且御众于外，不宜知内。"绍乃分授所统为三都督，使授及郭图、淳于琼各典一军。骑都尉清河崔琰谏曰："天子在许，民望助顺，不可攻也！"绍不从。

许下诸将闻绍将攻许，皆惧，曹操曰："吾知绍之为人，志大而智小，色厉而胆薄，忌克而少威，兵多而分画不明，将骄而政令不壹，土地虽广，粮食虽丰，适足以为吾奉也。"孔融谓荀彧曰："绍地广兵强，田丰、许攸智士也为之谋，审配、逢纪忠臣也任其事，颜良、文丑勇将也统其兵，殆难克乎！"彧曰："绍兵虽多而法不整，田丰刚而犯上，许攸贪而不治，审配专而无谋，逢纪果而自用；此数人者，势不相容，必生内变。颜良、文丑，一夫之勇耳，可一战而禽也。"

秋，八月，操进军黎阳，使臧霸等将精兵入青州以扞东方，留于禁屯河上。九月,操还许,分兵守官渡。

袁绍遣人招张绣,并与贾诩书结好。绣欲许之,诩于绣坐上显谓绍使曰:"归谢袁本初,兄弟不能相容,而能容天下国士乎!"绣惊惧曰:"何至于此!"窃谓诩曰:"若此,当何归?"诩曰:"不如从曹公。"绣曰:"袁强曹弱,又先与曹为仇,从之如何?"诩曰:"此乃所以宜从也。夫曹公奉天子以令天下,其宜从一也;绍强盛,我以少众从之,必不以我为重,曹公众弱,其得我必喜,其宜从二也;夫有霸王之志者,固将释私怨以明德于四海,其宜从三也。愿将军无疑!"冬,十一月,绣率众降曹操,操执绣手,与欢宴,为子均取绣女,拜扬武将军;表诩为执金吾,封都亭侯。

关中诸将以袁、曹方争,皆中立顾望。凉州牧韦端使从事天水杨阜诣许,阜还,关右诸将问:"袁、曹胜败孰在?"阜曰:"袁公宽而不断,好谋而少决;不断则无威,少决则后事,今虽强,终不能成大业。曹公有雄才远略,决机无疑,法一而兵精,能用度外之人,所任各尽其力,必能济大事者也。"

曹操使治书侍御史河东卫觊镇抚关中,时四方大有还民,关中诸将多引为部曲。觊书与荀彧曰:"关中膏腴之地,顷遭荒乱,人民流入荆州者十万馀家,闻本土安宁,皆企望思归;而归者无以自业,诸将各竞招怀以为部曲,郡县贫弱,不能与争,兵家遂强,一旦变动,必有后忧。夫盐,国之大宝也,乱来放散,宜如旧置使者监卖,以其直益市犁牛,若有归民,以供给之,勤耕积粟以丰殖关中,远民闻之,必日夜竞还。又使司隶校尉留治关中以为之主,则诸将日削,官民日盛,此强本弱敌之利也。"彧以白操,操从之。始遣谒者仆射监盐官,司隶校尉治弘农。关中由是服从。

袁绍使人求助于刘表,表许之而竟不至,亦不援曹操。从事中郎南阳韩嵩、别驾零陵刘先说表曰:"今两雄相持,天下之重在于将军。若欲有为,起乘其敝可也;如其不然,固将择所宜从。岂可拥甲十万,坐观成败,求援而不能助,见贤而不肯归!此两怨必集于将军,恐不得中立矣。曹操善用兵,贤俊多归之,其势必举袁绍,然后移兵以向江、汉,恐将军不能御也。今之胜计,莫若举荆州以附曹操,操必重德将军,长享福祚,垂之后嗣,此万全之策也。"蒯越亦劝之,表狐疑不断,乃遣嵩诣许曰:"今天下未知所定,而曹操拥天子都许,君为我观其衅。"嵩曰:"圣达节,次守节。嵩,守节者也。夫君臣名定,以死守之;今策名委质,唯将军所命,虽赴汤蹈火,死无辞也。以嵩观之,曹公必得志于天下。将军能上顺天子,下归曹公,使嵩可也;如其犹豫,嵩至京师,天子假嵩一职,不获辞命,则成天子之臣,将军之故吏耳。在君为君,则嵩守天子之命,义不得复为将军死也。惟加重思,无为负嵩!"表以为惮使,强之。至许,诏拜嵩侍中、零陵太守。及还,盛称朝廷、曹公之德,劝表遣子入侍。表大怒,以为怀贰,大会寮属,陈兵,持节,将斩之,数曰:"韩嵩敢怀贰邪!"众皆恐,欲令嵩谢。嵩不为动容,徐谓表曰:"将军负嵩,嵩不负将军!"且陈前言。表妻蔡氏谏曰:"韩嵩,楚国之望也;且其言直,诛之无辞。"表犹怒,考杀从行者,知无他意,乃弗诛而囚之。

6 扬州贼帅郑宝欲略居民以赴江表,以淮南刘晔,高族名人,欲劫之使唱此谋,晔患之。会曹操遣使诣州,有所案问,晔要与归家。宝来候使者,晔留与宴饮,手刃杀之,斩其首以令宝军曰:"曹公有令,敢有动者,与宝同罪!"其众数千人皆詟服,推晔为主。晔以其众与庐江太守刘勋,勋怪其故,晔曰:"宝无法制,其众素以钞略为利;仆宿无资,而整齐之,必怀怨难久,故以相与耳!"勋以袁术部曲众多,不能赡,遣从弟偕求米于上缭诸宗帅,不能满数,偕召勋使袭之。

孙策恶勋兵强,伪卑辞以事勋曰:"上缭宗民数欺鄙郡,欲击之,路不便。上缭甚富实,愿君伐之,请出兵以为外援。"且以珠宝、葛越赂勋。勋大喜,外内尽贺,刘晔独否,勋问其故,对曰:"上缭虽小,城坚池深,攻难守易,不可旬日而举也。兵疲于外而国内虚,策乘虚袭我,则后不能独守。是将军进屈于敌,退无所归,若军必出,祸今至矣。"勋不听,遂伐上缭;至海昏,宗帅知之,皆空壁逃迁,勋了无所得。时策引兵西击黄祖,行及石城,闻勋在海昏,策乃分遣从兄贲、辅将八千人屯彭泽,自与领江夏太守周瑜将二万人袭皖城,克之,得术、勋妻子及部曲三万馀人;表汝南李术为庐江太守,给兵三千人以守皖城,皆徙所得民东诣吴。勋还至彭泽,孙贲、孙辅邀击,破之。勋走保流沂,求救于黄祖,祖遣其子射率船军五千人助勋。策复就攻勋,大破之。勋北归曹操,射亦遁走。

策收得勋兵二千馀人,船千艘,遂进击黄祖。十二月辛亥,策军至沙羡,刘表遣从子虎及南阳韩晞,将长矛五千来救祖。甲寅,策与战,大破之,斩晞。祖脱身走,获其妻子及船六千艘,士卒杀溺死者数万人。

策盛兵将徇豫章,屯于椒丘,谓功曹虞翻曰:"华子鱼自有名字,然非吾敌也。若不开门让城,金鼓一震,不得无所伤害。卿便在前,具宣孤意。"翻乃往见华歆曰:"窃闻明府与鄱郡故王府君齐名中州,海内所宗,虽在东垂,常怀瞻仰。"歆曰:"孤不如王会稽。"翻复曰:"不审豫章资粮器仗,士民勇果,孰与鄱郡?"歆曰:"大不如也。"翻曰:"明府言不如王会稽,谦光之谭耳；精兵不如会稽，实如尊教。孙讨逆智略超世，用兵如神，前走刘扬州，君所亲见；南定鄙郡，亦君所闻也。今欲守孤城，自料资粮，已知不足，不早为计，悔无及也。今大军已次椒丘，仆便还去，明日日中迎檄不到者，与君辞矣。"歆曰："久在江表，常欲北归；孙会稽来，吾便去也。"乃夜作檄，明旦，遣吏赍迎。策便进军，歆葛巾迎策。策谓歆曰："府君年德名望，远近所归；策年幼稚，宜修子弟之礼。"便向歆拜，礼为上宾。

　　孙盛曰：歆既无夷、皓韬邈之风，又失王臣匪躬之操，桡心于邪儒之说，交臂于陵肆之徒，位夺节堕，咎孰大焉！

　　7　策分豫章为庐陵郡，以孙贲为豫章太守，孙辅为庐陵太守。会僮芝病，辅遂进取庐陵，留周瑜镇巴丘。

　　孙策之克皖城也，抚视袁术妻子；及入豫章，收载刘繇丧，善遇其家。士大夫以是称之。

　　会稽功曹魏腾尝迕策意，策将杀之，众忧恐，计无所出。策母吴夫人倚大井谓策曰："汝新造江南，其事未集，方当优贤礼士，舍过录功。魏功曹在公尽规，汝今日杀之，则明日人皆叛汝。吾不忍见祸之及，当先投此井中耳！"策大惊，遽释腾。

　　初，吴郡太守会稽盛宪举高岱孝廉，许贡来领郡，岱将宪避难于许昭家。乌程邹佗、钱铜及嘉兴王晟等各聚众万馀或数千人，不附孙策。策引兵扑讨，皆破之，进攻严白虎。白虎兵败，奔馀杭，投许昭。程普请击昭，策曰："许昭有义于旧君，有诚于故友，此丈夫之志也。"乃舍之。

　　8　曹操复屯官渡。操常从士徐他等谋杀操，入操帐，见校尉许褚，色变，褚觉而杀之。

　　9　初，车骑将军董承称受帝衣带中密诏，与刘备谋诛曹操。操从容谓备曰："今天下英雄，惟使君与操耳，本初之徒，不足数也！"备方食，失匕箸；值天雷震，备因曰："圣人云'迅雷风烈必变'，良有以也。"遂与承及长水校尉种辑、将军吴子兰、王服等同谋。会操遣备与朱灵邀袁术，程昱、郭嘉、董昭皆谏曰："备不可遣也！"操悔，追之，不及。术既南走，朱灵等还。备遂杀徐州刺史车胄，留关羽守下邳，行太守事，身还小沛。东海贼昌豨及郡县多叛操为备。备众数万人，遣使与袁绍连兵，操遣司空长史沛国刘岱、中郎将扶风王忠击之，不克。备谓岱等曰："使汝百人来，无如我何；曹公自来，未可知耳！"

五年（庚辰，200）

1　春,正月,董承谋泄;壬子,曹操杀承及王服、种辑,皆夷三族。

操欲自讨刘备,诸将皆曰:"与公争天下者,袁绍也。今绍方来而弃之东,绍乘人后,若何?"操曰:"刘备,人杰也,今不击,必为后患。"郭嘉曰:"绍性迟而多疑,来必不速。备新起,众心未附,急击之,必败。"操师遂东。冀州别驾田丰说袁绍曰:"曹操与刘备连兵,未可卒解。公举军而袭其后,可一往而定。"绍辞以子疾,未得行。丰举杖击地曰:"嗟乎!遭难遇之时,而以婴儿病失其会,惜哉,事去矣!"

曹操击刘备,破之,获其妻子;进拔下邳,禽关羽;又击昌豨,破之。备奔青州,因袁谭以归袁绍。绍闻备至,去邺二百里迎之,驻月馀,所亡士卒稍稍归之。

曹操还军官渡,绍乃议攻许,田丰曰:"曹操既破刘备,则许下非复空虚。且操善用兵,变化无方,众虽少,未可轻也,今不如以久持之。将军据山河之固,拥四州之众,外结英雄,内修农战,然后简其精锐,分为奇兵,乘虚迭出以扰河南,救右则击其左,救左则击其右,使敌疲于奔命,民不得安业,我未劳而彼已困,不及三年,可坐克也。今释庙胜之策而决成败于一战,若不如志,悔无及也。"绍不从。丰强谏忤绍,绍以为沮众,械系之。于是移檄州郡,数操罪恶。二月,进军黎阳。

沮授临行,会其宗族,散资财以与之曰:"势存则威无不加,势亡则不保一身,哀哉!"其弟宗曰:"曹操士马不敌,君何惧焉!"授曰:"以曹操之明略,又挟天子以为资,我虽克伯珪,众实疲敝,而主骄将忕,军之破败,在此举矣。扬雄有言:'六国蚩蚩,为嬴弱姬。'其今之谓乎!"

振威将军程昱以七百兵守鄄城。曹操欲益昱兵二千,昱不肯,曰:"袁绍拥十万众,自以所向无前,今见昱少兵,必轻易,不来攻。若益昱兵,过则不可不攻,攻之必克,徒两损其势,愿公无疑。"绍闻昱兵少,果不往。操谓贾诩曰:"程昱之胆,过于贲、育矣!"

袁绍遣其将颜良攻东郡太守刘延于白马。沮授曰:"良性促狭,虽骁勇,不可独任。"绍不听。夏,四月,曹操北救刘延。荀攸曰:"今兵少不敌,必分其势乃可。公到延津,若将渡兵向其后者,绍必西应之,然后轻兵袭白马,掩其不备,颜良可禽也。"操从之。绍闻兵渡,即分兵西邀之。操乃引军兼行趣白马,未至十馀里,良大惊,来逆战。操使张辽、关羽先登击之。羽望见良麾盖,策马刺良于万众之中,斩其首而还,绍军莫能当者。遂解白马之围,徙其民,循河而西。

绍渡河追之,沮授谏曰:"胜负变化,不可不详。今宜留屯延津,分兵官渡,若其克获,还迎不晚,设其有难,众弗可还。"绍弗从。授临济叹曰:"上盈其志,下务其功,悠悠黄河,吾其济乎!"遂以疾辞。绍不许而意恨之,复省其所部,并属郭图。

绍军至延津南,操勒兵驻营南坂下,使登垒望之,曰:"可五六百骑。"有顷,复白:"骑稍多,步兵不可胜数。"操曰:"勿复白。"令骑解鞍放马。是时,白马辎重就道。诸将以为敌骑多,不如还保营。荀攸曰:"此所以饵敌,如何去之!"操顾攸而笑。绍骑将文丑与刘备将五六千骑前后至。诸将复白:"可上马。"操曰:"未也。"有顷,骑至稍多,或分趣辎重。操曰:"可矣。"乃皆上马。时骑不满六百,遂纵兵击,大破之,斩丑。丑与颜良,皆绍名将也,再战,悉禽之,绍军夺气。

初,操壮关羽之为人,而察其心神无久留之意,使张辽以其情问之,羽叹曰:"吾极知曹公待我厚,然吾受刘将军恩,誓以共死,不可背之。吾终不留,要当立效以报曹公乃去耳。"辽以羽言报操,操义之。及羽杀颜良,操知其必去,重加赏赐。羽尽封其所赐,拜书告辞,而奔刘备于袁军。左右欲追之,操曰:"彼各为其主,勿追也。"

操还军官渡,阎柔遣使诣操,操以柔为乌桓校尉。鲜于辅身见操于官渡,操以辅为右度辽将军,还镇幽土。

2　广陵太守陈登治射阳,孙策西击黄祖,登诱严白虎馀党,图为后害。策还击登,军到丹徒,须待运粮。初,策杀吴郡太守许贡,贡奴客潜民间,欲为贡报仇。策性好猎,数出驱驰,所乘马精骏,从骑绝不能及,卒遇贡客三人,射策中颊,后骑寻至,皆刺杀之。策创甚,召张昭等谓曰:"中国方乱,以吴、越之众,三江之固,足以观成败,公等善相吾弟!"呼权,佩以印绶,谓曰:"举江东之众,决机于两陈之间,与天下争衡,卿不如我;举贤任能,各尽其心以保江东,我不如卿。"丙午,策卒,时年二十六。

权悲号,未视事,张昭曰:"孝廉!此宁哭时邪!"乃改易权服,扶令上马,使出巡军。昭率僚属,上表朝廷,下移属城,中外将校,各令奉职。周瑜自巴丘将兵赴丧,遂留吴,以中护军与张昭共掌众事。时策虽有会稽、吴郡、丹阳、豫章、庐江、庐陵,然深险之地,犹未尽从,流寓之士,皆以安危去就为意,未有君臣之固,而张昭、周瑜等谓权可与共成大业,遂委心而服事焉。

3　秋,七月,立皇子冯为南阳王;壬午,冯薨。

4　汝南黄巾刘辟等叛曹操应袁绍,绍遣刘备将兵助辟,郡县多应之。绍遣使拜阳安都尉李通为征南将军,刘表亦阴招之,通皆拒焉。或劝通从绍，通按剑叱之曰："曹公明哲，必定天下；绍虽强盛，终为之虏耳。吾以死不贰。"即斩绍使，送印绶诣操。

通急录户调，朗陵长赵俨见通曰："方今诸郡并叛，独阳安怀附，复趣收其绵绢，小人乐乱，无乃不可乎？"通曰："公与袁绍相持甚急，左右郡县背叛乃尔，若绵绢不调送，观听者必谓我顾望，有所须待也。"俨曰："诚亦如君虑，然当权其轻重。小缓调，当为君释此患。"乃书与荀彧曰："今阳安郡百姓困穷，邻城并叛，易用倾荡，乃一方安危之机也。且此郡人执守忠节，在险不贰，可以为国家宜垂慰抚；而更急敛绵绢，何以劝善！"彧即白操，悉以绵绢还民，上下欢喜，郡内遂安。通击群贼瞿恭等，皆破之，遂定淮、汝之地。

时操制新科，下州郡，颇增严峻，而调绵绢方急。长广太守何夔言于操曰："先王辨九服之赋以殊远近；制三典之刑以平治乱。愚以为此郡宜依远域新邦之典，其民间小事，使长吏临时随宜，上不背正法，下以顺百姓之心。比及三年，民安其业，然后乃可齐之以法也。"操从之。

刘备略汝、颍之间，自许以南，吏民不安，曹操患之。曹仁曰："南方以大军方有目前急，其势不能相救，刘备以强兵临之，其背叛故宜也。备新将绍兵，未能得其用，击之，可破也。"操乃使仁将骑击备，破走之，尽复收诸叛县而还。

备还至绍军，阴欲离绍，乃说绍南连刘表。绍遣备将本兵复至汝南，与贼龚都等合，众数千人。曹操遣将蔡杨击之，为备所杀。

袁绍军阳武，沮授说绍曰："北兵虽众而劲果不及南，南军谷少而资储不如北；南幸于急战，北利在缓师。宜徐持久，旷以日月。"绍不从。八月，绍进营稍前，依沙堆为屯，东西数十里。操亦分营与相当。

5　九月庚午朔，日有食之。

6　曹操出兵与袁绍战，不胜，复还，坚壁。绍为高橹，起土山，射营中，营中皆蒙楯而行。操乃为霹雳车，发石以击绍楼，皆破；绍复为地道攻操，操辄于内为长堑以拒之。操众少粮尽，士卒疲乏，百姓困于征赋，多叛归绍者。操患之，与荀彧书，议欲还许，以致绍师。彧报曰："绍悉众聚官渡，欲与公决胜败。公以至弱当至强，若不能制，必为所乘，是天下之大机也。且绍，布衣之雄耳，能聚人而不能用。以公之神武明哲而辅以大顺，何向而不济！今谷食虽少，未若楚、汉在荥阳、成皋间也。是时刘、项莫肯先退者，以为先退则势屈也。公以十分居一之众，画地而守之，扼其喉而不得进，已半年矣。情见势竭，必将有变。此用奇之时，不可失也。"操从之,乃坚壁持之。

操见运者,抚之曰:"却十五日为汝破绍,不复劳汝矣。"绍运谷车数千乘至官渡。荀攸言于操曰:"绍运车旦暮至,其将韩猛锐而轻敌,击,可破也!"操曰:"谁可使者?"攸曰:"徐晃可。"乃遣偏将军河东徐晃与史涣邀击猛,破走之,烧其辎重。

冬,十月,绍复遣车运谷,使其将淳于琼等将兵万馀人送之,宿绍营北四十里。沮授说绍:"可遣蒋奇别为支军于表,以绝曹操之钞。"绍不从。

许攸曰:"曹操兵少而悉师拒我,许下馀守,势必空弱。若分遣轻军,星行掩袭,许可拔也。许拔,则奉迎天子以讨操,操成禽矣。如其未溃,可令首尾奔命,破之必也。"绍不从,曰:"吾要当先取操。"会攸家犯法,审配收系之,攸怒,遂奔操。

操闻攸来,跣出迎之,抚掌笑曰:"子卿远来,吾事济矣!"既入坐,谓操曰:"袁氏军盛,何以待之? 今有几粮乎?"操曰:"尚可支一岁。"攸曰:"无是,更言之!"又曰:"可支半岁。"攸曰:"足下不欲破袁氏邪,何言之不实也!"操曰:"向言戏之耳。其实可一月,为之奈何?"攸曰:"公孤军独守,外无救援而粮谷已尽,此危急之日也。袁氏辎重万馀乘,在故市、乌巢,屯军无严备,若以轻兵袭之,不意而至,燔其积聚,不过三日,袁氏自败也。"操大喜,乃留曹洪、荀攸守营,自将步骑五千人,皆用袁军旗帜,衔枚缚马口,夜从间道出,人抱束薪,所历道有问者,语之曰:"袁公恐曹操钞略后军,遣兵以益备。"闻者信以为然,皆自若。既至,围屯,大放火,营中惊乱。会明,琼等望见操兵少,出陈门外,操急击之,琼退保营,操遂攻之。

绍闻操击琼,谓其子谭曰:"就操破琼,吾拔其营,彼固无所归矣!"乃使其将高览、张郃等攻操营。郃曰:"曹公精兵往,必破琼等,琼等破,则事去矣,请先往救之。"郭图固请攻操营。郃曰:"曹公营固,攻之必不拔。若琼等见禽,吾属尽为虏矣。"绍但遣轻骑救琼,而以重兵攻操营,不能下。

绍骑至乌巢,操左右或言:"贼骑稍近,请分兵拒之。"操怒曰:"贼在背后,乃白!"士卒皆殊死战,遂大破之,斩琼等,尽燔其粮谷,杀士卒千馀人,皆取其鼻,牛马割唇舌,以示绍军。绍军将士皆恟惧。郭图惭其计之失,复谮张郃于绍曰:"郃快军败。"郃忿惧,遂与高览焚攻具,诣操营降。曹洪疑不敢受,荀攸曰:"郃计画不用,怒而来奔,君有何疑!"乃受之。

于是绍军惊扰,大溃。绍及谭等幅巾乘马,与八百骑渡河。操追之不及,尽收其辎重、图书、珍宝。馀众降者,操尽坑之,前后所杀七万馀人。

沮授不及绍渡,为操军所执,乃大呼曰:"授不降也,为所执耳!"操与之有旧,迎谓曰:"分野殊异,遂用圮绝,不图今日乃相禽也!"授曰:"冀州失策,自取奔北。授知力俱困,宜其见禽。"操曰:"本初无谋,不相用计,今丧乱未定,方当与君图之。"授曰:"叔父、母弟,县命袁氏,若蒙公灵,速死为福。"操叹曰:"孤早相得,天下不足虑也。"遂赦而厚遇焉。授寻谋归袁氏,操乃杀之。

操收绍书中,得许下及军中人书,皆焚之,曰:"当绍之强,孤犹不能自保,况众人乎!"

冀州城邑多降于操。袁绍走至黎阳北岸,入其将军蒋义渠营,把其手曰:"孤以首领相付矣!"义渠避帐而处之,使宣号令。众闻绍在,稍复归之。

或谓田丰曰:"君必见重矣。"丰曰:"公貌宽而内忌,不亮吾忠,而吾数以至言迕之,若胜而喜,犹能赦我,今战败而恚,内忌将发,吾不望生。"绍军士皆拊膺泣曰:"向令田丰在此,必不至于败。"绍谓逢纪曰:"冀州诸人闻吾军败,皆当念吾,惟田别驾前谏止吾,与众不同,吾亦惭之。"纪曰:"丰闻将军之退,拊手大笑,喜其言之中也。"绍于是谓僚属曰:"吾不用田丰言,果为所笑。"遂杀之。初,曹操闻丰不从戎,喜曰:"绍必败矣。"及绍奔遁,复曰:"向使绍用其别驾计,尚未可知也。"

审配二子为操所禽,绍将孟岱言于绍曰:"配在位专政,族大兵强,且二子在南,必怀反计。"郭图、辛评亦以为然。绍遂以岱为监军,代配守邺。护军逢纪素与配不睦,绍以问之,纪曰:"配天性烈直,每慕古人之节,必不以二子在南为不义也。愿公勿疑。"绍曰:"君不恶之邪!"纪曰:"先所争者,私情也;今所陈者,国事也。"绍曰:"善!"乃不废配,配由是更与纪亲。冀州城邑叛绍者,绍稍复击定之。

绍为人宽雅,有局度,喜怒不形于色,而性矜愎自高,短于从善,故至于败。

7 冬,十月辛亥,有星孛于大梁。

8 庐江太守李术攻杀扬州刺史严象,庐江梅乾、雷绪、陈兰等各聚众数万在江淮间,曹操表沛国刘馥为扬州刺史。时扬州独有九江,馥单马造合肥空城,建立州治,招怀乾、绪等,皆贡献相继。数年中,恩化大行,流民归者以万数。于是广屯田,兴陂堨;官民有畜,乃聚诸生,立学校;又高为城垒,多积木石,以修战守之备。

9 曹操闻孙策死,欲因丧伐之。侍御史张纮谏曰:"乘人之丧,既非古义,若其不克,成仇弃好,不如因而厚之。"操即表权为讨虏将军,领会稽太守。

操欲令纮辅权内附,乃以纮为会稽东部都尉。纮至吴,太夫人以权年少,委纮与张昭共辅之。纮思惟补察,知无不为。太夫人问扬武都尉会稽董袭曰:"江东可保不?"袭曰:"江东有山川之固,而讨逆明府恩德在民,讨虏承基,大小用命,张昭秉众事,袭等为爪牙,此地利人和之时也,万无所忧。"权遣张纮之部,或以纮本受北任,嫌其志趣不止于此,权不以介意。

鲁肃将北还,周瑜止之,因荐肃于权曰:"肃才宜佐时,当广求其比以成功业。"权即见肃,与语,悦之。宾退,独引肃合榻对饮,曰:"今汉室倾危,孤思有桓、文之功,君何以佐之?"肃曰:"昔高帝欲尊事义帝而不获者,以项羽为害也。今之曹操,犹昔项羽,将军何由得为桓、文乎!肃窃料之,汉室不可复兴,曹操不可卒除,为将军计,惟有保守江东以观天下之衅耳。若因北方多务,剿除黄祖,进伐刘表,竟长江所极,据而有之,此王业也。"权曰:"今尽力一方,冀以辅汉耳,此言非所及也。"张昭毁肃年少粗疏,权益贵重之,赏赐储偫,富拟其旧。

权料诸小将兵少而用薄者,并合之。别部司马汝南吕蒙,军容鲜整,士卒练习。权大悦,增其兵,宠任之。

功曹骆统劝权尊贤接士,勤求损益,飨赐之日,人人别进,问其燥湿,加以密意,诱谕使言,察其志趣。权纳用焉。统,俊之子也。

庐陵太守孙辅恐权不能保江东,阴遣人赍书呼曹操。行人以告,权悉斩辅亲近,分其部曲,徙辅置东。

曹操表征华歆为议郎、参司空军事。庐江太守李术不肯事权,而多纳其亡叛。权以状白曹操曰:"严刺史昔为公所用,而李术害之,肆其无道,宜速诛灭。今术必复诡说求救。明公居阿衡之任,海内所瞻,愿敕执事,勿复听受。"因举兵攻术于皖城。术求救于操,操不救。遂屠其城,枭术首,徙其部曲二万馀人。

10　刘表攻张羡,连年不下。曹操方与袁绍相拒,未暇救之。羡病死,长沙复立其子怿。表攻怿及零、桂,皆平之。于是表地方数千里,带甲十馀万,遂不供职贡,郊祀天地,居处服用,僭拟乘舆焉。

11　张鲁以刘璋暗懦,不复承顺,袭别部司马张修,杀之而并其众。璋怒,杀鲁母及弟,鲁遂据汉中,与璋为敌。璋遣中郎将庞羲击之,不克。璋以羲为巴郡太守,屯阆中以御鲁。羲辄召汉昌賨民为兵,或构羲于璋,璋疑之。赵韪数谏不从，亦恚恨。

初，南阳、三辅民流入益州者数万家，刘焉悉收以为兵，名曰"东州兵"。璋性宽柔，无威略，东州人侵暴旧民，璋不能禁。赵韪素得人心，因益州士民之怨，遂作乱，引兵数万攻璋；厚赂荆州，与之连和；蜀郡、广汉、犍为皆应之。

资治通鉴卷第六十四

汉纪五十六

孝献皇帝己

建安六年（辛巳，201）

1　春，三月丁卯朔，日有食之。

2　曹操就谷于安民。以袁绍新破，欲以其间击刘表。荀彧曰："绍既新败，其众离心，宜乘其困，遂定之；而欲远师江、汉，若绍收其馀烬，乘虚以出人后，则公事去矣。"操乃止。夏，四月，操扬兵河上，击袁绍仓亭军，破之。秋，九月，操还许。

3　操自击刘备于汝南，备奔刘表，龚都等皆散。表闻备至，自出郊迎，以上宾礼待之，益其兵，使屯新野。备在荆州数年，尝于表坐起至厕，慨然流涕。表怪，问备，备曰："平常身不离鞍，髀肉皆消。今不复骑，髀里肉生。日月如流，老将至矣，而功业不建，是以悲耳。"

4　曹操遣夏侯渊、张辽围昌豨于东海，数月，粮尽，议引军还。辽谓渊曰："数日以来，每行诸围，豨辄属目视辽，又其射矢更稀；此必豨计犹豫，故不力战。辽欲挑与语，傥可诱也。"乃使谓豨曰："公有命，使辽传之。"豨果下与辽语。辽为说操神武，方以德怀四方，先附者受大赏。豨乃许降。辽遂单身上三公山，入豨家，拜妻子。豨欢喜，随辽诣操；操遣豨还。

5　赵韪围刘璋于成都。东州人恐见诛灭，相与力战，韪遂败退，追至江州，杀之。庞羲惧，遣吏程祁宣旨于其父汉昌令畿，索赍兵。畿曰："郡合部曲，本不为乱，纵有谗谀，要在尽诚，若遂怀异志，不敢闻命。"羲更使祁说之，畿曰："我受牧恩，当为尽节，汝为郡吏，自宜效力。不义之事，有死不为。"羲怒，使人谓畿曰："不从太守，祸将及家！"畿曰："乐羊食子，非无父子之恩，大义然也。今虽羹祁以赐畿，畿啜之矣。"羲乃厚谢于璋。璋擢畿为江阳太守。

朝廷闻益州乱，以五官中郎将牛亶为益州刺史；征璋为卿，不至。

6　张鲁以鬼道教民,使病者自首其过,为之请祷;实无益于治病,然小人昏愚,竞共事之。犯法者,三原,然后乃行刑;不置长吏,皆以祭酒为治。民、夷便乐之,流移寄在其地者,不敢不奉其道。后遂袭取巴郡。朝廷力不能征,遂就宠鲁为镇民中郎将,领汉宁太守,通贡献而已。

民有地中得玉印者,群下欲尊鲁为汉宁王。功曹巴西阎圃谏曰:"汉川之民,户出十万,财富土沃,四面险固;上匡天子,则为桓、文,次及窦融,不失富贵。今承制署置,势足斩断,不烦于王。愿且不称,勿为祸先。"鲁从之。

七年(壬午,202)

1　春,正月,曹操军谯,遂至浚仪,治睢阳渠。遣使以太牢祀桥玄。进军官渡。

2　袁绍自军败,惭愤,发病呕血;夏,五月,薨。

初,绍有三子,谭、熙、尚。绍后妻刘氏爱尚,数称于绍,绍欲以为后而未显言之。乃以谭继兄后,出为青州刺史。沮授谏曰:"世称万人逐兔,一人获之,贪者悉止,分定故也。谭长子,当为嗣,而斥使居外,祸其始此矣。"绍曰:"吾欲令诸子各据一州,以视其能。"于是以中子熙为幽州刺史,外甥高幹为并州刺史。

逢纪、审配素为谭所疾,辛评、郭图皆附于谭,而与配、纪有隙。及绍薨,众以谭长,欲立之。配等恐谭立而评等为害,遂矫绍遗命,奉尚为嗣。谭至,不得立,自称车骑将军,屯黎阳。尚少与之兵,而使逢纪随之。谭求益兵,审配等又议不与。谭怒,杀逢纪。秋,九月,曹操渡河攻谭。谭告急于尚,尚留审配守邺,自将助谭,与操相拒。连战,谭、尚数败,退而固守。

尚遣所置河东太守郭援,与高幹、匈奴南单于共攻河东,发使与关中诸将马腾等连兵,腾等阴许之,援所经城邑皆下。河东郡吏贾逵守绛,援攻之急;城将溃,父老与援约,不害逵,乃降,援许之。援欲使逵为将,以兵劫之,逵不动。左右引逵使叩头,逵叱之曰:"安有国家长吏为贼叩头!"援怒,将斩之,或伏其上以救之。绛吏民闻将杀逵,皆乘城呼曰:"负约杀我贤君,宁俱死耳!"乃因于壶关,著土窖中,盖以车轮。逵谓守者曰:"此间无健儿邪,而使义士死此中乎?"有祝公道者,适闻其言,乃夜往,盗引出逵,折械遣去,不语其姓名。

曹操使司隶校尉锺繇围南单于于平阳,未拔而援至。繇使新丰令冯翊张既说马腾,为言利害。腾疑未决。傅幹说腾曰:"古人有言:'顺道者昌,逆德者亡。'曹公奉天子诛暴乱,法明政治,上下用命,可谓顺道矣。袁氏恃其强大,背弃王命,驱胡虏以陵中国,可谓逆德矣。今将军既事有道,不尽其力,阴怀两端,欲以坐观成败;吾恐成败既定,奉辞责罪,将军先为诛首矣!”于是腾惧。幹因曰:“智者转祸为福。今曹公与袁氏相持,而高幹、郭援合攻河东,曹公虽有万全之计,不能禁河东之不危也。将军诚能引兵讨援,内外击之,其势必举。是将军一举,断袁氏之臂,解一方之急,曹公必重德将军,将军功名无与比矣。”腾乃遣子超将兵万馀人与繇会。

初,诸将以郭援众盛,欲释平阳去。锺繇曰:“袁氏方强,援之来,关中阴与之通,所以未悉叛者,顾吾威名故耳。若弃而去,示之以弱,所在之民,谁非寇仇,纵吾欲归,其得至乎!此为未战先自败也。且援刚愎好胜,必易吾军,若渡汾为营,及其未济击之,可大克也。”援至,果径前渡汾,众止之,不从。济水未半,繇击,大破之。战罢,众人皆言援死而不得其首。援,繇之甥也。晚后,马超校尉南安庞德,于鞬中出一头,繇见之而哭。德谢繇,繇曰:“援虽吾甥,乃国贼也,卿何谢之有!”南单于遂降。

3　刘表使刘备北侵,至叶,曹操遣夏侯惇、于禁等拒之。备一旦烧屯去,惇等追之。裨将军钜鹿李典曰:“贼无故退,疑必有伏。南道窄狭,草木深,不可追也。”惇等不听,使典留守而追之,果入伏里,兵大败。典往救之,备乃退。

4　曹操下书责孙权任子,权召群僚会议,张昭、秦松等犹豫不决。权引周瑜诣吴夫人前定议,瑜曰:“昔楚国初封,不满百里之地。继嗣贤能,广土开境,遂据荆、扬,至于南海,传业延祚,九百馀年。今将军承父兄馀资,兼六郡之众,兵精粮多,将士用命,铸山为铜,煮海为盐,境内富饶,人不思乱,有何逼迫而欲送质?质一入,不得不与曹氏相首尾,与相首尾,则命召不得不往,如此,便见制于人也。极不过一侯印,仆从十馀人,车数乘,马数匹,岂与南面称孤同哉!不如勿遣,徐观其变。若曹氏能率义以正天下,将军事之未晚;若图为暴乱,彼自亡之不暇,焉能害人!”吴夫人曰:“公瑾议是也。公瑾与伯符同年,小一月耳,我视之如子也,汝其兄事之。”遂不送质。

八年(癸未,203)

1　春,二月,曹操攻黎阳,与袁谭、袁尚战于城下,谭、尚败走,还邺。夏,四月,操追至邺,收其麦,诸将欲乘胜遂攻之,郭嘉曰:“袁绍爱此二子,莫适立也。今权力相侔,各有党与,急之则相保,缓之则争心生。不如南向荆州以待其变；变成而后击之，可一举定也。"操曰："善！"五月，操还许，留其将贾信屯黎阳。

谭谓尚曰："我铠甲不精，故前为曹操所败。今操军退，人怀归志，及其未济，出兵掩之，可令大溃，此策不可失也。"尚疑之，既不益兵，又不易甲。谭大怒，郭图、辛评因谓谭曰："使先公出将军为兄后者，皆审配之谋也。"谭遂引兵攻尚，战于门外。谭败，引兵还南皮。

别驾北海王脩，率吏民自青州往救谭。谭欲更还攻尚，脩曰："兄弟者，左右手也。譬人将斗而断其右手，曰'我必胜'，其可乎？夫弃兄弟而不亲，天下其谁亲之！彼谗人离间骨肉以求一朝之利，愿塞耳勿听也。若斩佞臣数人，复相亲睦，以御四方，可横行于天下。"谭不从。谭将刘询起兵漯阴以叛谭，诸城皆应之。谭叹曰："今举州皆叛，岂孤之不德邪！"王脩曰："东莱太守管统，虽在海表，此人不反，必来。"后十馀日，统果弃其妻子来赴谭，妻子为贼所杀。谭更以统为乐安太守。

2　秋，八月，操击刘表，军于西平。

3　袁尚自将攻袁谭，大破之，谭奔平原，婴城固守。尚围之急，谭遣辛评弟毗诣曹操请救。

刘表以书谏谭曰："君子违难不适仇国，交绝不出恶声，况忘先人之仇，弃亲戚之好，而为万世之戒，遗同盟之耻哉！若冀州有不弟之傲，仁君当降志辱身，以济事为务，事定之后，使天下平其曲直，不亦为高义邪！"又与尚书曰："金、木、水、火以刚柔相济，然后克得其和，能为民用。今青州天性峭急，迷于曲直。仁君度数弘广，绰然有馀，当以大包小，以优容劣，先除曹操以卒先公之恨，事定之后，乃议曲直之计，不亦善乎！若迷而不反，则胡夷将有讥诮之言，况我同盟，复能勠力为君之役哉！此韩卢、东郭自困于前而遗田父之获者也。"谭、尚皆不从。

辛毗至西平见曹操，致谭意，群下多以为刘表强，宜先平之，谭、尚不足忧也。荀攸曰："天下方有事，而刘表坐保江、汉之间，其无四方之志可知矣。袁氏据四州之地，带甲数十万，绍以宽厚得众心；使二子和睦以守其成业，则天下之难未息也。今兄弟遘恶，其势不两全，若有所并则力专，力专则难图也；及其乱而取之，天下定矣，此时不可失也。"操从之。

后数日，操更欲先平荆州，使谭、尚自相敝，辛毗望操色，知有变，以语郭嘉。嘉白操，操谓毗曰："谭必可信，尚必可克不？"毗对曰："明公无问信与诈也，直当论其势耳。袁氏本兄弟相伐，非谓他人能间其间，乃谓天下可定于己也。今一旦求救于明公，此可知也。显甫见显思困而不能取，此力竭也。兵革败于外，谋臣诛于内，兄弟谗阋，国分为二，连年战伐，介胄生虮虱，加以旱蝗，饥馑并臻；天灾应于上，人事困于下，民无愚智，皆知土崩瓦解，此乃天亡尚之时也。今往攻邺，尚不还救，即不能自守；还救，即谭蹑其后。以明公之威，应困穷之敌，击疲敝之寇，无异迅风之振秋叶矣。天以尚与明公，明公不取而伐荆州；荆州丰乐，国未有衅。仲虺有言，‘取乱侮亡’。方今二袁不务远略而内相图，可谓乱矣；居者无食，行者无粮，可谓亡矣。朝不谋夕，民命靡继，而不绥之，欲待他年；他年或登，又自知亡而改修厥德，失所以用兵之要矣。今因其请救而抚之，利莫大焉。且四方之寇，莫大于河北，河北平，则六军盛而天下震矣。"操曰："善!"乃许谭平。

冬，十月，操至黎阳。尚闻操渡河，乃释平原还邺。尚将吕旷、高翔畔归曹操，谭复阴刻将军印以假旷、翔。操知谭诈，乃为子整聘谭女以安之，而引军还。

4 孙权西伐黄祖，破其舟军，惟城未克，而山寇复动。权还，过豫章，使征虏中郎将吕范平鄱阳、会稽，荡寇中郎将程普讨乐安，建昌都尉太史慈领海昏，以别部司马黄盖、韩当、周泰、吕蒙等守剧县令长，讨山越，悉平之。建安、汉兴、南平民作乱，聚众各万馀人，权使南部都尉会稽贺齐进讨，皆平之，复立县邑，料出兵万人；拜齐平东校尉。

九年（甲申，204）

1 春，正月，曹操济河，遏淇水入白沟以通粮道。

二月，袁尚复攻袁谭于平原，留其将审配、苏由守邺。曹操进军至洹水，苏由欲为内应，谋泄，出奔操。操进至邺，为土山、地道以攻之。尚武安长尹楷屯毛城，以通上党粮道。夏，四月，操留曹洪攻邺，自将击楷，破之而还；又击尚将沮鹄于邯郸，拔之。

易阳令韩范、涉长梁岐皆举县降。徐晃言于操曰："二袁未破，诸城未下者倾耳而听，宜旌赏二县以示诸城。"操从之，范、岐皆赐爵关内侯。黑山贼帅张燕遣使求助，操拜平北将军。

五月，操毁土山、地道，凿堑围城，周回四十里，初令浅，示若可越。配望见，笑之，不出争利。操一夜浚之，广深二丈，引漳水以灌之；城中饿死者过半。

秋，七月，尚将兵万馀人还救邺；未到，欲令审配知外动止，先使主簿钜鹿李孚入城。孚矫问事杖，系著马边，自著平上帻，将三骑，投暮诣邺下;自称都督,历北围,循表而东,步步呵责守围将士,随轻重行其罚。遂历操营前,至南围,当章门,复责怒守围者,收缚之。因开其围,驰到城下,呼城上人,城上人以绳引,孚得入。配等见孚,悲喜,鼓噪称万岁。守围者以状闻,操笑曰:"此非徒得入也,方且复出。"孚知外围益急,不可复冒,乃请配悉出城中老弱以省谷,夜,简别数千人,皆使持白幡,从三门并出降。孚复将三骑作降人服,随辈夜出,突围得去。

尚兵既至,诸将皆以为:"此归师,人自为战,不如避之。"操曰:"尚从大道来,当避之;若循西山来者,此成禽耳。"尚果循西山来,东至阳平亭,去邺十七里,临滏水为营。夜,举火以示城中,城中亦举火相应。配出兵城北,欲与尚对决围。操逆击之,败还,尚亦破走,依曲漳为营,操遂围之。未合,尚惧,遣使求降;操不听,围之益急。尚夜遁,保祁山,操复进围之;尚将马延、张颚等,临陈降,众大溃,尚奔中山。尽收其辎重,得尚印绶、节钺及衣物,以示城中,城中崩沮。审配令士卒曰:"坚守死战!操军疲矣,幽州方至,何忧无主!"操出行围,配伏弩射之,几中。

配兄子荣为东门校尉,八月,戊寅,荣夜开门内操兵。配拒战城中,操兵生获之。辛评家系邺狱,辛毗驰往,欲解之,已悉为配所杀。操兵缚配诣帐下,毗逆以马鞭击其头,骂之曰:"奴,汝今日真死矣!"配顾曰:"狗辈,正由汝曹,破我冀州,恨不得杀汝也;且汝今日能杀生我邪!"有顷,操引见,谓配曰:"曩日孤之行围,何弩之多也!"配曰:"犹恨其少!"操曰:"卿忠于袁氏,亦自不得不尔。"意欲活之。配意气壮烈,终无桡辞,而辛毗等号哭不已,遂斩之。冀州人张子谦先降,素与配不善,笑谓配曰:"正南,卿竟何如我?"配厉声曰:"汝为降虏,审配为忠臣,虽死,岂羡汝生邪!"临行刑,叱持兵者令北向,曰:"我君在北也。"操乃临祀绍墓,哭之流涕;慰劳绍妻,还其家人宝物,赐杂缯絮,禀食之。

初,袁绍与操共起兵,绍问操曰:"若事不辑,则方面何所可据?"操曰:"足下意以为何如?"绍曰:"吾南据河,北阻燕、代,兼戎狄之众,南向以争天下,庶可以济乎!"操曰:"吾任天下之智力,以道御之,无所不可。"

九月,诏以操领冀州牧;操让还兖州。

初,袁尚遣从事安平牵招至上党督军粮,未还,尚走中山,招说高幹以并州迎尚,并力观变,幹不从。招乃东诣曹操,操复以为冀州从事,又辟崔琰为别驾,操谓琰曰:"昨按户籍,可得三十万众,故为大州也。"琰对曰:"今九州幅裂,二袁兄弟亲寻干戈,冀方蒸庶,暴骨原野,未闻王师存问风俗,救其涂炭,而校计甲兵,唯此为先,斯岂鄙州士女所望于明公哉!"操改容谢之。

许攸恃功骄嫚,尝于众坐呼操小字曰:"某甲,卿非我,不得冀州也!"操笑曰:"汝言是也。"然内不乐,后竟杀之。

2 冬,十月,有星孛于东井。

3 高幹以并州降,操复以幹为并州刺史。

4 曹操之围邺也,袁谭复背之,略取甘陵、安平、勃海、河间。攻袁尚于中山,尚败,走故安,从袁熙,谭悉收其众,还屯龙凑。操与谭书,责以负约,与之绝婚,女还,然后进讨。十二月,操军其门,谭拔平原,走保南皮,临清河而屯。操入平原,略定诸县。

5 曹操表公孙度为武威将军,封永宁乡侯。度曰:"我王辽东,何永宁也!"藏印绶于武库。是岁,度卒,子康嗣位,以永宁乡侯封其弟恭。

操以牵招尝为袁氏领乌桓,遣诣柳城,抚慰乌桓。值峭王严五千骑欲助袁谭,又,公孙康遣使韩忠假峭王单于印绶。峭王大会群长,忠亦在坐。峭王问招:"昔袁公言受天子之命,假我为单于;今曹公复言当更白天子,假我真单于;辽东复持印绶来。如此,谁当为正?"招答曰:"昔袁公承制,得有所拜假;中间违错天子命,曹公代之,言当白天子,更假真单于是也;辽东下郡,何得擅称拜假也!"忠曰:"我辽东在沧海之东,拥兵百馀万,又有扶馀、涉貊之用,当今之势,强者为右,曹操何得独为是也!"招呵忠曰:"曹公允恭明哲,翼戴天子,伐叛柔服,宁静四海。汝君臣顽嚚,今恃险远,背违王命,欲擅拜假,侮弄神器;方当屠戮,何敢慢易咨毁大人!"便捉忠头顿筑,拔刀欲斩之。峭王惊怖,徒跣抱招,以救请忠,左右失色。招乃还坐,为峭王等说成败之效,祸福所归;皆下席跪伏,敬受敕教,便辞辽东之使,罢所严骑。

6 丹阳大都督妫览、郡丞戴员杀太守孙翊。将军孙河屯京城,驰赴宛陵,览、员复杀之;遣人迎扬州刺史刘馥,令住历阳,以丹阳应之。

览入居军府中,欲逼取翊妻徐氏。徐氏绐之曰:"乞须晦日,设祭除服,然后听命。"览许之。徐氏潜使所亲语翊亲近旧将孙高、傅婴等与共图览,高、婴涕泣许诺,密呼翊时侍养者二十馀人与盟誓合谋。到晦日,设祭。徐氏哭泣尽哀,毕,乃除服,薰香沐浴,言笑欢悦。大小凄怆,怪其如此。览密觇,无复疑意。徐氏呼高、婴置户内,使人召览入。徐氏出户拜览,适得一拜,徐大呼:"二君可起!"高、婴俱出,共杀览,馀人即就外杀员。徐氏乃还缞绖,奉览、员首以祭翊墓,举军震骇。

孙权闻乱,从椒丘还。至丹阳,悉族诛览、员馀党,擢高、婴为牙门,其馀赏赐有差。

河子韶,年十七,收河馀众屯京城。权引军归吴,夜至京城下营,试攻
惊之;兵皆乘城,传檄备警,欢声动地,颇射外人。权使晓喻,乃止。明日
见韶,拜承烈校尉,统河部曲。

十年(乙酉,205)

1　春,正月,曹操攻南皮,袁谭出战,士卒多死。操欲缓之,议郎曹纯
曰:"今县师深入,难以持久,若进不能克,退必丧威。"乃自执枹鼓以率攻
者,遂克之。谭出走,追斩之。

李孚自称冀州主簿,求见操曰:"今城中强弱相陵,人心扰乱,以为宜
令新降为内所识信者宣传明教。"操即使孚往入城,告谕吏民,使各安故
业,不得相侵,城中乃安。操于是斩郭图等及其妻子。

袁谭使王脩运粮于乐安,闻谭急,将所领兵往赴之,至高密,闻谭死,
下马号哭曰:"无君焉归!"遂诣曹操,乞收葬谭尸,操许之,复使脩还乐
安,督军粮。谭所部诸城皆服,唯乐安太守管统不下。操命脩取统首,脩
以统亡国忠臣,解其缚,使诣操,操悦而赦之,辟脩为司空掾。

郭嘉说操多辟青、冀、幽、并名士以为掾属,使人心归附,操从之。宜
渡之战,袁绍使陈琳为檄书,数操罪恶,连及家世,极其丑诋。及袁氏败,
琳归操,操曰:"卿昔为本初移书,但可罪状孤身,何乃上及父祖邪!"琳谢
罪,操释之,使与陈留阮瑀俱管记室。

先是渔阳王松据涿郡,郡人刘放说松以地归操,操辟放参司空军事。

袁熙为其将焦触、张南所攻,与尚俱奔辽西乌桓。触自号幽州刺史,
驱率诸郡太守令长,背袁向曹,陈兵数万,杀白马而盟,令曰:"敢违者
斩!"众莫敢仰视,各以次歃。别驾代郡韩珩曰:"吾受袁公父子厚恩,今
其破亡,智不能救,勇不能死,于义阙矣;若乃北面曹氏,所不能为也。"一
坐为珩失色。触曰:"夫举大事,当立大义,事之济否,不待一人,可卒珩
志,以厉事君。"乃舍之。触等遂降曹操,皆封为列侯。

2　夏,四月,黑山贼帅张燕率其众十馀万降,封安国亭侯。

3　故安赵犊、霍奴等杀幽州刺史及涿郡太守,三郡乌桓攻鲜于辅于
犷平。秋,八月,操讨犊等,斩之,乃渡潞水救犷平,乌桓走出塞。

4　冬,十月,高幹闻操讨乌桓,复以并州叛,执上党太守,举兵守壶关
口。操遣其将乐进、李典击之。河内张晟,众万馀人,寇崤、渑间,弘农张
琰起兵以应之。

河东太守王邑被征，郡掾卫固及中郎将范先等诣司隶校尉钟繇，请留之。繇不许。固等外以请邑为名，而内实与高幹通谋。曹操谓荀彧曰："关西诸将，外服内贰，张晟寇乱殽、渑，南通刘表，固等因之，将为深害。当今河东，天下之要地也，君为我举贤才以镇之。"彧曰："西平太守京兆杜畿，勇足以当难，智足以应变。"操乃以畿为河东太守。钟繇促王邑交符，邑佩印绶，径从河北诣许自归。

卫固等使兵数千人绝陕津，杜畿至，数月不得渡。操遣夏侯惇讨固等，未至，畿曰："河东有三万户，非皆欲为乱也。今兵迫之急，欲为善者无主，必惧而听于固。固等势专，必以死战，讨之不胜，为难未已；讨之而胜，是残一郡之民也。且固等未显绝王命，外以请故君为名，必不害新君，吾单车直往，出其不意，固为人多计而无断，必伪受吾，吾得居郡一月，以计縻之，足矣。"遂诡道从郖津渡。

范先欲杀畿以威众，且观畿去就，于门下斩杀主簿以下三十馀人，畿举动自若。于是固曰："杀之无损，徒有恶名；且制之在我。"遂奉之。畿谓固、先曰："卫、范，河东之望也，吾仰成而已。然君臣有定义，成败同之，大事当共平议。"以固为都督，行丞事，领功曹；将校吏兵三千馀人，皆范先督之。固等喜，虽阳事畿，不以为意。固欲大发兵，畿患之，说固曰："今大发兵，众情必扰，不如徐以赀募兵。"固以为然，从之，得兵甚少。畿又喻固等曰："人情顾家，诸将掾史，可分遣休息，急缓召之不难。"固等恶逆众心，又从之。于是善人在外，阴为己援；恶人分散，各还其家。

会白骑攻东垣，高幹入濩泽。畿知诸县附己，乃出，单将数十骑，赴坚壁而守之，吏民多举城助畿者，比数十日，得四千馀人。固等与高幹、张晟共攻畿，不下，略诸县，无所得。曹操使议郎张既西征关中诸将马腾等，皆引兵会击晟等，破之，斩固、琰等首，其馀党与皆赦之。

于是杜畿治河东，务崇宽惠。民有辞讼，畿为陈义理，遣归谛思之，父老皆自相责怒，不敢讼；劝耕桑，课畜牧，百姓家家丰实；然后兴学校，举孝弟，修戎事，讲武备，河东遂安。畿在河东十六年，常为天下最。

5　秘书监、侍中荀悦作申鉴五篇，奏之。悦，爽之兄子也。时政在曹氏，天子恭己，悦志在献替，而谋无所用，故作是书。其大略曰："为政之术，先屏四患，乃崇五政。伪乱俗，私坏法，放越轨，奢败制：四者不除，则政末由行矣，是谓四患。兴农桑以养其生，审好恶以正其俗，宣文教以章其化，立武备以秉其威，明赏罚以统其法，是谓五政。人不畏死，不可惧以罪；人不乐生，不可劝以善。故在上者，先丰民财以定其志，是谓养生。善恶要乎功罪,毁誉效于准验,听言责事,举名察实,无或诈伪以荡众心。故俗无奸怪,民无淫风,是谓正俗。荣辱者,赏罚之精华也,故礼教荣辱以加君子,化其情也;桎梏鞭扑以加小人,化其形也。若教化之废,推中人而坠于小人之域,教化之行,引中人而纳于君子之涂,是谓章化。在上者必有武备以戒不虞,安居则寄之内政,有事则用之军旅,是谓秉威。赏罚,政之柄也。人主不妄赏,非爱其财也,赏妄行,则善不劝矣;不妄罚,非矜其人也,罚妄行,则恶不惩矣。赏不劝,谓之止善,罚不惩,谓之纵恶。在上者能不止下为善,不纵下为恶,则国法立矣。是谓统法。四患既蠲,五政又立,行之以诚,守之以固,简而不怠,疏而不失,垂拱揖让,而海内平矣。”

资治通鉴卷第六十五

汉纪五十七

孝献皇帝庚

建安十一年（丙戌，206）

1　春，正月，有星孛于北斗。

2　曹操自将击高幹，留其世子丕守邺，使别驾从事崔琰傅之。操围壶关，三月，壶关降。高幹自入匈奴求救，单于不受；幹独与数骑亡，欲南奔荆州，上洛都尉王琰捕斩之，并州悉平。

曹操使陈郡梁习以别部司马领并州刺史。时荒乱之馀，胡、狄雄张，吏民亡叛入其部落，兵家拥众，各为寇害。习到官，诱喻招纳，皆礼召其豪右，稍稍荐举，使诣幕府；豪右已尽，次发诸丁强以为义从；又因大军出征，令诸将分请以为勇力。吏兵已去之后，稍移其家，前后送邺，凡数万口；其不从命者，兴兵致讨，斩首千数，降附者万计。单于恭顺，名王稽颡，服事供职，同于编户。边境肃清，百姓布野，勤劝农桑，令行禁止。长老称咏，以为自所闻识，刺史未有如习者。习乃贡达名士避地州界者河内常林、杨俊、王象、荀纬及太原王凌之徒，操悉以为县长，后皆显名于世。

初，山阳仲长统游学至并州，过高幹，幹善遇之，访以世事。统谓幹曰："君有雄志而无雄材，好士而不能择人，所以为君深戒也。"幹雅自多，不悦统言，统遂去之。幹死，荀彧举统为尚书郎。著论曰昌言，其言治乱，略曰："豪杰之当天命者，未始有天下之分者也，无天下之分，故战争者竞起焉。角智者皆穷，角力者皆负，形不堪复伉，势不足复校，乃始羁首系颈，就我之衔继耳。及继体之时，豪杰之心既绝，士民之志已定，贵有常家，尊在一人。当此之时，虽下愚之才居之，犹能使恩同天地，威侔鬼神，周、孔数千无所复角其圣，贲、育百万无所复奋其勇矣。彼后嗣之愚主，见天下莫敢与之违，自谓若天地之不可亡也，乃奔其私嗜，骋其邪欲，君臣宣淫，上下同恶，荒废庶政，弃忘人物。信任亲爱者，尽佞谄容说之人也；宠贵隆丰者，尽后妃姬妾之家也。遂至熬天下之脂膏，斫生民之骨髓，怨毒

无聊,祸乱并起,中国扰攘,四夷侵叛,土崩瓦解,一朝而去,昔之为我哺乳
之子孙者,今尽是我饮血之寇仇也。至于运徙势去,犹不觉悟者,岂非富
贵生不仁,沉溺致愚疾邪! 存亡以之迭代,治乱从此周复,天道常然之大
数也。"

　　3　秋,七月,武威太守张猛杀雍州刺史邯郸商;州兵讨诛之。猛,奂
之子也。

　　4　八月,曹操东讨海贼管承,至淳于,遣将乐进、李典击破之,承走入
海岛。

　　5　昌豨复叛,操遣于禁讨斩之。

　　6　是岁,立故琅邪王容子熙为琅邪王,齐、北海、阜陵、下邳、常山、甘
陵、济阴、平原八国皆除。

　　7　乌桓乘天下乱,略有汉民十馀万户,袁绍皆立其酋豪为单于,以家
人子为己女妻焉。辽西乌桓蹋顿尤强,为绍所厚,故尚兄弟归之,数入塞
为寇,欲助尚复故地。曹操将击之,凿平虏渠、泉州渠以通运。

　　8　孙权击山贼麻、保二屯,平之。

十二年(丁亥,207)

　　1　春,二月,曹操自淳于还邺。丁酉,操奏封大功臣二十馀人,皆为
列侯;因表万岁亭侯荀彧功状,三月,增封彧千户。又欲授以三公,彧使荀
攸深自陈让,至于十数,乃止。

　　2　曹操将击乌桓。诸将皆曰:"袁尚亡虏耳,夷狄贪而无亲,岂能为
尚用。今深入征之,刘备必说刘表以袭许,万一为变,事不可悔。"郭嘉
曰:"公虽威震天下,胡恃其远,必不设备,因其无备,卒然击之,可破灭
也。且袁绍有恩于民夷,而尚兄弟生存。今四州之民,徒以威附,德施未
加,舍而南征,尚因乌桓之资,招其死主之臣,胡人一动,民夷俱应,以生蹋
顿之心,成觊觎之计,恐青、冀非己之有也。表坐谈客耳,自知才不足以御
备,重任之则恐不能制,轻任之则备不为用,虽虚国远征,公无忧矣。"操
从之。行至易,郭嘉曰:"兵贵神速。今千里袭人,辎重多,难以趋利,且
彼闻之,必为备;不如留辎重,轻兵兼道以出,掩其不意。"

　　初,袁绍数遣使召田畴于无终,又即授将军印,使安辑所统,畴皆拒
之。及曹操定冀州,河间邢颙谓畴曰:"黄巾起来,二十馀年,海内鼎沸,
百姓流离。今闻曹公法令严。民厌乱矣,乱极则平,请以身先。"遂装还
乡里。畴曰:"邢颙,天民之先觉者也。"操以颙为冀州从事。畴忿乌桓多

杀其本郡冠盖,意欲讨之而力未能。操遣使辟畴,畴戒其门下趣治严。门人曰:"昔袁公慕君,礼命五至,君义不屈;今曹公使一来而君若恐弗及者,何也?"畴笑曰:"此非君所识也。"遂随使者到军,拜为蓨令,随军次无终。

时方夏水雨,而滨海洿下,泞滞不通,虏亦遮守蹊要,军不得进。操患之,以问田畴。畴曰:"此道,秋夏每常有水,浅不通车马,深不载舟船,为难久矣。旧北平郡治在平冈,道出卢龙,达于柳城;自建武以来,陷坏断绝,垂二百载,而尚有微径可从。今虏将以大军当由无终,不得进而退,懈弛无备。若嘿回军,从卢龙口越白檀之险,出空虚之地,路近而便,掩其不备,蹋顿可不战而禽也。"操曰:"善!"乃引军还,而署大木表于水侧路傍曰:"方今夏暑,道路不通,且俟秋冬,乃复进军。"虏候骑见之,诚以为大军去也。

操令畴将其众为乡导,上徐无山,堑山堙谷,五百馀里,经白檀,历平冈,涉鲜卑庭,东指柳城。未至二百里,虏乃知之。尚、熙与蹋顿及辽西单于楼班、右北平单于能臣抵之等将数万骑逆军。八月,操登白狼山,卒与虏遇,众甚盛。操车重在后,被甲者少,左右皆惧。操登高,望虏阵不整,乃纵兵击之,使张辽为前锋,虏众大崩,斩蹋顿及名王已下,胡、汉降者二十馀万口。

辽东单于速仆丸与尚、熙奔辽东太守公孙康,其众尚有数千骑。或劝操遂击之,操曰:"吾方使康斩送尚、熙首,不烦兵矣。"九月,操引兵自柳城还。公孙康欲取尚、熙以为功,乃先置精勇于厩中,然后请尚、熙入,未及坐,康叱伏兵禽之,遂斩尚、熙,并速仆丸首送之。诸将或问操:"公还而康斩尚、熙,何也?"操曰:"彼素畏尚、熙,吾急之则并力,缓之则自相图,其势然也。"操枭尚首,令三军:"敢有哭之者斩!"牵招独设祭悲哭,操义之,举为茂才。

时天寒且旱,二百里无水,军又乏食,杀马数千匹以为粮,凿地入三十馀丈方得水。既还,科问前谏者,众莫知其故,人人皆惧。操皆厚赏之,曰:"孤前行,乘危以徼幸,虽得之,天所佐也,顾不可以为常。诸君之谏,万安之计,是以相赏,后勿难言之。"

3　冬,十月辛卯,有星孛于鹑尾。

4　乙巳,黄巾杀济南王赟。

5　十一月,曹操至易水,乌桓单于代郡普富卢、上郡那楼皆来贺。

师还,论功行赏,以五百户封田畴为亭侯。畴曰:"吾始为刘公报仇,率众遁逃,志义不立,反以为利,非本志也。"固让不受。操知其至心,许而不夺。

操之北伐也,刘备说刘表袭许,表不能用。及闻操还,表谓备曰:"不用君言,故为失此大会。"备曰:"今天下分裂,日寻干戈,事会之来,岂有终极乎! 若能应之于后者,则此未足为恨也。"

6　是岁,孙权西击黄祖,虏其人民而还。

7　权母吴氏疾笃,引见张昭等,属以后事而卒。

8　初,琅邪诸葛亮寓居襄阳隆中,每自比管仲、乐毅;时人莫之许也,惟颍川徐庶与崔州平谓为信然。州平,烈之子也。

刘备在荆州,访士于襄阳司马徽。徽曰:"儒生俗士,岂识时务,识时务者在乎俊杰。此间自有伏龙、凤雏。"备问为谁,曰:"诸葛孔明、庞士元也。"徐庶见备于新野,备器之。庶谓备曰:"诸葛孔明,卧龙也,将军岂愿见之乎?"备曰:"君与俱来。"庶曰:"此人可就见,不可屈致也,将军宜枉驾顾之。"

备由是诣亮,凡三往,乃见。因屏人曰:"汉室倾颓,奸臣窃命,孤不度德量力,欲信大义于天下,而智术浅短,遂用猖蹶,至于今日。然志犹未已,君谓计将安出?"亮曰:"今曹操已拥百万之众,挟天子而令诸侯,此诚不可与争锋。孙权据有江东,已历三世,国险而民附,贤能为之用,此可与为援而不可图也。荆州北据汉、沔,利尽南海,东连吴会,西通巴、蜀,此用武之国,而其主不能守,此殆天所以资将军也。益州险塞,沃野千里,天府之土;刘璋暗弱,张鲁在北,民殷国富而不知存恤,智能之士思得明君。将军既帝室之胄,信义著于四海,若跨有荆、益,保其岩阻,抚和戎、越,结好孙权,内修政治,外观时变,则霸业可成,汉室可兴矣。"备曰:"善!"于是与亮情好日密。关羽、张飞不悦,备解之曰:"孤之有孔明,犹鱼之有水也。愿诸君勿复言。"羽、飞乃止。

司马徽,清雅有知人之鉴。同县庞德公素有重名,徽兄事之。诸葛亮每至德公家,独拜床下,德公初不令止。德公从子统,少时朴钝,未有识者,惟德公与徽重之。德公尝谓孔明为卧龙,士元为凤雏,德操为水鉴;故德操与刘备语而称之。

十三年(戊子,208)

1　春,正月,司徒赵温辟曹操子丕。操表"温辟臣子弟,选举故不以实",策免之。

2　曹操还邺,作玄武池以肆舟师。

3　初,巴郡甘宁将僮客八百人归刘表,表儒人,不习军事,宁观表事势终必无成,恐一朝众散,并受其祸,欲东入吴。黄祖在夏口,军不得过,乃留,依祖三年,祖以凡人畜之。孙权击祖,祖军败走,权校尉凌操将兵急追之。宁善射,将兵在后,射杀操,祖由是得免。军罢,还营,待宁如初。祖都督苏飞数荐宁,祖不用;宁欲去,恐不免,飞乃白祖,以宁为邾长。宁遂亡奔孙权,周瑜、吕蒙共荐达之,权礼异,同于旧臣。

宁献策于权曰:"今汉祚日微,曹操终为篡盗。南荆之地,山川形便,诚国之西势也。宁观刘表,虑既不远,儿子又劣,非能承业传基者也。至尊当早图之,不可后操。图之之计,宜先取黄祖。祖今昏耄已甚,财谷并乏,左右贪纵,吏士心怨,舟船战具,顿废不修,怠于耕农,军无法伍,至尊今往,其破可必。一破祖军,鼓行而西,据楚关,大势弥广,即可渐规巴、蜀矣。"权深纳之。张昭时在坐,难曰:"今吴下业业,若军果行,恐必致乱。"宁谓昭曰:"国家以萧何之任付君,君居守而忧乱,奚以希慕古人乎!"权举酒属宁曰:"兴霸,今年行讨,如此酒矣,决以付卿。卿但当勉建方略,令必克祖,则卿之功,何嫌张长史之言乎!"

权遂西击黄祖。祖横两蒙冲挟守沔口,以栟闾大绁系石为矴,上有千人,以弩交射,飞矢雨下,军不得前。偏将军董袭与别部司马凌统俱为前部,各将敢死百人,人被两铠,乘大舸,突入蒙冲里。袭身以刀断两绁,蒙冲乃横流,大兵遂进。祖令都督陈就以水军逆战。平北都尉吕蒙勒前锋,亲枭就首。于是将士乘胜,水陆并进,傅其城,尽锐攻之,遂屠其城。祖挺身走,追斩之,虏其男女数万口。

权先作两函,欲以盛祖及苏飞首。权为诸将置酒,甘宁下席叩头,血涕交流,为权言飞畴昔旧恩,"宁不值飞,固已损骸于沟壑,不得致命于麾下。今飞罪当夷戮,特从将军乞其首领"。权感其言,谓曰:"今为君置之。若走去何?"宁曰:"飞免分裂之祸,受更生之恩,逐之尚必不走,岂当图亡哉!若尔,宁头当代入函。"权乃赦之。凌统怨宁杀其父操,常欲杀宁;权命统不得仇之,令宁将兵屯于他所。

4　夏,六月,罢三公官,复置丞相、御史大夫。癸巳,以曹操为丞相。操以冀州别驾从事崔琰为丞相西曹掾,司空东曹掾陈留毛玠为丞相东曹掾,元城令河内司马朗为主簿,弟懿为文学掾,冀州主簿卢毓为法曹议令史。毓,植之子也。

琰、玠并典选举,其所举用皆清正之士,虽于时有盛名而行不由本者,终莫得进。拔敦实,斥华伪,进冲逊,抑阿党。由是天下之士莫不以廉节自励,虽贵宠之臣,舆服不敢过度,至乃长吏还者,垢面羸衣,独乘柴车,军吏入府,朝服徒行,吏洁于上,俗移于下。操闻之,叹曰:"用人如此,使天下人自治,吾复何为哉!"

司马懿,少聪达,多大略。崔琰谓其兄朗曰:"君弟聪亮明允,刚断英特,非子所及也!"操闻而辟之,懿辞以风痹。操怒,欲收之,懿惧,就职。

5　操使张辽屯长社,临发,军中有谋反者,夜,惊乱起火,一军尽扰。辽谓左右曰:"勿动!是不一营尽反,必有造变者,欲以惊动人耳。"乃令军中:"其不反者安坐。"辽将亲兵数十人中陈而立,有顷,皆定,即得首谋者,杀之。

辽在长社,于禁屯颍阴,乐进屯阳翟,三将任气,多共不协。操使司空主簿赵俨并参三军,每事训谕,遂相亲睦。

6　初,前将军马腾与镇西将军韩遂结为异姓兄弟,后以部曲相侵,更为仇敌。朝廷使司隶校尉锺繇、凉州刺史韦端和解之,征腾入屯槐里。曹操将征荆州,使张既说腾,令释部曲还朝,腾许之。已而更犹豫,既恐其为变,乃移诸县促储偫,二千石郊迎,腾不得已,发东。操表腾为卫尉,以其子超为偏将军,统其众,悉徙其家属诣邺。

7　秋,七月,曹操南击刘表。

8　八月丁未,以光禄勋山阳郗虑为御史大夫。

9　壬子,太中大夫孔融弃市。融恃其才望,数戏侮曹操,发辞偏宕,多致乖忤。操以融名重天下,外相容忍而内甚嫌之。融又上书:"宜准古王畿之制,千里寰内不以封建诸侯。"操疑融所论建渐广,益惮之。融与郗虑有隙,虑承操风旨,构成其罪,令丞相军谋祭酒路粹奏:"融昔在北海,见王室不静,而招合徒众,欲规不轨。及与孙权使语,谤讪朝廷。又,前与白衣祢衡跌荡放言,更相赞扬。衡谓融曰'仲尼不死',融答'颜回复生',大逆不道,宜极重诛。"操遂收融,并其妻子皆杀之。

初,京兆脂习与融善,每戒融刚直太过,必罹世患。及融死,许下莫敢收者。习往抚尸曰:"文举舍我死,吾何用生为!"操收习,欲杀之,既而赦之。

10　初,刘表二子,琦、琮。表为琮娶其后妻蔡氏之侄,蔡氏遂爱琮而恶琦,表妻弟蔡瑁、外甥张允并得幸于表,日相与毁琦而誉琮。琦不自宁,与诸葛亮谋自安之术,亮不对。后乃共升高楼,因令去梯。谓亮曰:"今日上不至天,下不至地,言出子口,而入吾耳,可以言未?"亮曰:"君不见申生在内而危，重耳居外而安乎？"琦意感悟，阴规出计。会黄祖死，琦求代其任，表乃以琦为江夏太守。表病甚，琦归省疾。瑁、允恐其见表而父子相感，更有托后之意，乃谓琦曰："将军命君抚临江夏，其任至重；今释众擅来，必见谴怒。伤亲之欢，重增其疾，非孝敬之道也。"遂遏于户外，使不得见，琦流涕而去。表卒，瑁、允等遂以琮为嗣。琮以侯印授琦，琦怒，投之地，将因奔丧作难。会曹操军至，琦奔江南。

　　章陵太守蒯越及东曹掾傅巽等劝刘琮降操，曰："逆顺有大体，强弱有定势。以人臣而拒人主，逆道也；以新造之楚而御中国，必危也；以刘备而敌曹公，不当也。三者皆短，将何以待敌？且将军自料何如刘备？若备不足御曹公，则虽全楚不能以自存也；若足御曹公，则备不为将军下也。"琮从之。九月，操至新野，琮遂举州降，以节迎操。诸将皆疑其诈，娄圭曰："天下扰攘，各贪王命以自重，今以节来，是必至诚。"操遂进兵。

　　时刘备屯樊，琮不敢告备。备久之乃觉，遣所亲问琮，琮令官属宋忠诣备宣旨。时曹操已在宛，备乃大惊骇，谓忠曰："卿诸人作事如此，不早相语，今祸至方告我，不亦太剧乎！"引刀向忠曰："今断卿头，不足以解忿，亦耻丈夫临别复杀卿辈！"遣忠去。乃呼部曲共议，或劝备攻琮，荆州可得。备曰："刘荆州临亡托我以孤遗，背信自济，吾所不为，死何面目以见刘荆州乎！"备将其众去，过襄阳，驻马呼琮；琮惧，不能起。琮左右及荆州人多归备。备过辞表墓，涕泣而去。比到当阳，众十馀万人，辎重数千两，日行十馀里，别遣关羽乘船数百艘，使会江陵。或谓备曰："宜速行保江陵，今虽拥大众，被甲者少，若曹公兵至，何以拒之！"备曰："夫济大事必以人为本，今人归吾，吾何忍弃去！"

　　　　习凿齿论曰：刘玄德虽颠沛险难而信义愈明，势逼事危而言不失道。追景升之顾，则情感三军；恋赴义之士，则甘与同败。终济大业，不亦宜乎！

　　11　刘琮将王威说琮曰："曹操闻将军既降，刘备已走，必懈弛无备，轻行单进。若给威奇兵数千，邀之于险，操可获也。获操，即威震四海，非徒保守今日而已。"琮不纳。

　　操以江陵有军实，恐刘备据之，乃释辎重，轻军到襄阳。闻备已过，操将精骑五千急追之，一日一夜行三百馀里，及于当阳之长坂。备弃妻子，与诸葛亮、张飞、赵云等数十骑走，操大获其人众辎重。

　　徐庶母为操所获，庶辞备，指其心曰："本欲与将军共图王霸之业者，以此方寸之地也。今已失老母，方寸乱矣，无益于事，请从此别。"遂诣操。

张飞将二十骑拒后，飞据水断桥，瞋目横矛曰："身是张益德也，可来共决死！"操兵无敢近者。

或谓备："赵云已北走。"备以手戟擿之曰："子龙不弃我走也。"顷之，云身抱备子禅，与关羽船会，得济沔，遇刘琦众万馀人，与俱到夏口。

曹操进军江陵，以刘琮为青州刺史，封列侯，并蒯越等，侯者凡十五人。释韩嵩之囚，待以交友之礼，使条品州人优劣，皆擢而用之。以嵩为大鸿胪，蒯越为光禄勋，刘先为尚书，邓羲为侍中。

荆州大将南阳文聘别屯在外，琮之降也，呼聘，欲与俱。聘曰："聘不能全州，当待罪而已！"操济汉，聘乃诣操。操曰："来何迟邪？"聘曰："先日不能辅弼刘荆州以奉国家，荆州虽没，常愿据守汉川，保全土境。生不负于孤弱，死无愧于地下，而计不在己，以至于此，实怀悲惭，无颜早见耳！"遂歔欷流涕。操为之怆然，字谓之曰："仲业，卿真忠臣也。"厚礼待之，使统本兵，为江夏太守。

初，袁绍在冀州，遣使迎汝南士大夫。西平和洽，以为冀州土平民强，英杰所利，四战之地，不如荆州土险民弱，易依倚也，遂从刘表。表以上客待之。洽曰："所以不从本初，辟争地也。昏世之主，不可黩近，久而不去，谗慝将兴。"遂南之武陵。表辟南阳刘望之为从事，而其友二人皆以谗毁为表所诛，望之又以正谏不合，投传告归。望之弟廙谓望之曰："赵杀鸣犊，仲尼回轮。今兄既不能法柳下惠和光同尘于内，则宜模范蠡迁化于外，坐而自绝于时，殆不可也。"望之不从，寻复见害，廙奔扬州。南阳韩暨避袁术之命，徙居山都山。刘表又辟之，遂逃居孱陵。表深恨之，暨惧，应命，除宜城长。河东裴潜亦为表所礼重，潜私谓王畅之子粲及河内司马芝曰："刘牧非霸王之才，乃欲西伯自处，其败无日矣！"遂南适长沙。于是操以暨为丞相士曹属，潜参丞相军事，洽、廙、粲皆为掾属，芝为菅令，从人望也。

12　冬，十月癸未朔，日有食之。

13　初，鲁肃闻刘表卒，言于孙权曰："荆州与国邻接，江山险固，沃野万里，士民殷富，若据而有之，此帝王之资也。今刘表新亡，二子不协，军中诸将，各有彼此。刘备天下枭雄，与操有隙，寄寓于表，表恶其能而不能用也。若备与彼协心，上下齐同，则宜抚安，与结盟好；如有离违，宜别图之，以济大事。肃请得奉命吊表二子，并慰劳其军中用事者，及说备使抚表众，同心一意，共治曹操，备必喜而从命。如其克谐，天下可定也。今不速往,恐为操所先。"权即遣肃行。

　　到夏口,闻操已向荆州,晨夜兼道,比至南郡,而琮已降,备南走,肃径迎之,与备会于当阳长坂。肃宣权旨,论天下事势,致殷勤之意。且问备曰:"豫州今欲何至?"备曰:"与苍梧太守吴巨有旧,欲往投之。"肃曰:"孙讨房聪明仁惠,敬贤礼士,江表英豪,咸归附之,已据有六郡,兵精粮多,足以立事。今为君计,莫若遣腹心自结于东,以共济世业。而欲投吴巨,巨是凡人,偏在远郡,行将为人所并,岂足托乎!"备甚悦。肃又谓诸葛亮曰:"我,子瑜友也。"即共定交。子瑜者,亮兄瑾也,避乱江东,为孙权长史。备用肃计,进住鄂县之樊口。

　　曹操自江陵将顺江东下。诸葛亮谓刘备曰:"事急矣,请奉命求救于孙将军。"遂与鲁肃俱诣孙权。亮见权于柴桑,说权曰:"海内大乱,将军起兵江东,刘豫州收众汉南,与曹操共争天下。今操芟夷大难,略已平矣,遂破荆州,威震四海。英雄无用武之地,故豫州遁逃至此,愿将军量力而处之!若能以吴、越之众与中国抗衡,不如早与之绝;若不能,何不按兵束甲,北面而事之!今将军外托服从之名而内怀犹豫之计,事急而不断,祸至无日矣。"权曰:"苟如君言,刘豫州何不遂事之乎?"亮曰:"田横,齐之壮士耳,犹守义不辱;况刘豫州王室之胄,英才盖世,众士慕仰,若水之归海。若事之不济,此乃天也,安能复为之下乎!"权勃然曰:"吾不能举全吴之地,十万之众,受制于人。吾计决矣!非刘豫州莫可以当曹操者;然豫州新败之后,安能抗此难乎?"亮曰:"豫州军虽败于长坂,今战士还者及关羽水军精甲万人,刘琦合江夏战士亦不下万人。曹操之众,远来疲敝,闻追豫州,轻骑一日一夜行三百馀里,此所谓'强弩之末势不能穿鲁缟'者也。故兵法忌之,曰'必蹶上将军'。且北方之人,不习水战;又,荆州之民附操者,逼兵势耳,非心服也。今将军诚能命猛将统兵数万,与豫州协规同力,破操军必矣。操军破,必北还;如此,则荆、吴之势强,鼎足之形成矣。成败之机,在于今日!"权大悦,与其群下谋之。

　　是时,曹操遗权书曰:"近者奉辞伐罪,旌麾南指,刘琮束手。今治水军八十万众,方与将军会猎于吴。"权以示群下,莫不响震失色。长史张昭等曰:"曹公,豺虎也,挟天子以征四方,动以朝廷为辞;今日拒之,事更不顺。且将军大势可以拒操者,长江也,今操得荆州,奄有其地,刘表治水军,蒙冲斗舰乃以千数,操悉浮以沿江,兼有步兵,水陆俱下,此为长江之险已与我共之矣,而势力众寡又不可论。愚谓大计不如迎之。"鲁肃独不言。权起更衣,肃追于宇下。权知其意,执肃手曰:"卿欲何言?"肃曰:

"向察众人之议,专欲误将军,不足与图大事。今肃可迎操耳,如将军不可也。何以言之? 今肃迎操,操当以肃还付乡党,品其名位,犹不失下曹从事,乘犊车,从吏卒,交游士林,累官故不失州郡也。将军迎操,欲安所归乎? 愿早定大计,莫用众人之议也!"权叹息曰:"诸人持议,甚失孤望。今卿廓开大计,正与孤同。"

时周瑜受使至番阳,肃劝权召瑜还。瑜至,谓权曰:"操虽托名汉相,其实汉贼也。将军以神武雄才,兼仗父兄之烈,割据江东,地方数千里,兵精足用,英雄乐业,当横行天下,为汉家除残去秽;况操自送死,而可迎之邪! 请为将军筹之:今北土未平,马超、韩遂尚在关西,为操后患;而操舍鞍马,仗舟楫,与吴、越争衡;今又盛寒,马无藁草,驱中国士众远涉江湖之间,不习水土,必生疾病。此数者用兵之患也,而操皆冒行之,将军禽操,宜在今日。瑜请得精兵数万人,进住夏口,保为将军破之!"权曰:"老贼欲废汉自立久矣,徒忌二袁、吕布、刘表与孤耳;今数雄已灭,惟孤尚存。孤与老贼势不两立,君言当击,甚与孤合,此天以君授孤也。"因拔刀斫前奏案曰:"诸将吏敢复有言当迎操者,与此案同!"乃罢会。

是夜,瑜复见权曰:"诸人徒见操书言水步八十万而各恐慑,不复料其虚实,便开此议,甚无谓也。今以实校之,彼所将中国人不过十五六万,且已久疲;所得表众亦极七八万耳,尚怀狐疑。夫以疲病之卒御狐疑之众,众数虽多,甚未足畏。瑜得精兵五万,自足制之,愿将军勿虑!"权抚其背曰:"公瑾,卿言至此,甚合孤心。子布、元表诸人,各顾妻子,挟持私虑,深失所望;独卿与子敬与孤同耳,此天以卿二人赞孤也。五万兵难卒合,已选三万人,船粮战具俱办。卿与子敬、程公便在前发,孤当续发人众,多载资粮,为卿后援。卿能办之者诚决,邂逅不如意,便还就孤,孤当与孟德决之。"遂以周瑜、程普为左右督,将兵与备并力逆操;以鲁肃为赞军校尉,助画方略。

刘备在樊口,日遣逻吏于水次候望权军。吏望见瑜船,驰往白备,备遣人慰劳之。瑜曰:"有军任,不可得委署;傥能屈威,诚副其所望。"备乃乘单舸往见瑜曰:"今拒曹公,深为得计。战卒有几?"瑜曰:"三万人。"备曰:"恨少。"瑜曰:"此自足用,豫州但观瑜破之。"备欲呼鲁肃等共会语,瑜曰:"受命不得妄委署;若欲见子敬,可别过之。"备深愧喜。

进,与操遇于赤壁。

时操军众,已有疾疫。初一交战,操军不利,引次江北。瑜等在南岸,瑜部将黄盖曰:"今寇众我寡,难与持久。操军方连船舰,首尾相接,可烧而走也。"乃取蒙冲斗舰十艘,载燥荻、枯柴,灌油其中,裹以帷幕,上建旌旗,豫备走舸,系于其尾。先以书遗操,诈云欲降。时东南风急,盖以十舰最著前,中江举帆,馀船以次俱进。操军吏士皆出营立观,指言盖降。去北军二里馀,同时发火,火烈风猛,船往如箭,烧尽北船,延及岸上营落。顷之,烟炎张天,人马烧溺死者甚众。瑜等率轻锐继其后,雷鼓大进,北军大坏。操引军从华容道步走,遇泥泞,道不通,天又大风,悉使羸兵负草填之,骑乃得过。羸兵为人马所蹈藉,陷泥中,死者甚众。刘备、周瑜水陆并进,追操至南郡。时操军兼以饥疫,死者太半。操乃留征南将军曹仁、横野将军徐晃守江陵,折冲将军乐进守襄阳,引军北还。

周瑜、程普将数万众,与曹仁隔江未战。甘宁请先径进取夷陵,往,即得其城,因入守之。益州将袭肃举军降,周瑜表以肃兵益横野中郎将吕蒙。蒙盛称"肃有胆用,且慕化远来,于义宜益,不宜夺也"。权善其言,还肃兵。曹仁遣兵围甘宁,宁困急,求救于周瑜,诸将以为兵少不足分,吕蒙谓周瑜、程普曰:"留凌公绩于江陵,蒙与君行,解围释急,势亦不久。蒙保公绩能十日守也。"瑜从之,大破仁兵于夷陵,获马三百匹而还。于是将士形势自倍,瑜乃渡江,屯北岸,与仁相拒。十二月,孙权自将围合肥,使张昭攻九江之当涂,不克。

刘备表刘琦为荆州刺史,引兵南徇四郡,武陵太守金旋、长沙太守韩玄、桂阳太守赵范、零陵太守刘度皆降。庐江营帅雷绪率部曲数万口归备。备以诸葛亮为军师中郎将,使督零陵、桂阳、长沙三郡,调其赋税以充军实;以偏将军赵云领桂阳太守。

14 益州牧刘璋闻曹操克荆州,遣别驾张松致敬于操。松为人短小放荡,然识达精果。操时已定荆州,走刘备,不复存录松。主簿杨脩白操辟松,操不纳;松以此怨,归,劝刘璋绝操,与刘备相结,璋从之。

习凿齿论曰:昔齐桓一矜其功而叛者九国;曹操暂自骄伐而天下三分。皆勤之于数十年之内而弃之于俯仰之顷,岂不惜乎!

15 曹操追念田畴功,恨前听其让,曰:"是成一人之志而亏王法大制也。"乃复以前爵封畴。畴上疏陈诚,以死自誓。操不听,欲引拜之,至于数四,终不受。有司劾畴:"狷介违道,苟立小节,宜免官加刑。"操下世子及大臣博议。世子丕以"畴同于子文辞禄,申胥逃赏,宜勿夺以优其节"。尚书荀彧、司隶校尉锺繇,亦以为可听。操犹欲侯之,畴素与夏侯惇善,操使惇自以其情喻之。惇就畴宿而劝之,畴揣知其指,不复发言。惇临去,固邀畴,畴曰:"畴,负义逃窜之人耳;蒙恩全活,为幸多矣,岂可卖卢龙之塞以易赏禄哉！纵国私畴，畴独不愧于心乎！将军雅知畴者，犹复如此，若必不得已，请愿效死，刭首于前。"言未卒，涕泣横流。惇具以答操，操喟然，知不可屈，乃拜为议郎。

16　操幼子仓舒卒，操伤惜之甚。司空掾邴原女早亡，操欲求与仓舒合葬，原辞曰："嫁殇，非礼也。原之所以自容于明公，公之所以待原者，以能守训典而不易也。若听明公之命，则是凡庸也，明公焉以为哉！"操乃止。

17　孙权使威武中郎将贺齐讨丹阳黟、歙贼。黟帅陈仆、祖山等二万户屯林历山，四面壁立，不可得攻，军住经月。齐阴募轻捷士，于隐险处，夜以铁戈拓山潜上，县布以援下人。得上者百馀人，令分布四面，鸣鼓角；贼大惊，守路者皆逆走，还依众，大军因是得上，大破之。权乃分其地为新都郡，以齐为太守。

资治通鉴卷第六十六

汉纪五十八

孝献皇帝辛

建安十四年（己丑，209）

1　春，三月，曹操军至谯。

2　孙权围合肥，久不下。权率轻骑欲身往突敌，长史张纮谏曰："夫兵者凶器，战者危事也。今麾下恃盛壮之气，忽强暴之虏，三军之众，莫不寒心。虽斩将搴旗，威震敌场，此乃偏将之任，非主将之宜也。愿抑贲、育之勇，怀霸王之计。"权乃止。

曹操遣将军张喜将兵解围，久而未至。扬州别驾楚国蒋济密白刺史，伪得喜书，云步骑四万已到雩娄，遣主簿迎喜。三部使赍书语城中守将，一部得入城，二部为权兵所得。权信之，遽烧围走。

3　秋，七月，曹操引水军自涡入淮，出肥水，军合肥，开芍陂屯田。

4　冬，十月，荆州地震。

5　十二月，操军还谯。

6　庐江人陈兰、梅成据灊、六叛，操遣荡寇将军张辽讨斩之；因使辽与乐进、李典等将七千馀人屯合肥。

7　周瑜攻曹仁岁馀，所杀伤甚众，仁委城走。权以瑜领南郡太守，屯据江陵；程普领江夏太守，治沙羡，吕范领彭泽太守，吕蒙领寻阳令。刘备表权行车骑将军，领徐州牧。会刘琦卒，权以备领荆州牧，周瑜分南岸地以给备。备立营于油口，改名公安。

权以妹妻备。妹才捷刚猛，有诸兄风，侍婢百馀人，皆执刀侍立，备每入，心常凛凛。

曹操密遣九江蒋干往说周瑜。干以才辨独步于江、淮之间，乃布衣葛巾，自托私行诣瑜。瑜出迎之，立谓干曰："子翼良苦，远涉江湖，为曹氏作说客邪！"因延干，与周观营中，行视仓库、军资、器仗讫，还饮宴，示之侍者服饰珍玩之物。因谓干曰："丈夫处世，遇知己之主，外托君臣之义，内结骨肉之恩,言行计从,祸福共之,假使苏、张更生,能移其意乎!"幹但笑,终无所言。还白操,称瑜雅量高致,非言辞所能间也。

8 丞相掾和洽言于曹操曰:"天下之人,材德各殊,不可以一节取也。俭素过中,自以处身则可,以此格物,所失或多。今朝廷之议,吏有著新衣、乘好车者,谓之不清;形容不饰、衣裳敝坏者,谓之廉洁。至令士大夫故污辱其衣,藏其舆服;朝府大吏,或自挈壶飧以入官寺。夫立教观俗,贵处中庸,为可继也。今崇一概难堪之行以检殊涂,勉而为之,必有疲瘁。古之大教,务在通人情而已;凡激诡之行,则容隐伪矣。"操善之。

十五年(庚寅,210)

1 春,下令曰:"孟公绰为赵、魏老则优,不可以为滕、薛大夫。若必廉士而后可用,则齐桓其何以霸世! 二三子其佐我明扬仄陋,唯才是举,吾得而用之!"

2 二月乙巳朔,日有食之。

3 冬,曹操作铜爵台于邺。

4 十二月己亥,操下令曰:"孤始举孝廉,自以本非岩穴知名之士,恐为世人之所凡愚,欲好作政教以立名誉,故在济南,除残去秽,平心选举。以是为强豪所忿,恐致家祸,故以病还乡里。时年纪尚少,乃于谯东五十里筑精舍,欲秋夏读书,冬春射猎,为二十年规,待天下清乃出仕耳。然不能得如意,征为典军校尉,意遂更欲为国家讨贼立功,使题墓道言'汉故征西将军曹侯之墓',此其志也。而遭值董卓之难,兴举义兵。后领兖州,破降黄巾三十万众;又讨击袁术,使穷沮而死;摧破袁绍,枭其二子;复定刘表,遂平天下。身为宰相,人臣之贵已极,意望已过矣。设使国家无有孤,不知当几人称帝,几人称王。或者人见孤强盛,又性不信天命,恐妄相忖度,言有不逊之志,每用耿耿,故为诸君陈道此言,皆肝鬲之要也。然欲孤便尔委捐所典兵众以还执事,归就武平侯国,实不可也。何者? 诚恐己离兵为人所祸,既为子孙计,又己败则国家倾危,是以不得慕虚名而处实祸也! 然兼封四县,食户三万,何德堪之! 江湖未静,不可让位;至于邑土,可得而辞。今上还阳夏、柘、苦三县,户二万,但食武平万户,且以分损谤议,少减孤之责也!"

5 刘表故吏士多归刘备,备以周瑜所给地少,不足以容其众,乃自诣京见孙权,求都督荆州。瑜上疏于权曰:"刘备以枭雄之姿,而有关羽、张飞熊虎之将,必非久屈为人用者。愚谓大计,宜徙备置吴,盛为筑宫室,多其美女玩好,以娱其耳目;分此二人各置一方,使如瑜者得挟与攻战,大事可定也。今猥割土地以资业之,聚此三人俱在疆场,恐蛟龙得云雨,终非池中物也!"吕范亦劝留之。权以曹操在北,方当广揽英雄,不从。备还公安,久乃闻之,叹曰:"天下智谋之士,所见略同。时孔明谏孤莫行,其意亦虑此也。孤方危急,不得不往,此诚险途,殆不免周瑜之手!"

周瑜诣京见权曰:"今曹操新败,忧在腹心,未能与将军连兵相事也。乞与奋威俱进,取蜀而并张鲁,因留奋威固守其地,与马超结援,瑜还与将军据襄阳以蹙操,北方可图也。"权许之。奋威者,孙坚弟子奋威将军、丹阳太守瑜也。

周瑜还江陵为行装,于道病困,与权笺曰:"修短命矣,诚不足惜;但恨微志未展,不复奉教命耳。方今曹操在北,疆场未静;刘备寄寓,有似养虎;天下之事,未知终始,此朝士旰食之秋,至尊垂虑之日也。鲁肃忠烈,临事不苟,可以代瑜。傥所言可采,瑜死不朽矣!"卒于巴丘。权闻之哀恸,曰:"公瑾有王佐之资,今忽短命,孤何赖哉!"自迎其丧于芜湖。瑜有一女、二男,权为长子登娶其女;以其男循为骑都尉,妻以女,胤为兴业都尉,妻以宗女。

初,瑜见友于孙策,太夫人又使权以兄奉之。是时权位为将军,诸将、宾客为礼尚简,而瑜独先尽敬,便执臣节。程普颇以年长,数陵侮瑜,瑜折节下之,终不与校。普后自敬服而亲重之,乃告人曰:"与周公瑾交,若饮醇醪,不觉自醉。"

权以鲁肃为奋武校尉,代瑜领兵,令程普领南郡太守。鲁肃劝权以荆州借刘备,与共拒曹操,权从之。乃分豫章为番阳郡,分长沙为汉昌郡;复以程普领江夏太守,鲁肃为汉昌太守,屯陆口。

初,权谓吕蒙曰:"卿今当涂掌事,不可不学!"蒙辞以军中多务。权曰:"孤岂欲卿治经为博士邪!但当涉猎,见往事耳。卿言多务,孰若孤?孤常读书,自以为大有所益。"蒙乃始就学。及鲁肃过寻阳,与蒙论议,大惊曰:"卿今者才略,非复吴下阿蒙!"蒙曰:"士别三日,即更刮目相待,大兄何见事之晚乎!"肃遂拜蒙母,结友而别。

刘备以从事庞统守耒阳令,在县不治,免官。鲁肃遗备书曰:"庞士元非百里才也,使处治中、别驾之任,始当展其骥足耳!"诸葛亮亦言之。备见统,与善谭,大器之,遂用统为治中,亲待亚于诸葛亮,与亮并为军师中郎将。

6　初,苍梧士燮为交趾太守。交州刺史朱符为夷贼所杀,州郡扰乱,

燮表其弟壹领合浦太守,䵂领九真太守,武领南海太守。燮体器宽厚,中
国士人多往依之。雄长一州,偏在万里,威尊无上,出入仪卫甚盛,震服
百蛮。

朝廷遣南阳张津为交州刺史。津好鬼神事,常著绛帕头,鼓琴、烧香,
读道书,云可以助化,为其将区景所杀,刘表遣零陵赖恭代津为刺史。是
时苍梧太守史璜死,表又遣吴巨代之。朝廷赐燮玺书,以燮为绥南中郎将,
董督七郡,领交趾太守如故。后巨与恭相失,巨举兵逐恭,恭走还零陵。

孙权以番阳太守临淮步骘为交州刺史,士燮率兄弟奉承节度。吴巨
外附内违,骘诱而斩之,威声大震。权加燮左将军,燮遣子入质。由是岭
南始服属于权。

十六年(辛卯,211)

1 春,正月,以曹操世子丕为五官中郎将,置官属,为丞相副。

2 三月,操遣司隶校尉锺繇讨张鲁,使征西护军夏侯渊等将兵出河
东,与繇会。仓曹属高柔谏曰:"大兵西出,韩遂、马超疑为袭己,必相扇
动。宜先招集三辅,三辅苟平,汉中可传檄而定也。"操不从。

关中诸将果疑之,马超、韩遂、侯选、程银、杨秋、李堪、张横、梁兴、成
宜、马玩等十部皆反,其众十万,屯据潼关;操遣安西将军曹仁督诸将拒
之,敕令坚壁勿与战。命五官将丕留守邺,以奋武将军程昱参丕军事,门
下督广陵徐宣为左护军,留统诸军,乐安国渊为居府长史,统留事。秋,七
月,操自将击超等。议者多言:"关西兵习长矛,非精选前锋,不可当也。"
操曰:"战在我,非在贼也。贼虽习长矛,将使不得以刺,诸君但观之。"

八月,操至潼关,与超等夹关而军。操急持之,而潜遣徐晃、朱灵以步
骑四千人渡蒲阪津,据河西为营,闰月,操自潼关北渡河。兵众先渡,操独
与虎士百馀人留南岸断后。马超将步骑万馀人攻之,矢下如雨,操犹据胡
床不动。许褚扶操上船,船工中流矢死,褚左手举马鞍以蔽操,右手刺船。
校尉丁斐,放牛马以饵贼,贼乱,取牛马,操乃得渡;遂自蒲阪渡西河,循河
为甬道而南。超等退拒渭口,操乃多设疑兵,潜以舟载兵入渭,为浮桥,
夜,分兵结营于渭南。超等夜攻营,伏兵击破之。超等屯渭南,遣使求割
河以西请和,操不许。九月,操进军,悉渡渭。超等数挑战,又不许;固请
割地,求送任子,贾诩以为可伪许之。操复问计策,诩曰:"离之而已。"操
曰:"解!"

韩遂请与操相见,操与遂有旧,于是交马语移时,不及军事,但说京都

旧故,拊手欢笑。时秦、胡观者,前后重沓,操笑谓之曰:"尔欲观曹公邪?亦犹人也,非有四目两口,但多智耳!"既罢,超等问遂:"公何言?"遂曰:"无所言也。"超等疑之。他日,操又与遂书,多所点窜,如遂改定者;超等愈疑遂。操乃与克日会战,先以轻兵挑之,战良久,乃纵虎骑夹击,大破之,斩成宜、李堪等。遂、超奔凉州,杨秋奔安定。

诸将问操曰:"初,贼守潼关,渭北道缺,不从河东击冯翊而反守潼关,引日而后北渡,何也?"操曰:"贼守潼关,若吾入河东,贼必引守诸津,则西河未可渡,吾故盛兵向潼关;贼悉众南守,西河之备虚,故二将得擅取西河;然后引军北渡,贼不能与吾争西河者,以二将之军也。连车树栅,为甬道而南,既为不可胜,且以示弱。渡渭为坚垒,虏至不出,所以骄之也;故贼不为营垒而求割地。吾顺言许之,所以从其意,使自安而不为备,因畜士卒之力,一旦击之,所谓疾雷不及掩耳。兵之变化,固非一道也。"

始,关中诸将每一部到,操辄有喜色。诸将问其故,操曰:"关中长远,若贼各依险阻,征之,不一二年不可定也。今皆来集,其众虽多,莫相归服,军无适主,一举可灭,为功差易,吾是以喜。"

冬,十月,操自长安北征杨秋,围安定。秋降,复其爵位,使留抚其民。

十二月,操自安定还,留夏侯渊屯长安。以议郎张既为京兆尹。既招怀流民,兴复县邑,百姓怀之。

遂、超之叛也,弘农、冯翊县邑多应之,河东民独无异心;操与超等夹渭为军,军食一仰河东。及超等破,馀畜尚二十馀万斛,操乃增河东太守杜畿秩中二千石。

3 扶风法正为刘璋军议校尉,璋不能用,又为其州里俱侨客者所鄙,正邑邑不得志。益州别驾张松与正善,自负其才,忖璋不足与有为,常窃叹息。松劝璋结刘备,璋曰:"谁可使者?"松乃举正。璋使正往,正辞谢,佯为不得已而行。还,为松说备有雄略,密谋奉戴以为州主。

会曹操遣钟繇向汉中,璋闻之,内怀恐惧。松因说璋曰:"曹公兵无敌于天下,若因张鲁之资以取蜀土,谁能御之!刘豫州,使君之宗室而曹公之深仇也,善用兵;若使之讨鲁,鲁必破矣。鲁破,则益州强,曹公虽来,无能为也!今州中诸将庞羲、李异等,皆恃功骄豪,欲有外意。不得豫州,则敌攻其外,民攻其内,必败之道也!"璋然之,遣法正将四千人迎备。主簿巴西黄权谏曰:"刘左将军有骁名,今请到,欲以部曲遇之,则不满其心;欲以宾客礼待,则一国不容二君,若客有泰山之安,则主有累卵之危。不若闭境以待时清。"璋不听,出权为广汉长。从事广汉王累,自倒悬于州门以谏,璋一无所纳。

法正至荆州,阴献策于刘备曰:"以明将军之英才,乘刘牧之懦弱;张松,州之股肱,响应于内;以取益州,犹反掌也。"备疑未决。庞统言于备曰:"荆州荒残,人物殚尽,东有孙车骑,北有曹操,难以得志。今益州户口百万,土沃财富,诚得以为资,大业可成也!"备曰:"今指与吾为水火者,曹操也。操以急,吾以宽;操以暴,吾以仁;操以谲,吾以忠:每与操反,事乃可成耳。今以小利而失信义于天下,奈何?"统曰:"乱离之时,固非一道所能定也。且兼弱攻昧,逆取顺守,古人所贵。若事定之后,封以大国,何负于信! 今日不取,终为人利耳。"备以为然。乃留诸葛亮、关羽等守荆州,以赵云领留营司马,备将步卒数万人入益州。

孙权闻备西上,遣舟船迎妹;而夫人欲将备子禅还吴,张飞、赵云勒兵截江,乃得禅还。

刘璋敕在所供奉备,备入境如归,前后赠遗以巨亿计。备至巴郡,巴郡太守严颜拊心叹曰:"此所谓'独坐穷山,放虎自卫'者也。"备自江州北由垫江水诣涪。璋率步骑三万馀人,车乘帐幔,精光耀日,往会之。张松令法正白备,便于会袭璋。备曰:"此事不可仓卒!"庞统曰:"今因会执之,则将军无用兵之劳而坐定一州也。"备曰:"初入他国,恩信未著,此不可也。"璋推备行大司马,领司隶校尉;备亦推璋行镇西大将军,领益州牧。所将吏士,更相之适,欢饮百馀日。璋增备兵,厚加资给,使击张鲁,又令督白水军。备并军三万馀人,车甲、器械、资货甚盛。璋还成都,备北到葭萌,未即讨鲁,厚树恩德以收众心。

十七年(壬辰,212)

1　春,正月,曹操还邺。诏操赞拜不名,入朝不趋,剑履上殿,如萧何故事。

2　操之西征也,河间民田银、苏伯反,扇动幽、冀。五官将丕欲自讨之,功曹常林曰:"北方吏民,乐安厌乱,服化已久,守善者多;银、伯犬羊相聚,不能为害。方今大军在远,外有强敌,将军为天下之镇,轻动远举,虽克不武。"乃遣将军贾信讨之,应时克灭。馀贼千馀人请降,议者皆曰:"公有旧法,围而后降者不赦。"程昱曰:"此乃扰攘之际,权时之宜。今天下略定,不可诛之;纵诛之,宜先启闻。"议者皆曰:"军事有专无请。"昱曰:"凡专命者,谓有临时之急耳。今此贼制在贾信之手,故老臣不愿将军行之也。"丕曰:"善。"即白操,操果不诛。既而闻昱之谋,甚悦,曰:"君非徒明于军计,又善处人父子之间。"

故事:破贼文书,以一为十,<u>国渊</u>上首级,皆如其实数,操问其故,<u>渊</u>曰:"夫征讨外寇,多其斩获之数者,欲以大武功,耸民听也。河间在封域之内,<u>银</u>等叛逆,虽克捷有功,<u>渊</u>窃耻之。"操大悦。

3　夏,五月癸未,诛卫尉<u>马腾</u>,夷三族。

4　六月庚寅晦,日有食之。

5　秋,七月,螟。

6　<u>马超</u>等馀众屯<u>蓝田</u>,<u>夏侯渊</u>击平之。

<u>鄜</u>贼<u>梁兴</u>寇略<u>冯翊</u>,诸县恐惧,皆寄治郡下,议者以为当移就险阻。<u>左冯翊郑浑</u>曰:"<u>兴</u>等破散,藏窜山谷,虽有随者,率胁从耳。今当广开降路,宣谕威信,而保险自守,此示弱也。"乃聚吏民,治城郭,为守备,募民逐贼,得其财物妇女,十以七赏。民大悦,皆愿捕贼,贼之失妻子者皆还,求降,<u>浑</u>责其得他妇女,然后还之。于是转相寇盗,党与离散。又遣吏民有恩信者分布山谷告谕之,出者相继;乃使诸县长吏各还本治,以安集之。<u>兴</u>等惧,将馀众聚<u>鄜城</u>,操使<u>夏侯渊</u>助<u>浑</u>讨之,遂斩<u>兴</u>,馀党悉平。<u>浑</u>,<u>泰</u>之弟也。

7　九月庚戌,立皇子<u>熙</u>为<u>济阴王</u>,<u>懿</u>为<u>山阳王</u>,<u>邈</u>为<u>济北王</u>,<u>敦</u>为<u>东海王</u>。

8　初,<u>张纮</u>以<u>秣陵</u>山川形胜,劝<u>孙权</u>以为治所;及<u>刘备</u>东过<u>秣陵</u>,亦劝<u>权</u>居之。<u>权</u>于是作<u>石头城</u>,徙治<u>秣陵</u>,改<u>秣陵</u>为<u>建业</u>。

9　<u>吕蒙</u>闻<u>曹操</u>欲东兵,说<u>孙权</u>夹<u>濡须</u>水口立坞。诸将皆曰:"上岸击贼,洗足入船,何用坞为!"<u>蒙</u>曰:"兵有利钝,战无百胜,如有邂逅,敌步骑蹙人,不暇及水,其得入船乎?"<u>权</u>曰:"善!"遂作<u>濡须</u>坞。

10　冬,十月,<u>曹操</u>东击<u>孙权</u>。<u>董昭</u>言于<u>曹操</u>曰:"自古以来,人臣匡世,未有今日之功;有今日之功,未有久处人臣之势者也。今明公耻有惭德,乐保名节;然处大臣之势,使人以大事疑己,诚不可不重虑也。"乃与列侯诸将议,以丞相宜进爵国公,九锡备物,以彰殊勋。<u>荀彧</u>以为:"<u>曹公</u>本兴义兵以匡朝宁国,秉忠贞之诚,守退让之实;君子爱人以德,不宜如此。"操由是不悦。及击<u>孙权</u>,表请<u>彧</u>劳军于<u>谯</u>,因辄留<u>彧</u>,以侍中、光禄大夫、持节、参丞相军事。操军向<u>濡须</u>,<u>彧</u>以疾留<u>寿春</u>,饮药而卒。<u>彧</u>行义修整而有智谋,好推贤进士,故时人皆惜之。

臣光曰:<u>孔子</u>之言仁也重矣,自<u>子路</u>、<u>冉求</u>、<u>公西赤</u>门人之高第,<u>令尹子文</u>、<u>陈文子</u>诸侯之贤大夫,皆不足以当之,而独称<u>管仲</u>之仁,岂非以其辅佐齐桓,大济生民乎!齐桓之行若狗彘,管仲不羞而相之,其志盖以非桓公则生民不可得而济也。汉末大乱,群生涂炭,自非高世之才不能济也。然则荀彧舍魏武将谁事哉!

齐桓之时,周室虽衰,未若建安之初也。建安之初,四海荡覆,尺土一民,皆非汉有。荀彧佐魏武而兴之,举贤用能,训卒厉兵,决机发策,征伐四克,遂能以弱为强,化乱为治,十分天下而有其八,其功岂在管仲之后乎!管仲不死子纠而荀彧死汉室,其仁复居管仲之先矣!

而杜牧乃以为:"彧之劝魏武取兖州则比之高、光,官渡不令还许则比之楚、汉,及事就功毕,乃欲邀名于汉代,譬之教盗穴墙发匮而不与同挈,得不为盗乎!"臣以为孔子称"文胜质则史",凡为史者记人之言,必有以文之。然则比魏武于高、光、楚、汉者,史氏之文也,岂皆彧口所言邪!用是贬彧,非其罪矣。且使魏武为帝,则彧为佐命元功,与萧何同赏矣;彧不利此而利于杀身以邀名,岂人情乎!

11　十二月,有星孛于五诸侯。

12　刘备在葭萌,庞统言于备曰:"今阴选精兵,昼夜兼道,径袭成都,刘璋既不武,又素无豫备,大军卒至,一举便定,此上计也。杨怀、高沛,璋之名将,各杖强兵,据守关头,闻数有笺谏璋,使发遣将军还荆州。将军遣与相闻,说荆州有急,欲还救之,并使装束,外作归形,此二子既服将军英名,又喜将军之去,计必乘轻骑来见将军,因此执之,进取其兵,乃向成都,此中计也。退还白帝,连引荆州,徐还图之,此下计也。若沉吟不去,将致大困,不可久矣。"备然其中计。

及曹操攻孙权,权呼备自救。备贻璋书曰:"孙氏与孤本为唇齿,而关羽兵弱,今不往救,则曹操必取荆州,转侵州界,其忧甚于张鲁。鲁自守之贼,不足虑也。"因求益万兵及资粮,璋但许兵四千,其馀皆给半。备因激怒其众曰:"吾为益州征强敌,师徒勤瘁,而积财吝赏,何以使士大夫死战乎!"张松书与备及法正曰:"今大事垂立,如何释此去乎!"松兄广汉太守肃,恐祸及己,因发其谋。于是璋收斩松,敕关戍诸将文书皆勿复得与备关通。备大怒,召璋白水军督杨怀、高沛,责以无礼,斩之;勒兵径至关头,并其兵,进据涪城。

十八年(癸巳,213)

1　春,正月,曹操进军濡须口,号步骑四十万,攻破孙权江西营,获其都督公孙阳。权率众七万御之,相守月馀。操见其舟船器仗军伍整肃,叹曰:"生子当如孙仲谋;如刘景升儿子,豚犬耳!"权为笺与操,说:"春水方生,公宜速去。"别纸言:"足下不死,孤不得安。"操语诸将曰:"孙权不欺孤。"乃撤军还。

2　庚寅,诏并十四州,复为九州。

3　夏,四月,曹操至邺。

4　初,曹操在谯,恐滨江郡县为孙权所略,欲徙令近内,以问扬州别驾蒋济,曰:"昔孤与袁本初对军官渡,徙燕、白马民,民不得走,贼亦不敢钞。今欲徙淮南民,何如?"对曰:"是时兵弱贼强,不徙必失之。自破袁绍以来,明公威震天下,民无他志,人情怀土,实不乐徙,惧必不安。"操不从。既而民转相惊,自庐江、九江、蕲春、广陵,户十馀万皆东渡江,江西遂虚,合淝以南,惟有皖城。济后奉使诣邺,操迎见,大笑曰:"本但欲使避贼,乃更驱尽之!"拜济丹阳太守。

5　五月丙申,以冀州十郡封曹操为魏公,以丞相领冀州牧如故。又加九锡:大辂、戎辂各一,玄牡二驷;衮冕之服,赤舄副焉;轩县之乐,六佾之舞;朱户以居,纳陛以登;虎贲之士三百人;铁、钺各一;彤弓一,彤矢百,旅弓十,旅矢千;秬鬯一卣,珪、瓒副焉。

6　大雨水。

7　益州从事广汉郑度闻刘备举兵,谓刘璋曰:"左将军悬军袭我,兵不满万,士众未附,军无辎重,野谷是资,其计莫若尽驱巴西、梓潼民内、涪水以西,其仓廪野谷,一皆烧除,高垒深沟,静以待之。彼至,请战,勿许,久无所资,不过百日,必将自走,走而击之,此必禽耳。"刘备闻而恶之,以问法正。正曰:"璋终不能用,无忧也。"璋果谓其群下曰:"吾闻拒敌以安民,未闻动民以避敌也。"不用度计。

璋遣其将刘璝、冷苞、张任、邓贤、吴懿等拒备,皆败,退保绵竹;懿诣军降。璋复遣护军南阳李严、江夏费观督绵竹诸军,严、观亦率其众降于备。备军益强,分遣诸将平下属县。刘璝、张任与璋子循退守雒城,备进军围之。任勒兵出战于雁桥,军败,任死。

8　秋,七月,魏始建社稷、宗庙。

9　魏公操纳三女为贵人。

10　初,魏公操追马超至安定,闻田银、苏伯反,引军还。参凉州军事杨阜言于操曰:"超有信、布之勇,甚得羌胡心;若大军还,不设备,陇上诸郡非国家之有也。"操还,超果率羌胡击陇上诸郡县,郡县皆应之,惟冀城奉州郡以固守。

超尽兼陇右之众,张鲁复遣大将杨昂助之,凡万馀人,攻冀城,自正月至八月,救兵不至。刺史韦康遣别驾阎温出,告急于夏侯渊,外围数重,温夜从水中潜出。明日,超兵见其迹,遣追获之。超载温诣城下,使告城中云:"东方无救。"温向城大呼曰:"大军不过三日至,勉之!"城中皆泣,称万岁。超虽怒,犹以攻城久不下,徐徐更诱温,冀其改意。温曰:"事君有死无二,而卿乃欲令长者出不义之言乎!"超遂杀之。

已而外救不至,韦康及太守欲降。杨阜号哭谏曰:"阜等率父兄子弟以义相励,有死无二,以为使君守此城,今奈何弃垂成之功,陷不义之名乎!"刺史、太守不听,开城门迎超。超入,遂杀刺史、太守,自称征西将军、领并州牧、督凉州军事。

魏公操使夏侯渊救冀,未到而冀败。渊去冀二百馀里,超来逆战,渊军不利。氐王千万反应超,屯兴国,渊引军还。

会杨阜丧妻,就超求假以葬之。阜外兄天水姜叙为抚夷将军,拥兵屯历城。阜见叙及其母,歔欷悲甚。叙曰:"何为乃尔?"阜曰:"守城不能完,君亡不能死,亦何面目以视息于天下!马超背父叛君,虐杀州将,岂独阜之忧责,一州士大夫皆蒙其耻。君拥兵专制而无讨贼心,此赵盾所以书弑君也。超强而无义,多衅,易图耳。"叙母慨然曰:"咄!伯奕,韦使君遇难,亦汝之负,岂独义山哉!人谁不死,死于忠义,得其所也。但当速发,勿复顾我;我自为汝当之,不以馀年累汝也。"叙乃与同郡赵昂、尹奉、武都李俊等合谋讨超,又使人至冀,结安定梁宽、南安赵衢使为内应。超取赵昂子月为质,昂谓妻异曰:"吾谋如是,事必万全,当奈月何?"异厉声应曰:"雪君父之大耻,丧元不足为重,况一子哉!"

九月,阜与叙进兵,入卤城,昂、奉据祁山,以讨超。超闻之,大怒,赵衢因谲说超,使自出击之。超出,衢与梁宽闭冀城门,尽杀超妻子。超进退失据,乃袭历城,得叙母。叙母骂之曰:"汝背父之逆子,杀君之桀贼,天地岂久容汝,而不早死,敢以面目视人乎!"超杀之,又杀赵昂之子月。杨阜与超战,身被五创。超兵败,遂南奔张鲁。鲁以超为都讲祭酒,欲妻之以女。或谓鲁曰:"有人若此,不爱其亲,焉能爱人!"鲁乃止。操封讨超之功,侯者十一人,赐杨阜爵关内侯。

11　冬,十一月,魏初置尚书、侍中、六卿;以荀攸为尚书令,凉茂为仆射,毛玠、崔琰、常林、徐奕、何夔为尚书,王粲、杜袭、卫觊、和洽为侍中,钟繇为大理,王脩为大司农,袁涣为郎中令,行御史大夫事,陈群为御史中丞。

　　袁涣得赏赐,皆散之,家无所储,乏则取之于人,不为曒察之行,然时人皆服其清。时有传刘备死者,群臣皆贺,惟涣独否。

　　魏公操欲复肉刑,令曰:"昔陈鸿胪以为死刑有可加于仁恩者,御史中丞能申其父之论乎?"陈群对曰:"臣父纪以为汉除肉刑而增加于笞,本兴仁恻而死者更众,所谓名轻而实重者也。名轻则易犯,实重则伤民。且杀人偿死,合于古制;至于伤人,或残毁其体,而裁剪毛发,非其理也。若用古刑,使淫者下蚕室,盗者刖其足,则永无淫放穿逾之奸矣。夫三千之属,虽未可悉复,若斯数者,时之所患,宜先施用。汉律所杀殊死之罪,仁所不及也,其馀逮死者,可易以肉刑。如此,则所刑之与所生足以相贸矣。今以笞死之法易不杀之刑,是重人支体而轻人躯命也。"当时议者,唯锺繇与群议同,馀皆以为未可行。操以军事未罢,顾众议而止。

资治通鉴卷第六十七

汉纪五十九

孝献皇帝壬

建安十九年（甲午，214）

1　春，马超从张鲁求兵，北取凉州，鲁遣超还围祁山。姜叙等告急于夏侯渊，诸将议欲须魏公操节度。渊曰："公在邺，反覆四千里，比报，叙等必败，非救急也。"遂行，使张郃督步骑五千为前军。超败走。

韩遂在显亲，渊欲袭取之，遂走。渊追至略阳城，去遂三十餘里，诸将欲攻之，或言当攻兴国氐。渊以为："遂兵精，兴国城固，攻不可卒拔，不如击长离诸羌。长离诸羌多在遂军，必归救其家。若舍羌独守则孤，救长离则官兵得与野战，必可虏也。"渊乃留督将守辎重，自将轻兵到长离，攻烧羌屯，遂果救长离。诸将见遂兵众，欲结营作堑乃与战。渊曰："我转斗千里，今复作营堑，则士众罢敝，不可复用。贼虽众，易与耳。"乃鼓之，大破遂军，进围兴国。氐王千万奔马超，餘众悉降。转击高平、屠各，皆破之。

2　三月，诏魏公操位在诸侯王上，改授金玺、赤绂、远游冠。

3　夏，四月，旱。五月，雨水。

4　初，魏公操遣庐江太守朱光屯皖，大开稻田。吕蒙言于孙权曰："皖田肥美，若一收孰，彼众必增，宜早除之。"闰月，权亲攻皖城。诸将欲作土山，添攻具，吕蒙曰："治攻具及土山，必历日乃成，城备既修，外救必至，不可图也。且吾乘雨水以入，若留经日，水必向尽，还道艰难，蒙窃危之。今观此城，不能甚固，以三军锐气，四面并攻，不移时可拔；及水以归，全胜之道也。"权从之。蒙荐甘宁为升城督，宁手持练，身缘城，为士卒先；蒙以精锐继之，手执枹鼓，士卒皆腾踊。侵晨进攻，食时破之，获朱光及男女数万口。既而张辽至夹石，闻城已拔，乃退。权拜吕蒙为庐江太守，还屯寻阳。

5　诸葛亮留关羽守荆州，与张飞、赵云将兵溯流克巴东。至江州，破巴郡太守严颜，生获之。飞呵颜曰："大军既至，何以不降，而敢拒战！"颜曰："卿等无状，侵夺我州。我州但有断头将军，无降将军也！"飞怒，令左右牵去斫头。颜容止不变，曰："斫头便斫头，何为怒邪！"飞壮而释之，引为宾客。分遣赵云从外水定江阳、犍为，飞定巴西、德阳。

刘备围雒城且一年，庞统为流矢所中，卒。法正笺与刘璋，为陈形势强弱，且曰："左将军从举兵以来，旧心依依，实无薄意。愚以为可图变化，以保尊门。"璋不答。雒城溃，备进围成都。诸葛亮、张飞、赵云引兵来会。

马超知张鲁不足与计事，又鲁将杨昂等数害其能，超内怀於邑。备使建宁督邮李恢往说之，超遂从武都逃入氐中，密书请降于备。备使人止超，而潜以兵资之。超到，令引军屯城北，城中震怖。

备围城数十日，使从事中郎涿郡简雍入说刘璋。时城中尚有精兵三万人，谷帛支一年，吏民咸欲死战。璋言："父子在州二十馀年，无恩德以加百姓。百姓攻战三年，肌膏草野者，以璋故也，何心能安！"遂开城，与简雍同舆出降，群下莫不流涕。备迁璋于公安，尽归其财物，佩振威将军印绶。

备入成都，置酒，大飨士卒。取蜀城中金银，分赐将士，还其谷帛。备领益州牧，以军师中郎将诸葛亮为军师将军，益州太守南郡董和为掌军中郎将，并署左将军府事，偏将军马超为平西将军，军议校尉法正为蜀郡太守、扬武将军，裨将军南阳黄忠为讨虏将军，从事中郎麋竺为安汉将军，简雍为昭德将军，北海孙乾为秉忠将军，广汉长黄权为偏将军，汝南许靖为左将军长史，庞羲为司马，李严为犍为太守，费观为巴郡太守，山阳伊籍为从事中郎，零陵刘巴为西曹掾，广汉彭羕为益州治中从事。

初，董和在郡，清俭公直，为民夷所爱信，蜀中推为循吏，故备举而用之。备之自新野奔江南也，荆楚群士从之如云，而刘巴独北诣魏公操。操辟为掾，遣招纳长沙、零陵、桂阳。会备略有三郡，巴事不成，欲由交州道还京师。时诸葛亮在临蒸，以书招之，巴不从，备深以为恨。巴遂自交趾入蜀依刘璋。及璋迎备，巴谏曰："备，雄人也，入必为害。"既入，巴复谏曰："若使备讨张鲁，是放虎于山林也。"璋不听，巴闭门称疾。备攻成都，令军中曰："有害巴者，诛及三族。"及得巴，甚喜。是时益州郡县皆望风景附，独黄权闭城坚守，须璋稽服，乃降。于是董和、黄权、李严等，本璋之所授用也；吴懿、费观等，璋之婚亲也；彭羕，璋之所摈弃也；刘巴，宿昔之所忌恨也；备皆处之显任，尽其器能，有志之士，无不竞劝，益州之民，是以大和。初,刘璋以许靖为蜀郡太守。成都将溃,靖谋逾城降备,备以此薄靖,不用也。法正曰:"天下有获虚誉而无其实者,许靖是也。然今主公始创大业,天下之人,不可户说,宜加敬重,以慰远近之望。"备乃礼而用之。

成都之围也,备与士众约:"若事定,府库百物,孤无预焉。"及拔成都,士众皆舍干戈赴诸藏,竞取宝物。军用不足,备甚忧之,刘巴曰:"此易耳。但当铸直百钱,平诸物价,令吏为官市。"备从之。数月之间,府库充实。

时议者欲以成都名田宅分赐诸将。赵云曰:"霍去病以匈奴未灭,无用家为。今国贼非但匈奴,未可求安也。须天下都定,各反桑梓,归耕本土,乃其宜耳。益州人民,初罹兵革,田宅皆可归还,令安居复业,然后可役调,得其欢心;不宜夺之,以私所爱也。"备从之。

备之袭刘璋也,留中郎将南郡霍峻守葭萌城。张鲁遣杨昂诱峻求共守城。峻曰:"小人头可得,城不可得!"昂乃退。后璋将扶禁、向存等帅万馀人由阆水上,攻围峻,且一年。峻城中兵才数百人,伺其怠隙,选精锐出击,大破之,斩存。备既定蜀,乃分广汉为梓潼郡,以峻为梓潼太守。

法正外统都畿,内为谋主,一餐之德、睚眦之怨,无不报复,擅杀毁伤己者数人。或谓诸葛亮曰:"法正太纵横,将军宜启主公,抑其威福。"亮曰:"主公之在公安也,北畏曹操之强,东惮孙权之逼,近则惧孙夫人生变于肘腋。法孝直为之辅翼,令翻然翱翔,不可复制。如何禁止孝直,使不得少行其意邪!"

诸葛亮佐备治蜀,颇尚严峻,人多怨叹者。法正谓亮曰:"昔高祖入关,约法三章,秦民知德。今君假借威力,跨据一州,初有其国,未垂惠抚;且客主之义,宜相降下,愿缓刑弛禁以慰其望。"亮曰:"君知其一,未知其二。秦以无道,政苛民怨,匹夫大呼,天下土崩;高祖因之,可以弘济。刘璋暗弱,自焉以来,有累世之恩,文法羁縻,互相承奉,德政不举,威刑不肃。蜀土人士,专权自恣,君臣之道,渐以陵替。宠之以位,位极则贱;顺之以恩,恩竭则慢。所以致敝,实由于此。吾今威之以法,法行则知恩,限之以爵,爵加则知荣。荣恩并济,上下有节,为治之要,于斯而著矣。"

刘备以零陵蒋琬为广都长。备尝因游观,奄至广都,见琬众事不治,时又沉醉。备大怒,将加罪戮。诸葛亮请曰:"蒋琬社稷之器,非百里之才也。其为政以安民为本,不以修饰为先,愿主公重加察之。"备雅敬亮,乃不加罪,仓卒但免官而已。

6 秋,七月,<u>魏公操</u>击<u>孙权</u>,留少子<u>临菑侯植</u>守<u>邺</u>。操为诸子高选官属,以<u>邢颙</u>为<u>植</u>家丞;<u>颙</u>防闲以礼,无所屈桡,由是不合。庶子<u>刘桢</u>美文辞,<u>植</u>亲爱之。<u>桢</u>以书谏<u>植</u>曰:"君侯采庶子之春华,忘家丞之秋实,为上招谤,其罪不小,愚实惧焉。"

7 <u>魏</u>尚书令<u>荀攸</u>卒。<u>攸</u>深密有智防,自从<u>魏公操</u>攻讨,常谋谟帷幄,时人及子弟莫知其所言。操尝称:"<u>荀文若</u>之进善,不进不休;<u>荀公达</u>之去恶,不去不止。"又称:"二<u>荀</u>令之论人,久而益信,吾没世不忘。"

8 初,<u>枹罕宋建</u>因<u>凉州</u>乱,自号<u>河首平汉王</u>,改元,置百官,三十馀年。冬,十月,<u>魏公操</u>使<u>夏侯渊</u>自<u>兴国</u>讨<u>建</u>,围<u>枹罕</u>,拔之,斩<u>建</u>。<u>渊</u>别遣<u>张郃</u>等渡河,入<u>小湟中</u>,<u>河西</u>诸<u>羌</u>皆降,<u>陇右</u>平。

9 帝自都<u>许</u>以来,守位而已,左右侍卫莫非<u>曹氏</u>之人者。议郎<u>赵彦</u>常为帝陈言时策,<u>魏公操</u>恶而杀之。操后以事入见殿中,帝不任其惧,因曰:"君若能相辅,则厚;不尔,幸垂恩相舍。"操失色,俯仰求出。旧仪:三公领兵,朝见,令虎贲执刃挟之。操出,顾左右,汗流浃背;自后不复朝请。

<u>董承</u>女为贵人,操诛<u>承</u>,求贵人杀之。帝以贵人有妊,累为请,不能得。<u>伏皇后</u>由是怀惧,乃与父<u>完</u>书,言<u>曹操</u>残逼之状,令密图之,<u>完</u>不敢发。至是,事乃泄,操大怒,十一月,使御史大夫<u>郗虑</u>持节策收皇后玺绶,以尚书令<u>华歆</u>为副,勒兵入宫,收后。后闭户,藏壁中。<u>歆</u>坏户发壁,就牵后出。时帝在外殿,引<u>虑</u>于坐,后被发、徒跣、行泣,过诀曰:"不能复相活邪?"帝曰:"我亦不知命在何时!"顾谓<u>虑</u>曰:"<u>郗公</u>,天下宁有是邪!"遂将后下暴室,以幽死;所生二皇子,皆鸩杀之,兄弟及宗族死者百馀人。

10 十二月,<u>魏公操</u>至<u>孟津</u>。

11 操以尚书郎<u>高柔</u>为理曹掾。旧法:军征士亡,考竟其妻子。而亡者犹不息。操欲更重其刑,并及父母、兄弟,<u>柔</u>启曰:"士卒亡军,诚在可疾,然窃闻其中时有悔者。愚谓乃宜贷其妻子,一可使诱其还心。正如前科,固已绝其意望;而猥复重之,<u>柔</u>恐自今在军之士,见一人亡逃,诛将及己,亦且相随而走,不可复得杀也。此重刑非所以止亡,乃所以益走耳!"操曰:"善!"即止不杀。

二十年(乙未,215)

1 春,正月甲子,立贵人<u>曹氏</u>为皇后;<u>魏公操</u>之女也。

2 三月,<u>魏公操</u>自将击<u>张鲁</u>,将自<u>武都</u>入<u>氐</u>,<u>氐</u>人塞道,遣<u>张郃</u>、<u>朱灵</u>等攻破之。夏,四月,操自<u>陈仓</u>出<u>散关</u>至<u>河池</u>,<u>氐</u>王<u>窦茂</u>众万馀人,恃险不服,五月,攻屠之。西平、金城诸将麹演、蒋石等共斩送韩遂首。

3　初,刘备在荆州,周瑜、甘宁等数劝孙权取蜀。权遣使谓备曰:
"刘璋不武,不能自守,若使曹操得蜀,则荆州危矣。今欲先攻取璋,次取
张鲁,一统南方,虽有十操,无所忧也。"备报曰:"益州民富地险,刘璋虽
弱,足以自守。今暴师于蜀、汉,转运于万里,欲使战克攻取,举不失利,此
孙、吴所难也。议者见曹操失利于赤壁,谓其力屈,无复远念;今操三分天
下已有其二,将欲饮马于沧海,观兵于吴会,何肯守此坐须老乎! 而同盟
无故自相攻伐,借枢于操,使敌乘其隙,非长计也。且备与璋托为宗室,冀
凭威灵以匡汉朝。今璋得罪于左右,备独悚惧,非所敢闻,愿加宽贷。"权
不听,遣孙瑜率水军住夏口。备不听军过,谓瑜曰:"汝欲取蜀,吾当被发
入山,不失信于天下也。"使关羽屯江陵,张飞屯秭归,诸葛亮据南郡,备
自住屠陵,权不得已召瑜还。及备西攻刘璋,权曰:"猾虏,乃敢挟诈如
此!"备留关羽守江陵,鲁肃与羽邻界,羽数生疑贰,肃常以欢好抚之。

及备已得益州,权令中司马诸葛瑾从备求荆州诸郡。备不许,曰:
"吾方图凉州,凉州定,乃尽以荆州相与耳。"权曰:"此假而不反,乃欲以
虚辞引岁也。"遂置长沙、零陵、桂阳三郡长史。关羽尽逐之。权大怒,遣
吕蒙督兵二万以取三郡。

蒙移书长沙、桂阳,皆望风归服,惟零陵太守郝普城守不降。刘备闻
之,自蜀亲至公安,遣关羽争三郡。孙权进住陆口,为诸军节度。使鲁肃将
万人屯益阳以拒羽,飞书召吕蒙,使舍零陵急还助肃。蒙得书,秘之,夜,
召诸将授以方略;晨,当攻零陵,顾谓郝普故人南阳邓玄之曰:"郝子太闻
世间有忠义事,亦欲为之,而不知时也。今左将军在汉中为夏侯渊所围,
关羽在南郡,至尊身自临之。彼方首尾倒县,救死不给,岂有馀力复营此
哉! 今吾计力度虑而以攻此,曾不移日而城必破,城破之后,身死,何益于
事,而令百岁老母戴白受诛,岂不痛哉! 度此家不得外问,谓援可恃,故至
于此耳。君可见之,为陈祸福。"玄之见普,具宣蒙意;普惧而出降。蒙
迎,执其手与俱下船,语毕,出书示之,因拊手大笑。普见书,知备在公安
而羽在益阳,惭恨入地。蒙留孙河,委以后事,即日引军赴益阳。

鲁肃欲与关羽会语,诸将疑恐有变,议不可往。肃曰:"今日之事,宜
相开譬。刘备负国,是非未决,羽亦何敢重欲干命!"乃邀羽相见,各驻兵
马百步上,但诸将军单刀俱会。肃因责数羽以不返三郡,羽曰:"乌林之
役,左将军身在行间,戮力破敌,岂得徒劳,无一块土,而足下来欲收地
邪!"肃曰:"不然。始与豫州观于长阪,豫州之众不当一校,计穷虑极,志

势摧弱，图欲远窜，望不及此。主上矜愍豫州之身无有处所，不爱土地士民之力，使有所庇荫以济其患；而豫州私独饰情，愆德堕好。今已藉手于西州矣，又欲翦并荆州之土，斯盖凡夫所不忍行，而况整领人物之主乎！”羽无以答。会闻魏公操将攻汉中，刘备惧失益州，使使求和于权。权令诸葛瑾报命，更寻盟好。遂分荆州，以湘水为界：长沙、江夏、桂阳以东属权，南郡、零陵、武陵以西属备。诸葛瑾每奉使至蜀，与其弟亮但公会相见，退无私面。

4　秋，七月，魏公操至阳平。张鲁欲举汉中降，其弟卫不肯，率众数万人拒关坚守，横山筑城十馀里。初，操承凉州从事及武都降人之辞，说“张鲁易攻，阳平城下南北山相远，不可守也”，信以为然。及往临履，不如所闻，乃叹曰：“他人商度，少如人意。”攻阳平山上诸屯，山峻难登，既不时拔，士卒伤夷者多，军食且尽，操意沮，便欲拔军截山而还，遣大将军夏侯惇、将军许褚呼山上兵还。会前军夜迷惑，误入张卫别营，营中大惊退散。侍中辛毗、主簿刘晔等在兵后，语惇、褚，言“官兵已据得贼要屯，贼已散走”，犹不信之。惇前自见，乃还白操，进兵攻卫，卫等夜遁。

张鲁闻阳平已陷，欲降，阎圃曰：“今以迫往，功必轻；不如依杜濩赴朴胡，与相拒，然后委质，功必多。”乃奔南山入巴中。左右欲悉烧宝货仓库，鲁曰：“本欲归命国家，而意未得达。今之走避锐锋，非有恶意。宝货仓库，国家之有。”遂封藏而去。操入南郑，甚嘉之。又以鲁本有善意，遣人慰喻之。

丞相主簿司马懿言于操曰：“刘备以诈力虏刘璋，蜀人未附，而远争江陵，此机不可失也。今克汉中，益州震动，进兵临之，势必瓦解。圣人不能违时，亦不可失时也。”操曰：“人苦无足，既得陇，复望蜀邪！”刘晔曰：“刘备，人杰也，有度而迟；得蜀日浅，蜀人未恃也。今破汉中，蜀人震恐，其势自倾。以公之神明，因其倾而压之，无不克也。若少缓之，诸葛亮明于治国而为相，关羽、张飞勇冠三军而为将，蜀民既定，据险守要，则不可犯矣。今不取，必为后忧。”操不从。居七日，蜀降者说：“蜀中一日数十惊，守将虽斩之而不能安也。”操问晔曰：“今尚可击不？”晔曰：“今已小定，未可击也。”乃还。以夏侯渊为都护将军，督张郃、徐晃等守汉中；以丞相长史杜袭为驸马都尉，留督汉中事。袭绥怀开导，百姓自乐出徙洛、邺者八万馀口。

5　八月，孙权率众十万围合肥。时张辽、李典、乐进将七千馀人屯合肥；魏公操之征张鲁也，为教与合肥护军薛悌，署函边曰：“贼至，乃发。”

及权至，发教，教曰："若孙权至者，张、李将军出战，乐将军守，护军勿得与战。"诸将以众寡不敌，疑之。张辽曰："公远征在外，比救至，彼破我必矣。是以教指及其未合逆击之，折其盛势，以安众心，然后可守也。"进等莫对。辽怒曰："成败之机，在此一战。诸君若疑，辽将独决之。"李典素与辽不睦，慨然曰："此国家大事，顾君计何如耳，吾可以私憾而忘公义乎！请从君而出。"于是辽夜募敢从之士，得八百人，椎牛犒飨。明旦，辽被甲持戟，先登陷陈，杀数十人，斩二大将，大呼自名，冲垒入至权麾下。权大惊，不知所为，走登高冢，以长戟自守。辽叱权下战，权不敢动，望见辽所将众少，乃聚围辽数重。辽急击围开，将麾下数十人得出。馀众号呼曰："将军弃我乎？"辽复还突围，拔出馀众。权人马皆披靡，无敢当者。自旦战至日中，吴人夺气。乃还修守备，众心遂安。

权守合肥十馀日，城不可拔，撤军还。兵皆就路，权与诸将在逍遥津北，张辽觇望知之，即将步骑奄至。甘宁与吕蒙等力战扞敌，凌统率亲近扶权出围，复还与辽战，左右尽死，身亦被创，度权已免，乃还。权乘骏马上津桥，桥南已彻，丈馀无板；亲近监谷利在马后，使权持鞍缓控，利于后著鞭以助马势，遂得超渡。贺齐率三千人在津南迎权，权由是得免。

权入大船宴饮，贺齐下席涕泣曰："至尊人主，常当持重，今日之事，几致祸败。群下震怖，若无天地，愿以此为终身之诫！"权自前收其泪曰："大惭，谨已刻心，非但书绅也。"

6　九月，巴、賨夷帅朴胡、杜濩、任约，各举其众来附。于是分巴郡，以胡为巴东太守，濩为巴西太守，约为巴郡太守，皆封列侯。

7　冬，十月，始置名号侯以赏军功。

8　十一月，张鲁将家属出降。魏公操逆拜鲁镇南将军，待以客礼，封阆中侯，邑万户。封鲁五子及阎圃等皆为列侯。

　　习凿齿论曰：阎圃谏鲁勿王，而曹公追封之，将来之人，孰不思顺！塞其本源而末流自止，其此之谓欤！若乃不明于此而重焦烂之功，丰爵厚赏止于死战之士，则民利于有乱，俗竞于杀伐，阻兵杖力，干戈不戢矣。曹公之此封，可谓知赏罚之本矣。

9　程银、侯选、庞德皆随鲁降。魏公操复银、选官爵，拜德立义将军。

10　张鲁之走巴中也，黄权言于刘备曰："若失汉中，则三巴不振，此为割蜀之股臂也。"备乃以权为护军，率诸将迎鲁；鲁已降，权遂击朴胡、杜濩、任约，破之。魏公操使张郃督诸军徇三巴，欲徙其民于汉中，进军宕渠。刘备使巴西太守张飞与郃相拒，五十馀日，飞袭击郃，大破之。郃走还南郑,备亦还成都。

　　操徙出故韩遂、马超等兵五千馀人,使平难将军殷署等督领,以扶风太守赵俨为关中护军。操使俨发千二百兵助汉中守御,殷署督送之,行者不乐。俨护送至斜谷口,还,未至营,署军叛乱。俨自随步骑百五十人,皆叛者亲党也,闻之,各惊,被甲持兵,不复自安。俨徐喻以成败,慰励恳切,皆慷慨曰:“死生当随护军,不敢有二!”前到诸营,各召料简诸奸结叛者,八百馀人,散在原野。俨下令:惟取其造谋魁率治之,馀一不问,郡县所收送皆放遣,乃即相率还降。俨密白:“宜遣将诣大营,请旧兵镇守关中。”魏公操遣将军刘柱将二千人往,当须到乃发遣。俄而事露,诸营大骇,不可安谕。俨遂宣言:“当差留新兵之温厚者千人,镇守关中,其馀悉遣东。”便见主者内诸营兵名籍,立差别之。留者意定,与俨同心,其当去者亦不敢动。俨一日尽遣上道,因使所留千人分布罗落之。东兵寻至,乃复胁谕,并徙千人,令相及共东。凡所全致二万馀口。

二十一年(丙申,216)

　1　春,二月,魏公操还邺。

　2　夏,五月,进魏公操爵为王。

　　初,中尉崔琰荐钜鹿杨训于操,操礼辟之。及操进爵,训发表称颂功德。或笑训希世浮伪,谓琰为失所举。琰从训取表草视之,与训书曰:“省表,事佳耳。时乎,时乎! 会当有变时。”琰本意,讥论者好谴呵而不寻情理也。时有与琰宿不平者,白琰“傲世怨谤,意旨不逊”,操怒,收琰付狱,髡为徒隶。前白琰者复白之云:“琰为徒,对宾客虬须直视,若有所瞋。”遂赐琰死。

　　尚书仆射毛玠伤琰无辜,心不悦。人复白玠怨谤,操收玠付狱,侍中桓阶、和洽皆为之陈理,操不听。阶求按实其事。王曰:“言事者白玠不但谤吾也,乃复为崔琰觖望。此捐君臣恩义,妄为死友怨叹,殆不可忍也。”洽曰:“如言事者言,玠罪过深重,非天地所覆载。臣非敢曲理玠以枉大伦也,以玠历年荷宠,刚直忠公,为众所惮,不宜有此。然人情难保,要宜考核,两验其实。今圣恩不忍致之于理,更使曲直之分不明。”操曰:“所以不考,欲两全玠及言事者耳。”洽对曰:“玠信有谤主之言,当肆之市朝;若玠无此言,言事者加诬大臣以误主听,不加检核,臣窃不安。”操卒不穷治,玠遂免黜,终于家。

　　是时西曹掾沛国丁仪用事,玠之获罪,仪有力焉;群下畏之侧目。尚书仆射何夔及东曹属东莞徐奕独不事仪,仪谮奕,出为魏郡太守,赖桓阶左右之得免。尚书傅选谓何夔曰:"仪已害毛玠,子宜少下之。"夔曰:"为不义,适足害其身,焉能害人!且怀奸佞之心,立于明朝,其得久乎!"

崔琰从弟林,尝与陈群共论冀州人士,称琰为首,群以智不存身贬之。林曰:"大丈夫为有邂逅耳,即如卿诸人,良足贵乎!"

3　五月己亥朔,日有食之。

4　代郡乌桓三大人皆称单于,恃力骄恣,太守不能治。魏王操以丞相仓曹属裴潜为太守,欲授以精兵。潜曰:"单于自知放横日久,今多将兵往,必惧而拒境,少将则不见惮,宜以计谋图之。"遂单车之郡,单于惊喜。潜抚以恩威,单于詟服。

5　初,南匈奴久居塞内,与编户大同而不输贡赋。议者恐其户口滋蔓,浸难禁制,宜豫为之防。秋,七月,南单于呼厨泉入朝于魏,魏王操因留之于邺,使右贤王去卑监其国。单于岁给绵、绢、钱、谷如列侯,子孙传袭其号。分其众为五部,各立其贵人为帅,选汉人为司马以监督之。

6　八月,魏以大理锺繇为相国。

7　冬,十月,魏王操治兵击孙权;十一月,至谯。

资治通鉴卷第六十八

汉纪六十

孝献皇帝癸

建安二十二年（丁酉，217）

1　春，正月，魏王操军居巢，孙权保濡须，二月，操进攻之。

初，右护军蒋钦屯宣城，芜湖令徐盛收钦屯吏，表斩之。及权在濡须，钦与吕蒙持诸军节度，钦每称徐盛之善。权问之，钦曰："盛忠而勤强，有胆略器用，好万人督也。今大事未定，臣当助国求才，岂敢挟私恨以蔽贤乎？"权善之。

三月，操引军还，留伏波将军夏侯惇都督曹仁、张辽等二十六军屯居巢。权令都尉徐详诣操请降，操报使修好，誓重结婚。权留平虏将军周泰督濡须；朱然、徐盛等皆在所部，以泰寒门，不服。权会诸将，大为酣乐，命泰解衣，权手自指其创痕，问以所起，泰辄记昔战斗处以对。毕，使复服；权把其臂流涕曰："幼平，卿为孤兄弟，战如熊虎，不惜躯命，被创数十，肤如刻画，孤亦何心不待卿以骨肉之恩，委卿以兵马之重乎！"坐罢，住驾，使泰以兵马道从，鸣鼓角作鼓吹而出；于是盛等乃服。

2　夏，四月，诏魏王操设天子旌旗，出入称警跸。

3　六月，魏以军师华歆为御史大夫。

4　冬，十月，命魏王操冕十有二旒，乘金根车，驾六马，设五时副车。

5　魏以五官中郎将丕为太子。

初，魏王操娶丁夫人，无子；妾刘氏，生子昂；卞氏生四子，丕、彰、植、熊。王使丁夫人母养昂；昂死于穰，丁夫人哭泣无节，操怒而出之，以卞氏为继室。植性机警、多艺能，才藻敏赡，操爱之。操欲以女妻丁仪，丕以仪目眇，谏止之。仪由是怨丕，与弟黄门侍郎廙及丞相主簿杨脩，数称临菑侯植之才，劝操立以为嗣。脩，彪之子也。操以函密访于外，尚书崔琰露版答曰："春秋之义，立子以长。加五官将仁孝聪明，宜承正统，琰以死守之。"植，琰之兄女婿也。尚书仆射毛玠曰："近者袁绍以嫡庶不分，覆宗灭国。废立大事，非所宜闻。"东曹掾<u>邢颙</u>曰："以庶代宗，先世之戒也，愿殿下深察之。"<u>丕</u>使人问太中大夫<u>贾诩</u>以自固之术。诩曰："愿将军恢崇德度，躬素士之业，朝夕孜孜，不违子道，如此而已。"<u>丕</u>从之，深自砥砺。他日，<u>操</u>屏人问<u>诩</u>，<u>诩</u>嘿然不对。操曰："与卿言，而不答，何也？"诩曰："属有所思，故不即对耳。"操曰："何思？"诩曰："思<u>袁本初</u>、<u>刘景升</u>父子也。"操大笑。

<u>操</u>尝出征，<u>丕</u>、<u>植</u>并送路侧，<u>植</u>称述功德，发言有章，左右属目，<u>操</u>亦悦焉。<u>丕</u>怅然自失，<u>济阴吴质</u>耳语曰："王当行，流涕可也。"及辞，<u>丕</u>涕泣而拜，<u>操</u>及左右咸歔欷，于是皆以<u>植</u>多华辞而诚心不及也。<u>植</u>既任性而行，不自雕饰，五官将御之以术，矫情自饰，宫人左右并为之称说，故遂定为太子。

左右长御贺<u>卞</u>夫人曰："将军拜太子，天下莫不喜，夫人当倾府藏以赏赐。"夫人曰："王自以<u>丕</u>年大，故用为嗣。我但当以免无教导之过为幸耳，亦何为当重赐乎！"长御还，具以语<u>操</u>，<u>操</u>悦，曰："怒不变容，喜不失节，故最为难。"

太子抱议郎<u>辛毗</u>颈而言曰："<u>辛君</u>知我喜不？"<u>毗</u>以告其女<u>宪英</u>，<u>宪英</u>叹曰："太子，代君主宗庙、社稷者也。代君，不可以不戚；主国，不可以不惧。宜戚宜惧，而反以为喜，何以能久！<u>魏</u>其不昌乎！"

久之，<u>临菑侯植</u>乘车行驰道中，开司马门出。操大怒，公车令坐死。由是重诸侯科禁，而<u>植</u>宠日衰。<u>植</u>妻衣绣，<u>操</u>登台见之，以违制命，还家赐死。

6　<u>法正</u>说<u>刘备</u>曰："曹操一举而降<u>张鲁</u>，定<u>汉中</u>，不因此势以图<u>巴</u>、<u>蜀</u>，而留<u>夏侯渊</u>、<u>张郃</u>屯守，身遽北还，此非其智不逮，而力不足也，必将内有忧逼故耳。今策<u>渊</u>、<u>郃</u>才略，不胜国之将帅，举众往讨，必可克之。克之之日，广农积谷，观衅伺隙，上可以倾覆寇敌，尊奖王室；中可以蚕食<u>雍</u>、<u>凉</u>，广拓境土；下可以固守要害，为持久之计。此盖天以与我，时不可失也。"<u>备</u>善其策，乃率诸将进兵<u>汉中</u>，遣<u>张飞</u>、<u>马超</u>、<u>吴兰</u>等屯<u>下辨</u>。<u>魏王操</u>遣都护将军<u>曹洪</u>拒之。

7　<u>鲁肃</u>卒，<u>孙权</u>以从事中郎<u>彭城严畯</u>代<u>肃</u>，督兵万人镇<u>陆口</u>。众人皆为<u>畯</u>喜，<u>畯</u>固辞以"朴素书生，不闲军事"，发言恳恻，至于流涕。<u>权</u>乃以左护军虎威将军<u>吕蒙</u>兼<u>汉昌</u>太守以代之。众嘉<u>严畯</u>能以实让。

8　定威校尉<u>吴郡陆逊</u>言于<u>孙权</u>曰："方今克敌宁乱，非众不济；而山寇旧恶，依阻深地。夫腹心未平，难以图远，可大部伍，取其精锐。"<u>权</u>从之,以为帐下右部督。会丹阳贼帅费栈作乱,扇动山越。权命逊讨栈,破之。遂部伍东三郡,强者为兵,羸者补户,得精卒数万人;宿恶荡除,所过肃清,还屯芜湖。会稽太守淳于式表"逊枉取民人,愁扰所在"。逊后诣都,言次,称式佳吏,权曰:"式白君,而君荐之,何也?"逊对曰:"式意欲养民,是以白逊;若逊复毁式以乱圣听,不可长也。"权曰:"此诚长者之事,顾人不能为耳。"

9 魏王操使丞相长史王必典兵督许中事。时关羽强盛,京兆金祎睹汉祚将移,乃与少府耿纪、司直韦晃、太医令吉本、本子邈、邈弟穆等谋杀必,挟天子以攻魏,南引关羽为援。

二十三年(戊戌,218)

1 春,正月,吉邈等率其党千馀人,夜攻王必,烧其门,射必中肩,帐下督扶必奔南城。会天明,邈等众溃,必与颍川典农中郎将严匡共讨斩之。

2 三月,有星孛于东方。

3 曹洪将击吴兰,张飞屯固山,声言欲断军后,众议狐疑。骑都尉曹休曰:"贼实断道者,当伏兵潜行;今乃先张声势,此其不能,明矣。宜及其未集,促击兰,兰破,飞自走矣。"洪从之,进,击破兰,斩之。三月,张飞、马超走。休,魏王族子也。

4 夏,四月,代郡、上谷乌桓无臣氐等反。先是,魏王操召代郡太守裴潜为丞相理曹掾,操美潜治代之功,潜曰:"潜于百姓虽宽,于诸胡为峻。今继者必以潜为治过严而事加宽惠。彼素骄恣,过宽必弛;既弛,又将摄之以法,此怨叛所由生也。以势料之,代必复叛。"于是操深悔还潜之速。后数十日,三单于反问果至。操以其子鄢陵侯彰行骁骑将军,使讨之。彰少善射御,膂力过人。操戒彰曰:"居家为父子,受事为君臣,动以王法从事,尔其戒之!"

5 刘备屯阳平关,夏侯渊、张郃、徐晃等与之相拒。备遣其将陈式等绝马鸣阁道,徐晃击破之。张郃屯广石,备攻之不能克,急书发益州兵。诸葛亮以问从事犍为杨洪,洪曰:"汉中,益州咽喉,存亡之机会,若无汉中,则无蜀矣。此家门之祸也,发兵何疑。"时法正从备北行,亮于是表洪领蜀郡太守;众事皆办,遂使即真。

初,犍为太守李严辟洪为功曹,严未去犍为而洪已为蜀郡;洪举门下书佐何祗有才策,洪尚在蜀郡,而祗已为广汉太守。是以西土咸服诸葛亮能尽时人之器用也。

秋,七月,<u>魏王操</u>自将击<u>刘备</u>;九月,至<u>长安</u>。

6 <u>曹彰</u>击<u>代郡乌桓</u>,身自搏战,铠中数箭,意气益厉;乘胜逐北,至<u>桑乾</u>之北,大破之,斩首、获生以千数。时<u>鲜卑</u>大人<u>轲比能</u>将数万骑观望强弱,见<u>彰</u>力战,所向皆破,乃请服,北方悉平。

7 <u>南阳</u>吏民苦繇役,冬,十月,<u>宛</u>守将<u>侯音</u>反。<u>南阳</u>太守<u>东里衮</u>与功曹<u>应余</u>迸窜得出;<u>音</u>遣骑追之,飞矢交流,<u>余</u>以身蔽<u>衮</u>,被七创而死,<u>音</u>骑执<u>衮</u>以归。时征南将军<u>曹仁</u>屯<u>樊</u>以镇<u>荆州</u>,<u>魏王操</u>命<u>仁</u>还讨<u>音</u>。功曹<u>宗子卿</u>说<u>音</u>曰:"足下顺民心,举大事,远近莫不望风;然执郡将,逆而无益,何不遣之!"<u>音</u>从之。<u>子卿</u>因夜逾城从太守收馀民围<u>音</u>,会<u>曹仁</u>军至,共攻之。

二十四年(己亥,219)

1 春,正月,<u>曹仁</u>屠<u>宛</u>,斩<u>侯音</u>,复屯<u>樊</u>。

2 初,<u>夏侯渊</u>战虽数胜,<u>魏王操</u>常戒之曰:"为将当有怯弱时,不可但恃勇也。将当以勇为本,行之以智计;但知任勇,一匹夫敌耳。"及<u>渊</u>与<u>刘备</u>相拒逾年,<u>备</u>自<u>阳平</u>南渡<u>沔水</u>,缘山稍前,营于<u>定军山</u>。<u>渊</u>引兵争之。<u>法正</u>曰:"可击矣。"<u>备</u>使讨房将军<u>黄忠</u>乘高鼓噪攻之,<u>渊</u>军大败,斩<u>渊</u>及<u>益州</u>刺史<u>赵颙</u>。<u>张郃</u>引兵还<u>阳平</u>。是时新失元帅,军中扰扰,不知所为。督军<u>杜袭</u>与<u>渊</u>司马<u>太原郭淮</u>收敛散卒,号令诸军曰:"<u>张</u>将军国家名将,<u>刘备</u>所惮;今日事急,非<u>张</u>将军不能安也。"遂权宜推<u>郃</u>为军主。<u>郃</u>出,勒兵按陈,诸将皆受<u>郃</u>节度,众心乃定。明日,<u>备</u>欲渡<u>汉水</u>来攻;诸将以众寡不敌,欲依水为陈以拒之。<u>郭淮</u>曰:"此示弱而不足挫敌,非算也。不如远水为陈,引而致之,半济而后击之,<u>备</u>可破也。"既陈,<u>备</u>疑,不渡。<u>淮</u>遂坚守,示无还心。以状闻于<u>魏王操</u>,<u>操</u>善之,遣使假<u>郃</u>节,复以<u>淮</u>为司马。

3 二月壬子晦,日有食之。

4 三月,<u>魏王操</u>自<u>长安</u>出<u>斜谷</u>,军遮要以临<u>汉中</u>。<u>刘备</u>曰:"<u>曹公</u>虽来,无能为也,我必有<u>汉川</u>矣。"乃敛众拒险,终不交锋。<u>操</u>运米北山下,<u>黄忠</u>引兵欲取之,过期不还。翊军将军<u>赵云</u>将数十骑出营视之,值<u>操</u>扬兵大出,<u>云</u>猝与相遇,遂前突其陈,且斗且却。<u>魏</u>兵散而复合,追至营下,<u>云</u>入营,更大开门,偃旗息鼓。<u>魏</u>兵疑<u>云</u>有伏,引去;<u>云</u>雷鼓震天,惟以劲弩于后射<u>魏</u>兵。<u>魏</u>兵惊骇,自相蹂践,堕<u>汉水</u>中死者甚多。<u>备</u>明旦自来,至<u>云</u>营,视昨战处,曰:"<u>子龙</u>一身都为胆也!"

操与备相守积月，魏军士多亡。夏，五月，操悉引出汉中诸军还长安，刘备遂有汉中。

操恐刘备北取武都氐以逼关中，问雍州刺史张既，既曰："可劝使北出就谷以避贼，前至者厚其宠赏，则先者知利，后必慕之。"操从之，使既之武都，徙氐五万馀落出居扶风、天水界。

5　武威颜俊、张掖和鸾、酒泉黄华、西平麹演等，各据其郡，自号将军，更相攻击。俊遣使送母及子诣魏王操为质以求助。操问张既，既曰："俊等外假国威，内生傲悖，计定势足，后即反耳。今方事定蜀，且宜两存而斗之，犹卞庄子之刺虎，坐收其敝也。"王曰："善！"岁馀，鸾遂杀俊，武威王秘又杀鸾。

6　刘备遣宜都太守扶风孟达从秭归北攻房陵，杀房陵太守蒯祺。又遣养子副军中郎将刘封自汉中乘沔水下，统达军，与达会攻上庸，上庸太守申耽举郡降，备加耽征北将军，领上庸太守，以耽弟仪为建信将军、西城太守。

7　秋，七月，刘备自称汉中王，设坛场于沔阳，陈兵列众，群臣陪位，读奏讫，乃拜受玺绶，御王冠。因驿拜章，上还所假左将军、宜城亭侯印绶。立子禅为王太子。拔牙门将军义阳魏延为镇远将军，领汉中太守，以镇汉川。备还治成都，以许靖为太傅，法正为尚书令，关羽为前将军，张飞为右将军，马超为左将军，黄忠为后将军，馀皆进位有差。

遣益州前部司马犍为费诗即授关羽印绶，羽闻黄忠位与己并，怒曰："大丈夫终不与老兵同列！"不肯受拜。诗谓羽曰："夫立王业者，所用非一。昔萧、曹与高祖少小亲旧，而陈、韩亡命后至，论其班列，韩最居上，未闻萧、曹以此为怨。今汉中王以一时之功隆崇汉升；然意之轻重，宁当与君侯齐乎！且王与君侯譬犹一体，同休等戚，祸福共之；愚谓君侯不宜计官号之高下、爵禄之多少为意也。仆一介之使，衔命之人，君侯不受拜，如是便还，但相为惜此举动，恐有后悔耳。"羽大感悟，遽即受拜。

8　诏以魏王操夫人卞氏为王后。

9　孙权攻合肥。时诸州兵戍淮南。扬州刺史温恢谓兖州刺史裴潜曰："此间虽有贼，然不足忧。今水潦方生，而子孝县军，无有远备，关羽骁猾，政恐征南有变耳。"已而关羽果使南郡太守麋芳守江陵，将军傅〔佥〕士仁守公安，羽自率众攻曹仁于樊。仁使左将军于禁、立义将军庞德等屯樊北。八月，大霖雨，汉水溢，平地数丈，于禁等七军皆没。禁与诸将登高避水，羽乘大船就攻之，禁等穷迫，遂降。庞德在堤上，被甲持弓，箭不虚发，自平旦力战，至日过中，羽攻益急；矢尽，短兵接，德战益怒，气愈壮，而水浸盛，吏士尽降。德乘小船欲还仁营，水盛船覆，失弓矢，独抱船覆水中，为羽所得，立而不跪。羽谓曰："卿兄在汉中，我欲以卿为将，不早降何为！"德骂羽曰："竖子，何谓降也！魏王带甲百万，威振天下；汝刘备庸才耳，岂能敌邪！我宁为国家鬼，不为贼将也！"羽杀之。魏王操闻之，流涕曰："吾知于禁三十年，何意临危处难，反不及庞德邪！"封德二子为列侯。

　　羽急攻樊城，城得水，往往崩坏，众皆恟惧。或谓曹仁曰："今日之危，非力所支，可及羽围未合，乘轻船夜走。"汝南太守满宠曰："山水速疾，冀其不久。闻羽遣别将已在郏下，自许以南，百姓扰扰，羽所以不敢遂进者，恐吾军捣其后耳。今若遁去，洪河以南，非复国家有也，君宜待之。"仁曰："善！"乃沉白马与军人盟誓，同心固守。城中人马才数千人，城不没者数板。羽乘船临城，立围数重，外内断绝。羽又遣别将围将军吕常于襄阳。荆州刺史胡修、南乡太守傅方皆降于羽。

　　10　初，沛国魏讽有惑众才，倾动邺都，魏相国锺繇辟以为西曹掾。荥阳任览，与讽友善，同郡郑袤，泰之子也，每谓览曰："讽奸雄，终必为乱。"九月，讽潜结徒党，与长乐卫尉陈祎谋袭邺；未及期，祎惧而告之。太子丕诛讽，连坐死者数千人，锺繇坐免官。

　　11　初，丞相主簿杨修与丁仪兄弟谋立曹植为魏嗣，五官将丕患之，以车载废簏内朝歌长吴质，与之谋。修以白魏王操，操未及推验。丕惧，告质，质曰："无害也。"明日，复以簏载绢以入，修复白之，推验，无人，操由是疑焉。其后植以骄纵见疏，而植故连缀修不止，修亦不敢自绝。每当就植，虑事有阙，忖度操意，豫作答教十馀条，敕门下，"教出，随所问答之"，于是教裁出，答已入；操怪其捷，推问，始泄。操亦以修袁术之甥，恶之，乃发修前后漏泄言教，交关诸侯，收杀之。

　　12　魏王操以杜袭为留府长史，驻关中。关中营帅许攸拥部曲不归附，而有慢言，操大怒，先欲伐之。群臣多谏"宜招怀攸，共讨强敌"；操横刀于膝，作色不听。袭入欲谏，操逆谓之曰："吾计已定，卿勿复言！"袭曰："若殿下计是邪，臣方助殿下成之；若殿下计非邪，虽成，宜改之。殿下逆臣令勿言，何待下之不阐乎！"操曰："许攸慢吾，如何可置！"袭曰："殿下谓许攸何如人邪？"操曰："凡人也。"袭曰："夫惟贤知贤，惟圣知圣，凡人安能知非凡人邪！方今豺狼当路而狐狸是先，人将谓殿下避强攻弱，进不为勇，退不为仁。臣闻千钧之弩，不为鼷鼠发机，万石之钟，不以莛撞起音。今区区之许攸,何足以劳神武哉!"操曰:"善!"遂厚抚攸,攸即归服。

13 冬,十月,魏王操至洛阳。

14 陆浑民孙狼等作乱,杀县主簿,南附关羽。羽授狼印,给兵,还为寇贼,自许以南,往往遥应羽,羽威震华夏。魏王操议徙许都以避其锐,丞相军司马司马懿、西曹属蒋济言于操曰:"于禁等为水所没,非战攻之失,于国家大计未足有损。刘备、孙权,外亲内疏,关羽得志,权必不愿也。可遣人劝权蹑其后,许割江南以封权,则樊围自解。"操从之。

初,鲁肃尝劝孙权以曹操尚存,宜且抚辑关羽,与之同仇,不可失也。及吕蒙代肃屯陆口,以为羽素骁雄,有兼并之心,且居国上流,其势难久,密言于权曰:"今令征虏守南郡,潘璋住白帝,蒋钦将游兵万人循江上下,应敌所在,蒙为国家前据襄阳,如此,何忧于操,何赖于羽!且羽君臣矜其诈力,所在反覆,不可以腹心待也。今羽所以未便东向者,以至尊圣明,蒙等尚存也。今不于强壮时图之,一旦僵仆,欲复陈力,其可得邪!"权曰:"今欲先取徐州,然后取羽,何如?"对曰:"今操远在河北,抚集幽、冀,未暇东顾,徐土守兵,闻不足言,往自可克。然地势陆通,骁骑所骋,至尊今日取徐州,操后旬必来争,虽以七八万人守之,犹当怀忧。不如取羽,全据长江,形势益张,易为守也。"权善之。

权尝为其子求昏于羽,羽骂其使,不许昏;权由是怒。及羽攻樊,吕蒙上疏曰:"羽讨樊而多留备兵,必恐蒙图其后故也。蒙常有病,乞分士众还建业,以治疾为名,羽闻之,必撤备兵,尽赴襄阳。大军浮江昼夜驰上,袭其空虚,则南郡可下而羽可禽也。"遂称病笃。权乃露檄召蒙还,阴与图计。蒙下至芜湖,定威校尉陆逊谓蒙曰:"关羽接境,如何远下,后不当可忧也?"蒙曰:"诚如来言,然我病笃。"逊曰:"羽矜其骁气,陵轹于人,始有大功,意骄志逸,但务北进,未嫌于我;有相闻病,必益无备,今出其不意,自可禽制。下见至尊,宜好为计。"蒙曰:"羽素勇猛,既难为敌,且已据荆州,恩信大行,兼始有功,胆势益盛,未易图也。"蒙至都,权问:"谁可代卿者?"蒙对曰:"陆逊意思深长,才堪负重,观其规虑,终可大任;而未有远名,非羽所忌,无复是过也。若用之,当令外自韬隐,内察形便,然后可克。"权乃召逊,拜偏将军、右部督,以代蒙。逊至陆口,为书与羽,称其功美,深自谦抑,为尽忠自托之意。羽意大安,无复所嫌,稍撤兵以赴樊。逊具启形状,陈其可禽之要。

羽得于禁等人马数万,粮食乏绝,擅取权湘关米;权闻之,遂发兵袭羽。权欲令征虏将军孙皎与吕蒙为左右部大督,蒙曰:"若至尊以征虏能,宜用之;以蒙能,宜用蒙。昔周瑜、程普为左右部督,督兵攻江陵,虽事决于瑜,普自恃久将,且俱是督,遂共不睦,几败国事,此目前之戒也。"权寤,谢蒙曰:"以卿为大督,命皎为后继可也。"

魏王操之出汉中也,使平寇将军徐晃屯宛以助曹仁;及于禁陷没,晃前至阳陵陂。关羽遣兵屯偃城,晃既到,诡道作都堑,示欲截其后,羽兵烧屯走。晃得偃城,连营稍前。操使赵俨以议郎参曹仁军事,与徐晃俱前,馀救兵未到;晃所督不足解围,而诸将呼责晃,促救仁。俨谓诸将曰:"今贼围素固,水潦犹盛,我徒卒单少,而仁隔绝,不得同力,此举适所以敝内外耳。当今不若前军逼围,遣谍通仁,使知外救,以励将士。计北军不过十日,尚足坚守,然后表里俱发,破贼必矣。如有缓救之戮,馀为诸君当之。"诸将皆喜。晃营距羽围三丈所,作地道及箭飞书与仁,消息数通。

孙权为笺与魏王操,请以讨羽自效,及乞不漏,令羽有备。操问群臣,群臣咸言宜密之。董昭曰:"军事尚权,期于合宜。宜应权以密,而内露之。羽闻权上,若还自护,围则速解,便获其利。可使两贼相对衔持,坐待其敝。秘而不露,使权得志,非计之上。又,围中将吏不知有救,计粮怖惧,傥有他意,为难不小。露之为便。且羽为人强梁,自恃二城守固,必不速退。"操曰:"善!"即敕徐晃以权书射著围里及羽屯中,围里闻之,志气百倍;羽果犹豫不能去。

魏王操自雒阳南救曹仁,群下皆谓:"王不亟行,今败矣。"侍中桓阶独曰:"大王以仁等为足以料事势不也?"曰:"能。""大王恐二人遗力邪?"曰:"不然。""然则何为自往?"曰:"吾恐虏众多,而徐晃等势不便耳。"阶曰:"今仁等处重围之中,而守死无贰者,诚以大王远为之势也。夫居万死之地,必有死争之心。内怀死争,外有强救,大王按六军以示馀力,何忧于败而欲自往?"操善其言,乃驻军摩陂,前后遣殷署、朱盖等凡十二营诣晃。

关羽围头有屯,又别屯四冢,晃乃扬声当攻围头屯而密攻四冢。羽见四冢欲坏,自将步骑五千出战;晃击之,退走。羽围堑鹿角十重,晃追羽,与俱入围中,破之,傅方、胡脩皆死,羽遂撤围退,然舟船犹据沔水,襄阳隔绝不通。

吕蒙至寻阳,尽伏其精兵䒷䑿中,使白衣摇橹,作商贾人服,昼夜兼行,羽所置江边屯候,尽收缚之,是故羽不闻知。麋芳、士仁素皆嫌羽轻己,羽之出军,芳、仁供给军资不悉相及,羽言"还,当治之",芳、仁咸惧。

于是蒙令故骑都尉虞翻为书说仁，为陈成败，仁得书即降。翻谓蒙曰："此谲兵也，当将仁行，留兵备城。"遂将仁至南郡。麋芳城守，蒙以仁示之，芳遂开门出降。蒙入江陵，释于禁之囚，得关羽及将士家属，皆抚慰之，约令军中："不得干历人家，有所求取。"蒙麾下士，与蒙同郡人，取民家一笠以覆官铠；官铠虽公，蒙犹以为犯军令，不可以乡里故而废法，遂垂涕斩之。于是军中震栗，道不拾遗。蒙旦暮使亲近存恤耆老，问所不足，疾病者给医药，饥寒者赐衣粮。羽府藏财宝，皆封闭以待权至。

关羽闻南郡破，即走南还。曹仁会诸将议，咸曰："今因羽危惧，可追禽也。"赵俨曰："权邀羽连兵之难，欲掩制其后，顾羽还救，恐我乘其两疲，故顺辞求效，乘衅因变以观利钝耳。今羽已孤进，更宜存之以为权害。若深入追北，权则改虞于彼，将生患于我矣，王必以此为深虑。"仁乃解严。魏王操闻羽走，恐诸将追之，果疾敕仁如俨所策。

关羽数使人与吕蒙相闻，蒙辄厚遇其使，周游城中，家家致问，或手书示信。羽人还，私相参讯，咸知家门无恙，见待过于平时，故羽吏士无斗心。

会权至江陵，荆州将吏悉皆归附；独治中从事武陵潘濬称疾不见，权遣人以床就家舆致之，濬伏面著床席不起，涕泣交横，哀哽不能自胜。权呼其字与语，慰谕恳恻，使亲近以手巾拭其面。濬起，下地拜谢，即以为治中，荆州军事，一以谘之。武陵部从事樊伷诱导诸夷，图以武陵附汉中王备。外白差督督万人往讨之，权不听；特召问濬，濬答："以五千兵往，足以擒伷。"权曰："卿何以轻之？"濬曰："伷是南阳旧姓，颇能弄唇吻，而实无才略。臣所以知之者，伷昔尝为州人设馔，比至日中，食不可得，而十馀自起，此亦侏儒观一节之验也。"权大笑，即遣濬将五千人往，果斩平之。权以吕蒙为南郡太守，封孱陵侯，赐钱一亿，黄金五百斤；以陆逊领宜都太守。

十一月，汉中王备所置宜都太守樊友委郡走，诸城长吏及蛮夷君长皆降于逊。逊请金、银、铜印以假授初附，击蜀将詹晏等及秭归大姓拥兵者，皆破降之，前后斩获、招纳凡数万计。权以逊为右护军、镇西将军，进封娄侯，屯夷陵，守峡口。

关羽自知孤穷，乃西保麦城。孙权使诱之，羽伪降，立幡旗为象人于城上，因遁走，兵皆解散，才十馀骑。权先使朱然、潘璋断其径路，十二月，璋司马马忠获羽及其子平于章乡，斩之，遂定荆州。

初，偏将军吴郡全琮上疏陈关羽可取之计，权恐事泄，寝而不答；及已禽羽,权置酒公安,顾谓琮曰:"君前陈此,孤虽不相答,今日之捷,抑亦君之功也。"于是封琮阳华亭侯。权复以刘璋为益州牧,驻秭归,未几,璋卒。

吕蒙未及受封而疾发,权迎置于所馆之侧,所以治护者万方。时有加针,权为之惨戚。欲数见其颜色,又恐劳动,常穿壁瞻之,见小能下食,则喜顾左右言笑,不然则咄唶,夜不能寐。病中瘳,为下赦令,群臣毕贺,已而,竟卒,年四十二。权哀痛殊甚,为置守冢三百家。

权后与陆逊论周瑜、鲁肃及蒙曰:"公瑾雄烈,胆略兼人,遂破孟德,开拓荆州,邈焉寡俦。子敬因公瑾致达于孤,孤与宴语,便及大略帝王之业,此一快也。后孟德因获刘琮之势,张言方率数十万众水步俱下,孤普请诸将,咨问所宜,无适先对;至张子布、秦文表俱言宜遣使修檄迎之,子敬即驳言不可,劝孤急呼公瑾,付任以众,逆而击之,此二快也。后虽劝吾借玄德地,是其一短,不足以损其二长也。周公不求备于一人,故孤忘其短而贵其长,常以比方邓禹也。子明少时,孤谓不辞剧易,果敢有胆而已;及身长大,学问开益,筹略奇至,可以次于公瑾,但言议英发不及之耳。图取关羽,胜于子敬。子敬答孤书云:'帝王之起,皆有驱除,羽不足忌。'此子敬内不能办,外为大言耳,孤亦恕之,不苟责也。然其作军屯营,不失令行禁止,部界无废负,路无拾遗,其法亦美矣。"

孙权与于禁乘马并行,虞翻呵禁曰:"汝降虏,何敢与吾君齐马首乎!"抗鞭欲击禁,权呵止之。

15 孙权之称藩也,魏王操召张辽等诸军悉还救樊,未至而围解。徐晃振旅还摩陂,操迎晃七里,置酒大会;王举酒谓晃曰:"全樊、襄阳,将军之功也。"亦厚赐桓阶,以为尚书。操嫌荆州残民及其屯田在汉川者,皆欲徙之。司马懿曰:"荆楚轻脆易动,关羽新破,诸为恶者,藏窜观望,徙其善者,既伤其意,将令去者不敢复还。"操曰:"是也。"是后诸亡者悉还出。

16 魏王操表孙权为票骑将军,假节,领荆州牧,封南昌侯。权遣校尉梁寓入贡,又遣朱光等归,上书称臣于操,称说天命。操以权书示外曰:"是儿欲踞吾著炉火上邪!"侍中陈群等皆曰:"汉祚已终,非适今日。殿下功德巍巍,群生注望,故孙权在远称臣。此天人之应,异气齐声,殿下宜正大位,复何疑哉!"操曰:"若天命在吾,吾为周文王矣。"

臣光曰:教化,国家之急务也,而俗吏慢之;风俗,天下之大事也,而庸君忽之。夫惟明智君子,深识长虑,然后知其为益之大而收功之远也。光武遭汉中衰，群雄麋沸，奋起布衣，绍恢前绪，征伐四方，日不暇给，乃能敦尚经术，宾延儒雅，开广学校，修明礼乐，武功既成，文德亦洽。继以孝明、孝章，遵迫先志，临雍拜老，横经问道。自公卿、大夫至于郡县之吏，咸选用经明行修之人，虎贲卫士皆习孝经，匈奴子弟亦游大学，是以教立于上，俗成于下。其忠厚清修之士，岂惟取重于搢绅，亦见慕于众庶；愚鄙污秽之人，岂惟不容于朝廷，亦见弃于乡里。自三代既亡，风化之美，未有若东汉之盛者也。及孝和以降，贵戚擅权，嬖幸用事，赏罚无章，贿赂公行，贤愚浑淆，是非颠倒，可谓乱矣。然犹绵绵不至于亡者，上则有公卿、大夫袁安、杨震、李固、杜乔、陈蕃、李膺之徒面引廷争，用公义以扶其危，下则有布衣之士符融、郭泰、范滂、许邵之流，立私论以救其败，是以政治虽浊而风俗不衰，至有触冒斧钺，僵仆于前，而忠义奋发，继起于后，随踵就戮，视死如归。夫岂特数子之贤哉？亦光武、明、章之遗化也。当是之时，苟有明君作而振之，则汉氏之祚犹未可量也。不幸承陵夷颓敝之馀，重以桓、灵之昏虐，保养奸回，过于骨肉；殄灭忠良，甚于寇仇，积多士之愤，蓄四海之怒。于是何进召戎，董卓乘衅，袁绍之徒从而构难，遂使乘舆播越，宗庙丘墟，王室荡覆，烝民涂炭，大命陨绝，不可复救。然州郡拥兵专地者，虽互相吞噬，犹未尝不以尊汉为辞。以魏武之暴戾强伉，加有大功于天下，其蓄无君之心久矣，乃至没身不敢废汉而自立，岂其志之不欲哉？犹畏名义而自抑也。由是观之，教化安可慢，风俗安可忽哉！

资治通鉴卷第六十九

魏纪一

世祖文皇帝上

黄初元年（庚子，220）

1　春，正月，武王至洛阳；庚子，薨。王知人善察，难眩以伪。识拔奇才，不拘微贱，随能任使，皆获其用。与敌对陈，意思安闲，如不欲战然；及至决机乘胜，气势盈溢。勋劳宜赏，不吝千金；无功望施，分豪不与。用法峻急，有犯必戮，或对之流涕，然终无所赦。雅性节俭，不好华丽。故能芟刈群雄，几平海内。

　　是时太子在邺，军中骚动。群僚欲秘不发丧，谏议大夫贾逵以为事不可秘，乃发丧。或言宜易诸城守，悉用谯、沛人。魏郡太守广陵徐宣厉声曰：“今者远近一统，人怀效节，何必专任谯、沛，以沮宿卫者之心！”乃止。青州兵擅击鼓相引去；众人以为宜禁止之，不从者讨之。贾逵曰：“不可。”为作长檄，令所在给其禀食。鄢陵侯彰从长安来赴，问逵先王玺绶所在，逵正色曰：“国有储副，先王玺绶，非君侯所宜问也。”凶问至邺，太子号哭不已。中庶子司马孚谏曰：“君王晏驾，天下恃殿下为命；当上为宗庙，下为万国，奈何效匹夫孝也！”太子良久乃止，曰：“卿言是也。”时群臣初闻王薨，相聚哭，无复行列。孚厉声于朝曰：“今君王违世，天下震动，当早拜嗣君，以镇万国，而但哭邪！”乃罢群臣，备禁卫，治丧事。孚，懿之弟也。群臣以为太子即位，当须诏命。尚书陈矫曰：“王薨于外，天下惶惧。太子宜割哀即位，以系远近之望。且又爱子在侧，彼此生变，则社稷危矣。”即具官备礼，一日皆办。明旦，以王后令，策太子即王位，大赦。汉帝寻遣御史大夫华歆奉策诏，授太子丞相印、绶，魏王玺、绶，领冀州牧。于是尊王后曰王太后。

2　改元延康。

3　二月丁未朔，日有食之。

4　壬戌，以太中大夫贾诩为太尉，御史大夫华歆为相国，大理王朗为御史大夫。

5 丁卯，葬武王于高陵。

6 王弟鄢陵侯彰等皆就国。临菑监国谒者灌均，希指奏："临淄侯植醉酒悖慢，劫胁使者。"王贬植为安乡侯，诛右刺奸掾沛国丁仪及弟黄门侍郎廙并其男口，皆植之党也。

> 鱼豢论曰：谚言："贫不学俭，卑不学恭。"非人性分殊也，势使然耳。假令太祖防遏植等在于畴昔，此贤之心，何缘有窥望乎！彰之挟恨，尚无所至；至于植者，岂能兴难！乃令杨脩以倚注遇害，丁仪以希意族灭，哀夫！

7 初置散骑常侍、侍郎各四人。其宦人为官者不得过诸署令；为金策，藏之石室。时当选侍中、常侍，王左右旧人讽主者，便欲就用，不调馀人。司马孚曰："今嗣王新立，当进用海内英贤，如何欲因际会，自相荐举邪！官失其任，得者亦不足贵也。"遂他选。

8 尚书陈群，以天朝选用不尽人才，乃立九品官人之法；州、郡皆置中正以定其选，择州郡之贤有识鉴者为之，区别人物，第其高下。

9 夏，五月戊寅，汉帝追尊王祖太尉曰太王，夫人丁氏曰太王后。

10 王以安定太守邹岐为凉州刺史。西平麹演结旁郡作乱以拒岐；张掖张进执太守杜通，酒泉黄华不受太守辛机，皆自称太守以应演；武威三种胡复叛。武威太守毌丘兴告急于金城太守、护羌校尉扶风苏则，则将救之，郡人皆以为贼势方盛，宜须大军。时将军郝昭、魏平先屯金城，受诏不得西渡。则乃见郡中大吏及昭等谋曰："今贼虽盛，然皆新合，或有胁从，未必同心；因衅击之，善恶必离，离而归我，我增而彼损矣。既获益众之实，且有倍气之势，率以进讨，破之必矣。若待大军，旷日弥久，善人无归，必合于恶，善恶既合，势难卒离。虽有诏命，违而合权，专之可也。"昭等从之，乃发兵救武威，降其三种胡，与毌丘兴击张进于张掖。麹演闻之，将步骑三千迎则，辞来助军，实欲为变，则诱而斩之，出以徇军，其党皆散走。则遂与诸军围张掖，破之，斩进；黄华惧，乞降。河西平。

初，敦煌太守马艾卒官，郡人推功曹张恭行长史事；恭遣其子就诣朝廷请太守。会黄华、张进叛，欲与敦煌并势，执就，劫以白刃；就终不回，私与恭疏曰："大人率厉敦煌，忠义显然，岂以就在困厄之中而替之哉！今大军垂至，但当促兵以掎之耳。愿不以下流之爱，使就有恨于黄壤也。"恭即引兵攻酒泉，别遣铁骑二百及官属，缘酒泉北塞，东迎太守尹奉。黄华欲救张进，而西顾恭兵，恐击其后，故不得往而降。就卒平安，奉得之郡,诏赐恭爵关内侯。

11　六月庚午,王引军南巡。

12　秋,七月,孙权遣使奉献。

13　蜀将军孟达屯上庸,与副军中郎将刘封不协;封侵陵之,达率部曲四千馀家来降。达有容止才观,王甚器爱之,引与同辇,以达为散骑常侍、建武将军,封平阳亭侯。合房陵、上庸、西城三郡为新城,以达领新城太守,委以西南之任。行军长史刘晔曰:“达有苟得之心,而恃才好术,必不能感恩怀义。新城与孙、刘接连,若有变态,为国生患。”王不听。遣征南将军夏侯尚、右将军徐晃与达共袭刘封。上庸太守申耽叛封来降,封破,走还成都。

初,封本罗侯寇氏之子,汉中王初至荆州,以未有继嗣,养之为子。诸葛亮虑封刚猛,易世之后,终难制御,劝汉中王因此际除之;遂赐封死。

14　武都氐王杨仆率种人内附。

15　甲午,王次于谯,大飨六军及谯父老于邑东,设伎乐百戏,吏民上寿,日夕而罢。

　　孙盛曰:三年之丧,自天子达于庶人。故虽三季之末,七雄之敝,犹未有废衰斩于旬朔之间,释麻杖于反哭之日者也。逮于汉文,变易古制,人道之纪,一旦而废,固已道薄于当年,风颓于百代矣。魏王既追汉制,替其大礼,处莫重之哀而设飨宴之乐,居贻厥之始而堕王化之基,及至受禅,显纳二女,是以知王龄之不遐,卜世之期促也。

16　王以丞相祭酒贾逵为豫州刺史。是时天下初定,刺史多不能摄郡。逵曰:“州本以六条诏书察二千石以下,故其状皆言严能鹰扬,有督察之才,不言安静宽仁,有恺悌之德也。今长吏慢法,盗贼公行,州知而不纠,天下复何取正乎!”其二千石以下,阿纵不如法者,皆举奏免之。外修军旅,内治民事,兴陂田,通运渠,吏民称之。王曰:“逵真刺史矣。”布告天下,当以豫州为法;赐逵爵关内侯。

17　左中郎将李伏、太史丞许芝表言:“魏当代汉,见于图纬,其事众甚。”群臣因上表劝王顺天人之望,王不许。

冬,十月乙卯,汉帝告祠高庙,使行御史大夫张音持节奉玺绶诏册,禅位于魏。王三上书辞让,乃为坛于繁阳,辛未,升坛受玺绶,即皇帝位,燎祭天地、岳渎,改元,大赦。

十一月癸酉,奉汉帝为山阳公,行汉正朔,用天子礼乐,封公四子为列侯。追尊太王曰太皇帝;武王曰武皇帝,庙号太祖;尊王太后曰皇太后。

以汉诸侯王为崇德侯,列侯为关中侯。群臣封爵、增位各有差。改相国为司徒,御史大夫为司空。山阳公奉二女以嫔于魏。

帝欲改正朔,侍中辛毗曰:"魏氏遵舜、禹之统,应天顺民;至于汤、武,以战伐定天下,乃改正朔。孔子曰:'行夏之时。'左氏传曰:'夏数为得天正。'何必期于相反!"帝善而从之。时群臣并颂魏德,多抑损前朝;散骑常侍卫臻独明禅授之义,称扬汉美。帝数目臻曰:"天下之珍,当与山阳共之。"帝欲追封太后父、母,尚书陈群奏曰:"陛下以圣德应运受命,创业革制,当永为后式。按典籍之文,无妇人分土命爵之制。在礼典,妇因夫爵。秦违古法,汉氏因之,非先王之令典也。"帝曰:"此议是也,其勿施行。"仍著定制,藏之台阁。

18 十二月,初营洛阳宫。戊午,帝如洛阳。

19 帝谓侍中苏则曰:"前破酒泉、张掖,西域通使敦煌,献径寸大珠,可复求市益得不?"则对曰:"若陛下化洽中国,德流沙幕,即不求自至。求而得之,不足贵也。"帝嘿然。

20 帝召东中郎将蒋济为散骑常侍。时有诏赐征南将军夏侯尚曰:"卿腹心重将,特当任使,作威作福,杀人活人。"尚以示济。济至,帝问以所闻见,对曰:"未有他善,但见亡国之语耳。"帝忿然作色而问其故,济具以答,因曰:"夫'作威作福',书之明诫。天子无戏言,古人所慎;惟陛下察之!"帝即遣追取前诏。

21 帝欲徙冀州士卒家十万户实河南。时天旱蝗,民饥,群司以为不可,而帝意甚盛。侍中辛毗与朝臣俱求见,帝知其欲谏,作色以待之,皆莫敢言。毗曰:"陛下欲徙士家,其计安出?"帝曰:"卿谓我徙之非邪!"毗曰:"诚以为非也。"帝曰:"吾不与卿议也。"毗曰:"陛下不以臣不肖,置之左右,厕之谋议之官,安能不与臣议邪!臣所言非私也,乃社稷之虑也,安得怒臣!"帝不答,起入内;毗随而引其裾,帝遂奋衣不还,良久乃出,曰:"佐治,卿持我何太急邪!"毗曰:"今徙,既失民心,又无以食也,故臣不敢不力争。"帝乃徙其半。帝尝出射雉,顾群臣曰:"射雉乐哉!"毗对曰:"于陛下甚乐,于群下甚苦。"帝默然,后遂为之稀出。

二年(辛丑,221)

1 春,正月,以议郎孔羡为宗圣侯,奉孔子祀。

2 三月,加辽东太守公孙恭车骑将军。

3 初复五铢钱。

4　蜀中传言汉帝已遇害,于是汉中王发丧制服,谥曰孝愍皇帝。群下竞言符瑞,劝汉中王称尊号。前部司马费诗上疏曰:"殿下以曹操父子逼主篡位,故乃羁旅万里,纠合士众,将以讨贼。今大敌未克而先自立,恐人心疑惑。昔高祖与楚约,先破秦者王之。及屠咸阳,获子婴,犹怀推让;况今殿下未出门庭,便欲自立邪! 愚臣诚不为殿下取也。"王不悦,左迁诗为部永昌从事。夏,四月,丙午,汉中王即皇帝位于武担之南,大赦,改元章武。以诸葛亮为丞相,许靖为司徒。

臣光曰:天生烝民,其势不能自治,必相与戴君以治之。苟能禁暴除害以保全其生,赏善罚恶使不至于乱,斯可谓之君矣。是以三代之前,海内诸侯,何啻万国,有民人、社稷者,通谓之君。合万国而君之,立法度,班号令,而天下莫敢违者,乃谓之王。王德既衰,强大之国能帅诸侯以尊天子者,则谓之霸。故自古天下无道,诸侯力争,或旷世无王者,固亦多矣。秦焚书坑儒,汉兴,学者始推五德生、胜,以秦为闰位,在木火之间,霸而不王,于是正闰之论兴矣。及汉室颠覆,三国鼎跱。晋氏失驭,五胡云扰。宋、魏以降,南、北分治,各有国史,互相排黜,南谓北为索虏,北谓南为岛夷。朱氏代唐,四方幅裂,朱邪入汴,比之穷、新,运历年纪,皆弃而不数,此皆私己之偏辞,非大公之通论也。臣愚诚不足以识前代之正闰,窃以为苟不能使九州合为一统,皆有天子之名而无其实者也。虽华夷仁暴,大小强弱,或时不同,要皆与古之列国无异,岂得独尊奖一国谓之正统,而其馀皆为僭伪哉! 若以自上相授受者为正邪,则陈氏何所授? 拓跋氏何所受? 若以居中夏者为正邪,则刘、石、慕容、苻、姚、赫连所得之土,皆五帝、三王之旧都也。若以有道德者为正邪,则蕞尔之国,必有令主,三代之季,岂无僻王! 是以正闰之论,自古及今,未有能通其义,确然使人不可移夺者也。臣今所述,止欲叙国家之兴衰,著生民之休戚,使观者自择其善恶得失,以为劝戒,非若春秋立褒贬之法,拔乱世反诸正也。正闰之际,非所敢知,但据其功业之实而言之。周、秦、汉、晋、隋、唐,皆尝混壹九州,传祚于后,子孙虽微弱播迁,犹承祖宗之业,有绍复之望,四方与之争衡者,皆其故臣也,故全用天子之制以临之。其馀地丑德齐,莫能相壹,名号不异,本非君臣者,皆以列国之制处之,彼此均敌,无所抑扬,庶几不诬事实,近于至公。然天下离析之际,不可无岁、时、月、日以识事之先后。据汉传于魏而晋受之,晋传于宋以至于陈而隋取之,唐传于梁以至于周而大宋承之,故不得不取魏、宋、齐、梁、陈、后梁、后唐、后晋、后汉、后周年号，以纪诸国之事，非尊此而卑彼，有正闰之辨也。昭烈之于汉，虽云中山靖王之后，而族属疏远，不能纪其世数名位，亦犹宋高祖称楚元王后，南唐烈祖称吴王恪后，是非难辨，故不敢以光武及晋元帝为比，使得绍汉氏之遗统也。

5　孙权自公安徙都鄂，更名鄂曰武昌。

6　五月辛巳，汉主立夫人吴氏为皇后。后，偏将军懿之妹，故刘璋兄瑁之妻也。立子禅为皇太子。娶车骑将军张飞女为皇太子妃。

7　太祖之入邺也，帝为五官中郎将，见袁熙妻中山甄氏美而悦之，太祖为之聘焉，生子叡。及即皇帝位，安平郭贵嫔有宠，甄夫人留邺不得见，失意，有怨言，郭贵嫔潜之，帝大怒，六月，丁卯，遣使赐夫人死。

8　帝以宗庙在邺，祀太祖于洛阳建始殿，如家人礼。

9　戊辰晦，日有食之。有司奏免太尉，诏曰：“灾异之作，以谴元首，而归过股肱，岂禹、汤罪己之义乎！其令百官各虔厥职。后有天地之眚，勿复劾三公。”

10　汉主立其子永为鲁王，理为梁王。

11　汉主耻关羽之没，将击孙权。翊军将军赵云曰：“国贼，曹操，非孙权也。若先灭魏，则权自服。今操身虽毙，子丕篡盗，当因众心，早图关中，居河、渭上流以讨凶逆，关东义士必裹粮策马以迎王师。不应置魏，先与吴战。兵势一交，不得卒解，非策之上也。”群臣谏者甚众，汉主皆不听。广汉处士秦宓陈天时必无利，坐下狱幽闭，然后贷出。

初，车骑将军张飞，雄壮威猛亚于关羽，羽善待卒伍而骄于士大夫，飞爱礼君子而不恤军人。汉主常戒飞曰：“卿刑杀既过差，又日鞭挝健儿而令在左右，此取祸之道也。”飞犹不悛。汉主将伐孙权，飞当率兵万人自阆中会江州。临发，其帐下将张达、范彊杀飞，以其首顺流奔孙权。汉主闻飞营都督有表，曰：“噫，飞死矣！”

　　　陈寿评曰：关羽、张飞皆称万人之敌，为世虎臣。羽报效曹公，飞义释严颜，并有国士之风。然羽刚而自矜，飞暴而无恩，以短取败，理数之常也。

12　秋，七月，汉主自率诸军击孙权，权遣使求和于汉。南郡太守诸葛瑾遗汉主笺曰：“陛下以关羽之亲，何如先帝？荆州大小，孰与海内？俱应仇疾，谁当先后？若审此数，易于反掌矣。”汉主不听。时或言瑾别遣亲人与汉主相闻者，权曰：“孤与子瑜，有死生不易之誓，子瑜之不负孤，犹孤之不负子瑜也。”然谤言流闻于外，陆逊表明瑾必无此，宜有以散其意。权报曰："子瑜与孤从事积年，恩如骨肉，深相明究。其为人，非道不行，非义不言。玄德昔遣孔明至吴，孤尝语子瑜曰：'卿与孔明同产，且弟随兄，于义为顺，何以不留孔明？孔明若留从卿者，孤当以书解玄德，意自随人耳。'子瑜答孤言：'弟亮已失身于人。委质定分，义无二心。弟之不留，犹瑾之不往也。'其言足贯神明，今岂当有此乎！前得妄语文疏，即封示子瑜，并手笔与之。孤与子瑜，可谓神交，非外言所间，知卿意至，辄封来表以示子瑜，使知卿意。"

汉主遣将军吴班、冯习攻破权将李异、刘阿等于巫，进兵秭归，兵四万馀人。武陵蛮夷皆遣使往请兵。权以镇西将军陆逊为大都督、假节，督将军朱然、潘璋、宋谦、韩当、徐盛、鲜于丹、孙桓等五万人拒之。

13　皇弟鄢陵侯彰、宛侯据、鲁阳侯宇、谯侯林、赞侯衮、襄邑侯峻、弘农侯幹、寿春侯彪、历城侯徽、平舆侯茂皆进爵为公；安乡侯植改封鄄城侯。

14　筑陵云台。

15　初，帝诏群臣令料刘备当为关羽出报孙权否，众议咸云："蜀小国耳，名将唯羽；羽死军破，国内忧惧，无缘复出。"侍中刘晔独曰："蜀虽陋弱，而备之谋欲以威武自强，势必用众以示有馀。且关羽与备，义为君臣，恩犹父子；羽死，不能为兴军报敌，于终始之分不足矣。"

八月，孙权遣使称臣，卑辞奉章，并送于禁等还。朝臣皆贺，刘晔独曰："权无故求降，必内有急。权前袭杀关羽，刘备必大兴师伐之。外有强寇，众心不安，又恐中国往乘其衅，故委地求降，一以却中国之兵，二假中国之援，以强其众而疑敌人耳。天下三分，中国十有其八。吴、蜀各保一州，阻山依水，有急相救，此小国之利也；今还自相攻，天亡之也，宜大兴师，径渡江袭之。蜀攻其外，我袭其内，吴之亡不出旬月矣。吴亡则蜀孤，若割吴之半以与蜀，蜀固不能久存，况蜀得其外，我得其内乎！"帝曰："人称臣降而伐之，疑天下欲来者心，不若且受吴降而袭蜀之后也。"对曰："蜀远吴近，又闻中国伐之，便还军，不能止也。今备已怒，兴兵击吴，闻我伐吴，知吴必亡，将喜而进与我争割吴地，必不改计抑怒救吴也。"帝不听，遂受吴降。

于禁须发皓白，形容憔悴，见帝，泣涕顿首。帝慰谕以荀林父、孟明视故事，拜安远将军，令北诣邺谒高陵。帝使豫于陵屋画关羽战克、庞德愤怒、禁降伏之状。禁见，惭恚发病死。

臣光曰：于禁将数万众，败不能死，生降于敌，既而复归；文帝废之可也,杀之可也,乃画陵屋以辱之,斯为不君矣!

16 丁巳,遣太常邢贞奉策即拜孙权为吴王,加九锡。刘晔曰:"不可。先帝征伐天下,十兼其八,威震海内;陛下受禅即真,德合天地,声暨四远。权虽有雄才,故汉票骑将军、南昌侯耳,官轻势卑,士民有畏中国心,不可强迫与成所谋也。不得已受其降,可进其将军号,封十万户侯,不可即以为王也。夫王位去天子一阶耳,其礼秩服御相乱也。彼直为侯,江南士民未有君臣之分。我信其伪降,就封殖之,崇其位号,定其君臣,是为虎傅翼也。权既受王位,却蜀兵之后,外尽礼以事中国,使其国内皆闻,内为无礼以怒陛下;陛下赫然发怒,兴兵讨之,乃徐告其民曰:'我委身事中国,不爱珍货重宝,随时贡献,不敢失臣礼,而无故伐我,必欲残我国家,俘我人民、以为仆妾。'吴民无缘不信其言也。信其言而感怒,上下同心,战加十倍矣。"又不听。诸将以吴内附,意皆纵缓,独征南大将军夏侯尚益修攻守之备。山阳曹伟,素有才名,闻吴称藩,以白衣与吴王交书求赂,欲以交结京师,帝闻而诛之。

17 吴又城武昌。

18 初,帝欲以杨彪为太尉,彪辞曰:"尝为汉朝三公,值世衰乱,不能立尺寸之益,若复为魏臣,于国之选,亦不为荣也。"帝乃止。冬,十月己亥,公卿朝朔旦,并引彪,待以客礼,赐延年杖、冯几,使著布单衣、皮弁以见,拜光禄大夫,秩中二千石;朝见,位次三公;又令门施行马,置吏卒,以优崇之。年八十四而卒。

19 以谷贵,罢五铢钱。

20 凉州卢水胡治元多等反,河西大扰。帝召邹岐还,以京兆尹张既为凉州刺史,遣护军夏侯儒、将军费曜等继其后。胡七千馀骑逆拒既于鹯阴口,既扬声军从鹯阴,乃潜由且次出武威。胡以为神,引还显美。既已据武威,曜乃至,儒等犹未达。既劳赐将士,欲进军击胡,诸将皆曰:"士卒疲倦,虏众气锐,难与争锋。"既曰:"今军无见粮,当因敌为资。若虏见兵合,退依深山,追之则道险穷饿,兵还则出候寇钞,如此,兵不得解,所谓一日纵敌,患在数世也。"遂前军显美。十一月,胡骑数千,因大风欲放火烧营,将士皆恐。既夜藏精卒三千人为伏,使参军成公英督千馀骑挑战,敕使阳退;胡果争奔之,因发伏截其后,首尾进击,大破之,斩首获生以万数,河西悉平。

后西平麹光反,杀其郡守。诸将欲击之,既曰:"唯光等造反,郡人未必悉同;若便以军临之,吏民、羌、胡必谓国家不别是非,更使皆相持著,此为虎傅翼也。光等欲以羌胡为援,今先使羌胡钞击,重其赏募,所虏获者,皆以畀之。外沮其势,内离其交,必不战而定。"乃移檄告谕诸羌,为光等所诖误者原之;能斩贼帅送首者当加封赏。于是光部党斩送光首,其馀皆安堵如故。

21　邢贞至吴,吴人以为宜称上将军、九州伯,不当受魏封。吴王曰:"九州伯,于古未闻也。昔沛公亦受项羽封为汉王,盖时宜耳,复何损邪!"遂受之。吴王出都亭候贞,贞入门,不下车。张昭谓贞曰:"夫礼无不敬,法无不行。而君敢自尊大,岂以江南寡弱,无方寸之刃故乎!"贞即遽下车。中郎将琅邪徐盛忿愤,顾谓同列曰:"盛等不能奋身出命,为国家并许、洛,吞巴、蜀,而令吾君与贞盟,不亦辱乎!"因涕泣横流。贞闻之,谓其徒曰:"江东将相如此,非久下人者也。"

吴王遣中大夫南阳赵咨入谢。帝问曰:"吴主何等主也?"对曰:"聪明、仁智、雄略之主也。"帝问其状,对曰:"纳鲁肃于凡品,是其聪也;拔吕蒙于行陈,是其明也;获于禁而不害,是其仁也;取荆州兵不血刃,是其智也;据三州虎视于天下,是其雄也;屈身于陛下,是其略也。"帝曰:"吴王颇知学乎?"咨曰:"吴王浮江万艘,带甲百万,任贤使能,志存经略,虽有馀闲,博览书传,历史籍,采奇异,不效书生寻章摘句而已。"帝曰:"吴可征否?"对曰:"大国有征伐之兵,小国有备御之固。"帝曰:"吴难魏乎?"对曰:"带甲百万,江、汉为池,何难之有!"帝曰:"吴如大夫者几人?"对曰:"聪明特达者,八九十人;如臣之比,车载斗量,不可胜数。"

帝遣使求雀头香、大贝、明珠、象牙、犀角、玳瑁、孔雀、翡翠、斗鸭、长鸣鸡于吴。吴群臣曰:"荆、扬二州,贡有常典。魏所求珍玩之物,非礼也,宜勿与。"吴王曰:"方有事于西北,江表元元,恃主为命。彼所求者,于我瓦石耳,孤何惜焉!且彼在谅暗之中,而所求若此,宁可与言礼哉!"皆具以与之。

22　吴王以其子登为太子,妙选师友:以南郡太守诸葛瑾之子恪、绥远将军张昭之子休、大理吴郡顾雍之子谭、偏将军庐江陈武之子表皆为中庶子,入讲诗书,出从骑射,谓之四友。登接待僚属,略用布衣之礼。

23　十二月,帝行东巡。

24　帝欲封吴王子登为万户侯,吴王以登年幼,上书辞不受;复遣西曹掾吴郡沈珩入谢,并献方物。帝问曰:"吴嫌魏东向乎?"珩曰:"不嫌。"曰:"何以?"曰:"信恃旧盟,言归于好,是以不嫌;若魏渝盟,自有豫备。"又问:"闻太子当来,宁然乎?"珩曰:"臣在东朝,朝不坐,宴不与,若此之议,无所闻也。"帝善之。

吴王于武昌临钓台饮酒,大醉,使人以水洒群臣曰:"今日酣饮,惟醉堕台中,乃当止耳!"张昭正色不言,出外,车中坐。王遣人呼昭还入,谓曰:"为共作乐耳,公何为怒乎?"昭对曰:"昔纣为糟丘酒池,长夜之饮,当时亦以为乐,不以为恶也。"王默然惭,遂罢酒。

吴王与群臣饮,自起行酒,虞翻伏地,阳醉不持;王去,翻起坐。王大怒,手剑欲击之,侍坐者莫不惶遽。惟大司农刘基起抱王,谏曰:"大王以三爵之后,手杀善士,虽翻有罪,天下孰知之!且大王以能容贤蓄众,故海内望风;今一朝弃之,可乎!"王曰:"曹孟德尚杀孔文举,孤于虞翻何有哉!"基曰:"孟德轻害士人,天下非之。大王躬行德义,欲与尧、舜比隆,何得自喻于彼乎?"翻由是得免。王因敕左右:"自今酒后言杀,皆不得杀。"基,繇之子也。

25　初,太祖既克蹋顿,而乌桓浸衰,鲜卑大人步度根、轲比能、素利、弥加、厥机等因阎柔上贡献,求通市,太祖皆表宠以为王。轲比能本小种鲜卑,以勇健廉平为众所服,由是能威制诸部,最为强盛。自云中、五原以东抵辽水,皆为鲜卑庭,轲比能与素利、弥加割地统御,各有分界。轲比能部落近塞,中国人多亡叛归之;素利等在辽西、右北平、渔阳塞外,道远,故不为边患。帝以平虏校尉牵招为护鲜卑校尉,南阳太守田豫为护乌桓校尉,使镇抚之。

三年(壬寅,222)

1　春,正月丙寅朔,日有食之。

2　庚午,帝行如许昌。

3　诏曰:"今之计、孝,古之贡士也;若限年然后取士,是吕尚、周晋不显于前世也。其令郡国所选,勿拘老幼;儒通经术,吏达文法,到皆试用。有司纠故不以实者。"

4　二月,鄯善、龟兹、于阗王各遣使奉献。是后西域复通,置戊己校尉。

5　汉主自秭归将进击吴,治中从事黄权谏曰:"吴人悍战,而水军沿流,进易退难。臣请为先驱以当寇,陛下宜为后镇。"汉主不从,以权为镇北将军,使督江北诸军;自率诸将,自江南缘山截领,军于夷道猇亭。吴将皆欲迎击之。陆逊曰:"备举军东下,锐气始盛;且乘高守险,难可卒攻。攻之纵下,犹难尽克,若有不利,损我大势,非小故也。今但且奖厉将士,广施方略,以观其变。若此间是平原旷野,当恐有颠沛交逐之忧;今缘山行军,势不得展,自当罢于木石之间,徐制其敝耳。"诸将不解,以为逊畏之,各怀愤恨。

汉人自佷山通武陵,使侍中襄阳马良以金锦赐五谿诸蛮夷,授以官爵。

6 三月乙丑,立皇子齐公叡为平原王、皇弟鄢陵公彰等皆进爵为王。甲戌,立皇子霖为河东王。

7 甲午,帝行如襄邑。

8 夏,四月戊申,立鄄城侯植为鄄城王。是时,诸侯王皆寄地空名而无其实;王国各有老兵百馀人以为守卫,隔绝千里之外,不听朝聘,为设防辅监国之官以伺察之;虽有王侯之号而侪于匹夫,皆思为布衣而不能得。法既峻切,诸侯王过恶日闻;独北海王衮谨慎好学,未尝有失。文学、防辅相与言曰:"受诏察王举措,有过当奏,有善亦宜以闻。"遂共表称陈衮美。衮闻之,大惊惧,责让文学曰:"修身自守,常人之行耳,而诸君乃以上闻,是适所以增其负累也。且如有善,何患不闻,而遽共如是,是非所以为益也。"

9 癸亥,帝还许昌。

10 五月,以江南八郡为荆州,江北诸郡为郢州。

11 汉人自巫峡建平连营至夷陵界,立数十屯,以冯习为大督,张南为前部督,自正月与吴相拒,至六月不决。汉主遣吴班将数千人于平地立营,吴将帅皆欲击之,陆逊曰:"此必有谲,且观之。"汉主知其计不行,乃引伏兵八千从谷中出,逊曰:"所以不听诸君击班者,揣之必有巧故也。"逊上疏于吴王曰:"夷陵要害,国之关限,虽为易得,亦复易失。失之,非徒损一郡之地,荆州可忧,今日争之,当令必谐。备干天常,不守窟穴而敢自送,臣虽不材,凭奉威灵,以顺讨逆,破坏在近,无可忧者。臣初嫌之水陆俱进,今反舍船就步,处处结营,察其布置,必无他变。伏愿至尊高枕,不以为念也。"

闰月,逊将进攻汉军,诸将并曰:"攻备当在初,今乃令入五六百里,相守经七八月,其诸要害皆已固守,击之必无利矣。"逊曰:"备是猾虏,更尝事多,其军始集,思虑精专,未可干也。今住已久,不得我便,兵疲意沮,计不复生。掎角此寇,正在今日。"乃先攻一营,不利,诸将皆曰:"空杀兵耳!"逊曰:"吾已晓破之之术。"乃敕各持一把茅,以火攻,拔之;一尔势成,通率诸军,同时俱攻,斩张南、冯习及胡王沙摩柯等首,破其四十馀营。

汉将杜路、刘宁等穷逼请降。

汉主升马鞍山,陈兵自绕,逊督促诸军,四面蹙之,土崩瓦解,死者万数。汉主夜遁,驿人自担烧铙铠断后,仅得入白帝城,其舟船、器械,水、步军资,一时略尽,尸骸塞江而下。汉主大惭恚曰:“吾乃为陆逊所折辱,岂非天耶!”将军义阳傅肜为后殿,兵众尽死,肜气益烈。吴人谕之使降,肜骂曰:“吴狗,安有汉将军而降者!”遂死之。从事祭酒程畿溯江而退,众曰:“后追将至,宜解舫轻行。”畿曰:“吾在军,未习为敌之走也。”亦死之。

初,吴安东中郎将孙桓别击汉前锋于夷道,为汉所围,求救于陆逊,逊曰:“未可。”诸将曰:“孙安东,公族,见围已困,奈何不救?”逊曰:“安东得士众心,城牢粮足,无可忧也。待吾计展,欲不救安东,安东自解。”及方略大施,汉果奔溃。桓后见逊曰:“前实怨不见救;定至今日,乃知调度自有方耳!”

初,逊为大都督,诸将或讨逆时旧将,或公室贵戚,各自矜恃,不相听从。逊按剑曰:“刘备天下知名,曹操所惮,今在疆界,此强对也。诸君并荷国恩,当相辑睦,共蠲此虏,上报所受,而不相顺,何也?仆虽书生,受命主上,国家所以屈诸君使相承望者,以仆尺寸可称,能忍辱负重故也。各在其事,岂复得辞!军令有常,不可犯也!”及至破备,计多出逊,诸将乃服。吴王闻之曰:“公何以初不启诸将违节度者邪?”对曰:“受恩深重,此诸将或任腹心,或堪爪牙,或是功臣,皆国家所当与共克定大事者,臣窃慕相如、寇恂相下之义以济国事。”王大笑称善,加逊辅国将军,领荆州牧,改封江陵侯。

初,诸葛亮与尚书令法正好尚不同,而以公义相取,亮每奇正智术。及汉主伐吴而败,时正已卒,亮叹曰:“孝直若在,必能制主上东行;就使东行,必不倾危矣。”汉主在白帝,徐盛、潘璋、宋谦等各竞表言:“备必可禽,乞复攻之。”吴王以问陆逊。逊与朱然、骆统上言曰:“曹丕大合士众,外托助国讨备,内实有奸心,谨决计辄还。”

初,帝闻汉兵树栅连营七百馀里,谓群臣曰:“备不晓兵,岂有七百里营可以拒敌者乎!‘苞原隰险阻而为军者为敌所禽’,此兵忌也。孙权上事今至矣。”后七日,吴破汉书到。

12　秋,七月,冀州大蝗,饥。

13　汉主既败走,黄权在江北,道绝,不得还,八月,率其众来降。汉有司请收权妻子,汉主曰:“孤负黄权,权不负孤也。”待之如初。帝谓权曰:“君舍逆效顺,欲追踪陈、韩邪?”对曰:“臣过受刘主殊遇,降吴不可,还蜀无路,是以归命。且败军之将,免死为幸,何古人之可慕也!"帝善之,拜为镇南将军,封育阳侯,加侍中,使陪乘。蜀降人或云汉诛权妻子,帝诏权发丧。权曰:"臣与刘、葛推诚相信,明臣本志。窃疑未实,请须。"后得审问,果如所言。马良亦死于五溪。

14　九月甲午,诏曰:"夫妇人与政,乱之本也。自今以后,群臣不得奏事太后,后族之家不得当辅政之任,又不得横受茅土之爵。以此诏传之后世,若有背违,天下共诛之。"卞太后每见外亲,不假以颜色,常言:"居处当节俭,不当望赏、念自侈也。外舍当怪吾遇之太薄,吾自有常度故也。吾事武帝四五十年,行俭日久,不能自变为奢。有犯科禁者,吾且能加罪一等耳,莫望钱米恩贷也。"

15　帝将立郭贵嫔为后,中郎栈潜上疏曰:"夫后妃之德,盛衰治乱所由生也。是以圣哲慎立元妃,必取先代世族之家,择其令淑,以统六宫,虔奉宗庙。易曰:'家道正而天下定。'由内及外,先王之令典也。春秋书宗人衅夏云:'无以妾为夫人之礼。'齐桓誓命于葵丘,亦曰'无以妾为妻'。今后宫嬖宠,常亚乘舆。若因爱登后,使贱人暴贵,臣恐后世下陵上替,开张非度,乱自上起也。"帝不从。庚子,立皇后郭氏。

16　初,吴王遣于禁护军浩周、军司马东里衮诣帝,自陈诚款,辞甚恭悫。帝问周等:"权可信乎?"周以权必臣服,而衮谓其不可必服。帝悦周言,以为有以知之,故立为吴王,复使周至吴。周谓吴王曰:"陛下未信王遣子入侍,周以阖门百口明之。"吴王为之流涕沾襟,指天为誓。周还而侍子不至,但多设虚辞。帝欲遣侍中辛毗、尚书桓阶往与盟誓,并责任子,吴王辞让不受。帝怒,欲伐之,刘晔曰:"彼新得志,上下齐心,而阻带江湖,不可仓卒制也。"帝不从。

九月,命征东大将军曹休、前将军张辽、镇东将军臧霸出洞口,大将军曹仁出濡须,上军大将军曹真、征南大将军夏侯尚、左将军张郃、右将军徐晃围南郡。吴建威将军吕范督五军,以舟军拒休等,左将军诸葛瑾、平北将军潘璋、将军杨粲救南郡,裨将军朱桓以濡须督拒曹仁。

17　冬,十月甲子,表首阳山东为寿陵,作终制,务从俭薄,不藏金玉,一用瓦器。令以此诏藏之宗庙,副在尚书、秘书、三府。

18　吴王以扬越蛮夷多未平集,乃卑辞上书,求自改厉:"若罪在难除,必不见置,当奉还土地民人,寄命交州以终余年。"又与浩周书云:"欲为子登求昏宗室。"又云:"以登年弱,欲遣孙长绪、张子布随登俱来。"帝报曰:"朕之与君,大义已定,岂乐劳师远临江、汉。若登身朝到,夕召兵还耳。”于是吴王改元黄武，临江拒守。

帝自许昌南征，复郢州为荆州。十一月辛丑，帝如宛。曹休在洞口，自陈：“愿将锐卒虎步江南，因敌取资，事必克捷，若其无臣，不须为念。”帝恐休便渡江，驿马止之。侍中董昭侍侧，曰：“窃见陛下有忧色，独以休济江故乎？今者渡江，人情所难，就休有此志，势不独行，当须诸将。臧霸等既富且贵，无复他望，但欲终其天年，保守禄祚而已，何肯乘危自投死地，以求徼幸！苟霸等不进，休意自沮。臣恐陛下虽有敕渡之诏，犹必沉吟，未便从命也。”顷之，会暴风吹吴吕范等船，绠缆悉断，直诣休等营下，斩首获生以千数，吴兵迸散。帝闻之，敕诸军促渡。军未时进，吴救船遂至，收军还江南。曹休使臧霸追之，不利，将军尹卢战死。

19　庚申晦，日有食之。

20　吴王使太中大夫郑泉聘于汉，汉太中大夫宗玮报之，吴、汉复通。

21　汉主闻魏师大出，遗陆逊书曰：“贼今已在江、汉，吾将复东，将军谓其能然否？”逊答曰：“但恐军新破，创夷未复，始求通亲；且当自补，未暇穷兵耳。若不推算，欲复以倾覆之馀远送以来者，无所逃命。”

22　汉汉嘉太守黄元叛。

23　吴将孙盛督万人据江陵中洲，以为南郡外援。

资治通鉴卷第七十

魏纪二

世祖文皇帝下

黄初四年（癸卯，223）

1 春,正月,曹真使张郃击破吴兵,遂夺据江陵中洲。

2 二月,诸葛亮至永安。

3 曹仁以步骑数万向濡须,先扬声欲东攻羡溪,朱桓分兵赴之;既行,仁以大军径进,桓闻之,追还羡溪兵,兵未到而仁奄至。时桓手下及所部兵在者才五千人,诸将业业各有惧心,桓喻之曰:"凡两军交对,胜负在将,不在众寡。诸君闻曹仁用兵行师,孰与桓邪?兵法所以称'客倍而主人半'者,谓俱在平原无城隍之守,又谓士卒勇怯齐等故耳。今仁既非智勇,加其士卒甚怯,又千里步涉,人马罢困。桓与诸君共据高城,南临大江,北背山陵,以逸待劳,为主制客,此百战百胜之势,虽曹丕自来,尚不足忧,况仁等邪!"桓乃偃旗鼓,外示虚弱以诱致仁。仁遣其子泰攻濡须城,分遣将军常雕、王双等乘油船别袭中洲。中洲者,桓部曲妻子所在也。蒋济曰:"贼据西岸,列船上流,而兵入洲中,是为自内地狱,危亡之道也。"仁不从,自将万人留橐皋,为泰等后援。桓遣别将击雕等而身自拒泰,泰烧营退。桓遂斩常雕,生虏王双,临陈杀溺死者千馀人。

初,吕蒙病笃,吴王问曰:"卿如不起,谁可代者?"蒙对曰:"朱然胆守有馀,愚以为可任。"朱然者,九真太守朱治姊子也;本姓施氏,治养以为子,时为昭武将军。蒙卒,吴王假然节,镇江陵。及曹真等围江陵,破孙盛,吴王遣诸葛瑾等将兵往解围,夏侯尚击却之。江陵中外断绝,城中兵多肿病,堪战者裁五千人。真等起土山,凿地道,立楼橹临城,弓矢雨注,将士皆失色;然晏如无恐意,方厉吏士,伺间隙,攻破魏两屯。魏兵围然凡六月,江陵令姚泰领兵备城北门,见外兵盛,城中人少,谷食且尽,惧不济,谋为内应,然觉而杀之。

时江水浅陿,夏侯尚欲乘船将步骑入渚中安屯,作浮桥,南北往来,议者多以为城必可拔。董昭上疏曰:"武皇帝智勇过人,而用兵畏敌,不敢轻之若此也。夫兵好进恶退,常然之数。平地无险,犹尚艰难,就当深入,还道宜利,兵有进退,不可如意。今屯渚中,至深也;浮桥而济,至危也;一道而行,至陿也。三者,兵家所忌,而今行之。贼频攻桥,误有漏失,渚中精锐非魏之有,将转化为吴矣。臣私戚之,忘寝与食,而议者恬然不以为忧,岂不惑哉!加江水向长,一旦暴增,何以防御!就不破贼,尚当自完,奈何乘危,不以为惧!惟陛下察之。"帝即诏尚等促出,吴人两头并前,魏兵一道引去,不时得泄,仅而获济。吴将潘璋已作荻筏,欲以烧浮桥,会尚退而止。后旬日,江水大涨,帝谓董昭曰:"君论此事,何其审也!"会天大疫,帝悉召诸军还。

三月丙申,车驾还洛阳。

初,帝问贾诩曰:"吾欲伐不从命以一天下,吴、蜀何先?"对曰:"攻取者先兵权,建本者尚德化。陛下应期受禅,抚临率土,若绥之以文德而俟其变,则平之不难矣。吴、蜀虽蕞尔小国,依山阻水。刘备有雄才,诸葛亮善治国;孙权识虚实,陆议见兵势;据险守要,泛舟江湖,皆难卒谋也。用兵之道,先胜后战,量敌论将,故举无遗策。臣窃料群臣无备、权对,虽以天威临之,未见万全之势也。昔舜舞干戚而有苗服,臣以为当今宜先文后武。"帝不纳,军竟无功。

4 丁未,陈忠侯曹仁卒。

5 初,黄元为诸葛亮所不善,闻汉主疾病,惧有后患,故举郡反,烧临邛城。时亮东行省疾,成都单虚,元益无所惮。益州治中从事杨洪,启太子遣将军陈曶、郑绰讨元。众议以为元若不能围成都,当由越巂据南中。洪曰:"元素性凶暴,无他恩信,何能办此!不过乘水东下,冀主上平安,面缚归死;如其有异,奔吴求活耳。但敕曶、绰于南安峡口邀遮,即便得矣。"元军败,果顺江东下,曶、绰生获,斩之。

6 汉主病笃,命丞相亮辅太子,以尚书令李严为副。汉主谓亮曰:"君才十倍曹丕,必能安国,终定大事。若嗣子可辅,辅之;如其不才,君可自取。"亮涕泣曰:"臣敢不竭股肱之力,效忠贞之节,继之以死!"汉主又为诏敕太子曰:"人五十不称夭,吾年已六十有馀,何所复恨,但以卿兄弟为念耳。勉之,勉之!勿以恶小而为之,勿以善小而不为!惟贤惟德,可以服人。汝父德薄,不足效也。汝与丞相从事,事之如父。"夏,四月,癸巳,汉主殂于永安,谥曰昭烈。

丞相亮奉丧还成都,以李严为中都护,留镇永安。

五月,太子禅即位,时年十七。尊皇后曰皇太后,大赦,改元建兴。封丞相亮为武乡侯,领益州牧,政事无巨细,咸决于亮。亮乃约官职,修法制,发教与群下曰:"夫参署者,集众思,广忠益也。若远小嫌,难相违覆,旷阙损矣。违覆而得中,犹弃敝跻而获珠玉。然人心苦不能尽,惟徐元直处兹不惑。又,董幼宰参署七年,事有不至,至于十反,来相启告。苟能慕元直之十一,幼宰之勤渠,有忠于国,则亮可以少过矣。"又曰:"昔初交州平,屡闻得失;后交元直,勤见启诲;前参事于幼宰,每言则尽;后从事于伟度,数有谏止。虽资性鄙暗,不能悉纳,然与此四子终始好合,亦足以明其不疑于直言也。"伟度者,亮主簿义阳胡济也。

亮尝自校簿书,主簿杨颙直入,谏曰:"为治有体,上下不可相侵。请为明公以作家譬之:今有人,使奴执耕稼,婢典炊爨,鸡主司晨,犬主吠盗,牛负重载,马涉远路;私业无旷,所求皆足,雍容高枕,饮食而已。忽一旦尽欲以身亲其役,不复付任,劳其体力,为此碎务,形疲神困,终无一成。岂其智之不如奴婢鸡狗哉?失为家主之法也。是故古人称:'坐而论道,谓之王公;作而行之,谓之士大夫。'故丙吉不问横道死人而忧牛喘,陈平不肯知钱谷之数,云'自有主者',彼诚达于位分之体也。今明公为治,乃躬自校簿书,流汗终日,不亦劳乎!"亮谢之。及颙卒,亮垂泣三日。

7　六月甲戌,任城威王彰卒。

8　甲申,魏寿肃侯贾诩卒。

9　大水。

10　吴贺齐袭蕲春,虏太守晋宗以归。

11　初,益州郡耆帅雍闿杀太守正昂,因士燮以求附于吴,又执太守成都张裔以与吴,吴以闿为永昌太守。永昌功曹吕凯、府丞王伉率吏士闭境拒守,闿不能进,使郡人孟获诱扇诸夷,诸夷皆从之;牂柯太守朱褒、越嶲夷王高定皆叛应闿。诸葛亮以新遭大丧,皆抚而不讨,务农殖谷,闭关息民,民安食足而后用之。

12　秋,八月丁卯,以廷尉锺繇为太尉,治书执法高柔代为廷尉。是时三公无事,又希与朝政,柔上疏曰:"公辅之臣,皆国之栋梁,民所具瞻,而置之三事,不使知政,遂各偃息养高,鲜有进纳,诚非朝廷崇用大臣之义,大臣献可替否之谓也。古者刑政有疑,辄议于槐、棘之下。自今之后,朝有疑议及刑狱大事,宜数以咨访三公。三公朝朔、望之日,又可特延入讲论得失,博尽事情,庶有补起天听,光益大化。"帝嘉纳焉。

13　辛未,帝校猎于荥阳,遂东巡。九月甲辰,如许昌。

14　汉尚书义阳邓芝言于诸葛亮曰："今主上幼弱,初即尊位,宜遣大使重申吴好。"亮曰："吾思之久矣,未得其人耳,今日始得之。"芝问："其人为谁?"亮曰："即使君也。"乃遣芝以中郎将修好于吴。冬,十月,芝至吴。时吴王犹未与魏绝,狐疑,不时见芝。芝乃自表请见曰："臣今来,亦欲为吴,非但为蜀也。"吴王见之,曰："孤诚愿与蜀和亲,然恐蜀主幼弱,国小势逼,为魏所乘,不自保全耳。"芝对曰："吴、蜀二国,四州之地。大王命世之英,诸葛亮亦一时之杰也。蜀有重险之固,吴有三江之阻。合此二长,共为唇齿,进可并兼天下,退可鼎足而立,此理之自然也。大王今若委质于魏,魏必上望大王之入朝,下求太子之内侍,若不从命,则奉辞伐叛,蜀亦顺流见可而进。如此,江南之地非复大王之有也。"吴王默然良久曰："君言是也。"遂绝魏,专与汉连和。

15　是岁,汉主立妃张氏为皇后。

五年(甲辰,224)

1　春,三月,帝自许昌还洛阳。

2　初平以来,学道废坠。夏,四月,初立太学;置博士,依汉制设五经课试之法。

3　吴王使辅义中郎将吴郡张温聘于汉,自是吴、蜀信使不绝。时事所宜,吴主常令陆逊语诸葛亮;又刻印置逊所,王每与汉主及诸葛亮书,常过示逊,轻重、可否有所不安,每令改定,以印封之。

汉复遣邓芝聘于吴,吴主谓之曰："若天下太平,二主分治,不亦乐乎?"芝对曰："天无二日,土无二王。如并魏之后,大王未深识天命,君各茂其德,臣各尽其忠,将提枹鼓,则战争方始耳。"吴王大笑曰："君之诚款乃当尔邪!"

4　秋,七月,帝东巡,如许昌。帝欲大兴军伐吴,侍中辛毗谏曰："方今天下新定,土广民稀,而欲用之,臣诚未见其利也。先帝屡起锐师,临江而旋。今六军不增于故,而复修之,此未易也。今日之计,莫若养民屯田,十年然后用之,则役不再举矣。"帝曰："如卿意,更当以虏遗子孙邪?"对曰："昔周文王以纣遗武王,惟知时也。"帝不从,留尚书仆射司马懿镇许昌。八月,为水军,亲御龙舟,循蔡、颍,浮淮如寿春。九月,至广陵。

吴安东将军徐盛建计,植木衣苇,为疑城假楼,自石头至于江乘,联绵相接数百里,一夕而成,又大浮舟舰于江。

时江水盛长,帝临望,叹曰："魏虽有武骑千群,无所用之,未可图

也。"帝御龙舟,会暴风漂荡,几至覆没。帝问群臣:"权当自来否?"咸曰:
"陛下亲征,权恐怖,必举国而应。又不敢以大众委之臣下,必当自来。"
刘晔曰:"彼谓陛下欲以万乘之重牵己,而超越江湖者在于别将,必勒兵
待事,未有进退也。"大驾停住积日,吴王不至,帝乃旋师。是时,曹休表
得降贼辞:"孙权已在濡须口。"中领军卫臻曰:"权恃长江,未敢亢衡,此
必畏怖伪辞耳!"考核降者,果守将所作也。

5　吴张温少以俊才有盛名,顾雍以为当今无辈,诸葛亮亦重之。温
荐引同郡暨艳为选部尚书。艳好为清议,弹射百僚,核奏三署,率皆贬高
就下,降损数等,其守故者,十未能一;其居位贪鄙,志节污卑者,皆以为军
吏,置营府以处之;多扬人暗昧之失以显其谪。同郡陆逊、逊弟瑁及侍御
史朱据皆谏止之。瑁与艳书曰:"夫圣人嘉善矜愚,忘过记功,以成美化。
加今王业始建,将一大统,此乃汉高弃瑕录用之时也。若令善恶异流,贵
汝、颍月旦之评,诚可以厉俗明教,然恐未易行也。宜远模仲尼之泛爱,
近则郭泰之容济,庶有益于大道也。"据谓艳曰:"天下未定,举清厉浊,足
以沮劝;若一时贬黜,惧有后咎。"艳皆不听。于是怨愤盈路,争言艳及选
曹郎徐彪专用私情,憎爱不由公理;艳、彪皆坐自杀。温素与艳、彪同意,
亦坐斥还本郡以给厮吏,卒于家。始,温方盛用事,馀姚虞俊叹曰:"张惠
恕才多智少,华而不实,怨之所聚,有覆家之祸,吾见其兆矣。"无几何
而败。

6　冬,十月,帝还许昌。

7　十一月戊申晦,日有食之。

8　鲜卑轲比能诱步度根兄扶罗韩杀之,步度根由是怨轲比能,更相
攻击。步度根部众稍弱,将其众万馀落保太原、雁门;是岁,诣阙贡献。而
轲比能众遂强盛,出击东部大人素利,护乌丸校尉田豫乘虚掎其后;轲比
能使别帅琐奴拒豫,豫击破之。轲比能由是携贰,数为边寇,幽、并苦之。

六年(乙巳,225)

1　春,二月,诏以陈群为镇军大将军,随车驾董督众军,录行尚书事;
司马懿为抚军大将军,留许昌,督后台文书。三月,帝行如召陵,通讨胡
渠;乙巳,还许昌。

2　并州刺史梁习讨轲比能,大破之。

3　汉诸葛亮率众讨雍闿,参军马谡送之数十里。亮曰:"虽共谋之历
年,今可更惠良规。"谡曰:"南中恃其险远,不服久矣;虽今日破之,明

日复反耳。今公方倾国北伐以事强贼，彼知官势内虚，其叛亦速。若殄尽遗类以除后患，既非仁者之情，且又不可仓卒也。夫用兵之道，攻心为上，攻城为下，心战为上，兵战为下，愿公服其心而已。"亮纳其言。谡，良之弟也。

4　辛未，帝以舟师复征吴，群臣大议。宫正鲍勋谏曰："王师屡征而未有所克者，盖以吴、蜀唇齿相依，凭阻山水，有难拔之势故也。往年龙舟飘荡，隔在南岸，圣躬蹈危，臣下破胆，此时宗庙几至倾覆，为百世之戒。今又劳兵袭远，日费千金，中国虚耗，令黠虏玩威，臣窃以为不可。"帝怒，左迁勋为治书执法。勋，信之子也。夏，五月戊申，帝如谯。

5　吴丞相北海孙劭卒。初，吴当置丞相，众议归张昭，吴王曰："方今多事，职大者责重，非所以优之也。"及劭卒，百僚复举昭，吴王曰："孤岂为子布有爱乎！领丞相事烦，而此公性刚，所言不从，怨咎将兴，非所以益之也。"六月，以太常顾雍为丞相、平尚书事。雍为人寡言，举动时当，吴王尝叹曰："顾君不言，言必有中。"至饮宴欢乐之际，左右恐有酒失，而雍必见之，是以不敢肆情。吴王亦曰："顾公在坐，使人不乐。"其见惮如此。初领尚书令，封阳遂乡侯；拜侯还寺，而家人不知，后闻，乃惊。及为相，其所选用文武将吏，各随能所任，心无适莫。时访逮民间及政职所宜，辄密以闻。若见纳用，则归之于上；不用，终不宣泄，吴王以此重之。然于公朝有所陈及，辞色虽顺而所执者正；军国得失，自非面见，口未尝言。王常令中书郎诣雍有所咨访，若合雍意，事可施行，即相与反覆究而论之，为设酒食；如不合意，雍即正色改容，默然不言，无所施设。郎退告王，王曰："顾公欢悦，是事合宜也；其不言者，是事未平也。孤当重思之。"江边诸将，各欲立功自效，多陈便宜，有所掩袭。王以访雍。雍曰："臣闻兵法戒于小利，此等所陈，欲邀功名而为其身，非为国也。陛下宜禁制，苟不足以曜威损敌，所不宜听也。"王从之。

6　利成郡兵蔡方等反，杀太守徐质，推郡人唐咨为主，诏屯骑校尉任福等讨平之。咨自海道亡入吴，吴人以为将军。

7　秋，七月，立皇子鉴为东武阳王。

8　汉诸葛亮至南中，所在战捷。亮由越嶲入，斩雍闿及高定。使庲降督益州李恢由益州入，门下督巴西马忠由牂柯入，击破诸县，复与亮合。孟获收闿馀众以拒亮。获素为夷、汉所服，亮募生致之，既得，使观于营陈之间，问曰："此军何如？"获曰："向者不知虚实，故败。今蒙赐观营陈，若只如此，即定易胜耳。"亮笑，纵使更战。七纵七禽而亮犹遣获，获止不去,曰:"公,天威也,南人不复反矣!"亮遂至滇池。

益州、永昌、牂柯、越寓四郡皆平,亮即其渠率而用之。或以谏亮,亮曰:"若留外人,则当留兵,兵留则无所食,一不易也;加夷新伤破,父兄死丧,留外人而无兵者,必成祸患,二不易也;又,夷累有废杀之罪,自嫌衅重,若留外人,终不相信,三不易也。今吾欲使不留兵,不运粮,而纲纪粗定,夷、汉粗安故耳。"亮于是悉收其俊杰孟获等以为官属,出其金、银、丹、漆、耕牛、战马以给军国之用。自是终亮之世,夷不复反。

9 八月,帝以舟师自谯循涡入淮。尚书蒋济表言水道难通,帝不从。冬,十月,如广陵故城,临江观兵,戎卒十馀万,旌旗数百里,有渡江之志。吴人严兵固守。时天寒,冰,舟不得入江。帝见波涛汹涌,叹曰:"嗟乎,固天所以限南北也!"遂归。孙韶遣将高寿等率敢死之士五百人,于径路夜要帝,帝大惊。寿等获副车、羽盖以还。于是战船数千皆滞不得行,议者欲就留兵屯田,蒋济以为:"东近湖,北临淮,若水盛时,贼易为寇,不可安屯。"帝从之,车驾即发。还,到精湖,水稍尽,尽留船付济。船连延在数百里中,济更凿地作四五道,蹴船令聚;豫作土豚遏断湖水,皆引后船,一时开遏入淮中,乃得还。

10 十一月,东武阳王鉴薨。

11 十二月,吴番阳贼彭绮攻没郡县,众数万人。

七年(丙午,226)

1 春,正月壬子,帝还洛阳,谓蒋济曰:"事不可不晓。吾前决谓分半烧船于山阳湖中,卿于后致之,略与吾俱至谯。又每得所陈,实入吾意。自今讨贼计画,善思论之。"

2 汉丞相亮欲出军汉中,前将军李严当知后事,移屯江州,留护军陈到驻永安,而统属于严。

3 吴陆逊以所在少谷,表令诸将增广农亩。吴王报曰:"甚善!令孤父子亲受田,车中八牛,以为四耦,虽未及古人,亦欲令与众均等其劳也。"

4 帝之为太子也,郭夫人弟有罪,魏郡西部都尉鲍勋治之;太子请,不能得,由是恨勋;及即位,勋数直谏,帝益忿之。帝伐吴还,屯陈留界。勋为治书执法,太守孙邕见出,过勋;时营垒未成,但立标埒,邕邪行,不从正道,军营令史刘曜欲推之,勋以堑垒未成,解止不举。帝闻之,诏曰:"勋指鹿作马,收付廷尉。"廷尉法议,"正刑五岁",三官驳,"依律,罚金二斤",帝大怒曰:"勋无活分,而汝等欲纵之!收三官已下付刺奸,当令十鼠同穴!"锺繇、华歆、陈群、辛毗、高柔、卫臻等并表勋父信有功于太祖,求请勋罪,帝不许。高柔固执不从诏命,帝怒甚,召柔诣台,遣使者承指至廷尉诛勋。勋死,乃遣柔还寺。

票骑将军都阳侯曹洪,家富而性吝啬,帝在东宫,尝从洪贷绢百匹,不称意,恨之;遂以舍客犯法,下狱当死,群臣并救,莫能得。卞太后责怒帝曰:"梁、沛之间,非子廉无有今日。"又谓郭后曰:"令曹洪今日死,吾明日敕帝废后矣!"于是郭后泣涕屡请,乃得免官,削爵土。

5　初,郭后无子,帝使母养平原王叡;以叡母甄夫人被诛,故未建为嗣。叡事后甚谨,后亦爱之。帝与叡猎,见子母鹿,帝亲射杀其母,命叡射其子;叡泣曰:"陛下已杀其母,臣不忍复杀其子。"帝即放弓矢,为之恻然。夏,五月,帝疾笃,乃立叡为太子。丙辰,召中军大将军曹真、镇军大将军陈群、抚军大将军司马懿,并受遗诏辅政。丁巳,帝殂。

陈寿评曰:文帝天资文藻,下笔成章,博闻强识,才艺兼该。若加之旷大之度,励以公平之诚,迈志存道,克广德心,则古之贤主,何远之有哉!

6　太子即皇帝位,尊皇太后曰太皇太后,皇后曰皇太后。

初,明帝在东宫,不交朝臣,不问政事,惟潜思书籍;即位之后,群下想闻风采。居数日,独见侍中刘晔,语尽日,众人侧听,晔既出,问:"何如?"曰:"秦始皇、汉孝武之俦,才具微不及耳。"

帝初莅政,陈群上疏曰:"夫臣下雷同,是非相蔽,国之大患也。若不和睦则有仇党,有仇党则毁誉无端,毁誉无端则真伪失实,此皆不可不深察也。"

7　癸未,追谥甄夫人曰文昭皇后。

8　壬辰,立皇弟蕤为阳平王。

9　六月戊寅,葬文帝于首阳陵。

10　吴王闻魏有大丧,秋,八月,自将攻江夏郡,太守文聘坚守。朝议欲发兵救之。帝曰:"权习水战,所以敢下船陆攻者,冀掩不备也。今已与聘相拒;夫攻守势倍,终不敢久也。"先是,朝廷遣治书侍御史荀禹慰劳边方,禹到江夏,发所经县兵及所从步骑千人乘山举火,吴王遁走。

11　辛巳,立皇子冏为清河王。

12　吴左将军诸葛瑾等寇襄阳,司马懿击破之,斩其部将张霸;曹真又破其别将于寻阳。

13 　吴丹阳、吴、会山民复为寇,攻没属县。吴王分三郡险地为东安郡,以绥南将军全琮领太守。琮至,明赏罚,招诱降附,数年,得万馀人。吴王召琮还牛渚,罢东安郡。

14 　冬,十月,清河王囧卒。

15 　吴陆逊陈便宜,劝吴王以施德缓刑,宽赋息调。又云:"忠谠之言,不能极陈;求容小臣,数以利闻。"王报曰:"书载'予违汝弼',而云不敢极陈,何得为忠谠哉!"于是令有司尽写科条,使郎中褚逢赍以就逊及诸葛瑾,意所不安,令损益之。

16 　十二月,以锺繇为太傅,曹休为大司马,都督扬州如故,曹真为大将军,华歆为太尉,王朗为司徒,陈群为司空,司马懿为票骑大将军。歆让位于管宁,帝不许。征宁为光禄大夫,敕青州给安车吏从,以礼发遣,宁复不至。

17 　是岁,吴交趾太守士燮卒,吴王以燮子徽为安远将军,领九真太守,以校尉陈时代燮。交州刺史吕岱以交趾绝远,表分海南三郡为交州,以将军戴良为刺史;海东四郡为广州,岱自为刺史;遣良与时南入。而徽自署交趾太守,发宗兵拒良,良留合浦。交趾桓邻,燮举吏也,叩头谏徽,使迎良。徽怒,笞杀邻,邻兄治合宗兵击,不克。吕岱上疏请讨徽,督兵三千人,晨夜浮海而往。或谓岱曰:"徽藉累世之恩,为一州所附,未易轻也。"岱曰:"今徽虽怀逆计,未知吾之卒至;若我潜军轻举,掩其无备,破之必也。稽留不速,使得生心,婴城固守,七郡百蛮,云合响应,虽有智者,谁能图之!"遂行,过合浦,与良俱进。岱以燮弟子辅为师友从事,遣往说徽。徽率其兄弟六人出降,岱皆斩之。

　　孙盛论曰:夫柔远能迩,莫善于信。吕岱师友士辅,使通信誓;徽兄弟肉袒,推心委命,岱因灭之以要功利,君子是以知吕氏之祚不延者也。

18 　徽大将甘醴及桓治率吏民共攻岱,岱奋击,破之。于是除广州,复为交州如故。岱进讨九真,斩获以万数;又遣从事南宣威命,暨徼外扶南、林邑、堂明诸王,各遣使入贡于吴。

烈祖明皇帝上之上

太和元年(丁未,227)

1 　春,吴解烦督胡综、番阳太守周鲂击彭绮,生获之。

初,绮自言举义兵,为魏讨吴,议者以为因此伐吴,必有所克。帝以问中书令太原孙资,资曰:"番阳宗人,前后数有举义者,众弱谋浅,旋辄乖散。昔文皇帝尝密论贼形势,言洞浦杀万人,得船千数,数日间,船人复会;江陵被围历月,权裁以千数百兵住东门,而其土地无崩解者;是其法禁上下相维之明验也。以此推绮,惧未能为权腹心大疾也。"至是,绮果败亡。

2　二月,立文昭皇后寝园于邺。王朗往视园陵,见百姓多贫困,而帝方营修宫室,朗上疏谏曰:"昔大禹欲拯天下之大患,故先卑其宫室,俭其衣食;句践欲广其御儿之疆,亦约其身以及家,俭其家以施国;汉之文、景欲恢弘祖业,故割意于百金之台,昭俭于弋绨之服;霍去病中才之将,犹以匈奴未灭,不治第宅。明恤远者略近,事外者简内也。今建始之前,足用列朝会;崇华之后,足用序内官;华林、天渊,足用展游宴。若且先成象魏,修城池,其馀一切须丰年,专以勤耕农为务,习戎备为事,则民充兵强而寇戎宾服矣。"

3　三月,蜀丞相亮率诸军北驻汉中,使长史张裔、参军蒋琬统留府事。临发,上疏曰:"先帝创业未半而中道崩殂,今天下三分,益州疲敝,此诚危急存亡之秋也。然侍卫之臣不懈于内,忠志之士忘身于外者,盖追先帝之殊遇,欲报之于陛下也。诚宜开张圣听,以光先帝遗德,恢弘志士之气;不宜妄自菲薄,引喻失义,以塞忠谏之路也。

宫中、府中,俱为一体,陟罚臧否,不宜异同。若有作奸犯科及为忠善者,宜付有司论其刑赏,以昭陛下平明之理,不宜偏私,使内外异法也。

侍中、侍郎郭攸之、费祎、董允等,此皆良实,志虑忠纯,是以先帝简拔以遗陛下。愚以为宫中之事,事无大小,悉以咨之,然后施行,必能裨补阙漏,有所广益。将军向宠,性行淑均,晓畅军事,试用于昔日,先帝称之曰能,是以众议举宠为督。愚以为营中之事,悉以咨之,必能使行陈和睦,优劣得所。

亲贤臣,远小人,此先汉所以兴隆也;亲小人,远贤臣,此后汉所以倾颓也。先帝在时,每与臣论此事,未尝不叹息痛恨于桓、灵也。侍中、尚书、长史、参军,此悉端良、死节之臣,愿陛下亲之,信之,则汉室之隆,可计日而待也。

臣本布衣,躬耕南阳,苟全性命于乱世,不求闻达于诸侯。先帝不以臣卑鄙,猥自枉屈,三顾臣于草庐之中,谘臣以当世之事;由是感激,遂许先帝以驱驰。后值倾覆,受任于败军之际,奉命于危难之间,尔来二十有一年矣。先帝知臣谨慎,故临崩寄臣以大事也。

受命以来，夙夜忧叹，恐托付不效，以伤先帝之明。故五月渡泸，深入不毛。今南方已定，甲兵已足，当奖率三军，北定中原，庶竭驽钝，攘除奸凶，兴复汉室，还于旧都，此臣所以报先帝，而忠陛下之职分也。至于斟酌损益，进尽忠言，则攸之、祎、允之任也。愿陛下托臣以讨贼兴复之效，不效，则治臣之罪以告先帝之灵，责攸之、祎、允等之慢以章其咎。陛下亦宜自谋，以谘诹善道，察纳雅言，深追先帝遗诏，臣不胜受恩感激。今当远离，临表涕零，不知所言。"遂行，屯于沔北阳平石马。

亮辟广汉太守姚伷为掾，伷并进文武之士，亮称之曰："忠益者莫大于进人，进人者各务其所尚。今姚掾并存刚柔以广文武之用，可谓博雅矣。愿诸掾各希此事以属其望。"

帝闻诸葛亮在汉中，欲大发兵就攻之，以问散骑常侍孙资，资曰："昔武皇帝征南郑，取张鲁，阳平之役，危而后济，又自往拔出夏侯渊军。数言'南郑直为天狱，中斜谷道为五百里石穴耳'，言其深险，喜出渊军之辞。又，武皇帝圣于用兵，察蜀贼栖于山岩，视吴虏窜于江湖，皆桡而避之，不责将士之力，不争一朝之忿，诚所谓见胜而战，知难而退也。今若进军就南郑讨亮，道既险阻，计用精兵及转运，镇守南方四州，遏御水贼，凡用十五六万人，必当复更有所发兴，天下骚动，费力广大，此诚陛下所宜深虑。夫守战之力，力役参倍。但以今日见兵分命大将据诸要险，威足以震摄强寇，镇静疆埸，将士虎睡，百姓无事。数年之间，中国日盛，吴、蜀二虏必自罢敝。"帝乃止。

4　初，文帝罢五铢钱，使以谷帛为用，人间巧伪渐多，竞湿谷以要利，薄绢以为市，虽处以严刑，不能禁也。司马芝等举朝大议，以为："用钱非徒丰国，亦所以省刑，今不若更铸五铢为便。"夏，四月，乙亥，复行五铢钱。

5　甲申，初营宗庙于洛阳。

6　六月，以司马懿都督荆、豫州诸军事，率所领镇宛。

7　冬，十二月，立贵嫔河内毛氏为皇后。初，帝为平原王，纳河内虞氏为妃；及即位，虞氏不得立为后，太皇卞太后慰勉焉。虞氏曰："曹氏自好立贱，未有能以义举者也。然后职内事，君听外政，其道相由而成；苟不能以善始，未有能令终者也，殆必由此亡国丧祀矣！"虞氏遂绌还邺宫。

8　初，太祖、世祖皆议复肉刑，以军事不果。及帝即位，太傅钟繇上言："宜如孝景之令，其当弃市欲斩右趾者，许之；其黥、劓、左趾、宫刑者，自如孝文易以髡笞，可以岁生三千人。"诏公卿已下议，司徒朗以为："肉刑不用已来,历年数百;今复行之,恐所减之文未彰于万民之目,而肉刑之问已宣于寇仇之耳,非所以来远人也。今可按缘所欲轻之死罪,使减死髡刑,嫌其轻者,可倍其居作之岁数。内有以生易死不訾之恩,外无以刖易钛骇耳之声。"议者百馀人,与朗同者多。帝以吴、蜀未平,且寝。

9　是岁,吴昭武将军韩当卒,其子综淫乱不轨,惧得罪,闰月,将其家属、部曲来奔。

10　初,孟达既为文帝所宠,又与桓阶、夏侯尚亲善;及文帝殂,阶、尚皆卒,达心不自安。诸葛亮闻而诱之,达数与通书,阴许归蜀,达与魏兴太守申仪有隙,仪密表告之。达闻之,惶惧,欲举兵叛,司马懿以书慰解之,达犹豫未决,懿乃潜军进讨。诸将言:"达与吴、汉交通,宜观望而后动。"懿曰:"达无信义,此其相疑之时也。当及其未定促决之。"乃倍道兼行,八日到其城下。吴、汉各遣偏将向西城安桥、木阑塞以救达,懿分诸将以距之。初,达与亮书曰:"宛去洛八百里,去吾一千二百里。闻吾举事,当表上天子,比相反覆,一月间也,则吾城已固,诸军足办。吾所在深险,司马公必不自来;诸将来,吾无患矣。"及兵到,达又告亮曰:"吾举事八日而兵至城下,何其神速也!"

资治通鉴卷第七十一

魏纪三

烈祖明皇帝上之下

太和二年（戊申，228）

1　春，正月，司马懿攻新城，旬有六日，拔之，斩孟达。申仪久在魏兴，擅承制刻印，多所假授；懿召而执之，归于洛阳。

2　初，征西将军夏侯渊之子楙尚太祖女清河公主，文帝少与之亲善，及即位，以为安西将军，都督关中，镇长安，使承渊处。

诸葛亮将入寇，与群下谋之。丞相司马魏延曰："闻夏侯楙，主婿也，怯而无谋。今假延精兵五千，负粮五千，直从褒中出，循秦岭而东，当子午而北，不过十日，可到长安。楙闻延奄至，必弃城逃走。长安中惟御史、京兆太守耳。横门邸阁与散民之谷，足周食也。比东方相合聚，尚二十许日，而公从斜谷来，亦足以达。如此，则一举而咸阳以西可定矣。"亮以为此危计，不如安从坦道，可以平取陇右，十全必克而无虞，故不用延计。

亮扬声由斜谷道取郿。使镇东将军赵云、扬武将军邓芝为疑兵，据箕谷；帝遣曹真都督关右诸军军郿。亮身率大军攻祁山，戎陈整齐，号令明肃。始，魏以汉昭烈既死，数岁寂然无闻，是以略无备豫；而卒闻亮出，朝野恐惧，于是天水、南安、安定皆叛应亮，关中响震，朝臣未知计所出。帝曰："亮阻山为固，今者自来，正合兵书致人之术，破亮必也。"乃勒兵马步骑五万，遣右将军张郃督之，西拒亮。丁未，帝行如长安。

初，越巂太守马谡，才器过人，好论军计，诸葛亮深加器异；汉昭烈临终，谓亮曰："马谡言过其实，不可大用，君其察之！"亮犹谓不然，以谡为参军，每引见谈论，自昼达夜。及出军祁山，亮不用旧将魏延、吴懿等为先锋，而以谡督诸军在前，与张郃战于街亭。

谡违亮节度，举措烦扰，舍水上山，不下据城。张郃绝其汲道，击，大破之，士卒离散。亮进无所据，乃拔西县千馀家还汉中。收谡下狱，杀之。亮自临祭，为之流涕，抚其遗孤，恩若平生。蒋琬谓亮曰："昔楚杀得臣，文公喜可知也。天下未定而戮智计之士,岂不惜乎!"亮流涕曰:"孙武所以能制胜于天下者,用法明也;是以扬干乱法,魏绛戮其仆。四海分裂,兵交方始,若复废法,何用讨贼邪!"

谡之未败也,裨将军巴西王平连规谏谡,谡不能用;及败,众尽星散,惟平所领千人鸣鼓自守,张郃疑其有伏兵,不往逼也,于是平徐徐收合诸营遗迸,率将士而还。亮既诛马谡及将军李盛,夺将军黄袭等兵,平特见崇显,加拜参军,统五部兼当营事,进位讨寇将军,封亭侯。亮上疏请自贬三等,汉主以亮为右将军,行丞相事。

是时赵云、邓芝兵亦败于箕谷,云敛众固守,故不大伤,云亦坐贬为镇军将军。亮问邓芝曰:"街亭军退,兵将不复相录,箕谷军退,兵将初不相失,何故?"芝曰:"赵云身自断后,军资什物,略无所弃,兵将无缘相失。"云有军资馀绢,亮使分赐将士,云曰:"军事无利,何为有赐! 其物请悉入赤岸库,须十月为冬赐。"亮大善之。

或劝亮更发兵者,亮曰:"大军在祁山、箕谷,皆多于贼,而不破贼,乃为贼所破,此病不在兵少也,在一人耳。今欲减兵省将,明罚思过,校变通之道于将来;若不能然者,虽兵多何益! 自今已后,诸有忠虑于国者,但勤攻吾之阙,则事可定,贼可死,功可跷足而待矣。"于是考微劳,甄壮烈,引咎责躬,布所失于境内,厉兵讲武,以为后图,戎士简练,民忘其败矣。

亮之出祁山也,天水参军姜维诣亮降。亮美维胆智,辟为仓曹掾,使典军事。

曹真讨安定等三郡,皆平。真以诸葛亮惩于祁山,后必出从陈仓,乃使将军郝昭等守陈仓,治其城。

3　夏,四月丁酉,帝还洛阳。

4　帝以燕国徐邈为凉州刺史。邈务农积谷,立学明训,进善黜恶,与羌、胡从事,不问小过;若犯大罪,先告部帅,使知应死者,乃斩以徇。由是服其威信,州界肃清。

5　五月,大旱。

6　吴王使鄱阳太守周鲂密求山中旧族名帅为北方所闻知者,令谲挑扬州牧曹休。鲂曰:"民帅小丑,不足杖任,事或漏泄,不能致休。乞遣亲人赍笺以诱休,言被谴惧诛,欲以郡降北,求兵应接。"吴王许之。时频有郎官诣鲂诘问诸事,鲂因诣郡门下,下发谢。休闻之,率步骑十万向皖以应鲂;帝又使司马懿向江陵,贾逵向东关,三道俱进。

秋,八月,吴王至皖,以陆逊为大都督,假黄钺,亲执鞭以见之;以朱桓、全琮为左右督,各督三万人以击休。休知见欺,而恃其众,欲遂与吴战。朱桓言于吴王曰:"休本以亲戚见任,非智勇名将也。今战必败,败必走,走当由夹石、挂车。此两道皆险陁,若以万兵柴路,则彼众可尽,休可生虏。臣请将所部以断之,若蒙天威,得以休自效,便可乘胜长驱,进取寿春,割有淮南,以规许、洛,此万世一时,不可失也!"权以问陆逊,逊以为不可,乃止。

尚书蒋济上疏曰:"休深入虏地,与权精兵对,而朱然等在上流,乘休后,臣未见其利也。"前将军满宠上疏曰:"曹休虽明果而希用兵,今所从道,背湖旁江,易进难退,此兵之绝地也。若入无彊口,宜深为之备!"宠表未报,休与陆逊战于石亭。逊自为中部,令朱桓、全琮为左右翼,三道并进,冲休伏兵,因驱走之,追亡逐北,径至夹石,斩获万馀,牛马骡驴车乘万两,军资器械略尽。

初,休表求深入以应周鲂,帝命贾逵引兵东与休合。逵曰:"贼无东关之备,必并军于皖,休深入与贼战,必败。"乃部署诸将,水陆并进,行二百里,获吴人,言休战败,吴遣兵断夹石。诸将不知所出;或欲待后军,逵曰:"休兵败于外,路绝于内,进不能战,退不得还,安危之机,不及终日。贼以军无后继,故至此,今疾进,出其不意,此所谓'先人以夺其心'也,贼见吾兵必走。若待后军,贼已断险,兵虽多何益!"乃兼道进军,多设旗鼓为疑兵。吴人望见逵军,惊走,休乃得还。逵据夹石,以兵粮给休,休军乃振。初,逵与休不善,及休败,赖逵以免。

7 九月乙酉,立皇子穆为繁阳王。

8 长平壮侯曹休上书谢罪,帝以宗室不问。休惭愤,疽发于背,庚子,卒。帝以满宠都督扬州以代之。

9 护乌桓校尉田豫击鲜卑郁筑鞬,郁筑鞬妻父轲比能救之,以三万骑围豫于马城。上谷太守阎志,柔之弟也,素为鲜卑所信,往解谕之,乃解围去。

10 冬,十一月,兰陵成侯王朗卒。

11 汉诸葛亮闻曹休败,魏兵东下,关中虚弱,欲出兵击魏,群臣多以为疑。亮上言于汉主曰:"先帝深虑以汉、贼不两立,王业不偏安,故托臣以讨贼。以先帝之明,量臣之才,固当知臣伐贼,才弱敌强;然不伐贼,王业亦亡,惟坐而待亡,孰与伐之!是故托臣而弗疑也。臣受命之日,寝不安席,食不甘味,思惟北征,宜先入南,故五月渡泸,深入不毛。臣非不自惜也,顾王业不可偏全于蜀都,故冒危难以奉先帝之遗意也,而议者以为非计。今贼适疲于西,又务于东,兵法乘劳,此进趋之时也。谨陈其事如左:高帝明并日月,谋臣渊深,然涉险被创,危然后安。今陛下未及高帝,谋臣不如良、平,而欲以长计取胜,坐定天下,此臣之未解一也。刘繇、王朗各据州郡,论安言计,动引圣人,群疑满腹,众难塞胸,今岁不战,明年不征,使孙策坐大,遂并江东,此臣之未解二也。曹操智计殊绝于人,其用兵也,仿佛孙、吴;然困于南阳,险于乌巢,危于祁连,逼于黎阳,几败伯山,殆死潼关,然后伪定一时耳;况臣才弱,而欲以不危定之,此臣之未解三也。曹操五攻昌霸不下,四越巢湖不成,任用李服而李服图之,委夏侯而夏侯败亡;先帝每称操为能,犹有此失,况臣驽下,何能必胜! 此臣之未解四也。自臣到汉中,中间期年耳,然丧赵云、阳群、马玉、阎芝、丁立、白寿、刘郃、邓铜等及曲长、屯将七十馀人,突将、无前、賨叟、青羌、散骑、武骑一千馀人,皆数十年之内,纠合四方之精锐,非一州之所有;若复数年,则损三分之二,当何以图敌! 此臣之未解五也。今民穷兵疲,而事不可息,事不可息,则住与行,劳费正等,而不及虚图之,欲以一州之地与贼支久,此臣之未解六也。夫难平者事也,昔先帝败军于楚,当此时,曹操拊手,谓天下已定。然后先帝东连吴、越,西取巴、蜀,举兵北征,夏侯授首,此操之失计而汉事将成也。然后吴更违盟,关羽毁败,秭归蹉跌,曹丕称帝。凡事如是,难可逆见。臣鞠躬尽力,死而后已,至于成败利钝,非臣之明所能逆睹也。”

十二月,亮引兵出散关,围陈仓,陈仓已有备,亮不能克。亮使郝昭乡人靳详于城外遥说昭,昭于楼上应之曰:“魏家科法,卿所练也;我之为人,卿所知也。我受国恩多而门户重,卿无可言者,但有必死耳。卿还谢诸葛,便可攻也。”详以昭语告亮,亮又使详重说昭,言“人兵不敌,无为空自破灭”。昭谓详曰:“前言已定矣,我识卿耳,箭不识也。”详乃去。亮自以有众数万,而昭兵才千馀人,又度东救未能便到,乃进兵攻昭,起云梯冲车以临城。昭于是以火箭逆射其梯,梯然,梯上人皆烧死;昭又以绳连石磨压其冲车,冲车折。亮乃更为井阑百尺以射城中,以土丸填堑,欲直攀城,昭又于内筑重墙。亮又为地突,欲踊出于城里,昭又于城内穿地横截之。昼夜相攻拒二十馀日。

曹真遣将军费耀等救之。帝召张郃于方城,使击亮。帝自幸河南城,置酒送郃,问郃曰:“迟将军到,亮得无已得陈仓乎!”郃知亮深入无谷,屈指计曰:“比臣到,亮已走矣。”郃晨夜进道,未至,亮粮尽,引去;将军王双追之,亮击斩双。诏赐昭爵关内侯。

12 初,公孙康卒,子晃、渊等皆幼,官属立其弟恭。恭劣弱,不能治国,渊既长,胁夺恭位,上书言状。侍中刘晔曰:"公孙氏汉时所用,遂世官相承,水则由海,陆则阻山,外连胡夷,绝远难制,而世权日久;今若不诛,后必生患。若怀贰阻兵,然后致诛,于事为难;不如因其新立,有党有仇,先其不意,以兵临之,开设赏募,可不劳师而定也。"帝不从,拜渊杨烈将军、辽东太守。

13 吴王以扬州牧吕范为大司马,印绶未下而卒。初,孙策使范典财计,时吴王年少,私从有求,范必关白,不敢专许,当时以此见望。吴王守阳羡长,有所私用,策或料覆,功曹周谷辄为傅著簿书,使无谴问,王临时悦之。及后统事,以范忠诚,厚见信任,以谷能欺更簿书,不用也。

三年(己酉,229)

1 春,汉诸葛亮遣其将陈戒攻武都、阴平二郡,雍州刺史郭淮引兵救之。亮自出至建威,淮退,亮遂拔二郡以归;汉主复策拜亮为丞相。

2 夏,四月丙申,吴王即皇帝位,大赦,改元黄龙。百官毕会,吴主归功周瑜。绥远将军张昭,举笏欲褒赞功德,未及言,吴主曰:"如张公之计,今已乞食矣。"昭大惭,伏地流汗。吴主追尊父坚为武烈皇帝,兄策为长沙桓王,立子登为皇太子,封长沙桓王子绍为吴侯。

以诸葛恪为太子左辅,张休为右弼,顾谭为辅正,陈表为翼正都尉,而谢景、范慎、羊衜等皆为宾客,于是东宫号为多士。太子使侍中胡综作宾友目曰:"英才卓越,超逾伦匹,则诸葛恪;精识时机,达幽究微,则顾谭;凝辩宏达,言能释结,则谢景;究学甄微,游、夏同科,则范慎。"羊衜私驳综曰:"元逊才而疏,子嘿精而狠,叔发辩而浮,孝敬深而隘。"衜卒以此言为恪等所恶,其后四人皆败,如衜所言。

吴主使以并尊二帝之议往告于汉。汉人以为交之无益而名体弗顺,宜显明正义,绝其盟好。丞相亮曰:"权有僭逆之心久矣,国家所以略其衅情者,求掎角之援也。今若加显绝,仇我必深。当更移兵东戌,与之角力,须并其土,乃议中原。彼贤才尚多,将相辑穆,未可一朝定也。顿兵相守,坐而须老,使北贼得计,非算之上者。昔孝文卑辞匈奴,先帝优与吴盟,皆应权通变,深思远益,非若匹夫之忿者也。今议者咸以权利在鼎足,不能并力,且志望已满,无上岸之情,推此,皆似是而非也。何者?其智力不侔,故限江自保。权之不能越江,犹魏贼之不能渡汉,非力有馀,而利不取也。若大军致讨,彼高当分裂其地以为后规,下当略民广境,示武于内,非端坐者也。若就其不动而睦于我,我之北伐,无东顾忧,河南之众不得尽西,此之为利,亦已深矣。权僭逆之罪,未宜明也。"乃遣卫尉陈震使于吴,贺称尊号。吴主与汉人盟,约中分天下,以豫、青、徐、幽属吴,兖、冀、并、凉属汉,其司州之土,以函谷关为界。

张昭以老病上还官位及所统领,更拜辅吴将军,班亚三司,改封娄侯,食邑万户。昭每朝见,辞气壮厉,义形于色,曾以直言逆旨,中不进见。后汉使来,称汉德美,而群臣莫能屈,吴主叹曰:"使张公在坐,彼不折则废,安复自夸乎!"明日,遣中使劳问,因请见昭,昭避席谢,吴主跪止之。昭坐定,仰曰:"昔太后、桓王不以老臣属陛下,而以陛下属老臣,是以思尽臣节以报厚恩,而意虑浅短,违逆盛旨。然臣愚心所以事国,志在忠益毕命而已;若乃变心易虑以偷荣取容,此臣所不能也!"吴主辞谢焉。

3 元城哀王礼卒。

4 六月癸卯,繁阳王穆卒。

5 戊申,追尊高祖大长秋曰高皇帝,夫人吴氏曰高皇后。

6 秋,七月,诏曰:"礼,王后无嗣,择建支子以继大宗,则当篡正统而奉公义,何得复顾私亲哉!汉宣继昭帝后,加悼考以皇号,哀帝以外藩援立,而董宏等称引亡秦,惑误时朝,既尊恭皇,立庙京都,又宠藩妾,使比长信,叙昭穆于前殿,并四位于东宫,僭差无度,人神弗佑,而非罪师丹忠正之谏,用致丁、傅焚如之祸。自是之后,相踵行之。昔鲁文逆祀,罪由夏父;宋国非度,讥在华元。其令公卿有司,深以前世行事为戒,后嗣万一有由诸侯入奉大统,则当明为人后之义;敢为佞邪导谀时君,妄建非正之号,以干正统,谓考为皇,称妣为后,则股肱大臣,诛之无赦。其书之金策,藏之宗庙,著于令典!"

7 九月,吴主迁都建业,皆因故府,不复增改,留太子登及尚书九官于武昌,使上大将军陆逊辅太子,并掌荆州及豫章三郡事,董督军国。

南阳刘廙尝著先刑后礼论,同郡谢景称之于逊,逊呵之曰:"礼之长于刑久矣,廙以细辩而诡先圣之教,君今侍东宫,宜遵仁义以彰德音,若彼之谈,不须讲也!"

太子与西陵都督步骘书,求见启诲,骘于是条于时事业在荆州界者及诸僚吏行能以报之,因上疏奖劝曰:"臣闻人君不亲小事,使百官有司各任其职,故舜命九贤,则无所用心,不下庙堂而天下治也。故贤人所在,折冲万里,信国家之利器,崇替之所由也。愿明太子重以经意,则天下幸甚!"

张纮还吴迎家,道病卒。临困,授子靖留笺曰:"自古有国有家者,咸欲修德政以比隆盛世,至于其治,多不馨香,非无忠臣贤佐也,由主不胜其情,弗能用耳。夫人情惮难而趋易,好同而恶异,与治道相反。传曰'从善如登,从恶如崩',言善之难也。人君承奕世之基,据自然之势,操八柄之威,甘易同之欢,无假取于人,而忠臣挟难进之术,吐逆耳之言,其不合也,不亦宜乎! 离则有衅,巧辩缘间,眩于小忠,恋于恩爱,贤愚杂错,黜陟失序,其所由来,情乱之也。故明君寤之,求贤如饥渴,受谏而不厌,抑情损欲,以义割恩,则上无偏谬之授,下无希冀之望矣!"吴主省书,为之流涕。

8　冬,十月,改平望观曰听讼观。帝常言:"狱者,天下之性命也。"每断大狱,常诣观临听之。初,魏文侯师李悝著法经六篇,商君受之以相秦。萧何定汉律,益为九篇,后稍增至六十篇。又有令三百馀篇,决事比九百六卷,世有增损,错糅无常,后人各为章句,马、郑诸儒十有馀家,以至于魏,所当用者合二万六千二百七十二条,七百七十三万馀言,览者益难。帝乃诏但用郑氏章句。尚书卫觊奏曰:"刑法者,国家之所贵重而私议之所轻贱;狱吏者,百姓之所县命而选用者之所卑下。王政之敝,未必不由此也;请置律博士。"帝从之。又诏司空陈群、散骑常侍刘邵等删约汉法,制新律十八篇,州郡令四十五篇,尚书官令、军中令合百八十馀篇,于正律九篇为增,于旁章科令为省矣。

9　十一月,洛阳庙成,迎高、太、武、文四神主于邺。

10　十二月,雍丘王植徙封东阿。

11　汉丞相亮徙府营于南山下原上,筑汉城于沔阳,筑乐城于成固。

四年(庚戌,230)

1　春,吴主使将军卫温、诸葛直将甲士万人,浮海求夷洲、亶洲,欲俘其民以益众,陆逊、全琮皆谏,以为:"桓王创基,兵不一旅。今江东见众,自足图事,不当远涉不毛,万里袭人,风波难测。又民易水土,必致疾疫,欲益更损,欲利反害。且其民犹禽兽,得之不足济事,无之不足亏众。"吴主不听。

2　尚书琅邪诸葛诞、中书郎南阳邓飏等相与结为党友,更相题表,以散骑常侍夏侯玄等四人为"四聪",诞辈八人为"八达"。玄,尚之子也。中书监刘放子熙,中书令孙资子密,吏部尚书卫臻子烈,三人咸不及比,以其父居势位,容之为"三豫"。

　　行司徒事董昭上疏曰:"凡有天下者,莫不贵尚敦朴忠信之士,深疾虚伪不真之人者,以其毁教乱治,败俗伤化也。近魏讽伏诛建安之末,曹伟斩戮黄初之始。伏惟前后圣诏,深疾浮伪,欲以破散邪党,常用切齿;而执法之吏,皆畏其权势,莫能纠摘,毁坏风俗,侵欲滋甚。窃见当今年少不复以学问为本,专更以交游为业;国士不以孝悌清修为首,乃以趋势游利为先。合党连群,互相褒叹,以毁訾为罚戮,用党誉为爵赏,附己者则叹之盈言,不附者则为作瑕衅。至乃相谓:'今世何忧不度邪,但求人道不勤,罗之不博耳;人何患其不己知,但当吞之以药而柔调耳。'又闻或有使奴客名作在职家人,冒之出入,往来禁奥,交通书疏,有所探问。凡此诸事,皆法之所不取,刑之所不赦,虽讽、伟之罪,无以加也!"帝善其言。二月,壬午,诏曰:"世之质文,随教而变。兵乱以来,经学废绝,后生进趣,不由典谟。岂训导未洽,将进用者不以德显乎?其郎吏学通一经,才任牧民,博士课试,擢其高第者,亟用;其浮华不务道本者,罢退之!"于是免诞、飏等官。

　　3　夏,四月,定陵成侯锺繇卒。

　　4　六月戊子,太皇太后卞氏殂。秋,七月,葬武宣皇后。

　　5　大司马曹真以"汉人数入寇,请由斜谷伐之;诸将数道并进,可以大克"。帝从之,诏大将军司马懿溯汉水由西城入,与真会汉中,诸将或由子午谷、或由武威入。司空陈群谏曰:"太祖昔到阳平攻张鲁,多收豆麦以益军粮,鲁未下而食犹乏。今既无所因,且斜谷阻险,难以进退,转运必见钞截,多留兵守要,则损战士,不可不熟虑也!"帝从群议。真复表从子午道;群又陈其不便,并言军事用度之计。诏以群议下真,真据之遂行。

　　6　八月辛巳,帝行东巡;乙未,如许昌。

　　7　汉丞相亮闻魏兵至,次于成固赤坂以待之。召李严使将二万人赴汉中,表严子丰为江州都督,督军典严后事。

　　会天大雨三十馀日,栈道断绝,太尉华歆上疏曰:"陛下以圣德当成、康之隆,愿先留心于治道,以征伐为后事。为国者以民为基,民以衣食为本。使中国无饥寒之患,百姓无离上之心,则二贼之衅可坐而待也!"帝报曰:"贼凭恃山川,二祖劳于前世,犹不克平,朕岂敢自多,谓必灭之哉!诸将以为不一探取,无由自敝,是以观兵以窥其衅。若天时未至,周武还师,乃前事之鉴,朕敬不忘所戒。"

　　少府杨阜上疏曰:"昔武王白鱼入舟,君臣变色,动得吉瑞,犹尚忧惧,况有灾异而不战竦者哉!今吴、蜀未平,而天屡降变,诸军始进,便有天雨之患,稽阁山险,已积日矣。转运之劳,担负之苦,所费已多,若有不继,必违本图。传曰:'见可而进,知难而退,军之善政也。'徒使六军困于山谷之间,进无所略,退又不得,非王兵之道也。"

散骑常侍王肃上疏曰:"前志有之:'千里馈粮,士有饥色,樵苏后爨,师不宿饱。'此谓平涂之行军者也;又况于深入阻险,凿路而前,则其为劳必相百也。今又加之以霖雨,山坂峻滑,众迫而不展,粮远而难继,实行军者之大忌也。闻曹真发已逾月而行裁半谷,治道功夫,战士悉作。是贼偏得以逸待劳,乃兵家之所惮也。言之前代,则武王伐纣,出关而复还;论之近事,则武、文征权,临江而不济。岂非所谓顺天知时,通于权变者哉!兆民知上圣以水雨艰剧之故,休而息之,后日有衅,乘而用之,则所谓悦以犯难,民忘其死者矣。"肃,朗之子也。

九月,诏曹真等班师。

8　冬,十月乙卯,帝还洛阳。时左仆射徐宣总统留事,帝还,主者奏呈文书。帝曰:"吾省与仆射省何异!"竟不视。

9　十二月辛未,改葬文昭皇后于朝阳陵。

10　吴主扬声欲至合肥,征东将军满宠表召兖、豫诸军皆集,吴寻退还,诏罢其兵。宠以为:"今贼大举而还,非本意也;此必欲伪退以罢吾兵,而倒还乘虚,掩不备也。"表不罢兵。后十馀日,吴果更到合肥城,不克而还。

11　汉丞相亮以蒋琬为长史。亮数外出,琬常足食足兵,以相供给。亮每言:"公琰托志忠雅,当与吾共赞王业者也。"

12　青州人隐蕃逃奔入吴,上书于吴主曰:"臣闻纣为无道,微子先出;高祖宽明,陈平先入。臣年二十二,委弃封域,归命有道,赖蒙天灵,得自全致。臣至止有日,而主者同之降人,未见精别,使臣微言妙旨,不得上达,於邑三叹,曷惟其已!谨诣阙拜章,乞蒙引见。"吴主即召入,蕃进谢,答问及陈时务,甚有辞观。侍中右领军胡综侍坐,吴主问:"何如?"综对曰:"蕃上书大语有似东方朔,巧捷诡辩有似祢衡,而才皆不及。"吴主又问:"可堪何官?"综对曰:"未可以治民,且试都辇小职。"吴主以蕃盛语刑狱,用为廷尉监。左将军朱据、廷尉郝普数称蕃有王佐之才,普尤与之亲善,常怨叹其屈。于是蕃门车马云集,宾客盈堂,自卫将军全琮等皆倾心接待;惟羊衜及宣诏郎豫章杨迪拒绝不与通。潘濬子翥,亦与蕃周旋,馈饷之。濬闻,大怒,疏责翥曰:"吾受国厚恩,志报以命,尔辈在都,当念恭顺,亲贤慕善。何故与降虏交,以粮饷之!在远闻此,心震面热,惆怅累旬。疏到,急就往使受杖一百,促责所饷!"当时人咸怪之。顷之,蕃谋作乱于吴,事觉,亡走,捕得,伏诛。吴主切责郝普,普惶惧,自杀。朱据禁止,历时乃解。

13　武陵五溪蛮夷叛吴,吴主以南土清定,召交州刺史吕岱还屯长沙沤口。

资治通鉴卷第七十二

魏纪四

烈祖明皇帝中之上

太和五年（辛亥，231）

1 春，二月，吴主假太常潘濬节，使与吕岱督军五万人讨五溪蛮。濬姨兄蒋琬为诸葛亮长史，武陵太守卫旍奏濬遣密使与琬相闻，欲有自托之计。吴主曰："承明不为此也。"即封旍表以示濬，而召旍还，免官。

2 卫温、诸葛直军行经岁，士卒疾疫死者什八九，亶洲绝远，卒不可得至，得夷洲数千人还。温、直坐无功，诛。

3 汉丞相亮命李严以中都护署府事。严更名平。亮帅诸军入寇，围祁山，以木牛运。于是大司马曹真有疾，帝命司马懿西屯长安，督将军张郃、费曜、戴陵、郭淮等以御之。

4 三月，邵陵元侯曹真卒。

5 自十月不雨，至于是月。

6 司马懿使费曜、戴陵留精兵四千守上邽，馀众悉出，西救祁山。张郃欲分兵驻雍、郿，懿曰："料前军能独当之者，将军言是也。若不能当而分为前后，此楚之三军所以为黥布禽也。"遂进。亮分兵留攻祁山，自逆懿于上邽。郭淮、费曜等徼亮，亮破之，因大芟刈其麦，与懿遇于上邽之东。懿敛军依险，兵不得交，亮引还。

懿等寻亮后至于卤城。张郃曰："彼远来逆我，请战不得，谓我利在不战，欲以长计制之也。且祁山知大军已在近，人情自固，可止屯于此，分为奇兵，示出其后，不宜进前而不敢逼，坐失民望也。今亮孤军食少，亦行去矣。"懿不从，故寻亮。既至，又登山掘营，不肯战。贾栩、魏平数请战，因曰："公畏蜀如虎，奈天下笑何！"懿病之。诸将咸请战。夏，五月辛巳，懿乃使张郃攻无当监何平于南围，自按中道向亮。亮使魏延、高翔、吴班逆战，魏兵大败，汉人获甲首三千，懿还保营。

六月，亮以粮尽退军，司马懿遣张郃追之。郃进至木门，与亮战，蜀人乘高布伏，弓弩乱发，飞矢中郃右膝而卒。

7　秋，七月乙酉，皇子殷生，大赦。

8　黄初以来，诸侯王法禁严切，吏察之急，至于亲姻皆不敢相通问。东阿王植上疏曰：“尧之为教，先亲后疏，自近及远。周文王刑于寡妻，至于兄弟，以御于家邦。伏惟陛下资帝唐钦明之德，体文王翼翼之仁，惠洽椒房，恩昭九族，群后百寮，番休递上，执政不废于公朝，下情得展于私室，亲姻之路通，庆吊之情展，诚可谓恕己治人，推惠施恩者矣。至于臣者，人道绝绪，禁锢明时，臣窃自伤也。不敢乃望交气类，修人事，叙人伦，近且婚媾不通，兄弟乖绝，吉凶之问塞，庆吊之礼废，恩纪之违，甚于路人，隔阂之异，殊于胡、越。今臣以一切之制，永无朝觐之望，至于注心皇极，结情紫闼，神明知之矣。然天实为之，谓之何哉！退惟诸王常有戚戚具尔之心，愿陛下沛然垂诏，使诸国庆问，四节得展，以叙骨肉之欢恩，全怡怡之笃义。妃妾之家，膏沐之遗，岁得再通，齐义于贵宗，等惠于百司。如此，则古人之所叹，风雅之所咏，复存于圣世矣！臣伏自惟省，无锥刀之用；及观陛下之所拔授，若以臣为异姓，窃自料度，不后于朝士矣。若得辞远游，戴武弁，解朱组，佩青绂，驸马、奉车，趣得一号，安宅京室，执鞭珥笔，出从华盖，入侍辇毂，承答圣问，拾遗左右，乃臣丹诚之至愿，不离于梦想者也。远慕鹿鸣君臣之宴，中咏常棣匪他之诚，下思伐木友生之义，终怀蓼莪罔极之哀，每四节之会，块然独处，左右惟仆隶，所对惟妻子，高谈无所与陈，精义无所与展，未尝不闻乐而拊心，临觞而叹息也。臣伏以犬马之诚不能动人，譬人之诚不能动天，崩城、陨霜，臣初信之，以臣心况，徒虚语耳！若葵藿之倾太阳，虽不为回光，然向之者诚也。窃自比葵藿，若降天地之施，垂三光之明者，实在陛下。臣闻文子曰：‘不为福始，不为祸先。’今之否隔，友于同忧，而臣独倡言者，实不愿于圣世有不蒙施之物，欲陛下崇光被时雍之美，宣缉熙章明之德也！”诏报曰：“盖教化所由，各有隆敝，非皆善始而恶终也，事使之然。今令诸国兄弟情礼简怠，妃妾之家膏沐疏略，本无禁锢诸国通问之诏也；矫枉过正，下吏惧谴，以至于此耳。已敕有司，如王所诉。”

植复上疏曰：“昔汉文发代，疑朝有变，宋昌曰：‘内有朱虚、东牟之亲，外有齐、楚、淮南、琅邪，此则磐石之宗，愿王勿疑。’臣伏惟陛下远览姬文二虢之援，中虑周成召、毕之辅，下存宋昌磐石之固。臣闻羊质虎皮，见草则悦，见豺则战，忘其皮之虎也。今置将不良，有似于此。故语曰：‘患为之者不知，知之者不得为也。’昔管、蔡放诛，周、召作弼；叔鱼陷刑，叔向赞国。三监之衅,臣自当之;二南之辅,求必不远。华宗贵族藩王之中,必有应斯举者。夫能使天下倾耳注目者,当权者是也,故谋能移主,威能慑下。豪右执政,不在亲戚,权之所在,虽疏必重,势之所去,虽亲必轻。盖取齐者田族,非吕宗也;分晋者赵、魏,非姬姓也。惟陛下察之。苟吉专其位,凶离其患者,异姓之臣也。欲国之安,祈家之贵,存共其荣,殁同其祸者,公族之臣也。今反公族疏而异姓亲,臣窃惑焉。今臣与陛下践冰履炭,登山浮涧,寒温燥湿,高下共之,岂得离陛下哉! 不胜愤懑,拜表陈情。若有不合,乞且藏之书府,不便灭弃,臣死之后,事或可思。若有毫厘少挂圣意者,乞出之朝堂,使夫博古之士,纠臣表之不合义者,如是则臣愿足矣。"帝但以优文答报而已。

八月,诏曰:"先帝著令,不欲使诸王在京都者,谓幼主在位,母后摄政,防微以渐,关诸盛衰也。朕惟不见诸王十有二载,悠悠之怀,能不兴思! 其令诸王及宗室公侯各将適子一人朝明年正月,后有少主、母后在宫者,自如先帝令。"

9　汉丞相亮之攻祁山也,李平留后,主督运事。会天霖雨,平恐运粮不继,遣参军狐忠、督军成藩喻指,呼亮来还;亮承以退军。平闻军退,乃更阳惊,说:"军粮饶足,何以便归!"又欲杀督运岑述以解己不办之责。又表汉主,说:"军伪退,欲以诱贼与战。"亮具出其前后手笔书疏,本末违错。平辞穷情竭,首谢罪负。于是亮表平前后过恶,免官,削爵土,徙梓潼郡。复以平子丰为中郎将、参军事,出教敕之曰:"吾与君父子戮力以奖汉室,表都护典汉中,委君于东关,谓至心感动,终始可保,何图中乖乎! 若都护思负一意,君与公琰推心从事,否可复通,逝可复还也。详思斯戒,明吾用心!"

亮又与蒋琬、董允书曰:"孝起前为吾说正方腹中有鳞甲,乡党以为不可近。吾以为鳞甲但不当犯之耳,不图复有苏、张之事出于不意,可使孝起知之。"孝起者,卫尉南阳陈震也。

10　冬,十月,吴主使中郎将孙布诈降以诱扬州刺史王凌,吴主伏兵于阜陵以俟之。布遣人告凌云:"道远不能自致,乞兵见迎。"凌腾布书,请兵马迎之。征东将军满宠以为必诈,不与兵,而为凌作报书曰:"知识邪正,欲避祸就顺,去暴归道,甚相嘉尚。今欲遣兵相迎,然计兵少则不足相卫,多则事必远闻。且先密计以成本志,临时节度其宜。"会宠被书入朝,敕留府长史:"若凌欲往迎,勿与兵也。"凌于后索兵不得,乃单遣一督将步骑七百人往迎之,布夜掩击,督将进走,死伤过半。凌,允之兄子也。

先是凌表宠年过耽酒,不可居方任。帝将召宠,给事中郭谋曰:"宠为汝南太守、豫州刺史二十馀年,有勋方岳;及镇淮南,吴人惮之。若不如所表,将为所窥,可令还朝,问以东方事以察之。"帝从之。既至,体气康强,帝慰劳遣还。

11　十一月戊戌晦,日有食之。

12　十二月戊午,博平敬侯华歆卒。

13　丁卯,吴大赦,改明年元曰嘉禾。

六年(壬子,232)

1　春,正月,吴主少子建昌侯虑卒。太子登自武昌入省吴主,因自陈久离定省,子道有阙;又陈陆逊忠勤,无所顾忧。乃留建业。

2　二月,诏改封诸侯王,皆以郡为国。

3　帝爱女淑卒,帝痛之甚,追谥平原懿公主,立庙洛阳,葬于南陵,取甄后从孙黄与之合葬,追封黄为列侯,为之置后,袭爵。帝欲自临送葬,又欲幸许。司空陈群谏曰:"八岁下殇,礼所不备,况未期月,而以成人礼送之,加为制服,举朝素衣,朝夕哭临,自古以来,未有此比。而乃复自往视陵,亲临祖载。愿陛下抑割无益有损之事,此万国之至望也。又闻车驾欲幸许昌,二宫上下,皆悉居东,举朝大小,莫不惊怪。或言欲以避衰,或言欲以便移殿舍,或不知何故。臣以为吉凶有命,祸福由人,移走求安,则亦无益。若必当移避,缮治金墉城西宫及孟津别宫,皆可权时分止,何为举宫暴露野次,公私烦费,不可计量。且吉士贤人,犹不妄徙其家,以宁乡邑,使无恐惧之心,况乃帝王万国之主,行止动静,岂可轻脱哉!"少府杨阜曰:"文皇帝、武宣皇后崩,陛下皆不送葬,所以重社稷,备不虞也;何至孩抱之赤子而送葬也哉!"帝皆不听。三月,癸酉,行东巡。

4　吴主遣将军周贺、校尉裴潜乘海之辽东,从公孙渊求马。

初,虞翻性疏直,数有酒失,又好抵忤人,多见谤毁。吴主尝与张昭论及神仙,翻指昭曰:"彼皆死人而语神仙,世岂有仙人也!"吴主积怒非一,遂徙翻交州。及周贺等之辽东,翻闻之,以为五溪宜讨;辽东绝远,听使来属,尚不足取,今去人财以求马,既非国利,又恐无获。欲谏不敢,作表以示吕岱,岱不报。为爱憎所白,复徙苍梧猛陵。

5　夏,四月壬寅,帝如许昌。

6　五月,皇子殷卒。

7　秋,七月,以卫尉董昭为司徒。

8　九月，帝行如摩陂，治许昌宫，起景福、承光殿。

9　公孙渊阴怀贰心，数与吴通。帝使汝南太守田豫督青州诸军自海道、幽州刺史王雄自陆道讨之。散骑常侍蒋济谏曰："凡非相吞之国，不侵叛之臣，不宜轻伐。伐之而不能制，是驱使为贼也。故曰：'虎狼当路，不治狐狸。'先除大害，小害自已。今海表之地，累世委质，岁选计、孝，不乏职贡，议者先之。正使一举便克，得其民不足益国，得其财不足为富；傥不如意，是为结怨失信也。"帝不听。豫等往皆无功，诏令罢军。

豫以吴使周贺等垂还，岁晚风急，必畏漂浪，东道无岸，当赴成山，成山无藏船之处，遂辄以兵屯据成山。贺等还至成山，遇风，豫勒兵击贺等，斩之。吴主闻之，始思虞翻之言，乃召翻于交州。会翻已卒，以其丧还。

10　十一月庚寅，陈思王植卒。

11　十二月，帝还许昌宫。

12　侍中刘晔为帝所亲重。帝将伐蜀，朝臣内外皆曰"不可"。晔入与帝议，则曰"可伐"；出与朝臣言，则曰"不可"。晔有胆智，言之皆有形。中领军杨暨，帝之亲臣，又重晔，执不可伐之议最坚，每从内出，辄过晔，晔讲不可之意。后暨与帝论伐蜀事，暨切谏，帝曰："卿书生，焉知兵事！"暨谢曰："臣言诚不足采，侍中刘晔，先帝谋臣，常曰蜀不可伐。"帝曰："晔与吾言蜀可伐。"暨曰："晔可召质也。"诏召晔至，帝问晔，终不言。后独见，晔责帝曰："伐国，大谋也，臣得与闻大谋，常恐眯梦漏泄以益臣罪，焉敢向人言之！夫兵诡道也，军事未发，不厌其密。陛下显然露之，臣恐敌国已闻之矣。"于是帝谢之。晔见出，责暨曰："夫钓者中大鱼，则纵而随之，须可制而后牵，则无不得。人主之威，岂徒大鱼而已！子诚直臣，然计不足采，不可不精思也。"暨亦谢之。

或谓帝曰："晔不尽忠，善伺上意所趋而合之。陛下试与晔言，皆反意而问之，若皆与所问反者，是晔常与圣意合也。每问皆同者，晔之情必无所逃矣。"帝如言以验之，果得其情，从此疏焉。晔遂发狂，出为大鸿胪，以忧死。

　　傅子曰：巧诈不如拙诚，信矣。以晔之明智权计，若居之以德义，行之以忠信，古之上贤，何以加诸！独任才智，不敦诚悫，内失君心，外困于俗，卒以自危，岂不惜哉！

13　晔尝谮尚书令陈矫专权，矫惧，以告其子骞。骞曰："主上明圣，大人大臣，今若不合，不过不作公耳。"后数日，帝意果解。

尚书郎乐安廉昭以才能得幸，好抉摘群臣细过以求媚于上。黄门侍郎杜恕上疏曰："伏见廉昭奏左丞曹璠以罚当关不依诏,坐判问。又云:'诸当坐者别奏。'尚书令陈矫自奏不敢辞罚,亦不敢陈理,志意恳恻。臣窃愍然为朝廷惜之!古之帝王所以能辅世长民者,莫不远得百姓之欢心,近尽群臣之智力。今陛下忧劳万机,或亲灯火,而庶事不康,刑禁日弛。原其所由,非独臣不尽忠,亦其主不能使也。百里奚愚于虞而智于秦,豫让苟容中行而著节智伯,斯则古人之明验矣。若陛下以为今世无良才,朝廷乏贤佐,岂可追望稷、契之遐踪,坐待来世之俊乂乎!今之所谓贤者,尽有大官而享厚禄矣,然而奉上之节未立,向公之心不一者,委任之责不专,而俗多忌讳故也。臣以为忠臣不必亲,亲臣不必忠。今有疏者毁人而陛下疑其私报所憎,誉人而陛下疑其私爱所亲,左右或因之以进憎爱之说,遂使疏者不敢毁誉,以至政事损益,亦皆有嫌。陛下当思所以阐广朝臣之心,笃厉有道之节,使之自同古人,垂名竹帛,反使如廉昭者扰乱其间,臣惧大臣将遂容身保位,坐观得失,为来世戒也。昔周公戒鲁侯曰:'无使大臣怨乎不以。'言不贤则不可为大臣,为大臣则不可不用也。书数舜之功,称去四凶,不言有罪无问大小则去也。今者朝臣不自以为不能,以陛下为不任也;不自以为不知,以陛下为不问也。陛下何不遵周公之所以用,大舜之所以去,使侍中、尚书坐则侍帷幄,行则从华辇,亲对诏问,各陈所有,则群臣之行皆可得而知,忠能者进,暗劣者退,谁敢依违而不自尽。以陛下之圣明,亲与群臣论议政事,使群臣人得自尽,贤愚能否,在陛下之所用。以此治事,何事不办;以此建功,何功不成!每有军事,诏书常曰:'谁当忧此者邪?吾当自忧耳。'近诏又曰:'忧公忘私者必不然,但先公后私即自办也。'伏读明诏,乃知圣思究尽下情,然亦怪陛下不治其本而忧其末也。人之能否,实有本性,虽臣亦以为朝臣不尽称职也。明主之用人也,使能者不敢遗其力,而不能者不得处非其任。选举非其人,未必为有罪也;举朝共容非其人,乃为怪耳。陛下知其不尽力而代之忧其职,知其不能也而教之治其事,岂徒主劳而臣逸哉,虽圣贤并世,终不能以此为治也。陛下又患台阁禁令之不密,人事请属之不绝,作迎客出入之制,以恶吏守寺门,斯实不得为禁之本也。昔汉安帝时,少府窦嘉辟廷尉郭躬无罪之兄子,犹见举奏,章劾纷纷;近司隶校尉孔羡辟大将军狂悖之弟,而有司嘿尔,望风希指,甚于受属,选举不以实者也。嘉有亲戚之宠,躬非社稷重臣,犹尚如此,以今况古,陛下自不督必行之罚以绝阿党之原耳。出入之制,与恶吏守门,非治世之具也。使臣之言少蒙察纳,何患于奸不削灭,而养若廉昭等乎!夫纠擿奸宄,忠事也;然而世憎小人行之者,以其不顾道理而苟求容进也。若陛下不复考其终始,必以违众连世为奉公,密行白人为尽节,焉有通人大才而更不能为此邪?诚顾道理而弗为耳。使天下皆背道而趋利,则人主之所最病者也,陛下将何乐焉!"恕,畿之子也。

帝尝卒至尚书门,陈矫跪问帝曰:"陛下欲何之?"帝曰:"欲按行文书耳。"矫曰:"此自臣职分,非陛下所宜临也。若臣不称其职,则请就黜退,陛下宜还。"帝惭,回车而反。帝尝问矫:"司马公忠贞,可谓社稷之臣乎?"矫曰:"朝廷之望也,社稷则未知也。"

14　吴陆逊引兵向庐江,论者以为宜速救之。满宠曰:"庐江虽小,将劲兵精,守则经时。又,贼舍船二百里来,后尾空绝,不来尚欲诱致,今宜听其遂进,但恐走不可及耳。"乃整军趋杨宜口,吴人闻之,夜遁。

是时,吴人岁有来计。满宠上疏曰:"合肥城南临江湖,北远寿春,贼攻围之,得据水为势;官兵救之,当先破贼大辈,然后围乃得解。贼往甚易,而兵往救之甚难,宜移城内之兵,其西三十里,有奇险可依,更立城以固守,此为引贼平地而掎其归路,于计为便。"护军将军蒋济议以为:"既示天下以弱,且望贼烟火而坏城,此为未攻而自拔;一至于此,劫略无限,必淮北为守。"帝未许。宠重表曰:"孙子言'兵者,诡道也,故能而示之不能,骄之以利,示之以慑',此为形实不必相应也。又曰:'善动敌者形之。'今贼未至而移城却内,所谓形而诱之也。引贼远水,择利而动,举得于外,而福生于内矣!"尚书赵咨以宠策为长,诏遂报听。

青龙元年(癸丑,233)

1　春,正月甲申,青龙见摩陂井中。二月,帝如摩陂观龙,改元。

2　公孙渊遣校尉宿舒、郎中令孙综奉表称臣于吴;吴主大悦,为之大赦。三月,吴主遣太常张弥、执金吾许晏、将军贺达将兵万人,金宝珍货,九锡备物,乘海授渊,封渊为燕王。举朝大臣自顾雍以下皆谏,以为:"渊未可信而宠待太厚,但可遣吏兵护送舒、综而已。"吴主不听。张昭曰:"渊背魏惧讨,远来求援,非本志也。若渊改图,欲自明于魏,两使不反,不亦取笑于天下乎!"吴主反覆难昭,昭意弥切。吴主不能堪,按刀而怒曰:"吴国士人入宫则拜孤,出宫则拜君,孤之敬君亦为至矣,而数于众中折孤,孤常恐失计。"昭孰视吴主曰:"臣虽知言不用,每竭愚忠者,诚以太后临崩,呼老臣于床下,遗诏顾命之言故在耳。"因涕泣横流;吴主掷刀于地,与之对泣。然卒遣弥、晏往。昭忿言之不用,称疾不朝;吴主恨之,土塞其门,昭又于内以土封之。

3　夏,五月戊寅,北海王蕤卒。

4　闰月庚寅朔,日有食之。

5　六月,洛阳宫鞠室灾。

6　鲜卑轲比能诱保塞鲜卑步度根与深结和亲,自勒万骑迎其累重于陉北。并州刺史毕轨表辄出军,以外威比能,内镇步度根。帝省表曰:"步度根已为比能所诱,有自疑心。今轨出军,慎勿越塞过句注也。"比诏书到,轨已进军屯阴馆,遣将军苏尚、董弼追鲜卑。轲比能遣子将千馀骑迎步度根部落,与尚、弼相遇,战于楼烦,二将没,步度根与泄归泥部落皆叛出塞,与轲比能合寇边。帝遣骁骑将军秦朗将中军讨之,轲比能乃走幕北,泄归泥将其部众来降。步度根寻为轲比能所杀。

7　公孙渊知吴远难恃,乃斩张弥、许晏等首,传送京师,悉没其兵资珍宝。冬,十二月,诏拜渊大司马,封乐浪公。

吴主闻之,大怒曰:"朕年六十,世事难易,靡所不尝。近为鼠子所前却,令人气踊如山。不自截鼠子头以掷于海,无颜复临万国,就令颠沛,不以为恨!"

陆逊上疏曰:"陛下以神武之资,诞膺期运,破操乌林,败备西陵,禽羽荆州;斯三虏者,当世雄杰,皆摧其锋。圣化所绥,万里草偃,方荡平华夏,总一大猷。今不忍小忿而发雷霆之怒,违垂堂之戒,轻万乘之重,此臣之所惑也。臣闻之,行万里者不中道而辍足,图四海者不怀细以害大。强寇在境,荒服未庭,陛下乘桴远征,必致窥阚,戚至而忧,悔之无及。若使大事时捷,则渊不讨自服。今乃远惜辽东众之与马,奈何独欲捐江东万安之本业而不惜乎!"

尚书仆射薛综上疏曰:"昔汉元帝欲御楼船,薛广德请刎颈以血染车。何则? 水火之险至危,非帝王所宜涉也。今辽东戎貊小国,无城隍之固,备御之术,器械铢钝,犬羊无政,往必禽克,诚如明诏。然其方土寒埆,谷稼不殖,民习鞍马,转徙无常,卒闻大军之至,自度不敌,鸟惊兽骇,长驱奔窜,一人匹马,不可得见,虽获空地,守之无益,此不可一也。加又洪流混漾,有成山之难,海行无常,风波难免,倏忽之间,人船异势,虽有尧、舜之德,智无所施,贲、育之勇,力不得设,此不可二也。加以郁雾冥其上,咸水蒸其下,善生流肿,转相泻染,凡行海者,稀无此患,此不可三也。天生神圣,当乘时平乱,康此民物。今逆虏将灭,海内垂定,乃违必然之图,寻至危之阻,忽九州之固,肆一朝之忿,既非社稷之重计,又开辟以来所未尝有,斯诚群僚所以倾身侧息,食不甘味,寝不安席者也。"

选曹尚书陆瑁上疏曰:“北寇与国,壤地连接,苟有间隙,应机而至。夫所以为越海求马,曲意于渊者,为赴目前之急,除腹心之疾也。而更弃本追末,捐近治远,忿以改规,激以动众,斯乃猾虏所愿闻,非大吴之至计也。又兵家之术,以功役相疲,劳逸相待,得失之间,所觉辄多。且沓渚去渊,道里尚远,今到其岸,兵势三分,使强者进取,次当守船,又次运粮,行人虽多,难得悉用。加以单步负粮,经远深入,贼地多马,邀截无常。若渊狙诈,与北未绝,动众之日,唇齿相济;若实了然无所凭赖,其畏怖远进,或难卒灭,使天诛稽于朔野,山虏乘间而起,恐非万安之长虑也!”吴主未许。

瑁重上疏曰:“夫兵革者,固前代所以诛暴乱、威四夷也。然其役皆在奸雄已除,天下无事,从容庙堂之上,以徐议议之耳。至于中夏鼎沸,九域盘互之时,率须深根固本,爱力惜费,未有正于此时舍近治远,以疲军旅者也。昔尉佗叛逆,僭号称帝,于时天下乂安,百姓康阜,然汉文犹以远征不易,告喻而已。今凶桀未殄,疆场犹警,未宜以渊为先。愿陛下抑威任计,暂宁六师,潜神嘿规,以为后图,天下幸甚!”吴主乃止。

吴主数遣人慰谢张昭,昭固不起。吴主因出,过其门呼昭,昭辞疾笃。吴主烧其门,欲以恐之,昭亦不出。吴主使人灭火,住门良久。昭诸子共扶昭起,吴主载以还宫,深自克责。昭不得已,然后朝会。

初,张弥、许晏等至襄平,公孙渊欲图之,乃先分散其吏兵,中使秦旦、张群、杜德、黄强等及吏兵六十人置玄菟。玄菟在辽东北二百里,太守王赞,领户二百,旦等皆舍于民家,仰其饮食,积四十许日。旦与群等议曰:“吾人远辱国命,自弃于此,与死无异。今观此郡,形势甚弱,若一旦同心,焚烧城郭,杀其长吏,为国报耻,然后伏死,足以无恨。孰与偷生苟活,长为囚虏乎!”群等然之。于是阴相结约,当用八月十九日夜发。其日中时,为郡中张松所告,赞便会士众,闭城门,旦、群、德、强皆逾城得走。时群病疽疮著膝,不及辈旅,德常扶接与俱,崎岖山谷,行六七百里,创益困,不复能前,卧草中,相守悲泣。群曰:“吾不幸创甚,死亡无日,卿诸人宜速进道,冀有所达,空相守俱死于穷谷之中,何益也!”德曰:“万里流离,死生共之,不忍相委。”于是推旦、强使前,德独留守群,采菜果食之。旦、强别数日,得达句丽,因宣吴主诏于句丽王位宫及其主簿,给言有赐,为辽东所劫夺。位宫等大喜,即受诏,命使人随旦还迎群、德,遣皂衣二十五人,送旦等还吴,奉表称臣,贡貂皮千枚,鹖鸡皮十具。旦等见吴主,悲喜不能自胜。吴主壮之,皆拜校尉。

8　是岁,吴主出兵欲围新城,以其远水,积二十馀日,不敢下船。满宠谓诸将曰:"孙权得吾移城,必于其众中有自大之言,今大举来,欲要一切之功,虽不敢至,必当上岸耀兵以示有馀。"乃潜遣步骑六千,伏肥水隐处以待之。吴主果上岸耀兵,宠伏军卒起击之,斩首数百,或有赴水死者。吴主又使全琮攻六安,亦不克。

9　蜀庲降都督张翼用法严峻,南夷豪帅刘胄叛。丞相亮以参军巴西马忠代翼,召翼令还。其人谓翼宜速归即罪。翼曰:"不然,吾以蛮夷蠢动,不称职,故还耳。然代人未至,吾方临战场,当运粮积谷,为灭贼之资,岂可以黜退之故而废公家之务乎!"于是统摄不懈,代到乃发。马忠因其成基,破胄,斩之。

10　诸葛亮劝农讲武,作木牛、流马,运米集斜谷口,治斜谷邸阁;息民休士,三年而后用之。

二年(甲寅,234)

1　春,二月,亮悉大众十万由斜谷入寇,遣使约吴同时大举。

2　三月庚寅,山阳公卒,帝素服发丧。

3　己酉,大赦。

4　夏,四月,大疫。

5　崇华殿灾。

6　诸葛亮至郿,军于渭水之南。司马懿引军渡渭,背水为垒拒之,谓诸将曰:"亮若出武功,依山而东,诚为可忧;若西上五丈原,诸将无事矣。"亮果屯五丈原。

雍州刺史郭淮言于懿曰:"亮必争北原,宜先据之。"议者多谓不然,淮曰:"若亮跨渭登原,连兵北山,隔绝陇道,摇荡民夷,此非国之利也。"懿乃使淮屯北原。堑垒未成,汉兵大至,淮逆击却之。

亮以前者数出,皆以运粮不继,使己志不伸,乃分兵屯田为久驻之基,耕者杂于渭滨居民之间,而百姓安堵,军无私焉。

7　五月,吴主入居巢湖口,向合肥新城,众号十万;又遣陆逊、诸葛瑾将万馀人入江夏、沔口,向襄阳;将军孙韶、张承入淮,向广陵、淮阴。六月,满宠欲率诸军救新城,殄夷将军田豫曰:"贼悉众大举,非图小利,欲质新城以致大军耳。宜听使攻城,挫其锐气,不当与争锋也。城不可拔,众必罢怠;罢怠然后击之,可大克也。若贼见计,必不攻城,势将自走。若便进兵,适入其计矣。"

　　时东方吏士皆分休,宠表请召中军兵,并召所休将士,须集击之。散骑常侍广平刘劭议以为:"贼众新至,心专气锐,宠以少人自战其地,若便进击,必不能制。宠请待兵,未有所失也,以为可先遣步兵五千,精骑三千,先军前发,扬声进道,震曜形势。骑到合肥,疏其行队,多其旌鼓,曜兵城下,引出贼后,拟其归路,要其粮道。贼闻大军来,骑断其后,必震怖遁走,不战自破矣。"帝从之。

　　宠欲拔新城守,致贼寿春,帝不听,曰:"昔汉光武遣兵据略阳,终以破隗嚣,先帝东置合肥,南守襄阳,西固祁山,贼来辄破于三城之下者,地有所必争也。纵权攻新城,必不能拔。敕诸将坚守,吾将自往征之,比至,恐权走也。"乃使征蜀护军秦朗督步骑二万助司马懿御诸葛亮,敕懿:"但坚壁拒守以挫其锋,彼进不得志,退无与战,久停则粮尽,虏略无所获,则必走;走而追之,全胜之道也。"秋,七月壬寅,帝御龙舟东征。

　　满宠募壮士焚吴攻具,射杀吴主之弟子泰;又吴吏士多疾病。帝未至数百里,疑兵先至。吴主始谓帝不能出,闻大军至,遂遁,孙韶亦退。

　　陆逊遣亲人韩扁奉表诣吴主,逻者得之。诸葛瑾闻之甚惧,书与逊云:"大驾已还,贼得韩扁,具知吾阔狭,且水干,宜当急去。"逊未答,方催人种葑、豆,与诸将弈棋、射戏如常。瑾曰:"伯言多智略,其必当有以。"乃自来见逊。逊曰:"贼知大驾已还,无所复忧,得专力于吾。又已守要害之处,兵将意动,且当自定以安之,施设变术,然后出耳。今便示退,贼当谓吾怖,仍来相蹙,必败之势也。"乃密与瑾立计,令瑾督舟船,逊悉上兵马以向襄阳城;魏人素惮逊名,遽还赴城。瑾便引船出,逊徐整部伍,张拓声势,步趣船,魏人不敢逼。行到白围,托言住猎,潜遣将军周峻、张梁等击江夏、新市、安陆、石阳,斩获千馀人而还。

　　群臣以为司马懿方与诸葛亮相守未解,车驾可西幸长安。帝曰:"权走,亮胆破,大军足以制之,吾无忧矣。"遂进军至寿春,录诸将功,封赏各有差。

　　8　八月壬申,葬汉孝献皇帝于禅陵。

　　9　辛巳,帝还许昌。

　　10　司马懿与诸葛亮相守百馀日,亮数挑战,懿不出。亮乃遗懿巾帼妇人之服;懿怒,上表请战,帝使卫尉辛毗杖节为军师以制之。护军姜维谓亮曰:"辛佐治杖节而到,贼不复出矣。"亮曰:"彼本无战情,所以固请战者,以示武于其众耳。将在军,君命有所不受,苟能制吾,岂千里而请战邪!"

亮遣使者至懿军,懿问其寝食及事之烦简,不问戎事。使者对曰:"诸葛公夙兴夜寐,罚二十以上,皆亲览焉;所啖食不至数升。"懿告人曰:"诸葛孔明食少事烦,其能久乎!"

亮病笃,汉主使尚书仆射李福省侍,因谘以国家大计。福至,与亮语已,别去,数日复还。亮曰:"孤知君还意,近日言语虽弥日,有所不尽,更来求决耳。公所问者,公琰其宜也。"福谢:"前实失不谘请,如公百年后,谁可任大事者,故辄还耳。乞复请蒋琬之后,谁可任者?"亮曰:"文伟可以继之。"又问其次,亮不答。

是月,亮卒于军中。长史杨仪整军而出。百姓奔告司马懿,懿追之。姜维令仪反旗鸣鼓,若将向懿者,懿敛军退,不敢逼。于是仪结陈而去,入谷然后发丧。百姓为之谚曰:"死诸葛走生仲达。"懿闻之,笑曰:"吾能料生,不能料死故也。"懿按行亮之营垒处所,叹曰:"天下奇才也!"追至赤岸,不及而还。

初,汉前军师魏延,勇猛过人,善养士卒。每随亮出,辄欲请兵万人,与亮异道会于潼关,如韩信故事,亮制而不许。延常谓亮为怯,叹恨己才用之不尽。杨仪为人干敏,亮每出军,仪常规画分部,筹度粮谷,不稽思虑,斯须便了,军戎节度,取办于仪。延性矜高,当时皆避下之,唯仪不假借延,延以为至忿,有如水火。亮深惜二人之才,不忍有所偏废也。

费祎使吴,吴主醉,问祎曰:"杨仪、魏延,牧竖小人也,虽尝有鸣吠之益于时务,然既已任之,势不得轻。若一朝无诸葛亮,必为祸乱矣。诸君惯惯,不知防虑于此,岂所谓贻厥孙谋乎!"祎对曰:"仪、延之不协,起于私忿耳,而无黥、韩难御之心也。今方扫除强贼,混一函夏,功以才成,业由才广,若舍此不任,防其后患,是犹备有风波而逆废舟楫,非长计也。"

亮病困,与仪及司马费祎等作身殁之后退军节度,令延断后,姜维次之;若延不从命,军便自发。亮卒,仪秘不发丧,令祎往揣延意指。延曰:"丞相虽亡,吾自见在。府亲官属,便可将丧还葬,吾当自率诸军击贼;云何以一人死废天下之事邪!且魏延何人,当为杨仪之所部勒,作断后将乎!"自与祎共作行留部分,令祎手书与己连名,告下诸将。祎绐延曰:"当为君还解杨长史。长史文吏,稀更军事,必不违命也。"祎出,奔马而去。延寻悔之,已不及矣。

延遣人觇仪等,欲按亮成规,诸营相次引军还,延大怒,搀仪未发,率所领径先南归,所过烧绝阁道。延、仪各相表叛逆,一日之中,羽檄交至。汉主以问侍中董允、留府长史蒋琬,琬、允咸保仪而疑延。仪等令槎山通道,昼夜兼行,亦继延后。延先至,据南谷口,遣兵逆击仪等,仪等令将军何平于前御延。平叱先登曰:"公亡,身尚未寒,汝辈何敢乃尔!"延士众知曲在延,莫为用命,皆散。延独与其子数人逃亡,奔汉中,仪遣将马岱追斩之,遂夷延三族。蒋琬率宿卫诸营北行赴难,行数十里,延死问至,乃还。始,延欲杀仪等,冀时论以己代诸葛辅政,故不降魏而南还击仪,实无反意也。

诸军还成都,大赦,谥诸葛亮曰忠武侯。初,亮表于汉主曰:"成都有桑八百株,薄田十五顷,子弟衣食,自有馀饶,臣不别治生以长尺寸。若臣死之日,不使内有馀帛,外有赢财,以负陛下。"卒如其所言。

丞相长史张裔常称亮曰:"公赏不遗远,罚不阿近,爵不可以无功取,刑不可以贵势免,此贤愚之所以佥忘其身者也!"

　　陈寿评曰:诸葛亮之为相国也,抚百姓,示仪轨,约官职,从权制;开诚心,布公道;尽忠益时者,虽仇必赏,犯法怠慢者,虽亲必罚,服罪输情者,虽重必释,游辞巧饰者,虽轻必戮,善无微而不赏,恶无纤而不贬;庶事精练,物理其本,循名责实,虚伪不齿;终于邦域之内,咸畏而爱之,刑政虽峻而无怨者,以其用心平而劝戒明也。可谓识治之良才,管、萧之亚匹矣。

11　初,长水校尉廖立,自谓才名宜为诸葛亮之副,常以职位游散,怏怏怨谤无已,亮废立为民,徙之汶山。及亮卒,立垂泣曰:"吾终为左衽矣!"李平闻之,亦发病死。平常冀亮复收己,得自补复,策后人不能故也。

　　习凿齿论曰:昔管仲夺伯氏骈邑三百,没齿而无怨言,圣人以为难。诸葛亮之使廖立垂泣,李严致死,岂徒无怨言而已哉!夫水至平而邪者取法,鉴至明而丑者忘怒;水鉴之所以能穷物而无怨者,以其无私也。水鉴无私,犹以免谤;况大人君子怀乐生之心,流矜恕之德,法行于不可不用,刑加乎自犯之罪,爵之而非私,诛之而不怒,天下有不服者乎!

12　蜀人所在求为诸葛亮立庙,汉主不听;百姓遂因时节私祭之于道陌上。步兵校尉习隆等上言:"请近其墓,立一庙于沔阳,断其私祀。"汉主从之。

汉主以左将军吴懿为车骑将军,假节,督汉中,以丞相长史蒋琬为尚书令,总统国事,寻加琬行都护,假节,领益州刺史。时新丧元帅,远近危悚,琬出类拔萃,处群僚之右,既无戚容,又无喜色,神守举止,有如平日,由是众望渐服。

　　吴人闻诸葛亮卒,恐魏承衰取蜀,增巴丘守兵万人,一欲以为救援,二欲以事分割。汉人闻之,亦增永安之守以防非常。汉主使右中郎将宗预使吴,吴主问曰:"东之与西,譬犹一家,而闻西更增白帝之守,何也?"对曰:"臣以为东益巴丘之戍,西增白帝之守,皆事势宜然,俱不足以相问也。"吴主大笑,嘉其抗尽,礼之亚于邓芝。

　　13　吴诸葛恪以丹阳山险,民多果劲,虽前发兵,徒得外县平民而已,其馀深远,莫能禽尽,屡自求为官出之,三年可得甲士四万。众议咸以为:"丹阳地势险阻,与吴郡、会稽、新都、番阳四郡邻接,周旋数千里,山谷万重。其幽邃人民,未尝入城邑,对长吏,皆仗兵野逸,白首于林莽;逋亡宿恶,咸共逃窜。山出铜铁,自铸甲兵。俗好武习战,高尚气力;其升山越险,抵突丛棘,若鱼之走渊,猿狖之腾木也。时观间隙,出为寇盗,每致兵征伐,寻其窟藏。其战则蜂至,败则鸟窜,自前世以来,不能羁也。"皆以为难。恪父瑾闻之,亦以事终不逮,叹曰:"恪不大兴吾家,将赤吾族也!"恪盛陈其必捷,吴主乃拜恪抚越将军,领丹阳太守,使行其策。

　　14　冬,十一月,洛阳地震。

　　15　吴潘濬讨武陵蛮,数年,斩获数万。自是群蛮衰弱,一方宁静。十一月,濬还武昌。

资治通鉴卷第七十三

魏纪五

烈祖明皇帝中之下

青龙三年（乙卯，235）

1　春，正月戊子，以大将军司马懿为太尉。

2　丁巳，皇太后郭氏殂。帝数问甄后死状于太后，由是太后以忧殂。

3　汉杨仪既杀魏延，自以为有大功，宜代诸葛亮秉政；而亮平生密指，以仪狷狭，意在蒋琬。仪至成都，拜中军师，无所统领，从容而已。初，仪事昭烈帝为尚书，琬时为尚书郎。后虽俱为丞相参军、长史，仪每从行，当其劳剧；自谓年宦先琬，才能逾之，于是怨愤形于声色，叹咤之音发于五内，时人畏其言语不节，莫敢从也。惟后军师费祎往慰省之，仪对祎恨望，前后云云。又语祎曰："往者丞相亡没之际，吾若举军以就魏氏，处世宁当落度如此邪！令人追悔，不可复及！"祎密表其言。汉主废仪为民，徙汉嘉郡。仪至徙所，复上书诽谤，辞指激切，遂下郡收仪，仪自杀。

4　三月庚寅，葬文德皇后。

5　夏，四月，汉主以蒋琬为大将军、录尚书事；费祎代琬为尚书令。

6　帝好土功，既作许昌宫，又治洛阳宫，起昭阳太极殿，筑总章观，高十馀丈，力役不已，农桑失业。司空陈群上疏曰："昔禹承唐、虞之盛，犹卑宫室而恶衣服。况今丧乱之后，人民至少，比汉文、景之时，不过汉一大郡。加以边境有事，将士劳苦，若有水旱之患，国家之深忧也。昔刘备自成都至白水，多作传舍，兴费人役，太祖知其疲民也。今中国劳力，亦吴、蜀之所愿；此安危之机也，惟陛下虑之！"帝答曰："王业、宫室，亦宜并立，灭贼之后，但当罢守御耳，岂可复兴役邪！是固君之职，萧何之大略也。"群曰："昔汉祖惟与项羽争天下，羽已灭，宫室烧焚，是以萧何建武库、太仓，皆为要急，然高祖犹非其壮丽。今二虏未平，诚不宜与古同也。夫人之所欲，莫不有辞，况乃天王，莫之敢违。前欲坏武库，谓不可不坏也；后欲置之，谓不可不置也。若必作之，固非臣下辞言所屈；若少留神，卓然回意,亦非臣下之所及也。汉明帝欲起德阳殿,锺离意谏,即用其言,后乃复作之;殿成,谓群臣曰:'锺离尚书在,不得成此殿也。'夫王者岂惮一人,盖为百姓也。今臣曾不能少凝圣听,不及意远矣。"帝乃为之少有减省。

帝耽于内宠,妇官秩石拟百官之数,自贵人以下至掖庭洒扫,凡数千人,选女子知书可付信者六人,以为女尚书,使典省外奏事,处当画可。廷尉高柔上疏曰:"昔汉文惜十家之资,不营小台之娱,去病虑匈奴之害,不遑治第之事。况今所损者非惟百金之费,所忧者非徒北狄之患乎!可粗成见所营立以充朝宴之仪,讫罢作者,使得就农;二方平定,复可徐兴。周礼,天子后妃以下百二十人,嫔嫱之仪,既已盛矣;窃闻后庭之数,或复过之,圣嗣不昌,殆能由此。臣愚以为可妙简淑媛以备内官之数,其馀尽遣还家,且以育精养神,专静为宝。如此,则螽斯之征可庶而致矣。"帝报曰:"辄克昌言,他复以闻。"

是时猎法严峻,杀禁地鹿者身死,财产没官,有能觉告者,厚加赏赐。柔复上疏曰:"中间以来,百姓供给众役,亲田者既减;加顷复有猎禁,群鹿犯暴,残食生苗,处处为害,所伤不訾,民虽障防,力不能御。至如荥阳左右,周数百里,岁略不收。方今天下生财者甚少,而麋鹿之损者甚多,卒有兵戎之役,凶年之灾,将无以待之。惟陛下宽放民间,使得捕鹿,遂除其禁,则众庶永济,莫不悦豫矣。"

帝又欲平北芒,令于其上作台观,望见孟津。卫尉辛毗谏曰:"天地之性,高高下下。今而反之,既非其理;加以损费人功,民不堪役。且若九河盈溢,洪水为害,而丘陵皆夷,将何以御之!"帝乃止。

少府杨阜上疏曰:"陛下奉武皇帝开拓之大业,守文皇帝克终之元绪,诚宜思齐往古圣贤之善治,总观季世放荡之恶政。曩使桓、灵不废高祖之法度,文、景之恭俭,太祖虽有神武,于何所施,而陛下何由处斯尊哉!今吴、蜀未定,军旅在外,诸所缮治,惟陛下务从约节。"帝优诏答之。

阜复上疏曰:"尧尚茅茨而万国安其居,禹卑宫室而天下乐其业;及至殷、周,或堂崇三尺,度以九筵耳。桀作璇室象廊,纣为倾宫鹿台,以丧其社稷,楚灵以筑章华而身受祸,秦始皇作阿房,二世而灭。夫不度万民之力以从耳目之欲,未有不亡者也。陛下当以尧、舜、禹、汤、文、武为法则,夏桀、殷纣、楚灵、秦皇为深诫,而乃自暇自逸,惟宫台是饰,必有颠覆危亡之祸矣。君作元首,臣为股肱,存亡一体,得失同之。臣虽驽怯,敢忘争臣之义!言不切至,不足以感悟陛下;陛下不察臣言,恐皇祖、烈考之祚坠于地。使臣身死有补万一,则死之日犹生之年也。谨叩棺沐浴,伏俟重诛!"奏御,帝感其忠言,手笔诏答。

帝尝著帽,被缥绫半袖。皇问帝曰:"此于礼何法服也?"帝默不答。自是不法服不以见皇。

皇又上疏欲省宫人诸不见幸者,乃召御府吏问后宫人数。吏守旧令,对曰:"禁密,不得宣露!"皇怒,杖吏一百,数之曰:"国家不与九卿为密,反与小吏为密乎!"帝愈严惮之。

散骑常侍蒋济上疏曰:"昔句践养胎以待用,昭王恤病以雪仇,故能以弱燕服强齐,嬴越灭劲吴。今二敌强盛,当身不除,百世之责也。以陛下圣明神武之略,舍其缓者,专心讨贼,臣以为无难矣。"

中书侍郎东莱王基上疏曰:"臣闻古人以水喻民曰:'水所以载舟,亦所以覆舟。'颜渊曰:'东野子之御,马力尽矣,而求进不已,殆将败矣。'今事役劳苦,男女离旷,愿陛下深察东野之敝,留意舟水之喻,息奔驷于未尽,节力役于未困。昔汉有天下,至孝文时唯有同姓诸侯,而贾谊忧之曰:'置火积薪之下而寝其上,因谓之安。'今寇贼未殄,猛将拥兵,检之则无以应敌,久之则难以遗后,当盛明之世,不务以除患,若子孙不竞,社稷之忧也。使贾谊复起,必深切于曩时矣。"帝皆不听。

殿中监督役,擅收兰台令史;右仆射卫臻奏按之。诏曰:"殿舍不成,吾所留心,卿推之,何也?"臻曰:"古制侵官之法,非恶其勤事也,诚以所益者小,所堕者大也。臣每察校事,类皆如此,若又纵之,惧群司将遂越职,以至陵夷矣。"

尚书涿郡孙礼固请罢役,帝诏曰:"钦纳谠言。"促遣民作;监作者复奏留一月,有所成讫。礼径至作所,不复重奏,称诏罢民,帝奇其意而不责。帝虽不能尽用群臣直谏之言,然皆优容之。

秋,七月,洛阳崇华殿灾。帝问侍中领太史令泰山高堂隆曰:"此何咎也?于礼宁有祈禳之义乎?"对曰:"易传曰:'上不俭,下不节,孽火烧其室。'又曰:'君高其台,天火为灾。'此人君务饰宫室,不知百姓空竭,故天应之以旱,火从高殿起也。"诏问隆:"吾闻汉武之时柏梁灾,而大起宫殿以厌之,其义云何?"对曰:"夷越之巫所为,非圣贤之明训也。五行志曰:'柏梁灾,其后有江充巫蛊事。'如志之言,越巫建章无所厌也;今宜罢散民役。宫室之制,务从约节,清扫所灾之处,不敢于此有所立作,则萐莆、嘉禾必生此地。若乃疲民之力,竭民之财,非所以致符瑞而怀远人也。"

7　八月庚午,立皇子芳为齐王,询为秦王。帝无子,养二王为子,宫省事秘,莫有知其所由来者。或云:芳,任城王楷之子也。

8 丁巳,帝还洛阳。

9 诏复立崇华殿,更名曰九龙。通引榖水过九龙殿前,为玉井绮栏,蟾蜍含受,神龙吐出。使博士扶风马钧作司南车、水转百戏。

陵霄阙始构,有鹊巢其上,帝以问高堂隆,对曰:"诗曰:'惟鹊有巢,惟鸠居之。'今兴宫室,起陵霄阙,而鹊巢之,此宫未成身不得居之象也。天意若曰'宫室未成,将有他姓制御之',斯乃上天之戒也。夫天道无亲,惟与善人,太戊、武丁睹灾悚惧,故天降之福。今若罢休百役,增崇德政,则三王可四,五帝可六,岂惟商宗转祸为福而已哉!"帝为之动容。

帝性严急,其督修宫室有稽限者,帝亲召问,言犹在口,身首已分。散骑常侍领秘书监王肃上疏曰:"今宫室未就,见作者三四万人。九龙可以安圣体,其内足以列六宫;惟泰极已前,功夫尚大。愿陛下取常食禀之士,非急要者之用,选其丁壮,择留万人,使一期而更之。咸知息代有日,则莫不悦以即事,劳而不怨矣。计一岁有三百六十万夫,亦不为少。当一岁成者,听且三年,分遣其馀,使皆即农,无穷之计也。夫信之于民,国家大宝也。前车驾当幸洛阳,发民为营,有司命以营成而罢;既成,又利其功力,不以时遣;有司徒营目前之利,不顾经国之体。臣愚以为自今已后,傥复使民,宜明其令,使必如期;以次有事,宁使更发,无或失信。凡陛下临时之所行刑,皆有罪之吏、宜死之人也;然众庶不知,谓为仓卒。故愿陛下下之于吏而暴其罪,钧其死也,无使污于宫掖而为远近所疑。且人命至重,难生易杀,气绝而不续者也,是以圣贤重之。昔汉文帝欲杀犯跸者,廷尉张释之曰:'方其时,上使诛之则已,今下廷尉,廷尉,天下之平,不可倾也。'臣以为大失其义,非忠臣所宜陈也。廷尉者,天子之吏也,犹不可以失平,而天子之身反可以惑谬乎!斯重于为己而轻于为君,不忠之甚者也,不可不察。"

10 中山恭王衮疾病,令官属曰:"男子不死于妇人之手,亟以时营东堂。"堂成,舆疾往居之。又令世子曰:"汝幼为人君,知乐不知苦,必将以骄奢为失者也。兄弟有不良之行,当造膝谏之,谏之不从,流涕喻之,喻之不改,乃白其母,犹不改,当以奏闻,并辞国土。与其守宠罹祸,不若贫贱全身也。此亦谓大罪恶耳,其微过细故,当掩覆之。"冬,十月,己酉,衮卒。

11 十一月丁酉,帝行如许昌。

12 是岁,幽州刺史王雄使勇士韩龙刺杀鲜卑轲比能;自是种落离散,互相侵伐,强者远遁,弱者请服,边陲遂安。

13　张掖柳谷口水溢涌,宝石负图,状象灵龟,立于川西,有石马七及凤凰、麒麟、白虎、牺牛、璜珧、八卦、列宿、孛彗之象,又有文曰"大讨曹"。诏书班天下,以为嘉瑞。任令于绰连赍以问钜鹿张臶,臶密谓绰曰:"夫神以知来,不追既往,祥兆先见而后废兴从之。今汉已久亡,魏已得之,何所追兴祥兆乎! 此石,当今之变异而将来之符瑞也。"

14　帝使人以马易珠玑、翡翠、玳瑁于吴,吴主曰:"此皆孤所不用,而可以得马,孤何爱焉。"尽以与之。

四年(丙辰,236)

1　春,吴人铸大钱,一当五百。

2　三月,吴张昭卒,年八十一。昭容貌矜严,有威风,吴主以下,举邦惮之。

3　夏,四月,汉主至湔,登观阪,观汶水之流,旬日而还。

4　武都氐王苻健请降于汉;其弟不从,将四百户来降。

5　五月乙卯,乐平定侯董昭卒。

6　冬,十月己卯,帝还洛阳宫。

7　甲申,有星孛于大辰,又孛于东方。高堂隆上疏曰:"凡帝王徙都立邑,皆先定天地、社稷之位,敬恭以奉之。将营宫室,则宗庙为先,厩库为次,居室为后。今圜丘、方泽、南北郊、明堂、社稷神位未定,宗庙之制又未如礼,而崇饰居室,士民失业。外人咸云'宫人之用与军国之费略齐',民不堪命,皆有怨怒。书曰:'天聪明自我民聪明,天明畏自我民明威。'言天之赏罚,随民言,顺民心也。夫采椽、卑宫,唐、虞、大禹之所以垂皇风也;玉台、琼室,夏癸、商辛之所以犯昊天也。今宫室过盛,天彗竟灼,斯乃慈父恳切之训。当崇孝子祗耸之礼,不宜有忽,以重天怒。"隆数切谏,帝颇不悦。侍中卢毓进曰:"臣闻君明则臣直,古之圣王惟恐不闻其过,此乃臣等所以不及隆也。"帝乃解。毓,植之子也。

8　十二月癸巳,颍阴靖侯陈群卒。群前后数陈得失,每上封事,辄削其草,时人及其子弟莫能知也。论者或讥群居位拱默;正始中,诏撰群臣上书以为名臣奏议,朝士乃见群谏事,皆叹息焉。

袁子论曰:或云:"少府杨阜岂非忠臣哉? 见人主之非则勃然触之,与人言未尝不道。"答曰:"夫仁者爱人,施之君谓之忠,施于亲谓之孝。今为人臣,见人主失道,直诋其非而播扬其恶,可谓直士,未为忠臣也。故司空陈群则不然，谈论终日，未尝言人主之非；书数十上，外人不知。君子谓群于是乎长者矣。"

9　乙未，帝行如许昌。

10　诏公卿举才德兼备者各一人，司马懿以兖州刺史太原王昶应选。昶为人谨厚，名其兄子曰默，曰沈，名其子曰浑，曰深，为书戒之曰："吾以四者为名，欲使汝曹顾名思义，不敢违越也。夫物速成则疾亡，晚就而善终，朝华之草，夕而零落，松柏之茂，隆寒不衰，是以君子戒于阙党也。夫能屈以为伸，让以为得，弱以为强，鲜不遂矣。夫毁誉者，爱恶之原而祸福之机也。孔子曰：'吾之于人，谁毁谁誉。'以圣人之德犹尚如此，况庸庸之徒而轻毁誉哉！人或毁己，当退而求之于身。若己有可毁之行，则彼言当矣；若己无可毁之行，则彼言妄矣。当则无怨于彼，妄则无害于身，又何反报焉！谚曰：'救寒莫如重裘，止谤莫如自修。'斯言信矣。"

景初元年（丁巳，237）

1　春，正月壬辰，山茌县言黄龙见。高堂隆以为："魏得土德，故其瑞黄龙见，宜改正朔，易服色，以神明其政，变民耳目。"帝从其议。三月，下诏改元，以是月为孟夏四月，服色尚黄，牺牲用白，从地正也。更名太和历曰景初历。

2　五月己巳，帝还洛阳。

3　己丑，大赦。

4　六月戊申，京都地震。

5　己亥，以尚书令陈矫为司徒，左仆射卫臻为司空。

6　有司奏以武皇帝为魏太祖，文皇帝为魏高祖，帝为魏烈祖；三祖之庙，万世不毁。

　　　孙盛论曰：夫谥以表行，庙以存容。未有当年而逆制祖宗，未终而豫自尊显。魏之群司于是乎失正矣。

7　秋，七月丁卯，东乡贞侯陈矫卒。

8　公孙渊数对国中宾客出恶言，帝欲讨之，以荆州刺史河东毌丘俭为幽州刺史。俭上疏曰："陛下即位以来，未有可书。吴、蜀恃险，未可卒平，聊可以此方无用之士克定辽东。"光禄大夫卫臻曰："俭所陈皆战国细术，非王者之事也。吴频岁称兵，寇乱边境，而犹按甲养士，未果致讨者，诚以百姓疲劳故也。渊生长海表，相承三世，外抚戎夷，内修战射，而俭欲以偏军长驱，朝至夕卷，知其妄矣。"帝不听，使俭帅诸军及鲜卑、乌桓屯辽东南界,玺书征渊。渊遂发兵反,逆俭于辽隧。会天雨十馀日,辽水大涨,俭与战不利,引军还右北平。渊因自立为燕王,改元绍汉,置百官,遣使假鲜卑单于玺,封拜边民,诱呼鲜卑以侵扰北方。

9　汉张后殂。

10　九月,冀、兖、徐、豫大水。

11　西平郭夫人有宠于帝,毛后爱弛。帝游后园,曲宴极乐。郭夫人请延皇后,帝不许,因禁左右使不得宣。后知之,明日,谓帝曰:"昨日游宴北园,乐乎?"帝以左右泄之,所杀十馀人。庚辰,赐后死,然犹加谥曰悼。癸丑,葬愍陵。迁其弟曾为散骑常侍。

12　冬,十月,帝用高堂隆之议,营洛阳南委粟山为圜丘,诏曰:"昔汉氏之初,承秦灭学之后,采摭残缺,以备郊祀,四百馀年,废无禘礼。曹氏世系出自有虞,今祀皇皇帝天于圜丘,以始祖虞舜配;祭皇皇后地于方丘,以舜妃伊氏配;祀皇天之神于南郊,以武帝配;祭皇地之祇于北郊,以武宣皇后配。"

13　庐江主簿吕习密使人请兵于吴,欲开门为内应,吴主使卫将军全琮督前将军朱桓等赴之,既至,事露,吴军还。

14　诸葛恪至丹阳,移书四部属城长吏,令各保其疆界,明立部伍;其从化平民,悉令屯居。乃内诸将,罗兵幽阻,但缮藩篱,不与交锋,俟其谷稼将熟,辄纵兵芟刈,使无遗种。旧谷既尽,新谷不收,平民屯居,略无所入。于是山民饥穷,渐出降首。恪乃复敕下曰:"山民去恶从化,皆当抚慰,徙出外县,不得嫌疑,有所拘执!"白阳长胡伉得降民周遗;遗旧恶民,困迫暂出,伉缚送言〔诸〕府。恪以伉违教,遂斩以徇。民闻伉坐执人被戮,知官惟欲出之而已,于是老幼相携而出,岁期人数,皆如本规;恪自领万人,馀分给诸将。吴主嘉其功,拜恪威北将军,封都乡侯,徙屯庐江皖口。

15　是岁,徙长安钟簴、橐佗、铜人、承露盘于洛阳。盘折,声闻数十里。铜人重,不可致,留于霸城。大发铜铸铜人二,号曰翁仲,列坐于司马门外。又铸黄龙、凤皇各一,龙高四丈,凤高三丈馀,置内殿前。起土山于芳林园西北陬,使公卿群僚皆负土,树松、竹、杂木善草于其上,捕山禽杂兽置其中。司徒军议掾董寻上疏谏曰:"臣闻古之直士,尽言于国,不避死亡,故周昌比高祖于桀、纣,刘辅譬赵后于人婢,天生忠直,虽白刃沸汤,往而不顾者,诚为时主爱惜天下也。建安以来,野战死亡,或门殚户尽,虽有存者,遗孤老弱。若今宫室狭小,当广大之,犹宜随时,不妨农务,况乃作无益之物,黄龙、凤皇、九龙、承露盘,此皆圣明之所不兴也,其功三倍于殿舍。陛下既尊群臣,显以冠冕,被以文绣,载以华舆,所以异于小人;而使穿方举土,面目垢黑,沾体涂足,衣冠了鸟,毁国之光以崇无益,甚非谓也。孔子曰:'君使臣以礼,臣事君以忠。'无忠无礼,国何以立! 臣知言出必死,而臣自比于牛之一毛,生既无益,死亦何损! 秉笔流涕,心与世辞。臣有八子,臣死之后,累陛下矣!"将奏,沐浴以待命。帝曰:"董寻不畏死邪!"主者奏收寻,有诏勿问。

高堂隆上疏曰:"今世之小人,好说秦、汉之奢靡以荡圣心;求取亡国不度之器,劳役费损以伤德政:非所以兴礼乐之和,保神明之休也。"帝不听。

隆又上疏曰:"昔洪水滔天二十二载,尧、舜君臣南面而已。今无若时之急,而使公卿大夫并与厮徒共供事役,闻之四夷,非嘉声也,垂之竹帛,非令名也。今吴、蜀二贼,非徒白地、小虏、聚邑之寇,乃僭号称帝,欲与中国争衡。今若有人来告:'权、禅并修德政,轻省租赋,动咨耆贤,事遵礼度。'陛下闻之,岂不惕然恶其如此,以为难卒讨灭而为国忧乎! 若使告者曰:'彼二贼并为无道,崇侈无度,役其士民,重其赋敛,下不堪命,吁嗟日甚。'陛下闻之,岂不幸彼疲敝而取之不难乎! 苟如此,则可易心而度,事义之数亦不远矣! 亡国之主自谓不亡,然后至于亡;贤圣之君自谓亡,然后至于不亡。今天下凋敝,民无儋石之储,国无终年之蓄,外有强敌,六军暴边,内兴土功,州郡骚动,若有寇警,则臣惧版筑之士不能投命虏庭矣。又,将吏奉禄,稍见折减,方之于昔,五分居一,诸受休者又绝禀赐,不应输者今皆出半,此为官入兼多于旧,其所出与参少于昔。而度支经用,更每不足,牛肉小赋,前后相继。反而推之,凡此诸费,必有所在。且夫禄赐谷帛,人主所以惠养吏民而为之司命者也,若今有废,是夺其命矣。既得之而又失之,此生怨之府也。"帝览之,谓中书监、令曰:"观隆此奏,使朕惧哉!"

尚书卫觊上疏曰:"今议者多好悦耳:其言政治,则比陛下于尧、舜;其言征伐,则比二虏于狸鼠。臣以为不然。四海之内,分而为三,群士陈力,各为其主,是与六国分治无以为异也。当今千里无烟,遗民困苦;陛下不善留意,将遂凋敝,难可复振。武皇帝之时,后宫食不过一肉,衣不用锦绣,茵蓐不缘饰,器物无丹漆,用能平定天下,遗福子孙,此皆陛下之所览也。当今之务,宜君臣上下,计校府库,量入为出,犹恐不及,而工役不辍,侈靡日崇,帑藏日竭。昔汉武信神仙之道,谓当得云表之露以餐玉屑,故立仙掌以承高露,陛下通明,每所非笑。汉武有求于露而犹尚见非,陛下无求于露而空设之,不益于好而糜费功夫,诚皆圣虑所宜裁制也!"

时有诏录夺士女前已嫁为吏民妻者,还以配士,听以生口自赎,又简选其有姿首者内之掖庭。太子舍人沛国张茂上书谏曰:"陛下,天之子也,百姓吏民,亦陛下子也,今夺彼以与此,亦无以异于夺兄之妻妻弟也,于父母之恩偏矣。又,诏书得以生口年纪、颜色与妻相当者自代,故富者则倾家尽产,贫者举假贷赁,贵买生口以赎其妻;县官以配士为名而实内之掖庭,其丑恶乃出与士。得妇者未必喜而失妻者必有忧,或穷或愁,皆不得志。夫君有天下而不得万姓之欢心者,鲜不危殆。且军师在外数十万人,一日之费非徒千金,举天下之赋以奉此役,犹将不给,况复有掖庭非员无录之女,椒房母后之家,赏赐横与,内外交引,其费半军。昔汉武帝掘地为海,封土为山,赖是时天下为一,莫敢与争者耳。自衰乱以来,四五十载,马不舍鞍,士不释甲,强寇在疆,图危魏室。陛下不战战业业,念崇节约,而乃奢靡是务,中尚方作玩弄之物,后园建承露之盘,斯诚快耳目之观,然亦足以骋寇仇之心矣!惜乎,舍尧、舜之节俭而为汉武帝之侈事,臣窃为陛下不取也。"帝不听。

高堂隆疾笃,口占上疏曰:"曾子有言曰:'人之将死,其言也善。'臣寝疾有增无损,常恐奄忽,忠款不昭,臣之丹诚,愿陛下少垂省览!臣观三代之有天下,圣贤相承,历数百载,尺土莫非其有,一民莫非其臣。然癸、辛之徒,纵心极欲,皇天震怒,宗国为墟,纣枭白旗,桀放鸣条,天子之尊,汤、武有之;岂伊异人?皆明王之胄也。黄初之际,天兆其戒,异类之鸟,育长燕巢,口爪胸赤,此魏室之大异也。宜防鹰扬之臣于萧墙之内;可选诸王,使君国典兵,往往棋跱,镇抚皇畿,翼亮帝室。夫皇天无亲,惟德是辅。民咏德政,则延期过历;下有怨叹,则辍录授能。由此观之,天下乃天下之天下,非独陛下之天下也!"帝手诏深慰劳之。未几而卒。

陈寿评曰:高堂隆学业修明,志存匡君,因变陈戒,发于恳诚,忠矣哉!及至必改正朔,俾魏祖虞,所谓意过其通者欤!

16　帝深疾浮华之士,诏吏部尚书卢毓曰:"选举莫取有名,名如画地作饼,不可啖也。"毓对曰:"名不足以致异人而可以得常士;常士畏教慕善,然后有名,非所当疾也。愚臣既不足以识异人,又主者正以循名按常为职,但当有以验其后耳。古者敷奏以言,明试以功;今考绩之法废,而以毁誉相进退,故真伪浑杂,虚实相蒙。"帝纳其言。诏散骑常侍刘劭作考课法。劭作都官考课法七十二条,又作说略一篇,诏下百官议。

司隶校尉崔林曰:"按周官考课,其文备矣。自康王以下,遂以陵夷,此即考课之法存乎其人也。及汉之季,其失岂在乎佐吏之职不密哉! 方今军旅或猥或卒,增减无常,固难一矣。且万目不张,举其纲,众毛不整,振其领,皋陶仕虞,伊尹臣殷,不仁者远。若大臣能任其职,式是百辟,则孰敢不肃,乌在考课哉!"

黄门侍郎杜恕曰:"明试以功,三载考绩,诚帝王之盛制也。然历六代而考绩之法不著,关七圣而课试之文不垂,臣诚以为其法可粗依,其详难备举故也。语曰'世有乱人而无乱法',若使法可专任,则唐、虞可不须稷、契之佐,殷、周无贵伊、吕之辅矣。今奏考功者,陈周、汉之云为,缀京房之本旨,可谓明考课之要矣。于以崇揖让之风,兴济济之治,臣以为未尽善也。其欲使州郡考士,必由四科,皆有事效,然后察举,试辟公府,为亲民长吏,转以次功补郡守者,或就增秩赐爵,此最考课之急务也。臣以为便当显其身,用其言,使具为课州郡之法,法具施行,立必信之赏,施必行之罚。至于公卿及内职大臣,亦当俱以其职考课之。古之三公,坐而论道;内职大臣,纳言补阙,无善不纪,无过不举。且天下至大,万机至众,诚非一明所能遍照;故君为元首,臣作股肱,明其一体相须而成也。是以古人称廊庙之材,非一木之支,帝王之业,非一士之略。由是言之,焉有大臣守职办课可以致雍熙者哉! 诚使容身保位,无放退之辜,而尽节在公,抱见疑之势,公义不修而私议成俗,虽仲尼为课,犹不能尽一才,又况于世俗之人乎!"

司空掾北地傅嘏曰:"夫建官均职,清理民物,所以立本也。循名责实,纠励成规,所以治末也。本纲未举而造制末程,国略不崇而考课是先,惧不足以料贤愚之分,精幽明之理也。"议久之不决,事竟不行。

臣光曰:为治之要,莫先于用人,而知人之道,圣贤所难也。是故求之于毁誉,则爱憎竞进而善恶浑淆;考之于功状,则巧诈横生而真伪相冒。要之,其本在于至公至明而已矣。为人上者至公至明,则群下之能否焯然形于目中,无所复逃矣。苟为不公不明,则考课之法,适足为曲私欺罔之资也。

何以言之? 公明者,心也;功状者,迹也。己之心不能治,而以考人之迹,不亦难乎! 为人上者,诚能不以亲疏贵贱异其心,喜怒好恶乱其志,欲知治经之士,则视其记览博洽,讲论精通,斯为善治经矣;欲知治狱之士,则视其曲尽情伪,无所冤抑,斯为善治狱矣;欲知治财之士,则视其仓库盈实,百姓富给,斯为善治财矣;欲知治兵之士,则视其战胜攻取,敌人畏服,斯为善治兵矣。至于百官,莫不皆然。虽询谋于人而决之在己,虽考求于迹而察之在心,研核其实而斟酌其宜,至精至微,不可以口述,不可以书传也,安得豫为之法而悉委有司哉!

或者亲贵虽不能而任职,疏贱虽贤才而见遗;所喜所好者败官而不去,所怒所恶者有功而不录;询谋于人,则毁誉相半而不能决,考求其迹,则文具实亡而不能察。虽复为之善法,繁其条目,谨其簿书,安能得其真哉!

或曰:人君之治,大者天下,小者一国,内外之官以千万数,考察黜陟,安得不委有司而独任其事哉?曰:非谓其然也。凡为人上者,不特人君而已;太守居一郡之上,刺史居一州之上,九卿居属官之上,三公居百执事之上,皆用此道以考察黜陟在下之人,为人君者亦用此道以考察黜陟公卿、刺史、太守,奚烦劳之有哉!

或曰:考绩之法,唐、虞所为,京房、刘邵述而修之耳,乌可废哉?曰:唐、虞之官,其居位也久,其受任也专,其立法也宽,其责成也远。是故鲧之治水,九载绩用弗成,然后治其罪;禹之治水,九州攸同,四隩既宅,然后赏其功;非若京房、刘邵之法,校其米盐之课,责其旦夕之效也。事固有名同而实异者,不可不察也。考绩非可行于唐、虞而不可行于汉、魏,由京房、刘邵不得其本而奔趋其末故也。

17　初,右仆射卫臻典选举,中护军蒋济遗臻书曰:"汉祖遇亡虏为上将,周武拔渔父为太师;布衣厮养,可登王公,何必守文,试而后用!"臻曰:"不然。子欲同牧野于成、康,喻断蛇于文、景,好不经之举,开拔奇之津,将使天下驰骋而起矣!"

卢毓论人及选举,皆先性行而后言才,黄门郎冯翊李丰尝以问毓,毓曰:"才所以为善也,故大才成大善,小才成小善;今称之有才而不能为善,是才不中器也!"丰服其言。

资治通鉴卷第七十四

魏纪六

烈祖明皇帝下

景初二年（戊午，238）

1　春，正月，帝召司马懿于长安，使将兵四万讨辽东。议臣或以为四万兵多，役费难供。帝曰："四千里征伐，虽云用奇，亦当任力，不当稍计役费也。"帝谓懿曰："公孙渊将何计以待君？"对曰："渊弃城豫走，上计也；据辽东拒大军，其次也；坐守襄平，此成禽耳。"帝曰："然则三者何出？"对曰："唯明智能审量彼我，乃豫有所割弃。此既非渊所及，又谓今往孤远，不能支久，必先拒辽水，后守襄平也。"帝曰："还往几日？"对曰："往百日，攻百日，还百日，以六十日为休息，如此，一年足矣。"

公孙渊闻之，复遣使称臣，求救于吴。吴人欲戮其使，羊衜曰："不可，是肆匹夫之怒而捐霸王之计也，不如因而厚之，遣奇兵潜往以要其成。若魏伐不克，而我军远赴，是恩结遐夷，义形万里；若兵连不解，首尾离隔，则我虏其傍郡，驱略而归，亦足以致天之罚，报雪曩事矣。"吴主曰："善！"乃大勒兵谓渊使曰："请俟后问，当从简书，必与弟同休戚。"又曰："司马懿所向无前，深为弟忧之。"

帝问于护军将军蒋济曰："孙权其救辽东乎？"济曰："彼知官备已固，利不可得，深入则非力所及，浅入则劳而无获；权虽子弟在危，犹将不动，况异域之人，兼以往者之辱乎！今所以外扬此声者，谲其行人，疑之于我，我之不克，冀其折节事己耳。然沓渚之间，去渊尚远，若大军相守，事不速决，则权之浅规，或得轻兵掩袭，未可测也。"

2　帝问吏部尚书卢毓："谁可为司徒者？"毓荐处士管宁。帝不能用，更问其次，对曰："敦笃至行，则太中大夫韩暨；亮直清方，则司隶校尉崔林；贞固纯粹，则太常常林。"二月，癸卯，以韩暨为司徒。

3　汉主立皇后张氏，前后之妹也。立王贵人子璿为皇太子，瑶为安定王。

大司农河南孟光问太子读书及情性好尚于秘书郎郤正,正曰:"奉亲虔恭,夙夜匪懈,有古世子之风;接待群僚,举动出于仁恕。"光曰:"如君所道,皆家户所有耳;吾今所问,欲知其权略智调何如也。"正曰:"世子之道,在于承志竭欢,既不得妄有施为;智谋藏于胸怀,权略应时而发,此之有无,焉可豫知也!"光知正慎宜,不为放谈,乃曰:"吾好直言,无所回避。今天下未定,智意为先,智意自然,不可力强致也。储君读书,宁当效吾等竭力博识以待访问,如博士探策讲试以求爵位邪! 当务其急者。"正深谓光言为然。正,俭之孙也。

4 吴人铸当千大钱。

5 夏,四月庚子,南乡恭侯韩暨卒。

6 庚戌,大赦。

7 六月,司马懿军至辽东,公孙渊使大将军卑衍、杨祚将步骑数万屯辽隧,围堑二十馀里。诸将欲击之,懿曰:"贼所以坚壁,欲老吾兵也,今攻之,正堕其计。且贼大众在此,其巢窟空虚;直指襄平,破之必矣。"乃多张旗帜,欲出其南,衍等尽锐趣之。懿潜济水,出其北,直趣襄平;衍等恐,引兵夜走。诸军进至首山,渊复使衍等逆战,懿击,大破之,遂进围襄平。

秋,七月,大霖雨,辽水暴涨,运船自辽口径至城下。雨月馀不止,平地水数尺;三军恐,欲移营,懿令军中:"敢有言徙者斩!"都督令史张静犯令,斩之,军中乃定。贼恃水,樵牧自若,诸将欲取之,懿皆不听。司马陈珪曰:"昔攻上庸,八部俱进,昼夜不息,故能一旬之半,拔坚城,斩孟达。今者远来而更安缓,愚窃惑焉。"懿曰:"孟达众少而食支一年,将士四倍于达而粮不淹月;以一月图一年,安可不速! 以四击一,正令失半而克,犹当为之,是以不计死伤,与粮竞也。今贼众我寡,贼饥我饱,水雨乃尔,功力不设,虽当促之,亦何所为! 自发京师,不忧贼攻,但恐贼走。今贼粮垂尽而围落未合,掠其牛马,抄其樵采,此故驱之走也。夫兵者诡道,善因事变。贼凭众恃雨,故虽饥困,未肯束手,当示无能以安之。取小利以惊之,非计也。"朝廷闻师遇雨,咸欲罢兵。帝曰:"司马懿临危制变,禽渊可计日待也。"

雨霁,懿乃合围,作土山地道,楯橹钩冲,昼夜攻之,矢石如雨。渊窘急,粮尽,人相食,死者甚多,其将杨祚等降。八月,渊使相国王建、御史大夫柳甫请解围却兵,当君臣面缚。懿命斩之,檄告渊曰:"楚、郑列国,而郑伯犹肉袒牵羊迎之。孤天子上公,而建等欲孤解围退舍,岂得礼邪! 二人老耄,传言失指,已相为斩之。若意有未已,可更遣年少有明决者来!"渊复遣侍中卫演乞克日送任,懿谓演曰:"军事大要有五:能战当战,不能战当守,不能守当走;馀二事,但有降与死耳。汝不肯面缚,此为决就死也,不须送任!"壬午,襄平溃,渊与子脩将数百骑突围东南走,大兵急击之,斩渊父子于梁水之上。懿既入城,诛其公卿以下及兵民七千馀人,筑为京观。辽东、带方、乐浪、玄菟四郡皆平。

渊之将反也,将军纶直、贾范等苦谏,渊皆杀之,懿乃封直等之墓,显其遗嗣,释渊叔父恭之囚。中国人欲还旧乡者,恣听之。遂班师。

初,渊兄晃为恭任子在洛阳,先渊未反时,数陈其变,欲令国家讨渊;及渊谋逆,帝不忍市斩,欲就狱杀之。廷尉高柔上疏曰:"臣窃闻晃先数自归,陈渊祸萌,虽为凶族,原心可恕。夫仲尼亮司马牛之忧,祁奚明叔向之过,在昔之美义也。臣以为晃信有言,宜贷其死;苟自无言,便当市斩。今进不赦其命,退不彰其罪,闭著图圄,使自引分,四方观国,或疑此举也。"帝不听,竟遣使赍金屑饮晃及其妻子,赐以棺衣,殡敛于宅。

8　九月,吴改元赤乌。

9　吴步夫人卒。

初,吴主为讨虏将军,在吴,娶吴郡徐氏;太子登所生庶贱,吴主令徐氏母养之。徐氏妒,故无宠。及吴主西徙,徐氏留处吴;而临淮步夫人宠冠后庭,吴主欲立为皇后,而群臣议在徐氏,吴主依违者十馀年。会步氏卒,群臣奏追赠皇后印绶,徐氏竟废,卒于吴。

10　吴主使中书郎吕壹典校诸官府及州郡文书,壹因此渐作威福,深文巧诋,排陷无辜,毁短大臣,纤介必闻。太子登数谏,吴主不听,群臣莫敢复言,皆畏之侧目。

壹诬白故江夏太守刁嘉谤讪国政,吴主怒,收嘉,系狱验问。时同坐人皆畏怖壹,并言闻之。侍中北海是仪独云无闻,遂见穷诘累日,诏旨转厉,群臣为之屏息。仪曰:"今刀锯已在臣颈,臣何敢为嘉隐讳,自取夷灭,为不忠之鬼!顾以闻知当有本末。"据实答问,辞不倾移,吴主遂舍之;嘉亦得免。

上大将军陆逊、太常潘濬忧壹乱国,每言之,辄流涕。壹白丞相顾雍过失,吴主怒,诘责雍。黄门侍郎谢厷语次问壹:"顾公事何如?"壹曰:"不能佳。"厷又问:"若此公免退,谁当代之?"壹未答。厷曰:"得无潘太常得之乎?"壹良久曰:"君语近之也。"厷曰:"潘太常常切齿于君,但道无因耳。今日代顾公,恐明日便击君矣!"壹大惧,遂解散雍事。潘濬求朝,诣建业，欲尽辞极谏，至，闻太子登已数言之而不见从；濬乃大请百寮，欲因会手刃杀壹，以身当之，为国除患。壹密闻知，称疾不行。

西陵督步骘上疏曰："顾雍、陆逊、潘濬，志在竭诚，寝食不宁，念欲安国利民，建久长之计，可谓心膂股肱社稷之臣矣。宜各委任，不使他官监其所司，课其殿最。此三臣思虑不到则已，岂敢欺负所天乎！"

左将军朱据部曲应受三万缗，工王遂诈而受之。壹疑据实取，考问主者，死于杖下，据哀其无辜，厚棺敛之，壹又表据吏为据隐，故厚其殡。吴主数责问据，据无以自明，藉草待罪；数日，典军吏刘助觉，言王遂所取。吴主大感悟，曰："朱据见枉，况吏民乎！"乃穷治壹罪，赏助百万。

丞相雍至廷尉断狱，壹以囚见。雍和颜色问其辞状，临出，又谓壹曰："君意得无欲有所道乎？"壹叩头无言。时尚书郎怀叙面詈辱壹，雍责叙曰："官有正法，何至于此！"有司奏壹大辟，或以为宜加焚裂，用彰元恶。吴主以访中书令会稽阚泽，泽曰："盛明之世，不宜复有此刑。"吴主从之。

壹既伏诛，吴主使中书郎袁礼告谢诸大将，因问时事所当损益。礼还，复有诏责诸葛瑾、步骘、朱然、吕岱等曰："袁礼还云：'与子瑜、子山、义封、定公相见，并咨以时事当有所先后，各自以不掌民事，不肯便有所陈，悉推之伯言、承明。伯言、承明见礼，泣涕恳恻，辞旨辛苦，至乃怀执危怖，有不自安之心。'闻之怅然，深自刻怪！何者？夫惟圣人能无过行，明者能自见耳。人之举厝，何能悉中！独当己有以伤拒众意，忽不自觉，故诸君有嫌难耳。不尔，何缘乃至于此乎？与诸君从事，自少至长，发有二色，以谓表里足以明露，公私分计足用相保，义虽君臣，恩犹骨肉，荣福喜戚，相与共之。忠不匿情，智无遗计，事统是非，诸君岂得从容而已哉！同船济水，将谁与易！齐桓有善，管子未尝不叹，有过未尝不谏，谏而不得，终谏不止。今孤自省无桓公之德，而诸君谏诤未出于口，仍执嫌难；以此言之，孤于齐桓良优，未知诸君于管子何如耳！"

11　冬，十一月壬午，以司空卫臻为司徒，司隶校尉崔林为司空。

12　十二月，汉蒋琬出屯汉中。

13　乙丑，帝不豫。

14　辛巳，立郭夫人为皇后。

15　初，太祖为魏公，以赞令刘放、参军事孙资皆为秘书郎。文帝即位，更名秘书曰中书，以放为监，资为令，遂掌机密。帝即位，尤见宠任，皆加侍中、光禄大夫，封本县侯。是时，帝亲览万机，数兴军旅，腹心之任，皆二人管之；每有大事，朝臣会议，常令决其是非，择而行之。中护军蒋济上疏曰:"臣闻大臣太重者国危,左右太亲者身蔽,古之至戒也。往者大臣秉事,外内扇动;陛下卓然自览万机,莫不祗肃。夫大臣非不忠也,然威权在下,则众心慢上,势之常也。陛下既已察之于大臣,愿无忘之于左右,左右忠正远虑,未必贤于大臣,至于便辟取合,或能工之。今外所言,辄云'中书',虽使恭慎,不敢外交,但有此名,犹惑世俗。况实握事要,日在目前,倪因疲倦之间,有所割制,众臣见其能推移于事,即亦因时而向之。一有此端,私招朋援,臧否毁誉,必有所兴,功负赏罚,必有所易,直道而上者或壅,曲附左右者反达,因微而入,缘形而出,意所狎信,不复猜觉。此宜圣智所当早闻,外以经意,则形际自见;或恐朝臣畏言不合而受左右之怨,莫適以闻。臣窃亮陛下潜神默思,公听并观,若事有未尽于理而物有未周于用,将改曲易调,远与黄、唐角功,近昭武、文之绩,岂牵近习而已哉!然人君不可悉任天下之事,必当有所付;若委之一臣,自非周公旦之忠,管夷吾之公,则有弄机败官之敝。当今柱石之士虽少,至于行称一州,智效一官,忠信竭命,各奉其职,可并驱策,不使圣明之朝有专吏之名也!"帝不听。

及寝疾,深念后事,乃以武帝子燕王宇为大将军,与领军将军夏侯献、武卫将军曹爽、屯骑校尉曹肇、骁骑将军秦朗等对辅政。爽,真之子;肇,休之子也。帝少与燕王宇善,故以后事属之。

刘放、孙资久典机任,献、肇心内不平;殿中有鸡栖树,二人相谓曰:"此亦久矣,其能复几!"放、资惧有后害,阴图间之。燕王性恭良,陈诚固辞。帝引放、资入卧内,问曰:"燕王正尔为?"对曰:"燕王实自知不堪大任故耳。"帝曰:"谁可任者?"时惟曹爽独在帝侧,放、资因荐爽,且言:"宜召司马懿与相参。"帝曰:"爽堪其事不?"爽流汗不能对。放蹴其足,耳之曰:"臣以死奉社稷。"帝从放、资言,欲用爽、懿,既而中变,敕停前命;放、资复入见说帝,帝又从之。放曰:"宜为手诏。"帝曰:"我困笃,不能。"放即上床,执帝手强作之,遂赍出,大言曰:"有诏免燕王宇等官,不得停省中。"皆流涕而出。甲申,以曹爽为大将军。帝嫌爽才弱,复拜尚书孙礼为大将军长史以佐之。

是时,司马懿在汲,帝令给使辟邪赍手诏召之。先是,燕王为帝画计,以为关中事重,宜遣懿便道自轵关西还长安,事已施行。懿斯须得二诏,前后相违,疑京师有变,乃疾驱入朝。

三年(己未,239)

1　春,正月,懿至,入见,帝执其手曰:"吾以后事属君,君与曹爽辅少子。死乃可忍,吾忍死待君,得相见,无所复恨矣!"乃召齐、秦二王以示懿,别指齐王芳谓懿曰:"此是也,君谛视之,勿误也!"又教齐王令前抱懿颈。懿顿首流涕。是日,立齐王为皇太子。帝寻殂。

帝沉毅明敏,任心而行,料简功能,屏绝浮伪。行师动众,论决大事,谋臣将相,咸服帝之大略。性特强识,虽左右小臣,官簿性行,名迹所履,及其父兄子弟,一经耳目,终不遗忘。

　　　孙盛论曰:闻之长老,魏明帝天姿秀出,立发垂地,口吃少言,而沉毅好断。初,诸公受遗辅导,帝皆以方任处之,政自己出。优礼大臣,开容善直,虽犯颜极谏,无所摧戮,其君人之量如此其伟也。然不思建德垂风,不固维城之基,至使大权偏据,社稷无卫,悲夫!

2　太子即位,年八岁;大赦。尊皇后曰皇太后,加曹爽、司马懿侍中,假节钺,都督中外诸军、录尚书事。诸所兴作宫室之役,皆以遗诏罢之。

爽、懿各领兵三千人更宿殿内,爽以懿年位素高,常父事之,每事谘访,不敢专行。

初,并州刺史东平毕轨及邓飏、李胜、何晏、丁谧皆有才名,而急于富贵,趋时附势,明帝恶其浮华,皆抑而不用。曹爽素与亲善,及辅政,骤加引擢,以为腹心。晏,进之孙;谧,斐之子也。晏等咸共推戴爽,以为重权不可委之于人。丁谧为爽画策,使爽白天子发诏,转司马懿为太傅,外以名号尊之,内欲令尚书奏事,先来由己,得制其轻重也。爽从之。二月,丁丑,以司马懿为太傅,以爽弟羲为中领军、训为武卫将军、彦为散骑常侍、侍讲,其馀诸弟皆以列侯侍从,出入禁闼,贵宠莫盛焉。

爽事太傅,礼貌虽存,而诸所兴造,希复由之。爽徙吏部尚书卢毓为仆射,而以何晏代之,以邓飏、丁谧为尚书,毕轨为司隶校尉。晏等依势用事,附会者升进,违忤者罢退,内外望风,莫敢忤旨。黄门侍郎傅嘏谓爽弟羲曰:"何平叔外静而内躁,铦巧好利,不念务本,吾恐必先惑子兄弟,仁人将远而朝政废矣!"晏等遂与嘏不平,因微事免嘏官。又出卢毓为廷尉,毕轨又枉奏毓免官,众论多讼之,乃复以为光禄勋。孙礼亮直不挠,爽心不便,出为扬州刺史。

3　三月,以征东将军满宠为太尉。

4　夏,四月,吴督军使者羊衜击辽东守将,俘人民而去。

5　汉蒋琬为大司马,东曹掾犍为杨戏,素性简略,琬与言论,时不应答。或谓琬曰:"公与戏言而不应,其慢甚矣!"琬曰:"人心不同,各如其面,面从后言,古人所诫。戏欲赞吾是邪,则非其本心;欲反吾言,则显吾之非,是以默然,是戏之快也。"又督农杨敏尝毁琬曰:"作事愦愦,诚不及前人。"或以白琬,主者请推治敏,琬曰:"吾实不如前人,无可推也。"主者乞问其愦愦之状,琬曰:"苟其不如,则事不理,事不理,则愦愦矣。"后敏坐事系狱,众人犹惧其必死,琬心无适莫,敏得免重罪。

6　秋,七月,帝始亲临朝。

7　八月,大赦。

8　冬,十月,吴太常潘濬卒。吴主以镇南将军吕岱代濬,与陆逊共领荆州文书。岱时年已八十,体素精勤,躬亲王事,与逊同心协规,有善相让,南土称之。

十二月,吴将廖式杀临贺太守严纲等,自称平南将军,攻零陵、桂阳,摇动交州诸郡,众数万人。吕岱自表辄行,星夜兼路,吴主遣使追拜交州牧,及遣诸将唐咨等络绎相继,攻讨一年,破之,斩式及其支党,郡县悉平。岱复还武昌。

9　吴都乡侯周胤将兵千人屯公安,有罪,徙庐陵;诸葛瑾、步骘为之请。吴主曰:"昔胤年少,初无功劳,横受精兵,爵以侯将,盖念公瑾以及于胤也。而胤恃此,酗淫自恣,前后告谕,曾无悛改。孤于公瑾,义犹二君,乐胤成就,岂有已哉!追胤罪恶,未宜便还,且欲苦之,使自知耳。以公瑾之子,而二君在中间,苟使能改,亦何患乎!"

瑜兄子偏将军峻卒,全琮请使峻子护领其兵。吴主曰:"昔走曹操,拓有荆州,皆是公瑾,常不忘之。初闻峻亡,仍欲用护。闻护性行危险,用之适为作祸,故更止之。孤念公瑾,岂有已哉!"

10　十二月,诏复以建寅之月为正。

邵陵厉公上

正始元年(庚申,240)

1　春,旱。

2　越巂蛮夷数叛汉,杀太守,是后太守不敢之郡,寄治安定县,去郡八百馀里。汉主以巴西张嶷为越巂太守,嶷招慰新附,诛讨强猾,蛮夷畏服,郡界悉平,复还旧治。

3　冬,吴饥。

二年(辛酉,241)

1　春,吴人将伐魏。零陵太守殷札言于吴主曰:"今天弃曹氏,丧诛累见,虎争之际而幼童莅事。陛下身自御戎,取乱侮亡,宜涤荆、扬之地,举强羸之数,使强者执戟,羸者转运。西命益州,军于陇右,授诸葛瑾、朱然大众,直指襄阳,陆逊、朱桓别征寿春,大驾入淮阳,历青、徐、襄阳、寿春,困于受敌,长安以西,务御蜀军,许、洛之众,势必分离,掎角并进,民必内应。将帅对向,或失便宜,一军败绩,则三军离心;便当秣马脂车,陵蹈城邑,乘胜逐北,以定华夏。若不悉军动众,循前轻举,则不足大用,易于屡退,民疲威消,时往力竭,非上策也。"吴主不能用。

夏,四月,吴全琮略淮南,决芍陂,诸葛恪攻六安,朱然围樊,诸葛瑾攻柤中。征东将军王凌、扬州刺史孙礼与全琮战于芍陂,琮败走。荆州刺史胡质以轻兵救樊,或曰:"贼盛,不可迫。"质曰:"樊城卑兵少,故当进军为之外援,不然,危矣。"遂勒兵临围,城中乃安。

2　五月,吴太子登卒。

3　吴兵犹在荆州,太傅懿曰:"柤中民夷十万,隔在水南,流离无主,樊城被攻,历月不解,此危事也,请自讨之。"六月,太傅懿督诸军救樊;吴军闻之,夜遁,追至三州口,大获而还。

4　闰月,吴大将军诸葛瑾卒。瑾长子恪先已封侯,吴主以恪弟融袭爵,摄兵业,驻公安。

5　汉大司马蒋琬以诸葛亮数出秦川,道险、运粮难,卒无成功,乃多作舟船,欲乘汉、沔东下,袭魏兴、上庸。会旧疾连动,未时得行。汉人咸以为事有不捷,还路甚难,非长策也;汉主遣尚书令费祎、中监军姜维等喻指。琬乃上言:"今魏跨带九州,根蒂滋蔓,平除未易。若东西并力,首尾掎角,虽未能速得如志,且当分裂蚕食,先摧其支党。然吴期二三,连不克果。辄与费祎等议,以凉州胡塞之要,进退有资,且羌胡乃心思汉如渴,宜以姜维为凉州刺史。若维征行,御制河右,臣当帅军为维镇继。今涪水陆四通,惟急是应,若东北有虞,赴之不难,请徙屯涪。"汉主从之。

6　朝廷欲广田畜谷于扬、豫之间,使尚书郎汝南邓艾行陈、项以东至寿春。艾以为:"昔太祖破黄巾,因为屯田,积谷许都以制四方。今三隅已定,事在淮南,每大军出征,运兵过半,功费巨亿。陈、蔡之间,土下田良,可省许昌左右诸稻田,并水东下,令淮北二万人,淮南三万人,什二分休,常有四万人且田且守;益开河渠以增溉灌,通漕运。计除众费,岁完五百万斛以为军资,六、七年间,可积三千万斛于淮上,此则十万之众五年食也。以此乘吴,无不克矣。"太傅懿善之。是岁,始开广漕渠,每东南有事,大兴军众,泛舟而下,达于<u>江</u>、<u>淮</u>,资食有余而无水害。

7　<u>管宁</u>卒。<u>宁</u>名行高洁,人望之者,邈然若不可及,即之熙熙和易。能因事导人于善,人无不化服。及卒,天下知与不知,闻之无不嗟叹。

三年(壬戌,242)

1　春,正月,<u>汉</u><u>姜维</u>率偏军自<u>汉中</u>还住<u>涪</u>。

2　<u>吴</u>主立其子<u>和</u>为太子,大赦。

3　三月,<u>昌邑景侯</u><u>满宠</u>卒。秋,七月乙酉,以领军将军<u>蒋济</u>为太尉。

4　<u>吴</u>主遣将军<u>聂友</u>、校尉<u>陆凯</u>将兵三万击<u>儋耳</u>、<u>珠崖</u>。

5　八月,<u>吴</u>主封子<u>霸</u>为<u>鲁王</u>。<u>霸</u>,<u>和</u>母弟也,宠爱崇特,与<u>和</u>无殊。尚书仆射<u>是仪</u>领<u>鲁王</u>傅,上疏谏曰:“臣窃以为<u>鲁王</u>天挺懿德,兼资文武,当今之宜,宜镇四方,为国藩辅,宣扬德美,广耀威灵,乃国家之良规,海内所瞻望。且二宫宜有降杀,以正上下之序,明教化之本。”书三四上,<u>吴</u>主不听。

四年(癸亥,243)

1　春,正月,帝加元服。

2　<u>吴</u><u>诸葛恪</u>袭<u>六安</u>,掩其人民而去。

3　夏,四月,立皇后<u>甄</u>氏,大赦。后,<u>文昭皇后</u>兄<u>俨</u>之孙也。

4　五月,朔,日有食之,既。

5　冬,十月,<u>汉</u><u>蒋琬</u>自<u>汉中</u>还住<u>涪</u>,疾益甚,以<u>汉中</u>太守<u>王平</u>为前监军、镇北大将军,督<u>汉中</u>。

6　十一月,<u>汉</u>主以尚书令<u>费祎</u>为大将军、录尚书事。

7　<u>吴</u>丞相<u>顾雍</u>卒。

8　<u>吴</u><u>诸葛恪</u>远遣谍人观相径要,欲图<u>寿春</u>。太傅<u>懿</u>将兵入<u>舒</u>,欲以攻<u>恪</u>,<u>吴</u>主徙<u>恪</u>屯于<u>柴桑</u>。

9　<u>步骘</u>、<u>朱然</u>各上疏于<u>吴</u>主曰:“自<u>蜀</u>还者,咸言<u>蜀</u>欲背盟,与<u>魏</u>交通,多作舟船,缮治城郭;又,<u>蒋琬</u>守<u>汉中</u>,闻<u>司马懿</u>南向不出兵,乘虚以掎角之,反委<u>汉中</u>,还近<u>成都</u>。事已彰灼,无所复疑,宜为之备。”<u>吴</u>主答曰:“吾待<u>蜀</u>不薄,聘享盟誓,无所负之,何以致此! <u>司马懿</u>前来入<u>舒</u>,旬日便退。<u>蜀</u>在万里,何知缓急而便出兵乎! 昔<u>魏</u>欲入<u>汉川</u>,此间始严,亦未举动,会闻<u>魏</u>还而止;<u>蜀</u>宁可复以此有疑邪! 人言苦不可信,朕为诸君破家保之。”

10　征东将军、都督扬豫诸军事王昶上言:"地有常险,守无常势。今屯宛去襄阳三百馀里,有急不足相赴。"遂徙屯新野。

11　宗室曹冏上书曰:"古之王者,必建同姓以明亲亲,必树异姓以明贤贤。亲亲之道专用,则其渐也微弱;贤贤之道偏任,则其敝也劫夺。先圣知其然也,故博求亲疏而并用之,故能保其社稷,历纪长久。今魏尊尊之法虽明,亲亲之道未备,或任而不重,或释而不任。臣窃惟此,寝不安席,谨撰合所闻,论其成败曰:昔夏、商、周历世数十,而秦二世而亡。何则?三代之君与天下共其民,故天下同其忧;秦王独制其民,故倾危而莫救也。秦观周之敝,以为小弱见夺,于是废五等之爵,立郡县之官,内无宗子以自毗辅,外无诸侯以为藩卫;譬犹芟刘股肱,独任胸腹,观者为之寒心,而始皇晏然自以为子孙帝王万世之业也,岂不悖哉!故汉祖奋三尺之剑,驱乌合之众,五年之中,遂成帝业。何则?伐深根者难为功,摧枯朽者易为力,理势然也。汉监秦之失,封殖子弟;及诸吕擅权,图危刘氏,而天下所以不倾动者,徒以诸侯强大,盘石胶固故也。然高祖封建,地过古制,故贾谊以为欲天下之治安,莫若众建诸侯而少其力,文帝不从。至于孝景,猥用晁错之计,削黜诸侯,遂有七国之患。盖兆发高帝,衅钟文、景,由宽之过制,急之不渐故也。所谓'末大必折,尾大难掉',尾同于体,犹或不从,况乎非体之尾,其可掉哉!武帝从主父之策,下推恩之令,自是之后,遂以陵夷,子孙微弱,衣食租税,不预政事。至于哀、平,王氏秉权,假周公之事而为田常之乱,宗室诸侯,或乃为之符命,颂莽恩德,岂不哀哉!由斯言之,非宗子独忠孝于惠、文之间而叛逆于哀、平之际也,徒权轻势弱,不能有定耳。赖光武皇帝挺不世之姿,擒王莽于已成,绍汉嗣于既绝,斯岂非宗子之力也!而曾不监秦之失策,袭周之旧制,至于桓、灵,阉宦用事,君孤立于上,臣弄权于下;由是天下鼎沸,奸宄并争,宗庙焚为灰烬,宫室变为榛薮。

太祖皇帝龙飞凤翔,扫除凶逆。大魏之兴,于今二十有四年矣;观五代之存亡而不用其长策,睹前车之倾覆而不改于辙迹。子弟王空虚之地,君有不使之民;宗室窜于闾阎,不闻邦国之政;权均匹夫,势齐凡庶。内无深根不拔之固,外无盘石宗盟之助,非所以安社稷,为万世之业也。且今之州牧、郡守,古之方伯、诸侯,皆跨有千里之土,兼军武之任,或比国数人,或兄弟并据;而宗室子弟曾无一人间厕其间,与相维制,非所以强干弱枝,备万一之虞也。今之用贤,或超为名都之主,或为偏师之帅;而宗室有文者必限小县之宰,有武者必置百人之上,非所以劝进贤能、褒异宗室之

礼也。语曰'百足之虫,至死不僵',以其扶之者众也。此言虽小,可以譬
大。是以圣王安不忘危,存不忘亡,故天下有变而无倾危之患矣。"固冀
以此论感悟曹爽,爽不能用。

五年(甲子,244)

1 春,正月,吴主以上大将军陆逊为丞相,其州牧、都护、领武昌事
如故。

2 征西将军、都督雍、凉诸军事夏侯玄,大将军爽之姑子也。玄辟李
胜为长史,胜及尚书邓飏欲令爽立威名于天下,劝使伐蜀;太傅懿止之,不
能得。三月,爽西至长安,发卒十馀万人,与玄自骆口入汉中。

汉中守兵不满三万,诸将皆恐,欲守城不出以待涪兵。王平曰:"汉
中去涪垂千里,贼若得关,便为深祸,今宜先遣刘护军据兴势,平为后拒;
若贼分向黄金,平帅千人下自临之,比尔间涪军亦至,此计之上也。"诸将
皆疑,惟护军刘敏与平意同,遂帅所领据兴势,多张旗帜,弥亘百馀里。

闰月,汉主遣大将军费祎督诸军救汉中,将行,光禄大夫来敏诣祎别,
求共围棋;于时羽檄交至,人马擐甲,严驾已讫,祎与敏对戏,色无厌倦。
敏曰:"向聊观试君耳;君信可人,必能办贼者也。"

3 夏,四月丙辰朔,日有食之。

4 大将军爽兵距兴势不得进,关中及氐、羌转输不能供,牛马骡驴多
死,民夷号泣道路,涪军及费祎兵继至。参军杨伟为爽陈形势,宜急还,不
然,将败。邓飏、李胜与伟争于爽前,伟曰:"飏、胜将败国家事,可斩
也!"爽不悦。

太傅懿与夏侯玄书曰:"春秋责大德重。昔武皇帝再入汉中,几至大
败,君所知也。今兴势至险,蜀已先据,若进不获战,退见邀绝,覆军必矣,
将何以任其责!"玄惧,言于爽;五月,引军还。费祎进据三岭以截爽,爽
争险苦战,仅乃得过,失亡甚众,关中为之虚耗。

5 秋,八月,秦王询卒。

6 冬,十二月,安阳孝侯崔林卒。

7 是岁,汉大司马琬以病固让州职于大将军祎,汉主乃以祎为益州
刺史,以侍中董允守尚书令,为祎之副。

时战国多事,公务烦猥,祎为尚书令,识悟过人,每省读文书,举目暂
视,已究其意旨,其速数倍于人,终亦不忘。常以朝晡听事,其间接纳宾
客,饮食嬉戏,加之博弈,每尽人之欢,事亦不废。及董允代祎,欲效祎之

所行,旬日之中,事多愆滞。允乃叹曰:"人才力相远若此,非吾之所及也!"乃听事终日而犹有不暇焉。

六年(乙丑,245)

1 春,正月,以票骑将军赵俨为司空。

2 吴太子和与鲁王同宫,礼秩如一,群臣多以为言,吴主乃命分宫别僚;二子由是有隙。

卫将军全琮遣其子寄事鲁王,以书告丞相陆逊,逊报曰:"子弟苟有才,不忧不用,不宜私出以要荣利;若其不佳,终为取祸。且闻二宫势敌,必有彼此,此古人之厚忌也。"寄果阿附鲁王,轻为交搆。逊书与琮曰:"卿不师日磾而宿留阿寄,终为足下家门致祸矣。"琮既不答逊言,更以致隙。

鲁王曲意交结当时名士。偏将军朱绩以胆力称,王自至其廨,就之坐,欲与结好;绩下地住立,辞而不当。绩,然之子也。

于是自侍御、宾客,造为二端,仇党疑贰,滋延大臣,举国中分。吴主闻之,假以精学,禁断宾客往来。督军使者羊衜上疏曰:"闻明诏省夺二宫备卫,抑绝宾客,使四方礼敬不复得通,远近悚然,大小失望。或谓二宫不遵典式;就如所嫌,犹且补察;密加斟酌,不使远近得容异言。臣惧积疑成谤,久将宣流,而西北二隅,去国不远,将谓二宫有不顺之愆,不审陛下何以解之!"

吴主长女鲁班适左护军全琮,少女小虎适骠骑将军朱据。全公主与太子母王夫人有隙,吴主欲立王夫人为后,公主阻之;恐太子立怨己,心不自安,数谮毁太子。吴主寝疾,遣太子祷于长沙桓王庙,太子妃叔父张休居近庙,邀太子过所居。全公主使人觇视,因言"太子不在庙中,专就妃家计议",又言"王夫人见上寝疾,有喜色",吴主由是发怒;夫人以忧死,太子宠益衰。

鲁王之党杨竺、全寄、吴安、孙奇等共谮毁太子,吴主惑焉。陆逊上疏谏曰:"太子正统,宜有盘石之固,鲁王藩臣,当使宠秩有差,彼此得所,上下获安。"书三四上,辞情危切;又欲诣都,口陈嫡庶之义。吴主不悦。

太常顾谭,逊之甥也,亦上疏曰:"臣闻有国有家者,必明嫡庶之端,异尊卑之礼,使高下有差,等级逾邈;如此,则骨肉之恩全,觊觎之望绝。昔贾谊陈治安之计,论诸侯之势,以为势重虽亲,必有逆节之累,势轻虽疏,必有保全之祚。故淮南亲弟,不终飨国,失之于势重也;吴芮疏臣,传祚长沙,得之于势轻也。昔汉文帝使慎夫人与皇后同席,袁盎退夫人之位,帝有怒色;及盎辨上下之义,陈人彘之戒,帝既悦怿,夫人亦悟。今臣所陈,非有所偏,诚欲以安太子而便鲁王也。”由是鲁王与谭有隙。

芍陂之役,谭弟承及张休皆有功;全琮子端、绪与之争功,谮承、休于吴主,吴主徙谭、承、休于交州,又追赐休死。

太子太傅吾粲请使鲁王出镇夏口,出杨竺等不得令在京师,又数以消息语陆逊;鲁王与杨竺共谮之,吴主怒,收粲下狱,诛。数遣中使责问陆逊,逊愤恚而卒。其子抗为建武校尉,代领逊众,送葬东还,吴主以杨竺所白逊二十事问抗,抗事事条答,吴主意乃稍解。

3　夏,六月,都乡穆侯赵俨卒。

4　秋,七月,吴将军马茂谋杀吴主及大臣以应魏,事泄,并党与皆族诛。

5　八月,以太常高柔为司空。

6　汉甘太后殂。

7　吴主遣校尉陈勋将屯田及作士三万人凿句容中道,自小其至云阳西城,通会市,作邸阁。

8　冬,十一月,汉大司马琬卒。

9　十二月,汉费祎至汉中,行围守。

10　汉尚书令董允卒,以尚书吕乂为尚书令。

董允秉心公亮,献可替否,备尽忠益,汉主甚严惮之。宦人黄皓,便僻佞慧,汉主爱之。允上则正色规主,下则数责于皓;皓畏允,不敢为非,终允之世,皓位不过黄门丞。

费祎以选曹郎汝南陈祗代允为侍中,祗矜厉有威容,多技艺,挟智数,故祎以为贤,越次而用之。祗与皓相表里,皓始预政,累迁至中常侍,操弄威柄,终以覆国。自陈祗有宠,而汉主追怨董允日深,谓为自轻,由祗阿意迎合而皓浸润搆间故也。

资治通鉴卷第七十五

魏纪七

邵陵厉公中

正始七年（丙寅，246）

1　春，二月，吴车骑将军朱然寇柤中，杀略数千人而去。

2　幽州刺史毌丘俭以高句骊王位宫数为侵叛，督诸军讨之；位宫败走，俭遂屠丸都，斩获首虏以千数。句骊之臣得来数谏位宫，位宫不从；得来叹曰："立见此地将生蓬蒿。"遂不食而死。俭令诸军不坏其墓，不伐其树，得其妻子，皆放遣之。位宫单将妻子逃窜，俭引军还，未几，复击之，位宫遂奔买沟。俭遣玄菟太守王颀追之，过沃沮千有馀里，至肃慎氏南界，刻石纪功而还，所诛纳八千馀口。论功受赏，侯者百馀人。

3　秋，九月，吴主以骠骑将军步骘为丞相，车骑将军朱然为左大司马，卫将军全琮为右大司马。分荆州为二部：以镇南将军吕岱为上大将军，督右部，自武昌以西至蒲圻；以威北将军诸葛恪为大将军，督左部，代陆逊镇武昌。

4　汉大赦。大司农河南孟光于众中责费祎曰："夫赦者，偏枯之物，非明世所宜有也。衰敝穷极，必不得已，然后乃可权而行之耳。今主上仁贤，百僚称职，何有旦夕之急而数施非常之恩，以惠奸宄之恶乎！"祎但顾谢，踧踖而已。

初，丞相亮时，有言公惜赦者，亮答曰："治世以大德，不以小惠，故匡衡、吴汉不愿为赦。先帝亦言：'吾周旋陈元方、郑康成间，每见启告治乱之道悉矣，曾不语赦也。若刘景升、季玉父子，岁岁赦宥，何益于治！'"由是蜀人称亮之贤，知祎不及焉。

陈寿评曰：诸葛亮为政，军旅数兴而赦不妄下，不亦卓乎！

5　吴人不便大钱，乃罢之。

6　汉主以凉州刺史姜维为卫将军，与大将军费祎并录尚书事。汶山平康夷反，维讨平之。

汉主数出游观,增广声乐。太子家令巴西谯周上疏谏曰:"昔王莽之败,豪桀并起以争神器,才智之士思望所归,未必以其势之广狭,惟其德之薄厚也。于时更始、公孙述等多已广大,然莫不快情恣欲,怠于为善。世祖初入河北,冯异等劝之曰:'当行人所不能为者。'遂务理冤狱,崇节俭,北州歌叹,声布四远。于是邓禹自南阳追之,吴汉、寇恂素未之识,举兵助之。其馀望风慕德,邳彤、耿纯、刘植之徒,至于舆病赍棺,襁负而至,不可胜数,故能以弱为强而成帝业。及在洛阳,尝欲小出,铫期进谏,即时还车。及颍川盗起,寇恂请世祖身往临贼,闻言即行。故非急务,欲小出不敢;至于急务,欲自安不为;帝者之欲善如此! 故传曰:'百姓不徒附',诚以德先之也。今汉遭厄运,天下三分,雄哲之士思望之时也,臣愿陛下复行人所不能为者以副人望! 且承事宗庙,所以率民尊上也。今四时之祀或有不临,而池苑之观或有仍出,臣之愚滞,私不自安。夫忧责在身者,不暇尽乐,先帝之志,堂构未成,诚非尽乐之时。愿省减乐官、后宫,凡所增造,但奉修先帝所施,下为子孙节俭之教。"汉主不听。

八年(丁卯,247)

1　春,正月,吴全琮卒。

2　二月,日有食之。

时尚书何晏等朋附曹爽,好变改法度。太尉蒋济上疏曰:"昔大舜佐治,戒在比周;周公辅政,慎于其朋。夫为国法度,惟命世大才,乃能张其纲维以垂于后,岂中下之吏所宜改易哉! 终无益于治,适足伤民。宜使文武之臣,各守其职,率以清平,则和气祥瑞可感而致也!"

3　吴主诏徙武昌宫材瓦缮修建业宫。有司奏言:"武昌宫已二十八岁,恐不堪用,宜下所在,通更伐致。"吴主曰:"大禹以卑宫为美。今军事未已,所在赋敛,若更通伐,妨损农桑,徙武昌材瓦,自可用也。"乃徙居南宫。三月,改作太初宫,令诸将及州郡皆义作。

4　大将军爽用何晏、邓飏、丁谧之谋,迁太后于永宁宫,专擅朝政,多树亲党,屡改制度。太傅懿不能禁,与爽有隙。五月,懿始称疾,不与政事。

5　吴丞相步骘卒。

6　帝好亵近群小,游宴后园。秋,七月,尚书何晏上言:"自今御幸式乾殿及游豫后园,宜皆从大臣,询谋政事,讲论经义,为万世法。"冬,十二月,散骑常侍、谏议大夫孔乂上言:"今天下已平,陛下可绝后园习骑乘马,出必御辇乘车,天下之福,臣子之愿也。"帝皆不听。

7　吴主大发众集<u>建业</u>,扬声欲入寇,扬州刺史诸葛诞使安丰太守<u>王基</u>策之。基曰:"今<u>陆逊</u>等已死,孙权年老,内无贤嗣,中无谋主。<u>权</u>自出则惧内衅卒起,痈疽发溃;遣将则旧将已尽,新将未信。此不过欲补绽支党,还自保护耳。"已而吴果不出。

8　是岁,雍、凉羌胡叛降汉,<u>汉</u>姜维将兵出<u>陇右</u>以应之,与<u>雍州</u>刺史<u>郭淮</u>、讨<u>蜀</u>护军夏侯霸战于<u>洮西</u>。胡王<u>白虎文</u>、<u>治无戴</u>等率部落降维,维徙之入<u>蜀</u>。<u>淮</u>进击羌胡馀党,皆平之。

九年(戊辰,248)

1　春,二月,中书令<u>孙资</u>,癸巳,中书监<u>刘放</u>,三月甲午,司徒<u>卫臻</u>各逊位,以侯就第,位特进。

2　夏,四月,以司空<u>高柔</u>为司徒,光禄大夫<u>徐邈</u>为司空。<u>邈</u>叹曰:"三公论道之官,无其人则缺,岂可以老病忝之哉!"遂固辞不受。

3　五月,<u>汉</u>费祎出屯<u>汉中</u>。自<u>蒋琬</u>及<u>祎</u>,虽身居于外,庆赏刑威,皆遥先谘断,然后乃行。<u>祎</u>雅性谦素,当国功名,略与<u>琬</u>比。

4　秋,九月,以车骑将军<u>王凌</u>为司空。

5　<u>涪陵</u>夷反,<u>汉</u>车骑将军邓芝讨平之。

6　大将军<u>爽</u>,骄奢无度,饮食衣服,拟于乘舆;尚方珍玩,充牣其家;又私取先帝才人以为伎乐。作窟室,绮疏四周,数与其党<u>何晏</u>等纵酒其中。弟<u>羲</u>深以为忧,数涕泣谏止之,<u>爽</u>不听。<u>爽</u>兄弟数俱出游,司农<u>沛国桓范</u>谓曰:"总万机,典禁兵,不宜并出,若有闭城门,谁复内入者?"<u>爽</u>曰:"谁敢尔邪!"

初,<u>清河</u>、<u>平原</u>争界,八年不能决。冀州刺史<u>孙礼</u>请天府所藏烈祖封<u>平原</u>时图以决之;<u>爽</u>信<u>清河</u>之诉,云图不可用,<u>礼</u>上疏自辨,辞颇刚切。<u>爽</u>大怒,劾<u>礼</u>怨望,结刑五岁。久而复为并州刺史,往见太傅<u>懿</u>,有忿色而无言。<u>懿</u>曰:"卿得<u>并州</u>少邪?恚理分界失分乎?"<u>礼</u>曰:"何明公言之乖也!<u>礼</u>虽不德,岂以官位往事为意邪!本谓明公齐踪<u>伊</u>、<u>吕</u>,匡辅<u>魏</u>室,上报明帝之托,下建万世之勋。今社稷将危,天下凶凶,此<u>礼</u>之所以不悦也!"因涕泣横流。<u>懿</u>曰:"且止,忍不可忍!"

冬,河南尹<u>李胜</u>出为荆州刺史,过辞太傅<u>懿</u>。<u>懿</u>令两婢侍。持衣,衣落;指口言渴,婢进粥,<u>懿</u>不持杯而饮,粥皆流出沾胸。<u>胜</u>曰:"众情谓明公旧风发动,何意尊体乃尔!"<u>懿</u>使声气才属,说:"年老枕疾,死在旦夕。

君当屈并州,并州近胡,好为之备! 恐不复相见,以子师、昭兄弟为托。"胜曰:"当还忝本州,非并州。"懿乃错乱其辞曰:"君方到并州?"胜复曰:"当忝荆州。"懿曰:"年老意荒,不解君言。今还为本州,盛德壮烈,好建功勋!"胜退,告爽曰:"司马公尸居馀气,形神已离,不足虑矣。"他日,又向爽等垂泣曰:"太傅病不可复济,令人怆然!"故爽等不复设备。

　　何晏闻平原管辂明于术数,请与相见。十二月丙戌,辂往诣晏,晏与之论易。时邓飏在坐,谓辂曰:"君自谓善易,而语初不及易中辞义,何也?"辂曰:"夫善易者不言易也。"晏含笑赞之曰:"可谓要言不烦也!"因谓辂曰:"试为作一卦,知位当至三公不?"又问:"连梦见青蝇数十,来集鼻上,驱之不去,何也?"辂曰:"昔元、凯辅舜,周公佐周,皆以和惠谦恭,享有多福,此非卜筮所能明也。今君侯位尊势重,而怀德者鲜,畏威者众,殆非小心求福之道也。又,鼻者天中之山,'高而不危,所以长守贵'。今青蝇臭恶而集之,位峻者颠,轻豪者亡,不可不深思也! 愿君侯裒多益寡,非礼不履,然后三公可至,青蝇可驱也。"飏曰:"此老生之常谭。"辂曰:"夫老生者见不生,常谭者见不谭。"辂还邑舍,具以语其舅;舅责辂言太切至。辂曰:"与死人语,何所畏邪!"舅大怒,以辂为狂。

　　7　吴交趾、九真夷贼攻没城邑,交部骚动。吴主以衡阳督军都尉陆胤为交州刺史、安南校尉。胤入境,喻以恩信,降者五万馀家,州境复清。

　　8　太傅懿阴与其子中护军师、散骑常侍昭谋诛曹爽。

嘉平元年(己巳,249)

　　1　春,正月甲午,帝谒高平陵,大将军爽与弟中领军羲、武卫将军训、散骑常侍彦皆从。太傅懿以皇太后令,闭诸城门,勒兵据武库,授兵出屯洛水浮桥;召司徒高柔假节行大将军事,据爽营;太仆王观行中领军事,据羲营。因奏爽罪恶于帝曰:"臣昔从辽东还,先帝诏陛下、秦王及臣升御床,把臣臂,深以后事为念。臣言'太祖、高祖亦属臣以后事,此自陛下所见,无所忧苦。万一有不如意,臣当以死奉明诏。'今大将军爽,背弃顾命,败乱国典,内则僭拟,外则专权,破坏诸营,尽据禁兵,群官要职,皆置所亲,殿中宿卫,易以私人,根据盘互,纵恣日甚。又以黄门张当为都监,伺察至尊,离间二宫,伤害骨肉,天下汹汹,人怀危惧。陛下便为寄坐,岂得久安! 此非先帝诏陛下及臣升御床之本意也。臣虽朽迈,敢忘往言! 太尉臣济等皆以爽为有无君之心,兄弟不宜典兵宿卫,奏永宁宫,皇太后令敕臣如奏施行。臣辄敕主者及黄门令'罢爽、羲、训吏兵,以候就第,不得逗留，以稽车驾；敢有稽留，便以军法从事！'臣辄力疾将兵屯洛水浮桥，伺察非常。"爽得懿奏事，不通，迫窘不知所为，留车驾宿伊水南，伐木为鹿角，发屯田兵数千人以为卫。

懿使侍中高阳许允及尚书陈泰说爽，宜早自归罪，又使爽所信殿中校尉尹大目谓爽，唯免官而已，以洛水为誓。泰，群之子也。

初，爽以桓范乡里老宿，于九卿中特礼之，然不甚亲也。及懿起兵，以太后令召范，欲使行中领军。范欲应命，其子止之曰："车驾在外，不如南出。"范乃出。至平昌城门，城门已闭。门候司蕃，故范举吏也，范举手中版示之，矫曰："有诏召我，卿促开门！"蕃欲求见诏书，范呵之曰："卿非我故吏邪，何以敢尔？"乃开之。范出城，顾谓蕃曰："太傅图逆，卿从我去！"蕃徒行不能及，遂避侧。懿谓蒋济曰："智囊往矣！"济曰："范则智矣；然驽马恋栈豆，爽必不能用也。"

范至，劝爽兄弟以天子诣许昌，发四方兵以自辅。爽疑未决，范谓羲曰："此事昭然，卿用读书何为邪！于今日卿等门户，求贫贱复可得乎！且匹夫质一人，尚欲望活；卿与天子相随，令于天下，谁敢不应也！"俱不言。范又谓羲曰："卿别营近在阙南，洛阳典农治在城外，呼召如意。今诣许昌，不过中宿，许昌别库，足相被假；所忧当在谷食，而大司农印章在我身。"羲兄弟默然不从，自甲夜至五鼓，爽乃投刀于地曰："我亦不失作富家翁！"范哭曰："曹子丹佳人，生汝兄弟，犊犊耳！何图今日坐汝等族灭也！"

爽乃通懿奏事，白帝下诏免己官，奉帝还宫。爽兄弟归家，懿发洛阳吏卒围守之；四角作高楼，令人在楼上察视爽兄弟举动。爽挟弹到后园中，楼上便唱言："故大将军东南行！"爽愁闷不知为计。

戊戌，有司奏"黄门张当私以所择才人与爽，疑有奸"。收当付廷尉考实，辞云："爽与尚书何晏、邓飏、丁谧、司隶校尉毕轨、荆州刺史李胜等阴谋反逆，须三月中发。"于是收爽、羲、训、晏、飏、谧、轨、胜并桓范皆下狱，劾以大逆不道，与张当俱夷三族。

初，爽之出也，司马鲁芝留在府，闻有变，将营骑斫津门出赴爽。及爽解印绶，将出，主薄杨综止之曰："公挟主握权，舍此以至东市乎？"有司奏收芝、综治罪，太傅懿曰："彼各为其主也。宥之。"顷之，以芝为御史中丞，综为尚书郎。

鲁芝将出，呼参军辛敞欲与俱去。敞，毗之子也，其姊宪英为太常羊耽妻，敞与之谋曰："天子在外，太傅闭城门，人云将不利国家，于事可得尔乎?"宪英曰:"以吾度之,太傅此举,不过以诛曹爽耳。"敞曰:"然则事就乎?"宪英曰:"得无殆就!爽之才非太傅之偶也。"敞曰:"然则敞可以无出乎?"宪英曰:"安可以不出!职守,人之大义也。凡人在难,犹或恤之;为人执鞭而弃其事,不祥莫大焉。且为人任,为人死,亲昵之职也,从众而已。"敞遂出。事定之后,敞叹曰:"吾不谋于姊,几不获于义!"

先是,爽辟王沈及太山羊祜,沈劝祜应命。祜曰:"委质事人,复何容易!"沈遂行。及爽败,沈以故吏免,乃谓祜曰:"吾不忘卿前语。"祜曰:"此非始虑所及也!"

爽从弟文叔妻夏侯令女,早寡而无子,其父文宁欲嫁之;令女刀截两耳以自誓,居常依爽。爽诛,其家上书绝昏,强迎以归,复将嫁之;令女窃入寝室,引刀自断其鼻,其家惊惋,谓之曰:"人生世间,如轻尘栖弱草耳,何至自苦乃尔!且夫家夷灭已尽,守此欲谁为哉!"令女曰:"吾闻仁者不以盛衰改节,义者不以存亡易心。曹氏前盛之时,尚欲保终,况今衰亡,何忍弃之!此禽兽之行,吾岂为乎!"司马懿闻而贤之,听使乞子字养为曹氏后。

何晏等方用事,自以为一时才杰,人莫能及。晏尝为名士品目曰:"'唯深也故能通天下之志',夏侯泰初是也。'唯几也故能成天下之务',司马子元是也。'唯神也不疾而速,不行而至',吾闻其语,未见其人。"盖欲以神况诸己也。

选部郎刘陶,晔之子也,少有口辩,邓飏之徒称之以为伊、吕。陶尝谓傅玄曰:"仲尼不圣。何以知之? 智者于群愚,如弄一丸于掌中;而不能得天下,何以为圣!"玄不复难,但语之曰:"天下之变无常也,今见卿穷。"及曹爽败,陶退居里舍,乃谢其言之过。

管辂之舅谓辂曰:"尔前何以知何、邓之败?"辂曰:"邓之行步,筋不束骨,脉不制肉,起立倾倚,若无手足,此为鬼躁;何之视候则魂不守宅,血不华色,精爽烟浮,容若槁木,此为鬼幽;二者皆非遐福之象也。"

何晏性自喜,粉白不去手,行步顾影。尤好老、庄之书,与夏侯玄、荀粲及山阳王弼之徒,竞为清谈,祖尚虚无,谓六经为圣人糟粕。由是天下士大夫争慕效之,遂成风流,不可复制焉。粲,彧之子也。

2　丙午,大赦。

3　丁未,以太傅懿为丞相,加九锡;懿固辞不受。

4　初,右将军夏侯霸为曹爽所厚,以其父渊死于蜀,常切齿有报仇之志,为讨蜀护军,屯于陇西,统属征西。征西将军夏侯玄,霸之从子,爽之外弟也。爽既诛,司马懿召玄诣京师,以雍州刺史郭淮代之。霸素与淮不叶,以为祸必相及,大惧,遂奔汉。汉主谓曰:"卿父自遇害于行间耳,非我先人之手刃也。"遇之甚厚。姜维问于霸曰:"司马懿既得彼政,当复有征伐之志不?"霸曰:"彼方营立家门,未遑外事。有钟士季者,其人虽少,若管朝政,吴、蜀之忧也。"士季者,钟繇之子尚书郎会也。

5 三月,吴左大司马朱然卒。然长不盈七尺,气候分明,内行修洁。终日钦钦,若在战场,临急胆定,过绝于人。虽世无事,每朝夕严鼓,兵在营者,咸行装就队。以此玩敌,使不知所备,故出辄有功。然寝疾增笃,吴主昼为减膳,夜为不寐,中使医药口食之物,相望于道。然每遣使表疾病消息,吴主辄召见,口自问讯,入赐酒食,出赐布帛。及卒,吴主为之哀恸。

6 夏,四月乙丑,改元。

7 曹爽之在伊南也,昌陵景侯蒋济与之书,言太傅之旨,不过免官而已。爽诛,济进封都乡侯,上疏固辞,不许。济病其言之失,遂发病,丙子,卒。

8 秋,汉卫将军姜维寇雍州,依麴山筑二城,使牙门将句安、李歆等守之,聚羌胡质任,侵逼诸郡;征西将军郭淮与雍州刺史陈泰御之。泰曰:"麴城虽固,去蜀险远,当须运粮;羌夷患维劳役,必未肯附。今围而取之,可不血刃而拔其城;虽其有救,山道阻险,非行兵之地也。"淮乃使泰率讨蜀护军徐质、南安太守邓艾进兵围麴城,断其运道及城外流水。安等挑战,不许,将士困窘,分粮聚雪以引日月。维引兵救之,出自牛头山,与泰相对。泰曰:"兵法贵在不战而屈人。今绝牛头,维无反道,则我之禽也。"敕诸军各坚垒勿与战,遣使白淮,使淮趣牛头截其还路。淮从之,进军洮水。维惧,遁走,安等孤绝,遂降。淮因西击诸羌。

邓艾曰:"贼去未远,或能复还,宜分诸军以备不虞。"于是留艾屯白水北。三日,维遣其将廖化自白水南向艾结营。艾谓诸将:"维今卒还,吾军人少,法当来渡;而不作桥,此维使化持吾令不得还,维必自东袭取洮城。"洮城在水北,去艾屯六十里,艾即夜潜军径到;维果来渡,而艾先至据城,得以不败。汉军遂还。

9 兖州刺史令狐愚,司空王淩之甥也,屯于平阿,甥舅并典重兵,专淮南之任。淩与愚阴谋,以帝暗弱,制于强臣,闻楚王彪有智勇,欲共立之,迎都许昌。九月,愚遣其将张式至白马,与彪相闻。淩又遣舍人劳精诣洛阳,语其子广,广曰:"凡举大事,应本人情。曹爽以骄奢失民,何平叔虚华不治,丁、毕、桓、邓虽并有宿望,皆专竞于世。加变易朝典,政令数改,所存虽高而事不下接,民习于旧,众莫之从,故虽势倾四海,声震天下,同日斩戮,名士减半,而百姓安之,莫之或哀,失民故也。今司马懿情虽难量,事未有逆,而擢用贤能,广树胜己,修先朝之政令,副众心之所求。爽之所以为恶者,彼莫不必改,夙夜匪懈,以恤民为先,父子兄弟,并握兵要,未易亡也。"凌不从。

　　冬,十一月,令狐愚复遣张式诣楚王,未还,会愚病卒。

10　十二月辛卯,即拜王凌为太尉。庚子,以司隶校尉孙礼为司空。

11　光禄大夫徐邈卒。邈以清节著名。卢钦尝著书称邈曰:"徐公志高行洁,才博气猛,其施之也,高而不狷,洁而不介,博而守约,猛而能宽。圣人以清为难,而徐公之所易也!"或问钦:"徐公当武帝之时,人以为通;自为凉州刺史,及还京师,人以为介,何也?"钦答曰:"往者毛孝先、崔季珪用事,贵清素之士,于时皆变易车服以求名高,而徐公不改其常,故人以为通。比来天下奢靡,转相仿效,而徐公雅尚自若,不与俗同。故前日之通,乃今日之介也;是世人之无常而徐公之有常也。"钦,毓之子也。

二年(庚午,250)

1　夏,五月,以征西将军郭淮为车骑将军。

2　初,会稽潘夫人有宠于吴主,生少子亮,吴主爱之。全公主既与太子和有隙,欲豫自结,数称亮美,以其夫之兄子尚女妻之。吴主以鲁王霸结朋党以害其兄,心亦恶之,谓侍中孙峻曰:"子弟不睦,臣下分部,将有袁氏之败,为天下笑。若使一人立者,安得不乱乎!"遂有废和立亮之意,然犹沉吟者历年。峻,静之曾孙也。

　　秋,吴主遂幽太子和。骠骑将军朱据谏曰:"太子,国之本根;加以雅性仁孝,天下归心。昔晋献用骊姬而申生不存,汉武信江充而戾太子冤死,臣窃惧太子不堪其忧,虽立思子之宫,无所复及矣!"吴主不听。据与尚书仆射屈晃率诸将吏泥头自缚,连日诣阙请和;吴主登白爵观,见,甚恶之,敕据、晃等"无事匆匆!"无难督陈正、五营督陈象各上书切谏,据、晃亦固谏不已;吴主大怒,族诛正、象。牵据、晃入殿,据、晃犹口谏,叩头流血,辞气不挠;吴主杖之各一百,左迁据为新都郡丞,晃斥归田里,群司坐谏诛放者以十数。遂废太子和为庶人,徙故鄣,赐鲁王霸死。杀杨竺,流其尸于江,又诛全寄、吴安、孙奇,皆以其党霸谮和故也。初,杨竺少获声名,而陆逊谓之终败,劝竺兄穆令与之别族。及竺败,穆以数谏戒竺得免死。朱据未至官,中书令孙弘以诏书追赐死。

3　冬,十月,庐江太守谯郡文钦伪叛,以诱吴偏将军朱异,欲使异自将兵迎己。异知其诈,表吴主,以为钦不可迎。吴主曰:"方今北土未一,钦欲归命,宜且迎之。若嫌其有谲者,但当设计网以罗之,盛重兵以防之耳。"乃遣偏将军吕据督二万人与异并力至北界,钦果不降。异,桓之子;据,范之子也。

4　十一月,大利景侯孙礼卒。

5　吴主立子亮为太子。

6　吴主遣军十万作堂邑涂塘以淹北道。

7　十二月甲辰,东海定王霖卒。

8　征南将军王昶上言:"孙权流放良臣,適庶分争,可乘衅击吴。"朝廷从之,遣新城太守南阳州泰袭巫、秭归,荆州刺史王基向夷陵。昶向江陵,引竹絙为桥,渡水击之。吴大将施绩,夜遁入江陵,昶欲引致平地与战,乃先遣五军按大道发还,使吴望见而喜,又以所获铠马甲首环城以怒之,设伏兵以待之。绩果来追,昶与战,大破之,斩其将锺离茂、许旻。

9　汉姜维复寇西平,不克。

三年(辛未,251)

1　春,正月,王基、州泰击吴兵,皆破之,降者数千口。

2　二月,以尚书令司马孚为司空。

3　夏,四月甲申,以王昶为征南大将军。

4　壬辰,大赦。

5　太尉王凌闻吴人塞涂水,欲因此发兵,大严诸军,表求讨贼;诏报不听。凌遣将军杨弘以废立事告兖州刺史黄华,华、弘连名以白司马懿,懿将中军乘水道讨凌,先下赦赦凌罪,又为书谕凌,已而大军掩至百尺。凌自知势穷,乃乘船单出迎懿,遣掾王彧谢罪,送印绶、节钺。懿军到丘头,凌面缚水次,懿承诏遣主簿解其缚。

凌既蒙赦,加恃旧好,不复自疑,径乘小船欲趋懿。懿使人逆止之,住船淮中,相去十余丈。凌知见外,乃遥谓懿曰:"卿直以折简召我,我当敢不至邪,而乃引军来乎!"懿曰:"以卿非肯逐折简者故也。"凌曰:"卿负我!"懿曰:"我宁负卿,不负国家!"遂遣步骑六百送凌西诣京师,凌试索棺钉以观懿意,懿命给之。五月,甲寅,凌行到项,遂饮药死。

懿进至寿春,张式等皆自首。懿穷治其事,诸相连者悉夷三族。发凌、愚冢,剖棺暴尸于所近市三日,烧其印绶、章服,亲土埋之。

初，令狐愚为白衣时，常有高志，众人谓愚必兴令狐氏。族父弘农太守卲独以为："愚性倜傥，不修德而愿大，必灭我宗。"愚闻之，心甚不平。及卲为虎贲中郎将，而愚仕进已多所更历，所在有名称。愚从容谓卲曰："先时闻大人谓愚为不继，今竟云何邪？"卲熟视而不答，私谓妻子曰："公治性度，犹如故也。以吾观之，终当败灭，但不知我久当坐之不邪，将逮汝曹耳。"卲没后十馀年而愚族灭。

愚在兖州，辟山阳单固为别驾，与治中杨康并为愚腹心。及愚卒，康应司徒辟，至洛阳，露愚阴事，愚由是败。懿至寿春，见单固，问曰："令狐反乎？"曰："无有。"杨康白事，事与固连，遂收捕固及家属皆系廷尉，考实数十，固固云无有。懿录杨康，与固对相诘，固辞穷，乃骂康曰："老佣！既负使君，又灭我族，顾汝当活邪！"康初自冀封侯，后以辞颇参错，亦并斩之。临刑，俱出狱，固又骂康曰："老奴！汝死自分耳。若令死者有知，汝何面目以行地下乎！"

诏以扬州刺史诸葛诞为镇东将军，都督扬州诸军事。

6　吴主立潘夫人为皇后，大赦，改元太元。

7　六月，赐楚王彪死。尽录诸王公置邺，使有司察之，不得与人交关。

8　秋，七月壬戌，皇后甄氏殂。

9　辛未，以司马孚为太尉。

10　八月戊寅，舞阳宣文侯司马懿卒。诏以其子卫将军师为抚军大将军，录尚书事。

11　初，南匈奴自谓其先本汉室之甥，因冒姓刘氏。太祖留单于呼厨泉于邺，分其众为五部，居并州境内。左贤王豹，单于於扶罗之子也，为左部帅，部族最强。城阳太守邓艾上言："单于在内，羌夷失统，合散无主。今单于之尊日疏而外土之威日重，则胡虏不可不深备也。闻刘豹部有叛胡，可因叛割为二国，以分其势。去卑功显前朝而子不继业，宜加其子显号，使居雁门。离国弱寇，追录旧勋，此御边长计也。"又陈："羌胡与民同处者，宜以渐出之，使居民表，以崇廉耻之教，塞奸宄之路。"司马师皆从之。

12　吴立节中郎将陆抗屯柴桑，诣建业治病。病差，当还，吴主涕泣与别，谓曰："吾前听用谗言，与汝父大义不笃，以此负汝；前后所问，一焚灭之，莫令人见也。"

是时，吴主颇寤太子和之无罪，冬，十一月，吴主祀南郊还，得风疾，欲召和还；全公主及侍中孙峻、中书令孙弘固争之，乃止。

吴主以太子亮幼少，议所付托，孙峻荐大将军诸葛恪可付大事。吴主嫌恪刚很自用，峻曰："当今朝臣之才，无及恪者。"乃召恪于武昌。恪将行，上大将军吕岱戒之曰："世方多难，子每事必十思。"恪曰："昔季文子三思而后行，夫子曰：'再思可矣。'今君令恪十思，明恪之劣也！"岱无以答，时咸谓之失言。

　　虞喜论曰：夫托以天下，至重也；以人臣行主威，至难也；兼二至而管万机，能胜之者鲜矣。吕侯，国之元耆，志度经远，甫以十思戒之，而便以示劣见拒；此元逊之疏，机神不俱者也！若因十思之义，广诹当世之务，闻善速于雷动，从谏急于风移，岂得陨身殿堂，死于凶竖之刃！世人奇其英辩，造次可观，而哂吕侯无对为陋，不思安危终始之虑；是乐春藻之繁华，忘秋实之甘口也。昔魏人伐蜀，蜀人御之，精严垂发，而费祎方与来敏对棋，意无厌倦。敏以为必能办贼，言其明略内定，貌无忧色也。况长宁以为君子临事而惧，好谋而成，蜀为蕞尔之国，而方向大敌，所规所图，唯守与战，何可矜己有馀，晏然无戚！斯乃祎性之宽简，不防细微，卒为降人郭循所害，岂非兆见于彼而祸成于此哉！往闻长宁之甄文伟，今睹元逊之逆吕侯，二事体同，皆足以为世鉴也。

13　恪至建业，见吴主于卧内，受诏床下，以大将军领太子太傅，孙弘领少傅；诏有司诸事一统于恪，惟杀生大事，然后以闻。为制群官百司拜揖之仪，各有品序。又以会稽太守北海滕胤为太常。胤，吴主婿也。

14　十二月，以光禄勋荥阳郑冲为司空。

15　汉费祎还成都，望气者云："都邑无宰相位。"乃复北屯汉寿。

16　是岁，汉尚书令吕乂卒，以侍中陈祇守尚书令。

四年（壬申，252）

1　春，正月癸卯，以司马师为大将军。

2　吴主立故太子和为南阳王，使居长沙；仲姬子奋为齐王，居武昌；王夫人子休为琅邪王，居虎林。

3　二月，立皇后张氏，大赦。后，故凉州刺史既之孙，东莞太守缉之女也。召缉拜光禄大夫。

4　吴改元神凤，大赦。

5　吴潘后性刚戾，吴主疾病，后使人问孙弘以吕后称制故事。左右不胜其虐，伺其昏睡，缢杀之，托言中恶，后事泄，坐死者六七人。

吴主病困，召诸葛恪、孙弘、滕胤及将军吕据、侍中孙峻入卧内，属以后事。夏，四月，吴主殂。孙弘素与诸葛恪不平，惧为恪所治，秘不发丧，欲矫诏诛恪；孙峻以告恪。恪请弘咨事，于坐中杀之。乃发丧，谥吴主曰大皇帝。太子亮即位。大赦，改元建兴。闰月，以诸葛恪为太傅，滕胤为卫将军，吕岱为大司马。恪乃命罢视听，息校官，原逋责，除关税，崇恩泽，众莫不悦。恪每出入，百姓延颈思见其状。

恪不欲诸王处滨江兵马之地，乃徙齐王奋于豫章，琅邪王休于丹阳。奋不肯徙，又数越法度，恪为笺以遗奋曰："帝王之尊，与天同位，是以家天下，臣父兄；仇雠有善，不得不举，亲戚有恶，不得不诛，所以承天理物，先国后家，盖圣人立制，百代不易之道也。昔汉初兴，多王子弟，至于大强，辄为不轨，上则几危社稷，下则骨肉相残，其后惩戒以为大讳。自光武以来，诸王有制，惟得自娱于宫内，不得临民，干与政事，其与交通，皆有重禁，遂以全安，各保福祚，此则前世得失之验也。大行皇帝览古戒今，防牙遏萌，虑于千载，是以寝疾之日，分遣诸王各早就国，诏策勤渠，科禁严峻，其所戒敕，无所不至。诚欲上安宗庙，下全诸王，各早就国，使百世相承，无凶国害家之悔也。大王宜上惟太伯顺父之志，中念河间献王、东海王彊恭顺之节，下存前世骄恣荒乱之王以为警戒。而闻顷至武昌以来，多违诏敕，不拘制度，擅发诸将兵治护宫室。又左右常从有罪过者，当以表闻，公付有司；而擅私杀，事不明白。中书杨融，亲受诏敕，所当恭肃，乃云'正自不听禁，当如我何！'闻此之日，小大惊怪，莫不寒心。里语曰：'明鉴所以照形，古事所以知今。'大王宜深以鲁王为戒，改易其行，战战兢兢，尽礼朝廷，如此，则无求不得。若弃忘先帝法教，怀轻慢之心，臣下宁负大王，不敢负先帝遗诏；宁为大王所怨疾，岂敢忘尊主之威而令诏敕不行于藩臣邪！向使鲁王早纳忠直之言，怀惊惧之虑，则享祚无穷，岂有灭亡之祸哉！夫良药苦口，唯病者能甘之；忠言逆耳，唯达者能受之。今者恪等区区，欲为大王除危殆于萌牙，广福庆之基原，是以不自知言至，愿蒙三思！"王得笺，惧，遂移南昌。

6　初，吴大帝筑东兴堤以遏巢湖，其后入寇淮南，败，以内船，遂废不复治。冬，十月，太傅恪会众于东兴，更作大堤，左右结山，侠筑两城，各留千人，使将军全端守西城，都尉留略守东城，引军而还。

镇东将军诸葛诞言于大将军师曰："今因吴内侵，使文舒逼江陵，仲恭向武昌，以羁吴之上流；然后简精卒攻其两城，比救至，可大获也。"是时征南大将军王昶、征东将军胡遵、镇南将军毌丘俭等各献征吴之计。朝廷以三征计异,诏问尚书傅嘏。嘏对曰:"议者或欲泛舟径济,横行江表;或欲四道并进,攻其城垒;或欲大佃疆场,观衅而动:诚皆取贼之常计也。然自治兵以来,出入三载,非掩袭之军也。贼之为寇,几六十年矣,君臣相保,吉凶共患,又丧其元帅,上下忧危,设令列船津要,坚城据险,横行之计,其殆难捷。今边壤之守,与贼相远,贼设罗落,又特重密,间谍不行,耳目无闻。夫军无耳目,校察未详,而举大众以临巨险,此为希幸徼功,先战而后求胜,非全军之长策也。唯有进军大佃,最差完牢;可诏昶、遵等择地居险,审所错置,及令三方一时前守。夺其肥壤,使还堵土,一也;兵出民表,寇钞不犯,二也;招怀近路,降附日至,三也;罗落远设,间构不来,四也;贼退其守,罗落必浅,佃作易立,五也;坐食积谷,士不运输,六也;衅隙时闻,讨袭速决,七也;凡此七者,军事之急务也。不据则贼擅便资,据之则利归于国,不可不察也。夫屯垒相逼,形势已交,智勇得陈,巧拙得用,策之而知得失之计,角之而知有馀不足,虏之情伪,将焉所逃!夫以小敌大,则役烦力竭;以贫敌富,则敛重财匮。故曰:'敌逸能劳之,饱能饥之',此之谓也。"司马师不从。

十一月,诏王昶等三道击吴。十二月,王昶攻南郡,毌丘俭向武昌,胡遵、诸葛诞率众七万攻东兴。甲寅,吴太傅恪将兵四万,晨夜兼行,救东兴。胡遵等敕诸军作浮桥以渡,陈于堤上,分兵攻两城;城在高峻,不可卒拔。诸葛恪使冠军将军丁奉与吕据、留赞、唐咨为前部,从山西上。奉谓诸将曰:"今诸军行缓,若贼据便地,则难以争锋,我请趋之。"乃辟诸军使下道,奉自率麾下三千人径进。时北风,奉举帆二日,即至东关,遂据徐塘。时天雪,寒,胡遵等方置酒高会。奉见其前部兵少,谓其下曰:"取封侯爵赏,正在今日!"乃使兵皆解铠,去矛戟,但兜鍪刀楯,倮身缘堨。魏人望见,大笑之,不即严兵。吴兵得上,便鼓噪,斫破魏前屯,吕据等继至;魏军惊扰散走,争渡浮桥,桥坏绝,自投于水,更相蹈藉。前部督韩综、乐安太守桓嘉等皆没,死者数万。综故吴叛将,数为吴害,吴大帝常切齿恨之,诸葛恪命送其首以白大帝庙。获车乘、牛马、骡驴各以千数,资器山积,振旅而归。

7 初,汉姜维寇西平,获中郎将郭循,汉人以为左将军。循欲刺汉主,不得亲近,每因上寿,且拜且前,为左右所遏,事辄不果。